KB041856

교회와 법률

김병근

Church and Law

박영사

머 리 말

근대 선교 초기 한국교회는 국민의 인권, 자유와 평등, 의료, 교육, 의식 수준의 향상과 정치, 사회문화 등 여러 영역에 걸쳐 국가발전에 지대(至大)한 공익적 기능을 담당하는 등 사회문화를 리더하고 선도(先導)하는 적극적인 기능을 하였다. 하지만 한국교회는 산업의 발달로 인한 급격한 사회변혁과 정치와 문화의 발전, 이민자 및 다문화 가정의 증가로 인해 사회구조가 다원화되었음에도 불구하고, 교회는 권위주의, 정치적 교권 다툼, 보수적인 전통과 관습을 고수하면서 사회변화 흐름에 적응하지 못하였다. 또한 교회 구성원인 교인들은 고등교육으로 지적·의식적 수준이 과거에 비교할 수 없을 정도로 성숙해졌고, 교회 구성원도 다양화되었음에도 교회법인 교단 헌법이나 교회 정관, 교회 제도와 행정 등은 교인들의 욕구를 담아내지 못했다. 더불어 한국교회는 교회 재산권, 교회 행정 및 인사 전횡, 불투명한 재정, 교회 조직의 정치화, 교회 기관 및 직분 상호 간의 이견 도출로 한국교회는 심각한 갈등(葛藤)과 분쟁(紛爭)의 장이 되었다. 그러나 한국교회의 더 큰 문제는 교회의 갈등과 분쟁을 해결할만한 존경받는 권위 있는 지도자나 전문가가 부재(不在)하고, 교회 스스로 갈등과 분쟁을 해결하고 치유할 능력이 상실되었다는 데 있다.

현재 한국교회는 분쟁으로 인해 매년 수백 건의 소송으로 어려움을 겪고 있고, 교회 전통 관습이나 교회 단체 내부 관계를 규율하고 있는 교회법이 국가법과 상충(相衝)되거나 충돌하는 경우가 많다. 또한 교회법은 국가법과 다르게 명확성, 구체성이 결여(缺如)되고 추상적이어서 교회 분쟁을 해결할 수 있는 법적 판단 기준이 되지 못하는 까닭에 분쟁 당사자들이나 성도들을 설득하는데 제한적이고 한계에 직면했다. 결국 한국교회와 지도자들은 갈등과 분쟁을 교회 자체적으로 해결하기보다는 분쟁 해결을 위해 국가법, 국가 사법기관인 법원에 판단을 맡기는 소송이 성행하게 되었고, 법원의 판결이나 헌법재판소의 결정은 기독교의 정경인 성경이나 교리를 고려(考慮)하지 않거나 교회의 전통 및 교회법을 외면하는 상반된 판결을 하고 있다. 이는 결과적으로 성경과 교회법 및 교회의 정통교리가 국가법과 불신자의 손에 의해 무력화되고, 예수 그리스도의 피로 세워진 교회, 십자가 복음으로 구원받은 천국 백성들의 운명이 사랑과 구원의 법인 성경에 무심한 법관들의 손에 의해서 운명이 결정되는 일이 발생하게 된 것이다.

본서는 존경하는 교수님의 조언과 사법 관련 업무에 종사하시는 분들의 권유로 2년에 걸쳐 정리하여 집필하였다. 본서는 총 네 권으로 구성하였는데, 제1권 '사람과 법률'은 일반적인 법률 개론, 법률 용어, 생활법률 등 법의 본질적이고 기본적인 내용으로 구성하였다. 제2권 '교회와 법률'은 종교, 교회법, 교회 재산, 목사, 건축, 재판, 과세, 회의 등 종교 생활과 관련된 내용으로 구성하였다. 제3권 '목회와 법률'은 목회 중에 발생할 수 있는 형사 범죄, 교계 및 사회 이슈, 현재 판결 등을 분석 및 해석하고 제언하는 내용으로 하였다. 제4권 '성경과 법률'은 성경에 나타난 법률과 제도들에 대한 내용으로 구성하였다. 그중에 본서는 제2권 '교회와 법률' 편이다. 총 네 권에 책에는 130여 개 주제를 설정하고, 각 주제에 해당하는 국가 법률에 관한 개념을 정리하였고, 그 주제에 따른 일반사건 및 교회에서 발생한 사건 관련 1,000여 개 이상의 판례들을 분석하고 성경, 교리 및 교회법과 비교하였다. 그리고 저자는 신학 과정을 미치고 25년 동안 목회 현장에서의 경험과 법학을 공부한 법학도로서 중간자(中間子) 입장에서 판단하고 분석하려고 하였다. 하지만 성직자인 목사로서 교회의 특수성을 대변(代辯)하는 평가를 할 수밖에 없었다는 한계가 있었음을 인정한다.

본서는 다음과 같은 목적을 두고 있다. 첫째, 본서는 목사들이나 교인들이 기본적으로 양지(諒知)하고 있어야 하는 법률 지식에 대해서 정리하였다. 현재 목사를 양성하는 신학대학교에서 교회법(권징) 과목은 가르치고 있지만, 국가법에 대한 과목이 개설되어 있지 않다. 하지만 현대사회는 교회가 지역적으로 국가 내에 존재하고 있어서 교회와 국가가 구별(區別)될지언정 구분(區分)될 수 없고, 교회 관련 분쟁이나 소송이 갈수록 증가할 것이 분명하기 때문에 한국교회와 지도자들은 성경과 교회법만이 아니라, 국가 법률에 관한 보편적인 지식을 숙지(熟知)하고 있어야 한다.

둘째, 본서는 교회(종교)의 특수성을 잘 모르는 사법 관련 현직에 종사하는 사람들에게 도움이 될 수 있다. 현재 교회 관련 분쟁이 해마다 증가하고 있으나 현직 사법기관에 종사하는 법관들은 법학과나 로스쿨에서 교회법(종교법) 관련 과목을 배우지 못했고, 성경의 교리나 교회법을 접할 기회가 없었다. 이에 수사기관은 사건 해결에 어려움을 겪고 있으며, 사법기관은 교회(종교)의 특수성을 간과(看過)하는 판결을 선고하게 되었다. 따라서 본서는 미력(微力)하나마 수사기관이나 사법기관 종사자들에게 교회(종교)의 특수성을 인식하고 이해하도록 도움을 주고, 교회(종교) 분쟁으로 인한 사건이나 법적인 다툼을 해결하는 데 작은 도움이 될 수 있을 것이다.

성경은 법이다. 성경은 교회와 사회 전반을 아우르는 하나님이 제정하신 법이다. 저자는 법학을 공부하던 중 법률과 모든 사회 제도들이 기독교의 경전인 성경의 법과 일맥(一脈)을 같이하고 있고, 성경의 핵심 사상인 하나님의 공의와 사랑의 원리를 원칙으로 하고 있다는 확신을 가지게 되었다. 다만 다른 점이 있다면 성경이나 교회법은 수천 년의 역사를 품고 그대로 계승(繼承), 전례(前例)되어 오고 있으나 법률은 계속해서 인류 문명과 함께 변화와 발전을 거듭해왔다는 점이다. 이에 본서는 성경을 기초로 하는 교회법과 법률과의 관계를 비교하고 분석하고자 하였다. 본서는 교회 분쟁과 사건에 국한(局限)해서 여러 주제를 비교하고 분석하여 설명하려다 보니 내용이나 판례들이 중복되어 있다. 또한 저자는 평생 목회만 해오던 목사라 법적 식견이나 법리에 대한 이해도가 매우 부족하고, 글도 체계적이지 못한 졸필이라 책으로 출판한다는 것 자체가 부끄러운 일이 아닐 수 없었다. 그런데도 온갖 갈등과 분쟁으로 고민하는 한국교회에 일말의 도움이 되고, 사법 관련 종사자들에게 교회의 특수성을 이해하는 일에 작은 도움이 될 수 있을까 하는 심정으로 그동안 배우면서 틈틈이 메모해 왔던 것들을 2년여 동안 정리하고 집필하였고, 박영사의 도움으로 출판하게 되었다.

모쪼록 곁에서 응원해준 사랑하는 나의 아내와 아이들, 기도하며 힘이 되어 주신 예수마을교회 성도들, 열정으로 지도해주신 교수님들, 특히 이름 없이 감수해주신 교수님께 이 자리를 빌려 고마운 마음을 전하고, 한 권의 책으로 출판되기까지 수고를 아끼지 아니한 박영사 임재무 전무님과 장유나 과장님과 모든 직원에게 감사의 마음을 전한다. 그리고 이 모든 것을 인하여 살아계신 나의 '하나님께 영광'(Soli Deo Gloria)을 돌린다.

2022. 10. 3.
예수마을교회 서재에서
김병근 목사

차　　례

제1장 종교와 법

제1절 종교

제2절 한국장로교 헌법과 정치

제3절 교회정치와 삼권분립

제4절 교회와 법

제5절 교회와 교단

제6절 성경과 법

제2장 교회와 법률

제1절 교회의 법적 성격

제2절 교회의 법적 책임

제3절 교회의 조직

제4절 교인의 지위와 권한

제3장 교회 직원

제1절 교회 직분과 직무

제2절 교회와 목사

제3절 부목사 제도

제4절 은퇴 목사

제5절 목사의 시무 정년

제6절 임기제 및 신임투표제

제7절 교회 목사직 세습과 성직매매

제8절 교회 노동자

제4장 교회 재산

제1절 교회 재산과 총유물

제2절 교회 재산

제3절 교회 재정

제4절 교회 부동산

제5절 교회 재산 관련 제도

제5장 교회 건축

제1절 교회당 건축

제2절 교회 상가 임대

제6장 교회 합병과 분열

제1절 교회 합병과 분열

제2절 교회분열과 교회 재산

제3절 교단 탈퇴 및 변경

제7장 교회 권징과 재판

제1절 교회 권징

제2절 교회 재판

제8장 종교 과세

제1절 종교단체 과세

제2절 종교인 과세

제9장 의사 절차

제1절 의결과 결의

제2절 교회와 회의

제1장

종교와 법

「오직 정의를 물 같이, 공의를 마르지 않는 강 같이 흐르게 할지어다」

– 암5:24 –

But let justice roll on like a river,

righteousness like a never–failing stream.

제1장

종교와 법

제1절 ‖ 종교

Ⅰ. 종교와 법

1. 종교의 의의

(1) 종교의 개념

요8:14「예수께서 대답하여 이르시되 내가 나를 위하여 증언하여도 내 증언이 참되니 나는 내가 어디서 오며 어디로 가는 것을 알거니와 너희는 내가 어디서 오며 어디로 가는 것을 알지 못하느니라」

'종교'(宗敎, religion)를 한마디로 정의한다는 것은 쉽지 않은 일이다. 종교는 객관적인 사물이 아니라 개인의 주관적인 활동으로 교리(dogma), 종교인들의 개인적인 신앙(faith) 자체라고 할 수 있고, 각 사람에 따라 다르게 해석되고 이해될 수 있기 때문이다.[1] 윌프레드 캔트웰 스미스(Wilfred Cantwell Smith)는 '모든 종교는 매일 아

1) 배국원, 「종교정의에 관한 아포리아(Aporia)」, 종교문화비평 제4권, 한국종교문화연구소, 2003, 107~113면.

침 새롭다.'라며 종교의 정의를 내리는 것은 원칙적으로 불가능하다고 하였다.[2] 하지만 인류학자 에드워드 테일러(Edward Taylor)는 실체론 입장에서 종교는 '영적 존재에 대한 믿음'(a belief in spiritual beings)이라고 정의하였다. 프리드리히 슐라이에르마허(Friedrich Schleiermacher)는 종교의 초월성을 강조하여 종교를 '절대적 의존의 감정'이라고 정의하였고, 루돌프 오토(Rudolf Otto)는 초자연적이거나 정신적 능력을 강조하여 '두려운 신비'라고 말했으며, 미르체아 엘리아데(Mircea Eliade)는 '성스러움에 대한 체험'이라고 말했으며, 루터교 목사인 폴 틸리히(Paul Tillich)는 '궁극적 관심'이라고 규정하였다.[3] 일반적으로 종교학 관점에서 종교(宗敎, religion)는 사람의 궁극적인 '근본'(宗) 문제에 대한 '가르침'(敎)이라고 정의한다.

종교(宗敎, religion)라는 말은 헬라어 '데이시다이모니아'(δεισιδαιμονία)인데, 이는 '신에 대한 경외' 또는 '종교' 등의 뜻으로 '종교적인', '종교심'이라는 뜻을 가지고 있는 '데이시다이몬'(δεισιδαίμων)이라는 말에서 유래하였다(행17:22). 종교를 뜻하는 영어 religion의 어원은 라틴어 '렐리기오'(religio, 신에 대한 경외(敬畏), 나아가다.)에서 파생되었다. '렐리기오'(religio)의 어원에 대해 로마 시대 철학자 마르쿠스 툴리우스 키케로(Marcus Tullius Cicero)는 '다시(경전) 읽다.'라는 뜻을 가진 re－legere에서 나왔다고 보았고, 기독교 교부 락탄티우스(Lactantius)는 아담의 원죄로 단절된 하나님과 인간을 신앙의 끈으로 다시 연결한다는 의미에서 '다시 묶는다.'라는 뜻의 '렐리가레'(religare, 잇는다. 연결하다.)에서 파생되었다고 하였고,[4] 어거스틴(Augustinus)은 기독교 변증서인 〈참된 종교〉(De Vera Religione)에서 락탄티우스의 주장을 받아들였다. 종교는 신과 인간의 영적인 연합(union), 끊임없는 영적인 교제(communication) 행위를 말한다.

사람은 살아가면서 다양한 문제들에 직면하게 된다. 사람이 직면하는 문제들을 스스로의 노력으로 해결해 가기도 하지만, 제한적이고 유한한 사람의 능력으로는 도저히 해결할 수 없는 궁극적인 근본 문제들에 직면하게 된다. 자기 자신의 출생과 죽음, 삶의 의미와 존재의 목적, 이생과 내생의 문제 등 궁극적인 문제에 직면하면서 사람은 자신의 한계를 깨닫고 번뇌하게 된다. 그래서 사람들은 자신의 한계를 깨닫고, 궁극적인 문제들을 해결하기 위해 무한하고 영원한 절대적인 신의 존재를 갈

2) Wilfred Cantwell Smith, Ouestions of Religious Truth, 75면.
3) 채병관, 「토마스 트위드의 종교 정의 이해: 세계화시대 이주, 이민자들의 종교」, 종교연구 제76집 제3호, 한국종교학회, 2016, 77면.
4) 배국원, 앞의 논문, 116~117면.

망하고 의지하면서 자연스럽게 사람의 궁극적 문제들에 하나씩 접근해 간다.

(2) 종교의 충족성

마23:9-10「[9] 땅에 있는 자를 아버지라 하지 말라 너희의 아버지는 한 분이시니 곧 하늘에 계신 이시니라 [10] 또한 지도자라 칭함을 받지 말라 너희의 지도자는 한 분이시니 곧 그리스도시니라」

종교가 외부에 종교로서 표지(標識)되기 위해서는 반드시 창시자인 신(神), 교리가 되는 경전(經典), 추종하는 신자(信者), 이 세 가지를 충족해야 한다. 종교에 있어서 가장 중요한 것은 믿음의 대상인데, 그 대상은 최소한 사람보다는 우월한 존재이어야 한다. 그러나 거의 모든 종교는 자기와 동일한 성정(性情)을 가진 사람을 교주로 떠받들거나 사람보다 못한 피조물을 신으로 섬기고 있다(행14:15).

모든 종교는 저마다의 보편성과 특수성을 가지고 있는데, 그 특수성에는 자기 종교만의 독단적인 교리(教理)인 '도그마'가 있다. '도그마'(δόγμα, dogma)는 반드시 지켜야 할 규범이라는 뜻으로, 자기 종교만이 유일한 진리를 가지고 있다는 것이다. 이것이 없으면 종교는 성립되지 않는다. 또한 종교는 추종하는 사람들의 궁극적인 문제를 해결할 수 있는 진리(truth)가 있어야 하고, 인류의 자유와 평등, 평화와 정의가 실현되도록 비전(vision)을 제시해야 하며, 사람들에게 유익을 주고 사람다운 삶을 가르치는 윤리적·도덕적인 교훈(lesson)을 충족해야 한다.

종교는 인류문명과 역사 전반에 걸쳐서 지대한 영향을 끼치면서 발전을 거듭해 왔다. 종교에 따라 인류에 큰 영향을 주며 전 세계로 광범위하게 전파·확산하였는데, 어떤 종교는 현재까지 번영하며 지속되어 오고 있지만, 어떤 종교는 한시적 또는 국지적으로 제한되어 존재하다가 쇠퇴하고 겨우 명맥만 유지되거나 소멸해 버린 종교도 있었다. 주로 인류와 사회에 종교로서 순기능에 충실했던 종교는 현재까지 지속되어 왔지만, 인류의 궁극적인 문제에 대한 진리를 제시하지 못한 사이비(似而非)나 이단(異端)들과 같은 반사회적이고 비윤리적인 종교는 짧은 기간 나타났다가 소멸하였다.

(3) 인간의 종교심

행17:22「바울이 아레오바고 가운데 서서 말하되 아덴 사람들아 너희를 보니 범사에 종교심이 많도다」

사도 바울은 아테네 사람들을 가리켜 종교심이 강한 사람들이라고 말하였다. 종교심은 헬라어 '데이시다이몬'(δεισιδαίμων)인데, '데이도'(δειδο)와 '다이몬'(δαιμων)의 합성어로 '귀신을 두려워하며 섬긴다.'는 뜻이다. 바울의 말처럼 모든 사람에게는 신앙, 즉 종교적 본능이 있어서 인류 모든 시대에 걸쳐 어느 민족 중에 종교가 없었던 때는 없었다고 할 정도로 종교와 인류는 떼어낼 수 없는 밀접한 관계를 맺어 왔다. 종교는 인류 시작과 더불어 시작되었으며, 피조물 가운데 오직 사람만이 종교심을 가지고 있다.

사람의 종교심은 유대교에 의한 히브리 문명, 기독교에 의한 서구 유럽 문명, 회교의 이슬람 문명, 불교나 힌두교에 의한 아시아 지역의 불교나 힌두교 문명 등 그 지역의 독특한 문명을 만들어내었다. 고대 원시 부족, 물질문명을 이루었던 문명제국, 현대를 사는 아프리카나 아마존 원주민 등에 이르기까지 종교의 형태는 다를지라도 모든 인류는 나름의 종교심을 가지고 있었다는 공통점을 가진다. 원시 부족 시대의 종교는 자연 숭배, 정령 숭배, 토템 숭배, 다신교, 일신교(샤머니즘) 등 혈족, 부족 중심의 종교였고, 유대교, 유교, 마니교는 민족, 국가, 지역적인 종교 형태를 가지고 있었다면, 오늘날 기독교, 불교, 이슬람교, 힌두교는 광범위한 세계적 종교가 되었다.

(4) 참 종교

삼상12:21 「돌아서서 유익하게도 못하며 구원하지도 못하는 헛된 것을 따르지 말라 그들은 헛되니라」

참 종교(vera religion)와 거짓 종교(falsa religion)를 구분 짓는 일은 쉽지 않은 일이다. 보편적으로 사람들은 우리의 종교(our religion)는 진실하고 참되고, 그들의 종교(their religion)는 오류로 가득 찬 종교로 폄하되어 거짓이라는 이분법적인 구분이 고대로부터 현재까지 이어져 오고 있기 때문이다.[5] 하지만 참 종교는 자연적 증명이나 신비한 체험, 도덕적 존재 의식, 물리적 추론, 인간의 논리적 철학의 산물에 의해 비롯되는 것은 아니더라도 참 종교와 사이비(似而非) 종교와 같은 형태의 거짓 종교는 구분되어야 한다.

---

5) 배국원, 앞의 논문, 115면.

현재 지구상에는 수많은 종교가 있는데, 만약 모든 종교가 다 진리이고 구원이 있다면, 신은 존재하지 않는 것이 된다. 거짓은 수없이 많을 수 있지만, 참은 오직 하나뿐이기 때문이다. 참 종교는 체계론적으로 절대적인 신, 교리를 성문화한 경전, 교리를 따르는 신자가 있어야 한다. 그리고 제의를 집행하는 제사장이 있어야 한다. 절대적인 창조주 신은 적어도 스스로 존재할 수 있어야 하는 자존성(自存性), 사람의 한계를 넘어선 사람 이상의 신비를 가진 초월성(超越性), 사람의 문제를 해결할 수 있는 전능한 전능성(全能性) 등의 속성을 지녀야 한다. 그러나 앞서 언급한 바와 같이 거의 모든 종교는 자신과 동일한 성정(性情)을 가진 사람을 교주로 섬기거나 사람보다 못한 피조물을 신으로 섬기고 숭배하고 있다(삼상12:21).

1) 불교

불교(佛敎)는 석가모니의 가르침을 따르고 불경(佛經)[6]을 경전(經典)으로 삼고 절대자로서의 신을 섬기지 않는다. 불교(佛敎)는 신앙의 대상인 신이 없기에 사람이 고행(苦行)을 통해서 궁극적인 생로병사의 문제의 답을 찾으려고 한다. 고행이나 신앙 수행을 통해서 몸과 마음의 고뇌와 속박의 원인인 번뇌로부터 벗어나 해방되는 것, 즉 해탈(解脫) 또는 열반(涅槃)에 이르고자 한다. 불교의 교리에 따르면 석가모니는 분명히 사람이었으나, 석가모니는 고행을 통해서 보통 사람 이상의 초인적인 경지에 도달한 존재, 즉 부처(Buddha)가 되었다고 주장한다. 석가모니가 깨달은 것들을 배우고 추종하는 사람들이 석가모니와 같이 수련함으로써 석가모니처럼 부처의 경지에 도달하고자 하는 종교가 불교이다. 종교는 사람이 부딪히는 근본적인 문제들을 유한한 인간 스스로 한계를 깨닫고 초월자인 신의 도움으로 그 문제들을 해결해 가고자 한다. 그런데 불교는 인간의 궁극적인 문제들을 자기 자신이 고행과 수행 등을 통해 스스로 해결하고 구원할 수 있다고 믿기 때문에 결국 유한한 인간의 한계로 인하여 구원의 한계, 즉 허무감, 공허감에 직면할 수밖에 없다.

2) 유대교 및 이슬람교

유대교(Judaism)는 '야훼'(יהוה), 이슬람교(الإسلام al–islām)는 '알라'(الله, Allāh)만을

---

6) 협의적으로 불경은 석가모니의 가르침을 기록한 경장(經藏, Sutra)만을 가리키지만, 광의적으로 석가모니의 가르침을 기록한 경장 외에도 계율을 기록한 율장(律藏, Vinaya), 경전에 대한 주석서인 논장(論藏, Abhidharma)까지 포함한 삼장(三藏, Tripitaka)을 모두 불경의 범주에 해당한다. 삼장을 비롯한 불교 관련 문헌 전체를 집대성한 것을 대장경(大藏經)이라고 한다.

인정하는 유일신(唯一神) 사상을 가지고 있다. 기독교는 삼위일체 사상에 따라 예수 그리스도를 하나님의 아들이며 신앙의 대상인 신(神)으로 믿고 있으나 유대교와 이슬람교는 하나님이 보낸 선지자(예언자) 가운데 한 명으로 간주한다. 유대교에 있어서 예수 그리스도는 순교한 선지자일 뿐이며, 이슬람교는 알라의 6명의 예언자들 가운데 한 사람으로 존경하지만, 예수 그리스도의 십자가 죽으심과 부활을 믿지 않으며, 예수 그리스도의 신성(신이나 신의 아들)을 인정하는 것을 알라에 대한 신성모독죄로 간주한다.

사람은 신(神)을 믿고 따르지만, 보통 사람들은 신을 만날 수도 없고, 직접 소통할 수 없기에 신과 사람을 연결해주는 중보자(a mediator, 仲保者)가 필요하다. 중보자(a mediator)는 신과 사람을 연결하고 신의 뜻과 사람들의 간청을 전달하며, 반목관계를 해소하고 화해시키는 역할을 한다. 중보자와 비슷한 말로 중간자(中間子, a meddle person)가 있는데, 중보자는 신의 속성을 가지고 신과 사람에 대하여 화해시키는 직분이고, 중간자는 사람을 지칭하는 말이다. 예수 그리스도는 하나님이면서 동시에 사람인 중보자이면서 중간자이셨다(히8:6, 하이델베르크 요리문답 제18문, 기독교강요 제3권 제11장 제9절).

유대교는 선지자, 제사장, 율법 학자, 사사 등과 같은 종교 지도자들이 중간자의 역할을 하였다. 그들은 신의 중간자 또는 대리자(代理者)의 위치에서 신과 사람 사이에서 화해를 가져오고, 신의 뜻을 전달해 주거나 계시해줌으로써 일반 대중들이 그 신을 믿고 따르도록 인도하는 소임을 맡았다. 이슬람교는 이스마엘의 자손인 신의 사도 무함마드(Muhammad)를 알라가 보낸 마지막 예언자고, 가장 으뜸가는 예언자(chief prophet)로 추앙하고 있으나, 엄밀한 의미에서 이슬람은 중보자를 인정하지 않는다. 누구나 알라를 믿고 선행과 회개의 삶을 통해서 천국에 갈 수 있다고 한다.

3) 기독교

롬3:28 「그러므로 사람이 의롭다 하심을 얻는 것은 율법의 행위에 있지 않고 믿음으로 되는 줄 우리가 인정하노라」

기독교(基督敎, Christianity)는 예수 그리스도를 구세주로 믿는 종교로 인류가 가장 많이 믿고 있고, 전 세계에 전파되어 인류의 사회 문화 전반에 가장 큰 영향을 끼친 종교이다. 기독교의 가장 큰 특징은 예수 그리스도는 성부, 성령과 위격은 다르지만 본성은 동일한 유일신으로 믿고 따르는 삼위일체 사상에 있다. 기독교는 개신교를 지칭하는 말이 아니라, 로마가톨릭, 정교회 등을 포함하는 종교이다. 기독교를 그리스도교(Christianity)라고 지칭하는 것은 예수 그리스도를 하나님과 똑같이 믿음의 대상으로 하고 있고, 예수 그리스도를 하나님이 약속하신 메시야(מָשִׁיחַ, Χριστός)로 받아들이며, 구원자로 받아들이고 믿기 때문이다. 예수 그리스도는 석가모니나 공자나 마호메트처럼, 처음에는 사람이었나가 수행이나 고행을 통해서 신적 존재가 되신 분이 아니라, 예수 그리스도는 처음부터 신이었고, 인류를 구원하기 위해서 사람이 되신 분이다. 즉 예수 그리스도 그분 자체가 천지를 창조하신 살아계신 신이시며, 하나님으로서 절대적이고 완전한 신적인 권능과 영광을 가지고 계신다.

기독교는 불교, 유대교, 이슬람교와 같이 사람이 고행이나 수행을 통해서 또는 율법을 지킴으로 구원을 얻거나 종교지도자의 도움을 받아 신을 찾아가는 종교가 아니다. 기독교는 하나님께서 그의 아들 그리스도를 통해 인간의 궁극적인 문제를 해결해 주시기 위해서 직접 인간의 몸을 입고 성탄(聖誕)하신 것을 믿는다. 기독교는 십자가를 통해 이루신 공로에 의해 예수 그리스도를 구주로 믿음으로 인간의 본질적이고 궁극적인 문제인 죄와 죽음의 문제를 해결 받고 구원에 이른다. 인류의 궁극적 문제인 죽음과 구원은 오직 예수 그리스도를 통해서만 이루어지는데, 그것은 사람이 영생을 얻는 방법, 즉 구원을 얻을 수 있는 다른 길이 없기 때문이다(요17:3, 행4:12).

2. 법과 종교의 본질

종교(宗敎)는 초인격적인 신을 대상으로 하는 인간의 내면적인 지·정·의를 통하여 신에게 귀의(歸依)하고, 영원한 구원을 목적으로 하는 일종의 신앙 행위이다. 김두현 교수는 '종교의 본질은 신(神)에게로의 귀의를 목적으로 하여 자기를 지키는 내심적 신앙을 그 특징으로 하는 까닭에 종교의 본질은 절대자인 신에게 귀의하는 개인적·내심적인 신앙에 의하여 유지되는 점에서는 사회적인 것이 아니지만, 종교는 사람의 사회생활을 규율하고 있는 것으로 도덕과 더불어 사회규범의 하나'라고 하였다.[7)]

법(法)이 본질적인 면에서 사회성을 지닌 강제규범이라면 종교는 현실을 초월한 신앙 규범이라고 할 수 있다. 법은 국가의 조직화된 국가 권력의 물리적인 강제력을 통하여 외면적인 형태로 실현되지만, 종교는 강제되지 아니하고 개개인의 자유의지

7) 김두현, 「법학개론」, '엑스퍼트', 2008, 19~22면.

에 의한 신앙을 바탕으로 하여 성립하고 존속하는 형태로 나타난다. 법은 사회생활의 규범으로서 국가 권력에 의하여 일정한 지역에 속한 모든 사람을 강제하는 규율이라면, 종교는 그 대상이 개인의 내면적인 도덕과 양심(롬2:14-15, 10:5), 그리고 특정한 신앙을 가진 자들에 한정하여 규율한다. 법과 종교는 추구하는 절대적 가치에서는 차원을 달리하지만, 사회정의와 평화를 실현하고 질서를 유지하는 사회 규범적인 측면에서 유사한 점이 많다고 할 수 있다. 예를 들어 성경에서 제5계명 "네 부모를 공경하라.", 제6계명 "살인하지 말라.", 제7계명 "간음하지 말라.", 제8계명 "도둑질하지 말라.", 제9계명 "네 이웃에 대하여 거짓 증거하지 말라.", 제10계명 "네 이웃의 집을 탐내지 말라."라고 하였다(마19:17-19, 신10:4). 이처럼 법과 종교는 추구하는 절대적 가치는 다르지만, 사회정의와 평화를 실현하고 질서를 유지하는 사회 규범적인 측면에서 비슷한 공통점을 가지고 있다.

3. 법과 종교와의 관계

(1) 법의 기원과 종교

현재까지 법이 언제부터 존재했었는지 알 수는 없고, 논쟁하는 것도 무의미하다. 어떤 사람들은 법은 인류문명의 발전과 더불어 자연 발생적으로 태동하였다고 추정한다. 법이 인류출현과 함께 자연 발생적으로 태동하였다고 주장하는 사람들은 초기에는 사람들이 모여 공동체 사회를 이루면서 생존권의 보장, 상호 간의 안녕과 질서를 위해서 그들 공동체 특성에 따라 그들만의 특성을 가지는 규칙을 만들었고, 이러한 규칙들은 공동체 조직이 커지면서 도시가 건설되고 나아가 국가의 성립으로 법전화되었다고 할 수 있다.

하지만 세상의 모든 법은 자연 발생적으로 태동하였다고 추정하기보다는 종교에서 기원했다고 할 수 있다. 서양이나 동양이나 아마존 원시 부족들이나 나름대로 성문법이든지, 관습으로 전해져 내려오는 불문법이든지 공통점은 종교와 밀접하게 관계를 맺고 있다는 것이다. 바티칸 변호사인 한동일 신부는 <법으로 읽는 유럽사>에서 '서구 역사를 볼 때, 유럽에서 법은 종교로부터 분리되어 나오려는 장구하고도 치열한 과정을 통해서 천천히 자신을 형성'해 왔다고 하였다. 고대사회는 종교 사제와 정치 권력이 분리되지 않고 예속되거나 동일시되는 제정일치(祭政一致) 사회였다. 즉 인류의 삶이 곧 종교였다고 할 수 있다. 인류의 역사는 곧 종교의 역사이었고, 종교규범은 동시에 사회생활의 법규범에 영향을 미쳤다고 할 수 있다. 모든 사람 안에는 양심과 종교심이 내재해 있고, 그 양심과 종교심에서 인간다운 삶과 가치를 향유하고, 사회공동체의 안녕과 질서를 추구하면서 인류와 함께 시작되고 정립(定立)되어 왔던 종교규범이 전이(轉移) 과정을 거쳐 사회 규범화되었다. 중세시대에는 종교규범은 사회규범을 통제하고 간섭하기까지 하였고, 사회규범은 종교규범으로부터 계속 영향을 받으며 확립되고 발전해 온 것이다.

(2) 종교규범 및 사회규범

1) 종교규범

종교규범(religion norm)은 종교 사회에서 지켜져야 하는 규율로서 경전, 또는 율법이라고 할 수 있는데, 여기에는 신의 존재, 신이 피조물을 창조하고 신이 사람들에게 마땅히 요구하고 있는 윤리·도덕적 행위와 제의적 의식들에 관한 내용이 규정되어 있다. 종교규범은 신을 대상으로 하는 규범으로 개인의 내부적 양심과 신앙을 규율하며 창조자에게로 귀의하기 위해 제시하는 규범이다. 종교규범은 신이 직접 규정한 규범이라면, 사회규범은 사람들이 정한 규범이다. 하지만 사회규범도 신이 사람에게 부여해 준 지혜와 이성, 그리고 도덕 범위 안에서 사람이 만든 규범이기에 종교규범과 밀접한 관계가 있다고 할 수 있다.

고대사회에서는 제정일치의 사상이 지배하여 사회규범과 종교규범의 구별이 되지 않았었다. 종교규범은 종교인의 신앙심을 바탕으로 하여 각자가 자기 행동을 규율함으로써 규범화되었다. 그래서 사회규범과 종교규범은 동일한 경우가 많다. 사회규범은 1789년 근대 시민혁명의 시발점이 된 프랑스 대혁명 때까지 종교 법규범에 예속되거나 직간접적으로 밀접한 관계를 맺어 왔다. 하지만 국가 권력이 형성되고, 17세기 시민혁명과 18세기 산업혁명을 거치면서 종교와 정치의 구분 필요성이 제기되기 시작했으며, 근대사회에 이르러 종교규범과 사회규범이 독립적으로 분화되면서 정교분리원칙이 정립되었다. 그 결과 종교규범은 종교 내의 구성원에 한해 적용되고 구속력을 가지게 된 것이다. 그러나 현대에 이르러서는 헌법에 종교의 자유를 보장하고 있음에도 사회규범이 종교규범을 구속하기에 이르렀다.

2) 사회규범

사회규범(social norm)은 사람들이 사회를 이루어 공동생활을 해 나가는 과정에서 사회질서를 유지하고 공동체 생활을 영위하기 위해 사회 구성원 각자가 지켜야 할 행동 준칙을 말한다. 사회규범은 관습, 도덕, 종교, 법 등으로, 집단이나 사회에서 오랫동안 반복되면서 변화의 과정을 거쳐 사회적 행위의 준칙으로 형성되고 이루어졌다고 할 수 있다. 사회규범은 사람의 사고나 행동의 표준적인 척도로서의 성격을 지니고, 주관적으로 사람 안에 내재하여 사람의 행위와 사고를 규제하며, 객관적으로 외적으로 존재하면서 사람의 행위와 사고를 규제한다. 사회규범을 객관화한 것이 바로 법이며, 법은 국가에 의해 강제된다는 점에서 기타 사회규범과 구별된다. 사회규범은 다음과 같은 성격을 갖는다. 선하고 유익한 행위를 하도록 하고, 악한 행위를 하지 못하도록 하는 점에서 당위성(當爲性)을 가지고 있고, 아무런 질서나 규칙이 없다면 사회라고 볼 수 없는 까닭에 모든 사회는 규범을 가진다는 점에서 보편성(普遍性)을 가지고 있고, 사회문화적 환경의 산물이라는 점에서 다양성(多樣性)을 가지고 있고, 시간과 공간에 따라 구체적인 내용이 달라질 수 있다는 점에서 상대성(相對性)을 갖고 있다. 사회규범은 국가 안에서 통용되지만, 국가법과 구별되는 사회에서의 규범이라는 점에서 사회규범이라고 한다.

Ⅱ. 국가법과 종교법

1. 종교단체

단체(團體)란 뜻을 같이하고 같은 목적과 목표를 지향하는 사람들이 모인 조직을 말한다. 단체는 추구하는 목적에 따라 영리를 목적으로 하는 영리단체와 영리가 아닌 공익활동을 수행하는 것을 주된 목적으로 하는 비영리 단체가 있다. 그 밖에도 이념, 사상, 주체, 지역, 종교 등에 따라 여러 단체가 존재한다. 종교단체는 종교의 보급 및 기타 교화를 목적으로 설립된 단체로서 그 소속 단체를 포함하며 해당 종교인이 소속된 단체를 말한다.

헌법이 모든 국민에게 종교의 자유를 보장하고 있는 바와 같이 종교단체도 종교의 자유를 갖는다(헌법 제20조 제1항). 종교단체가 종교의 자유를 갖는다는 것은 공공의 이익, 사회질서를 해치지 않는 한 신자들에게 자체적으로 교리를 가르치고, 자체적으로 종교규범을 제정하고, 종교규범에 의해 자유롭게 예배와 같은 종교 활동이나 일정한 목적을 위해 수행할 수 있는 권리를 가지고 있다는 것을 의미한다. 종교의 자유는 국제연합헌장 제1조·제13조, 경제적 사회적 및 문화적 권리에 관한 국제규약 제3조 제2항(1966. 12. 16)에서 선언하고 있고, 세계인권선언문에서도 '어떠한 사람도 인종, 피부의 색, 성, 언어, 종교, 정치상 다른 의견, 국민적 혹은 사회적 출신, 재산, 문벌 또는 다른 지위라고 하는 것과 같은 여하한 종류의 차별도 받지 아니하고, 이 선언에 열기되고 있는 모든 권리와 자유를 향유(享有)할 수 있는 권리'를 갖는다고 선언하고 있다(세계인권선언 제2조 제1항·제18조).

2. 국가법과 종교법

(1) 국가법

법(法)은 성문법과 불문법이 있다. 성문법은 권한 있는 국가 기관에 의해 적법한 절차를 거쳐 제정·공포한 문서화 된 법을 말하고, 불문법은 사회에서 관행적으로 적용되는 법을 말한다. 성문법은 법의 제정 주체와 효력이 미치는 범위에 따라 국내법과 국제법으로 구분하고, 국내법은 헌법, 법률, 명령, 규칙, 조례 등 법의 단계가 있는데, 상위법과 하위법이 충돌할 때는 상위법이 우선 적용되고, 일반법과 특별법이 충돌할 때는 특별법이 우선 적용된다. 불문법은 법원의 판결이 반복하게 됨에 따라 법적인 효력을 갖게 된 판례법, 관습에 근거하여 성립한 관습법, 조리가 있다.

국가법(國家法)은 국제법과 대비되는 국내법으로 국가 내에서 적용되는 법을 말한다. 국가의 내부관계를 규율하는 것을 목적으로 하는 법이다. 국가법은 국가의 보위와 안위, 국민 생활의 균등한 향상, 국가 질서유지를 통한 국민 생활의 안녕을 위한 목적에서 필요로 한다. 이 목적 달성을 위해 국가법으로 개인의 의지력을 제한하거나 인간적 기본권을 제한하는 강제력을 동원할 수 있고, 신체적 자유를 구속하고 시간과 공간의 자유를 박탈하는 강제조치를 할 수 있고, 재산상 불이익을 주거나 제한하는 등의 법적 조치가 가능하다. 국가공권력을 동원하여 불의의 행위자를 통제하거나 악의적 행위를 억제하며, 사회 질서유지를 위해 필요한 조치 등을 취할 수 있다. 이를 위해 국가공권력은 법적 강제 집행력을 행사한다.

(2) 종교법

종교법(宗教法)은 신(神)으로부터 기원한 법으로 종교내의 규범이 되는 규칙이다.

종교법은 율법인 경전(經典)과 경전을 해석한 교리(敎理), 종교단체 조직과 운영 등을 규율하는 종교단체 자치규약인 정관(定款) 등을 모두 포함한다. 종교의 법인 경전은 신의 존재, 신이 피조물인 사람들에게 마땅히 요구하는 본분, 윤리적이고 제의적 행위들에 관한 내용이 규정되어 있다. 종교의 법인 경전은 소속한 종교인들이 지키고 따라야 하는 교리이고, 구성원들을 규율하는 법이다. 따라서 경전이 없는 종교는 기둥 없이 집을 짓는 것과 같아 결국 오래되지 않아서 무너지게 된다. 경전은 사람의 생사화복, 사람의 존재 기원에 대한 의문, 온갖 사고와 질병과 자연재해로 인한 두려움, 미래에 관한 불확실성에 대한 궁금증에 대한 해답을 제시해 준다. 종교법은 종교가 존재하는 이유를 제공해 주며, 종교단체를 지탱하고 유지하여 주는 근간이 된다.

(3) 국가법과 종교법의 관계

한 국가 안에는 두 개의 법체계가 존재한다. 첫째는 국가통치를 위해 국가 내부를 규율하는 국가법이 존재하고, 다른 하나는 종교단체의 존속과 유지 및 활동을 위해 종교단체 자체적으로 규율하고 있는 종교법이다. 두 법은 국가 안에 존속하면서 긴장 관계를 유지하기도 하고, 상호 보완적 관계를 유지하기도 한다. 국가법은 사람들이 정한 법이지만, 이러한 국가법도 신이 사람에게 부여해 준 권리, 능력 범위 안에서 사람의 존엄과 가치를 보호하고, 사회질서를 유지하기 위해 제정한 법이다. 반면 종교법의 가장 근간이 되는 경전은 신의 계시(啓示)로 확정된 법이며, 자치정관과 같은 종교법들은 경전을 기초로 하여 제정되었다.

국가법과 종교법은 상호 독립적이고 자율적이다. 국가법은 국가의 최고 규범인 헌법에서 종교법의 독립성과 자치성을 최대한 허용하며, 종교법과 종교단체의 정치에 간섭하지 않는 것이 원칙이고, 부득이한 간섭이라도 최소한에 그쳐야 한다. 따라서 국가법이나 법원의 원칙은 가능한 종교 내부의 문제들을 자체적으로 해결하도록 하는 것이었고, 종교단체 내에서 발생하는 갈등과 분쟁들에 대해서 종교법에 근거해서 판단하고 문제를 해결해 왔다. 하지만 종교법은 임의성이 강하게 작용하기에 국가법과 달리 불법행위에 대해 법적 강제력으로 대응할 수 없다는 한계성을 지닌다. 이때 종교단체는 부득불 스스로 통제가 불가능한 행위를 해결하고, 종교단체의 존속과 질서유지를 위해 차선책으로 국가법에 호소하여 사건을 처리하게 되는 경우가 발생하게 된다.

(4) 국가법과 종교법의 충돌

사회주의 국가와 이슬람 국가를 제외한 대부분 국가는 종교와 '정교분리의 원칙'을 기본 원칙으로 채택하고 있다. 그럼에도 종교단체는 국가의 관할권이 미치는 영토 내에 존재하고 있고, 국가와 종교단체 구성원이 국가의 주권을 가진 국민인 동시에 종교단체에 소속된 종교인인 까닭에 충돌이 발생하게 된다. 이때 국가도 법규범이 있고, 종교단체도 고유한 법규범을 가지고 있기 때문에 종교단체나 소속 종교인들의 분쟁이 발생하는 경우, 분쟁을 해결하기 위해 국가법을 적용해야 할 것인지, 종교법을 적용해야 할 것인지, 법 적용 여부가 문제가 된다.

종교단체의 자치법규와 국가의 법률이 충돌하는 때, 현실적으로 국가법이 종교법 우위에 있는 것이 사실이다. 그런데 국가 사법기관이나 법관들은 종교의 전통이나 고유한 특성을 잘 모르기 때문에 종교단체의 고유한 특성을 간과(看過)한 결정을 내릴 수 있다는 우려가 있다. 그러므로 종교단체 내의 종교 본질적인 문제나 구성원들 간의 분쟁은 국가의 법리적인 판단만을 통해서 판결해서는 안 되고, 종교의 본질과 특성을 종합적으로 고려해서 판결해야 한다.

3. 국가법과 교회법

(1) 국가와 교회

국가와 교회는 독립적이고 상호 간섭을 배제하는 것이 원칙이지만, 국가는 국민이 종교를 선택하고 자기가 믿는 교리를 배우는 등 정당한 종교 활동을 할 수 있도록 보장해야 한다. 국가의 책무는 공공질서를 유지하고 보호하는 것에만 제한되는 것이 아니라, 종교단체인 교회를 보호하는 것도 국가의 책무에 포함된다. 교회는 위정자들과 공직자들 그리고 국가의 법과 제도에 복종하여야 하며, 종교인들은 경의와 존경으로 그들을 대하되 기도하고(딤전2:1－2), 국가에 각종 공과금과 세금을 납부해야 할 의무가 있다(마22:21, 롬13:7, 딛3:1). 또한 위정자들이 신앙생활을 하지 않거나 신봉하는 종교가 다르다고 해서 그 위정자의 정당하고 적법한 권위를 인정치 않거나 순종을 거부해서도 안 된다(웨스트민스터 신앙고백서 제23장 제4항).[8] 국가의 왕이나

---

8) 웨스트민스터 신앙고백서 제23장 제4항(국가위정자)
위정자들을 위하여 기도하고(딤전2:1,2) 그들의 인격을 존중해 주며(벧전2:17), 조세와 그 밖의 공

위정자들은 하나님이 세우셨고(잠8:15), 하나님이 범죄자를 처벌하시고 선을 행하는 자들을 보호하시기 위해서 법과 제도를 세우셨으며, 그들의 권세를 정하셨기 때문이다(롬13:1–4, 벧전2:13–14). 교회는 국가의 법과 제도가 하나님의 말씀에 어긋나지 않고, 근본적인 신앙의 자유를 침해하지 아니하는 한 모든 일에서 그들에게 복종해야 한다(헌법 제37조 제2항). 교회의 직분자와 나라의 직분자는 동등한 권위를 가지고 있는 까닭에 동등하게 존경하고 복종해야 한다(벨직 신앙고백서 제36항).[9)]

(2) 국가법과 교회법의 관계

제1차 종교개혁이 '성경으로 돌아가자.'라는 구호 아래 시작된 성경과 교회법의 논쟁이었다면, 제2의 종교개혁은 국가법과 교회법과의 논쟁이라고 할 수 있다. 과거 16세기에 일어난 종교개혁의 중심에 성경과 교회법의 충돌이 있었다면, 21세기 한국에서 일어나고 있는 제2의 종교개혁의 중심에는 국가법이 교회법을 침해하려고 하고, 국가기관이 교회 기관을 간섭 및 통제하려고 하는 까닭에 국가와 교회 간의 충돌이 예견되고 있다. 종교단체인 교회는 국가 영토와 주권 안에 존재하기에 국가법의 적용대상의 지위에 있으므로, 국가법의 적용대상에서 배제되거나 국가의 치외

과금을 바치고(롬13:6,7) 그들의 적법한 명령에 복종하고 양심을 위하여 그들의 권한에 복종하는 것은 백성들의 의무이다(롬13:5; 딛3:1). 신앙생활을 하지 않거나 신봉하는 종교가 다르다고 해서 그 위정자의 정당하고 적법한 권위를 인정치 않거나 순종치 않아도 되는 것은 아니다(벧전 2:13,14,16).

9) 벨직 신앙고백서 제36항(국가와 정부)
우리는 인류의 부패 때문에 은혜로우신 하나님께서 왕들과 군주들과 공직자들을 세우셨다는 것을 믿습니다. 하나님께서는 사람들의 방탕함이 억제되고, 모든 것이 선한 질서로 그들 가운데서 행해지도록 세상이 법과 제도에 의해서 다스려지기를 원하십니다. 그 목적을 위해 하나님께서는 범죄자를 처벌하시고 선을 행하는 자들을 보호하시기 위해서 정부의 손에 칼을 두셨습니다(롬 13:4). 억제하고 보호하는 정부의 일은 공공질서에만 제한된 것이 아니라 그리스도의 왕국이 도래하고, 복음의 말씀이 모든 곳에서 설교되게 하여 하나님께서 당신의 말씀에서 요구하신 대로 모든 사람들에 의해서 영광을 받으시고 섬김을 받으시도록 하기 위한 교회의 사역과 교회를 보호하는 것도 포함합니다.
나아가, 누구나–어떤 사회적 신분이나 조건이나 지위에 있든–공직자에게 모든 사람은 복종해야 하며, 세금을 내야 하며, 경의와 존경으로 그들을 대해야 하고, 하나님의 말씀과 일치하는 모든 일에 있어서 그들에게 순종해야 합니다. 우리는 그들을 위해 기도하여 하나님께서 그들의 모든 길을 지도해 주시어 우리가 조용하고 평화로운 삶 곧 모든 면에서 경건과 단정한 중에 살도록 해야 합니다(딤전 2:1–2). 이런 이유로 우리는 재세례파들과 다른 반역하는 사람들과 일반적으로 권세들과 공직자들을 배격하고 공의를 뒤엎고, 재산의 공유를 도입하며, 하나님께서 사람들 가운데 세우신 예의범절을 혼란하게 하는 모든 자들을 정죄합니다.

법권에 속하지 않으며, 국가법 제도 안에 존재한다. 그러나 교회는 교회법의 주체자로서 지위를 확보함은 물론이다. 하지만 한국교회의 자체 역량이 정교분리의 원칙에 따른 기대에 부응하지 못하므로, 한국교회는 더 이상 국가법의 치외법권 지역에 머무를 수 없게 된 것이다.

교회법은 적용 범위가 국법상에 관한 것이 아니고, 도덕과 신령상에 관한 범위로 그 원칙을 규징하고, 도덕과 신령상에 관한 범위에 관해서 교회법 우선 적용원칙을 적용하고 있다(정치 제1장 제8조). 그리고 교회 내부에만 효력이 미치는 사안, 즉 교회의 존립 여부를 판단하는 문제와 직원의 징계와 같은 내부 사안에 대하여는 교단 헌법과 규칙들을 통해 처리하려는 원칙을 고수해 오고 있으며, 치리회장의 행정행위의 경우, 교단 내 법절차를 통해 결과가 나오기 전에 국가기관에 먼저 소송을 제기하지 못하도록 이를 규제하고 있다(통합 시행규칙 제74조 제3항).

국가법은 가능한 교회 내의 분쟁에 대해서 개입을 자제하려고 한다. 하지만 교회와 교회 외부적 관계에서 발생하는 사안에 대하여는 일반적 법률문제로 보고 접근하면서 종교단체라는 점을 참작하여 법적 결론을 내리고 있다. 또한 교회와 신앙생활과 직접 관련이 없는 일반 법률관계와 연관된 사안에 대하여는 일반 시민과 동일하게 적용하고 있다. 그동안 국가 사법기관에서는 기독교 내에서 발생한 분쟁 사건에 대하여 해당 당사자가 국가 법률기관에 의뢰한 경우에만 국가법 우선 적용원칙을 적용해 왔다.

교회법은 세상의 모든 법보다 거룩하지만, 세상의 법들을 무시하고 배척해서는 안 된다. 교회는 교회법을 추구하면서 세상의 이웃과 함께 살아가는 세상의 법, 특히 국가법을 존중하며 지켜가야 한다. 국가법도 하나님으로부터 나왔고, 하나님이 허락하신 것이므로 오히려 세상 사람들보다 더 엄격하고 철저하게 국가법을 지키는 솔선수범의 모습을 보여야 한다.

4. 미국의 헌법과 종교

성경은 미국의 독립선언과 건국, 미연방 수정헌법에 영향을 주었다. 미국 연방헌법[10]은 1789년 제1회 연방의회에서 권리장전(Bill of Rights)이라고 불리는 10개 조

10) 미국의 독립선언문(1776)과 헌법(1787), 그리고 수정헌법 1조부터 10조를 뜻하는 권리장전(1789)은 미국의 3대 건국 문헌(founding documents)으로, 자유의 헌장(Charters of Freedom)이라고도 한다.

항으로 된 권리장전을 심의 가결하여 1791년 의회의 비준을 거쳐 발효되었고, 1789년 이래 1992년까지 27개의 수정조항이 헌법에 추가되었으며, 현재 미국 50개 주 정치 규범이 되고 있다. 미국 수정헌법의 기초가 되는 독립선언문은 성경적 가치관, 기독교적 세계관이 담겨있다. 필그림 파더스(Pilgrim Fathers)라고 불리는 청교도(Puritans) 정신은 미국 건국의 정치 사상적 기초와 사회문화적 토대를 제공하였고, 그 뿌리에는 성경이 자리하고 있다. 그리고 독립선언문(1776년)을 작성했던 미국 건국의 아버지들은 대부분 신앙의 자유를 찾아 신대륙에 정착한 개신교인(Protestant)들이었고, 성경적 세계관을 가진 사람들이었다.

독립선언문 첫 문단에 '자연의 법과 자연을 지으신 하나님의 법'(the laws of nature and of nature's God)에 따라 독립하고 평등(동등)을 추구하는 것이 마땅하다고 선언하고 있다. 일부 학자들이 독립선언문 첫 문단 '자연을 지으신 하나님의 법'에 대해서 계몽주의 철학에서 비롯된 추상적 이신론의 신에 대한 개념이라고 주장하고 있다. 하지만 독립선언문을 기초한 토머스 제퍼슨(Thomas Jefferson)은 존 로크(John Locke)의 저서 「통치론」에서 주장한 이론에 바탕을 두고 선언문을 작성하였다. 존 로크(John Locke)는 성경 로마서 1장 구절을 인용하여 자연법은 하나님께서 창조하신 자연과 모든 인간의 양심에 새겨진 도덕법의 일반적 계시를 의미한 것이고, 하나님의 법은 성경을 통해 하나님께서 특별히 계시한 도덕법을 의미하는 것이라고 하였다(롬1:19－20). 존 로크는 개인의 권리는 천부인권으로서 양도할 수 없는 신성한 권리인데[11] 모든 사람이 가지고 있는 생명, 자유와 같은 천부인권은 피조물의 주인이자 지배자인 하나님이 주신 선물이라고 하였다.[12] 독립선언문은 모든 인간은 하나님으로부터 동등하게 창조(created equal)되었고, 양도 불가능한 자유와 평등의 권리를 태어나면서부터 획득한다고 분명하게 명시하고 있는데, 독립선언문에서 천명하고 있는 천부인권은 하나님이 부여하신 권리임을 밝히고 있다. 독립선언문 마지막에서도 '최고의 재판장'(Supreme Judge of the world)께 호소하며... '신성한 섭리'(Divine Providence)의 보호를 굳게 의지한다며 하나님을 언급하고, 영국과의 완전한 분리를 선언하는 자유 독립국임을 선포하였다. 그들은 독립을 선포하면서, 영국의 폭정에 대한 그들의 기소장을 어떤 우연이나 추상적 존재에 고발한 것이 아니라, 세상 최고의 재판장(창18:25)이신 하나님께 호소한 것이다.

---

11) Hans Kelsen, 「정의란 무엇인가」, 김선복 역, 책과 사람들, 2011, 16면.
12) 한국철학사상연구회, 「권력기원을 찾는다. 로크의 정부론」, 삼성출판사, 2010, 41~42면.

5. 정교분리의 원칙

우리 헌법은 정교분리의 원칙에 따라 종교법의 제정 및 적용 과정에 일체 관여하지 아니한다(헌법 제20조 제2항). 이에 모든 종교와 종파를 불문하고 자체적으로 자치법규를 제정하여 자율적으로 종교단체를 운영하고 있다. 법원은 정교분리의 원칙에 따라서 헌법이 보장하고 있는 종교의 자유 원칙에 근거해 종교단체의 자치법규를 최대한 존중한다. 그러나 종교단체의 자치법규가 종교 고유의 정경이나 교리와 상관없이 국가의 헌법과 법률 등을 위배하는 때에 그 효력이 부정된다. 그리고 종교단체의 자치법규가 국가법이나 사회상규에 중대하게 위배하거나 국민의 기본권이 훼손되는 경우, 종교단체의 자치법규의 범위를 벗어나거나 종교단체의 재판이 법의 절차를 중대하게 위반하는 때에는 국가법에 근거한 법원이 사법심사인 재판을 통해 분쟁을 해결하게 된다. 법원은 긍정적인 면에서 종교 내에 발생하는 분쟁에 있어서 교회법의 효력을 확증해주는 기능을 하기도 하지만, 부정적인 면에서는 국가법이 종교 자치법규에 반하는 결정을 내려 효력을 무효화시킬 수도 있다는 점이 있다.

6. 종교법인법

종교법인법은 종교법인을 관리하는 법을 말한다. 2007년 일부 교단 목사와 교인들이 참여하는 '종교법인법 제정추진 시민연대'가 출범했다. 종교법인법은 아직은 소수의 의견으로 제시되고 있으나 국가 내에서 발생하고 있는 다양한 종교적 분쟁을 법적 테두리 안에서 공정하게 해결하기 위한 취지의 법이라고 할 수 있다. '종교법인법 제정추진 시민연대'의 초안 제1장 목적에 보면, '종교단체가 예배 시설 기타의 재산을 소유하고 이를 유지 운용하며 그 목적달성을 위한 업무 및 사업을 운영하는 데 쓰이도록 종교단체에 법률상의 능력을 부여'함을 목적으로 한다고 밝히고 있다.

종교법인법은 이미 유럽, 이슬람 국가와 일본 등 세계 다수의 나라에서 시행되고 있다. 하지만 종교법인법은 그 목적과 상관없이 정교분리의 원칙을 천명하고 있는 헌법을 위배하는 법이다. 헌법에 따르면 국가는 종교에 관여할 수 없고, 관여해서도 안 되기 때문이다. 만약 종교법인법이 제정된다면 목사 등 종교인의 자격, 교회의 설립과 해산, 종교단체의 회계, 운영 등에 관한 전반적인 사항까지 국가가 직접 개입하고 간섭하게 될 것이고, 정교분리의 원칙은 무너지게 된다.

제2절 ‖ 한국장로교 헌법과 정치

Ⅰ. 한국장로교 헌법

1. 기독교 전래와 발전

한국에 최초로 들어와 거주했던 개신교인은 1653년 제주도 지역에서 표류하다 머물렀던 화란의 개혁파교회 교인이었던 핸드릭 하멜(Hendrik Hamel)이었다. 하멜은 16년간의 한국 생활을 바탕으로 「하멜 표류기」를 저술하여 서양에 최초로 한국을 알린 사람이다. 그 이후 기독교는 병인양요(1866년)와 신미양요(1871년)를 겪은 흥선 대원군의 쇄국정책 영향으로, 기독교와 선교사들을 외세의 침략자들인 서양오랑캐로 오해를 받아 박해받았고, 영국인 선교사 로버트 토머스(R.J.Thomas)는 1866년 미국 상선 제너럴 셔먼호(General Sherman)를 타고 대동강으로 올라왔다가 조선 관리에 의해 한국에서 최초로 순교를 당하였다.

장로교 선교사로 한국에 최초로 들어왔던 선교사는 미국 북장로교 선교부 소속이었던 호레이스 뉴톤 알렌(Horace Newton Allen)이었다. 알렌 선교사가 인천 제물포에 입국한 1884년 9월 20일이 한국 개신교 선교의 시발점이 되었다. 의사였던 알렌 선교사는 병원 의료 선교를 통해서 복음을 전파하였다. 1884년 갑신정변 때 민영익을 치료해 준 것을 계기로 왕실의 도움을 받아 1885년 4월 10일 광혜원을 설립하였다.

알렌 선교사 이후에 미국 북장로교 선교부 소속 목사였던 호레이스 언더우드(Horace G. Underwood) 선교사와 감리교 아펜젤러 선교사 부부가 제물포항으로 입국하였다. 언더우드 선교사는 서울을 중심으로 선교하였는데, 고아들을 돌보는 사역과 학교를 세워 선교사역을 하였다.[13] 언더우드 선교사는 목사로서 미국 북장로교의 장로회 정치제도를 한국교회에서 적용하기 시작했고, 1917년 9월 1일 서울 승동 예배당에서 회집되었던 '조선예수교장로회' 제6회 총회에서 미국 북장로교 헌법을 채택하고 채용하도록 결정적인 영향을 주었다.

미국 북장로교 선교사를 이어서 1889년 10월 호주 장로교 소속 선교사였던 헨리

13) 언더우드 선교사는 1887년 성서 번역위원회를 발족해 성경 번역 사역에 힘썼고, 교육을 위해 경신학교(1885)와 연희 전문학교(1899)를 설립하였으며, 1887년 장로교 정동교회(새문안교회)를 창립했다.

데이비스(Henry Davis) 남매는 경상남도를 중심으로 선교를 시작하였고, 1892년 미국 남장로교 소속 선교사였던 레이놀드(W. D. Raynold)와 전킨(W. M. Junkin) 등이 전라도 지역을 중심으로 선교를 시작하였으며, 1898년 캐나다장로교 소속 선교사였던 존 매켄지(William John Mckenzie) 목사는 함경도를 중심으로 한국선교를 시작하였다. 초기 장로교 선교사들은 조선에서 경쟁적으로 선교하는 것이 유익하지 못하다고 판단하고, 전국을 구획하여 선교하는 선교정책을 하였다.

한국개신교 첫 교인은 1870년 만주에서 스코틀랜드 연합 장로교회의 파송을 받은 존 로스(John Ross)와 존 매킨타이어(John Mcintyre)로부터 복음을 듣고 세례를 받은 이응찬, 백홍준, 김진기, 서상륜 등이었다. 이들은 로스 및 매킨타이어와 함께 한국 최초의 신약성경인 「예수셩교젼서」를 번역하기도 하였다. 서상륜은 동생과 함께 황해도 송천에 한국 최초의 교회인 소래교회를 세웠다.

2. 한국장로교 총회 역사

(1) 한국장로교 총회조직

1893년 개혁신앙과 장로교 정치 형태를 채용하는 단일적인 한국교회를 조직하는 것을 목적을 가지고 미국 남·북 장로교, 호주 장로회 선교부가 협력하여 '장로교 선교사 공의회'(The Council of Missions Holding the Presbyterian Form of Government)가 조직되었고, 1898년 캐나다 선교사들과 함께 '조선야소교 장로회 공의회'로 확대 개편하였다. 1907년 9월 17일 평양 장대현 교회에서 4개의 선교부가 합력하여 '조선예수교장로회 독노회'가 조직되었다. 그리고 독노회에서 제1회 장로회신학교를 졸업한 길선주 등 7인에게 목사 안수를 거행하고, 이기풍 목사를 제주도 선교사로 파송하기로 결의하였다. 독노회가 세워지고 '조선예수교장로회' 제1회 총회가 1912년 9월 1일 평양 경창문안여성경학원에서 소집되었는데, 알렌 선교사가 입국하고 조선 첫 교회인 소래교회가 세워진 지 28주년이 되는 해였다. '조선예수교장로회' 제1회 총회 당시 교세 통계는 노회 7개, 교회 1,438개, 목사 128명, 장로 225명, 교인 127,228명이었다. '조선예수교장로회' 제1회 총회에서 해외교회의 도움을 받지 말고 전국교회가 일 년에 한 주일을 정해서 연보(捐補)하여 우리 손으로 조선의 목사를 선교사로 보내자고 결의하고, 1913년 중국 산둥성으로 세 명의 선교사를 파송했다.

한국장로교의 획기적인 분수령이 된 계기는 1938년에 열린 제27회 총회 이후부터라고 할 수 있다. 1938년은 조선예수교 장로교회 소속 외국 선교사들이 모두 추방되고, 194명이 참석하여 열린 제27회 총회에서는 친일파들을 중심으로 하여 신사참배를 의결하였다. 그리고 '일본기독교 조선 교단'이 출범하였고, 1945년 일본으로부터 해방되는 해까지 존속되었다.

(2) 한국장로교 분열

한국장로교회의 분열의 주요한 원인은 세 가지라고 할 수 있다. 초기 선교사들에 의한 선교지 분할정책, 1938년 제27회 총회에서 신사참배 결정, 1960년대 이후 교권주의가 한국교회 분열의 주요한 원인이다. 선교사들로 구성된 '조선예수교 장로교 공의회'는 각국 장로교회 선교부의 의견 대립과 효율적인 복음 전파를 위한 명목으로 전국을 구획하고 선교하는 선교지 분할정책을 폈는데, 이는 훗날 한국장로교가 지역 단위로 분열하게 되는 원인을 제공하였다.

1938년 제27회 총회에서 외국 선교사들이 모두 추방되고, 친일파들을 중심으로 한 신사참배 결정은 해방 이후에 한국장로교의 분열의 단초가 되었다. 해방 이후 신사참배에 대한 한국장로교의 회개와 개혁의 시도가 실패하게 되면서 결국 1950년대 고신 측의 분열을 초래하게 된 것이다. 이후 한국장로교는 정치적으로 흘러갔고, 교권주의, 분파주의자들에 의해 교회가 사분오열되었다. 수백여 개에 이르는 교단과 신학대학원이 난립하고, 단기 속성코스로 무분별하게 목수 안수를 주거나 목회자와 평신도의 갈등으로 반복적인 분열을 거듭한 끝에 2018년 문화체육관광부 통계에 의하면 총 374개가 넘는 교단으로 분열되어 왔다.

3. 한국장로교 헌법사

(1) 조선예수교장로회 공의회와 헌법

미국 남·북 장로교 선교부에 의해 1892년 '장로교 선교사 공의회'(The Council of Missions Holding the Presbyterian Form of Government)가 조직되었고, 1898년 캐나다 선교사들과 함께 '조선야소교 장로회 공의회'로 확대 개편되었다. 1901년 선교사 공의회는 한국인 대표를 참가시킨 한·선 연석회의를 만들어 '조선예수교 장로회 공의회'(Presbyterian Council)를 조직하였고, 1907년 9월 17일 한국에서 선교활동을 하던 4개의 장로교회는 평양 장대현 교회당에서 '조선 전국 독노회'를 조직하였다.

'조선예수교 장로회 공의회'는 1901년 만국장로회 헌법 번역위원을 선정하였고, 1902년에는 헌법 준비위원과 노회규칙 위원을 선정하였다. 1904년에는 웨스트민스터 헌법 중 일부를 가지고 소요리 문답 5,000부를 출판하였으며, 1905년에는 '교회신경'과 더불어 '조선예수교 장로회 규칙'을 공의회가 채용하였다. 1905년 조선예수교 장로회 공의회가 채용한 '교회신경'과 '조선 예수교 장로회 규칙'은 한국 장로교회 헌법의 기조가 되었다.

(2) 독노회 조직과 헌법

한국장로교 헌법의 유일한 근거는 성경이다. 그리고 한국장로교 헌법은 1643년 런던 웨스트민스터 예배당에 120명의 목사와 30명의 장로가 모여 작성한 웨스트민스터 헌법을 기본으로 하고 있다. 1907년 9월 29일 4개의 장로교 선교부가 합력하여서 '조선 전국 독노회'를 조직하였는데 이때, 웨스트민스터 신앙고백을 축소한 '12신조'와 '소요리 문답'을 1년간 한국장로교회 신조로 임시 채용하였다가 1907년 '대한예수교장로회 정치 규칙'과 함께 완전히 채택하였다. 1907년 채택된 '대한예수교장로회 정치 규칙'은 전문 5조 14항과 세칙 7조로 이루어져 있는데, 제1조는 교회관, 제2조는 예배의 절차, 제3조는 교회 직원의 구성과 자격, 제4조는 교회의 치리 기관인 당회, 노회, 총회 등의 기능과 역할, 제5조는 규칙 개정에 대해 다루었다.[14)]

(3) 총회조직과 헌법

1912년에 1907년 당시에 조직한 7개의 대리회를 개편하여 7개의 노회를 만든 후에 '조선예수교장로회 총회'가 조직되었다. 조선예수교장로회 총회는 1907년 독노회가 채택한 '12신조'와 '소요리 문답'을 한국장로교 정치원리로 승인하였고, '대한예수교장로회 정치 규칙'도 그대로 승인하였다. 1917년 9월 1일 서울 승동 예배당에서 회집되었던 '조선예수교장로회' 제6회 총회에서 웨스트민스터 헌법을 수정하여 채용하였는데, 이는 웨스트민스터 헌법을 따르고 있던 미국 연합장로교 전신인 북장로교 헌법을 채택한 것이라고 할 수 있다. 1927년 조선예수교장로회 제16회 총회에서 헌법을 수정하기로 하고 '헌법수정위원회' 16인을 선출하였고, 1927년 조선예수교장로회 제17회 총회에서 '헌법수정위원회'의 보고를 채용하여 노회에 수의하기로 결의하였으며, 1929년 '조선예수교장로회' 제18회 총회에서 총회장의 헌의부 보고로 수정

14) 서원모, 「한국장로교회 정치 원리와 실제」, '장신논단', 2013, 71면.

헌법이 채용되었음을 공포하였다.

'한국장로교 헌법'은 1934년과 1954년에 수정되었으며, 1964년 대한예수교장로회 제49회 총회에서는 '대요리 문답'과 '웨스트민스터 신도게요'(信徒揭要)[15]를 수의하므로, 한국장로교회는 '웨스트민스터 신앙고백서'와 '대요리 문답서'를 신앙의 표준문서로 채택하여 헌법의 한 부분으로 삼았다. 대한예수교장로회(합동)는 1922년 장로교 헌법을 일부 수·개정하여 그대로 계승해 오고 있으며, 대한예수교장로회(통합)는 2007년 장로회 헌법을 전면 개정하였다.

4. 한국장로교 헌법의 원리

(1) 하나님 주권

장로교 헌법은 하나님의 절대주권 사상을 지향하고 있다. 칼빈(John Calvin)은 그의 예정론에서 하나님의 주권을 강조하였고, 개혁교회는 칼빈주의를 따르고 있으며, 장로교 또한 칼빈주의 신학 전통을 계승하고 있는 까닭에 장로교의 핵심 원리는 하나님의 주권에 있다. 하나님 절대주권은 하나님만이 그의 존재하심과 지혜와 권능과 거룩하심과 공의와 인자하심과 진실하심이 무한·무궁하신 하나님이시고(소요리 문답 제4문), 지극히 거룩함과 지혜와 권능으로써 친히 모든 창조물과 그 모든 행동을 보존하시며 치리하시는 통치자이심을 의미한다(소요리 문답 제11문, 대요리 문답 제18문). 하나님은 창조하신 온 천하를 간섭·섭리하시고 통치하실 뿐만 아니라, 교회의 주인 되시는 하나님은 예수 그리스도가 머리 되신 유·무형 교회를 다스리시고 통치하시는 주권자가 되신다.

(2) 성경 중심주의

장로교 헌법의 본질이며 유일한 원리는 성경 중심주의에 있다. 장로교는 '신·구약 성경이 하나님의 말씀이며 신앙과 본분에 대하여 정확무오(正確無誤)한 유일의 법

15) '웨스트민스터 신앙고백서'는 웨스트민스터 회의(Westminster Assembly of Divines) 기간인 1643~1649년에 작성된 장로교회의 표준 신앙고백서이다. 총 33장으로 구성되며 1647년 스코틀랜드에서, 1648년 영국 의회에서 각각 인준을 받았다. 웨스트민스터 신앙고백서를 '신도게요서'(信徒揭要書)라고도 부르는데, 윌리엄 베어드(William Baird, 1862~1931) 선교사가 1925년에 웨스트민스터 신앙고백서를 한국말로 번역하면서 신도게요서라고 명명한 것에서부터 유래하였다. '웨스트민스터 신앙고백서'는 신자라면 마땅히 알아야 할 핵심 교리를 설명하고, 요약한 교리와 신앙의 표준이라고 할 수 있다.

칙'이라는 신조 위에서 출발한다. 소요리 문답 제2문, 대요리 문답 제3문에도 신·구약 성경은 하나님의 말씀이며, 우리가 어떻게 그를 영화롭게 하고 즐거워할 것을 지시하는 신앙과 행위의 유일한 법칙이라고 강조하고 있다. 치리회 구성에서 목사가 장로의 수보다 다수가 되도록 하고, 하나님 말씀 설교자인 목사를 치리회장으로 하는 것은 성경의 우위를 인정하려는 의도이다. 또한 장로교 헌법은 성경에 의존하고 있는데, 이것은 성경이 장로교의 모든 교회법 우위에 존재한다는 것을 의미한다. 따라서 교회 직원을 임직하는 때에 '신·구약 성경을 하나님의 말씀이요 또한 신앙과 행위에 대하여 유일한 법칙'임을 믿는다는 서약을 받도록 하고 있다(정치 제15장 제10조). 이처럼 장로교 헌법은 성경 중심주의 사상을 헌법의 원리로 삼고 있음을 보여준다.

(3) 신본주의

장로교 헌법은 하나님 중심의 신본주의에 기초한다. 신본주의는 주체가 하나님께 있고, 권위가 하나님으로 나온다는 원리를 말한다. 장로교 헌법은 신본주의를 원칙으로 하고, 민주주의를 보충적으로 가미하고 있다. 칼빈주의를 따르는 한국장로교 헌법은 신본주의와 민주주의가 상호 반목하거나 대립하는 관계가 아닌 신본주의 원칙을 바탕으로 하여 민주주의 원리가 보충적으로 가미되는 원리이다. 교회가 운영과 방식 및 절차에 있어서 민주주의 원리를 따른다고 하여 교회가 하나님을 떠나서 사람인 교인들 의사와 결정에 의하거나 교인 중심으로 운영된다는 것을 의미하지 않는다.

장로교 헌법은 신본주의를 바탕으로 대의민주제를 보충적으로 하여 권력의 집중이나 남용을 막고, 교인들의 의사를 반영하는 민주적 헌법이다. 즉 장로교 헌법은 당회를 중심으로 교회를 운영하는 원리로써 지교회 교인들이 장로를 선택하여 당회를 조직하고 그 당회로 치리권을 행사케 하는 주권이 교인들에게 있는 민주적인 헌법으로, 목사와 장로가 협력하여 교회의 치리와 성도의 신앙을 살피고 기도하며 교회를 바르게 세워나가는 역할을 수행하도록 한다.

(4) 성경 의존성

장로교 헌법의 유일한 근거는 성경이다. 장로교 헌법은 성경만이 유일한 진리이고 최종적인 권위가 있음을 믿고 받아들인다. 즉 장로교 헌법의 본연의 본질과 정체성은 성경에서 찾아야 하며, 반드시 성경에 기초해야 한다. 장로교 헌법은 성경보다 우위에 있거나 가톨릭교회처럼 성경과 동등될 수 없으며, 결코 성경을 해석하거나 판단할 수는 없다. 오히려 장로교 헌법은 최종적으로 하나님의 뜻이 나타나 있는 성경에 의존해야 하며, 성경만이 완전하고 유일한 진리이며 절대적인 권위가 있는 까닭에 모든 교회법은 성경에 의해서 해석되고 판단을 받게 된다. 하지만 문제는 교회 안에는 불완전한 지도자들과 아직 성화 단계에서 죄악 중에 살아가고 있는 교인들이 많다는 것이다. 그러므로 교회는 교회법이 공교회의 합의로 만들어졌다고 할지라도 교회법이 반드시 하나님의 뜻인 성경과 완전하게 부합한다거나 교회의 머리가 되신 예수 그리스도의 뜻에 부합한다고 정의해서는 안 된다.

현대 한국교회는 교회와 교인들의 다양한 의사와 욕구를 포용해 가기에는 한계가 있고 불충분하다. 그동안 한국교회는 그동안 너무 과도한 성경 중심적 사고에서 벗어나지 못하였다. 성경의 문자나 상징적 해석 등 신학적 연구에만 머물렀고, 국가법이나 사회변화에 무관심했으며, 성경을 어떻게 실생활에서 실천하며 살 것인가에 대한 실천적 연구에도 소홀히 하여 왔다. 한국교회는 이제부터라도 성경해석 외에 교회법과 국가법 간의 조화, 사회변화에 대한 능동적인 대처, 성경을 실천하려는 노력과 연구가 필요하다.

(5) 교회의 속성과 장로교 헌법

한국장로교는 성경 신학과 더불어 장로교 헌법이나 기타 교회법에 관심을 가지고 연구를 병행해 가야 한다. 왜냐하면 장로교 헌법이나 교회법은 먼저 성경을 적용하고 실천하므로 성경에 나타난 하나님의 뜻을 구현할 수 있도록 하는 기능을 하며, 각 지교회로 하여금 성경적 정체성을 확립하는 기능을 하기 때문이다. 장로교 헌법은 니케아 신경의 고백[16]에 근거하여 교회가 그리스도 몸으로서 교회의 통일성과 거룩성 등 교회의 네 가지 속성을 보호하고 지키기 위해 공교회의 합의로 만들어진 것이다. 따라서 장로교 헌법은 통일성, 거룩성, 보편성, 사도성 등 교회의 네 가지 속성을 유지하도록 하여 교회로 하여금 참 교회가 되게 하는 토대를 제공한다. 또한 장로교회는 교회의 네 가지 속성을 수호하기 위해서 교회법에 근거해 치리권을 행사하는 까닭에 구체적이고 체계적인 교회법의 수·개정이 요구된다.

---

16) 니케아 신경은 '하나의 거룩한 보편적이고 사도적인 교회(One Holy Catholic Apostolic Church)를 믿는다.'라고 선언한다.

5. 한국장로교 헌법의 수 · 개정

웨스트민스터 신앙고백서(The Westminster Confession of Faith) 제1장 제9항에서 '모든 종교적 논쟁에 있어서 교회는 최종적으로 성경에 의존해야 하는 것'이라고 하였다(사8:20, 행15:15, 요5:39). 장로교 헌법의 원리나 제도는 성경의 원리에 따라 성경해석에 근거했기 때문에 장로교 헌법의 수·개정은 성경에 의존해서만 가능하다. 즉 장로교 헌법 수·개성은 사람의 편의나 시대와 환경의 변화가 목적이 될 수 없으며, 사회규범이 장로교 헌법 수·개정 기준이나 동기가 될 수 없는 것이다. 또한 장로교 헌법은 교회의 통일성, 거룩성, 보편성, 사도성 등 교회의 네 가지 속성을 보호하고 지키기 위해 공교회의 합의로 만들어진 것이므로, 장로교 헌법의 수·개정은 공교회의 합의가 필요하다. 교회의 합의로 말미암아 제정 및 수·개정한 장로교 헌법은 교회 헌법으로서 권위와 지위, 그리고 법적 구속력을 갖게 된다.

성경은 하나님의 직접 계시인 말씀이므로 완전하고 완결되었기 때문에 더 이상 하나님의 계시를 필요하지 않지만, 장로교 헌법은 하나님의 계시인 성경과 달리 아직 완전하다거나 완결되었다고 할 수 없다. 따라서 장로교 헌법은 성경의 원리를 벗어난 비성경적인 교회법들을 과감하게 수·개정해야 하며, 다분히 정치적인 교단 헌법이나 교회정관을 세부적으로 수·개정할 필요가 있다. 그리고 일부 교권주의 목사들이 교권 획득과 정치적 목적으로 교회법을 자신들에게 유리한 방향으로 자의적으로 해석하고 이용하는 것을 방지해야 하며, 교회를 분쟁의 장으로 이끌고 교회를 분열시키는 행위들을 차단해야 한다. 또한 한국교회를 위협하고 있는 종교연합, 통합, 일치운동을 주창하는 사람들에 의한 비성경적인 헌법의 수·개정 시도들도 차단해야 하고, 급진적 진보주의와 자유주의, 인본주의 및 이성주의, 사회주의를 주창하는 자들에 의한 장로교 헌법의 수·개정 세속화 시도에도 적극적으로 대처해 가야 한다.

Ⅱ. 한국장로교 정치

1. 교회정치

(1) 기독교 분열

교회정치(教會政治)는 교회가 그리스도로부터 명령받은 임무와 사명을 수행하기 위한 교회의 행정 체제를 말한다. 교회정치는 어떤 일정하고 명확한 조직 아래 운영되는 것은 절대적으로 필요하다. 교회의 왕과 머리이신 우리 주 예수님은 국가 위정자와는 구별된 교회 직원들의 손에 의한 정치(government)를 제정하셨다(웨스트민스터 신앙고백서 제30장 제1항). 즉 교회정치란 그리스도께서 교회의 머리라는 것을 구체적으로 실천하는 것이라고 정의할 수 있다. 칼빈(John Calvin)은 사람이 움직이고 활동하는데 신경(근육)이 중요한 역할을 하듯이 교회정치는 성경적으로 교회를 질서있게 운용하고 시행하는데 있어 없어서는 중요한 역할을 담당하는 신경(근육)조직과 같다고 말했다. 성경적인 교회정치를 통해 교회가 예수 그리스도의 지체로서 건강하게 성장하여 하나님 나라에까지 확장시키는 기능을 하는 것이다. 교회정치는 성경에 근거하여 하나님으로부터 기원한다는 신정설(神政說)을 취한다. 초기 교회정치는 신정주의 및 감독정치 형태였다면 종교개혁 이후에는 민주적인 장로교 정치 및 회중정치 형태 등으로 발전해 왔다.

기독교는 주후 1517년 신·구 2대 분파로 분열되었다. 교회는 11세기 서유럽 중심의 서방교회와 동부 유럽 중심의 동방교회로 나누어져 있고, 서방교회는 다시 로마교황청을 중심으로 하는 가톨릭교회(Catholic)와 16세기 루터 등 종교개혁자들의 영향으로 시작된 개신교회(Protestantism)로 구분된다. 그리고 개신교회는 동일한 성경을 가지고 있으면서도 교리적인 갈등으로 인해 다시 장로교회, 성결교회, 감리교회, 침례교회 등 여러 교파로 분열되었다. 로마가톨릭 교회와 루터파 교회는 성경을 신앙과 생활의 규범으로 인정하고, 교회의 전통과 이성까지 성경과 동일한 권위로 받아들인다. 하지만 침례교회나 장로교회는 불완전한 인간의 이성은 신앙의 기준이 될 수 없고, 오직 하나님과 성경, 예수 그리스도만을 최종적인 신앙의 권위로 받아들인다.

(2) 교회정치와 국가

16세기 교회정치제도에 있어서 종교개혁자들의 중요한 관심은 세 가지였다. 첫째는 국가나 국가 권력으로부터 교회의 독립성을 확보하는 것이었고, 둘째는 교회의 질서유지에 있었으며, 셋째는 교회를 바로 세워가기 위한 교회의 치리권 행사 문제였다.

로마가톨릭 교회는 황제－교황주의(Caesar－Papism) 사상, 즉 교회가 국가보다 우선한다며 국가에 개입하려고 했고, 반대로 에라스티안주의(Erastianism)는 정부가 교회에 간섭할 수 있다는 사상, 즉 국가가 교회보다 우선한다며 국가나 국가 권력이 교회 문제에 개입하고자 하였다. 이에 종교개혁자들은 교회에 대한 국가의 간섭을 배제하여 독립성을 유지하려고 하였고, 칼빈(John Calvin)은 국가와 교회는 각각의 고유한 기능이 있고, 국가가 교회 문제를 간섭하거나 교회가 국가의 기능과 대치해서는 안 된다는 인식하에 장로교(Presbyterianism) 제도가 가장 성경적이고 이상적인 교회정치제도라고 확신하게 된 것이다.

장로정치는 황제와 국가를 교회의 일치를 추구하려고 했던 로마가톨릭 교회, 교회와 국가를 적대시하고 교회를 국가화하려고 했던 극단적인 재세례파(Anabaptist), 국가에 교회의 권한을 위임하는 루터교회(Lutheran Church)나 에라스티안주의에 반대한다. 장로정치는 국가와 교회는 독립적이면서도 상호 보완 및 협력관계로 이해하는 정치제도이다(웨스트민스터 신앙고백서 제23장, 벨직 신앙고백서 제36장).

2. 교회정치제도

(1) 교황정치

교황정치(教皇政治)는 로마가톨릭 교회와 희랍 정교회의 정치제도로서 교황은 교회의 머리로서 예수 그리스도를 대리하여 전 세계 산하 교회를 대표하고 통치하는 자이며, 나아가 세속 정부의 영역까지 주관하는 보편적인 교회(Universal Church)를 추구한다. 성경을 하나님의 말씀으로 그 권위를 인정하고 있지만, 기록되지 않은 말씀인 교회의 전통도 신자들의 신앙과 생활에 있어서 규범이 된다고 주장한다. 로마가톨릭 교회는 교회를 계급 구조적으로 이해하는 까닭에 성직자는 평등하지 않으며, 계층화 및 계급화 조직 구조 체계를 이루고 있다. 교황정치 제도는 교황을 정점으로 하여 교황 밑에 추기경단, 그 아래 대주교, 그 밑에 주교, 그리고 그 밑에 부제(副祭) 등의 순서로 계급구조의 형태를 이루고 있다.

교황정치 제도는 전통교회의 치리권만 강화되어 있고, 평신도의 기본권이 보장되어 있지 못하고 있다. 교회 성직자나 지도자들은 교회나 교인들 위에서 군림하는 자리가 아니라, 그리스도의 종으로서 섬김과 도리를 실천하도록 하는 자리에 있다. 교회를 계급 구조적으로 이해하는 교황정치는 성경적 정치 원리와 거리가 먼 교회정치제도이다.

(2) 감독정치

감독정치(監督政治)는 교황정치의 변형으로 영국성공회, 감독교회의 정치제도로서 감독이 예수 그리스도로부터 교회정치를 위임받은 것으로 감독이 교회를 관리·통치하는 정치를 말한다. 교황정치와 마찬가지로 성직자의 계급이 존재하고, 지역교회의 자율권이 인정되지 않는다. 감독정치가 감독의 치리권만 강화되어 있고 평신도의 기본권이 보장되어 있지 못한 점에서 교황정치와 흐름을 같이하고 있으며, 보편적인 교회(Universal Church)를 추구하는 로마가톨릭 교회와 달리 국가교회(National Church)를 지향한다. 현대 감리교회의 감독정치는 다른 개념으로 계급적, 명령적 계통이 아니며 사무적 효율성을 취한 행정적, 조직적 체계이다.

(3) 회중정치

회중정치(會衆政治)는 교회 업무인 목회, 행정, 사역을 분리하여 설교와 목회는 목회자가 하고, 행정은 운영위원회가 담당하며, 사역은 각 그룹에서 평신도가 참여하는 정치 형태로 조합정치(組合政治)라고도 하는데, 회중교회, 독립교회, 침례교회가 회중정치 제도이다. 회중교회는 영국성공회의 감독정치(계층구조)에 대한 반발로 발생한 교회정치 형태로, 예수 그리스도 이외의 그 어떠한 교회의 감독과 같은 계급, 위계질서, 상회를 부정하며, 교회의 모든 일을 결정할 수 있는 최종적인 권한은 개별교회의 회중들에게 있다. 회중 교회에서는 목회자는 권한과 권리가 주어져 있지 않은 사역자일 뿐이다. 따라서 회중교회는 감독들이 교회의 모든 운영권을 독점하는 것을 반대하고, 장로교회처럼 개교회 상위에 노회나 총회를 두어 행정적으로 개교회를 간섭하고 자유를 통제하는 것에도 반대하며, 개교회의 자율권을 강조하는 교회정치제도이다.

침례교회(浸禮敎會)는 평신도들을 활용해 위원회 중심으로 교회를 운영하며 철저한 개교회주의를 지향한다. 회중 교회는 회중에 의한 목사의 선택, 교회 재정의 자율적 집행, 권징의 자율적 시행 등 지역교회의 자율성을 절대적으로 보장하지만, 교회의 계급 구조화를 초래하는 것을 경계하며 교회 연합을 배척한다. 회중 교회의 가장 큰 특징은 교회와 교회, 목사와 목사 간의 평등을 강조하고, 어떠한 계층·계급구조를 부정한다는 점이다.

(4) 무교회주의

영국 국교의 형식주의 및 제도주의에 대한 반동으로 생겨난 퀘이커(Quakers)와 달비파(Darbyites)는 교회의 모든 외적 형식은 퇴색되어 인간적인 요소를 신적 요소보다 높이는 결과를 가져오므로 거부해야 한다는 비기독교적인 사상이다. 무교회주의(無敎會主義)는 기독교 믿음과 신학의 근거는 눈에 보이는 교회와 전통이 아니라, 성경이라는 복음주의에 있다고 주장하고, 교회의 존재를 부정하고 성경과 신앙만을 강조한다. 한국교회는 일본의 대표적 무교회주의자인 우치무라 간조(內村鑑三)의 영향을 받은 사람들에 의해 전파되었다.

(5) 장로정치

한국 장로정치는 모세가 미디안 사람인 장인 이드로의 권면을 듣고, 온 백성 가운데서 능력 있는 사람들 곧 하나님을 두려워하며 진실하며 불의한 이익을 미워하는 자를 살펴서 백성 위에 세워 천부장, 백부장, 오십부장, 십부장을 세워 백성들을 효과적으로 재판하도록 하였던 제도에서 기원한다(출18:25－26). 한국장로교의 헌법과 장로정치는 웨스트민스터 총회(Westminster Assembly of Divines, 1643－1649) 헌법에 근거하고 있다. 한국장로교 헌법은 1643년 영국 정부의 주관으로 목사 120명, 장로 30명이 런던 웨스트민스터 교회에 모여 만든 웨스트민스터 총회의 헌법을 기본으로 하는 헌법을 수정하여 채용하였다. 그리고 1643년 제정된 웨스트민스터 헌법과 이를 계승한 미국 연합장로교 전신인 북장로교 헌법을 1917년 9월 1일 '조선예수교장로회' 제6회 총회에서 웨스트민스터 헌법을 수정하여 채용한 정치제도이다.

장로정치(長老政治)는 지교회 교인들이 장로를 선택하여 당회를 조직하고 그 당회로 치리권을 행사하게 하는 주권이 교인들에게 있는 대의적 민주정치를 말한다. 국민이 국회의원을 선출하여 국회로 하여 국민의 경험적 의사를 반영하여 국가정책을 실현해 가는 대의(간접)민주주의 방식이 있고, 국민이 국민투표를 통하여 직접 참여하는 직접민주주의 방식이 있는 것처럼, 장로회 교회는 대의민주주의 방식인 당회를 통한 교회정치를 실현하며, 더불어 교인들이 공동의회를 통하여 직접 참여하는 직접민주주의 방식으로 교회정치를 실현해 간다. 장로정치의 3대 원리는 그리스도의 주권 아래서 모든 지체와 지교회들이 누리는 평등성(平等性, equality), 국가기관으로부터 독립하여 직분자를 통해서 운영되는 자율성(自律性, autonomy), 지교회의 대표들을 통해 연합하는 연합성(聯合性, unity)에 있다. 핫지(J. A. Hodge)는 「교회정치 문답조례」에서 장로정치를 첫째, '장로에 의한 정치', 둘째, '교역의 동등성', 셋째, '치리회의 3심제도'라고 하였다. 장로정치는 회중교회의 자율성(自律性)과 평등성(平等性)을 수용하고, 모든 교회가 그리스도의 몸이라는 사실 때문에 연합해야 한다고 믿고,

치리회로서 당회, 노회 그리고 총회를 둔다. 장로정치는 주권이 교인에게 있는 민주정치로서, 목사와 지교회 교인들이 선택한 장로로 조직된 당회, 상회인 노회, 총회에 이르는 삼심제 치리회가 있다(헌법 정치 총론).

3. 한국장로교 정치의 본질

(1) 대의민주주의

장로정치 제도는 구약 율법시대부터 존재해 온 제도로서 한국 개신교 장로교단이 '장로'라는 직제를 받아들임으로써 시작되었다. 장로정치는 감독정치와 회중정치에 반대되는 개념으로 장로교는 로마가톨릭 교회와 같이 성직자에 의한 독단적인 정치를 인정치 않고, 회중 교회의 개인주의도 인정하지 않는다. 장로정치 제도는 장로들에 의한 대의 민주정치 형태이다. 목사와 교인들의 투표로 선출한 장로가 중심이 되는 당회라는 조직을 통해 대의적인 교회정치를 행하고 있는 가장 민주적인 제도이다.[17] 장로는 치리(Ruling)와 강도(Teaching)를 겸하는 목사장로(Teaching Elder)와 교인들의 대표자인 치리장로(Ruling Elder)로 구분된다. 목사와 장로로 구성된 당회, 노회, 총회 등 치리회에 의해 교회의 치리와 권징이 집행된다.

장로정치 제도는 목사의 교권을 보장하고, 당회와 공동의회 등을 통해 교회 제정과 감시, 교회 직원인사에 관한 투표 등을 통한 의사 표현 등 평신도의 기본권을 보장하고 있는 제도이다. 장로정치는 모든 성도가 정치적인 권리에 있어서 평등하고 그들에 의하여 정치가 이루어져야 한다는 정치가 아니라, 강도권을 가진 목사와 교인의 기본권을 대변하는 치리 장로의 권한을 서로 동등(균형)하게 해 상호 견제와 균형, 조화의 원리를 바탕으로 교회의 질서와 거룩성을 유지하고, 교회 일치를 추구하며 교회의 성장을 도모하는 교회정치제도이다.

(2) 평등주의

1) 직분의 평등

장로정치 제도는 평등의 원리를 채택하고 있다. 한국장로교의 목사, 부목사, 장로 직분은 서열이나 계급을 의미하지 않는다. 목사와 장로, 모든 직분은 만인제사장(萬

17) 임택진, 「장로회 정치해설」, '한국장로교출판사', 1995, 17~21면.

人祭司長) 원리에 의해 하나님 앞에서 평등하고, 직분간의 평등을 강조하며, 직무에 있어서 치리권과 봉사권이 동등하다. 목사와 치리 장로, 모든 직분은 은사에 따른 직무상 구별이 있을 뿐, 상·하위 위계나 계급구조가 아닌 평등 관계이다. 하지만 장로회 헌법은 하나님 말씀인 성경을 최상위의 권위로 인정하고, 장로교 정치원리로 강조하는 측면에서 강도권을 가진 목사와 평신도의 직분을 그 권위에 있어서 구별하고 있다. 장로교회는 은사를 가진 사가 교회를 유익하게 하는 까닭에 은사적 측면에서 직분자를 세운다.

2) 목사직의 평등

감독주의를 채택하고 있는 로마가톨릭, 성공회 등은 성직자의 계급구조 체계를 이루고 있고, 교황이나 감독이 교회의 머리가 되어 상위에 존재하고 성직자들을 서열화 또는 계급화하고 있다. 하지만 장로정치 제도는 직분의 위계성(位階性)을 부정하며, 모든 사역자의 평등성(parity between ministers)을 보장한다. 따라서 위임목사, 시무목사, 부목사, 교육목사 등의 구분이 서열을 의미한다고 볼 수 없다. 그런데 한국교회는 위계질서를 강조하고 있다. 장로의 경우 개교회에 '수'(首) 장로라는 말이 엄연히 존재하고, 목사도 위임목사, 임시목사, 부목사 등으로 구분하고, 지위와 질서를 강조하고 있다.

부목사(副牧師)의 경우 헌법에 위임목사(委任牧師)를 보좌하는 목사로 규정하고 있다고 하여 위임목사에게 종속되어 있음을 의미하는 것이 아니다(정치 제4장 제4조 3). 부목사는 행정과 목회에서 위임목사를 도와 협력하는 동역관계(同役關係)이며, 부목사가 위임목사에 속해 있는 종속관계(從屬關係)가 아니다. 하지만 한국교회는 실질상 위임목사는 부목사를 예속(隷屬)된 관계로 인식하고, 위임목사와 부목사 간의 서열화 및 계층화를 정착시켜 부목사를 통제하려고 하고 복종하도록 강요한다. 부목사 제도는 엄밀한 의미에서 장로교 원리를 훼손하는 제도로써 논의가 필요하다.

목사의 평등이 가장 잘 드러나는 것은 목사의 강도권(講道權)이다. 부목사를 포함하여 모든 목사는 목회하는 목사이고, 독립적으로 설교할 수 있는 목사이다. 장로정치 제도는 목사의 강도권을 치리나 행정보다 우위에 두고 있고, 강도권의 독립성을 강조하며 보장한다. 강도사로 인허를 받거나 목사로 임직받은 사람은 누구로부터도 구속받지 않는 강도권을 갖는데, 강도권은 독자적으로 성경을 해석하고, 증거할 수 있게 되었음을 의미한다.

(3) 하나님 주권과 교인 주권

장로정치 제도의 핵심 사상은 하나님의 주권이다. 교회는 예수 그리스도 몸으로 그리스도께서 교회의 머리가 되시며 모든 그리스도인은 예수 그리스도의 몸으로 존재한다. 그러므로 교회의 머리가 되신 예수 그리스도 그분만이 말씀과 성령으로 교회를 다스리고, 교회를 주관하는 주권자가 되신다. 성식자인 목사와 평신도인 장로와 교인들은 은사에 따라 강도와 치리와 봉사직무를 수행하는 직분자로 존재한다.

장로정치는 교회의 주권이 교인에게 있는 민주정치이다. 그런데 교인 주권 원리를 오해하여 마치 교인들이 교회의 주인이고, 교인의 대표자인 장로를 교회 주인처럼 여기는 경향이 있는데, 이는 장로정치의 본질을 잘못 이해하는 것에서 비롯되었다. 장로정치가 교회주권이 교인에게 있는 민주정치라는 의미는 교인들이 투표에 의해 의사표시를 하는 민주적 절차에 의해 하나님의 주권이 반영되는 정치를 뜻한다. 하지만 장로정치의 본질인 교인 주권은 하나님 주권에 속한 주권을 말하는 것으로, 하나님 주권과 교인 주권은 결코 동일시될 수 없는 것이다.

(4) 교회의 치리권

장로정치 핵심 원리 중 하나는 치리(治理)에 있다. 교회의 치리(church discipline)는 예수 그리스도께 속한 사람들의 성경적·사회적 범과에 대해 교회 안에서 행해지는 영적인 치리이다. 치리의 목적은 교인들이 범과를 회개하고 제거하도록 하여 신앙을 회복함으로써 하나님의 백성답게 살도록 가르치고 권면하는 것과 필요에 따라 벌을 통해서라도 정상적인 그리스도인, 그리스도의 제자(disciple)로 살도록 하는 것이 다 포함된다. 교회의 치리는 교회를 교회답게 하고, 교인을 예수 그리스도의 제자답게 하며, 하나님의 백성답게 한다.

장로교회는 말씀과 가르침에 수고하는 장로인 목사 장로(Teaching Elder)와 잘 다스리는 장로인 치리 장로(Rulling Elder)로 구분되는 장로의 역할이 중요하다고 할 수 있다(딤전5:17). 네덜란드 신학자인 헤르만 바빙크(Herman Bavinck)는 그의 저서 <개혁주의 교의학>에서 '신자들의 모임인 교회에 치리(discipline)는 필수적'이라고 하였다. 장로교회는 장로가 세워질 때, 비로소 장로교회가 되는 것이다. 장로를 세우지 않는다면 장로교회 되기를 포기하는 것과 같다. 일반적으로 장로는 치리 장로를 뜻하는데, 미국 북장로 교회의 영향을 받은 한국 장로교회는 교인이 선출하는 교인의 대표자인 치리 장로와 하나님 말씀을 선포하는 교회의 대표자인 목사 장로를 구분한다. 치리 장로와 목사 장로는 상호 존중하고 협력하여 교회의 행정과 치리를 수행해야 마땅하지만, 현재 한국 장로교회는 상호 협력보다는 갈등과 반목으로 대립관계에 놓여 있다.

4. 한국장로교의 8가지 원리

장로정치는 8가지 원리를 두고 있다(헌법 정치 제1장). 즉 양심 자유, 교회 자유, 교회의 직원과 그 책임, 진리와 행위의 관계, 직원의 자격, 직원의 선거권, 치리권, 권징 등이다. 몇 가지 주요한 원리를 살펴보려 한다. 양심의 자유(freedom of conscience)는 하나님이 부여하신 양심에 따른 개인의 자유이다. 양심(良心)이란 자연으로부터 또는 우연히 생겨난 그 무엇이 아니라, 창조주이신 하나님이 사람을 창조하시고 사람 안에 심어주신 씨앗과 같은 것, 하나님이 사람에게 주신 선물이다. 특히 장로정치의 8가지 원리 중 제1조 양심의 자유는 모든 사람이 신앙생활과 예배 등 종교 행위를 함에 있어서 강요나 강제 받을 필요가 없고, 양심에 따라 판단할 권리가 있으며, 그 누구라도 과분한 강요나 명령을 금지한다는 원리를 말한다.

양심의 자유가 개인의 기본권이라면, 교회의 자유는 교회가 교회규칙 제정, 교회조직, 교인이나 직원의 자격 등을 설정할 수 있고, 교회가 정한 규칙 등에 의하여 치리권을 행사할 수 있는 교회의 자유권이다. 그리고 교회는 국가나 누구로부터 통제와 간섭 등 강요받지 않을 권리, 불이익을 받지 않을 권리가 있으며,[18] 교회 또한 국가의 통치와 체제에 간섭하지 말아야 함은 물론이다. 근대사회 국가는 대부분 헌법에 종교의 자유를 보장하고, 종교와 정치를 엄격히 분리하는 정교분리의 원칙을 채택하고 있다.[19]

교회 직원은 교회의 머리가 되신 예수 그리스도께서 그 지체 된 교회의 덕(그리스도의 몸)을 세우기 위해 세우신 거룩한 직분이다(엡4:12). 하나님은 교회의 직원들에게 책임을 부여하셨다. 교회의 직원은 복음을 전파하고, 성례를 시행하고, 성도로 하여 진리와 본분을 준수하도록 관리하며, 성경과 교회법을 위반한 성도들의 범죄에 대하여 성경과 교회법으로 공명정대하게 치리하고 교회의 거룩성을 유지하도록 하

18) 헌법재판소 2001. 9. 27. 선고 2000헌마159 결정.
19) 대한민국 헌법 제20조 제1항 '모든 국민은 종교의 자유를 가진다.' 종교의 자유(freedom of religion)는 자신이 자의에 의해서 선택하고 자기가 원하는 방법으로 믿을 수 있는 권리이다.

여야 한다.

교회 직원의 자격은 교회의 도리에 순복하는 자이어야 한다. 성경의 도리를 벗어나거나 교회법을 위반하는 자는 직원이 될 수 없다. 그리고 직원은 진리에 대한 견해와 교회 규칙에 대한 의견이 서로 다를 수 있다는 것을 인정해야 한다. 칼빈(John Calvin)은 직분에 있어서 소명을 중요시하였는데, 진정한 사역자는 합법적인 소명이 있어야 하고, 그 소명자는 소명에 즉시 응하고 명령 받은 일을 책임지고 수행해야 한다고 하였다. 그리고 칼빈은 직분자 조건으로 건전한 교리를 믿으며, 생활이 거룩하고, 그들의 권위를 빼앗기거나 그들의 사역에 수치가 될 만한 허물이 없는 사람이라야 한다고 하였다.[20] 교회 직원의 자격과 권한, 선거, 위임 사항 등은 성경과 교회법에 기록되어 있으며, 교회법에 따라 교인들의 투표로 선출된다.

교회 직원은 진리에 기초하여 행동하는 사람으로 선하고 성결하게 행동하는 경향을 갖게 된다. 그렇다고 기독교의 신앙이 선행만을 추구하는 도덕적인 선한 사람을 목표로 하는 것이라고 보아서는 안 된다. 하지만 신앙과 행위는 연락하므로, 신앙은 행위의 가치를 더욱 높여주고, 선한 행위는 신앙의 성장을 가져다주기 때문에 구별되거나 분리되어서는 안 된다. 선한 행위는 믿음에서 우러나온 행위, 즉 신앙의 결과이므로 신앙 행위로 정의되어야 한다(롬14:23).

5. 한국장로교의 갈등

교회정치제도들 가운데 성직자와 평신도의 견제와 균형의 조화, 신본주의와 민주주의의 조화가 잘 이루어지는 정치가 장로정치 제도이다. 하지만 한국 장로교회는 교회가 성장하고 대형화되면서 대립과 갈등이 발생하기 시작했다. 장로교 본질은 목사와 장로가 협력하여 교회의 치리와 성도의 신앙을 살피고 기도하며 교회를 바르게 세워나가는 역할을 수행하는 것이다(엡4:11－12). 그러나 교회가 대형교회를 추구하고, 교회의 양적성장을 지향하고, 교회 재정의 불투명, 교회의 올바른 성장과 성도를 바르게 세우는 일보다 권력의 견제 등이 두드러지게 강조되면서 장로회 본질과 정체성(identity)이 상실되었다. 그로 인해 교회 내에서 목사와 장로, 교인과 장로, 목사와 교인 간의 반목과 갈등이 생겨났다. 그리고 목사가 교회 성장을 개인의 목회 성공으로 결부시키려 하고, 교회 직분의 권력화 및 서열화, 장로직의 사회 신분의 연장선

---

20) 칼빈, 「기독교강요」, 제4권 3장 10절, 12절.

상에서 동일시되는 경향, 교회 운영에 있어서 목회 사역에 대한 견제 권한을 행사하려고 하는 의도가 결부되면서 상호 간 불신과 갈등이 더욱 심화되었다.

장로교 정치는 담임목사의 독재정치가 되어서는 안 되고, 그렇다고 교인이 교회의 주인 마냥 교인의 주권을 우선시하거나 당회의 절대적 우월적인 개념을 바탕으로 하는 민주주의가 가장 중요한 요소가 되어서도 안 된다. 장로교 정치의 본질은 하나님의 말씀인 성경에 근거하고, 하나님으로부터 나오는 권세로 하는 신정정치(theocracy)[21]가 되어야 한다.

21) 신정정치(神政政治)는 유대인 역사가 요세푸스(Titus Flavius Josephus, 37－100년)가 최초로 주창한 말인데, 군주나 종교지도자들이 신(神)을 대리하여 절대적 권력으로 국민을 지배하고 다스리는 정치 체제를 말한다. 신정정치(神政政治)는 경전이 곧 법이고, 경전에 의한 지배가 이루어지는 이슬람 국가와 같은 신정일치(神政一致)를 말하지 않는다. 과거 정교분리원칙이 정립되기 이전 사회에서는 지배의 정통성을 주장하기 위해 군주나 종교지도자들이 신정정치를 하는 경우가 많았다. 그러나 장로교 정치에서 신정정치는 목사, 장로, 교인의 주권이 강조되는 정치가 아니라, 하나님 말씀인 성경의 원리가 강조되고 적용되는 정치를 의미한다.

제3절 ‖ 교회정치와 삼권분립

Ⅰ. 삼권분립

1. 삼권분립의 의의

(1) 삼권분립 개념

자유민주주의 정치원리 중 하나인 삼권분립(三權分立)은 국가 권력이 집중되는 것을 방지하기 위한 정치조직의 원리로서 권력분립(權力分立)이라고도 한다. 국가의 권력(힘)이 한 곳으로 집중되면 권력의 남용과 자의적인 권력 행사를 하게 되어 국민의 자유와 기본권이 침해를 받게 된다. 따라서 삼권분립은 국가 권력을 입법, 사법, 행정 삼권으로 나누고, 국가 권력을 각 별개의 권력에 분담시켜 상호 견제·균형을 유지하며 권력의 남용 및 오용을 방지하게 함으로써 궁극적으로 국민의 자유와 권리를 보장하기 위한 제도라고 할 수 있다. 그렇다고 삼권분립은 삼권의 배타적(排他的)인 독립을 의미하지 않으며, 오히려 어느 정도 중첩되는 권력을 마련함으로써 상호간에 독립적(獨立的)인 기능과 역할이 가능하게 한 정치원리이다.

국가 권력분립의 궁극적인 목적은 서로 다른 국가 기관이 국가의 힘과 역할을 나누어 서로를 견제하며 균형 있는 정치를 통하여 권력의 남용을 막고 국민의 자유와 권리를 확보하고 보호하기 위함이다. 하지만 현대 국가는 복잡해진 사회구조, 복지 요청, 개인의 자유와 권리 확대 요구 등 사회 문제가 복합적으로 작용하기 시작하면서 국가 권력의 강화 요구와 더불어 개인의 자유와 권리의 확보 문제를 조화시켜야 하는 숙제를 안고 있다.

(2) 현대 민주국가와 삼권분립

삼권분립은 영국의 정치사상가인 존 로크(John Locke)와 프랑스의 사상가인 몽테스키외(Montesquieu, C.S.) 등이 주창하였는데, 몽테스키외는 그의 저서 「법의 정신」에서 입법, 행정, 사법의 분립을 처음으로 주장하면서 건강한 국가는 건강한 나무처럼 몇 개의 가지로 나뉘어 있어야 한다고 하였다. 건강한 국가는 삼권분립 원칙이 잘 이루어지는 국가로서 국민의 기본권이 철저히 보호되며 자유민주주의 발전을 가져오지만, 삼권분립의 원칙이 잘 지켜지지 않는 국가는 독재와 억압, 부정부패로 말미암아 국민의 기본권이 보호받지 못하여 민주주의가 퇴보하게 된다는 것이다.

미국은 최초의 삼권분립을 실현한 국가라고 할 수 있다. 1776년 7월 4일 선언되었던 미국 독립선언문(Declaration of Independence)에는 국민이 주인이 되는 국민주권(popular sovereignty), 권력분립(separation of powers), 천부인권(자연권, Natural rights) 등 현내 민주국가에서 중요하게 생각하는 원리들을 대부분 포함하고 있다. 1787년 9월 17일 조지 워싱턴(George Washington)을 위시한 '미국 건국의 아버지들'(Founding Fathers)로 불리는 55명은 독립선언서 정신을 구체화한 미국 연방헌법(Constitution of the United States of America)을 필라델피아(Philadelphia)에서 개최되었던 제헌의회에서 공포하였다. 이후 프랑스 영국 등 대부분 자유민주주의 국가에서 근본적인 정치원리로 발전하였다.

우리나라는 1919년 4월 11일에 공포된 '대한민국 임시헌장'에서 도입되었으며, 1948년 7월 17일 제헌헌법(制憲憲法)에서도 삼권분립을 명문화하여 현대까지 이어져오고 있다. 법률을 제정하는 일은 입법부인 국회, 법률을 적용하는 일은 사법부인 법원, 정책을 집행하는 일은 행정부인 정부로 각각 분립해 있다. 입법부인 국회는 행정부인 정부에 대해 국정감사권 및 탄핵소추권을 가지고 있고, 행정부인 정부는 입법부인 국회에 대해 법률안 거부권을 가진다. 그리고 입법부인 국회는 사법부인 법원에 대해 대법원장 임명 동의권을 가지고 있고, 사법부 법원은 입법부인 국회에 대해 위헌법률심사제청·심판권을 가진다. 사법부인 법원은 행정부인 정부에 대해 명령·규칙심사권을 가지고 있고, 행정부인 정부는 사법부인 법원에 대해 대법관 임명권 및 사면권을 가진다.

2. 장로회 정치와 대의민주제

장로회 정치는 지교회 교인들이 교회 운영에 직접 참여하지 않고 장로를 선출하여 당회를 조직하여 그 당회로 하여 치리권(治理權)을 행사하게 하는 주권이 교인들에게 있는 대의민주제 정치이다. 칼빈(John Calvin)은 목사 5인과 장로 12인으로 구성한 평의회(consistorium)를 조직하여 교회를 운영했다. 오늘날 장로회 정치는 이 제도를 계속 이어받아 목사와 장로로 당회를 구성하여 치리하고 있다. 장로회 교회가 채택하고 있는 대의제도[22]는 본질적으로 견제와 균형의 원리를 바탕으로 하여 성직자인 목사의 치리권(治理權)과 평신도 중에서 장로들을 선출하여 견제와 균형으로 기본권(基本權) 사이에 조화를 이루도록 한다. 그러므로 장로회 정치는 성직자의 치리권과 평신도의 기본권을 서로 동등하게 하고, 상호 견제함으로써 그 어느 쪽에도 치우침이 없이 교회의 발전과 부흥을 도모하는 정치제도라고 할 수 있다. 하지만 오늘날 교회는 교인들에 의해 선출되고 조직된 당회가 교인들의 경험적 의사를 반영하여 교회를 운영하지 아니하고, 노회나 총회는 총대들의 의사만 대변하는 행정과 치리권을 행사함으로써 장로회 정치원리인 대의민주제에서 벗어난 정치를 하고 있다.

Ⅱ. 교회와 삼권분립

1. 한국교회의 권력구조

대부분 자유민주주의 국가는 삼권분립을 법치 원리로 하고 있다. 삼권분립은 삼권의 각 권력상호간 견제와 균형을 통하여 어느 일방으로 국가 권력이 집중하거나 남용하는 것을 방지함으로써 궁극적으로 국민의 자유와 권리를 보호하려는 국가작용의 근본원리라고 할 수 있다. 우리 헌법은 법을 만드는 입법권은 국회에(헌법 제40조), 법을 집행하는 권력인 행정권은 대통령을 수반으로 하는 정부에(헌법 제66조 제4항), 법을 판단하고 선언하는 사법권은 법관으로 구성된 법원에(헌법 제101조) 속한다고 명확히 규정하고 있다.

교회의 모든 권력은 하나님으로부터 나온다(약4:12). 즉 교회의 권력 원천은 하나님께 있는 것이다. 교회 권력구조는 국가 권력구조와 마찬가지로 입법, 행정, 사법 삼권으로 이루어져 있다. 자유민주주의 국가 권력이 삼권분립을 원칙으로 하는 것처럼, 교회 권력도 삼권분립 원칙이 지켜져야 한다. 목사, 장로, 평교인 간의 권한이 분산되고, 공동의회, 당회, 제직회 기관 간의 권한 분립으로 균형과 상호 견제가 이루어질 때, 건강한 교회로 발전해가게 된다. 그러나 오늘날 한국교회, 특히 장로교회는 지나치게 교회 권력이 치리회인 당회, 노회, 총회, 그리고 그 구성원인 담임목사와 장로들에게 집중되어 있다. 한국교회의 권력 독점 및 집중과 편중은 권력의 통제

22) 대의제도(代議制度)는 국민이 대표자를 선출하고 그 대표자에게 정치의 운영을 맡기는 제도이다. 그러나 대의민주제 기능을 하지 못하는 때에는 국민이 국민투표 및 국민소환제, 광장 등을 통해서 직접 국가의사에 참여하고 결정하게 되는데, 이를 직접민주제라고 한다.

와 견제기능의 상실을 가져왔으며, 그 결과 목사와 중직자에 의한 부정과 부패가 끊이지 않고 발생하는 원인이 되었다. 교회의 권력 집중 및 편중을 방지하고, 교회와 목사의 부정부패를 방지하려면, 교회 권력 상호 간에 견제와 통제가 이루어지도록 입법, 사법, 행정 등 온전한 삼권분립 기능이 이루어지도록 보장되어야 한다.

2. 교회 권력분립의 목적

장로교회의 권력분립 목적은 교회 권력간 견제와 균형을 통하여 그리스도 안에서 교인의 평등한 기본권이 존중받고, 어느 일방으로의 교회의 권력 집중 및 편중을 방지하여 목사 또는 소수 중직자에 의한 일방적인 권력남용과 부정부패를 방지하며, 궁극적으로 교회가 건강한 교회로 발전·부흥하기 위함이라고 할 수 있다. 교회가 입법, 사법, 행정의 삼권분립이 잘 이루어지고, 담임목사나 치리회인 당회에 집중되었던 권력이 분산되면 목사의 독재와 장로의 월권을 방지하는 것은 물론이거니와 장로교회 정치원리와 헌법이 보장한 규정 안에서 협력과 견제를 하므로, 부정과 부패를 방지하고, 교회의 구성원인 교인의 기본권이 보장되는 건강한 교회가 되게 한다. 따라서 장로회 정치는 어느 한쪽이 절대 권력을 행사하지 못하도록 견제와 균형을 통하여 발전하게 하는 정치제도라고 할 수 있다.

3. 교회 권력의 삼권

(1) 입법권

입법권(立法權)은 실질적 의미에서 교회법을 제·개정하는 권능을 말하고, 형식적 의미에서 공동의회가 가지는 교회법 제정권을 말한다. 교회 입법권은 제직회나 당회, 당회장인 목사에게도 권한이 없고, 교인들의 총회인 공동의회가 교회법인 교회정관의 제정 및 개정할 수 있는 권리를 갖는다. 교회법 제정 및 개정은 성경에 기초하여야 하며, 교회의 교리에 관한 것이어야 한다. 그리고 교회 입법은 사회상규(社會常規) 및 국가의 법령을 위배하는 제정 및 개정은 불가하며, 상회인 교단 헌법을 위배하는 규정이나 교인의 사생활에 관한 입법행위를 할 수 없다.

(2) 사법권

사법권(司法權)은 성직권을 가지고 있는 목사와 교인들의 대표인 장로들로 조직되어 있는 치리회인 당회에 주어진 권한으로, 교인이나 직원의 범죄 사건에 대하여 고소나 고발로 소송을 하게 되는 때, 재판하여 판결하게 된다. 교회 사법권은 보통 재판건(裁判件)으로 교회의 질서를 위해 범죄인에 대해서 재판을 하여 판결을 하는 권한이다. 당회는 교인이나 직원의 범죄의 범위와 성경과 교리, 교단 헌법과 교회정관, 사회상규 및 국가법 위반 전반에 걸친 사건을 포함하여 재판한다. 교회는 교회의 질서와 거룩성을 수호하고, 범죄한 교인으로부터 악행을 제거하여 신령적 유익을 도모하기 위해서 사법권을 행사하게 된다(권징조례 제2조). 하지만 치리회인 당회는 사법권을 행사할 때 반드시 교회법과 절차에 따른 재판을 거쳐야 한다. 만약, 교회법에 따르지 아니한 중대한 흠이 있거나 재판이 없이 행사된 권징(勸懲)은 효력이 없는 무효가 된다. 또한 치리회가 아닌 공동의회나 제직회에서의 재판결의는 권한이 없는 재판으로 아무런 효력이 없다.

(3) 행정권

교회 행정권(行政權)은 주로 당회장인 담임목사의 전임 사역에 해당한다. 담임목사는 교회를 대표하여 교회 내·외부에 대해 대표자가 되며, 당회와 협력하고 제직회 및 교회 기관들을 총괄하여 행정사무를 한다. 당회(堂會)는 교회 전반에 걸쳐서 운영 및 지도와 감독을 하고, 신령한 교회 사무를 처리하며 교인의 행위를 총찰(總察)한다. 제직회(諸職會)는 재정수납을 담당하되 당회의 지도와 감독을 받아 담임목사의 지시를 받고 당회와 공동의회에서 위임하는 금전을 처리하고, 제직회에서 의결하는 금전을 출납한다. 제직회의 재정 위원은 삼권분립 원칙상 사법권을 가지고 있는 치리회 당회원이 위원이 되어서는 안 된다. 그리고 교회 규모가 비교적 작은 경우에 담임목사가 재정까지 관리하고 집행하는 경우가 있는데, 교회 규모가 작을지라도 교회 재정만큼은 제직회에서 관리하고 집행하도록 해야 한다. 제직회는 재정집행에 있어서 독립적이지만, 당회나 공동의회의 의결에 따른 재정을 집행·관리하고 교회에 보고해야 한다.

4. 교회 기관 상호 간 삼권분립

(1) 당회와 삼권분립

교회정치제도에서 장로회 정치는 노회에서 위임하여 파송한 성직권을 가지고 있는 목사와 교인들의 대표인 장로가 당회를 구성하여 지교회(支敎會)를 치리하는 정치제도이다. 장로회 정치원리는 공교회가 어느 일방의 절대적인 권력 행사로 말미암아 교회가 부패하게 되는 것을 방지하기 위한 목적으로, 성직권을 가지고 있는 목사와 교인들의 대표인 장로가 상호 간에 견제와 균형의 원리에 바탕을 두고 있다고 할 수 있다.

당회(堂會)는 입법권은 없지만, 당회장인 목사와 더불어 사법권을 가지고 있고, 교회의 전반적인 목회와 교회를 운영하는 행정권을 가지고 있다. 당회는 입법권을 가지고 있지는 않지만, 실질적으로 교회의 중심 권력으로 교회 운영 전반에 관여하고 있다. 또한 고유한 입법권을 가지고 있는 공동의회의 소집 요구권을 가지고 있고, 공동의회 구성원으로서 강력한 영향력을 가지고 있다. 따라서 당회의 의견표명 여부에 따라 교회의 삼권분립 성공 여부가 판가름 난다고 할 수 있을 정도로 당회의 역할이 중요하다.

(2) 공동의회의 당회에 대한 견제기능

공동의회(共同議會)는 사법·행정권을 행사하는 당회에 대한 통제와 견제하는 기능을 한다. 당회 구성원은 위임받은 담임목사와 교인들로부터 선출된 장로들로 조직된다. 교인들은 교회의 담임목사를 위임·청빙하고 치리에 복종할 것을 서약하며, 장로들은 교인들로부터 투표로 선출되어 임직식에서 교인들과 서로 복종을 서약하고 치리 권한을 위임받는다. 교인들은 구성원 3분의 1 이상의 청원으로 공동의회 소집이 가능하고, 공동의회를 통해서 당회에서 결정된 사안들에 대해서 거부·취소할 수 있으며, 장로들에 대하여 공동의회에서 계속 시무에 대한 신임투표(信任投票)를 행사하므로 사법권을 가지고 있는 당회를 견제한다.

(3) 공동의회의 목회자에 대한 견제기능

교인(敎人)들은 공동의회(共同議會)를 통해서 성직권을 가지고 있는 목사에 대해 교회시무권(敎會視務權)을 승인했던 소속 노회에 그 시무권을 철회해 달라는 청원을 함으로써 견제한다. 장로가 있는 조직교회에서 위임받지 못한 목사는 1년간 시무목사(視務牧師)로 시무한 후에 다시 1년마다 노회에 청원하여 승낙을 얻어야 한다. 공동의회에서 목사의 계속 시무 청빙·청원의 경우에 투표로 결정을 하는데, 교인들의 3분의 2 이상의 찬성을 얻지 못하면 목사는 계속해서 시무할 수 없게 된다. 그러나 장로가 없는 미조직교회에서는 당회장이 3년마다 노회에 청원하여 승낙을 얻도록 하고 있다(정치 제4장 제4조).

Ⅲ. 노회 및 총회의 삼권분립

1. 산헤드린 공회

(1) 산헤드린 공회의 삼권

산헤드린(Sanhedrin)은 예루살렘 유대인들의 최고 의회 기관을 말한다. 산헤드린은 모세가 이스라엘 장로와 지도자들 가운데에서 임명한 70인에 기원한다(민11:16). 산헤드린 공회(Sanhedrin Council)는 대제사장을 의장으로 하여 제사장 그룹과 유대사회 귀족출신인 원로들, 랍비인 율법학자들로 구성되었는데, 대제사장을 포함해 총 71명으로 구성되었다. 산헤드린은 유대인의 의회 기능을 하였는데, 주요 기능은 율법 내용을 해석하는 역할을 하기도 했지만, 주로 유대인의 율법준수 문제에 대한 종교적 재판을 하였다. 산헤드린은 유대인들에 대한 사법권은 물론 로마로부터 인정받은 유일한 자치기관으로서 행정권을 행사하는 등 유대인 공동체 전반에 걸쳐 막대한 영향력을 행사하였다. 하지만 로마 식민지 아래에서 산헤드린은 로마가 인정하는 허용범위 내에서만 행정을 집행할 수 있었고, 제한된 사법권을 행사할 수 있을 뿐이었다(요18:31).

(2) 예수님 재판

예수께서 잡히신 다음 날 대제사장 가야바는 산헤드린 공회를 소집하였다(마26:3). 그리고 산헤드린 공회는 예수님에게 세 가지의 죄목이 있음을 결의하고 빌라도 총독에게 고소하였는데, 첫째, 백성들을 미혹하고 선동하였다는 것, 둘째, 가이사에게 세금 바치는 것을 금했다는 것, 셋째, 자신을 그리스도 곧 왕이라고 주장했다는 것이었다. 산헤드린 공회는 직접 예수님에게 사형선고를 내리지 못했는데, 사형선고는 로마 황제의 권한에 있었기 때문이다(요18:31). 유대 총독 빌라도는 예수님께 죄가 없음을 알고도 민중의 반란을 두려워하여 예수께 사형을 선고하였다(마27:20–26). 산헤드린 공회원 중에 아리마대 사람 요셉과 니고데모는 예수님의 제자였다(마27:57).

산헤드린 공회원이었던 아리마대 사람 요셉은 사형선고 결의에 반대하였으며(눅23:51), 예수님이 십자가에서 처형을 당한 후에 빌라도에게 찾아가 예수님의 시체를 장사할 수 있도록 내달라고 요청하였고(막15:43), 같은 공회원이었던 니고데모는 몰약과 침향을 100리트라를 가져왔으며(요19:39), 유대인의 장례 관습에 따라 향료와 함께 세마포로 싸서 장사지낸 적 없는 새 무덤에 예수님을 장사하였다.

(3) 사도바울 재판

로마 군대의 천부장은 유대인들이 무슨 이유로 바울을 고소하였는지를 알고자 하여 산헤드린 공회에 세우고 심문하였다(행22:30). 바울은 공회를 향해 자신은 하나님 보시기에 범사에 양심을 따라 살았다고 자신을 변론하였지만, 산헤드린 공회 의장인 대제사장 아나니아는 바울의 변론에 폭력으로 대응하였다(행23:2). 바울은 자신이 '죽은 자의 소망 곧 부활의 문제' 때문에 심문을 받는다고 변론하므로, 부활에 대해 서로 다른 견해를 가지고 있던 사두개인들과 바리새인들 사이에 분쟁이 발생하였다(행23:6－10).

2. 예루살렘 총회

바울과 바나바가 제1차 전도 여행 후에 수리아의 안디옥에 있을 때, 유대로부터 한 사람이 와서 예수님을 믿는 이방인들에게 '할례를 받지 않으면 구원받을 수 없다.'라고 주장하였다(행15:1). 이로 인해 변론과 다툼이 일어났고, 안디옥교회는 사도 바울과 바나바, 몇 사람을 예루살렘에 있는 사도와 장로들에게 보냈다. 그리하여 야고보 사도의 주관으로 제1차 예루살렘 총회가 열리게 되었으며, 바리새파 성도들은 '이방 사람들에게도 할례를 행하고 모세의 율법을 지키도록 해야 한다.'라고 주장하였으나(행15:5), 베드로는 '주 예수님의 은혜로 구원을 받는다.'라고 선포하였다(행15:7－11). 예루살렘 총회는 할례를 받아야만 구원을 받을 수 있다는 주장은 예수님의 가르침이 아니며, 오직 예수님의 은혜로 구원받는 것이라고 결론을 내리고, 유다와 실라를 대표로 안디옥교회에 보냈다.

제1차 예루살렘 총회는 이방인들도 할례를 받아야 구원을 받을 수 있다는 주장으로 인해 다툼이 발생하여 이 문제를 해결하기 위해 소집한 총회였다. 예루살렘 총회는 할례를 받아야만 구원을 받을 수 있는 것이 아니라, 오직 예수 그리스도의 은혜로 구원을 받는 것이라는 결의를 하였다. 제1차 예루살렘 총회는 교단총회가 교권이나 정치싸움이 아닌 성경을 해석하여 복음과 진리를 수호하고, 교회와 성도들에게 교리를 확립하여 신앙의 기준을 제시하는데, 교단총회의 존재 목적이 있음을 알려주는 총회였다.

3. 노회 및 총회의 삼권

노회(老會)와 총회(總會)는 입법, 사법, 행정권을 가진다. 노회는 노회규칙을 제정하거나 개정하는 입법권을 가지며, 소속 교회와 목사에 대한 행정권과 사법권을 가진다. 총회는 교단 헌법의 제정이나 개정을 하는 입법권이 있으며 교회와 노회, 목사에 대한 행정권과 사법권을 가진다. 교회나 노회 및 총회의 입법, 사법, 행정권은 교회정관 및 교단 헌법 등 각각의 교회법에 구속된다.

노회와 총회는 지교회를 견제하는 기능을 하고, 총회는 노회에 대하여 견제하는 기능을 하지만, 총회를 견제하는 기능을 하는 기관은 없다. 교회에서 파송된 총대로 이루어진 노회, 노회에서 파송하는 총대로 이루어지는 총회의 권력은 절대적이라고 할 수 있을 정도로 막강하다. 특히 총회는 정치라는 이름으로 교단 헌법 위에 군림하는 등 더 이상 견제 및 통제장치가 없는 무소불위(無所不爲)의 막강한 권력을 가지고 있다. 따라서 총회에 대해서 견제 및 통제할 수 있는 제도가 필요하다.

4. 재판국

교회는 치리회인 당회에서 사법권을 가지고 재판을 하지만, 노회나 총회는 재판국(裁判局)을 두고 재판을 한다(정치 제10장 제6조). 통상적으로 노회나 총회의 재판국원의 임기는 교단 헌법에 보장되어 있다. 그 이유는 재판 국원이 사법권을 행사함에 있어서 누구의 지시나 명령이나 제삼자의 간섭을 받지 않고, 하나님 앞에서 자신의 양심과 소신에 따라 독립하여 재판해야 함을 의미한다. 또한 재판국원은 재판 내용을 이유로 형사상 또는 징계상 책임을 지지 않는 것이 원칙이다. 하지만 근래에 각 교단의 상황을 보면 재판국원의 임기보장이나 독립적 재판원칙이 지켜지지 않고 있는 점은 상당히 우려스러운 점이다. 입법권을 가지고 있는 교단총회가 제 역할을 하지 못하고 있고, 노회나 총회의 재판국이 소수의 정치적 총대들의 정치 공학적 계산에 따라서 훼손되고 있기 때문이다.

Ⅳ. 총회와 총대

1. 총회의 지위와 권한

교단 헌법은 '대한예수교장로회총회는 대한예수교장로회 최고 치리회'라고 선언하고 있다(정치 제12장 제83조). 이 선언은 총회 상위에는 그 어떠한 치리회가 존재하지 않는다는 것을 의미하며, 총회 결정에 대해 변경할 상회가 존재하지 않는 것을 의미한다. 한번 결정된 총회의 의결은 적법절차에 의해 무효가 되지 않는 한 권위가 있고, 모든 소속 교회는 반드시 준수 의무가 있다. 또한 총회는 대한예수교장로회 헌법을 해석할 전권을 갖고 있고(정치 제12장 제87조 제4항), 심지어 법을 잠재우고 결정한 사안에 대해서는 누구든지 교단 헌법 등 교회법과 국가법에 고소, 고발, 소 제기 등 일절 이의제기를 할 수 없으며, 만약 이를 위반하는 경우 모든 권한을 박탈하는 조치가 취해진다. 뿐만 아니라 노회의 결의, 총회재판국의 절차와 합법성을 갖춘 정당한 판결까지 정치적 득실에 따라 총회에서 뒤집히는 일이 예사(例事)이다. 그야말로 총회는 입법, 사법, 행정 등 삼권을 총괄한 막강한 지위와 권한을 행사하고 있다.

2. 총회 삼권분립

현대 자유민주주의 국가는 국가 권력을 입법, 사법, 행정으로 나누어 국민의 자유와 권리를 보장하기 위한 목적으로 삼권분립을 시행하고 있다. 권력이 분립하지 못하고 권력 집중 현상이 발생하면, 독일의 히틀러와 같이 독단적이고 무소불위의 권력으로 인해 부패가 일어나고, 국민의 자유와 권리는 박탈당하게 되기 때문이다. 마찬가지로 교회의 권력도 분립하지 못하면 부패하게 된다. 한국교회의 교단총회는 이단사상과 복음의 진리를 수호하는 긍정적인 역할을 해 왔음은 부정할 수 없지만, 반면 과거 사례에서 알 수 있듯이 부정과 부패로 얼룩져 사회와 교회로부터 냉대와 비난의 대상이 되기도 하였다. 또한 교단총회는 입법, 사법, 행정 등 삼권을 총괄하는 막강한 권한을 가지고, 예수 그리스도의 몸으로 하나인 한국교회를 교권 싸움과 정치적 목적에 따라 둘 또는 그 이상의 교회로 분열시키는 행동을 거듭한 끝에 현재는 약 374개에 이르는 교단으로 사분오열시킨 주범이었음도 부인할 수 없다.[23)]

---

23) 한국학중앙연구원이 문화체육관광부 연구 용역을 받아 조사한 2018년 한국의 종교 현황에 따르면 개신교 교단은 총 374개로 집계되었다. 한기총, 한국교회연합, 한국장로교총연합, 한국기독교교회

3. 총회 총대의 교단 분열죄

교단 헌법 권징조례 제6장 제42조는 '목사가 이단을 주장하거나 불법으로 교회를 분립하는 행동을 할 때 그 안건이 중대하면 면직할 것이다.'라고 규정하고 있다. 교단 분열은 교회분열과 다름없는 불법이지만, 누구 하나 책임지는 사람은 없고 자신들만 옳고, 상대방은 틀렸다고 정죄한다. 교권 정치와 기득권 싸움으로 교단을 분열시키는 총대들의 죄는 당연히 그 어떤 사안보다 중한 범죄행위이므로 권징조례 제6장 제42조(교회 분열죄)에 의거해 징계되어야 하는 것이 마땅하지만, 총회가 교회의 최고 치리회이기 때문에 총대 스스로에 의하지 않고는 징계할 수 없다는 한계가 있다.

4. 금권선거

목사들의 병폐(病弊)가운데 가장 두드러진 행위가 돈에 죽고 사는 맘몬(mammon)이 아닐까 싶다. 특히 한기총의 분열과 교단의 총회장 선거에서의 금권선거는 세상의 조롱거리가 되었다. 한기총 대표회장 금권선거 문제는 모 인사의 폭로와 각종 방송국의 시사 프로그램에서 '한기총 돈 선거 10당 5락의 진실'이란 내용이 보도되면서 금권선거 문제가 수면 위로 떠올랐다. 평생 목회 외에는 다른 일을 한 일이 없는 목사가 수억, 수십억 원에 이르는 비용을 충당하려면 그 돈이 어디서 나오겠는가? 목사는 누구보다 무엇보다 제물에서 성결해야 함에도, 돈으로 표를 사고 당선되려는 사람과 돈을 받고 자신의 양심과 표를 맞바꾸려는 맘몬주의(mammonism)에 지배당한 사람들의 이해관계가 맞아떨어졌기 때문에 이러한 금권선거가 판을 치게 된 것이다. 천하의 모든 것이 하나님의 소유이다. 특히 헌금(獻金)은 목사의 소유도 아니고, 교인들의 소유도 아니며, 하나님께 구별된 소유에 해당한다. 한기총, 한교연, 교단총회장 등 교회 연합 기관의 수장을 선출하면서 헌금으로 표를 매수하는 행위는 하나님의 것을 도적질하였던 아간(עכן)의 행위와 같은 중범죄에 해당한다(수7:1–26).

5. 총회와 총대에 대한 제언

(1) 교단총회의 공회 기능 회복

한국교회의 부흥과 건강한 교회를 위해 교회와 목사님들이 주창하는 내용들을 간

협의회 등과 문체부에 등록된 교단을 취합한 결과이다.

추려 삼가 조심스레 몇 가지 제언을 해본다. 물론 일반 사회조직과 다른 교단총회와 교회의 특수성이 있고, 장단점이 발생할 수 있는 까닭에 충분한 연구와 논의가 필요하리라. 하지만 분명한 사실 하나는 한국교회의 평양 대부흥 운동 재현은 교단총회와 총대들의 변화와 혁신이 있어야만 시작될 수 있다는 것이다.

사도신경(使徒信經, Apostles' Creed)에 교회에 대한 '거룩한 공회'를 믿는다는 고백이 있다. '거룩한 공회'(Holy Catholic Chuch)를 믿는다는 것은 교회는 예수그리스도를 구주로 믿는 신앙고백으로 하나 된 신앙 공동체를 믿는다는 것을 뜻하고(마16:16), '교회는 하나'라는 통일성을 의미한다고 할 수 있다. 여기서 하나의 교회는 외형적·제도적인 불완전한 교회들의 하나를 의미하지 않으며, 예수 그리스도를 구주로 고백하고 하나님의 자녀가 된 교회들의 하나를 의미한다. 예수 그리스도를 구주로 고백하는 교회는 모두 하나의 교회이므로 서로 배척하거나 적대시 하지 말아야 하고, 서로 협력하며 교회의 통일성을 이루어 가야 한다. 그런데 한국교회는 개(별)교회 중심주의, 교단 우월주의에 사로잡혀 있다. 교회와 교단은 믿음 안에서 하나되기 위해 힘써야 한다(요17:11).

교단총회는 공회(公會) 기능을 회복해야 한다. 교단총회는 교회의 일치와 연합을 유지하고, 교단 내 교회의 질서유지와 교회법 준수를 관리하고 감독하는 교회정치조직이라고 할 수 있다. 또한 교단총회는 일부 교권 및 기득권 정치 세력들이 다투는 모임이 아니며, 복음의 진리를 세우고 확립하는 제1회 예루살렘 총회와 같은 공회의 기능을 회복해야 한다. 즉 하나님 말씀인 성경의 진리만이 복음되게 하고, 교회를 주님의 교회가 되게 하는 것이 교단총회의 역할인 것이다.

(2) 교단총회의 총대 구성

1) 연령을 고려한 총대

교단총회의 총대 구성원의 변화가 필요하다. 현재 교단총회 총대 자격은 실질적으로 일정한 경력이나 규모 이상의 목사·장로만이 총대가 될 수 있는 환경구조이다. 그래서 능력과 자질이 충분함에도 불구하고, 교회 규모나 경력을 이유로 총대가 되지 못하는 목사나 장로가 많다. 통계에 따르면 2017년 기준으로 총대의 평균연령이 62.37세로 한국교회의 총회 총대의 연령이 해를 거듭할수록 고령화되는 추세에 있는 것으로 드러났다. 총대의 고령화는 교회의 다양한 의사를 반영하지 못하게 되고, 특정 연령층의 의사만을 반영하게 되어 다변화 되어가는 시대의 환경과 흐름을 반영하지 못하여 시대에 역행하는 의사결정을 하게 된다.

2) 직능별, 세대별 총대

교단총회의 총대 구성에 있어서 직능별, 세대별 총대 구성이 요구된다. 총대 구성이 법조인, 농어촌 교회, 개척교회 목사, 장애인 교회 목사 등 국회와 같은 비례대표제를 도입하는 직능별, 세대별 총대 구성이 필요하다. 젊은 청장년 세내, 소형교회나 농촌교회, 여성과 장애인 등 사회적 약자들의 의견을 반영하고 대변할 수 있는 총회가 되어야 한다. 그렇다고 일부에서 주장하고 있는 바와 같이 안수받은 목사, 임명을 받은 사역자, 평신도 대표로 구성하는 캐나다 연합교회 교단총회 형태의 총대 구성을 지향(志向)해야 한다는 주장은 아니다.

(3) 목회자 중심에서 탈피

1) 신학자 총대 참여

교단총회는 교권이나 정치싸움이 아닌 성경을 해석하여 복음과 진리를 수호하고 교회와 성도들에게 신앙의 기준을 제시하는 기능이 교단총회의 가장 중요한 존재 목적의 하나라는 사실을 앞서 밝혔다. 교단총회의 가장 중요한 기능이 공회 기능이므로, 신학자(神學者)들의 폭넓은 참여가 필요하다고 할 수 있으나, 한국 교단총회는 대부분 목회자(牧會者) 중심으로 구성되고, 신학자들의 총회 총대 구성이나 참여가 상대적으로 적은 경향이 있다. 신학자들의 참여가 극히 제한적이기 때문에 성경과 교리 문제 등과 같은 안건이 반복적으로 다음 총회로 미루어지는 경우가 많고, 중요한 교리적 의사결정에 있어서 신학적 통찰력이 충분히 반영되지 못한 채, 반복적으로 미루어지거나 결정되는 경우가 많다.

2) 장로 총대의 적극적 역할

총회 총대 구성 비율은 성직자인 목회자(牧會者)와 평신도인 장로(長老)의 비율이 동일하거나 거의 비슷하지만, 장로 총대의 의견제시나 참여가 상대적으로 낮은 것이 사실이다. 장로 총대의 적극적인 의사 참여가 필요하다. 장로 총대는 대부분 다양한 전문분야에서 활동하고 있는 전문가들이 많은 까닭에 장로 총대들의 적극적인 의사 참여가 목회자 중심의 특정 계층의 의사만을 반영하는 단점을 보충할 수 있고, 간과하기 쉬운 부분들을 보완·반영할 수 있으며, 절대 다수를 차지하는 교회 평교인들의 다양한 의견을 반영할 수 있기 때문이다.

(4) 총회의 민주적 운영

1) 민주적 의사결정

장로교 정치원리는 신본주의와 더불어 민주주의를 채택하고 있다. 총회 총대들의 참여와 민주적 절차를 따르는 토론과 합의를 거쳐서 결과가 도출되어야 한다. 이때, 교단총회의 결정은 공회의 결정이 되고, 교회와 성도들은 공회의 권위에 순복하고 그 결정에 순종하게 된다. 하지만 한국교회 교단총회는 공회의 기능은 상실하였고, 교단 내 교권주의 정치세력의 밀약, 결탁과 비민주적 회의 운영으로 인한 탈법과 무법적 총회가 되어버렸다. 또한 교단과 교회의 갱신이나 개혁을 부르짖는 사람들을 철저히 소외시키거나 배제하고, 자성이나 회개의 목소리에는 귀를 닫은 채, 폐쇄적이고 배타적인 의사결정을 하고 있다. 이러한 총회의 행태는 결국 총회에 대한 교회와 성도들의 무관심을 넘어서 외면으로 이어졌고, 나아가 교단총회에 대한 냉소로 이어지게 된 것이다. 교단총회는 소수에 의한 비민주적 회의 운영과 폐쇄적이고 배타적인 의사결정 행태에서 탈피해야 한다.

2) 총회 회집과 임원선출

교단총회 회집에 있어서 총회는 매년 정기모임을 통해 산적한 안건, 시대변화와 상황에 대처하기 위해서 모이는 것이 불가피하다. 하지만 1년 단위로 매년 임원을 선출하는 것은 성경적으로나 교단 차원에서 비능률적이고, 비효율적이라고 할 수 있다. 현재 교단총회 임원의 경우, 명예, 경력, 예우 등의 사유로 매년 새로운 임원을 선출하고 있다. 대통령은 5년, 국회의원은 4년 등 일정한 기간 임기를 두는 목적은 단 1년이라는 짧은 기간에 어떤 성과를 기대하기 어렵기 때문이다. 따라서 총회장의 임기는 1년으로 하더라도 교단총회 임원의 임기는 1년 단임제가 아닌 적어도 3년 정도의 단임(單任) 임기를 두고, 사역의 연속성과 성과를 낼 수 있도록 하는 구체적인 방안을 강구(講究)해야 한다.

(5) 목회자 윤리강령 제정

한국교회는 현재 총회와 총대의 개혁을 요구하고 있다. 교회와 교단의 변화, 목사와 총대의 변화는 시대적 요구라고 할 수 있다. 그러기 위해서는 총회 총대는 권위,

교권, 물권 세 가지 욕심에서 벗어나야 한다. 현재 한국교회는 마치 대기업들이 문어발식 독과점 형태를 띠고 있는 것처럼, 총회 총대들은 총회 산하인 노회, 기관, 연합회, 협의회의 총대를 겸임·독점하고 있다. 총회와 총대는 권위, 교권, 물권으로부터 독립하는 총회가 되어야 한다. 그리고 한번 총대는 영원한 총대라는 공식도 사라져야 한다.

지난 제97회 총회에서 용역이 등장하고 가스총이 등장하는 일이 있었다. 거룩한 공회 장소인 총회에 용역이 등장하고 가스총까지 등장한 이유는 권위, 교권, 물권과 같은 사익이 자리하고 있기 때문이다. 현재 교단총회는 교권 정치로 교권은 더욱 강화되었고, 금권선거와 물리적 충돌이 발생하는 것은 예사(例事)이고, 당연한 성 총회가 물리적 충돌이 없으면 성 총회였다고 자화자찬(自畵自讚)하기까지 한다. 현재 한국교회 지도자들의 권위, 교권, 물권 등의 병폐는 목회자 윤리강령을 제정한다고 하여 해결되는 한계를 넘어서 있다. 하지만 목회자 윤리강령 제정이 한국교회 목사들을 향해 외면과 냉소적인 시선을 보내고 있는 교회와 사회에 그나마 긍정적인 메시지가 되고, 목사 자신의 직책과 소임을 돌아보는 일말(一抹)의 신호가 되지 않을까 싶다.

Ⅴ. 하나님과 삼권

1. 삼위 하나님과 삼권

하나님은 모든 피조물 세계와 우리 인생에 대하여 입법, 행정, 사법권을 가지신다. 하나님은 입법권을 가지고 구원을 주시는 하나님의 말씀인 성경을 제정하셨고, 교회와 교인들을 모든 영역에 걸쳐서 운영하시고 보호·보존하시는 행정권을 가지셨으며, 성경에 따라 선인과 악인을 구별하시고 인간의 삶을 선악 간에 판단하사 이 땅에서와 마지막 날에 심판하시는 사법권을 가지셨다. 그리고 성부 하나님은 율법인 성경(말씀)을 주셨고, 성령 하나님은 성경(말씀)에 의하여 교회와 성도들을 보존하시고 인도하시며, 성자 예수님은 하나님 성경(말씀)에 의하여 세상을 심판하는 권세를 행사하신다(요5:19).

2. 예수님의 삼권

요5:22「아버지께서 아무도 심판하지 아니하시고 심판을 다 아들에게 맡기셨으니」

예수님은 말씀이 육신이 되어 우리 가운데 오셨으며 성경대로 죽으셨고, 성경대로 부활하셨다(고전15:3). 예수님은 입법자로서 하나님의 법인 성경에 순복하시므로 성경은 성취되었으며, 마지막 날에 성경을 성취하시기 위해 성경대로 다시 재림하실 것이다(계1:7). 예수님은 오직 성경대로 하나님의 아들로서 만왕의 왕, 만물의 주인으로 만물의 통치자가 되시며(마8:26－27), 고난과 환난의 풍랑이 이는 세상에서 인생의 생사화복을 주관하고 집행하시는 주관자가 되시며, 사도신경에서 고백하고 있는 것처럼, 마지막 날에 세상을 재판하시는 심판주로 재림하신다(요5:25－27). 그리고 예수님은 세상을 심판하실 때, 악인들의 불의한 행위를 기록한 책에 따라서 하나님의 말씀과 예수님의 정의와 공의에 의하여 악인들을 심판하실 것이다(벧전1:17, 단7:10, 계20:12).

Ⅵ. 결론

1. 교회와 교인은 하나님께 복종해야 한다.

교회의 권리는 하나님으로부터 나오고, 교회의 구성원인 교인들에게 있다. 따라서 모든 교인의 권리는 직분, 직무 여하에 상관없이 하나님과 교회 앞에서 평등하며, 교인들의 양심과 권리 및 지위는 누구도 침해할 수 없다. 교인들은 담임목사를 청빙하고 위임식을 하면서 교회 앞에서 복종할 것을 서약하고, 교인들의 대표인 장로들은 임직식에서 교인들로부터 치리에 복종할 것을 서약받고 서약한다. 하지만 목사와 장로에 대한 복종 서약은 목사나 장로 개인에 대한 복종 서약이 아니고, 성경과 교회법에 따른 치리에 복종하겠다는 의미, 즉 하나님께 복종하겠다는 서약이라고 할 수 있다. 그러므로 목사, 장로는 교회 구성원인 교인들 위에 군림하여 교인들에게 복종을 요구할 수 있는 권리가 없고, 노회와 총회 구성원인 총대들도 교회와 교인들 위에 군림하여 복종을 요구하는 권리가 없으며, 모두가 하나님 주권에 복종해야 하는 객체들이고 대상임을 알아야 한다.

2. 교회 권력분립은 필수적이다.

교회에서 발생하는 부패와 분쟁 원인은 다양한데, 그중에 담임목사에게 목회권, 재정권, 행정권 등의 권력이 집중되고, 목사와 장로가 교회의 주도권을 놓고 싸우는 권력다툼이 주요한 원인이라고 할 수 있다. 이것은 민주주의의 기본원리인 교회의 권력분립이 잘 작동되지 않고 있는 반증이다. 삼권분립이 작동하지 않는 집중된 권력은 다수 국민의 기본권을 침해·훼손할 가능성이 큰 것처럼, 교회 권력분립이 작동하지 않으면 교인들의 기본권이 침해·훼손 받게 될 가능성이 커진다. 따라서 교회에서 발생하는 분쟁과 부패를 예방하고, 교인들의 기본권이 침해·훼손받지 않기 위해서는 교회 권력분립이 필수적이라고 할 수 있다.

제4절 ‖ 교회와 법

Ⅰ. 교회법

1. 교회법의 의의

고전14:33 「하나님은 무질서의 하나님이 아니시요 오직 화평의 하나님이시니라 모든 성도가 교회에서 함과 같이」

교회의 법적 성질은 자치규범이고, 광의적으로는 신앙적 규범이며, 협의적으로는 실천적 규범이다. 질서의 하나님은 교회가 모든 것을 품위 있고 질서 있게 해야 한다고 하셨다(고전14:40). 교회법(教會法, Canon law)은 자치 규범[24]으로, 규칙(rule) 또는 규범(norm)을 뜻하는 헬라어 카논(κανών)에서 나왔다. 교회법은 로마가톨릭에서 발전되어 왔는데, 개신교회의 교회법은 로마가톨릭의 교회법을 기반으로 종교개혁 이후 수립되었고, 교리에 따라 교단마다 성문화된 교회법 규범체계를 형성하고 있다.

교회법은 교회질서를 위한 교회정치 체계로서 교회를 세워가는 데 목적이 있다. 교회법은 불문법(不文法)과 성문법(成文法)을 포함한다. 불문법으로는 하나님이 주신 도덕, 양심(헌법 정치 제1장 제1조, 웨스트민스터 신앙고백서 제20장) 등과 같은 자연법(jus naturale)이 있고(롬1:19－20), 성문법으로는 정경인 성경과 교회가 제정한 교회법들이 있다. 교회법은 광의적 의미에서 신앙의 규범으로서 하나님의 법이고, 자연법과 실정법인 성경, 신조, 요리문답 등을 포함한다. 그리고 협의적으로 교회의 존재 목적을 이루고, 교회의 고유한 조직과 운영을 위하여 정치, 권징조례, 예배모범, 교회 재판 등 교회의 조직과 기능에 관한 실천적 규범을 의미한다. 교회법은 협의의 좁은 개념을 의미하는 것으로만 이해되어서는 안 되며, 광의적인 개념으로 보는 것이 더 타당하다. 지금까지 교회가 교회법을 교회정치적인 것으로 좁게 오인해 왔던 까닭에 교회법을 교권주의자들의 전유물로 인식해 왔던 것이다.

교회법은 성경에 의존하는 긴밀한 관계에 있으며, 성경, 신조, 교의 등을 해석하

24) 교회정관, 노회규칙, 교단 헌법은 자치 규범으로 교회법으로 총괄하여 지칭하기로 한다. 대법원은 사단법인의 정관은 이를 작성한 사원뿐만 아니라 그 후에 가입한 사원이나 사단법인의 기관 등도 구속하는 점에 비추어 보면, 그 법적 성질은 계약이 아니라 자치법규로 보는 것이 타당하다고 판시하였다(대법원 2000. 11. 24. 선고 99다12437 판결).

고 생활 속에서 실천할 수 있도록 공교회의 합의로 만들어진 것이다. 교회법은 성경에서 말하는 율법의 테두리에 제한되지 않는다. 교회법은 현대교회의 교회 기관을 조직하고, 하나님의 공의와 정의를 실현하고 교회 질서유지를 위해 치리하며, 교인들의 신앙과 윤리 및 교인 상호 간의 관계를 규율하여 영적인 유익을 도모하기 위해 공교회의 결정과 교회가 수납함으로써 성립된 법이다. 하지만 무엇보다 국가법이 인간의 자유와 평등 실현에 있다면, 교회법은 인간의 진정한 자유와 평등 실현뿐만 아니라, 교회법에 따른 권징의 신실한 시행을 통하여 궁극적이고 최종적인 목적인 사람을 구원에 이르도록 함에 있다(웨스트민스터 신앙고백서 제30장, 권징조례 제1장 제2조).

2. 교회법의 기원

(1) 성경

모든 교회법은 성경에서 나온다.[25] 교회법의 본질과 원리는 성경과 사도들의 전승과 정통을 계승한 공교회의 합의로 결정되었으며, 교회가 수인(受忍), 수용(收用)하므로 받아들여진 법이다. 성경(聖經, Bible)은 신앙의 최고 법전이 되고, 성도들의 신앙원리가 되는 경전이다. 성경은 교회 최상위법으로 모든 교회법을 구속한다. 국가법에서 최상위법이 헌법(憲法)이라면 교회에서 최상위법은 성경이다. 성경보다 우월한 교회법은 인정되지 아니하며 모든 교회법은 성경에 기초하기 때문에 성경은 모든 교회법의 전제가 되는 기초 원리가 되며, 모든 교회법은 성경을 최상위 법원으로 삼아야 한다.

장로교회의 모든 교회법은 최대의 권위를 가지고 있는 성경으로 돌아가야 한다는 종교개혁의 모토(motto)였던 '오직 성경으로'(Sola scriptura) 성경 중심주의를 원칙으로 하고 있다. 오직 성경만이 하나님의 말씀으로서 신앙과 본분에 대하여 정확무오(正確無誤)하며 유일(唯一)의 법칙이고(한국장로교 12신조 제1조),[26] 신·구약 성경이 하나님의 말씀이며 신앙과 행위의 유일한 법칙이며(웨스트민스터 대요리 문답 제3문), 웨스트민스터 신앙고백서에서는 신구약 성경을 '모든 책은 하나님의 감동으로 된 것

---

25) 대한예수교장로회 제1회 노회록(1907) 서문 초두에 장로교 정치와 노회의 시작이 성경에서 출발하는 것임을 선포하고 있다.

26) 한국장로교회의 교리는 1907년 조선전국독노회(獨老會)에서 임시 채택하고 1908년에 채택한 '12신조'에서 출발한다. 이는 웨스트민스터 표준 문서를 바탕으로 한 칼빈주의 신앙고백에 기초하고 있다.

으로 신앙과 생활의 법칙'이라고 하였다. 한국 장로교회의 모든 교회법은 성경만이 최고의 권위를 가지고 있음을 인정한다.

(2) 칼빈과 제네바 교회법

칼빈(John Calvin)은 성경에 근거하여 장로교회 정치제도의 기틀을 마련하였는데, 1541년에는 「제네바 교회법」, 1542년에는 「제네바 예배모범」, 1545년에는 「제네바 교리문답」을 만들었다. 장로교회 정치제도의 중요한 원리인 교회질서(Ordonnances Ecclesiastiques), 즉 제네바 교회법은 종교개혁 후에 웨스트민스터 표준문서라고 부르는 신앙고백서, 대소요리문답, 예배모범, 정치모범에 영향을 주었다. 교회법의 중심 내용은 목사와 장로로 구성되는 장로정치만이 하나님의 법에 근거한다는 것으로, 권징을 통하여 그릇된 자를 형제적 사랑으로 교정하여 회개케 하고, 교회를 개혁하려고 하였다. 칼빈의 교회법은 지역교회의 완전성과 독립성을 강조하였고, 성경의 권위와 절대성을 강조하였다. 또한 '사역자 간의 평등'(parity between ministers), 직분의 동등성[27]과 목사와 장로로 구성되는 상설 치리회인 당회를 통한 치리를 강조하였다. 칼빈은 오직 성경에 근거한 교회법을 통하여 장로정치의 특징인 '대의정치'를 강조하고, 교회 직분을 목사(pasteurs), 장로(anciens), 교사(docteurs), 집사(diacres) 등 네 가지로 구분하였다.

(3) 웨스트민스터 신앙고백서

교회법은 웨스트민스터 신앙고백서(The Westminster Confession of Faith)를 기초로 하고 있다. 웨스트민스터 신앙고백서는 5년(1643~1648)간 신학자들이 참여하여 성경을 기초로 작성하였고, 1649년 영국의회에서 인준되었다. 웨스트민스터 신앙고백서는 다섯 권으로 구성되어 있는데, 총론으로 목회자와 신학자들을 위한 신앙고백서, 성인 교인들을 위한 고백 문답서인 대요리 문답, 미성년자를 위한 고백 문답서인 소요리 문답, 교회 예배의 규정과 순서 및 종류 등을 규정한 예배모범, 교회정치

---

27) 직분자의 동등성은 벨직 신앙고백서에서도 강조한다. 벨직신앙고백서 제31조(교회의 직분자들에 관하여) '말씀의 사역자들은 그들이 어느 자리에 있든지 동등한 권위와 권한을 가진다. 왜냐하면 그들 모두가 유일하신 우주적 감독자이시며 교회의 유일한 머리이신(마23:8-10, 엡1:22, 5:23) 예수 그리스도의 종들이기 때문이다. 우리는 하나님께서 세우신 이 거룩한 규례가 훼손되거나 배척되는 일이 없도록 교회의 말씀 사역자들과 장로들을 그들의 직무로 인해 특별히 존경해야 하며, 가능한 한 그들과 화평하고 원망과 다툼이 없어야 한다(살전5:12-13, 딤전5:17, 히13:17).

제도와 규범을 정리한 정치 모범으로 되어 있다. 웨스트민스터 신앙고백서에서 교회의 통일성과 신앙의 일치를 위해 엄격하게 정해진 신앙고백서이다.

3. 교회법의 권위

(1) 교회법은 성경의 원리에 근거

교회법의 권위는 성경의 진리를 지키고, 교회의 거룩성을 수호하기 위해서 교인들의 복종이 요구되지만, 교회법은 성경보다 우월하거나 동등할 수는 없다. 하나님의 계시인 성경만이 유일한 권위와 지위를 갖는다. 그렇다고 교회법의 권위나 지위가 무시되어져서는 안 된다. 교회법의 본질과 정체성은 성경에서 근거하고 있고, 성경에 의존하고 있는 까닭에 교회를 세우시기 위한 하나님의 뜻이 포함되어 있다. 교회법은 하나님의 뜻이 드러나 있는 성경에 완전하게 부합된다는 것을 의미하지는 않는다. 그러나 성경에 완전하게 부합하는지 여부와 상관없이 모든 교인과 직분자들은 교회법의 권위에 복종해야 하고, 교회법에 따른 치리에 복종해야 한다(웨스트민스터 신앙고백서 제31장 제2절).

(2) 교회법은 교회가 합의하고 수용

교회법은 성경에 나타난 하나님의 뜻을 공교회가 공적으로 해석하고, 교회의 통일성과 일치를 위해 합의(合議)하고 수용(受容)한 것이기 때문에 권위와 지위가 있다. 공교회가 성경에 나타난 하나님의 뜻을 해석하는 것과 교회의 합의는 반드시 성경 규범에 합치되어야 하고, 대다수 교회의 공감대가 형성되는 합의와 수용 절차를 거쳐야 한다.

(3) 교회법은 예수 그리스도로부터 위임

교회법은 예수 그리스도께서 교회의 머리가 되시고, 예수 그리스도를 근거로 하는 까닭에 교회의 결정과 규정은 예수 그리스도의 뜻에 부합하는 것으로 받아들여진다. 교회를 통치하시고 다스리시는 분은 바로 예수 그리스도 자신이다. 그리고 교회법의 모든 권위는 교회의 거룩성을 수호하는 목적으로 예수 그리스도로부터 위임(委任)된 것이며, 바로 이러한 이유로 교회법의 권위가 인정된다. 교회법은 교회의 머리가 되시는 예수 그리스도로부터 위임되었고, 예수 그리스도의 권위로부터 나오기 때문에 교인들은 복종할 의무가 있다.

4. 교회법의 필요성

(1) 교회의 통일성을 확립

개신교회는 로마가톨릭 교회의 교회 중심적 교리에서 벗어나 철저히 성경중심, 성경 제일주의를 고수하고 있지만, 개신교회는 결코 교회법을 경하게 여기지 않는다. 개신교회는 공교회가 성경을 해석하고 합의한 교회법을 필요불가결(必要不可缺)한 중요한 요소로 여기고 있다.

성경은 완전하고 충분한 말씀으로 하나님께서 직접 계시(啓示)하신 법이다. 하나님의 말씀인 성경을 제정하시고, 성경으로 교회를 통치하시며, 마지막에 성경으로 심판하신다. 그러므로 성경 외에 다른 하나님의 법은 필요하지 않다. 그럼에도 교회는 성경 외에 다른 법을 필요로 한다. 교회법은 성경에 나타난 하나님의 뜻을 현실적으로 구현하려는 교회의 일치(통일) 내지는 합의라고 할 수 있다. 교회법은 최종적으로 하나님의 말씀인 성경에 의존하고 일치한다는 점에서 통일성(統一性)을 갖는다. 또한 모든 교회가 하나님의 말씀인 성경과 성경에 나타난 하나님의 뜻을 현실적으로 구현하려고 교회법의 권위에 복종한다는 점에서 일치한다.

(2) 교회의 보충성

칼빈(John Calvin)에 의하면 교회는 하나님의 선택과 내적 부르심으로 구성되는데, 땅 위에 존재하는 유형적인 교회인 가견(유형) 교회나 하나님이 아시는 무형적인 교회인 불가견(무형) 교회를 불문하고 예수 그리스도를 머리로 한다. 가견 교회나 불가견 교회나 사도신경과 니케아 신경에서 말하고 있는 교회의 4가지 속성처럼, 절대적으로 완전하지 못하고 불완전한 까닭에 이를 보완하기 위해서 교회를 다스리는 교회 정치를 필요로 하고, 치리권 행사를 위해서 구체적이고 제도화된 교회법이 필요하다. 가견 교회는 분명한 교회정치 또는 권징이 필요하며, 제도적 장치를 요구한다. 그것은 교회법이 가견 교회의 불완전함을 보충해 주고, 교회를 참된 교회가 되도록 하는 실천적 원리가 되기 때문이다.

(3) 교회의 치리권

교회법은 교회를 치리하고(discipline) 다스리는(govern) 기본법을 말한다. 교회법은 하나님의 뜻을 실현하고 교회의 거룩성을 위해 필요하고, 교회 운영을 위해 필요하며, 교회의 치리권이 바르게 행사될 수 있도록 필요하다. 교회 치리권은 개인에게 있지 않고 당회, 노회, 대회, 총회 같은 치리회에 있다. 칼빈은 '하나님의 말씀의 순수한 선포'(pura verbi Dei praedicatione)와 '성례의 합법적 집행'(legitima sacramentorum administratio) 두 가지를 교회의 표지로 제시하였지만(기독교강요 제4권 1장 10절), 칼빈은 하나님 말씀 선포, 성례집행 외에 교회를 질서 있게 유지하기 위해 '치리'를 교회의 필수불가결한 요소로 정의하였다. 마치 그리스도의 구원하는 교리가 교회의 영혼인 것처럼, 거기서 '치리'는 신경과도 같다고 하였다(기독교강요 제4권 12장 1절). 따라서 개신교회는 교회의 표지(sign)로 하나님 말씀의 참된 전파, 성례의 정당한 집행, 그리고 권징의 신실한 시행 등으로 이해한다.

칼빈은 권징을 말하면서 말씀의 순결함과 성도의 성화의 생활을 보존하기 위한 수단으로 교회의 치리권인 권징의 중요성을 말하였다. 칼빈은 권징의 목적을 세 가지로 강조하였는데, 첫째, 악인들이 하나님의 이름을 망령되이 일컫지 못하도록 하기 위해, 둘째, 악인들의 악한 영향으로부터 교회를 보호하기 위해, 셋째, 결국 악인들까지 회개케 하기 위해서라고 하였다. 교회의 치리권인 권징은 교회의 거룩성을 유지하고 그 치리의 대상이 된 죄인까지도 회개시켜 구원하려는데 궁극적인 목적이 있다고 할 수 있다. 한국 장로교회의 헌법은 목사의 직무를 설명하면서 '목사는 노회의 안수로 임직을 받아 그리스도의 복음을 전파하고, 성례를 거행하며, 교회를 치리하는 자니 교회의 가장 중요하고 유익한 직분'이라고 규정하면서 교회치리권을 목사의 중요한 직무로 설명하고 있다.[28]

5. 교회법의 기능

교회법의 여러 가지 기능 중에 가장 중요한 기능은 가견 교회 안에서 성령을 돕는 것이다. 교회법과 조직은 성령의 도우심을 따라 제정되고 조직되어 있지만, 역(逆)으로 교회법은 교회의 가견적 조직안에서 성령을 돕는 기능을 한다. 성령은 예수 그리스도의 공동체인 교회를 통해서 일하고 계시고, 교인 개개인의 영적 성장을 돕고 있다. 교회법은 성령의 인도하심을 따라서 교인들로 하여 구원의 열매를 맺게 하고, 교인들의 공동체 생활 등 교인들이 수행해야 하는 실천적 규범을 정해준다.

28) 대한예수교장로회(합동) 헌법 정치 제4장 제3조 목사의 직무, 대한예수교장로회(통합) 헌법 제25조. "목사는 ~ 하나님의 말씀으로 교훈하고 강도하며, 찬송하는 일과 성례를 거행할 것이요, 하나님을 대리하여 축복하고, ~ 장로와 합력하여 치리권을 행사한다."

교회법은 성경의 원리에 의존하여 공교회가 합의로 교회법을 제정·공포하고, 교인들이 성경과 교회법에 복종하며, 개인의 신앙과 양심에 따라 행동하도록 한다. 교인, 직원, 치리회를 불문하고, 성경과 성경에 의하여 제정한 교회법을 위반하거나 위배하는 행위들로 교회의 거룩성을 훼손하는 교인들을 재판하여 치리한다. 하지만 교회의 사법 목적은 진리를 보호하고, 범죄자의 처벌에 있는 것이 아니라, 악행을 제거하여 신령적 유익을 노보하고, 교회의 덕을 세우기 위함에 있다. 하나님의 말씀인 성경과 교회법에 따라서 교회를 운영하고, 교인들의 신앙과 교육, 목회 행정 등 전반적인 교회 업무를 처리하는 행정 일체를 말한다.

6. 교회법의 수·개정

교회법은 성경에서 근거하고 있고, 성경에 의존하고 있고, 성경에 나타난 하나님의 뜻을 공교회가 공적으로 해석하고, 합의하여 수용한 것이며, 교회의 머리가 되시는 예수 그리스도로부터 위임되었기 때문에 권위가 있다. 그러나 교회법은 하나님의 계시의 말씀인 완전한 성경과 다르게 교회법은 불완전한 사람들에 의해 추론되었기 때문에 수·개정이 필요하다. 교회법은 성경에서 근거하고 의존했다는 면에서 불변하는 본질을 가지고 있지만, 시대의 환경이 다르고, 국가와 민족의 문화 및 환경이 다르고 변화되기 때문에 교회법은 적절하고 합당한 방법으로 수·개정될 수밖에 없다. 하지만 교회법은 인간적이고 정치적인 의도에 의해서 수·개정되어서는 안 되며, 성경과 교회요청에 의해서만 수·개정되어야 한다.

7. 장로교회의 교회법

개신교회의 교회법으로는 입법 기능을 하는 공동의회, 노회, 총회 등의 교회 기관에 의해 만들어진 교회정관(규칙), 노회규칙, 교단(총회)헌법[29] 등이 있다. 그러나 교회법이 법체계상 국가나 사회규범과 같이 상·하위 계층구조를 이루고 있지만, 계급, 서열개념으로 보는 것은 잘못이다. 교단 헌법이 노회규칙보다 상위규범이고, 노회규칙이 교회정관보다 상위규범이 되는 상·하위법 관계이지만, 종속해야 하는 수직관

29) 교단 헌법은 한국교회 전체적으로는 '장로회헌법'이라고 부르고, 교리에 따른 교단마다 특색이 있는 헌법이기 때문에 '교단 헌법'이라고 부르며, 교단 산하 교회들은 '교단 헌법'을 보통 '총회헌법' 또는 '헌법'이라고 칭한다.

계의 계층구조를 의미하지 않는다. 오히려 현대 교회들은 민주적이고 독립적인 교회정관을 가지려고 하는데, 특히 교회 형편에 합당한 개교회만의 독립적인 정관이 강조되고 있다.

각 교회법은 최종적으로 성경에 의존한다는 점에서 통일적이고, 행정과 기능에 있어서는 독립적이며, 상호 의존적, 유기적 관계라고 할 수 있다. 예를 들어 교회는 교회 재정과 교회 재산의 관리·집행, 교회의 교단 가입 및 탈퇴 등 진로 결정에 있어서 교회정관에 의존하게 되며, 교단 헌법은 상위법으로서 기능과 효력을 미칠 수 없다. 반면 목사의 자격, 담임목사의 청빙, 위임 등에 있어서는 교단 헌법에 의존하게 되며, 교회정관의 영향을 받지 않는다. 하지만 가장 중요한 원칙은 모든 교회법은 성경의 원리와 조화되고 일치해야 한다는 점이다.

(1) 교회정관(규약)

개별적인 지(개)교회는 각 교회의 비전과 목적, 형편에 따른 특징을 내포하고 있는 자치규약인 교회정관(敎會定款)을 가지고 있다. 교회 자치규약인 정관은 개교회 내에서만 유효하며, 그 대상을 구속하고 유효한 효력을 가진다. 교회정관은 가능한 상위법인 교단 헌법의 테두리를 벗어나지 않아야 한다. 하지만 만약 교회정관과 교단 헌법이 충돌하는 때에는 사안에 따라서 국가 법원은 교회정관을 우선하기도 하고, 교단 헌법을 우선 적용하여 판결하기도 한다.

(2) 노회규칙

노회(老會)는 지역적인 연합조직체로서 개별 지역교회의 연합을 도모하고, 교단총회와 개교회 사이에 존재하며 중간매개체의 역할을 하는 조직이다. 그리고 노회에도 노회의 조직과 권한, 운영에 관한 규범을 가지고 있는데, 이 규범을 노회규칙(老會規則)이라고 한다. 노회는 교회의 지도자들이 모여서 교회의 임무와 역할을 종합적으로 점검·지도하고, 집행하는 조직으로서 교단 헌법이 위임해 준 범위 안에서 노회규칙에 따른 자율적인 활동이 보장된다.

(3) 교단 헌법

교회법은 교단 헌법과 교회정관(규칙)이 있고, 그 외에서 노회규칙이나 각 기관 나름의 규칙이 있다. 교회법의 최고 규범이 되는 법은 성경이다. 교단 헌법은 성경

다음의 지위를 가지는 교회 규범으로 총회가 인준한 교회법을 말한다. 교단 헌법은 국가의 헌법과 같은 역할을 하는데, 노회규칙이나 지교회의 교회정관 기준이 된다. 따라서 지교회 정관이나 노회규칙은 교단 헌법을 위반하지 않아야 하고, 교단 산하 노회와 교회는 교단 헌법을 준수해야 한다.

Ⅱ. 교회정관

1. 교회정관의 의의

국가가 법을 제정하여 국가를 보전하고 안녕과 질서를 유지해 가는 것처럼, 모든 단체는 조직을 유지하고 보존하기 위하여 일정한 정관 또는 규칙을 만들어 단체의 연속성을 유지하려고 한다. 어떤 모임이나 단체는 일정한 규칙이 있어야 한다. 그렇지 않으면 모임이나 단체가 연속성을 유지하지 못하고, 그 모임이나 단체는 방향성을 잃고 동력이 상실되어 사라지고 말 것이기 때문이다. 정관(定款)이란 말은 회사나 법인 등과 같은 비교적 큰 단체에서 사용되는 용어이고, 동아리나 소규모 친목 모임에서는 회칙(會則)이라는 용어를 사용하며, 노동조합에서는 규약(規約), 교회 등과 같은 법인에 준하는 단체에서는 규칙(規則)이라는 용어를 사용하기도 한다. 단체정관이나 규칙은 어떤 법인이나 단체의 설립에 있어서 가장 기본이 되는 규칙으로 법인이나 단체의 고유한 성질 및 설립목적 및 단체가 지향하는 목표를 설정해 준다.

대부분의 개별적인 개교회는 각 교회의 비전과 목적, 형편에 따른 특징을 가지고 있는 자치규약인 교회정관(教會定款)을 가지고 있는데, 교회정관은 교회를 조직하고 질서를 유지하며, 교회의 목적과 비전 및 지교회의 특징이 잘 드러나 있다. 교회정관은 상위의 교단 헌법이나 노회규칙과 일관성 및 통일성을 가지고 제정되어야 하지만, 개교회의 독립적인 자치성·자율성을 간과해서도 안 된다. 비법인사단인 교회는 사단법인과 마찬가지로, 자율성을 가지고 내·외부적으로 스스로 규율하는 정관을 제정할 수 있다. 또한 교회정관은 교회 분쟁을 예방하고 해결하는 기능을 하고, 국가 법원이 교회의 분쟁으로 인해 사법심사를 할 때, 사법심사의 기준으로 삼기 때문에 성경과 교회 전통을 벗어나지 않는 범위에서 교회정관을 합리적이고 객관적이며, 구체적이고 체계적으로 제정해야 한다.

2. 교회정관의 중요성

(1) 성경과 교회정관

딤후3:15-17「[15] 또 어려서부터 성경을 알았나니 성경은 능히 너로 하여금 그리스도 예수 안에 있는 믿음으로 말미암아 구원에 이르는 지혜가 있게 하느니라 [16] 모든 성경은 하나님의 감동으로 된 것으로 교훈과 책망과 바르게 함과 의로 교육하기에 유익하니 [17] 이는 하나님의 사람으로 온전하게 하며 모든 선한 일을 행할 능력을 갖추게 하려 함이라」

교회나 목회자가 정관을 그다지 중요하게 생각하지 않는 경향이 있다. 하지만 사회가 다변화되고 복잡해질수록 정관의 중요성은 커지고 있다. 우리 민법은 법인 혹은 비법인사단으로 등록할 때, 정관을 제출하도록 하고 있다(민법 제40조). 하지만 대부분 교회는 정관을 중요하게 생각하지 않는 경향이 있어서 대충 작성해서 제출하는 경우가 많고, 일단 종교단체 등록을 마치고 난 후에는 사문화(死文化)되어버리는 경우가 흔하다. 이처럼 교회정관을 중요하게 생각하지 않는 이유는 정관의 중요성을 간과하고 있기 때문이기도 하지만, 무엇보다 성경의 우월하고 절대적인 권위에 의지하거나 교회 안에 자리 잡은 은혜 사상 때문이라고 할 수 있다.

(2) 성경의 절대적 권위

교회정관(敎會定款)을 중요하게 생각하지 않는 이유 중 첫 번째는 성경의 우월하고 절대적인 권위를 신뢰하기 때문이다. 국가는 헌법을 최고의 법으로 인정하지만, 우리는 성경의 권위를 교회법의 절대적 지위로 받아들인다. 성경은 우리를 구원하는 하나님의 능력이고 우리를 자유롭게 하는 진리로 이끈다(요8:32). 성경은 종교적 교리 지침서가 되고, 교회정치, 행정의 모든 판단과 결정 기준이 될 뿐만 아니라, 그리스도인은 성경에서 교회가 추구하는 목적을 찾는다. 교회가 정관을 중요하게 생각하지 않는 가장 중요한 원인 가운데 하나가 성경에 대한 절대적인 신뢰이다. 한국교회는 교회 내·외적으로 발생하는 모든 문제나 분쟁을 성경 이름으로 해결해 왔기 때문이다.

성경은 교회를 운영하는데 부족함이 없이 충분하다는 것을 인정한다. 하지만 교단 헌법이 있고, 노회 규칙을 두는 것처럼, 성경이 아닌 보충적인 것이 필요하다는 것을 의미한다. 교회정관을 만드는 것은 성경이 부족하다거나 정관이 절대적이라거나 하는 이유 때문은 아니다. 교회법으로서 첫 번째 권위는 성경이지만, 교단 헌법이나 교회정관도 교회법으로서 권위를 인정받고 있다.

(3) 은혜 사상

교회정관을 중요하게 생각하지 않는 두 번째 이유는 교회 안에 자리하고 있는 은혜 사상 때문이다. 한국교회 안에는 은혜 사상이 깊숙이 자리 잡고 있다. 은혜는 사랑과 용서라는 사상으로 그동안 한국교회는 온갖 위법·불법인 것까지 은혜라는 이름 안에 가두어 버린 것이다. 무조건 용서만이 성경적이지 않음에도 위법과 불법을 밖으로 드러내기를 싫어하는 교회 내 대다수를 차지하는 보수적인 사상과 '좋은 것이 좋은 것이다.'라는 식의 사고가 교회 내에 위법과 불법을 양산해 내게 되었고, 결국 교회는 교회 내·외적으로 불신의 대상이 되었으며, 자정능력이 상실되어버린 원인이 되었다. 교회는 좋은 것이 좋은 것이 아니라, 옳은 것, 바른 것, 즉 진리를 수호해야 한다.

(4) 교회정관과 법원심사

교회 내에서 분쟁이 발생하면 국가 법원은 교회에 대한 사법심사를 논할 때, 교회정관이나 기타 규약에 정함이 있으면 정해진대로 적용하고 판단한다. 만약 정관이나 다른 규정이 없으면 교인 총회(사원총회)의 결의에 의하여야 하거나, 사단법인에 관한 민법의 규정이 준용한다. 법원은 판결할 때, 교단의 헌법, 교회의 정관 등에 다른 정함이 있는 경우에는 정함이 있는 대로 한다며 언제나 개교회 정관과 규약을 먼저 언급한다.

법인 아닌 사단격인 교회 재산인 총유(總有)에 관하여서도 우선 교회정관 기타 규약에 정함이 있는 때에는 해당 규약을 우선 적용하기 때문에 교회의 정관이 사실상 가장 중요한 교회의 자치법규가 된다. 교회정관이나 규칙이 정당한 절차에 의하여 제정된 것이라면, 교회 내에서만 효력을 가질 뿐 아니라, 법원이 사법심사를 할 때도 그 판단 기준이 되기 때문에 교회정관은 매우 중요하다.

3. 교회정관과 강행규정

법인(法人) 및 단체(團體)의 정관은 구성원들의 사적 자치 원칙에 따라 자발적인 참여와 자주적인 의사에 의해서 규정된다. 하지만 아무리 단체구성원들이 자유로운 의사에 의해 정관이나 규칙을 정할 수 있다고 할지라도 단체정관이나 규칙이 무효가 될 수 있다. 교회정관은 교회의 자치법규이므로, 법원의 재판에 있어서 강행법규를 제외한 실정법에 우선하여 적용된다. 교회 분쟁에 관한 재판에 있어서 법 적용은 국가 강행법규가 우선 적용되고, 임의법규인 교회법(교회정관, 노회규칙, 교단 헌법)이 그 이후에 적용된다.

법인 또는 단체의 정관이나 규칙이 사회질서에 반해서는 안 된다(민법 제103조). 따라서 법인 또는 단체의 정관이나 규칙이 사회질서에 반하거나 국가 헌법 질서를 위반한다면 그 정관이나 규칙의 효력은 상실하게 된다. 교회정관도 성경에 반하거나 교단 헌법을 위반하는 때에는 허용될 수 없으며, 국가 법률을 위반하는 때에도 그 효력도 인정받지 못한다. 따라서 교회정관을 작성할 때는 성경, 교단 헌법, 국가법 등에 반하지 않도록 제정해야 한다.

4. 교회정관의 기능

(1) 교회 거룩성을 수호하는 기능

교회정관은 교회의 거룩성을 수호하고 교회를 보호하는 기능을 한다. 교회가 성경과 교단의 교리를 수호하거나 계승하고, 교회 운영에 객관적인 기준이 있어야 하는 까닭에 정관이 필요하다. 교회는 일반 사회단체들과 마찬가지로 교회정관이나 규칙을 만들어 교회의 거룩성을 수호하고 교회를 보호하는 기능을 한다. 교회는 사람들이 임의로 세운 단체가 아닌 거룩하신 하나님이 세웠기 때문에 세상 어느 단체보다 성결할 것과 구별될 것을 요구하고 있다.

(2) 성경을 보충하는 기능

교회정관은 보충적 기능으로 필요하다. 성경이 완전하고 충분하지만, 세상에 존재하는 교회와 사람에게는 어쩔 수 없는 흠이 있기 때문이고, 사회와 국가, 교회와 반대되는 세력이 혼재되어 있어서 교회의 정통성을 지키고 거룩성을 보호하기 위해서 정관이 필요하다. 하지만 교단 헌법이나 교회정관은 결코 성경보다 우위일 수는 없다. 교단 헌법과 교회정관은 하나님의 말씀, 즉 성경에 기초하여 교회가 신앙에 따라 정한 규칙으로서 실천규범적인 보충적 역할을 할 뿐이다.

(3) 교인의 권리 · 의무 준수 기능

교회정관은 교인의 권리·의무를 준수하도록 하는 기능을 한다. 국민은 국가의 법규를 지켜야 할 의무가 있다. 모든 단체에 소속한 구성원은 자기가 속한 단체의 규칙을 준수해야 한다. 교인은 교회의 정관이나 자치법규를 준수할 의무가 있고, 교회는 노회의 규칙이나 장로회 교단 헌법을 준수해야 할 의무가 있다. 단체의 정관이나 규칙의 가장 중요한 기능은 조직구성원들의 권리와 의무를 확정해주어 조직구성원들에게 의무준수를 강제하는 기능을 한다. 단체정관은 구성원들의 자주적인 의사에 의해 정해지기 때문에 단체구성원들의 권리와 의무준수에 대해서 강제적 구속력을 가지게 된다.

(4) 구성원에 대한 사법적 기능

교회정관은 사법적 기능을 한다. 단체의 정관이나 규칙의 중요한 기능은 조직구성원들의 권리와 의무를 확정해주어 조직구성원들에게 의무준수를 강제하는 기능도 하지만, 의무 불이행에 따른 책임을 묻기도 하는 사법적 기능을 하기도 한다. 교회도 정관이나 규칙에 따른 나름의 교인들의 권리와 의무를 규정하고, 개교회만의 고유한 특성과 목표를 실현하려고 한다. 또한 교회정관은 교회 내부관계의 조직과 활동 등을 성경적, 민주적, 합리적으로 규율하므로, 원만한 교회 운영을 가능하게 하고, 교회 분쟁의 예방과 해결에도 기여한다.

5. 교회정관의 성격과 효력

(1) 교회정관의 성격

교회정관은 교인 간의 계약으로 보는 계약설(契約說)과 교회라는 단체의 자치법규라고 보는 자치법규설(自治法規說)로 구분된다. 법원은 사단법인 대한민국헌정회 사건에서 사단법인의 정관에 관하여, 사단법인의 정관은 이를 작성한 사원뿐만 아니라, 그 후에 가입한 사원이나 사단법인의 기관 등도 구속하는 점에 비추어 보면, 그 법적 성질은 계약이 아니라 자치법규로 보는 것이 타당하다며 자치법규설에 따른 판결을 하고 있다.[30] 비법인사단인 교회는 소속 교단과 독립하여 자치 규범을 가지는

---

30) 대법원 2000. 11. 24. 선고 99다12437 판결.

단체이다. 그리고 교회정관은 교회의 자치법규이므로, 법원의 재판에 있어서 강행법규를 제외한 실정법에 우선하여 적용한다.

(2) 교회정관의 효력

교회정관은 교회를 설립하고 조직의 목적에 따라 규칙을 정하여 정관 내용을 기록하는 문서를 말한다. 교회는 자율성을 가지고, 교회 자신에 관하여 내·외부적으로 스스로 규율하는 교회정관을 정할 수 있다. 교회정관은 교회 내적인 규범으로 구성원들 의사와 상관없이 법을 준수하는 경우 효력이 발생한다. 즉 교회정관은 교회의 근본 규칙을 기재한 규범으로 교회 구성원들을 기속(羈束)한다. 교회정관 작성 시 정관에 대한 사항을 분명하게 기록해야 하고, 교회 분쟁이 발생할 경우를 대비하여 공증(公證)을 받아두는 것이 좋다. 교회정관 내용은 작성 후 발기인 전원이 서명 날인을 하도록 하고, 교회정관의 수·개정의 경우에 회의록에 반드시 정관의 수·개정 내용을 남겨두어야 한다. 교회정관에는 교회 재산관리, 처분 등에 관한 일체의 사항을 규정하고, 교회정관에 규정이 없다면 상위법인 교단 헌법을 적용하게 된다. 교회정관은 교단 헌법보다 우위일 수는 없지만, 요즘 법원에서는 교회 재산의 관리 및 처분, 교회 운영, 교회 탈퇴, 합동 등 교회 진로에 있어서 교회정관을 우선 적용하고 판결한다.

6. 교회운영과 정관

모든 법인단체와 마찬가지로 교회의 설립, 관리, 유지에 있어서 절대적인 판단 기준이 되는 것이 교회정관이다. 법인 아닌 사단으로서 교회는 교단 헌법과 교회 자치법규인 교회정관에 의해 운영된다. 교회법으로는 교단 헌법이 있고, 노회규칙도 있지만, 교회정관은 교회 구성원인 교인들에게 직접적인 영향을 미치고 있고, 국가 법원도 지교회에 관한 교단 헌법이나 노회규칙보다 교회정관을 우선시하고 실질적인 효력을 인정하고 있다. 교단 헌법과 교회정관이 충돌할 때, 교회 재산과 운영에 관해서는 교회정관이 우선 적용되고, 담임목사의 청빙, 권징 등 목사의 자격에 관해서는 교단 헌법이 적용된다. 그러나 법원은 교회정관에 목사 해임 규약이 있는 경우, 교회와 목사와의 관계를 근로계약과 같이 민법상 위임계약(委任契約)으로 보기 때문에 지교회가 얼마든지 위임목사를 해임할 수 있다고 판단하며, 오히려 교회의 해임 청원이 없는 노회의 일방적 목사 해임 결정은 무효라고 판시하였다.[31)]

7. 정관의 내용과 기재사항

(1) 정관의 내용

교회정관에는 교회의 조직과 활동의 기본적 사항, 예컨대 교회의 대표, 교인의 자격과 권리 의무, 교인 지위의 취득과 상실, 자산과 재정에 관한 사항이 명확하게 규징되어야 한다. 교회정관이 교회의 편의와 교인의 권리만을 강조하거나 정치적 의도를 가지는 정관 만능주의 착오에 빠져서는 안 된다. 교회정관의 내용은 성경과 기독교 신앙공동체 성격, 교단 헌법, 노회규칙 등 교회법의 본질에서 어긋나지 않아야 하고, 국가법의 기본원리에도 어긋나지 않아야 한다.

교회정관은 구체적이고 명확해야 한다. 공동의회 소집의 절차, 회원자격 및 증명, 의사정족수 및 의결정족수 등이 자세하고 명확하게 규정해야 한다. 당회의 권한과 직무 및 책임, 재정에 관한 권한의 소재, 행사 방법, 책임 등에 관하여도 그러하다. 민법 제275조 제2항은 총유에 관하여는 사단의 정관 기타 규약에 정하도록 하고 있으므로, 교회정관은 특히 교회 재산의 취득·상실, 관리 및 처분, 사용, 수익에 관하여 명확한 규정을 둘 필요가 있다. 또한 교회는 종교의 자유 및 결사의 자유를 향유하기 위한 자치권을 확보하고, 교회 분쟁의 소송사건과 관련하여 사법심사의 한계를 정하여 교회법(노회규칙, 교단 헌법)을 제정해야 한다.

(2) 정관의 기재사항

1) 필요적 기재사항

사단법인(社團法人)을 설립하는 때에는 '목적, 명칭, 사무소의 소재지, 자산에 관한 규정, 이사의 임면에 관한 규정, 사원 자격의 득실에 관한 규정, 존립 시기나 해산 사유를 정하는 때에는 그 시기 또는 사유'를 사단법인 정관의 필요적 기재사항으로 열거하고 있다(민법 제40조). 재단법인(財團法人)을 설립하는 때에는 정관에는 '목적, 명칭, 사무소의 소재지, 자산에 관한 규정, 이사의 임면에 관한 규정을 반드시 기재해야 한다(민법 제43조).[32] 이것을 정관의 절대적 또는 필요적 기재사항이라 한

---

31) 대법원 2006. 4. 20. 선고 2004다37775 전원합의체 판결.

32) 민법 제43조(재단법인의 정관)
재단법인의 설립자는 일정한 재산을 출연하고 제40조 제1호 내지 제5호의 사항을 기재한 정관을 작성하여 기명날인하여야 한다.

다. 사단법인의 경우에는 설립 허가를 전제로 하는 까닭에 민법 제40조 필요적 기재사항들이 기재되어야 한다. 만약 사단법인을 설립하는 때, 각호의 기재사항이 단 하나라도 빠지면 정관이 무효가 될 수 있다(민법 제40조). 하지만 교회는 사단법인 설립과 같은 허가(許可)를 요건으로 하지 않고, 등록(登錄)하는 것으로 설립하기 때문에 교회정관에 필요적 기재사항이 누락되었더라도 정관 자체가 무효화 되거나 효력을 상실하는 것은 아니다.

비영리법인의 경우에 법인의 정관은 작성하는 것만으로 효력이 없고, 설립자들이 작성하여 서명·날인하여야 하며, 창립총회를 통해서 의결함으로써 확정된다. 하지만 영리법인의 경우에는 주무관청으로부터 허가를 취득하는 때에 효력이 발생하고, 정관을 변경하는 때에도 정관에 기재되어 있는 요건에 따라서 주무관청의 허가를 취득해야만 확정된다.

2) 임의적 기재사항

정관의 임의적 기재사항도 필요적 기재사항 못지않게 중요하다. 필요적 기재사항이든 임의적 기재사항이든지 일단 정관에 기재되면 효력을 가지기 때문이다. 임의적 기재사항은 정관에 정하지 않아도 효력에는 영향을 미치지는 않지만, 정관에 기재함으로써 내용을 명확하게 하여 구성원들로 신중함을 기하는 것에 목적이 있다. 임의적 기재사항은 강행규정에 위반하거나 사회질서에 반하지 않는다면, 법인이나 단체 구성원들의 자주적 의사에 의해서 자유롭게 기재할 수 있다.

8. 교회정관 제정 및 개정

(1) 교회정관 개정의 정족수

교회는 민법상 법인 아닌 사단, 즉 비법인사단이다. 따라서 권리능력(법인격) 있는 법인에 관한 규정을 제외하고 사단법인에 관한 민법 규정을 유추 적용한다. 민법에 따르면 교회정관의 제정은 성립된 총회(민법 제71조)에서 민법 제75조 제1항에 따라서 과반수 회원의 출석과 출석회원 과반수의 결의에 의하여야 한다. 하지만 교회정관의 개정은 총 입교인(무흠 세례교인)의 3분의 2 이상의 동의로 변경할 수 있음이 원칙이다(민법 제42조 제1항).[33] 그러나 정관변경의 정족수에 관하여는 교회정관에

33) 민법 제42조(사단법인의 정관변경)

달리 정할 수 있다(민법 제42조 제1항 단서).

법인소유 명의의 부동산에 관하여 매매, 증여, 경락 등 정관변경을 수반하는 기본재산을 처분하는 경우 주무관청의 허가를 받아야 하고,[34] 허가가 없는 상태에서 기본재산의 처분은 무효이며, 주무관청의 허가 없이는 등기이전도 허용되지 않는다. 그리고 재단법인의 정관변경은 그 변경 방법을 정관에 정한 때에 한하여 변경할 수 있도록 하고 있다(민법 제45조).[35] 교회정관 변경에 관한 의사정족수에 관하여 정관에 별도의 규정이 없다면, 교회정관의 변경을 위해서는 사단법인 정관변경에 관한 민법을 유추·적용하여 의결권 있는 교인 3분의 2 이상 찬성이 있어야 한다(민법 제42조).[36]

(2) 교회정관 수 · 개정 필요성

한국교회의 가장 큰 문제점 중의 하나가 담임목사와 당회에 권한이 너무 집중되어 있다는 것이다. 그럼에도 불구하고 한국교회는 담임목사와 당회의 권한을 높이고, 평신도인 교인의 자격을 제한하는 방향으로 정관을 수·개정하고 있다. 이러한 사실들은 교회 내부의 문제가 생겼을 때, 목회자와 당회에 유리한 방향으로 이끌어 가려는 행태이고, 교인들이 주체적으로 교회 운영에 참여하고 투명한 교회 재정의 투명성을 확보하는데 역행하는 것이라고 할 수 있다. 교회정관의 근거는 성경에 있다. 따라서 교회정관의 수·개정은 장로교 헌법의 수·개정 사유와 마찬가지로 사람의 편의나 시대와 환경의 변화가 목적이 될 수 없으며, 오직 성경과 교회의 합당한 요구에 의해서만 수·개정해야 한다.

(3) 교회정관 불변조항

교회정관에 불변조항(Entrenchment Provisions)을 두고 불변조항은 개정할 수 없다는 규정이 정해져 있는 경우라고 할지라도 교회정관을 절대로 개정할 수 없는 것이 아니다. 교회는 자율적인 단체로서 교회정관을 절대로 변경할 수 없다는 조항은 너무 불합리한 조항이므로, 그 효력은 인정될 수 없다. 설령 교회정관 개정에 불변조항이 있더라도 민법 제78조(사단법인 해산 결의)를 유추·적용하여 교인들의 총회인

---

① 사단법인의 정관은 총 사원 3분의 2 이상의 동의가 있는 때에 한하여 이를 변경할 수 있다. 그러나 정수에 관하여 정관에 다른 규정이 있는 때에는 그 규정에 의한다.

34) 대법원 1967. 2. 22. 선고 65마704 판결.

35) 대법원 1978. 7. 25. 선고 78다783 판결.

36) 대법원 2006. 4. 20. 선고 2004다37775 판결.

공동의회에서 교인 전원 내지 재적교인 4분의 3 이상이 찬성하는 때에 교회정관 개정이 가능하다고 보아야 한다. 교회정관에 불변조항을 둔 목적은 통상적인 정관변경 방법이나 부당한 목적이나 사소한 일로 정관을 변경하려는 것을 엄격히 제한하고, 정관을 변경하는 일에 있어서 신중을 기하도록 하는데 그 의의가 있기 때문이다.

(4) 교회정관의 변경 대상

교회정관에 규정되어 있는 목적도 정관변경의 대상이 된다. 대법원은 교단변경에 관하여 '교회의 명칭이나 목적 등 정관에 포함된 사항의 변경까지 수반하기 때문에 사단법인의 정관변경에 준하는 것'으로 보면서 의결권을 가진 교인 3분의 2 이상의 찬성에 의한 결의를 포함한다고 판시하였다.[37] 그리고 교회정관이 정한 목적의 변경이 교리 문제와 관련된 때, 교단의 정체가 다른 경우에는 교단의 존립과 교회의 자율성 원칙 간의 문제가 될 수 있다. 다만 교회의 본질을 달리하는 다른 교파에로의 정관변경은 불가능하다.

9. 정관개정의 권한과 절차

교회정관 개정은 교인총회인 공동의회에서만 가능하다(민법 제42조). 교회정관 개정은 교인총회인 공동의회가 아닌 당회, 제직회 등과 같은 다른 기관에서 개정할 수 없으며, 이러한 정관개정은 무효이다. 그리고 교회정관의 수·개정은 반드시 정당한 절차에서 정립하여야 법적인 효력이 발생한다. 또한 교회의 재산 관계 및 중요한 사항을 결정하는 방법에 있어서 성경 및 민법의 원리들과 조화되어야 하고, 교회 분쟁 발생 시 정관을 통한 해결이 가능하도록 종합적으로 분석하고 검토해야 한다. 그리고 정관에 흠결이 있다면 정당한 절차를 거쳐 개정해야 나중에 정관의 흠결로 인한 문제가 발생하지 않는다.

Ⅲ. 노회규칙

당회(堂會)는 개개교의 치리회이고, 노회(老會)는 특정 지역의 치리회인 지역적인

37) 대법원 2006. 4. 20. 선고 2004다37775 판결.

연합조직체로서 개별 지역교회의 연합을 도모하고, 교단총회와 개교회 사이에 존재하며 중간매개체의 역할을 하는 조직이다. 그리고 노회도 노회의 조직과 권한, 운영에 관한 규범을 가지고 있는데, 이 규범을 노회규칙(老會規則)이라고 한다. 노회규칙은 교회의 지도자들이 모여서 교회의 임무와 역할을 종합적으로 점검·지도하고, 집행하는 자발적 조직으로서 교회 헌법이 위임해 준 범위 안에서 자율적인 활동이 보상된다.

Ⅳ. 교단 헌법

1. 교단 헌법 개념

교단 헌법(教團憲法)은 장로교 헌법 또는 총회헌법(總會憲法)이라고 칭하는 교회법을 말한다. 여기서 총회헌법이란 명칭보다는 대한예수교장로회 헌법 또는 교단 헌법이라고 해야 한다. 총회(總會)는 사전적으로 사단법인 전체 구성원으로 조직되고, 단체의 의사를 결정하는 최종적·최고의 의결회의체이다. 총회는 지교회가 파송한 총대들로 노회가 소집되고, 노회가 파송한 총대들로 치리회인 총회로 소집되었다가 파회(罷會)하는 회의체라고 보아야 한다. 교단 헌법은 협의적 의미의 정치만을 말하는 것이 아니고, 신조, 요리문답, 정치, 권징조례, 예배모범 등을 포함하는 광의적 의미의 법이며, 교회론의 핵심이라고 할 수 있다.

장로교 교단의 헌법은 교회 기능과 조직, 운영을 포괄하고 있으며, 교리 외에 12신조, 성경 소요리문답, 성경 대요리문답, 정치, 헌법적 규칙, 권징조례, 예배모범, 그리고 웨스트민스터 신도게요서를 포함하고 있으며 칼빈주의 원리를 따르고 있다. 교단 헌법 '정치'는 교회정치의 원리를 양심의 자유와 교회의 자유라는 구도 아래서 교인의 기본권과 교회의 교권과의 견제·균형의 원리를 설명한다. 이러한 사상에 입각하여 예수 그리스도를 머리한 가견 교회가 어떻게 조직되고, 어떤 기능을 갖는가를 설명하며, 동시에 그 교회에서 교회적 사명을 수행하기 위한 교회 직원의 정체를 확인해 준다. '헌법적 규칙'은 교인의 권리와 의무, 학습과 성례, 교회의 선거투표, 혼상례, 병자에게 안수하는 것 등에 대하여 설명한다. '권징조례'는 국가법의 형법과 같은 역할을 하는 것으로, 각종 소송에 관해 설명한다. 즉 교회 재판에 관한 것을 다

룬다. '예배모범'은 주일성수를 필두로 하여 교회의 예전에 관한 다양한 설명을 하고, 유아세례, 입교예식, 혼례 및 장례, 그리고 시벌(施罰)과 해벌(解罰) 등에 관하여 다루고 있다.

2. 한국 장로교단 헌법의 특징

첫째, 교단 헌법은 결코 흠결이 없는 완전한 권위가 부여되지 않는다. 그렇다고 교단 헌법 무용론이나 폐지를 주장하는 것은 아니다. 하지만 일부 목사들은 교단 헌법이 성경과 동등하다거나 권위가 부여된 것으로 착각하고, 대부분 사안(事案)에 대해서 절대적인 판단 기준으로 삼아 교단 헌법을 적용하여 예수 그리스도가 주인되는 교회, 거룩한 구원에 참여한 바 된 교인들을 좌지우지(左之右之)하려는 경향이 있다. 교단 헌법의 원리가 성경에 근거하였고, 개혁교회의 정통 신학과 교리를 이어왔고, 공교회의 합의에 따라 규정되었다고 하더라도, 교단 헌법은 하자(흠)가 있는 사람들에 의해 제정되었기 때문에 흠이 있음을 결코 간과해서는 안 된다.

둘째, 교단 헌법은 불명확하고 추상적이고 정치적이다. 국가의 헌법재판소는 정치력에 영향을 받는 기관이기 때문에 어떤 사건들에 대해서 헌법의 위반 여부를 결정할 때, 전직 대통령의 탄핵과 같이 유사한 사안임에도 국민의 공감(consensus)이나 여론에 따른 정치적 결정을 하게 된다. 또한 법원들도 법령은 명확하고 구체적임에도 법관에 따라 정치적 결단을 내리기도 한다. 한국 장로교회의 헌법은 명확하지도 않고, 구체적이지 못하고 추상적이며 정치적인 성격이 강해 교권주의자들이 남용하거나 악용하는 경우가 많다. 최근 통합교단이 교단의 상징성을 가지는 서울 대형교회의 세습 문제를 다루면서 교단 헌법을 임의적·자의적으로 해석하여 세습을 승인하는 것과 같이 교단 헌법은 정치원리에 따라서 자의적으로 해석되거나 교권주의자들에 의해서 정치적인 논리에 의해 결정되는 경우가 많다.

셋째, 교단 헌법은 교회공동체의 구성원인 교인들의 기본적 권리에 대해 소홀히 하고 있다. 현대 국가 헌법은 모든 국민에게 인간다운 생활을 위한 인간의 존엄과 실질적 평등을 보장하는 생존권적 기본권을 인정하고 있는데, 교단 헌법은 권징을 강조하고, 교인의 기본권보다 의무와 책임에 대해서 강하게 강조한다. 교회공동체를 보호하기 위해 각종 범죄의 피해 당사자인 교인의 침묵을 강요하거나 다수의 교인을 위해 소수의 희생을 강요하고, 부목사, 전도사 등 교회 부교역자들의 기본적인 권리가 경시되고 있다.

넷째, 교단 헌법의 용어나 문장이 너무 어렵다. 우리나라 법률의 내용이나 법원의 판결문이 너무 어려운 용어로 되어 있어서 근래 쉬운 우리말 용어로 바꾸는 작업을 시도하려고 하고 있다. 마찬가지로 한글 성경과 한국 장로교단 헌법은 많은 용어가 한자어로 되어 있어서 일반 교인들이 접근하기에 문장이나 용어가 너무 어렵게 되어 있으므로, 교회 교인들이 이해하기 쉬운 우리말로 바꾸어 가야 할 것이다.

3. 교단 헌법의 수 · 개정

대한예수교장로회(합동)는 1922년 장로교 헌법을 일부 수·개정하여 그대로 계승해 오고 있으며, 대한예수교장로회(통합)는 2007년 장로회 헌법을 전면 개정하였다. 총회에 헌법을 수·개정하려고 노회로부터 헌의안(獻議案)이 제출되면 총회는 그 의안을 각 노회에 보낸다(정치 제4조). 정치, 권징조례, 예배모범을 변경할 때는 총회는 각 노회에 수의(收議)하여 노회 과반수와 모든 노회의 투표수 3분의 2 이상의 가(可)표를 받은 후에 총회에 보고하고 총회가 그 결과를 공포하고 실행한다(정치 제1조). 그리고 신조나 요리문답을 개정할 때는 총회는 특별위원 15인 이상으로 하여 1년간 그 문제를 연구하게 한 후 총회에 보고하고, 각 노회에 수의하여 노회 중 3분의 2 이상과 모든 투표수 3분의 2 이상의 가(可) 표를 받고 그다음 회기에 채용하게 된다(정치 제2조).

4. 교단 헌법과 교회정관 충돌

종교단체인 교회는 교회정관, 노회규칙, 교단 헌법의 영향을 받는다. 교회는 교회정관 이외에 교회법인 교단 헌법, 노회규칙 등을 명시적·묵시적으로 동의하고 있으므로 구속받게 된다. 그러나 교회정관과 교단 헌법 및 노회규칙은 기능면에서 상호 유기적으로 작용하는 법이다. 서로 다른 교회법은 상호 의지하고 구속하는 법이며, 독립적으로 작용하는 법이다.

우리 헌법은 교회, 교단, 노회 등 종교의 자유를 최대한 보장하기 위해 자치와 자율을 존중하고, 교회법에 따른 권징 재판 및 의결 등 교회의 행위에 대하여 국가는 간섭하지 않는 것을 원칙으로 하고 있다(헌법 제20조). 따라서 헌법은 개교회뿐만 아니라, 개교회의 상급 단체인 교단에도 동일하게 적용되므로, 종교단체의 종교적 자율권은 모두 보장되어야 한다. 그런데 상황에 따라서 개교회와 교단 사이에 종교적 자율권이 상호 충돌하는 경우가 발생한다. 이 경우 교단의 존립 목적에 비추어 개교회 자율권은 일정한 제한을 받을 수밖에 없고, 교단도 일정한 제한을 받을 수밖에 없게 된다. 즉, 교단이 각 개교회의 자율권을 제한 없이 인정하면 해당 교단의 고유한 특성과 교단 내에서의 종교적 질서유지라는 교단의 존립 목적을 달성하는 것이 곤란하게 되기 때문이다.

개교회와 교단 사이에 종교적 자율권이 상호 충돌하는 경우, 충돌되는 사안에 따라서 개교회 자율권이 우선 적용되는 경우가 있고, 교단의 자율권이 우선 적용되는 경우가 있다. 지교회의 존속에 관한 사항, 즉 교단의 선택, 교회 재산에 관한 교회 운영은 개교회의 자주성과 독립성을 중시하여 개교회의 정관에 따른 교인들의 총의(總意)가 중요하다. 하지만 개교회의 당회장 선출, 징계 등에 관하여는 교단 헌법이 개교회에 대해 강제력을 갖는다. 우리 법원은 교단 헌법과 개교회의 정관 및 교인들의 총의가 충돌할 때, 교단 헌법보다 교회정관을 우선해 판결해 가는 경향이 있다.

(1) 교회정관의 우선

1) 교회의 존속과 폐지

교회의 존속(存續), 폐지(廢止)는 개교회의 정관이나 교회 구성원인 교인들의 총의(總意)에 따라 결정된다. 교단이 강제력으로 지교회의 존속이나 폐지를 강요할 수 없다. 개교회의 존속이나 폐지는 개교회의 정관에 따라 소속 교인들의 총회인 공동의회 결정이 우선권을 가진다.

2) 교단의 선택

교단(敎團)의 가입(加入) 및 탈퇴(脫退)는 교회정관이나 교인들의 총의인 공동의회 결의가 우선한다. 교단 헌법과 상관없이 교회정관과 교인들의 총의에 의하여 교단 가입과 탈퇴를 결정할 수 있는 것이다. 법인 아닌 사단으로서의 실체를 갖춘 교회는 단독으로 종교 활동을 할 수도 있지만, 교리의 내용, 예배의 양식, 신앙공동체로서의 정체성, 선교와 교회 행정에 관한 노선과 방향 등에 따라 특정 교단의 개교회로 가입하거나 새로운 교단을 구성하여 다른 개교회의 가입을 유도할 수도 있다.

3) 교회 재산

교회와 교단 간의 분쟁으로 재산분규가 발생하게 될 경우, 법적으로 개교회 재산의 소유관계, 즉 교단 혹은 노회의 재산인가, 지교회의 재산인가에 대한 문제가 발생한다. 교회로서 법인 아닌 사단인 교회의 재산에 대한 처분에 관하여 교회의 정관이나 기타 규약에 정함이 없다고 할지라도 교회가 속한 노회인 대한예수교장로회 교단의 헌법이 교인총회(공동의회)의 재산처분에 관한 결의를 대신할 수 없다.[38] 즉 개교회의 재산 소유권은 개교회에 있는 까닭에 교회 재산이 교단의 유지재단 명의로 편입되어 있다 하더라도 교단이 소유권을 주장할 수 없는 것이다. 법원은 부동산 소유권의 귀속에 관한 법률적 분쟁에 있어서 교단의 헌법이 개교회에 적용될 여지가 없으며, 설령 교단 헌법에 개교회가 교단을 탈퇴하는 때에는 재산권이 없어진다는 권리 상실조항이 있더라도 구속력을 인정하지 않는다.

4) 교회 합병

교회의 합병(合併)은 두 개 이상의 개교회가 하나로 통합하여 한 개의 지교회가 되는 것을 말한다. 교회의 합병은 장단점을 가지고 있다. 교회 합병으로 시너지 효과가 극대화되어 교회가 부흥·성장한 교회도 있지만, 반대로 두 교회의 합병으로 교회가 사분오열되어 버린 교회도 있기 때문이다. 두 교회의 합병을 위해 필요한 의결정족수는 교회정관에 교회 합병에 관한 규정이 있으면 정관에 의하고, 정관에 특별히 정한 바가 없으면 민법 제78조[39] 사단법인의 해산결의를 유추·적용하여 의결권이 있는 교인의 4분의 3 이상의 찬성이 필요하다고 판시하였다.[40] 판례에 의하면 두 개의 교회가 한 개의 교회로 합동하려면 쌍방 교회 모두 출석교인(出席教人)이 아닌 재적교인(在籍教人) 4분의 3 이상의 찬성이 있어야만 가능하다.

5) 교회 직원 후보에 대한 선출권

법원은 대한예수교장로회 교단 헌법과 별개로 당회에 안수집사나 권사 후보에 대한 선출권을 주는 식의 정관을 개별교회에서 별도로 두는 것이 가능하며, 그런 경우 교회정관은 교단 헌법에 우선한다고 하였다.

(2) 교단 헌법의 우선

교회 자치 규정인 교회정관과 교단 헌법이 충돌할 때, 다음과 같은 경우에 법원

---

38) 대법원 1973. 8. 21. 선고 73다442, 443 판결.

39) 민법 제78조(사단법인의 해산 결의)
사단법인은 총 사원 4분의 3 이상의 동의가 없으면 해산을 결의하지 못한다. 그러나 정관에 다른 규정이 있는 때에는 그 규정에 의한다.

40) 서울고등법원 2010. 4. 7. 선고 2009나47236 판결.

은 교단 헌법을 준용하는 판결을 한다.

1) 목사와 교회 직원의 자격

교단 헌법은 교단에 따라 약간의 차이는 있지만, 목사의 자격 및 장로, 권사, 안수집사 등의 자격과 선출 방법 등의 요건들을 규정하고 있다. 예를 들면 대한예수교장로회 합동교단의 경우에 목사의 자격으로서 연령은 만 29세 이상(단 군복, 선교사는 만 27세 이상, 정치 제4장 제2조), 교단이 인정하는 신학대학교를 졸업해야 하며, 교단에 따라서 남성이어야 할 것과 기혼자일 것을 요건으로 하고 있다. 목사은퇴 연령에 있어서 만 70세까지로 되어 있는데, 만 70세라 함은 만 71세가 되기 전날까지로 총회가 결의하였다. 장로, 안수집사의 자격은 만 30~35세 이상, 권사는 만 40~45세 이상이며, 시무직 은퇴는 목사와 동일하게 만 70세까지이다. 교회 직원선출은 교인 3분의 2 이상 찬성이 필요하다.

2) 당회장 해임

당회장(堂會長) 선출 및 해임권은 지교회에 있는가, 교단에 있는 것일까? 법원은 당회장의 선출 및 해임에 관한 사항에 있어서 교단 헌법을 인정하고 준용하여 판결해왔다.[41] 하지만 근래에 들어서 교회정관에 의한 교인총회인 공동의회의 결정을 인정하고 있다는 점에서 매우 우려스럽다. 교회 당회장인 목사의 소속은 교단 산하 노회 소속이기 때문에 교단 헌법에 의하여 판단해야 함에도 지교회의 결정을 인정하는 판결을 내리고 있다. 이는 종교단체의 존속을 위한 성경과 교리에 따른 고유한 교회법(교단 헌법)을 고려하지 아니하고, 법관들이 국가법을 우선 적용하여 민법 제689조 위임계약으로 보고 판결하기 때문이다.[42] 교단 헌법상 목사는 노회 소속이고 지교회가 소속 노회에 당회장 청빙·청원을 하고, 노회에서 소속 목사를 지교회에 당회장으로 파송하는 것이기 때문에 당회장 선출 및 해임에 관한 사항에 있어서 판결은 교단 헌법을 준용하여 판결해야 한다.

3) 권징

교단 헌법에는 목사와 교회 직원에 관한 권징에 관해 규정하고 있다. 교단 헌법

41) 대법원 2012. 5. 25.자 2012마463 결정. 광주고등법원 2012. 3. 6.자 2011라18 결정.
42) 수원지방법원 성남지원 2015. 9. 16. 선고 2015가합966 판결.

은 징계사유와 징계의 종류, 징계 방법 등에 관하여 규정하고, 담임목사나 교인 소수의 어떤 목적에 의해 사사(私私)로이 징계를 하지 못하도록 하고 있다. 만약 권징이 교회정관에 의해 임의적으로 행사되거나 담임목사나 소수의 목적을 위해 의도적으로 남용 또는 악용할 수 있는 까닭에 교단 헌법은 이러한 소수인의 목적을 위해 악용되는 사례를 막고, 교인을 보호하는 수단이 되기도 한다. 교회의 권징은 교단 헌법에 규정되어 있는 절차와 형식에 있어서 정해진 절차에 의하여 행사되어야 한다. 만약 교단 헌법 규정을 무시하거나 절차에 의하지 아니한 징계는 무효가 될 수 있다.

Ⅴ. 판례

1. 교회 공동의회 정관개정 무효소송

(1) 사실관계

분쟁이 발생한 J교회는 담임목사 甲에 반대하는 교인들에 대하여 제명, 출교 처분을 하는 등 갈등을 빚어왔다. 그러던 중 전체 세례교인 중 10분의 1 이하만 참석하여 공동의회를 개최하면서 전체 교인들의 자유로운 참석을 보장하지 않고, 물리력을 동원하여 목사 甲을 지지하는 교인들만 참석하도록 하고 발언을 제지하거나 퇴장시키는 행위로 반대하는 교인들의 토의 및 의결권을 침해하였다. 또한 교회 정관변경을 위해서는 정관에 운영위원회의 심의를 거치도록 하고 있지만, 이 규정을 위반하였고(교회정관 제31조 제8항), 안수집사와 권사를 선출하기 위해서는 당회에서 선출될 안수집사와 권사 숫자 등에 관한 결정이 있어야 함에도 당회에서 사전 절차를 거치지 않았다. 이에 교인들은 절차상 하자를 사유로 하여 공동의회 결의 무효를 주장하며 소를 제기하였다.

(2) 판결요지

교회정관에 '공동의회는 특별한 경우를 제외하고는 출석 인원으로 성원하며, 출석 인원 과반수 이상 찬성으로 의결한다.'라고 규정하고 있다. 교회정관 규정에 따르면 비록 매우 적은 수의 교인들만이 출석하더라도 그 출석 교인의 과반수만 찬성하면 피고의 최고 의사결정 기관인 공동의회의 결의가 가능하다고 볼 수 있다. 그러나 이러한 규정은 교인의 수가 워낙 많아 최소 의사정족수를 정하는 경우 이를 충족하기가 쉽지 않은 점을 고려한 것으로서 어느 정도 이해가 가는 측면이 있지만, 그러나 이를 악용하여 일부 소수 교인이 담합하여 공동의회를 개최하는 경우 매우 적은 수의 교인만으로도 피고 교회의 의사결정을 좌지우지할 수 있는 위험이 크므로 일반 교인들이 공동의회에 참석하여 발언하고, 토론을 거쳐 의결권을 행사할 수 있도록 절차적 권리를 충실히 보장하여 줄 필요가 있다.

우리 헌법이 종교의 자유를 보장하고 종교와 국가기능을 엄격히 분리하고 있는 점에 비추어 종교단체의 조직과 운영은 그 자율성이 최대한 보장되어야 할 것이므로, 교회 안에서 개인이 누리는 지위에 영향을 미칠 각종 결의나 처분을 당연히 무효로 판단하려면, 그저 일반적인 종교단체 아닌 일반단체의 결의나 처분을 무효로 돌릴 정도의 절차상 하자가 있는 것으로는 부족하고, 그러한 하자가 매우 중대하여 이를 그대로 두는 경우, 현저히 정의 관념에 반하는 경우라야 한다. 교회는 다수 교인의 공동의회 참석을 물리적으로 원천 봉쇄하고, 공동의회에서 이의를 제기하는 교인들의 발언권을 보장하지 않았고, 오히려 이의를 제기하는 교인들을 퇴장시키기까지 한 사실 등이 인정되므로 공동의회 참석 및 발언, 표결권을 본질적으로 침해하여 그 결의 방법이 정의 관념에 반할 정도로 현저하게 불공정하게 이루어진 중대한 하자가 있다고 판시하였다.[43]

(3) 해설

법원은 교회 결의가 사법심사가 되는 경우와 절차상 하자를 이유로 공동의회 결의 무효가 되는지에 관한 판단을 하였다. 첫째, 법원은 교회 결의에 대해서 원칙적으로 사법심사 대상으로 하지 않는다. 하지만 교회 결의가 구성원의 기본 권리에 영향을 미치는 때에는 사법심사의 대상이 된다고 본다. 따라서 J교회 공동의회에서 정관변경 의결과 직원선출, 결산건 등은 상급 기관인 교단 및 소속 노회 변경, 교회 재산의 처분과 관리보존 등 운영 방법의 변경으로 볼 수 있어 교회 구성원들의 기본 권리를 침해한 정관개정 및 결정이므로 사법심사의 대상이 된다고 보았다.

둘째, 법원은 교회에 대해 사법심사를 할 때, 교단 헌법, 교회정관, 기타 규약에

43) 대법원 2006. 2. 10. 선고 2003다63104 판결.

정함이 있으면 정관의 적용을 받고, 교회정관 기타 규약에 다른 규정이 없으면 사원총회(교인총회)의 결의에 의하거나 사단법인에 관한 민법 규정을 준용해야 한다는 형식논리를 편다. 또한 법원은 일반적인 종교단체나 일반단체의 결의 처분을 무효로 돌릴 정도의 절차상 하자가 있는 것으로 부족하고, 그러한 하자가 매우 중대하여 이를 그대로 두는 경우, 정의 관념에 반하는 때에 한해야 한다고 판시한다. 그런 점에서 교회정관에 '공동의회는 특별한 경우를 제외하고는 출석 인원으로 성원하고, 출석 인원 과반수 이상 찬성으로 의결한다.'라고 규정하고 있다면 설령 10분의 1 미만이 참석하였을지라도 공동의회 결의에 하자가 있다고 할 수 없다. 하지만 J교회의 공동의회 결의는 교회정관에 '정관의 개정 전에 당회에 설치된 운영위원회의 심의를 거치도록 한 규정'을 지키지 아니하였고, 교회정관에 '안수집사와 권사의 선출은 당회의 직무로서 사전에 당회 결의가 있어야 한다.'라는 규정도 지키지 않은 것은 절차법상 위법이 중대하여 정의 관념에 반한 것으로, 공동의회에서 한 정관개정 결의와 안수집사, 권사 선출 결의는 각 무효임을 확인한다고 선고한 것이다.

2. 사무처리회에 의한 정관개정은 무효

(1) 사실관계

서울의 대형교회인 S교회는 교회정관에 '사무 처리회 회원은 교회 침례 교인들로 구성한다.'라고 되어 있다. 그러나 S교회는 안수받은 안수집사 전원을 회원으로 하는 사무 처리회의 의결로 교회정관을 3차례에 걸쳐 개정해 왔다. 즉 교인총회가 아닌 안수집사들로만 구성된 사무 처리회 결의로 정관을 개정한 것이다.

(2) 판결요지

법원은 교인들의 총회인 공동의회에 의한 정관개정이 아닌 사무 처리회나 당회에서 정관을 제정하거나 수·개정한 것이라면, 개정한 정관은 교인총회의 승인을 받지 않은 것이므로 무효라고 판시하였다.[44]

(3) 해설

한국에는 수천, 수만 명이 모이는 대형교회들이 많다. 교회정관을 수·개정하려면

44) 서울고등법원 2014. 2. 7. 선고 2012나15338 판결.

교인 3분의 2 이상의 찬성이 필요하다. 하지만 그 많은 사람이 모이는 것이 어려워 일부 교회는 교회정관에 당회에 교회정관 수·개정을 위임한다는 규정을 두기도 한다. 하지만 법원은 아무리 교회정관에 당회나 사무처리회 등에 위임할 수 있도록 규정되어 있더라도 교인들의 총회인 공동의회에 의한 정관개정이 아닌 당회에서 정관을 제정하거나 수·개정한 것이라면, 개정한 정관은 교인총회의 승인을 받지 않아 무효라고 판단한다. 따라서 교회는 반드시 교회정관을 수·개정하는 경우에 교인들의 총회인 공동의회의 승인을 받아야만 한다. 공동의회의 승인을 받지 못한 교회정관은 효력이 없다.

3. 교단 헌법과 교회의결이 충돌하는 경우

(1) 사실관계

K교회에서 시무해오던 목사 甲은 양녀 입양 문제로 자신을 지지하는 교인들과 반대하는 교인들의 대립으로 분쟁이 발생하자 자신을 지지하는 교인들과 함께 소속하였던 A교단으로부터 탈퇴하기로 하고 공동의회를 개최하여 세례교인 찬성 1,250명, 반대 589명으로 의결하고, 기존의 A교단을 탈퇴하고 B교단에 가입하였다. 그런데 기존 A교단 헌법에 '교단의 교리나 법규를 준행하지 않거나 이탈한 자는 교회 재산의 사용권을 가지지 못한다.'라고 규정되어 있었다. 이에 A교단에서는 교단 헌법에 교단을 이탈한 교회는 교회 재산의 사용권을 가지지 못하도록 규정되어 있는 까닭에 교단을 탈퇴한 교인들은 교회 재산에 대한 권한이 없다고 주장하였다.

(2) 판결요지

교회와 그 소속 교단과의 관계는 교회의 기본적 독립성이 인정되는 범위에서 정립되어야 하고, 교회의 기본재산은 특별한 사정이 없는 때, 그 교회의 교인들이 자기들을 위한 소유·사용할 의사를 가진 것이라고 보아야 하며, 종교자유의 원칙상 교회의 교인들이 그 소속 교단을 탈퇴하거나 변경할 수 있으며, 교회에서 탈퇴하지 않는 이상 교회 구성원의 지위를 상실하는 것이 아닌 점 등에 비추어 보면, 교단의 규정이 종전 교회의 교인들이 그 교회 자체를 탈퇴하고 새로운 교단에 가입하여 별개의 교회를 결성함으로써 종전 교회가 2개의 교회로 분열된 경우에까지 구속력을 가진다고 할 수 없다.[45]

(3) 해설

교단 헌법에 '교단의 교리나 법규를 준행하지 않거나 이탈한 자는 재산의 사용권을 가지지 못한다.'라고 규정되어 있는 경우에라도 교인들이 그 교회 자체를 탈퇴하여 교회 구성원의 지위를 상실하는 경우가 아니고, 다수의 교인이 소속 교단을 탈퇴하고 새로운 교단에 가입하여 별개의 교회를 결성하는 때에는 더 이상 교단 헌법의 구속력이 없다.

4. 교단 헌법과 배치되는 교회정관 개정

(1) 사실관계

안수집사 선출 및 권사 선출 절차상의 문제이다. J교회 정관에는 '안수집사와 권사의 선출은 당회의 직무로서 당회의 사전 결의가 있어야 한다.'라고 규정되어 있고, 교단 헌법에는 '당회가 후보자를 선출할 수 있다.'라고 규정되어 있다. 서로 대립 관계에 있던 J교회 교인들은 교단 헌법상 당회에서 사전 결의가 없을지라도 위법이 아니라고 주장했지만, 상대방 측에서는 교회정관에 따라 반드시 당회에서 사전 결의를 거쳐야 한다고 주장하였다.

(2) 판결요지

법원은 대한예수교장로회 교단 헌법과 별개로 당회에 안수집사나 권사 후보에 대한 선출권을 주는 식의 정관을 개별교회에서 별도로 두는 것도 가능하고, 그와 같이 개별교회에서의 정관은 교단 헌법에 우선한다고 판단하였다.

(3) 해설

교단 헌법에 당회가 후보자를 선출할 수 있다는 규정은 절대적 규정이 아니고, 임의적 규정에 해당한다. 개교회가 자체적으로 결정할 사안이라는 것이다. 또한 교단 헌법에 직원선출에 관한 규정이 있더라도, 교단 헌법과 별개로 교회정관에 별도의 규정을 두고, 교회정관에 따라 직원을 선출한다면 교단 헌법과 상관없이 유효한

---

45) 대법원 1993. 1. 19. 선고 91다1226 판결.

결정이 된다.

Ⅵ. 결론

한국교회와 교회 구성원인 교인들은 교회법뿐만이 아니라, 국가법과 법원의 판결에 영향을 받고 있다. 종교의 자유, 정교분리의 원칙은 점점 희미해져 가고 있고, 교회법은 국가법과 법원의 판례에 기속(羈束)되고 있다. 왜냐하면 국가법에 따른 법원의 판결은 국가 영토 내의 자연인과 법인 및 단체를 기속하기 때문에 종교단체인 교회도 적용받을 수밖에 없기 때문이다. 한국교회와 교회 지도자들은 국가법과 법원의 판결에 관심을 기울여야 한다. 그리고 교회는 교단 헌법, 노회규칙 교회정관 등 교회법을 제정하거나 수·개정할 때, 사회 환경의 변화와 시대의 흐름을 파악하고, 국가법과 법원의 판례를 참고해야 한다.

또 한편으로 교회법 용어는 너무 어려운 까닭에 교회법의 어려운 용어나 어휘, 문구를 쉽고 현대적인 용어나 문구로 바꾸어야 한다. 특히 신조, 교리문답 등 교회법에 사용된 용어들이 너무 어려워 일반 교인들이 쉽게 접근하기 어렵게 되어 있다. 한국 교회법은 선교 초기 미국 선교사들에 의해 제정된 문장과 단어와 체계로 된 교회법이어서 교회법이 너무 추상적이거나 현실적이지 못해서 구체적이고 명확하게 바꾸어야 한다. 이를 위해 교단 내에 총회 차원의 교회법 전문기관을 조직하여 상설화하고, 법률 전문 인력에 대한 지원으로 교회법 전문가를 양성해야 하며, 신학대학교에서도 목사 후보생들에게 교회법 외에 기본적인 국가 법률에 대한 개념들을 가르쳐야 한다.

제5절 ‖ 교회와 교단

Ⅰ. 교회

1. 교회의 의의

(1) 교회 개념

고전1:2-3「[2] 고린도에 있는 하나님의 교회 곧 그리스도 예수 안에서 거룩하여지고 성도라 부르심을 받은 자들과 또 각처에서 우리의 주 곧 그들과 우리의 주 되신 예수 그리스도의 이름을 부르는 모든 자들에게 [3] 하나님 우리 아버지와 주 예수 그리스도로부터 은혜와 평강이 있기를 원하노라」

교회(敎會)는 예수 그리스도를 머리로 하여 각 지체들이 연합하고 하나가 된 교회(엡1:22,5:30), 그리스도 예수 안에서 거룩하여지고 성도라 부르심을 받은 자들과 또 각처에서 우리의 주 곧 그들과 우리의 주되신 예수 그리스도의 이름을 부르는 모든 성도로 구성된 공동체이다(고전1:2). 교회는 첫째, 예수 안에서 거룩하여진 사람들이다. 예수 그리스도의 십자가 대속으로 말미암아 믿는 자들이 죄 사함을 받았고, 성령께서 마음에 내주하심으로 거룩해진 사람들이 교회이다. 둘째, 성도라 부르심을 받은 자들이 교회이다. 예수 그리스도의 보혈로 죄 씻음을 받고 성령께서 내주하셔서 하나님의 대속의 은혜로 얻어진 이름, 즉 성도로 부르심을 받은 자들이 교회이다. 셋째, 각 처에서 주되신 예수 그리스도의 이름을 부르는 모든 자들이 교회이다. 예수 그리스도를 믿는 자들인 하나님의 교회는 온 세계 어디에나 있다. 남녀노소, 신분의 지위고하를 막론하고, 예수 그리스도의 이름을 부르는 그리스도인들이 교회이다.

교회는 '의논을 위해 소집된 모임'이라는 뜻을 가진 히브리어 '카할'(קהל)에서 파생되었고, 헬라어 '에클레시아'(ἐκκλησία)는 '~로부터 밖으로'라는 전치사 '에크'(ἐκ)와 '불러내다'를 뜻하는 칼레오(καλέω)가 합해진 말이며, 부름을 받은 사람들의 모임을 뜻한다(행19:32,39－40). 교회는 하나님이 아들 예수 그리스도 안에서 성령에 의해서 이루어진 그리스도인의 모임공동체이다. 따라서 교회의 모든 구성원은 영적으로 예수 그리스도의 피로 연합된 한 형제자매 관계에 있으며, 성령의 역사하심으로 하나님과의 언약 관계 속에서 교제한다.

교회는 예수 그리스도께서 이 세상에 세우신 신령한 나라(벧전2:9)요, 은혜와 진리를 영원히 나타내시는 살아계신 하나님의 집(딤전3:15)이요, 예수 그리스도의 몸(엡1:23)이요, 성령의 전(고전3:16)이다. 교단 헌법에서도 교회를 생존하시는 하나님의 교회요, 예수의 몸이요, 성령의 전이라, 전과 지금과 이후의 만국의 성도니 그 명칭은 거룩한 공회라 한다고 선언하고 있다(정치 제2장). 오직 교회의 창설자이시고 주인 되시는 분은 예수 그리스도이시며, 목사나 교인은 교회의 주인이 아니다.

(2) 교회의 표지

칼빈(John Calvin)은 교회의 표지로 '하나님 말씀이 온전히 선포되고 또한 경청(傾聽)되며, 예수 그리스도의 가르침을 따라 성례를 집행하는 곳은 어디든지 교회가 존재함을 의심해서는 안 된다.'라고 하였다.[46] 교회는 하나님의 은밀한 선택과 내적 부르심으로 말미암아 구성되며, 하나님은 구원받은 하나님의 백성들을 성령으로 인치심으로 교회 됨을 표시하셨다(엡1:13). 교회는 성경과 복음의 진리를 수호하고, 교회의 신성과 질서를 지켜 교회의 머리 되시는 예수 그리스도를 영화롭게 하고, 범죄자로 하여 생명에 이르는 회개로 죄악을 제거하며, 교회의 성결과 덕을 세우고 신령적 유익을 도모하기 위해 권징을 시행한다(대요리문답 제76문).

(3) 교회와 예배당

1) 부름 받은 사람들의 모임인 교회

> 고전1:2「고린도에 있는 하나님의 교회 곧 그리스도 예수 안에서 거룩하여지고 성도라 부르심을 받은 자들과 또 각처에서 우리의 주 곧 그들과 우리의 주 되신 예수 그리스도의 이름을 부르는 모든 자들에게」

하나님의 교회는 '테 에클레시아 투 데우'(τῇ ἐκκλησίᾳ τοῦ θεοῦ)인데, 여기서 에클레시아(τῇ ἐκκλησίᾳ)는 '일반인들의 모임' 혹은 '공동체'를 뜻한다. 교회는 하나님의 아들 그리스도 안에서 거룩한 하나님의 백성으로 '부름을 받은 사람들의 모임'이고, 교회는 택함을 입고 부름 받아 구별된 구원받은 자녀들로서 예수 그리스도를 구주로 고백하는 사람들의 공동체이다. 교회는 단순히 사람들이 모인 공동체의 의미에 그치는 것이 아니라, 예수 그리스도께서 임재 하셔서 머리가 되어 주시고, 성령께서

46) 존 칼빈,「영한기독교강요」제4권, 기독성문출판사, 1993, 33면.

다스리시는 교회로서 이 세상과 구별된 모임을 뜻한다.

교회(教會, Church)와 예배당(禮拜堂, 교회당)은 엄연히 다른 개념이다. 교회는 교회 개념에서 정의한 것처럼, 교회의 제도와 형식 또는 건물(building)을 지칭하는 개념이 아니다. 교회의 질서를 위한 제도와 형식 및 건물은 교회 자체를 의미하지 않으며, 그것들은 하나님 백성들의 공동체인 교회를 위해 존재하는 것들이다.

> 고전6:19「너희 몸은 너희가 하나님께로부터 받은 바 너희 가운데 계신 성령의 전인 줄을 알지 못하느냐 너희는 너희 자신의 것이 아니라」

예배당 건물을 성전(聖殿)으로 지칭해서도 안 된다. 성전은 헬라어 '나오스'(ναός)인데, 하나님이 함께 산다(거하시는)는 것을 강조하는 의미로(눅2:49, 고전6:19), 예배당 건물인 성전을 가리키는 말이 아니라, 성령을 모시고 살아가는 영적성전인 그리스도인들을 지칭한다. 구약시대 성전은 예수님의 모형과 상징이었던 건물이었고, 예수님께서 오셔서 대속사역을 완성하시고 율법을 성취하시므로, 더 이상 유효하지 않게 되었다.

2) 성도들을 가르치는 장소로서 교회

> 고전4:17「이로 말미암아 내가 주 안에서 내 사랑하고 신실한 아들 디모데를 너희에게 보내었으니 그가 너희로 하여 그리스도 예수 안에서 나의 행사 곧 내가 각처 각 교회에서 가르치는 것을 생각나게 하리라」

교회는 성도들을 가르치고 예배하는 장소인 건물(building)로서 예배당(House of Worship)을 말하기도 한다. 성경은 성도들에게 말씀을 가르치는 장소로 교회를 언급하고 있다. 사도 바울은 고린도 교회에 전한 서신에서 "내가 각처 각 교회에서 가르쳤다."라는 사실을 상기시키고 있으며(고전4:17), 사울과 바나바가 안디옥교회에서 일 년 동안 머물면서 성도들을 가르쳤다고 하였다(행11:25–26). 예배당인 교회는 돌과 나무로 대지 위에 세워진 건물(집)을 칭한다. 세상의 물질적인 재료들로 세워진 건물인 예배당(교회당)은 예수를 그리스도라고 부르는 믿음의 성도들이 모여서 하나님을 예배하고 찬송하며, 교제하고 교육하는 처소를 말한다.

3) 그리스도 몸으로서 교회

> 엡1:23「교회는 그의 몸이니 만물 안에서 만물을 충만하게 하시는 이의 충만함이니라」

교회는 예수 그리스도를 머리로 하는 그리스도의 몸이다(엡5:23,25). 교회는 예수 그리스도의 부활(요2:19-21)과 예수의 피로 세우셨으며(행20:28), 교회를 사랑하신다(고후11:28).

교회는 구원받은 백성으로서 거룩하고, 하나님의 형상을 가진 인격체로서 존엄성을 가진 존재이지만, 예배당은 인격적인 것도 아니고, 신성한 것도 아님에도 불구하고, 교인들은 크고 화려한 예배당 선물에 너 집착하는 경향이 있다. 물론 성도(聖徒)들이 모여 하나님을 예배하고 기도하는 공간으로서 하나님과 관계적인 측면에서 소중하고 세상의 그 어떤 건물과 구분되어야 함은 당연하다. 그러나 무엇보다 더 소중한 것은 건물인 예배당이 아니라, 구원받은 그리스도의 몸인 성도들이라는 사실이다(골1:18,24). 그리고 예배당을 위해 교회가 필요한 것이 아니고, 교회를 위해 예배당이 필요하다. 단 이 책에서는 교회와 예배당(교회당)을 구분하지 않고 사용하되, 편의상 보편적인 용어인 교회라는 명칭을 사용하기로 한다.

4) 기도하는 집으로서 교회

교회는 하나님을 만나고 기도하는 장소이다(삼하22:7, 막11:17). 사람들은 말을 유창하게 하고, 말을 많이 해야 기도를 잘하는 것으로 생각하는데, 하나님은 말을 유창하게 하거나 말을 많이 하여야 듣는 분이 아니다(마6:7). 또한 사람들은 자기 요구만 말하고 기도를 끝내 버리는 경향이 있다. 하나님은 우리가 우리 요구만 구하고 기도를 끝내는 것을 원하지 않으시며, 우리가 하나님의 음성 듣기를 원하신다. 기도하는 사람은 하나님 앞에서 자기 요구만을 말하지 않으며, 하나님이 자기에게 하시는 말씀을 듣는 사람이라고 할 수 있다. 모세는 불꽃 가운데서 말씀하시는 하나님의 음성을 들었으며(신4:33), 사무엘은 하나님의 말씀을 들었다. 엘리가 사무엘에게 이르되 가서 누웠다가 그가 너를 부르시거든 네가 말하기를 여호와여 말씀하옵소서 주의 종이 듣겠나이다 하라 하였다(삼상3:9). 기도하는 사람은 엘리 제사장이 사무엘에게 말한 것처럼, "여호와여 말씀하옵소서 주의 종이 듣겠나이다" 이런 마음으로 기도해야 한다.

교회 문은 언제든지 모든 사람에게 열려 있어야 한다. 기도는 교인들에게만 주어진 특권이 아니라, 모든 만민, 즉 이방 사람들에게도 주어진 권리이기 때문이다. 물론 교인이 아닌 사람이 교회에 찾아오는 경우, 기도하려는 목적보단 오히려 교회에 해를 끼치는 사람들이 있다는 것은 사실이다. 그렇다고 하더라도 교회는 문이 닫혀 있으면 안 된다. 교회 문은 만민에게 열려 있어서 누구든지 들어와 기도할 수 있도록 하여야 한다.

2. 교회의 속성

(1) 통일성

엡1:10「하늘에 있는 것이나 땅에 있는 것이 다 그리스도 안에서 통일되게 하려 하심이라」

사도신경과 니케아 신경은 'One, Holy, Catholic, Apostolic' 교회, 즉 하나이고(통일성), 거룩하고(거룩성), 보편적(보편성)이고, 사도적(사도성)인 교회의 4가지 속성을 말한다(엡2:19-22). 교회는 예수 그리스도를 머리로 하여 각 지체가 연합한 하나의 몸이고, 동일한 예수 그리스도를 믿음으로 하는 통일성을 가지고 있다(엡4:3-5, 골2:19). 통일성(統一性)은 성령 안에서 예수 그리스도를 통하여 활동하시는 성 삼위 하나님의 일체 되심에서 비롯된다. 다수의 지역교회와 다양한 특성(다양성)을 가진 교회들 안에서도 공통성을 유지하는 하나의 교회로 현존하게 된다. 각 지교회는 각립(各立)한 개체가 아니라 연합되어 있는 관계이며, 각 지교회의 처결이나 결정은 곧 전국교회의 결정이 된다(정치 제8장 제2조 제2항). 교회는 분쟁과 분열이 아니라 성령 안에서 그리스도를 통하여 한 분 하나님을 바르게 모시면서 교회의 통일성과 단일성을 유지하도록 힘써야 한다.

(2) 보편성

갈3:27-28「27 누구든지 그리스도와 합하기 위하여 침례를 받은 자는 그리스도로 옷 입었느니라 28 너희는 유대인이나 헬라인이나 종이나 자유인이나 남자나 여자나 다 그리스도 예수 안에서 하나이니라」

보편적(普遍的) 교회라는 말은 지방 교회, 지역교회가 아닌 전체 교회를 말하며 세계적 교회를 말한다. 모든 사람은 하나님의 은혜로 예수 그리스도를 구주로 하여 구원받은 한 몸으로, 유대인이나 헬라인이나 인종의 차별이 없고, 자유자나 종이나 신분의 차별이 없으며, 남자나 여자나 성의 차별이 없는 공동체로서 보편적이다(롬10:12). 교회 안에서 인종과 신분과 성의 차별이나 계급과 서열을 허용하지 아니하며, 주 안에서 모두가 평등하고, 하나님을 아버지로 부르는 한 형제, 자매가 되는 동등한 교회이면서 보편적(Universal)인 교회가 되도록 힘써야 한다.

(3) 거룩성

고전3:17「누구든지 하나님의 성전을 더럽히면 하나님이 그 사람을 멸하시리라 하나님의 성전은 거룩하니 너희도 그러하니라」

교회가 거룩한 것은 교회의 주인이신 하나님이 거룩하시기 때문이다. 교회는 말씀으로 깨끗하게 하사 거룩하게 하시고, 자기 앞에 영광스러운 교회로 세우셨다(엡5:25－27). 교회는 거룩하신 하나님께 속해 있고, 하나님께 예배자로 세상과 구별된 사람으로 성결한 생활을 도모하며, 계속해서 거룩해져 가야 한다. 그렇다고 교회의 거룩성은 건물이나 제도 또는 법이나 거룩한 생활을 통해 만들어지는 것이 아니다. 교회는 하나님의 집이다(눅2:49). 교회는 오직 하나님을 예배하는 집이며 예배를 통하여 하나님을 만나는 장소이다. 교회는 하나님이 택하셨고, 항상 하나님의 눈과 마음이 머물러 있는 장소이다(대하7:16). 그래서 교회는 하나님과의 관계에서 거룩한 곳이고, 교회의 모든 예배 등의 행위와 사람들과 물품들 그리고 직분까지도 모두 거룩한 것이 되며, 특별한 성결을 요구한다. 따라서 아무리 교회가 크고 화려하게 지어졌다고 할지라도 하나님과 아무런 관계가 없다면 교회가 될 수 없으며 그냥 일반 건물에 불과할 것이다.

교회는 하나님께서 세우시고 보존하시며 영화롭게 하시는 하나님 백성들의 신앙 공동체이며, 성령께서 지으시고 다스리시며 항상 새롭게 하시는 성령의 피조물이며, 그리스도께서 피로 값 주시고 세우신 그리스도의 몸이다. 교회는 죄인들의 교회이면서도 거룩한 교회이며, 거룩한 교회이면서도 아직도 죄가 남아 있는 인간의 공동체이다. 따라서 교회는 죄를 책망하고 죄를 회개하고 죄인에 대한 용서로 죄의 문제를 근본적으로 해결해 나가는 거룩한 속죄의 역사가 일어나는 교회이다. 그러므로 교회의 거룩성만을 강조하여 죄인들을 책망하거나 출교시키는 것으로, 거룩한 교회를 지키려 해서는 안 된다.

(4) 사도성

마16:16-19「16 시몬 베드로가 대답하여 이르되 주는 그리스도시요 살아 계신 하나님의 아들이시니이다 17 예수께서 대답하여 이르시되 바요나 시몬아 네가 복이 있도다 이를 네게 알게 한 이는 혈육이 아니요 하늘에 계신 내 아버지시니라 18 또 내가 네게 이르노니 너는 베드로라 내가 이 반석 위에 내 교회를 세우리니 음부의 권세가

이기지 못하리라 19 내가 천국 열쇠를 네게 주리니 네가 땅에서 무엇이든지 매면 하늘에서도 매일 것이요 네가 땅에서 무엇이든지 풀면 하늘에서도 풀리리라 하시고」

로마 가톨릭(Roman Catholic)에서는 예수께서 베드로에게 천국 열쇠를 맡기셨으므로, 교황은 예수 그리스도로부터 사도권(使徒權)을 물려받은 유일한 권위와 권한을 가지고 있다고 주장한다. 하지만 주님은 사도들의 대표인 베드로에게 권위와 권한을 위임한 것이 아니라, 예수 그리스도의 이름으로 신앙을 고백하는 보편적인 교회에 위임한 것이다. 예수님은 하나님의 말씀과 예수 그리스도를 하나님의 아들이며 구주로 고백하는 신앙고백 위에 교회를 세우고, 그 교회로 하여 교회의 사명을 계승하도록 하였다.

교회는 사도들의 가르침에 따르며 사도들이 믿고 고백했던 신앙과 동일한 고백을 하는 사도적 교회이다. 사도들은 예수 그리스도로부터 부르심을 받아 세워지고 보내심을 받았으며, 사도들은 주님으로부터 받은 사명을 따라 교회를 세우고, 주님으로부터 받은 사명을 교회에 위임하였다.

3. 교회의 권세

고전4:20「하나님의 나라는 말에 있지 아니하고 오직 능력에 있음이라」

교회는 그리스도 안에 있는 까닭에 그 권위가 그리스도에게서 나온다. 교회 권세는 교훈권, 치리권, 봉사권으로 구분한다.

(1) 교훈권

마28:20「내가 너희에게 분부한 모든 것을 가르쳐 지키게 하라 볼지어다 내가 세상 끝날까지 너희와 항상 함께 있으리라 하시니라」

주께서 교회에 주신 첫 번째 권세는 교훈권, 즉 가르치는 권세이다(딤후2:2). 교훈권(敎訓權)은 성경에 기록된 하나님의 말씀을 연구하고 보수(保守)하고 전파하는 권세이다. 또한 교회는 진리를 수호하며, 진리를 신실하게 전하고, 불신의 모든 세력으로부터 진리를 보수하도록(디모데전서1:3,4, 디모데후서1:13, 디도서1:9-11) 위임을 받았다는 의미에서 교리권(敎理權)이라고 한다. 교회는 이 권세를 사용하여 신앙고백서를 작성하며 신학을 정립한다.

(2) 치리권

마18:18「진실로 너희에게 이르노니 무엇이든지 너희가 땅에서 매면 하늘에서도 매일 것이요 무엇이든지 땅에서 풀면 하늘에서도 풀리리라」

주께서 교회에 주신 두 번째 권세는 치리권(治理權), 즉 다스리는(govern) 권세이다. 이것은 교회가 질서를 유지하고 거룩성을 보존하기 위한 권세이다. 교회는 이 권세를 시행하여 교회의 법도들을 제정하고, 교회법에 근거하여 교인들과 직원들에게 권징을 행사한다. 교회는 범죄자가 신령적 유익, 즉 범죄자가 죄를 깨닫고 회개하고 구원에 이르도록 하고, 악행을 제거하여 교회를 정결하게 하고 덕을 세우기 위해 권징을 시행한다. 책벌(責罰)로는 권계(勸戒), 견책(譴責), 정직(停職), 면직(免職), 수찬정지(受餐停止), 제명(除名)과 가장 중한 벌로 출교(黜敎)가 있다. 권징(勸懲)은 범죄자에 대한 책벌(責罰)만이 아니라, 선한 일을 권장하는 것과 책벌 받은 자에 대한 해벌(解罰)까지 포함한다.

(3) 봉사권

엡4:11-12「11 그가 어떤 사람은 사도로, 어떤 사람은 선지자로, 어떤 사람은 복음 전하는 자로, 어떤 사람은 목사와 교사로 삼으셨으니 12 이는 성도를 온전하게 하여 봉사의 일을 하게 하며 그리스도의 몸을 세우려 하심이라」

주께서 교회에 주신 세 번째 권세는 봉사권(奉仕權), 즉 섬기는 권세이다. 이것은 교회 안에 있는 가난한 자들과 병든 자들을 돕고 위로하는 권세이다(행6:1) 그러나 봉사는 교회가 그리스도의 이름으로 이웃사랑을 실천하는 한 방법으로, 봉사는 교회 내에서만 머물러서는 안 된다. 예수 그리스도께서 우리에게 빛과 소금으로 찾아오신 것처럼, 교회는 교회 밖의 이웃과 사회를 향한 빛과 소금이 되어야 함은 당연하다(마5:13-14).

4. 교회의 사명

(1) 교회의 내적 사명

1) 예배

요4:24「하나님은 영이시니 예배하는 자가 영과 진리로 예배할지니라」

교회는 하나님을 예배하는 것을 첫 번째 사명으로 한다. 예배(禮拜)는 교회가 교회 되도록 하는 교회의 본질이고, 교회의 근본이 되는 첫째 사명이다. 성도가 창조주이시며 구원의 주가 되시는 하나님을 경배하는 것은 너무나 당연한 일이다. 예수 그리스도는 우리의 유일한 중보자이시므로 예배는 예수 그리스도를 믿는 믿음과 그의 이름으로 예배해야 한다. 하나님이 요구하시는 예배는 '영과 진리로', 즉 중보자인 예수 그리스도와 성령의 임재하심으로 하나님을 예배하는 영적 예배이다. 영적 예배는 구약의 제사처럼, 시간, 장소, 공간에 얽매이지 아니하고, 성도의 삶과 행위가 예배가 되어야 하며, 짐승과 같은 제물이 아닌 성도의 몸이 산 제물이 되는 예배가 되어야 한다(롬12:1). 교회의 중심이 예배에 있는 까닭에 교회는 예배에 초점이 맞추어져야 한다. 그런데 오늘날 한국교회는 교회가 하나님을 예배하는 예배 중심이 아닌 사람들의 유익을 위하고, 필요를 채워주는 시설과 행사에 초점을 맞추고 있다는 점에서 우려스럽다.

많은 사람이 '하나님께 예배드린다.'거나 '하나님께 찬양한다.'라는 부사격 조사를 사용하는데, 이 말은 잘못 사용하는 문법(文法)이다. '하나님을 예배한다.'하거나 '하나님을 찬양한다.' 등과 같은 문법표현이 더 옳다고 할 수 있다. 예배나 찬양은 하나님께 드리는 그 무엇이 아니고, 하나님은 예배와 찬양목적이 되시는 분이시기 때문이다. 따라서 교회는 '하나님을 예배하겠습니다.' 또는 '하나님을 찬양하겠습니다.'라는 목적격 조사를 사용해야 한다.

2) 양육

엡6:4「또 아비들아 너희 자녀를 노엽게 하지 말고 오직 주의 교훈과 훈계로 양육하라」

교회의 두 번째 사명은 양육이다. 양육(養育)은 교회의 다음 세대를 책임지는 교육을 말한다. 교회는 양육을 위해 말씀 선포와 말씀을 가르치는 교육이 필요하다. 따라서 교회에서 제일 중요한 기관은 교회 주일학교이기 때문에 교회를 책임지게 될 다음 세대인 교회 주일학교를 위해 과감한 인적·물적 투입이 필요하다. 사도 바울은 에베소 교회에서 삼 년 동안 밤낮 쉬지 않고 눈물로 유익한 것이라면 하나도 빼놓지 않고 공중 앞에서나 여러분의 가정에서 전하며 가르쳤다고 하였다(행20:20). 헬라어 '케리그마'(κήρυγμα)는 말씀 선포를 뜻하는데, 주로 회개를 선포하고 용서를 약속하는 것으로 선포하는 행위(행8:35, 고전2:4)와 선포된 내용을 말하고(롬16:25–27,

고전1:21), 헬라어 '디다케'(διδαχή)는 말씀을 가르치는 것을 뜻하는데, 하나님의 뜻을 온전히 깨달아서 바르게 살아가도록 교육하고 훈련하는 사역을 의미한다.

양육은 교회의 수적 성장을 위한 목적에 있는 것이 아니라, 양육은 선한 영향력을 끼치는 건강한 그리스도인으로 세워 교회공동체를 든든하게 하고, 세상에 나가 죽어가는 영혼들을 제자 삼도록 하는 데 있다(마28:20). 교회는 성도들을 가르쳐 그리스도의 장성한 분량에 이르게 하고(고전13:11), 그리스도의 참 제자로 세워 최종적으로 구원에 이르도록 하는 것이다(벧전2:2). 교회는 성도의 영혼 성장을 위해 말씀을 가르치는 일 외에도 기도하는 일, 성도의 교제와 봉사 등을 통해 양육에 힘써야 한다.

3) 성례

마26:26-28「26 그들이 먹을 때에 예수께서 떡을 가지사 축복하시고 떼어 제자들에게 주시며 이르시되 받아서 먹으라 이것은 내 몸이니라 하시고 27 또 잔을 가지사 감사 기도 하시고 그들에게 주시며 이르시되 너희가 다 이것을 마시라 28 이것은 죄 사함을 얻게 하려고 많은 사람을 위하여 흘리는바 나의 피 곧 언약의 피니라」

로마 가톨릭(Roman Catholic)에는 일곱 가지 성례(聖禮)가 있으나, 개신교회에는 성찬(聖餐)과 세례(洗禮) 두 가지만 성례로 인정하고 시행한다. 성찬(聖餐)은 예수께서 친히 세우시고 다시 오실 때까지 시행하라고 명하신 예식이며(마26:26,28, 막14:22-24, 고전11:23-27), 세례(洗禮)도 주께서 직접 분부하신 예식이다.

성찬은 주께서 정하신 대로 떡과 포도주를 가지고 나누면서 그리스도의 죽으심을 나타내 보이는 것이다. 성도는 성찬의 떡과 잔을 통해서 2천여 년 전 실제로 역사 속에서 계셨던 주님을 기억하고, 예수 그리스도의 대속하심과 속죄의 죽으심을 기념해야 한다. 그리고 세례는 성부, 성자, 성령의 이름으로 물로 씻는 예식인데, 그 의미는 신자가 그리스도와 생명의 관계를 맺는 것과 은혜의 언약에 참여한다는 것과 주님의 소유가 된다는 계약을 표시하고 확증하는 예식이다.

4) 권징

마18:15-17「[15] 네 형제가 죄를 범하거든 가서 너와 그 사람과만 상대하여 권고하라 만일 들으면 네가 네 형제를 얻은 것이요 [16] 만일 듣지 않거든 한두 사람을 데리고 가서 두세 증인의 입으로 말마다 확증하게 하라 [17] 만일 그들의 말도 듣지 않거든 교회에 말하고 교회의 말도 듣지 않거든 이방인과 세리와 같이 여기라」

권징(勸懲)은 교회의 윤리와 질서에 어긋나는 행위를 한 자를 처벌하고, 교인과 교회 직원 및 각 치리회를 다스리며 돌보게 하시려고 주께서 세우신 법도를 좇아 교회가 위탁받은 권한을 행사하는 것으로 곧 각종 고소건과 상소건과 교정하는 일체의 사건을 말한다. 교회 권징의 목적은 성경과 복음의 진리를 수호하고, 교회의 신성과 질서를 지켜 교회의 머리 되시는 예수 그리스도를 영화롭게 하고, 범죄자로 하여 생명에 이르는 회개로 죄악을 제거하며, 교회의 성결과 덕을 세우고 신령적 유익을 도모하기 위함이다(성경 대요리문답 제76문). 권징은 교회 권징과 재판에서 다시 다루기로 한다.

(2) 교회의 외적 사명

1) 선교(전도)

마28:19-20「19 그러므로 너희는 가서 모든 민족을 제자로 삼아 아버지와 아들과 성령의 이름으로 침례를 베풀고 20 내가 너희에게 분부한 모든 것을 가르쳐 지키게 하라 볼지어다 내가 세상 끝날까지 너희와 항상 함께 있으리라 하시니라」

교회의 외적 사명 중에 가장 궁극적인 사명(mission)은 열방에 대한 선교(宣敎)이고, 이웃에 대한 전도(傳道)이다. 선교는 성부 하나님이 아들 예수 그리스도를 세상에 보내신 목적이고, 예수께서 세상에 오시고 십자가에서 죽으신 이유이며(마20:28), 예수 그리스도께서 제자들에게 하신 최종적인 명령이었다. 선교는 교회가 하나님을 알지 못하는 세상을 향해 가지는 사명을 말하며, 세상에 그리스도의 복음을 증거함으로 하나님 나라를 확장되게 하는 일이다. 하나님의 창조와 거룩하심을 선포하고, 예수 그리스도 십자가와 다시 오실 재림을 전하며, 하나님의 나라를 세워가야 한다.

성도는 절대로 사람을 구원할 수 없다. 구원은 오직 하나님만이 하시는 권한에 해당한다(막10:27). 그럼에도 우리에게는 예수 그리스도의 복음을 전파해야 하는 의무가 주어져 있다. 따라서 복음 전파는 임의적이거나 선택이 아닌 강제적이고 필수적인 하나님의 명령이라고 할 수 있다. 성도가 나가서 예수 그리스도 복음을 전파하는 이유는 하나님의 집을 채우기 위함이다(눅14:23). 교회는 기도하는 사람들에게 열려 있어야 하지만, 영혼 구원받으려는 사람들을 위해서도 항상 열려 있어야 한다. 그래서 하나님의 교회는 날마다 구원받은 사람들로 채워져 가야 한다.

교회의 전도 대상은 이웃이다. 복음은 사람을 가리지 않으며 만민이 그 대상이다(막16:15). 바울은 복음의 일꾼이 되어 유대인과 이방인을 가리지 않고 만민에게 복음을 전파하는 사도가 되었다(골1:23). 하나님은 만민에게도 생명과 호흡과 만물을 주셨으며(행17:25), 만민은 구원의 대상이 되면서 동시에 심판의 대상이 될 수 있다(시7:8,9:8). 성도는 모든 사람이 구원받도록 만민에게 복음을 전파하지만, 구원받는 대상이 되느냐 심판의 대상이 되느냐 여부는 자신들의 선택에 달려 있다.

교회는 전도의 대상인 지역주민의 이웃이라고 할 수 있다. 교회는 지역주민의 선한 이웃이 되어야 한다. 이웃 전도는 말로 하는 것이 아니라, 본을 보이므로 하는 것이다. 교회는 지역주민들의 본이 되어 지역을 살리는 방주로서의 사명을 감당해야 한다. 교회는 모이면 하나님을 예배하고 흩어지면 전도하는 것이다. 전도는 우리가 선택할 수 있는 어떤 행동이 아니며, 나아가서 단순한 의무를 넘어서는 사명이라고 할 수 있다.

2) 봉사(섬김)

엡4:11-12「[11] 그가 어떤 사람은 사도로, 어떤 사람은 선지자로, 어떤 사람은 복음 전하는 자로, 어떤 사람은 목사와 교사로 삼으셨으니 [12] 이는 성도를 온전하게 하여 봉사의 일을 하게 하며 그리스도의 몸을 세우려 하심이라」

교회는 교회 내·외적으로 사랑의 봉사(奉仕)를 수행한다. 교회는 자신을 위해서 존재하려고 하면 쇠퇴하나, 세상을 섬기는 사랑을 실천하면 흥왕하여진다. 교회의 모든 직무는 예수 그리스도의 섬김의 일을 계승해서 수행하는 것이다. 예수께서 제자들의 발을 씻기시고 제자들에게 서로 발을 씻어주어야 한다고 말씀하신 것처럼, 모든 성도는 섬김의 직책을 받아서 서로가 서로를 위해 봉사할 때, 그리스도의 교회가 든든히 세워지는 것이다(요13:14). 예수님은 어린아이에게 한 것, 고아와 과부에게 베푼 것이 곧 하나님을 섬기는 것과 같다고 하셨다(마25:40). 교회가 고아와 과부와 나그네와 어렵고 소외된 사람을 위해서 봉사하는 일은 예수님이 하신 일 중에서 중요한 일이었다. 물론 성도가 이방인들을 섬겨야 할 의무는 없다. 하지만 이방인들을 섬겨야 하는 이유는 그들로 하여 하나님께로 돌아오도록 하기 위함이다(행14:15). 성도는 한 사람의 이방인이라도 하나님께로 돌아오도록 봉사의 직무를 다해야 한다(행15:19).

5. 교회 분류

(1) 무형교회와 유형교회

교회는 구원받은 그리스도인들이 함께 모여 형성하는 유형교회(visible church)와 성령으로 말미암아 부르심을 받은 모든 선택받은 자들로 구성된 무형교회(invisible church)가 존재하는데, 그렇다고 두 개의 별개의 교회가 존재한다는 것을 의미하는 것은 아니며, 교회는 예수 그리스도를 그 머리로 하는 하나의 교회만 있을 뿐이다. 유형교회(有形敎會)는 외형적인 조직에서 유형적인 성질을 가지며, 제도와 형식 및 건물 형태를 가지며, 무형교회(無形敎會)는 시간과 공간을 초월하여 온 세상에 존재하는 하나님의 백성들로 하나님만이 아시는 교회이다. 교단 헌법에서도 교회를 유형한 교회와 무형한 교회로 구별하고 있다(정치 제2장 제2조).

교회를 무형교회와 유형교회로 구별한 사람은 루터(Martin Luther)이고, 이는 종교개혁자들에 의해 받아들여졌으며, 칼빈(John Calvin)은 유형교회를 가견 교회로, 무형교회는 불가견 교회로 구별하고, 교회의 신앙고백과 행위, 말씀과 성례, 그리고 외형적인 조직과 정치적인 면에서 유형교회를 강조하였는데, 교회는 유형적인 형태로서 존재하는 종교단체라고 할 수 있다. 칼빈은 불가견 교회는 양자로 삼으시는 하나님의 은혜로 하나님의 자녀가 된 사람, 성령의 성화로 그리스도의 진정한 지체가 된 사람들로서 천지창조 이후 선택받은 모든 사람을 포함한다고 하였다.[47] 그리고 가견 교회는 아이를 잉태하고 낳고 기르시는 어머니로 비유하고, 성도는 일평생 교회를 떠나서는 죄의 용서나 어떠한 구원도 바랄 수 없으므로, 교회를 떠나서는 안 된다고 하였다.[48] 교회법은 교회가 이상으로 삼고 있는 무형한 교회를 규율하기 위한 목적보다는 유형한 가견 교회를 치리하고 다스리기 위한 목적이라고 할 수 있다.

(2) 지교회와 개(별)교회

1) 지교회

행9:31「그리하여 온 유대와 갈릴리와 사마리아 교회가 평안하여 든든히 서가고 주를 경외함과 성령의 위로로 진행하여 수가 더 많아지니라」

47) 존 칼빈, 「영한기독교강요」 제4권, 기독성문출판사, 1993, 29면.
48) 존 칼빈, 위의 책, 19면.

초대교회는 예루살렘 교회를 시작으로 유대 각 지역에 지교회(支教會, Branch Churches)를 세워나갔으며, 사도들 또는 디아스포라를 통해 안디옥, 에베소, 골고새, 고린도, 라오디게아 등 아시아, 유럽 지역에 많은 지교회가 세워졌다. 교회 헌법상 용어인 지교회(支教會)는 노회로부터 나누어진다는 뜻으로, 교회 정치에 있어서 장로회 정치 원리가 교회설립과 당회 조직의 권한이 당회에 있지 않고, 노회에 있기 때문에 노회와의 관계에서 지(支)교회라고 한다(정치 제2장 제4조). 노회는 말씀의 사역자인 목사를 임직 및 위임하고 개교회에 파송한다는 의미에서 지교회라고 하는 것이다(행20:28). 또한 지교회는 모교회(母教會)의 개척으로 세워진 교회로, 모교회가 목회자 파송, 일정 수의 교인과 재정을 지원하는 지교회로 존재하다가 교회가 자립하고 조직교회가 되면 독립된 지교회가 된다.

또한 지교회(支教會)는 한 지역교회가 어떤 다른 지역교회의 지배나 간섭을 받지 않는 독립된 교회를 뜻한다. 지교회는 예수님을 믿는 사람들이 일정한 시간과 장소에서 정기적으로 모여 성경의 교훈에 따라 예배와 교제를 나누며, 하나님 나라를 확장하기 위해 지역을 중심으로 하는 지역교회(地域教會)의 줄임말로 사용한다(행2:47). 지교회는 한국선교 초기 장로교 선교사들이 상호 경쟁적 대립을 피하고, 효율적인 복음 전파를 위한 명목으로 전국을 구획하고 선교지를 분할하였던 선교 분할 정책의 영향이 크며, 대도시보다 농어촌 교회들에서 잘 나타난다. 현재는 지역에 의한 지역교회 경향이 엷어졌으나 지금도 한국 농어촌 교회는 지역에 의해 관할(管轄) 교회가 결정되고, 교회 구역을 나누는 기준이 되고 있다.

2) 개(별)교회

개교회(個教會)는 주로 침례·회중교회가 추구하는 행정적 이상으로 각 개교회가 자주적(自主的)이고 독립적(獨立的)인 의미에 있어서 개별교회를 말한다. 즉 개(별)교회의 가장 큰 특징은 각 교회가 자주적이고 독립적이라는 점이다. 개교회는 교회 운영 전반에 있어서 교단이나 외부로부터 간섭을 최소화하고, 소속 교인들이 자주적으로 결정하고 운영하는 독립교회이다. 개교회는 장소에 의한 지역 중심의 교회보다 사람 중심의 교회를 추구한다고 할 수 있다. 그렇다고 교회의 일치, 협력을 거부한다는 것은 아니며, 각 개(별)교회의 자율성(自律性)을 최대한 존중해야 한다는 원리를 강조한 것이다. 미국 남침례 교단 교회들은 교회 연합사업 및 협력에 적극적으로 참여하거나 교회의 일치와 협력을 추구한다.

오늘날 한국교회의 가장 문제점으로 대두되고 있는 것이 개교회주의(個教會主義)라고 할 수 있다. 안타깝게도 한국교회는 과거와 다르게 양적 성장주의, 물량주의에 빠져 있다. 담임목사의 목회 능력을 인정하는 기준이 교인의 양적 성장과 재정의 증감에 따라 판단되고, 이러한 양적 성장과 물량주의가 목회 성공의 기준이 되고 있다. 중·대형 교회들은 개교회 성장주의에서 벗어나 농어촌 교회와 작은 지역개교회들을 살리는 일에 관심을 가져야 한다. 큰 나무민 남고 작은 나무가 죽어버린 숲은 결국 황폐한 사막이 되고 큰 나무도 죽고 만다. 마찬가지로 작은 개교회가 사라지면, 머지않아 큰 교회들도 존재할 수 없게 될 것이다.

(3) 조직교회와 미조직교회

교회 치리회인 당회 구성 여부에 따라서 조직교회와 미조직교회로 구분한다. 예수 그리스도를 믿는 성도들이 모여 교회를 창립하여 교회 구성원인 교인이 된다. 교회는 예배 장소가 없거나 세례교인 15인이 되기까지는 '기도처'로 존립하게 되고, 세례교인 15인 이상이 되면 노회에 '교회설립 청원'을 하고, 인가를 받아 교회가 된다(헌법적 규칙 제1조).

조직교회(組織教會)는 노회로부터 파송 받아 지교회를 담임하는 목사와 교인들의 투표로서 선출되는 치리 장로로 당회를 조직하게 된다. 세례교인 25인 이상으로 노회에 '당회 조직 청원서'를 제출하여 허락을 받아 당회를 조직하면 조직교회가 된다(정치 제9장 제1조). 미조직교회(未組職教會)는 아직 세례교인이 25인 미만이거나 25인 이상일지라도 당회가 조직되지 아니한 교회이다. 만약 교회가 세례교인 15인 미만으로 감소하게 되면 '기도처'로 환원하도록 하고 있지만(헌법적 규칙 제1조), 인구감소로 인한 농어촌 교회의 현실과 작은 개척교회의 상황을 고려한 논의가 필요할 것으로 보인다.

(4) 자립교회와 미자립교회

빈익빈 부익부(貧益貧 富益富)는 현대 자본주의 사회의 전반적인 현상이라고 할 수 있다. 하지만 빈익빈 부익부 현상은 사회영역을 넘어서 종교영역에서도 심각한 문제가 되고 있다. 교회가 재정적인 측면에서 교회가 자주적으로 독립한 교회는 자립교회(自立教會)가 되지만, 교회 외부의 도움에 의존하는 교회는 미자립교회(未自立教會)로 구분된다. 교단에 따라 일정한 연간 재정 결산액을 기준으로 하여 구분하기도 하지만, 보편적으로 일정한 등록 교인 수 이하이거나 담임목사 생활비를 지급하지 못하는 교회, 교인 자체 헌금으로 교회 운영 자체가 어려운 교회, 재정자립도가 미약한 경우에 미자립교회로 구분한다. 한국교회는 미자립교회의 지원을 위해 적극적인 방안들을 강구(講究)해야 한다. 더불어 교단 헌법상 금지하고 있는 목회자(牧會者)의 이중직 문제에 대한 새로운 접근이 필요하다. 재정 자립이 어려운 미자립교회와 인구감소로 재정자립도가 떨어지고 있는 농이촌 교회 목회자들의 은퇴 이후 노후에 대한 연금 등 대책을 세워야 한다.

6. 개척교회와 대교회

(1) 개척교회

보편적으로 교회가 설립(設立)되면 개척교회(開拓教會)라고 하며, 설립된 연혁이 5년 이내의 교회, 또는 교회를 설립하고 자립하기 이전의 교회, 혹은 미자립교회를 개척교회라고 부른다. 하지만 이러한 개척교회 구별은 성경적이지 못하다. 개척교회는 이제 막 설립된 교회, 설립되고 연혁이 얼마 되지 않은 교회, 아직 자립하지 못하고 있는 작은 교회를 의미하는 것이 아니다. 이 땅에 존재하는 모든 유형적인 교회는 대·중·소를 불문하고 개척교회라고 할 수 있다. 모든 교회는 개척(開拓)의 사명이 있다. 하나님이 부여하신 교회의 사명은 한 영혼을 찾아 구원하는 개척교회이다. 교회의 사명은 아직 복음을 듣지 못한 지역에 개척교회를 세우고, 이방민족의 복음을 위해 선교사를 파송하며, 잃어버린 영혼들을 찾을 때까지 등불을 켜고 찾는 개척에 있다(눅15:8).

(2) 대교회

성경이나 교리, 교회법 등에 없는 대(大)교회, 대(大)예배라는 명칭이 생겼다. 물론 개교회가 의도하는 목적과 상징적인 의미가 있겠지만, 교회를 '대교회'라고 칭하는 근거나 기준도 모호하고, 주일낮 예배를 '대예배'라고 칭하는 명칭이 칼빈주의를 따르는 개신교회의 신앙에 합당한 것인지 의문을 갖는다. 물론 '대예배'란 의미가 주일낮 예배를 강조하려는 의도가 있겠지만, 교인들은 다른 공예배(주일밤, 수요일예배)가 주일낮 예배보다 덜 중요한 예배로 인식하게 되었다는 사실도 부정할 수 없다.

예수 그리스도께서 세우신 교회는 '큰 교회'가 아니라, 복음을 전파하고 영혼을

'구원하는 교회', 하나님 나라를 세워가는 '개척하는 교회'이다. 몇만, 몇천 명이 모이는 대형교회에도 하나님이 계시고, 대형교회로서 작은 교회가 하지 못하는 선교와 구제 등의 기능과 역할을 하고 있음을 인정한다. 넓고 시설 좋은 예배당, 화려하고 웅장한 찬양, 풍성한 예배 시간에 하나님의 은혜가 충만히 임하시는 것도 경험한다. 하지만 한국교회가 세상 사람들처럼, 많은 것과 큰 것만을 추구하고 있지는 않은지 반문하지 않을 수 없다. 서구 유럽교회의 웅장하고 화려한 교회가 술집으로 바뀌고, 레스토랑으로 바뀐 이유는 진리요 생명이신 예수 그리스도가 없었기 때문이다(요14:6).

7. 교회창립과 교회설립

많은 사람은 교회 창립(創立)과 교회 설립(設立)에 대해서 정의하기를, 그리스도를 신봉하여 교회 신설을 원하는 사람들이 모이는 수와 상관없이 일정한 장소에서 예배를 드리는 때에 교회창립(教會創立)이라고 하고, 15인 이상의 장년이 모여 노회의 인가를 받는 경우를 교회설립(教會設立)이라고 정의한다. 하지만 이러한 구분은 교회창립과 교회설립에 대한 바른 정의라고 할 수 없다(헌법적 규칙 제1조). 교회창립은 2,000년 전에 예수 그리스도의 죽으심과 부활(마16:18, 행20:20), 오순절 성령강림으로 예루살렘 교회가 세워짐으로써 창립되었다(행2:1–3). 예루살렘 교회의 창립으로 온 유대와 갈릴리와 사마리아 교회가 평안하여 든든히 세워졌으며, 사도들과 제자들에 의해서 아시아, 유럽 이방인의 지역에까지 교회가 세워지게 되었다(행9:31). 따라서 오늘날 신설되는 모든 교회는 교회창립이 아니라, 교회설립이다(정치 제2장 제1조).

8. 교회 폐쇄와 교회 폐지

폐지(廢止)는 제도, 법, 풍습을 그만두거나 없애는 것을 뜻하고, 폐쇄(閉鎖)는 문을 닫거나 기관이나 시설의 기능을 정지시키는 것을 뜻한다. 교단 헌법은 노회의 직무를 언급하면서 노회는 지교회를 '폐지'하는 등의 처리 방침을 지도 방조한다고 되어 있다(정치 제10장 제6조 제5항). 하지만 교회(教會)는 교회 문을 닫거나 교회의 기능을 정지시키는 것이기 때문에 폐지(廢止)가 아닌 폐쇄(閉鎖)로 수정해야 한다.

교회폐쇄(教會閉鎖, 해산)는 국가공권력이나 독재자에 의해 발생하거나 또는 교회의 교인감소, 경제적 사유 등 교회의 상황 변화로 인해 자체적으로 교회 문을 닫는 경우가 발생한다. 과거 공산주의 및 독재정권 국가, 이슬람 국가와 같은 나라에서 국가공권력에 의해 강제적으로 교회 폐쇄 조치를 하기도 했다. 한국교회도 일제 강점기 때, 천황을 숭배하지 않았던 이유로 교회가 폐쇄되는 일이 있었다. 현대 농어촌 교회는 인구감소로 인해 폐쇄되고 있고, 도시 교회는 교인들이 큰 교회를 선호하여 대형교회로 수평 이동하는 까닭에 미자립교회가 폐쇄되기도 한다. 특히 코로나19와 같은 전염병 확산으로 인한 특수한 상황이나 무리한 건축으로 인한 채무에 대한 압박, 금융위기와 같은 국가 전반에 걸친 경제적 불황으로 인해 교회를 폐쇄할 수밖에 없는 지경에 이르렀다.

민법에 따르면 교회는 폐쇄(閉鎖)라는 말보다 사단법인과 같이 해산(解散)이란 말로 정의될 수 있다(민법 제77조). 교회 폐쇄나 해산 결정은 교회 구성원들의 자율적 의사에 의해 결정되고, 당회나 제직회에서 의결할 수 없으며, 노회나 총회도 교회 폐쇄를 결정할 수 있는 권한이 없다. 교회 폐쇄 결정은 교인들의 총회인 공동의회에서 교인 재적 회원 4분의 3 이상의 찬성으로 교회 폐쇄를 의결하고(민법 제78조),[49] 교회의 재정 및 재산권 기속의 문제나 교회 폐쇄 절차를 담당할 대표자 선정에 대해서도 함께 의결해야 한다. 공동의회는 의결 후에 소속 시찰회를 경유하여 노회에 교회 폐쇄 청원하고, 노회의 허락을 받아 폐쇄하게 된다.

교회 폐쇄는 교인들이 계속해서 신앙생활을 할 근거지가 사라지게 되어 다른 교회로 이명(移名)하는 문제와 교회 재정 및 재산의 귀속 문제가 남는다. 교인들의 이명 문제는 그다지 문제가 되지 않지만, 교회 폐쇄로 인한 교회 재정과 재산권 문제는 법적인 문제가 된다. 교회 재산권의 관리 및 사용 권한은 당회에도 있지만, 재산 처분은 공동의회에 그 권리가 있으므로, 교회 폐쇄의 경우에 공동의회에서만 처분 결정을 할 수 있다. 법원은 단 한 명의 교인이라도 남아 있다면 교회는 존속된다고 판시하였다. 설령 유일한 교인인 목사가 정년으로 은퇴하는 때에도 교회는 해산되지 아니한다고 판시하였다.[50]

9. 교회와 문화센터

사56:7「내가 곧 그들을 나의 성산으로 인도하여 기도하는 내 집에서 그들을 기쁘게

49) 민법 제78조(사단법인의 해산 결의)
사단법인은 총 사원 4분의 3 이상의 동의가 없으면 해산을 결의하지 못한다. 그러나 정관에 다른 규정이 있는 때에는 그 규정에 의한다.

50) 대구고등법원 2019. 10. 10. 선고 2018나24999 판결.

할 것이며 그들의 번제와 희생을 나의 제단에서 기꺼이 받게 되리니 이는 내 집은 만민이 기도하는 집이라 일컬음이 될 것임이라」

현대 규모가 큰 교회들은 교회나 교육관을 건축하면서 문화센터(Cultural Center)라는 이름을 내걸고 있다. 그 이유는 한국교회가 너무 많은 일을 하려고 하고, 교회의 사명이 아닌 일로 강요받고 있기 때문이다. 교회는 인간이 만들어 낸 이성적·물질적·정신적 산물인 문화센터가 아니고, 사람들의 인성교육을 담당하는 교육센터도 될 수 없다. 교회가 밖으로 나가 사회에 봉사자가 되고 사람들을 섬기는 것은 환영할 일이지만, 교회 내에서 인간의 정신적 관념 및 사고에 의해 기인하고 있는 세상문화를 가르치는 문화센터가 될 수는 없다.

대중문화 속에 종교가 포함되어 있지만, 대중이 사용하는 문화의 의미와 기독교적인 교회는 엄연히 출발이나 존재의 형식이나 존재하는 목적이 다르다. 설령 교회가 문화센터 이름으로 효과적인 전도를 위한 접촉점 또는 교인들의 욕구를 충족시켜 주려는 방법이라고 하더라도, 교회에 문화센터 간판을 내거는 행위는 옳은 방법이 아니다. 교회가 아무리 좋은 목적으로 하더라도 그 방법은 성경에 근거해야 하되 성경 원리에서 벗어나서는 안 된다. 교회 십자가 밑에 'oo교회 문화센터'라는 간판은 해당 건물이 교회당이라는 말인지, 문화센터라는 말인지 의문을 품게 한다. 교회가 문화센터인가? 교회와 문화센터는 구별해야 한다. 전도를 위한 수단이라 하더라도 교회는 문화센터가 될 수 없다. 그런데 한국교회들은 예배의 장소이며 기도의 장소인 예배당을 문화센터나 교회 내에 대기업을 유치하여 바자회 행사를 하는 등 장사하는 소굴로 만들어버리고 있다(마21:13).

교회의 가장 중요한 속성 가운에 하나는 거룩한 교회에 있다(대하7:16). 교회의 거룩성은 교회만의 고유한 속성으로 세상과 구별되는 개념이다. 교회의 본질은 하나님의 백성들이 하나님을 예배하고, 예수 그리스도 복음이 선포되고, 하나님의 자녀들이 기도하는 것에 있다. 또한 교회는 하나님이 임재하셔서 백성들과의 만남과 회복이 이루어지는 예배와 기도 처소이며, 성도의 교제가 이루어지는 하나님의 거룩한 집이다(마21:13). 교회당이 사람들을 더 기쁘게 하고, 만족하게 하는 수단으로 사용되거나 사람들의 부족한 문화 욕구를 충족시켜 주기 위한 기능을 하는 장소가 되어서는 안 된다(갈1:10). 오직 교회의 두 가지 사명은 모이면 하나님을 예배하고 기도하는 것이며, 세상에 흩어지면 그리스도 복음을 전파하는 것이다(사56:7).

10. 교회와 행사

막11:15-17「[15] 그들이 예루살렘에 들어가니라 예수께서 성전에 들어가사 성전 안에서 매매하는 자들을 내쫓으시며 돈 바꾸는 자들의 상과 비둘기 파는 자들의 의자를 둘러 엎으시며 [16] 아무나 물건을 가지고 성전 안으로 지나다님을 허락하지 아니하시고 [17] 이에 가르쳐 이르시되 기록된바 내 집은 만민이 기도하는 집이라 칭함을 받으리라고 하지 아니하였느냐 너희는 강도의 소굴을 만들었도다 하시매」

예수님은 성전 안에서 돈 바꾸는 자들의 상과 비둘기를 파는 자들의 의자를 둘러 엎으시며 아무나 물건을 가지고 성전 안으로 지나다님을 허락하지 아니하셨다. 성전에서 돈을 바꾸어 주는 환전, 소나 양이나 비둘기를 판매하는 것은 먼 타국에서부터 하나님께 제사하고 제물을 바치려고 성전에 찾아온 사람들에게 꼭 필요한 일이었지만, 예수님은 장사하는 자들의 상을 엎으시며 물건을 가지고 성전 안으로 출입하는 것을 허락하지 않으신 것이다. 이는 예수님께서 주를 사모하는 열심이 있었기 때문이었다(요2:17).

교회는 장사하는 장소가 아니다. 교회마다 감염병처럼 유행되어 선교, 건축 등의 목적으로 바자회, 찻집, 카페 등 행사가 열리고 있고, 대형교회라고 불리는 교회들은 영리를 목적으로 하는 사기업과 손을 잡고, 교회 내에서 장사하도록 내어주고 성도들에게 상품을 사도록 강요하고 있다. 교회 건축과 선교 및 구제를 목적으로 무엇을 하려거든 하나님의 처소인 교회에서 장사하여 얻은 소득으로 하지 말고, 차라리 하루 일용직 근로자가 되어 그 소득으로 선교나 건축헌금을 하든지, 생활비나 용돈을 절약하여 헌금하거나 교회 재정효용을 높여서 절약하는 것이 하나님이 받으실만한 향기로운 제물이 될 것이다(빌4:18). 내 것에서 구별하여 자원하여 헌금을 바치고 건축하고 선교할지니(출35:29, 대상29:9), 연보로서 구제하는 것이 마땅하다(롬15:26, 고후9:5,11,13).

11. 교회와 교단의 지위

교단(敎團)과 교회(敎會)의 관계는 특정 교단 소속 지교회로 편입되어 교단의 헌법에 따라 의사결정기구를 구성하고, 교단이 파송하는 목사를 지교회의 대표자로 받아들이는 때에 지교회는 소속 교단과 독립된 법인 아닌 사단이라고 할 수 있으나 교단은 종교적 내부관계에 있어서 지교회의 상급 단체에 지나지 않는다. 그러나 교회는 교단이 정한 헌법을 교회정관에 준하는 자치 규범으로 받아들일 수 있지만, 지교회의 독립성이나 종교적 자유의 본질을 침해하지 않는 범위 내에서 교단의 헌법에 구속된다. 교회는 비록 교단에 소속되어 있더라도, 교단과 독립된 자치법규인 교회정관을 가지고 있는 단체이다.[51] 즉 교단의 헌법이나 장정은 개교회의 독립성이나 종교적 자유의 본질을 침해하지 않는 범위 내에서 지교회에 강제적 효력을 미치는 구속력을 가지게 된다.

교회 재산에 관한 교단의 헌법 규정은 효력이 없지만, 교회 운영에 관한 교단의 헌법 규정은 지교회에 대해 강제력을 갖는다. 따라서 지교회의 대표자인 목사의 청빙 청원, 직원의 선출이나 임기, 교인이나 교회 담임목사의 권징 등 교회 운영에 관한 문제에 대해서 교단 헌법은 강제적 효력을 가지며, 교단 헌법을 위배하는 교회의 결정은 무효가 된다. 대법원도 교단의 헌법 규정을 무시하고 자의적으로 교회를 관리, 운영한 장로에 대해 교단이 장로 면직판결을 한 경우에는 교단의 장로 면직판결이 유효하므로, 그 장로는 장로로서 그 교회를 대표할 자격이 없어진다고 판결하였다.[52] 하지만 교회 재산에 관한 문제에 있어서는 교회의 자율성과 독립성이 우선한다고 할 수 있다.

Ⅱ. 교단과 총대

1. 기독교와 개신교

기독교(改新敎)라 하면 보통 개신교 교회를 칭하는 말로 생각하는 사람들이 많다. 기독교는 개신교만을 말하는 것이 아니라, 예수 그리스도를 믿는 종교들인 로마가톨릭, 정교회 등을 포괄하는 명칭이다. 개신교(改新敎)는 로마가톨릭 교회에 대한 '항의'(Protest)하는 저항자라는 의미에서 유래했기에 일반적으로 '프로테스탄트'(Protestant)라고도 호칭한다. '프로테스탄트'(Protestant)라는 말은 종교개혁 시대 이전부터 있었던 말이었다. 마틴 루터(Martin Luther)는 돈을 받고 죄를 면해주는 면죄부 판매에 대항하여 95

51) 대법원 2006. 4. 20. 선고 2004다37775 전원합의체 판결.
52) 대법원 1972. 11. 14. 선고 72다1330 판결.

개조 반박문을 교회 문에 붙이고, 가톨릭교회의 개혁을 주장했다가 1520년 가톨릭교회로부터 파문을 당하였다. 계속해서 쯔빙글리, 칼빈 등은 전통을 중요시하는 가톨릭교회에 성경적 의문을 제기하였고, 교회의 전통보다는 성경을 중시하고 성경으로 돌아가자며, 구원은 오직 믿음으로 받는다고 주장하였는데, 이러한 주장에 동조했던 복음주의자들을 가리켜 '프로테스탄트'라고 칭하였다.

미국헌법, 미국국가 건국에 있어서 바탕이 되었던 사상은 '청교도'(Puritans)들의 신앙과 성경이었다. 그 이유는 미국을 건국한 아버지들이나 미국헌법을 초안한 사람들이 청교도 신앙인들이었기 때문이다. 필그림 파더스(Pilgrim Fathers)는 영국 국교였던 성공회의 부정과 부패, 권위적이고 수직적인 불평등에 대항하며 평등을 주장하였지만, 영국 정부로부터 종교적 탄압을 받자, 1620년 9월 16일 필그림 파더스라고 불리는 102명의 청교도는 종교의 자유, 경제적 풍요를 찾아 메이플라워호(Mayflower)를 타고 영국을 출발해 66일간의 항해 끝에 1620년 12월 21일 신대륙인 아메리카에 도착하였다.[53] 현재 미국 메사추세츠 주 플리머스에서 1620년 11월 21일 영국에서 신대륙으로 건너온 메이플라워호 승선자들 가운데 41명의 성인 남성들이 상륙하기에 앞서 메이플라워 서약(Mayflower Compact)을 하였다. 메이플라워 서약은 플리머스 식민지 정부의 토대가 되었고, 미국에 건설된 다른 식민지에도 도입되었으며, 미국의 헌법과 미국 민주주의 기초가 되었다.[54] 미국의 건국 이념은 '하나님 아래 하나의 국가'(one Nation Under God)였으며, 미국은 신앙의 자유를 찾아 신대륙에 정착한 개신교인들에 의해 탄생한 국가이다.

2. 개신교회와 로마가톨릭 교회

개신교회(Protestant Church)와 로마가톨릭 교회(Roman Catholic Church)는 정치적 및 종교적인 차이점이 뚜렷하다. 개신교는 로마가톨릭의 교황 중심적 교회관에 반대하고 교황의 수위권을 인정하지 않으며, 민주적이고 자유주의적 절차를 중시하고 개교회주의 성향이 강하다. 로마가톨릭 교회는 외경을 정경으로 인정하지만, 개신교회는 외경을 정경으로 인정하지 않는다. 개신교회는 로마 가톨릭 교회의 성모마리아 숭

53) 102명의 정착민들 가운에 신앙의 자유와 경제적 풍요를 위해 신대륙으로 건너온 청교도인 '필그림 파더스'(Pilgrim Fathers)들은 35명이었다.

54) 윤용희, 윤이화, 「미국의 건국 정신과 헌법정신의 함의」, 사회과학 Vol. 17. 경북대학교 사회과학대학, 2005, 5면.

배적 교리들인 마리아의 중보기도, 성모승천, 성모 무염시태(Immaculate Conception), 평생 동정설(Perpetual Virginity of Mary)과 성호 긋기, 십자가상, 예배당 촛불, 성만찬의 화채설(化體說) 등 비성경적 행위를 비판한다.

칼빈은 개신교회는 예배의 중심이 하나님 말씀 선포에 있지만, 로마가톨릭 교회의 집회는 교리가 매장되고 우상숭배와 불경건, 외적인 행사에 집착하거나 조직이 지배하고 있다고 하였다.[55] 교회는 하나님 말씀 위에 서 있어야 하는데(요8:47), 로마가톨릭 교회는 하나님의 말씀에 기초하지 않고, 외적인 교회, 사제직, 사람의 판단에 기초하고 있다.[56] 칼빈은 그리스도의 머리 되심은 양도될 수 없는 것으로, 교회는 오직 그리스도께서 유일한 머리이시며, 그리스도 지배하에서 제정하신 질서와 정치 형태에 따라 연합된다고 하였다. 또한 그리스도만이 자신의 권리와 이름으로 다스리시기 때문에 그리스도께서 교회의 유일한 머리가 되시고(엡4:15-16), 모든 것이 각 지체를 통하여 공급되며, 힘은 하늘에 계시는 유일한 머리에서부터 흘러나온다고 하였다(엡4:16).[57]

교단에 따라 다르지만, 일부 진보성향의 교단은 성(性)에 관한 교리, 즉 이혼, 피임, 낙태, 동성애 등에 관해서 로마가톨릭 교회보다 상대적으로 진보적이지만, 보수적 복음주의 교단은 동성애자 목회자를 허락하지 않으며, 동성애자 평신도가 입교하는 것까지도 금지하는 등 가톨릭교회보다 훨씬 보수적이다.

3. 교단 설립과 기능

(1) 교단의 설립

법인 아닌 사단으로서의 실체를 갖춘 개신교회는 단독으로 종교 활동을 할 수도 있지만, 교리의 내용, 예배의 양식, 신앙공동체로서의 정체성, 선교와 교회 행정에 관한 노선과 방향 등에 따라 특정 교단의 지교회로 가입하거나 새로운 교단을 설립하여 다른 지교회의 가입을 유도할 수도 있다.

(2) 교단의 기능

교단(教團)은 교회의 평화와 질서를 유지하고 행정과 권징 등 권한을 행사하는 치

55) 존 칼빈, 「영한기독교강요」 제4권, 기독성문출판사, 1993, 71~75면.
56) 존 칼빈, 위의 책, 79면.
57) 존 칼빈, 위의 책, 207면.

리회로서 당회, 노회, 총회를 두고 있는데, 총회는 교단 내 최고 치리회로서 교단 소속 지교회와 산하에 속한 기관을 총괄한다. 또한 교단은 교리의 내용 등 해당 교단의 고유한 특성과 교단 내에서의 종교적 질서를 유지하는 것을 존립 목적으로 하게 된다. 교단은 존립 목적을 위하여 필요한 경우 교단 헌법을 제정, 개정, 해석하고, 행정쟁송 등 교단 내의 각종 갈등과 분쟁을 처리하며, 목사 등 교역자의 자격요건을 정하며, 소속 지교회를 지휘·감독하는 등의 기능을 수행한다.

4. 한국의 개신교단 통계

「한국학중앙연구원」이 문화체육관광부 연구 용역을 받아 조사한 '2018년 한국의 종교 현황'에 따르면 불교는 482개, 개신교는 교단(교파)이 374개에 달한다. 「한국학중앙연구원」의 조사가 중복되었을 가능성을 배제할 수는 없으나 한국교회가 374개에 달할 정도로 교단이 많은 것은 한국교회가 성경이나 교리적인 이유와 상관없이 정치적 이해관계, 정치적 교권 분쟁으로 인해 교단이 분열과 연합을 반복해 왔기 때문이다.

한국교회는 성경에 대한 해석 차이와 가톨릭교회에 대한 차이로 인해 장로회, 감리회, 구세군, 성결교, 침례회, 오순절교회, 루터교회 등으로 구분되어 있다. 교단 간의 차이점으로는 루터교와 장로교는 예정설(豫定說)과 성만찬(聖晩餐)에서 차이점이 있고, 장로교와 회중 교회의 차이점은 장로교는 목사장로가 설교권(說敎權)과 성찬권(聖餐權)을 가지고 있지만, 회중교회는 성직자 계급을 반대하며 회중(대중)에서 선출된 자가 설교를 한다.

Ⅲ. 판례

1. 교회 상회인 노회의 승인을 받지 못한 교회 당회장 대표권

(1) 사실관계

A교회는 통합파 경북노회 소속인 상태에서 대한예수교 성경장로회에서 목사의 자격을 취득한 목사 甲을 A교회의 당회장으로 선출하였다. 그러나 일반적으로 교회

에서는 목사를 당회장으로 선출하고, 그 교회의 상회 단체인 노회의 규약에 따라 그 소속 노회로부터 교회의 당회장으로 임명된 자라야 하는데, A교회는 소속 노회로부터 목사 甲에 대해서 교회의 당회장으로 임명받은 사실이 없었다. 이에 원고들은 목사 甲은 노회로부터 A교회의 당회장으로 임명받은 사실이 없으므로, A교회의 대표자 자격이 없다고 주장하였다.

(2) 판결요지

교회는 독립된 비법인사단으로서 당사자능력을 갖춘 단체로 인정하는 이상 그 교회와 그 소속 노회와의 관계에 있어서는 교회의 당회장 취임에는 노회의 승인을 요하는 것이어서 교회에서 교인들의 총의에 의하여 선임한 당회장도 그 승인이 없는 한 노회에 대하여는 당회장으로서 권리 의무를 주장할 수는 없다고 할지라도, 비법인사단의 성질상 교회가 소속 교인들의 총의에 의하여 그를 대표할 당회장으로 선임한 자는 노회 이외인 제삼자에 대한 관계에 있어서는 그 교회를 대표할 자격이 있는 것이다. 또한 노회의 규약에 따라 교회의 운영, 기타의 종교 활동을 하여야 할 것이라 할지라도 그 노회 이외의 대외적 관계에 있어서는 소속 교인들의 총의에 의하여 자율적으로 그의 대표자 기타의 임원을 선임하고 그들을 통한 종교적인 행위를 하며, 교인들의 총유에 속하는 교회당을 처리할 수 있을 것은 물론 종교자유의 원칙에 따라 소속 교인의 총의에 의하여 그가 소속할 노회도 선택할 수 있는 것이라고 할 것이다.[58]

(3) 해설

교회 내부적으로 담임목사를 청빙하는 것과 이를 승인하는 교단 또는 노회 결정 사이에 충돌하는 때에 대법원은 교단 헌법은 지교회의 독립성이나 종교적 자유의 본질을 침해하지 못한다고 하였다. 하지만 최근 서울 M교회 관련 판례에서 특정 교단에 소속한 지교회의 자율성이 소속 교단의 자율성 내(內)에서 행사되어야 한다는 판결이 선고되었다.[59] M교회의 위임목사 청빙 공동의회 결의와 노회의 청빙 승인 결의가 교단 헌법에 중대하고도 명백한 위법에 해당한다는 것이다. 종교단체의 자율권은 '교단의 자율권'과 '지교회의 자율권'으로 구분되고, 쌍방의 자율권은 서로 존중되

58) 대법원 1967. 12. 18. 선고 67다2202 판결.
59) 서울동부지방법원 2011. 1. 26. 선고 2021가합100753 판결.

어야 하지만, 쌍방 자율권이 서로 충돌할 경우에 교단의 존립목적이 보존되어야 한다는 취지에서 교단의 자율권이 강화되는 판결이 선고되기도 한다.[60] 지교회가 특정 교단에 소속을 유지한다는 것은 소속 교단의 지휘, 감독을 수용하겠다는 집합적 의사로 보아야 하기 때문에 지교회의 자율권이 소속 교단에 의해 제한되는 경우, 지교회로서는 교단 내부의 관련 절차에 따라 문제를 해결하되 교단 내부의 관련 절차에 의해 해결되지 않는 때에는 지교회는 교단이 정한 제한을 수용해야 한다고 판시하였다.[61]

2. 교단과 교회와의 관계

지교회가 교회 대표자를 선임하는 사유로 인해 교단과 충돌하는 경우가 발생할 때가 있다. 대법원은 특정 교단 소속 지교회로 편입되어 교단의 헌법에 따라 의사결정기구를 구성하고, 교단이 파송하는 목사를 지교회의 대표자로 받아들이는 경우, 지교회는 소속 교단과 독립된 자치 규범을 가진 법인 아닌 사단이고, 교단은 종교적 내부관계에 있어서 지교회의 상급 단체에 지나지 않는다. 다만 지교회가 교단이 정한 헌법을 교회 자신의 규약에 준하는 자치 규범으로 받아들일 때, 지교회의 독립성이나 종교적 자유의 본질을 침해하지 않는 범위 내에서 교단의 헌법에 구속된다고 판시하였다.[62]

3. 소속 노회가 헌법에 따라 장로면직

(1) 판결요지

대한예수교장로회 K노회에 소속된 A교회가 한 개의 교회로서 독자적으로 종교활동하고 있는 종교단체라 하여도, 그 관리 운영에 관한 종헌(宗憲)인 대한예수교장로회 헌법을 무시하고, 그 교회를 아무렇게나 관리·운영할 수는 없다 할 것이므로, 대한예수교장로회 K노회가 위 헌법에 따라 그에 소속된 원고 교회의 장로 甲을 면직판결하고, 그 판결이 본인에게 통고되었다고 한다면, 그 판결이 당연 무효 사유가 있다던가, 또는 번복되었다는 등 어떤 특별한 사정이 없다면, 그 면직판결은 그 효력을 지속하고 그 종교단체의 구성원은 누구든지 대한예수교장로회 헌법에 따라야

60) 대법원 2019. 5. 16. 선고 2018다237442 판결.
61) 대법원 2014. 12. 11. 선고 2013다78990 판결.
62) 대법원 2006. 4. 20. 선고 2004다37775 전원합의체 판결.

하고, 그 헌법에 따라 면직판결을 받은 자는 대표 자격이 소멸된다.[63]

(2) 해설

교단의 헌법 규정을 무시하고 자의적으로 교회를 관리, 운영한 장로에 대해 교단이 장로 면직판결을 한 경우에는 교단의 장로 면직판결이 유효하다. 법원은 종헌(宗憲)이라고 불리는 교단에서의 최고 통치 규범인 교단 헌법을 대체로 인정한다. 한 개의 교회가 두 개의 교회로 분리될지라도 각 교회의 관리와 운영에 있어서는 여전히 그 종헌인 교단 헌법에 규정하는 바에 따라야 하고, 교회의 대표자도 교회의 관리와 운영을 규율하고 있는 종헌인 교단 헌법에 정하는 바에 따라 선임해야 한다.[64] 하지만 교인들의 총유인 교회 재산에 있어서는 지교회의 재산이 교단 헌법에 '노회의 기본재산으로 한다.'라고 규정되어 있더라도 교회 재산의 권한은 지교회에 있으며,[65] 교단 헌법은 지교회의 독립성이나 종교자유의 본질을 침해하지 않는 범위 내에서만 구속되고, 지교회는 의결권을 가진 교인 3분의 2 이상의 결의로 교회 재산에 대해 처분 행위를 할 권한이 있고, 교단 탈퇴를 결정할 권한이 있다.[66]

---

63) 대법원 1972. 11. 14. 선고 72다1330 판결.
64) 대법원 1975. 12. 9. 선고 73다1944 판결, 대법원 1973. 1. 10. 선고 72다2070 판결.
65) 대법원 1976. 2. 24. 선고 75다466 판결.
66) 대법원 2006. 4. 20. 선고 2004다37775 전원합의체 판결.

제6절 ‖ 성경과 법

Ⅰ. 성경과 법

1. 성경법의 개념

(1) 성경과 성서

딤후3:16-17「[16] 모든 성경은 하나님의 감동으로 된 것으로 교훈과 책망과 바르게 함과 의로 교육하기에 유익하니 [17] 이는 하나님의 사람으로 온전하게 하며 모든 선한 일을 행할 능력을 갖추게 하려 함이라」

기독교의 경전은 성경(聖經)인가, 성서(聖書)인가? 웨스트민스터 신앙고백서 제1장에서 선언하고 있는 것처럼, 한국 개신교회의 공식 명칭은 '기록된 하나님 말씀'으로 성경(聖經)이다. 한국 가톨릭 주교 총회(2005년)에서도 '성경'이라는 명칭을 붙인 가톨릭 공용성경으로 채택한 바 있다. 그럼에도 현재 천주교에서는 성서라는 명칭을 사용하고 있고, 대한성서공회, 여호와의 증인, 성서침례교회에서도 성서(聖書)라는 명칭을 사용하고 있다. 중국은 '성경'이라고 하고 일본은 '성서'라고 한다. 중국 유교의 핵심은 사서삼경(四書三經)인데, '사서'(四書)라 함은 성인들의 언행이나 금언 등을 모아 놓은 책이라는 의미에서 '사서'(논어, 맹자, 중용, 대학)라고 하고, '삼경'(三經)이라 함은 유교의 경전(經典)이라는 의미에서 '삼경'(시경, 서경, 역경)이라고 한다. 마찬가지로 중국은 경전(經典)이라는 의미에서 성경(聖經)이라는 명칭을 사용하고, 일본은 불교의 핵심 교리를 적은 경전인 불경(佛經)과 구별하기 위해 성서(聖書)라는 명칭을 사용하고 있다.

일반적으로 한자어 '서'(書)는 글이나 책을 뜻한다. 성서(聖書)라는 명칭은 성인(사람)의 말이나 행적을 기록하고 집대성한 신성한 책 또는 종교 교리서를 말한다. 성경의 절대적 권위를 주장하는 성경주의는 하나님의 말씀인 성경(Holy Scripture)으로 받아들이지만, 성경의 절대적 권위에 의구심을 갖는 사람들은 신성한 책들 가운데 하나인 성서(Sacred book)의 의미로 받아들인다. 특히 성서라는 명칭이 자리하게 된 것은 19세기 종교사학파와 함께 등장하여 다양한 고대 전통의 문헌들과 사본들이 모이고, 편집되고 수정되는 과정을 통해서 현재의 성경에 이르렀다는 문서설(documentary hypothesis, DH)을 주장하는 학자들의 영향이 컸다. 일부에서는 성경 각 66권 자체는 성경이 맞지만, 성경을 모아 놓은 문서(文書)라는 의미에서 '성경전서', 줄여서 성서라고 주장하기도 한다.

하지만 성경(Holy Scripture)은 성인(사람)이 기록하거나 성인의 행적이나 언행 또는 금언을 기록한 것을 집대성한 신성한 책(Sacred book)이 아니며, 다양한 고대 전동의 문헌들과 사본늘이 모이고, 편집되고 수정되는 과정을 통해서 이루어진 책도 아니다. 신구약 성경 66권 정경은 '그라페'(γραφή)로, 하나님이 기록자들에게 영감을 주어 기록한 '하나님 말씀'이다. 성경(聖經, Holy Bible)은 '하나님 말씀'이라는 경전(經典, canon)의 의미를 강조하는 명칭이다. 우리 성경은 성서가 아닌 성경이라고 기록하고 있고(마21:42, 요5:39, 딤후3:16), 영어 성경도 'Holy Book' 아닌 'Holy Bible'이다. "모든 성경은 하나님의 감동으로 된 것으로 교훈과 책망과 바르게 함과 의로 교육하기에 유익"하다(딤후3:16). 한 마디로 모든 성경(All Scriptur, πᾶσα γραφὴe)은 하나님의 감동(God－breathed), 영감(靈感, inspiration)으로 된 것이다(딤후3:16, 벧후1:20－21). 하나님의 감동은 헬라어 '데오－프뉴스토스'(θεο－πνευστος)로 하나님을 뜻하는 '데오스'(θεος)와 '호흡하다' 또는 '숨을 쉬다'라는 뜻의 '프네오'(πνεω)의 합성어이다. 하나님의 감동은 하나님께서 숨을 내쉬셨다는 뜻으로 성경은 인간의 말이나 사상이 아니라 하나님의 말씀 그 자체라는 의미이다.

(2) 성경법의 제정과 역사

약4:12「입법자와 재판관은 오직 한 분이시니 능히 구원하기도 하시며 멸하기도 하시느니라 너는 누구이기에 이웃을 판단하느냐」

성경(聖經, Bible)은 법(法)이며 인류의 역사(歷史) 기록이다. 성경은 인류 역사에 존재하는 최상위의 법률이고, 태초부터 종말까지 인류 역사를 기록한 역사이다. 성경은 사람들이 정한 법이나, 하나님과 사람이 의논해서 정한 법이 아니라, 하나님이 제정하신 법이다. 성경은 사람이 살아가면서 지켜야 하는 가장 기본적인 규범이고, 어떻게 살아가야 하는지를 제시하는 기준이 된다. 세상 법들은 시대와 상황에 따라서 계속해서 수·개정되고 있는데, 이것은 세상 법들이 완전하지 못하고 불완전하다는 것을 증명하는 것이다. 하지만 성경은 3,500여 년 동안 한 글자의 수·개정 없이 이어져 내려오고 있다는 것은 성경이 그만큼 완전한 법이라는 증명이기도 하다. 이처럼 성경이 완전한 법이 되는 것은 하나님이 세우신 법이고, 인류를 향한 하나님의 역사이기 때문이다.

(3) 마음에 쓴 법

고후3:3「너희는 우리로 말미암아 나타난 그리스도의 편지니 이는 먹으로 쓴 것이 아니요 오직 살아 계신 하나님의 영으로 한 것이며 또 돌비에 쓴 것이 아니요 오직 육의 심비에 한 것이라」

성경(聖經)은 수천 년의 역사 동안 성령의 감동하심을 입은 사람들을 통하여 기록되었지만, 하나님이 그들의 창의성이나 지혜를 빌리거나 그들과 협력하여 기록한 것이 아니다. 성경의 저자들은 성령의 감동으로 하나님으로부터 받아 대필하고 전달하는 기록자로서의 역할에 그쳤다. 성경은 펜으로 종이에 쓰거나 망치와 정으로 돌판에 새기는 글이 아니라, 마음에 새겨야 한다. 하나님은 구원받은 백성들에게 하나님을 알고 배우고 가르치도록 성경을 주셨지만, 그보다 더 중요한 것은 성경에 기록된 말씀을 지키며 살라고 주셨다는 것이다. 성경은 마음속에 구원의 확신과 감격, 체험신앙이 있는 사람이 지키며 살아간다.

2. 성경 개론

사34:16「너희는 여호와의 책에서 찾아 읽어보라 이것들 가운데서 빠진 것이 하나도 없고 제 짝이 없는 것이 없으리니 이는 여호와의 입이 이를 명령하셨고 그의 영이 이것들을 모으셨음이라」

성경(聖經, Holy Bible)은 유대교와 기독교의 경전(經典)이다. 유대교는 구약 히브리어 성경만을 성경으로 부르고, 개신교(改新敎, protestantism)는 히브리어 성경인 구약성경(Old Testament) 39권과 헬라어로 기록되어 있는 신약성경(New Testament) 27권 등 66권(일부 아랍어기록)을 정경(canon)으로 받아들이고 따른다. 그러나 로마 가톨릭 교회(Roman Catholic Church)는 구약성경 46권, 신약성경 27권, 전체 73권이며, 정경 외에 저작이나 출처가 불명확한 외경(Apocrypha) 9권을 제2경전으로 인정한다. 구약성경은 B.C. 1500~400년대 사이에 기록되어 기원전 5세기경에 하나의 책으로 정립되었고, 신약성경은 A.D. 45~95년 사이에 기록되어 A.D. 382년 로마

공의회에서 정경으로 정립되었으며, A.D. 397년 카르타고 공의회에서 신약성경이라 칭하였다. 성경은 40명 이상의 사람들에 의해 1600년(주전1500년~주후100년)이 넘는 기간 동안 각각 다른 환경에서 기록되었음에도 성경은 동일한 주제를 담고 있다.

3. 성경의 특성

딤후3:15 「또 어려서부터 성경을 알았나니 성경은 능히 너로 하여금 그리스도 예수 안에 있는 믿음으로 말미암아 구원에 이르는 지혜가 있게 하느니라」

오직 성경(Sola Scriptura), 오직 은혜(Sola Gratia), 오직 믿음(Sola Fide), 오직 예수 그리스도(Solus Christus), 오직 하나님 영광(Soli Deo Gloria)은 종교개혁의 다섯 가지 강령이다. 개신교((改新教, protestantism)는 종교개혁자들이 이 다섯 가지 강령을 받아들이고, 그중에 오직 성경(Sola Scriptura), 즉 신·구약 성경 66권을 하나님이 계시하신 유일한 말씀으로 성경의 유일성, 성경의 절대적인 권위, 성경의 축자 영감, 성경의 무오성, 성경의 불변성, 성경의 완전성을 절대적으로 믿고 신뢰한다.

성경(聖經)은 절대적 권위(절대성)를 가지고 있다. 성경이 절대적 권위를 갖는 이유는 하나님의 감동으로 하나님으로부터 주어진 하나님 말씀이기 때문에 절대적인 권위를 가진다. 그리고 성경은 무오(무오성)하다. 성경의 무오성은 하나님 권위의 말씀이기 때문에 오류 가능성이 없다. 그런데 로마가톨릭 교회(Roman Catholic Church)는 교황이 형제들의 신앙을 견고케 하기 위하여 신앙과 도덕에 관한 교리를 정의하여 선포할 때, 교황은 직무상 결코 오류가 없는 무오한 존재(교황무오성)[67]라고 주장한다.[68] 하지만 성경은 모든 인간은 죄인이며 온전하지 못하다고 선언한다(롬3:10,23). 로마가톨릭 교회는 교회에 의하여 성경 권위가 주어졌으므로, 교회의 권위가 성경 위에 있다고 한다. 즉 '거룩한 아버지'인 교황(Holy Father)이 교회의 머리로서 하나님께서 제정해 주신 대로 직접적이며 보편적인 최고 전권을 가지고 영혼들을 보살핀다고 한다.[69] 교회보다 교황의 권위를 위에 두고, 성경 위에 교회, 교회 위에 교황을 두고 있는 것이다(천주교요리문답 제1편 제8장 제79문).

---

67) 교황무오설은 교황은 절대 무오하며 교황이 내린 결정은 번복할 수 없다는 뜻으로, 1870년 바티칸 공회에서 결정되었다. 하지만 역사적으로 수많은 교황이 죄악과 실수를 저질렀고, 정죄를 당하였다.

68) Jones, Rick, 「천주교와 기독교가 다른 37가지 이유」, 정동수 외, 말씀과 만남, 2003, 344면.

69) Jones, Rick, 위의 책, 358면.

교회는 로고스(logos, λόγος), 말씀이 육신으로 오신 예수 그리스도에 의해 세워졌고(요1:14), 교회는 예수 그리스도 몸이며, 오직 그리스도만이 교회의 머리 되신다(골1:18). 교회는 하나님의 말씀으로 세워졌으며, 교회는 절대로 하나님의 말씀인 성경의 권위보다 우위에 있을 수 없다. 하나님의 말씀인 성경의 권위 아래 복종하고, 교회의 참된 표지(말씀 선포, 성례 시행, 권징의 시행)를 시행해야 한다. 또한 무분별하고 불경건한 은사주의, 신비주의, 성령 운동, 영성운동 등 그 어떤 것도 하나님의 말씀인 성경의 권위보다 우위에 있을 수 없다.

마5:18「진실로 너희에게 이르노니 천지가 없어지기 전에는 율법의 일점일획도 결코 없어지지 아니하고 다 이루리라」

성경은 일점일획까지도 완전(완전성)하며 구원에 관해 충분(충분성)하다(시19:7). 성경의 비유, 예언, 상징, 내용에 있어서 일반 사람이 해석하기에 난해한 부분이 있지만, 성경은 성경으로 해석할 때 본뜻을 이해할 수 있고, 구원의 지식, 즉 구원에 관하여 성경은 누구나 이해할 수 있도록 명료하다. 그리고 성경은 하나님의 감동하심을 받은 사람들이 하나님께 받아 말한 것이므로(벧후1:21), 누구든지 성경을 갈망하는 사람은 성령의 감동으로 이해할 수 있고, 교훈과 책망과 바르게 함과 의로 교육하기에 유익하다(딤후3:16). 성경은 사람들의 구원, 생활 등 모든 면에 있어서 다른 어떤 보충적인 것에 의존하지 않더라도 충분하다. 따라서 구원에 관하여 성경 외에 임의로 어떤 내용을 가감할 필요도 없다(계22:18－19).

4. 성경과 정치원리

자유민주주의 정치는 법치주의(法治主義)[70]를 근본으로 채택하고 있다. 법치주의는 국가 권력 기관이 법(法)에 근거해서 구성되고 권력이 행사된다. 즉 모든 국가 권력은 국민의 뜻에 따라 제정된 법에서 나오고, 법에 따라 행사되어야 한다. 국가법은 국가 입법기관인 국회에서 적법한 절차를 거쳐 의결되어 정부로 이송되면 대통령이 15일 안에 공포하고, 이 법률은 특별한 사정이 없으면 효력이 발생하며, 사법부는 적용·집행한다. 국가법은 국민의 뜻을 반영해 제정되고, 국민의 실질적인 자유와

70) 법에 의한 지배를 의미하는 법치주의와 대비되는 개념으로 사람에 의한 지배를 의미하는 인치주의(人治主意)가 있다. 인치주의는 법이 없는 시대 또는 법이 있더라도 절대군주인 왕과 같은 절대 권력자가 마음대로 지배하는 정치원리이다.

권리를 보장하며, 평등과 정의를 실현하는 기능을 한다.

반면 교회정치는 하나님이 세우신 법인 성경의 원리인 신치주의(神治主意)를 근본으로 한다. 성경은 하나님이 세우신 법이고, 성경은 하나님의 뜻이 반영되어 있으므로, 신치주의(神治主意)가 근본 원칙이다. 따라서 모든 교회의 정치원리는 하나님이 제정하신 성경을 바탕으로 하기 때문에 명백하게 성경의 지지를 받을 수 있어야 하고, 성경의 명백한 가르침과 정통 교리에 어긋나서는 안 된다.

Ⅱ. 성경과 삼위 하나님

1. 하나님의 법

딤후3:16「모든 성경은 하나님의 감동으로 된 것으로 교훈과 책망과 바르게 함과 의로 교육하기에 유익하니」

성경(聖經)은 하나님이 제정한 하나님의 법이다(약4:12). 성경은 하나님 세우신 법으로 사람들이 정한 법이거나 자연스럽게 생긴 관습법이 아니다. 성경은 사람이 마땅히 지키고 살아가야 하는 법이다. 성경은 신앙의 법만 있는 것이 아니다. 하나님과 사람과의 관계에 관한 법이고, 교회 생활에 있어서 법이고, 교인 간의 관계에 관한 법이며 사회와 국가와 관계에 관한 법이다. 국가법은 법원에 따라서 헌법, 법률, 명령, 규칙, 조례 등으로 구분되고, 형법, 민법, 상법, 국제법, 민사·형사소송법, 공법, 사법 등으로 구분되지만, 성경은 헌법, 법률, 민·형법, 소송법 등 이 모든 법을 총괄하고 있다. 성경은 국가법보다 더 엄격한 준법을 요구하면서 동시에 성경은 국가법보다 훨씬 넓고 깊은 용서와 사랑을 가진 법이다. 국가법은 범죄자에 대하여 전과(前科)라는 흔적을 남기고 피해자에게 지울 수 없는 상처를 남기지만, 성경은 모든 죄를 용서하면 흔적도 남지 않고 지워버린다(사43:25).

갈3:15「형제들아 내가 사람의 예대로 말하노니 사람의 언약이라도 정한 후에는 아무도 폐하거나 더하거나 하지 못하느니라」

하나님의 법은 정해지는 것이 아니라, 정해진 법이다. 사람 간의 약속도 정하면 지켜야 한다. 사람 간의 약속이라도 정한 사람 외에 제삼자가 깨뜨려서는 안 된다.

그렇다면 더더욱 하나님이 정하신 법을 더하거나 빼거나 폐할 수 없는 것이다(계22:18-19). 천사라 할지라도 성경에 정한 하나님의 법 외에 다른 법을 전하면 저주를 받는다(갈1:8). 성경의 법은 없어도 되는 법이 하나도 없다. 성경의 법은 하나라도 제하거나 더해서도 안 되고 함부로 폐해서는 안 되는 법이다. 국가법의 형태는 시대에 따라서 바뀔 수 있고, 조항에 따라 폐지하기도 하지만, 국가법이 추구하는 그 본질적인 이상과 가치, 즉 인간의 존엄성을 보장하고 정의를 실현하려는 목적은 절대로 바뀔 수 없다. 마찬가지로 성경의 법은 보조적이고 형식적이고 의식적인 형태는 바뀔 수 있지만, 시대가 변하고 상황이 변했다고 그 본질적인 것은 영원불변하기 때문에 사사로이 금하거나 함부로 폐하면 안 되는 것이다.

2. 예수 그리스도의 법

갈6:2「너희가 짐을 서로 지라 그리하여 그리스도의 법을 성취하라」

구약성경은 하나님이 약속하신 오실 예수 그리스도에 관한 내용이고, 신약성경은 오신 예수 그리스도에 관한 내용이다. 성경이 가장 강조하는 법은 예수 그리스도의 법이다. 예수 그리스도의 법은 인류를 구원하려는 하나님의 뜻을 성취한 법이기 때문이다. 성경은 말씀이 육신이 되어 예수 그리스도를 믿는 법이고, 예수 그리스도를 믿음으로 사는 법이다. 성경의 근본진리는 말씀이 육신이 되신 예수 그리스도 자체이다(요1:14). 성경은 예수 그리스도의 거울이고(눅24:27), 예수 그리스도의 마음이며(빌2:5), 예수 그리스도의 입이라고 할 수 있다(마4:4, 눅4:22). 예수 그리스도의 법은 인류의 죄를 대속하고 속죄하신 십자가의 법이고(고전1:18), 모든 믿는 자를 구원하는 구원의 법이다(엡1:13, 엡6:17). 성경은 예수님을 증언하기 때문에 성경을 알면 예수 그리스도를 알게 되고, 예수 그리스도를 본받아 살아가게 된다(요5:39).

3. 성령의 법

롬8:1-2「[1] 그러므로 이제 그리스도 예수 안에 있는 자에게는 결코 정죄함이 없나니 [2] 이는 그리스도 예수 안에 있는 생명의 성령법이 죄와 사망의 법에서 너를 해방하였음이라」

성경은 성령(聖靈)의 법이요, 생명(生命)의 법이요, 구원받은 하나님의 자녀들이 지키고 살아야 하는 법이다. 천국 가는 하나님의 백성들이 지키고 사는 법이다. 성령의 법은 예수 안에서 우리를 죄와 사망에서 해방하는 법이다. 따라서 그 무엇이나 어느 누구도 예수 안에 사는 사람들을 정죄할 수 없고, 또한 아담 한사람으로 말미암아 왕 노릇 했던 사망도 이제는 더 이상 예수 그리스도로 안에 살아가고 있는 사람들에게 왕 노릇 하지 못한다(롬5:17).

성령은 하나님의 영이요(롬8:9,11,14), 그리스도의 영(롬8:9)이기 때문에 성령이 믿는 자 안에 거하실 때, 하나님의 법과 그리스도의 법을 성취할 수 있게 되고, 비로소 하나님의 성품을 가진 하나님의 자녀가 되는 것이다. 하나님께 속한 자녀는 세상에 속하지 않기 때문에 육신의 법이 아닌 성령의 법을 따르게 된다. 그래서 다시는 죄의 법 아래 살지 아니하고, 하나님의 법을 즐거워하게 된다.

4. 성경법의 내용

(1) 생명의 법

롬7:10「생명에 이르게 할 그 계명이 내게 대하여 도리어 사망에 이르게 하는 것이 되었도다」

국가법은 생명을 보호하는 역할을 하는 법이지만, 생명을 주거나 생명을 살리지 못한다. 그러나 성경의 법은 적극적으로 생명을 주는 법이며 사람을 살리는 법이다. 성경이 주는 생명은 단순히 호흡하고 기식하는 생명보다 죽음을 초월하는 영원한 생명인 영생을 말한다(요일5:13). 국가법은 사람의 생명을 보호해주는 역할을 하지만, 그 생명은 육신의 생명이다. 그러나 성경이 주는 생명은 영원한 생명, 영생이다.

(2) 사랑의 법

롬13:8-10「[8] 피차 사랑의 빚 외에는 아무에게든지 아무 빚도 지지 말라 남을 사랑하는 자는 율법을 다 이루었느니라 [9] 간음하지 말라, 살인하지 말라, 도둑질하지 말라, 탐내지 말라 한 것과 그 외에 다른 계명이 있을지라도 네 이웃을 네 자신과 같이 사랑하라 하신 그 말씀 가운데 다 들었느니라 [10] 사랑은 이웃에게 악을 행하지 아니하나니 그러므로 사랑은 율법의 완성이니라」

국가법은 공의를 내용하는 법이다. 하지만 하나님의 법인 성경은 사랑을 내용으로 하는 사랑의 법이다. 모든 성경이 가르쳐 주는 최고의 원리는 하나님을 사랑하고, 이웃을 사랑해야 한다는 사랑의 법이다. 성경의 원리는 사랑을 실천하라는 것으로, 사랑하는 사람은 위에 계신 하나님을 두려워하는 마음으로 피차에 복종하며(엡5:21), 간음과 살인과 도적질을 하지 아니하며, 이웃의 것들을 탐내지 않고 지켜주게 된다.

사랑은 성경법의 완성이다. 따라서 성경에 있는 모든 계명을 다 지켰다고 해도 사랑이 없다면 성경의 법을 완성했다고 할 수 없다(고전13:1－3). 율법의 완성인 사랑은 육체적인 사랑을 말하는 것이 아니라, 하나님의 사랑을 말한다. 사람의 육체적인 사랑으로는 절대로 율법을 이룰 수 없기 때문이다. 하나님의 사랑은 우리가 아직 죄인 되었을 때, 독생자를 보내신 사랑이고, 예수 그리스도의 사랑은 우리가 아직 죄인 되었을 때 십자가에서 목숨을 버리신 사랑이다(롬5:8). 우리가 아직 죄인 되었을 때, 독생자를 보내신 하나님의 사랑, 우리가 아직 죄인 되었을 때, 십자가에서 목숨을 버리신 예수님의 사랑으로 성경의 법을 완성하신 것이다(마5:17). 그러므로 십자가의 사랑은 성경법을 완전하게 하였으므로, 성경법으로 말미암는 죄와 사망이 없게 되었다(롬8:2).

(3) 용서의 법

> 사55:7「악인은 그의 길을, 불의한 자는 그의 생각을 버리고 여호와께로 돌아오라 그리하면 그가 긍휼히 여기시리라 우리 하나님께로 돌아오라 그가 너그럽게 용서하시리라」

국가의 법은 사람이 지은 범죄에 대한 형사적 처벌이다. 그러나 성경의 법은 하나님께 지은 죄와 사람에게 지은 모든 죄를 사해주는 용서의 법이며, 사람을 사망에서 해방하는 법이다(롬8:2). 성경의 목적은 죄인에 대한 형벌에 있지 않고, 죄인을 회개케 하여 용서하도록 하는 것에 있다. 사망은 단순히 육신의 죽음으로부터의 해방을 의미하는 것이 아니라, 하나님 진노의 심판에서 해방이고, 영원한 지옥 형벌에서 해방을 말한다. 누구도 성경의 법에 따라 죄와 사망의 법에서 해방된 우리를 정죄하지 못한다. 하늘의 천사라도, 하나님도 죄를 찾지 않으신다.

> 요3:19「그 정죄는 이것이니 곧 빛이 세상에 왔으되 사람들이 자기 행위가 악하므로 빛보다 어둠을 더 사랑한 것이니라」

하나님이 정죄하는 사람들은 어둠을 사랑하는 사람들이다. 빛은 예수 그리스도이며, 어둠은 악한 세력들을 말한다. 악행을 저지르는 사람은 예수 그리스도보다 악한 영들, 악한 권세자들을 더 좋아한다. 하나님은 죄의 경중을 묻지 않으시고, 누구든지 회개하는 심령을 용서하시고 그들의 죄악을 도말하신다(사43:25). 그러나 악한 사람들은 마음에 하나님 두기를 싫어하고(롬1:28), 빛이 되시는 예수 그리스도께 나아오기를 싫어하는 까닭에 그들의 죄악은 용서받지 못하며, 하나님의 규례를 멸시하며 마음에 하나님 법도를 싫어하여 하나님의 모든 계명을 준행하지 아니하며, 하나님의 언약을 배반하는 까닭에 용서받지 못한다(레26:15,43, 사30:9).

(4) 구원의 법

요20:31「오직 이것을 기록함은 너희로 예수께서 하나님의 아들 그리스도이심을 믿게 하려 함이요 또 너희로 믿고 그 이름을 힘입어 생명을 얻게 하려 함이니라」

성경은 예수 그리스도를 믿고 생명을 얻게 하기 위한 것, 한 마디로 영혼 구원이 바로 성경의 목적이다. 성경은 사람을 구원하기 위한 법이다(요5:39). 성경의 목적은 하나님의 존재를 계시하기 위한 책이면서 사람을 구원하기 위하여 제정한 법이다. 따라서 성경은 사람이 믿음으로 말미암아 의롭게 되고, 믿음으로 말미암아 구원에 이르는 지혜가 있게 한다(딤후3:15).

(5) 형벌의 법

살후1:8-9「[8] 하나님을 모르는 자들과 우리 주 예수의 복음에 복종하지 않는 자들에게 형벌을 내리시리니 [9] 이런 자들은 주의 얼굴과 그의 힘의 영광을 떠나 영원한 멸망의 형벌을 받으리로다」

성경은 사람들의 죄에 대한 형벌법(刑罰法)이다. 성경은 사람들의 범죄에 대해서 말한다. 무엇이 범죄이고, 그 범죄로 받게 될 형벌이 무엇인지 말한다. 성경은 가장 큰 범죄를 하나님을 모르는 자와 예수를 거부하고 끝까지 복음에 복종하지 않고 회개하지 않으며(살후1:8－9), 성령을 훼방하는 범죄라고 말한다(히10:29). 성경은 죄의 심각성을 일깨워주고, 계속해서 저지르는 범죄 결과로 인한 형벌이 얼마나 무섭고 두려운 것인지 알려준다. 사람이 지은 죄에 대한 형벌은 불행과 고통이며, 사망과 심판 그리고 영원한 멸망에 이르는 형벌이다.

(6) 심판의 법

시9:8「공의로 세계를 심판하심이여 정직으로 만민에게 판결을 내리시리로다」

성경은 사람을 구원하기 위한 법이면서 세상을 심판(審判)하기 위한 법이다. 하나님은 직접 재판장이 되셔서 공의로 심판하시는데(렘11:20, 행17:31), 심판의 대상은 인격체인 사람뿐만이 아니라, 하나님이 창조하신 모든 피조물까지 그 대상이 된다(롬8:22). 사랑과 공의의 재판장이신 하나님은 성경을 기준으로 심리하고, 성경에 기록된 대로 판결하여 그 죄에 대해서 심판하신다(계20:12). 하나님의 심판은 어떤 사람들에게는 위로가 되지만, 어떤 사람들에게는 무서운 진노의 형벌이 된다(계21:4). 그렇다고 할지라도 하나님의 심판은 공의보다 사랑의 심판이 될 것이다.

(7) 정의와 공평의 법

출12:49「본토인에게나 너희 중에 거류하는 이방인에게 이 법이 동일하니라 하셨으므로」

성경은 공평한 법이다. 성경의 법이 공평한 것은 성경법을 제정하신 하나님이 공평하신 분이시고(시97:2), 하나님은 공평하게 심판하시며, 하나님의 나라가 공평하기 때문이다(시45:6, 히1;8). 하나님은 교회에서 치리하는 자들이 편견이 없이 공평해야 할 것을 명하셨고(딤전5:19－21), 불공평하게 판결하고 탐하는 자들을 심판하실 것이다(사10:2). 구약시대에도 성경을 지키고자 하는 사람이라면 유대인이든지, 이방인이든지 차별하지 않는다. 유대인이 아닌 이방인이나 주인이나 종이나 할 것 없이 하나님이 명하신 율법이나 규례를 지킬 수 있었다. 이방인도 할례를 행할 수 있고, 성전에서 제사를 지낼 수 있었다. 성경은 세상에 존재하는 모든 법의 표준이 되고, 모든 사람에게 동일하게 적용되고, 동일한 효력을 나타내는 가장 정의롭고 공평한 법이다.

(8) 절대적인 법

롬3:10-12「[10] 기록된 바 의인은 없나니 하나도 없으며 [11] 깨닫는 자도 없고 하나님을 찾는 자도 없고 [12] 다 치우쳐 함께 무익하게 되고 선을 행하는 자는 없나니 하나도 없도다」

성경의 법은 절대적인 법이다. 그러나 세상의 법은 상대적인 법 형태를 띠는 경향이 있다. 다른 사람에 비해, 다른 죄에 비해 차등을 두거나 경중을 두는 법이다. 하지만 상대적 평가는 그 기준이 모호한 까닭에 불평등·불공정한 이유로 항상 논란과 논쟁거리가 된다. 절대적인 법인 성경은 죄의 경중을 구분하지 않고, 모든 사람을 죄인으로 여긴다(롬3:23). 세상에 태어나서 아직 남에게 해를 끼치지 않는 아이들, 법규를 잘 지키며 불법하지 않았다고 하는 사람들, 자신의 양심을 지키며 타인을 위해 희생하며 살아가는 선한 사람들도 성경은 죄인이라고 선언한다(롬3:9). 하나님 앞에서 의인이라고 할 만한 사람, 성경법을 기준으로 선하다고 인정할 만한 사람은 단 한 사람도 없다(롬3:10). 아무리 양심적이고 선을 행하며 정직하게 사는 사람일지라도 성경법 앞에서는 잉태되었을 때부터 이미 죄인이다(시51:5).

Ⅲ. 성경법의 형태

1. 성문법

(1) 계명

1) 십계명

출24:12「여호와께서 모세에게 이르시되 너는 산에 올라 내게로 와서 거기 있으라 네가 그들을 가르치도록 내가 율법과 계명을 친히 기록한 돌판을 네게 주리라」

모세는 사십일 동안 단식하고 시내산에서 하나님으로부터 십계명을 받았고, 광야 40년 동안 이스라엘 백성들이 지켜야 할 율법들을 받았다. 십계명(The Ten Commandments, 히브리어: '아쉐레트 하드바림'(הַדְּבָרִים עֲשֶׂרֶת)은 하나님으로부터 직접 받은 법으로 하나님이 직접 두 돌판에 새겨주셨다(출34:28). 십계명은 성경에서 가장 핵심이 되는 법으로 절대로 내용이 바뀔 수 없고, 영원히 지켜야 하는 법이며(레22:31), 힘과 마음을 다하여 지켜야 한다(수22:5). 십계명은 두 가지의 의무를 규정하고 있는데, 첫 번째 의무는 하나님에 대한 의무이고, 두 번째 의무는 이웃에 대한 의무를 규정하고 있다. 하나님에 대한 의무에 있어서 가장 중요한 것은 "네 마음을 다하며 목숨을 다하며 힘을 다하며 뜻을 다하여 주 하나님을 사랑"하는 일이다(눅10:27). 그리고 이웃에 대한 의무는 이웃을 자기 몸처럼 사랑하라는 것으로, 하나님을 사랑하기 때문에 하나님의 형상을 닮은 이웃을 사랑해야 한다는 것이다. 특히 이웃사랑의 의무를 규정하고 있는 제5계명부터 제10계명은 세계 모든 국가 중에 지키지 않는 나라가 없다고 할 수 있다. 종교와 상관없이 이웃사랑의 의무를 규정하고 있는 제5계명에서부터 제10계명을 대부분 국가에서 법률로 제정하여 강제 규정으로 정하고 있다. 예수님도 하나님에 대한 사랑과 이웃에 대한 사랑이 모든 율법의 핵심이라고 하였다(마22:35－40).

잠7:2「내 계명을 지켜 살며 내 법을 네 눈동자처럼 지키라」

하나님은 십계명을 기억하고 지키도록 명령하신 것이다(신4:13). 하나님의 계명을 지키는 것은 자기 영혼을 지키는 것이고(잠19:16) 지혜롭게 된다(시119:98). 그러나 계명을 다 지켰더라도 부지중에 하나라도 그릇 범하였다면, 제사장, 족장, 회중, 평민이든지 속죄의 제물을 바치고 제사해야 했다(레4장). 계명을 어긴 죄는 그 죄의 대상, 죄의 경중, 죄수에 상관없이 죄가 되고, 그 죄에 대한 희생 제사로 속죄해야 했다. 타인 소유의 염소를 훔친 것이나 소를 훔친 것이나 죄가 되며, 죄를 지은 대상의 직분이나 신분을 막론하고 그 죄에 대한 민사상 배상 의무와 동시에 형사상 책임을 지도록 하였다.

2) 계명과 복

출20:6「나를 사랑하고 내 계명을 지키는 자에게는 천 대까지 은혜를 베푸느니라」

하나님은 계명을 사랑하고 지키는 사람에게 복을 약속하였다. 하나님은 계명을 지키는 사람에게 무엇을 하든지 어디로 가든지 형통하게 하시고(왕상2:3), 긍휼을 베푸시고(느1:5), 기도를 들으시고(요일3:22), 땅에서 사는 동안에 복을 누리게 하시며 나라를 견고하게 하신다(대상28:6－8). 또한 계명을 지키는 사람의 후손들에게 땅을 기업으로 주시며, 천 대까지 은혜를 베푸신다(출20:6, 신5:10;7:9). 반면 계명을 버리고 지키지 아니하는 사람은 거짓말하는 사람이며 그 속에 진리가 없으므로(요일2:4), 회초리와 채찍으로 벌하실 것이다(시89:31－32)

3) 십계명과 사랑

마22:37-40「[37] 예수께서 이르시되 네 마음을 다하고 목숨을 다하고 뜻을 다하여 주 너의 하나님을 사랑하라 하셨으니 [38] 이것이 크고 첫째 되는 계명이요 [39] 둘째도 그와 같으니 네 이웃을 네 자신 같이 사랑하라 하셨으니 [40] 이 두 계명이 온 율법과 선지자의 강령이니라」

십계명 속에 흐르는 핵심이 되는 사상은 사랑이다. 십계명 중에 제1계명에서 제4계명까지 첫째가 되는 강령은 하나님을 사랑하는 것이요, 십계명 중에 제5계명에서 제10계명까지 둘째 되는 강령은 이웃을 내 몸처럼 사랑하는 것이다(마22:37－40). 하나님을 사랑하라는 계명은 영이신 하나님을 공경하라는 것이고, 이웃을 사랑하라는 계명의 첫째가 되는 으뜸은 육의 부모를 공경하라는 것이다. 하나님을 공경하는 사람은 부모를 공경할 수밖에 없다.

계명을 지키는 사람은 하나님을 사랑하는 사람이다(요14:21). 하나님을 사랑하는 증거가 바로 계명을 지키는 것이며 그것이 하나님의 사랑을 받는 방법이라는 것이다(요일5:3). 하나님은 서로 사랑하라고 명령하시는데(요13:34), 계명을 지키는 사람은 하나님을 사랑할 뿐 아니라, 동시에 형제들도 사랑하게 되어 있다(요일4:21).

4) 사람의 계명

사29:13「주께서 이르시되 이 백성이 입으로는 나를 가까이 하며 입술로는 나를 공경하나 그들의 마음은 내게서 멀리 떠났나니 그들이 나를 경외함은 사람의 계명으로 가르침을 받았을 뿐이라」

하나님의 계명은 헬라어 '엔톨레'(ἐντολή)이고, 사람의 계명은 '엔탈마'(ἔνταλμα)이다. '엔톨레'(ἐντολή)는 '명하다', '행동하게 하다'라는 뜻을 가진 '엔텔로마이'(ἐντέλλομαι)에서 파생된 단어이다. 하나님을 사랑하는 사람은 기쁨으로 하나님의 계명을 지키게 된다(계14:21). 반면 사람의 계명은 '엔탈마'(ἔνταλμα)인데, 하나님을 헛되이 예배하게 하며 형식적이고 가식적인 신앙생활을 하는 것을 의미한다(마15:9). 사람의 계명은 하나님의 계명에 반하는 개념으로 하나님이 명령하지 않았고 성경에 근거하지 않은 장로들의 전통, 관례 등으로 내려오는 관습을 말한다(사29:13, 마15:9). 사람들은 전해 내려오는 전통과 장로의 전통 등 사람의 계명을 지키려고 하나님의 계명을 저버리는 경우가 허다하였다(막7:8－9). 이러한 사람의 계명으로는 하나님을 예배하는 일이나 올바른 신앙생활을 할 수 없다. 오늘날 한국교회 안에도 사람의 계명으로 하나님의 계명을 폐하거나(요10:35), 복음을 오염시켜 사람들의 입맛에 맞는 설교를 하고 가르치는 목사들이 많다. 이들은 천국에 들어갈 수 없으며(계22:18－19), 설령 천국에 들어간다고 하더라도 천국에서 칭찬을 듣지 못할 것이다(마5:19).

5) 개신교회와 로마가톨릭 교회의 십계명 차이점

제4계명에서 개신교(protestantism)는 안식일을 지키라고 되어 있지만, 로마가톨릭 교회(Roman Catholic Church)는 주일을 지키라고 되어 있다(천주교요리문답 제2편 제1장 제3절). 로마가톨릭 교회는 “너를 위하여 새긴 우상을 만들지 말고, 또 위로 하늘에 있는 것이나, 아래로 땅에 있는 것이나, 땅 아래 물속에 있는 것의 어떤 형상도 만들지 말며, 그것들에게 절하지 말며, 그것들을 섬기지 말라.”는 우상숭배를 금지하고 있는 제2계명을 삭제하고, 제10계명을 제9계명 “남의 아내를 탐내지 말라.” 제10계명 “남의 재물을 탐내지 말라.”로 구분하고 있다(천주교요리문답 제2편 제1장). 이는 로마가톨릭 교회의 각종 형상과 우상들 때문에 제2계명을 임의로 삭제 · 변경하는 우(愚)를 범하는 것이다. 로마가톨릭 교회에서도 처음에는 개신교회와 같은 십계명을 사용했었지만, 5세기경 현재 사용되는 아우구스티누스의 분류가 나타났는데, 이 분류가 차차 우세하여 로마가톨릭 교회에서 일반화된 것이다.[71)]

(2) 율법

1) 모세의 율법

> 신17:19「평생에 자기 옆에 두고 읽어 그의 하나님 여호와 경외하기를 배우며 이 율법의 모든 말과 이 규례를 지켜 행할 것이라」

율법은 모세의 법으로 모세오경을 말한다. 구약 히브리어 성경은 율법서인 ‘토라’(תּוֹרָה), 선지서인 ‘네비임’(גְבִם'אִ'), 성문서인 ‘케투빔’(כּוּתבִם')으로 구분되는데, 율법은 모세가 책에 써서 언약궤 곁에 둔 모세오경이다(신31:24－26). 율법인 모세오경은 다섯(penta)과 두루마리(teuchos)가 합성된 단어로 ‘오경’(pentateuchos)이라 불리고, 총 613조문으로 되어 있으며, ‘하라’는 조문이 248개이고, ‘하지 말라’는 조문이 365개이다. 율법은 평생 곁에 두고 읽어 하나님을 경외하기를 배우는 법이고, 지키고 행할 법이다(신17:19).

모세의 율법인 모세오경은 모세가 제정하거나 정한 법이 아니고, 하나님이 모세

---

71) 윤형중,「상해 천주교 요리(중)」, 가톨릭 출판사, 2002, 15면.

에게 주신 법으로 하나님의 법이다(출24:12, 레26:46). 모세가 하나님으로부터 받아 백성에게 선포하고 가르쳤기 때문에 모세의 법이라고 부른 것이다. 모세의 율법은 도덕에 관한 법, 의식에 관한 법, 재판에 관한 법 등으로 구분된다. 도덕법은 믿음과 경건으로 하나님을 예배하므로 하나님을 사랑하고, 이웃을 사랑하라는 참되고 영원한 표준이 되는 법이고, 의식법은 유대 민족의 의식에 관한 율법인데, 때가 찰 때까지 자신의 지혜를 완전하게 나타내는 표상으로 예표하신 일들의 실상을 보이려고 하신 법이며, 재판법은 국가의 통치를 위해 주신 율법인데, 평화롭게 살기 위해 지켜야 할 공평과 정의의 형식들을 주신 것이다.[72]

일부 학자들은 모세오경에 대해서 신명기 34장 모세의 죽음에 관한 기록(신34:4-7), 창세기 36장 에돔 왕들의 이름에 관한 기록을 들어 모세가 저자임을 의심한다. 하지만 성경은 모세가 저자임을 명시하고 있고(출17:14;24:4-7, 신31:9), 예수님이 증거하였고(눅24:44, 요5:46-47), 이스라엘 백성들이 믿어왔고, 바리새인들이 증거하였다(마19:7). 그리고 무엇보다 성경은 하나님의 감동으로 쓰여진 책이므로, 모세는 하나님의 특별한 계시로 모세오경을 썼다고 보아야 한다. 대부분 선지서나 계시록은 미래에 발생하게 될 사건들을 하나님의 영감을 받아 기록했던 것처럼 모세도 하나님의 감동으로 모세오경을 기록한 것이다(딤후3:16).

2) 율법의 기능

> **약2:10-11** 「[10] 누구든지 온 율법을 지키다가 그 하나를 범하면 모두 범한 자가 되나니 [11] 간음하지 말라 하신 이가 또한 살인하지 말라 하셨은즉 네가 비록 간음하지 아니하여도 살인하면 율법을 범한 자가 되느니라」

율법은 하나만 어기면 모든 율법을 어긴 것이 된다. 왜냐하면 간음하지 말라고 명령하신 하나님이 살인하지 말라고 명령하셨기 때문이다.

> **롬3:19-20** 「[19] 우리가 알거니와 무릇 율법이 말하는 바는 율법 아래에 있는 자들에게 말하는 것이니 이는 모든 입을 막고 온 세상으로 하나님의 심판 아래에 있게 하려 함이라 [20] 그러므로 율법의 행위로 그의 앞에 의롭다 하심을 얻을 육체가 없나니 율법으로는 죄를 깨달음이니라」

---

72) 존 칼빈, 「영·한기독교강요」 4권, 기독성문출판사, 1993년, 991~992면.

율법은 우리가 어떻게 살아야 하는지, 죄가 무엇인지 깨닫게 해준다. 율법은 하나라도 어기면 벌을 받는다(갈3:10). 율법을 한 가지, 한 번만 어겨도 안 되기 때문에 모든 사람은 율법을 항상 온전히 지킬 수 없어 율법 아래에서 살면 누구도 죄에서 자유로울 수 없다(신27:26). 그러나 예수 그리스도는 십자가에서 죽으시고 부활하셨을 때, 우리의 원죄뿐만 아니라, 예수 믿은 후에 짓는 자범죄까지 단번에 십자가에서 해결하셨다. 따라서 예수 그리스도 안에 있는 자는 율법 아래 있지 않고 은혜 아래 있으며(롬6:14), 그리스도 예수 안에 있는 생명의 성령의 법이 죄와 사망의 법에서 우리를 해방하였기 때문에 율법은 더 이상 죄에 대해서 정죄할 수 없게 된 것이다(롬8:1-2). 하지만 예수 그리스도를 믿지 않는 사람들은 아직도 율법 아래서 사는 까닭에 율법의 정죄를 받게 된다.

2. 관습법

(1) 장로들의 전통

마15:2-3「[2] 당신의 제자들이 어찌하여 장로들의 전통을 범하나이까 떡 먹을 때에 손을 씻지 아니하나이다 [3] 대답하여 이르시되 너희는 어찌하여 너희의 전통으로 하나님의 계명을 범하느냐」

성경에는 성문법 말고도 전통, 관습, 전례 등의 관습법에 대한 언급이 있다. 대표적인 관습법이 장로들의 전통(Tradition of the Elders)이라고 할 수 있다. 장로들의 유전은 헬라어로 '파라도시스'(παράδοσις)인데, 유대인들이 모세가 시내산에서 하나님께 받아 모세가 기록한 모세오경을 해설하거나 조상들로부터 대대로 이어받은 전통으로 내려오는 구전(口傳) 율법을 말한다. 장로들의 전통 이전에는 율법의 주석서이며 역사서인 미드라쉬(Midrash)와 미쉬나(Mishnah)(대하24:27), 미쉬나의 부족한 내용을 보충한 게마라(Gemara)가 있었다. 미드라쉬(Midrash)는 성문 율법인 모세오경과 기타 구약 성경들에 대한 직접적인 주석서였다. 미드라쉬(Midrash)는 내용에 따라 율법의 문자적 의미 해석을 통해 실생활에 적용토록 한 할라카(Halachah) 미드라쉬로 '토라'(תּוֹרָה)와 직접적으로 관계되어 있으며, 토라에서 추출해 낸 의미들을 근거로 하여 비유, 설교, 이야기 형태로 풀어 설명하고, 윤리적, 종교적 교훈을 주는 학가다(Haggadah) 미드라쉬로 구별된다.

장로들의 전통(Tradition of the Elders)은 모세의 율법을 일점일획이라도 범하지 않기 위하여 개별적인 상황마다 그에 적합한 규례들을 만들어 구약 율법을 실생활에 구체적으로 적용하도록 하였고, 유대인들로 하여 생활 전 영역에서 율법에 적합한 삶을 살도록 함으로써 선민으로서의 정체성을 잘 유지할 수 있게 하였다. 그러나 장로들의 유전은 복잡한 형식적 규례들을 중요시하므로, 하나님의 뜻을 왜곡시키고 백성들로 하여 내적인 신앙보다 외적인 종교 형식을 더 준수케 하여 유대인들에게 굴레가 되었다(막7:5–6).

바리새인과 서기관들은 장로들이 전해준 법인 '장로들의 전통'을 근거로 예수님과 논쟁하였다. 예수님과 논쟁했던 장로들의 유전은 안식일 규례(마12:1–2), 이혼 규례(마19:3–12), 음식을 먹기 전에 손을 씻어야 할 것, 시장에서 돌아오면 몸을 깨끗하게 씻을 것 등 정결 규례(막7:1–5), 부모님을 공경하지 않더라도 하나님께 드리기만 하면 된다고 하는 '코르반'(קרבן) 규례 등을 들 수 있다(막7:10–13). 예수님은 장로들의 유전을 가리켜 '너희의 전통'이라고 하면서 장로들의 전통을 지키려고 하나님의 명령을 버리거나 폐한다고 하시면서 외식하는 자들이라고 책망하였다(마15:3).

(2) 탈무드

미쉬나(Mishnah)와 게마라(Gemara)는 장로들에 의해 전승되어 오다가 A.D. 200년경에는 율법 전문가들인 랍비(Rabby)들에 의해 문자로 집대성되기 시작하여 A.D. 800년경에 탈무드(Talmud)의 형태로 만들어지게 되었으며, 오늘날 유대교의 근간을 형성하고 있다. 유대에는 모세오경으로 일컬어지는 성문 율법 이외에 모세 때부터 전승되어 온 구전 율법들이 있었다. 이 구전 율법들은 실생활에서의 삶의 교훈과 지혜, 새로운 상황이 발생했을 때 그에 합당한 규정들을 정한 것들로서 구전 율법들을 집대성한 것이 탈무드이다. 미쉬나는 유대인의 종교적, 도덕적, 사회적 생활 전반의 율법들을 모은 것으로서 탈무드의 제1부를 구성하고 있고, 게마라는 미쉬나의 부족한 내용을 첨가한 것으로 제2부를 구성하고 있다.

3. 도덕법과 의식법

(1) 도덕법

살전5:23「평강의 하나님이 친히 너희를 온전히 거룩하게 하시고 또 너희의 온 영과 혼과 몸이 우리 주 예수 그리스도께서 강림하실 때에 흠 없게 보전되기를 원하노라」

성경에서 대표적인 도덕법(道德法)은 십계명(十誡命)이다. 도덕법(道德法)은 변함없이 영원히 지켜져야 하는 참되고 영원한 표준이 되는 법이다.[73] 도덕(道德)은 사람이 지켜야 할 마땅한 도리나 바람직한 행위를 말한다. 하지만 성경에서 도덕은 사람의 양심, 어떤 대상의 옳고 그름을 판단하는 가치관이나 윤리가 아니고, 사회의 보편적인 법칙을 말하는 것도 아니다. 도덕은 하나님 속성에서 나오는 것으로, 하나님의 성품과 뜻의 표현이며, 하나님이 사람에게 요구하시는 거룩한 삶이다. 따라서 사람의 가치관이나 사회의 보편적 법칙은 시대와 상황에 따라서 바뀔 수가 있는 것이지만, 성경의 도덕법은 절대로 바뀔 수 없는 불변의 법칙이다. 그리고 의식법이 지켜야 할 대상이나 방법, 절차 등이 정해져 있고 시대에 따라 달라지는 것이라면, 도덕법은 지켜야 할 대상이 정해져 있지 않으며, 모든 사람과 모든 시대에 걸쳐서 지켜져야 할 법이다. 도덕법은 구원의 조건으로서 지켜야 하는 법이 아니며 아들 안에 나타내 보이신 하나님을 닮아가기 위해서 지켜야 할 법이다(엡4:13).

(2) 의식법

히7:27「그는 저 대제사장들이 먼저 자기 죄를 위하고 다음에 백성의 죄를 위하여 날마다 제사 드리는 것과 같이 할 필요가 없으니 이는 그가 단번에 자기를 드려 이루셨음이라」

성경은 도덕법과 의식법이 있는데, 도덕법(道德法)은 십계명을 들 수 있고, 의식법(儀式法)은 형식법으로 유월절, 할례 제도, 안식일 제도, 제사장 규례, 제사·희생제물 규례, 도피성 등이 있다. 의식법은 준수해야 하는 대상이나 방법, 절차 등이 정해져 있다. 예수 그리스도가 오시기까지 필요했으며(갈3:19), 예수님은 대제사장이 되어 십자가에서 완전하게 성취하였다(마5:17). 그리스도가 의식법을 완성하신 것이다.

현재 대부분 교회는 안식교를 제외하고 의식법을 지키지 않고 있다. 현재는 구약시대와 같은 제사가 필요 없다. 그렇다고 제사 제도가 폐지되었다거나 제사 제도의 본질까지 사라졌다는 것은 아니다. 의식법의 경우 형식에 있어서 제사 형식이 예배 형식으로 바뀌고, 짐승, 곡물 등 제물을 드렸던 것이 헌금으로, 금요일 해 질 녘부터 토요일 해 질 녘까지인 안식일이 주일로, 출생한 지 8일 만에 하던 할례가 세례로,

---

73) 존 칼빈, 앞의 책, 993면.

제사장·선지자의 역할이 목사의 역할로 바뀌었지만, 그 본질은 바뀌지 않았다. 예를 들어 모세에게 주신 계명에 의하면 안식일은 금요일 해 질 녘부터 토요일 해 질 녘까지이지만, 신약시대는 한 주의 마지막 날인 토요일이 아니라, 한 주의 첫날인 일요일을 주일로 지키고 있다. 안식일이 만물을 창조하시고 안식하신 하나님을 예배하는 날이었다면, 주일은 죽었다가 부활하신 하나님을 기억하고 예배하는 날이다. 안식일은 사라지거나 폐해진 것이 아니라, 주일 안에 안식일이 그대로 남아 있는 것이다.

> 히10:8-9「[8] 위에 말씀하시기를 주께서는 제사와 예물과 번제와 속죄제는 원하지도 아니하고 기뻐하지도 아니하신다 하셨고(이는 다 율법을 따라 드리는 것이라) [9] 그 후에 말씀하시기를 보시옵소서 내가 하나님의 뜻을 행하러 왔나이다 하셨으니 그 첫째 것을 폐하심은 둘째 것을 세우려 하심이라」

예수께서 세상에 오심으로 하나님은 더 이상 제사를 원하지 않으셨고, 각종 제사 규례와 같은 의식법 등 첫째 것을 폐하셨다. 의식법은 구원받는 방법이 아니다. 의식법은 예수 그리스도가 오시기까지 필요했으며, 예수께서 대제사장이 되어 십자가에서 완전하게 성취하였다. 그리스도가 의식법을 완성하신 것이다. 현재 대부분 교회는 안식교를 제외하고 의식법을 지키지 않고 있다.

4. 자연법과 실정법

> 마5:21-22「[21] 옛 사람에게 말한바 살인하지 말라 누구든지 살인하면 심판을 받게 되리라 하였다는 것을 너희가 들었으나 [22] 나는 너희에게 이르노니 형제에게 노하는 자마다 심판을 받게 되고 형제를 대하여 라가라 하는 자는 공회에 잡혀가게 되고 미련한 놈이라 하는 자는 지옥 불에 들어가게 되리라」

자연법(自然法, natural law)은 자연적 성질에 바탕을 둔 보편적이고 항구적인 법으로 사람들의 이성이나 사물의 본성에 근거하는 이상적인 법이다. 실정법(實定法, positive law)은 사회에서 현실적으로 정립되거나 입법기관에 의해 제정되고, 경험적 사실에 의해 형성된 법으로, 사람들이 자연법사상에 바탕을 두고 만든 법이다. 실정법은 최소한으로 만들어야 한다. 실정법은 구속력이 있어서 실정법을 높은 수준이나 많은 규정을 만들면 사람들이 범죄자가 되기 쉬운 까닭에 문화 수준이 높은 국가일수록 실정법 규정이 적다.

성경은 하나님이 제정하신 법으로 자연법을 넘어서서 유일하고도 원천적인 하나님의 법(Jure Divino)의 권위 가운데 있지만, 성경을 법으로 분류한다면 자연법이며 실정법이다. 자연법으로서 성경은 시대와 민족, 국가와 사회를 초월하여 불변하고, 영원한 삶의 기준이 되는 법이고, 실정법으로서 성경은 사람을 구속하는 법으로 법을 준수해야 하며 법을 어기는 경우 벌을 받게 된다. 성경은 과거 서구사회에서 사회의 실정법인 성문법이 다루기 어려운 윤리와 도덕적인 판단에 이르기까지 그 기준과 근거가 되었지만, 현재 한국교회는 해마다 발생하는 수백 건의 다양한 분쟁에 대해서 국가 법원에서 실정법에 따라 판단 받고 있다.

한국교회는 교회법을 무시하고 사회 실정법을 의존하는 경향이 강해지고 있는데, 이것은 그리스도인이나 교회가 신앙과 행위의 유일한 법칙이 되는 성경보다는 강제판결을 의미하는 사회 실정법을 더 선호하고 신뢰한다는 것을 의미한다. 교회 내의 분쟁과 갈등은 성경법으로 해결해야 한다. 인간의 양심과 자연법에서 나온 실정법이 진리가 아니라, 성경이 유일하고 영원한 진리이기 때문이다. 웨스트민스터 신앙고백서 제1장에서 언급하고 있는 것처럼, 하나님의 말씀인 성경은 교회에서 신앙과 행위의 유일한 법칙이며 기준이 되어야 한다.[74]

5. 사회법

(1) 사회와 법

사회와 법은 밀접한 관련을 맺고 있다. 법은 인류사회가 시작될 때부터 존재했고, 사회를 구성하는 모든 국민, 모든 단체, 지위 고하를 막론하고 법의 적용과 법의 지배를 받는다. 사회법(社會法, social law)은 경제활동이 자유로워지고, 자본주의가 발전하면서 발생하게 된 실업, 노동권, 빈부격차, 환경오염 등과 같은 여러 가지 사회문제들을 해결하기 위해 등장한 법으로 「노동법」, 「사회보장법」, 「경제법」 등이 있다. 자본주의는 개인의 자율과 책임에 맡기는 사적 자치의 원칙에 근거하지만, 사회는 실제로 평등하지 못하다. 사회법은 공법과 사법이 혼합된 법으로, 사회적 약자를

---

74) 웨스트민스터 신앙고백서 제1장 제10절은 '최고 심판자는 성경 안에서 말씀하시는 성령 이외에 아무도 있을 수가 없다(마22:29, 31, 엡2:20, 행28:25). 이로 말미암아 모든 종교적 논쟁은 결정되어야 하고 교회 회의의 모든 명령과 고대 학자들의 의견과 인간론과 개인의 정신 문제도 이 심판자의 감독을 받아야 하며 그의 판결에 순응해야 한다.'

보호하고, 사회의 불평등한 관계를 해소하여 실질적으로 평등한 사회를 구현하기 위하여 국가가 사적인 영역에 개입하여 강제적으로 사적 자치의 원칙에 제한을 가하고 규제를 가하는 법이다.

(2) 성경과 사회법

성경은 도덕규범(道德規範)이면서 종교규범(宗教規範)이지만, 그 외에도 사회규범(社會規範)을 규정하고 있다. 출애굽기에서는 민·형사 규범을 레위기에서는 종교규범을, 신명기에서는 재판규범을 규정하고 있다. 여호와 하나님은 질서의 하나님이시다(고전14:33). 질서의 하나님은 세상을 질서에 따라 창조하셨고, 세상을 질서에 따라 섭리하시고 통치하신다. 하나님은 사람들이 자연 질서, 도덕 질서, 사회질서를 지키고 유지해 가도록 하신다. 만약 질서가 무너지면 세상은 엉망이 되고 말 것이기 때문이다. 하나님은 자유의지와 양심에 따라 질서를 유지해 가도록 하셨지만, 사람들에게는 근본적으로 죄의 성품이 존재하기 때문에 사회질서를 유지하기 위해 사람의 자유의지에 의한 자유로운 행동을 강제하시려고 국가와 사회법을 두셨다.

성경과 사회법은 인류공동체를 존재하게 하고 유지해 가는 하나님의 법칙(rule)이다. 하나님은 사람에게 최종적인 영혼 구원과 하나님 나라 확장을 위해 성경과 교회법을 준수하도록 하였고, 사람이 공동체 속에서 살아가야 하는 존재인 까닭에 공동체의 질서유지를 위해 엄격히 사회법을 준수하도록 요구하셨으며, 사회법을 어기는 일을 죄로 여기신다. 사회공동체 일원인 모든 사람은 동일한 하나님의 형상으로 창조되었기 때문에 인간의 존엄성은 존중받아야 한다. 하나님은 국가를 통해 필요한 법률들을 제정하게 하시고, 그러한 법률들을 통해 분쟁이 발생했을 때, 사회질서와 인간관계가 무너지는 것을 막고자 하였다.

1) 사법제도

> 출18:25-26「[25] 모세가 이스라엘 무리 중에서 능력 있는 사람들을 택하여 그들을 백성의 우두머리 곧 천부장과 백부장과 오십부장과 십부장을 삼으매 [26] 그들이 때를 따라 백성을 재판하되 어려운 일은 모세에게 가져오고 모든 작은 일은 스스로 재판하더라」

모세는 아침부터 저녁까지 모든 백성의 분쟁과 민·형사상 소송에 관여하여 재판하였다(출18:13). 모세의 장인 이드로는 모세의 재판 방법이 합리적이지 못하고 비능률적이라고 지적하였고, 합리적인 방안을 제시하였다. 모세는 장인 이드로의 충고를 듣고, 온 백성 가운데서 능력 있는 사람인 천부장과 백부장과 오십부장과 십부장 등을 세워 백성들을 효과적으로 재판하도록 부장제도를 두었다(출18장). 모세는 부장제도를 조직하면서 유사시 전쟁에 임할 수 있는 군대조직 제도로 조직하였고, 현재 사법 체계상 삼심제도를 채택하고 있는 바와 같은 상소제도 형태로 조직하였다. 모세는 십부장 제도를 통해 중대한 일은 자신이 직접 재판했고, 사사로운 일은 각 부장이 맡도록 하였으며, 그리고 백성들은 언제든지 재판을 받을 수 있도록 하였다.

재판관의 자격은 하나님을 두려워하고, 진실하며, 불의한 이익을 미워하는 사람이다. 하나님을 두려워하는 사람은 하나님의 지혜를 구하는 사람이며, 정직한 사람은 거짓을 멀리하며, 불의한 이익을 미워하는 사람은 뇌물이나 재물을 받고 굽게 재판하지 아니하는 사람을 말한다(신16:19). 재판은 양쪽 모두에게 충분한 변론 기회를 주고 공정해야 하며, 법률주의에 따른 판결을 하여야 한다(출18:16). 사람들은 재판장의 판결에 복종해야 하고, 관리들을 저주하지 말아야 한다. 재판장의 판결에 불복하여 재판장을 향하여 욕하고, 관리들을 저주하는 것은 그들을 세운 하나님의 권위를 인정하지 않는 것과 같기 때문이다(롬13:1). 하나님은 법과 사법제도에 의해 사회의 질서가 지켜지고 유지되길 바라신다(출22:28).

2) 종에 대한 규례

> **출21:2**「네가 히브리 종을 사면 그는 여섯 해 동안 섬길 것이요 일곱째 해에는 몸값을 물지 않고 나가 자유인이 될 것이며」

하나님은 이스라엘 백성들에게 사회적 억압의 대상인 종들을 보호하려고 종(從)들에 대한 법을 제정하였다(출21:2–11). 원래 모든 사람은 존엄성을 가지고 평등하게 창조되었고, 자유로운 의지에 의해서 스스로 결정하고 판단하며 살아가도록 창조되었다. 특히 이스라엘 백성들은 하나님 앞에서 모두가 평등하였고, 공평하게 기업을 분배받았기 때문에 종이란 신분 자체가 존재할 수 없었다(겔47:14). 하지만 차츰 세월이 지나면서 전쟁, 기근 등과 같은 여러 가지 사유로 같은 히브리인이 종이 되기도 하였다. 이에 같은 이스라엘 동족의 종에 대한 규례를 제정하였는데, 종들에 대한 가장 중요한 규범은 종으로 6년이 지나면 7년이 되는 해에는 종의 속박에서 벗

어나기 위해 아무런 값을 지불받지 않고 자유를 주도록 한 것이다(출21:1－6)

3) 형사처벌에 관한 규례

출21:12-13「[12] 사람을 쳐죽인 자는 반드시 죽일 것이나 [13] 만일 사람이 고의적으로 한 것이 아니라 나 하나님이 사람을 그의 손에 넘긴 것이면 내가 그를 위하여 한 곳을 정하리니 그 사람이 그리로 도망할 것이며」

하나님은 살인한 자를 반드시 죽이라고 명령하셨는데, 그 이유는 내 몸이 소중한 것처럼 다른 사람의 인권도 소중하다는 것, 사람의 생명을 빼앗은 행위는 오직 창조자이신 하나님의 주권에 도전하는 행위였기 때문이다. 하나님은 공동체 사회에서 악을 제거하고 사회정의를 실현하기 위해 살인자에 대한 엄한 형벌을 명하였다. 하지만 살인이 부지중에 과실로 일어났다면, 하나님이 정하신 장소인 도피성으로 피난하여 목숨을 보전하도록 하였다(민35:6,11, 레24:17). 또한 사람을 유괴한 인신매매나 유괴범, 부모를 저주하는 자를 반드시 죽이도록 하였다. 인신매매와 같은 범죄는 하나님의 형상대로 지음을 받은 인간의 존엄성을 짓밟는 행위이기 때문이고, 부모 공경은 십계명에서 이웃사랑의 가장 첫 번째가 되는 계명이고, 모든 인간관계에 있어서 가장 근본이기 때문에 하나님은 부모에 대한 불효를 가장 큰 죄로 취급하였다(출21:12－17).

악의적으로 거짓 소문을 유포하거나 가난한 자의 송사라고 해서 대충 처리해서는 안 되며, 뇌물을 받고 사실을 왜곡되게 위증해서는 안 된다(신16:19). 정의롭고 공정한 사회를 실현하기 위해서 모든 사람을 동일한 기준과 원칙으로 공평하게 대해야 하고, 재판은 공정해야 했다(신1:16). 만약 뇌물을 받고 사실을 왜곡하거나 무죄한 사람을 무고하거나 위증하여 불공정한 재판을 받게 하는 것은 하나님을 업신여기는 행위에 해당된다(출23:1－8).

4) 민사적 보상 및 배상

출21:18-19「[18] 사람이 서로 싸우다가 하나가 돌이나 주먹으로 그의 상대방을 쳤으나 그가 죽지 않고 자리에 누웠다가 [19] 지팡이를 짚고 일어나 걸으면 그를 친 자가 형벌은 면하되 그간의 손해를 배상하고 그가 완치되게 할 것이니라」

하나님은 사회생활에서 발생하는 손해에 대한 보상(補償) 및 배상(賠償)에 관한 법을 규정하였다. 싸우다 다치거나 남종이나 여종을 죽게 하거나 임신한 여인을 낙태하게 하는 등 타인에게 손해를 끼친 때, 반드시 불법한 행위에 합당한 배상을 해야 한다(출21:18–36). 도둑질을 하면 그는 갑절이나 다섯 배에 해당하는 배상을 해야 했고, 자신의 몸(종이 되어)을 팔아서라도 반드시 배상해야 했다(출22:1,4,7). 만약 밤중에 도둑을 막다가 그를 죽인 사람은 정당방위로 인정되어 처벌을 면할 수 있었으나 낮에는 정당방위로 인정받지 못했다(출22:2). 고의든 과실(겔45:20)로 인해서든지 타인의 농산물에 피해를 주었다면 합당한 배상을 해야 했다(출22:1–15). 하나님은 타인의 재산권을 보장하고 보호하도록 하셨으며, 자신의 행동으로 인한 타인의 재산적 손해에 대해서는 반드시 책임을 지고 배상해 주도록 하신 것이다.

5) 성범죄

신22:25-26「[25] 만일 남자가 어떤 약혼한 처녀를 들에서 만나서 강간하였으면 그 강간한 남자만 죽일 것이요 [26] 처녀에게는 아무것도 행하지 말 것은 처녀에게는 죽일 죄가 없음이라 이 일은 사람이 일어나 그 이웃을 쳐 죽인 것과 같은 것이라」

강간죄(強姦罪)를 범한 때에 가해자를 죽이도록 하였다. 그러나 연약한 피해자인 여성은 보호받지 못한 것이므로, 여성에게 책임을 묻지 말고 보호하도록 하였다(신22:25–29). 약혼하지 않은 처녀를 꾀어 동침하게 되면 남자는 그 여자와 혼인을 해야 했으며, 이혼할 수 없고 평생 동거해야 했다. 그러나 처녀의 아버지가 딸을 주기를 거절하면 남자는 돈으로 배상해야 했는데, 배상 금액은 은 50 세겔(Shekel)이었다(신22:29).[75] 혼인은 피해자인 여성이나 가족이 결정하도록 하였고, 가해자인 남성은 반드시 그에 따른 책임을 지도록 하였다(출22:16–17).

6) 사회약자 보호

신27:19「객이나 고아나 과부의 송사를 억울하게 하는 자는 저주를 받을 것이라 할 것이요 모든 백성은 아멘 할지니라」

이방인 나그네를 압제하거나 학대하지 말고 악하게 대하지 말며 자비를 베풀라고

75) 은 한 세겔이 노동자의 4일 품삯(4드라크마)이다. 하루 품삯이 1드라크마였으므로, 현대 노동자 품삯으로 계산할 때, 한 세겔은 약 40만 원 정도의 금액이다. 따라서 은 50 세겔은 2,000만 원에 해당한다. 참고로 은 30 세겔은 성인 노예의 가격이다.

하였다(출22:21－27). 이스라엘도 이방인이었으며 하나님은 나그네를 보호하시고 사랑하신다(신10:18). 과부나 고아를 해롭게 하지 말아야 한다. 과부는 자신이 사랑하고 의지하는 남편을 잃은 사람이고, 고아는 부모를 잃은 미성년자와 같은 어린아이들을 가리킨다. 과부와 고아는 착취의 대상이 아니라, 사람들의 배려와 위로와 도움이 필요한 사람들이다. 하나님은 고아의 아버지시며 과부의 재판장이 되시고(시68:5), 그들의 부르짖음을 들으시며 송사를 억울케 하는 자는 저주를 받을 것이라고 하였다(신27:19). 그리스도인은 모든 사람을 사랑하고 선을 베풀어야 하지만, 특별히 과부나 고아에 대해서 사랑하고 선을 베풀어야 한다.

7) 채권 및 채무

출22:25-27「[25] 네가 만일 너와 함께 한 내 백성 중에서 가난한 자에게 돈을 꾸어 주면 너는 그에게 채권자 같이 하지 말며 이자를 받지 말 것이며 [26] 네가 만일 이웃의 옷을 전당 잡거든 해가 지기 전에 그에게 돌려보내라 [27] 그것이 유일한 옷이라 그것이 그의 알몸을 가릴 옷인즉 그가 무엇을 입고 자겠느냐 그가 내게 부르짖으면 내가 들으리니 나는 자비로운 자임이니라」

고대 메소포타미아 누지 문서(Nuzi Document)[76]에 의하면 당시 이자율이 50%에 달했고, 함무라비 법전에서는 곡물에 대한 이자는 33.3%, 금전은 20－25%의 이자를 내야 했으며, 빚을 못 갚으면 노예가 되거나 감옥에 가게 되었다. 현대 우리나라에서도 2019년 6월 25일부터 대부업 등의 등록 및 금융이용자 보호에 관한 법률 시행령 제9조 제4항에 따른 여신금융기관의 연체이자율에 관한 규정에 의해 대부업자의 대출에 대한 연체이자율 상한이 연 100분의 20을 초과할 수 없도록 하였다.

이스라엘 사람은 고리대금업(高利貸金業)에 능한 사람들이었다. 하나님은 가난한 사람에게 돈을 빌려주면 채권자 노릇 하지 말며(출22:25), 이자를 받지 말라고 하셨다(레25:36, 신23:19). 하나님은 이스라엘 백성이 상호 간에 이자를 받고 돈을 빌려주는 일을 금하셨다(시15:5). 성경에서 '이자'는 히브리어 '네쉐크'(נֶשֶׁךְ)로 고금리(usury)를 뜻하는데, 고리대금은 원금보다 더 많은 이자를 받게 되어 채무자들을 파

76) 1925년, 1941년에 티그리스 강변에 있던 15세기 누지(Nuzi)에서 약 20,000여개 토판이 발굴되었다. 니느웨 동남쪽에 위치한 누지에서 발견된 누지문서(The Nuzi Text)는 성경 속의 족장시대 사회의 관습에 대해 기록하고 있다.

산에 이르게 할 뿐만 아니라, 빚을 갚지 못하게 되어 가족이 노예가 되는 일이 비일비재했다. 고리대금은 급전이 필요한 사람들을 대상으로 하는 까닭에 그 상대가 가난한 사람들이다. 하나님은 가난한 사람들에게 높은 고금리의 이자를 받는 고리대금 행위에 대해 가난한 사람을 압제하는 악한 행위로 여기신 것이다(레25:35-37, 겔18:13,17). 예수님은 돈을 빌려줄 때, 이자를 받지 말고 빌려주어야 한다고 하셨다(눅6:35).

8) 동해보복법

> 마5:38-42 「[38] 또 눈은 눈으로, 이는 이로 갚으라 하였다는 것을 너희가 들었으나 [39] 나는 너희에게 이르노니 악한 자를 대적하지 말라 누구든지 네 오른편 뺨을 치거든 왼편도 돌려 대며 [40] 또 너를 고발하여 속옷을 가지고자 하는 자에게 겉옷까지도 가지게 하며 [41] 또 누구든지 너로 억지로 오 리를 가게 하거든 그 사람과 십 리를 동행하고 [42] 네게 구하는 자에게 주며 네게 꾸고자 하는 자에게 거절하지 말라」

동태보복법(同態報復法) 또는 동해보복법(同害報復法, Lex Talionis)은 타인이 자기에게 해악을 끼치면 그 사람에게 그대로 해악을 입혀 앙갚음하는 법칙이다. 동해보복법은 라틴어 '동일하다', '동등하다'를 뜻하는 '탈리스'(talis)에서 유래하였는데, 탈리오 법(Lex Talionis)이라고 부르기도 한다. '눈은 눈, 이는 이'라는 동해보복법은 현존하는 최고 법전인 우르남무(Code of Ur-nammu, B.C.2050년경) 법전이나 282가지 판례법을 기록하고 있는 함무라비 법전(Code of Hammurabi, B.C.1792년~B.C.1750년) 기록에도 언급되어 있고, B.C. 5세기경 벌금으로 대신하도록 바뀌기 전까지 로마에서 시행해 오던 법이었다.

성경에서 동해보복법의 근본원리는 피해자가 가해자에 대해 보복이나 복수하는 것에 있지 않다. 동해보복법은 위법한 행위에 대한 책임을 지게 한 규범이고, 사회정의를 실현하기 위한 규범이었고, 사회적 약자들의 생명과 인권을 보호하기 위한 약자 보호법이라고 할 수 있다(출21:12-25). 성경은 원수 갚는 것이 하나님께 달려있다며 하나님께 맡겨야 한다고 하였다(잠20:22, 롬12:19). 동해보복법은 의도가 보복에 있지 않으며, 강자의 횡포로부터 약자를 보호하기 위한 법칙이고, 무책임한 행위를 예방하여 계속해서 발생할 수 있는 보복의 악순환을 방지하기 위한 목적에 있었다(출21:24-25, 레24:17-21).

(3) 교회법과 사회법

마5:25「너를 고발하는 자와 함께 길에 있을 때에 급히 사화하라 그 고발하는 자가 너를 재판관에게 내어 주고 재판관이 옥리에게 내어 주어 옥에 가둘까 염려하라」

교회 안에는 다양한 불완전한 사람들이 모여 있는 까닭에 항상 갈등과 분쟁이 빌생한다. 교회 단체 또는 교회 구성원 상호 간에 이견과 불신으로 발생하는 갈등과 분쟁에 대해서 교회 치리회나 교회 재판기관이 해결하지 못하고 있으며, 성경과 교회법에 따른 치리 결과에 대해서 순응하는 사람도 없다. 교회 안에서 발생한 문제들은 더 이상 교회 자체적으로 갈등이나 분쟁 해결이 불가능한 상태가 되었고, 대부분 사회 법정 소송으로 가고 있다. 교회법과 교회의 치리회 재판에 대한 권위가 사라진 것이다.

오늘날 한국교회는 교회법보다 사회법을 더 신뢰하고, 교회 재판보다 사회법원을 더 인정한다. 교인들조차 교회법보다 사회법을 더 신뢰하게 된 원인을 제공한 것은 무엇보다 교권 싸움으로 분쟁이 발생하면 무조건 사회 법정에 호소했던 교회 지도자들에게 있다고 할 수 있다. 그리고 교회법이 사회의 변화와 흐름에 따라가지 못하였고, 교회법 내용이 추상적으로 되어 있다. 또한 국가 법률에 관한 전문적인 목회자가 너무 부족하고, 교회 분쟁이나 사건이 발생하면 정치 논리에 휘둘리는 교회 재판의 행태가 계속됨으로써 교회와 교인들의 신뢰를 잃게 된 것이다.

Ⅳ. 예배와 법

1. 예수 그리스도와 예배

히10:1「율법은 장차 올 좋은 일의 그림자일 뿐이요 참 형상이 아니므로 해마다 늘 드리는 같은 제사로는 나아오는 자들을 언제나 온전하게 할 수 없느니라」

구약 의식법인 제사, 희생제물, 사람의 손으로 만든 성소 등은 예수 그리스도의 그림자이며 예표적 성격을 가지고 있었다(골2:17, 히8:5;9:24). 구약 의식법은 예수님이 오시기까지 존재 이유가 있었기 때문에 예수님이 오신 이후 형식법인 의식법은 사라졌다(갈3:19). 그렇지만 예수님은 자신이 마지막 희생제물이 되사 성취하시기 전까지 그림자인 모든 율법을 지키셨다. 예수님은 할례를 받으셨고(눅2:21), 유월절에 성전에 올라 가셨다(눅2:42). 예수님은 희생제물(고전5:7, 엡5:2, 히7:27)이었고, 대제사장(히2:17, 히7:25)이 되사 십자가에서 율법의 모든 요구를 충족하였으며, 모든 제사(예배)를 완전하게 하신 것이다(마5:17).

2. 예배의 중심원리

(1) 교회 중심

1) 오프라인 교회와 온라인 교회

대하7:16「이는 내가 이미 이 성전을 택하고 거룩하게 하여 내 이름을 여기에 영원히 있게 하였음이라 내 눈과 내 마음이 항상 여기에 있으리라」

현대는 온라인 교회(online church)가 있다. 목사도 있고 성도는 있는데, 건물이 없는 교회, 인터넷 공간에서만 존재하는 교회가 있다. 헌금도 계좌이체로 하고, 교제, 상담, 회의도 휴대폰이나 컴퓨터 안에서 이루어진다. 주님이 강림하실 때, 교회에서 예배하는 백성들에게 찾아오신다. 온라인 교회는 무교회주의(無教會主義)와 다를 바 없는 교회이다. 온라인 교회는 어디까지나 지상교회를 원칙으로 하는 교회가 선교적, 감염병, 원거리 교인들을 위해 부차적(副次的) 또는 임시적(臨時的)으로 운영하는 것에 머물러야 한다. 마찬가지로 영상예배(映像禮拜)도 선교적 차원에서 송출하거나 원거리 주거, 입원, 출장 등 부득이하게 예배 참석이 어렵거나 불가능한 상황에 있는 교인을 위한 예배로 제한하여야 한다.

이스라엘 백성들의 삶은 항상 성전(聖殿) 중심이었다. 하나님의 눈과 마음이 항상 성전에 있는 까닭에 이스라엘 백성들은 성전 중심으로 모였고, 그들의 눈과 마음은 항상 성전을 향했다. 성전이 건축되기 이전에 이스라엘 족장들의 유목민 생활에서는 제단(祭壇)을 쌓고 번제를 드렸고, 광야에서는 광야교회인 성막(聖幕)이 있었다(행7:38). 이스라엘 백성은 족장시대에는 제단 중심으로 생활하였고, 광야에서는 성막 중심으로 생활하였다.

2) 비대면 예배와 대면 예배

엡1:23「교회는 그의 몸이니 만물 안에서 만물을 충만하게 하시는 이의 충만함이니라」

중증급성호흡기증후군인 '사스'(SARS)와 중동호흡기증후군인 '메르스'(MERS), 그리고 코비드(COVID-19 VIRUS) 영향으로 정부의 행정명령에 따라 강제적으로 많은 교회가 온라인 예배를 드리거나 오프라인(대면, off-line) 예배와 온라인(비대면, on-line) 예배를 겸하고 있다. 하지만 기독교의 전통은 언택트(Untact) 온라인 비대면 예배가 아닌 콘택트(contact) 오프라인 현장 대면예배가 본질이고 원칙이어야 한다. 언택트(Untact) 온라인 예배는 질병, 노환 등으로 교회에 나올 수 없는 성도들이나 전도 및 선교적 차원에서 온라인을 활용한 예배 송출, 복음 전파 등을 목적으로 하는 부차적 수단으로 활용해야 한다. 교회가 오프라인(off-line) 대면 예배 및 종교생활에 머물렀던 과거에서 급변하는 미래 사회에 적응하기 위해 현장 대면 예배를 원칙으로 하되, 현장 대면 예배를 약화시키지 아니하면서 다양한 플랫폼(platform)[77]을 구축하고, 구역·지역교회에서 벗어나 온라인(on-line)을 활용한 광역화 전도, 세계화 선교로 교회 영역을 확장해 가야 한다.

3) 개인 예배와 공동예배

대상16:29「여호와의 이름에 합당한 영광을 그에게 돌릴지어다 제물을 들고 그 앞에 들어갈지어다 아름답고 거룩한 것으로 여호와께 경배할지어다」

하나님은 성전에 계시기 때문에 성전은 항상 하나님의 영광으로 충만하였다(대하5:14, 합2:20). 예배는 어느 시간, 어떤 장소에서도 드릴 수 있지만, 공예배, 부활하신 주일예배는 교회 예배가 원칙이다. 예배는 교회 중심으로 모이는 예배가 되어야 한다. 예배는 성도들이 하나님과의 개인적 만남인 개인 예배(individual worship)와 교회에 모여 하나님을 예배하는 공동예배(corporate worship)가 있다. 예배는 개인 예배(individual worship)도 중요하지만, 교회는 예수님의 몸 된 공동체로서 공동예배가 원칙이다. 따라서 교회 중심의 예배는 공동예배(corporate worship)를 의미한다(시100:1-5).

---

77) '플랫폼'(platform)은 컴퓨터 시스템의 소프트웨어가 실행되는 환경을 뜻하는데, 구글, 아마존, 애플 등의 기업들이 이 플랫폼을 통해 글로벌 기업이 되었다.

히10:25「모이기를 폐하는 어떤 사람들의 습관과 같이 하지 말고 오직 권하여 그 날이 가까움을 볼수록 더욱 그리하자」

한국교회는 갈수록 하나님의 뜻과 다른 방향으로 가고 있다. 하나님은 말세가 될수록 모이기에 힘써야 한다고 했는데, 성도들이 모이지 않으려고 한다. 우리 한국교회의 짧은 선교 기간에 놀라운 부흥의 원동력은 자주 모이는 좋은 신앙 전통에 있었다. 하지만 갈수록 예배 모임의 횟수가 줄어들고 있고, 모이는 성도들의 숫자도 줄어들고 있다. 하나님은 말세가 될수록 모이기를 폐하는 자들과 같은 습관을 갖지 말고, 오히려 모이기를 더 힘써야 한다고 한다.

(2) 말씀 중심

1) 손에 들린 성경

신6:6-9「[6] 오늘 내가 네게 명하는 이 말씀을 너는 마음에 새기고 [7] 네 자녀에게 부지런히 가르치며 집에 앉았을 때에든지 길을 갈 때에든지 누워 있을 때에든지 일어날 때에든지 이 말씀을 강론할 것이며 [8] 너는 또 그것을 네 손목에 매어 기호를 삼으며 네 미간에 붙여 표로 삼고 [9] 또 네 집 문설주와 바깥문에 기록할지니라」

예배를 위해 교회에 나오는 성도들 손에서 성경책이 사라지고 있다. 성도들 손에서 성경 대신에 휴대폰이 들려 있고, 목사님 손에는 태블릿 PC가 들려 있다. 성도들 손에서 성경책을 빼앗기 위한 마귀의 계략이다. 헌금도 편리성을 강조하며 계좌이체를 하는데, 어느덧 성도들 관념 속에는 교회에 나가지 않아도 헌금 의무만 다했다면, 성도의 의무를 다한 것으로 인식하게 되었다. 성도들에게서 예배 시간을 빼앗기 위한 마귀의 간계이며, 거룩한 공예배를 지워버리고자 하는 계략이 숨어 있다. 하나님은 이스라엘 백성들에게 손목에 매어 기호를 삼으며, 미간에 붙여 표를 삼으라고 명령하셨다. 하나님은 성경에 쓰인 말씀을 한 순간이라도 잊거나 벗어나지 않게 하고, 항상 말씀을 보게 하고 듣게 하여 지키도록 하려는 목적에 있었다(신11:32). 하나님을 예배하기 위해 교회에 나오는 성도들의 손에는 휴대폰이 아닌 예수의 피로 쓰여 있는 성경이 항상 손에 들려 있어야 한다.

2) 말씀은 예배의 중심

삼상15:22「사무엘이 이르되 여호와께서 번제와 다른 제사를 그의 목소리를 청종하는 것을 좋아하심 같이 좋아하시겠나이까 순종이 제사보다 낫고 듣는 것이 숫양의 기름보다 나으니」

예배의 중심은 말씀에 있다. 예배 내용에 있어서 설교, 예배 순서에 있어서 설교 시간, 예배 집례자 중에 설교자가 가장 핵심을 차지한다. 예배에 있어서 가장 중요한 부분이 말씀 선포인 까닭에 설교는 예배의 핵심이 되며, 말씀 선포가 없는 예배란 존재할 수 없다. 성도들이 교회에 나오면서 준비해야 할 가장 중요한 마음은 헌금이나 봉사보다 말씀을 듣고 순종하려는 마음이다. 그런데 성도들은 말씀을 듣고 순종하려는 마음보다 기도, 봉헌, 봉사 등 무엇을 하려고만 한다. 봉사하려는 헌신도 필요하고, 섬기는 열심도 좋지만, 무엇보다 하나님 말씀을 들으려는 마음이 중요하다.

(3) 하나님 중심

요4:24「하나님은 영이시니 예배하는 자가 영과 진리로 예배할지니라」

예배는 사람 중심이 아니라 하나님이 중심이어야 한다. 예배는 하나님만 바라보는 것(concentrate)이고, 하나님이 임재(God's presence)하셔서 친밀한 만남이 이루어지는 시간이기 때문이다. 예배 시간은 하나님 나라가 이루지는 시간이다. 예배 시간에는 하나님의 영광과 하나님 나라만 선포되어야 하고, 하나님의 이름만 드러나야 하며, 사람들의 재능을 드러내는 행사들은 중단되어야 한다.

마18:20「두세 사람이 내 이름으로 모인 곳에는 나도 그들 중에 있느니라」

하나님 나라는 하나님이 임재하고 계신 곳이 하나님 나라이다. 하나님 나라는 교회가 있는 곳이 아니라, 하나님이 임재하고 계신 곳, 말씀이신 예수님이 함께 계신 곳에 있다(습3:17, 눅17:20－21). 하나님 나라가 교회에 없다는 말이나 교회 무용론을 말하려는 것은 아니다. 교회가 하나님 중심이 될 때, 그 교회에 하나님이 계신다는 의미이다. 아무리 잘 지어진 교회라고 하더라도 그 교회 안에 하나님이 아닌 사람이 주인 되고, 사람의 이름을 드러내는 곳이라면 거기에는 하나님이 임재하지 않는다는 말이다. 하나님은 무소부재하사 편재하시는 분이시기 때문에 어느 시간, 어떤 장소에서나 거기에 계신다(시139:8). 그러나 하나님은 말씀이 있는 곳, 하나님의 이름이 높여지는 곳에 계신다.

3. 예배 질서

예배는 교단 헌법 예배모범에 따르는 것이 좋다. 그렇다고 꼭 예배모범을 따라야 한다는 것은 아니다. 어느 정도의 예배형식이나 순서가 바뀔 수는 있지만, 예배의 근간이 되는 예배모범에서 크게 벗어나서는 안 된다. 예배는 준수해야 하는 질서가 있고, 지켜야 하는 예절이 있다.

(1) 예배

1) 사회자와 집례자

예배(禮拜)는 회의(會議)가 아니다. 그런데도 많은 교회가 주보 및 예배 순서지에 예배인도자를 사회자(司會者)로 표기하고 있는데, 이는 예배를 회의나 단체 모임으로 바꿔버리는 것으로 잘못된 용어이다. 사회자(司會者)는 각종 회의나 행사를 진행하는 사람을 지칭하는 용어로 예배를 회의나 일종의 행사로 치부해서는 안 된다. 교회에서도 각종 모임이나 행사를 진행하는 때에는 사회자 또는 진행자라고 할 수 있다. A 교단의 경우 1998년 총회에서 표준 예식서에서 모든 예배 진행자를 인도자로, 성례전과 같은 예전의 경우에는 집례자로 표기하도록 하였다. 하지만 '예배를 이끈다.'는 뜻을 가지고 있는 인도자(引導者, Leader)라는 용어를 사용하는 것보다 '예배를 진행한다.'는 뜻을 가지고 있는 집례자(執禮者, officiante)라는 용어가 예배에 더 부합하는 용어라고 할 수 있다. 그리고 예배의 집례자는 설교자인 목사가 맡아야 한다.

2) 대예배

예배(禮拜, worship)는 하나님의 백성들이 하나님이 베푸신 모든 창조, 섭리, 구원의 은혜에 감사하며 응답하는 모든 행위를 말한다. 예배는 예배의 대상이고 목적인 하나님을 향해서만 순전해야 하고 온전해야 한다. 예배는 사람들의 모임이나 친교를 위해서나 사람들을 위로하거나 사람이 드러나는 행위가 되어서는 안 된다.

예배는 하나님께 나아가 창조와 구원하심에 감사함으로 응답하는 행위로 대·중·소 예배란 있을 수 없다. 대예배나 소예배란 개념은 성경 어디에도 그 근거가 없다. 모든 예배는 거룩성, 보편성에서 동일하다. 일부 교회가 주일예배의 중요성을 강조하기 위한 수단으로서 주일낮 예배를 대예배로 지칭하므로, 주일예배 외의 다른 예배들이 소예배로 전락하게 되었으며, 성도들이 주일낮 이외의 다른 공예배를 소홀히 하게 되는 등 예배에 경중에 따른 등급이 매겨지는 일들이 발생하였다. 그 결과 주일낮 예배는 중요한 예배로, 여타(餘他) 다른 예배는 덜 소중한 예배로 인식하게 되었고, 예배 출석 인원수도 주일낮 예배에 모인 성도들의 3분의 1, 또는 10분의 1만 모이는 예배가 되어버렸다.

예배는 기도회 및 예식들과 구분해야 한다. 예배는 시간상 주일낮 예배, 주일밤 예배, 수요일 예배, 주일학교 예배가 있고, 기도회로는 새벽기도회, 금요기도회, 목요 철야기도회 등이 있다. 주일밤 예배를 찬양 예배, 수요일 밤예배는 수요기도회 예배라고 하고, 새벽기도회는 새벽예배라고도 한다. 예식으로는 혼인예식, 장례 예식, 임직 예식, 돌·회갑 예식 등이 있다. 교회는 예배와 예식에 있어서 예배인지, 기도회인지, 예식인지, 기타 특정 행사를 위한 집회인지는 명확하게 할 필요가 있다.

(2) 설교와 축도

1) 강도권

고전14:26「그런즉 형제들아 어찌할까 너희가 모일 때에 각각 찬송시도 있으며 가르치는 말씀도 있으며 계시도 있으며 방언도 있으며 통역함도 있나니 모든 것을 덕을 세우기 위하여 하라」

설교(說敎)는 예배에 있어서 가장 중요한 중심이 된다. 칼빈(John Calvin)은 '하나님의 신실한 말씀이 선포되는 곳에 교회가 있다.'라고 말하였고, '말씀이 없이는 교회가 설 수 없다.'고 하였다(기독교강요 제4권 2장 1절). 종교개혁자들도 교회의 중요한 표지로서 설교를 첫 번째의 것으로 제시했다(벨기에 신앙고백서 제29조). 설교는 예배에 있어서 가장 중요한 중심이 되기 때문에 설교하는 목사는 예배 시간에 직책, 신분을 가리지 않고 항상 중심이 되어야 한다.

行17:2-3「[2] 바울이 자기의 관례대로 그들에게로 들어가서 세 안식일에 성경을 가지고 강론하며 [3] 뜻을 풀어 그리스도가 해를 받고 죽은 자 가운데서 다시 살아나야 할 것을 증언하고 이르되 내가 너희에게 전하는 이 예수가 곧 그리스도라 하니」

강도권(講道權)은 강단권이라고도 하는데, 교리를 가르칠 권한, 설교할 수 있는 권한을 의미한다. 강론은 헬라어 '디알레고마이'(διαλεγομαι)로 교리를 풀어 설명하는 것을 말한다. 사도 바울은 안식일마다 유대인들과 헬라인들을 상대로 회당에서 성경을 가지고 강론하였고, 두란노 서원에서 제자들에게 강론하였으며, 더불로의 송사에 대하여 유대총독 벨릭스 앞에서 의와 절제와 장차 올 심판에 대해 강론하였다(행18:4;19:9;24:25).

목사(牧師)에게 강도권(講道權)이 주어진 것은 설교는 아무나 할 수 있는 것이 아니라는 의미이다. 어떤 사람들은 성경에 기록된 사건과 계시의 말씀을 바탕으로 깨달음을 얻어 영감을 전하거나 가르치는 것은 누구나 할 수 있는 것으로, 목사에게만 설교할 수 있도록 강도권을 부여하는 것은 성경적인 교훈이 아니라고 주장하기도 한다. 하나님은 모든 사람에게 덕을 세우기 위한 목적으로 은사를 주셨는데, 설교는 평신도들에게도 주어지는 예언이나 방언과 달리 가르쳐 깨닫게 하는 특별한 은사이다. 설교자는 가르치는 은사와 부르심에 대한 소명이 있어야 하고, 일정한 자격이 있어야 한다(딤전4:16, 딤후4:2). 성경대요리문답 제158문에서도 '하나님의 말씀은 충분한 은사를 받았을 뿐만 아니라, 정식으로 공인되어 이 직분에 부름을 받은 자만이 강도(講道)할 수 있다.'고 밝히고 있다. 하나님은 모든 사람을 사도로, 선지자로, 교사로, 능력을 행하는 자로, 병 고치는 은사를 가진 자로, 방언을 말하는 자로, 통역하는 자의 은사를 주셨거나 부르시지 않았다며(롬12:6-8, 고전12:10-30), 특별히 가르치는 자와 가르침을 받는 자를 별도로 구별하고 있다(갈6:6).

설교(說敎)는 말씀 선포에 있다. 하나님 말씀을 선포하는 것이 설교이다. 선포(宣布)는 히브리어 '다바르'(דָּבָר), 헬라어 '아팡겔로'(ἀπαγγέλλω)로 널리 세상에 알린다는 것을 말한다. 설교의 기능은 하나님의 말씀을 대언(代言)하는 것이고, 성경을 바르게 해석하는 것이다. 설교가 하나님 말씀을 대언한다는 의미에서 너무 권위적인 설교가 될 우려가 있고, 반면 너무 영적인 성경해석에 집착하다가 하나님의 뜻에서 벗어날 우려가 있다. 하나님 말씀은 청중들에게 풀어서 이해시키는 설명이 아니다. 그런데 목사들은 사람들을 이해시키려 온갖 수단과 언변을 동원해서 이해시키려고 애를 쓰고, 청중들은 하나님 말씀을 그대로 받아들이는 것이 아니라, 판단하고 결정하고 이해하려고 한다. 물론 다른 복음을 전하는 목사들이 있는 까닭에 하나님 말씀의 진의를 깨닫고 판단하는 것이 필요하다. 하지만 설교는 어디까지나 하나님 말씀을 선포하는 것이 사명이고, 설교를 들은 청중들이 말씀을 깨닫고 받아들이는 것은 성령님의 몫이다(눅24:32).

교회의 허락을 얻지 않은 누구도 설교할 수 없다. 설교는 은사를 받고 일정한 신학교육을 받아 인허 및 임직받아야 한다. 설교자는 신학교육을 통해 설교자, 목회자로서 자질을 교육받고, 강도사 시험을 통해 설교자로서 자질을 구비하고 있는지 확인하는 과정이 필요하다. 따라서 설교는 강도권(講道權)을 가진 사람이 하는 것이 원칙이다. 총회 신학교를 졸업하고 강도사 고시에 합격하여 노회로부터 강도 인허를 받은 강도사(講道使, licentiates)와 목사가 강도권을 가지고 설교하는 것이다. 신학대학원에서 설교자로서 자격을 갖추기 위해 준비중에 있는 전도사는 공식적인 설교자가 될 수 없으며, 교회 평신도들은 간증자나 증언자로서 간증은 할 수 있을지라도 하나님 말씀 선포자인 설교자는 될 수는 없다.

설교 중에 '주님의 이름으로 축원합니다.'라는 말은 사용해서는 안 된다. '축원'(祝願)의 뜻은 '어떤 것을 바라며 주님의 이름으로 기도(pray)하는 표현'으로, 설교하는 목사가 사용해서는 안 된다(잠11:11). 설교는 하나님의 말씀을 선포하는 것이지 기도하는 것이 아니기 때문이다. 설교 시간 성도들의 응답인 '아멘'은 하나님 말씀 선포에 대한 응답이어야만 하며, 기도에 대한 화답이나 기복신앙으로 인도하는 응답이 되어서는 안 된다.

2) 축도

> **민6:24-26**「[24] 여호와는 네게 복을 주시고 너를 지키시기를 원하며 [25] 여호와는 그의 얼굴을 네게 비추사 은혜 베푸시기를 원하며 [26] 여호와는 그 얼굴을 네게로 향하여 드사 평강 주시기를 원하노라 할지니라 하라」

하나님께서 아론에게 이스라엘 자손들을 축복하라고 명령하셨다. 바울은 고린도후서 3장 13절에서 "주 예수 그리스도의 은혜와 하나님의 사랑과 성령의 교통하심이 너희 무리와 함께 있을 지어다"라고 축도하였다.

축도(祝禱)와 축복(祝福)은 다른 개념인데, 구별하지 않고 사용하는 경향이 많다. 축복(祝福)은 누구나 할 수 있다. 목사에게만 축복권이 있는 것이 아니라, 축복권은 일반 성도들에게도 있다. 또한 축복권은 통상적으로 윗사람이 아랫사람에게 하는 것이지만, 그렇다고 반드시 윗사람이 하는 것은 아니며, 아랫사람이나 어린아이도 축복할 수 있다. 이삭은 야곱에게 축복했으며, 야곱은 요셉의 아들들에게 축복하였다. 반면 축도(祝禱, benediction)는 기도가 아니고, 목사가 복을 빌어주는 축복이라고 해서도 안 된다. 축도는 성 삼위일체 되신 하나님이 주체가 되어 예배드리는 성도들에게 복을 베풀어 주심을 목사가 선언하는 행위이다. 축도는 설교 내용을 상기시키기 위해 기원을 하거나 인간적인 수식어를 붙여서 하지 말고, 성경 구절에 언급하고 있는 것처럼, 하나님의 말씀인 민수기서(민6:24–26), 고린도후서(고후3:13)에 기록된 대로 분명하고 뚜렷하게 선언해야 한다.

축도권(祝禱權)은 목사에게만 그 권한이 있다. 헌신예배에서 초청된 목사는 설교만 하고, 담임목사가 축도하는 경우가 있으나 이는 옳지 못하다. 축도는 가능한 설교자가 하는 것이 원칙이다. 교회 임직 등의 행사에서도 설교와 축도를 다른 목사가 하는 경우가 대부분이지만, 이때에도 축도는 설교 목사가 해야 한다. 그 이유는 예배의 중심은 말씀 선포에 있고, 예배의 대상은 하나님께 있으며, 말씀과 축도의 권위는 한 하나님으로부터 오는 것이기 때문이다.

(3) 기도

삼상3:10「여호와께서 임하여 서서 전과 같이 사무엘아 사무엘아 부르시는지라 사무엘이 이르되 말씀하옵소서 주의 종이 듣겠나이다 하니」

기도(祈禱, Prayer)는 소원을 '알림'(통보, informing)이고, '들음'(listening)이다. 기도는 하나님의 음성을 듣고, 하나님을 향해 자신의 원하는 바를 아뢰며 간구하는 것이다. 그런데 사람들은 자신의 뜻과 소원을 아뢰기만 하고, 정작 하나님의 뜻인 음성은 듣지 않는다. 즉 하나님께 자신의 소원만 통보하고 하나님의 응답은 듣지 않고 기도를 끝내버린다. 물론 하나님의 응답은 즉시 오는 것이 아니고, 오랜 시간이 필요한 까닭에 마냥 기다릴 수는 없으나 하나님과 소통되지 않는 기도는 무의미하다. 기도는 하나님과 대화로 소통하는 것이다. 소통(疏通)은 '트여서'(疏) 서로 '통함'(通)을 뜻한다. 소통이 막히지 않고 잘 통하는 것을 뜻하는 바와 같이 기도는 일방적인 것이 아니라, 하나님과 성도 간에 오고 가는 소통이라고 할 수 있다. 따라서 기도는 내 소원을 '말하거나'(speaking) '아뢰는'(informing) 시간보다 하나님의 음성을 '듣는'(listening) 시간이 더 많아야 한다.

1) 대표기도와 기도인도

예배 시간에 기도할 때, 예배 집례자인 목사가 '우리를 대표해서 기도하겠습니다.' 라는 말은 잘못된 표현이다. 대표기도(代表祈禱)란 표현은 합당하지 않다. 공예배 기도는 인적, 시간적, 장소적으로 온 성도들이 같은 시간에 모여 함께 기도하는 것이며, 성도들을 대표하여 기도하거나 대리자로 기도하는 것이 아니다. 공예배 시간에 기도의 대표성은 인정될 수 없으며, 온 성도들은 방관자이거나 피동적으로 기도자의 기도에 '아멘'으로 응답해야 하는 존재가 아니다. 따라서 예배 시간 기도자는 대표기도자(代表祈禱者)가 아니라 기도인도자(祈禱引導者)이다. 기도인도자는 온 성도들의 기도를 이끌어가는 인도자이다.

2) 중보기도와 도고기도

기독교에서 중보자(中保者)는 오직 예수 그리스도 뿐이다(딤전2:5). 하나님과 사람 사이에 중보는 오직 중보자인 예수님이시다. 칼빈(John Calvin)은 예수 그리스도의 중보적 사역에 대해 매우 중요한 사역으로 강조하고 있다(기독교강요 제2권 12-14장). 예수님은 처음부터 언약의 중보자였으며(히8:6), 십자가에서 죽으심으로 중보자로서 자신을 나타냈다(골1:16, 히1:2). 현재도 예수께서 하나님 우편에서 우리를 위해 기도하는 중보자가 되신다(마26:64, 눅22:69, 롬8:34, 골3:1). 그러므로 사람은 절대로 중보자가 될 수 없기에 중보기도자(中保祈禱者, Mediator prayer)란 말을 사용해서는 안 된다. 사람에게 중보자란 말을 사용한다면 이는 예수님의 영광을 훼손하는 행위에 해당한다.

헬라어 어원도 '중보'를 뜻하는 헬라어는 '메시테스'(μεσίτης)이고, '도고'에 해당하는 헬라어는 '엔튜크시스'(ἔντευξις)이다(딤전2:1;4:5). 로마가톨릭에서는 교리적으로 고해성사 의식을 통한 사죄권(천주교 요리문답 제8장 제3절 제93문-제94문, 제3장 제3절 제236문-제241문), 마리아(Mary)가 신자들을 위해 하나님께 대신 기도하듯,[78] 배와 같이 신부가 다른 사람을 위해 중보할 수 있다는 의미에서 중보라는 용어를 사용한다. 제87회 대한예수교장로회(합동) 제87회 총회(2002년)에서도 공식적으로 중보기도라는 용어 사용 중지를 결정한 바 있다. '중보기도'(仲保祈禱者, Mediator Prayer)는 중보자(仲保者, Mediator) 되시는 예수님께서 우리를 위해 드리는 기도이다(롬8:34, 딤전2:5). 따라서 중보기도는 예수께서 우리를 위해 하나님께 하는 기도를 뜻하며, 사람이 이웃을 위한 기도(Prayer for Neighbor), 즉 타인을 위해서 기도할 때, '도고기도'(禱告祈禱, intercessory prayer)라고 하는 표현이 합당하다.

3) 축복과 복

"여호와께서 모세에게 일러 가라사대 아론과 그 아들들에게 고하여 이르기를 너

---

78) Jones, Rick, 앞의 책, 367면.

희는 이스라엘 자손을 위하여 이렇게 축복(bless)하여 이르되… 그들은 이같이 내 이름으로 이스라엘 자손에게 축복(bless)할지니 내가 그들에게 복(bless)을 주리라"(민6:22-27). 한국교회 성도들이 가장 듣기 좋아하는 말이 복이란 말이다. 복은 성경에서 히브리어 '바라크'(בָּרַךְ), 헬라어는 '율로기아'(εὐλογία), 영어는 'bless'이다. '바라크'(בָּרַךְ)는 '무릎을 꿇다'(kneel)라는 뜻으로 모든 복은 위로부터 임하기를 사모하는 마음으로 겸손히 하나님의 말씀 앞에 무릎을 꿇는 사람, 즉 하나님의 말씀대로 사는 자에게는 복을 내려주신다. 굳이 복(福)을 구하거나 특별한 행위의 결과로 얻는 것이 아니라, 하나님은 주실 자에게 은혜와 복을 주신다.

한글 성경에서 영어 'bless'는 하나님이 복을 내리신다는 뜻의 복(창1:22, 신23:20, 시29:11)으로 번역되거나 하나님께 복을 빈다는 축복(창14:19, 민6:23, 신33:1, 수14:13, 느11:2)의 뜻으로 번역되거나 하나님을 찬미(신8:10, 수22:33, 시103:1)한다는 뜻의 찬송으로 번역되어 있다. 우리 한글 성경은 히브리어 '바라크'(בָּרַךְ), 헬라어는 '율로기아'(εὐλογία), 영어로는 'bless'를 문맥에 따라서 의도에 맞게 다르게 번역하고 있다(창14:19, 창27:29,33, 시11:26). 기존에 한글개역 성경에서 민수기 23장 20절, 로마서 15장 29절에서 '복'으로 번역되어야 하는데 '축복'으로 번역한 경우가 있었지만, 개역개정 성경에서 바르게 고쳐서 번역했다. 그러나 히브리서 12장 17절의 경우에 만약 문맥상 아버지로부터 축복받기를 원했다고 한다면, '축복'으로 번역하는 것이 맞지만, 에서가 하나님으로부터 복을 받기 원했다면, 복으로 번역해야 한다.

한국교회는 성도들뿐만 아니라, 목회자들까지도 복과 축복의 의미를 분간하지 못하고 오역하거나 사용하고 있는 경우가 많다. 만약 사람들이 '하나님 우리를 축복해 주소서.'라고 간구한다면, 이 말의 의미는 '하나님께서 또 다른 절대적인 신에게 우리를 위해 복을 빌어주소서.'라고 말하는 것이 된다. 천하에 여호와 하나님보다 더 높거나 위대하신 신이나 하나님 외에 다른 신은 존재하지 않는다(신4:39-40).

축복(祝福)은 사람이 다른 사람을 위하여 하나님께 복을 빌어준다는 뜻이다. 하지만 하나님은 복을 빌어주는 분이 아니다. 하나님은 복을 주시는 분이시다. 복을 빌어주는 축복은 사람들이 하는 것이고, 하나님은 복을 주시는 복의 주체이시며, 복의 근원이 되신다(창49:25). 그러므로 기도하면서 '하나님 축복해 주소서.'라고 말하는 것은 틀린 말이고, '하나님 복을 주소서.'라고 말해야 한다. 또한 '하나님이 축복하신다.'가 아니라, '하나님이 복을 주신다.'라고 말해야 한다.

(4) 찬송가

1) 찬송

예배 시간에 하나님을 찬양하며 부르는 노래는 찬송가(讚頌, Hymn)이다. 찬송가는 '기도의 노래'라는 뜻을 가진 라틴어의 '힘누스'(Hymnus)에서 나온 말인데, 노래로 하나님을 높여드리는 것이다. 천지를 창조하신 하나님은 세상을 사랑하사 백성들을 구원하신 하나님으로 찬송을 받으시기에 합당하신 분이시다. 톨레이도 종교회의(633년)에서 '찬송(Hymn)은 하나님을 노래로 찬양하는 것'이라고 하였다. 존 칼빈(John Calvin)은 「제네바 시편가」 서문에서 '찬송은 하나님이 하신 일을 생각나게 함으로 우리로 하여 하나님을 사랑하고, 두려워하고, 영광을 돌리게 하는 노래'라고 하였다. 존 칼빈(John Calvin)은 하나님이 하신 일을 증거하고 하나님의 영광, 하나님의 창조, 하나님의 구원하심 그 자체를 찬송하는 것이 찬송의 목적이라고 하였다. 따라서 '하나님께 찬송하겠습니다.'라는 표현 대신에 '하나님을 찬송하겠습니다.'라고 말해야 한다.

2) 복음성가와 CCM

교회는 예배 시간에 부르는 찬송(讚頌, Hymn) 외에도 기독교 메시지를 담은 대중음악인 복음성가(Gospel Hymn)나 CCM(Contemporary Christian Music)이 불리고 있다. 복음성가(Gospel Hymn)는 복음(福音, gospel)과 찬송(Hymn)이 합쳐진 말로, 미국 침례교 평신도 설교자인 무디(D.L. Moody)와 생키(I.D. Sankey)가 부흥 운동 중 1873년 뉴캐슬에서 부르기 시작했다. 복음성가의 주된 목적은 복음 전도를 위한 방법으로 사용되는 노래이지만, 복음(福音, gospel)과 노래(Song)가 합쳐진 복음송은 사람들을 위로하고, 힘을 주고, 기쁨을 표현하는 한 방법으로, 대중성이 짙은 노래라고 할 수 있다. 오늘날 복음성가(Gospel Hymn)와 복음송(Gospel Song)을 구별하지 않고 있으나 복음성가와 복음송은 구별해야 한다.

1960년대부터 미국에서 시작된 CCM(Contemporary Christian Music)은 복음성가보다 더 대중적이고 시대적 음악의 흐름을 반영한 노래로써 젊은 청년들의 요구에 부합(符合)한 노래이다. 복음송이나 CCM은 교회에서 부르는 것을 금하거나 제지할 필요가 없지만, 가사나 음악성이 세속적으로 흐를 수 있는 경향이 있는 까닭에 공적인 예배 시간에는 주의가 필요하다. 복음송은 예배 시간에 하나님을 찬송하기 위해 부르는 찬양이라기보다는 사람들을 향해 하나님의 창조와 예수님의 구원을 알리는 전도와 성도들을 위로하고 기쁨을 표현하는 노래라고 할 수 있다. 그러므로 하나님을 예배하는 시간에 찬양대에서 찬송 외에 복음송을 찬양하는 것은 지양(止揚)해야 할 것이다. 가능한 예배 시간에는 찬양곡을 선정할 때, 성경 내용이나 하나님의 영광을 드러내는 찬양을 선곡해 불러야 한다(출15:1－2).

3) 준비 찬송

찬송(讚頌)은 하나님을 경배하고 찬양하는 곡조가 있는 기도를 말한다. 찬송은 기도의 한 방법이며 하나님을 향한 결단과 신앙고백의 한 방법이다. 교회에서 찬송을 부르면서 예배를 준비한다는 의미에서 준비 찬송이라는 말을 사용하곤 하는데, 찬송 대상이 하나님이시고, 찬송 자체가 예배이므로, 준비 찬송이라는 말은 옳지 않다.

4) 악기와 춤

과거 교회들은 하나님을 찬송하는 악기로 건반 악기나 현악기를 주로 사용하였다. 종교개혁자인 칼빈이나 쯔빙글리는 교회 안에서 다양한 약기를 사용하는 것을 금하였다. 하지만 하나님을 찬송하는데 어떤 악기들이든지 사용할 수 있다(삼하6:5). 성경에서 특별한 악기를 금하지 않고 있고, 다윗은 다양한 악기들로 하나님의 영광을 연주하도록 하였다(대하5:13). 또한 찬송하면서 춤을 추는 행위는 거룩성을 훼손한다는 개념에 동의할 수 없다. 이스라엘 백성들이 하나님의 도우심으로 홍해를 건넜고, 이스라엘 백성들을 뒤좇아 오던 애굽 군대가 전멸을 당하는 것을 보고, 미리암과 여인들이 소고를 들고 춤을 추었다(출15:20－21). 오벧에돔의 집에 있던 법궤가 예루살렘성으로 들어오는 것을 기뻐하던 다윗은 에봇을 입고 모든 악기들을 동원하여 레위 사람들을 세워 노래하게 하였으며, 그들과 함께하시고 구원하시는 하나님을 찬송하며 춤을 추었다(대상15장). 하지만 다윗의 모습을 보고 비웃고 업신여겼던 여인 미갈은 하나님의 징계를 받아 잉태하지 못했다(삼하6:22－23).

5) 찬양대와 성가대

지금 많은 교회가 '성가대'(聖歌隊)라고 지칭하는 용어를 '찬양대'(讚揚隊)라고 해야 한다. 원래 성가대라는 용어는 일본에서 사용하는 '세이카다이'(聖歌隊)란 용어에서 근거하였으며, 1970년대 이후에 출판사들이 펴낸 ＜성가곡집＞이라는 악보집으로부터 차용되었다. 초기 한국기독교는 '성가'라는 말이 아닌 '찬양'이라는 말을 썼다. 1892년 존스(Jones)와 로드와일러(Rothweiler) 선교사는 성도들에게 많이 불리던 찬양을 모아 최초로 <찬미가>라는 찬양곡집을 출판했고, 1893년 찬양곡을 모은 책들인 <찬양가>, 1895년에는 <찬셩시>라는 이름으로 출간했다. 특히 1893년 언더우드 선교사는 최초로 4성부의 악보를 수록해 <찬양가>를 출판했다.

한국 최초의 잔양대는 평양 장대현 교회로 1913년 '찬양대'이고, 새문안 교회에서 '찬미대'를 조직했다. 찬양대는 예배 시에 하나님을 찬양하는 것을 유일한 목적으로 삼는다. 하나님의 창조와 영광, 예수님의 십자가의 은혜와 부활과 재림, 하나님을 향한 예배행위에 합당한 용어는 '찬양대'이다.

(5) 봉헌

봉헌은 '증여와 헌금' 장에서 다루기로 한다.

제2장

교회와 법률

제2장

교회와 법률

제1절 ‖ 교회의 법적 성격

Ⅰ. 교회의 법률상 지위

1. 민법상의 지위

민법상 권리와 의무의 주체(법인격)로는 자연인이 있다(민법 제3조).[1] 그런데 사람은 일정한 공동 목적을 실현하기 위해 법률이 정한 일정한 요건을 갖추어 단체를 결성하는데, 그에 따라 이를 구성하는 구성원과 독립된 단체를 인정하고, 여기에 권리와 의무의 주체로서 지위를 부여하게 되는 것이 법인이다(민법 제34조).[2] 민법의 적용을 받는 법인에는 사단법인과 재단법인으로 구분된다. 사단법인(社團法人)은 사원의 존재를 필수적으로 하는 인적 단체를 말하고(민법 제40조 제6호),[3] 재단법인(財團

---

1) 민법 제3조(권리능력의 존속기간)
사람은 생존한 동안 권리와 의무의 주체가 된다.

2) 민법 제34조(법인의 권리능력)
법인은 법률의 규정에 좇아 정관으로 정한 목적의 범위 내에서 권리와 의무의 주체가 된다.

3) 민법 제40조 제6호(사단법인의 정관)
사단법인의 설립자는 다음 각호의 사항을 기재한 정관을 작성하여 기명날인하여야 한다.
6. 사원 자격의 득실에 관한 규정

法人)은 재산의 출연을 필수적으로 하는 집단을 말한다(민법 제43조).[4]

법인(法人)은 법률의 규정에 의해(민법 제31조),[5] 주무관청의 허가를 얻어 사무소 소재지에 설립등기(設立登記)를 함으로써 성립한다(민법 제33조).[6] 법률의 규정에 의하지 않거나 영리 목적이 아닌 사업을 목적으로 하는 학술, 종교, 자선, 기예, 사교 기타 영리 아닌 사업을 목적으로 하는 사단 또는 재단은 주무관청의 허가에 의하지 아니하고는 설립하지 못한다(민법 제32조).[7] 그러나 설립등기를 하지 아니하여 법률에 따른 법인은 아니지만, 법인에 준하는 단체로 인정받아 법인의 형태를 갖추고 법률행위를 할 수 있는 주체를 비법인사단, 권리능력(법인격) 없는 사단, 법인 아닌(비법인) 사단이라 한다(민법 제275조). 교회(敎會)는 법인이 아니지만, 교인들이 교리연구, 예배, 선교 등을 목적으로 구성한 단체로서 법인에 준하는 비법인사단에 속한다.[8] 교회는 신앙공동체로서 종교의 자유 및 정교분리의 원칙(헌법 제20조)에 따라서 국가의 간섭, 즉 주무관청의 사전 허가나 사후감독 기타 법적 규제를 배제하기 위하여 법인을 설립하지 않는다. 그러나 교회가 교육, 의료 등과 같은 특별한 목적을 위한 때에는 주무관청의 허가를 얻고, 사단법인으로 법인등기를 경료한 때에는 독립인격체로 인정받게 된다.

2. 소송상 지위

교회(敎會)와 같은 비법인사단에 대하여 '부동산의 등기'와 '소송'에 있어서 단체 자체를 그 주체로 인정하는 규정을 마련하고 있어 법인과 동일한 지위를 가지고 있다(부동산등기법 제30조). 즉 소송이나 등기를 교회 이름으로 할 수 있고, 민사소송법에서는 등기 없는 비법인사단에 대해서도 소송의 주체인 당사자로 인정한다(민사소

4) 민법 제43조(재단법인의 정관)
재단법인의 설립자는 일정한 재산을 출연하고 제40조 제1호 내지 제5호의 사항을 기재한 정관을 작성하여 기명날인하여야 한다.

5) 민법 제31조(법인성립의 준칙)
법인은 법률의 규정에 의함이 아니면 성립하지 못한다.

6) 민법 제33조(법인설립의 등기)
법인은 그 주된 사무소의 소재지에서 설립등기를 함으로써 성립한다.

7) 민법 제32조(비영리법인의 설립과 허가)
학술, 종교, 자선, 기예, 사교 기타 영리 아닌 사업을 목적으로 하는 사단 또는 재단은 주무관청의 허가를 얻어 이를 법인으로 할 수 있다.

8) 이영준, 「민법총칙(한국민법론 I)」, 박영사, 2005, 810면.

송법 제52조).[9] 사단의 권리능력, 행위능력 등 사단법인(社團法人)에 관한 규정을 비법인사단에서도 동일하게 적용한다. 대법원은 구 민사소송법 제48조[10]가 비법인의 당사자능력을 인정하는 것은 법인이 아닌 사단이나 재단이라도 사단 또는 재단으로서의 실체를 갖추고 그 대표자 또는 관리인을 통하여 사회적 활동이나 거래를 하는 때에는 그로 인하여 발생하는 분쟁은 그 단체의 이름으로 당사자가 되어 소송을 통하여 해결하게 하고자 함에 있다 할 것이므로, 여기서 말하는 사단(社團)은 일정한 목적을 위하여 조직된 다수인의 결합체로서 대외적으로 사단을 대표할 기관에 관한 정함이 있는 단체를 말한다고 할 것이고, 당사자능력이 있는지 여부는 사실심의 변론종결일을 기준으로 하여 판단되어야 할 성질의 것이라며, 교회의 당사자능력을 인정한다.[11]

Ⅱ. 비법인사단

1. 권리능력 없는 사단의 개념

권리능력 없는 사단은 사단법인으로 허가를 받거나 설립등기도 하지 않았음에도 사단법인의 형태를 갖추고 있는 비법인사단을 말한다. 종중(宗中)이나 교회(敎會)는 법인이 아닌 사단(민법 제275조),[12] 즉 권리능력 없는 사단에 해당한다. 물론 교회나 교단이 법인으로 허가를 받았다면 사단법인이다. 그러나 교회가 법률에 따라 허가와 등기절차를 마치고, 사단법인으로 인정받는 것이 불가능한 것은 아니지만, 교회는 허가와 등기절차를 거쳐 사단법인으로 되는 경우보다는 비법인사단, 즉 권리능력 없는 사단으로 존재하는 경우가 대부분이라고 할 수 있다. 그리고 국가의 각종 법령이나 대법원 판례에서도 종교단체인 교회를 비법인사단, 권리능력 없는 사단으로 인정

9) 민사소송법 제52조(법인이 아닌 사단 등의 당사자능력)
법인이 아닌 사단이나 재단은 대표자 또는 관리인이 있는 경우에는 그 사단이나 재단의 이름으로 당사자가 될 수 있다.

10) 구 민사소송법 제48조는 2002. 1. 26. 법률 제6626호로 전문 개정되기 전 조항을 말하고, 현행 민사소송법 제52조이다.

11) 대법원 1991. 11. 26. 선고 91다30675 판결, 대법원 2003. 11. 14. 선고 2001다64127 판결.

12) 민법 제275조(물건의 총유)
① 법인이 아닌 사단의 사원이 집합체로서 물건을 소유할 때에는 총유로 한다.
② 총유에 관하여는 사단의 정관 기타 계약에 의하는 외에 다음 2조의 규정에 의한다.

하고 있다.[13)]

2. 권리능력 없는 사단의 요건

권리능력 없는 사단인 교회는 법인격(法人格)을 취득하지 않은 경우에도 사단법인과 동일한 종교단체의 조직이 구성되어야 하고, 구성원의 개인적 활동으로부터 독립하여 단체 독자의 활동을 영위하고, 교회 구성원들의 가입 및 탈퇴에 따라 종교단체의 동일성이 상실되지 아니한다. 교회는 대표자, 교인총회의 운영, 재산의 취득과 상실, 관리 및 처분, 사용과 수익에 관한 근본 규칙인 교회정관(敎會定款)이 확정되어 있어야 한다. 특히 교회정관은 교회의 독립적인 자치권과 교회 분쟁이 발생할 때, 법원이 사법심사의 기준으로 삼기 때문에 판결에 결정적인 영향을 끼친다.

교회가 사단법인인지, 비법인사단인지는 개교회의 존속에 관한 사항, 즉 교단의 선택, 교회 재산, 당회 조직 및 당회장 선출과 징계, 교회 운영에 사항에 있어서 중요하다. 교회가 이처럼 사단법인의 지위를 가지지 않는 이유는 정교분리의 원칙(政敎分離의 原則)에 따라서 국가 주무관청의 허가 및 감독 등의 간섭을 받지 않고, 종교 활동을 자유롭게 하기 위함이다. 다만 교단이나 상급 기관의 유지재단, 지교회의 선교, 교육, 의료봉사 활동 등을 위해 사단법인으로 허가를 받고 설립하는 경우가 있다.

3. 권리능력 없는 사단인 교회의 재산

민법(民法)은 권리능력(법인격)이 있는 사단법인의 경우, 그 재산은 해당 법인의 단독 소유가 되지만, 법인이 아닌 사단의 사원이 집합체로서 물건을 소유하는 경우 총유(總有)로 한다고 규정하고 있다(민법 제275조 제1항).[14)] 법인 아닌 사단의 구성원은 재산에 있어서 사단 내부의 규약 등에 정하여진 바에 따라 사용·수익권을 가진다(민법 제276조 제2항).[15)] 법인 아닌 사단의 구성원이 총유 재산의 관리처분에 관한 의결에 참여할 수 있는 지위나 총유재산에 대한 사용·수익권은 사단 구성원의 지위

13) 대법원 2006. 4. 20. 선고 2004다37775 판결.

14) 민법 제275조(물건의 총유)
① 법인이 아닌 사단의 사원이 집합체로서 물건을 소유할 때에는 총유로 한다.

15) 민법 제276조(총유물의 관리, 처분과 사용, 수익)
① 총유물의 관리 및 처분은 사원총회의 결의에 의한다.
② 각 사원은 정관 기타의 규약에 좇아 총유물을 사용, 수익할 수 있다.

를 전제로 한 것이기 때문에 구성원은 법인 아닌 사단을 탈퇴하는 동시에 그 권리를 상실한다(민법 제277조).[16]

법인 아닌 사단의 단체성으로 인하여 구성원은 사용·수익권을 가질 뿐, 이를 넘어서서 사단 재산에 대한 지분권은 인정되지 아니하므로, 총유 재산의 처분·관리는 물론 보존행위까지도 법인 아닌 사단의 명의로 하여야 하며,[17] 그 절차에 관하여 사단 규약에 특별한 정함이 없으면 의사결정 조직의 총회결의를 거쳐야 한다(민법 제276조 제1항). 총회결의는 다른 규정이 없는 이상 구성원 과반수의 출석과 출석 구성원의 결의권의 과반수로써 하지만(민법 제75조 제1항),[18] 사단에 따라서 재산 내역이 규약에 특정되어 있거나 재산의 존재가 규약에 정하여진 사단의 목적수행 및 사단의 명칭·소재지와 직접 관련하여 있는 경우에는 그 재산의 처분은 규약의 변경을 수반하기 때문에 사단법인 정관변경에 관한 민법 제42조 제1항을 유추 적용하여 총 구성원의 3분의 2 이상의 동의를 요구한다.

교회 건물 등 부동산은 개교회의 재산으로 개교회라는 비법인사단 명의의 등기가 가능하다. 물론 교인이 총회결의를 하고, 총회 유지재단에 명의신탁하는 것도 가능하다. 교회 재산에 있어서 법원은 교회 재산을 강행법규인 민법에 근거하여 소속 교인들의 총유로 판단하고, 교회의 자율성과 독립성을 교단 헌법이나 노회규칙 등 다른 교회법들보다 우선시하는 결정을 내린다.[19]

4. 교회와 법률상 사단과 구분

교회는 교회만의 정치가 있고, 자체적인 교회법이 존재한다. 국가는 종교의 자유를 보장하고, 정교분리의 원칙을 고수하고 있으나 점차 교회를 법률에 구속하려는 경향이 강해지고 있다. 교회는 법률상 사단과 구분되어야 한다. 교회는 교회설립과 교회 교리 및 교회 운영에 있어서 교회의 특수성을 가지고, 국가법과 독립적으로 존재한다. 교회조직이나 구성, 직원의 자격이나 임면 등에 있어서 자발적이고 자치적

16) 민법 제277조(총유물에 관한 권리 의무의 득상)
총유물에 관한 사원의 권리 의무는 사원의 지위를 취득 상실함으로써 취득 상실된다.

17) 대법원 2005. 9. 15. 선고 2004다44971 전원합의체 판결.

18) 민법 제75조(총회의 결의 방법)
① 총회의 결의는 본법 또는 정관에 다른 규정이 없으면 사원 과반수의 출석과 출석사원의 결의권의 과반수로써 한다.

19) 대법원 1991. 12. 13. 선고 91다29446 판결.

이며 독립적이다. 따라서 국가 사법부는 가능한 교회의 자치, 독립, 특수성을 고려하여 교회 내에서 발생하는 분쟁 사건에 개입하지 않는 것이 원칙이라고 할 수 있다. 교회는 예수 그리스도께서 이 세상에 세우신 '신령한 나라'(벧전 2:9)요 '은혜와 진리'를 영원히 나타내시는 살아계신 '하나님의 집'(딤전3:15)이요 '그리스도의 몸'(엡1:23)이요 '성령의 전'(고전 3:16)으로서 과거와 현재와 미래의 성도들로 구성된 거룩한 단체이다.

Ⅲ. 비영리 단체

1. 비영리 단체 개념

단체(團體)는 공익적 목적을 갖고 지속적, 반복적으로 모여 활동을 한다. 단체는 공기관에 등록하지 않거나 법적인 자격을 갖추지 않은 동아리, 친목회, 소모임 등과 같은 임의단체(任意團體)가 있고, 공기관에 등록한 법인(法人) 또는 비법인단체(非法人團體)가 있다. 공기관에 등록한 단체 중에 국세기본법이 적용되는 단체는 비법인이고, 민법이 적용되는 단체는 사단법인과 재단법인이 있으며, 특별법이 적용되는 특수법인이 있다.

교회는 조직 형태상 영리를 목적으로 하는 영리단체가 아닌 비영리 단체이다. 교회는 주무관청의 허가를 받아 설립등기를 마치면 민법상 비영리법인으로서 성립한다. 비영리 단체는 이윤을 추구하는 기업 등과는 달리 교육, 의료, 문화, 환경, 종교, 시민단체 등 국민의 삶의 질을 증진하는 것을 주요 목적으로 하며, 주로 후원자의 기부금에 의해 운영된다. 비영리 단체의 경우 수익사업을 할 수 없는 것이 아니라, 비영리 단체도 수익사업을 할 수 있다. 다만 수익사업으로 발생한 수익을 단체의 운영을 위해 사용할 뿐, 구성원에게 배분하지 못한다는 의미이다.

비영리 단체는 그 설립목적에 따라 매우 다양한 형태로 존재하며, 많은 단체의 경우 후원자와 수혜자가 서로 다르다. 예를 들어 장애인을 돕고자 하는 후원자와 이들의 기부금에 의해 도움을 받는 장애인과는 서로 다른 주체가 되는 것이다. 또한 후원, 가입, 운영 등이 강제적으로 이루어지는 것이 아니라, 자발적으로 이루어지는 임의적 단체이다.

2. 비영리 단체의 구조적인 문제점[20)]

(1) 비영리 단체는 감시 및 감독 기능이 취약

영리(營利)를 목적으로 하는 영리단체인 기업(企業)은 내부감사, 외부감사, 시민단체, 언론, 소비자, 국세청, 감독기관 등 수많은 이해관계자(利害關係者)로부터 수시로 감시와 감독을 받기 때문에 위법할 가능성이 상대적으로 낮고, 만약 위법한 행위가 드러나면 처벌을 받게 된다. 하지만 비영리 단체는 감시와 감독을 받지 않거나 형식적이기 때문에 일방적이고 독단적인 방법으로 운영되는 경우가 많다. 특히 후원자 대부분은 조직의 경영에 실질적으로 참여하기보다는 물질의 기부 혹은 봉사활동에 참여하는 것으로 그 역할이 국한되는 까닭에 조직의 운영에 관해서는 상대적으로 관심이 적다. 비영리 단체의 조직 특성상 불법행위에 대해 사전 예방이 어렵다는 난점을 보완해야 한다.

(2) 비영리 단체 성과 측정 및 비재무적 요소

비영리 단체는 교육의 질을 높이거나 국민건강, 성숙한 신앙생활 혹은 문화생활의 증진 등 성과를 계량적으로 쉽게 측정할 수 있는 것이 아니다. 교회는 단순히 교인 수의 증가를 성과로 볼 것인지, 아니면 영혼의 구원, 하나님 앞에서의 도덕적인 생활, 대 사회적 선한 영향력의 증진 등을 교회의 존재 이유 및 성과로 볼 것인지는 교회마다 다를 것이다. 결과적으로 성과 측정이 어려운 까닭에 책임의 소재를 밝히기가 어려울 뿐 아니라, 책임의 소재를 밝혔다 하여도 그 책임을 묻기가 쉽지 않다. 예컨대 교회의 존재 목적을 비록 소수라 하여도 질적인 성장에 둔다고 가정할 때, 교인의 수가 정체되는 경우, 어떤 사람에게, 어떤 책임을 묻기에 모호하다. 동일한 이유로 교회에서 지출된 비용의 타당성도 검증하기가 어렵다. 즉 목적과 비용의 인과관계가 분명치 않으므로, 마땅히 쓰일 곳에 합당한 금액이 지출되었는지 평가하기가 어렵다.

(3) 비영리 단체의 소규모 경영

비영리 단체는 재정이나 인적 자원이 부족하고 결과적으로 관리 시스템이 미흡하

---

20) 황호찬, 「하나님의 돈: 교회 재정 사용의 원칙과 방향」, '목회자윤리 연속심포지엄', 2012. 10. 16.

다. 대부분 소규모 경영체인 교회는 담임목사를 비롯한 지도자들이 교회 재정을 체계적으로 구축·운영하고자 하여도 어떻게 해야 하는지 잘 모르거나, 교회 재정과 경영에 관한 시스템 미비, 실무적으로 운영할 교인 혹은 직원이 없어서 포기하는 경우가 허다하다. 따라서 교단 차원의 교회 운영시스템 개발 및 개선을 위해 교회 재정 전문가를 훈련하고 양성하는 노력이 필요하다.

Ⅳ. 판례

1. 교회당의 사용 주체

(1) 사실관계

C교회 재단법인은 교회소유 부동산인 유치원, 교회 예배당, 사택, 창고, 기타 토지가 C교회의 소유임에도 피고들이 점유하고 있다며 각 부동산을 인도 및 명도를 완료하고 인도 및 명도 완료일까지 마땅한 금액을 지급해야 한다고 주장하였다. C교회 재단법인 소유의 부속건물들은 예배당으로 사용되고 있으며, 현재 담임목사 甲은 교회 설립자인 목사 乙의 아들이다. 교회소유 부동산인 유치원은 교회 설립자인 목사 乙이 설립하였고, 설립자인 목사 乙이 사망 후에는 그의 처인 丙이 원장으로 재직하면서 운영해 오고 있다.

(2) 판결요지

재단법인 C교회는 다수의 교인에 의해 조직되고 종교 활동을 하고 있으며, 담임목사인 피고 甲을 대표자로 두고 있는 비법인사단으로서 독자적인 법인격을 가지고 있다. 담임목사 甲이나 부설 유치원 원장인 丙은 교회의 기관 또는 피용인에 불과하므로, 교회 건물을 점유하고 있는 주체는 비법인사단인 C교회 자신이다. 따라서 피고인 개인들이 이 사건 부동산을 점유하고 있다는 원고의 주장은 이유 없다고 판시하였다.[21]

21) 인천지방법원 1998. 8. 6. 선고 97가합12774 판결.

2. 교회 분열 요건

(1) 판결요지

기독교의 개교회는 대표기관과 구성원의 공동의사결정 기구를 갖추고 재산을 관리하는 등 교회의 일상 업무를 처리하는 측면에서 보면 법인 아닌 사단의 형태를 갖추고 있지만, 이는 본질적으로 같은 신앙을 기초로 한 교인들의 모임인 신앙공동체이므로, 한 교회가 2개의 교회로 분열되었다고 하려면, 한 교회에 속한 교인들이 교리와 예배형식 등 신앙 노선을 달리하는 2개의 집단으로 나뉘어 그 신앙공동체로서의 기초가 상실되는 정도에 이르렀거나, 다른 사유에 기한 분쟁이라 하더라도 최소한 일부 교인들이 집단을 이루어 소속 교단을 변경하기로 하는 결의를 하고 다른 교단에 가입한 데 반하여 다른 교인들은 종전 교단에 그대로 남아 있기로 하는 정도에 이른 경우라야 한다.[22] 그러나 원고의 교회가 서로 예배를 달리 보는 두 개의 집단으로 나뉘어 있지만, 의연한 교단에 속해 있으면서 신앙 노선이 아닌 교회의 재산관리, 상회인 노회 행정행위의 승복 여부에 대한 다툼을 계속하여 온 정도에 불과하므로, 두 개의 교회로 분열되었다고까지 볼 수 없다고 판시하였다.[23]

(2) 해설

법인 아닌 사단인 교회는 한 개의 개교회가 두 개의 교회로 분열이 인정되려면, 첫째, 한 개의 교회에 속한 교인들이 교리와 예배형식 등 신앙 노선을 달리하는 두 개의 집단으로 나뉘어 그 신앙공동체로서의 기초가 상실되어야 한다. 둘째, 일부 교인들이 집단을 이루어 소속 교단을 변경하기로 하는 결의를 하고 다른 교단에 가입해야 한다. 셋째, 나머지 교인들은 종전 교단에 그대로 남아 존속해야 한다. 이와 같은 요건이 아니라면 교회가 분열되었다고 인정할 수 없다.

3. 비법인사단의 의미와 당사자능력

(1) 사실관계

대한예수교장로회 소속인 A와 B 두 교회가 합병하고, 교회 명칭을 C교회로 변경

22) 대법원 1985. 9. 10. 선고 84다카1262 판결, 대법원 1993. 1. 19. 선고 91다1226 전원합의체 판결.
23) 대법원 1995. 3. 24. 선고 94다47193 판결.

하였다가 다시 원래의 B교회로 이름을 변경하였다. 피고 B교회의 담임목사인 甲에 반대하는 본래의 A교회에 속하였던 소외 乙과 그를 따르던 일단의 친인척들이 소외 乙의 조카를 부목사로 삼아 A교회라는 명칭을 사용하였고, 본래 A교회 담임목사였던 丙이 당회장에서 사임함에 따라 목사 丙을 새로운 당회장으로 청빙, 추대하여 이 사건 건물 3층에서 예배를 드려왔다. A교회 명칭을 사용하는 교인들은 B교회 명의의 교회 대지와 건물에 대한 등기 말소 및 건물 내에서 B교회 명칭의 사용금지를 구하는 소를 제기하였다.

(2) 판결요지

민사소송법 제48조[24]가 비법인의 당사자능력을 인정하는 것은 법인이 아닌 사단이나 재단이라도 사단 또는 재단으로서의 실체를 갖추고 그 대표자 또는 관리인을 통하여 사회적 활동이나 거래를 하는 때에는 그로 인하여 발생하는 분쟁은 그 단체의 이름으로 당사자가 되어 소송을 통하여 해결하게 하고자 함에 있다 할 것이므로, 여기서 말하는 사단이라 함은 일정한 목적을 위하여 조직된 다수인의 결합체로서 대외적으로 사단을 대표할 기관에 관한 정함이 있는 단체를 말한다.

교회가 다수의 교인에 의하여 조직되고, 일정한 종교 활동을 하고 있으며 그 대표자가 정해져 있다면 민사소송법 제48조 소정의 비법인사단으로서 당사자능력이 있다고 보아야 할 것이고, 그 A교회가 종전에 있던 같은 명칭의 교회와 같은 단체인 것인지, 종전에 있던 같은 명칭의 교회가 합병으로 소멸된 것인지, A교회의 구성원이 다른 교회에서 이탈한 것인지 여부나 그 동기는 그 당사자능력을 좌우할 사유가 된다고 할 수는 없고, A교회의 구성원이 소수라고 하여도 단체로서의 실체를 부정할 정도라고 할 수는 없다.

A교회는 본래의 B교회와 합병하여 C교회로 되어 소멸하여 존재하지 아니하므로, 당사자능력을 가질 수 없고, A교회라는 이름 아래 새로 구성된 일단의 신도들 모임은 독립된 교회로서의 실체를 갖춘 것이라 할 수 없어 역시 당사자능력이 인정될 수 없고, A교회의 이름 아래 새로 구성된 교회가 교회로서의 정당한 실체를 갖춘 것이

---

24) 민사소송법 제48조(소송절차의 정지)
법원은 제척 또는 기피신청이 있는 경우에는 그 재판이 확정될 때까지 소송절차를 정지하여야 한다. 다만, 제척 또는 기피신청이 각하된 경우 또는 종국판결(終局判決)을 선고하거나 긴급을 요하는 행위를 하는 경우에는 그러하지 아니하다.

어서 당사자능력이 인정된다 하더라도, 이는 B교회로부터 개별적으로 이탈한 교인들을 그 구성원으로 하는 것으로서 이들 교인은 B교회로부터 이탈함으로써 B교회 교인으로서 지위를 상실하였고, 이와 동시에 B교회의 재산에 대한 권리 역시 이미 상실하였다 할 것이어서 B교회의 재산에 대하여 소유권을 주장할 수 없고, 이 사건 대지와 건물에 대한 피고 명의의 등기 말소를 구하거나 이 사건 건물 내에서 B교회 명칭의 사용금지를 구하는 원고의 이 사건 청구는 이유 없다.[25]

(3) 해설

민사소송법 제48조의 소정의 비법인사단의 의미와 그 당사자능력 유무의 판단 기준시점 및 교회가 소정의 비법인사단으로서 당사자능력이 있기 위한 요건에 대한 대법원 판결이다. 두 개의 교회가 합병하는 때에 한 개의 교회는 소멸되는 것이며, 설령 일부 교인이 이탈하였다면 그 교인들은 이탈과 동시에 교인으로서 지위를 상실하게 된다. 따라서 교인으로서 지위가 상실되었다면, 교회 재산에 대한 권리도 상실하게 되기 때문에 교회 재산에 대한 소유권을 주장할 수 없는 것이다.

---

25) 대법원 1991. 11. 26. 선고 91다30675 판결.

제2절 ‖ 교회의 법적 책임

Ⅰ. 교회의 책임

1. 책임능력 개념

책임능력(責任能力)은 타인에게 손해를 입힌 경우 그 행위의 책임을 변식할 능력, 즉 위법한 자기 행위에 대한 책임을 인식할 수 있는 능력을 말한다. 인식할 수 있는 능력은 자기 행위로 인해 일정한 결과가 발생하는 것을 인식하는 능력이 아니라, 그 결과가 위법한 것이어서 법률상 비난받는 것임을 인식하는 능력, 즉 불법행위능력(不法行爲能力)이다.[26] 책임능력은 불법행위 요건의 하나로 불법행위에서 고의나 과실을 인정하기 위한 전제로서 책임능력이 없는 경우에는 고의 또는 과실을 인정할 수도 없어 불법행위는 성립하지 않게 된다. 우리 민법은 미성년자(未成年者)와 심신상실자(心神喪失者)의 행위를 책임능력이 없는 것으로 하고 있고(민법 제753조~제754조), 법정 감독의무자(法定 監督義務者)가 책임지는 것을 원칙으로 하고 있다(민법 제755조).[27]

2. 감독의무자로서 교회 책임

(1) 책임무능력자를 감독하는 자의 책임

교회는 감독의무자로서 책임이 따른다. 책임무능력자(責任無能力者)가 책임을 질 수 없는 경우, 책임무능력자를 감독(監督)해야 하는 법적 지위 의무에 있는 사람은 책임 의무를 진다. 친권자, 후견인, 아동 복지시설장, 유치원장, 정신병원장 등이 포함된다. 감독하는 사람은 자신이 감독의무를 해태(懈怠, 게을리)하지 않았음을 증명하는 때에 면책되기 때문에 절대적 무과실책임이라고 할 수 없다. 다만 책임능력 유무

26) 곽윤직, 「채권각론」, 박영사, 2003, 393면.

27) 민법 제755조(감독자의 책임)

① 다른 자에게 손해를 가한 사람이 제753조 또는 제754조에 따라 책임이 없는 경우에는 그를 감독할 법정의무가 있는 자가 그 손해를 배상할 책임이 있다. 다만, 감독의무를 게을리하지 아니한 경우에는 그러하지 아니하다.

② 감독의무자를 갈음하여 제753조 또는 제754조에 따라 책임이 없는 사람을 감독하는 자도 제1항의 책임이 있다.

는 행위 당시를 기준으로 하여 구체적으로 판단하며, 연령 등에 의하여 획일적으로 결정하지 않는다. 따라서 동일한 연령이라도 책임능력이 인정될 수도 있고, 인정되지 않을 수도 있게 된다.

(2) 미성년자

책임능력(責任能力)이 없는 미성년자(未成年者)가 불법행위로 타인에게 손해를 가한 경우에 배상의 책임이 없고(민법 제753조),[28] 감독의무자(監督義務者)가 보충적으로 책임을 지게 된다(민법 제755조). 하지만 미성년자일지라도 책임능력이 있는 때에는 성년자와 마찬가지로 불법행위에 대한 책임을 져야 한다. 법원은 형법 규정에 따라 대체로 만 14세 미만[29]은 책임능력을 부인하고(형법 제9조),[30] 만 15세부터의 미성년자에게는 책임능력을 인정하고 있다. 하지만, 반드시 만 14세를 고정적이거나 획일적인 연령 기준으로 삼는 것은 아니고, 법원은 개별적인 행위에 대하여 그 행위의 내용이나 책임의 경중 등을 고려하여 판단한다.

미성년자(未成年者)가 책임능력이 있어 그 스스로 불법행위책임(민법 제750조)[31]을 지는 때에도 그 손해가 당해 미성년자의 법정 감독의무자의 의무위반과 상당인과관계가 있으면 법정 감독의무자는 일반 불법행위자로서 손해배상책임이 있다.[32] 이처럼 미성년자의 책임을 법정 감독의무자에게 지우는 이유는 가해자인 미성년자가 책임능력이 있다고 할 때, 재산이 없어서 피해자가 소송을 하더라도 손해배상을 받지 못하기 때문에 가해자인 미성년자에게 책임능력이 없다고 하여 법정 감독의무자인 친권자, 후견인에게 책임을 묻도록 하기 위함이라고 할 수 있다. 감독의무 위반사실

28) 민법 제753조(미성년자의 책임능력)
미성년자가 타인에게 손해를 가한 경우에 그 행위의 책임을 변식할 지능이 없는 때에는 배상의 책임이 없다.

29) 만 10세 이상 14세 미만 청소년을 촉법소년이라고 한다. 형사상 책임능력이 없어서 형사상 처벌하지 않으며, 소년법에 따라 소년 보호 재판을 통해 사회봉사명령이나 소년원 송치와 같은 보호처분을 받고, 전과기록이 남지 않는다. 만 10세 미만은 보호처분도 받지 아니한다. 하지만 최근 죄질이 나쁜 청소년 범죄와 재범률이 증가하고 있어서 촉법소년 연령을 만 12세로 낮추려는 방안이 검토되고 있다.

30) 형법 제9조(형사미성년자)
14세 되지 아니한 자의 행위는 벌하지 아니한다.

31) 민법 제750조(불법행위의 내용)
고의 또는 과실로 인한 위법행위로 타인에게 손해를 가한 자는 그 손해를 배상할 책임이 있다.

32) 대법원 1994. 2. 8. 선고 93다13605 판결.

및 손해 발생과의 상당인과관계의 존재는 이를 주장하는 자가 입증해야 하고,[33] 그리고 법정 감독의무자는 자신이 감독의무를 게을리하지 아니하였음을 입증하는 때에는 책임을 면할 수 있다. 만약 미성년자로부터 피해를 입고 그 부모에게 손해배상을 요구하려 했으나, 부모가 없는 때에는 범죄피해자 보호법에 따라 국가로부터 범죄 피해 구조금을 지급받을 수 있다(범죄피해자 보호법 제16조).

법정 감독의무자인 친권자(親權者), 후견인(後見人)은 미성년자의 생활 전반에 걸쳐 보호·감독의무를 부담하게 되지만, 법정 감독의무자를 대신하여 학생에 대한 보호·감독의무를 부담하는 보호·감독자인 교장, 교사는 학교에서의 교육활동 및 이와 밀접 불가분의 생활 관계에 있는 때에 보호·감독의무 위반에 대한 책임을 진다.[34] 학교생활에서 통상 발생할 수 있는 일을 예측할 수 있었을 때 또는 예측 가능성, 즉 사고 발생의 구체적 위험성이 있는 때에 책임을 지게 되는 것이다.[35] 법정 감독의무자인 친권자, 후견인은 대리감독자가 있다는 사실만 가지고 법정 감독의무자로서 책임면탈이 되지는 않는다.[36]

(3) 심신상실자

심신상실자(心神喪失者)의 행위로 타인에게 손해를 끼치게 되는 경우, 그 행위에 대해서 책임이 없다는 것을 뜻한다. 그러나 심신상실자가 고의나 과실로 인해 타인에게 손해를 발생하였다면 손해 배상책임을 면할 수 없다(민법 제754조).[37] 즉 심신상실 상태가 음주, 마취, 최면술 등에 의해 고의나 과실로 일시적으로 본인에 의해 일어나게 된 경우에는 심신상실 상태 중에 발생한 불법행위라 하더라도 배상책임을 면할 수 없게 되는 것이다. 심신상실의 상태는 행위 당시에 있으면 되며, 행위 당시에 심신상실의 상태에 있지 않았다면 책임능력이 있는 것으로 판단한다. 하지만 심신상실 상태는 지속적일 필요는 없다.

---

33) 대법원 1994. 2. 8. 선고 93다13605 판결, 대법원 2003. 2. 11. 선고 2002다64544 판결, 대법원 2003. 3. 28. 선고 2003다5061 판결.

34) 대법원 1993. 2. 12. 선고 92다13646 판결, 대법원 1994. 8. 23. 선고 93다60588 판결, 대법원 1995. 12. 26. 선고 95다313 판결.

35) 대법원 1993. 2. 12. 선고 92다13646 판결.

36) 대법원 2007. 4. 26. 선고 2005다24318 판결.

37) **민법 제754조(심신상실자의 책임능력)**
심신상실 중에 타인에게 손해를 가한 자는 배상의 책임이 없다. 그러나 고의 또는 과실로 인하여 심신상실을 초래한 때에는 그러하지 아니하다.

심신장애인(心神障碍人)은 심신상실과 심신미약으로 구분하는데, 판단력 등을 완전히 상실한 사람은 심신상실자(心神喪失者)이고, 판단력 등이 있으나 부실한 사람은 심신미약자(心神微弱者)이다. 심신상실자는 의식은 있지만, 장애의 정도가 심하여 본인의 행위 결과에 대해 합리적이고 상식적인 판단을 할 수 없는 상태를 말한다. 형법은 심신상실자의 행위는 책임능력이 없는 까닭에 범죄가 아니며, 심신미약자의 행위는 범죄가 되지만, 그 형이 감경 요건이 된다(형법 제10조).[38] 그러나 민법은 심신상실자의 불법행위로 인한 책임을 지지 않도록 하고 있지만, 심신상실자를 감독할 의무가 있는 후견인(後見人)으로 하여 타인에게 입힌 손해를 배상하도록 하고 있다. 이 경우에도 감독의무자는 자신이 감독의무를 게을리(해태)하지 아니하였음을 입증하는 때에는 책임을 면할 수 있다.

3. 사용자로서 교회 책임

교회는 사용자로서 책임이 따른다. 사용자 책임(使用者 責任)은 타인을 사용하여 어느 사무에 종사하게 한 자는 피용자(被傭者)가 그 사무 집행에 관하여 제삼자에게 가한 손해를 배상할 책임을 지는 것을 말한다(민법 제756조).[39] 사용자 책임은 피용자에 대한 감독상의 과실을 이유로 하는 과실 책임이다. 사무집행(事務執行)은 피용자의 불법행위가 외형상 객관적으로 사용자의 사업 활동이나 사무집행 행위 또는 그와 관련된 것이라고 판명될 때, 행위자의 주관적 사정을 고려함이 없이 이를 사무집행에 관하여 한 행위로 본다. 그리고 피용자가 고의로 다른 사람에게 가해행위를 한 경우, 그 행위가 피용자의 사무집행 그 자체는 아니더라도 사용자의 사업과 시간적·장소적으로 근접하고, 피용자 사무의 전부 또는 일부를 수행하는 과정에서 이루어

---

38) 형법 제10조(심신장애인)

① 심신장애로 인하여 사물을 변별할 능력이 없거나 의사를 결정할 능력이 없는 자의 행위는 벌하지 아니한다.

② 심신장애로 인하여 전항의 능력이 미약한 자의 행위는 형을 감경할 수 있다.

③ 위험의 발생을 예견하고 자의로 심신장애를 야기한 자의 행위에는 전2항의 규정을 적용하지 아니한다.

39) 민법 제756조(사용자의 배상책임)

① 타인을 사용하여 어느 사무에 종사하게 한 자는 피용자가 그 사무집행에 관하여 제삼자에게 가한 손해를 배상할 책임이 있다. 그러나 사용자가 피용자의 선임 및 그 사무 감독에 상당한 주의를 한 때 또는 상당한 주의를 하여도 손해가 있을 경우에는 그러하지 아니하다.

② 사용자에 갈음하여 그 사무를 감독하는 자도 전항의 책임이 있다.

③ 전2항의 경우에 사용자 또는 감독자는 피용자에 대하여 구상권을 행사할 수 있다.

지거나 가해행위의 동기가 업무처리와 관련된 것일 경우에는 외형적, 객관적으로 사용자의 사무집행 행위와 관련된 것으로 볼 수 있어 사용자 책임이 성립할 수 있다.

그러나 피용자(被傭者)의 불법행위가 외관상 사무집행 범위 내에 속하는 것으로 보이는 때에도 피용자의 행위가 사용자의 사무집행 행위에 해당하지 않음을 피해자 자신이 알았거나 중대한 과실로 인하여 알지 못한 경우에는 사용자 책임을 물을 수 없다. 또한 사용자(使用者)가 피용자의 선임이나 그 사무 감독에 상당한 주의한 때, 또는 상당한 주의를 했어도 손해가 있게 된 때에는 책임을 면할 수 있고, 사용자는 자기에게 그러한 과실이 없다는 사실을 입증하면 면책될 수 있다. 사용자는 노동자(勞動者)의 불법행위로 인해 손해 배상책임을 부담하였다면, 노동자에게 구상권(求償權)을 행사할 수 있으나 노동자가 정당한 사무집행으로 인해 사용자가 배상책임을 진 경우에는 구상권을 청구하더라도 받아들여지지 않는다.

4. 기타 교회 책임

교회는 교회 시설물의 관리 소홀로 인한 책임을 진다. 우리 민법이 규정하고 있는 불법행위(不法行爲)에는 책임무능력자의 감독자의 책임(민법 제755조), 사용자의 책임(민법 제756조) 외에도 도급인은 수급인이 도급인의 과실로 그 일에 관하여 제삼자에게 가한 손해를 배상할 책임이 있고(민법 제757조), 공작물의 설치 또는 보존의 하자로 인하여 타인에게 손해를 입힌 때에는 공작물 점유자나 소유자는 손해를 배상할 책임이 있고(민법 제758조), 동물의 점유자는 그 동물이 타인에게 가한 손해를 배상할 책임이 있다(민법 제759조). 수인이 공동의 불법행위로 타인에게 손해를 입힌 때에는 연대하여 그 손해를 배상할 책임이 있는 공동불법 행위자의 책임이 있다(민법 제760조).

Ⅱ. 판례

1. 교회의 시설물 안전 책임

(1) 사실관계

A교회는 교회 건물지하실에 미취학아동을 위한 어린이선교원을 개설하여 매주

화요일부터 토요일까지 오전동안 교육을 통한 선교활동을 하고 있으며, 교회 건물과 좌측도로에 접한 담 사이에는 미끄럼틀 등 어린이 놀이시설이 있고 위 건물 후문에 외부인의 출입을 차단하는 시설이 되어 있지 아니하여 평소 동네 아이들이 위 놀이시설을 이용해 왔다. 그런데 6세 어린이 甲은 A교회 건물 후면의 지하로 통하는 계단 출입구 위에 설치된 콘크리트 덮개 위로 미끄럼틀을 타러 올라갔다가 실족 추락하여 상해를 입었다.

(2) 판결요지

A교회가 교회 건물 좌측통행로에 설치한 어린이 놀이터를 우측으로 돌아 위 놀이터와는 약 11미터 이상 떨어진 장소에 있고, 그 용도가 A교회 건물지하실로 통하는 비상계단을 비바람으로부터 보호하기 위한 것으로서 어린이 놀이시설이 아닐 뿐 아니라, 위 덮개가 그 자체 용도로 사용됨에 있어서는 파손 등 하자가 있었음이 인정되지 아니하며, 또한 교회 지하실 비상계단이나 위 건물 후문은 평소 사용하지 아니하였고, 위 덮개가 있는 부분은 교회 주차장으로 사용되는 곳이어서 A교회는 이곳으로의 외부 차량과 외부인의 출입을 금한다는 취지에서 그 교회 건물과 건물 후면의 외부 담 사이에 쇠줄을 걸어놓고 있었던 사실이 인정되므로, 비상계단 덮개를 보존하는 A교회에 어린이 甲과 같은 연령의 어린아이가 원칙적으로 그 출입이 금지되어있는 놀이시설이 아닌 위 공작물에 올라가 놀다가 실족하는 이례적인 사고가 있을 것을 예상하고 그곳에 출입을 저지할 수 있는 시설을 설치하거나, 조치할 의무가 있었다고는 할 수 없고, A교회가 그 건물지하실에 어린이선교원을 개설 운영하고 교회 구내에 어린이 놀이터가 있으므로, 교회 건물지하실로 통하는 계단 지붕에서 놀다가 다친 초등학생들에 대한 교회의 배상책임이 있다고 볼 수 없다고 판시하였다.[40)]

(3) 해설

공작물의 설치 및 보존의 하자는 공작물의 축조 및 보존에 불완전한 점이 있어 이 때문에 그 공작물이 그 용도에 따라 통상 갖추어야 할 안전성을 갖추지 못한 상태에 있어야 한다고 보았다. 공작물의 설치 및 보존에 있어서 항상 완전무결한 상태를 유지할 정도의 고도의 안전성을 갖추지 아니하였다 하여 그 공작물의 설치보존에 하자가 있는 것이라고 할 수는 없다. 공작물의 설치 보존자에게 부과되는 방호 조치

40) 대법원 1987. 5. 12. 선고 86다카2773 판결.

의무의 정도는 사회 통념상 일반적으로 요구되는 정도이면 된다.[41] 어린이 甲에게 사고가 일어난 장소는 교회 주차장으로 이용되는 곳이었고, A교회는 외부 차량과 외부인의 출입을 금한다는 취지에서 그 교회 건물과 건물 후면의 외부 담 사이에 쇠줄을 걸어놓았으며, 어린이 甲에게 사고가 일어난 장소는 어린이 놀이터와 상관없는 장소였다. 만약 A교회가 사고가 있을 것을 예상하면서도 예방조치를 하지 않았다면 사고 책임과 무관하다고 볼 수 없었겠지만, 사고가 있을 것을 예상할 수 없었기 때문에 법원은 A교회에 과실 책임을 물을 수 없다고 판단하였다.

2. 해외선교 중 교통사고 책임

(1) 사실관계

여대생 甲은 2014년 1월 평소 다니는 G교회의 담임목사 乙, 교인 일행 7명과 함께 유럽으로 단기 선교여행을 떠났다가 운전자 丁이 운전하는 자동차에 탑승 중 빙판길에 미끄러져 정차된 트레일러와 크게 충돌했고, 이 사고로 여대생 甲은 오른쪽 눈을 실명하고, 뇌병변 이상으로 균형 장애를 입게 되었다. 여대생 甲은 G교회의 목사 乙, 당시 운전자 丁을 상대로 손해배상청구 소송을 제기하였으나 해당 교회는 함께 다녀온 선교여행은 교회에서 주최하지 않았고, 교회 청년들이 자발적으로 조직해 실행한 것이라며 목사 乙에 대한 사용자책임을 인정할 수 없다고 주장하였다.

(2) 판결요지

법원은 G교회와 담임목사 乙, 그리고 운전자 丁 모두에게 책임이 있다고 판결하였다. 법원은 첫째, 운전자의 운전미숙과 결빙을 고려하지 않는 부주의 운전으로 인한 사고였다고 판단하였고, 둘째, 차를 렌트한 목사는 자동차 임차인으로서 자동차 임차인이 일시적으로 다른 사람에게 대리운전을 맡긴 경우에도 사고 책임을 져야 한다는 대법원 판결을 인용했으며 셋째, G교회는 담임목사 乙에 대한 사용자로서의 甲의 손해에 대해서 공동배상 책임이 있다고 판단하였다. 법원은 G교회는 담임목사인 乙의 사용자로서, 담임목사 乙은 운행의 지배와 이익을 갖는 사고 차량의 임차인으로서, 운전자 丁은 사고 차량 운전자로서 손해를 배상할 책임이 있다며, 공동으로 손해를 배상하라는 화해권고결정을 내렸다.[42]

---

41) 대법원 1986. 2. 11. 선고 85다카2336 판결.
42) 서울북부지방법원 2020. 5. 15. 선고 2017가단121295 판결.

(3) 해설

G교회 청년들이 주관한 해외 선교활동을 떠났다가 교통사고로 신체장애를 얻게 된 여대생에게 해당 교회와 목사가 9억 7000만원의 손해 배상금을 지급하는 내용의 법원 화해권고결정이 내려졌다. 해외에서 렌트 차량을 운행하는 경우, 반드시 여행자보험에 가입해야 한다. 국내에서도 렌트카 차량을 이용 중에 사고가 발생하면 보험사에서 보장하는 보험금으로는 후유 장애 및 사망 등으로 인한 민사상 합의에 부족한 경우가 많아 가능한 보장금액을 확대해 추가보험에 가입하는 것이 안전한 방법이다. 또한 국민건강보험이나 실손보험 등을 신뢰한 나머지 여행보험에 가입하지 않는 경우가 있는데, 국민건강보험이나 실손보험은 자신의 치료에는 도움이 되지만, 교회와 같은 단체여행 중에 교통사고로 입게 되는 사망, 장애 후유증에 대한 민사상 보상에는 한계가 있음을 알아야 한다.

여행 중에 렌트 차량을 운행하는 경우, 반드시 운전하는 사람의 명의로 렌트해야 한다. 렌트를 한 명의자는 자동차 임차인으로서 일시적일지라도 다른 사람에게 대리운전을 맡긴 경우에 발생한 사고에 대해서 책임을 져야 한다. 그리고 교회에서 단기 선교, 성지여행 등 단체여행을 떠날 때는 여행보험 가입과 더불어 여행 도중에 현지에서 발생할 수 있는 위험에 대해서 충분한 설명과 안전 수칙 등을 교육한 후에 각서 등을 작성해 두어 혹시 불의의 사고로 발생할 수 있는 민·형사상 배상소송에 의하여 교회에 재정적 충격이 되지 않도록 대비하는 것도 현명한 지혜일 것이다.

3. 교회학교의 보호 · 감독책임

(1) 사실관계

A교회에 출석하는 주일학교 어린이 甲과 乙은 교회 예배를 마치고 교회 셔틀버스를 기다리는 도중에 교회 근처에서 나뭇가지를 가지고 놀던 중, 어린이 乙은 어린이 甲이 던진 나뭇가지에 오른쪽 눈에 맞아 우안 유리혼탁, 안구 이중천공 등의 상해를 입게 되어 결국 우안을 실명하게 되었다. 이에 피해 어린이 乙의 가족은 어린이 甲과 A교회를 상대로 약 1억 원의 손해배상을 청구하였다.

(2) 판결요지

A교회는 미성년 교인들을 친권자 등 법정 감독의무자를 대신해 감독할 의무가

있다. 사고는 예배가 끝난 직후 교회 바로 옆에서 발생해 종교 활동과 시간적으로 밀접 불가분한 생활 관계 내에서 발생하였고, 교회는 그 보호·감독의무 위반에 대한 책임을 면할 수 없다. 그리고 사고가 발생한 시간, 장소, 가해자와 피해자의 연령과 사고 발생의 경위 등 제반 사정에 비춰 보면 A교회는 사고 발생의 위험성에 대한 예견가능성도 있었다고 볼 수 있다. 또한 가해자인 어린이 甲의 아버지는 감독의무자로서 민법 제755조 제1항에 의거해 배상책임이 있다고 판시하였다.[43]

4. 담임목사의 직무상 행위로 인한 손해배상책임

비법인사단 대표자의 행위가 민법 제35조 제1항의 직무에 관한 행위에 해당하는 때에도 대표자의 행위가 직무에 관한 행위에 해당하지 않음을 피해자가 알았거나 피해자의 중대한 과실로 인하여 알지 못한 경우에는 비법인사단에 손해배상책임을 물을 수 없다. 여기서 중대한 과실이란 거래의 상대방이 조금만 주의를 기울였더라면 대표자의 행위가 그 직무권한 내에서 적법하게 행하여진 것이 아니라는 사정을 알 수 있었음에도 막연히 이를 직무권한 내의 행위라고 믿음으로써 일반인에게 요구되는 주의의무에 현저히 위반하는 것으로 고의에 가까울 정도의 주의를 결여했고, 공평의 관점에서 상대방을 구태여 보호할 필요가 없다고 보는 것이 상당하다고 인정되는 상태를 말한다.[44]

교회와 같은 비법인사단의 대표인 담임목사가 위법 부당한 행위로 타인에게 손해를 입힌 경우, 비법인사단인 교회는 민법 제35조 제1항을 유추·적용하여 그 손해를 배상할 책임이 있으며,[45] 비법인사단 대표자의 행위가 대표자 개인의 사리를 도모하기 위한 것이었거나 혹은 법령의 규정을 위배한 것이었다 하더라도 외관상 또는 객관적으로 직무에 관한 행위라고 인정할 수 있는 것이라면, 민법 제35조 제1항의 직무에 관한 행위에 해당한다.[46]

43) 대법원 2008. 4. 24. 선고 2006다80650 판결.
44) 대법원 2003. 7. 25. 선고 2002다27088 판결.
45) 서울남부지방법원 2011. 9. 29. 선고 2010가합6001(본소), 2010가합20250(반소) 판결.
46) 대법원 2003. 7. 25. 선고 2002다27088 판결.

제3절 ‖ 교회의 조직

Ⅰ. 치리회

1. 치리회의 의의

치리회(治理會)는 교회의 구성원인 교인의 범죄에 대하여 치리(治理)하는 기관을 말한다. 그러나 치리회의 시벌(施罰) 목적은 처벌에 있지 아니하며, 범죄인들이 죄에서 회개하고, 그리스도의 법에 순복하여 구원을 얻게 하려는데 주된 목적이 있다(고전5:4－5). 만약 범죄인이 치리회 시벌에 복종하지 않거나 계속해서 법을 어기는 때에는 더 중한 시벌을 통하여 성경의 권위와 교회의 거룩성을 수호해야 한다(마18:15－17). 치리회 권위는 치리회 자체나 치리회 구성원의 권위에서 나오는 것이 아니라, 성경에서 기인한다. 교회 치리권은 사인(私人)에게 있지 아니하며, 목사장로(牧師長老, teaching elder)와 치리장로(治理長老, ruling elder)로 구성한 치리회에 있으며, 치리회는 공의회에 해당하는 당회, 노회, 대회,[47] 총회이다(정치 제8장 제1조). 따라서 치리회가 아닌 개인에 의한 치리, 그리고 공동의회, 제직회 등 다른 교회 기관에서의 치리는 효력이 없다.

2. 치리회의 효력

(1) 치리회의 기속력

기속력(羈束力)은 판결이 선고되어 성립하면 판결한 법원과 당사자까지도 이에 구속되어 스스로 판결을 철회하거나 취소·변경하는 것을 허용하지 않는 것이다. 확정판결(確定判決)은 선고와 동시에 그 효력이 발생하며, 기속력(羈束力)은 자기구속력(自己 拘束力)이라고도 불린다. 교회나 노회의 판결은 일정한 상소기간이 지날 때, 확정된다. 하지만 총회 판결의 경우에 판결은 선고한 날로 확정된다(통합 권징 제3장 제34조, 고신 권징조례 제40조).

47) 대회(大會)는 명목상 치리회로 존재하는 유명무실한 치리회로 존재하고 있으며, 교회 치리는 당회, 노회, 총회 3심제로 이루어진다.

(2) 치리회의 기판력

기판력(旣判力)은 확정된 재판의 판단 내용이 소송 당사자 및 같은 사항을 다루는 다른 법원을 구속하여 그 판단 내용에 어긋나는 주장이나 판단을 할 수 없는 효력을 말한다. 각 치리회에서 결정된 사안은 소속 교단 산하 교회에 기판력[48]을 갖게 되어 당사자를 구속하게 된다(정치 제8장 제2조 제2항). 즉 어느 교회 당회에서 면직을 받은 사람은 교단 소속 모든 교회로부터 면직을 받은 것과 같은 효력이 생기는 것이다. 그러나 해벌은 면직을 시벌(施罰) 했던 교회 치리회에서만 해벌(解罰) 할 수 있는 권한이 있고, 다른 교회 치리회에서는 해벌 할 수 없다(권징조례 제5장 제35조, 통합 권징 제137조).

각급 치리회를 독립적으로 보아야 할 것인지는 국가법과 교회법을 달리 판단해야 한다. 하회(下會)의 치리행사(治理行使)는 동일한 사안에 대하여 상회(上會)의 치리행사와 동일한 구속력을 갖는 것이 원칙이다. 대법원의 판결이 동일한 사안에 대하여 모든 하급심을 구속하는 것처럼, 교단총회의 결정은 소속 교회를 구속하게 되며, 총회의 결정이 번복되기 전까지 산하 교회의 결정을 구속하게 된다. 하지만, 대법원은 교회 재정이나 재산의 사용, 처분권리 등의 경우, 교단 헌법보다 지교회 결정을 우선하여 인정하고, 교회의 탈퇴 및 소속 결정 등에 있어서도 교단 헌법보다 교회 자율권을 우선에 둔다.[49]

3. 치리회의 대상과 범위

(1) 성경과 교회법

치리 행사는 반드시 성경과 교회법을 위반하는 행위가 있어야 하며(통합 권징 제3조, 고신 권징조례 제5조 참조), 치리 행사는 하자(흠)가 없는 정당한 형식과 절차를 요구한다(고전14:40). 만약 성경이나 교단 헌법, 교회정관 등과 상관없는 사건, 성경이나 교회법을 위반하지 않는 행위에 대한 치리 행사, 치리 절차와 형식에 흠이 있는

48) '기판력'(일사부재리의 원칙)은 확정된 종국판결의 판결 내용이 소송 당사자 및 동일한 사항을 다루는 다른 법원을 구속하여, 그 판단 내용에 어긋나는 주장이나 판단을 할 수 없게 하는 소송법상의 효력을 말한다.

49) 대법원 1991. 12. 13. 선고 91다29446 판결.

행사는 무효가 되어 효력이 발생하지 않는다. 특히 이단성 인정, 목사직의 면직, 일반신도의 출교 등 종교단체의 처분은 종교인에게 미치는 법익 내지 권리 침해위험의 정도가 크기 때문에 당해 처분에 이르기까지 절차적 요건이 더 엄격히 준수되어야 한다. 하지만, 치리 행사, 치리 절차와 형식에 흠이 있는 행사라 하더라도 무조건 무효가 되는 것은 아니고 그러한 흠이 매우 중대하여 이를 그대로 둘 경우, 현저히 정의관념에 반하는 경우이어야 하며,[50] 치리 행사가 법을 위반하는 정도와 하자(흠)의 경중 등을 종합적으로 고려하여 결정하게 된다.

(2) 교회와 교인

치리 행사의 대상 및 범위는 교단 헌법에 규정되어 있는 한에서 한다(정치 제8장 제2조). 공의회에 속한 교회의 교인, 직원, 치리회 등이 치리 대상이 된다(통합 권징 제3조). 교회 치리회인 당회(堂會)는 지교회 소속 교인과 직원에 대한 치리 행사만 가능하고, 교단이나 노회는 소속 교회와 회원에 대해서만 치리할 수 있고, 교단 소속이 다른 교회와 교인들에 대한 치리 권한이 없다. 치리 행사는 이명 이전이거나 자발적으로 탈퇴하기 이전인 경우, 치리 중에 탈퇴하는 회원은 치리할 수 있다. 하지만 치리 이전에 탈퇴한 교인이나 직원은 치리할 수 없다. 현재 한국장로교의 교단 헌법은 정치적인 성격으로 인해 치리 대상과 범위가 불분명한데, 당해 치리 대상과 범위에 대한 구체적이고 명확한 규정이 필요하다.

4. 치리회와 치리회장의 권한

(1) 치리회의 권한

치리회는 교회의 질서와 성결과 평화를 유지하기 위하여 헌법과 교회 규례에 따라 행정과 권징을 시행하고, 순서에 따라 상회에 상소하며, 각급 치리회는 고유한 특권이 있으나 순서대로 상회의 검사와 관할을 받는다(정치 제8장 제2조). 각급 치리회는 국가법을 대신하여 형벌할 수 없다. 교회법에 규정된 성경 교리와 교회 헌법, 도덕적·영적 사건에 관련한 범죄만을 처벌할 수 있을 뿐이다(행15:1,32). 치리회는 성경과 교회법을 범한 사람을 소환하여 증거를 수합(收合)하거나 자료 제출을 명하

50) 대법원 2006. 2. 10. 선고 2003다63104 판결.

여 시벌하되, 만약 불복하거나 불법한 사람은 교인의 특권을 향유(享有)하지 못하도록 해야 한다(정치 제8장 제4조). 교회법에 규정하고 있지 않은 행위에 대해서 치리권을 행사하면 불법이 되어 무효가 된다.

(2) 치리회장의 권한

장로교 교회에 속한 교회의 각급 치리회가 처리하기 위하여 치리회의 상을 선정하게 되는 때에 치리회장은 반드시 목사(牧師)로 해야 한다. 하지만 교회에 따라서 목사가 아닌 치리장로를 치리회장으로 하는 경우가 있는데, 이는 성경과 신조, 교리를 위배하는 것이다. 모든 치리는 하나님으로부터 오는 것이고, 하나님의 말씀인 성경에 의해 행사하는 것이므로, 강도권(講道權)을 가지고 있는 목사가 치리회장이 되어야 한다. 치리회인 당회는 1년 1회 이상 소집하고, 노회는 회집하는 노회 기간에 소집하며, 총회는 매년 1회 총회 기간에 소집하는 것을 원칙으로 하며, 회장이 이를 소집한다(정치 제8장 제3조). 치리회장은 그 회의 규칙에 따라 회의를 소집하고, 개회와 폐회를 주관하며, 회의를 신속하고 공명정대하게 진행하되 성경과 교회법에 따라 합법적 절차에 따라서 질서대로 처리해야 한다.

5. 치리회 기관

웨스트민스터 신앙고백서 제31장(대회와 공회의에 관하여)은 '더 나은 교회정치와 교회를 더 잘 세우기 위해 일반적으로 대회 또는 공회의라고 불리는 회의가 있어야 한다.'고 선언하고(제1절), '모든 대회나 공회의는 사도시대 이후부터 총회나 지역회가 잘못을 할 수 있고, 여러 번 잘못해 왔지만'(제3절) 그럼에도 불구하고 '확정된 결의 사항과 판결이 하나님의 말씀에 부합하는 한, 그에 대해 존경과 복종의 자세로 받아야 한다.'라고 선언한다(제2절).

치리회는 목사장로(牧師長老, teaching elder)와 치리장로(治理長老, ruling elder)로 조직되어 있는 당회(堂會), 노회(老會), 총회(總會)를 말한다. 당회는 개체교회의 치리회요, 노회는 특정 지역의 치리회이며, 총회는 전국적인 회의체다. 각 치리회는 하나님의 말씀에 따라 결정해야 하며, 치리회의 결정이 잘못된 것이 아니라면 하나님의 말씀에 준하는 권위로 존경하고 순종해야 한다.

(1) 당회

당회(堂會)는 노회에서 파송된 목사장로와 교인들의 투표로 선출된 대표인 치리 장로로 구성된다. 당회 조직과 증원은 세례교인 25인 이상을 요구하고, 교인 수에 비례하여 차등 선출되는 비례대표자이다(정치 제9장 제1조). 당회는 회원의 과반수 이상의 소집 요구, 상회의 회집 명령에 따라 소집하거나 그 치리회의 필요에 따라 당회장이 수시로 회집할 수 있다. 만일 당회장이 부존재의 경우, 장로 과반수가 소집할 수 있다(정치 제9장 제7조). 당회는 반드시 목사와 장로가 있어야 하고, 당회 성수는 목사와 장로 과반수가 참석해야 성립되며, 당회장은 노회에서 파송한 목사만 될 수 있다.

당회는 지교회 교인과 직원을 치리하는 기관으로, 성경과 교회법에 따른 지교회의 신앙과 행위에 관하여 치리하고 다스린다. 치리 안건과 같은 재판사건이나 중대한 안건은 반드시 당회장이 존재하지 않은 상태에서는 처리할 수 없다. 단 당회장인 목사가 존재하지 아니하는 경우에라도 재판사건이나 중대한 안건이 아닌 일반적인 사무는 치리장로 과반수 참석으로 처리할 수 있다(정치 제9장 제4조).

(2) 노회

1) 노회의 의의

교단 헌법은 ‘그리스도의 몸 된 교회가 나뉘어 여러 지교회가 되었으니(행6:1-6;9:31;21:20) 서로 협의하여 도와 교회 도리의 순전을 보전하며, 권징을 시행하며, 신앙상 지식과 바른 도리를 합심하여 발휘하며, 배도(背道)과 부도덕함을 금지할 것이요, 이를 성취하려면 노회와 같은 상회가 있는 것이 긴요하다.’라고 노회가 필요한 이유에 관해 설명한다(정치 제10장 제1조).

노회(老會)는 여러 개체 교회로 나뉘어 있으나 본질적으로 예수 그리스도의 한 몸임을 확인하고 드러내는 차원에서 존재하는 것이다. 노회는 여러 개체 교회가 협력·연합함으로써 신앙상 지식과 바른 도리를 지키고, 불법과 불의로부터 교회의 순결과 온전함을 보존하여 신앙을 증진시킨다. 또한 교회행정과 권징을 동일하게 하여 배교와 부도덕을 방지하며, 교회의 전반적인 사항과 목사의 제반 신상 문제의 처리를 위해 존재한다.

2) 노회 조직과 회집

교단 헌법에 따르면 노회는 일정한 지방 내의 모든 목사와 각 당회에서 총대로 파송하는 장로로 조직한다. 단 조직교회 21당회 이상이 있어야 한다(정치 제10장 제2조). 지교회 시무 목사와 정년 이전의 원로 목사, 총회나 노회가 파송한 기관 사무를 위임한 목사가 회원이 되고, 그 밖의 목사는 언권 회원이 되며 총대권은 없다. 노회 회집은 1년 1회 정기회와 특별한 사건이 있는 경우, 각 다른 지교회 목사 3인과 장로 3인의 청원으로 회장이 임시회를 소집할 수 있고, 개회 10일 전에 장소와 일시를 정하여 소집공고를 하고 통지서에 기재한 안건만 의결한다(정치 제10장 제9조). 노회가 예정한 장소와 일시에 정회원 목사 3인, 장로 총대 3인 이상이 회집하면 개회할 수 있으며, 노회의 일체 사무를 처리할 수 있다(정치 제10장 제5조).

3) 노회의 직무(정치 제10장 제6조)

가. 노회(老會)는 그 구역에 있는 당회와 지교회와 목사와 강도사와 전도사와 목사 후보생과 미조직 지교회를 총찰한다.

나. 노회(老會)는 헌의와 청원과 상소 및 소원과 고소와 문의와 위탁판결을 접수하여 처리하며, 재판건에 대해 재판국에 위임 처리하게 할 수 있고, 상소건 등은 상회에 보낸다.

다. 목사 후보생, 목사 고시, 강도사 인허, 목사임직, 이명, 권징 등을 관리하며 도리와 권징에 관한 합당한 문의를 해석한다.

라. 교회의 실정과 폐해(弊害)를 감시하고, 교정하기 위해 지교회를 시찰한다.

마. 지교회의 설립, 분립, 합병, 폐지와 당회를 조직하는 일, 교회가 목사를 청빙하는 일, 교회의 재산·재정 사건에 대한 변론이 발생하면 지도 방조한다.

바. 청원과 헌의를 상회에 올려보내고, 상회에서 내려 보내는 공한을 접수하여 그 지휘를 봉행하며, 교회 일을 질서 있게 처리한다.

사. 시찰 위원을 선택하고 당회와 교회의 형편이나 일정한 사건을 위탁하여 시찰하도록 하여 노회에 보고한다.

4) 노회와 당회

노회는 당회와 총회의 중간에 위치하는 치리회로써 노회는 당회장이나 당회의 불법적인 행정, 치리에 대해서 시찰하여 처리한다. 예를 들어 당회가 불법으로 정관을 만들어 그 정관에 따라 재산을 처분했다면, 불법으로 정관을 제정하여 법률 행위를 한 그 행위를 처단하여 직위와 지위를 상실하게 할 수 있다.

(3) 총회

1) 총회의 개념

총회(總會)는 대한예수교장로회 모든 지교회 및 치리회의 최고회(最高會)이다(정치 제12장 제1조). 치리회의 최고회인 것은 총회 결정에 대한 효력, 즉 총회를 구속하는 기속력(羈束力)[51]을 의미하며, 교단 산하 교회를 구속하는 기판력(旣判力)[52]이 있음을 의미한다. 총회는 최고회로서 전국 교회의 재판권(裁判權), 입법권(立法權), 행정권(行政權)의 가장 상위에 위치하며, 노회나 당회에 대하여 규제하고 명령하고, 또한 각종 보고를 받고, 하회록에 대하여 검열한다. 즉 노회나 당회는 총회의 감독을 받아야 하며, 총회의 결정에 복종해야 할 책임이 있다는 점에서 하회이고, 총회는 모든 교회 사건의 최고 결정권을 갖는 치리회이므로 상회라고 할 수 있다.

2) 총회의 조직

총회조직(總會組織)은 노회에서 파송한 목사와 장로가 구성원이 되는데, 각 노회의 매 7당회에서 목사 1인 장로 1인씩 파송한다. 총회는 목사와 장로를 동수로 구성하고, 총회는 매년 1회 정례로 회집하고, 예정된 장소와 일시에 노회 과반수와 목사와 장로 각 과반수 이상이 출석해야 개회할 수 있고, 회무를 처리할 수 있다(정치 제12장 제2조). 목사와 장로를 동수로 하는 목적은 각 지역 노회의 의견과 목사와 장로의 의견을 균등하게 반영하도록 하기 위함이다. 따라서 만약 회의 도중에 과반수가 미달하면 의결은 할 수 없고, 과반수 미달 중에 의결은 무효가 된다.

3) 총회의 직무

총회는 소속 교회와 그 치리회의 모든 사무와 그 연합관계를 총찰하며, 하회에서

---

51) '기속력'은 판결이 선고되어 성립되면 판결법원 자신까지도 이에 구속되어 스스로 판결을 철회하거나 변경하는 것이 허용되지 않는다. 확정판결은 선고와 동시에 그 효력이 발생하며 기속력은 자기구속력이라고도 불린다.

52) '기판력'이란 확정된 재판의 판단 내용이 소송 당사자 및 같은 사항을 다루는 다른 법원을 구속하여 그 판단 내용에 어긋나는 주장이나 판단을 할 수 없는 효력을 말한다. 총회의 결정은 교단 소속 모든 교회의 결정이 된다.

합법적으로 제출하는 헌의와 청원과 상고와 소원과 고소와 문의와 위탁판결을 접수하여 처리하고, 각 하회 회의록을 검열하여 찬부(贊否)를 표하고 산하 각 교회 간에 서로 연락하며 교통하며 신뢰하게 한다(정치 제12장 제4조).

4) 총회의 권한

가. 총회는 입법권(立法權)을 갖는다. 소속 노회 3분의 1 이상이 헌법을 개정하자는 헌의가 제출되면 교회 헌법을 수정 및 개정을 할 수 있다. 신조와 요리문답을 개정하고자 하는 때에는 각 노회에 수의하여 노회 3분의 2와 모든 투표수의 3분의 2의 찬성을 얻어 다음 회가 채용하여야 하고, 정치, 권징 조례, 예배모범을 변경하고자 하는 때에는 각 노회에 수의하여 노회 과반수와 총투표수 3분의 2의 찬성을 얻으면 총회가 공포 실행한다(정치 제23장).

나. 총회는 행정권(行政權)을 갖는다. 전국 교회를 통솔하며, 본 총회와 다른 교파 교회 간에 정한 규례에 의하여 교통한다. 산하 노회, 대회를 설립, 합병, 분립, 폐지하기도 하며, 신학교와 대학교의 설립, 강도사 지원자를 고시한다.

다. 총회는 사법권(司法權)을 갖는다. 총회는 교회 헌법을 해석할 전권을 갖고, 교리와 권징에 관한 쟁론을 판단하고, 지교회가 노회의 결정 이후 상고하면 접수하여 판결하며, 지교회와 노회의 오해와 부도덕한 행위를 경책하며 권계하며 변증한다.

5) 총회장

> **벧전5:1-4**「[1] 너희 중 장로들에게 권하노니 나는 함께 장로 된 자요 그리스도의 고난의 증인이요 나타날 영광에 참여할 자니라 [2] 너희 중에 있는 하나님의 양 무리를 치되 억지로 하지 말고 하나님의 뜻을 따라 자원함으로 하며 더러운 이득을 위하여 하지 말고 기꺼이 하며 [3] 맡은 자들에게 주장하는 자세를 하지 말고 양 무리의 본이 되라 [4] 그리하면 목자장이 나타나실 때에 시들지 아니하는 영광의 관을 얻으리라」

장로교 정치가 감독정치와 구별되는 것은 모든 사역자의 권한 등이 동등(parity between ministers)하다는 점이다. 따라서 총회장 직분은 교회가 위탁한 권한으로 임시적 총회 의장으로서 역할을 의미하며, 교회나 다른 목사들과의 관계에서 권한의 우월이나 지위 및 위계질서를 나타내는 직분을 의미하지 않는다. 장로교 정치에 있어서 교회의 유일한 감독자는 오직 교회의 머리가 되신 예수 그리스도 뿐이시다(벧

직 신앙고백서 제31조).[53]

Ⅱ. 의결기관

1. 공동의회

의결기관(議決機關)이란 교회의 의사를 의결이라는 형식으로 결정하는 권한을 가진 합의제(合議制) 기관을 말한다. 교회의 실질적인 의결기관은 공동의회(共同議會)와 당회(堂會)가 있으며, 제직회(諸職會)는 공동의회와 당회의 의결에 따라 재정을 집행한다. 공동의회는 지교회 최고 의결기관으로 교인의 총회이다. 공동의회는 국회와 같은 입법 권한을 가지고 있으며, 민법에서 사원총회에 해당하는 교인들의 총회를 의미한다. 지교회 최고 의결기관인 공동의회는 교회정관이나 교단 헌법 또는 어떤 회의체의 결의에 의해서도 폐지할 수 없다. 우리 민법에 따르면 사단법인은 사원총회에서 구성원 가운데 의장인 대표자를 선출하는 것이 원칙이지만, 교회의 공동의회 의장이나 당회장은 교회 구성원 가운데서 선출하지 않고, 교회의 청원으로 노회가 파송하는 목사(牧師)가 대표자가 된다. 이때 공동의회나 당회장으로서 행사하는 의결권은 회원으로서 행사하는 의결권이 아니라 대표자의 자격으로서 갖는 의결권이다.

(1) 공동의회 구성원 자격

공동의회 구성원 자격은 당회가 매년 노회에 통계표를 제출하기 위하여 권징 조례 제50조에 규정한 대로 검사하여 정리된 본 교회의 무흠입교인(無欠入教人)이어야 한다(정치 제21장 제1조 제1항). 단 본 교회의 입교인 일지라도 무고히 6개월 이상 본 교회 예배 회에 계속 출석하지 아니한 교인은 선거권과 피선거권이 중지된다(헌법적 규칙 제3조 제2항).

치리장로는 지교회 소속이기 때문에 교인의 자격으로 공동의회 회원이지만, 목사(牧師)는 교인 회원자격이 아닌 당회장이 공동의회의 장을 겸무하는 헌법에 따라 공동의회의 장이 된다(정치 제21장 제1조 제3항). 공동의회의 장은 교인들의 총회인 공

---

53) 벨직 신앙고백서(Belgic Confession) 제31조
'말씀의 사역자들은 그들이 어느 자리에 있든지 그 권위와 권한이 서로 동등한데, 그들 모두가 유일하신 보편적 감독이며 교회의 유일한 머리이신 예수 그리스도의 종들이기 때문이다.'

동의회에서 교인들이 선출하는 것이 아니라, 당회장인 목사가 공동의회의 장이 되는 것이다.

(2) 공동의회의 소집 및 임원

공동의회는 당회가 필요로 인정할 때, 제직회의 청원이나 무흠입교인 3분의 1 이상 청원이 있을 때, 상회의 명령이 있는 때에 당회의 결의로 소집한다(정치 제21장 제1조 제2항). 임원은 지교회의 당회장과 당회 서기는 공동의회의 회장과 서기를 겸한다. 당회장이 없는 경우에는 그 당회가 노회에 임시회장을 청원하여야 한다. 공동의회 회장은 담임목사가 겸무하는 것이 아니라, 당회장이 겸하고, 공동의회 서기도 당회 서기가 겸한다(정치 제21장 제1조의3).

(3) 공동의회 권한

공동의회는 적어도 1회 이상 정기회의로 모여야 하고, 연말 정기 공동의회에서 교회 예·결산 심의 의결, 각 교회 기관의 인사 및 업무보고를 받고 승인, 교회정관의 수·개정, 위임목사 청빙·청원, 교회 직원의 선출 및 철회, 교단의 가입과 탈퇴 및 교회해산과 교회 합동에 관한 의결을 한다. 공동의회는 당회 및 제직회가 처리하는 외의 안건들에 대해서 의결할 수 있으며, 각 의결정족수는 교회정관이나 교단 헌법에 따른다.

(4) 공동의회의 의결

공동의회는 연말 정기회의에서는 당회의 경과 상황을 들으며 제직회와 부속 각 회의 보고와 교회 결산과 예산서를 채용하며, 그 밖에 법대로 제출하는 사건을 의결한다. 공동의회의 의결은 일반의결과 특별의결로 구별한다. 일반의결(一般議決)은 과반수로 하되 목사 청빙 투표에는 투표수 3분의 2 이상의 찬성이 필요하며, 장로, 집사, 권사 선거에는 투표수 3분의 2 이상의 찬성으로 선정한다. 특별의결(特別議決)은 지교회 정관에 규정대로 하고, 규정이 없는 경우에는 교회 부동산의 보존·처분, 목사 청빙, 장로, 집사선거, 권사 선거, 정관변경, 교단탈퇴 등은 재적교인 3분의 2 이상의 찬성으로 의결하며, 교회 해산, 교회 합동에 관한 의결의 경우 4분의 3 이상의 찬성으로 의결해야 한다(민법 제78조).[54] 단 정관에 다른 규정이 있는 때에는 그 규

---

54) 서울고등법원 2010. 4. 7. 선고 2009나47236 판결.

정에 의한다.

2. 당회

(1) 당회의 조직

당회는 노회의 파송을 받아 지교회를 담임하는 목사장로(牧師長老)와 치리장로(治理長老)로 조직하고, 세례교인 25인 이상을 요한다(정치 제9장 제1조). 치리장로는 교인의 대표자이고, 당회장인 목사는 교회의 대표자이다. 당회장은 노회에서 파송한 담임목사 또는 노회에 속한 임시목사가 당회장이 될 수 있고, 위임목사가 아닌 시무목사도 당회장이 될 수 있다(정치 제9장 제1조). 통합교단 헌법도 당회장이나 임시당회장은 목사가 된다고 규정하고 있고(정치 제67조 당회장 1호, 2호) 정치 제67조 당회장 3호에서 '대리당회장은 당회장이 유고할 때, 또는 기타 사정이 있을 때, 당회장이 위임한 자 또는 당회원이 합의하여 청한 자로 당회장직을 대리케 할 수 있다.'라고 규정하고 있는데, 여기서 '청한 자'는 노회에 청한 목사로 해석해야 한다.

지교회 소속 당회원인 치리장로는 당회장이 될 수 없고, 노회에서 파송한 목사만이 당회장 권한이 있다. 담임하는 목사가 없는 당회는 당회원인 장로들만으로 당회를 구성할 수 없는 까닭에 담임목사 유고(有故) 시에 노회에서 임시당회장을 파견하여 당회를 구성하도록 해야 한다. 만약 노회의 파송이 없는 경우에는 그 당회가 회집할 때마다 임시당회장 될 목사를 청할 수 있으나 부득이한 경우에는 당회장 될 목사가 없을지라도 재판사건과 중대 사건 외에는 당회가 사무를 처리할 수 있다(정치 제9장 제4조). 당회장은 지교회 담임목사가 될 것이나 신병이 있거나 장기 출타하는 등 특별한 사정이 있는 경우에는 당회의 결의로 본 교회 목사는 그 노회에 속한 목사 1인을 청하여 대리당회장이 되게 할 수 있다(정치 제9장 제3조).

(2) 당회의 권한과 임무

장로회 교회는 교단 헌법상 당회(堂會), 노회(老會), 대회(大會), 총회(總會) 등의 정치기구가 있다. 대회(大會)는 헌법에는 명시되어 있으나 정치기구로서 기능이 정지 상태에 있다. 당회, 노회, 총회는 행정과 사법권을 행사하는데, 당회는 지교회에 행정과 사법을 행사하는 치리회이다. 장로교 교회의 치리권은 장로로 구성된 당회에 있다. 당회의 치리권은 세례교인으로 구성된 교인총회인 공동의회에서 위임받은 것이다. 당회는 치리권을 남용하거나 월권을 행사해서는 안 되며, 당회의 치리는 반드시 교회법인 교단 헌법과 교회정관에 의하여 합법성과 절차를 준수해야 한다. 당회의 임무는 집행기관 부분에서 다루기로 한다.

(3) 당회의 회집 및 성수

당회는 1년 1회 이상을 정기회의로 회집해야 하고, 당회장이 필요하다고 인정될 때, 상회의 회집 요구가 있을 때, 장로 과반수 이상이 청구할 때 회집한다. 당회 개회 성수의 정족수는 반드시 당회장이 출석해야 하고, 재적 장로 수의 과반수가 출석해야 개회한다(정치 제9장 제2조). 만약 재적 장로 100명 전원이 출석해 있을지라도 당회장이 출석하지 않았으면 당회를 개회할 수 없다(정치 제3장 제2조).

(4) 당회장

1) 당회장

당회장(堂會長)은 교회의 대표자로 지교회를 담임하는 위임목사나 시무 목사가 당회장이 된다. 당회원인 장로는 당회장이 될 수 없다. 특별한 경우에는 당회의 결의로 본 교회 목사가 그 노회에 속한 목사 1인을 청하여 대리 당회장이 되게 하거나 본 교회 목사가 신병이 있거나 출타하는 때에도 그에 준한다(정치 제9장 제3조).

2) 대리 당회장

교회에 당회장이 있음에도 당회장이 신병이 있을 때, 당회장이 출타할 때, 특별한 때에 대리당회장(代理堂會長)을 청하기로 당회가 결의하고, 당회장이 본 노회에 속한 목사 1인을 지명하여 청한다(정치 제9장 제3조).

3) 임시당회장

어떤 교회에서든지 목사가 없으면 그 교회에서 목사를 청빙 할 때까지 노회가 당회장 될 사람을 파송해야 하고, 노회가 임시당회장(臨時堂會長)을 파송하지 않은 경우, 당회가 회집 할 때마다 임시당회장 될 목사를 청할 수 있다(정치 제9장 제4조). 장로는 대리당회장, 또는 임시당회장이 될 수 없다.

(5) 당회원

당회원은 목사와 치리장로로 조직되며, 목사와 치리장로는 서로 협력하여 교회를 다스리고 치리(治理)한다. 치리장로는 하나님 말씀을 가르치고 설교하는 강도권을 가진 목사에게 복종해야 하지만, 교회를 범죄로부터 보존하고 거룩성을 유지하기 위해 치리하는 지리 권한에 있어서는 종속되거나 대립하는 관계가 아니고, 서로 동등한 지위에서 협력해야 하는 관계이다.

3. 제직회

(1) 제직회 구성

제직회(諸職會) 구성은 지교회 당회원과 안수집사와 권사를 모두 포함하여 제직회를 조직한다. 다만 서리 집사는 당회가 형편에 따라 제직회 사무를 처리하기 위해 제직 회원의 권리를 줄 수 있도록 하였다. 제직회 회장은 당회장인 담임목사가 겸무하고, 서기와 회계를 선정하게 된다(정치 제21장 제2조 제1항). 담임목사는 제직회를 지도 감독하며, 제직회 행정사무를 총괄하는 등 권한을 행사하지만, 목사는 노회 소속으로 지교회 제직회 회원이 되는 것은 아니다.

(2) 제직회 권한과 임무

제직회는 재정 집행에 관한 의결을 한다. 제직회 개회 성수는 회원 과반수 출석이 원칙이나 통상적인 사무 처리는 출석하는 회원으로 개회하여 처리할 수 있다. 하지만 제직회는 헌법이 허용한 직무의 범위를 넘어 공동의회나 당회의 고유직무를 침범하는 어떠한 결의도 할 수 없다. 따라서 제직회는 당회원인 치리 장로에 대한 신임투표, 당회의 권한인 치리, 목회자 청빙 관련 안건, 교회 부동산의 매입 관련 안건 등을 의결할 수 없다. 단, 공동의회나 당회로부터 위임받은 일반적인 안건은 의결 처리할 수 있다.[55]

제직회는 당회원인 치리장로에 대한 신임투표 권한이 없다. 하지만 제직회는 당회원인 치리장로에 대한 신임투표를 위한 공동의회 소집을 제직회의 결정으로 당회

55) 대한예수교장로회 고신 총회 헌법 제2부 관리표준, 교회정치 제13장 교회 회의 및 소속기관 제153조에 명문으로 제직회의 직무 한계를 규정하고 있다.

에 청원할 수 있다. 교단 헌법에 공동의회 소집을 청원할 수 있는 권한이 명시되어 있기 때문이다(정치 제21장 제1조 제2항). 그러나 당회원인 치리 장로에 대한 신임투표를 위한 공동의회 소집 여부의 권한은 당회에 있는 까닭에 당회가 제직회 청원을 받아들이거나 거절할 수 있다(정치 제20장 제1조 제2항). 제직회의 임무는 집행기관 부분에 다루기로 한다.

Ⅲ. 집행기관

1. 당회

교회나 교인들의 의사를 구체적으로 집행할 권한을 가진 기관을 말한다. 교회에서 대표적인 집행기관은 당회(堂會)와 제직회(諸職會)가 있다. 당회(堂會)는 집행기관으로서 교인들의 신앙과 행위를 총찰(總察)한다. 교인들의 입회와 퇴회, 예배와 성례를 거행하고, 교회 헌금을 관장하거나 교회 재산을 관리 및 보존하고,[56] 장로와 집사 등 직원의 임직에 관한 행사를 주관하며, 교회 구성원의 범죄에 대한 권징이나 해벌을 관장한다. 또한 교회의 각 기관을 지도하거나 감독하고, 교인들의 신령적 유익을 도모하고, 노회(老會)에 총대를 파송하여 노회에 교회 상황을 보고하고 청원을 한다(정치 제9장 제5조). 특히 당회의 중요한 권한은 교회의 감독과 재정을 관할하고, 치리와 교회 직원의 임명에 대해 허용, 담임목사의 목회에 대한 협력, 목회 사역에 대한 문제를 노회에 상정 등을 할 수 있는데, 이러한 권한은 무엇보다 신중함과 진실성이 요구된다.

2. 제직회

행6:3「형제들아 너희 가운데서 성령과 지혜가 충만하여 칭찬받는 사람 일곱을 택하라 우리가 이 일을 그들에게 맡기고」

교회는 교인들의 연보로 이루어진 재정과 재산이 있다. 교회 재산의 관리·사용

56) 교회 부동산의 보존·처분·사용은 교회 구성원인 교인들에게 있다. 당회는 행정상 관리·보존만 할 수 있을 뿐이고, 교회 부동산의 처분은 공동의회 의결로만 할 수 있다.

권한은 당회에 있지만, 교회 재산의 처분은 공동의회에 있다. 제직회는 교회 재산에 대한 권한은 없으며, 공동의회와 당회가 위임한 교회의 재정을 집행한 일을 한다. 제직회는 교회의 재정의 용도나 내용을 결정하고 집행하는 기관이 아니라, 공동의회와 당회의 결정에 따라 당회의 감독 아래서 교회의 재산과 헌금을 관리하고 적절하게 집행하는 기관이다. 제직회는 교회 대내외 구제 활동과 교회에서 위임한 재정을 집행하고, 당회가 행정정책을 수립하면 그 의결한 사항과 행정정책, 재정에 관한 일반수지 예산 및 결산을 집행한다. 만약 교회정관(教會定款)에서 교회 재산의 사용·수익에 대해 제직회 권한으로 규정하고 있다면, 제직회의 결의로 할 수 있다. 제직회는 담임목사에게 재정 상황에 대해서 수시로 보고하고, 회계장부에 대한 감사를 받아 매년 말에 공동의회에 1년간 경과 상황과 일반수지 결산을 보고하고 승인을 받아야 한다(정치 제21장 제2조 제3항).

Ⅳ. 판례

1. 당회 결의에 의한 장로 제명출교

교회 분쟁으로 인한 상호 간의 고소와 소송을 모두 철회하기로 합의한 후에 다시 담임목사를 명예훼손으로 고소하여 벌금형을 받게 한 장로에 대해 당회 결의로 제명출교한 것은 종교단체의 권징에 해당하므로 사법심사의 대상이 아니다.[57)]

2. 당회 결의에 의한 교회재산 처분

(1) 판결요지

부채로 교회 재산이 경매되자 당회 결의로 교회 재산을 다른 교회에 매도하고 교회 이전까지 마친 사안에서, 교회 재산 처분권을 당회에 부여한 최초 정관은 교인총회의 승인을 받지 않은 무효의 정관이므로, 교회 재산 매매는 효력이 없다고 판시하였다.[58)]

---

57) 대구고등법원 2015. 6. 17. 선고 2014나4669 판결.
58) 서울고등법원 2014. 2. 7. 선고 2012나15338 판결.

(2) 해설

교회는 민법상 법인 아닌 사단(비법인사단)으로 사단법인에 관한 민법 규정을 유추 적용한다. 민법에 따르면 교회정관의 개정은 총 교인의 3분의 2 이상의 찬성이 있어야 변경할 수 있다(민법 제42조 제1항). 물론 결의정족수에 관하여 정관에서 달리 정한다면, 그 정관에 따라야 하지만, 정관개정은 어느 경우든 교인총회인 공동의회를 통해서만 정관을 개정할 수 있다. 따라서 최초의 정관이든, 수·개정한 정관이든, 반드시 교인총회를 통해 승인받은 교회정관만이 효력이 발생한다. 만약 교인총회의 승인을 받은 교회정관에 당회 결의로 교회 재산을 처분할 수 있도록 규정하고 있다면 유효한 효력이 발생하게 된다.

3. 노회의 승인 없이 공동의회에서 선임된 당회장의 대표자 자격

(1) 사실관계

A교회는 대한예수교장로회 K 노회 소속교회였으나 교인들의 총의로 대한예수교장로회 S 노회에서 목사안수를 받은 목사 甲을 교회를 대표할 당회장으로 선임하고, 대한예수교장로회 K 노회에서 탈퇴하고 S 노회에 가입하였다. 2년 후에 목사 甲과 A교회는 다시 대한예수교장로회 S 노회에서 탈퇴하고, 대한예수교장로회 K 노회로 복귀하기로 결의하였다. 하지만 대한예수교장로회 K 노회는 목사 甲과 A교회 가입 승인을 거절하였다.

(2) 판결요지

A교회를 독립된 비법인사단으로서의 당사자능력을 갖춘 단체로 인정하는 이상 A교회와 그 소속 노회와의 관계에 있어서는 교회의 당회장 취임에는 노회의 승인을 요하는 것이어서 A교회에서 교인들의 총의에 의하여 선임한 당회장도 승인이 없는 한 노회에 대하여는 당회장으로서 권리와 의무를 주장할 수는 없다. 하지만 비법인사단의 성질상 교회가 소속 교인들의 총의에 의하여 그를 대표할 당회장으로 선임된 자는 소속 노회 이외의 제삼자에 대해서 그 교회를 대표할 자격이 있다. 또한 소속 노회 이외의 대외적 관계에 있어서 소속 교인들의 총의에 의하여 자율적으로 그의 대표자 기타의 임원을 선임하고, 그들을 통한 종교적인 행사를 하며, 교인들의 총유

에 속하는 교회당을 처분할 수 있는 것은 물론 종교자유의 원칙에 따라 소속 교인의 총의에 의하여 그가 소속할 노회도 선택할 수 있는 것이다.[59)]

(3) 해설

당사자능력을 가진 비법인사단으로서 교회는 구성원들이 공동의회(교인총회)에서 대표자를 얼마든지 선임할 수 있다. 교회에서 선임된 대표자는 지교회가 소속된 노회의 승인이 필요하지만, 노회가 승인을 거부하였다면, 비법인사단의 구성원들이 결정(청빙)한 당회장은 교단이나 노회에 대하여 당회장으로서 권리와 의무를 주장할 수는 없다. 하지만 노회 이외에 제삼자에 대한 관계에서 그 교회를 대표하는 대표자로서 자격이 있다.

4. 당회의 사전 결의를 거치지 아니한 공동의회 결의

(1) 사실관계

A교회 목사 甲은 교단 헌법 규정대로 2002년 만 70세에 도달하여 정년이 지났으나 정년이 지난 12월 30일에 당회의 결의 없이 공동의회를 개최하였다. A교회는 당해 8월 열린 당회에서 연내에 위임목사와 시무장로 전원에 대한 신임투표를 실시하자는 결의가 이루어졌으나 반대 측 장로들이 연내 신임투표를 개최하는 것을 무산시키려고 하자 제직회에서 절대다수의 찬성으로 당회에 청원하였고, 이에 열린 두 차례의 당회에서도 신임투표 실시 시기에 따른 결정이 이루어지지 않자 정년이 지난 목사 甲은 그 해 마지막 날을 하루 앞두고 12월 30일 공동의회를 열어 전체 세례교인의 약 3분의 2에 해당하는 958명의 교인이 투표에 참여하여 압도적인 찬성으로 반대 측 장로들에 대해 불신임안이 가결되었다.

(2) 판결요지

우리 헌법이 종교의 자유를 보장하고 종교와 국가기능을 엄격히 분리하고 있는 점에 비추어 종교단체의 조직과 운영은 그 자율성이 최대한 보장되어야 할 것이므로, 교회 안에서 개인이 누리는 지위에 영향을 미칠 각종 결의나 처분이 당연 무효

59) 대법원 1967. 12. 18. 선고 67다2202 판결.

라고 판단하려면, 그저 일반적인 종교단체 아닌 일반단체의 결의나 처분을 무효로 돌릴 정도의 절차상 하자가 있는 것으로는 부족하고, 그러한 하자가 매우 중대하여 이를 그대로 둘 경우, 현저히 정의 관념에 반하는 경우라야 한다. 교회의 위임목사와 장로에 대한 신임투표를 위한 공동의회의 소집 절차에 당회의 사전 결의를 거치지 아니한 하자가 있으나, 그 하자가 정의 관념에 비추어 도저히 수긍할 수 없을 정도의 중대한 하자가 아니라면, 공동의회에서의 시무장로에 대한 불신임결의가 당연 무효라고 할 수 없다.[60)]

(3) 해설

현재 한국 장로교회는 임시 공동의회는 당회 결의, 제직회 청원, 세례교인 3분의 2 이상 청원, 상회의 명령이 있는 경우에 소집할 수 있으나, 당회의 권한이 절대적이어서 당회가 거부하면 임시 공동의회 개최가 어려운 것이 현실이다. 하지만 법원은 종교단체 내에서 개인이 누리는 지위에 영향을 미칠 각종 결의나 처분이 당연 무효가 되려면 절차상 하자가 매우 중대한 하자인 경우이어야 한다며, 당회를 사전 결의를 거치지 아니할지라도 정의 관념에 비추어 도저히 수긍할 수 없을 정도의 중대한 하자가 아니라면 공동의회 결의를 인정한다.

5. 제직회 결의에 의한 퇴직금 약정의 효력

(1) 판결요지

담임목사의 사망으로 유족인 사모에게 교회가 제직회 결의로 월 100만 원을 퇴직사례비로 지급하기로 약정한 사안에서, 교회정관에서 제직회 권한으로 정한 약정은 효력이 있다고 판시하였다.[61)]

(2) 해설

교회 재산의 관리·사용 권한은 당회에 있고, 교회 재산의 처분은 공동의회에 있다. 제직회는 교회 재산에 대한 권한은 없으며, 공동의회와 당회가 위임한 교회 재정에 대한 집행 권한만 있을 뿐이다. 하지만 교회 교인들이 총회에서 승인한 교회정관

---

60) 대법원 2006. 2. 10. 선고 2003다63104 판결.
61) 수원지방법원 안양지원 2015. 6. 11. 선고 2014가단11701 판결.

에 교회 재산의 관리·사용을 제직회 권한으로 규정하였다면, 교회 재산의 관리·사용을 제직회 결의로도 할 수 있는 것이다. 마찬가지로 당회는 교회 재산의 관리·사용 권한은 있고 교회 재산 처분권은 없으나 공동의회에서 교회정관에 당회에 처분 권한을 규정했다면, 당회 결의로 교회 재산에 대해 처분할 수 있다.

제4절 ‖ 교인의 지위와 권한

Ⅰ. 교인

1. 교인의 개념

교인(敎人)은 사전적으로 종교를 가지고 있는 사람인 신자(信者)를 뜻하는데, 일반적으로 교회에 출석하는 사람을 교인이라고 말한다. 가톨릭에서는 교우(敎友) 또는 형제님, 자매님이라고 하고, 불교는 법우(法友)라는 표현을 쓴다. 교회 교인은 교회에 출석만 하는 것으로 되지 않고, 출석하는 지교회에 등록하고, 교단 헌법이나 교회정관을 따라 신앙생활을 하며 실질적으로 예배(禮拜)에 참석하고 교회의 지도와 감독 및 치리(治理)까지 복종할 수 있는 교인을 말한다.

2. 교인의 구분

교인은 학습교인, 세례교인, 원입교인 등으로 일컫는데, 일반적으로 교회법에서 교인이라고 함은 세례교인을 말한다. 학습교인(學習敎人)은 교회에 출석하고 6개월이 경과하고 학습 문답을 받은 만 14세 이상의 교인을 말하고(헌법적 규칙 제5조), 세례교인(洗禮敎人)은 학습을 받은 6개월이 지난 후에 세례를 받은 교인을 말한다. 세례는 합법적으로 안수를 받은 목사만 행할 수 있고, 세례를 베풀기 전에는 일정한 교육과 신앙고백, 서약을 받아야 한다(예배모범 제11장). 세례교인은 대한예수교장로회 총회(합동)에 의하면 만 6세까지는 유아세례를 받을 수 있고, 만 7세로부터 13세의 어린이는 부모 중 한 편만이라도 세례교인이면 어린이 세례를 줄 수 있도록 하고 있다(헌법적 규칙 제6조, 예배모범 제11장).

(1) 등록교인과 출석교인

등록교인, 출석교인은 교단 헌법이나 교회 정관상 법적 용어가 아니다. 등록교인(登錄敎人)은 지교회에 출석하여 예배, 각종 모임에 참여하기로 자신이 스스로 승낙하고 교인명부(교적부)에 등록한 교인을 말하고, 출석교인(出席敎人)은 교인등록과 상관없이 교회의 공예배에 참석하는 사람을 일컬어 말한다. 일반적으로 교회는 등록교인을 기준으로 교인 수를 파악하고 있는데, 교인들이 다른 교회로 이동하거나 6개월 이상 장기적으로 교회에 출석하지 않아도 교인명부에 그대로 남아 있는 경우가 많다. 헌법적 규칙 제2조 2항에 따르면, 6개월 이상 본 교회 공예배에 계속 출석하지 아니하는 때에는 더 이상 교인으로서 권리가 중지되기 때문에 등록교인 명부에서 삭제해야 한다.

(2) 재적교인과 출석교인

교회 회의에서 중요한 교인 구분은 재적교인, 출석교인이다. 교회 회의에서 재적교인(在籍敎人)은 세례교인으로 교인명부에 등록해 있는 총 교인을 말하고, 출석교인(出席敎人)은 회의에 참석한 세례교인을 말한다. 교회법이나 국가 법원에서는 회의에서 의사정족수(議事定足數), 의결정족수(議決定足數)를 엄격히 하고 있다. 의사 및 의결정족수는 의안에 따라서 재적교인이 기준이 되기도 하고, 출석교인이 기준이 되기 때문이다. 재적교인이나 출석교인은 회의 성수나 의결에 있어서 보통 의결권을 가진 자이며, 세례교인의 자격을 가진 교인이다. 재적교인이나 출석교인은 회의나 의안에 따른 의사정족수 및 의결정족수 흠(하자)은 회의 절차상 하자와 더불어 의결을 무효화시키는 중대한 요건이 될 수 있다.[62]

3. 교인의 의무

교인은 적극적으로 예배 외에도 교회 행사에 협력하고, 거룩한 교제를 하며 성경의 도리를 배우고 성경대로 살기로 힘써야 한다(헌법적 규칙 제2조). 교인은 성경에 근거한 의무들로서 교리상 의무, 사회상 의무, 도덕상 의무, 헌법상 의무 등을 가진다. 교리상 의무는 교인으로서 성경이 명령하고 있는 의무준수를 말한다. 주일성수, 예배 참석, 전도, 기도, 이단을 멀리하는 등의 의무를 준수해야 한다. 사회상 의무는 이웃에 대한 구제와 선행, 사회와 국가의 법과 원칙들을 지키고 준수해야 하는 의무이다. 도덕상 의무는 자기와 가족에 대하여 성결하고 거룩한 흠이 없는 생활 의무이다. 교인은 부부로서 일부일처, 가장으로서 자애로우며, 음주·흡연, 폭력 등의 행위를 금해야 한다. 헌법상 의무는 교단 헌법이나 노회, 교회정관에서 규정하고 있는

---

62) 대법원 2012. 2. 9. 선고 2011다104413 판결, 서울고등법원 2018. 6. 15. 선고 2017나2038899 판결.

법규를 준수해야 하는 의무이다. 교인은 소속 지교회의 정관이나 규칙에 명하고 있는바 법규를 지켜야 하는 것은 교인으로서 당연한 의무이다.

4. 교인의 권리

대한민국 헌법 제1조 2항에 '대한민국의 주권은 국민에게 있고, 모든 권력은 국민으로부터 나온다.'라고 규정되어 있다. 교단 헌법에서도 '교회의 주권과 모든 권리는 교인에게 있다.'라고 규정하고 있다(헌법적 규칙 제3조). 교인의 권리는 교회정관이 정하는 바에 따라 일정한 출석(出席)과 등록(登錄)으로 교인의 지위가 발생하고, 그때부터 교인으로서 권리가 부여되며, 반대로 교인의 권리는 탈퇴, 징계사유, 6개월 이상 공예배 불출석 등으로 교인으로서 권리가 상실된다. 교인은 탈퇴, 징계사유로 인하여 교인으로서 지위가 상실되지 않는 한 교인으로서 권리는 제한받거나 방해받아서는 안 된다.

(1) 교회의 선거 · 피선거권

교인은 교회의 선거권, 피선거권, 의결권을 가지고 있다. 선거권(選擧權)은 일정한 자격을 가진 권리자가 자유롭게 선거에 참여하여 투표로서 주권을 행사할 수 있는 권리를 말하고, 피선거권(被選擧權)은 선거에서 당선인이 될 수 있는 자격을 말한다. 교인은 교단 헌법과 교회정관에서 정하고 있는 일정한 요건을 갖추면 교인으로서 선거권 및 피선거권을 가진다. 교인은 장로교회 최고 의결기관인 공동의회 회원으로서 참석하여 의안에 대하여 가(可) · 부(不)를 표시할 수 있는 의결권(議決權)을 갖는다. 하지만 부득이한 사유 외에는 무고히 계속해서 6개월 이상 본 교회 예배에 참석하지 않은 때에는 선거권과 피선거권, 의결권이 중지된다(헌법적 규칙 제7조 제2항).

(2) 교회 재산인 총유의 사용 · 수익

교인은 교회 총유 재산에 대한 사용권(使用權)을 가진다. 하지만 교회는 영리를 목적으로 하지 않는 비영리 단체이기 때문에 수익할 수 있는 수익권(受益權)은 없다고 할 수 있다. 법인이 아닌 사단의 사원이 집합체로서 물건을 소유할 때, 총유로 한다(민법 제275조). 법인 아닌 사단의 구성원으로서 사단의 총유인 재산의 관리처분에 관한 의결에 참여할 수 있는 지위나 사단의 재산에 대한 사용 · 수익권은 사단 구성원의 지위를 전제로 한 것이어서, 구성원은 법인 아닌 사단을 탈퇴 및 지위를 상실할 경우, 동시에 그 권리를 상실한다(민법 제277조).[63]

(3) 예배와 성례

교인은 모든 종류의 예배(禮拜)와 더불어 예수 그리스도께서 세운 성례(聖禮)인 성찬과 세례에 참여할 특권이 있다. 가톨릭교회는 영세, 성체성사, 견진성사, 고해성사, 혼인성사, 성품성사, 종유성사 등 7성례가 있다. 개신교 성례는 성찬과 세례만 지키고 있는데, 이는 예수 그리스도께서 세우신 성례는 성찬과 세례이기 때문이다. 교단 헌법 예배모범에 의하면 성례는 은혜 언약 안에 있는 사람들에게 그리스도의 은혜를 공급하고 나타내기 위함이다. 또한 믿음과 모든 은혜를 강화하고 증진시키고, 순종하게 하며, 교인 상호 간의 사랑과 교제를 증거하고 귀히 간직하게 하며, 교인과 그리스도 밖에 있는 사람들을 구별하는 표식이 된다(예배모범 제11장).

(4) 모임 참석과 봉사

교인은 예배와 성례 및 기타 기관이나 친교 모임에 참여할 수 있는 권리가 있다(헌법적 규칙 제3조 제3항). 교인이 예배와 성찬 및 기타 기관이나 모임에 참여하는 것은 의무이며 동시에 권리이다. 교인이 일정 기간 예배에 참석하지 아니하는 경우 교인의 지위가 상실되고, 권리가 박탈될 수 있다. 교단 헌법은 무고히 계속해서 6개월 이상 본 교회 예배에 참석하지 않은 경우, 선거와 피선거권이 중지된다고 하였다(헌법적 규칙 제7조 제2항). 또한 교인에게 특별한 의무를 부여하고 있는데, 예수 그리스도의 몸 된 교회를 위하여 은사와 분량에 따라 봉사(奉仕)하는 의무이다(헌법적 규칙 제3조 제4항). 교인의 봉사는 교인으로서 의무이자 권리가 된다.

(5) 교단 헌법상 권리

교인은 교단 헌법에 정한 순서에 따라 치리회에 청원(請願)할 수 있고(헌법적 규칙 제3조 제1항), 하회에서 책임을 이행하지 않는 부작위, 위법하고 부당한 행정사건 및 재판국에서 결정한 행정 결정에 대하여 상회에 소원(訴願)할 수 있으며(권징조례 제9장 제84조), 위법·부당한 재판건에 대하여 상회에 상소(上訴)할 권리를 가진다(권징조

---

63) 대법원 1988. 3. 22. 선고 86다카1197 판결, 대법원 2006. 4. 20. 선고 2004다3775 판결.

례 제9장 제71조).

5. 교인 지위의 상실

(1) 교인의 지위와 십일조

십일조 의무를 지키지 않는다고 하여 교인의 지위를 박탈할 수 없다. 그런데 십일조를 하지 않으면 교인의 지위를 박탈하도록 해야 한다는 주장이 있어서 교계의 논란이 되기도 한 적이 있었다. 성경적으로나 교단 헌법 어디에도 십일조를 하지 않는다고 교인의 지위가 박탈된다고 하지 않으며, 다만 교단 헌법에는 교인으로서 의무를 이행하지 않은 자로 간주한다고 규정되어 있을 뿐이다(헌법적 규칙 제2조 제5항). 교단 헌법이나 교회정관에 십일조를 교인의 의무로 규정하고 있더라도 어디까지나 십일조는 강제적인 것이 아니며, 십일조 의무위반을 사유로 교인의 지위를 박탈하는 것은 교인으로서의 기본권을 침해하는 위법이 된다.

그러나 십일조가 의무가 아니라거나 비성경적이라는 것을 의미하는 것은 결코 아니다. 다만 십일조 불이행을 사유로 교인의 권리를 침해(侵害)하거나 박탈(剝奪)하는 것은 안 된다는 것이다. 여기서 십일조 의무가 성경적이니 비성경적이니 하는 논쟁은 굳이 언급하지 않으려고 한다. 그리고 십일조가 율법의 산물이라거나 구약시대 유산이라거나 기복신앙이라거나 예수님은 십일조에 대해서 언급조차 하신 적이 없다고 주장하지만, 이러한 주장에 답변할 필요성을 느끼지 못한다. 그들은 헌금을 강요하여 자신들의 이득을 추구하는 일부 삯군 목사들의 맹신적이고 월권적인 행위들을 사례로 들며, 성경에 하나님이 명령하신 절대적이고 영원하신 계명인 십일조를 폐하려고 한다. 십일조에 대한 자세한 내용은 헌금을 논할 때, 언급하도록 한다.

(2) 무단결석

교단 헌법이나 교회정관에 의하면 부득이한 사유 외에는 무고히 계속해서 6개월 이상 본 교회 예배에 참석하지 않는 경우, 선거와 피선거권이 중지된다는 규정을 두고 있다(헌법적 규칙 제7조 제2항). 선거와 피선거권이 중지된다는 것은 세례교인으로서 교인 권리가 상실되었음을 의미한다. 교회는 6개월 이상 부득이한 사유가 없이 교회에 출석하지 않아 교인의 권리가 상실된 교인들을 교인명부에서 반드시 삭제해야 한다. 교인 권리가 상실한 교인을 교인명부에 계속해서 등록해 두는 경우, 재적

교인에 포함되기 때문이다. 그 경우 교회 안에서 이루어지는 회의에서 의사 및 의결 정족수를 파악할 때, 정족수 문제에서 곤란한 일이 발생하게 되고, 중요한 안건을 의결하고도 정족수 하자(흠)로 무효가 될 수 있다.

(3) 재판에 따른 권징을 받는 경우

성경에 반한 행동이나 성경에 의하여 제정된 교회법을 위배하는 행위를 하여 교단 헌법이나 교회정관에 의한 합법적인 치리회와 절차에 의해서 면직, 제명 및 출교 등의 징계를 받은 때에는 일정 기간 또는 영구히 교인 지위를 상실하게 된다. 하지만 비록 교단 헌법에 교단을 이미 탈퇴하였다고 인정되는 사람에 대하여는 재판국의 재판을 받지 않더라도 행정적인 조치로 제명할 수 있다는 취지의 규정이 있더라도 (권징조례 제7장 53조(합동), 헌법 시행규정 제88조(통합)),[64] 정상적인 재판절차를 거치지 않거나 일방적으로 제명 처분한 사람들에 대해서는 여전히 교인의 지위가 있게 된다. 성경에 반한 행동이란 꼭 성경에 명시되어 있는 내용만을 의미하지 않으며, 성경에 명시되어 있지 아니하더라도 사회상규, 관습, 도덕에 어긋나는 행위까지 포함한다. 특히 교회 직원은 평신도들보다 도덕적이고 사회적인 행동 윤리가 더 엄격히 요구된다. 교단 헌법은 성경 위반으로 준거할 만한 일이거나 성경에 의하여 제정된 교회정관을 위반하는 일이거나 다른 권징조례로 금지할 일이 아니면 재판안건이 되지 못하도록 하였다(권징조례 제1장 제4조). 권징(勸懲)은 성경에 반하는 행위, 교회 헌법을 위배하는 행위 이외에도 사회 미풍양속을 저해하는 행위자에게까지 엄격히 시행되어야 하지만, 권징은 반드시 교회와 피징계자의 신령적 유익을 도모하기 위해서 시행해야 한다(권징조례 제1장 제2조).

(4) 교회를 탈퇴하는 경우

교인 자신의 의지에 따라 스스로 교회를 탈퇴하거나 교인을 포기하는 경우에는 교회 탈퇴와 동시에 교인으로서 지위를 상실한다. 교회를 개척하거나 분리하여 새로운 교회를 세우는 때에도 이전 교회 교인으로 지위는 상실된다. 법원은 교회 분쟁으

---

64) 통합, 헌법 시행규칙 제88조 [재판계류와 교단 탈퇴]
본 교단 헌법과 이 규정에 의한 재판국의 재판에 계류 중에 있는 자(교회, 단체 포함)가 총회나 노회를 탈퇴한 때에는 항존직원은 헌법 권징 제5조 제1항 제7호 면직 책벌로 판결하며 재판에 계류 중이 아닌 항존직원은 권고 사직된 것으로 본다.

로 일부 교인들이 교단을 탈퇴하고 자신들만 따로 예배를 보면서 교회 이름을 새롭게 정한 사례에서, 기존 교회와는 별개인 새로운 교회를 설립하였으므로, 기존 교회의 교인으로서 자격은 상실된 것이라고 판시하였다.[65]

(5) 기타

의결권을 가진 재적교인 3분의 2 이상의 찬성으로 교단을 탈퇴하여 타 교단으로 교회 소속을 변경하였음에도 교단 탈퇴에 반대하여 새로운 교회를 설립하는 교인들은 교단을 탈퇴한 교회의 교인으로서 지위가 상실된다.[66] 서로 다른 두 지교회의 합동은 정관에서 교회 합동에 관한 규정이 있으면 정관대로 하면 되고, 교회정관이나 규약에 없는 때에는 사단법인의 해산결의에 관한 민법을 유추 적용하여 교단 탈퇴보다 더 엄격하게 재적교인 4분의 3 이상의 찬성을 요하는데,[67] 이 경우에도 교회 합동에 반대하여 새로운 교회를 설립한 교인들은 교인으로서 지위는 상실된다(민법 제78조).[68]

Ⅱ. 판례

1. 교인 지위 확인

(1) 사실관계

대한예수교장로회 A교회 소속 교인 일부가 소속 K교단에서 탈퇴한다는 결의를 하고, Y교단에 가입하려 했으나 절차상 흠결로 인정받지 못했다.[69] 교단 탈퇴를 결의한 일부 교인들은 A교회를 탈퇴할 의사가 없었고, 다른 예배 형태의 예배가 없었고, 다른 교회 명칭도 사용하지 않았고, 종전 교회와 다른 조직임을 전제로 하는 주장이나 행위를 하지 않았고, 종전 교단 탈퇴 결의가 무효가 되었고, 새로운 교회를

65) 수원지방법원 평택지원 2014. 5. 1. 선고 2013가합3820 판결.
66) 대법원 2008. 1. 10. 선고 2006다39683 판결.
67) 서울고등법원 2010. 4. 7. 선고 2009나47236 판결.
68) 민법 제78조(사단법인의 해산결의) 사단법인은 총사원 4분의 3 이상의 동의가 없으면 해산을 결의하지 못한다. 그러나 정관에 다른 규정이 있는 때에는 그 규정에 의한다.
69) 대법원 2007. 6. 29. 자 2007마224 결정.

설립할 의사가 없었다. 하지만 A교회는 이탈 교인들에 대해 A교회의 정관에 따라 실종 처리되어 교인 지위가 상실되었다고 주장하였다.

(2) 판결요지

일부 교인들이 소속 교단을 탈퇴하고 다른 교단에 가입하기로 하는 내용의 교단 변경 결의를 했을 경우, 교단변경에 찬성한 교인들이 종전 교회에서까지 탈퇴한 것으로 보고 교인 지위를 상실하였는지 여부는 다음과 같은 사항들을 종합적으로 고려해 판단하게 된다. 첫째, 교회를 탈퇴한다는 의사표시를 했을 것, 둘째, 종전 교회가 따르던 교리와 예배 방법을 버리고 다른 교리와 예배 방법을 추종하게 되었을 것, 셋째, 종전 교회와 다른 명칭을 사용하고, 독립한 조직을 구성하거나 종전교리를 따르지 않는 새로운 목사를 추대하여 그를 중심으로 예배하는 등 종전 교회와 다른 별도의 신앙공동체를 형성하였을 것, 넷째, 스스로 종전 교회와 다른 조직임을 전제로 하는 주장이나 행위 등을 하여 왔을 것, 다섯째, 교단변경의 결의가 종전 교회에서 탈퇴하겠다는 의사를 갖고서 결의했을 것, 여섯째, 교회 재산의 사용·수익권이 상실되는 것을 감수하고서라도 새로운 교회를 설립했을 것 등이다.[70]

법원은 일부 교단변경 결의에 찬성한 피고 A교회의 교인들이 종전 교회에서 탈퇴까지 의도하였다거나 자신들만을 교인으로 한정하여 피고 A교회와는 별개의 새로운 교회를 설립하였다고는 볼 수 없어 교인 지위를 상실했다고 볼 수 없다고 판시하였다.[71]

(3) 해설

교단 소속 지교회의 교인들 일부가 소속 교단을 탈퇴하기로 결의한 다음 종전 교회를 나가 별도의 교회를 설립하여 대표자를 선정하고, 새로운 목사를 중심으로 예배하며 다른 교단에 가입한 때에 신설 교회 소속 교인들은 종전 교회의 교인 지위를 상실한 것이 된다.[72] 따라서 교단 소속 지교회의 교인 중 일부가 소속 교단을 탈퇴한다는 결의를 하고 다른 교단에 가입하였고, 종전 교회를 탈퇴한다고 결의를 하였다면, 그 결의에 찬성한 교인은 종전 교회의 교인으로서 지위와 더불어 종전 교회의

70) 대법원 2010. 5. 27. 선고 2009다67658 판결.
71) 대법원 2012. 10. 25 선고 2012다9805 판결.
72) 대법원 2009. 7. 23. 선고 2008다44085, 44092 판결.

재산에 대한 권리를 상실하게 된다.[73] 반면 소속 교단을 탈퇴하기로 결의한 다음 종전 교회 탈퇴는 결의하지 않았고, 새로운 교회나 목사를 추대하지도 않았으며, 다른 교단에 가입하지도 않았다면, 종전 교인의 지위를 상실하지 아니한다.

2. 일부 교인들이 교회를 탈퇴

교회 분쟁으로 일부 교인들이 교회를 탈퇴하여 자신들만 따로 예배를 보면서 교회 이름까지 새롭게 정하였다면, 기존 교회와는 별개인 새로운 교회를 설립하였으므로 기존 교회의 교인 자격은 상실된다. 그리고 교인들이 교회를 탈퇴하여 교회 교인으로서 지위를 상실하게 되면, 탈퇴가 개별적이든, 집단적이든, 이와 더불어 종전 교회의 총유 재산의 관리처분에 관한 의결에 참여할 수 있는 지위나 그 재산에 대한 사용·수익권을 상실한다.[74]

3. 교인의 지위 상실

(1) 사실관계

A교회를 설립한 목사가 K노회를 탈퇴하였다. 이에 K노회는 목사 甲을 A교회에 파송하였고, K노회에서 파송한 목사 甲은 A교회 교인들의 동의도 받지 않은 채, A교회 부동산을 B교회로 증여한다고 결의하고 소유권 이전 등기를 마쳤다. 그러나 K노회에서 파송한 목사 甲은 자신이 담임하고 있는 교회 때문에 A교회를 위한 목회 활동을 하지 않았고, A교회는 Y교단 소속 목사 乙을 초빙하였는데, A교회가 초빙한 목사 乙이 K노회 소속이 아니었기 때문에 분쟁이 발생하였다. 이에 목사 乙의 주도 하에 일부 교인 13명은 공동의회를 개최하고, 교인 C, D를 소송 대표자로 선출하고, K노회를 탈퇴한 뒤 B교회에 소유권 이전 등기의 말소등기 절차를 이행하라고 소를 제기하였다.

A교회당은 A교회 교인들의 총유임에도 증여를 원인으로 B교회 명의로 경료된 소유권 이전 등기는 A교회의 교인총회의 결의 없이 된 것이므로 무효이며, B교회는 A교회 및 교회의 교인들에게 소유권 이전 말소등기 절차를 이행할 의무가 있다고

73) 대법원 2006. 4. 20. 선고 2004다37775 전원합의체 판결.

74) 수원지방법원 평택지원 2014. 5. 1. 선고 2013가합3820 판결, 대법원 2006. 4. 20. 선고 2004다37775 판결.

주장하였다. 반면 피고인 B교회는 원고들은 모두 A교회를 탈퇴한 사람들인데, 개인이 제기한 이 사건 소는 부적합하고, 원고 교회 역시 A교회를 탈퇴한 원고 C, D가 대표자가 되어 제기한 것이어서 부적합하다고 하였다.

(2) 판결요지

교회의 총유 재산 소송은 교회 자체의 명의로 하거나 전원이 당사자가 되어야 하므로, A교회 교인의 지위 유무를 떠나서 당사자적격이 없다. 교단 소속 지교회의 교인 중 일부가 소속 교단을 탈퇴한다는 결의를 하고, 다른 교단에 가입하였으나 그 결의가 소속 교단변경에 필요한 결의 요건에 이르지 못한 사안에서 공동의회가 적법한 소집 절차에 의하여 이루어졌다는 증거가 없고, Y교단에 속한 새로운 목사 乙을 중심으로 새로운 교회를 설립하였고, Y교단에 가입하였기 때문에 그 결의에 찬성한 교인은 종전 A교회의 교인으로서 지위와 더불어 종전 A교회의 재산에 대한 권리를 상실하였으므로, 그 A교회의 대표자가 될 수 없다고 판시하였다.[75)]

(3) 해설

원고 C, D를 소송 대표자로 선출한 공동의회나 교단 탈퇴 공동의회 당시 A교회 교인 수는 31명이었는데, 적법한 소집 절차에 의하여 이루어졌다는 증거가 없고, 교인 수 13명이 참석한 것은 전체 교인의 과반수에도 미치지 못하기 때문에 원고 C, D는 A교회의 대표자가 될 수 없다. 또한 원고 C, D는 Y교단 목사 乙을 중심으로 새로운 교회를 설립하였고, 타 교단에 가입하였기 때문에 교인 지위를 상실한 것으로 판결한 것이다.

교회 대표성에 대한 분쟁에 있어서 교회 대표자는 교인총회에서 정당하게 결의하여 청빙한 목사가 당회장이 될 수 있다. 따라서 평신도인 C, D는 정당한 결의에 따라 선출되었다고 하더라도 교회 대표성이 없다. 교회 재산은 교인의 총유에 해당하기 때문에 총유 재산 소송은 교인들의 총의에 의해 위임된 담임목사가 교회 대표자가 되거나, 교회 자체의 명의로 하거나, 교인 전원이 당사자가 되어야만 가능하다.

4. 동일 교회 건물에서의 분리 예배

법원은 담임목사에게 반발해 동일 교회 건물에서 별도로 모인 교인들이 예배를

75) 대법원 2009. 7. 23. 선고 2008다44085, 44092 판결.

드리지 못하도록 방해한 인천 S교회 목사 甲에 대하여 예배당 출입 방해금지가처분 결정문에서 교회 출입 및 그곳에서의 예배를 직접 또는 제삼자를 통해 방해해서는 안 된다고 하였다. 비록 S교회 정관 제8조 제2항에 당회나 당회장의 허락 없는 분리 예배를 원칙적으로 금지하고 있다고 하더라도, 교회정관의 규정은 총유물인 교회 건물의 사용에 관하여 교인들이 가지고 있는 권리의 본질적인 내용을 침해하지 않는 범위 안에서 적용되어야 한다며 담임목사가 주재하는 예배 자체를 직접 방해하는 것이 아니라면, 이러한 분리 예배는 허용되어야 한다고 판시하였다.

5. 총회재판국의 교인 면직처분

교인들이 교인총회를 소집하여 담임목사를 해임하자 총회재판국이 교인들을 면직판결을 한 사안에서 면직판결은 항존직 직원의 신분을 박탈하는 것에 그칠 뿐, 교인 지위까지 상실시키는 효력이 없다고 판시하였다.[76] 총회재판국의 면직처분은 신분의 박탈에만 해당할 뿐, 지교회 교인의 지위까지는 상실하지 못한다.

6. 교인의 지위 및 자격 확인

(1) 사실관계

A교회 교인 甲은 K항공사 부기장으로 근무하던 중 승진하지 못하자 사직서를 제출하고 퇴사하였다. 교인 甲은 허위사실을 유포하고 시위를 하는 등 K항공사 명예훼손, 공갈미수, 협박 등의 혐의로 유죄 확정판결을 받고, 캐나다 난민 신청을 하였으나 불발되어 징역형에 대한 집행유예 선고가 취소됨에 따라 귀국 후에 교도소에 복역하고 징역형 집행을 마쳤다. 원고 甲은 사정상 4년 6개월 동안 A교회에 출석하지 못했는데, A교회는 교회 운영, 신도 관리 등을 위한 규약이나 규정 등은 존재하지 않은 상태였다. A교회는 교인 甲이 교회 집회에 3개월 이상 출석하지 않은 것은 교인 甲이 자진 출교한 것으로 보고, 교인 甲에게 예배당 신도석이 아닌 외인석에서 예배에 참석하도록 강요하는 등 신도로서 자격을 부정하고, 종전 유죄 확정을 받은 사례 등을 이유로 재적 신도 46명 중 41명의 찬성으로, 교인 甲이 A교회의 교인이 아님을 확인하는 결의를 하였다. 하지만 교인 甲은 출국하기 전까지 피고 교회의 신도로서 예배당의 지정석에 앉아 예배에 참석하는 등 신도로서 자격을 유지하였고,

---

76) 전주지방법원 2013. 12. 13. 선고 2013가합2046 판결.

캐나다에서도 A교회의 천거에 따라 현지 교회에 다니는 등으로 신앙생활을 계속하였다며 A교회의 신도의 자격이 있다는 확인을 구하는 소를 제기하였다.

(2) 판결요지

A교회와 같은 법인 아닌 사단에 관해서는 그 재산 관계의 소송에 대하여 총회의 결의를 요구하여 법인 아닌 사단 내부의 자율성을 존중하고 있고, 특히 종교단체에 관해서는 법원이 원칙적으로 실체적인 심리·판단을 하지 아니함으로써 당해 종교단체의 자율권을 최대한 보장하여야 하는 점,[77] A교회는 법인 아닌 사단이므로 이 사건 부동산에 관하여 보존행위로서 명의신탁 해지 및 이에 기한 소유권 이전 등기 말소청구 등의 소를 제기하려면 A교회 총회의 결의를 거쳐 A교회 명의로 소를 제기하거나 A교회 신도 전원이 당사자가 되어 필수적 공동소송의 형태로 할 수 있을 뿐이어서 원고인 교인 甲이 개인 명의로는 설령 원고가 A교회의 신도라고 해도 위와 같은 소를 제기할 수 없는 점,[78] 원고인 교인 甲이 A교회의 교인이 아니더라도 A교회의 외인석에서 예배를 볼 수는 있는 것으로 보이므로, 교인 甲의 종교의 자유가 본질적으로 침해되었다고 할 수 없는 점, 원고인 교인 甲을 A교회의 기준에 맞는 기독교인으로 볼 수 있는지 여부에 대한 다툼은 A교회의 종교상의 교의 또는 신앙의 해석에 깊이 관련되어 있어 법원이 그에 관해 판단하는 것이 적절하지 않은 점, 원고인 교인 甲이 제출한 증거들만으로는 이 사건 결의에 정의 관념에 비추어 묵과하기 어려울 정도의 하자가 있다는 점에 대한 입증이 부족한 점[79] 등을 종합하면, 이 사건에서 같이 구체적인 권리 또는 법률관계를 둘러싼 분쟁이 존재하지 않는 단순한 원고 甲이 A교회의 신도여부에 관한 판단은 A교회 내부의 자율에 맡겨야 할 것으로서 사법심사의 대상이 되지 않으므로, 그러한 확인판결을 구하는 이 사건 소는 부적법하다고 판시하였다.

7. 교단변경 결의와 교인 지위

(1) 사실관계

대한예수교장로회 A교회는 일부 교인(6천여 명)들은 교회운영과 관련하여 교인들

77) 대법원 2011. 10. 27. 선고 2009다32386 판결.
78) 대법원 2005. 9. 15. 선고 2004다44971 판결.
79) 대법원 2006. 2. 10. 선고 2003다63104 판결.

사이에 반목이 계속되고 이어 교단과의 갈등도 깊어지자 교인총회를 개최하고 기존 소속 B교단으로부터 탈퇴하고 독립 교단 및 C교단으로 가입할 것을 결의하였지만, 기존의 교회 명칭을 그대로 사용하면서 기존의 교회 건물에서 예배 등을 계속하고 있고, 교단변경 결의 후에도 교단변경에 반대하였던 교인들을 배제하지도 않았고, A교회에 부과되는 각종 세금을 납부하여 왔다. 원심 법원은 교단변경을 결의한 교인총회가 소집 절차나 결의 방법 등 절차상 하자가 있어 무효라고 선고하고, A교회 소속 일부 교인들이 교단변경을 결의하고, 나아가 새로운 교단으로 가입을 시도하였다는 등의 사정을 이유로 교단변경을 결의한 일부 교인들로 구성된 교회는 A교회와 별개의 독립된 교회이고, A교회를 탈퇴하였으므로 교인의 지위를 상실하였다고 판시하였다.80)

(2) 판결요지

교인들은 교회 재산을 총유의 형태로 소유하면서 사용·수익할 것인데, 일부 교인들이 교회를 탈퇴하여 그 교회 교인으로서 지위를 상실하게 되면 탈퇴가 개별적이든 집단적이든 이와 더불어 종전 교회의 총유 재산의 관리처분에 관한 의결에 참여할 수 있는 지위나 그 재산에 대한 사용·수익권을 상실하고, 종전 교회는 잔존 교인들을 구성원으로 하여 실체의 동일성을 유지하면서 존속하며 종전 교회의 재산은 그 교회에 소속된 잔존 교인들의 총유로 귀속됨이 원칙이다. 그리고 교단에 소속되어 있던 지교회 교인들의 일부가 소속 교단을 탈퇴하기로 결의한 다음 종전 교회를 나가 별도의 교회를 설립하여 별도의 대표자를 선정하고 나아가 다른 교단에 가입한 경우, 그 교회는 종전 교회에서 집단적으로 이탈한 교인들에 의하여 새로이 법인 아닌 사단의 요건을 갖추어 설립된 신설교회라 할 것이어서, 그 교회 소속 교인들은 더 이상 종전 교회의 재산에 대한 권리를 보유할 수 없게 된다.81)

따라서 대한예수교장로회 A교회 소속 일부 교인들이 교단변경을 결의한 경위와 교단변경 결의에 찬성한 교인들의 규모에 비추어 볼 때, 교단변경에 찬성한 교인들이 40여 년의 역사를 가진 A교회를 탈퇴하려는 의도에서 교단변경을 결의하였다기보다는 적법한 절차에 따라 소속 교단만의 변경을 통하여 기존 A교회 조직 자체를 변경하려는 의사로 교단변경 결의에 나아갔다고 해석하는 것이 그 실체에 보다 부합

80) 서울고등법원 2009. 4. 8. 선고 2008나79380 판결.
81) 대법원 2006. 4. 20. 선고 2004다37775 전원합의체 판결.

하고, 원심 법원에서 교단변경 결의가 절차적 하자로 무효라고 판명된 이상 단체법적 법리에 따라 기존 교회 자체의 조직변경 행위는 물론 그에 따른 일련의 후속 조치(그 결의에 기한 다른 교단에의 가입행위)도 모두 무효로 되므로, 교단변경 결의에 찬성한 교인들이라 하여도 특별한 사정없는 한 종전 교회의 교인으로서 지위는 여전히 유지된다고 보아야 한다. 그리고 교단변경 결의가 절차적 하자로 무효라고 법원의 판결이 확정된 후에 교단변경 결의가 무효라는 사실을 수용하고, 종전 A교회 교인으로서 지위를 그대로 유지하려는 의사를 적극적으로 나타낸 것으로 볼 수 있는 점 등 여러 사정들을 종합하여 보면 교단변경 결의에 찬성한 교인들이 종전 교회에서 탈퇴까지 의도하였다거나 자신들만을 교인으로 한정하여 종전 교회와는 별개의 새로운 교회를 설립하였다고 단정하기 곤란한 경우에는 교인 지위를 상실하는 것이 아니라고 판시했다.[82)]

(3) 해설

교단변경 결의가 이루어졌다고 하더라도 종전 교회의 동일성이 유지되고 있다면, 교단변경 결의에 반대한 교인들이나 반대로 교단변경에 찬성한 교인이라 하여도 특별한 사정없는 한 교인으로서 지위는 여전히 유지된다. 그 교회 구성원인 교인으로서 지위 상실은 그의 자유의사에 의하여 결정하기 때문이다. 즉 자신이 교회를 탈퇴한다는 자유의사가 아니라면, 교인으로서 지위가 상실되지 아니하는 것이다.

그런데 2006년 대법원 전원합의체 판결 후에도 서울고등법원 판결[83)]이나 대구고등법원 판결[84)]에서 교단변경에 필요한 의결권을 가진 교인 3분의 2 이상의 찬성에 이르지 못한 교인들에 대해서 교단변경 결의에 찬성한 교인들이 교인으로서 지위를 상실하였으며, 교회 토지 및 건물에 대한 권리를 상실하였다고 판결한 것은 2006년 대법원 전원합의체 판결 선고에 반하는 잘못된 판결이 아닐 수 없다.

---

82) 대법원 2010. 5. 27. 선고 2009다67665, 67672 판결.
83) 서울고등법원 2009. 8. 5. 선고 2008나76695, 76701 판결.
84) 대구고등법원 2008. 5. 28. 선고 2007나1907 판결.

제3장

교회 직원

제3장

교회 직원

제1절 ‖ 교회 직분과 직무

Ⅰ. 직분

1. 직분의 의의

(1) 성경과 직분

엡4:11-12「[11] 그가 어떤 사람은 사도로, 어떤 사람은 선지자로, 어떤 사람은 복음 전하는 자로, 어떤 사람은 목사와 교사로 삼으셨으니 [12] 이는 성도를 온전하게 하여 봉사의 일을 하게 하며 그리스도의 몸을 세우려 하심이라」

교회(敎會)는 세상에서 하나님 일을 하는 유일한 기관이며, 교인(敎人)은 하나님의 일을 해야 하는 직분자들이다(고전4:1). 예수님은 하나님의 일을 하려고 오셨으며(요10:37), 단 한 번도 하나님의 일을 하시면서 "아니요"라고 거절하신 적이 없다(고후1:19). 예수님은 아버지의 일을 행하려고 오셨기 때문에 마땅히 십자가를 지신 것이다. 하나님은 사람을 구원하시기 위해 성도를 부르셨고, 하나님의 일을 하도록 직분자를 세우셨다. 에베소서 4장 11절에서 교회의 모든 직분은 선출직·임명직 구분 없이 하나님이 주신 거룩한 직분이라고 밝히고, 12절에서는 하나님이 직분을 주신 이유는 성도를 온전하게 하고, 봉사의 일을 하여 교회를 유익하게 하며, 그리스도의 몸인 교회를 세우는 일이라고 밝히고 있다. 따라서 직분은 감투나 명예 또는 헌신에 대한 대가나 보상이 아닌 봉사직(奉仕職)이라고 할 수 있다.

하나님은 족장들과 사사들을 세워 일하셨고, 선지자, 제사장, 왕에게 기름을 붓고 세워 일하도록 하셨다. 예수님도 열두 제자들과 그 외의 세자들을 세워 일하셨고, 초대교회 사도들은 효율적인 기도와 말씀 사역을 위해서 믿음과 성령이 충만한 일곱 집사를 세워 봉사와 구제의 일을 하도록 하였다(행6:1–6).

(2) 직분의 개념

성경에서 직분은 헬라어로 '디아코니아'(διακονία), 직분자는 '디아코노스'(διακονος)인데, '종', '섬김', '봉사', '섬기는 자'를 뜻한다. 반면 세상의 직분(관직)은 '아르콘'(ἄρχων)으로, 사람 위에 군림하여 대접을 받고, '섬김을 받는 자'를 뜻한다. 사도바울은 자신이 사도의 직분을 가지고 있고, 그 직분은 '섬김을 받는' 직분이 아닌 '섬기는' 직분이며, 자신은 그 직분을 영광스럽게 생각한다고 하였다(롬1:5;11:13). '디아코니아'(διακονία)는 여러 곳에서 사용되었는데, '여러 가지 직분이 있으나 주는 같고'(고전12:5), '충성되이 여겨 직분을 맡기셨고'(딤전1:12), '집사'(빌1:1), '집사의 자격'(딤전3:8,12) '신실한 일꾼으로 종이 된 자'(골4:7). 겐그레아의 교회의 뵈뵈를 추천하면서 '일꾼' 등으로 사용되었다(롬16:1). 교회의 직분은 성령께서 주시는 직분이다(고후3:8).

'디아코니아'(διακονία) 외에도 직분의 개념으로 사용된 헬라어는 '보냄을 받은 자'라는 뜻을 가진 '사도의 직분'으로 번역된 '아포스톨로스'(ἀπόστολος)가 있고(롬1:5), '거룩'을 뜻하는 '히에로스'(ἱερός)와 '일하다'는 뜻의 '에르곤'(ἔργον)의 합성어로 거룩한 성전 일을 감당하는 '제사장 직무'로 번역된 '히에루르게오'(ἱερουργέω)가 있으며(롬15:16), '위를' 뜻하는 '에피'(ἐπί)와 '돌봄'을 뜻하는 '스코포스'(σκοπός)의 합성어로 교인의 신앙을 돌보고, 공동체를 관리 감독하는 사람을 뜻하는 '감독의 직분'으로 번역된 '에피스코페스'(ἐπισκοπης) 등이 있다(딤전3:1,2).

(3) 칼빈의 직분관

교회의 직분에 대해 칼빈(John Calvin)은 '하나님만이 교회를 다스리시고 통치하시며, 교회 안에서 권위 또는 우월한 지위를 가지셔야 한다. 그리고 이 권위는 오직 그의 말씀에 의해서만 행사되어야 한다. 그러나 그는 가시적 실체로 우리 가운데 계시는 것이 아니므로(마26:11), 우리는 그분이 사람들의 사역을 이용하셔서 자신 뜻을 우리에게 말로써 명백하게 선포하신다. 하나님께서는 사람들에게 이 일을 위임하셨으나, 그것은 자신의 권리와 영광을 옮기신 것이 아니고 단지 그들의 입을 통해서 자신의 사업을 이루시려는 것'이라고 하였다(기독교강요 제4권 3장).[1]

하나님은 교회를 다스리시기 위하여 교회의 직분자를 세우셨다. 하나님은 능히 홀로 무슨 일이든지 하실 수 있지만, 하나님은 홀로 일하지 않으신다. 하나님은 당신이 부르시고 세운 직원들과 함께 일하시기를 원하시며, 계획하신 일들을 성취하신다. 하나님은 직원들에게 위임하셔서 그들의 봉사를 통해서 하나님의 뜻을 나타내시고 선포하시는데, 이러한 위임은 모든 권리를 직원들에게 완전히 이양하신 것을 의미하는 것이 아니라, 직원들을 도구로 사용하시는 것에 불과하다(기독교강요 제4권 3장 1절).[2]

교회에 있는 복음의 직분보다 더 탁월하고 더 권위 있는 직분은 없다. 그 이유는 교회 직분이 하나님이 주신 직분이고, 성령과 구원과 영생의 직분이기 때문이다(고후3:9).[3] 따라서 직원들을 통해서 교회를 다스리며 유지하는 방식, 즉 주께서 영원히 제정하신 방식이 사람들의 무시와 멸시로 폐지되어서는 안 된다(기독교강요 제4권 3장 3절).[4]

교회의 모든 직분은 하나님이 부르시고 세우셨다는 의미에서 성직(聖職)이다. 교회 직분은 직분자 개개인이 성스러운 사람이라는 의미에서 성직이 아니라, 하나님과의 관계에서 '하나님의 일을 맡은 자'라는 의미에서 성직이다. 교회 직분은 하나님이 세운 직분이라는 의미에서 성직이고, 하나님의 일을 하는 관계에 있어서 성직이며, 교회 물건이 성물이 되는 것도 하나님과의 관계 때문에 성물이 되는 것이다.

2. 직분자의 자격

(1) 헌법과 직분

교회뿐만 아니라, 어느 단체이든지 '인사가 만사다.'라는 말이 있을 정도로 직분

1) 존 칼빈, 「영한기독교강요」 제4권, '기독성문출판사', 1993, 93면.
2) 존 칼빈, 위의 책, 93면.
3) 박건택, 「칼빈의 교회관을 통해 본 한국교회」, '신학정론', 제4권 2호, 422면.
4) 존 칼빈, 앞의 책, 99면.

을 세우는 일은 매우 중요하다. 장로교 헌법은 직분의 자격에 대해서 '교회의 도리를 완전히 신복(信服)하는 자로 선택하도록 규칙을 제정할 것'을 요구하고 있다(정치 제1장 제5조). 교회 직분자는 성경과 교회의 도리에 신복하는 자이어야 한다. 성경의 법을 벗어나거나 교회법을 위반하는 자는 직원이 될 수 없다.

교단 헌법은 목사의 자격(정치 제4장 제2조, 제15장 제1조), 치리장로 자격(정치 제5장 제3조), 집사의 자격(정치 제6장 제3조)을 규정하고 있다. 특히 칼빈(John Calvin)은 직분에 있어서 소명(召命)을 중요시하였는데, 진정한 사역자는 합법적인 소명이 있어야 하고, 그 소명자는 소명에 즉시 응하고 명령을 받은 일을 책임지고 수행해야 한다고 하였다. 또한 칼빈은 직분자의 조건으로 건전한 교리를 믿으며, 생활이 거룩하고, 그들의 권위를 빼앗기거나 그들의 사역에 수치가 될 만한 허물이 없는 사람이라야 한다고 하였다(기독교강요 제4권 3장 10절, 12절).

(2) 성경과 직분

'직분을 주어서 세워 놓으면 직분이 사람을 만든다.'라는 말이 있다. 하지만 이 말은 성경이 말하는 직분론에 비추어 볼 때 상당히 위험한 말이 아닐 수 없다. 인위적으로 자격이 안 되는 사람을 직분자로 임직한 후에 교회가 다툼과 갈등으로 분쟁이 발생하게 되는 경우가 많기 때문이다. 직분자는 직분을 감당할 만한 사람이어야 한다. 성경은 직분자의 자격을 행6:1－6, 딤전3:2－13, 딛1:7 등에서 규정하고 있다. 초대교회는 제자가 많아지자 교회가 교회의 본질인 기도와 말씀을 가르치는 일에서 벗어나 성도들을 섬기고 구제하는 일에 힘을 쏟게 되었는데, 그 결과 갈등이 발생하게 되었다(행6:1). 이에 사도들은 성령과 지혜가 충만하여 칭찬 받는 사람 일곱 집사를 세워 온전히 섬김과 봉사의 일을 하도록 하였다(행6:3).

직분자의 자격은 첫째, 성령이 충만해야 한다. 그리스도의 영이 충만한 사람이 하나님의 일을 올바르게 감당 할 수 있기 때문이다. 둘째, 지혜가 충만해야 한다. 지혜는 지식과 다른 개념으로 지혜로운 사람은 사리를 분별할 줄 알고, 참된 진리와 이단의 거짓 교리를 구별하며, 마땅히 해야 할 일과 하지 말아야 할 일을 잘 알고 있기 때문이다. 셋째, 교회에서 인정받는 사람이어야 한다. 교회에서 인정받는 자라야 직분자는 그 권위를 인정받게 되고, 사람들이 신복하며 따를 것이기 때문이다(행6:7). 넷째, 칭찬 듣는 사람이어야 한다. 칭찬은 교회에서만 아니라, 세상에서도 칭찬 듣는 사람이어야 한다. 직분자는 자신의 양심상 부끄러움이 없어야 하며, 사람들로부터 인격과 신앙이 인정받는 사람이어야 한다.

3. 직분의 유형

(1) 창설직

교난 헌법은 교회의 직원을 창설직원(創設職員), 항존직원(恒存職員), 임시직원(臨時職員), 준직원(準職員) 등으로 구분하고, 각 직원에 해당하는 구체적인 직분, 그 직분의 권한과 자격 및 직무에 관하여 언급한다(정치 제3장). 헌법 정치 제3장 제1조 '우리 주 예수께서 최초에 이적을 행할 권능이 있는 자(마10:8)로 자기의 교회를 각 나라 중에 선발(選拔)하사(시2:8, 계7:9) 한 몸'(고전10:17)이 되게 하셨다며 예수 그리스도께서 사도와 복음 전하는 자, 선지자를 창설직원으로 세우셨다고 선언한다. 창설직원(創設職員, 비상직원)은 비상적인 상황에서 임시적으로 사도시대 초대교회 시대에 한정하여 역할을 했던 임시직원이었다.

(2) 칼빈의 직분 구분과 헌법상 직분

칼빈(John Calvin)은 직분을 어느 특정한 시대에 필요한 직분인 임시직(臨時職)과 시대를 초월하여 항상 있어야 할 직분인 항존직(恒存職)으로 구별하였다. 칼빈은 사도, 선지자, 전도자를 임시직으로, 목사, 교사, 장로, 집사를 항존직으로 구별하고, 교회 내에서 꼭 필요한 직분으로 인정했다. 한국장로교 헌법도 직분을 항존직과 임시직으로 규정하고 있다.[5] 하지만, 칼빈이 말했던 교회 직분은 항존직과 임시직이 아니었다. 칼빈은 교회직분을 상시직(permanent, 常時職)과 임시직(temporary, 臨時職)으로 구분하였는데, 평양신학교 실천신학 교수였던 클락(Allen Clark, 곽안련) 선교사가 상시직을 항존직으로 번역하여 그 영향이 현재까지 한국교회에 미치게 된 것이다.

1) 항존직

항존직(恒存職)은 직무와 관련해서 교회에 항상 존재해야 하는 필요적 통상직원(상시직, ordinary and perpetual)을 말한다. 한국장로교 헌법에 따르면 항존직은 목사와 장로, 집사이다(정치 제3장 제2조). 장로(長老)는 강도권과 치리권을 겸하는 목사장

5) 존 칼빈, 앞의 책, 101~109면.

로(牧師長老)와 교인의 대표자로 치리권을 가지는 치리장로(治理長老)로 구분되고, 집사(執事)는 안수집사를 말한다. 항존직이 임시직과 다른 구분은 안수유무와 임기에서 차이가 있는데, 임시직은 안수 없이 세우고, 보통 전도사와 서리 집사의 임기는 1년이며, 전도사의 임기는 교회 사정에 따라 달리 정한다. 항존직이란 직무상으로는 70세로 직무 연한이 한정되어 있지만, 한 번 임직 받으면 본인이 사직하거나 면직되지 않는 한 직분이 종신토록 계속된다는 의미에서 신분상 종신직(終身職)이라고도 하고, 책임이 무거운 직분이라는 의미에서 중직자라고도 말한다.

2) 임시직

임시직(臨時職)은 항존 직분자들이 교회 직무를 수행함에 있어서 협력하여 돕는 직분자를 말한다. 임시직은 안수하지 않고 세우는 직분을 말하며, 교회에서 일정한 기간 부여된 직분으로 통상 1년이며 연임할 수 있다. 장로교 헌법에 따르면 임시직은 당회의 추천으로 노회가 고시하여 자격을 인허한 교역자인 강도사, 목사직을 희망하는 자로 신학을 수양하는 목사후보생, 전도사, 권사, 서리 집사를 말한다. 임시직은 시무 기간에만 직분이 부여되고, 더 이상 시무 기간을 연장하지 않아 시무 기간이 끝나거나 만 70세에 이르면 직분이 상실된다. 따라서 임시직은 시무 기간이 끝나면 더 이상 직분자가 아니다.

목사후보생과 강도사(講道師)는 준직원(準職員)으로 신분상으로는 목사가 아닌 평신도이므로 당회의 관할에 있고, 직무상으로는 목사의 직무와 관련되어 있으므로 노회의 관할에 있다(헌법 정치 제3장 제4조). 권사(勸師)는 안수 없이 세우는 측면에서 임시직이라고 하지만, 다른 임시직과 달리 1년 임기가 아닌 보통 70세까지 봉사하는 직분으로 안수받지 않은 항존직, 또는 종신직이라고도 할 수 있다(정치 제3장 제3조).

3) 명예직과 영예직

교회 직분은 명예직(名譽職)이 아니다. 명예(名譽)는 사람의 인격에 대한 사회 일반인의 평가를 말한다. 그런데 한국교회는 교회 직분을 명예직으로 인식하는 경향이 있다. 한국교회 성도들에게는 교회를 오래 다녔음에도 직분을 맡지 못한 것에 대한 부끄러움이 있고, 교회에서 전혀 봉사하지 않아도 당연히 교회 직분을 가지고 있어야 한다고 생각한다. 이러한 생각은 교회 직분을 명예직으로 생각하기 때문이다.

반면 교회 직분은 영예직(榮譽職)이다. 근로의 대가를 조건, 사례를 받기 위해 일하는 직분이 아니라, 아무런 대가를 기대하지 않고 순수하게 봉사하는 직분이기 때문에 영예직이라고 할 수 있다. 교단 헌법은 다년간 교회에서 봉사하였음에도 직분을 임직받지 못한 교인 가운데 교인들의 모범이 되고 덕망 있는 사람들에게 명예 집사나 명예 권사로 임명할 수 있다고 한다(정치 제3장 제3조 제3항).

4. 직분의 성격

(1) 봉사

마20:28「인자가 온 것은 섬김을 받으려 함이 아니라 도리어 섬기려 하고 자기 목숨을 많은 사람의 대속물로 주려 함이니라」

모든 직분은 성도를 온전하게 하여 봉사의 일을 하도록 하여 그리스도의 몸을 세우기 위함이다(엡4:12). 봉사(奉仕)는 섬김이다. 예수님은 섬김을 받으려 하지 않고 제자들의 발을 씻기셨고, 먼저 섬김의 본을 보여주시며 너희도 내가 너희에게 행한 것같이 섬기는 것이 옳은 일이라고 하였다(요13:5－15). 교회에서 목사, 장로, 집사, 권사 등 모든 직분은 특권(特權)이나 계급(階級)이 아니다. 하나님 나라의 확장을 위해 이웃을 섬기고 교회를 섬기기 위한 봉사직(奉仕職)이라고 할 수 있다. 목사, 전도사 등 교역자(教役者)는 전 생애를 하나님께 헌신하기로 작정하고, 교회로부터 생활비를 급여 받고 교회 일을 전념하는 봉사직이고, 장로, 집사, 권사 등 평신도 직분자는 자신의 생업에 종사하며 사례비 없이 봉사하는 봉사직이다.

교회 직분에 대해 일반적으로 사람들은 오랜 기간 교회에서 봉사한 대가이거나 목사에게 충성한 보상이라고 생각한다. 또한 다른 사람들보다 믿음이 좋은 교인이라는 증명이거나 자기 자신의 신앙생활을 인정해 주는 증표라고 생각한다. 그러나 교회 직분은 신앙생활의 보상이나 다른 사람들보다 더 좋은 믿음을 가진 증표가 아니다. 교회 직분의 목적은 봉사에 있다. 교회 직분은 오히려 자신의 권위를 모두 포기한다는 의미로 자신이 섬김을 받는 직분이 아니라, 교회와 타인을 섬겨야 하는 봉사 직분이다.

(2) 평등

교회 안에서 모든 직분은 교회의 감독이요 머리가 되신 예수 그리스도 권위 아래 권세는 동등(同等)하고, 모든 직분은 교회를 위하여 하나님이 주신 것으로서 어떤 직분자보다 더 높다거나 더 중요하다거나 구별 없이 평등(平等)하다. 그러므로 교회 직분에는 계급이나 신분상 차이가 없다. 따라서 직분론에 있어서 조직이나 직분 관계를 수직적인 체계로 바라보는 보편적 시각은 비성경적인 인식이다. 교회 직분은 피라미드 구조 형식을 띠고 있지만, 결코 이것이 직분의 계층(階層)이나 서열(序列)을 의미하지 않는다. 교인, 서리 집사, 안수집사나 권사, 장로 순으로의 신분 상승이나 권위상승을 의미하지 않는다. 교회 직분은 하나님으로부터 각자에게 합당한 은사에 따라 주어진 것으로 평생 봉사직이며, 계급이나 신분의 차이가 아니며, 상하 개념도 아닌 은사(恩賜)에 따른 역할의 개념이라고 할 수 있다.

또한 교회 직분은 명예의 자리가 아니라, 일하는 자리로서 직분자의 사명이 교회를 섬기는 것에 있음을 의미하므로, 교인 위에서 군림하거나 월권하려고 해서는 안 된다.

(3) 종신

항존직(恒存職)이든지 임시직(臨時職)이든지 직무상 연한이 70세로 한정되어 있지만, 신분상으로는 종신직이다. 종신직(終身職)이라는 말은 직분의 시무 기간을 정함 없이 종말(사망)까지 직분에 따라 일해야 한다는 것을 뜻한다. 성경은 교회 직분자 자격과 조건, 신앙 및 성결한 생활에 대해서 언급하고 있으나 연령이나 은퇴에 대해서는 언급하고 있지 않고 있다(딤전3:1－13절). 하지만 성경에 언급되어 있지 않다고 하여 비성경적이라고 할 수 없다. 교단 헌법이나 교회정관에 직분자에게 일정한 직무 연한을 두는 것은 교회의 효율적인 복음 사역을 위해 적합하다고 교회가 합리적인 방안을 도출한 것이기 때문이다. 목사, 장로, 권사, 집사 등 어떤 직분이든지 장로교 헌법에 정해진 시무 기간을 넘어서 계속하여 교회와 하나님 나라를 확장하는 일을 해야 한다.

5. 직분의 분류

고전12:4-6 「[4] 은사는 여러 가지나 성령은 같고 [5] 직분은 여러 가지나 주는 같으며 [6] 또 사역은 여러 가지나 모든 것을 모든 사람 가운데서 이루시는 하나님은 같으니」

칼빈은 성경에서 사역자는 세 부류로 구분하고 있다며, 가르치는 교사인 목사장로, 도덕적인 문제들을 징계하고 지도하는 장로, 빈민을 돌보고 구세하는 집사이다. 제롬은 다섯 가지 서열로 제시하고, 감독, 장로, 집사, 신자, 학습교인이라고 하였다.[6] 하나님은 교회의 질서와 효과적인 사역을 위해 각자에게 은사(恩賜)를 주시고 하나님의 일을 하도록 직분자를 세우셨다. 교회 직분의 원리는 분담(分擔)과 협력(協力)이다. 하나님은 직분을 세우면서 각각 은사를 주시고, 분담하여 일을 맡기셨다. 그러므로 교인들은 너무 많은 일을 하려고 하지 말아야 하고, 혼자서 모든 일을 하겠다는 생각도 버려야 한다. 그리고 자신의 부족한 능력이나 한계 때문에 자책할 필요도 없다. 하나님의 일은 혼자 하는 것도 아니고, 많이 해야 하는 것도 아니기 때문에 할 수 있는 만큼만 하면 된다. 하나님은 내가 하지 못하면 다른 사람을 통해 일하시고, 모든 일을 완성하여 마무리하시기 때문이다(고전12:4－6).

(1) 성경 직분

1) 사도

행1:21-22「[21] 이러하므로 요한의 침례로부터 우리 가운데서 올려져 가신 날까지 주 예수께서 우리 가운데 출입하실 때에 [22] 항상 우리와 함께 다니던 사람 중에 하나를 세워 우리와 더불어 예수께서 부활하심을 증언할 사람이 되게 하여야 하리라 하거늘」

사도(使徒, Apostle)는 헬라어 '아포스톨로스'(αποστολος)로 요한의 침례로부터 주 예수께서 승천하실 때까지 함께 했던 제자들로 예수님이 세운 열두 제자들을 말한다. 하지만 사도의 근본 의미는 '보냄을 받은 사람'이다. 따라서 교회의 사역자들은 주께서 사자(使者)로 보낸 사람들이기 때문에 사도라고 말한다. 최초의 사도는 예수님 자신이시다(히3:1). 예수님이 세운 열두 제자들뿐만 아니라, 120명의 제자가 모여 뽑은 맛디아가 사도의 반열에 들어갔고(행1:26), 예수님이 빛으로 나타나셔서 세운 바울과 전도로 세움을 입은 바나바, 아볼로, 실라, 디모데 등을 사도로 칭했다(행9장, 살전2:7). 사도들은 예수님의 부활을 증언하고 선포했으며, 사도인 증표로 표적과 기사를 행하였다(고후12:12).

사도들의 사명은 온 천하에 다니며 만민에게 복음을 전파하는 것이다(막16:15). 사도들은 전 세계를 다니면서 복음을 전파하여 그리스도의 나라를 세워야 한다. 바

6) 존 칼빈, 「한영기독교강요」 제4권, 기독성문출판사, 1993, 125면.

울은 자기의 사도직을 증명하기 위해 다른 사람이 놓은 터 위에 교회를 세우지 않고, 주의 이름을 듣지 못한 도시에 교회를 세웠다(롬15:19－20).

2) 선지자

마13:57「예수를 배척한지라 예수께서 그들에게 말씀하시되 선지자가 자기 고향과 자기 집 외에서는 존경을 받지 않음이 없느니라 하시고」

선지자(先知者, Prophet)는 히브리어 '나비'(נָבִיא), 헬라어 '프로페테스'(προφήτης)로 하나님의 계시를 받아 사람들에게 말씀을 전달하고 가르치는 사역을 하는 사람이다. 하나님 계시의 말씀을 전달하는 의미에서 선지자는 예언자, 또는 대언자이다. 선지자는 하나님의 말씀을 받은 그대로 가감 없이(더하거나 빼지 않으며 변질되게 하지 않고) 정확하게 전하는 직분으로 백성들도 선지자의 말을 선지자의 말이 아니라, 하나님의 말씀으로 받아들였고 순종하였다. 선지자의 사명은 백성들이 하나님의 말씀을 바르게 알고, 진실하게 믿고, 신실하게 따르도록 잘 가르치는 것이 선지자의 사명이었다. 예수님은 선지자였고 유대인들도 예수님을 선지자로 인정하였다(마21:11). 예수님이 말씀을 선포하신 사역은 선지자 직분을 수행하신 것이다. 예수님 이후에도 유다와 실라도 선지자였고(행15:32), 아가보(행21:10)와 기타 여러 선지자가 있었다(딛1:12).

3) 목사

엡4:11「그가 어떤 사람은 사도로, 어떤 사람은 선지자로, 어떤 사람은 복음 전하는 자로, 어떤 사람은 목사와 교사로 삼으셨으니」

에베소서 4장 11절에서 "목사와 교사"(pastors and teachers)는 헬라어 '투스 포이메네스 카이 디다스칼로이'(τοὺς ποιμένες καὶ διδασκαλοι)이다. 여기서 목사로 번역된 헬라어 '포이메네스'(ποιμένες)는 '포이멘'(ποιμήν)의 주격 복수이다. 신약성경에 총 18회 사용된 헬라어 '포이멘'(ποιμήν)은 17회는 목자(shepherd)로 번역하였는데, 엡4:11절 '포이메네스'(ποιμένες)만 '가르치는 사람' 곧 설교자라는 의미를 부여하기 위해 목사(pastor)로 번역하였다.

그리고 "목사와 교사"(pastors and teachers)에서 교사는 오늘날 교회 주일학교 교사를 가리키는 직분을 말하지 않는다. 성경에서 "교사와 목사"로 번역하고 있는 헬라어 '투스 포이메네스 카이 디다스칼로이'(τοὺς ποιμένες καὶ διδασκαλοι)는 τοὺς는 정관사이고, καὶ는 앞뒤 단어를 이어주는 접속사이다. 따라서 에베소서 4장 11절 원문을 바르게 번역하면 목사들 즉 교사들이 된다. 즉 교사와 목사는 서로 다른 직분을 뜻하는 말이 아니라, 하나의 동일한 직분을 말하며, 에베소서 4장 11절은 목사의 중요한 역할이 가르치는 것에 있음을 알려주는 것이라고 할 수 있다.

목사는 목자(牧者)와 동일한 용어일까, 다른 용어일까? 이스라엘 백성들은 목자를 여호와 하나님에 대한 칭호로 사용하기도 하였다(시23:1-6). 그리고 예수님은 자신을 가리켜 목자라고 하였다(요10:11). 그래서 사람들은 목자는 예수님에게만 통용될 수 있고, 목사를 지칭하는 말이 될 수 없다고 말한다. 그러나 베드로는 하나님의 뜻을 따라 '양 무리를 치는' 장로들이 되라고 하였으며(벧전5:1-3), 예수님을 '장차 오실 목자장'이라고 칭하였다(벧전5:2-4). 베드로가 말한 '양무리를 치는 장로'는 곧 목사를 말하고, 예수님은 목자들의 목자장(牧者長)이 되신다고 할 수 있다.

목자가 양들을 따라다니는 것이 아니라, 양들이 목자의 소리를 듣고 따라다니기 때문에 목자는 양들의 인도자이다. 그러므로 고대 사람들은 백성을 다스리는 지도자를 일컫는 칭호로 목자를 사용하였고, 왕을 지칭하는 말로도 사용하였다. 하나님은 다윗을 이스라엘의 목자로 세우셨고(겔34:23-24), 다윗은 자기 자신을 가리켜 하나님이 택한 목자라고 칭하였다(시78:7-72). 그리고 예수님은 제자 베드로에게 양을 먹이고 치라고 명령하셨다(요21:15-17). 따라서 목사는 곧 목자라고 지칭한다고 하여 잘못된 표현이라고 할 수 없다. 중요한 것은 목자이든지, 목사이든지, 양들을 위해 예수님처럼 자신의 목숨까지 바칠 수 있는 아가페 사랑을 실천하는 선한 목자가 되어야 한다는 사실이다(요10:11-12).

목사는 자기 교회의 전반적인 부분을 책임지는 목양자이다. 목사의 주된 직무는 복음을 전파하고 말씀을 가르치며, 믿는 자들에게 세례를 주어 죄사함을 얻게 하며 성례를 시행하여야 한다(마28:19, 눅22:19-20, 기독교강요 제4권 3장 6절). 또한 이단이나 거짓된 교리에서 성도들을 보호해야 하며 하나님의 양 떼를 하나님께 인도하는 책임이 있다. 목사의 직분은 특권이나 지위를 가지고 사람 위에 군림하거나 섬김을 받는 '아르콘'(ἄρχων)이 아니라 다른 교회 직분과 마찬가지로 봉사 및 섬기는 '디아코니아'(διακονία) 직분이라고 할 수 있다.

4) 교사

행13:1「안디옥교회에 선지자들과 교사들이 있으니 곧 바나바와 니게르라 하는 시므온과 구레네 사람 루기오와 분봉 왕 헤롯의 젖동생 마나엔과 및 사울이라」

교사(教師, teacher)는 히브리어 '루츠'(לוּץ), 헬라어 '디다스칼로스'(διδασκαλος)로 학문을 가르치는 스승, 선생을 뜻한다. 유대인들은 율법을 가르치는 율법교사(律法教師)를 랍비(Rabbi)라고 하였다. 율법교사는 부활을 믿는 바리새파와 부활을 믿지 않는 사두개파로 구분되는데,[7] 예수께 밤에 찾아왔던 니고데모(요3:1), 사도 바울의 스승인 가말리엘, 회심하기 전 사도 바울은 바리새파였다(빌3:5). 율법교사는 율법뿐만 아니라, 신정체제(神政體制)인 이스라엘에서 율법 교사들은 백성들의 생활 전반적인 일들을 다루었다. 교사는 성경을 가르치는 사람으로 바울이나 바나바는 안디옥교회의 교사였다. 성경을 가르치는 교사의 직분은 목사와 같이 아주 귀중한 직분이다. 교사는 가르치는 은사가 있어야 하고, 성경에 대한 충분한 지식을 가진 사람이어야 하며, 믿음과 성령이 충만하고 기도와 사랑이 풍성한 사람이어야 한다.

5) 장로

벧전5:1-3「[1] 너희 중 장로들에게 권하노니 나는 함께 장로 된 자요 그리스도의 고난의 증인이요 나타날 영광에 참여할 자니라 [2] 너희 중에 있는 하나님의 양 무리를 치되 억지로 하지 말고 하나님의 뜻을 따라 자원함으로 하며 더러운 이득을 위하여 하지 말고 기꺼이 하며 [3] 맡은 자들에게 주장하는 자세를 하지 말고 양 무리의 본이 되라」

하나님은 모세에게 이스라엘 백성들의 지도자가 될 만한 70인의 장로(長老, elder)를 세우도록 하였다(민 11:16－17). 장로는 히브리어 '자켄'(זקן), 헬라어 '프로스뷔테우스'(πρεσβύτερος)로 나이가 지긋하고 덕이 높은 사람을 뜻한다. 성문법(成文法)이었던 모세오경을 해설하거나 새로운 생활 상황에 적용시켜 만든 각종 구전 율법을 '장로들의 유전'(遺傳)이라 한다(마15:2, 막7:3－5). 사도인 베드로는 자신을 장로라고 하였다. 장로(長老)는 나이든 노인을 칭하는 말이 아니라, 평신도를 가르치고 신앙으

7) 유대교 3대 종파는 바리새인파, 사두개파, 에세네파이다(마12:2, 행15:5, 빌3:5). 엄격한 율법준수와 모범적인 생활로 유대인들로부터 신망과 존경을 받았다. 그러나 예수님으로부터 형식주의, 외식주의자로 책망을 받았다.

로 권면하는 사람이며, 누구보다도 정결하고 모범이 되는 사람을 말한다(딛1:6). 장로는 결코 대접을 받거나 주장하는 자리가 아니라, 섬기는 자리로 장로를 세우는 일에 있어서 신중해야 한다. 칼빈은 다스리는 직책을 맡은 장로는 감독들과 함께 도덕적인 견책과 권징을 시행하는 일을 맡은 직분으로, 장로 자격은 부지런하고, 경건하며, 근엄하고 거룩한 사람이어야 한다고 하였다.[8)]

6) 감독

행20:28「여러분은 자기를 위하여 또는 온 양 떼를 위하여 삼가라 성령이 그들 가운데 여러분을 감독자로 삼고 하나님이 자기 피로 사신 교회를 보살피게 하셨느니라」

감독(監督)은 히브리어 '노게스'(נגש), 헬라어 '에피스코포스'(επισκοποϛ)로 보살피고 지도하고 단속하는 사람을 뜻한다. 구약성경에서 감독들은 대부분 성전 등의 어떤 공사나 작업과 관련해서 책임을 맡아 일꾼들을 지휘·감독하거나 어떤 기물이나 물건을 만들 때 지도하는 사람들을 칭했다. 신약성경에서는 교회를 보살피는 역할을 하도록 하나님이 세운 직분인 장로들을 감독(監督, bishop)으로 불렀다(행20:28). 감독은 가르치는 일을 맡은 장로로서 장로들 가운데 한 사람을 선출하고 감독이라고 하였다. 감독은 회의를 주관하고 충고하거나 권고하고, 장로들과 협력하여 회의 결정 사항을 실행하는 일을 수행하였다.[9)] 감독은 하나님의 청지기로서 말씀을 가르치고 교인들을 권면하며 모범이 되어야 할 사람들이다(딛1:7–9). 감독은 명예직이나 권위나 특권을 가진 직분이 아니고, 선한 일을 하고자 하는 사모하는 마음을 가지고 섬기는 직분이다(딤전3:1–7).

7) 집사

행6:3-4「[3] 형제들아 너희 가운데서 성령과 지혜가 충만하여 칭찬 받는 사람 일곱을 택하라 우리가 이 일을 그들에게 맡기고 [4] 우리는 오로지 기도하는 일과 말씀 사역에 힘쓰리라 하니」

집사(執事)는 헬라어 '디아코노스'(διακονος)로 교회에서 구제를 담당하는 봉사하는 직분자였다(눅17:8, 요2:5). 집사는 집안을 잘 다스려야 하고 깨끗한 양심을 가진

8) 존 칼빈, 앞의 책, 109면.
9) 존 칼빈, 앞의 책, 125면.

책망 받을 것이 없는 사람이어야 한다(딤전3:8－12). 사도들은 봉사와 구제를 목적으로 안수하여 집사를 세웠고(행6:1－6), 집사들은 전도하는 일에 힘썼다(행21:8). 바울은 자신을 가리켜 하나님 은혜의 선물을 따라 복음의 일꾼 즉 집사가 되었다고 하였는데, 이는 자신의 직무가 예수 그리스도를 섬기는 것에 있었다는 것을 나타낸다(엡3:7). 열두 사도는 모든 제자의 추천을 받아 일곱 명의 사람들을 집사(執事, deacon)로 세워 교회의 구제와 섬기는 일을 하도록 하였다. 일곱 명의 집사들 가운데 스데반 집사는 특히 말씀을 가르치고 전도하는 사역에 열심을 가졌다. 최초의 순교자는 사도가 아닌 스데반 집사였다. 스데반 집사의 순교는 초대교회 선교의 기폭제가 되었고, 전 세계에 기독교가 전파되고 교회가 세워지는 계기가 되었다. 또한 스데반 집사의 죽음에 참여했던 젊은 청년 사울은 예수님을 만난 이후에 신약성경 기록, 초대 교회사 및 선교역사에 한 획을 그은 인물이 되었다.

(2) 교회 직분

교회는 주님의 일을 맡아서 수행하기 위해서는 그 일을 담당할 일꾼이 필요하다. 사도들이 성령으로 충만해서 복음을 전하므로, 하나님의 나라가 확장되고 초대교회는 급속히 부흥하였다. 급격한 교회의 부흥은 사도들이 해야 할 업무량의 증가를 가져왔고, 사도들이 직무를 감당할 수 없을 지경에 이르렀다. 사도들은 일곱 집사들을 임직하고 위임하여 구제하는 일들을 분담하게 하였는데, 이것이 교회조직의 시작이고 교직(敎職)의 출발이라고 할 수 있다.

임직(任職)은 직분자를 세우는 것이고, 위임(委任)은 어떤 직책을 맡기는 것이다. 평신도 가운데 장로, 집사를 피택하여 세우는 예식은 임직이고, 조직교회에서 위임목사를 청빙하는 예식은 위임(委任)이다. 많은 장로가 임직을 위임으로 착각하여 당회원의 직무를 수행하면서 월권하려는 경우가 있어서 담임목사와 분쟁의 원인이 되기도 한다.

1) 목사장로

고후5:20 「그러므로 우리가 그리스도를 대신하여 사신이 되어 하나님이 우리를 통하여 너희를 권면하시는 것 같이 그리스도를 대신하여 간청하노니 너희는 하나님과 화목하라」

목사(牧師)는 가르치는 목사장로(長老, teaching elder)이다. 목사직은 노회의 안수로 임직받고 실질적으로 하나님 말씀의 진실한 전파, 성례의 정당한 집행, 교인들을 가르치고 교회를 치리(권징)하는 자로서 직무를 감당하는 교회에서 가장 중요하고 유익(존귀)한 직분이라고 하였다.[10] 목사는 노회로부터 형식상 요건으로 그리스도의 수권(授權)에 의하여 교회의 목사로 세움을 받는 표시인 안수를 받아야 하고 노회의 관할에 속한다. 목사는 그리스도의 종이고 사자이며, 교인을 양육해야 하는 목자이다(벧전5:2-3).

목사 자격은 일정한 나이 이상이어야 하고,[11] 학식이 풍부하고 행실이 선량하며, 모든 행위가 복음에 적합하여 가정을 잘 다스리고 타인의 존경을 받는 사람이어야 한다(딤전3:1-7). 목사의 주요 직무는 치리장로들과 함께 권징을 시행하면서 교인들을 위하여 기도하고 교회의 행정사무를 적당하고 질서 있게 운영해 간다. 또한 목사는 강도권이 있어 예배를 주관하고 말씀을 전하는 설교와 성찬과 세례 등 성례를 집례하고, 행정상 치리회장으로서 대내·외적으로 교회를 대표한다. 목사는 당회장, 공동의회장, 제직회장이 된다.

2) 치리장로

딤전5:17 「잘 다스리는 장로들은 배나 존경할 자로 알되 말씀과 가르침에 수고하는 이들에게는 더욱 그리할 것이니라」

다스리는 장로(長老, ruling elder)인 치리장로(治理長老)는 말씀 사역자인 목사와 함께 목자적 관심에서 목사를 도우며(pastoral care), 목사와 협의 및 협력[12]하여 행정과 권징을 관장하고, 교회를 세워가기 위해 교인들의 신령상 관계를 총찰하고, 교인들의 도리에 대한 오해나 도덕상 부패를 방지하는 등 신앙생활을 지도하고 권면하는 일을 한다(정치 제5장 제4조).

---

10) 정치 제4장 제1조(목사의 의의) '목사는 노회의 안수로 임직함을 받아 그리스도의 복음을 전파하고 성례를 거행하며 교회를 치리하는 자니 교회의 가장 중요하고 유익한 직분이다(롬11:13).

11) 대한예수교장로회 합동은 29세 이상된 자로 하고, 군목이나 선교사의 경우에는 27세 이상된 자로 하고 있는데, 통합은 30세 이상 된 자로 하고 있다.

12) 목사와 치리장로는 협의하는 협력의 관계이다. 협의와 합의는 다르다. 협의는 상대방과 어떤 일이나 사건에 대해서 논의하여 결정하는 것이고, 합의는 그 논의에 따라 결정을 도출하게 되는데, 그 결정이 일방의 독단적인 의사이어서는 안 되고, 반드시 쌍방의 의견이 일치하여 결론에 도달해야 한다.

장로 자격은 교단마다 차이가 있으나 만 35－40세 이상 된 남성으로, 통상 35세 이상일 것을 요구하고 있다(정치 제5장 제3조). 하지만 지금은 예장통합, 감리회 등 여러 교단에서 남성이 아닌 여성도를 장로로 세우고 있다. 치리장로는 교인들의 투표로 3분의 2 이상의 찬성을 얻어야 하며, 노회의 장로 고시를 통과하고 안수를 받음으로 임직한다. 치리장로의 임기는 만 70세까지이고, 임기 중에 7년에 1차씩 시무 투표할 수 있으며, 그 표결 수는 과반수를 요하는 것으로 하여 신임을 묻도록 하였지만, 이 규정은 강제적 규정이 아닌 임의적 규정이라고 할 수 있다(정치 제13장 제4조).

3) 집사

칼빈은 집사직을 구제물자를 나누어 주는 집사와 빈민과 병자들을 돌보는 집사, 두 가지 다른 등급으로 구분하였으나(롬12:8),[13] 집사들이 두 가지 사역을 하였다고 보는 것이 합당하다. 집사는 교회를 위하여 구제사업과 직접 빈민들을 돌보는 직책을 맡은 사람들로 순수한 봉사직이라고 할 수 있다. 초대 교회 집사들은 매일 신자들이 바치는 예물과 수입을 감독의 결정대로 일부는 사역자들의 생활비로, 일부는 빈민들의 생활비로 지불하였으며, 그 결과를 감독에게 보고하였다.[14] 집사는 목사, 장로와 협력하여 환자와 갇힌 자와 과부와 고아와 모든 환난을 당한 자를 위문하며, 교회에서 수금한 구제비와 일반 제정을 수납 지출한다(정치 제6장 제3조). 집사는 안수(按手)를 받는 항존직(恒存職)이고, 목사와 장로와 협력하여 봉사하는 직분으로, 집사는 교회 조직상 당회 감독이나 지도 아래서 행하지만, 봉사적인 면에서 종속관계가 아닌 오히려 동등한 위치에 있다.

집사는 안수집사와 서리 집사, 은퇴 집사, 무임 집사가 있다(정치 제6장 제4조). 집사는 제직회 회원이 되어 교회의 제반 예산 지출을 관장하고, 교회를 위하여 봉사와 구제하는 일을 한다. 초대 예루살렘교회에 수천 명의 교인이 있었지만, 집사는 7명에 불과했다(행6:3－5). 하지만 오늘날 한국교회는 교회에 출석하는 교인의 거의 80% 이상이 안수집사 또는 서리 집사 직분을 맡고 있다.

가. 안수집사

안수집사(按手執事)는 항존직(恒存職)으로 안수를 하여 세운 집사를 말하는데, 성

---

13) 존 칼빈, 앞의 책, 109면.
14) 존 칼빈, 앞의 책, 131면

경에서 집사는 안수집사를 말한다. 집사는 평신도 가운데서 선출한다. 교단마다 다르나 안수집사 나이는 30－35세 이상으로 하고 있고, 그 자격에 대해서 서리 집사보다 엄격한 요건을 요구한다(딤전3장). 서리집사(署理執事)는 남녀 구분하지 않고 투표 없이 임명하지만, 안수집사는 장로에 준하여 선출하고 남자 성도만 가능하다. 하지만 천주교나 성공회에서는 평신도에게 직분을 주지 않기 때문에 집사 직분이 없고, 다만 형제·자매만 있을 뿐이다.

나. 서리집사

서리(署理)라는 뜻은 어떤 직책에 결원이 있을 때 다른 사람이 그 직무를 대신하는 것으로 대리(代理)와 대행(代行)한다는 의미이다. 집사가 없을 때, 안수집사의 직무를 대리하도록 서리 집사를 두는 것이다. 서리집사(署理執事)는 교회에 등록하여 일정 기간 이상 교인의 의무를 성실하게 이행한 사람 중에서 교인들의 선거 없이 당회에서 결의하여 당회장이 매년 초에 임명하며 시무 기간은 1년으로 임시직이다. 서리 집사는 안수 없이 세운 집사이다.

4) 권사

권사(勸師)는 교인들의 투표로 선출되어 목회자를 도와 교인들의 생활 전반을 살피고 환난을 입은 교인을 위로하고 낙심 가운데 있는 교인을 심방하는 등 교회의 덕을 세우는 사람이다. 권사자격은 교단마다 차이가 있는데, 통상 40세－50세 이상의 여성도로 대한예수교장로회 교단에서는 여성도만 가능하고 한국기독교장로회와 감리회에서는 남자도 권사로 임직한다. 권사는 교인의 모범이 되고 덕망이 있는 사람을 선출하고 안수 없이 임직하고, 시무 기간은 70세까지이며 종신직(終身職)이다(정치 제3장 제3조 제3항).

5) 전도사

딤후4:2-5「[2] 너는 말씀을 전파하라 때를 얻든지 못 얻든지 항상 힘쓰라 범사에 오래 참음과 가르침으로 경책하며 경계하며 권하라 [3] 때가 이르리니 사람이 바른 교훈을 받지 아니하며 귀가 가려워서 자기의 사욕을 따를 스승을 많이 두고 [4] 또 그 귀를 진리에서 돌이켜 허탄한 이야기를 따르리라 [5] 그러나 너는 모든 일에 신중하여 고난을 받으며 전도자의 일을 하며 네 직무를 다하라」

전도사(傳道師)는 당회 또는 당회장의 관리하에 지교회에서 시무하는 유급 교역자이다. 전도사는 미조직교회의 경우에는 당회장의 허락으로 제직회 임시회장이 될 수 있다(정치 제3장 제3조의 1). 전도사는 신학대학교에서 수학하면서 교회 학생들을 가르치고 지도하는 일을 하는 전도사가 있고, 평신도들 가운데서 전도의 은사를 가지고 전도하는 일에 전무하는 전도인(傳道人)이 있으며, 성도들을 심방하고 전도에 힘쓰는 여전도사가 있다. 초대교회 일곱 집사 중에 빌립은 전도의 은사를 가진 전도자였으며, 제자 디모데 목사는 그리스도의 복음을 전하는 하나님의 일꾼 전도자였다(살전3:2).

6) 강도사

목사의 중임을 감당할 수 있도록 목사직 임직 전에 총회에서 실시하는 고시에 합격한 사람에 대해서 노회가 강도사(講道師)로 인허하는데, 1년 이상 직무상 노회의 관리 아래 있고, 개인적으로 당회의 지도를 받아 강도사직을 수행한다(정치 제3장 제4조의 1). 강도사는 강도(講道), '법도를 강론한다.'는 뜻에서 붙여진 칭호이다. 강도사는 목사의 요건을 갖춘 상태이기 때문에 강단에서 설교를 할 수 있지만, 안수를 받지 않은 까닭에 치리 및 성례는 시행할 수 없다.

6. 성경에 없는 직분

교회 안에는 강도사, 권사, 서리집사와 같은 성경에 없는 직분들이 있다. 일부 사람들은 성경에 없는 직분 제도는 비성경적이기 때문에 폐지해야 한다고 주장한다. 하지만, 성경에 없는 직분이라고 해서 비성경적이라는 근거는 맞지 않으며 폐지해야 할 이유도 없다. 만약 교회 직분이 성경에 있는 직분이어야만 한다면, 모세가 세웠던 오십부장, 백부장 등의 직분도 있어야 하고, 선지자, 제사장이라는 직분이나 예장 교단의 경우에 감독이라는 직분도 세워야 할 것이다.

성경은 하나님 말씀으로, 하나님의 뜻을 나타내는 계시이다. 성경은 하나님이 교회를 향해 세우신 규범(規範)으로, 교회에 적용하기 위해서는 현대교회에 맞는 재해석이 필요하다. 즉 해석하지 않은 성경은 오히려 율법주의로 전락할 수밖에 없기 때문이다. 그러므로 어떤 제도가 성경에 기록되어 있지 않더라도 그 제도가 비성경적이라고 단정해서는 안 된다. 성경의 원리에 어긋나지 않은 제도나 교회의 합의에 따라 세워진 직분이라면, 그것이 비록 성경에 없는 직분이라고 하더라도 성경적 제도로 인정할 수 있는 것이다. 성경에 없지만, 그리스도께서 세운 교회를 더 효과적이고 능률적으로 세우고, 교회 질서를 유지하며 서로 받은 은사에 따라서 섬기며 봉사하기 위한 직분이다.

7. 직분보다 더 중요한 것

고전12:31「너희는 더욱 큰 은사를 사모하라 내가 또한 가장 좋은 길을 너희에게 보이리라」

사람들은 교회에 출석하기 시작하면서 가장 먼저 관심을 가지는 것이 직분이다. 어떤 사람은 신앙생활을 하면서 직분에 대한 강한 열망을 가지며, 특별한 직분을 신앙의 목표로 삼고 직분을 받기 위해서 전심으로 충성하며 일하기도 한다. 그리고 직분을 받으면 마치 보상을 받은 것처럼 생각하거나 신앙 간증의 주제가 되기도 한다. 반면 오래도록 직분을 받지 못하면 시험이 되어 교회를 떠나는 경우가 발생하고, 교회 직분 선출 문제로 인해 교회 분쟁이 발생하는 원인이 되기도 한다.

직분(職分)은 일하는 자리이다. 강조하건대 직분은 감투나 명예가 아니며 헌신이나 신앙생활에 대한 대가가 아님을 알아야 한다. 그리고 직분을 맡는 것보다 더 중요한 것이 있는데, 그것은 은사(恩賜)이다. 그리고 은사 중에 가장 큰 은사는 사랑이다. 직분을 받지 못했어도 교회와 성도들을 사랑하는 마음이 있다면 어떤 직분보다 낫고, 그 어떤 직분을 받았다고 할지라도 사랑하는 마음이 없다면, 그가 받은 직분은 무익한 것이 된다(고전13:2).

직분의 본질은 섬김(serving)이다. 직분은 권력이나 교회에 대한 영향력(影響力) 행사가 아니고, 상호 간의 견제(牽制)가 주된 본질이 아니며, 상호 간의 섬김이 본질이다. 한국교회의 직분자 사이에서 발생하는 갈등과 분쟁의 원인은 직분자의 본질인 섬김을 망각한 까닭에 발생한다. 교회 직분자들이 신앙 성장과 교회의 덕을 세우는 신령적인 일보다 교회 재정과 재산, 직원인사, 견제와 같은 권력적인 일에 치중하는 경향이 강해 갈등과 분쟁이 발생하고 있다. 따라서 교회는 교회 직분자들이 성도를 섬기고 교회를 위해 봉사하는 직무에 충실하고 집중하도록 조직해야 한다.

8. 직분 선출

직분은 누가 어떻게 선출하는가? 사도들은 특별한 직분으로 하나님의 명령으로 임명되었다(갈1:1,12).[15] 유다의 후임자를 선출할 때도 두 사람을 내세우고, 주께서 제비뽑기 방법으로 한 사람을 결정하게 하였다(행1:23–26). 하나님은 자신의 고유한 특권을 행사하셔서 지명하시지만, 동시에 교회를 통한 소명이라는 규칙도 사용하신다.[16] 바울과 바나바는 당시 헬라인이 투표 방식의 선거를 통해 의견을 표명했듯이, 각 교회 장로를 임명하면서 교인들로 투표해 세웠다고 할 수 있다(행14:23). 또한 교인들이 직분자를 선정하고 투표로 결정한 것은 하나님 권위로부터 나온 것을 의미한다. 즉 적임자로 보이는 사람이 교인들의 합의와 승인을 얻어서 임명될 때, 직분자의 소명은 하나님의 말씀과 일치하는 합법적인 것이라고 할 수 있게 되는 것이다.[17]

9. 직분의 사임 및 사직

사임(辭任, 사면)은 목사나 장로, 집사, 권사 등 교회 직분자의 시무(視務)가 완전히 해지(解止)되는 것을 말한다. 사임은 자신이 스스로 부득이한 사유로 인하여 시무 사임서를 제출하는 자의사임(自意辭任)과 불미스러운 행위를 한 사실로 인해 치리회에서 권고하여 사임케 하는 권고사임(勸告辭任)이 있다. 목사는 당회의 결의와 노회의 허락을 받아야 하고(정치 제17장), 장로, 집사 등은 당회의 결의를 받아 사임할 수 있다(정치 제13장). 사임이 결정되면 장로는 무임 장로가 되고, 목사는 교회 담임목사로서의 시무 권리가 상실되는 것이다.

사직(辭職)은 목사의 경우 성직 자체가 없어지는 것이고, 장로의 경우 장로로 임직받기 이전 집사의 신분으로 돌아간다. 사직은 자신이 부득이한 사유로 인하여 사직서를 제출하는 자의사직(自意辭職)이 있고, 교회에 덕을 세우지 못하는 때에 하는 권고사직(勸告辭職)이 있다. 면직(免職)은 범죄행위를 한 사실로 인해 치리회에서 재판에 의한 판결로 내리는 시벌이다. 사직은 행정에 의한 결정이지만, 면직은 범죄로 인하여 교회법에 따라 재판에 의한 판결로 권징을 받아 그 직이 박탈되는 경우이다.

---

15) 존 칼빈, 「영한기독교강요」, '기독성문출판사', 1993, 115~119면.
16) 존 칼빈, 위의 책, 117면.
17) 존 칼빈, 위의 책, 119면.

Ⅱ. 직무

1. 직무의 개념

직무(職務)로 번역된 헬라어 '에르곤'(ἔργον)은 '일', '행위'를 뜻하는데, 피땀 흘려 일해야 함을 의미한다(롬4:2, 살전1:3). 제사장 직무로 번역된 '히에루르게오'(ἱερουργέω)는 '거룩'을 뜻하는 '히에로스'(ἱερός)와 '일하다'는 뜻의 '에르곤'(ἔργον)의 합성어이다(롬15:16). 예수님은 일(직무)을 위해 보냄을 받았다며(눅4:43), 예수님의 목적이 하나님의 일(직무)에 있음을 선언하였다(요10:37). 직무는 단순한 일이 아니라, 피땀 흘려 열심히 일하는 것이다. 또한 직무(職務)는 직분을 맡은 사람이 마땅히 해야 하는 일이다. 교회 직무는 하나님이 각각 은사(恩賜)를 주신 대로 주어진 일을 하는 것이다. 교회 직분은 하나님이 주신 것으로 영적인 권위에서 나오는 것이고, 직무는 하나님이 은사를 주시고 맡기신 것으로 모든 직무는 하나님의 일을 효과적으로 하는데 있다.

2. 직무의 유형

(1) 공동직무

1) 공동직무 개념

고전12:4-6「4 은사는 여러 가지나 성령은 같고 5 직분은 여러 가지나 주는 같으며 6 또 사역은 여러 가지나 모든 것을 모든 사람 가운데서 이루시는 하나님은 같으니」

공동직무(共同職務)는 교회에서 각기 다른 여러 가지 직분을 가진 사람들이 서로 연합하여 분담과 동역이라는 원리에 의하여 일하는 것을 말한다. 하나님은 은혜대로 모든 성도에게 복음 전하는 자, 예언자, 섬기는 자, 가르치는 자, 위로하는 자, 구제하는 자, 다스리는 자, 긍휼을 베푸는 자 등 각자에게 맞는 은사를 주셨다(롬12:6-8). 이것은 직분의 유무나 직분의 종류와 상관없이 모든 성도가 서로 협력하여 교회의 유익을 위하여 직무를 감당하도록 하기 위함이었다.

2) 공동직무 내용

가. 복음 전하는 일

행1:8「오직 성령이 너희에게 임하시면 너희가 권능을 받고 예루살렘과 온 유대와 사마리아와 땅 끝까지 이르러 내 증인이 되리라 하시니라」

복음 전하는 일은 어떤 특정한 직분자에게 주어진 일이 아니고, 모든 성도에게 공동으로 주어진 직무이다(엡4:11). 복음 전하는 일은 해도 되고 하지 않아도 되는 선택이 아니라, 누구든지 해야만 하는 직무이다.

고전9:16「내가 복음을 전할지라도 자랑할 것이 없음은 내가 부득불 할 일임이라 만일 복음을 전하지 아니하면 내게 화가 있을 것이로다」

사도 바울은 복음을 전하는 일은 부득불 마땅히 해야 할 사명이고 그 복음 전파 사명을 수행하지 않는다면, 자신에게 화가 미칠 것이라고 고백하였다. 노아시대 하나님은 사람의 죄악이 세상에 관영하고 사람들이 마음으로 생각하는 모든 계획이 악함을 보시고, 세상을 홍수로 심판하시면서도 노아와 그 일곱 식구만을 보존하시기로 하셨는데(창6:5), 그 이유가 "의를 전파하는 노아와 일곱 식구"였기 때문이라고 하셨다(벧후2:5). 노아의 가정에까지 화가 미칠 수 있었지만, 의를 전파했던 노아의 가족만은 구원받을 수 있었다. 예수님은 세상에 오신 목적이 복음 전파를 위해 오셨다고 하시고 복음을 전파하셨으며(막1:38), 복음 전하는 사람들이 사는 방법은 복음을 전하는 것이라고 하였다(고전9:14).

나. 말씀을 가르치는 일

행17:11「베뢰아에 있는 사람들은 데살로니가에 있는 사람들보다 더 너그러워서 간절한 마음으로 말씀을 받고 이것이 그러한가 하여 날마다 성경을 상고하므로」

말씀을 가르치는 일은 아무나 할 수 있는 일은 아니지만, 그렇다고 꼭 특정한 대상에게만 주어진 일이라고 할 수 없다. 선지자, 율법교사(딛3:13), 목사와 교사의 주된 직무가 가르치는 것이지만, 장로, 권사, 집사도 얼마든지 가르치는 일을 할 수 있다. 하지만 말씀을 가르치는 일, 배우는 것보다 더 중요한 것은 말씀대로 사는 일이다. 노아가 하나님과 동행했다는 것은 의를 전파하면서 말씀대로 살았다는 것으로,

그 증거가 말씀대로 방주를 만들었다는 것이며(창6:22), 모세는 말씀대로 성막을 세우고 봉헌하였다(출40장). 바울과 실라로부터 가르침을 듣고 배운 베뢰아 사람들은 배우는 것에 그치지 않고 말씀을 상고하면서 말씀대로 살려고 부단히 노력하였다(행17:11).

다. 봉사하는 일

사61:6「오직 너희는 여호와의 제사장이라 일컬음을 받을 것이라 사람들이 너희를 우리 하나님의 봉사자라 할 것이며 너희가 이방 나라들의 재물을 먹으며 그들의 영광을 얻어 자랑할 것이니라」

봉사하는 일은 하나님을 향한 직무이다. 제사장의 직무는 하나님의 봉사자이다. 하나님은 레위 지파를 구별하여 25세부터 50세까지 이스라엘 자손을 대신하여 성전에서 제사장들을 도와 봉사의 직무를 하도록 하였다(민8:22－25). 레위족속이 성전에서 제사장들의 제사 직무를 도운 것처럼, 성도들은 예배를 위하여 교회에서 목사를 돕는 봉사의 일을 해야 한다. 하나님이 성도들에게 은사를 주신 것은 봉사의 일을 하도록 하기 위해서이므로(엡4:12), 성도는 하나님이 공급해 주시는 힘으로 자신이 받은 은사대로 봉사해야 한다(벧전4:10－11).

라. 섬기는 일

마20:28「인자가 온 것은 섬김을 받으려 함이 아니라 도리어 섬기려 하고 자기 목숨을 많은 사람의 대속물로 주려 함이니라」

섬김은 성도들에 대하여 해야 하는 직무이다. 예수님은 섬김을 받기보다는 자기 목숨을 대속물로 주시기까지 섬김을 선택하셨다. 당시 주인의 발을 씻는 일은 종이 하는 일이고, 선생의 발을 씻는 일은 제자가 하는 일이지만, 예수님은 제자들의 발을 씻어주시면서 섬김을 보여주시고 제자들에게 형제들을 섬길 것을 요구하셨다(요13:5－14). 또한 바울은 디모데 목사에게 편지하여 교회가 과부 명단을 만들어 돌볼 것을 권면하면서 과부의 조건을 설명하였다. 재혼이 불가능하다고 생각되는 60세 이상의 여성, 성실한 마음으로 남편을 섬겼던 여성, 자녀양육, 나그네 대접, 성도를 섬김, 환난 당한 구제, 모든 일에 선하게 행하는 등 다섯 가지의 선한 행실의 증거가 있는 여성이어야 했다(딤후5:10). 교회에 관심을 가지고 보살펴야 할 과부는 성도를 섬기는 사람이었다. 성도를 섬기는 것은 말이나 마음으로 하는 것이 아니고, 손과 발로 성도들을 씻어주는 행함으로 하는 것이다.

마. 구제하는 일

잠11:24-25「[24] 흩어 구제하여도 더욱 부하게 되는 일이 있나니 과도히 아껴도 가난하게 될 뿐이니라 [25] 구제를 좋아하는 자는 풍족하여질 것이요 남을 윤택하게 하는 자는 자기도 윤택하여지리라」

구제는 이웃에 대하여 해야 하는 직무이다. 교회가 고아와 과부와 나그네와 어렵고 소외된 사람을 위해서 봉사하는 일은 주님께서 하신 일 중에서 중요한 일이다. 구제는 내 것을 이웃에게 나누어 주되 특별히 고아와 과부, 장애인 등 이웃의 경제적 어려운 형편을 외면하지 않고 돌보는 것이다. 구제는 재물을 의지하는 사람은 절대로 할 수 없는 일이다. 재물은 모으는 것보다 잘 사용하는 것이 중요하고, 무조건 아낀다고 모을 수 있는 것도 아니며, 오히려 가난해지게 될 뿐이다. 구제는 봄에 농부가 씨앗을 아끼지 아니하고 밭에 뿌리고, 가을이 되어 풍성한 열매를 얻는 농부처럼, 풍족한 복을 받는 비결이다. 예수님은 주는 자가 복이 있는 이유는 하늘에서 주는 보화가 있어서 후히 되어 누르고 흔들어 넘치도록 안겨주시기 때문이다(눅6:38). 어린아이가 혼자 먹을 오병이어(五餠二魚), 곧 보리떡 다섯 개와 물고기 두 마리를 제자들에게 내어놓자 오천 명이 먹고 열두 바구니가 남는 기적이 일어났으며(마14:20), 사렙다 과부가 마지막 남은 가루 한 움큼과 기름으로 떡을 만들어 엘리야 선지자에게 드렸더니 가뭄이 끝날 때까지 가루와 기름이 없어지지 않은 기적이 일어났다(왕상17:16).

바. 사랑하는 일

고전13:3「내가 내게 있는 모든 것으로 구제하고 또 내 몸을 불사르게 내줄지라도 사랑이 없으면 내게 아무 유익이 없느니라」

사랑하는 일은 성도들에게 가장 중요한 직무이다. 성도가 모든 일을 한다고 할지라도 사랑이 없다면 아무 것도 아니다. 사랑은 모든 직무를 행함에 있어서 근본 바탕이라고 할 수 있으며, 사랑은 헌신과 희생을 동반한다. 헌신과 희생이 없는 직무 행위는 위선이고 형식적인 요식행위가 될 수 있다. 교회가 자신을 위해서 존재하려고 하면 쇠퇴할 것이지만, 세상을 섬기는 사랑을 실천하면 흥왕하여질 것이다.

(2) 특별직무

1) 특별직무의 개념

고전12:28-30「[28] 하나님이 교회 중에 몇을 세우셨으니 첫째는 사도요 둘째는 선지자요 셋째는 교사요 그 다음은 능력을 행하는 자요 그 다음은 병 고치는 은사와 서로 돕는 것과 다스리는 것과 각종 방언을 말하는 것이라 [29] 다 사도이겠느냐 다 선지자이겠느냐 다 교사이겠느냐 다 능력을 행하는 자이겠느냐 [30] 다 병 고치는 은사를 가진 자이겠느냐 다 방언을 말하는 자이겠느냐 다 통역하는 자이겠느냐」

특별직무는 필요에 따라 효과적으로 사역하기 위한 직무인데, 특별한 대상이 정해져 있으며, 어떤 특별한 목적을 위한 직무라고 할 수 있다. 구약시대의 선지자와 제사장, 사사 직분, 초대교회 시대의 사도 직분 등은 그 당시의 특별한 목적을 가진 특정직(特定職)으로 그 시대가 지나고 없어진 직분이었다.

특별한 직무라고 해서 어떤 특권이 주어지는 것이 아니고, 특별히 신분을 구분 짓는다거나 차등을 의미하지도 않는다. 특별직무는 그리스도의 몸 된 교회를 효과적으로 세우고, 복음을 선포하여 하나님 나라를 확장하는 것에 목적이 있었다. 모든 직무는 성령께서 세우시고 성령께서 주장하시며 성령께 복종함으로 성령의 능력을 받아야 하나님의 뜻대로 그 일을 수행할 수 있다.

2) 특별직무의 종류

특별직무에는 가르치는 직무인 사도, 목사, 전도사, 장로, 교사 등이 있고, 봉사하는 직무로 집사, 찬양대, 회계, 운전사 등이 있다. 성직자인 목사는 성찬과 세례식을 거행하거나 성경을 해석하여 설교하고, 교사는 교회학교에서 주일 학생 등을 가르치는 사역을 한다. 봉사하는 직무인 찬양대는 예배 시간 하나님을 찬양하거나 성도들로 하여 예배로 나아가도록 예배 전에 찬양을 인도하고, 이 외에도 교회 차량으로 성도들을 수송하는 일을 하거나 교인들이 드린 헌금을 계수하거나 교회의 재정을 관리 및 집행하는 일 등의 직무들이 있는데(엡4:11–12), 모든 일은 예수 그리스도의 몸인 교회를 세우는 일이다.

제2절 ‖ 교회와 목사

Ⅰ. 목사

1. 목사 칭호

(1) 성경적 칭호

엡4:11「그가 어떤 사람은 사도로, 어떤 사람은 선지자로, 어떤 사람은 복음 전하는 자로, 어떤 사람은 목사와 교사로 삼으셨으니」

구약성경이나 신약성경에 있는 직분이지만, 선지자, 제사장, 사도와 같이 오늘날 교회 내에 존재하지 않는 직분이 있고, 현대교회 내에 있는 직분 중에 권사, 서리 집사와 같이 성경에 없는 직분들도 있다. 신약교회에서는 목사를 장로 또는 감독자라고 호칭하였으며(행20:17,28, 딤전3:1, 벧전5:1－2), 종교개혁 전에는 교부(教父)라고도 호칭하다가 종교개혁 후에는 목사로 호칭하게 되었다. 목사는 양의 무리를 감시하는 목자(牧者)이고(렘3:15, 벧전5:2－4, 딤전3:1), 교회 안에서 그리스도를 봉사하는 그리스도의 종(從), 일꾼, 사역자이고(빌1:1, 고전4:1), 모든 사람의 모범이 되고 그리스도의 집과 나라를 근실히 치리(治理)하고 강도(講道)하는 목사장로이고(벧전5:1－3), 하나님이 보내신 사자(使者)이고(계2:1), 교훈과 권면하며 가르치는 교사(教師)이다(엡4:11).

목사(牧師, pastor)의 어원은 히브리어 '로에'(רֹעֶה), 헬라어 '포이멘'(ποιμέν)이다(삼상9:11, 마9:36;26:31, 눅2:8, 요10:2). '로에'(רֹעֶה)는 하나님과 백성 사이에서 하나님의 말씀을 중재하고, 하나님의 말씀을 가감 없이 전달하는 역할을 하는 선지자와 지도자를 뜻하는 목자(shepherd)를 말하는데, 목양하다(to pasture), 돌보다(to guard), 다스린다(to rule)는 뜻을 가진 '라아'(רָעָה)에서 파생되었다. 목자의 직무가 양들을 돌보고, 먹이고, 보호하고, 다스리는 것처럼, 목사는 예수 그리스도로부터 위임받은 하나님이 자녀들을 돌보고, 먹이고, 가르치고, 다스리는 직무를 행한다(요21:15－20). 목사는 예배를 주관하고 성례를 집례(集禮)하며, 하나님 말씀을 선포하는 설교(說教)와 가르치는 교사(教師), 교훈, 권면, 책망하는 치리(治理) 사역이다.

목사의 가장 중요한 직무는 설교(說教)와 가르치는 교사(教師) 사역이다. 그런 점에서 에베소서에서는 교사와 목사를 언급하고 있는데, 여기서 교사는 오늘날 교회 주일학교 교사를 말하지 않는다. 당시에는 주일학교가 존재하지 않았다. 에베소서 4장 11절 원문을 바르게 번역하면 목사들 즉 교사들이 된다. 즉 교사와 목사는 서로 다른 직분을 뜻하는 말이 아니라, 하나의 동일한 직분을 말하며, 에베소서 4장 11절은 목사의 중요한 역할이 가르치는 것에 있음을 알려주는 것이라고 할 수 있다. 딤전 5장 17절에서는 목사에 대해서 '말씀과 가르침에 수고하는 이들'(οί κοπιωντες λογω και διδασκαλία)로 표현되어 있다. 이는 목사의 중요한 직무가 하나님의 말씀을 선포하고 잘 가르치는 일에 있음을 알려준다. 루이스 벌코프(Louis Berkhof)는 에베소서 4장 11절의 목사와 교사라는 말은 두 종류의 다른 직임들(two different classes of officers)을 구성하는 것이 아니라, 두 가지 연관된 기능을 지닌 한 종류의 직임(one class having two related functions)을 구성한다고 하였다.

(2) 헌법상 칭호

1914년 예수교장로회 조선총회 제3회 총회록에는 전임목사(專任牧師)와 동사목사(同事牧師)가 등장한다. 1922년 대한예수교장로회 헌법에는 목사 칭호가 존재하지 않았으나 1930년 헌법에서부터 위임목사, 임시목사, 동사목사, 원로목사 등의 목사 칭호가 등장한다. 부목사(副牧使)라는 칭호는 1955년 헌법에서 등장하였는데, 이전 헌법의 동사목사 칭호 대신에 부목사라는 칭호가 생겼으며, 1966년에 교육목사 등의 칭호들이 생겨났다. 현재 장로회 헌법에는 다양한 형태의 목사 칭호가 존재하며, 헌법에 존재하지 않지만, 각 지교회 내에서도 직임에 따라 다양한 목사 칭호들이 생겨났다.

2. 목사의 자격요건[18)]

목사는 성직으로 어느 직종 종사자보다 사회적 청렴성 등의 엄격한 요건을 갖추어야 한다. 목사가 되려는 사람은 인품, 학식, 영성 등의 요건을 갖추어야 한다. 목사는 교단마다 약간의 차이가 있지만, 일반적으로 만 29세 이상으로 총회 신학대학원을 졸업하고 목사고시 또는 강도사(講道師, preacher) 고시에 합격하고 안수를 받은 사람을 말한다. 단 군목, 선교사는 만 27세 이상인 사람으로 한다(정치 제4장 제2

18) 대한예수교장로회(합동) 교단 헌법을 기준으로 하였다.

조). 보수 교단에서는 특별한 요건으로 반드시 남성이어야 할 것과 기혼자일 것을 요구하기도 한다. 하지만 순복음, 기장, 통합 등 여러 교단에서는 여성에게도 목사안수를 하고 있다.

(1) 합동교단 목사자격

대한예수교장로교총회(합동)의 경우 목사의 자격에 대해 헌법 정치 제4장 제3조, 제15장 제1조에서 규정하고 있다. 정치 제4장 제3조는 '목사 될 자는 총신대학교 신학대학원을 졸업'으로 규정하고, 제15장 제1조는 총신대학교 신학대학원을 졸업 후 총회에서 시행하는 강도사 고시에 합격하여 1개년 이상 교역에 종사하고, 노회 고시에 합격하고 청빙을 받은 자라야 한다(정치 제15장 제1조). 정치 제15장 제1조 일반편입 과정은 목사안수를 받지 않은 전도사가 강도사를 거쳐 목사안수를 받는 과정으로 첫째, 총신대학교 신학대학원을 졸업해야 하고, 둘째, 강도사 고시에 합격하여 인허를 받고 1년 이상 교역에 종사한 후 셋째, 노회 고시에 합격해 목사 안수를 받는다.

(2) 총회 신학원 및 총회 인준 신학대학교

총신 내에는 1989년 이전까지 총신대학교와 총회신학원 체제로 되어 있었다. 총신대학교는 정부로부터 정식으로 인가를 받은 학위과정이고, 총회신학원은 비학위과정이었다. 총회신학원 출신자는 총신대학교 졸업자와 동일하게 정치 제4장 제2조의 목사 자격에 준해 목사 신분을 인정받을 수 있었다. 그러나 1989년에 총회신학원을 없애고, 총회신학원에 응시할 수 있는 자격조건을 갖고 있는 학생들을 정식 학위과정인 총신대학교 신학대학원 내 목회연구과로 받아 수업하여 졸업장을 수여했다. 그러나 교육부 감사 결과 총신대학교 신학대학원 내 비학위 과정인 목회 연구과 폐지 결정이 내려졌으며, 2004년 제89회 총회에서 총회신학원은 총신 운영이사회와는 별도로 총회가 직영하고, 총회신학원에 총신 신대원과 동등한 자격을 부여하여, 졸업식 및 강도사 고시를 총신 신대원 졸업생과 동등하게 하고, 목사 청빙 시에도 총신 신대원으로 명기하도록 하였다.

(3) 편목 및 교단 합동

정치 제15장 제13조 편목 편입 과정은 타 교단 소속인 목사가 예장합동 목사로 전환하는 과정으로, 이미 다른 교파에서 안수를 받은 목사이기 때문에 교단 신학교에서 총회가 정한 소정의 수업을 한 후 총회 강도사 고시에 합격하고, 본 장 제10조에 규정한 각 항의 서약을 하는 경우 안수 없이 목사자격이 주어진다(정치 제15장 제13조).[19] 합동측과 구 개혁측이 2005년 제90회 총회에서 합동하였다. 따라서 2005년 제90회 총회에 합동하여 동일한 신분으로 인정을 받은 구 개혁측 목사 회원들은 정치 제4장 제2조와 동일한 자격을 갖고 있다는 내용으로 제93회 총회가 결의하였다.

(4) 목사 자격에 대한 교단 헌법 개정

대한예수교장로회총회(합동) 헌법 정치 제4장 제2조 목사의 자격에서 2000년 개정 전까지 목사의 자격이 '목사 될 자는 신학교를 졸업'으로 되어 있었다. 하지만, 1989년에 총회신학원을 없애고, 총회신학원에 응시할 수 있는 자격조건을 가지고 있는 학생들을 정식 학위과정인 총신대학교 신학대학원 내 목회 연구과로 받아 수업하여 졸업장을 수여하면서 정치 제4장 제2조 목사의 자격 규정이 '목사 될 자는 총신대학교 신학대학원을 졸업'으로 변경하였다. 하지만 이제는 총회신학원 출신 목사들과 총회 인준 신학대학원 출신 목사들의 난맥(亂脈)을 시정하기 위해 정치 제4장 제3조, 제15장 제1조 목사의 자격을 '목사 될 자는 총회 인준 신학대학원을 졸업한 자'로 변경해야 한다.

3. 목사의 지위와 직무

(1) 목사의 지위

1) 교회의 대표자

목사는 교회의 대표자인 목사를 담임목사(擔任牧師)라고 칭하고, 노회(老會)로부터 지교회를 위임받은 목사를 위임목사(委任牧師)라고 한다. 또한 지교회의 담임목사는 교회정치적 원리에 의하여 당회의 당회장(堂會長)이고, 제직회의 제직회장(諸職會長)이며, 공동의회의 공동의장(共同議長)이 된다. 담임목사는 예배 및 종교 활동을 주재하는 종교상의 지위를 가진다. 위임목사의 경우에 목사의 자격, 위임 및 해임 등에 관한 모든 권한은 지교회가 아닌 교단(노회)에 있다. 따라서 목사는 노회의 회원으로 본 지교회의 회원은 될 수 없고, 당회나 공동의회는 교회법상 목사에 대한 재판권(裁

19) 2018년 9월 제103회 총회에서 다음과 같이 개정공포 되었다.

判權)을 가지지 못하며, 오직 목사에 대한 관할권(管轄權)이 있는 노회(老會), 총회(總會)에서만 감독 및 재판, 해임 등 목사 지위 변동에 관한 권한이 있다.

2) 교회와 목사의 법적 관계

목사는 법적으로 지교회의 대표자이고, 민법상 단체인 교회와 대표자인 목사의 관계는 법률상 위임관계(委任關係)이다. 실체법상 법인격이 없는 비법인사단이나 재단으로서 대표자 또는 관리인이 있으면, 당사자능력을 인정한다(민사소송법 제52조).[20] 법원은 목사에 대해서 비법인사단의 대표자 지위를 겸유하면서 교회재산의 관리처분과 관련한 대표권을 갖는다고 본다.[21] 교회 대표자인 목사는 교회를 대표하여 소송을 진행할 수 있는 소송수행권(訴訟遂行權) 지위에 있지만, 법인이 아닌 사단인 교회와 대표자인 목사와 사이의 이익이 상반되는 사항에 관한 소송행위에 있어서는 위 대표자에게 대표권이 없으므로, 이해관계인(利害關係人)[22]은 민사소송법 제64조, 제62조의 규정에 따라 대표자를 대신하여 법인이 아닌 사단을 대표할 특별대리인(特別代理人)의 선임을 신청할 수 있고, 이에 따라 선임된 특별대리인이 법인이 아닌 사단을 대표하여 소송을 제기할 수 있다.[23]

(2) 목사의 직무

> 롬11:13「내가 이방인인 너희에게 말하노라 내가 이방인의 사도인 만큼 내 직분을 영광스럽게 여기노니」

한국 장로교회의 헌법은 '목사는 노회의 안수로 임직을 받아 그리스도의 복음을 선포하고, 성례를 거행하며, 교회를 치리하는 자니 교회의 가장 중요하고 유익한 직분'으로 규정하고 있다(정치 제4장 제1조). 목사의 중요한 직무로 말씀을 선포하고 가르치는 강도권(講道權), 성례를 거행하는 성례권(聖禮權), 장로와 협력하여 치리권(治理權)을 행사한다. 즉 교회가 교회 됨을 나타내는 중요한 역할인 세 가지, 즉 말씀의

20) 민사소송법 제52조(법인이 아닌 사단 등의 당사자능력)
법인이 아닌 사단이나 재단은 대표자 또는 관리인이 있는 경우에는 그 사단이나 재단의 이름으로 당사자가 될 수 있다.

21) 대법원 2007. 11. 16. 선고 2006다41297 판결.

22) 이해관계인(利害關係人)은 일정한 사실 행위나 법률행위의 당사자는 아니지만, 그것에 의해서 자기의 권리나 이익에 영향을 받는 사람을 말한다.

23) 대법원 1992. 3. 10. 선고 91다25208 판결.

진실한 전파, 성례(聖禮)의 정당한 집행, 그리고 권징(勸懲)의 신실한 시행이 목사의 중요한 직무에 해당한다(정치 제4장 제3조).

4. 목사의 권한

한국장로교의 정치원리는 신본주의(神本主義)[24]이면서 대의민주제(代議民主制)이다. 담임목사와 교인들에 의해 선출된 장로들이 치리회인 당회에서 민주적인 원리에 따라 상호견제와 협력, 그리고 평등과 균형을 이루는 것이 장로교회의 정치원리이지만, 그 기능이 적당히 이루어지지 않아 대의민주제에 역행하고 있다. 한국교회는 너무 권위주의(權威主義) 및 율법주의(律法主義)적이고, 권력의 집중화가 심화(深化)되어 있다. 교회의 권력은 담임목사와 당회에 집중되어 있고, 특히 담임목사의 권한은 교단 헌법이나 교회정관 등을 통해서 너무 과도할 정도로 편중되고 집중되어 있다. 담임목사나 위임목사라는 칭호에서 '담임'이나 '위임'이라는 칭호 자체도 마치 목사에게 교회 운영의 전권이 위탁되어 있다거나 목사가 교회의 절대적 권력을 가지고 있는 것으로 비치고 있는 것이 사실이다.

대한예수교장로회(합동) 헌법 정치 제8장에 따르면 교회 치리회로 당회, 노회, 총회를 두고, 각 치리회의 회원은 오직 목사와 장로를 자격으로 하고 있다. 그리고 치리회의 장은 목사가 당회의 당회장, 노회의 노회장, 총회의 총회장이 될 수 있도록 규정하고 있다. 이러한 명칭 자체는 칼빈주의(Calvinism), 개혁주의(改革主義) 사상에 근거한 것도 아니며, 한국장로교가 영향을 받은 미국 북장로교의 헌법에도 존재하지 않는 명칭들이다. 한국장로교의 담임목회자(擔任牧會者) 중심의 권력구조는 대의민주제(代議民主制) 원리인 교회 내의 권력분배와 합법적인 견제와 협력의 원칙이 훼손되었다고 할 수 있다. 또한 담임목사와 당회에 교회 권력의 과도한 집중 현상이 오늘날 한국교회 분쟁의 한 원인이 되고 있다는 것도 주지(周知)의 사실이다. 담임목사가 교회 재정과 재산, 교회 인사와 운영 등 모든 것을 총괄한다는 것은 목회자로 부르심 받은 소명과 어긋난다. 목사의 주요사역은 교회의 모든 사역들을 관할하고 통제하는 일이 아니며, 사도들의 고백과 같이 말씀을 전하는 것과 기도하는 것에 있다(행 6:2-4).

---

24) 신본주의(神本主義)는 태초에 창조신이 있어 모든 만물을 다 만들었고, 지금 일어나는 모든 일이 신의 뜻이라고 해석하는 형태를 말한다.

5. 목사와 교회의 의무

교회에서 시무목사(始務牧師)를 청빙할 때, 교회는 노회에 청빙 절차를 거쳐 승낙을 받아 계약을 체결하고, 위임목사(委任牧師)는 노회의 승낙을 얻은 후에 목사와 계약을 체결하며, 교인들은 목사위임 예식에서 헌법 규정에 정해진 서약을 한다. 그러므로 교회는 시무목사의 경우에는 계약 만료 시까지 계약 내용을 준수해야 할 의무가 있고, 위임목사의 경우에는 노회에서 위임목사 해임 승낙이 있을 때까지 계약 내용 및 위임서약 의무를 준수해야 한다.

교인 서약의 주된 내용은 교인들은 목사 치리에 복종할 것, 목사의 사역에 대하여 협력할 것, 목사의 재직 중에 한결같이 생활비를 의수히 지급할 것을 서약한다(정치 제15장 제11조 제2항). 그러므로 교인들은 복종과 협력의 의무를 지며, 교회는 계약서에 따른 생활비 지급 의무를 진다.

6. 목사의 구분

(1) 목사

장로교회 헌법은 하나님께서 모든 목사가 되는 자들에게 각각 다른 은혜를 주사 상당한 사역을 하게 하시나니 교회는 저희 재능대로 목사나 교사나 그 밖에 다른 직무를 맡길 수 있다고 한다(정치 제4장 제3조). 목사는 교회를 대표하여 교인을 치리하도록 노회에서 전권을 위임받아 파송된 사람이며, 동시에 교인들을 대표하여 교회의 직무를 수행하는 사람이다.

1) 위임목사

교회를 담임하는 목사를 위임목사와 시무목사로 구분하고 있다. 위임목사는 노회 소속 지교회 공동의회에서 교인들의 3분의 2 이상의 찬성으로 위임목사를 청빙하기로 의결하고, 공동회의록을 첨부하여 노회에 청빙 청원을 하고 노회가 적합한 줄로 인정하여 승낙함으로써 위임받은 목사를 말한다. 노회는 교회에서 위임예배와 함께 청빙서를 위임받은 목사에게 교부하고 위임이 시작된다. 위임목사는 교회의 청빙으로 노회의 위임을 받은 목사로 당연 당회장이 되고, 총대가 될 수 있으며 특별한 이유가 없는 한 그 담임한 교회에서 만 70세까지 시무하게 된다.

위임목사는 위임예식에서 교인들로부터 서약을 받는다. 교인들은 위임목사를 청빙하고, 서약을 했기 때문에 위임목사의 치리권에 복종할 의무와 생활비를 지급해야 할 의무가 발생한다(정치 제15장 제11조 제2항).

2) 시무목사

시교회 시무목사와 정년 이전의 원로목사와 총회나 노회가 파송한 기관 사무를 위임한 목사는 회원권을 구비하고, 그 밖의 목사는 언권 회원이 되며 총대권은 없다(정치 제10장 제3조). 시무목사는 교인들이 공동의회에서 3분의 2 이상 찬성으로 노회에 청빙 청원을 한다. 시무 기간은 조직교회의 경우에는 1년간 시무목사로 시무하되 매년마다 승낙을 받아 연임할 수 있다. 미조직교회의 경우에는 처음에는 공동의회 의결을 거쳐 담임목사로 3년간 시무하고, 그 후부터는 계속 청빙 청원할 때 공동의회 의결이 필요하지 않다. 공동의회의 의결이 없어도 다시 노회에 승낙을 얻어 3년간 시무할 수 있도록 하였다(정치 제15장 제12조). 노회에 시무목사의 계속 청빙을 청원할 수 있는 권한은 시무목사 본인이 아니라, 노회에서 파송한 임시당회장에게 있다. 그러나 노회가 미조직교회 시무 목사에게 시무권과 당회장권을 부여했을 경우, 계속 청빙 청원 당시에는 3년 임기가 종료되기 전이므로 당회장권을 가지고 있는 대리당회장인 시무목사가 청원할 수 있다.

시무목사는 종전에는 임시목사라고 불렀으나 대한예수교장로회 제100회 총회에서 교단 헌법인 정치편이 개정 공포되면서 미조직교회에 시무하는 담임목사 명칭을 임시목사에서 시무목사로 변경하고, 목회의 안정을 도모하기 위해서 시무목사의 임기를 1년에서 3년으로 변경하였다. 또한 시무목사는 공동의회를 통해서 계속 시무 청빙 청원 절차를 따르는 것이 혼란이 많아 임기 3년 종료 후 계속 시무 청빙할 때, 공동의회 결의를 거치도록 하는 규정을 삭제하고, 연기를 청원하는 때에는 당회장이 노회에 더 청원할 수 있도록 개정한 것이다(정치 제4장 제4조 제2항). 미조직교회 시무목사는 총회 총대와 노회장이 될 수 없다. 총회 총대와 노회장은 조직교회 위임목사가 아니면 불가하다(제87회 총회).

3) 담임목사

교단 헌법에서 목사를 구분하는 명칭에 담임목사가 없다. 사전에서 담임은 어떤 학년이나 학급 따위를 책임지고 맡은 사람을 말한다. 담임목사는 학교에서 자기 반

선생님을 담임선생님이라고 하는 것처럼, 담임목사란 명칭은 헌법에 따른 명칭이 아니라, 교회를 책임지고 맡아 사역하는 목사를 의미한다고 보면 된다. 담임목사는 위임목사 또는 시무목사이다. 담임목사는 치리장로와 더불어 당회 당원이 되고 당회장이 된다(정치 제9장 제3조).

(2) 부목사

1952년 제37회 총회에서 부목사제도 시행에 관한 건이 상정되었고, 1954년 4월 23일 안동중앙교회에서 회집한 제39회 총회에서 정치만 수정하기로 하고 전문을 수정 발표하므로 부목사제도가 생겨났다. 부목사제도는 교회가 대형화되면서 그 당위성이 주장되어 생겨났는데, 부목사제도는 목사를 계층화시켜 버린 장로교회의 본질에서 벗어나는 제도이다. 부목사는 위임목사를 보좌하는 임시목사, 당회의 결의로 청빙, 매년 당회장이 노회에 승낙을 받아 계속 시무가 가능하다(정치 제4장 제4조 제3항).

(3) 원로목사

동일한 교회에서 20년 이상 시무한 목사가 노회에 시무 사면을 제출할 때, 본 교회에서 공동의회를 소집하고 일정한 생활비를 작정하여 과반수 찬성으로 결정한다. 그리고 노회에 청원하여 원로목사로 세운다. 원로목사는 영예(榮譽)로운 명예직(名譽職)으로 정년이 지나면 노회 언권만 주어진다.

(4) 전도목사

전도목사는 교회가 없는 지방에 파견되어 교회를 설립하고, 노회의 결의로 그 교회를 설립한 교회를 조직하며 성례를 시행하고 교회 부흥 인도를 한다. 단 노회 언권은 있으나 결의권은 없다.

(5) 기관목사

기관목사는 노회의 허락을 받아 총회나 노회 및 교회 관계 기관에서 행정과 신문과 서적 및 복음 사역에 종사하는 목사이다. 기독교 신문이나 서적에 관한 사무를 하는 경우, 교회의 덕의(德義)를 세우고, 복음을 전하기 위해 유익한 일을 도모해야 한다.

(6) 무임목사

무임목사는 교회를 담임하여 시무하지 않는 목사이며, 노회에서 언권만 있고 가부권은 없다. 무임목사도 엄연히 신분상 노회의 소속이며 노회 지도를 받아야 한다. 일정한 기간 시무교회가 없어 목회 활동이 아닌 생업에 종사하거나 노인복지재단, 사회복시시설 등에서 사역을 하는 무임목사들이 증가하는 추세에 있다. 노회에서 무임 목사에 관해 관심이 필요하며, 교회를 담임하는 사역 못지않게 복지재단 및 사회복지 시설에서의 사역의 중요성을 인식하고, 무임목사에 대한 교단 차원의 헌법 규칙을 개정하는 새로운 접근이 필요하다.

(7) 군종목사

군종목사는 종군목사라고도 하는데, 노회에서 안수를 받고 배속된 군인 교회에서 목회와 전도를 하며 성례를 시행한다. 군종목사는 국가로부터 매월 급료를 받는 직업 군인으로서 연대급 부대당 1명의 군종목사가 복무하며, 신분은 특정 교파에 예속되지 않는다. 군목의 경우에 일반적으로 남자들로 조직되어 있는 군부대 특성상 혼인을 하지 않고도 목사안수를 받을 수 있으며, 주로 군부대 교회에서 예배와 장병들의 상담 등 목회 활동 및 관심병사들을 관리하는 등의 직무를 한다.

(8) 기타 목사

학교 등 교육기관에서 성경과 기독교 교리를 가르치는 교육목사, 노회나 총회로부터 파송 받아 국외 나라에서 이방 민족에게 복음을 전파하는 선교목사(선교사), 목사가 시무 연한이 경과했거나 자발적으로 시무를 사면하고 은퇴한 은퇴목사 등이 있다. 그리고 장로교 헌법에 무관하게 각 개교회의 행정상 효율적인 복음 사역을 위한 행정 목사, 음악목사 등을 두기도 한다.

7. 목사에 대한 해임

(1) 시무목사 해임

시무목사는 교회를 담임하고 있는 목사이고, 무임목사는 교회에서 시무목사 지위를 상실한 목사를 말한다. 시무목사는 조직교회의 경우에는 매년마다 계속 시무 청빙·청원 절차를 거쳐야 하고, 미조직교회 시무목사는 3년마다 계속 시무 청빙·청원 절차를 거쳐야 한다. 그러나 시무목사가 임기가 종료된 이후에도 계속 시무 청빙·청원 절차를 거치지 않아서 그 임기종료 시에 시무목사의 지위가 상실되는 경우, 임기가 끝난 시무목사가 노회에 계속 시무 청빙·청원을 했으나 노회에서 거절을 당한 때에는 무임목사가 된다. 시무목사가 무임목사가 되면 시무목사 지위를 상실하게 되어 당회장직도 상실하게 된다. 무임목사나 전도목사는 교회 대표자로서 적법한 권한이 없으므로, 교회 관련 소송상 당사자능력이 없다.[25)]

(2) 위임목사 해임

1) 교회법상 위임목사의 해임

교회의 주인은 예수 그리스도이시다. 교회의 주인은 목사, 장로, 교인 그 누구도 될 수 없다. 목사에게 교회를 위임하는 것은 교회의 주인 되신 예수 그리스도께서 주신 권위로 노회가 위임한 것이다. 따라서 위임목사는 교회든지, 노회든지 시무목사와 다르게 함부로 교회에서 해임하거나 노회에서 해임할 수 있는 권한이 없다고 보아야 한다. 위임목사에 대한 해임은 교회법에 근거하고, 명확한 사실에 근거하여 신중해야 한다.

위임받은 목사가 교회에서 물러나는 방법은 본인이 스스로 위임목사직에서 물러나는 자유사직(自由辭職)이 있고, 위임목사의 범죄 사실로 인해 노회에서 재판을 통해서 목사직을 면직(免職)하거나 해임(解任)하는 방법이 있으며(정치 제4장 제4조 제1항), 위임목사가 본 교회를 떠나 1년 이상 결근하게 되면 자동적으로 그 위임은 해제(解除)되기도 한다(정치 제4장 제4조 제1항). 자유사직은 위임목사가 교회의 동의를 구하고, 노회의 허락을 받아 스스로 물러나는 것이다(정치 제17장 제3조). 반면에 교회는 교회정관에 위임목사 해임 규정이 정해져 있는 경우에는 교회가 교회정관에 규정된 절차에 의하여 공동의회에서 불신임(不信任) 의결을 함으로써 교회 담임목사직에서 물러나게 할 수 있다. 그러나 교회법상 원칙은 자발적인 의사에 의한 사임이 아닌 한, 교회에서 교회정관에 의해서든지, 공동의회 결의에 의해서든지 위임목사는 해임할 수 없다. 교회법상 위임목사 해임 결정 권한은 교회에 있는 것이 아니며, 목사가 소속해 있는 노회에 있으므로, 교회는 위임목사를 해임할 수 없는 것이다.

---

25) 대법원 2009. 12. 10. 선고 2009다22846 판결.

2) 목사 해임에 대한 법원의 판례

지교회는 독립적인 권리능력 없는 사단인 비법인사단임과 동시에 노회의 산하에 소속되어 있다는 점과 담임목사가 지교회의 대표자임과 동시에 노회의 소속원이라는 이중적인 지위 때문에 교회에 분쟁이 발생하기 쉽고, 그 해결도 쉽지 않다. 과거 법원은 당회장 해임에 관한 사안에서 교단 헌법을 인정하고 준용하는 판결을 하였나. 즉 교단 헌법에 따라 지교회의 신임투표만으로 목사를 해임할 수는 없고, 헌법에 따르는 재판절차를 거쳐야 함에도 그러한 절차를 거치지 아니한 목사의 면직은 무효라고 판결하였다.[26] 하지만 근래 법원은 담임목사의 해임은 개교회의 위임철회, 노회의 결의나 권고 사임 등 행정적인 절차와 노회의 권징 재판이라는 사법적인 절차에 의하여 해임할 수 있다고 본다. 또한 법원은 교회와 목사와의 관계를 근로계약(勤勞契約)과 같이 민법 제689조 민법상 위임계약(委任契約)으로 보기 때문에 지교회가 얼마든지 위임목사를 해임할 수 있다고 판결하였다.[27] 법원은 노회는 재판으로, 지교회는 교회정관에 의한 교인총회 결의로 위임목사 해임이 가능하다고 판결하는 것이다.

3) 목사 해임에 관한 법원 판례 비평

법원은 교회법과 종교적 특수성을 간과한 판결을 하는 경향이 있다. 교회법상 교회가 위임목사를 해임할 수 없는 이유는 첫째, 교회와 목사는 법률관계가 민법상 위임계약(委任契約)으로 볼 수 없는 종교상 특수한 계약이기 때문에 위임계약 해지의 자유를 인정할 수 없으며(민법 제689조),[28] 교회와 고용계약에도 해당하지 않는다. 종전 법원은 교회와 담임목사와의 관계를 근로계약으로 볼 수 없다는 판결을 하였던 것처럼, 교회와 담임목사의 법률관계가 위임계약이어서 민법상 위임계약해지의 자유를 들어 지교회 교인들에게 담임목사 해임권이 있다고 보는 법원의 견해는 타당하지 않으므로, 개교회는 위임받은 목사를 해임할 권한이 없다고 보아야 한다.

둘째, 교단 헌법에 따르면 목사는 노회 소속으로 교회에서 교인들이 3분의 2 이

26) 광주고등법원 2012. 3. 6. 자 2011라18 결정. 대법원 2012. 5. 25. 자 2012마463 결정.

27) 수원지방법원 성남지원 2015. 9. 16. 선고 2015가합966 판결.

28) 민법 제689조(위임의 상호 해지의 자유)

① 위임계약은 각 당사자가 언제든지 해지할 수 있다.

② 당사자 일방이 부득이한 사유 없이 상대방의 불리한 시기에 계약을 해지한 때에는 그 손해를 배상하여야 한다.

상의 찬성으로 투표를 하고, 노회에 청빙 청원을 하여 노회에서 승낙하여 파송한다. 그리고 위임목사 위임식에서 교인들로부터 헌법에 따라 생활비 지급과 복종의 서약을 받고 최종 위임하게 된다(정치 제15장 제11조 제2항). 교회가 위임목사를 청빙·청원한다고 하여 무조건 청빙 할 수 있는 것이 아니라, 반드시 노회의 승낙이 필요하다. 따라서 목사는 교회의 청빙·청원에 따라 노회로부터 위임되었기에 노회의 동의가 없이 개교회가 해임할 수 있는 권한이 없으며, 개교회에 담임목사 선택권이 부여되어 있다는 점에서 노회도 교회의 동의 없이 위임목사를 일방적으로 해임할 수 없다. 교회는 교회정관에 따라 구속받아야 하는 것처럼, 소속 교단의 존립을 위해서도 당연히 소속 교단의 헌법에도 구속받아야 한다.

4) 위임목사의 해임 사유

교회는 위임목사의 경우에 해임(解任)하지 못한다. 그렇다고 교회가 위임목사를 전혀 해임하지 못하는 것은 아니다. 목사가 본 교회를 떠나 1년 이상 무단결근하는 경우(정치 제4장 제4조 제1항), 노회의 승낙을 요한 목사의 휴양으로 1개년이 경과한 때, 그 교회위임이 자동적으로 해제된다(정치 제17장 제5조). 합동 교단은 헌법에 위임목사 해임 청원 규정이 없으며, 오직 목사 본인의 의사에 의하여 노회에 사면원을 제출하는 자유사직(自由辭職)을 하거나(정치 제17장 제3조), 노회가 목사와 교회 대표자의 의견을 들은 후에 권고사면(勸告辭免)을 하는 방법이 있다(정치 제17장 제2조). 만약 목사가 범죄하여 재판으로 책벌을 받은 흠결이 있는 경우, 목사가 이단을 주장하거나 불법으로 교회를 분리하는 행동을 하여 노회로부터 정직, 면직 및 제명을 당하는 경우, 목사직에서 해임될 수도 있다(권징조례 제6장 제42조).

정치 제4장 제4조 제1항 규정은 다음과 같이 개정이 필요하다. '위임목사가 본 교회를 떠나 1년 이상 결근하게 되면 자동적으로 그 위임이 해제된다.'에서 '위임목사가 아무런 이유 없이 본 교회를 떠나 1년 이상 무단으로 결근하게 되면 그 위임이 해제된다.'라고 개정할 필요가 있다. 목사가 질환으로 기타 부득이한 사유로 인해 1년 이상의 치료를 위해 요양하는 때에도 위임목사로서 지위가 상실될 수 있기 때문이다. 목사가 노회로부터 1년 이상의 정직을 받고 상소를 제기하는 경우(권징조례 제6장 제42조), 권징조례 제100조에 의하여 상회 판결이 나면 해제를 면할 수 있지만, 만약 목사가 부득이한 사유로 상소를 10일 이내에 제기하지 못했을 때(권징조례 제96조) 위임목사직에서 자동 해임될 수 있기 때문이다.

5) 위임목사 해임 절차

위임목사 해임은 합당한 해임요건이 있어야 하고, 해임 절차에 따라야 하며, 상당히 신중해야 한다. 목사제도에 관하여 합동 교단은 위임목사를 두고 있지만, 기장 교단은 위임목사 제도 대신 담임목사 제도를 두고 있다. 기장 교단은 지교회가 담임목사 해임 청원을 공동의회에서 결의하여 노회에 상정할 수 있도록 하고 있지만, 합동 교난은 위임녹사 해임 규정을 두고 있지 않기 때문에 위임목사 해임은 교회에서는 공동의회의 결의로는 불가능한 일일 뿐만 아니라, 당회에서도 위임목사 해임을 처리할 수는 없다. 다만 본인이 스스로 노회에 사면원을 제출하거나 노회에서 사면을 권고하거나 목사가 범죄로 재판으로 판결이 확정되어 노회로부터 1년 이상의 정직, 면직 및 제명을 당하는 경우, 자동으로 위임목사직에서 해임된다.

6) 위임목사 해임 효과

권징(勸懲)은 선고와 동시에 효력이 생긴다. 목사는 개인적인 비리나 부당한 행위로 인해 노회로부터 1년 이상의 정직이나 면직 및 제명을 당하게 되면 담임목사로서 모든 자격을 상실한다. 교회 재산권 의결에 관한 행사를 할 수 없으며, 교회 공동의회나 당회 등 모든 의결기관의 소집 및 회의 진행을 행사할 수 없다. 그러나 교인들의 총의로 결의하여 교단을 탈퇴하거나 목사가 노회로부터 해임을 받기 이전에 교단을 탈퇴하는 경우, 교회에 대한 효력을 여전히 갖게 된다.

노회는 교회 담임목사를 해임하는 경우, 곧바로 임시당회장(臨時堂會長)을 파송하도록 하여 교회의 안정을 도모해야 한다. 노회로부터 해임당한 담임목사는 권한이 없으며 노회로부터 파송된 임시당회장에게 공동의회 및 당회 등의 소집 권한이 있다. 하지만 권징조례 제45조에서 '담임목사를 정직할 때는 그 담임까지 해제할 수 있으나 상소한다는 통지가 있으면 그 담임을 해제하지 못한다.'라고 규정하고 있다. 또한 권징조례 제100조에 의하면 '상회에 상소를 제기하는 때에는 상회의 판결이 나기까지 그 결정대로 한다.'라고 하여 총회의 결정이 나오기까지 노회 판결의 효력을 인정하여 담임목사로서의 직무를 한시적으로 수행할 수 없도록 하였다. 즉 노회에서 위임목사에 대해서 정직을 선고하고 담임목사직을 해제하였다고 하더라도 상회에 상소를 제기하였다면, 총회의 확정판결 때까지 노회 판결대로 유지되며 담임목사직은 박탈당하지 않는다.

노회는 총회의 확정판결이 선고될 때까지 담임목사를 파송할 수 없고 다만 임시

당회장을 파송하여 한시적으로 담임목사의 직무를 대리하도록 하게 된다. 만약 총회에서 노회의 판결이 번복되는 선고가 된다면, 다시 담임목사로서의 직무를 수행할 수 있게 된다. 그러나 상회에서도 담임(위임)목사 자격을 정지시키는 선고를 내리게 된다면, 목사의 모든 직무가 정지되는 것이므로, 이에 수반한 공동의회의 장, 당회장, 제직회장, 강도와 성례 등 모든 강단권도 정지된다(정치 제3조 제1항).

(3) 교단 헌법과 위임목사 해임 규정

교단 헌법에 위임목사 해임 규정을 두고 있지 않아 불합리하다는 견해가 있는 것이 사실이다. 헌법상 목사가 범죄하여 재판으로 책벌을 받은 흠결이 있는 경우, 이단 사상을 주장하거나 불법적인 교회 분리의 경우를 제외하고는 해임할 수 없다(권징조례 제6장 제42조). 하지만 기장측 교단과 같이 지교회가 담임목사 해임 청원을 공동의회에서 결의하여 노회에 상정할 수 있도록 개정하는 것에 대해 고민할 필요가 있다. 교단 헌법의 원칙은 지교회가 위임목사를 해임할 수 있는 권한이 없지만, 교회가 교인들이 공동의회에서 투표로 위임목사 청빙·청원을 하고 노회의 승낙을 받은 것과 같이 위임목사 해임에 관한 권리를 청빙·청원에 준하여 주는 것이다. 단 공동의회에서 교인들의 3분의 2 이상이 계속 시무에 반대하는 경우, 노회에 위임목사 해임 청원을 제출하게 하고, 위임목사 해임에 대한 노회의 승낙을 받아 해임할 수 있도록 해야 한다.

(4) 노회와 위임목사 해임

담임목사 해임권(解任權)을 노회에만 있다고 하는 것은 교회의 자유 원칙에 반하고, 교인들의 일반적인 믿음에 반하며, 장로교의 정체성에 반한다. 그리고 노회가 지교회 교인들의 의사와 상관없이 담임목사를 해임할 수 없도록 하는 것이 장로교 원리에 맞다. 노회에만 담임목사 해임권을 인정할 수 없는 이유는 지교회의 종교자유 및 교인 주권이 교인들에게 있기 때문이고, 교인들의 의사와 상관없이 노회가 교인들이 선택한 담임목사를 해임하는 것은 교인들의 믿음을 무시하는 권위주의적 행태이기 때문이다. 또한 가톨릭교회는 일원적(一元的) 교회관에 기초하여 지교회라는 개념 자체를 인정하지 않지만, 장로교회는 개교회 중심이기 때문에 노회에만 지교회 목사의 인사권이 있다고 주장하는 것은 장로교 정체성과 맞지 않는다.

(5) 목사의 직무 정직

목사에 대한 재판은 신중해야 한다. 따라서 목사에 대한 소송은 경솔하게 접수하면 아니 된다(권징조례 제37조). 정직(停職)은 목사 정직과 담임목사직 정직이 있는데, 목사 정직은 목사 직분에 대한 정직이고, 담임목사직 정직은 지교회 직무의 권한을 정직시키는 것을 발한다. 정직은 일정한 기간 정직시킬 수 있는 유기정직(有期停職)과 기간이 정해지지 않는 무기정직(無期停職)이 있다. 담임목사가 정직되더라도 교회에서 생활비는 지급되어야 한다. 그 이유는 생활비는 생활을 위한 최소한 생계비용이기 때문이다.

노회는 목사의 덕을 세우기 위해 피소된 목사에 대해서 직무를 정지시킬 수 있다(권징조례 제46조). 하지만 정직 처분을 받은 목사가 상소하는 경우, 그 담임을 해제하지 못한다. 목사의 직무는 사안이 중대하여 정직 이상에 해당하는 결론이 예견되거나 목사의 직무를 정직시키지 않으면 교회에 큰 손해가 있을 것이라는 객관적으로 명확한 경우에 임시로 목사의 직무를 정직시킬 수 있다. 노회는 임시당회장의 경우 담임목사가 궐위(闕位) 상태일 때 파송할 수 있고, 임시 정직 상태에서는 임시당회장을 파송할 수 없다(정치 제9장 제4조). 그리고 정당한 재판에 따라 목사의 직무가 정지되고 1년이 경과되도록 회개의 결과가 없으면, 다시 재판할 것도 없이 면직된다(권징조례 제35조).

(6) 위임목사의 면직

면직(免職)은 목사 관계를 소멸(消滅)시키는 것을 뜻한다. 면직에는 목사 본인의 자유의사에 의한 의원면직(依願免職)이 있고, 목사를 청빙한 단체, 소속된 노회, 총회 의사에 의해 직권면직(職權免職)하거나 권징 시행으로 행해지는 재판면직(裁判免職)이 있다. 목사의 면직은 헌법에 다음 두 가지의 경우에만 가능하다. 목사가 이단을 주장하는 경우, 목사가 불법으로 교회를 분리하는 행동을 할 때이다(권징조례 제42조). 지교회 담임목사가 목사면직을 받고 출교 되지 아니하면 노회는 해직됨을 선언하고 평교인이 된다(권징조례 제45조).

8. 목사 이중직(겸직)

행18:1-3「[1] 그 후에 바울이 아덴을 떠나 고린도에 이르러 [2] 아굴라라 하는 본도에서 난 유대인 한 사람을 만나니 글라우디오가 모든 유대인을 명하여 로마에서 떠나라 한 고로 그가 그 아내 브리스길라와 함께 이달리야로부터 새로 온지라 바울이 그들에게 가매 [3] 생업이 같으므로 함께 살며 일을 하니 그 생업은 천막을 만드는 것이더라」

목사의 이중직(二重織)은 목회와 동시에 일을 겸하는 개념이다. <목회와 신학>에서 목사들을 상대로 목사 이중직에 관한 여론조사를 했는데, 과반수 이상이 찬성한다는 의외의 결과가 나오기도 하였다.[29] 목사의 이중직에 대한 오해는 목회에 전념하지 않는다거나 일(노동)하는 것을 단순히 목회나 생계를 위한 수단으로 여긴다는 것이다. 그리고 대부분 사람은 목사의 이중직에 대해 목회에 어려움을 겪고 있는 작은 교회 목사 또는 개척교회 목사들이나 하는 것으로 치부해버리기도 한다.

목사가 목회 외의 다른 일을 하는 것은 성경적으로 결코 죄가 아니다. 만약 목사의 이중직이 죄가 된다면 사도 바울도 범죄자가 되는 것이다. 사도 바울은 생계에 대한 위협 때문에 천막 일을 한 것은 아니지만, 생업을 위해 천막 만드는 일을 하였음이 분명하다(행18:2－3). 또한 바울은 '복음을 전하는 자', 사도로서 일하지 않을 권리가 있었고(고전9:6), 사도로서 복음을 전하고 거기서 나오는 것을 먹고 마실 권리가 있음에도 바울은 그 권리를 사용하지 않았으며(고전9:17－19), 오히려 고린도교회에 폐를 끼치지 않기 위해서 매우 조심하였다고 고백한다(고후11:9). 또한 바울은 선교사역 중에 탐하지 아니하고, 선교사역 충당을 위해, 예수님의 말씀과 같이 약한 자들을 돕기 위해 일하였다(행20:33－35). 바울은 잘못된 종말론으로 일하지 않고, 게으르게 살던 데살로니가 교인들에게 본을 보이기 위하여 주야로 일을 했다(살후3:8－9).[30]

대다수 한국 교단은 목사의 이중직(겸직)을 허용하지 않고 있다. 한국의 K교단의

29) 「목회와 신학」(2014년 5월호)에 따르면 이미 많은 목회자가 택시기사, 대리운전, 우유배달, 학원 강사, 웹 디자인, 정수기 판매 및 서비스 등에 종사하면서 생계를 유지하고 있다고 한다. 물론 여기에는 물류센터나 건설 현장의 막노동도 포함된다. 당시 『목회와 신학』의 설문조사 결과에 따르면 경제적인 이유에서라면 목회자가 교회사역 이외에 경제활동을 해도 좋다고 찬성하는 이들이 52.4%, 적극 찬성하는 이들이 21.5%에 이른다.

30) 고려신학대학원 교수회 '생계 대책을 위한 목사의 이중직 허락 연구' 보고서에서 사도 바울이 생계 위협이라는 동기 때문에 이 일을 했다는 것이 분명하지 않다고 하였다.

경우 목사의 이중직을 교역자의 범죄로 포함하는 법안이 상정되었다가 부결되는 일도 있었다. 감리교의 경우에는 2016년에 처음으로, 1년 예산 3,500만 원 이하의 미자립교회 목회자에 해당 연회 감독이 직종, 근무지, 근무시간 등을 살펴 허락함으로써 이중직을 제한적으로 허용하였다(제32회). 또한 고신총회는 목사의 이중직은 목사직의 의미와 목사와 교인의 언약 관계, 그리고 복음 전파의 최대화를 위해 원칙적으로 허용되어서는 안 된다면서도 생계에 어려움이 있는 목사에게 가장인 목사가 부모로서 자녀들에게 제5계명을 어기지 않을 기회를 제공해야 한다며 목회자의 단계적·일시적인 생계형 이중직을 노회의 지도라는 조건을 달아 허용하였다(제70회). 합신교단의 신학 연구위원회는 2019년 총회에서 겸직을 여섯 가지 유형으로 나누어 생계형, 자비량형, 선교형은 겸직은 허락하고, 신분 유지형, 소득 증대형, 후원형을 금하려 하였으나, 겸직이란 용어에 대한 불확실성 때문에 더 연구하기로 하였다.

목사의 이중직에 대해서 이중 잣대를 가지고 평가하는 것은 문제가 아닐 수 없다. '무능력한 목사', '목회에 전념하지 않는 목사'나 주장하는 개념이 아니다. 왜냐하면 한국교회의 중소형 교회나 대형교회 목사들 가운데 이중직 목사들이 많이 있기 때문이다. 유튜버, 작가, 대학 교수, 방송국 이사, 교회의 출판사, 그리고 어린이집, 아동 센타, 노인복지 등 사회복지시설 대표직을 겸하고 있고, 농어촌의 경우 영농이나 축산, 어부의 삶을 겸직하고 있지만, 그들을 이중직 목사라고 말하지 않고 있다. 다만 직업을 가지고 직장에 출근하거나 카페 등에 종사하는 이중직 목사들에 대해서만 곱지 않은 시선으로 바라보는 것은 불평등한 인식이 아닐 수 없다.

교회의 목적은 교회 운영, 목사의 생활비 담당, 교회 내에서의 예배와 양육이 전부는 아니다. 하지만 현재 한국교회의 80%는 미자립교회에 속한다. 미자립교회는 교회의 주된 목적인 복음 전파를 통해 하나님 나라를 확장하는 사명은 거의 불가능하다. 그리고 대부분 미자립교회 목사들은 최저생활에도 미치지 못하는 생활비를 받으면서도 목회를 이유로 일을 하지 못하고, 사모들만 직장에 내몰려 일하고 있다. 미자립교회들은 교회 재정적인 압박으로 인해 교회 유지는 물론이거니와 목회자에 대한 생활비도 지급할 수 없는 상황에서 엄청난 멍에를 지고 있으며, 결국 시간이 지나고 한계에 이르렀을 때, 중직자인 교인일수록 먼저 교회를 떠날 수밖에 없는 악순환이 계속되고 있다.

현재 한국교회는 목회와 사회적 일을 병행할 수 없는 구조이다. 공예배, 기도회, 각종 모임 외에도 기도와 설교를 준비하는 일, 심방 등 빠듯하기 때문이다. 그렇다고 하더라도 목사의 이중직 금지는 시대의 흐름을 반영하지 못하고 있는 규정이다. 미자립교회의 목회자들에 대한 실질적인 지원 대책이 마련되지 않은 상태에서 목회자의 이중직 금지는 무리가 있는 조항이다. 한국교회를 위험에 빠뜨리고 있는 것은 목사의 이중직이 아니다. 목사들의 교권, 교회의 인사·재정의 전횡, 교회 안의 성범죄와 비리, 교회 성장주의, 신자유주의에 물든 교회 시스템, 제도와 권위에 갇혀 있는 형식적 신앙생활, 신비주의와 기복신앙이 한국교회를 더 큰 위험에 빠뜨리고 있다.

한국교회 목사들은 목회자라는 구별된 의식은 있어야 하지만, 특권의식에서 벗어나야 한다. 목회는 평신도들에게 설교하고 가르치는 자리, 권면하고 지도하는 권위의 자리에 머물러 있으면 안 된다. 목회는 평신도들과 더불어 공감하고 함께하는 자리에 있어야 한다. 교회구조 안에서 그리스도인의 공동체는 교회의 가장 이상적인 목표이기도 하다. 하지만 그리스도인의 공동체는 신자유주의에 물든 교회 시스템 안에만 있는 것이 아니다. 목사의 이중직은 생계를 위한 수단이 아니라, 이웃과 몸을 부딪치는 삶 속에서 그리스도인의 공동체를 지향하는 목회의 한 방편이라고 할 수 있다. 따라서 목사의 이중직은 직업윤리, 직업의 동기와 목적, 선한 영향력이라는 조건에서 그리고 교회의 공공성, 즉 교회가 사회의 공공선을 위한 사회적 기능 측면에서도 고려되어야 할 것이다.

하나님이 목사로 부르신 주목적은 교회에 대한 목회에 있음이 분명하다. 목사는 소명에 따라 책임을 지고, 헌신적으로 목회 사역에 전념해야 하는 것이 원칙이다. 교인들도 목사가 목회에 전념할 수 있도록 하고, 목사의 안정적인 가족 및 일상생활을 위해 생활비를 지급하기 위해 적극 협력해야 한다. 그러기 위해서는 교회가 부흥성장하여 자립할 수 있는 위치에 이르는 것이 필요하다. 하지만 목사는 교회의 직분자이지만, 동시에 한 가정의 가장으로서 생활의 중요한 책임을 감당해야 한다. 장로와 직분자들이 한 가정을 잘 다스리는 자이어야 하는 것과 마찬가지로, 목사도 부모로서 자녀들을 양육하고, 한 가족의 가장으로서 영육 간에 필요한 것을 공급해야 할 의무를 지고 있다(대요리 문답 제126문, 제129문).

9. 교회와 목사의 법적 관계

교회와 목사는 종교적 특수성 때문에 근로계약(勤勞契約) 관계로 볼 수 없다. 하지만 2018년부터 목사도 국가에 종교인소득에 대한 납세의무를 지게 되었다. 물론 정부가 종교인(宗敎人)들의 근로자(勤勞者)라는 부정적인 인식 때문에 근로소득이 아닌 종교인소득으로 구분하였지만, 목사에게 지급해왔던 생활비를 엄연한 소득으로 인정한 것이라고 할 수 있다. 소득은 근로자가 근로를 제공하고 받는 금전적 수입을 말하고, 소득세는 근로소득에 부과하는 세금이므로, 종교인소득 시행으로 교회와 목사는 법률상 근로계약 관계가 된 것이다. 종교인 과세 시행으로, 종교인 목사가 아무리 부정한다고 할지라도 교회와 목사는 법률상 근로계약 관계가 된 것이다.

교회와 목사는 종교인소득 과세 근거가 되는 근로계약서(勤勞契約書)를 작성해야 하지만, 담임목사의 경우에는 청빙 청원서가 있고, 교회나 그 누구로부터 지시나 감독을 받지 않기 때문에 굳이 근로계약서를 작성할 필요는 없다. 그러나 부목사는 반드시 근로계약서를 작성해야 한다. 담임목사는 교회나 노회가 함부로 해임할 수 없고, 시무목사는 1년 내지 3년 동안 시무하고 특별한 사정이 없으면 노회 승낙으로 연임이 가능하나 부목사는 기간이 보장되어 있지 않아 언제든지 담임목사나 교회 사정에 따라서 해고를 당할 수 있고, 근로환경, 생계에 직접적인 관련성이 있기 때문이다.

근로기준법(勤勞基準法)은 상시 5인 이상의 근로자를 사용하는 사업장에 적용되기 때문에 대형교회[31]가 아닌 이상 근로계약서를 작성해야 할 의무는 없지만(근로기준법 제11조)[32], 교회도 종교인소득과세 근거가 되는 근로계약서를 작성해야 한다. 무엇보다 근로기준법은 근로계약서를 작성하는 경우, 사용자로부터 정당한 이유 없는 부당한 해고, 정직, 감봉 등을 하지 못하도록 제한하여 보호하고 있는 것처럼, 부목사, 사무직원, 사찰 집사 등은 근로계약서를 작성하여 안정적으로 사역하고 봉사할 수 있도록 해야 한다.[33]

---

31) 근로기준법에 따르면 '상시 5명 이상의 근로자를 사용하는 모든 사업 또는 사업장'으로 규정하고 있으므로, 종교인 5인 이상이 상시 근무하는 교회인 때에는 종교인은 근로자가 아니기 때문에 근로계약서 작성의 의무는 없다(서울행정법원 2005. 12. 27. 선고 2005구합13605 판결).

32) 근로기준법 제11조(적용 범위)

① 이 법은 상시 5명 이상의 근로자를 사용하는 모든 사업 또는 사업장에 적용한다. 다만, 동거하는 친족만을 사용하는 사업 또는 사업장과 가사(家事) 사용인에 대하여는 적용하지 아니한다.

33) 근로기준법 제23조(해고 등의 제한)

① 사용자는 근로자에게 정당한 이유 없이 해고, 휴직, 정직, 전직, 감봉, 그 밖의 징벌(懲罰)(이하 "부당해고 등"이라 한다)을 하지 못한다.

근로기준법 제24조(경영상 이유에 의한 해고의 제한)

① 사용자가 경영상 이유에 의하여 근로자를 해고하려면 긴박한 경영상의 필요가 있어야 한다. 이 경우 경영 악화를 방지하기 위한 사업의 양도·인수·합병은 긴박한 경영상의 필요가 있는 것으로 본다.

Ⅱ. 목사와 장로와의 관계

1. 목사와 장로의 협력

갈6:6「가르침을 받는 자는 말씀을 가르치는 자와 모든 좋은 것을 함께 하라」

교회에서 가장 중요한 관계는 목사와 장로의 관계인데, 목사와 장로의 갈등이 교회 분쟁의 가장 큰 원인이 되는 경우가 많다. 교회에서 가장 중요한 관계는 목사와 장로의 관계이다. 목사와 장로는 상호 견제의 기능을 하지만, 견제의 기능보다 더 중요한 것이 협력(協力)에 있다. 목사와 장로는 치리권을 행사하면서 대립·적대의 관계가 아닌 협력관계이어야 한다(정치 제4장 제3조 제1항). 그런데 목사와 장로가 서로 협력하지 못하고, 목사와 장로가 서로 주도권을 놓고 대립·적대하게 되면 교회는 분쟁에 휩싸이게 된다. 또한 목사가 평신도의 대표권을 가진 장로를 인정하지 않거나 동등한 권리자로 보지 않고, 독단적으로 교회 행정을 처리하는 등 독재와 전횡을 일삼거나 장로가 교회 주인행세를 하면서 목사의 권한을 침해하는 등 월권을 행사하는 경우, 교회 분쟁의 원인이 되는 것이다. 목사는 교회행정과 치리회에서 장로와 협력해야 하고, 장로는 목회와 치리회에서 목사에게 적극적으로 협력해야 한다.

2. 목사와 장로의 권한

교회에 항존직(恒存職)으로 장로(감독)와 집사가 있다(행20:17,28, 딤전3:7). 목사는 강도권과 성찬 집례권, 치리권을 겸하는 직분이고, 장로는 강도권, 성찬 집례권은 없고 치리권을 가진다(정치 제3장 제2조). 대한예수교장로회 통합교단의 경우 장로가 노회장이 될 수 있어서 노회 개회 시 설교할 수 있지만, 그렇다고 장로에게 강도권이 주어진 것은 아니다. 교회에서 강도(설교)권은 목사에게 위임된 고유권한이다. 그 누구도 담임목사 허락 없이는 강단 설교자가 될 수 없다. 다만 교회에서 담임목사나 부교역자가 유고(有故) 또는 외유(外遊)중인 경우, 담임목사가 장로에게 설교를 요청하거나 노회에서 장로에게 설교하도록 허락하는 때에 장로가 설교할 수 있으나(정치 문답조례 제89문), 성찬 집례는 할 수 없다. 따라서 담임목사가 공석으로 허위교회일 경우에 당회는 노회의 지도로 다른 목사를 청하여 강도(講道)하게 하고, 성례를 시행한다(정치 제9장 제5조 제3항).

3. 목사와 장로의 지위

교회 치리권은 개인에게 있지 않고 당회, 노회 대회, 총회 같은 치리회에 있으며(정치 제8장 제1조), 치리권에는 사법권(재판건), 행정권(행정건)이 있다(권징조례 제1장 제5조). 목사와 장로는 치리회에서 목사와 장로는 동등한 지위를 가지고 결의하고 사무를 처리한다(정치 제5장 제2조). 목사와 장로의 지위가 동등하다는 것은 치리회에서의 발언권, 투표권 행사에 있어서 동등하다는 것을 의미한다. 따라서 치리회인 당회, 노회나 총회에서 목사와 장로는 동등한 지위에 있지만, 상비부 조직이나 특별위원회, 재판국 등을 조직하는 때에 구성원의 반수 이상은 목사로 하되 각 위원회 및 치리회 의장을 목사로 하여 최종적인 가·부권을 목사에게 부여하고 있다(권징조례 제13장 119조). 이는 목사가 장로보다 더 우월적 지위에 있음을 나타내는 것이 아니라. 개혁신앙의 핵심이 하나님 말씀중심 사상이라는 점에서 목사에게 주어진 강도(말씀)권의 지위를 인정하는 의미라고 할 수 있다.

4. 목사의 당회장 권한

벧전5:3「맡은 자들에게 주장하는 자세를 하지 말고 양 무리의 본이 되라」

당회(堂會)의 장, 당회장은 반드시 목사이어야 한다. 대부분의 당회 구성원은 1인의 목사와 다수의 장로로 조직되기 때문에 장로와 목사 사이에 불평등이 초래된다. 이때 지교회 치리회인 당회에서 목사는 당회장으로서 권한을 가지고, 장로들의 월권을 견제하는 기능을 하며 당회 직무를 수행한다. 이것은 장로회 정치가 목사가 1명이고 장로가 10명일지라도, 목사 1명의 권한과 장로 10명의 권한이 동등하다는 것을 근본원리로 하고 있기 때문이다. 목사는 교인들의 대표자로서 장로의 지위를 인정하고, 장로는 하나님 말씀 선포자로서 목사의 강도권 지위와 교회의 대표자로서 당회장의 권위를 인정해야 한다. 또한 헌법에 명시된 목사의 직무와 시무장로의 직무를 성실히 수행하면서 상호 주장하는 자세로 일하지 아니하고, 서로 섬기는 자세로 봉사해야 한다.

Ⅲ. 판례

1. 생활비 지급 의무

K교회 위임목사였던 甲은 형사사건으로 징역형을 선고받자 2020년 4월 6일 노회로부터 목사면직 및 제명판결을 받아 K교회 위임목사 지위가 해지되었다. 그런데 K교회는 2019년 4월 6일 공동의회를 열어 甲목사에게 생활비를 지급하지 않는다는 의결을 하고 1년 동안 생활비를 지급하지 않았다. 하지만 K교회는 목사 甲이 노회로부터 징계를 받은 2020년 4월 6일 이전까지는 위임목사였으므로 정해진 생활비 등을 지급해야 한다. K교회는 소속 노회에 목사 甲에게 일정 금액의 생활비를 의수히 지급할 것을 내용으로 하는 청빙·청원서를 제출하였고, 노회는 청빙·청원서를 근거로 목사 위임을 허락하였다. 또한 K교회는 목사 甲을 위임하면서 생활비를 의수히 지급하기로 서약하였기 때문에 노회에서 목사면직 또는 제명판결을 받은 날까지 생활비를 지급해야 할 의무가 있다.

2. 목사의 자격

(1) 사실관계

1989년 미국 장로교(PCA)에서 목사안수를 받고, 미국 남가주 한인교회에서 목회하던 목사 甲은 2003년 8월 대한예수교장로교총회 소속 S교회의 초대 담임목사를 이어 담임목사로 부임했다. 총신대는 대한예수교장로회총회의 위탁을 받아 신학대학원 연구 과정이라는 이름의 비학위 맴버십 2개 과정(편목 편입과정, 일반편입과정)을 똑같은 커리큘럼으로 한시적으로 운영하였는데, 목사 甲은 교단 헌법 정치 제15장 제13조에 따라 이 과정을 이수하고 졸업장을 발급받았다. 그리고 대한예수교장로회총회 D노회는 목사 甲에 대해서 S교회 위임목사로 위임하는 결의를 했다. 이에 S교회 신도 9명은 대한예수교장로회총회 D노회와 목사 甲을 상대로 담임목사 위임결의 무효 확인 소송을 제기했다.

(2) 판결요지

교단 헌법에 따르면 일반편입 과정에 입학하느냐 또는 편목 편입과정에 입학하느냐에 따라 졸업 후 목사가 되기 위해 거쳐야 하는 절차가 다르므로, 목사 자격 여부를 판단하기 위해서는 일반편입인지, 편목 편입인지를 분명하게 밝힌 다음 해당 편입과정을 전제로 입학허가, 과정 이수, 졸업 등 절차의 하자 여부와 후속 과정을 제대로 거쳤는지를 살펴 보아야 한다. 대한예수교장로회의 헌법은 목사가 되기 위해서는 두 가지 방법이 있는데, 첫째는 목사후보생 자격으로 총신대학교 신학대학원 졸업 후 강도사 고사에 합격하고 1년 이상 교역에 종사한 후 노회 고시에 합격하여 목사안수를 받는 방법(정치 제15장 제1조), 둘째는 다른 교파의 목사 또는 한국 외 다른 지방에서 임직한 장로파 목사가 교단에서 목사로 교역하려면 신학교에서 2년 이상 수업받은 후 강도사 고시에 합격해야 한다(정치 제15장 제13조)고 정하고 있다.

그런데 목사 甲은 교단 K노회의 목사 후보생 추천서를 제출하여 목사 후보생 자격으로 편입학 시험에 응시하였고, 학적부에는 신학전공의 연구 과정에 편입하여 졸업하였다고 기재되어 있을 뿐, 미국장로교 교단에서 목사 안수를 받은 경력은 전혀 기재되어 있지 않고 목사 안수증을 제출하지 아니하였다. 목사 甲은 미국장로교 교단의 목사 자격으로 편목 과정에 편입한 것이 아니라, 교단의 목사 후보생 자격으로 일반 편입하였기 때문에 총회 직영 신학교에서 편목 과정을 이수하고 강도사 인허를 받아야 한다. 하지만 목사 甲은 교단 소속 노회의 목사 고시에 합격하여 목사안수를 받지 아니하였으므로, 교단 헌법 제15장 제1조에서 정한 목사 요건을 갖추었다고 볼 수 없기에 교단 D노회의 목사위임 결의는 무효로서 목사 자격이 없다고 판시했다.[34] 대법원은 파기환송 판결을 선고하였고, 환송심 법원은 파기환송 판결의 취지에 따라 제1심판결을 취소하고 채권자들의 청구를 모두 인용하는 판결을 내렸다.[35]

(3) 해설

재판에서 목사 甲이 총신대 신학대학원에 일반 편입했는지, 다른 교단의 목사 자격으로 편입하는 편목 편입했는지가 쟁점이었다. 일반편입이면 노회 고시까지 합격해야 목사가 될 수 있고, 편목 편입이면 강도사 고시에 합격하면 자격이 생기는 것이다. 1심과 2심은 목사 甲이 총신대 신학대학원 편목 편입과정에 시험을 치러 합격했고, 이후 강도사 고시에 합격했다며, 교단 헌법 정치 제15장 제13조를 적용하는 판결을 하였다. 하지만 대법원은 목사 甲이 미국장로교단(PCA)의 목사 자격으로 편

34) 대법원 2018. 4. 12. 선고 2017다232013 판결.
35) 서울고등법원 2018. 12. 5. 선고 2018나2019253 판결.

목 과정에 편입한 게 아니라, 목사후보생 자격으로 일반편입을 한 것으로 보는 것이 합리적이라고 보았다. 그 이유로 목사 甲의 학적부에 미국장로교 교단에서 목사안수를 받은 경력이 기재돼 있지 않고, 목사 안수증도 제출하지 않았기 때문에 목사 甲은 목사고시에 합격해 목사안수를 받아야 하는데, 그렇게 하지 않았으므로 교단 헌법 정치 제15장 제1조를 적용하여 목사 요건을 갖췄다고 볼 수 없다고 판결한 것이다.

S교회 판결은 종교단체라고 할지라도 교단 헌법이나 규칙에 따르지 아니하거나 절차상에 문제가 있다면 위법이 될 수 있다는 점에 있어서 중요한 판결이 아닐 수 없다. 그리고 종래에는 중대한 하자가 아니라면, 종교단체 내의 결정을 인정해왔는데,[36] 중대하지 않은 절차상의 하자까지 무효화 판결을 내리는 행태에 우려스럽다. 한마디로 대법원이 교단의 종교의 자유권에 해당하는 목사의 자격에 관해서까지 개입하여 판결한 것은 정교분리의 원칙을 위배하는 판결이라고 할 수 있다.

안수는 한 번만 받는 것이 성경과 교단 헌법이 정하고 있는 정통교회의 교리이다. 이미 안수를 받은 목사에게 또다시 안수를 주는 교단이 있다면 비성경적·비기독교적 교단에 해당한다. 목사 甲은 1989년 미국장로교단(PCA)에서 목사안수를 받았고, 미국 남가주 한인교회에서 목회를 하였다. 이미 미국에서 안수를 받은 목사이다. 그런데 대법원은 목사안수를 받은 경력이 기재돼 있지 않고, 목사 안수증도 제출하지 않았다며 다시 목사안수를 받아야 한다고 판단한 것이다. 대법원이 미국 목사인 것이 맞을지라도 한국 목사가 되려면 다시 목사안수를 받아야 한다는 것은 목사안수에 대한 교회의 교리를 간과한 법리 오해에 기인했다고 볼 수밖에 없다.

노회와 총회가 목사 甲이 총신대 편목 과정을 거쳤다는 증명서를 법정에 제출했고, 총신대는 목사 甲이 타 교단에서 목사안수를 받았기 때문에 일반편입 과정에 응시할 자격이 없고 편목 과정에 응시한 것이라는 서류를 제출했다. 또한 D노회는 목사 甲에 대해서 S교회 위임목사로 교단 헌법에 근거하여 합법적인 결의를 했음을 주장했다(정치 제15장 제13조). 그럼에도 대법원은 헌법에 보장하고 있는 정교분리의 원칙과 교단 헌법에 따른 총회와 노회의 합법적인 결의를 무시한 판결을 내린 것이다.

무효가 된 결의에 근거하여 선임된 대표이사가 확정판결 전에 한 행위들은 대표권 없는 자가 한 행위로서 무효가 된다.[37] 마찬가지로 교회 대표자인 담임목사의 자격이 확정 판결에 따라서 무효가 되면, 당연히 무자격 대표자가 행한 행위들이 법적

36) 대법원 2006. 2. 10. 선고 2003다63104 판결.
37) 대법원 2004. 2. 27. 선고 2002다19797 판결.

으로 무효가 되는 것이다. 따라서 목사 甲이 교회에 취임한 이후부터 대법원 판결이 확정되기까지의 교회의 법적 대표자로서 한 모든 대내·외적 행위들은 '대표권 없는 자가 한 행위'가 된다. 다만 교회와 거래한 선의의 제삼자들은 법적 보호를 받을 수 있다(상법 제39조).[38] 하지만 대법원의 판결은 D노회가 목사 甲을 사랑의 교회 위임목사와 당회장으로 결의한 것과 교단 헌법에 근거한 목사 자격을 법적으로 무효라고 판결하였을 뿐이다(정치 제15장 제1조). 따라서 비법인사단인 S교회 총회에서 선임된 목사 甲은 제삼자에 대한 관계에서 교회를 대표할 자격은 유지된다. 목사 자격의 심사 및 임직과 관련한 권한은 총회와 노회에 있고, 담임목사직에 대한 결정권이 교회에 있는 까닭에 목사 甲의 당회장 직무가 정지되는 것은 아니다.

3. 목사 지위 부존재 확인 소송

(1) 사실관계

A교회 담임목사 甲은 아들에게 교회를 세습하기 위해 교회 대표자 지위에서 물러났다가 적법한 절차를 거치지 아니하고, 수석총무와 사무처장 목사를 임명하는 등 사실상 교회 대표자 자리에 복귀하였다. 이에 S교인들은 교회를 상대로 목사 甲과 목사 甲이 임명한 수석총무 목사의 지위 부존재 확인 소송을 제기하였다.

(2) 판결요지

법원은 목사 甲이 교회 대표자 복귀 과정에서 교회 의결기구의 위임을 거치지 않았다는 점을 인정하고, 원고들의 청구를 전부 인용하여 목사 甲과 수석총무 및 사무처장 목사의 지위가 존재하지 않는다고 판시하였다.[39]

(3) 해설

담임목사 지위에 대한 확인 소송이 많이 제기되고 있다. 확인 소송은 확인의 이익이 있어야 하는데, 원고의 권리, 법률상 현존하는 불안과 위험을 제거하는 가장

38) 상법 제39조(부실의 등기)
고의 또는 과실로 인하여 사실과 상위한 사항을 등기한 자는 그 상위를 선의의 제3자에게 대항하지 못한다.

39) 서울남부지방법원 2018. 11. 15. 선고 2017가합112004 판결.

유효적인 수단일 때 인정된다. 목사 지위 부존재 확인 소송에서는 당사자적격 여부와 확인의 이익이 있어야 한다. 만약 당사자적격이 없거나 확인의 이익이 없다면 본안에 대해 심리를 하지 아니한 채 법원은 각하결정을 내리게 된다.

4. 면직된 담임목사에 의한 공동의회 결의

교단 탈퇴나 노회 탈퇴는 개 교회 교인총회에서 결정하면 된다. 교단에서 A교회 담임목사를 면직하고, 다른 목사를 임시당회장으로 파송하자 이에 면직된 담임목사가 공동의회를 열어 거의 90% 이상의 압도적인 찬성으로 교단 탈퇴 결의를 하였다. 그러자 찬성하지 않은 교인들이 그 공동의회 결의에 절차상 하자가 있다고 소송을 제기했다. 면직된 담임목사는 더 이상 당회장이 아니므로, 공동의회 소집 권한 없이 임시 공동의회를 소집하였기 때문에 공동의회 결의 효력이 없다는 것이다. 이에 법원은 교인들의 90%의 찬성을 얻었을지라도 담임목사직에서 면직된 목사에 의해 교단 탈퇴 등의 결의를 한 경우에 그 공동의회 결의는 무효라고 판시하였다. 만약 목사가 교단에서 면직하기 전에 공동의회를 열어 교단 탈퇴를 결의한 경우에는 그 결의가 유효하지만, 교단에서 면직한 이후의 소집이나 의결은 무효이다.

5. 담임목사 지위와 법적 성격

(1) 교회가 담임목사를 불신임(해임) 불가

담임목사는 지교회 신임투표만으로 목사를 해임할 수 없고, 교단 헌법에 따르는 재판절차를 거쳐야 함에도 그러한 절차를 거치지 아니한 목사의 면직은 무효이다.[40] 마찬가지로 권징 재판절차가 아닌 총회 또는 노회의 공직 정지 또는 박탈은 노회원 또는 총회원으로서의 공직에 관한 것으로서 지교회 목사의 정직이나 박탈에는 효력이 미치지 않는다. 교단 헌법에 목사가 교회에로의 임직은 교회와 해당 담임목사 양자만의 합의뿐만 아니라, 노회의 안수와 허락이 필요하다. 나아가 교회는 담임목사와 사이의 합의서를 첨부하여 소속 노회에 보고하고 그 승인을 구하였던 점에 비추어 보면, 교회와 담임목사 사이의 관계를 단순한 민법상 위임계약에 준하는 법률관계라고 보기 어렵고, 담임목사의 사임에 관하여도 목사와 교회의 합의만으로 그 효

40) 광주고등법원 2012. 3. 6. 선고 2011라18 판결.

력이 발생하는 것으로 볼 수 없다고 판시했다.[41]

(2) 교회가 담임목사를 불신임(해임) 가능

근래 판결에서 법원은 교회와 담임목사 간의 법률관계를 민법상 위임에 준하는 관계를 전제로 비법인사단인 교회가 사원총회에 해당하는 공동의회의 결의로써 그 대표자를 선임하거나 위임목사를 해임할 수 있고, 교단 헌법에 교인들의 위임목사 불신임에 관한 규정이 없다고 하더라도 목사 청빙을 결의한 교회의 공동의회는 목사 청빙을 철회하는 불신임(해임) 결의를 할 수 있다고 판시하였다.[42] 법원은 담임목사 불신임(해임)에 대해서 민법상 위임계약의 해지로 판단한 것이다.

(3) 해설

근래 법원은 담임목사 지위의 법적 성격에 대해서 엇갈리는 판결을 내리고 있다. 이처럼 법원의 판단과 교회법의 판단이 다른 이유는 교회나 목사에 대한 인식이 다르기 때문이다. 법원은 지교회를 독립적인 비법인사단(민사소송법 제52조)[43]임과 동시에 노회의 산하 기관으로 여긴다.[44] 교회법적인 측면에서 보더라도 위임목사는 지교회의 대표자임과 동시에 노회의 소속원이라는 이중적인 지위를 가지고 있다. 이러한 이유로 인해 교회와 목사와의 관계에서 교회 분쟁이 발생하면 그 해결이 쉽지 않은 것이다.

대한예수교장로회(합동) 헌법은 '목사에 관한 사건은 노회 직할에 속하고, 일반 신도에 관한 사건은 당회 직할에 속한다.'고 규정하고 있고(권징조례 제19조), 대한예수교장로회(통합) 헌법은 '권징 제4조 제1항, 제6조 제2항에 의거 목사, 장로, 집사, 권사를 신임투표로 사임시킬 수 없다.'고 규정(시행규칙 제26조)하여 목사는 당회나 개교회에서 임의로 치리 할 수 없도록 하고 있다. 하지만 법원은 교단 헌법과 상관없이 공동의회에서 얼마든지 담임목사 불신임(해임)을 의결할 수 있다고 판단하고 있다. 법원은 비법인사단인 교회는 사원총회에 해당하는 교인총회의 결의로서 그 대

41) 수원지방법원 성남지원 2012. 9. 11. 선고 2011가합8405 판결.
42) 수원지방법원 성남지원 2015. 9. 16. 선고 2015가합966 판결.
43) 민사소송법 제52조(법인이 아닌 사단 등의 당사자능력)
법인이 아닌 사단이나 재단은 대표자 또는 관리인이 있는 경우에는 그 사단이나 재단의 이름으로 당사자가 될 수 있다.
44) 대법원 2006. 4. 20. 선고 2004다37775 전원합의체 판결.

표자를 선임(청빙)하거나 해임(철회)할 수 있고(민법 제689조 제1항),[45] 교단 헌법은 공동의회의 결의에 대해 영향을 끼칠 수 없다고 판단한다. 법원은 교단 헌법과 지교회를 별개의 종교단체로 간주하고, 교회정관은 지교회를 규율하는 우선적 규범으로 취급하며, 교단 헌법은 지교회가 교회의 자치 규범으로 받아들이거나 지교회의 독립성을 침해하지 아니하는 한도에서 제한적으로 효력을 인정한다. 법원은 목사 자격에 관한 문제는 교단의 우선권을 인정하지만, 목사의 위임과 해임에 관한 권한은 교회의 독립성을 인정하여 지교회의 우선권을 인정하는 것이다.

현재 교단 헌법에 교회의 공동의회 결의에 의한 목사 해임에 관한 규정은 존재하지 않지만, 교단 차원의 논의와 연구가 필요하다. 교단 헌법은 더 이상 지교회에 의한 목사 해임을 막을 방법이나 효력이 없기 때문이다. 현재 한국교회 갈등과 분쟁의 중심에 목사가 자리하고 있다. 교회의 잦은 분쟁과 소송의 남발을 예방하기 위해서라도 교단 헌법에 목사직의 사임, 해임 등의 규정을 명확히 할 필요가 있다.

6. 지교회 담임목사직에 대한 총회재판국의 무효 판결

(1) 사실관계

K교단 소속의 A교회가 목사 甲을 위임목사로 청빙을 승인해 달라는 청원을 하였고, 이에 K교단의 하급 치리회인 노회에서 목사 甲의 청빙 승인을 결의하였다. 그러나 K교단의 최고 치리회인 총회재판국에서 목사 甲에 대해 2년간 전도사 사역하지 않았고, 미국 시민권자라는 이유로 교단 소속 지교회 담임목사의 청빙 승인 결의를 무효라고 판결함에 따라 담임목사직을 상실하게 되었다. 이에 A교회는 총회 판결의 무효 확인 및 목사 甲의 대표자 지위 확인을 구하는 소를 제기하였다.

(2) 판결요지

교단은 그 존립 목적을 위하여 필요한 경우 교단 헌법을 제정·개정·해석하고, 행정쟁송 등 교단 내의 각종 분쟁을 치리하며, 목사 등 교역자의 자격요건을 정하며, 소속 지교회를 지휘·감독하는 등의 기능을 수행한다. 앞서 본 종교단체의 자율권 보장의 필요성은 지교회뿐만 아니라 지교회의 상급 단체인 교단에도 동일하게 적용

45) 민법 제689조(위임의 상호 해지의 자유)
① 위임계약은 각 당사자가 언제든지 해지할 수 있다.

되므로, 양 종교단체의 종교적 자율권은 모두 보장되어야 한다. 그런데 때에 따라서는 지교회와 교단 사이에 그 종교적 자율권이 상호 충돌할 수 있는데, 이 경우 교단의 존립 목적에 비추어 지교회의 자율권은 일정한 제한을 받을 수밖에 없다. 즉 교단이 각 지교회의 자율권을 제한 없이 인정하면 해당 교단의 고유한 특성과 교단 내에서의 종교적 질서유지라는 교단의 존립 목적을 달성하는 것이 곤란하게 된다. 나아가, 지교회가 특정 교단 소속을 유지하는 것은 해당 교단의 지휘·감독을 수용하겠다는 지교회 교인의 집합적 의사의 표현으로 볼 수 있으므로, 소속 교단에 의하여 지교회의 종교적 자율권이 제한되는 경우 지교회로서는 교단 내부의 관련 절차에 따라 문제를 해결하여야 하고, 관련 내부 절차가 없거나 그 절차에 의하여도 문제가 해결되지 않는 경우 지교회로서는 그 제한을 수인할 수밖에 없다. 따라서 지교회의 일반 국민으로서 권리 의무나 법률관계와 관련된 분쟁에 관한 것이 아닌 이상, 교단의 종교적 자율권 보장을 위하여 교단의 내부관계에 관한 사항은 원칙적으로 법원에 의한 사법심사의 대상이 되지 않는다.[46]

(3) 해설

종교의 자율권은 지교회나 상급 기관에 해당하는 교단에도 동일하게 보장되어야 한다. 교단의 고유한 특성과 교단 내에서의 종교적 질서유지라는 교단의 존립 목적을 달성하기 위해 지교회의 자율권은 일정한 제약을 받을 수밖에 없다. 지교회의 일반 국민으로서 권리 의무나 법률관계와 관련된 분쟁에 관한 것이 아닌 이상, 교단의 종교적 자율권 보장을 위하여 교단의 내부관계에 관한 사항은 인정된다. 그러므로 상급 기관인 총회재판국에서 지교회 담임목사의 청빙 승인 결의에 대해 무효 판결을 내린 것은 인정된다.

7. 허위경력을 이유로 한 위임목사 청빙 결의 무효

(1) 사실관계

목사 甲은 A교회 위임목사를 선정하는 과정에서 미국 조지아주 K교회에서 사임하였음에도 5년 동안 사임한 것을 감추고 전체 목회경력을 13년인 것으로, 허위로 기재하여 서류를 제출하였다. 이에 A교회는 공동의회에서 목사 甲을 위임목사로 청

46) 대법원 2014. 12. 11. 선고 2013다78990 판결.

빙하기로 결의하였고, 노회의 승인 결의에 따라 A교회 위임목사로 취임하여 시무하였다. 그러나 목사 甲이 위임목사로 취임한 후에 위 경력이 허위임을 알게 된 반대하는 교인들이 소속 노회에 소송을 제기하였고, 소속 노회 재판국에서 목사 甲에 대하여 위임목사 청빙을 승인한 결의가 무효임을 확인하는 판결을 내렸다. 원로목사 등 교회 일부 장로들은 대한예수교장로회 총회재판국에 그 승인의 무효확인을 구하는 소송을 제기하였지만, 그 청구를 기각하였다. 제1심 법원은 새로 진행된 위임목사 청빙 결의 등에 그 청빙을 무효라고 인정할만한 절차상 또는 내용상의 하자가 있다고 할 수 없다고 판시하였다.[47]

(2) 판결요지

원심은 위임목사의 후보자 선정과정에서 지원자들의 목회경력은 상당히 중요한 고려 요소로 작용하였을 것으로 보이고, 실제로 담임목사직 사임으로 시무하지 않은 기간이 목회경력 13년 기준의 약 40%에 이르는 바, 목사 甲의 경력에서 담임목사로 시무하지 않는 기간이 차지하는 비중이 상당히 높다고 보았다. 또한 5년의 휴무 기간을 감추고 전체 목회경력을 13년으로 기재한 서류를 제출하여 청빙 승인 결의를 받은 경우, 허위 기재 부분은 위임목사 청빙 결과에 상당한 영향을 끼쳤을 것으로 보이므로, 그 위임목사 청빙 결의는 그 내용에 중대한 하자가 있어 무효로 봄이 상당하다고 판시하였다.[48]

(3) 해설

목회경력을 허위로 기재하여 위임목사로 청빙 결의를 하였다면, 허위로 기재한 내용이 위임목사 청빙 결과에 상당한 영향을 끼쳤을 가능성이 크고 중대한 하자라고 볼 수 있어 청빙 결의가 무효가 되는 것은 당연하다. 하지만, 허위 기재 내용이 경미하고, 청빙 결과에 미친 영향이 중대하지 않은 것이라면, 청빙 결의가 무효가 되지는 않는다.

(4) A교회 사건의 재판 경과

A교회는 공동의회에서 목사 甲을 A교회의 위임목사로 청빙하는 결의를 하였으나 목회경력 허위 기재를 사유로, 서울고등법원에서 위임목사 청빙 결의 무효를 선고받

---

47) 서울중앙지방법원 2014. 7. 24. 선고 2013가합539797 판결.
48) 서울고등법원 2015. 6. 4. 선고 2014나2029382 판결.

았다. 그러자 A교회는 목사 甲을 당회 결의를 거쳐 다시 공동의회에서 다시 위임목사 재청빙하는 결의를 하였고, 소속 노회 임원회로부터 목사 甲에 대한 위임목사 재청빙을 승인받았다. 하지만 총회재판국은 다시 A교회 위임목사에 대한 노회 임원회의 청빙 허락은 무효임을 확인하며, A교회 위임목사는 존재하지 않는다며 확정판결을 내렸다. 그러나 대법원은 새로 진행된 위임목사 청빙 결의, 노회에서의 재청빙 승인 과정에서 그 칭빙을 무효라고 인성할만한 절차상 또는 내용상의 하자가 있다고 할 수 없으므로, 소의 이익이 없다며 제1심판결을 취소하고 각하했다.[49]

8. 목사직 사임의 효력

원로목사와 후임 목사 간의 갈등으로 인해 교회가 갈등과 분쟁에 휩쓸리는 사례가 많이 발생하고 있다. 이때 조기 은퇴를 선언했던 목사가 다시 은퇴를 철회하고 담임목사로 복귀하려는 시도가 있는데, 이는 법적으로 불가능하다고 보아야 한다. 대법원은 법인 없는 사단의 경우에 대표자에 대한 사임의 효력이 발생한 뒤에는 철회할 수 없는 것으로 판단하고 있다.[50] 그리고 대표자의 사임은 반드시 문서로 되어 있지 않더라도 효력이 발생하기 때문에 사임은 반드시 문서로 되어 있을 필요는 없으며, 구두 등 각종 형태의 의사표시로도 가능하다.[51]

9. 교회 대표자인 당회장의 소송 청구 자격

(1) 사실관계

A교회 당회장인 甲은 전 당회장이었던 乙과 함께 A교회를 대표하여 피고 丙 명의로 경료된 A교회 소유의 X부동산에 대한 소유권 이전 등기의 말소를 구하는 소송을 제기하였다. 이에 피고 丙은 A교회 당회장인 甲과 전 당회장이었던 乙은 이 사건 소송수행에 관하여 A교회 소속 교인들의 총회결의에 의한 특별수권을 받지 아니하였으므로, A교회를 대표하여 이 사건 소송에 대해 수행할 수 있는 권한이 없다고 주장하였다.

원심은 교인들의 연보, 헌금 기타 교회 수입으로 이루어진 재산은 특별한 사유가

49) 대법원 2016. 10. 13. 선고 2015다222746 판결.
50) 대법원 2006. 10. 27. 선고 2006다23695 판결.
51) 대법원 1991. 5. 10. 선고 90다10247 판결.

없는 한 교회 소속 신도들의 총유에 속한다고 할 것이고, 총유물의 보존에 있어서는 A교회의 정관이나 규약을 찾아볼 수 없는 이 사건에 있어서 오로지 A교회의 전체 교인들의 총회의 결의에 의하여야 할 것이므로, 부동산에 관하여 A교회 당회장인 甲과 전 당회장이었던 乙은 A교회를 대표하여 피고 앞으로 경료된 소유권 이전 등기의 말소를 구하는 이 사건 소송을 수행함에 있어서는 A교회 소속 교인들의 총회결의에 의한 특별수권을 필요로 함에도 불구하고, 소송수행에 관하여 A교회 소속 교인들의 총회결의에 의한 특별수권을 받지 아니하였으므로 A교회를 대표하여 이 사건 소송에 대해 수행할 권한이 없어 이 사건 소는 부적법한 것이라고 판시하였다.[52)]

(2) 판결요지

대법원은 대한예수교장로회 헌법에 따르면 당회는 예배모범에 의지하여 예배 의식을 전관하되 모든 집회 시간과 처소를 작성하고 교회에 속한 토지 가옥에 관한 일도 장리(掌理)하도록 되어 있고(정치 제9장 제6조), 교회나 그 소속 교인은 그 소속 교파의 교리는 물론 그 헌법 등 규약에 따라야 할 것이므로, A교회가 속하는 대한예수교장로회 S노회에 의하여 A교회의 당회장으로 임명 파송된 A교회의 대표자는 교회 소속 전체 교인들의 총회결의에 의한 특별수권 없이도 위 헌법 등의 규정에 따라 A교회의 당회장으로서 A교회를 대표하여 A교회의 소유 X부동산에 관한 피고 丙 명의의 소유권 이전 등기의 말소를 구하는 이 사건 소송을 제기 수행할 수 있다고 판시하였다.[53)]

(3) 해설

원심은 법인이 아닌 사단이나 재단은 대표자 또는 관리인이 있는 경우에는 그 사단이나 재단의 이름으로 당사자가 될 수 있다는 규정(민사소송법 제52조)에 근거해서 총유 재산에 관한 분쟁에서 교인 개인이나 대표자는 소송 당사자가 될 수 없고, 법인 아닌 사단이 그 명의로 사원총회의 결의를 거쳤거나 또는 그 구성원 전원이 당사자가 되어 공동소송의 형태로만 할 수 있다며, 총유물의 보존에 있어서는 교회의 정관이나 규약에 정함이 없고, 소속 교인들의 총회결의에 의한 특별수권을 받지 아니하였다면 교회 대표자인 당회장이더라도 소송 당사자가 될 수 없다고 하였다.

52) 서울고등법원 1985. 2. 27. 선고 84나3198 판결.
53) 대법원 1985. 11. 26. 선고 85다카659 판결.

하지만 대법원은 교회의 대표자인 당회장은 달리 교회의 정관이나 규약에 정함이 없고, 소속 교인들의 총회결의에 의한 특별수권을 받지 않았다고 하더라도, 교회가 속한 교단 노회로부터 당회장으로 임명 파송된 교회의 대표자라면, 교단 헌법 규정(정치 제9장 제6조)에 따라 교회를 대표하여 소송 당사자가 될 수 있다고 판시하였다.

10. 운영위원회 결의를 거치지 않은 담임목사의 금전차용 책임

(1) 사실관계

A교회를 담임하고 있는 목사 甲은 교회정관에 따른 운영위원회의 결의를 거치지 않고, 乙로부터 6,000만 원을 차용하였다. A교회는 교회정관에 따른 운영위원회의 결의를 거치지 아니하고, 목사 甲이 차용했기 때문에 변제 의무가 없다고 주장하였다.

(2) 판결요지

민법 제275조, 제276조 제1항에서 말하는 총유물의 관리 및 처분이란 총유물 그 자체에 관한 이용·개량행위나 법률적·사실적 처분 행위를 의미하는 것이므로, 비법인사단이 타인으로부터 금전을 차용하는 행위는 총유물 그 자체의 관리·처분이 따르지 아니하는 단순한 채무부담행위에 불과하여 이를 총유물의 관리·처분 행위라고 볼 수는 없다. 따라서 비법인사단인 교회의 대표자가 금전 차용계약을 체결하면서 교인총회의 결의나 교회정관에서 정한 교회 운영위원회 결의 등의 절차를 거치지 아니하였더라도 그것만으로 바로 그 금전 차용계약이 무효라고 할 수는 없다고 판시했다.[54)]

(3) 해설

법인 아닌 사단의 교회 총유물의 관리·처분 행위는 반드시 공동의회의 결의를 거쳐야 한다. 하지만 타인으로부터 금전을 차용하는 행위는 단순한 채무부담 행위에 불과하기에 교인들의 총회인 공동의회 결의가 없었더라도 가능하다. 따라서 A교회는 대표자인 목사 甲이 乙로부터 차용한 6,000만 원을 변제해야 할 의무가 있다. 그러나 乙이 목사 甲에게 6,000만 원을 차용해 주면서 당연히 교회 공동의회에서 결의하였을 것이라고 믿었을 경우에는 교회에 변제해야 할 의무가 있지만, 만약 乙이 공동의회의 결의가 없었다는 것을 알았거나 본인의 과실로 알지 못했다면, 교회는 변

54) 대법원 2014. 10. 27. 선고 2014다17107 판결.

제 의무가 없다.

11. 노회 승인 없이 교인총회에서 선임된 담임목사의 대표권

교회는 독립된 비법인사단으로서 당사자능력을 갖춘 단체로 인정하는 이상 그 교회와 그 소속 노회와의 관계에 있어서는 교회의 당회장 취임에는 노회의 승인을 요하는 것이어서 교회에서 교인들의 총의에 의하여 선임한 당회장도 그 승인이 없는 한 노회에 대하여는 당회장으로서 권리와 의무를 주장할 수는 없다 할지라도, 비법인사단의 성질상 교회가 소속 교인들의 총의에 의하여 그를 대표할 당회장으로 선임한 자는 노회 이외의 제삼자와의 관계에 있어서는 그 교회를 대표할 자격이 있다.

또한 교회는 소속하는 노회와의 내부적 관계에 있어서는 그 노회의 규약에 따라 교회의 운영, 기타의 종교 활동을 해야 할지라도, 그 노회 이외의 대외적 관계에 있어서는 소속 교인들의 총의에 의하여 자율적으로 그의 대표자 기타의 임원을 선임하고, 그들을 통한 종교적인 행사를 하며, 교인들의 총유에 속하는 교회당을 처분할 수 있을 것은 물론 종교자유의 원칙에 따라 소속 교인의 총의에 의하여 그가 소속할 노회도 선택할 수 있는 것이라고 할 것이다.[55]

12. 교회 해산과 교회 대표자 지위

(1) 사실관계

A교회는 교인 수가 감소한 상태에서 교회 건물을 다른 교회에 매도한 후에 더 이상 종교 활동을 하지 않고 있다. A교회 담임목사 甲은 K교단 서울지역총회 심판위원회로부터 파직 출교의 징계처분을 받았다. 이에 A교회 교인 2인은 더 이상 목사 甲이 A교회의 대표자가 아니라면서 목사 甲에 대해 교회 대표자 지위 부존재 확인을 구하는 소를 제기하였으나 원심은 A교회가 이미 해산하여 당사자능력이 없다는 이유로 이 사건 소가 부적법하다고 판시하였다.[56]

(2) 판결요지

비법인사단에 해산 사유가 발생하였다고 하더라도 곧바로 당사자능력이 소멸하

55) 대법원 1967. 12. 18. 선고 67다2202 판결.
56) 서울고등법원 2006. 5. 18. 선고 2006나2836 판결.

는 것이 아니라 청산사무가 완료될 때까지 청산의 목적 범위 내에서 권리·의무의 주체가 되고,[57] 이 경우 청산 중의 비법인사단은 해산 전의 비법인사단과 동일한 사단이고 다만 그 목적이 청산 범위 내로 축소된 데 지나지 않는다고 할 것이다. 교회가 건물을 다른 교회에 매도하고 더 이상 종교 활동을 하지 않아 해산하였다고 하더라도 교인들이 교회 재산의 귀속 관계에 대하여 다투고 있고, 달리 교회 건물의 매도 등을 비롯하여 교회 재산의 귀속과 관련한 청산이 종료되었다고 볼 자료가 없는 이상 A교회의 청산사무는 종료되지 않았다고 할 것이므로, A교회는 청산 목적의 범위에서 권리·의무의 주체가 되어 당사자능력이 있다. 그리고 A교회 담임목사 甲은 교회의 헌법 등에 다른 정함이 있는 등의 특별한 사정없는 한 담임목사 甲은 예배 및 종교 활동을 주재하는 종교상의 지위와 아울러 비법인사단의 대표자 지위를 겸유하면서 교회 재산의 관리처분과 관련한 대표자 지위를 유지한다고 판시하였다.[58]

(3) 해설

대법원은 원심판결을 파기 환송하였다. 교회 건물의 매도 등을 비롯하여 교회 재산의 귀속과 관련한 청산이 종료되지 않았으므로, A교회는 청산 목적의 범위 내에서는 권리·의무의 주체가 되어 당사자능력이 있다. 그리고 교회의 담임목사는 예배 및 종교 활동을 주재하는 종교상의 지위와 아울러 비법인사단의 대표자 지위를 겸유하면서 교회 재산의 관리처분과 관련한 대표권을 가지고 있어서 재산의 관리처분과 관련한 교회 대표자 지위에 관한 분쟁은 구체적인 권리 또는 법률관계를 둘러싼 분쟁에 해당하므로, 그 대표자 지위의 부존재 확인을 구하는 것은 소의 이익이 있는 것이다.

Ⅳ. 결론

1. 선한 목사

요10:11-15 「[11] 나는 선한 목자라 선한 목자는 양들을 위하여 목숨을 버리거니와
[12] 삯꾼은 목자가 아니요 양도 제 양이 아니라 이리가 오는 것을 보면 양을 버리고

57) 대법원 2003. 11. 14. 선고 2001다32687 판결.
58) 대법원 2007. 11. 16. 선고 2006다41297 판결.

달아나나니 이리가 양을 물어 가고 또 헤치느니라 [14] 나는 선한 목자라 나는 내 양을 알고 양도 나를 아는 것이 [15] 아버지께서 나를 아시고 내가 아버지를 아는 것 같으니 나는 양을 위하여 목숨을 버리노라」

예수님은 양들을 위해 목숨을 버리셨다. 예수님이 목숨을 버리셔야 양들이 살기 때문이었다. 선한 목사는 양들을 위해 목숨을 버린다(요10:14–15). 하지만 삯꾼 목사들은 이익을 목표로 하고 추구하기 때문에 위험이 닥치면 양들을 버리고 도망가 버린다. 선한 목사는 교회를 위해, 양들을 위해 목숨을 버리는 것을 마땅히 여기는 사람들이다(요일3:15–16). 세상에 목사는 많으나 선한 목사는 적다. 목사는 교회에서 양들에게 선한 목사가 되어야 한다. 선한 목사는 지팡이로 양들 앞에 서서 양들을 위험으로부터 예방하고 지켜주며, 푸른 초장과 안전한 곳으로 인도해야 한다(요10:4–5). 선한 목사는 양들의 모범이 되어야 한다. 어떤 장로님이 '요즘 목사들은 설교는 잘하는데, 설교처럼 사는 목사님은 없다.'라는 말을 하였다. 설교는 말로 하는 것이 아니고, 삶을 통해서 설교해야 한다는 말이 있듯이 성도들은 설교 잘하는 목사보다 생활이 모범이 되는 목사를 존중히 여긴다.

2. 하나님을 경외하는 목사

신6:24 「여호와께서 우리에게 이 모든 규례를 지키라 명령하셨으니 이는 우리가 우리 하나님 여호와를 경외하여 항상 복을 누리게 하기 위하심이며 또 여호와께서 우리를 오늘과 같이 살게 하려 하심이라」

목사의 가장 중요한 덕목은 경외이다. 경외는 하나님과의 관계에서 가장 중요한 덕목이다. 첫째, 경외는 하나님을 향한 마음과 행동이 하나가 되는 경외이어야 한다. 사람들은 일반적으로 하나님에 대한 경외심이 마음에서만 머물러 있거나 머리에서만 머물러 있는 사람들이 많다. 하나님에 대한 경외는 마음에서 시작하여 머리에서 설계하고 행동으로 실천해야 한다. 둘째, 경외는 사람의 종이 아닌 하나님의 종으로 사는 것을 뜻한다. 종은 사람들을 기쁘게 하는 생활이 아니라, 주인이 맡겨준 일을 하며, 종으로 부르신 하나님을 기쁘게 하며 살아간다(갈1:10). 그런데 자꾸 자신의 신분을 잊고, 주종의 관계를 분변하지 못하고 거꾸로 되어버린 뒤죽박죽 인생을 살아가는 까닭에 교회에서 주인 행세하려고 한다. 셋째, 하나님을 경외한다는 것은 하나님을 두려워하는 마음을 뜻한다(눅12:5). 목사가 하나님 앞에서 정직하지 못하면 바른 목회를 할 수 없다. 오늘날 목사들이 불의와 거짓과 불법을 행하는 것은 하나님을 두려워하지 않기 때문이다. 하나님은 무한한 사랑을 베푸시는 분이시지만, 하나님은 공의로운 분이시다. 아무리 학식이 높고, 아무리 풍부한 노련미와 경험이 있더라도 하나님을 두려워하지 않는다면, 그 풍부한 학식과 경험이 오히려 하나님 진노의 대상이 될 수 있다.

> **창22:12**「사자가 이르시되 그 아이에게 네 손을 대지 말라 그에게 아무 일도 하지 말라 네가 네 아들 네 독자까지도 내게 아끼지 아니하였으니 내가 이제야 네가 하나님을 경외하는 줄을 아노라」

하나님은 독자 이삭까지도 아끼지 아니하고 하나님 명령대로 순종했던 아브라함에게 하나님을 경외하는 자라고 인정하셨다. 목사는 목양에 있어서 교회의 주인이 아니라, 하나님의 종으로서의 신분을 기억하고(사43:10), 몸은 죽여도 영혼은 능히 죽이지 못하는 자들을 두려워하지 말고 몸과 영혼을 능히 지옥에 멸하실 하나님을 두려워하며(마10:28), 예전이나 지금이나 한결같이 하나님을 향한 변함없는 열심을 갖되(엡6:24) 자신이 먼저 하나님 명령에 순종하는 사람이어야 한다.

3. 사랑하고 용서하는 목사

> **약2:8-9**「[8] 너희가 만일 성경에 기록된 대로 네 이웃 사랑하기를 네 몸과 같이 하라 하신 최고의 법을 지키면 잘하는 것이거니와 [9] 만일 너희가 사람을 차별하여 대하면 죄를 짓는 것이니 율법이 너희를 범법자로 정죄하리라」

모든 은사를 가졌다고 할지라도 사랑이 없다면 아무런 유익이 없다(고전13:1－3). 목사에게는 이웃을 사랑하고, 원수까지라도 용서하는 품성이 있어야 한다. 사랑은 용서이며, 용서는 하나님의 명령이다(마18:35). 사랑한다면서 용서하지 못한다면 그것은 사랑하는 것이 아니다. 세상에서 가장 불쌍한 사람은 용서하지 못하고 사는 사람이다. 왜냐하면 하늘에 계신 하나님께서도 용서하지 않으실 것이기 때문이다. 예수님은 형제의 범죄에 대해서 일곱 번 까지 용서해 줄 수 있다는 베드로의 자화자찬에 대해 "일곱 번뿐 아니라 일곱 번을 일흔 번까지라도 용서해야 한다."라고 말씀하셨다(마18:21－22). 이 말씀은 세상에 용서하지 못할 사람은 없다는 말씀이다. 이 세상에 존재하는 공동체에서 사랑과 용서가 가장 많아야 하는 곳이 교회이어야 하는데, 교회에 불법이 성하므로 사랑이 식어 사라져 버렸다(마24:12). 특별히 목사의 입술과 마음에는 사랑과 용서가 하수처럼 흘러야 한다.

4. 정직한 목사

사33:15-16「[15] 오직 공의롭게 행하는 자, 정직히 말하는 자, 토색한 재물을 가증히 여기는 자, 손을 흔들어 뇌물을 받지 아니하는 자, 귀를 막아 피 흘리려는 꾀를 듣지 아니하는 자, 눈을 감아 악을 보지 아니하는 자, [16] 그는 높은 곳에 거하리니 견고한 바위가 그의 요새가 되며 그의 양식은 공급되고 그의 물은 끊어지지 아니하리라」

목사는 하나님 앞에서, 교인들에게, 자기 자신에게 부끄럽지 않은 정직한 자가 되어야 한다. 정직을 말할 때, 상대적인 것과 절대적인 것이 있는데, 상대적인 것은 다른 사람에 비해서 나는 정직하다는 것이고, 절대적인 것은 다른 사람이 어떻든지 나는 정직해야 한다는 것이다. 모든 사람이 불의하게 살고, 불의와 타협하며 산다고 하더라도 목사는 절대적으로 정직해야 한다. 목사는 진리를 따르고 진리를 가르치는 사람으로서 누구보다 정직해야 한다. 성공한 목사는 큰 교회, 많이 모이는 교회가 아니라, 자기 자신의 양심과 교회 성도들과 하나님 앞에서 마지막까지 정직한 목사가 성공한 목사이다. 하나님은 바알에게 무릎을 꿇지 아니한 선지자 칠천을 남겨두었듯이, 적어도 불의와 타협하지 않은 정직한 목사 칠천을 남겨두었다(왕상19:18).

5. 배려하는 목사

약1:27「하나님 아버지 앞에서 정결하고 더러움이 없는 경건은 곧 고아와 과부를 그 환난중에 돌보고 또 자기를 지켜 세속에 물들지 아니하는 그것이니라」

배려는 配(짝 배), 慮(생각할 려), 짝처럼 다른 사람을 생각하는 마음을 말한다. 배려는 자신의 관점에서 베푸는 선한 행동이 아니라, 배려하고자 하는 상대방의 관점에서 보살피고 돕는 것이어야 한다. 배려하면 그 혜택은 결국 돌아오는 메아리처럼 배려하는 자신에게 돌아온다. 반면 자신밖에 모르는 마음은 상대방과 자신까지도 병들게 하는데, 배려하지 않는 사람들을 보면 공통적으로 자기중심적이고, 상대방의 말을 듣지 않는 공통점을 가지고 있다. 이런 마음을 아집(我執) 또는 독선(獨善)이라고 하는데, 모두를 불행하게 만든다.

"고아와 과부를 그 환난 중에 돌보고" 목사는 연약한 사람을 먼저 배려하는 마음이 있어야 한다. 목사는 상석에 앉아 대접받는 섬김의 대상이 아니라, 비천한 사람, 가난한 사람, 배움이 부족한 사람, 힘이 없는 약자들을 돌보고 배려하는 마음과 태도를 가져야 한다. 한 노인이 길바닥에서 무언가를 주워 주머니에 넣고 있었다. 이를 본 경찰이 노인에게 다가와 말했다. "할아버지는 지금 무엇을 줍고 있습니까? 습득물은 경찰서에 신고해야 한다는 것쯤은 알고 계시겠지요?" 경찰은 노인의 주머니를 강제로 뒤졌다. 그러자 노인의 주머니에서는 유리 조각들이 나왔다. 노인은 경찰에게 말했다. "어린아이들이 이 유리 조각을 밟아 다치면 안 되지 않겠습니까?" 이 노인이 바로 그 유명한 교육학의 아버지 페스탈로치였다. 누가 말하지 않았어도 아이들이 놀다가 다칠까 염려하여 길거리 유리 조각들을 줍고 다닌 페스탈로치의 마음이 배려라고 할 수 있다.

제3절 ‖ 부목사 제도

Ⅰ. 부목사

1. 부목사 제도의 의미와 칭호

(1) 21세기 한국교회의 요청

시133:1「보라 형제가 연합하여 동거함이 어찌 그리 선하고 아름다운고」

21세기의 복잡하고 다원적인 시대에 한 사람의 목사가 수많은 교인의 영적 필요를 충족시킬 수 없다. 현대는 다원화(多元化) 사회이며, 전문적인 목회를 요청하고 있기 때문이다. 따라서 교회 담임목사는 부목사와 협력하는 공동목회를 지향하고, 부목사의 전문적인 특성을 살려 목회를 전문화, 특성화할 필요가 있다. 따라서 행정목사, 음악목사 등 장로교 헌법상 목사의 정의에 맞지 아니하는 생소한 목사직을 두지 말고, 부목사로 칭호를 획일화하고, 각각 전문적인 특성을 활용하여 사역을 담당하도록 해야 한다.

또한 현대교회는 다원화(多元化) 사회에 맞춰 교회와 목회(牧會)의 패러다임(paradigm)이 변화되어야 할 필요성이 있지만, 예수 그리스도를 머리로 하는 교회의 본질적인 통일성(統一性)과 정통성(正統性)은 잃지 않아야 한다. 교회는 예수 그리스도를 머리로 하는 하나의 몸이고, 동일한 예수 그리스도를 믿음으로 하는 통일성을 가지고 있다. 다수 지역교회(지교회)와 다양한 특성(다양성)을 가진 교회들 안에서도 통일성을 유지하는 하나의 교회로 현존하게 되는 것이다. 하나 됨은 교회와 성도들뿐만 아니라, 목회자인 목사들에게도 요청된다. 그런 면에서 교회 담임목사와 부목사와의 관계도 교회의 그 무엇보다 연합하는 동역(同役), 즉 동거(同居)하는 하나 됨이 요구된다고 할 수 있다.

(2) 부목사 & 동사목사

동사목사(同事牧師)는 '하나님의 도움으로 함께'(did with God's help) 일하는 목사를 뜻한다. 목사 2인 이상이 합력하여 하나의 교회나 혹 수(數)개의 교회에서 동등 권리로 근무하는 자를 동사목사라 한다. 1914년 예수교장로회 제3회 조선총회 총회록에는 동사목사라는 칭호가 등장하고 있으나 1955년에 동사목사 대신 부목사, 기관 목사 칭호가 등장하였다. 현재 예장합동 교단 헌법에는 동사목사란 규정은 없지만, 담임목사 은퇴를 앞둔 일부 교회에서는 일정 기간 후임이 될 만한 목사를 미리 선정하여 함께 동역한다는 의미에서 동사목사라는 칭호를 사용하고 있다. 왜냐하면 제88회 총회에서 '부복사는 동일교회 담임목사로 청빙할 수 없다.'는 결의한 바 있고, 교단 헌법에 '교회 각 기관에 종사하는 복사는 지교회 위임목사가 될 수 없고 임시로 시무할 수 있다'라고 되어 있기 때문이다(정치 제15장 제12조 제2항). 또한 제104회 총회에서는 '해당 교회 담임목사의 원로 목사 추대 전 3년 동안 동역하게 하는 후임 목사는 제88회 총회결의(부목사는 동일 교회 담임목사로 청빙할 수 없다)를 적용받지 않는다.'는 결의 청원의 건을 허락하기로 가결하였다.

2. 교회와 부목사

(1) 부목사 지위와 대우

1) 부목사의 지위

부목사(副牧使)는 임직받은 모든 목사와 마찬가지로, 하나님의 사역자로 소명 받고, 동일하게 말씀을 강론(講論)하고 가르치며, 성례(聖禮)를 집행하며, 교회를 치리(治理)하는 자격이 주어져 있다(정치 제4장 제1조). 교단 헌법상 부목사는 위임목사를 보좌하는 임시목사이다(정치 제4장 제4조 제3항). 한국교회는 위임목사를 보좌하는 임시목사라는 헌법상 규정 때문에 담임목사와 부목사의 관계를 권위주의 산물인 종속관계(從屬關係)로 보려는 경향이 강하다. 그로 인해 실질상 위임목사와 부목사 간의 서열화(序列化) 및 계층화(階層化)가 정착되었고, 부목사들에 대해 통제하려고 하고 절대적인 복종을 요구한다. 부목사는 담임목사에 의해 언제든지 해고당할 수밖에 없는 불안한 지위에 있다. 담임목사와 부목사와의 관계는 종속관계가 아니라, 목사로서 협력하면서 사역하는 동등한 동역자(同役者)로 여겨야 한다. 장로교 정치원리에 의하면 모든 목사는 칭호와 상관없이 서열(序列) 등 위계성(階性)이 부정되며, 다만 교회 행정상 질서적인 측면에서만 인정되는 것이다.

2) 부목사의 대우

장로교 정치원리에 의하면 모든 목사는 동일한 지위를 갖는다. 하지만 한국교회는 담임목사와 부목사의 지위(地位)와 대우(待遇)가 비교할 수 없을 정도로 차이가 크다. 근무환경이나 생활비 등의 차이가 크고, 일반 노동자와 비교할 때, 비정규직(非正規職)이고 임시직(臨時職)으로서 임금으로 받는 생활비는 일반 노동자들보다도 적고, 근무조건에서 최소한의 권리조차 보장받지 못하고 있는 것이 현실이다. 부목사는 일반 노동자와 비교할 수 없는 하나님의 소명에 기초한 특수한 위치에 있는 것은 맞지만, 언제 해고당할지 모르는 불안전한 지위에서 최소한의 보호도 받지 못하고 있는 것이다. 부목사는 노회 소속이지만, 교회로부터 청빙을 받아 생활비를 급여받으므로, 교회로부터 부당한 조치를 당해도 부당함을 탄원할 만한 기관이 없다. 교회의 상회격인 노회나 총회도 부목사가 의탁할 만한 기관은 되지 못하고 있다. 부목사는 국가와 법원, 교회와 소속 노회로부터도 보호받지 못한다. 근래 법원도 부목사의 근로자성에 대한 엇갈린 판단을 내놓고 있다.

3) 부교역자 근로계약서

근로계약서(勤勞契約書)는 노동자와 사용자 사이에 근로조건을 내용으로 법률관계를 맺는 계약 문서를 말한다. 근로계약서는 노동자의 권리를 보호하고 예측하지 못한 분쟁 발생과 그로 인한 법적인 분쟁 해결에 있어서 중요하므로 반드시 작성해야 한다. 근로기준법(勤勞基準法)을 기준으로 근로계약서를 작성하되 주요 내용으로는 교회와 부교역자의 의무, 동역 기간, 사역 시간, 생활비, 전별금, 휴일 및 휴가, 해지 등에 관해 포함되어야 한다(근로기준법 제17조 제1항). 하지만 한국교회는 대부분 부교역자와 근로계약서를 작성하지 않고, 당회의 결의나 담임목사와의 구두 합의로 사역을 하게 된다. 그 결과 교회의 사정변경, 담임목사의 사정에 따라서 일방적으로 계약 해지 통보를 받게 되는 경우가 많다. 교회는 부교역자의 경우 임시직이 갖는 불안감을 해소하고, 안정적인 목회를 할 수 있도록 근로계약서를 작성하고 4대 보험에 가입해야 한다. 이를 위해 총회는 교단 헌법에 부목사의 근로조건을 명시적으로 규정하고, 노회는 교회의 부목사 청원서를 받고 허락할 때, 근로계약서 첨부 및 4대 보험 가입서류를 첨부하도록 해야 한다.

(2) 부목사의 청빙과 자격

1) 부목사 청빙

담임목사는 공동의회의 결의로 청빙 · 청원함으로써 위임하게 되지만, 부목사(副牧

使)는 당회의 결의로만 청빙하며, 교회에서 계속 시무하게 하는 경우, 매년 당회장인 담임목사가 노회에 청원하여 승낙을 받도록 하고 있다(정치 제4장 제4조 제3항).

2) 부목사 당회원 자격

교단 헌법에 당회의 구성은 노회의 파송을 받아 지교회를 담임하는 목사와 교인들의 투표로 선출되는 치리장로로 조직하도록 하고 있다(정치 제9장 제1조). 당회는 담임목사 1명과 세례교인 25인을 기준으로 증원되는 모든 장로가 당회원이 된다. 하지만 부목사는 목회에 전력하는 자이고, 말씀을 선포할 수 있는 강도권과 치리권을 가지고 있음에도 당회원이 되지 못하고 있다. 장로교 정치원리는 모든 목사의 동등과 목사와 치리장로의 동등에 있다. 하지만, 당회는 노회의 파송을 받아 지교회를 담임하는 담임목사와 헌법상 세례교인 수에 따라 증가하는 장로로 구성하기 때문에 당회는 목사와 장로의 구성 비율에 있어서 상당한 불균형 상태에 놓여 있다.

대한예수교장로회총회(합동) 헌법은 당회장을 목사로 한정하고, 성경의 권위를 인정하여 강도권을 가진 목사의 권위를 더 중요하게 여겨 목사로 하여 최종적인 결정을 내리도록 하고 있다. 하지만 당회장인 목사에게 최종적인 권한이 주어져 있더라도 다수를 차지하는 장로들의 의견을 외면할 수는 없고, 성경과 교리에 맞지 않는 결정을 내리게 되는 가능성을 배제하지 못한다. 이것은 개신교회의 핵심인 하나님 중심, 말씀 중심에 대한 심각한 훼손이 될 수 있다. 따라서 부목사를 당회원으로 인정하여 교회 규모에 맞게 당회 구성원인 장로가 증가하는 것과 동일하게 목사회원도 비례해서 증가하는 구조로 갈 때, 당회 구성원의 심각한 불균형을 해소할 수 있게 된다.

(3) 부목사의 지교회 위임목사 금지

부목사와 교회 각 기관에 종사하는 목사는 지교회(支敎會) 위임목사(委任牧師)가 될 수 없고, 임시로 시무할 수 있다(정치 제15장 제12조 제2항). 부목사는 은퇴하거나 이거(移居)하는 담임목사를 이어 지교회의 위임목사가 될 수 없다. 하지만 지교회 위임목사가 될 수 없는 부목사는 위임목사 청빙 당시 부목사로 시무(始務) 중인 사람으로 한정하고 있는 까닭에 과거 지교회 부목사로 시무했다가 다른 교회에서 목회하고 있는 경우에는 위임목사로 청빙할 수 있다.

3. 부목사의 노회 정회원 여부

(1) 부목사의 노회 정회원 반대 주장

부목사가 노회 정회원이 될 수 없다고 주장하는 이유는 교단 헌법상 목사 칭호인 시무목사는 지교회 시무목사를 말하는데, 지교회 시무목사는 담임목사만을 의미하기 때문이다. 즉 부목사는 '지교회를 담임하는 시무목사'가 아니기 때문에 노회 정회원이 될 수 없는 것이다. 교단 헌법은 노회 회원자격에 있어서 '지교회 시무목사', '정년 이전의 원로목사', '노회가 파송한 기관 사무를 위임한 목사'로 하고 있고(정치 제10장 제3조), 목사 칭호를 구분하면서 위임목사, 시무목사, 부목사로 규정하고 있다(정치 제4장 제4조).

(2) 부목사 노회 정회원 찬성 주장

부목사의 노회 정회원 자격 여부는 정치 제10장 제3조 노회 회원자격인 '지교회 시무목사' 규정에 대해서 지교회 위임목사인 시무목사를 뜻하는 것인지, 아니면 각 지교회에서 '시무하는 목사'를 의미하는지에 따라 달라진다. 부목사가 노회 정회원이 될 수 있다고 주장하는 이유는 노회 회원자격인 시무목사는 정치 제4장 제4조 2항에 나오는 시무목사를 말하지 않고, 정치 제4장 제4조 3항에서 언급하고 있는 계속 시무하는 부목사를 포함하는 것으로 보고, '시무하는 목사'인 부목사도 노회 정회원 자격이 있다고 보기 때문이다.

(3) 교단 헌법과 장로교 정치원리

교단 헌법에 따르면 부목사는 노회 정회원이 될 수 없다. 교단 헌법 정치 제4장 제4조에서 목사의 칭호를 구분하면서 위임목사(제1항), 시무목사(제2항), 부목사(제3항) 등으로 구분하고, 제2항(시무목사)에서 조직교회의 경우, 공동의회에서 위임목사 청빙이 원칙이지만, 부득이한 교회 형편에 따라 계속 시무를 청원하면 1년간 더 허락할 수 있다고 하였다. 시무목사는 조직교회(組織敎會)에서 위임목사 청빙을 받지 못한 목사이고, 미조직 교회(未組職 敎會)의 시무목사는 당회장이 노회에 청원한 목사이다. 따라서 정치 제10장(노회) 제3조(회원자격)에서 '지교회 시무목사'라 함은 '지교회를 시무하는 조직·미조직 교회의 시무목사를 뜻하며, 부목사는 해당하지 않는다.

하지만 장로교 정치원리에 따르면 부목사는 노회 정회원 자격이 있다고 보아야 한다. 장로교 정치원리에 따르면 모든 목사의 자격이나 권리는 동등하기 때문이다.

그리고 정치 제10장 제2조에서 '노회는 일정한 지방 안에 모든 목사'로 조직한다고 규정하고 있다. 따라서 정치 제10장 제2조는 장로교 정치원리에 근거한 규정이라고 보아야 한다. 그러므로 '일정한 지방 안에 모든 목사'란 일정한 지방 안에 시무하는 위임목사, 시무목사, 부목사 모두를 포함한다고 할 수 있다. 따라서 부목사를 장로교 정치원리에 따라 노회 정회원으로 인정하든지, 아니면 교단 헌법에 정회원과 준회원 목사자격을 명확하게 규정할 필요가 있다.

(4) 교단총회 결의

대한예수교장로회(합동) 제96회 총회는 부목사를 노회상에서 정회원으로 인정할 수 없으므로 이에 대한 질의에 '각 지교회 시무목사'를 위임목사로서의 시무목사를 의미하지 않고, 제4장 제4조 제3항 '계속 부목사 청빙·청원을 한 부목사이면 시무목사이므로 노회 정회원으로 인정한다.'라고 가결하였다. 하지만 제101회 총회 총회록을 보면 '헌법개정위원회 사업 결과를 보고하니 보고서 830~843쪽을 보고대로 받기로 하고 가결하다.'라고 되어 있는데, 839쪽 보고서 내용에 '부목사는 노회 정회원이 아니다.'라고 되어 있다며, S목사는 사업 결과에 대한 보고를 받기만 하였을 뿐, 총회가 부목사는 노회 정회원이 아니라고 결의한 것이 아니어서 아직까지 제96회 총회결의가 유효하다고 주장한다. 하지만 제96회 총회가 부목사를 노회 정회원으로 인정하는 결정을 하였더라도 제101회 총회에서 부목사는 노회 정회원이 아닌 것으로 헌법개정위원회 보고를 받고 가결하였기 때문에 신법 우선의 원칙[59]에 따라 교단 헌법상 부목사는 노회 정회원이 되지 아니한다고 보는 것이 타당하다.

4. 부목사의 근로자성

(1) 근로기준법상 근로자

근로자(勤勞者)란 직업의 종류와 관계없이 임금을 목적으로 사업이나 사업자에 근로를 제공하는 자를 말한다(근로기준법 제2조 제1항). 계약의 형식이 고용계약인지 도급계약인지보다 근로를 제공하는 사실관계에 따라 근로자성을 판단하는 것이다. 근로기준법(勤勞基準法)에 따른 근로자는 임금을 목적으로 근로를 제공하는 자이기 때문에 임금을 받지 않는 자원봉사자, 사무처리 및 일의 완성을 대가로 돈을 받는 위

59) 법의 적용 우선순위는 상위법 우선의 원칙, 신법 우선의 원칙, 특별법 우선의 원칙 순으로 적용된다. 상위법 우선의 원칙은 헌법 법률명령조례규칙 순서로 법적용이 된다.

임이나 도급을 받는 자는 근로자성이 부정된다. 또한 노무제공자(勞務提供者)와 사용자(使用者)와의 사이에 사용자의 지휘명령 아래 임금을 목적으로, 근로를 제공하는 사용·종속관계에 있는 것을 의미한다.

(2) 근로기준법상 근로자에 관한 법원의 판단

산재보험법(産災保險法) 및 근로기준법(勤勞基準法)에 따른 근로자에 해당하는지는 그 계약이 민법상의 고용계약이든 또는 도급계약이든 그 형식에 상관없이 실질에 있어서 근로자가 사업 또는 사업장에 임금을 목적으로 종속적인 관계에서 사용자에게 근로 제공 여부에 따라 판단하여야 하고, 이를 판단함에 있어서는 업무의 내용이 사용자에 의하여 정하여지고 취업규칙·복무규정·인사 규정 등의 적용을 받으며 업무수행 과정에 있어서 사용자로부터 구체적이고 직접적인 지휘·감독을 받고 있는지 여부, 사용자에 의하여 근무시간과 근무 장소가 지정되고 이에 구속받고 있는지 여부, 근로자 스스로가 제삼자를 고용하여 업무를 대행케 하는 등 업무의 대체성 유무, 비품·원자재·작업 도구 등의 소유관계, 보수가 근로 자체의 대상적 성격을 가지고 있고, 기본급이나 고정급이 정해져 있는지 여부, 근로소득세의 원천징수 여부 등 보수에 관한 사항, 근로 제공 관계의 계속성과 사용자에 전속성의 유무와 정도, 사회보장제도에 관한 법령 등 다른 법령에 따른 근로자로서 지위를 인정하여야 하는지 여부, 양 당사자의 경제·사회적 조건 등을 종합적으로 고려하여야 한다. 따라서 전체적으로 보아 임금을 목적으로 종속적 관계에서 사용자에게 근로를 제공하였다고 인정되는 이상, 근로자에 관한 여러 징표 중 근로조건에 관한 일부의 사정이 결여되어 있다고 하여 그러한 사유만으로 산재보험법 및 근로기준법상의 근로자가 아니라고 할 수는 없다.[60]

Ⅱ. 판례

1. 징계 절차를 거치지 않는 부목사 해임

(1) 사실관계

A교회 원로목사가 부목사들에 대해서 일방적으로 해임하였다. A교회 원로목사는

60) 대법원 2001. 2. 9. 선고 2000다57498 판결.

교회 규정상 목회방침을 무시하고 임의로 목회하거나 당을 짓는 자, 교회와 감독의 명예를 훼손한 자, 제반교회 규범, 서약 사항 및 지시, 명령을 따르지 아니하고 교회 내의 질서를 문란케 한 자에 대해 징계를 할 수 있다고 하면서 부목사들이 그런 규정을 어겼기 때문에 징계를 한 것이라고 주장하였다. 그리고 담임목사와 부목사의 관계는 위임관계이기 때문에 담임목사(감독)의 절대 협력자가 되지 못했다면, 해임 및 피면 사유에 해당한다고 하였다. 또한 절차상 문제점 지적에 대해서도 원로 목사는 그동안 종전 대표 목사와 공동목회를 해오다가 지난번 그 대표 목사를 해임했으므로, 이제 단독으로 감독직을 수행하고 있으니 유효하게 해임·파면 권한을 행사할 수 있다고 주장했다.

(2) 판결요지

대법원은 법인 아닌 사단의 경우에 대표자에 대해 사임의 효력이 발생한 뒤에는 철회할 수 없다고 판단한다.[61] 따라서 원로목사는 정년 이전에 담임목사직을 스스로 사임했을지라도 더 이상 교회 대표자가 될 수 없어서 부목사를 해임할 수 있는 권한이 없다. 법원은 성직자 인사위원회와 내부규정으로 징계 절차가 존재한다는 것은 해임·파면자로 하여금 징계의 당부를 다툴수 있는 기회와 방어권을 보장해 주어야 함을 의미하는 것이기 때문에 특별한 사정없는 한 그 징계사유에 해당하는 경우에만 징계할 수 있다.[62] 그럼에도 징계 절차를 준수하지 않은 것은 위법하다고 판시하였다.[63]

(3) 해설

교회는 법인 아닌 사단으로서 대표자인 담임목사가 사임하였다면 사임을 다시 철회할 수 없다. 따라서 A교회 원로목사는 이미 사임한 목사이기 때문에 교회 대표자가 될 수 없고, 부목사들에 대해서 해임할 수 있는 권한이 없어 A교회 원로목사에 의한 부목사들의 해임은 효력이 없다. 교회 담임목사가 부교역자인 목사에 대해서 해임 또는 파면을 하는 경우, 법원이나 노동위원회에 제소할 수 있다. 헌법의 정교분리 원칙상 교회 내에서의 권징에 대해서는 법원은 개입할 수 없는 것이 원칙이지만, 그 해임이나 파면이 교리나 종교적인 이유 없이 이루어진 것이고, 그것이 현저

---

61) 대법원 2006. 10. 27. 선고 2006다23695 판결.
62) 대법원 2013. 11. 28. 선고 2011다41741 판결.
63) 서울서부지방법원 2014. 10. 31. 선고 2014가합33727판결.

히 부당한 결과를 발생시키는 것이고, 담임목사가 권한을 남용한 때에는 법원에 해임이나 파면의 무효를 청구할 수 있다.

2. 부목사와 교육전도사의 근로자성을 부인

(1) 사실관계

K교회는 담임목사 외에 부목사, 전도사, 관리집사 등 총 7명의 직원이 교회 업무를 맡고 있다. 관리집사 甲은 근무 기간에 음향기기, 마이크, 프로젝터를 도난당하였고, 교회소유 차량을 임의로 사용하고 교회 정원 관리 및 교회시설 관리 지시를 거부하는 등 불성실한 근무태도와 무분별한 업무 자세를 이유로 해고당하였다.

(2) 중앙노동위원회 결정

K교회는 7명의 상용근로자를 사용하여 근로기준법 제30조 제1항이 적용되는 사업장에 해당하고 신청인이 정년이 지났으나 근로계약을 해지할 만한 건강상 문제점이나 고령으로 인한 업무 지장 등의 사유가 없으며, 교회의 개방적인 관리 운영 실태에 비추어 볼 때, 교회의 비품 조난에 대해 신청인에게 전적인 책임이 있다고 보기 어렵다고 보았다. 다만 신청인 관리집사 甲의 불성실한 태도와 도난에 대한 일정 부분 책임이 있더라도 이를 이유로 해고한 것은 그 사유에 비하여 지나치게 가혹하고 부당하다고 판단하였다.

(3) 판결요지

부목사는 담임목사와 마찬가지로 목사 자격을 보유하고 있어야 하고, 담임목사의 추천으로 노회로부터 파견되며, 담임목사 유고시 직무를 대행할 권한을 가지는 점 등에 비추어 근로기준법상 근로자라고 볼 수 없다. 교회 소속 교육전도사들은 신학대학원 학생의 신분을 가지고 있어 원고 교회에서 수행하는 교리학습 지도는 신학대학교 수업의 일환으로 볼 수 있는 점, 지급받고 있는 금원도 월 50만 원에 불과한 점, 평일에는 학교 수업을 받고 주말에만 일정 시간 학습지도를 수행한 점, 원고 교회와 별도의 근로계약을 체결하지도 아니하였고, K교회에는 별도로 근로관계를 규율하는 규범이 마련되어 있지 아니한 점 등에 비추어 근로기준법상 근로자라고 볼 수 없다. 따라서 중앙노동위원회가 근로기준법상 근로자라고 판단한 부목사, 교육전도사들을 제외하면 K교회는 상시근로자 5인 이상을 고용하는 사업장이라고 볼 수 없어 해고 등 제한에 관한 근로기준법 제30조 제1항 및 해고 등의 구제신청에 관한 근로기준법 제33조 제1항이 적용될 수 없으므로, 이와 같은 이유로 위 재심 판정은 위법하다고 판시했다.[64]

(4) 해설

근로기준법이 적용되는 범위는 상시 5인 이상의 근로자를 사용하는 모든 사업 또는 사업장에 적용된다(근로기준법 제11조).[65] 따라서 5인 이상이 되지 않는 사업장의 경우에는 근로기준법이 적용되지 않게 된다. 중앙노동위원회는 부목사와 전도사를 근로자로 인정했지만, 법원은 부목사와 전도사는 근로법상 근로자에 해당하지 않는다고 판단하므로, K교회는 상시근로자 5인 이상을 고용한 사업장이 아니어서 근로기준법 제30조 제1항, 제33조가 적용되지 않으므로 관리집사 甲의 해고 권한은 교회에 있다고 판결한 것이다.

3. 부목사의 교회노동조합 가입 여부

통상적으로 교회의 부목사는 담임목사를 보좌하는 지위에 있는 사람으로서 담임목사가 지정해주는 교구의 교인들을 위해 심방 활동을 하고 예배를 인도하는 등으로 종교적·영적 가르침을 중점으로 하는 목회 활동을 업무로 하고 있어 그 업무의 내용 및 성격상 타인으로부터 구체적이고 직접적인 지휘·감독을 받는다고 어려우며, 교회로부터 목회 활동에 대한 대가로 사택 및 소정의 사례비를 교부받음으로서 생활 보조를 받지만, 그 과정에서 교회 사이에 근로계약을 체결하지 않는다.

부목사 등이 교회로부터 받는 사례비는 목회 활동을 근로로 평가하여 이에 대한 대상적 차원에서 지급되는 것이라기보다는 특별히 다른 영리활동을 하지 않고 목회 활동에 전념하고 있는 부목사들에 대한 생활 보조 차원에서 지급되는 것이고, 이에 따라 교회의 부목사들은 사례비 등에 대하여 근로소득세를 납부하지 않고 있는 점 등을 종합해 볼 때, 교회의 부목사는 그 실질에 있어 임금을 목적으로 종속적인 관

---

64) 서울행정법원 2005. 12. 27. 선고 2005구합13605 판결.

65) 근로기준법 제11조(적용 범위)

① 이 법은 상시 5명 이상의 근로자를 사용하는 모든 사업 또는 사업장에 적용한다. 다만, 동거하는 친족만을 사용하는 사업 또는 사업장과 가사(家事) 사용인에 대하여는 적용하지 아니한다.

계에서 교회에 근로를 제공하고 있다고 평가하기 어렵다. 따라서 근로자로 볼 수 없는 부목사의 가입을 허용하고 있는 교회노동조합은 법상 노동조합에 해당한다고 할 수 없으므로, 결국 법상 노동조합에 해당하지 않는 노동조합은 소송상 당사자적격이 없다.[66]

4. 산재보험법상 부교역자 근로자 인정

(1) 사실관계

A교회에서 근로계약서를 작성하고 전도사로 종교 활동을 하던 전도사 甲은 교회 체육관 흡음판 부착 공사를 하라는 담임목사의 지시를 받아 이를 수행하던 중에 사다리가 균형을 잃어 바닥으로 추락하는 사고로 사망하였다. 전도사 甲은 근무할 당시 4대 보험에 가입하지 않았고, 근로소득세 원천징수도 하지 않고 있었으나 교회가 망인의 건강보험 지역가입자 보험료를 대납해 주었다.

(2) 판결요지

전도사 甲은 종교 활동을 함에 있어 담임목사의 지휘를 받아 그를 보좌하는 지위에 있었고, 이 사건 재해도 담임목사의 지시를 받아 이를 수행하다가 발생하였는바, 위와 같이 망인이 수행한 제반 업무의 특성상 망인은 종속관계에서 근로를 제공하였다고 볼 여지가 충분하다. 또한 망인은 A교회로부터 매월 정기적·고정적으로 급여받은 금원은 망인이 제공하는 근로의 대가로 볼 수 있다. A교회의 규약과 퇴직 규정에는 전도사의 선임, 휴직, 휴가, 해임, 정년에 관한 규정이 있고, 특히 퇴직금에 관하여는 그 지급 방법까지 구체적으로 규정하고 있다.

비록 망인이 교회에 근무할 당시 4대 보험에 가입하지 않았고, 근로소득세 원천징수도 이루어지지 않았으나 현재 성직자에 대한 소득세 과세 여부나 4대 보험 적용 여부 등에 관한 일관된 정책이나 제도가 마련되어 있지 않은 상태에서 망인이 근로자에 해당하는지 여부를 판단하는데 위와 같은 사정을 절대적인 기준으로 참작할 수 없다. 따라서 망인은 임금을 목적으로 종속적 관계에서 이 사건 교회에 근로를 제공하였다고 봄이 상당하므로, 이 사건 교회에서 상시 근무한 산재보험법상 근로자에

---

66) 서울행정법원 2009. 2. 6. 선고 2008구합30625 판결.

해당한다고 판시하였다.[67)]

(3) 해설

근로기준법상 근로자 범위보다 산재보험법상 근로자를 인정하는 범위가 더 넓다. 목사와 부교역자의 관계를 종속관계로 볼 수 있는지를 떠나서 근로계약서를 작성하고 상시 근무하였고, 교회로부터 매월 정기적·고정적으로 일정 금원을 지급받고 있으며, 그 금원으로 가족의 생계유지를 위해 사용되었다면 근로자로 볼 수 있다(산업재해보상보험법 제3조). 근로자에 해당한다면 산재보험 가입 여부와 상관없이 산재보험법이 적용되어 유족급여 및 장의비 등을 지원받을 수 있다.

5. 근로기준법상 근로자로 인정

(1) 사실관계

A교회 전도사로 업무 중이던 甲은 담임목사로부터 우편물 발송 및 교회 비품 구입 지시를 받고 교회 차량을 운전하던 중에 빗길에 미끄러지면서 중앙선을 침범하여 반대 차선에서 마주오던 차량과 충돌하여 다발성 장기 손상으로 사망하였다. 전도사 甲은 교회에서 근무할 당시 망인은 이른바 4대 보험에 가입하지 않았고, 근로소득세의 원천징수도 이루어지지 않았다. 망인 유족은 이 사건 재해가 업무상 재해에 해당한다는 이유로 유족급여 및 장의비를 청구하였으나 근로복지공단은 이 사건 교회가 망인 외 다른 근로자가 없어 산업재해보상보험법 제6조에 따른 당연 적용 사업장이 아니고, 망인은 근로자에 해당하지 않는다는 이유로 망인의 유족에 대하여 유족급여 및 장의비 지급을 거부하였다.

(2) 판결요지

종교적 관점에서는 성직자를 두고 임금을 목적으로 종속적인 관계에서 사용자에게 근로를 제공하는 자라고 평가하는 것에 상당한 거부감이 있을 수 있으나, 개별적·구체적 사안에서 해당 성직자를 사회적 관점이나 법적 관점에서 근로기준법상 근로자로 평가하여 사회보험의 일환인 산재보험 등의 혜택을 받도록 할 것인지 여부는 서

---

67) 춘천지방법원 2013. 4. 26. 선고 2012구합2090 판결.

로 다른 차원의 문제라고 할 것인바, 망인은 이 사건 교회에서 상시 근무한 근로기준법상 근로자에 해당한다고 봄이 타당하고, 이 사건 교회는 상시근로자 수가 1명 이상인 사업장으로서 산재보험법 관련 규정의 적용 대상이라고 할 것이다.[68]

6. 고용보험 미가입 부교역자 근로자 부정

근래 법원은 부교역자(교육전도사)의 경우 법원은 지급 받는 금액에 대해 근로소득세를 납부하지 않을 때, 산업재해보상금이나 고용보험에 가입하지 않았을 때, 임금을 목적으로 근로를 제공하고 교회로부터 급여를 지급 받는 근로기준법상 근로자라고 보기 어렵다고 판결했다.[69]

종래에는 종교인 과세가 시행되기 전에는 법적으로 성직자에 대한 소득세 과세 여부나 4대 보험 적용 여부 등에 관한 일관된 정책이나 제도가 마련되어 있지 않은 상태였기 때문에 부교역자에 대해 근로자가 아니라고 판단할 근거가 명확하지 않다고 보고 부교역자에 대해서 근로자로 판결하기도 했다. 하지만 종교인 과세 시행으로 종교인 또는 근로자로 선택하여 신고하도록 하고 있어서 종교인으로 소득세를 신고하고 근로소득세를 납부하지 않거나 고용보험에 가입하지 않을 경우, 근로기준법상 근로자라고 볼 수 없다고 판결한다.

Ⅲ. 결론

1. 부목사 당회원권

미국 장로교회의 헌법도 동사목사(同事牧師),[70] 부목사의 당회원권을 인정하고 있으며, 투표권도 인정하고 있다. 따라서 한국 교회도 담임목사와 같이 부목사에 대해서 당회 결의가 아닌 공동의회 과반수 의결로 청빙 청원하도록 하고, 부목사 해임에 관해서도 공동의회의 과반수 결의로 하도록 의무화해야 한다. 또한 부목사를 당회원

68) 청주지방법원 2012. 6. 14. 선고 2011구합2380 판결.
69) 서울행정법원 2005. 12. 27. 선고 2005구합13605 판결.
70) 동사목사(同事牧師)는 목사 2인 이상이 합력하여 1교회나 혹 수(數)교회에서 동등 권리로 근무하는 자를 동사목사라 한다. 현재는 동사목사 제도는 없어지고 대신 부목사, 기관목사 제도로 바뀌었다.

으로 인정하도록 교단 헌법을 수·개정하여 목사와 장로의 현격한 불평등한 당회 구성을 해소해야 한다. 부목사를 당회원으로 인정하는 것이 장로교 정치원리에 합치되는 것이고, 교단 헌법 원칙에도 합당하다(정치 제4장 제1조).

2. 부목사 노회 정회원 지위

목사 칭호인 시무목사는 지교회를 담임하는 '시무목사'와 '시무하는 목사'로 구분된다. 헌법을 해석함에 있어서 당시 입법자의 의도를 파악하는 것이 필요하다. 교단 헌법을 입법할 때, 노회 정회원 자격인 지교회 '시무목사'는 지교회 '시무목사'를 말한다. 부목사까지 포함하는 의도였다면 '시무하는 목사'로 규정하였을 것이다. 그리고 제96회 총회는 부목사를 노회 정회원으로 인정하는 결정을 하였으나 제101회 총회에서 헌법개정위원회의 보고를 받고 부목사는 노회 정회원이 아닌 것으로 가결되었기 때문에 현재 헌법상 부목사는 노회 정회원이 되지 않는다.

하지만, 장래적으로, 그리고 장로교 정치원리에 근거할 때, 부목사의 노회 정회원의 가부는 회원의 기본권과 관련된 중요한 문제가 아닐 수 없다. 부목사는 목사와 동일하게 노회에서 임직받은 소속 회원이고, 교회의 요청으로 노회로부터 승인하에 교회에서 시무하는 목사이기 때문에 목사로서 지교회를 담임하는 시무목사와 같은 지위에서 노회 정회원으로 인정하는 것이 옳다. 노회와 총회는 애매한 헌법 조항들에 대해서 유권해석에 치중하여 분쟁 사안이 되도록 하지 말고, 차라리 구체적이고 명확하게 헌법을 수정해 나가는 것이 더 옳은 방향일 것이다. 노회 정회원 자격을 규정하고 있는 헌법 정치 제10장 제3조 조항을 '지교회 시무목사와 시무하는 목사'로 수정하여 부목사도 노회 정회원 권리를 행사할 수 있도록 해야 한다.

3. 부목사의 근로자성

교회는 부목사의 근로자성을 부정하고 있으나 부목사가 정당한 처우를 받지 못하고, 부당하게 대우받는 현실을 해결하기 위하여 근로자성을 인정해야 한다. 부목사의 사회적 약자성을 직시하고, 근로자성을 인정하여 법적 보호를 받을 필요가 있으므로, 근로계약서를 작성하고, 4대 보험에 가입하는 등 국가정책의 소득 수준에 맞는 경제적 소득이 보장되도록 개선해야 한다. 하지만 사용자인 교회의 관점에서 보면 교회의 법률관계에 국가의 개입을 허용하는 부목사의 근로자성 인정은 바람직하지 않다고 할 것이다. 하지만 교회는 국가의 법률이나 법원에 판결과 상관없이 교회가 선제적으로 부목사 및 부교역자들의 열악한 상황을 인식하고, 부목사의 처우에 관하여 필요한 배려를 하여 부교역자들이 열악한 경제적·환경적 상황에서 벗어나도록 해야 한다.

제4절 ‖ 은퇴 목사

Ⅰ. 은퇴목사의 지위와 예우

1. 은퇴목사 의의

교단 헌법에 은퇴목사는 '목사가 연로하여 시무를 사면한 목사로 한다.'라고 되어 있다(정치 제4장 제4조 제12항). 모든 목사는 언젠가는 은퇴하게 되어 있다. 정년이 되기 이전에 자발적 사면으로 은퇴목사가 될 수 있고, 헌법에 정한 대로 만 70세 정년이 되어 은퇴목사가 될 수 있다(정치 제3장 제2조 제3항). 목사직 은퇴를 앞두고 있는 목사와 교회의 공통적인 기도 제목은 후임자 청빙 문제와 은퇴목사 예우(禮遇)에 관한 문제가 된다. 후임자 청빙에 있어서 담임목사에게 위임하는 사례도 있지만, 교회에서 은퇴하는 담임목사의 간섭을 배제하는 요구를 하기도 한다. 은퇴목사의 예우 문제는 평생을 헌신해 온 목사에 대해 교인들의 적극적이고 자발적인 성원이 있어야 하고, 은퇴하는 목사 스스로 너무 과도한 예우 제공을 요구하여 교인들이 시험에 빠지거나 나아가 교회가 혼란을 겪는 일이 없도록 해야 할 것이다. 오늘날 목회 성공의 기준은 어떤 교회에 취임(就任)하여 어떻게 목양(牧羊)하였는지 여부가 아니라, 성도들의 박수를 받는 은퇴(隱退)에 있다고 할 수 있다.

2. 은퇴목사 직무 범위

교회를 담임해 오던 목사가 만 70세 정년이 되거나 정년 이전에 교회의 양해와 노회에 사면서를 제출하고 노회의 허락을 받아서 은퇴하게 된다(정치 제17장 제1조). 담임목사가 은퇴를 앞두고 후임 목사를 청빙하는 절차를 마치고 은퇴하거나 담임목사가 은퇴하고 난 이후에 후임 목사를 청빙하는 경우가 있는데, 어떤 경우에서든지 담임을 해왔던 목사의 간섭이 있게 된다. 이러한 목사의 간섭이 은혜롭게 마무리되기도 하지만, 은퇴하는 목사의 간섭으로 때로는 교회가 혼란에 빠지기도 한다. 담임목사는 은퇴와 동시에 담임목사로서 권한이나 교회를 대표하는 대표성 등 권한을 상실한다. 그러나 교회 후임자 청빙 문제가 해결되지 못해 후임 목사의 청빙을 위하여 당회 및 공동의회를 소집하고 주재하는 일이 은퇴목사의 직무 범위에 속하게 되는지가 문제가 된다.

법원의 판례는 정년이 지난 은퇴목사가 후임 당회장이 선임될 때까지 임시적으로 당회장의 직무를 수행할 수 있다고 볼 여지도 있으나 그와 같은 때, 직무 범위는 통상 일상적인 업무 행위에만 제한된다고 보고, 신임 여부, 후임목사 청빙을 묻는 공동의회를 개최하는 것이 당회장의 일상적인 업무 행위에 포함된다고 볼 수 없다고 판시하였다.[71] 하지만 대법원은 후임 목사의 청빙을 위하여 당회 및 공동의회를 소집하고 주재하는 일이 민법 제691조에 따라 당회장의 직무를 계속 수행하고 있는 은퇴목사의 직무 범위에 속한다고 판결을 하였다.[72] 단 은퇴한 목사는 후임 목사의 청빙을 위하여 당회 및 공동의회를 소집하고 주재할 뿐, 의결권은 없으므로, 의결권을 행사할 수는 없다.

3. 은퇴목사 예우

(1) 은퇴목사 예우 분쟁

은퇴목사 예우(禮遇) 문제는 교회 내의 갈등과 분쟁의 요인이 되기도 한다. 서울의 한 중형 교회를 담임해 오던 목사 甲은 65세에 조기 은퇴하면서 '은퇴 예우보다 더 원하는 것은 교회의 화평이다.'라며 당회에서 제시한 은퇴 예우를 포기하고 명예로운 은퇴를 선언하였다. 반면 서울 화곡동 소재 S교회를 담임하던 목사는 수십억에 이르는 은퇴자금과 교회에 공증을 요구하는 등 너무 과도한 혜택 제공을 요구하기도 했으며, M교회 목사는 교회 일 년 예산보다 더 많은 은퇴자금을 요구하기도 해 사회적 지탄을 받기도 하였다. 그렇지만 대부분 한국교회 은퇴목사들은 노후생활이 보장되지 못해서 열악한 환경에서 쓸쓸하게 남은 여생을 보내야 하는 경우가 더 많다. 보편적으로 교회를 개척하거나 위임을 받고 30년 이상 한 교회에서 평생을 헌신하였지만, 남은 노년의 기간 일정한 수입이 없는 상태에서 여생을 보낼 수밖에 없는 은퇴목사에 대한 예우 문제는 소형 교회의 고민거리가 되고 있다.

(2) 원로목사 예우

고전15:10「그러나 내가 나 된 것은 하나님의 은혜로 된 것이니 내게 주신 그의 은혜

71) 광주고등법원 2003. 10. 24. 선고 2003나4692 판결.
72) 대법원 2006. 2. 10. 선고 2003다63104 판결.

가 헛되지 아니하여 내가 모든 사도보다 더 많이 수고하였으나 내가 한 것이 아니요 오직 나와 함께 하신 하나님의 은혜로라」

원로목사(元老牧師)는 은퇴목사 예우 가운데 가장 귀한 예우 방법으로 명예를 주는 것이다. 동일한 교회에서 20년 이상 시무한 목사가 연로하여 노회에 시무 사면을 제출하려 할 때, 본 교회에서 명예적 관계를 보존하고자 하여 공동의회를 소집하고 생활비를 작정하여 원로목사로 투표하여 과반수로 결정한 후 노회에 청원하고 노회의 결정으로 원로목사의 명예직을 준다(정치 제4장 제4조 제4항). 하지만 원로 또는 공로목사(功勞牧師)라는 호칭 자체에 대한 의문을 가지고 성경적이지 못한 칭호라는 의견이 제기되고 있다. 모든 그리스도인은 동일하게 교회의 머리 되신 그리스도의 몸 된 지위에서 헌신하며, 목사로서 일한 것은 내가 한 것이 아니고, 나를 부르신 이가 함께하신 은혜로 말미암아 헌신하였는데, 굳이 목사나 장로에 대해 공로 또는 원로라고 호칭하는 자체가 성경적이지 않다는 것이다(고전15:10).

(3) 전별금

롬15:27「저희가 기뻐서 하였거니와 또한 저희는 그들에게 빚진 자니 만일 이방인들이 그들의 영적인 것을 나눠 가졌으면 육적인 것으로 그들을 섬기는 것이 마땅하니라」

구약시대 분깃을 얻지 못한 제사장들에게 이스라엘 백성들이 십일조와 제물 등을 공급했던 것처럼, 영적인 것을 나눠 가진 목사들에 대해 성도들이 육적인 것으로 섬기는 것은 당연하다. 목사직은 항존직(恒存職)이면서 종신직(終身職)이기 때문에 목사 은퇴는 지교회 담임목사직에서 행정적인 사면하는 것에 불과하고, 목사는 주님이 천국으로 부르시는 그날까지 퇴직 없이 목사로서 소명을 다하는 직분이다.

전별금(餞別金)은 '떠나는 사람에게 잔치를 베풀어 감사의 마음을 담아 사례하는 것'을 의미한다. 따라서 일정한 사유로 직업이나 맡은 일에서 물러나는 사람에게 주는 퇴직금(退職金)이나 남의 괴로움이나 슬픔을 달래고 덜어주기 위해 주는 돈이란 의미를 가지는 위로금(慰勞金)이라는 명칭을 사용하는 것보다 떠나는 사람에게 감사의 마음을 담아 사례하는 전별금이라고 해야 한다. 은퇴는 위로를 받아야 하는 괴로움이나 슬픈 일이 아니라, 축하받아야 할 일이기 때문이다. 전별금은 감사금의 성격을 가지므로, 목사의 요구에 의하지 아니하고, 성도들의 자발적인 의사에 기인해야 한다. 그 양(量)에 있어서도 은급비(恩給費)에 대한 보충적 성격을 가진 것에 그쳐야 할 것이다.

(4) 생활비

은퇴 후에 지급하는 생활비(生活費)는 보통 교회 시무 기간에 받았던 순수생활비를 지급하거나 일정한 액수를 감액한 금액을 지급하게 되는데, 생활비 지급 기간은 소천(召天)하기까지 정기적으로 지급하는 것이 원칙이지만(정치문답조례 73문), 10~20년 기간을 정하여 지급하기도 한다. 은퇴 후 생활비 지급의 경우에 절대적으로 교회의 형편에 따라 지급하되 교회가 재정적인 압박으로 인해 후임자의 목회 사역이나 교회의 관리 운영 등에 지장이 되어서는 안 된다. 그리고 원로목사가 아니더라도 교회의 형편이 가능하다면 일정한 소득이 없는 은퇴한 목사에 대해 일정 금액의 생활비를 지급하는 것이 교회의 건덕을 위해서도 유익한 일이 될 것이다. 따라서 은퇴목사에 대한 생활비는 반드시 원로목사에만 한정된다는 헌법 규정이나 관습, 또는 전례라는 이유로 한정하지 말 것을 권한다.

(5) 은급비

교회는 평소에 생활비 외에 정기적으로 은급비(恩給費)를 적립하여 목사가 은퇴한 후에 생활을 유지할 수 있도록 하는 것이 현명한 방법이 될 것이다. 하지만 교회마다 재정 상황이 다른 까닭에 은급비를 적립하지 못하거나 은급비 규모면에서 차이가 크게 발생한다. 동일한 기간 동안 목회 활동을 하였음에도 시무한 교회에 따라 은급비 차이가 크게 발생하기 때문에 노회, 총회 차원에서 소속 목사들에 대한 차별 없는 은급제도 방안을 마련해야 한다. 무엇보다 은퇴 이후 생활비나 노후생활에 대한 걱정 없이 지교회의 크기에 여념(餘念)하지 않고, 목회에 전념할 수 있도록 은급비 제도를 확립해야 한다.

4. 은퇴목사 지위

목사가 정년으로 은퇴하여 은퇴목사가 되더라도 교인의 지위가 상실된다는 규정이 없고, 그 지교회의 교인으로서 종교 활동을 할 수 없다는 규정이 없다면 은퇴한 목사는 지교회 교인으로서 지위가 있다. 목사가 아닌 일반 장로, 집사, 권사 등이 은퇴한 때에도 지교회의 교인 자격을 유지하는 것과 같이, 설교와 치리를 겸하는 장로에 해당하는 목사가 은퇴하더라도 지교회의 교인 자격을 유지한다고 보아야 한다. 또한 목사가 은퇴하여 은퇴목사가 된 후에 다른 지교회에 등록하고, 그 지교회에서 종교 활동을 시작하지 않고 시무하던 지교회의 예배 출석과 봉헌, 성찬 참례 등을 계속하고 있다면, 은퇴목사는 기본적으로 지교회의 교인 자격을 유지한다고 할 수 있다. 다만 은퇴 장로 등과 마찬가지로 은퇴목사는 정년으로 은퇴하였기 때문에 일반 교인에게 주어지는 지교회 직원, 피선거권 등의 권리는 제한된다.[73]

5. 은퇴목사 복직과 재판

은퇴목사는 다시 복직할 수 없다. 조기 은퇴를 선언했던 목사가 다시 은퇴를 철회하고 담임목사로 복귀하는 것은 법적으로 불가능하다. 법원은 법인 없는 사단의 경우에 문서(文書)가 아닌 구두(口頭)로 사임을 했더라도 대표자에 대한 사임의 효력이 발생한 뒤에는 철회할 수 없다고 판단한다.[74] 은퇴목사는 평신도가 아니므로, 다른 개교회 평신도로 등록할 수 없고, 개교회 구성원으로서 의결권 행사에 참여할 수 없으며, 장로나 집사로 임직받을 수 없다. 그러나 목사 사직을 하였다면 가능하다. 은퇴목사는 정년 이전에 은퇴한 목사 외에는 노회에서 언권은 있지만, 의결권은 주어지지 않는다. 은퇴목사는 목사에 해당하여 일반 교인과 달리 그 권징에 관한 사항은 노회가 처리하고, 노회 재판국의 재판을 받는다.

Ⅱ. 판례

1. 후임 목사 청빙을 위해 정년이 지난 목사의 당회 및 공동의회 소집권

(1) 사실관계

A교회를 설립하고 교단 헌법 규정대로 2002년 만 70세에 도달하여 정년이 지난 목사 甲이 12월 30일에 당회의 결의 없이 공동의회를 개최하였다. A교회는 2002년 8월 열린 당회에서 연내에 위임목사와 시무장로 전원에 대한 신임투표를 실시하자

73) 대구고등법원 2019. 10. 10. 선고 2018나24999 판결.
74) 대법원 1991. 5. 10. 선고 90다10247 판결, 대법원 2006. 10. 27. 선고 2006다23695 판결.

는 결의가 이루어졌으나 반대 측 장로들이 연내 신임투표를 개최하는 것을 무산시키려 하였다. 그러자 제직회의 결의로 당회에 공동의회 소집을 청원하였음에도 계속해서 당회에서 신임투표 실시 시기에 따른 결정을 미루자 목사 甲은 그해 마지막 날을 하루 앞두고 12월 30일 공동의회가 열어 전체 세례교인의 약 3분의 2 이상에 해당하는 958명의 교인이 투표에 참여하여 반대 측 장로들에 대해 압도적인 표 차이로 불신임안이 가결하였다. 그리고 다음 해인 2003년 3월 정년이 지난 목사 甲에 의해 당회가 소집되고, 당회의 결의로 후임 목사의 청빙을 위한 공동의회를 개최하였다.

(2) 판결요지

피고 A교회의 당회 구성원이었던 역대 장로들이 정년을 맞이하는 해 말까지 시무하여 온 사실, A교회를 설립한 이후 정년을 맞이하여 퇴임하게 된 당회장은 목사 甲이 처음이며, 당회의 구성원인 목사와 시무장로의 정년을 달리 볼 이유가 없는 점이나 실제로 위임목사나 시무장로들이 일정한 연령을 맞이하는 해의 말까지 시무하도록 하는 교회를 흔히 볼 수 있는 점 등까지 보태어 보면, A교회에 당회의 구성원들을 각 그 정년으로 정하여진 연령에 도달한 해가 끝날 때까지 시무토록 하는 관습이 있었다고 볼 수 있다.

은퇴목사 甲은 2003년 3월 당회나 공동의회를 소집할 당시 이미 당회장으로서 임기가 지난 상태였음은 물론이나 위임목사는 당회장이자 교회의 대표자인 점, 피고 A교회의 경우 소속 교단의 분열로 임시당회장을 파송할 노회를 특정조차 할 수 없었음은 물론 당회원들 간의 분열과 반목으로 대리 당회장을 선정하는 것도 사실상 불가능한 형편이었던 점 등에 비추어 보면, 은퇴목사 甲은 2003년 1월 이후에도 민법에 따라 후임 당회장이 정해질 때까지 당회장으로서의 사무를 계속 처리할 수 있다 할 것인데(민법 제691조),[75] 은퇴목사가 자신의 후임자를 청빙하기 위한 당회 및 공동의회를 소집하고 주재하는 일은 특히 은퇴 목사로 하여 수행케 함이 부적당한 임무라고 볼 수 없고, 오히려 대한예수교장로회 헌법에 노회가 파송한 임시당회장은 그 교회에 시무할 목사를 청빙하는 일에 최선을 다해야 한다고 규정되어 있는 점에

75) 민법 제691조(위임 종료시의 긴급처리)
위임종료의 경우에 급박한 사정이 있는 때에는 수임인, 그 상속인이나 법정대리인은 위임인, 그 상속인이나 법정대리인이 위임사무를 처리할 수 있을 때까지 그 사무의 처리를 계속하여야 한다. 이 경우에는 위임의 존속과 동일한 효력이 있다.

비추어 민법 제691조에 따라 당회장의 직무를 계속 수행하는 은퇴 목사의 경우, 후임 목사의 청빙은 그 직무의 범위에 속한다고 할 수 있다.[76)]

(3) 해설

정년이 지난 은퇴목사라 하더라도 교회 내에서 정년으로 정하여진 연령에 도달한 해가 끝날 때까지 시부토록 하는 관습이 있었고, 노회에서 임시당회장을 파송할 수 있는 상황이 아니었다면, 비록 은퇴목사라 할지라도 후임 당회장이 정해질 때까지 당회장으로서 사무를 처리할 수 있으며, 자신의 후임자를 청빙하기 위한 당회 및 공동의회를 소집하고 주재하는 일은 은퇴목사의 직무에 해당한다.

2. 원로목사 예우 박탈

(1) 사실관계

A교회 당회와 공동의회는 원로목사 甲이 교회의 명예를 훼손하고 후임 목사의 목회를 어렵게 하며 지지파들의 지속적인 시위로 인해 원로예우를 박탈하기로 결의하였다. 그리고 교단 헌법이나 정관에 원로목사에 대한 예우는 지교회 형편에 따른다고만 되어 있어서 교회의 재정 상황 등을 감안하여 더 이상 매달 250만 원씩 생활비를 지원해 줄 수 없다고 통보하고, 원로목사 甲의 원로예우 박탈을 위한 소송을 제기했다. 이에 원로목사 甲은 A교회가 당회 및 공동의회에서 자신을 원로목사로 추대하면서 그 예우로 매월 450만 원씩 생활지원비를 지급하기로 결의하였으나 A교회에서 의논도 없이 일방적으로 250만 원으로 감액하여 지급해 오던 중 A교회로부터 원로목사 예우 박탈을 통보받았다고 하였다. 원로목사 甲은 원로목사 예우를 박탈할 만한 실체적인 사유도 존재하지 않고, A교회의 일방적인 원로목사 예우 박탈 통보는 당연 무효라고 주장했다.

(2) 판결요지

서울고법 제35민사부는 A교회로 하여금 원로목사 甲에게 사망 시까지 월 250만 원의 비율로 계산한 돈을 지급하라고 판결하였고, A교회는 고법 판결에 불복하여 대

---

76) 대법원 2006. 2. 10. 선고 2003다63104 판결.

법원에 상고하였다. 대법원은 교단 헌법과 헌법 시행규칙의 해석 적용에 관한 법리, 지교회의 독립성 및 종교적 자유의 본질에 관한 법리, 공동의회 결의의 효력에 관한 법리 등을 오해하거나 심리미진, 채증법칙 위반으로 인한 사실오인 등으로 인해 판결에 영향을 미친 잘못이 없다며 A 교회는 은퇴한 원로목사 甲에게 매월 250만 원의 생활비를 지급하라라고 판결한 고등법원의 판결이 옳았다고 판시하였다.[77]

(3) 해설

법원의 판결은 원로목사 예우에 관련하여 중요한 의미를 가진다. A교회는 목사 甲을 원로목사로 추대하면서 당회와 공동의회에서 교회가 매월 생활비로 450만 원씩 지급하는 것과 교회 인근의 아파트를 구입하여 주기로 결의를 했었다. 이러한 교회의 결의는 교단 헌법에 따라 교회가 노회에 청원하여 노회에서 허락하여 성립한 것이다. 그런데 A교회는 노회의 허락이나 당사자와의 의논도 없이 일방적으로 교회가 결의한 내용을 파기하였다. 법원의 판결은 원로목사 예우와 관련하여 교회가 결의하여 노회의 허락을 받은 약속을 교회가 노회 및 당사자와 합의하지 아니하고, 일방적으로 파기해서는 안 된다는 것이다.

(4) 목사생활비 규정

1) 담임목사 생활비

교단 헌법은 '청빙할 때에 약속한 목사의 봉급을 변경하고자 할 때에 목사와 교회가 승낙하면 노회에 보고하고 만일 승낙치 아니하는 경우에는 그 사유를 노회에 보고하되 반드시 정식으로 공개한 공동 의회를 경유한다.'고 되어 있다(정치 제15장 제7조). 그러므로 목사의 생활비를 변경하고자 할 경우는 목사와 교회 쌍방이 승낙해야 한다. 생활비는 '신령한 직무 수행에 장애됨이 없도록 하려는 것'으로 형편에 의해서 마땅히 증액할 수 있다. 그러나 목사 청빙 후에 생활비를 증감하려면, 공동의회의 결의와 목사의 허락이 있어야 하고, 목사의 동의가 없이 교회가 일방적으로 변경할 수 없다(정치문답조례 547문).

2) 원로목사 생활비

77) 대법원 2019. 8. 30. 선고 2019다217520 판결.

동일(同一)한 교회에서 20년 이상 시무한 목사가 연로하여 노회에 시무 사면을 제출하려 할 때에 본 교회에서 명예적 관계를 보존하고자 하면 공동 의회를 소집하고 생활비를 작정하여 원로 목사로 투표하여 과반수로 결정한 후 노회에 청원하면 노회의 결정으로 원로 목사의 명예직을 주도록 되어 있다(정치 제4장 제4조). 원로목사를 노회에 정원할 때, 교회가 노회에 작정한 생활비는 교회와 원로목사가 승낙한 것이므로 교회는 작정한대로 시급해야 한다. 담임목사 시무 중에 받았던 금액이나 일정 금액을 원로 목사 생활비로 지급하기로 결정하였다면, 원로목사의 생활비는 교회와 목사 간의 승낙과 노회의 보증으로 이루어진 것이기 때문이다. 원로목사에 대한 생활비 지급은 사망 시까지 지급하는 것이 원칙이지만(정치문답조례 73문), 교회의 형편에 따라 일정한 기간 동안 지급할 수도 있고, 원로목사가 사망하는 경우, 배우자에게도 일정액을 계속해서 지급하는 것이 바람직하다.

3. 은퇴 목사에게 지급한 선교비 과세

(1) 사실관계

서울 관악구 소재 B교회는 당회를 열고 교회발전에 기여해온 공로를 인정하여 31년 동안 교회에서 재직하다 은퇴하는 원로목사 甲에게 2011년 제1차, 2012년 제2차에 걸쳐서 총 12억 원의 퇴직 선교비를 지급하였다. 관할 세무서장은 퇴직 선교비 12억 원은 인적용역의 대가로 지급됐다고 판단하고, 제2차 지급일인 2012년을 기준으로 하여 종합소득세 1억 1,146억 원을 부과하였다. 이에 원로목사 甲은 퇴직 선교비는 인적용역을 일시적으로 제공하고 받은 대가가 아니고, 다른 종교인들 퇴직 사례금에 대해서 비과세하고 있음에도 자신에 대해서만 과세하는 것은 조세평등주의를 위배한 조치라며 행정법원에 관할 세무서장을 상대로 과세처분 취소소송을 제기하였다.

(2) 판결요지

쟁점은 퇴직 선교비를 인적용역을 제공하고 그 대가로 받은 금원에 해당하는지 여부였다. 1심이었던 서울행정법원은 B교회에서 원로목사 甲에게 지급한 퇴직 선교비는 교회 유지·발전에 기여한 포상적 의미이고, 퇴직 선교비가 거액에 달해 일시적 용역의 대가로 보기 어려우며, 목사 甲이 근로자 지위에 있다고 볼 근거가 없어 퇴직세율을 적용할 수 없다며 원로목사 甲이 받은 퇴직 선교비는 인적용역의 대가가 아니라 사례금에 해당한다고 판단하였다. 그리고 과세 기준 연도 기준도 구 소득세법에 따르면 '지급된 날'을 과세 연도로 삼아야 함에도 2011년에 제1차 지급됐음에도 제2차 지급된 날인 2012년으로 확정하고 세금을 부과 처분하고, 신설된 소득세법 제21조 제1항 제26호에 따르지 않은 것으로, 소급과세 될 수 없어 위법하다고 판단하였다. 하지만 종교인의 퇴직 사례금에 관하여 비과세 관행이 존재하였다는 주장에 대해서는 주장 사실을 인정하기에 부족하고, 달리 이를 인정할만한 증거가 없다며 배척하였다.[78] 그러나 2심인 서울고등법원[79]과 대법원은 교회 담임목사가 은퇴시 받은 퇴직 선교비는 소득세법상 기타소득 중 사례금에 해당하여 종합소득세 과세 대상이라고 판시하였다.[80]

(3) 해설

인적용역을 제공하고 받은 금원은 세금이 부과되는 것이 원칙이고, 근로자가 퇴직할 때 받는 퇴직금에는 퇴직세율이 적용된다. 1심 행정법원은 목사에 대해 근로자 지위에 있다고 볼 근거가 없고, 교회로부터 받은 퇴직 선교비가 인적용역의 대가로 받은 것으로 볼 수 없어서 퇴직세율을 적용하여 과세할 수 없다고 판단하였다. 하지만 2심 법원과 대법원은 교회 담임목사가 은퇴시 받은 퇴직 선교비는 소득세법상 기타소득 중 사례금에 해당하여 종합소득세 과세 대상으로 판단한 것이다. 소득세법상 기타소득은 근로자가 퇴직금으로 지급받는 경우의 퇴직세율보다 더 높다. 또한 과거에 받은 소득에 대하여 그 이후 신설된 법률조항을 소급 적용한 과세처분이므로 위법하다는 주장에 대해서 법원은 소득세법 제21조 제1항 제26호를 소급 적용하여 이 사건 처분을 한 것은 아니라, 소득의 원인이 되는 권리의 확정시기와 소득의 실현 시기 사이에 시간적 간격이 있는 경우, '과세 대상 소득이 실현된 때'가 아닌 '권리가 발생한 때'에 소득을 기준으로 하는 권리확정주의 원칙에 따른 처분이라고 하였다.[81]

4. 교회 합병으로 사임하는 목사 퇴직금 약정

다른 교회와 합병하는 과정에서 목사직에서 사임하는 대가로 거액의 퇴직사례비

78) 서울행정법원 2020. 2. 9. 선고 2019구합59264 판결.
79) 서울고등법원 2020. 9. 10. 선고 2020누37484 판결.
80) 대법원 2021. 2. 25. 선고 2020두49058 판결.
81) 대법원 2003. 12. 26. 선고 2001두7176 판결.

를 받기로 약정한 사안에서 이 약정은 단순한 채무부담행위가 아닌 총유물의 처분에 해당하여 공동의회의 승인을 받지 않는 한 효력이 없다. 교회 재산에 관한 처분권은 반드시 교인들의 총회인 공동의회 결의로만 효력이 발생하기 때문에 교인들의 총회인 공동의회의 결의가 아니면 그 처분 효력은 무효가 된다.[82)]

5. 은퇴한 목사의 사례비 지급 요구

교회를 아들에게 물려주고 은퇴한 목사가 16억 원의 퇴직금과 월 4천만 원의 생활비를 은퇴사례비로 청구한 사안에서 사례금 지급약정은 교인들의 총회인 공동의회 결의를 받지 못해 무효라는 판결을 받았다. 교회와 담임목사 간의 개별적인 퇴직금 약정이 없으면, 은퇴사례비 지급을 요구할 권리가 없다는 것이 판례이다.[83)]

6. 퇴직금을 지급하는 관행

법원은 교회에서 은퇴하는 목사에게 별도로 퇴직금을 지급하는 관행이 존재한다고 하더라도 그 관행은 효력이 없다고 판시한다.[84)] 따라서 교단 헌법이나 교회정관에 은퇴 목사에게 지급하는 전별금이나 위로금 내용에 대해 특별한 규정이 없다면, 그것이 관행으로 존재한다고 할지라도 강제할 수 없다. 따라서, 헌법이나 교회정관에 은퇴 목사에게 지급하는 전별금이나 위로금에 관해 규정할 필요가 있다.

7. 은퇴한 원로목사 복직

원로목사와 후임목사 간의 갈등으로 인해 교회가 갈등과 분쟁에 휩쓸리는 사례가 많이 발생하고 있다. 이때 조기 은퇴를 선언했던 목사가 다시 은퇴를 철회하고 담임목사로 복귀하려는 시도가 있는데, 이는 법적으로 불가능하다고 보아야 한다. 대법원은 법인 없는 사단의 경우에 대표자에 대한 사임의 효력이 발생한 뒤에는 철회할 수 없는 것으로 판단하고 있다.[85)] 그리고 대표자의 사임은 반드시 문서로 되어 있지 않더라도 효력이 있어서 사임은 반드시 문서로 되어 있을 필요는 없고, 구두 등 각종 형태의 의사표시로도 가능하다.[86)]

---

82) 대구지방법원 서부지원 2015. 9. 22. 선고 2014가단26778 판결.
83) 서울고등법원 2014. 7. 24. 선고 2013나71274(본소), 2013나71281(반소) 판결.
84) 의정부지방법원 2012. 9. 27. 선고 2011나14504 판결.
85) 대법원 2006. 10. 27. 선고 2006다23695 판결.

제5절 ‖ 목사의 시무 정년

Ⅰ. 나이

1. 나이의 의의

(1) 나이의 개념

나이(age, 연령)는 사람이 세상에 태어나서 살아온 햇수를 뜻하며, 나이를 세는 단위는 돌, 살, 세 등이 있다. 나이를 세는 단위 중에 '살'은 일상생활에서 사용되는 단위이고, 공적 · 법적으로 세는 단위는 '세'(歲)이다. 나이를 세는 방식은 '만(滿) 나이'와 '세는 나이'와 '연(年) 나이'가 있다. 세계 거의 모든 국가에서는 '만 나이' 계산법을 사용하고 있다. 우리나라는 공적 · 법적으로는 '만 나이'를 사용하고, 행정상 편의를 위한 나이 개념으로 병역법(兵役法)과 청소년보호법(青少年保護法) 등 개별 법률에서 '연 나이'가 사용되고 있으나 아직까지 일상 생활에서 널리 통용되고 있는 나이는 '세는 나이'라고 할 수 있다. 과거 중국과 일본도 '세는 나이'를 사용했었지만, 중국은 1966년 문화대혁명 이후에 폐지되었고, 일본은 1902년 법령을 제정하면서 '만 나이'로 바뀌었다. 그리고 베트남이나 북한도 '만 나이'를 사용하고 있다. 우리나라는 행정기본법 개정안을 마련해 법적, 사회적 나이 계산법을 '만 나이'로 통일할 예정이다.

(2) 나이와 사회 · 문화

유럽이나 미국 등 국가에서는 나이에 연연해하지 않는다. 나이보다는 만남, 인연을 소중히 여기기 때문이다. 그러나 우리나라 사람들은 나이에 집착하고, 나이에 따라 대우받으려는 경향이 있다. 일단 사람을 만나면 나이를 묻는데, 그것은 나이에 따라서 호칭(呼稱)이나 서열(序列)이 정해지고, 그 호칭이나 서열은 평생 가는 경우가 많기 때문이다. 특별한 공직자인 검찰이나 직업 군인들은 나이와 비교되는 기수(期數) 관례가 있어서 자기보다 늦은 후임이 먼저 승진하면 관직에서 물러나는 관례가 있다.

86) 대법원 1991. 5. 10. 선고 90다10247 판결.

2. 나이의 계산방식

한국에서 사용되는 나이 계산방식은 대체로 세 가지가 사용되고 있다. 출생연도에 한 살이 되어 새해마다 한 살씩 증가하는 한국식(Korean age) '세는 나이' 계산방식이 있고, 출생일부터 나이를 계산하는 '만 나이' 계산방식이 있고, 병역법(兵役法)과 청소년보호법(青少年保護法) 등 일부 법률에서는 현재 연도에서 출생연도를 뺀 '연 나이'가 사용되고 있다. 예를 들어 2000년 5월 1일생의 경우에 2020년 1월 1일 기준으로 '세는 나이'는 21살이지만, '만 나이'는 생일이 지나지 않았으니 19살이고, '연 나이'는 20살이 된다. 한 날에 출생한 동일인이지만, 나이를 세는 방식에 따라서 19살이 되기도 하고, 20살 또는 21살이 되기도 하는 것이다.

(1) 세는 나이

'세는 나이'는 일상생활에서 사용하는 나이로 새해가 되면 언제 태어났든 상관없이 모두 한 살씩 늘어난다. 만약 1월 1일에 태어났든지, 12월 31일에 태어났든지 상관없이 다음 날인 1월 1일이면 두 살이 된다. 일부 사람들은 한국식 나이 계산방식이 의문을 표하는 사람들이 있지만, 이는 나이 계산 방법에 담겨있는 의미를 모르고 하는 말이다. 한국식 나이 계산방식은 태아의 생명을 존중하는 의미에서 엄마 뱃속에서의 열 달을 일 년으로 계산하고, 태아가 출생하면 한 살로 여겼던 데에서 기인했다. 아직 태어나지 않았지만, 태아의 생명을 소중한 한 인격체로 보았던 우리 민족의 생명존중 사상을 담고 있다.

(2) 만 나이

'만(滿) 나이'는 출생을 0살로 보고, 생일을 맞이할 때마다 한 살씩 올라간다. '만 나이'는 세계 거의 모든 나라에서 사용하고 있으나 우리나라는 공문서, 법률에서 사용하고 있다. 만약 3월 9일생이라면, 다음 해 3월 9일이 되면 만 한 살이 된다. 돌잔치는 '만 나이'로 실제 한 살이 되는 날에 아기의 출생을 축하하는 잔치이다. 현재 우리나라 정부나 행정업무에서 사용하고 있고, 의료 기관에서는 '만 나이'를 사용하고 있다. '만 나이'를 사용하도록 해야 한다는 청원이 청와대 국민청원 게시판에 올라오기도 했었고, 국회의원은 출생일로부터 나이를 계산하는 '만 나이' 사용을 권장하는 법안을 발의하기도 하였다.

(3) 연 나이

'연(年) 나이'는 '해'를 기준으로 나이를 셈하는 방식이다. 병역 자원을 통일하게 관리하기 위해 생일이 아닌 해를 기준으로, 나이를 셈하는 병역법(병역법 제2조 제2항)과 규제의 효율성과 집행의 편의성 때문에 해를 기준으로 청소년 여부를 가름하는 청소년보호법(청소년보호법 제2조 제1호) 등 일부 법률에서는 현재 연도에서 출생 연도를 뺀 '연 나이'가 사용되고 있다. 청소년보호법에 따르면 '만 19세가 되는 해의 1월 1일을 맞이한 사람'은 청소년으로 간주하지 않으므로, 만 19세가 되기 전이라도 만 19세가 되는 해의 1월 1일이 되면 청소년보호법상 청소년이 아니다.[87]

3. 법률적 나이

법률에서는 굳이 '만'이라는 말이 없어도 '만 나이'를 의미한다. 우리나라는 법률에 따라서 나이에 관한 규정이 모호한 측면이 있다. 초등학교 취학 나이는 6세 이상, 형사책임 나이는 14세, 주민등록증 발급 나이는 17세이다. 2012년 민법상 성년 나이가 20세에서 19세로 변경되었다(청소년보호법 제2조).[88]

민법은 아르바이트, 취업, 운전면허 취득, 청소년 불가 영화관람(고등학교 재학생의 경우 제외), 9급 공무원 지원, 군대 입영 등은 18세 이상의 나이를 요구한다. 그리고 TV 방송이나 영화의 경우 등급별로 나이 제한을 두고 있다. 혼인(婚姻)의 경우 부모 동의에 의한 혼인이 가능한 나이는 남녀 모두 18세 이상이어야 하고, 선거권(選擧權) 나이는 21대 총선부터 18세부터 가능하다. 노령연금을 수령하고 지하철 무임승차가 가능한 노인 나이는 65세 이상이다.

인터넷 사이트에서 음란물이나 폭력물 등에 대한 미성년자의 접촉을 방지하기 위해 회원가입 나이를 제한하고 있는데, 14세 미만의 미성년자는 반드시 보호자의 동의를 받도록 하고 있다. 그리고 법적으로 정하고 있는 미성년자의 아르바이트 가능 나이는 만 15세 이상이다. 그러나 친권자(親權者) 또는 후견인(後見人)의 동의서와 나이를 증명할 수 있는 청소년증이나 가족관계증명서 등을 함께 준비해야 하며, 사업

---

87) 위키백과, '세는 나이' 참조.

88) 청소년보호법 제2조(정의)

1. "청소년"이란 만 19세 미만인 사람을 말한다. 다만, 만 19세가 되는 해의 1월 1일을 맞이한 사람은 제외한다.

주 역시 해당 알바생에게 이 서류를 수령하여 사업장에 비치하고 있어야 한다. 미성년자(未成年者)는 청소년 유해업소나 밤 10시부터 오전 6시까지 야간 시간 및 휴일에는 원칙적으로 근무가 불가하다.

4. 선거권과 피선거권 나이

선거권(選擧權) 나이 제한에 대한 논쟁이 계속되어 왔다. 선거권 행사는 일정한 수준의 정치적 판단 능력이 전제되어야 하는 까닭에 19세 미만의 미성년자는 아직 정치적·사회적 시간을 형성하는 과정에 있고, 독자적인 정치적 판단을 할 수 있을 정도로 정신적·신체적 자율성을 충분히 갖추었다고 보기 어렵다고 주장해 왔다. 반면 선진 국가들이 대부분 18세 이상으로 규정하고 있고, 우리 사회가 성장과 변화를 겪으면서 청소년의 정치적 의식 수준이 크게 고양되었으며, 고등교육의 영향으로 독자적인 정치적 판단 능력이 향상되었으므로 선거권 연령을 낮추어야 한다는 주장이 제기되어 왔다.

헌법재판소는 공직선거법(公職選擧法) 제15조에서 19세 이상만 선거에 참여해 투표할 수 있도록 한 것은 평등권과 참정권을 침해한다며 18세 이상으로 개정을 요구한 헌법소원에 대해서 대통령 및 국회의원 선거에 있어서 선거권 연령을 19세 이상으로 정한 공직선거법 제15조 제1항은 19세 미만인 사람의 선거권 등을 침해하지 않는다고 결정하였다.[89] 하지만 선거법 개정으로 21대 총선부터 선거일 당해 18세 이상의 국민으로 선거인명부작성기준일에 해당 지방자치단체의 관할구역 안에 주민등록이 되어 있는 자는 그 구역에서 선거하는 지방 의회 의원 및 지방자치 단체의 장에 대한 선거권을 부여하고 있다(공직선거법 제15조).[90] 그리고 우리나라 피선거권(被選擧權)은 선거일 현재 계속하여 60일 이상 해당 지방자치 단체의 관할구역 안에 주민등록이 되어 있는 주민으로서 18세 이상의 국민은 그 지방 의회 의원 및 지방자치 단체장의 피선거권을 가지며, 18세 이상의 국민은 국회의원의 피선거권이 있으며, 5년 이상 국내에 거주하고 있는 40세 이상의 국민은 대통령의 피선거권이 있다

---

89) 헌법재판소 2013. 7. 25. 선고 2012헌마174 결정.

90) 공직선거법 제15조(선거권)

① 18세 이상의 국민은 대통령 및 국회 의원의 선거권이 있다. 다만, 지역구 국회의원의 선거권은 18세 이상의 국민으로서 제37조 제1항에 따른 선거인명부작성기준일 현재 다음 각호의 어느 하나에 해당하는 사람에 한하여 인정된다.

② 18세 이상으로서 제37조 제1항에 따른 선거인명부작성기준일 현재 다음 각호의 어느 하나에 해당하는 사람은 그 구역에서 선거하는 지방자치단체의 의회 의원 및 장의 선거권이 있다.

고 규정하고 있다(공직선거법 第16조).[91]

Ⅱ. 목사안수

1. 목사와 나이

(1) 목사안수 나이

목사의 시작은 안수(按手)로 임직받는 것으로부터 시작되는데, 목사는 일정한 나이를 안수 요건으로 하고 있다. 일반적으로 목사안수는 신학교를 졸업하고 총회가 주관하는 강도사 고시에 합격하여 노회에서 목사고시를 거쳐 안수를 받게 된다. 그렇다고 무조건 목사안수를 받게 되는 것이 아니라, 일정한 나이에 도달해야 하는데, 그 나이가 만 29세이어야 한다(정치 제4장 제2조). 예외로 선교사 파송, 군목사 파송을 위한 때에는 미혼이거나 만 29세에 도달하지 않았을지라도 만 27세 이상이면 목사안수를 받을 수 있는 요건이 된다.

(2) 목사 신분과 직무

목사의 신분은 변함이 없는 항존(恒存)으로 자신이 스스로 사면하거나 노회와 교단에 의해 강제적으로 사면을 당하는 경우를 제외하고, 은퇴한 후에도 평생 유지하는 신분이다. 그러나 교회의 청빙과 노회로부터 지교회로 위임을 받아 지교회 당회장 및 위임·시무목사로서 담임목사 직무를 수행하거나, 선교사, 전도목사로 파송을

---

91) 공직선거법 第16조(피선거권)

① 선거일 현재 5년 이상 국내에 거주하고 있는 40세 이상의 국민은 대통령의 피선거권이 있다. 이 경우 공무로 외국에 파견된 기간과 국내에 주소를 두고 일기간 외국에 체류한 기간은 국내 거주기간으로 본다.

② 25세 이상의 국민은 국회의원의 피선거권이 있다.

③ 선거일 현재 계속하여 60일 이상(공무로 외국에 파견되어 선거전 60일 후에 귀국한 자는 선거인명부작성기준일부터 계속하여 선거일까지) 해당 지방자치단체의 관할구역에 주민등록이 되어 있는 주민으로서 25세 이상의 국민은 그 지방 의회 의원 및 지방자치 단체의 장의 피선거권이 있다. 이 경우 60일의 기간은 그 지방자치단체의 설치·폐지·분할·합병 또는 구역변경(제28조 각 호의 어느 하나에 따른 구역변경을 포함한다)에 의하여 중단되지 아니한다.

④ 제3항 전단의 경우에 지방자치단체의 사무소 소재지가 다른 지방자치단체의 관할구역에 있어 해당 지방자치단체의 장의 주민등록이 다른 지방자치단체의 관할구역에 있게 된 때에는 해당 지방자치단체의 관할구역에 주민등록이 되어 있는 것으로 본다.

받아 직무를 수행하게 되는데, 그 직무의 기한이 교단 헌법에 만 70세로 정해져 있다(정치 제3장 제2조).

2. 목사직무 시무 정년

한국장로교는 대부분 항존직(恒存職)인 목사나 장로, 집사의 정년을 만 70세까지로 정하고 있다. 만 70세라 함은 총회에서 만 71세 생일 전날까지로 유권해석을 내리고 시행하고 있다. 국가나 병원 등에서 사용하는 나이는 '만 나이'이다. '만 나이' 계산방식은 출생일부터 나이를 계산하는 방식으로 다음 생일이 되기 전까지인 만 71세가 맞다. 그러므로 총회의 유권해석을 따르기로 한다.

하지만 만 70세라 함은 총회가 유권해석을 내린 것처럼, 만 71세 생일 전까지로 할 수도 있지만, 다른 한편으로는 만 71세 생일 전날까지가 아니라, 만 70세가 되는 날까지라고 해석하는 것도 옳다. 예를 들어 만 70세 1개월이라 할 때, 1개월은 만 70세가 넘은 것을 뜻한다. 만약 교단 헌법에 만 71세가 되기 전날까지라고 했다면, 만 71세 생일 전날까지가 맞는 말이다. 하지만 교단 헌법은 목사나 장로의 정년을 '만 70세'로 하고 있으니 만 69세 12월까지가 정년이 되는 것이다. 사례로 사업주와 노동자가 근로시간을 매일 오전 9시에서 오후 6시로 근로계약을 맺었다면, 노동시간은 정각 오후 6시까지를 말하는 것이며, 7시가 되기 전인 6시 59분까지를 의미하지 않는다. 따라서 총회의 유권해석을 따르려면 교단 헌법을 '만 71세가 되기 전'까지라고 고쳐야 한다.

3. 목사의 가동연한

(1) 가동연한의 개념

가동연한(稼動年限)은 사람이 노동에 종사해 수익을 얻을 수 있을 것으로 예상되는 연령의 최대한의 나이, 즉 사람이 더 이상 일을 할 수 없어 소득을 발생시킬 수 없다고 인정되는 시점을 말한다. 가동연한은 교통사고를 비롯하여 각종 사고로 사망하거나 노동력을 잃어 장애를 입은 피해자에 대한 손해배상액을 산정할 때 중요한 기준이 된다.

가동연한은 일을 할 수 있는 최초 시점의 나이를 '가동개시 연령'이라고 하고, 일을 할 수 없는 최후 시점의 나이를 '가동종료 연령'이라고 한다. 보통 가동 연령은 민법상 성년이 되는 20세를 기준으로 하는데, 남성은 군 복무기간이 면제되지 않는 이상 군 복무기간을 제외하며, 만약 20세 이전이라도 일정한 수입이 있었다면 사고 당시부터 가동연한을 인정한다.

(2) 법원 판례에 의한 가동연한

우리나라는 가동연한에 대해서 명확하게 정해진 기준이 없고, 법원의 판례에 따라서 인정하고 있다. 법원 판례에 따른 주요 직종별 가동연한을 정리하면 모델(model)의 가동 연령은 35세, 주방장, 요리사, 용접공은 55세, 보육시설 보육교사는 57세, 어민, 농민, 일반노동자는 60~65세, 의사, 약사는 65세, 법무사, 변호사는 70세로 하고 있다. 목사의 가동연한은 법원의 판결에 따라 약간 차이가 있다. 법원에 따라 법무사 변호사와 같은 70세를 가동연한으로 판단하여 선고하기도 하고, 65세를 목사 가동연한으로 판단하고 선고하기도 한다.

법원에서 정하고 있는 가동연한은 절대적인 것이 아니다. 가동연한은 종합적인 판단을 요구해서 판단하기 때문에 개개인의 사정에 따라서 다를 수 있고, 시대와 상황에 따라서 달라질 수 있다. 우리나라 대법원은 1989년에 55세였던 노동 가동연한을 60세로 상향 조정하는 전원합의체 판결을 하였고, 그 후로 모든 재판에서 일반 육체노동에 종사할 수 있는 연한을 보통 60세가 될 때까지로 하는 것이 경험칙이라고 보았다.[92] 그러나 근래 국가정책은 기초연금, 노인 혜택 등에 있어서 모두 65세를 기준으로 인정하고 있고, 현장에도 60대 노동자가 많아 경험칙상 가동연한을 60세로 보아온 견해는 더 이상 유지하기 어렵게 되었다. 이에 대법원은 특별한 사정없는 한 60세를 넘어 65세까지 가동할 수 있는 연령으로 보는 것이 경험칙상 합당하고, 고령 사회 진입과 평균수명의 연장, 경제 수준과 고용 조건 등 사회·경제적 여건에 상당한 변화가 있었다는 점을 반영해야 한다며 노동 가동 연령을 65세로 상향 조정하는 것이 적절하다고 판시하였다.[93]

(3) 가동연한 산정 방법

예전에 패션모델을 직업으로 하던 모델이 화보 촬영 중에 사고로 숨지자 손해 배상 청구 소송을 법원에 제기했는데, 법원은 패션모델의 가동연한을 35세로 봐야 한

---

92) 대법원 1989. 12. 26. 선고 88다카16867 판결.
93) 대법원 2019. 2. 21. 선고 2018다248909 판결.

다고 판시하였다. 가동연한은 교통사고를 비롯한 각종 사고로 인해 사망하거나 영구적인 장해를 입었을 경우 손해배상액을 산정하는 데 중요한 척도가 된다. 가동연한이 짧을수록 손해배상액이 줄어들고, 가동연한이 늘어날수록 손해배상액도 늘어나기 때문이다.

대법원은 가동연한 산정기준에 대해서 우리나라 국민의 평균 여명, 경제 수준, 고용 조건 등의 사회적·경제적 여건 외에도 연령별 근로자 인구수, 취업률 또는 근로참가율 및 직종별 근로조건과 정년 제한 등 제반 사정을 조사하여 이로부터 경험법칙상 추정되는 가동연한을 도출하거나, 또는 피해 당사자의 연령, 직업, 경력, 건강상태 등 구체적인 사정을 고려하여 정해야 한다고 하였다.[94]

Ⅲ. 판례

1. 목사의 가동연한 70세

(1) 사실관계

교회 신도들과 함께 기도회를 마치고 교회 업무용으로 사용하던 승용차를 타고 교회로 돌아가던 중 사고가 발생했다. 사고 당시 승용차는 교회 집사 甲이 운전하였는데, 교차로 중앙에서 좌회전을 하려다가 직진하는 견인차를 발견하지 못하고 사고가 발생하여 조수석에서 안전띠를 매지 않고 있던 목사 甲이 장기파열로 인한 손상으로 사망하였다.

(2) 판결요지

일실수입 산정의 기초가 되는 가동연한은 사실심이 우리나라 국민의 평균 여명과 경제 수준, 고용 조건 등의 사회적·경제적 여건 외에 연령별 근로자 인구수, 취업률 또는 근로 참가율 및 직종별 근로조건과 정년 제한 등 제반 사정을 조사하여 이로부터 경험칙상 추정되는 가동연한을 도출하든지 또는 피해 당사자의 연령, 직업, 경력, 건강 상태 등 구체적인 사정을 고려하여 그 가동연한을 인정할 수 있는 것이다.

94) 대법원 1997. 12. 23. 선고 96다46491 판결.

망인과 같은 대한예수교장로회총회 소속 교회의 목사 중 70세 이상으로 실제 시무하고 있는 자는 전국을 통틀어 7명에 불과하고, 그 비율도 전체 목사 중 0.2%에 불과하며, 그중에는 무임 시무자도 포함되어 있다. 한편 망인은 사고 당시 43세 10개월 정도의 나이로서 기대여명이 27년 9개월로, 예상 생존 연령은 71세 7개월까지인 사실을 인정한 다음, 목사로서 망인의 가동연한은 70세가 되는 날까지로 봄이 상당하다고 판단하였는바, 위와 같은 법리와 기록에 비추어 살펴보면, 원심의 사실인정과 판단은 정당하고, 거기에 상고이유에서 지적하는 바와 같은 채증법칙 위배의 위법이 있다고 할 수 없다.[95)]

2. 목사의 가동연한 65세

(1) 사실관계

Y교회 교육 목사인 목사 甲은 고속도로에서 승합차를 운전하고 가던 중에 대형트럭과 충돌하는 교통사고로 안면과 비뇨기 계통의 일부가 마비되어 전국 화물자동차 운송조합 연합회를 상대로 손해 배상 청구 소송을 제기했다. 원심은 목사의 정년을 70세로 산정하여 손해 배상금을 지급하라고 판결했다. 하지만 대법원은 원심을 파기하였다.

(2) 판결요지

개인적 자유 전문직인 의사나 한의사의 가동연한(정년)이 경험칙상 65세로 인정되는 점에 비춰 목사의 가동연한(정년)을 산정해야 하며 교인들의 단체와 조직을 총괄하고 다중 집회를 개최하는 직무 특성을 감안할 때, 그 정년을 70세로 인정하기는 어렵다고 할 것이므로 사고 당시 31세에 불과한 피해자가 목사로서 70세가 될 때까지도 일할 수 있다고 인정하기 위해서는 목사의 연령별 인원수, 취업률 또는 근로참가율 및 근로조건과 정년 제한 등 제반 사정을 조사하여 이로부터 경험칙상 추정되는 가동연한을 도출하든가 또는 당해 피해 당사자의 연령, 경력, 근무조건, 건강상태 등 개인적 구체적인 사정을 고려하여 위와 같은 가동연한을 인정할 수 있어야 한다. 그런데 기록상 그에 대한 사정으로서는 앞서 본 사실 외에 원고가 소속된 대한예수교장로회총회 소속 목사에 대한 정년 나이를 규정하고 있지 않고, 종신까지

95) 대법원 1997. 6. 27. 선고 96다426 판결.

시무할 수 있도록 하고 있는데, 통상적으로 목사는 70세까지 시무한다는 증인의 증언이 있을 뿐, 이와 같은 점만으로 원고가 목사로서 70세가 될 때까지 일할 수 있다고 인정하기에는 부족하다고 할 것이다.[96)]

(3) 해설

기존의 대법원 판례는 목사의 기동 연한을 70세 보고 판결해 왔다. 그런데 그 판결이 바뀐 것이다. 그러나 판결 요지를 보면 한 가지 중요한 단서가 있다. 70세는 '경험칙상 추정되는 가동연한'이라고 하면서 원고가 소속된 대한예수교장로회총회 헌법에 소속 목사에 대한 정년이 정해져 있지 않고 종신까지 시무할 수 있도록 규정되어 있으며, 통상적으로 목사는 70세까지 시무한다는 증인의 증언만 있을 뿐이어서 70세까지 인정하기에 부족하다는 것이다. 하지만 대한예수교장로회총회 헌법에 목사의 정년을 70세로 규정하고 있는 교단의 경우에 법원은 교단 헌법 규정에 따라 목사의 가동연한을 70세로 인정하게 될 것이다.

96) 대법원 1998. 12. 8. 선고 98다39114 판결.

제6절 ‖ 임기제 및 신임투표제

Ⅰ. 임기제

1. 임기제 의의

(1) 교회정관 사례

다음은 목사와 장로의 임기제 및 신임투표제를 규정하고 있는 C교회의 정관 내용이다.

> 제 10 장. 본 교회는 목사와 장로의 임기제 및 신임투표제를 시행한다.
>
> 1) 목회자 임기제
>
> 가. 담임목사의 청빙
>
> 담임목사(擔任牧師)를 청빙코자 하면 당회가 추천한 후보 인(人)을 공동의회에서 선임한다.
>
> 나. 담임목사의 임기
>
> 담임목사(擔任牧師)의 임기는 7년으로 하고, 취임 후 6년 동안 계속 시무한 후 7년째는 1년간 유급 안식년을 갖는다.
>
> 다. 담임목사의 연임
>
> 담임목사는 연임할 수 있다. 담임목사가 연임하려면 안식년 직전에 공동의회를 소집하여 투표수 3분의 2 이상의 가표를 얻어야 한다. 만약 투표수 3분의 2 이상의 가표를 얻지 못하면 안식년 만료 전까지 노회(老會)에 담임목사 시무사임 청원서를 제출해야 한다.
>
> 라. 부목회자(부목사, 전도사)의 임기 및 연임
>
> 부목회자의 임기는 3년으로 하고, 연임 절차는 당회장의 추천으로 당회의 가결과 제직회의 찬성을 얻는 것으로 한다. 부목회자의 안식년은 담임목사의 경우에 준한다. 단 부목회자는 임기 중 자격요건을 갖추면 전도사에서 부목사로 승급할 수 있으나, 임기는 승급에 관계 없이 최초 임직일로부터 기산한다.

2) 장로 임기제

가. 장로의 선임

장로(長老)는 당회가 결의한 수와 방법대로 공동의회에서 투표수 3분의 2 이상의 가표로 선출한다.

나. 장로의 임직

처음으로 장로(長老)에 피택된 사람은 피택 후 6개월 이상 당회의 지도를 받고 노회의 고시에 합격하면 임직하여 시무한다.

다. 장로의 시무 임기

장로(長老)는 종신직이나, 시무 임기는 7년으로 한다. 임직 후 6년 동안 계속 시무한 후 7년째는 안식년으로 휴무한다.

라. 장로의 휴무

7년의 임기가 끝난 시무 장로(長老)는 당회에 휴직서를 제출하고 시무 장로직을 휴무한다.

마. 휴무 장로의 시무 재개

휴무한 장로(長老)가 공동의회에서 투표수 3분의 2 이상의 가표로 다시 선출되면 자동적으로 시무를 재개한다.

(2) 임기제 개념

임기제(任期制)는 원래 경력직 공무원이나 일반 기업에서 특별한 직무를 위해서나 능력이나 기술을 가진 전문직 사람을 한시적으로 고용하는 제도였다. 임기제는 기간제, 비정규직, 임시직 등으로 불리는데, 기업이 노동자를 억압하는 수단으로 이용되기도 하였다. 위임목사(委任牧師)는 특별한 이유가 없다면 만 70세 정년까지 시무할 수 있다. 조직교회 시무목사는 공동의회에서 출석 교인 3분의 2 이상의 가결로 청빙을 받고 1년간 시무를 할 수 있고, 계속 시무의 경우에도 이에 준하며, 미조직교회는 시무목사 시무 기간은 3년이다(정치 제4장 제4조). 치리장로(治理長老)는 교인들에 의해 선출되어 임직하고, 만 70세 정년까지 당회원으로서 자격을 가지고 시무하게 되는데, 신분은 종신직(終身職)에 가깝다고 할 수 있다.

임기제 또는 임기사무제(任期事務制)는 시무목사 또는 임시목사 및 장로가 개교회의 치리회인 당회의 당회장과 당회원으로서 지위와 시무를 종신토록 갖지 못하고, 일정한 기간만 그 직무를 시무할 수 있게 하는 제도를 말한다. 임기제는 다른 말로 기간제(期間制) 또는 임시직(臨時職)이라고 할 수 있다. 위임목사는 임기제의 대상이 될 수 없고, 임시목사와 부목사는 일정 기간이 정해져 있는 임시직이기 때문에 임기제는 실질적으로 장로에 대한 임기제를 의미한다고 할 수 있다. 장로 임기제는 장로제도의 역기능을 해소하기 위한 제도로, 장로의 신분은 계속 유지하되 당회에 참석해서 교회를 운영하는 시무 기간의 임기를 일정 기간으로 정하는 것이다.

2. 임기제 필요성

미국장로교는 1800년대 후반부터 장로 임기제를 시행해 오고 있으며, 네덜란드의 개혁교회는 임기를 4년으로 하고 있다. 우리나라는 2000년대 들어서면서부터 임기제 필요성이 제기되기 시작했고, 한국교회 다수의 목사가 장로 임기제에 찬성한다는 설문조사 결과가 발표되기도 하였으며, 현재는 다수의 교회가 임기제를 시행하고 있다.

첫째, 임기제는 당회의 일방적인 독주를 견제, 당회에 집중되는 권한의 분산 효과가 있다. 당회원 지위는 치리 장로로 임직 됨과 동시에 주어지고, 당회원은 종신직에 가까운 만 70세까지 교회 운영에 직·간접적으로 관여하여 시무하게 된다. 목사와 장로로 구성되는 당회의 권한이 막강한 까닭에 자연스럽게 교회 운영에 대한 당회원의 영향력도 커지게 된다. 그로 인해 교회 인사와 행정 및 재정에 있어서 권한 남용이 발생하게 되고, 목사와 장로 등 당회원 사이에 갈등과 다툼이 자주 발생하게 된다.

둘째, 임기제는 책임을 벗어나게 하며 기회 보장에 있다. 당회원의 자리는 심적으로 부담이 많은 지위라고 할 수 있다. 안식년과 같이 일정 기간이 경과하면 당회 시무직을 내려놓음으로써 막중한 부담책임에서 벗어나게 하는 효과가 있다. 그리고 헌법상 세례교인 25인 기준으로 1인의 장로를 선출하고 증원도 이에 준한다(정치 제9장 제1조). 물론 이러한 헌법의 규정은 장로정치의 전통에 의한 합당한 것임을 인정한다. 하지만, 현대 사회 환경의 급속한 변화, 즉 농어촌 지역의 인구 감소로 인한 농어촌 교회의 급격한 교인 수 감소와 쇠퇴, 도시 지역의 경우 중·대형교회로의 교인 이동 현상으로 인해 소형교회는 더 이상 장로를 임직하지 못할 지경에 이르렀다. 또한 장로는 만 70세가 되도록 스스로 사임하지 않는 이상 당회원으로 시무하기 때문에 지혜와 능력을 겸비한 교인이 있더라도 당회원으로 일할 기회가 주어지지 않는다는 점이다. 임기제는 젊은 세대, 후세대에 봉사의 기회를 열어주는 길이다.

셋째, 임기제는 직분의 계급화 및 서열화로 인한 폐단을 방지한다. 한국교회는 교회 직분이 계급이 아닌 봉사직임에도 불구하고, 목사, 장로, 집사, 평신도 순으로 직분을 계층화 또는 서열화하는 인식이 생겨났다. 그리고 직분자들은 장로나 권사로 임직하면, 교회 최상위 지분에로의 상승으로 이해하거나 교회 직분을 사회적 신분과 연계하고 이용하려고 한다. 그런데 임기제는 이러한 직분의 계층화, 서열화를 방지할 수 있는 기능을 하게 된다.

넷째, 임기제는 당회의 권위적인 감독, 지시, 간섭에서 벗어나게 한다. 헌법이나 기성교회의 전통적인 당회 직무에 대한 개념은 교회와 교인, 각 기관을 총찰하여 감독하고 지시하는 것으로 이해하고 있다. 당회의 권위적인 감독, 지시, 간섭은 당회원들에 대한 다른 직분자들과 교인들의 반발 및 거부감을 불러오게 되고, 당회원인 장로들과 평신도 사이에 갈등을 유발하고 있다. 이것은 결국 교회 안정과 성장을 저해하는 요소가 되고 만다.

다섯째, 임기제 장점은 효율성과 효과성에 있다. 임기제는 목회 및 교회 운영상 효율성과 효과의 증대를 가져온다. 당회 중심의 교회 운영이 아닌 임기제를 시행하고 있는 교회나 임기제 외에 교회 운영위원회 등을 조직하여 교회를 운영하는 교회들이 더 효율적이고 효과적이라는 주장이 있다. 교인들의 참여도가 높고 교회 생활에 대한 만족도, 교회에 대한 애정이 더 높아 특히 젊은 세대나 지식층의 교인들에게 큰 반응과 호응을 얻고 있다고 한다. 하지만 장로교 정치의 원리는 당회에 있음이 분명하기 때문에 조화가 필요하다.

여섯째, 임기제는 교회의 분쟁을 해결하는 방법이다. 한국교회는 목회자와 교인 사이에서 다양한 갈등과 분쟁이 발생함으로써 교회의 혼란과 교회가 분열하는 아픈 과정을 겪고 있다. 임기제는 이러한 갈등과 분쟁으로 오는 교회의 혼란과 분열을 자연스럽게 해결하는 하나의 방편이 될 수도 있다.

3. 목사와 임기제

(1) 위임목사

광주광역시에 위치한 K교단 소속 A교회는 교회정관에 위임목사 7년 위임제도를 규정하고, 무조건 7년이 지나면 교회에서 자동으로 해임하고 있다. 교회에서 목사를 처음에 청빙할 때부터 목사로부터 각서를 받기 때문에 지금까지 목사들이 7년 임기가 끝나면 교회를 스스로 사임한다고 한다.

보편적으로 목회자들은 물질과 권세로부터 초연(超然)하여 희생과 봉사의 자리에서 목회하고 있지만, 일부 담임목사들은 위임받은 권력를 가지고, 교회 재산을 사유화하거나 교회를 독단적으로 운영하고 있다. 문제는 위임받은 목사나 당회원인 치리장로가 교회 인사, 행정, 재산의 관리 등을 행사하면서 전횡하거나 교회의 사유화 및 도리에 벗어나는 행위에 대해 마땅히 제어할 수 있는 제도적 장치가 마련되어 있지 않고, 국가법과 같은 법적인 강제성도 없다는 점에 있다.

위임목사의 사직(辭職)은 목사 본인이 계속 시무를 원치 않을 때, 사직원을 노회에 제출하고 허락을 받아야 하고(정치 제17장 제3조), 지교회가 목사를 환영하지 아니하여 노회에 청원하고 노회에서 권고사면을 하도록 하고 있다(정치 제17장 제2조). 그러나 노회에서 교회의 청원을 받아들이지 아니하면 교회는 위임목사를 해임할 수 없게 된다. 한국교회의 위임목사 제도는 위임목사에 대해서 정년은퇴나 본인이 자의적으로 사직할 때까지 임기제를 두거나 신임을 묻을 수 없는 직제(職制)이다. 이것은 초기 한국교회의 안정적인 목회를 위한 취지에 있었고, 위임목사 제도가 한국교회의 부흥과 성장에도 기여했다고 할 수 있다. 하지만 현대 한국교회는 위임목사 제도로 인해 교회의 세습·사유화 및 권력화 등의 부정적인 역작용도 많이 드러나고 있음도 부인할 수 없다.

교단 헌법에 위임목사에 대한 임기제 규정이 없고, 위임목사는 임기제의 대상이 될 수 없기에 위임목사에 대해 임기제를 두는 것은 교단 헌법에 위반된다고 할 수 있다. 위임목사의 권한은 교회의 청빙·청원과 교인들이 서약함으로써 노회가 위임해 준 것으로 교회에서 위임목사에 대한 임기제를 시행하거나 노회의 동의 없이 시무 기간에 대한 각서를 받는 등의 행위를 할 수 없다.

(2) 시무목사

시무목사를 대상으로 하는 임기제를 시행하고 있는 교회들도 있다. 교단에 소속되지 아니한 독립교회나 교단에 소속되어 있더라도 시무목사의 임기제를 교회정관에 규정하고, 보통 5년~13년 정도의 일정 기간만 시무목사로 시무케 하는 형식을 취하고 있는 교회들이 있다. 그러나 교단 헌법상 시무목사는 임기제 및 신임투표제가 인정되고 있다고 할 수 있다. 위임목사가 아닌 시무목사의 경우 조직 교회는 1년, 미조직 교회는 3년마다 교인 총회인 공동의회에서 출석교인 3분의 2 이상의 신임(동의)을 얻어 청빙청원 절차를 거치도록 하고 있기 때문이다(정치 제4장 제4조 제2항).

(3) 부목사

교단 헌법에 임시목사인 부목사에 대한 임기제 규정은 존재하지 않는다. 다만 임시목사와 부목사는 당회의 결의로 당회장이 노회에 청원하여 승낙을 얻도록 하고 있는데(정치 제4장 제4조 제3항), 일부 교회들이 부목사에 대해 개교회 시무 가능 기간을 교회 규칙에 규정하여 기간제 계약을 맺고 3년~5년 정도의 일정 기간 부목사로 시무토록 임기제를 두고 있다.

4. 장로의 임기제

장로의 사직(辭職)은 장로 자신이 노혼(老昏), 신병(身病) 등 특별한 사정이 있을 때, 본인의 청원에 의하거나 당회의 결의로 시무를 사직할 수 있고, 교인의 태반(太半)이 그 시무를 원하지 아니할 때, 당회가 협의 결정하여 사직하게 할 수 있다(정치 제13장 제5조, 제6조). 하지만 헌법은 치리 장로의 임기를 70세까지 규정하고, 70세 은퇴까지 시무할 수 있도록 하고 있을 뿐, 임기제를 규정하지 않고 있다. 단 신임투표는 7년에 1차씩 선택적으로 투표할 수 있고, 그 표결 수는 과반수를 요한다(정치 제13장 제4조).[97]

5. 임기제 한계

(1) 목회는 효율성 및 효과성

임기제를 시행하는 이유는 업무의 효율성(效率性)과 효과성(效果性)이다. 효율성과 효과성은 기업경영론에서 등장하는 용어이다. 효율성(능률, Efficiency)은 투입량 대비 산출량으로 최소의 비용으로 최대의 효과를 추구하는 비용 절감에 목적이 있다면, 효과성(유효, Effectiveness)은 기업의 목표달성도로서 효율성에 플러스 기타 부수적인

---

97) 교단 차원의 논의는 아닐지라도 장로 임기제를 시행하고 있는 교회들로 향린공동체, 향상교회, 주님의교회, 은혜샘물교회, 주민교회, 소망교회 등이 있다. 일반적으로 3~13년 정도의 장로 시무기간을 두고 교인들에게 신임을 묻는다.

이득이라고 할 수 있다. 하지만 현대는 효율성 증대만이 최고의 가치 기준이 되지 못하고, 효과성이 강조되고 있다. 즉 단기적으로 효율성이 중요하게 인식되지만, 장기적으로 효과성이 중요한 가치 기준이 되는 것이다.

목회(牧會)는 단기적인 것이 아니라 장기적인 사역이다. 목회는 이윤을 추구하는 기업처럼 효율성을 추구하지 않으며, 일정 기간 내에 만족할 만한 결과를 얻어내야 하는 효과성을 추구하지 않는다. 그리고 목회 실적이나 결과가 목회의 동기나 목적이 되지 않으며, 실적이나 결과물이 목회 사역의 성공을 판단하는 기준이 될 수 없다.

(2) 책임 있는 직무

임기제는 신임투표제와 다르게 당회원인 목사와 장로의 책임 있는 직무를 어렵게 한다. 목사는 교인들을 가르치고 치리하도록 노회로부터 전권을 위임받아 파송된 사람이며, 동시에 대 내·외적으로 교회와 교인들을 대표하여 교회의 직무를 수행하는 직분이다. 하지만 임기제는 목사의 장기적인 목회 비전이나 계획, 개교회의 장기적인 비전과 목표가 불가능하게 되어 안정적인 목회를 하지 못하게 되며, 결국 교회의 안정이나 성장을 가져오지 못하게 된다. 그리고 장로의 경우, 당회 시무 기간을 일례(一例) 과정으로 여기게 되어 책임 있는 직무를 수행하지 못하게 될 수 있다.

(3) 교회 혼란과 분쟁 발생

임기제의 의미는 계속 목사직 시무를 묻는 신임투표와 같다. 임기제를 찬성하는 사람들은 임기제가 재신임에 의해서 목사나 장로의 영적 권위를 인정해 주는 결과가 되고, 안식년 제도와 같은 영적 재충전의 기회와 책임 의식 강화, 후배나 평신도들에게 일할 기회를 제공한다고 주장한다. 하지만 임기제를 채택하게 되면 목사나 항존직인 당회원들이 교인들을 의식하게 되고, 임기제가 남용·악용될 수 있다. 또한 시무 기간이 끝나고 새로운 임직자를 선출하든지 신임투표를 해야 하는 까닭에 교회 혼란이나 분쟁이 일어나는 부정적인 측면도 간과할 수 없으며, 공정하고 객관적이고 민주적 절차가 요구되는 일이므로, 신중해야 한다.

Ⅱ. 신임투표제

1. 신임투표제 의의

(1) 신임투표제 개념

한국교회는 교회 정책이나 운영이 당회의 일방적인 의사에 의해 결정되거나 불투명·비합리적으로 결정되고, 교회가 당회원의 권력화(權力化), 기득권화(旣得權化), 사유화(私有化)되었을 경우, 마땅히 당회를 견제할 만한 제도적 장치가 마련되어 있지 않다. 당회는 교회행정과 사법을 총찰하는 교회 권력의 핵심으로 성경과 교회법에 따른 공정하고 합법적 치리 의무와 신앙과 양심에 의하여 책임정치를 구현해야 한다. 하지만 성경과 교회법을 위반하거나 그 위임된 직무를 악용하거나 남용하는 때에 책임을 명확히 해야 할 필요가 있다. 이때 신임투표제(信任投票制)는 책임을 명확히 하고 당회로 하여 책임정치를 구현하도록 하는 기능을 할 수 있다는 긍정적인 측면이 있다.

(2) 시무투표와 신임투표

많은 사람이 장로 신임투표를 시무투표라고 생각하고 있고, 교단 헌법에서도 시무투표라고 되어 있는데, 시무투표가 아니고 신임투표라고 해야 한다(정치 제13장 제4조). 치리 장로에게 교인들이 투표로 선출하고 부여해준 치리회인 당회원으로서 계속 시무를 맡길 것인가에 대해 신임을 묻는 신임투표라고 해야 한다. 앞에서 언급한 바와 같이 교회정관에 위임목사에 대해 신임투표를 규정하는 교회들이 있고, 위임목사가 자발적으로 교인들에게 신임투표를 물었다가 공동의회에서 부결되어 무임목사가 되는 일들이 발생하고 있다. 위임목사에 대한 신임투표 제도는 교단 헌법을 지키고 따르기로 서약한 목사와 교회들이 교단 헌법을 위반하는 행위를 하고 있는 것이다. 대부분 교단 헌법에는 목사안수에 대한 자격과 연령, 은퇴에 관해서만 규정하고 있을 뿐, 목사 신임에 관해 규정하고 있지 않다.

(3) 신임투표제와 주민소환제

우리나라는 지방자치 단체의 장, 지방 의회 의원, 교육감에 대해서 주민소환제를 법률로 시행하고 있다. 「주민소환에 관한 법률」은 2006년 5월 24일 제정되어 2007

년 7월부터 시행되었다. 주민소환제(住民召還制)는 지방자치단체의 장 및 지방 의회 의원의 위법·부당한 행위, 직권남용, 직무유기 행위 시 지역구 투표자가 관할하는 선거관리위원회에 청구할 수 있다. 주민소환제의 목적은 지방자치제도의 폐단을 막기 위해 주민의 투표로 선출된 자치단체의 장의 위법 부당한 행위에 대해 주민의 통제와 주민의 참여로 주민 주권을 강화하고 권력을 분산하며, 민주주의 이념을 강화하기 위해 시행하는 제도이다. 하지만 몇 차례 주민소환제를 실시하였지만, 투표율 미달로 무산되었다.

교회의 신임투표제(信任投票制)는 투표로 선출한 지방단체장의 위법·부당한 행위에 대해서 책임을 묻는 주민소환제와 개념이 다르다. 하지만 주민소환제가 주민의 직접 참여와 민주적 주권을 강화하고 지역 대표자들에게 책임을 부여한다는 점이 교인의 직접 참여와 장로교회의 정치원리인 민주제와 교인들의 주권을 강화하고, 당회원에게 책임을 부여한다는 점에서 교회 신임투표제의 취지가 일맥상통한다.

2. 신임투표제 대상

(1) 교단 헌법과 신임투표

대한예수교장로회(합동) 헌법은 '목사에 관한 사건은 노회 직할에 속하고, 일반 신도에 관한 사건은 당회 직할에 속한다.'라고 규정하고 있고(권징조례 제19조), 대한예수교장로회(통합) 헌법은 '헌법 권징 제4조 제1항, 제6조 제2항에 의거 목사, 장로, 집사, 권사를 신임투표로 사임시킬 수 없다.'라고 규정(시행규칙 제26조)하여 목사는 당회나 개교회에서 임의로 신임을 물을 수 없도록 하고 있다.

(2) 위임목사

1) 목사의 위임권한

교회는 공동의회의 의결로 노회에 위임목사 청빙·청원을 하고, 노회가 허락하므로 목사는 청빙 받은 교회의 위임목사로 담임하게 된다. 위임목사의 소속은 교회가 아니고 노회 소속으로 교회는 노회에 위임목사를 청원하고, 지교회 위임권을 가지고 있는 노회는 심사를 거쳐 목사를 지교회에 위임목사로 파송하는 것이다. 목사를 지교회 위임목사로 파송하는 것은 소속 노회의 권한이므로, 위임목사를 철회 및 해임하는 것도 지교회의 당회나 공동의회가 권한이 아닌 목사 스스로 결정하거나 노회의 권한에 해당하는 사항이다.

2) 위임목사의 은퇴 정년

한국교회는 위임목사를 항존직이라는 이름으로 은퇴 정년인 만 70세까지 보장하고 있다. 교회에서 위임목사에 대해서 임의로 해임할 수 없다는 뜻이다. 교회가 공동의회 의결에 따라 노회에 위임목사로 허락해 달라는 청빙·청원을 하여 노회가 청빙을 허락하였다면, 위임목사는 특별한 하자가 없는 한 만 70세까지 시무하는 것이 원칙이다.

3) 위임목사 신임투표

분당 J교회 위임목사 甲은 교인들에게 계속 시무 여부를 묻는 신임투표를 하였다. 전북 전주에 있는 교회에서도 위임목사가 자기 스스로 교인들에게 목사 시무 여부를 묻는 신임투표를 제안하였다가 신임투표에서 부결되어 무임 목사가 되었고, 광주에서도 위임목사인 목사가 스스로 신임투표를 제안했다가 부결되어 교회를 떠나는 일이 있었다. 신임투표는 좋은 목사가 되겠다는 의지의 표현이기도 하지만, 신임투표는 현재 교단 헌법을 위반하는 행위에 해당한다.

위임목사는 교회정관의 규정을 근거로 해서 신임투표를 할 수 없다. 그러나 일부 사람들은 교회정관에 공동의회 의결로 해임할 수 있도록 규정하고 있다면, 위임목사 청빙 절차와 동일하게 출석교인 3분의 2 이상, 입교인 과반수 찬성으로(정치 제21장 제1조 제5항), 위임목사를 해임할 수 있다고 한다. 하지만 노회에서 파송한 위임목사는 정년 만 70세가 되기 전까지 교회가 특별한 하자 없는 위임목사를 본인의 동의나 노회의 허락 없이 해임할 수 없다. 또한 교회가 교회정관에 위임목사에 관한 신임투표 조항을 규정한다면, 그 규정은 교단 헌법을 위반하는 교회정관이 되기 때문에 교회법상 법적인 효력이 없으며, 교회정관에 의해 신임투표를 한다고 하더라도 그 결의는 무효가 된다.

위임목사 본인의 자발적 의사에 의해서 신임투표를 물을 수도 없다. 위임목사 본인이 자발적인 의사에 의해 교회로부터 신임을 받겠다고 하는 것은 장로회 헌법 원리에 반하는 것으로, 목사 스스로 목사 임직하면서 맹세한 서약을 깨뜨리는 행위가 된다. 목사는 강도사로 인허를 받을 때, 노회의 치리에 복종할 것을 서약하고 인허를 받았고(정치 제14장 제5조), 목사로 안수를 받을 때, 본 장로회 헌법을 정당한 것으로 승낙하고 서약하였기 때문에 아무리 선한 의도라 하더라도 교단 헌법에 반하는 행위를 해서는 안 된다(정치 제15장 제10조).

4) 위임목사 사임 및 해임

위임목사 해임은 다음과 같은 경우이다. 첫째, 노회의 허락을 받고 본인 스스로 사임하는 때(정치 제17장), 둘째, 교회를 떠나 1년 이상 결근하게 되는 때(정치 제4장 제4조 제1항), 셋째, 목사가 범죄하여 치리를 받아 정직 1년 이상의 권징에 처해지는 때(권징조례 제6장 제41조), 다섯째, 목사의 이단 주장이나 불법으로 교회를 분열하는 행동으로 면직 처분이 내려졌을 때(권징조례 제6장 제42조), 여섯째, 목사에게 면직 처분이 내려져 노회가 해직됨을 선언했을 때(권징조례 제6장 제45조)이다.

5) 목사 신임투표에 대한 제언

장로교 정치의 원리는 위임목사에 대한 신임투표 행위는 불가능하고, 교회정관에 규정하는 것도 위반이 된다. 하지만 문제는 위임목사 제도로 인해 여러 가지 문제점들이 발생하고 있고, 교회에서 갈등과 분쟁이 발생하는 가장 큰 원인으로 작용하고 있다는 점이다. 따라서 위임목사 제도의 취지상 장기적이고 안정적인 목회와 복음 사역을 위해 계속 존속시키되 노회에서 위임목사로 위임하기 이전에 먼저 교회에서 시무목사로 일정한 기간 시무케 한 후에 교인들의 투표로써 위임목사로 위임하여 종신토록 시무케 하는 방안도 연구해야 한다.

6) 법원 판례

법원은 기존에는 교회와 담임목사 관계를 민법상 위임계약(委任契約)에 준하는 법률관계라고 보기 어렵다고 보았다.[98] 하지만 최근 법원은 비법인사단인 교회와 그 대표자인 담임목사 간의 관계는 위임계약의 관계로서 위임계약은 언제든 해지될 수 있다고 변경된 판단을 한다(민법 제689조 제1항). 민법상 교회와 대표자인 목사 사이에는 신뢰 관계가 요구되며, 교회는 자체적으로 그 신임 여부를 결정할 수 있으며, 교회는 교인총회인 공동의회를 열어 담임목사 해임을 결의하거나 불신임을 결의할 수 있다고 판단하는 것이다.[99]

---

98) 수원지방법원 성남지원 2012. 9. 11. 선고 2011가합8405 판결.
99) 수원지방법원 성남지원 2015. 9. 16. 선고 2015가합966 판결.

성남지역에 있는 S교회 사건에서도 법원은 비법인사단인 교회는 교단 헌법에 '소속 교회의 목사는 당회의 결의와 교회 공동의회의 출석회원 3분의 2 이상의 청빙 찬성 투표를 받아 취임한다.'라고 규정하고 있을 뿐, 비록 교회 구성원의 결의로써 위임목사를 불신임할 수 있는지에 관한 규정이 존재하지 않는다고 하더라도, 목사의 청빙을 결의한 교회의 공동의회는 공동의회의 결의로서 당초 이루어진 목사 청빙 결의를 철회하는 불신임결의를 할 수 있다고 판시하였다.[100)]

(3) 시무목사

조직교회(組織敎會)의 경우 시무목사(視務牧師)는 공동의회에서 출석 교인 3분의 2 이상의 가결로 청빙을 받고 시무 기간은 1년이다(정치 제4장 제4조 제2항, 제12조 제1항). 만약 다시 공동의회에서 3분의 2 이상의 찬성을 얻지 못하면 계속 시무할 수 없는 까닭에 계속 시무 투표가 곧 신임투표(信任投票)라고 할 수 있다. 미조직교회(未組職敎會)의 시무목사는 시무 기간이 3년이고, 당회장이 노회에 계속 시무 청원을 하게 된다.

(4) 부목사

임시목사(臨時牧師)인 부목사(副牧師)는 당회의 결의로 청빙하고, 당회장이 노회에 계속 시무 청원을 하여 승낙을 얻도록 하고 있다(정치 제4장 제4조 제3항). 따라서 부목사는 공동의회의 신임투표 대상이 될 수 없고, 당회의 결의로 신임 여부가 결정되는 것이다. 당회에서 계속 시무 청원이 부결되었다면, 이는 부목사 신임투표 부결과 같은 의미가 있다.

(5) 당회와 치리장로

1) 당회와 대의민주주의

장로교회는 노회에서 파송된 목사와 교인들의 투표로 선출된 장로에게 위임하는 대의민주제를 채택하고 있다. 항존직인 목사와 장로는 신분상으로는 종신직이요, 직무상으로는 만 70세 한도 내에서 종신시무직이라고 한다. 교인들의 총의에 의해 노회로부터 위임된 목사와 교인들의 투표로 선출된 장로는 대표권을 가지고, 헌법상

---

100) 수원지방법원 성남지원 2015. 9. 21. 선고 2015가합966 판결.

만 70세 은퇴하기 전까지 직무상 길게는 수십 년이라는 기간 당회원으로서 봉사를 하게 된다. 이것은 헌법상 원칙이지만, 한편으로는 일정한 시무 기간이 없는 종신직이라는 의미에서 일정한 기간이 지난 후에 투표로 재신임을 묻는 대의민주주의 원칙과는 맞지 않는다.

2) 장로 시무권 신임투표

장로 시무에 대한 신임투표는 세 가지 사유가 있다. 장로 시무 신임투표의 대상은 당회원인 치리장로로 한정되는데, 장로 시무 신임투표 사유는 세 가지가 있다. 첫째 헌법에 '7년에 한 번씩 시무 투표를 할 수 있다.'라는 단서 조항에 따라 교회에서 선택적으로 신임투표를 할 수 있고(정치 제13장 제4조), 둘째, 일신상의 사유가 없더라도 교인의 과반수 이상이 시무를 원하지 않는 경우, 공동의회에서 투표로 결정할 수 있으며, 셋째, 본인의 청원으로 당회에서 사직과 휴직을 허락하고, 시무는 공동의회에서 투표로 의결할 수 있다.

교단 헌법에 따르면 장로 신임투표는 7년에 한 번씩 반드시 해야 하는 것은 아니다. 강제 규정이 아니라, 임의규정이기 때문이다. 장로의 직무와 그 권력은 교인에게서 나온다. 장로에게 치리 권한을 위임해 준 주체가 교인들이라면, 그 장로의 치리에 대한 시무직을 철회할 수 있는 권한도 교인들에게 있는 것이다. 따라서 장로 시무에 관한 시무(신임)투표 발의와 신임투표는 교인들의 교인총회인 공동의회에서만 할 수 있다. 장로 시무직에 대한 치리권의 근거는 교인들에게 있기 때문이다. 교인들은 자신들에 대한 치리권을 자신들의 대표자인 장로에게 위임해 주고, 장로는 교인들로부터 위임받은 권한을 행사하게 된다. 치리장로는 교인들의 민주적 절차인 투표를 통해 선출되어 위임된 권력이므로, 권력을 부여한 교인들은 신임투표로서 위임한 장로 직무에 대한 책임을 물을 수 있는 권한이 있는 것이다.

장로의 범죄에 대해 치리(治理)는 공동의회에서 할 수 없고, 치리회인 당회에서만 할 수 있다. 하지만 장로 신임 발의(發議)나 신임투표는 당회에서 할 수 없다. 당회가 신임투표를 발의한다면, 이는 당회가 교인들의 기본권을 제한한 행위에 해당하여 위법한 행위가 되며, 반대로 교인들의 신임투표권을 당회가 거부하는 행위도 교인들의 기본권을 침해하는 위법한 행위에 해당한다. 장로 시무권 휴직(休職)이나 사직(辭職)은 장로 본인의 청원에 따라 당회에서 휴직과 사직 투표를 할 수 있고, 장로 시무권 신임투표는 교인들의 총회인 공동의회에만 권한이 있는 것이다.

3) 장로의 신임투표 헌법 규정

교단 헌법은 '치리 장로와 집사직의 임기는 만 70세까지로 하고, 7년에 1차씩 시무투표 할 수 있고 그 표결 수는 과반수를 요한다.'라는 규정을 두고 있다(정치 제13장 제4조). 대한예수교장로회 제90회 총회(합동, 2005년)에서는 7년에 1차씩의 기준 연도는 2000년 9월이라고 의결하므로, 합동 교단 소속 교인들은 2007년 9월 이전에는 시무권 신임투표를 할 수 없었다. 신임투표는 장로로 임직 된 날로부터 7년이 경과해야 가능하다. 교인들은 장로로 임직할 때, 자신들의 대표자인 장로에게 7년 동안 치리권을 위임해 준 것이므로, 7년이 경과하기 전에는 시무에 관한 신임투표를 할 수 없다.

4) 장로 시무권 신임투표 성립

장로 시무를 위한 신임투표는 일괄적으로 할 수 있고, 선별적으로 할 수도 있다. 치리 장로의 신임투표는 일반의결에 속하여 과반수의 찬성으로 한다(정치 제13장 제4조). 만약 신임에 찬성하는 과반수의 표를 얻지 못한다면 신분상으로는 여전히 장로의 지위를 갖지만, 시무장로로 시무할 수는 없고 무임 장로가 된다. 그리고 다시 시무장로로 복직하려면, 교인들의 총의인 공동의회에서 3분의 2 이상의 찬성을 얻어야 하며, 다시 안수를 받을 필요는 없으나 위임예식은 거행해야 한다.

5) 장로 신임투표와 치리권

치리회(治理會)란 당회(堂會), 노회(老會), 대회(大會), 총회(總會)를 말한다. 치리회는 권징조례에 의해서 행정과 사법에 관한 치리를 집행한다. 공동의회는 치리회가 아닌 의회로서 장로시무에 대한 신임투표는 치리회의 결정과 상관없이 공동의회 소집의 절차와 공동의회 결의에 의한다. 하지만 장로의 치리는 치리회인 당회 소관에 해당하므로 장로의 치리 문제는 공동의회에서 결정할 수 없으며, 치리회인 당회의 결정으로만 가능하다.

(6) 노회와 총회 총대

한국장로교회는 노회나 총회의 임원에 대해서 임기 1년이라는 임기제(任期制, 임기 시무제)가 시행되고 있는데, 실상은 명예직(名譽職)에 가깝다고 할 수 있다. 임기 1년이라는 임기제는 노회나 총회의 행정효율성 및 효과적인 면에서 비효과적이고,

장기적인 관점에서도 비능률적이라고 할 수 있다. 그러므로 한국교회의 정치 구조상 노회장 및 총회장은 1년으로 하더라도 임원은 신임 여부에 따라 연임하도록 하고, 차후에 회장은 임원을 역임한 사람 중에서 선출하는 것이 행정의 연속성이나 효율성 및 효과적인 면에서 대안이 될 수 있을 것이다.

대의민주제를 채택하고 있는 장로정치의 문제점은 교인들과 당회원의 의사가 다르고, 노회원과 총대들의 의사가 다르게 나타나며, 당회원이나 총대들이 교회나 교단의 공익보다 사적인 이익을 추구하는 경우, 무기속위임(無羈束委任)[101] 원칙에 따라 책임을 묻거나 견제할 장치가 없다는 것이다. 따라서 지교회에서는 책임정치와 견제, 통제정치의 실현을 위하여 당회원들에 대한 신임투표제를 규정하여 교인들로부터 견제와 감시를 받도록 하고, 총회 총대들은 헌법상 원칙처럼, 노회 총대들의 투표로써 평가를 받도록 하여 자연스럽게 견제와 감시가 이루어지고, 권력의 집중과 전횡을 예방하도록 해야 한다.

3. 신임투표제 권한과 요건

(1) 신임투표 권한 및 총대 신임투표

주님을 머리로 하고 하나의 지체인 교회에는 공동의회, 당회, 제직회 등 여러 기관이 존재한다. 모든 기관은 나름은 역할과 기능이 있다. 신임투표는 오직 교인들의 총의인 공동의회에서만 할 수 있다. 그것은 교인들이 공동의회에서 당회원인 치리장로를 투표로 세워 위임하였기 때문이다. 따라서 당회나 제직회는 신임투표 권한이 없으며, 만약 당회나 제직회에서 신임투표를 하였을 경우 그 효력은 없게 된다. 설령 교회정관(敎會定款)에 당회나 제직회에 신임투표 권한을 규정하였더라도 그 정관 규정 자체가 교단 헌법을 위반하여 무효가 되므로 효력이 없다. 총회 총대가 중대한 범죄로 인해 노회를 대표하는 총대로써 부적절한 경우 비록 매년 노회원들의 투표로 선출하는 1년직이지만, 노회를 회집하여 노회 총대들의 신임투표로써 신임을 묻고 총대권을 박탈할 수 있다.

---

101) '무기속위임'은 자신을 선출해준 선거구민이나 자신이 속한 정당의 지시나 명령에 구속되지 아니하고 오로지 양심에 따라 독립하여 국민 전체의 이익을 위하여 행동하며, 다음 선거에서 정치적 책임을 부담할 뿐 법적 책임은 부담하지 않는 위임을 의미한다. 따라서 대의기관의 정책 결정이 국민의 의사에 반하더라도 다음 선거에서 정치적 책임을 물을 때까지 국민의 추정적 동의가 있는 것으로 간주한다.

(2) 신임투표제 성립요건

신임투표는 교단 헌법 규정에 장로임직 후 7년이 경과하는 경우, 선택적(選擇的) 또는 임의적(任意的)으로 신임투표를 실시할 수 있고, 교인의 기본권을 침해하는 행위, 교회의 인사·행정·재정 등의 전횡 등 교회에 해악을 끼치는 악행을 범하였을 경우, 신임투표를 하게 된다. 그러나 신임투표는 당사자나 교회 전체에 미치는 영향이 크기 때문에 명확한 죄목이나 사유가 없는 경우에는 신중해야 한다. 또한 신임투표제도가 정적(政敵)이나 특정한 대상에 대한 악의적 의도를 가지고 시행되어서도 안 된다.

장로 시무 신임투표는 무흠 입교인 3분의 1 이상의 청원으로 공동의회가 소집되고, 공동의회 과반수 찬성을 얻지 못하면 가결된다. 교단 헌법은 공동의회 소집요건으로 당회결의가 있어야 한다고 규정하지만(정치 제21장 제1조 제2항), 장로 시무에 대한 신임투표는 공동의회 권한이므로 당회의 결의가 없어도 소집할 수 있다고 보아야 한다. 그리고 헌법은 목사 청빙, 직원선거, 지교회 정관이 규정이 없는 부동산 변동은 3분의 2 이상의 찬성을 요하지만, 장로시무 불신임투표는 일반 의결에 속하여 과반수 찬성으로 가결된다.

4. 신임투표제 필요성

자유민주주의 국가는 국민이 직접 국가의 의사나 결정에 참여하지 않고, 선거로 대표자를 선출하여 국가의 의사와 결정을 맡기는 대의민주제를 채택하고 있다. 대통령, 지방자치단체장이나 의원, 국회의원은 임기가 정해져 있고, 임기가 끝나면 다시 국민의 투표인 선거로 선출되기 때문에 선거권이 있는 국민을 위한 책임 있는 정치를 구현하게 된다.

장로교회는 대의민주주의 원리에 의해 교회의 구성원인 교인들이 선거를 통하여 목사를 청빙·청원하고, 평신도 중에서 평신도들의 대표자인 장로를 선출하여 당회를 조직한다. 교인들은 당회에 교회의 의사와 결정을 맡기고, 당회는 교인들의 위임에 따라 인사와 행정 및 재정 등을 자율적으로 집행하고 교회를 운영하며, 사법(司法)인 치리를 행사하도록 한다. 따라서 목사나 장로는 교인들을 위해 책임 있는 정치를 해야 한다. 치리 장로에 대한 신임투표는 교인들이 위임해 준 교회의 의사와 결정, 교회운영과 치리 행사에 관한 책임을 묻기 위해 필요하다.

5. 장로회 헌법과 임기제 및 신임투표제도

위임목사에 대한 임기제와 신임투표제, 당회원인 치리 장로에 대한 임기제를 교회정관에 규정하거나 시행하는 것은 장로회 헌법에 반하는 제도이다. 목사나 당회의 독단적인 교회 인사와 행정 및 재정의 월권과 전횡을 방지하고자 하려는 의도는 공감하지만, 성경과 교리, 장로교 헌법에 반하는 임기제나 신임투표제는 결코 허용될 수 없다. 특히 위임목사 소속은 노회에 있는 까닭에 노회만이 위임목사의 사직과 해임을 결정할 수 있는 권한이 있다. 그리고 위임목사의 지교회에 대한 시무권(視務權)과 강도권(講道權)은 교인들에 의해서 결정되고 부여된 것이 아니라, 노회에 의해서 부여된 권한이다. 따라서 교회의 청빙·청원에 의해 노회가 부여한 위임목사의 권한을 교인들이 제한하거나 해지할 수 없는 것이다. 다만 교회는 노회에 위임목사에 대한 해임을 청원하고 노회에서 위임을 철회하도록 하는 방법을 선택해야 한다.

당회원인 치리 장로의 경우, 위임목사에 대한 임기제를 시행할 수 없는 것과 동일하게 치리장로에 대한 임기제(任期制)를 교회 정관에 규정하거나 시행하는 것은 장로회 헌법을 위반하는 것으로 허용될 수 없다. 다만 치리 장로는 소속이 지교회에 있고, 교인들의 투표와 복종 서약으로 치리권이 부여되었으므로, 철회(撤回)·해임(解任)하는 권한이 교인들에게 있다. 따라서 장로에 대한 신임투표는 헌법에 단서 조항으로 규정되어 있듯이 장로임직 7년이 지난 이후에 교인들의 요청과 공동의회 결의에 따라 당회원 시무에 관한 신임투표를 실시할 수 있다.

6. 신임투표제 제한

치리 장로의 신임투표제는 재신임 투표에서 탈락한 당사자의 심적 부담감과 상실감, 그로 인한 교회의 혼란을 가져오기도 한다. 신임투표는 교회 운영을 위한 소신 있는 의사와 결정을 하지 못하게 되고, 교인들을 좋게 하는 운영과 결정을 하게 되며, 장기적인 계획과 비전보다는 단기적인 성과 위주의 계획과 비전을 세우게 된다. 그러므로 신임투표는 권한을 과도하게 남용하거나 악용했을 경우, 교회의 덕을 해치는 중한 범죄를 저질렀을 경우, 극히 제한적으로 작동해야 한다. 신임투표제가 어떤 특정인에 대한 악의적인 목적으로 악용되지 않도록 하는 제도적 장치가 필요하다.

그리고 일 잘하는 사람, 업무상 과실을 위법으로 취급하지 않는 지자체 주민소환제도와 마찬가지로 당회원의 업무상 과실을 이유로 하는 신임투표, 치리 장로에 대한 신임투표 기간과 연수를 일률적으로 정하거나 의무조항으로 두는 것은 제한되어야 한다. 장로는 신임투표제가 아니더라도 이미 치리 장로의 범죄에 대해 징계할 수 있는 교회 치리회인 당회가 있고, 목사는 노회, 총회가 있어서 정당한 절차에 따라 징계하는 제도가 마련되어 있기 때문이다.

Ⅲ. 판례

1. 장로 불신임투표에 대한 공동의회 결의

(1) 사실관계

D교회 당회는 17명의 장로와 당회장 목사 1명으로 구성되어 있다. 소속 교단 헌법에 따르면 당회원 또는 제직 회원 3분의 2 이상의 청원이나 세례교인 3분의 1 이상의 청원이 있을 때, 공동의회에서 시무장로에 대한 신임투표를 할 수 있다고 규정되어 있다. D교회는 시무장로들 사이에 은퇴 문제 및 교회 운영을 둘러싼 알력과 반목이 계속되자 집사들이 주축이 되어 공동의회에서 목사와 장로들의 신임을 물어보는 수밖에 없다고 판단하고 세례교인 약 1,500명 중 951명의 서명을 받아 현재 장로들의 신임을 묻자고 제안하는 내용의 청원서를 당회에 제출하였고, 제직회도 세례교인들이 당회에 제출한 목사, 장로의 신임투표 제안과 연말까지 장로 신임투표를 실시하자는 결의를 받아들여야 한다며 절대다수 찬성으로 의결하였다. 이에 따라 D교회 당회는 전원 찬성으로 연내에 신임을 묻기로 결의하여 교회 주보에 개제하였음에도 장로 9인의 반대로 목사나 장로들에 대한 신임투표를 실시하지 못하게 되자 제직회에서 교회의 목사, 장로 신임투표를 위한 공동의회 개최 소집 건을 당시 당회장인 목사 甲에게 위임한다는 결정을 하였다. 이에 당회장인 목사 甲은 당회 결의 없이 12월 30일 공동의회를 열어 목사 및 시무 장로들에 대한 신임투표를 실시한다는 광고를 하였고, 12월 30일 교회 본당에서 목사, 장로의 신임투표 실시를 위한 공동의회가 개최되어 958명의 교인이 투표에 참여하였으며, 장로 9인 모두 과반수의 득표를 하지 못함으로써 불신임 당하여 당회의 회원이 될 수 없는 무임 장로가 되었다.

당회장 목사 甲은 다음 해(목사 甲의 정년이 지났음) 목사 乙을 교회 후임 위임목사로 청빙하기로 하고, 이를 위한 공동의회를 소집하기로 결의하고, 결의대로 교회 본당에서 목사 청빙을 위한 공동의회를 개최하였는데, 위 공동의회에서는 993명의 출석 세례교인 중 3분의 2 이상인 695명이 찬성하여 피고 교회의 새 위임목사로 목사 乙에 대한 청빙을 결의하였다.

(2) 판결요지

정년이 지난 담임목사가 공동의회 소집에 필요한 당회의 결의 없이 개최된 것은 사실이지만, 그 이전에 당회에서 그해 안으로 위임목사와 시무장로 전원에 대한 신임투표를 실시하자는 결의가 전원일치로 이루어진 점이 있었고, 담임목사와 피고 장로들이 11월 25일에 실시할 것을 했지만, 원고 장로들이 12월 30일 개최를 주장하여 결정하지 못하였다. 그리고 막상 본인들이 주장한 12월 30일에 공동의회를 개최하려고 12월 16일 당회원들이 모였지만, 무산시키려고 입장을 바꾸었으며, 담임목사는 12월 30일 공동의회를 개최하여 세례교인 3분의 2 이상이 참석하여 압도적인 표차로 원고 장로들에 대해 장로 불신임안에 투표하였다.

우리 헌법이 종교의 자유를 보장하고 종교와 국가기능을 엄격히 분리하고 있는 점에 비추어 종교단체의 조직과 운영은 그 자율성이 최대한 보장되어야 할 것이므로, 교회 안에서 개인이 누리는 지위에 영향을 미칠 각종 결의나 처분이 당연 무효라고 판단하려면, 일반적인 종교단체 아닌 일반단체의 결의나 처분을 무효로 돌릴 정도의 절차상 하자가 있는 것으로는 부족하고, 그러한 하자가 매우 중대하여 이를 그대로 둘 경우, 현저히 정의 관념에 반하는 경우라야 할 것이다.

따라서 D교회의 공동의회는 적법한 소집권자인 당회장인 목사 甲이 소집한 것으로서, 비록 그 소집 전에 거쳐야 할 당회의 결의를 거치지 아니한 하자는 있으나, 그러한 하자가 정의 관념에 비추어 도저히 수긍할 수 없을 정도로 중대하다고 보기 어려우므로, 위 공동의회에서 이루어진 원고들에 대한 불신임결의를 당연 무효로 볼 수 없다고 판시하였다.[102]

(3) 해설

목사와 장로에 대한 신임투표를 위한 공동의회의 소집 절차에 당회의 사전 결의

102) 대법원 2006. 2. 10. 선고 2003다63104 판결.

를 거치지 않은 하자가 있지만, 그 하자가 정의 관념에 비추어 도저히 수긍할 수 없을 정도의 중대한 하자가 아니라는 이유로, 공동의회에서의 시무장로에 대한 불신임결의가 당연 무효라고 볼 수 없다. 당 사건 교회의 경우, 당회장인 목사 甲이 정년이 지난 상태였고, 소집 전에 거쳐야 할 당회의 결의를 거치지 아니한 하자는 있으나, 그러한 하자가 정의 관념에 비추어 도저히 수긍할 수 없을 정도로 중대하다고 볼 수 없어, 위 공동의회에서 이루어진 원고들에 대한 불신임결의는 유효한 결의에 해당한다(민법 제691조).[103] 장로 신임투표를 위한 공동의회 소집은 장로 신임투표 권한이 공동의회에 있으므로 당회의 결의를 거치지 않아도 가능하다고 보아야 한다.

2. 교회와 목사의 담임목사직 사임 합의

교회와 목사가 담임목사직을 사임하기로 합의하였으나 소속 노회에서 사직서를 반려한 사안에서 법원은 교회와 담임목사 관계를 민법상 위임계약에 준하는 법률관계라고 보기 어렵고, 사임에 관해서도 목사와 교회의 합의만으로 그 효력이 발생하는 것으로 볼 수 없다고 판결하였다. 법원은 교회와 담임목사 관계를 민법상 위임계약에 준하는 법률관계라고 보기 어렵다고 보았다.[104] 하지만 다음 판례에서는 교회와 담임목사 관계를 민법상 위임계약에 준하는 법률관계로 보았다.

3. 공동의회 결의에 의한 담임목사 해임

(1) 사실관계

성남의 A교회는 법원으로부터 공동의회 소집 허가 신청 절차를 통해 임시 공동의회를 소집하여 위임목사인 목사 甲을 해임하였다.[105] 이에 교단 재판국에서 교인들을 출교 처분하였고, 목사 甲은 교단 헌법상 목사를 불신임하는 제도는 없는 까닭에 자신을 불신임한 공동의회에서의 결의가 무효라며, 교회를 상대로 '공동의회 결의 무효 확인의 소'를 제기했다.

---

103) 민법 제691조(위임종료시의 긴급처리)
위임종료의 경우에 급박한 사정이 있는 때에는 수임인, 그 상속인이나 법정대리인은 위임인, 그 상속인이나 법정대리인이 위임사무를 처리할 수 있을 때까지 그 사무의 처리를 계속하여야 한다. 이 경우에는 위임의 존속과 동일한 효력이 있다.

104) 수원지방법원 성남지원 2012. 9. 11. 선고 2011가합8405 판결.

105) 수원지방법원 성남지원 2014. 10. 27. 선고 2014비합40 판결.

(2) 판결요지

법원은 교단 헌법에 교인들의 위임목사 불신임에 관한 규정이 없다고 하더라도 비법인사단인 피고 교회는 사원총회에 해당하는 공동의회의 결의로서 목사 청빙을 결의한 교회의 공동의회는 목사 청빙을 철회하는 불신임 결의를 할 수 있다고 판시하였다. 법원은 대한예수교장로회(통합) 헌법 징치편 제28조 제2항이 이 사건 교단 소속 교회의 목사는 당회의 결의와 교회 공동의회의 출석회원 3분의 2 이상의 청빙 찬성 투표를 받아 취임한다고 규정하고 있을 뿐, 비록 교회 구성원의 결의로써 위임목사를 불신임할 수 있는지에 관하여 근거 규정이 존재하지 않는다고 하더라도 목사의 청빙을 결의한 교회의 공동의회는 당초 이루어진 목사 청빙 결의를 철회하는 불신임결의를 할 수 있다고 판시하였다.[106)]

(3) 해설

법원은 비법인사단인 교회와 그 대표자인 담임목사 간의 관계는 위임계약의 관계로서 위임계약은 언제든 해지될 수 있다고 본다(민법 제689조 제1항).[107)] 민법상 교회와 대표자인 목사 사이에는 신뢰 관계가 요구되며, 교회는 자체적으로 그 신임 여부를 결정할 수 있다는 것이다. 따라서 교회는 교인총회인 공동의회를 열어 담임목사 해임을 결의하거나 불신임을 결의할 수 있다고 판결하고 있다. 단 법원은 위임목사를 불신임하려면 위임목사 청빙·청원에 준하여 출석 교인의 3분의 2 이상의 찬성을 요구하도록 하고 있다. 치리 장로 시무 신임투표는 일반의결 정족수인 과반수의 찬성이면 가결된다.

법원의 판례 중에는 교회 이전에 반대하는 교인들이 제출한 담임목사 해약(해임) 청원을 노회 수습 전권위원회가 수락하여 담임목사직에서 해임된 사안에서 해약청원서에 재적 무흠 입교인 47명 중 23명이 서명·날인하여 해약 청원 정족수인 '재적 무흠 입교인 과반수'에 이르지 못한 하자는 정의 관념상 도저히 묵과할 수 없을 정도의 중대한 하자로 보기 어렵다는 판결도 있다.[108)]

---

106) 수원지방법원 성남지원 2015. 9. 16. 선고 2015가합966 판결.
107) 민법 제689조(위임의 상호 해지의 자유)
① 위임계약은 각 당사자가 언제든지 해지할 수 있다.
108) 대전지방법원 2015. 4. 8. 선고 2014가합2604 판결.

4. 위임목사 불신임을 위한 공동의회 소집

(1) 사실관계

경주 B교회는 위임목사인 목사 甲과 갈등해 오던 중 위임목사 불신임을 위해 3분의 1 이상 교인들의 동의로 당회에 공동의회 소집을 요청하였지만, 당회장인 목사 甲의 거부로 공동의회가 열리지 못했다. 이에 교인들은 목사 甲이 2주가 시나도록 응하지 않자 법원에 '공동의회 소집 허가 신청'을 제기하였다. 이에 목사 甲은 교단 헌법상 목사 불신임제도가 마련되어 있지 않으므로 위와 같은 공동의회 소집 허가 신청이 받아들여져서는 안 된다고 주장했다.

(2) 판결요지

지교회는 교단과 분리된 별도의 비법인사단에 해당하고, 비법인사단은 관련 법령 또는 규약에 따라 대표자의 선임 및 해임을 할 수 있다. 특히 이 사건 교회와 같은 지교회는 지교회의 독립성이나 종교적 자유의 본질을 침해하지 않는 범위 내에서만 교단 헌법에 구속된다.[109] 비법인사단의 대표자인 목사의 청빙 내지 불신임에 관한 사항은 교회의 독립성 및 종교적 자유의 본질에 관한 것이다. 따라서 목사를 신임투표로 사임시킬 수 없다는 이 사건 헌법 시행 규정 제26조 제4항은 사건 교회에 그대로 적용할 수 없다. 비법인사단의 대표자를 둘러싼 내부 갈등이 심화되고 있고, 그 대표자와 구성원들 사이의 신뢰 관계가 파탄에까지 이르고 있다면, 그 내부에서 자체적으로 이를 해결할 수 있도록 비법인사단 총회인 공동의회의 소집을 허가해 충분한 논의를 통하여 해결 방법 등을 모색할 수 있도록 해주어야 하는 것이 비법인사단의 성격에 부합한다고 판시했다.[110]

(3) 해설

사단법인의 이사가 사원들의 임시총회 요구에도 소집하지 않을 경우, 그 구성원의 5분의 1 이상이 목적 사항을 제시해 이사에게 임시총회를 소집할 것을 청구하고, 만약 이사가 2주 내에 그 절차를 밟지 않을 때, 법원에 그 소집 허가를 신청하는 민법상의 임시총회 소집 허가 절차가 있다(민법 제70조 제2항, 제3항).[111] 마찬가지로 비

---

109) 대법원 2006. 4. 20. 선고 2004다37775 전원합의체 판결.
110) 대구지방법원 경주지원 2015. 9. 21. 선고 2015비합3000 판결.
111) 민법 제70조(임시총회)

법인사단인 교회는 교단 헌법에 교인의 3분의 1 이상이 공동의회를 소집할 것을 요구할 수 있게 되어 있다(정치 제21장 제1조 제2항). 따라서 교인의 3분의 1 이상이 당회장인 목사에게 공동의회의 소집을 요구했는데도 목사가 2주 이내에 그에 응하지 않으면 교인들은 법원에 '공동의회 소집 허가 신청'을 제기할 수 있는 것이다.

법원은 위임목사의 해임을 위한 안건이 공동의회의 의결사항에 해당할 수 있다고 전제하고, 목사의 해임을 회의 목적 사항으로 하는 공동의회를 소집하는 것을 허가한다는 결정을 했다.[112] 법원은 지교회는 지교회의 독립성이나 종교적 자유의 본질을 침해하지 않는 범위 내에서만 교단 헌법에 구속되는데,[113] 비법인사단의 대표자인 목사의 청빙 내지 불신임에 관한 사항은 교회의 독립성 및 종교적 자유의 본질에 관한 것이므로, 교단 헌법에 목사 불신임제도가 명시적으로 규정되어 있지 않고, 나아가 그것을 금하는 취지의 규정이 있다고 해도 교인들의 총회인 공동의회에서 목사의 해임을 의결할 수 있다고 판단한다.

Ⅳ. 결론

1. 성경적 원칙을 위반하는 신임투표

교회 정관에 임기제와 신임투표제를 규정한 교회나 목사에 대해서는 개혁적이라고 여기고, 임기제와 신임투표제를 반대하거나 비판하는 교회와 목사를 구태의연하고, 시대에 역행하는 세력으로 바라보는 시선이 있다. 교회의 최상위 법전은 성경이며, 교회법으로는 교단 헌법이나 교회 정관이 있다. 만약 개혁이라는 이름으로 시행하는 제도들이 성경을 벗어난 것이라면 개혁(改革)이 아니라, 개악(改惡)이라고 할 수 있다. 그리고 입법기관에서 제정한 국가의 법률이라고 할지라도 사회상규에 위반되면 헌법재판소의 심판을 받고 불법이 되듯이 교회 제도가 성경과 교회법을 위반한다

---

① 사단법인의 이사는 필요하다고 인정한 때에는 임시총회를 소집할 수 있다.

② 총 사원의 5분의 1 이상으로부터 회의의 목적 사항을 제시하여 청구한 때에는 이사는 임시총회를 소집하여야 한다. 이 정수는 정관으로 증감할 수 있다.

③ 전항의 청구 있는 후 2주간 내에 이사가 총회소집의 절차를 밟지 아니한 때에는 청구한 사원은 법원의 허가를 얻어 이를 소집할 수 있다.

112) 부산지방법원 2015. 9. 3. 선고 2015비합41 판결.

113) 대법원 2006. 4. 20. 선고 2004다37775 전원합의체 판결.

면 불법이 되는 것이다.

신임투표의 효과는 교단 헌법에서 규정하고 있는 항존직인 장로, 안수 집사, 권사 그 임직 자체를 소멸하는 것일 수는 없다. 신임투표는 일정 기간 맡은 당회원 시무 자격에 대해서 그리고 권한에 대하여 직책을 계속 부여할 것인가의 여부에 대한 신임투표를 뜻한다. 임기제와 신임투표제가 성경과 교회법에 부합한다고 할 수 없다. 현재 한국장로교회는 위임목사에 대한 신임투표제는 교단 헌법상 불가능하다. 대한예수교장로회(통합) 교단은 헌법 시행 규정에 목사를 '신임투표로 사임시킬 수 없다.' 라고 규정하고 있다(헌법 시행규칙 제26조 제7항).[114] 즉 위임목사는 정년퇴임 때까지 임기가 보장되고 불신임도 당하지 않는다. 치리장로는 교회에서 위임을 받았기 때문에 교회에서 신임투표를 할 수 있지만, 목사는 교회가 청빙을 하였을지라도 위임은 노회가 하였기에 노회만이 목사의 위임을 해지할 권한이 있으며, 교회에는 권한이 없다. 그럼에도 불구하고 위임목사가 스스로 교회 계속 시무에 대한 신임투표를 요구하였다면, 그 신임투표 결과에 대한 책임을 져야 한다. 만약 교인들의 투표에 의해서 계속 시무 여부가 부결되면, 그 즉시 목사의 자격은 무임목사가 되며 목사는 반드시 교회를 사임해야 할 것이다.

2. 법원이 인정하는 해임

위임목사에 대한 임기제나 신임투표(불신임)제도는 성경과 장로교 헌법상 인정되어서는 안 된다. 그리고 한국교회는 대부분 교단 헌법에 위임목사가 되면 정년 퇴임할 때까지 그 지위를 무조건 보장하고 있고, 위임목사 신임투표를 할 수 없도록 하고 있으며, 설령 위임목사 불신임투표의 결과가 가결되었을지라도 그 효력은 무효가 되는 것이 원칙이다. 그럼에도 이제는 신임투표제(信任投票制)에 대한 진지한 논의가 필요한 시점이 되었다. 왜냐하면 근래 법원은 교회정관에 규정하고 있는 임기제를 인정하는 판결을 내리고 있고, 교회 구성원인 교인들의 위임목사 신임투표제를 인정하는 판결을 내리고 있어서 한국교회는 더 이상 성경, 교단 헌법이나 교리를 이유로 임기제 및 신임투표제 무효를 주장할 수 없게 된 것이다.

법원은 지교회를 독립적인 비법인사단(민사소송법 제52조)[115]으로 보고, 비법인사

---

114) 대한예수교장로회(통합) 시행규칙 제26조[직원 선택]

4. 헌법 권징 제4조 1항, 2항에 의거 목사, 장로, 집사, 권사를 신임투표로 사임시킬 수 없다.

115) 민사소송법 제52조(법인이 아닌 사단 등의 당사자능력)

단인 교회는 사원총회에 해당하는 교인총회의 결의로서 그 대표자를 선임(청빙)하거나 해임(철회)할 수 있고(민법 제689조 제1항),[116] 교단 헌법은 공동의회의 결의에 대해 영향을 끼칠 수 없다고 판단한다. 법원은 교단과 지교회를 별개의 종교단체로 간주하고, 교회정관은 지교회를 규율하는 우선적 규범으로 취급하며, 교단 헌법은 지교회가 교회의 자치규범으로 받아들이거나 지교회의 독립성을 침해하지 아니하는 한도에서 제한적으로 효력을 인정한다. 법원은 목사 자격에 관한 문제는 교단의 우선권을 인정하지만, 목사의 위임과 해임에 관한 권한은 교회의 독립성을 인정하여 지교회의 우선권을 인정하고 있다.

3. 제언

한국교회 중에서도 이미 임기제나 불신임제도를 교회 정관에 규정하고 시행하는 교회가 많아졌고, 여러 교회가 교회정관 개정을 하고 있다. 그리고 법원이 교회를 비법인사단에 준하는 사단으로 보고, 민법(민법 제70조 제2항, 제3항)[117]을 적용하는 것은 교단 헌법이 위임목사의 임기제 및 신임투표 자체를 원천적으로 차단하고 있기 때문이다. 따라서 교단 헌법이나 교회 정관에 위임목사 신임투표를 묻을 수 있는 규정과 절차에 대해 심각한 고민을 해야 한다. 현재 교단 헌법에 교회의 공동의회 결의에 의한 목사 해임에 관한 규정은 존재하지 않지만, 교단 차원의 논의와 연구가 필요하다. 교단 헌법은 더 이상 지교회에 의한 목사 해임을 막을 방법이나 효력이 없기 때문이다.

그렇다면 다음의 방안들을 고려해 볼 수 있을 것이다. 첫째, 신임투표 소집 남발을 방지하기 위해 신임투표 요청시 공동의회 재적교인 과반 수 이상의 요청으로 공동의회를 소집할 수 있도록 하고, 공동의회 재적교인 3분의 2 이상의 찬성으로 의결

법인이 아닌 사단이나 재단은 대표자 또는 관리인이 있는 경우에는 그 사단이나 재단의 이름으로 당사자가 될 수 있다.

116) 민법 제689조(위임의 상호 해지의 자유)

① 위임계약은 각 당사자가 언제든지 해지할 수 있다.

117) 민법 제70조(임시총회)

① 사단법인의 이사는 필요하다고 인정한 때에는 임시총회를 소집할 수 있다.

② 총 사원의 5분의 1 이상으로부터 회의의 목적 사항을 제시하여 청구한 때에는 이사는 임시총회를 소집하여야 한다. 이 정수는 정관으로 증감할 수 있다.

③ 전항의 청구있는 후 2주간내에 이사가 총회소집의 절차를 밟지 아니한 때에는 청구한 사원은 법원의 허가를 얻어 이를 소집할 수 있다.

하도록 해야 한다. 법원은 판결에서 의결정족수를 출석교인으로 하고 있는데, 그 이유는 교단 헌법에 의해서는 전혀 불가능하도록 되어 있는 까닭에 법원은 출석교인으로도 신임투표가 가능하도록 판결하고 있다. 따라서 교단 헌법이나 교회정관에 소집요건과 결의 요건을 규정해야 한다. 교단 헌법에 신임투표 소집요건과 결의 요건을 규정해 둔다면 법원은 교단 헌법이나 교회정관 규정과 절차를 준용하게 될 것이기 때문이다.

둘째, 교회가 정당한 절차를 거쳐 위임목사 불신임안이 가결되는 경우, 공동의회 의결사항을 근거로 하여 소속 노회에 위임목사 해임청원서를 제출하면 교회의 해임청원을 받은 소속 노회에서 위임목사에게 권고하여 사직하도록 하는 것이다. 셋째, 만약 신임투표 기간을 둔다면, 안정적인 목회 보장과 교회 유지를 위해 안식년을 준하여 7년 또는 10년 이상으로 하도록 한다. 만약 지교회에서 위임목사 불신임안이 청빙·청원에 준하여 재적교인 3분의 2 이상의 찬성으로 의결되었다면, 위임목사도 먼저 자신의 영달(榮達)보다 교회를 사랑하는 마음으로 당연히 순응해야 할 것이고, 소속 노회도 교인들의 뜻을 수용해야 할 것이다.

제7절 ‖ 교회 목사직 세습과 성직매매

Ⅰ. 목사직 세습

1. 목사직 세습의 의의

(1) 한국교회와 세습

여론조사 기관인 한국갤럽은 '종교단체와 종교인에 대한 인식'이 어떻게 변화해 왔는지 2004년부터 2015년까지 조사해 온 결과를 발표하였다. 특히 우리나라 국민 절대적 다수인 10명 중 9명(87%) 정도가 교회, 성당, 절 등의 세습을 반대하는 것으로 드러났다.[118] 또 다른 여론조사 기관이 목회자들을 대상으로 조사한 담임목사직 세습에 관한 여론조사 결과에서 목회자의 71%는 '목사직 세습을 해서는 안 된다.'라고 반대를 표명하였고, 29%만이 '상황에 따라 목사직 세습을 인정할 수도 있다.'라고 하였다. 응답자 특성별로 살펴보면 연령대가 낮을수록, 소형교회 및 부임한 목사일수록 목사직 세습에 반대하는 의향이 높게 나타났으며, 연령대가 높을수록, 대형교회 및 개척한 교회 목사일수록 상황에 따라 목사직을 세습할 수 있다고 긍정하는 비율이 높게 나타난다. 여론조사 결과를 보면 한국교회 목회자 다수의 여론은 목사직 세습에 반대하고 있는 것으로 나타났다. 그리고 이처럼 많은 목사가 목사직 세습을 반대한다고 밝혔다는 것을 볼 때, 평신도들의 경우에는 교회 목사직 세습에 반대하는 여론이 훨씬 높을 것이라고 추정을 할 수 있다.

한국교회의 위기는 대부분 목사와 관련해서 발생한다. 신학교의 난립과 목사 학력 등 자격위조, 교회 재정과 운영의 불투명, 교회의 갈등과 분쟁 및 목회자의 범죄, 성직매매와 목사직 세습이다. 한국교회의 담임목사직 세습은 외국에서는 쉽게 찾아볼 수 없는 현상으로, 고신대 석좌교수인 손봉호 교수는 '교회 세습이 일어나는 것은 한국교회가 병들었다는 증거'라고 하였다. 서울의 C교회를 담임하던 K목사는 교회를 은퇴하면서 아들에게 C교회 목사직을 세습하고 물러났으나 K목사가 은퇴한 이후에도 계속해서 교회에 영향력을 미치면서 교회 내에 갈등이 끊이지 않았고, 결국 언론사를 통해 목사직을 세습한 것에 대해 회개한다고 뒤늦게 밝히기도 하였다.

118) 「한국인의 종교 1984－2014(3) 종교단체와 종교인에 대한 인식」, 한국갤럽, 2015. 2. 10, 105면.

미국의 대표적인 교회였던 캘리포니아 '수정교회'(Crystal Cathedral)는 1955년 로버트 해럴드 슐러 목사(Robert Harold Schuller)에 의해 개척되었는데, 헌금이 감소하고 방만한 운영으로 인한 적자 누적으로 2010년 파산신청을 하였고, 2020년 천주교 오렌지카운티 교구에 매각됨으로써 몰락하였다. 수정교회가 파산에 이르게 된 이유는 교인 수 감소와 헌금감소, 교회의 방만한 운영으로 인한 이유가 있었다. 하지만 무엇보다 로버트 해럴드 슐러 목사가 교회를 아들인 로버트 슐러 주니어(Robert A. Schuller) 목사에게 세습시키고, 교회를 통제하려고 하였다가 갈등이 발생하자 장녀인 쉴라 슐러 콜맨(Sheila Schuller Coleman) 목사에게 담임목사직을 세습시켜 로버트 해럴드 슐러 목사가 계속해서 독단적으로 교회를 운영하려고 했던 것이 수정교회가 파산하게 된 주된 원인이었다고 할 수 있다.

(2) 한국교회의 세습현황

한국교회는 목사직 세습에 관한 문제로 교계나 사회적으로 이슈가 되고 있으며, 대형교회들의 목사직 세습은 교회 내에서 교인들의 저항을 불러일으키는 갈등의 원인이 되고 있을 뿐만 아니라, 세상 사람들로부터 비난의 대상이 되고 있다. 교회 목사직 세습은 교회 성장이 정체 또는 침체하고 있는 시점에서 한국교회에 부정적인 영향을 미치고 있다. 목사직 세습은 이전부터 있었지만, 그동안은 교계나 사회적으로 큰 이슈가 되지 않았는데, 한국을 대표하는 대형교회인 C, S, M 교회 등에서의 목사직 세습으로 인해 사회 전반에 걸쳐서 부정적인 인식과 파급효과가 매우 크게 확산되었다. '뉴스앤조이'에 따르면 2019년까지 담임목사직 세습이 이루어진 교회가 전국적으로 301곳이라고 보도하고 있지만, 실제로 담임목사직 세습은 그보다 훨씬 많을 것이다.

(3) 세습의 개념

1) 세습제도

중세 가톨릭교회의 교황 요한 11세(Ioannes PP. XI)는 교황 세르지오 3세(Sergius PP. III)의 아들로 알려져 있는데, 요한 11세는 당시 교회법상 30세가 넘어야 교황이 될 수 있었음에도 20세가 되기 전에 교황의 자리에 올랐다. 즉 부자세습(父子世襲)이었다. 세습(世襲)은 특정한 단체나 조직 내에서 일어나는 부와 권력의 이전을 말한다. 세습은 사전적으로 한 집안의 재산, 신분, 직업 등을 혈연, 지연, 학연에 의하여

세대를 이어 물려주는 이전(移轉)으로, 과거 세습은 주로 혈연에 의해 세습되었다. 사람들은 세습이라고 하면 과거 봉건주의나 군주 주권 통치 형태의 절대군주제 국가 시대, 현대에서는 북한, 아프리카 등 정치 후진국과 같은 나라에서나 있을 수 있는 일이라며 매우 부정적으로 인식하고 있다. 그러나 영국과 같이 왕을 두고 있는 입헌 군주제 통치 형태의 선진국 국가에서는 지금까지도 왕권세습이 이루어지고 있고, 인도의 경우 카스트(caste) 제도 아래 오늘날까지 신분세습이 이어져 오고 있다. 신분세습은 서양에서는 귀족이나 평민, 조선 시대에는 양반이나 노비 신분이 자녀에게 세습되었으며, 부모의 재산은 상속(相續)이라는 이름으로 세습되었다. 오늘날에도 대표적인 대기업들은 3대, 4대에 걸쳐서 자녀나 가족에게 기업을 물려주는 세습을 하고 있고, 정치인들은 자신의 지역구를 물려주는 세습을 하고 있다. 또한 세습은 학교, 유치원, 어린이집 등과 같은 사학재단, 장애인 노인복지시설 등과 같은 사회복지 법인이나 의료법인 등에서도 자녀나 친족에게 세습하고 있다.

2) 세습과 대물림

세습과 비슷한 의미를 가진 말이 대물림이다. 대(代)물림은 도자기, 유기그릇 제조와 같이 부모나 가문 대대로 내려오는 전통공예나 집안에 내려오는 음식 조리 방법 등 특별한 기술을 계승하거나, 가문의 상징이 되는 것을 대를 이어 물려주는 가업 대물림을 말한다. 대물림은 가업이나 사물 등을 물려주는 것을 뜻할 뿐만 아니라, 부모의 습관이나 가문의 전통을 물려주는 대물림, 권력 등과 같은 특권 대물림도 있고, 부모의 가난(흙수저)이나 부(금수저)를 물려받는 대물림도 있다. 세습은 사람들에게 부정적인 이미지로 각인되어 있으나 대물림이 오히려 대중의 존경대상이 되고 적극적인 응원과 격려를 받기도 하는 경우가 있다. 반면 부모의 빚(채무)과 같은 대물림은 자손에게 족쇄로 작용하기도 한다.

(4) 목사직 세습

오늘날 교회에서 나타나고 있는 목사직(牧師職) 세습은 자녀, 형제, 친척 등에게 교회의 담임목사직을 물려주고, 물려받는 것을 말한다. 일반적으로 목사직 세습은 교회의 재정과 운영, 그리고 영향력이 혈연으로 엮어진 선·후대 사이에 이전(移轉)하는 것을 의미한다. 한국교회에서 목사직은 은퇴 이전에 증여형식의 절차를 거쳐서 세습하기도 하고, 은퇴와 동시 또는 은퇴 후에 다양한 형태의 방법으로 세습하기도

한다. 세습의 유형으로 은퇴 전후에 자녀에게 물려주는 직접세습, 교차세습, 징검다리 세습, 지교회 세습, 합병세습, 청빙 세습 등이 있다.

2. 교회 세습과 교회 목사직 세습

(1) 교회 세습

사람들은 교회 내에서 이루어지는 세습에 대해 교회 세습(教會世襲)이란 말을 사용한다. 하지만 세습은 물려주는 내용에 따라 교회 세습(教會世襲)과 목사직 세습(牧師職 世襲)으로 구분된다. 교회의 유·무형 재산을 포괄하여 물려주는 세습의 형태를 교회 세습이라고 할 수 있고, 교회의 부동산, 재정 등과 같은 유형재산이 아닌 목회 영역, 즉 교회의 담임 목사직을 물려주는 것은 목사직 세습이라고 할 수 있다. 일반적으로 교회 세습은 부모에 의해 개척한 교회에서 이루어지는데, 교회 부동산 명의가 목사 개인의 명의로 등기되어 있어 법적으로 교회가 개인의 소유재산인 경우에 이루어지는 세습이 교회 세습이다. 교회 세습은 부임하여 시무한 교회나 조직이 갖추어져 있는 교회 및 일정 규모 이상의 교회 구성원들이 존재하는 교회가 아닌, 미자립교회, 기도원이나 소형교회 등에서 이루어진다.

(2) 목사직 세습

일반적으로 세습이란 말을 표현할 때, 교회 세습이란 표현은 잘못된 표현이고, 목사직 세습이라고 해야 맞는 표현이다. 교회는 세습될 수 있는 소유물이 아니며, 교회 재산은 개인의 소유물이 아니고, 모든 소속 교인 공동체의 소유의 총유로서 목사 개인의 소유물이 될 수 없어서 교회 재산까지 물려주는 형태의 교회 세습이 아닌 목사직 세습이라고 해야 한다. 목사직 세습은 목사직을 자녀나 친족에게 넘겨주는 것을 말한다. 세습은 자녀에게 물려주는 것뿐만이 아니라, 배우자에 물려주는 것도 세습에 해당하고 친족에게 물려주는 것도 세습이라고 보는 것이 맞다.

목사직 세습은 두 가지 형태에 의해 이루어지는 경우가 대부분이다. 첫째, 전임 목사가 직계비속이나 친족 중에서 후임자를 지명하고 교회에 세습을 요구하는 경우, 둘째, 교인들의 자발적인 합의에 따른 요구에 의한 경우가 있다. 전임 목사의 요구에 의한 경우, 인정할 만한 근거나 정당성이 미약하고, 교인들의 적극적인 동의가 결여될 수밖에 없고, 교회에 미치는 역효과가 크기 때문에 절대적으로 지양(止揚)되어야 한다.

(3) 목사직 세습의 허용한계

대부분 목사직 세습은 은퇴하는 담임목사의 요구로 이루어지고, 교인들의 자발적인 요구로 이루어지는 목사직 세습은 극히 소수에 불과하다. 하지만 담임목사의 영향력이 절대적인 점을 고려할 때, 교인들의 사발적인 목사직 세습의 요구도 담임목사의 직·간접적인 영향력 아래서 이루어진다는 점에서 제고되어야 할 것이다. 그럼에도 불구하고 전임 목사가 명확하게 거부 의사를 분명히 천명하였음에도 불구하고, 교인들의 자발적이고 적극적인 의사 합의에 의해 목사직 계승을 요구하는 때에는 긍정적인 논의와 고려가 필요하다고 본다.

교회는 개인의 독단적으로 운영되는 사유가 아니라, 교회는 교회 구성원들인 교인들의 총의에 의해 운영되는 합의체이기 때문에 교인들의 자발적인 요구에 의한 계승은 민주주의 원리에 따른 정당한 계승(繼承)이라고 할 수 있고, 목회자 자녀라고 해서 제외되는 것은 오히려 헌법이 보장하고 있는 종교인으로서 종교의 자유, 평등권을 침해당하는 역차별(逆差別)이 될 수 있기 때문이다. 또한 교인들은 목사 자녀의 성장 과정을 오랫동안 곁에서 지켜보며 지내왔을 것이기에 누구보다도 목사의 자질에 대한 평가가 이루어졌고, 목사의 자녀가 개교회의 특성을 잘 파악하고 있을 개연성이 크기 때문이다.

과거 세습 문제로 홍역을 앓은 바 있던 K교단의 경우 '세습금지법'을 두고 있다. 그러나 K교단은 미자립교회의 경우 예외적으로 목사직 세습을 허용하고 있다는 것으로 알고 있다. 소수의 교인이 모여 예배하고, 교회 재정도 자립하지 못해 가난과 빈곤을 벗어나지 못하는 극빈의 미자립교회, 소수의 교인이 모여 겨우 지탱해 가는 농어촌 교회를 물려받아 목회하는 것에 대해서는 허용하는 것은 가(可)하다고 본다. 재정 자립하지 못한 작은 교회, 목회 환경이 열악한 농촌 및 섬마을 교회를 이어받는 것은 부모로 인한 어떤 이익을 얻기 위한 목적이 아니고, 그 자체로 힘든 고난에 동참하는 것을 의미하기 때문이다. 아무리 작은 소형교회라도 들어가고 싶어도 들어가지 못하는 목회자들이 많다는 것을 생각하면, 빈곤과 고난뿐인 작은 교회를 이어받아 목회하는 것도 세습이라고 할지 모르겠지만, 그렇다고 도시 교회의 세습처럼, 적어도 교회사역의 열망을 가진 목사들에 대한 평등권, 기회를 박탈하는 것으로 취급하는 것은 무리가 있다.

3. 목사직 세습 목적

목사직을 세습하려고 하는 이유는 교회를 사유화하려는 재물 욕심, 은퇴 후에도 교회에 영향력을 미치고자 하는 목사들의 욕심, 자녀들에게 안정적인 목회지를 물려주고자 하는 목사들의 욕심, 교회 기득권을 유지하려고 하는 중직자들의 욕망 등이 작용하기 때문이다. 목사직을 세습하려는 이유는 다양하다. 첫째는 돈이 지배하는 맘모니즘(Mammonism)에 있다. 현재 한국교회는 물질을 최고의 가치로 생각하는 맘몬(Mammon)이 들어와 교회를 지배해 버리고, 목사의 설교, 목회강단 전반을 지배해 버렸다. 전에 어떤 장로가 쓴 글을 보았는데, 교회 담임목사가 총회장 출마를 할 때, 총대들 모임에 참석하여 목사님들 식탁에 돈 봉투를 돌렸는데, 화장실에 다녀오니 돈 봉투가 하나도 보이지 않은 것을 보고 '목사도 사람이구나.' 하는 생각을 하게 되었다는 이야기였다. 맘몬이 지배하는 단체는 반드시 부패하게 되어 있다. 교회는 일반 기업처럼 사유재산이 아니다. 부자지간 물려주고 물려받을 수 있는 재산이 아니다. 교회 재산은 법적으로 교회 구성원인 교인들의 총유 재산으로, 지분권이 없는 교인들의 소유이므로 목사 부자지간, 장인과 사위, 조카 등 혈연관계에 따라 물려주고 받을 수 없는 것이다.

둘째, 목사가 은퇴한 후에도 교회에 계속적 영향력을 끼치고자 함이다. 앞에서 한국의 대표적인 C교회와 미국 캘리포니아 '수정교회'(Crystal Cathedral) 사례에서 보는 것처럼, 은퇴한 원로 목사가 교회 후임 목사로 자신의 자녀에게 세습하여 주고 계속해서 교회에 영향력을 미치려고 하는 권력욕 때문이다. 원로·은퇴 목사가 은퇴한 후에도 계속해서 교회 재정 및 운영에 간섭하게 되면 교회 내에 갈등이 발생하게 될 수밖에 없고, 결국 교회는 분쟁이 발생하게 된다.

셋째, 자녀들에게 안정적인 목회지를 물려주고자 하는 목사들의 욕심 때문이다. 사람들은 자신이 평생 수고하고 쌓은 것들에 대한 미련이 많다. 그리고 대부분 사람은 할 수만 있다면 자녀들이 자신과 같이 고생하지 않고 평탄한 인생을 살아가길 바라는 마음에서 자녀들의 앞길을 마련해 주고자 한다. 특히 우리나라 부모들은 자녀들이 어렵게 사는 것은 자식들을 가르치지 못하거나 유산을 물려주지 못한 부모 자신의 탓이라고 자책하기 일쑤다. 그래서 자녀들에 대한 교육열이 높고, 자녀들에 대한 책임과 의무감이 강하다. 그런데 이러한 일반 부모들의 열정과 의무감은 목사들이라고 해서 예외는 아니다. 목사들도 자신의 자녀에게 안정적인 목회를 할 수 있도록 목회직을 세습하려고 하는 것이다.

넷째, 세습은 교회 기득권을 유지하려고 하는 중직자들의 욕망 등이 작용하기도 한다. 교회는 교인들의 의사 결의로 운영하는 합의체이지만, 한국교회는 목사와 장로로 구성되는 당회 중심으로 교회가 운영되는 보수적이고 폐쇄적인 특성이 있다. 또한 당회원이나 중직자들은 적어도 10년 이상 또는 20년 이상 은퇴하는 목사의 목회방침에 따라 교회 재정 및 운영에 관해 전반적으로 관여해 왔다. 따라서 새롭게 부임하는 후임 목사의 목회, 행정, 인사에 대한 견해 차이로 인해 교회 운영상 이견 내지는 갈등이 발생할 소지가 있어서 교회 안에서 기득권을 놓치지 않으려는 중직자들이 앞장서서 세습을 지지하기도 한다.

4. 세습 유형

(1) 직접세습

직접세습(直接世襲)은 부모 목사가 은퇴하면서 직접 자신의 자녀에게 교회를 물려주는 방식이다. 보편적인 세습방식이지만, 교인들의 반대가 심하고, 사회에 세습교회로 낙인이 찍히거나 여론의 부정적인 인식이 강한 방식이다. 직접세습은 교인들의 이탈과 지역사회에 부정적인 인식을 주므로 전도에도 장애가 되어 교회에 부정적 영향을 미친다.

(2) 교차세습

교차세습(交叉世襲)은 교단 헌법에 세습을 금지하고 있거나 교인들의 반대를 의식하여 담임목사들이 자신들의 자녀들이나 혈족들을 교차로 세습시키는 세습 방식이다. 주로 같은 교단 내에서 목회하는 부모 목사 간에 이루어지기도 하지만, 교단을 탈퇴하게 하는 방식을 취하여 교단의 간섭을 배제하고 세습하는 방식이 되기도 한다.

(3) 징검다리 세습

징검다리 세습은 직접 자녀에게 물려주지 않고 제삼자인 다른 목사를 몇 년간 담임목사직을 수행하도록 하였다가 여러 가지 사유를 들어 담임목사직을 사임하게 하고, 그때 자신의 자녀에게 물려주는 방식의 세습을 말한다. 이러한 세습 방법은 직접 세습함으로써 교인들의 반발을 누그러뜨리기 위한 수단으로 이용된다. 징검다리 세습은 비밀리에 치밀한 계획과 계약으로 이루어지는데, 당회나 교회의 중직자, 제삼자인 목사 등이 합의가 되지 않으면 이루어질 수 없는 까닭에 모두가 다 공범이다.

(4) 지(역)교회 세습

지교회 세습은 본 교회 재정으로 교회를 세우고, 교인들을 분리하여 목사의 자녀로 하여 교회를 담임하도록 하는 방식으로 근래 들어 이러한 방식을 취하는 교회들이 많아지고 있다. 교단 헌법을 위배하지 않는 방식이고 교인들의 반발도 누그러뜨리는 방법이지만, 이것도 세습에 해당한다. 교인들에게 지교회를 세운다는 명분을 제시하고 건축헌금을 하게 하지만 교인들을 기만하는 행위에 해당한다. 지교회 세습으로 끝나는 세습도 있지만, 지교회 세습으로 끝나지 않고, 나중에 본 교회와 합병함으로써 세습하는 합병세습까지 염두하고 미리 지교회 세습을 하는 교회도 있다.

(5) 합병세습

자녀에게 교회 재정으로 교회를 세워주고, 일정 수의 교인들을 분리하므로 지교회 세습으로 끝내는 세습도 있다. 그러나 합병세습(合併世襲)은 지교회 세습으로 끝나지 않고 나중에 본 교회와 지교회가 합병함으로써 세습하는 방법이 있다. 또 다른 합병세습 방법으로 자녀 목사로 하여 다른 제3의 교회에서 목회하도록 하였다가 나중에 두 교회를 합병하는 방식을 취하는 합병세습도 있다.

(6) 청빙세습

청빙세습(請聘世襲)은 자녀 목사를 지교회나 제3교회에서 목회를 하도록 한 다음에 본 교회로 청빙 절차를 거치는 방식으로 세습하는 것을 말한다. 목사들이 직접세습 외에 다른 세습방식을 취한다는 것은 자신들 스스로 세습이 떳떳하지 못하다는 것을 보여주는 증거라고 할 수 있다. 한마디로 세습이 편법이요 탈법이며, 불의한 방법이라는 증표이다.

5. 목사직 세습 반대 견해

(1) 교회의 공공성

현재 한국교회는 교회의 공공성(公共性)에 대한 개념이 정착되지 못하고, 교회가 목사의 전유물 또는 사유물로 전락하여 버린 경향이 있다. 교회의 공공성이 상실되었다는 가장 대표적인 사례가 교회 목사직 세습이다. 교회 목사직 세습은 교회의 공공성에 대한 목사들의 인식 부족에서부터 발생한다. 교회의 공공성이라는 말은 교회가 목사 개인만의 교회도 아니고, 개(지)교회만의 교회가 아니라는 뜻이다. 목사직 세습을 합리화하는 목사들은 목사 개인이 개척하였고, 교회 공동의회에서 결의를 통하여 교인들의 동의를 얻었으므로, 외부에서 간섭할 수 없다고 하는데, 이것은 교회 공공성을 역행하는 말이다.

'공공성'(公共性, commonality)은 사전적 의미로 '어떤 사물 기관 등이 널리 일반 사회 전반에 이해관계나 영향을 미치는 성격 · 성질' 또는 '개인이나 단체가 아닌 일반 사회 구성원 전체에 두루 관련되는 성질'이라고 정의하는데, '공익성'(公益性, public interest), '공동선'(公共善, common good)이라고 할 수 있다. 한마디로 '모두 함께(共) 합의하고 달성해야 할 공(公)적인 가치'라고 할 수 있다. 사도신경에 "거룩한 공교회와 성도가 서로 교통하는 것"이라는 문구가 있다. 교회는 구원받은 성도, 이웃, 사회와 함께해야 하는 공동체이다. 교회는 구원받은 성도들의 공동모임으로, 교회는 개인이 아닌 공동체가 거룩한 하나님을 예배하는 공공성을 가지며, 교회는 이웃과 사회를 위해 중보자로서 기도해야 하는 공공성을 가지며, 교회는 하나님 나라의 확장이라는 공공성을 가지고 있다. 그러나 한국교회는 자기중심적인 이기주의, 개인주의 가치관이 팽배해 공공성을 상실하였다. 한국교회는 연합과 일치를 통해 하나 되는 교회, 이웃과 더불어 사는 교회, 사회에 대한 봉사나 섬김 등을 실천하므로 사회에 대한 책임성 및 공공성을 회복해야 한다.

(2) 세습과 평등권

대부분 목사직 세습은 중 · 대형교회에서 일어나고 있다. 일부 부유층 자녀들이 부모의 부와 권력을 물려받는 세습을 통해 온갖 이익과 특혜를 누리는 것을 보며, 일명 흙수저 출신 청년들은 허탈감(虛脫感)이나 박탈감(剝奪感)에 사로잡혀 있다. 마찬가지로 목회를 하는 목사 자녀들 가운데도 금수저 자녀들이 있다. 대형교회 목사로 시무해오던 아버지 목사로부터 교회조직을 이어받아 온갖 이익과 특혜를 안고 출발하는 자녀들이 바로 그들이다. 반면 중 · 대형교회에서 목회하는 아버지를 두지 못한 목사들은 애초부터 중 · 대형교회에서 목회하는 것을 포기해야만 하는 정의의 원칙에 어긋나는 기회 불평등 구조가 이루어지고 있다. 민주주의 사회는 자유와 평등의 원리로 작동하는 사회를 말한다. 민주주의 국가는 모든 국민은 평등하고, 신분에 의하여 정치적·경제적·사회적·문화적 모든 생활영역에서 차별을 받지 않을 권리가 있다(헌법 제11조). 그리고 한국장로교는 교단들 가운데 민주주의 원리가 가장 잘 작동하는 교회임에도, 교인들의 총의에 의해 운영되는 민주주의 교회에서 목사직 세습이 이루어지는 것은 다수의 젊은 목사들의 평등권을 심각하게 침해하는 것이라고 할 수 있다.

사람들은 북한의 김일성, 김정일, 김정은 등으로 이어지는 정권을 가리켜 사상 유례를 찾아보기 힘든 독재하는 세습이라고 말한다. 이러한 일은 공산주의 사회에서나 가능한 일이라며 민주주의 사회에서는 있을 수 없는 일이라고 하였고, 많은 교회 목사들이 3대에 걸친 북한 정권의 독재 세습에 대해 비난하였다. 그런데 북한의 정권 세습, 대기업 총수 일가의 세습, 교회의 목사직 세습에서 구별되는 차이점이 있다면 그것이 무엇인지 묻고 싶다.

(3) 교회의 거룩성

사도신경(使徒信經)에 '거룩한 공교회'라고 선언하고 있는 것처럼, 교회의 속성은 거룩하다. 교회의 거룩성은 하나님과의 관계에서 사람이나 사물, 장소와 시간을 구별하는 때에 거룩한 것이 된다. 주일은 하나님을 예배하기 위해 구별된 거룩한 날이고, 교회는 하나님을 예배하는 장소로서 거룩하고, 성도는 하나님의 구원받은 백성으로서 거룩한 것이다. 교회의 거룩성은 보편적인 세상과의 교회 분리를 말하지 않으며, 부패와 타락한 세상과의 구별을 의미한다. 교회는 세상과 다르거나 더 높은 고도의 역할과 기능을 담당해야 한다. 세상보다 앞서거나 상식 이상의 모습을 보여야 한다. 그런 점에서 교회의 목사직 세습은 교회의 세속화를 의미하며, 교회의 거룩성을 훼손하는 것과 같다. 거룩한 교회는 세상의 빛과 소금이 되어야 한다(마 15:13-16). 거룩한 교회는 완전하지는 않지만, 윤리적·도덕적으로 세상보다는 더 나아야 하고, 세상의 빛과 소금으로서 더 모범이 되는 모습을 보여야 한다.

(4) 교인들의 권리 침해

교회의 모든 권한을 물려주기 위해 목사직을 세습하는 것은 담임목사 선택권을 가지고 있는 교회 구성원들인 교인들의 권리를 침해하는 행위가 된다. 물론 교회는 민주주의 원칙에 따르는 다수결이나 주권이 구성원이나 회원에게 있는 사회단체나 국가 기관과 구별되는 성질을 가지고 있다. 국가나 사회단체는 지향하는 목적이나 운영 방법, 그리고 조직의 구성에 대한 결정권이 그 구성원들에게 있다. 그러나 개신교(改新教)는 하나님의 뜻인 신본주의(성경주의) 원리가 가장 중요하게 작용(作用)하고, 구성원의 주권, 다수결의 원칙을 중요하게 여기는 민주주의 원리는 어디까지나 보충적으로 작용한다고 할 수 있다.

교회는 하나님의 명령인 성경 외에 성경에 근거하여 공교회가 제정하고 교회가 받아들인 교회법이 있으며, 하나님은 공교회가 제정하고 교회가 받아들인 정당한 교회법을 허용하신다. 개신교는 공교회 결정에 따라 교회법인 교단 헌법이나 교회정관에 교인들이 담임목사를 선택하고 결정할 수 있도록 규정하고 있고, 교인들은 교회법규에 따라 의결권 행사라는 민주적인 절차를 거쳐서 개교회의 담임목사를 선택할 수 있다. 하지만 한국교회는 담임목사가 교회에서 교인들에게 미치는 영향력이 크고, 교회를 대표하는 권한을 행사하고 있어서 목사가 마음만 먹으면 얼마든지 자신의 자녀에게 교회 담임목사직을 세습할 수 있다. 이처럼 목사가 자신의 권한을 행사하여 자신의 자녀에게 교회 목사직을 세습하는 것은 교회 구성원인 교인들의 권리에 대한 심각한 침해에 해당한다.

6. 목사직 세습 찬성과 비판

첫째, 목사직 세습을 찬성하는 사람들은 구약시대 하나님의 명령과 허락하에 아론의 제사장직이 자손들에게 승계되었고(출28:43), 다윗의 왕위가 자손들에게 승계되었으며(삼하7:12-13), 사무엘의 아들들이 사사직을 승계한 것처럼(삼상8:1-2), 목사직도 '세습'(世襲)이 아닌 '승계'(承繼)하는 것이라고 말한다. 하지만 다윗의 왕위를 승계한 자손들이나 엘리 제사장직을 승계한 아들들, 사무엘의 사사직을 승계한 아들들은 모두 재물 욕심에 의해 부패하였고, 율법을 거역하였으며, 우상을 숭배하는 등 하나님을 배반하므로 실패하고 말았다. 그리고 현대는 구약시대와 같은 언약과 율법의 시대가 아니라, 은혜와 복음의 시대이다. 또한 왕위를 승계하는 절대 군주국가 시대가 아닌 자유민주주의 국가 시대이고, 더 이상 중보적 제사장이 필요하지 않은 구원받은 모든 성도가 제사장인 시대이다.

둘째, 교회 구성원인 교인들이 교단 헌법이나 교회정관에서 규정하고 있는 절차에 따라서 당회의 지지와 공동의회에서 3분의 2 이상의 찬성에 따른 절차적·합법적인 결의가 이루어졌다면 인정해야 한다고 주장한다. 물론 교회법에서 금지하고 있지 않은 이상 법적으로 담임목사의 아들도 그 교회의 담임목사로 청빙 받을 수 있는 객관적인 자격이 있어서 얼마든지 정당하게 청빙 과정에 지원할 수 있다. 하지만 한국교회는 구조적으로 담임목사의 권위가 절대적이어서 교인들이 어떤 의사를 결정함에 있어서 교회 담임목사의 의중을 의식할 수밖에 없으므로, 세습결의가 정당하게 결의되었다고 하더라도 그 결의가 교인들의 선한 의지였다고 평가할 수만은 없다.

셋째, 교회와 목회의 특성상 장기적인 관점에서 세습을 인정하여야 한다며, 세습은 목회의 연속성이라는 측면에서 유리하고, 전임 목사와 후임 목사의 갈등이 발생하여 교회가 혼란에 빠지는 위험부담을 줄이며, 교회가 안정적으로 유지되고 성장할 수 있는 현실적인 방안이기 때문에 오히려 담임목사직 세습이 더 유리하다고 주장한다. 하지만 목사의 자녀가 목사직을 세습하는 것이 담임목사의 은퇴와 새로운 담임목사를 청빙하는 것보다 교회의 위험부담을 줄이고 교회의 안정을 가져오는 방법이라고는 할 수 없다. 서울 C교회의 경우 아버지인 K목사로부터 목회직 세습을 받았으나 목회 경험과 자질 부족으로 인해 교회는 더 큰 혼란에 빠져들었으며, 결국 K목사는 언론 앞에서 '자신의 목사직 세습을 회개한다.'라고 고개를 숙였다. 구약성경에 모세를 이어 지도자가 된 여호수아, 엘리를 이어 제사장이 된 사무엘, 엘리야를 이어 선지자가 된 엘리사는 자녀들에게 물려받은 세습이 아니었지만, 안정적으로 사역을 감당하였다.

넷째, 목사직 세습을 찬성하는 사람들은 목사직을 세습하는 것만이 불공정한 평등권 침해를 하는 것이 아니고, 목사 자녀이기 때문에 교단 헌법에 세습을 금지하거나 교회 후임자로 지원하는 것 자체를 금지하는 것도 목사 자녀들에 대한 역차별이며, 불공정한 평등권 침해에 해당한다고 주장한다. 하지만 차별 없는 평등은 동일한 상태나 조건에서 시작하는 것이다. 그런데 후임 목회자 지원에 있어서 담임목사의 자녀와 교회에 아무런 연고가 없는 목사는 조건이 동일하지 못하기 때문에 불평등한 차별이 될 수밖에 없다.

7. 교단과 세습금지법

한국교회는 교단에 따라서 세습금지법을 교단 헌법에 규정한 교단들도 있고, 현재까지 교단 헌법에 세습금지법을 규정하지 않은 교단들도 있다. 그런데 문제는 교단 헌법에 분명히 세습을 금지하는 규정이 있음에도 유명무실한 규정이 되고 있다는 사실이다. 교회가 편법을 동원하고 교단에서 영향력이 크거나 전임 목사가 막강한 권력을 가지고 있다면 세습을 금지하고 있는 교단 헌법이 무의하게 되어버린다.

(1) 합동교단

한국의 대표적인 교단인 대한예수교장로교총회(합동)의 경우 세습을 금지하는 '세습방지법' 규정 자체가 교단 헌법에 없나. 다만 제98회 총회에서 '직계 자녀에 대한 담임목사직 세습은 불가'하다고 결의는 하였지만, 법제화하지 않았기 때문에 법적인 효력이 담보되지 않은 비강제적 결의에 불과하다. 그리고 제98회에서 '직계 자녀에 대한 담임목사직 세습은 불가하다고 했던 결의는 제99회 총회에서 '세습'이라는 용어를 사용 금지할 것과 담임목사를 청원할 때는 교단 헌법대로 한다며 1년 만에 제98회 총회의 결의를 뒤집는 결의를 하였다. 그러나 이러한 결의는 세습을 반대하고 있는 대다수 교회와 목사들의 의사와 다른 결정이 아닐 수 없다. 그럼에도 교단 총대들이 세습 금지를 교단 헌법으로 제정하지 않는 이유는 성경이나 교단 헌법에 세습이란 말 자체가 없으며, 세습이라는 용어에 관한 부정적인 인식, 그리고 목사 자녀라고 해서 교회 후임이 될 수 없다는 것은 역차별에 해당하기 때문이라고 하였다.

(2) 통합교단

대한예수교장로회총회(통합)는 2014년 일명 '세습금지법'을 결의하였다. 대한예수장로회총회(통합) 헌법은 '해당 교회에서 사임(사직) 또는 은퇴하는 위임(담임)목사의 배우자 및 직계비속과 그 직계비속의 배우자, 해당 교회 시무장로의 배우자 및 직계비속과 그 직계비속의 배우자는 위임목사나 담임목사로 청빙할 수 없다.'라고 규정하고 있다(정치 제28조 제6항). 그러나 총회재판국은 한국의 대형교회인 서울 M교회의 경우, 세습을 하면서 교단 헌법에 사임(사직) 또는 '은퇴하는 위임(담임)목사'라고 규정되어 있으므로, '은퇴한 목사'는 적용할 수 없다고 유권해석을 내린 것이다. 서울 M교회의 세습사건은 소속 교단인 대한예수교장로회(통합) 교단의 '세습금지법'을 위반하는 불법적인 세습이었음에도 2018년 교단 총회재판국은 '은퇴하는 목사'는 세습을 할 수 없으나, '은퇴한 목사'는 세습을 할 수 있어서 불법 세습이 아니라고 판결함으로써 한국교회를 비웃음거리로 만들었다.

통합교단에서 M교회가 차지하고 있는 영향력은 대단히 크고 중요하다고 할 수 있다. 교단 총회재판국에서는 M교회는 담임목사가 2015년 12월에 은퇴했고, 2년 후인 2017년 3월 아들인 K목사는 은퇴한 후에 M교회로 위임목사로 청빙하면서 N교회와 합병까지 마친 목사이기 때문에 교단 헌법에서 규정한 목사 대물림 금지법에 해당하지 않는다며 대물림을 인정하는 판결을 하였다.[119] 하지만 그 후에 교단 총회재판국 재심 판결에서는 M교회의 목회 대물림은 교단 헌법에서 규정하고 있는 대물림 금지에 해당한다며 불가 판결을 내렸다(예총재판국 2019. 8. 5. 선고사건재심 제102－29호). 이에 M교회는 교단 총회재판국의 결정에 받아들일 수 없다고 불복을 선언하고, 청빙 철회는 있을 수 없는 일이라는 입장문을 발표했다. 더불어 M교회는 총회에 다시 재심을 청구했고, 이에 동조하는 총대들은 대물림 금지법이 목회자 자녀를 역차별하는 법으로 형평성에도 맞지 않다며 총회에 대물림 금지법을 폐지해 달라는 청원을 하였다. 2019년 통합교단은 경북 포항 기쁨의 교회에서 제104회 총회에서 M교회 수습 전권위원회를 구성하고, 2021년부터 K목사를 위임목사로 청빙할 수 있다는 결정을 내렸다. 하지만 M교회의 세습건은 아직 해결되지 못한 미완의 숙제로 남아있다.

법을 집행하는 사람은 법을 해석하면서 그 용어 하나만을 가지고 해석하고 판단해서는 안 된다. 법을 해석하는 때에는 법을 입법한 입법자의 의도까지 고려해야 한다. 입법자의 의도가 중요하기 때문이다. 아마 통합교단 총대들이 입법할 때, 그들의 의도는 목사직 세습을 금지하자는 목적이었을 것이다. 그렇다면 '은퇴하는'이란 문구는 '은퇴하는' 또는 '은퇴한' 두 가지 시제를 다 포함하고 있다고 해석하는 것이 맞다.

(3) 기독교대한감리회

기독교대한감리회는 정동감리교회에서 제29회 총회 임시입법회의를 열고, 세습방지법안을 통과시키고, 2015년 제31회 총회 입법회의에서 세습방지법을 통과시켰다. 또한 2019년 제33회 총회 입법회의에서 목사직 세습을 목적으로 교회를 나누거나 합치는 일들을 막기 위해 '개체 교회 분리와 통합 요건 강화'에 관한 개정안을 가결하였는데, 개정안은 '교회 분리·통합 위해서 해당 교회의 당회에서 재적교인 3분의 2가 출석해야 한다는 내용으로 하고 있다. 기독교대한감리회는 과거 교단 내 K교회 등 대형교회들의 세습 문제로 홍역을 앓았던 경험이 있어서 세습금지에 대한 총대들의 동의를 얻을 수 있었다. 기독교대한감리회 목사직 세습금지 내용은 '부모

119) M교회가 은퇴한 목사의 아들을 위임목사로 청빙한 것은 목회직 세습(목회직 되물림)을 금지한 총회 헌법 제28조 6항 위반에 해당하지 않는다고 판결했다(예장통합 총회재판국 2018. 8. 7. 판결).

가 담임자로 있는 교회의 자녀 또는 그 자녀의 배우자, 또는 부모가 장로로 있는 경우에도 10년 동안 동일교회 담임자로 파송할 수 없다.'라고 규정하였다. 그리고 '부모가 담임하고 있는 다른 교회와 통합이나 분립했을 때에도 동일하게 적용한다.'라고 명시하여 세습을 금지하고 있다. 다만 총회 실행위원회에서 정한 미자립교회는 예외로 하고 있다.

8. 법적인 세습 절차

(1) 교단 헌법과 교회정관

교회가 소속해 있는 교단 헌법이 금지하지 아니하고, 교회정관 절차에 의하여 교인들의 의결에 거쳐서 청빙 절차를 필한 경우에는 가능하다. 단 교회정관에 의한 의사정족수 및 의결정족수 요건을 모두 충족하고 중대한 하자 없는 합법적인 절차에 의한 경우이어야 한다. 만약 교단 헌법과 교회정관이 상이하여 충돌하는 때에는 어떻게 할 것인가 하는 문제가 제기될 수 있다. 교단 헌법에 세습금지조항이 없고, 교회정관에도 금지조항이 없는 경우에는 언제든지 세습 절차가 가능하다. 또한 교단 헌법이 금지하고 있으나 교회정관에서 허용하고 있는 경우, 세습이 가능하다. 세상 법규는 하위법이 상위법을 위반하는 때에 그 효력이 무효가 되지만, 종교단체는 교단 헌법과 교회정관이 충돌하는 경우, 담임목사 청빙에 관해서는 교회정관을 우선하여 적용하기 때문이다. 법원은 교인들의 기본권을 침해하지 아니하는 종교단체의 규칙에 따른 의결이나 징계행위는 인정되어야 하며, 사회법원의 심사대상이 되지 아니한다고 판시하고 있다.

(2) 사법적 심사

목회직 세습에 대한 사항은 정교분리의 원칙이나 헌법에 명시하고 있는 종교의 자유에 해당하므로 국가법으로 규정하거나 금지할 수 없다. 교회는 자율적으로 규율할 수 있고, 법원은 종교 자율적인 결정을 우선시하고 존중하게 된다. 단 법원은 교단 헌법이나 교회정관을 위반하는 중대한 하자가 발생하여 소송제기가 있는 경우, 국민의 기본권에 중대한 침해가 있는 경우, 법원이 사법적 판단을 내릴 수 있다는 예외적인 입장을 견지하고 있다. 하지만 담임목사직 세습이나 목사의 자격의 경우 교단 헌법이나 교회정관을 위반하는 중대한 하자가 발생하여 소송제기가 있는 경우에는 사법기관이 법리적으로 판단할 수 있으나 교회 구성원들의 다수가 거부한다면 법적 구속력이나 강제적인 효력은 미치지 못한다.

Ⅱ. 성직매매

1. 성직매매의 개념

성직매매(聖職賣買)는 금전이나 물품을 받고 성직을 사고파는 행위를 말하는데, 돈을 목적으로 하는 신학교들이 우후죽순으로 생겨나고, 무분별하게 자격도 갖추지 못한 상태에서 안수하는 행태가 일어나고 있다. 성직매매 행위는 16세기 종교개혁의 한 원인이 되기도 하였다. A.D.451년 칼케돈에서 열린 4번째 칼케돈 공의회(Council of Chalcedon)에서 주교·사제·부제 직분을 매매하는 성직매매를 금지하고, 성직매매가 이루어지는 경우 성직을 면직하는 등 징벌을 하도록 결정하였다(칼케돈 공의회 제2규범).[120] 이후부터 모든 성직의 거래와 미사 때의 금전거래, 축성된 기름이나 다른 봉헌물에 대한 거래도 성직매매와 같은 범죄로 여겨 금지하였다. 하지만 중세시대에는 성직매매가 만연하였으며, 성직매매는 16세기 종교개혁의 사유로 작용하였다. 종교개혁 당시 세습과 성직매매로 부정부패를 자행하던 수도원장과 주교와 교황을 향해 루터는 적그리스도, 사탄의 자식이라고 비난하였다. 수도원장과 주교 등은 수도원 재산을 조카(nephew)에게 세습하고, 수도원 산하 교구 자리를 매매하며 재산을 축적하였다.

이탈리아 문호 단테(Durante degli Alighieri)는 1321년 그가 죽을 때까지 썼던 저서 '신곡'(神曲, La Divina Commedia)에서 교회의 타락과 부패를 비판하였다. 특히 지옥편에서 지옥이 9층으로 이루어져 있는데, 제8층은 사기(Fraud) 지옥으로 '말레볼제'(Malebolge)라고 칭하였다. 제8층 사기 지옥은 인신매매, 마법사, 점술가와 목사 안수 등 성직을 매매한 자들이나 성직을 이용해 사익을 추구한 자들이 고통을 당하는 곳으로 표현하고 있다.

---

120) 칼케돈 공의회 제2규범
'신품성사를 사거나 파는 자가 있으면, 성직자는 면직되며 평신도는 이단시 된다.'

2. 성직매매와 종교개혁

우리나라 대표적인 대형교회들은 담임목사직 세습을 하고 있고, 사익을 추구하는 목적으로 우후죽순 세워진 신학교에서 돈을 받고 목사 안수하는 성직매매가 불법적으로 일어나고 있다. 목사직 세습이나 성직매매 행위에 대한 사회적인 비판이 높고, 교계에서까지 반대 여론이 높지만, 당사자들은 전혀 개의치 않고 담임목사직 세습 및 성직매매 행위를 하고 있다. 16세기 로마 가톨릭교회의 성직매매, 도덕적 타락, 교황권, 재정적 부패 등 돈과 권력으로 점철(點綴)된 교회의 부패를 개혁하기 위해 오직 성경(sola scriptura), 오직 믿음(sola fide), 오직 그리스도(solus Christus), 오직 은혜(sola gratia), 오직 하나님께 영광(soli Deo gloria)이라는 기치를 들고(갈2:16), 로마가톨릭 교회와 교권에 저항(Protestatio)하고, 기독교의 본질 회복을 부르짖으며 종교개혁으로 태동했던 개신교(Protestant)가 과거 로마가톨릭 교회의 악습과 부패를 답습하고 있는 것이다.

3. 성령의 은사인 목사 직분

> 행8:18-20「[18] 시몬이 사도들의 안수로 성령 받는 것을 보고 돈을 드려 [19] 이르되 이 권능을 내게도 주어 누구든지 내가 안수하는 사람은 성령을 받게 하여 주소서 하니 [20] 베드로가 이르되 네가 하나님의 선물을 돈 주고 살 줄로 생각하였으니 네 은과 네가 함께 망할지어다」

목사 직분은 성령의 은사이다. 성령이나 은사는 돈으로 사거나 팔 수 있는 것이 아니고, 하나님의 선물이다. 시몬은 마술사였는데, 빌립의 전도를 받아 세례를 받고, 빌립을 동행하며 따라다녔다. 눈속임으로 마술을 하며 돈을 벌었던 마술사 시몬은 베드로와 요한이 안수할 때, 성령이 임하는 것을 보고 사도들에게 돈을 주고 성령의 은사를 사려고 하였다. 마술사 시몬은 하나님이 주시는 선물인 은사를 돈을 주고 살 수 있는 것으로 오인하고, 성령의 은사를 사용하여 돈을 벌려고 했다. 시몬은 세례는 받았으나 헛된 믿음을 가진 사람이었고, 빌립의 능력을 보고 사익을 얻기 위해 따라다닌 것이다. 목사 직분은 성령의 은사로 주어지는데, 목사직을 돈으로 매매하는 사람들은 하나님을 모독하는 일이다. 베드로는 성령의 은사를 돈으로 매매하는 자들은 멸망 당할 것이라고 선언하였다.

은사(恩賜)는 히브리어로 '투브'(טוב), 헬라어로는 '카리스마'(χάρισμα)로, 하나님이 성령으로 값없이 주시는 신령한 선물을 말한다(고전12:1,4). 은사는 값없이 주시는 선물이라는 의미에서 은혜(恩惠)를 뜻하는 헬라어 '카리스'(χαρις)와 깊은 관련이 있다. 신령한 은사는 교회의 유익을 위하고(고전12:4－7;14:12), 믿지 않는 사람들에게 확신과 전도를 목적으로 하며(고전14:21－25;15:28 이하), 특별한 목적을 위해 일시적 또는 교회에 영구적으로 주이진 깃이다(고전13:8－12). 성경이 언급하고 있는 은사로는 지혜의 말씀, 지식의 말씀, 믿음, 병 고치는 은사, 능력 행함, 예언, 영 분별함, 방언 말함, 통역(고전12:8－10), 사도, 선지자, 교사, 서로 돕는 것, 다스리는 것(고전12:28－31), 섬김, 가르침, 권유, 구제, 긍휼, 손 대접(롬12:6－13), 복음 전하는 자, 목사(엡4:11－12), 선교사(행13:2), 찬양(엡5:19, 골3:16), 순교(고전13:3), 독신(고전7:8) 등 다양한데, 목사 직분은 주로 말씀 사역을 위한 은사와 봉사의 삶을 살도록 하는 은사들이다.

4. 목사안수 매매

> 엡4:11-12「[11] 그가 어떤 사람은 사도로, 어떤 사람은 선지자로, 어떤 사람은 복음 전하는 자로, 어떤 사람은 목사와 교사로 삼으셨으니 [12] 이는 성도를 온전하게 하여 봉사의 일을 하게 하며 그리스도의 몸을 세우려 하심이라」

2012년 1월 모 방송국 뉴스에서 '무인가 신학교 난립… 돈만 내면 목사'라는 제목으로 한국교회 내 성행하는 성직매매 학력 세탁 실태를 보도했다. 보도에 따르면 국내 무인가 신학교가 무려 400여 개에 이르고, 매년 1만 명에 가까운 무자격 목사가 배출되고 있는 것으로 드러났다. 목사직 매매는 엄연한 하나님의 은사를 도둑질하는 죄악이다. 목사 직분은 하나님에 의해 주어진 신령한 은사 가운데 하나이다. 하나님이 목사라는 은사를 주신 것은 성도를 온전하게 하여 봉사의 일을 하게 하며 그리스도의 몸을 세우기 위함이라고 밝히고 있다. 목사라는 은사는 돈으로 사고팔 수 있는 것이 아니고, 하나님에 의해 성령으로 주어지는 신령한 은사라고 할 때, 돈을 받고 신령한 은사인 목사안수를 해주는 등의 성직매매는 엄연한 하나님의 은사를 도둑질하는 죄악이라고 할 수 있다.

한국교회에서는 목사 안수를 돈으로 사고파는 행위가 아무런 통제장치 없이 행해지고 있다. 현재 전국적으로 돈을 목적으로 하는 수많은 소규모 신학교가 2년 또는 1년, 짧게는 6개월 정도의 단기 코스 과정으로 운영되고 있고, 준비도 안 되고 자질이 없는 사람에게 학비만 내면 목사 안수해 주는 신학교가 많다.

Ⅲ. 성경과 승계

1. 사사 승계

> 삼상8:1-2「[1] 사무엘이 늙으매 그의 아들들을 이스라엘 사사로 삼으니 [2] 장자의 이름은 요엘이요 차자의 이름은 아비야라 그들이 브엘세바에서 사사가 되니라」

구약시대 제사장직, 왕권, 사사는 '세습'(世習)이라고 하기보다는 '승계'(承繼)라고 칭하는 표현이 더 맞는 표현일 것이다. 구약시대 아론의 제사장직은 그 자손들에게 승계되었고(출28:43), 다윗의 왕권은 다윗 자손들에게 승계되었으며(삼하7:12-13), 사무엘의 사사직은 아들들에게 승계되었다(삼상8:1-2). 원래 사사(士師, judge)는 승계되는 직이 아니고, 하나님이 이스라엘 백성들을 구원하시려고 필요에 따라 세웠으며(삿2:16,18), 왕이 없던 이스라엘 백성들의 정치적·군사적 지도자 역할을 하였다. 사무엘은 레위 지파 자손으로(대상6:16-30), 사사이며 선지자였다.

사무엘은 늙어서 자신의 두 아들인 요엘과 아바야를 사사로 세웠지만, 요엘과 아비야는 자신들의 욕심을 채우려고 뇌물을 받고 판결을 굽게 하는 등 부정을 일삼았다(삼상8:3). 재판관이 뇌물을 받고 재판을 굽게 하는 것은 하나님이 엄히 금하신 일이었다(출23:8,신16:19). 사무엘의 사사직을 승계받은 두 아들은 재물에 대한 욕심과 부패함으로 이스라엘 백성들의 원성을 샀고, 결국 사무엘 아들들의 부패를 보다 못한 이스라엘 장로들은 사무엘에게 이스라엘을 다스리는 왕을 세워달라고 요구하였다. 하나님은 이스라엘 백성들을 직접 다스리는 왕이었기 때문에 새로운 왕을 세워달라는 백성들의 요구는 하나님에 대한 배반과 같은 의미였다(삼상8:7). 이스라엘 민족에게 왕권 제도를 세우는 것이 하나님의 뜻이 아니었지만, 하나님은 이스라엘 백성들이 요구대로 사무엘로 하여 사울을 왕으로 세우도록 하였다(삼상10:24), 하지만 이러한 왕권 제도는 이스라엘을 파멸로 이르게 하는 결과를 낳게 된다.

2. 제사장직 승계

출28:43「아론과 그의 아들들이 회막에 들어갈 때에나 제단에 가까이 하여 거룩한 곳에서 섬길 때에 그것들을 입어야 죄를 짊어진 채 죽지 아니하리니 그와 그의 후손이 영원히 지킬 규례니라」

아론은 최초의 대제사장이었으며, 제사장은 레위 지파 중 아론의 자손이 승계하였다. 하나님은 아론과 네 명의 아들들이 제사장 직분을 수행하도록 하였으나 아론의 두 아들 나답과 아비후가 여호와께서 명령하지 아니한 다른 불을 담아 여호와 앞에 분향하다가 죽었다(레10:1－2). 다윗 시대 제사장은 아론 자손 중 셋째, 넷째 아들인 엘르아살과 이다말 자손들이 제사장직을 수행하였고, 솔로몬 시대에는 엘르아살의 자손인 사독이 제사장직을 수행하였다(대상24:2－3).

히8:5「그들이 섬기는 것은 하늘에 있는 것의 모형과 그림자라 모세가 장막을 지으려 할 때에 지시하심을 얻음과 같으니 이르시되 삼가 모든 것을 산에서 네게 보이던 본을 따라 지으라 하셨느니라」

구약시대 제사장 제도는 영원한 대제사장이신 예수님의 모형이었다(히8:5). 신약시대 멜기세덱의 반차를 따른 영원한 대제사장이신 예수께서 십자가에서 죄인들을 대신하여 자기 몸을 단번에 드림으로 속죄하였다(히5:6,10, 히7:27). 이제 예수 그리스도를 믿는 사람은 '왕 같은 거룩한 제사장'이 되었기 때문에 동물의 희생 제사나 제사장의 제사 의식 없이도 하나님 앞에 나갈 수 있게 되었다(벧전2:5,9). 목사는 제사장직을 수행하지만, 목사만이 제사장이라고 한정해서는 안 되며, 모든 믿음의 사람들은 제사장이다. 따라서 목사는 제사장이므로 구약시대 제사장직이 승계된 것처럼, 목사직의 세습도 허용되어야 한다는 주장은 개신교 신앙원리에 합당하지 않다.

3. 왕권 승계

대하6:16「이스라엘의 하나님 여호와여 주께서 주의 종 내 아버지 다윗에게 말씀하시기를 네 자손이 그들의 행위를 삼가서 네가 내 앞에서 행한 것 같이 내 율법대로 행하기만 하면 네게로부터 나서 이스라엘 왕위에 앉을 사람이 내 앞에서 끊어지지 아니하리라 하셨사오니 이제 다윗을 위하여 그 허락하신 말씀을 지키시옵소서」

하나님은 다윗에게 자손들이 자신들의 행위를 삼가고, 율법대로만 살면 왕권이 끊이지 않게 될 것이라고 언약하셨다(왕상8:25). 솔로몬은 하나님의 성전을 건축하고 봉헌식을 하면서 다윗에게 허락하신 언약을 지켜 달라며 하나님께 기도하였다. 솔로몬은 왕권이 오직 하나님으로부터 나온다는 것을 인정하고, 만약 다윗 자손들이 왕권을 승계하지 못하게 된다면, 그 책임은 율법을 지키지 못한 다윗의 자손들에게 있음을 고백하였다. 하지만 솔로몬은 말년에 자신 스스로 하나님의 율법을 거역하고 배교하므로, 왕권 승계에 대한 언약이 깨지게 되었고, 그 결과 아들 르호보암 때에 왕권은 둘로 나누어졌다. 다윗의 왕권을 승계받은 자손들은 우상숭배와 악을 행하였고(왕상14:22－24, 왕하21:9), 바벨론에 의해 시드기야왕 11년(B.C.586년)에 예루살렘이 함락되었으며, 다윗 왕권은 막을 내렸다.

삼하7:12-13「[12] 네 수한이 차서 네 조상들과 함께 누울 때에 내가 네 몸에서 날 네 씨를 네 뒤에 세워 그의 나라를 견고하게 하리라 [13] 그는 내 이름을 위하여 집을 건축할 것이요 나는 그의 나라 왕위를 영원히 견고하게 하리라」

“몸에서 날 네 씨”는 다윗의 혈통으로 태어날 예수 그리스도를 의미한다. 하나님은 여자의 씨(창3:15), 아브라함의 씨(창22:17)가 다윗의 쓰러진 장막(왕권)을 다시 세우게 될 것이라고 언약하셨다. 사람은 절대로 자신의 행위로는 율법을 온전히 지킬 수가 없다. 다윗의 왕국은 무너졌지만, 하나님의 언약은 다윗의 자손으로 이 땅에 오신 만왕의 왕 예수 그리스도를 통해 다윗의 쓰러진 장막(왕권)이 회복됨으로서 다시 성취되었다.

4. 혈연에 의하지 아니한 승계

구약시대 부모의 신분은 주로 혈연에 의해 승계되었지만, 혈연에 따라 승계하지 않은 사례들도 있다. 모세를 이어 이스라엘 백성들의 지도자가 된 여호수아는 모세와 혈연적으로 상관이 없는 사람이었고, 엘리 제사장을 이어 제사장직을 승계한 사무엘은 엘리와 혈연적으로 상관이 없는 사람이었으며, 엘리야 선지자를 이어 선지자가 된 엘리사도 혈연관계가 없는 승계였다. 혈연에 의한 승계는 개인의 능력, 정직과 공의, 영성 등 지도자로서 자질과 상관없는 승계였기 때문에 실패하였지만, 혈연과 상관없이 능력 위주로 이루어졌던 승계는 개인의 능력과 자질이 준비된 자에게 이루어지는 승계였기 때문에 실패가 없었다. 제사장의 사례에서도 구약시대에는 혈연관계에 의한 레위 지파 중에 이론의 자손들에게 제사장 직분이 승계되었으나 신약 시대에는 혈연관계에 의해서가 아닌 십자가에서 피를 흘리신 예수 그리스도를 구주로 믿는 사람들에게 승계되었으며, 승계를 받은 성도들은 한 사람, 한 사람이 왕 같은 제사장이 되었다(벧전2:5-9).

Ⅳ. 결론

1. 의식적 개혁

교회 목사직 세습을 방지하기 위한 의식적인 개혁과 제도적 개선이 동시에 이루어져야 한다. 의식적인 개혁은 교회 목사나 교인들 스스로 교회의 공공성과 세습에 대한 의식의 변화가 선행되어야 한다. 특히 은퇴하는 목사들이 교회에 대한 욕심, 교회의 공공성과 세습에 대한 의식변화가 선행되어야 하고, 교인들은 세습에 대한 적극적인 의사를 밝히고 표현해야 한다. 하지만 한국교회는 구조적으로 극소수인 당회 중심이나 중직자 중심으로 구성되고 운영되어 오기 때문에 담임목사의 자발적인 의식변화가 따르지 않는다면 평신도들의 의사 표현만으로는 목사직 세습개선에 제한과 한계에 직면할 수밖에 없다.

2. 제도적 개선

교회 목사직 세습을 방지하기 위한 교회의 제도적 개선으로는 첫째, 교단 차원의 제도적 장치가 마련되어야 한다. 즉 교단 헌법에 목사직 세습 방지를 명문화하고 명확히 하는 것이다. 한국의 여러 교단에서 총회 때마다 교회 후임자 세습 불가 조항을 교단 헌법에 명문화하려는 시도가 여러 차례 있었지만, 번번이 총회의 문턱을 넘지 못하고 좌절되었다. 아직 교단에서 중요한 역할을 하는 총회 총대들의 의식과 세습을 반대하는 다수의 목사 및 보편적인 교인들의 의식 사이에 괴리(乖離)가 있다는 증거이다.

둘째, 교회정관이나 규약에 교회 목사직 세습 불가 조항을 규정하는 것이다. 하지만 교회정관 개정에 대해서도 교인들이 안일하게 생각하는 경향이 많고, 현재 교회를 담임하고 있는 목사나 장로들 가운데 자녀들이 신학을 하는 경우가 많은 까닭에 목사나 장로들이 먼저 나서서 개선의 의지가 없다면, 평신도들이 교회정관 개정에 선뜻 나서지 못한다.

셋째, 교회 내에서 평신도들의 권한을 강화하고 교회 운영에 폭넓게 참여할 수 있도록 하고, 교회 전반에 대한 교회운영과 정보의 공유, 교회의 재정공개 등 투명성을 확대해야 한다. 더불어 교회 구성원인 교인들이 교인으로서의 예배 참여, 헌금 등 소극적인 의무에 머무르지 말고, 적극적으로 교회운영과 상황에 관심을 가지고 참여하되 특히 교회 담임목사직 선임 절차에 적극적으로 관심을 가지고 참여해야 한다.

3. 성경적 연구

'교회 세습반대운동연대' 주최 학술 심포지엄에서 웨스트민스터 신학대학원 구약학 전성민 교수는 '한국교회에서 일정한 특권이 혈연적으로 승계되는 세습은 소극적으로는 구약 성경에서 근거를 찾을 수 없고, 적극적으로는 구약 성경이 반대하는 것이고, 교회 세습은 목회자가 왕의 자리에 있음을 보여주는 것이며, 그것은 하나님의 왕 되심을 부정하는 것'이라고 하였다. 반면 어떤 사람들은 목사직 세습은 구약시대부터 하나님의 언약과 율법에 의해 이루어져 왔던 정당한 승계이므로, 법과 제도적으로 금지해서는 안 된다고 주장하기도 한다. 그러므로 한국교회는 범 교단 차원의 교회 목사직 세습에 대한 성경과 장로교정치 원리를 위반하는 비기독교적 제도인지에 대한 진지한 논의와 연구가 있어야 한다. 그래서 총회 차원의 목사직 세습에 대해 신학적·제도적 합의도출을 이끌어 제도화해야 한다.

4. 교회와 목회의 공공성 회복

> 고전8:10-15「[10] 지식 있는 네가 우상의 집에 앉아 먹는 것을 누구든지 보면 그 믿음이 약한 자들의 양심이 담력을 얻어 우상의 제물을 먹게 되지 않겠느냐 [11] 그러면 네 지식으로 그 믿음이 약한 자가 멸망하나니 그는 그리스도께서 위하여 죽으신 형제라 [12] 이같이 너희가 형제에게 죄를 지어 그 약한 양심을 상하게 하는 것이 곧 그리스도에게 죄를 짓는 것이니라 [13] 그러므로 만일 음식이 내 형제를 실족하게 한다면 나는 영원히 고기를 먹지 아니하여 내 형제를 실족하지 않게 하리라」

사도 바울은 "형제에게 죄를 지어 그 약한 양심을 상하게 하는 것이 곧 그리스도에게 죄를 짓는 것"이라고 성경에 기록하고 있다. 복음을 아는 지식이 있는 사람이 우상의 신전에서 음식을 먹고 있는 것을 믿음이 약한 성도가 보게 되면, 믿음이 약한 성도도 양심에 꺼리면서도 우상의 제물을 먹어 실족하게 되므로 차라리 평생 고기를 먹지 않는 것이 낫다는 것이다. 예수님도 가버나움에 들어가셨을 때, 성전세 반 세겔씩 받으러 다니는 사람들이 예수는 왜 성전세를 내지 않는가에 대해 질문했을 때, 성전세를 내셨다. 예수님은 자신이 성전이기 때문에 성전세를 내실 필요가 없었음에도 성전세를 받으러 다니는 사람들을 실족하지 않게 하려고 성전세를 내신 것이다(마17:24–28). 목사직 세습이 이루어지므로 교회가 세상과 사회 사람들의 조롱과 비난 대상이 되고, 교회 성도들 가운데 실족하는 사람들이 있다는 생각을 해야 한다는 것이다.

사람은 '도덕', '양심', '상식', 이 세 가지 원리에 따라야 한다. 그러나 목사직 세습은 '도덕', '양심', '상식', 이 세 가지 원리에 역행하는 제도이다. 또한 신분제도가 철폐된 사회에서 목사직 세습은 구원받은 성도들의 공동체인 교회의 공공성과 거룩성을 훼손하는 부당한 행위이다. 교회는 세상과 구별되는 하나님의 언약과 계시가 작용하는 신본주의 원리가 작용하지만, 더불어 세상 어느 단체, 기관들보다 더 정의와 평등이 하수처럼 흐르는 민주주의 원리가 작용해야 한다. 한국교회의 세습에 대한 이방인들과 사회의 시선은 차갑고 냉정하며, 대다수 교회나 목회자들, 평신도들이 실망과 분노를 표출하면서 세습을 반대하는 운동을 전개하고 있고 확산하고 있다. 물론 세습에 반대하는 사람들이나 사회의 시선은 하나님의 뜻과 다를 수 있다. 하지만 하나님의 뜻은 결코 정의와 공의, 도덕과 양심, 일반적이고 정당한 상식을 벗어나지 않는다는 점에서 목사직 세습을 수긍하지 않으실 것이다.

또한 교회는 일반 기업처럼 담임목사 개인의 사유재산이 아니다. 부자지간 물려주고 물려받을 수 있는 재산이 아니다. 목사는 노회에 소속되어 지교회의 청빙·청원에 의해 파송된 것이며, 교회의 소유는 영적으로 하나님, 법적으로는 교인들의 '총유'이므로, 목사는 교회 재산이나 소유에 대한 사유화나 권리가 없다. 목사는 하나님의 대리자일 뿐, 자신의 의지나 선택에 의해 교회를 담임하는 것이 아니고, 목사로서 하나님을 대리하여 강도권, 성례권, 축도권을 가지고, 노회와 교회가 위임한 일정한 기간 행정적으로 교회를 대표하여 사무를 관할하는 제한적인 권한과 의무를 진다. 하지만 목사는 교단 헌법과 노회 규칙을 준수해야 하고, 교회의 대내·외적으로 대표하여 교회 부흥과 유지 및 질서를 유지하며, 하나님 나라 확장에 힘써야 한다.

목사는 자신에게 부여된 권한과 의무를 다하고, 은퇴와 동시에 자신에게 주어진 모든 권한을 내려놓아야 한다. 은퇴한 후에는 교회 후임자 설정에 영향력을 행사하지 말아야 하고, 교회 후임에 관한 모든 사항은 교회에 맡기되 하나님이 인도하시도록 기도하는 것에 머물러야 한다.

제8절 ‖ 교회 노동자

Ⅰ. 노동자

1. 노동자 개념

'노동자'(勞動者, labor)는 노동력을 제공하고 그 대가로 임금을 받아 생활하는 사람을 말한다. 노동자는 사용자와 동등한 지위에서 주체적으로 일하는 사람이라는 개념으로 존중의 의미를 내포하고 있지만, 근로자(勤勞者, worker)는 고용된 사람으로 사용자에게 종속되어 열심히 일하는 사람이라는 의미를 가고 있다. '노동자'란 용어가 남북 대치 상황에서 북한에서 사용하고 있어서 거부감을 가지고 있으나 근로자란 명칭보다 노동자라는 명칭을 사용해야 한다. 우리 헌법 제32조[121]와 제33조[122]에서는 '노동자'가 아닌 '근로자'라는 명칭을 사용하고 있는데, 이는 일제 강점기 시대 '근로정신대' 명칭에서 근거하였다고 할 수 있다. 1948년 제헌헌법 당시에는 국내에서 극심한 이념 갈등으로 인한 대립상황에서 근로자라는 명칭이 헌법에 표기되었고, 그 이후에도 반공사상을 주입했던 유신정권 과정을 거치면서 근로자라는 명칭이 확고해졌으며, 제10차에 걸쳐서 노동 관련 법률들이 제·개정되어 왔음에도 변경되지 않았다.

근로기준법(勤勞基準法)에 따르면 '근로자는 직업의 종류와 관계없이 임금을 목적으로 사업이나 사업장에 근로를 제공하는 사람'이라고 정의하고(근로기준법 제2조), 남녀고용평등법과 일·가정 양립지원에 관한 법률에서는 '사업주에게 고용된 자와 취업할 의사를 가진 자'로 정의하고 있으며(남녀고용평등법 제2조), 노동조합 및 노동관계조정법(노동조합법)에서는 '직업의 종류를 불문하고, 임금·급료 기타 이에 준하는 수입에 의해 생활하는 자'로 정의하고 있다(노동조합법 제2조). 근로기준법은 근로

---

121) 헌법 제32조

① 모든 국민은 근로의 권리를 가진다. 국가는 사회적·경제적 방법으로 근로자의 고용 증진과 적정임금의 보장에 노력하여야 하며, 법률이 정하는 바에 의하여 최저임금제를 시행하여야 한다.

② 모든 국민은 근로의 의무를 진다. 국가는 근로의 의무의 내용과 조건을 민주주의 원칙에 따라 법률로 정한다.

122) 헌법 제33조

① 근로자는 근로조건의 향상을 위하여 자주적인 단결권·단체교섭권 및 단체행동권을 가진다.

② 공무원인 근로자는 법률이 정하는 자에 한하여 단결권·단체교섭권 및 단체행동권을 가진다.

③ 법률이 정하는 주요 방위 산업체에 종사하는 근로자의 단체행동권은 법률이 정하는 바에 의하여 이를 제한하거나 인정하지 아니할 수 있다.

자와 사용자가 동등한 지위에서 자유의사에 따라 결정하도록 하는 법으로(근로기준법 제4조), 이는 법률에는 근로자로 되어 있으나 실질적으로 근로자가 아닌 노동자에 준한 의미로 해석하고 있다고 할 수 있다. 따라서 근로기준법을 비롯하여 모든 노동 관련 법률들을 개정하여 용어를 근로자에서 노동자로 변경하는 것이 옳다(다만 이하 내용에서는 법률상 근로자와 노동자 명칭을 구분하지 않고 사용한다).

2. 노동자의 권리

우리 헌법은 단결권(團結權), 단체교섭권(團體交涉權), 단체행동권(團體行動權) 등 노동 삼권을 보장하고 있다(헌법 제33조 제1항).[123] 자유계약(自由契約)의 원칙하에서 노동자는 사용자와의 근로조건 등의 협상에서 절대적으로 불리한 위치에 놓여 있다. 노동 삼권은 이러한 사용자와 근로자 간의 불평등한 협상력을 대등하게 할 목적으로 근로자의 기본권으로 인정하고 있다. 단결권(團結權)은 근로자가 근로조건을 개선하기 위해 사용자와 협상할 수 있는 단체를 조직할 수 있는 권리이고, 자유로운 노동조합의 결성, 노조의 가입 및 탈퇴, 노조 가입을 이유로 불이익을 당하지 않을 권리를 말한다(노동조합 및 노동관계조정법 제2조 제4항). 단체교섭권(團體交涉權)은 근로자 단체와 사용자가 근로조건의 개선을 위해 교섭할 수 있는 권리로, 사용자 또는 사용자단체는 권한을 남용하지 않고 신의에 따라 성실히 교섭하고 단체협약을 체결하여야 하며, 정당한 이유가 없음에도 교섭 또는 단체협약의 체결을 거부하거나 해태(懈怠)해서는 안 된다(노동조합 및 노동관계조정법 제30조). 단체행동권(團體行動權)은 노동자의 요구를 관철하기 위해 근무시간 단축, 파업과 같은 방법으로 쟁의할 수 있는 권리를 말한다(노동조합 및 노동관계조정법 제2조). 단체행동권은 사용자에게 손실 등의 불이익이 크고, 나아가 사회경제 질서에 미치는 파급효과가 크기 때문에 사용자는 노동자의 단체행동권에 대응하는 수단으로 직장폐쇄 조치를 법적으로 인정하고 있다.

Ⅱ. 근로기준법

1. 근로기준법 개념

노동법에서 근로기준법(勤勞基準法)은 근로자들의 근로조건을 일정한 수준 이상으

---

123) 헌법 제33조
① 근로자는 근로조건의 향상을 위하여 자주적인 단결권·단체교섭권 및 단체행동권을 가진다.

로 유지하기 위한 목적으로 그 최저기준을 정한 법률이고, 노동조합 및 노동관계조정법(勞動組合 및 勞動關係調整法)은 근로자의 단결권·단체교섭권·단체행동권의 보장 및 노사분쟁을 공정하게 조정·해결하기 위한 절차를 규정한 법률이다. 근로기준법은 경제적·사회적으로 약자인 근로자들의 기본적인 생활을 보장하고 향상하여 나아가 국민경제 발전에 기여하도록 헌법에 근거해서 근로조건의 최저기준을 정한 법률이다. 1953년 5월 10일 제정·공포되었고(법률 제286호), 1997년에 새로운 근로기준법이 개정되었으며, 2018년까지 25회에 걸쳐 개정해 왔다. 2018년 2월 28일 개정된 근로기준법은 주당 최대 노동시간, 휴일 근로 수당, 공휴일 유급휴일, 15세 미만 근로 금지, 18세 미만 여성의 유해·위험 업소 금지 등 5인 이상의 사업장에 한해 적용된다. 근로기준법은 근로자의 기본생활을 보장·향상하려는 목적 외에 고용계약에 있어서 불균형한 관계에서 우위적 지위에 놓여 있는 사용자가 불평등한 힘을 남용하여 일방적으로 근로의 기준을 결정하는 것을 예방하고, 근로자와 사용자가 동등한 지위에서 자유의사에 의하여 결정하려는데 목적이 있다.

2. 근로기준법 적용 범위

모든 근로자에 대해 근로기준법이 적용되는 것은 아니며, 근로기준법이 적용되기 위해서는 상시 5명 이상의 근로자를 사용하는 사업이나 사업장이어야 한다(근로기준법 제11조).[124] 헌법재판소는 일부 영세사업장의 열악한 현실을 고려하고, 근로기준법의 법 규범성을 실질적으로 관철하기 위한 입법 정책적 결정으로서 합리적 이유가 있다며 부당해고 제한조항과 노동위원회 구제 절차를 4인 이하 사업장에 적용되는 조항으로 포함하지 않은 것은 평등권을 침해하지 아니한다고 결정하였다.[125] 따라서 교회의 경우에도 종교인을 제외하고 교회 종사자가 5인 미만일 때, 근로기준법이 적용되지 않기 때문에 별도의 고용 기간 약정이 없는 때에는 원칙적으로 사용자는 근로자를 자유로이 해고할 수 있다.[126]

---

124) 근로기준법 제11조(적용 범위)
① 이 법은 상시 5명 이상의 근로자를 사용하는 모든 사업 또는 사업장에 적용한다. 다만, 동거하는 친족만을 사용하는 사업 또는 사업장과 가사(家事) 사용인에 대하여는 적용하지 아니한다.
② 상시 4명 이하의 근로자를 사용하는 사업 또는 사업장에 대하여는 대통령령으로 정하는 바에 따라 이 법의 일부 규정을 적용할 수 있다.

125) 헌법재판소 2019. 4. 11. 자 2017헌마820 결정.

126) 서울행정법원 2005. 12. 27. 선고 2005구합13605 판결.

Ⅲ. 교회 노동자

1. 교회 직원의 근로성 여부

교회에서 근무하는 종교인 아닌 사찰 집사, 관리집사는 근로자에 해당할까? 교회에서 근무하는 종교인 아닌 사찰 집사, 관리집사 등은 봉사직으로 근로자에 해당하지 않는다. 대한예수교장로회총회의 경우 2007년 교회의 직원(항존직, 임시직, 유급 종사자 포함)은 근로자가 아니며, 노동조합을 조직하거나 가입할 수 없다고 규정하였다(대한예수교장로회총회(통합) 헌법 시행규칙 제15조 제4항). 법원도 교회의 직원은 근로자가 아니라고 판단하였다. 교회의 의사결정은 당회, 제직회, 공동의회 등의 의결을 거쳐 이루어지므로 담임목사를 사용자로 볼 수 없고, 교회와 사용 종속적인 관계에 있다고 보기 어려우므로 교회의 부목사, 전도사, 장로, 권사, 집사는 직분자이지 근로자가 아니며, 근로자에 해당하지 않기 때문에 노동조합 및 노동관계조정법에서 정한 노동조합에 가입할 수 없고, 노조 설립도 할 수 없다(노동관계조정법 제2조 제4호 라목). 또한 법에서 정한 노동조합에 해당하지 않으므로, 노동위원회에 부당노동행위로 인한 구제를 신청할 수 없다(노동관계조정법 제7조 제1항). 다만 법원에 따라 담임목사 지위에 있는 목사나 장로, 집사, 권사 등 봉사직이 아닌 부목사, 전도사, 교회로부터 정기적으로 사례를 받는 직원은 근로자로 인정해야 한다고 판단하기도 한다.

2. 종교인 근로성 여부

담임목사 부목사, 전도사, 선교사 등 종교인은 근로자가 아니다. 근로기준법에 따르면 근로자는 사용자와 근로계약을 맺고 임금을 목적으로 사업이나 사업장에 근로를 제공하는 사람이어야 하므로, 종교업무에 종사하는 종교인은 교회가 당회, 제직회, 공동의회 등의 의결을 거쳐 의사 결정되기 때문에 사용자가 불분명하고, 임금을 목적으로 하는 사람이 아니기 때문에 근로자가 될 수 없으며, 노동조합을 설립하거나 노동조합에 가입할 수도 없다.[127)]

종교인에 대한 과세가 법률에 따라 시행되었지만, 4대 보험 의무가입 조항은 포함되지 않았다. 이는 종교인에 해당하는 부목사, 전도사는 교단 헌법이 우선 적용되어야 하는지, 국가 근로기준법을 적용하여 근로자성을 인정해야 할 것인지에 대한

127) 서울남부지방법원 2008. 2. 15. 선고 2007가합15685 판결.

논의가 필요할 것으로 보인다. 법원에 따라 종교인이더라도 부목사, 전도사의 경우에 근로자로 간주하기도 하는데, 부목사나 교회 직원을 논하는 장에서 언급하였다.

3. 종교단체에서 운영하는 기관이나 시설 종사자

종교단체에서 운영하는 기관이나 시설, 교단이나 교회에서 임금을 목적으로 노동을 하거나 노동조합법에서 규정하고 있는 것처럼, 임금, 급료 등 수입으로 생활하는 사무자, 관리인은 근로자이기 때문에 근로기준법 등 노동 관련 법률들의 적용을 받게 된다. 교회에서 근무하는 유급 종사자인 사무원, 운전기사, 종교단체에서 운영하는 사회복지시설, 유치원 등에서 근무하는 직원들은 근로자에 해당한다.[128]

4. 교회 종사자의 특수성

근로자는 근로의 대가로 정기적인 급여를 받아 생활하는 사람을 말하는데, 부목사, 전도사 등 종교인뿐만 아니라, 장로, 집사, 권사 등은 봉사직(奉仕職)으로 법이 정하고 있는 근로자에 해당하지 않는다. 따라서 조합설립이 허용되지 않으며, 조합가입도 인정되지 않는다. 교회 종사자는 근로의 대가로 급여를 받는 것이 아니고, 교회나 노회와 종속적인 관계에 있지 않으며, 하나님으로부터 소명 받아 일하는 청지기적 신학 사상에 기초하고 하기 때문이다.

5. 교회 내에 노조 설립

2004년 부목사인 L목사가 기독교 최초로 노조를 설립하였으나 교단 헌법에 저촉되고 부목사는 근로자가 아니라는 법원의 판결로 유명무실한 상태였는데, 2014년 강남에 소재하고 있는 S교회 직원들이 서울지방고용노동청에 노동조합 설립을 신고하고 대한기독교 노동조합을 설립하였다. 교회 종사자도 근로기준법 등 노동 관련 법률들의 적용을 받는 사무원, 운전기사, 종교단체에서 운영하는 사회복지시설, 유치원 등에 근무하는 직원들은 노조 설립 및 노조 가입이 가능하다(노동조합 및 노동관계조정법 제5조).[129] 기독교 기관인 기독교방송(cbs), 기독신문, 총신대 등에서 노조가

128) 대법원 1992. 2. 14. 선고 91누8098 판결.

129) 노동조합 및 노동관계조정법 제5조(노동조합의 조직 · 가입)
근로자는 자유로이 노동조합을 조직하거나 이에 가입할 수 있다.

설립되어 활동하고 있다.

교회 종사자들에 의한 노조 설립이나 노조 가입이 교회 관점에서는 달가운 일일 수는 없다. 그래서 교회나 담임목사는 얼마든지 교회노조에 대해 자신의 의사를 표명할 수 있다. 법원도 교회 담임목사가 직접 노조 활동에 대하여 불이익을 주는 내용이 아닌 교회노조 설립에 반대하는 발언을 하는 것은 개인적인 소신을 피력하는 것일 뿐이므로 노조법 위반이 성립되지 않으며,130) 교단총회에서 교단 헌법을 근거로 하여 개교회에서 노조를 조직하거나 노동조합에 가입할 수 없다고 피력하는 것도 부당노동행위에 해당하지 않는다고 하였다.131)

6. 근로계약서

(1) 근로계약서 개념

근로계약서(勤勞契約書)는 노동자와 사용자 사이에 근로의 조건을 내용으로 법률관계를 맺는 계약 문서를 말한다(근로기준법 제2조 제1항 제4호).132) 근로계약서는 노동자의 권리를 보호하는 것으로, 예측하지 못한 분쟁이 발생하는 경우에 입증자료가 된다. 그러나 근로계약서가 없는 경우에 입증하지 못하여 법적인 문제가 발생할 수 있으므로 반드시 서면으로 계약서를 작성하여 보관해야 한다. 근로계약서는 근로자와 사용자 모두에게 필요하다. 근로계약서를 작성할 의무는 근로자에 있는 것이 아니라 사용자에게 있으며, 서면으로 근로계약서를 작성하지 않으면 사용자와 근로자 모두에게도 불이익이 발생할 수 있다. 근로자는 근로계약서에 따른 근로조건이 사실과 다른 경우에 사용자에게 근로조건 위반을 이유로 손해 배상을 청구할 수 있으며 근로계약을 해제할 수 있다(근로기준법 제19조). 근로계약서에 서면으로 명시해야 하는 조건은 임금, 소정 근로시간, 주휴일, 연차 유급휴가, 취업의 장소와 업무, 취업규칙에서 정한 사항 등이다(근로기준법 제17조 제1항).

(2) 교회 종사자 근로계약서

근로계약서와 4대 보험 가입은 노동자가 제대로 된 근로를 할 수 있는 환경을 만

130) 서울고등법원 2008. 8. 14. 선고 2006누18364 판결.
131) 서울행정법원 2006. 12. 7. 선고 2006구합4141 판결.
132) 근로기준법 제2조 제1항 제4호
근로계약이란 근로자가 사용자에게 근로를 제공하고 사용자는 이에 대하여 임금을 지급하는 것을 목적으로 체결된 계약을 말한다.

드는 최소한의 충족 요건임에도 불구하고, 대다수 교회에서 근로계약서를 쓰지 않고 근무하는 직원들이 많다. 담임목사의 경우에는 개교회가 노회에 담임목사 청빙·청원을 하면서 청원서에 생활비 및 기타 비용에 관한 내용이 포함되어 있으나 부목사나 유급 직원의 경우 근로계약서가 없어 추가 근로기간 보장, 근로시간 준수, 임금 보장 및 휴가, 해고 사유 등이 불분명하게 된다. 기독교윤리실천운동본부(기윤실) 조사에 따르면 교회에서 사역하고 있는 부목사의 경우 개교회에서 채용하는 비정규직 고용 형태를 취하고 있으며, 대부분 근로계약서를 작성하지 않고 불안한 상황에서 사역하고 있는 것으로 나타난다.

Ⅳ. 판례

1. 교회 직원의 근로자성 성립

(1) 사실관계

예수교장로회총회(통합)는 헌법 시행규칙 제15조 제4항에 교회의 직원(항존직, 임시직, 유급 종사자 포함)은 근로자가 아니며, 노동조합을 조직하거나 가입할 수 없다는 규정을 삽입하여 개정하였다. 이에 교단 소속인 A교회는 2004년 설립된 K노동조합에 가입해 있던 교회 환경미화원인 서리 집사 甲에게 노조 탈퇴를 권유했고, A교회 서리 집사 甲은 A교회와 교단을 상대로 노조 활동 방해를 하지 말라는 취지의 소송을 제기하였다.

(2) 판결요지

법원은 대한예수교장로회 헌법상 집사는 교회를 봉사하고, 헌금을 수납하며, 구제에 관한 일을 하는 봉사직이고, 교회와 사용 종속적인 관계에 있음을 인정하기 어렵고 따라서 이들을 노동조합법상 근로자라고 단정하기도 어려워 노동조합을 조직하거나 가입할 수 없다는 규정을 이행할 것을 권고한 행위는 부당노동행위로 볼 수 없다고 판결하였다.[133)]

133) 서울행정법원 2009. 7. 16. 선고 2008구합20680 판결.

(3) 해설

교회에서 사명에 따라 봉사하는 직원 및 교회법에 따라 봉사하는 장로, 권사, 집사 등 직원은 근로자에 해당하지 않는다. 하지만 교회에 근로를 제공하고 그에 대한 대가로 정기적인 급여를 받으며, 근무조건에 대해 교회로부터 지시를 받고, 교회에 사용 종속적인 관계에 있음을 인정할 수 있게 된다면 관리집사 및 유급 직원 등은 노조법상 근로자에 해당할 수 있고, 노조에 가입하여 활동할 수 있다. 만약 유급 직원의 노조결성에 대해 교단 헌법에 따라 담임목사가 방해할 경우, 법적으로 부당노동행위가 될 수 있다(노동관계조정법 제81조).

2. 교회부설 유치원 교사

(1) 사실관계

대전에 있는 A교회에 청소 및 비품 관리를 담당하는 사찰 집사 1명, 교회 사무를 담당하는 사무원 1명, 교회 버스 운전기사 1명, 교회 소속 선교원에서 유아교육을 담당하는 선교원 교사 4명 등 모두 7명의 유급 직원이 근무하고 있었다. A교회는 유치원 교사 甲에 대해서 신앙 문제를 이유로 유치원 교사직을 해고하였다. 이에 유치원 교사 甲은 자신을 해고한 것은 노동법상 부당해고라고 주장하며 노동위원회에 구제신청을 하였고, 지방노동위원회(초심)은 유치원 교사 甲의 근로자성을 인정하였으나 중앙노동위원회(재심판정)는 유치원 교사 甲의 근로자성을 부정하였다. 이에 불복해 유치원 교사 甲은 중앙노동위원회를 상대로 재심 판정 취소소송을 제기하였고 승소하였는데, 이에 불복하여 중앙노동위원회는 대법원에 상고하였다.

(2) 판결요지

대법원은 근로기준법상의 근로기준법 제10조 및 제14조 소정의 사업, 또는 사업장 규정에는 그 종류를 한정하고 있지 않기 때문에 종교사업(교회)도 위 조문의 사업이나 사업장에 해당한다. 그리고 교회 산하의 유치원 교사는 근로기준법 제18조에 의해 교회에 근로를 제공하고 그 대가로 사용자인 교회로부터 임금을 수령하는 근로자에 해당한다며 교회 산하 유치원 교사 甲을 해고한 A교회의 행위는 근로기준법 위반에 해당한다고 판시하였다.[134]

(3) 해설

근로기준법은 사용자는 근로자에게 정당한 이유 없이 해고, 휴직, 정직, 전직, 감봉, 그 밖의 징벌을 하지 못한다고 규정하고 있다(근로기준법 제23조 제1항). 법원은 교회를 근로기준법상의 사용자로 인정한다. 따라서 사용자에 해당하는 교회는 근로기준법의 적용을 받게 되는 것이다. 다만 모든 사용자, 사용자단체라고 하더라도 근로기준법이 적용되는 것은 아니며, 원칙적으로 5명 이상의 근로자를 사용하는 사업장에 적용되는 까닭에 교회 직원이 5인 미만이면 적용되지 아니한다. 대법원은 교회 산하의 유치원 교사가 임금을 수령하는 근로자에 해당하는지에 대해 근로기준법 제18조에 의한 임금은 그 명칭을 불문하고 근로의 대상으로 사용자로부터 받는 일체의 금품을 말하는 것이므로, 교회 산하의 유치원 교사는 교회에 근로를 제공하고 그 대가로 교회로부터 임금을 수령하는 근로자에 해당한다고 판시한 것이다.

결론적으로 교회는 사용자에 해당하고 유치원 교사가 근로자에 해당하므로, 유치원 교사의 근무 관계에 대하여 근로기준법이 적용된다는 판결로서 교회가 정당한 이유가 없이 유치원 교사를 해고한 행위는 근로기준법 위반에 해당한다.

(4) 교회와 주 52시간 근로제

2020년 1월 1일부터 근로소득세를 원천 징수하는 직원이 5인 이상 49인 이하인 사업장에도 주 52시간 근로제가 도입되어 이를 어길 경우, 사업주는 징역 2년 이하 또는 2천만 원 이하의 벌금형을 받게 될 수 있다. 교회는 새벽예배 시간부터 차량 운행을 하는 경우가 있고, 새벽예배 시간부터 차량 운행을 업무시간으로 볼 수 있어서 주 52시간 근로제를 위반하게 될 수밖에 없다. 따라서 대법원 판례처럼, 교회가 사업장에 해당한다고 한다면, 근로소득세를 원천 징수하는 직원이 5인 이상 49인 이하인 교회의 경우 문제가 발생하게 된다. 하지만 종교업무가 아닌 교회에서 운영하는 유치원 교사에 대한 판결은 다르다. 유치원 교사는 당연히 근로자이기 때문에 이때 교회에서 유치원을 운영하는 경우 교회는 사업자(사용자)의 지위에 있게 되는 것이다. 그러나 부목사, 전도사의 경우 근로자가 아닌 종교 고유 업무에 종사하는 종교인이다. 대부분 판례에서도 부목사 교육전도사는 근로자성을 제외하고 있고,[135)]

134) 대법원 1992. 2. 14. 선고 91누8098 판결.

135) 서울남부지방법원 2008. 2. 15. 선고 2007가합15685 판결, 서울행정법원 2005. 12. 27. 선고

종교인 과세에 있어서도 근로자와 종교인을 구분하고 있다. 하지만 교회 부목사, 전도사를 제외한 교회 사무원, 환경미화 청소원, 운전사 등 근로자 5인 이상을 고용하는 교회는 사업장에 해당한다.

3. 교회 직원의 해고

(1) 사실관계

A교회는 담임목사 외에 부목사 1명, 교육전도사 3명, 전도사 1명, 관리집사 1명이 소속되어 있다. 관리집사 甲은 불성실한 근무태도와 잦은 분실사고에 대한 미흡한 대처 및 무분별한 업무 자세 등으로 사유로 A교회 기획위원회의 의결을 거쳐 해고통지를 받았다. 관리집사 甲은 서울지방노동위원회에 구제신청을 하였는데, 서울지방노동위원회에서 부당해고로 인정하여 복직 명령과 임금 지급 등 구제명령을 발령하자 교회는 중앙노동위원회에 재심 신청을 하였으나 기각판결을 받자 소송을 제기하였다.

(2) 판결요지

A교회는 담임목사 외에 부목사 1명, 교육전도사 2명, 심방 전도사 2명, 기획 전도사 1명, 관리집사 1명이 소속되어 있으나 부목사는 신앙 활동의 담당자로서 교회 운영의 주체이고, 전도사들도 일부 금원을 지급받기는 하지만 이는 업무와 대가성이 아닌 포교 및 교육활동에 대한 실비변상 또는 학비 보조 성격으로 근로기준법상 근로자로 볼 수 없다. 따라서 부목사 1명, 교육전도사 2명을 제외하면 나머진 인원은 4명에 불과하여 5인 이상을 고용한 사업장에 해당하지 아니하므로 근로기준법 제30조 1항, 제33조가 적용되는 사업장에 해당하지 않으므로 해고 등의 제한을 받지 아니한다고 판시하였다.[136]

(3) 해설

법원은 종교사업(교회)이 근로기준법 소정의 사업, 또는 사업장에 해당한다고 판단한다. 하지만 교회 부목사나 교육전도사 등은 담임목사와 직접적 종속관계에 있지

2005구합13605 판결.

136) 서울행정법원 2005. 12. 27. 선고 2005구합13605 판결.

않고, 교회로부터 지급받는 금원도 근로의 대가라고 할 수 없어 종교인인 부목사나 교육전도사는 근로기준법상 근로자에 해당하지 않는다. 또한 근로기준법이 적용되려면 상시 근로자가 5인 이상이어야 하는데, 상시 5인 이상의 근로자 미만의 교회는 근로기준법상 소정의 사업 또는 사업장에 해당하지 않는다.

4. 무단결근으로 인한 해고

(1) 사실관계

A교회는 교회 사무장 甲에 대하여 교역자 지시에 불응하고, 폭언을 지속적으로 하였으며, 연차휴가 신청을 반려하였는데도 불구하고, 임의로 결근한 것을 그 사유로 교회 내부 규정에 따른 일반직원 징계 절차를 거쳐 해고하였다.

(2) 판결요지

교회는 신앙공동체로서 구성원들 상호 간의 존중 및 신뢰가 다른 집단보다 더 요구되는 점, 교회 사무장의 주된 임무는 교역자들의 목회 활동을 원활히 이루어질 수 있도록 교역자들의 지시를 받아 교회 일반 행정업무를 조정하고 보조하는 것으로서 교역자들과의 신뢰 관계 유지가 절대적이다. 그럼에도 불구하고 담임목사 지시에 불만을 표시하거나 대항하고, 교역자들에 대해 폭언을 한 점, 지속적 상사의 지시에 불이행 행위 및 폭언행위는 신앙공동체인 교회의 질서에 대한 위해서라는 측면에서 매우 중대한 비위행위에 해당하고, 더 이상 근로관계가 유지될 수 없을 정도로 신뢰관계가 깨졌다고 할 수 있으며, 그 책임은 근로자인 교회 사무장 甲에게 있다 할 것이고, 이와 같은 비위행위로 해고한 것은 정당한 징계재량권 범위 내에서 한 것이라고 볼 수 있다고 판시하였다.[137)]

(3) 해설

교단 헌법상 직원은 장로, 집사, 권사, 전도사, 서리 집사 등 직분을 가진 사람으로 규정하고 있다. 따라서 법원은 신앙 자체가 아닌 단체의 업무를 수행하는 교회 사무장은 교회의 헌법상 직원이 아니므로, 교회가 신앙생활상의 범죄행위가 아닌 근

---

137) 서울행정법원 2004. 1. 27. 선고 2003구합25611 판결.

로계약상 의무위반을 사유로 사무장을 징계·해고한 것이므로, 교회 규정에 따른 일반 직원의 징계 절차는 정당하다고 한 것이다.

5. 교단총회의 헌법해석과 노조의 단결권 침해

대한예수교장로회총회 헌법위원회가 '교회 내 부교역자 및 직원들의 기독교 노조 가입은 총회 헌법 해석상 불가하다.'라는 해석을 한 것은 종교적·영적인 영향력 및 지배력 행사로서 노조법상의 지배나 개입에 해당하지 않는다.[138]

6. 교회와 담임목사의 교회노동조합 활동 방해

(1) 사실관계

서울 H교회 직원인 乙과 丙이 교회에서 기독교노동조합의 지회설립을 추진하는 것을 두고 H교회 교인들은 담임목사 甲의 노동조합 설립에 대한 부정적인 발언(지시)을 듣고 교회시설 내에서 기독교노동조합의 지회 결성을 하지 못하도록 막았다. 다음 해 목사 甲이 직원인 乙과 丙에 대한 직무 정지 대기발령 및 해고 등 징계처분을 내렸다.

(2) 판결요지

담임목사 甲이 교회 소속 직원인 乙과 丙에 대한 직무 정지 대기발령 및 해고 등 징계처분을 한 것이 피고인의 부당노동행위 의사에서 비롯된 것이라고 단정할 수 없고, 달리 이를 인정할 증거가 없다. 담임목사 甲의 발언으로 교인들의 행동들은 교회의 시설관리 권한에 기하여 H교회 안에서 기독교노동조합의 지회 출범식을 하지 못하게 한 것일 뿐, 근로자가 노동조합을 조직 또는 운영하는 것을 지배하거나 이에 개입하는 부당노동행위에 해당한다고 할 수 없고, 달리 이 부분 공소사실을 유죄로 인정할 증거가 없다. 담임목사 甲이 원심 판시 각 징계처분을 할 당시 그 징계처분에 정당한 사유가 있다고 판단한 것이 무리가 아니었던 것으로 보이므로, 설사 위 각 징계처분이 사법절차에서 정당한 이유가 없는 것으로 인정되어 무효로 된다고 하더라도 그와 같은 사유만으로 피고인의 위 각 징계처분 행위를 사회 통념상 가벌성

---

138) 서울행정법원 2006. 12. 7. 선고 2006구합4141 판결.

이 있는 것으로 평가하여 형사 범죄가 성립하는 것으로 단정하기는 어렵다고 할 것이다. 원심판결의 이유에 이에 관하여 일부 적절하지 못한 설시가 있으나 근로기준법에 의한 형사처벌의 대상이 되지 않는다고 판시하였다.139)

(3) 해설

교회 담임목사의 지시에 따라 교회 내에서 기독교노동조합의 지회 결성을 막은 것은 노동조합법 위반죄가 성립하지 않는다. 부당노동행위가 성립하기 위해서는 근로자의 노동조합 업무를 위한 정당한 행위(노동삼권)와 사용자의 불이익 취급 사이에 인과관계가 있어야 한다. 즉 사용자가 노동자에 대해 해고 등의 불이익한 처분을 함에 있어 표면상의 사유와는 달리 실질적으로는 노동자가 노동조합 업무를 위한 정당한 행위를 한 것을 이유로 불이익 처분을 한 것이 인정된다면 부당노동행위에 해당한다.140) 하지만 법원은 사용자의 부당노동행위 의사가 일부 추정되더라도 징계사유의 정당성이 인정된다면 부당노동행위에 해당하지 않는다고 판단하고, 징계사유가 있더라도 노동자의 노동조합 활동이 없었더라면 사용자의 불이익 처분도 없었을 것이라고 판단되는 경우에 불이익 취급 부당노동행위로 판단한다. 사례로 교회가 기독교노동조합의 지회 결성을 위한 교회시설의 사용을 금지한 것은 노동조합 활동을 방해한 부당노동행위에 해당하지 않는다.141)

7. 교회의 관리집사 해고와 부당노동행위

교회 공금을 횡령하고 폭행을 한 관리집사 등을 인사위원회 결의로써 해고한 것은 해고 절차상으로나 해고의 실체적 사유에 있어서 위법이 없는 정당한 해고에 해당한다.142)

8. 교회 직원인 사무장의 업무상 재해보상

(1) 사실관계

A교회 직원으로 사무장인 전도사 甲은 교회로부터 차량 유지비를 지원받는 조건

139) 대법원 2008. 1. 24. 선고 2007도6861 판결.
140) 대법원 2010. 3. 25. 선고 2007두8881 판결.
141) 서울고등법원 2008. 8. 14. 선고 2006누18364 판결.
142) 서울고등법원 2008. 8. 14. 선고 2006누26709 판결.

으로 구입한 자신 소유의 다인승 차량에 담임목사의 지시로 새벽기도회에 참석하는 교인들을 수송하고 주차하는 도중에 차량과 함께 언덕 아래로 떨어지는 사고로 상병을 당하여 근로복지공단에 요양 승인 신청을 했으나 요양 불승인 처분이 내려지자 근로복지공단을 상대로 요양 불승인 처분 취소소송을 제기하였다.

(2) 판결요지

교회와 같이 종교 활동을 하는 사업장의 근로자가 근로자로서 교회 업무는 물론 교인으로서 사적인 목적으로 종교 활동을 하는 경우, 그 근로자의 행위가 교회의 업무에 해당하는지 아니면 순수한 종교 활동에 해당하는지 여부는 그 행위가 사업주의 명시적 또는 묵시적 지시 또는 승인하에 이루어졌는지 아니면 근로자의 자발적 의사에 이루어진 것인지, 그 행위의 주된 목적이 교회 업무를 수행하기 위한 것인지 아니면 개인의 신앙에 따른 종교 활동을 수행하기 위한 것인지, 또는 그 행위의 주된 내용이 교회 업무에 해당하는지 아니면 종교 활동에 해당하는지 등을 종합적으로 고려하여 판단해야 할 것인데, 위 인정 사실에 의하면, 사무장 甲은 교회가 산 중턱에 위치하고 있어 대중교통편이 불편했기 때문에 신도들의 편의를 위하여 신도들을 교회로 수송하는 행위가 교회의 일상적인 업무로 행해졌고, 평소 사무장 甲이 버스를 놓친 신도들을 교회로 수송하는 행위를 해 왔으며, 사무장 甲이 특별새벽기도회에 교인들을 수송하기 위하여 새벽 4시부터 근무에 임하라는 담임목사의 지시를 받고 평소와 달리 이른 시간에 신도들을 교회로 수송하다가 이 사건 사고를 당하였으므로, 사무장 甲이 신도들을 교회로 수송한 행위는 甲이 전도사로서 종교 활동의 발현 또는 개인적 신앙생활의 발현과정으로 한 행위라고 볼 수 없고, 교회 업무의 일부로 한 행위로 보아야 한다며 업무상 재해에 해당한다고 판시했다.[143]

Ⅴ. 성경과 노동

1. 하나님이 복 주신 신성한 노동

창1:28「하나님이 그들에게 복을 주시며 하나님이 그들에게 이르시되 생육하고 번성

143) 서울행정법원 2006. 3. 29. 선고 2006구합7249 판결.

하여 땅에 충만하라, 땅을 정복하라, 바다의 물고기와 하늘의 새와 땅에 움직이는 모든 생물을 다스리라 하시니라」

과거에 유교의 영향으로 노동은 천민이나 노비가 하는 천박한 것으로 여기는 때가 있었다. 하지만 노동은 하나님이 사람에게 주신 신성한 가치이고 노동을 하는 사람은 존중받아야 한다. 하나님은 사람을 창조하시고 다섯 가지 복을 약속하였는데, 생육, 번성, 충만, 정복, 다스림이다. 땅을 정복하라는 히브리어는 '카바쉬'(כבש)로 '복종시키다' 또는 '개간'을 뜻하는 말이다. 사람은 자연을 일구고 개간해야 한다. 노동은 아담의 죄에 대해 내려진 형벌이 아니다. 하나님이 사람을 창조하시고 복을 주셔서 땅(자연)을 일구고 개간하므로 얻어지는 소산으로 일용할 양식으로 삼도록 복을 주셨다. 그런데 사람들은 창세기 3장 19절 말씀을 인해 노동이 하나님의 언약을 깨뜨린 죄의 결과인 형벌로만 생각하는 경향이 있다. 하지만 노동은 죄의 형벌이 아니라. 하나님의 복 주심이다. 창세기 3장 19절 "땀을 흘려야 먹을 것"을 먹는다는 것은 땅에 씨앗을 뿌린다고 하여 저절로 소산을 얻을 수 없고, 잡초, 벌레, 다양한 기후변화에서 부지런히 땀을 흘리고 수고하는 노동이 있어야만 소산을 얻게 된다는 것을 의미한다.

창2:15「여호와 하나님이 그 사람을 이끌어 에덴동산에 두어 그것을 경작하며 지키게 하시고」

하나님은 에덴동산에서도 아담으로 하여 일하도록 하셨다. 사람은 다른 동물들과 다르게 아무 일도 하지 않으면서 먹고 살지 말고, 일하면서 먹고 살아야 한다는 것이다. 노동은 생계 수단일 뿐만 아니라, 동시에 자신의 자아를 실현하는 수단이다.

출20:10「일곱째 날은 네 하나님 여호와의 안식일인즉 너나 네 아들이나 네 딸이나 네 남종이나 네 여종이나 네 가축이나 네 문안에 머무는 객이라도 아무 일도 하지 말라」

하나님은 노동을 명령하셨다. 일곱째 날은 아무 일도 하지 말라는 의미는 사람은 엿새 동안 힘써 일해야 한다는 것을 의미한다. 그리스도인이 주중에 열심히 일하는 것은 의무이며, 일하지 않는 것은 하나님 앞에 죄가 된다. 그리스도인은 하고 싶은 일보다 해야 할 일을 하고, 해야 할 일이라면 지금 시작하고, 어차피 일해야 한다면 성실하게 일해야 한다(골3:22–23).

2. 야곱과 라반의 계약

창31:41 「내가 외삼촌의 집에 있는 이 이십 년 동안 외삼촌의 두 딸을 위하여 십사 년, 외삼촌의 양 떼를 위하여 육 년을 외삼촌에게 봉사하였거니와 외삼촌께서 내 품삯을 열 번이나 바꾸셨으며」

야곱과 라반은 노동시간과 품삯 등 노동계약을 맺고, 야곱은 밤낮 구분 없이 두 아내를 위해 십사 년, 라반의 양 떼를 위하여 육 년, 총 이십년 동안 라반을 위해 노동을 제공하였다(창31:41). 하지만 라반은 야곱과의 계약을 번번이나 어기고 일방적으로 열 번이나 바꾸었다. 라반이 복을 받을 수 있었던 것은 야곱과 함께하셨던 하나님이 배후에 있었기 때문이다. 그것을 알고 있던 라반은 야곱이 요셉이 태어난 후에 고향으로 떠나가려고 하자 계속해서 자신을 위해 곁에서 일해 주기를 바란 것이다(창30:27). 라반과 야곱은 계약을 맺는데, 라반의 간계로 품삯 대신에 생물학적으로 태어날 수 없는 양과 염소를 조건으로 하는 불가능한 계약을 맺었다(창30:31－36). 하지만 하나님은 약속을 열 번이나 어긴 라반을 위해 힘써 일한 야곱에게 복을 주셔서 라반을 위해 일한 6년 동안 야곱이 받지 못했던 품삯을 모두 얻고 고향으로 돌아올 수 있도록 하였다. 하나님이 야곱을 통해서 라반에게 복을 주신 것처럼, 신실한 신앙인을 통해 복을 주시는 까닭에 그리스도인 사업가는 직원을 아낄 줄 알아야 한다. 더불어 라반과 같이 불평등한 지위를 이용하거나 부당한 방법을 동원하여 노동자와의 계약을 무단으로 바꾸는 부당한 행위를 멀리해야 한다.

3. 곤궁하고 빈한한 품꾼

신24:14-15 「[14] 곤궁하고 빈한한 품꾼은 너희 형제든지 네 땅 성문 안에 우거하는 객이든지 그를 학대하지 말며 [15] 그 품삯을 당일에 주고 해 진 후까지 미루지 말라 이는 그가 가난하므로 그 품삯을 간절히 바람이라 그가 너를 여호와께 호소하지 않게 하라 그렇지 않으면 그것이 네게 죄가 될 것임이라」

품꾼인 '에르가테스'(ἐργάτης)는 하루 일해서 그날 먹고 살아가는 사람으로 당일 품삯을 받아야만 가족들과 양식을 먹을 수 있는 아주 극도로 가난한 사람이다. 아버지로부터 물려받은 재산을 모두 탕진한 아들은 아버지에게 돌아가 자신을 품꾼의 하나로 보아 달라 말하겠노라고 하고 집으로 돌아갔으나 아버지는 그를 아들로 맞이하였다(눅15:17).

"곤궁하고 빈한(貧寒)한 품꾼"은 품삯을 받고 생계를 하는 일용직 근로자를 뜻한다. 곤궁하고 빈한한 품꾼은 품삯을 간절히 바라고 사는 사람이다. 품꾼의 지위나 신분은 중요하지 않으며, 이스라엘 동족이든지 객(이방인, גֵּר)이든지 차별하지 말고 모두 동등하게 품삯을 지급해야 하고, 품삯을 내일로 미루지 말고 당일에 지급해야 한다(레19:13).

> **딤전5:18**「성경에 일렀으되 곡식을 밟아 떠는 소의 입에 망을 씌우지 말라 하였고 또 일꾼이 그 삯을 받는 것은 마땅하다 하였느니라」

교회는 목회자이든지, 교회직원이든지 마땅히 지급해야 할 삯에 대해 지급을 거절하거나 미루지 말아야 할 것이다.

> **약5:4**「보라 너희 밭에서 추수한 품꾼에게 주지 아니한 삯이 소리 지르며 그 추수한 자의 우는 소리가 만군의 주의 귀에 들렸느니라」

"학대하다"는 히브리어로 '아사크'(עָשַׁק)인데, '학대하다', '억압하다', '착취하다'는 뜻이다. 특히 과부와 같은 연약한 사람, 가난한 사람을 압제하는 행위, 또는 강압적인 방법으로 빼앗는 것을 뜻한다. 품꾼을 고용한 사람은 가난한 일꾼들을 학대하거나 마땅히 지급해야 하는 인건비를 착취해서는 안 된다. 학대는 협박하거나 폭력을 행사하는 것만이 아니라, 지급해야 되는 노임을 주지 않는 것도 학대에 해당한다. 만약 품꾼이 삯을 받지 못하여 여호와께 호소하게 된다면 하나님이 들으시고, 가난한 사람들을 학대하는 행위는 그들을 지으신 하나님을 멸시하는 행위로 여기고(잠14:31), 공의로우신 하나님께서 억압받는 사람들을 대신하여 심판하시겠다고 하셨다(시103:6).

4. 예수님과 노동

> 요5:17「예수께서 그들에게 이르시되 내 아버지께서 이제까지 일하시니 나도 일한다 하시매」

하나님은 졸지도 아니하시고 주무시지도 아니하시고 일하신다(시121:4). 예수님은 하나님도 일하시므로, 아들이 일하는 것은 당연하다고 하였다. 예수님은 직접 가족의 부양을 위해 목수로서 노동을 하였고(막6:1-4), 하나님이 일하시니 자신도 일한다며 하나님 나라를 선포하시며 안식일에 병자들을 치료하는 일을 하였다(요5:17). 하나님은 한 주의 첫날인 주일에 노동을 쉬도록 하고, 엿새 동안 부지런히 노동하도록 하셨다(출20:10).

> 마20:8「저물매 포도원 주인이 청지기에게 이르되 품꾼들을 불러 나중 온 자로부터 시작하여 먼저 온 자까지 삯을 주라 하니」

예수님은 두 가지 노동은 권장하였다. 첫째는 사람의 생명과 건강을 지키는 일이고, 둘째는 사랑과 긍휼을 베푸는 일이다. 포도원 주인은 일자리가 없는 사람들을 아침 일찍 찾아 일꾼으로 고용하고, 하루 품삯으로 한 데나리온을 주기로 계약을 맺고 포도원에서 일하도록 하였다. 유대인의 하루는 해가 뜨는 오전 6시부터 해가 지는 오후 6시까지를 의미한다. 맨 처음에 포도원에서 일하기 시작한 일꾼은 오전 9시(3시)였고, 맨 나중에 일하기 시작한 일꾼은 오후 5(11시)시였다. 포도원 주인은 율법에 따라 '당일'(신24:15), 오후 6시가 되자 맨 나중에 온 일꾼부터 맨 처음에 일하기 시작한 일꾼에 이르기까지 동일한 한 데나리온의 품삯을 주었다.

포도원 주인이신 하나님은 품꾼이 일한 시간과 상관없이 하루 품삯을 지급함으로써 가족의 건강과 생계를 책임지도록 하신 것이다(물론 본문은 예수님을 영접하고 구원에 이르게 된 시기와 상관없이 구원하신다는 의미가 있다. 마19:30). 포도원 주인은 계약대로 한 데나리온 지급하므로 계약을 지켰으며, 나중에 일을 시작한 품꾼에게는 자비를 베푼 것이다. 노동자와 계약을 지키고, 노동자를 차별하지 않으며, 빈곤한 처지에 있는 사람에게 자비를 베푼 포도원 주인의 마음이 오늘날 사업을 경영하는 그리스도인의 자세가 되어야 한다.

5. 바울과 노동

> 살후3:10-12「[10] 우리가 너희와 함께 있을 때에도 너희에게 명하기를 누구든지 일하기 싫어하거든 먹지도 말게 하라 하였더니 [11] 우리가 들은즉 너희 가운데 게으르게 행하여 도무지 일하지 아니하고 일을 만들기만 하는 자들이 있다 하니 [12] 이런 자들에게 우리가 명하고 주 예수 그리스도 안에서 권하기를 조용히 일하여 자기 양식을 먹으라 하노라」

모든 사람에게 있어서 노동은 신성한 의무이다. 성별, 신분, 지위, 일의 귀천에 상관없이 모든 사람은 노동의 의무를 다해야 한다. 사도 바울은 데살로니가에 머물면서 음식을 값없이 먹지 않고 다른 사람들에게 폐를 끼치지 않기 위해 밤낮 힘써 일하였다. 바울은 자기가 해야 할 일은 하지 않으면서 남의 일에 참견하며 방해하지 말아야 하며, 누구든지 생계를 위해 일하기 싫어하는 사람은 먹지도 말게 하라고 하였다.

6. 목회자와 생활비

> 딤전5:17-18「[17] 잘 다스리는 장로들은 배나 존경할 자로 알되 말씀과 가르침에 수고하는 이들에게는 더욱 그리할 것이니라 [18] 성경에 일렀으되 곡식을 밟아 떠는 소의 입에 망을 씌우지 말라 하였고 또 일꾼이 그 삯을 받는 것은 마땅하다 하였느니라」

예수님은 일꾼이 자기 먹을 것을 얻는 것과 자기 삯을 받는 것이 당연한 권리임을 선언하였다. 가르치는 장로(목사장로)는 성도들을 말씀과 가르침으로 양육하는 일꾼이므로, 가르치는 장로에게 품삯을 주는 것은 마땅하고 당연하다. 곡식을 밟아 떠는 소도 그 대가로 먹을 것을 주는 것이 당연한 것처럼, 하나님의 일을 하는 일꾼에게 그 삯을 주는 것은 당연하다. 칼빈은 교회를 위해서 일하는 사역자들이 먹을 것이 부족하지 않도록 공적인 경비로 생활을 유지한다는 것은 정당한 일이며, 또한 하나님의 율법에 의해서도 인정된 일이라고 하였다(고전9:14, 갈6:6). 그러나 동시에 검소한 모범을 보여야 하는 사역자들이 사치하고 방종한 생활을 할 만큼 많이 받지 말고, 꼭 필요한 정도이어야 한다고 하였다.[144)]

교회 사역에 전무하는 목회자는 곤궁하고 빈한하다. 물론 요즘 대형교회 목회자들에게는 남의 이야기로 들리겠지만, 한국교회 안에는 열악한 교회 형편으로 인해 기근에 허덕이며, 그날 하루 양식으로 만족하며 살아가는 목회자들이 많다. 교회사역에 전무하는 목회자는 다른 생계 수단이 없는 까닭에 생활비가 지급되지 않는다면 목회자 가정은 생활할 수 없게 된다. 따라서 교회는 예산을 계획하거나 교회 재정 운영에 있어서 목회자 생활비가 첫 번째 기준이 되어야 하고, 집행에 있어서도 우선순위에 두어야 한다(고전9:9).

---

144) 존 칼빈,「한영기독교강요」제4권, 기독성민출판사, 1993, 135면.

7. 노동 주일 제정

우리나라는 경제 성장주의에 입각한 정책으로 노동자들이 열악한 근로환경에서 산업재해로 희생당했으며, 노사갈등, 빈부격차, 극심한 생활고 등 사회 양극화가 심화되었다. 대한예수교장로회(통합)총회는 제44회 총회에서 노동의 신성함과 노동자들을 존중한다는 의미로 근로자의 날(5월 1일) 앞 주일을 노동 주일(Labor of Holy for Sunday)로 제정하였다. 한국교회는 노동을 신성하게 여기고, 노동자를 존중해야 한다. 노동의 가치를 소중하게 여기고, 노동의 대가에 정당한 대우를 받게 하며, 공정한 소득의 재분배, 노동자들을 존중하므로 경제정의를 실현해 가야 한다. 고용 노동 관련 OECD 통계에 의하면, 우리나라는 OECD 국가들 가운데 연간 노동시간 3위, 연간 취업 시간 2위, 실제 은퇴 나이 2위, 저임금노동자 비중이 2위, 남녀노동자 임금 격차 1위, 임시직 노동자 비중 5위로 나타나고 있다. 즉 한국의 노동자들이 일은 많이 하지만, 고용은 불안하며, 남녀 차별이 심하고, 정년퇴직 나이와 상관없이 70살이 넘도록 일을 해야 하며, 젊은 세대들은 정규직이 아닌 비정규직과 기간제 일자리도 찾기 어려운 상황에 처해 있다는 것이다.

Ⅵ. 결론

직장에서 노동을 제공하고 노임을 받지 못한 사람들이 많다. 반면 자신은 호의호식하면서 재산을 숨겨두고 탐욕에 눈이 어두워 악의적으로 노임을 지급하지 않는 악덕 고용주들이 있다. 국가는 노동자들이 억울하게 노동을 착취당하고 노임을 받지 못하는 불행한 일이 발생하지 않도록 법을 강화해야 한다. 그리고 사업장을 운영하는 그리스도인은 정당하게 노임을 지급하는 선한 사용자가 되어야 한다.

교회는 목회자에 대한 생활비 지급, 교회 직원들에 대한 사례비를 고의로 체불(滯拂)하거나 특별한 사정없이 지급을 미루어서는 안 되며, 가능한 선불(先拂)로 지급하는 모범을 보여야 한다. 그리고 부당하고 불공정한 노동행위를 요구하거나, 위법한 해임 등을 삼가야 한다. 또한 부당한 편법을 동원하여 기부금 형식으로 노임을 강취하거나 봉사를 빌미로 노동이나 노임을 착취해서도 안 된다. 그리고 교회에서 운영하는 유치원이나 사회복지시설에서 교회로 이명 및 출석을 조건으로 고용하거나 노임의 일정 금액을 헌금하도록 강요하는 행위도 삼가야 한다. 그리스도인이 경영하는 사업장의 경우, 불법적인 사업을 하거나 노동자에게 부당한 노동을 강요하거나 직원들에게 지급해야 할 임금을 체불하거나 노임을 다음으로 미루어서는 안 된다. 이러한 행위는 모두 불법행위이며 하나님께 죄가 된다(신24:14–15). 국가법을 떠나서 하나님이 묵과하시지 않을 것이라 하였다. 교회는 상시 근무하는 교회 사무원, 관리집사 등 교회 직원(근로사)이 5인 이상인 경우, 근로기준법을 준수하여야 하고, 4대 보험에 의무 가입하고 각종 근무 외 수당, 퇴직금을 지급해야 하며, 근로소득세를 원천 징수하여 납부해야 한다. 그리고 상시 근로자가 5인 미만에 해당하는 교회일지라도 교회는 가능한 근로기준법을 준수하고, 직원들에 대해 동역자 의식을 가지고, 직원들에게 유익이 되는 방향으로 적용해가야 한다.

제4장

교회 재산

제4장

교회 재산

제1절 ‖ 교회 재산과 총유물

Ⅰ. 공동소유의 형태

1. 공동소유의 개념

본래 물건(物件)은 한 물건에 대해 한 사람이 소유권을 갖는 일물일인(一物一人)이 원칙이고, 한 물건에 대해 여러 사람이 공동소유하는 일물다인(一物多人)이 인정되지 않는다. 그런데 현대는 한 물건을 여러 사람이 공동으로 소유하거나 이용하는 일물다인의 경우가 많아지고 있다. 공동소유(共同所有)라는 말은 한 사람이 소유권(所有權)을 가지고 있는 것이 아니라, 2인 이상이 소유권을 가지고 있다는 뜻이다. 우리 구(舊)민법에서는 공동소유의 형태로 공유(共有)에 관해서만 규정을 두고 있었는데(舊민법 제249조 내지 제263조), 1961년 현행 민법이 제정 시행되면서 공동소유의 형태로 공유(제260조－제270조), 합유(제271조－제274조), 총유(제275조－제277조) 등의 세 가지 형태로 규정하였다. 공동소유의 세 가지 형태는 여러 사람이 공동으로 소유한다는 의미에서 서로 비슷한 개념이지만, 우리 민법에서는 그 형태를 구별하여 각각의 관리와 처분에 있어서 내용을 달리하고 있다. 공유, 합유, 총유의 공동소유는 인적결합 형태의 물권법적 반영이라고 할 수 있는데, 세 가지 공동소유의 형태에서 공유(共有)는 개인주의적인 공동소유 형태로 인적 결합 형태가 가장 약한 반면, 총유(總有)는 단체주의적 공동소유 형태로 인적 결합 형태가 매우 강하다고 할 수 있다.

2. 공유

(1) 공유 개념

공유(共有)는 한 개의 동일한 물건의 소유권을 양적으로 분할하여 여러 사람이 지분을 나누어 공동으로 소유하는 것을 말한다(민법 제262조).[1] 공유는 근대적 공동소유의 전형적인 형태라고 할 수 있다. 공유에서 각 공유자가 공유물에 대하여 가지는 소유의 비율을 지분(持分)이라 하고, 이러한 지분에 기해 각 공유자가 공유물에 대하여 가지는 권리를 지분권(持分權)이라고 한다. 예를 들어 A, B, C가 각자 1억 원을 투자하여 3억 원에 해당하는 X토지를 샀다면 A, B, C는 각각 3분의 1에 해당하는 1억 원씩 분량의 지분을 공유하게 되고, X토지의 자기 지분 3분의 1에 해당하는 지분에 대한 처분권을 자유롭게 할 수 있다(민법 제263조).

(2) 공유의 성립

공유는 당사자의 계약으로 성립하는데, 여러 사람이 하나의 물건을 공동으로 소유하기로 합의함으로써 성립한다. 이때 그 물건이 동산(動産)이면 공동으로 점유 및 사용하고, 부동산(不動産)인 경우에는 등기하므로 공유관계가 성립한다. 부동산등기는 공유등기(共有登記)와 지분등기(持分登記)를 모두 해야 한다. 만약 지분등기가 없으면 지분은 균등한 것으로 추정하게 되고(민법 제262조 제2항), 실제의 지분비율로 제삼자에게 대항하지 못한다.

(3) 공유의 지분

지분(持分)이란 '1개의 소유권의 분량적 일부분'을 말하고, 지분의 비율은 공유자(共有者) 사이의 약정 또는 법률 규정에 따라 정하여진다. 공유자가 지분을 포기하거

---

1) 민법 제262조(물건의 공유)
① 여럿이 물건을 지분으로 소유하는 경우에는 그 소유는 공유이다.
② 공유자의 지분은 균등한 것으로 추정한다.

나 상속인 없이 사망한 경우, 그의 지분은 다른 공유자에게 각 지분의 비율에 따라 귀속된다. 다른 공유자는 자신에게 귀속될 공유지분에 관하여 소유권 이전 등기청구권을 취득하며, 이후 민법 제186조에 의하여 등기를 해야 공유지분 포기에 따른 물권변동의 효력이 발생한다.[2] 각 공유자는 자유로이 자신의 지분을 처분할 수 있다(민법 제263조).[3] 즉 지분을 양도할 수 있고 자신의 지분 위에 담보물권을 설정할 수도 있다.

(4) 공유자 간의 법률관계

공유자는 공유물 전부를 지분비율만큼 사용하고 수익할 수 있다(민법 제263조). 공유물의 관리에 관한 사항은 공유자 지분의 과반수로써 결정한다(민법 제265조).[4] 공유물(共有物)을 처분하거나 변경하려는 경우에는 다른 공유자의 동의 없이는 할 수 없다. 즉, 공유물을 처분하기 위해서는 공유자 전원의 동의가 필요하다(민법 제264조).[5] 공유물 처분은 공유물의 양도 또는 담보물권의 설정을 의미한다. 공유자는 지분의 비율에 따라 공유물의 관리비용과 그 밖의 의무를 부담해야 하며(민법 제266조), 공유자는 언제든지 목적물에 대해서 분할을 청구할 수 있다(민법 제268조).

(5) 공유물의 분할

공유물의 분할은 협의(協議)에 의하는 것이 원칙이다(민법 제268조). 분할 방법으로는 공유물을 그대로 양적으로 분할하는 현물분할(現物分割)이 원칙이지만, 때에 따라서는 공유물을 매각하여 그 대금을 분할하는 대금분할(代金分割) 및 공유자의 한 사람이 단독소유권을 취득하고, 다른 공유자에게 지분의 가격을 지급하는 가격배상(價格賠償)도 인정된다. 공유물의 분할 방법에 관하여 협의가 이루어지지 않은 경우, 공유자는 법원에 분할을 청구할 수 있다(민법 제269조).[6]

---

2) 대법원 2016. 10. 27. 선고 2015다52978 판결.

3) 민법 제263조(공유지분의 처분과 공유물의 사용, 수익)
공유자는 그 지분을 처분할 수 있고 공유물 전부를 지분의 비율로 사용, 수익할 수 있다.

4) 민법 제265조(공유물의 관리, 보존)
공유물의 관리에 관한 사항은 공유자의 지분의 과반수로써 결정한다. 그러나 보존행위는 각자가 할 수 있다.

5) 민법 제264조(공유물의 처분, 변경)
공유자는 다른 공유자의 동의 없이 공유물을 처분하거나 변경하지 못한다.

6) 민법 제269조(분할의 방법)
① 분할의 방법에 관하여 협의가 성립되지 아니한 때에는 공유자는 법원에 그 분할을 청구할 수 있다.

3. 합유

합유(合有)는 2인 이상이 조합체(組合體)로서 물건을 소유하는 공동소유의 형태를 합유라고 한다(민법 제271조).[7] 합유는 공동의 사업을 영위하기 위해 결성된 조합 형태로(민법 제703조),[8] 단체성이 약하기 때문에 각 구성원인 조합원의 개성이 단체 속에 진면적으로 흡수되기 어렵다. 합유는 개인 지분은 인정되지만, 조합체가 소유하고 있는 것이기 때문에 조합원 전원의 동의가 없으면 공동 소유물을 처분하거나 분할을 청구할 수 없다(민법 제273조).[9] 합유물의 보존·관리·처분 행위는 총회의결을 거쳐야 하고, 사용·수익 행위는 정관이나 규약에 따른다. 그리고 합유자 중 일부가 사망하는 경우 그 조합원은 조합에서 탈퇴하게 되고, 조합원의 지위는 전속적이므로 조합원의 지분은 상속인에게 상속되지 않는다. 예를 들어 A, B, C가 각자 1억 원을 투자하여 3억 원에 해당하는 X토지를 샀다면 A, B, C는 각각 3분의 1에 해당하는 1억 원씩 분량의 지분은 인정받게 되지만, A는 X토지의 자기 지분 3분의 1에 해당하는 지분에 대해서 자유롭게 처분할 수 없으며, 만약 처분하려고 한다면 A는 B와 C의 동의를 모두 얻어야만 한다.

합유는 합유의 기초인 조합체가 어떤 공동 목적하에 성립하는 결합체로, 먼저 이러한 결합체가 기초가 되어 어떤 물건을 소유하게 될 때, 비로소 합유 관계가 생긴다는 점에서 여러 사람이 하나의 물건을 공동으로 소유하기로 합의함으로써 성립하는 공유와 다르고 총유와 비슷하다. 따라서 합유는 공유와 총유 사이의 중간적 위치에 있는 공동소유의 형태라고 할 수 있다.

---

② 현물로 분할할 수 없거나 분할로 인하여 현저히 그 가액이 감손될 염려가 있는 때에는 법원은 물건의 경매를 명할 수 있다.

7) 민법 제271조(물건의 합유)
① 법률의 규정 또는 계약에 의하여 수인이 조합체로서 물건을 소유하는 때에는 합유로 한다.

8) 민법 제703조(조합의 의의)
① 조합은 2인 이상이 상호 출자하여 공동사업을 경영할 것을 약정함으로써 그 효력이 생긴다.
② 전항의 출자는 금전 기타 재산 또는 노무로 할 수 있다.

9) 민법 제273조(합유지분의 처분과 합유물의 분할금지)
① 합유자는 전원의 동의없이 합유물에 대한 지분을 처분하지 못한다.
② 합유자는 합유물의 분할을 청구하지 못한다.

4. 총유

(1) 총유 개념

총유(總有)는 법인이 아닌 사단의 구성원들이 집합체(集合體)로 소유하고 있는 공동소유의 형태를 총유라고 말한다(민법 제275조).[10] 법인의 경우는 법인이 별개의 인격체이기 때문에 법인이 단독재신을 소유할 수 있지만, 교회는 권리능력이 없는 사단으로 단독으로 재산을 가질 수가 없고, 구성원 전원이 공동으로 소유하는 방식을 취할 수밖에 없어 그 소유 형태를 총유로 정한 것이다. 권리능력 없는 사단은 법인의 형태를 갖추고 있는 종중, 정당, 교회, 자연부락, 채권자들로 구성된 청산위원회, 주택조합, 노동조합 지부, 어촌계, 등록되어 있지 않은 사찰[11] 등이 있다. 권리능력 없는 사단은 법인격이 없다는 점에서 법인과 다르다. 총유는 인적결합 관계가 매우 강하고, 하나의 조직체를 갖추고 구성원들이 그 단체에 흡수되어 있다는 점에서 합유와 구분된다.

(2) 권리능력 없는 사단인 교회

교회는 사단법인이 아니라 비법인사단으로 인정한다. 사단법인(社團法人)은 법이 요구하고 있는 요건을 갖추어 국가의 주문관청으로부터 허가를 받아야 하는 단체를 의미하고, 비법인사단(非法人社團)은 법이 요구하고 있는 요건을 갖추지 않아 법인격(法人格)을 취득하지 못하고, 독자적으로 관리 운영을 하는 단체를 의미한다. 사단법인은 법률의 규정에 따라 설립해야 하고(민법 제31조),[12] 비영리법인 사단 또는 재단은 비영리 목적으로 하며 주무관청의 허가를 얻어 설립등기(設立登記)를 함으로써 성립하게 된다(민법 제32조,[13] 제33조).[14] 하지만 권리능력 없는 사단은 설립등기를 하

---

10) 민법 제275조(물건의 총유)

① 법인이 아닌 사단의 사원이 집합체로서 물건을 소유할 때에는 총유로 한다.

② 총유에 관하여는 사단의 정관 기타 계약에 의하는 외에 다음 2조의 규정에 의한다.

11) 불교단체 등록을 한 사찰은 권리능력 없는 재단으로 본다.

12) 민법 제31조(법인성립의 준칙)

법인은 법률의 규정에 의함이 아니면 성립하지 못한다.

13) 민법 제32조(비영리법인의 설립과 허가)

학술, 종교, 자선, 기예, 사교 기타 영리 아닌 사업을 목적으로 하는 사단 또는 재단은 주무관청의 허가를 얻어 이를 법인으로 할 수 있다.

14) 민법 제33조(법인설립의 등기)

법인은 그 주된 사무소의 소재지에서 설립등기를 함으로써 성립한다.

지 아니하고, 주무관청의 허가를 받지 않으며, 행정관청의 감독과 기타 규제를 받지 않는다.

종중, 정당, 교회와 같은 권리능력 없는 사단은 법인으로 성립되지는 않았지만, 법인으로서의 조직을 갖추고 구성원들이 어떤 목적을 위해 결합하고 있다. 권리능력 없는 사단인 종중이나 교회는 재산을 소유하고 있는데, 종중이나 교회소유의 재산을 종중원이나 교회 구성원들이 임의로 처분할 수 없도록 개인과는 다른 법적 효과를 부여하고 있다. 권리능력 없는 사단은 법인이 아니지만, 단체로 인정받아 법인의 형태를 갖추고 법률행위를 할 수 있는 주체가 되고, 성질상 사단법인에 준한 법적 지위를 갖는다. 권리능력 없는 사단에 대한 기타 내용은 교회의 법률적 성격을 다루는 장에서 논하기로 한다.

(3) 총유물의 관리 · 처분과 사용 · 수익

총유(總有)는 소유권의 내용을 관리 · 처분의 권능과 사용 · 수익의 권능으로 이분화한다. 총유물의 관리 및 처분은 교회 예배당 건물의 매각이나 건축 및 재건축 등과 같은 총유물에 대한 관리 · 사용행위 및 법률적 · 사실적 처분 행위를 말한다. 총유물의 관리 · 처분은 구성원의 총체인 권리능력 없는 사단에 귀속되고, 사용 · 수익은 각 구성원에게 귀속된다(민법 제276조 제2항).[15] 총유는 공유와 상반되는 개념으로 개인 지분, 분할이나 관리 · 처분을 구성원이 단독으로 할 수 없고, 기타 사용 · 수익도 정관이나 기타 규약에 따라야 하며, 대부분 총유물의 관리 · 처분은 교회 내의 최고 의결기관인 공동의회의 의결을 거치도록 하고 있다(민법 제276조 제1항). 총회 결의가 없이는 총유인 교회의 재산, 예배당 건물을 처분할 수 없으며, 만약 상대방이 교인총회의 승인이 없음을 몰랐다고 하더라도 선의의 제삼자로 보호받지 못하며 절대적 무효가 된다. 그러므로 교회 부동산을 매수하는 자는 반드시 매매하는 교회소유 부동산에 대해 공동의회의 처분결의가 있었는지 확인해야 한다.

교회 재산의 귀속 형태는 총유에 해당하기 때문에 교회 재산의 관리와 처분은 그 교회정관 기타 규약에 의하고, 교회정관이 없는 경우에는 교회 구성원인 교인들 총회의 과반수 결의에 의하여야 한다.[16] 그리고 교회 재산의 처분은 반드시 절차를 거

---

15) 민법 제276조(총유물의 관리, 처분과 사용, 수익)
① 총유물의 관리 및 처분은 사원총회의 결의에 의한다.
② 각 사원은 정관 기타의 규약에 좇아 총유물을 사용, 수익할 수 있다.

쳐야 하고, 만약 절차를 거치지 아니한 교회 재산의 관리·처분 행위는 무효에 해당한다.[17] 또한 법인 아닌 사단의 구성원으로서 사단의 총유인 재산의 관리·처분에 관한 의결에 참여할 수 있는 지위나 사단의 재산에 대한 사용·수익권은 사단 구성원의 지위를 전제로 한 것이어서, 구성원은 법인 아닌 사단을 탈퇴 및 지위를 상실할 경우, 동시에 그 권리를 상실하게 된다(민법 제277조).[18]

(4) 총유물인 부동산등기

종중(宗中), 문중(門中), 그 밖에 대표자나 관리인이 있는 법인 아닌 사단이나 재단에 속하는 부동산의 등기는 그 사단이나 재단의 등기권리자 또는 등기의무자가 해야 한다(부동산 등기법 제26조).[19] 교회가 부동산을 구입하고 교회 단체 명의로 등기를 하여야 하며, 그 등기를 위해서 시청이나 구청에서 부동산등기용 종교단체 등록번호(登錄番號)를 부여받아야 한다. 그리고 관할 세무서에서 교회 고유번호증(固有番號證)을 발행받아야 한다. 장로회 정치에서 교인이나 장로는 교회의 대표자가 될 수 없으며, 담임목사인 당회장이 교회 대표자가 되기 때문에 교회 단체 명의로 부동산을 등기할 경우, 등기상의 대표자인 교회 대표자가 해야 한다. 교인들이 총유에 해당하는 교회 부동산을 개인 명의로 등기할 경우, 이는 부동산실명제법(不動産 實名制法) 위반이 되고, 명의(名義)를 대여해 준 사람도 부동산실명제법 위반으로 처벌받을 수 있다.

(5) 총유 재산의 분쟁 발생과 소송당사자

법인이 아닌 사단이나 재단은 대표자 또는 관리인이 있는 경우에는 그 사단이나 재단의 이름으로 당사자가 될 수 있다(민사소송법 제52조).[20] 교회에서 재산 분쟁이

---

16) 대법원 2001. 6. 15. 선고 99두5566 판결.
17) 대법원 2000. 10. 27. 선고 2000다22881 판결.
18) 대법원 1988. 3. 22. 선고 86다카1197 판결, 대법원 2006. 4. 20. 선고 2004다3775 판결.
19) 부동산등기법 제26조(법인 아닌 사단 등의 등기신청)
① 종중(宗中), 문중(門中), 그 밖에 대표자나 관리인이 있는 법인 아닌 사단(社團)이나 재단(財團)에 속하는 부동산의 등기에 관하여는 그 사단이나 재단을 등기권리자 또는 등기의무자로 한다.
② 제1항의 등기는 그 사단이나 재단의 명의로 그 대표자나 관리인이 신청한다.
20) 민사소송법 제52조(법인이 아닌 사단 등의 당사자능력)
법인이 아닌 사단이나 재단은 대표자 또는 관리인이 있는 경우에는 그 사단이나 재단의 이름으로 당사자가 될 수 있다.

발생할 경우, 총유 재산에 대한 소송은 교인 개인이나 대표자가 하는 것이 아니라, 교회 교인들의 총회 결의로 소송을 제기할 수 있다. 법인 아닌 사단의 소유 형태인 총유는 구성원 개인들의 총유 재산에 대한 지분권이 인정되지 아니하므로, 법인 아닌 사단이 그 명의로 사원총회의 결의에 의하거나 그 구성원 전원이 당사자가 되어 필수적 공동소송의 형태로 할 수 있을 뿐, 그 사단의 구성원은 설령 그가 사단의 대표자라거나 사원총회의 결의를 거쳤다 하더라도 그 소송의 당사자가 될 수 없어 사원총회의 결의 없이 대표자 명의로 제기한 소송은 소송요건이 흠결한 것으로서 부적법하다는 주장이 제기되고 있다.

하지만 법원은 교단 헌법에 당회는 예배모범에 의지하여 예배 의식을 전관하되 모든 집회 시간과 처소를 작성하고 교회에 속한 토지 가옥에 관한 일도 장리(掌理)하도록 하고 있고(정치 제9장 제6조), 교회나 그 소속 교인은 그 소속 교파의 교리는 물론 그 헌법 등 규약에 따라야 할 것이므로, 교회가 속하는 교단에 소속된 노회에 의하여 교회의 당회장으로 임명 파송된 교회 대표자는 교회 소속 전체 교인들의 총회 결의에 의한 특별수권(特別授權)이 없더라도 교단 헌법 규정에 따라 교회를 대표하는 소송당사자가 되어 소송을 제기·수행할 수 있다고 판시하였다.[21)]

Ⅱ. 판례

1. 교회 대표자로서 당회장의 소송 청구 자격

(1) 사실관계

A교회 당회장인 甲은 전 당회장이었던 乙과 함께 A교회를 대표하여 피고 丙명의로 경료된 A교회 소유의 X부동산에 대한 소유권 이전 등기의 말소를 구하는 소송을 제기하였다. 이에 피고 丙은 A교회 당회장인 甲과 전 당회장이었던 乙은 이 사건 소송수행에 관하여 A교회 소속 교인들의 총회 결의에 의한 특별수권을 받지 아니하였으므로, A교회를 대표하여 이 사건 소송수행을 할 수 있는 권한이 없다고 주장하였다.

원심은 교인들의 연보, 헌금 기타 교회 수입으로 이루어진 재산은 특별한 사유가

21) 대법원 1985. 11. 26. 선고 85다카659 판결.

없는 한 교회 소속 신도들의 총유에 속한다고 할 것이고, 총유물의 보존에 있어서는 A교회의 정관이나 규약을 찾아볼 수 없는 이 사건은 오로지 A교회의 전체 교인들의 총회의 결의에 의하여야 할 것이므로, 부동산에 관하여 A교회 당회장인 甲과 전 당회장이었던 乙은 A교회를 대표하여 피고 앞으로 경료된 소유권 이전 등기의 말소를 구하는 이 사건은 A교회 소속 교인들의 총회 결의에 의한 특별수권을 필요로 함에도 불구하고, 소송수행에 관하여 A교회 소속 교인들의 총회 결의에 의한 특별수권을 받지 아니하였으므로 A교회를 대표하여 이 사건 소송수행을 할 수 있는 권한이 없어 이 사건 소는 부적법한 것이라고 판시하였다.[22]

(2) 판결요지

대법원은 대한예수교장로회 헌법에 따르면 당회는 예배모범에 의지하여 예배 의식을 전관하되 모든 집회 시간과 처소를 작성하고 교회에 속한 토지 가옥에 관한 일도 장리(掌理)하도록 되어 있고(정치 제9장 제6조), 교회나 그 소속 교인은 그 소속 교파의 교리는 물론 그 헌법 등 규약에 따라야 할 것이므로, A교회가 속하는 대한예수교장로회 S노회에 의하여 A교회의 당회장으로 임명 파송된 A교회의 대표자는 교회 소속 전체 교인들의 총회 결의에 의한 특별수권 없이도 위 헌법 등의 규정에 따라 A교회의 당회장으로서 A교회를 대표하여 A교회의 소유 X부동산에 관한 피고 丙명의 소유권 이전 등기의 말소를 구하는 이 사건 소송을 제기 수행할 수 있다고 판시하였다.[23]

(3) 해설

원심은 교인들의 연보, 헌금 기타 수입으로 이루어진 재산은 특별한 사유가 없는 한 교회소속 신도들의 총유에 속한다고 보고, 총유물에 관한 교회정관에 별다른 규정이 없는 상태에서 총유 재산에 관한 분쟁에서 교인 개인이나 대표자는 소송당사자가 될 수 없고, 법인 아닌 사단이 그 명의로 사원총회의 결의를 거치거나 그 구성원 전원이 당사자가 되어 공동소송의 형태로만 할 수 있다며, 총유물의 보존에 있어서는 교회의 정관이나 규약에 정함이 없고, 소속 교인들의 총회 결의에 의한 특별수권을 받지 아니하였다면 교회 대표자인 당회장이더라도 소송당사자가 될 수 없다고 하

22) 서울고등법원 1985. 2. 27. 선고 84나3198 판결.
23) 대법원 1985. 11. 26. 선고 85다카659 판결.

였다.

하지만 대법원은 교회의 대표자인 당회장은 교회의 정관에 정하지 않고, 소속 교인들의 총회 결의에 의한 특별수권을 받지 않았다고 하더라도, 교회가 속한 교단 노회로부터 당회장으로 임명 파송된 교회의 대표자라면, 교단 헌법 규정(정치 제9장 제6조)에 따라 당회장으로서 교회를 대표하여 소송당사자가 될 수 있다고 판시한 것이다.

2. 당회 의결에 의한 담임목사의 교회 재산처분

(1) 사실관계

A교회 이웃집에 거주하는 甲은 조부가 1948년경 매수한 이후 점유해 온 A교회 명의로 되어 있는 X토지에 대해서 행정상 착오로 A교회 명의로 소유권 이전 등기가 되어 있다고 주장하였다. 이에 담임목사 乙과 당회는 X토지를 매수인과 합의하에 매매계약을 하기로 한다는 내용의 의결을 하고, 소속 시청에 분할신청을 신청하여 분할하였다. 하지만 이후에 이 사건 매매계약의 승인 여부를 결정하기 위해 총회(공동의회)를 열었으나 교인들의 다수 반대로 위 승인은 부결되었다. 이에 이웃집 甲은 총회의 의결이 없었더라도 당회의 의결에 따라 체결한 매매계약이고, 담임목사 乙은 대외적으로 피고를 대표 내지 대리할 권한이 있으며, A교회가 단지 총회 결의가 없었다는 이유만으로 이 사건 매매계약이 무효라고 주장하는 것은 신의성실의 원칙을 위배하거나 권리남용으로 부당하다며 교회는 민법 제126조의 표현대리 규정에 따라 교회 명의로 있는 X토지에 대해서 소유권 이전 등기 절차를 이행하여야 한다고 주장하였다.

(2) 판결요지

기독교 단체인 교회에 있어서 교인들의 연보, 헌금 기타 교회의 수입으로 이루어진 재산은 특별한 사정없는 한 그 교회 소속 교인들의 총유에 속한다. 따라서 그 재산의 처분은 그 교회의 정관 기타 규약에 의하거나 그것이 없는 경우에는 그 교회 소속 교인들로 구성된 총회의 결의에 따라야 한다.[24] 비법인사단인 교회의 대표자는 총유물인 교회 재산의 처분에 관하여 교인총회의 결의를 거치지 아니하고는 이를 대

24) 대법원 1980. 12. 9. 선고 80다2045, 2046 판결.

표하여 행할 권한이 없다. 그리고 교회의 대표자가 권한 없이 행한 교회 재산의 처분 행위에 대하여는 민법 제126조의 표현대리[25]에 관한 규정이 준용되지 아니한다.[26] 비록 교회의 대표자에 의한 교회 재산의 처분이라고 하더라도 그러한 절차를 거치지 아니한 채 한 행위는 무효라고 판시하였다.[27]

(3) 해설

교회 재산의 관리와 처분의 개념은 전혀 다르다. 교회정관에 교회 재산의 관리가 당회의 직무로 되어 있다는 것은 교회 재산 관리를 위한 행위를 당회에 위임한 것이 되므로, 당회가 교회 재산을 보존하기 위한 조치 등을 할 수 있다는 의미이다. 교회정관에 재산의 관리에 대해서만 당회 직무로 되어 있는 경우에는 당회는 교회 재산을 임의로 처분해서는 안 된다. 교회 재산의 관리가 당회 직무로 되어 있어도 당회가 교회 재산을 임의로 처분한다면, 소유권이 없는 자가 남의 재산을 불법으로 처분한 행위에 해당하게 된다. 교회 재산은 반드시 재산의 소유권을 가지고 있는 교인들이 교인들의 총회인 공동의회를 통하여 처분하지 아니하면 불법이 된다. 그러나 교회정관에 교회 재산의 관리나 및 처분에 대해 당회의 직무로 되어 있거나 교인들이 적법하게 소집된 공동의회를 통하여 재산처분을 당회에 위임해 주었다면 당회는 재산을 처분해도 된다.

3. 제직회 결의에 의한 교회 대표자의 소송 청구

(1) 사실관계

대한예수교장로회 K노회 소속인 A교회는 교인들의 총회에 해당하는 공동회의 결의 없이 제직회를 열어 교회재산 보존을 위해 제기한 소유권 보전 등기 청구의 소를 제기하기로 하고, 교회의 대표자인 목사 甲에게 그에 대한 모든 권한을 위임하였다. A교회 정관에는 교회 재산의 관리, 처분에 관한 결의가 어느 기관의 권한인지를 명

25) 표현대리는 대리인에게 대리권이 없음에도 불구하고 마치 그것이 있는 것과 같은 외관이 있고, 본인이 그러한 외관의 형성에 관하여 일정한 원인을 제공한 경우, 그 무권대리 행위에 대하여 본인이 상대방에게 책임을 지게 함으로써 거래의 안전을 도모하고 대리 제도의 신용을 유지하려는 제도이다.
26) 대법원 2002. 2. 8. 선고 2001다57679 판결, 대법원 2003. 7. 11. 선고 2001다73626 판결.
27) 대법원 2009. 2. 12. 선고 2006다23312 판결.

시하지 아니하였고, 다만 제15조에 '본 교회 제반 재산상 관계는 회의 결의에 의하여 매수 또는 처분할 수 있다.'고 규정되어 있었다.

(2) 판결요지

총유물의 보존에 있어서는 공유물의 보존에 관한 민법 제265조[28]의 규정이 적용될 수 없고, 특별한 사정없는 한 민법 제276조 제1항[29] 소정의 사원총회의 결의를 거쳐야 하고, 이는 대표자의 정함이 있는 비법인사단인 교회가 그 총유 재산에 대한 보존행위로서 대표자의 이름으로 소송행위를 하는 경우라 할지라도 정관에 달리 규정하고 있다는 등의 특별한 사정없는 한 그대로 적용된다. A교회 정관에 당회는 교회 전반의 정책과 방침을 결정하여 영적 발전을 위한 토의, 권징과 치리, 성례의 시행과 이명 접수 및 발송, 임명, 사면의 심의, 헌금의 방침과 시기의 결정, 각 부서를 지도하며, 교회 신령상 또는 행정상의 제반사를 연구, 경정, 시행한다고 정해져 있다. 제직회는 당회를 협력하여 교회 봉사의 제반 사항을 의결하여 시행하고, 공동회의는 기능적 법으로 제출된 사건처리와 교회예산과 결산을 의결 통과한다고 규정하고 있을 뿐, 교회 재산의 관리, 처분에 관한 결의가 어느 기관의 권한인지를 명시하지 아니하였고, 규약 제4장에 재산 및 비품 처리 제15조에 '본 교회 제반 재산상 관계는 회의 결의에 따라 매수 또는 처분할 수 있다.'라고 규정되어 있다. 제15조 소정의 회의 결의는 제직회의 결의가 아니라, 교인들의 총회에 해당하는 공동회의의 결의를 의미한다고 볼 것이므로, 교인들의 총회에 해당하는 공동회의 결의 없이 제직회의 결의만으로 교회 대표자가 교회 재산 보존을 위해 제기한 소유권 보전 등기 청구의 소는 부적법하다고 판시했다.[30]

(3) 해설

종전 대법원 판결에서는 교회 대표자인 당회장은 소속 교인들의 총회 결의에 의해 특별수권을 받지 아니하였더라도 교회의 당회장으로서 교회를 대표하여 소송을

---

28) 민법 제265조(공유물의 관리, 보존)
공유물의 관리에 관한 사항은 공유자의 지분의 과반수로써 결정한다. 그러나 보존행위는 각자가 할 수 있다.

29) 민법 제276조(총유물의 관리, 처분과 사용, 수익)
① 총유물의 관리 및 처분은 사원총회의 결의에 의한다.

30) 대법원 1994. 10. 25. 선고 94다28437 판결.

제기할 수 있다고 판시하였다.[31] 하지만 대법원은 A교회 사건에서 A교회 정관에 '본 교회 제반 재산상 관계는 회의 결의에 따라 매수·처분할 수 있다.'는 규정을 들어 교회 대표자라도 소속 교인들의 총회인 공동의회 결의 없이는 소송을 제기할 수 없다고 판시하였다. 총유물인 교회 재산은 교회정관에 규정되어 있다면 정관에 따르면 되지만, 교회정관에 달리 정함이 없다면, 반드시 교인들의 총회인 공동의회에서의 결의에 따라 교회나 총회에서 선임된 교회 대표자인 당회장만이 가능하다. 따라서 공동의회가 아닌 다른 당회, 제직회에서는 할 수 없다. 만약 제직회의 결의만으로 소송을 적법하게 제기할 수 있으려면, 교회 정관에 제직회의 결의로 소송을 할 수 있다는 특별한 규정이 있으면 가능할 것이다.

4. 교회분열과 교회 부동산 소유권

(1) 사실관계

서울 강동구 소재 A교회는 B교회와 C교회가 통합하고 설립되어 공동으로 목회를 해오다가 그 후로 여러 차례 담임목사가 변경되었고, 목사 甲이 담임목사로 새로 부임하였다. A교회 장로인 乙은 목사 甲이 교회 신도를 폭행하였고, 적법한 소집 절차를 거치지 않고 공동의회를 소집하여 무자격자를 서기로 지명하였고, 교회의 설립자인 자신을 원로장로로 추대하지 않았으며, 교인 수도 많이 감소했다며 소속 노회에 고소하였다. 이에 소속 노회에서는 목사 甲에게는 상당 기간 교회의 당회장직을 정직하고 설교권만 부여했고, 장로 乙에 대해 모두에게 책임을 물어 당회에서 견책하도록 판결하였다. 그 후에도 분쟁이 계속되었고, 장로 乙을 중심으로 하는 38명은 교인총회를 개최하여 목사 甲을 담임목사직에서 해임결의를 하고(추후 12명이 추가로 동의하였다고 주장), 소속 노회를 탈퇴하여 목사 丙을 담임목사로 청빙하고 독립교회가 되었으며, A교회 명의로 되어 있는 X부동산이 교단 탈퇴측에 있다는 확인을 청구하였다.

(2) 판결요지

교단에 소속되어 있던 지교회의 교인들 가운데, 의결권을 가진 교인 3분의 2 이

---

31) 대법원 1985. 11. 26. 선고 85다카659 판결.

상의 찬성에 의한 결의를 통하여 소속 교단을 탈퇴하기로 결의한 다음 종전 교회를 나가 별도의 교회를 설립하여 별도의 대표자를 선정하고 나아가 다른 교단에 가입한 경우, 사단법인 정관 변경에 준하여 종전 교회의 실체가 이와 같이 교단을 탈퇴한 교회로서 존속하고 종전 교회 재산은 위 탈퇴한 교회 소속 교인들의 총유로 귀속된다.[32] 따라서 교인총회 결의가 적법·유효하여 교단 탈퇴를 결의한 교회가 종전 교단에서 탈퇴한 것으로 인정된다면 원고 교회는 이 사건 확정판결을 첨부하여 이 사건 부동산에 관하여 교단을 탈퇴한 교회 명의로 등기명의인 표시변경 등기를 할 수 있다(부동산등기법 제48조 제1항).

하지만 장로 乙을 중심으로 하는 교인총회는 적법한 소집 절차를 밟지 아니한 채 당시 당회장인 목사 甲이 아닌 장로 乙이 임시의장이 되어 진행하였고, 교인총회가 교단 헌법이 정한 요건을 준수하였다고 인정하기에 부족하고, 교단 탈퇴를 결의한 38명(추후 12명이 추가로 동의하였다고 주장)은 당시 의결권 있는 교인들 54명(적어도 30명 이상 존재) 이상 중 3분의 2 이상이 동의하였다고 인정하기에 부족하며, 이를 인정할 증거가 없으므로 교인총회 소집 절차에 중대한 흠이 있다. 따라서 교단 탈퇴 결의는 사단법인 정관 변경에 준해 소속 교단 변경 결의의 요건을 갖추지 못하였고, 소속 노회가 파송한 목사 甲이 재직하고 있는 A교회가 종전 교회로서의 동일성을 유지하면서 존속하는 교회라고 할 것이므로, 교단 탈퇴를 결의한 교회가 종전 교회로서의 동일성을 유지하면서 존속하는 교회임을 전제로 한 X부동산의 확인 청구는 이유 없다고 판시하였다.[33]

(3) 해설

교회 재산이 변경되려면 의결권 있는 교인 3분의 2 이상의 찬성이 있어야만 소유권 변경이 가능하다. 그리고 소유권 변경을 주장하는 측이 3분의 2 이상의 찬성이 있었다는 사실을 증명해야 한다. 교회의결 정족수는 교회정관에 규정되어 있으면 정관을 따르면 되고, 교회정관이 없으면 사단법인 정관 변경에 준하여 적용하게 된다. 교인총회 소집 및 절차는 교단 헌법에 정해진 바를 지켜야 하고, 결의할 때에는 반드시 교인명부에 교회에 등록해 있는 교인명단이 정해져 있어야 한다.

---

32) 대법원 2006. 6. 9. 선고 2003마1321 판결.

33) 서울고등법원 2009. 2. 20. 선고 2008나30873 판결, 서울동부지방법원 2008. 2. 15. 선고 2006가합13702 판결.

5. 교단 변경 결의를 한 일부 교인들의 교회 재산에 대한 권리

(1) 사실관계

대한예수교장로회 A교회 일부 교인(6천여 명)들은 교회운영과 관련하여 교인들 사이에 반목이 계속되고 이어 교단과의 갈등도 깊어지자 교인총회를 개최하고 기존 소속 K교단으로부터 탈퇴하고 독립 교단 및 Y교단으로 가입을 결의하였지만, 기존의 교회 명칭을 그대로 사용하면서 기존의 교회 건물에서 예배 등을 계속하고 있고, 교단 변경 결의 후에도 교단 변경에 반대하였던 교인들을 배제하지도 않았고, A교회에 부과되는 각종 세금을 납부하여 왔다. 원심은 A교회 소속 일부 교인들이 교단 변경 결의하고, 나아가 새로운 교단으로 가입을 시도하였다는 등의 사정을 이유로 교단 변경을 결의한 일부 교인들로 구성된 교회는 A교회와 별개의 독립된 교회이고, A교회를 탈퇴하였으므로, 교인의 지위를 상실하였다고 판시하였다.[34)]

(2) 판결요지

대한예수교장로회 A교회 소속 일부 교인들이 교단 변경을 결의한 경위와 교단 변경 결의에 찬성한 교인들은 A교회를 탈퇴하려는 의도는 없었고, 다만 소속 교단만의 변경을 통하여 기존 A교회 조직 자체를 변경하려는 의사만 가지고 있었다. 그리고 원심법원에서 교단 변경 결의를 절차적 하자로 판단하였으므로, 단체법적 법리에 따라 기존 교회 자체의 조직변경 행위는 물론 그에 따른 일련의 후속 조치도 모두 무효가 되고, 원심법원이 교단 변경 결의를 절차적 하자로 판단하자 교단 변경 결의가 무효라는 사실을 수용하고, 오히려 종전 A교회 교인으로서 지위를 그대로 유지하려는 의사를 적극적으로 표현한 점 등을 종합적으로 판단하건대, 교단 변경 결의에 찬성한 교인들이 종전 교회에서 탈퇴까지 의도하였다거나 자신들만을 교인으로 한정하여 종전 교회와는 별개의 새로운 교회를 설립하였다고 단정하기 곤란한 경우, 교단 변경 결의에 찬성한 교인들이라 하여도 특별한 사정없는 한 종전 교회의 교인으로서 지위는 여전히 유지된다고 판시하였다.[35)]

(3) 해설

교회 교인은 법인 아닌 사단의 구성원으로서 사단의 총유인 교회 재산의 관리·

---

34) 서울고등법원 2009. 8. 5. 선고 2008나76695, 76701 판결.
35) 대법원 2010. 5. 27. 선고 2009다67665, 67672 판결.

처분에 관한 의결에 참여할 수 있는 지위나 사단의 재산에 대한 사용·수익권을 가지고 있다(민법 제276조 2항). 일부 교인들이 소속 교단을 탈퇴하고 다른 교단에 가입하기로 하는 내용의 교단 변경 결의를 했더라도, 교단 변경에 찬성한 교인들이 스스로 종전 교회에서 탈퇴하였거나 교인으로서 지위가 상실되지 않은 이상 종전 교회 재산에 대한 사용·수익할 수 있는 권리를 가진다. 그러나 교단 탈퇴를 결의하고 나가서 새로운 교회를 설립하고, 다른 교단에 가입하였거나, 새로 가입한 교단의 교리를 따르기로 하고, 담임목사를 청빙하여 종교 활동을 하고 있다면, 종전 교인으로서 지위가 상실되어 종전 교회 재산권에 대한 권리가 상실된다.

6. 교단 유지재단에 명의신탁된 교회의 분열

(1) 사실관계

천안 A감리 교회는 교인들의 헌금과 미국인 선교사들의 출연금으로 세워진 교회로 소속 교단 재단법인 명의로 신탁하고 있는 교회이다. 그런데 천안 A감리 교회는 소속 연회에서 교회의 담임목사 甲을 출교에 처하는 권징 판결을 하자 탈퇴를 원하는 교인으로 구성된 B교회와 소속 교단에서의 탈퇴를 반대하여 소속 교단에서 파송한 목사 乙을 따르는 교인들로 구성된 C교회로 분열되었다. 소속 교단이 파송한 목사 乙을 따르는 교인들로 구성된 C교회는 천안 A감리 교회 건물은 교단 유지재단의 소유로서 천안 A감리 교회는 교단의 교리와 장정에 따른 사용, 수익을 할 수 있을 뿐이며, 담임목사 甲을 따르는 교인으로 구성된 B교회는 교단에서 출교 된 후 스스로 교단에서 탈퇴하였고, 그 추종하는 교인들도 모두 교단에서 탈퇴함으로써 위 교회 건물을 사용·수익할 지위를 상실하였으므로, 위 교회 건물에서 교리와 장정에 따른 집회를 할 수 없고, 오직 소속 교단에서 파송한 목사 乙을 따르는 교인들로 구성된 C교회에만 그 관리권이 있다고 주장하였다.

(2) 판결요지

원심은 교회 건물이 교리와 교단 장정의 규정에도 불구하고 교인들의 총유라고 판단하였다. 천안 A감리 교회는 탈퇴를 원하는 목사 甲을 따르는 교인으로 구성된 B교회와 소속 교단에서의 탈퇴를 반대하여 소속 교단에서 파송한 목사 乙을 따르는 교인들로 구성된 C교회로 분열되었고, 교회가 분열된 경우, 교회 건물을 비롯한 교회 재산은 특별한 사정없는 한 분열 당시 전체 교인들의 총유에 속하며, 분열된 각 교회는 각각 상대방의 총유물에 대한 사용, 수익을 방해하지 아니하는 범위 내에서 총유권자로서 교회 재산을 사용, 수익할 수 있다고 하였다.[36]

종전의 교회가 분열되었을 경우, 교회 건물을 비롯한 교회의 재산은 특별한 사정없는 한 분열 당시 전체 교인들의 총유에 속한다고 할 것이며, 피고측 교인들이 소속 교단에서 탈퇴를 결의하였다고 하더라도 그 결의에 따라 결의에 찬성한 교인들에게만 그 탈퇴의 효력이 인정될 뿐, 그 결의에 찬성하지 아니한 교인들로 구성된 원고 교회에까지 그러한 효력이 생기는 것은 아니므로, 분열된 각 교회는 별개 독립의 교회로서 각각 상대방의 종교 활동이나 총유물에 대한 사용·수익을 방해하지 아니하는 범위 내에서 총유권자로서 종전의 교회 재산을 사용·수익 할 수 있다고 판시하였다.[37]

(3) 해설

교회 건물은 교리와 교단 헌법의 규정에도 불구하고, 교회 재산은 교인들의 총유로 지교회에 있다. 그리고 교인들이 소속 교단으로부터 탈퇴하였다 하여 바로 교회로부터 탈퇴하였다고 할 수 없다.[38] 일부 교인들이 소속 교단으로부터의 탈퇴만을 결의하고, 교회 탈퇴를 결의하지 않는 한 교회가 분열하고 있는 경우라도, 각각 상대방의 종교 활동이나 총유물에 대한 사용·수익을 방해하지 아니하는 범위 내에서 교인들이 총유권자로서 교회 재산을 사용·수익할 수 있게 된다. 따라서 교회 교인들이 분쟁하고 있는 경우에 교회 건물을 관리하고 있는 사람들이 상대방 교인들이 교회 건물에 출입하지 못하도록 막는 경우가 있는데, 종전까지 사용해오던 교회 건물이나 시설에 대해서 반대파가 집회 장소로 사용하는 것을 제한해서는 안 된다.

7. 구세군 교회 재산의 귀속

구세군 군령 군율이 구세군의 모든 부동산은 「구세군 자체의 조직과 행정상 발생할지도 모르는 불리한 결과를 방지하기 위하여」 정당한 법적 절차를 밟아 완전한 구세군 자산으로 하되, 이 구세군의 전 자산은 구세군 대장만이 유일한 소유자이고 구

36) 서울고등법원 1990. 6. 13. 선고 89나23850 판결.
37) 대법원 1990. 12. 21. 선고 90다카22056 판결.
38) 대법원 1978. 1. 31. 선고 77다2303 판결.

세군 대장은 구세군 신탁회사라는 명칭을 가진 회사를 설립하여 그 재산을 관리하도록 규정하고 있다면, 구세군은 지역교회 중심인 일반교회와는 달리 강력한 중앙집권적 조직을 갖추어 산하 영문의 재산에 관하여 일체의 사권 행사를 부인하고 있다고 해석하여야 한다. 따라서 구세군 영문회당의 대지를 구입하고 건물을 신축함에 있어서 그 비용 가운데 구세군 교인들의 헌금이 일부 들어갔다 하더라도 그 대지 및 건물이 원고 법인의 이름으로 적법하게 등기된 이상 그것이 교인들의 총유에 속하는 것이라거나 그 등기를 원인 없는 무효의 것이라고 할 수도 없다고 판시하였다.[39)]

8. 교인총회 결의 없이 유지재단 명의로 소유권 이전 등기

(1) 사실관계

A교회의 교인들이 종전 교리를 준봉하려는 교인들과 이에 반대하는 교인들로 분열된 상태에서 A교회 소속 전체 교인들의 연보, 헌금 기타교회의 수입으로 건축된 X교회 건물과 그 부속건물에 대하여 A교회 전체 교인들의 결의 없이 종전 교리를 준봉하려는 교인들만이 결의하고, K기독교 장로회 유지재단 명의로 소유권 보존 등기를 하였다.

(2) 판결요지

A교회 소속 전체 교인들의 연보, 헌금 기타교회의 수입으로 건축된 X교회 건물과 그 부속건물은 A교회 교인들의 총유에 속한다.[40)] 총유물의 보존, 처분에 관하여는 A교회의 정관이나 규약을 찾아 볼 수 없는 경우에 특별한 사정없는 한 민법에 따라서 A교회 전체 교인들의 총회의 결의를 거쳐야 한다(민법 제276조 제1항).[41)] 따라서 A교회 전체 교인들의 총회 결의 없이 일부 교인들이 교회 재산을 교단 유지재단 앞으로 소유권 등기를 한 교회 건물에 대한 교단 유지재단 명의로 소유권 보존 등기를 한 것은 원인무효에 해당한다고 판시하였다.[42)]

---

39) 대법원 1986. 7. 8. 선고 85다카2648 판결.
40) 대법원 1968. 11. 19. 선고 67다2125 판결.
41) 민법 제276조(총유물의 관리, 처분과 사용, 수익)
① 총유물의 관리 및 처분은 사원총회의 결의에 의한다.
② 각 사원은 정관 기타의 규약에 좇아 총유물을 사용, 수익할 수 있다.
42) 대법원 1980. 12. 9. 선고 80다2045, 80다2046 판결.

9. 탈퇴 교인의 교회 대표자 자격

(1) 사실관계

A교회를 설립한 목사가 K노회를 탈퇴한 이후, K노회에서 파송한 목사는 A교회 교인들의 동의도 받지 않은 채, A교회 재산을 B교회로 증여한다고 결의하고 소유권 이전 등기를 마쳤다. 그러나 K노회에서 파송한 목사는 자신이 담임하고 있는 교회 때문에 A교회를 위한 목회 활동을 하지 않으므로, A교회는 Y교단 소속 목사 甲을 초빙하였는데, A교회가 초빙한 목사 甲이 K노회 소속 목사가 아니었기 때문에 분쟁이 발생하였다. 그러자 목사 甲의 주도하에 일부 교인 13명은 공동의회를 개최하고, 교인 C, D를 소송의 대표자로 선출하고, K노회를 탈퇴한 뒤 B교회에 대해 소유권 이전 등기의 말소등기 절차를 이행하라고 소를 제기하였다.

A교회당은 A교회 교인들의 총유인데, 증여를 원인으로 B교회 명의로 경료된 소유권 이전 등기는 A교회의 교인총회의 결의 없이 된 것이므로 무효이고, B교회는 A교회 및 교회의 교인들에게 소유권 이전 말소등기 절차를 이행할 의무가 있다고 주장하였다. 반면 피고인 B교회는 원고들은 모두 A교회를 탈퇴한 사람들인데, 개인이 제기한 이 사건 소는 부적합하고, 원고 교회 역시 A교회를 탈퇴한 원고 C, D가 대표자가 되어 제기한 것이어서 부적합하다고 하였다.

(2) 판결요지

교회의 총유 재산 소송은 교회 자체의 명의로 하거나 전원이 당사자가 되어야 하므로, A교회 교인의 지위 유무를 떠나서 당사자 적격이 없다. 교단 소속 지교회의 교인들 가운데 일부가 소속 교단을 탈퇴한다는 결의를 하고, 다른 교단에 가입하였으나 그 결의가 소속 교단 변경에 필요한 결의 요건에 이르지 못한 사안에서 공동의회가 적법한 소집 절차에 의하여 이루어졌다는 증거가 없고, Y교단에 속한 새로운 목사 甲을 중심으로 새로운 교회를 설립하였고, Y교단에 가입하였기 때문에 그 결의에 찬성한 교인은 종전 A교회의 교인으로서 지위와 더불어 종전 A교회의 재산에 대한 권리를 상실하였으므로, 그 A교회의 대표자가 될 수 없다고 판시하였다.[43)]

---

43) 대법원 2009. 7. 23. 선고 2008다44085, 44092 판결.

(3) 해설

원고 C, D를 소송의 대표자로 선출한 공동의회나 교단 탈퇴 공동의회 당시 A교회 교인 수는 31명이었는데, 적법한 소집 절차에 의하여 이루어졌다는 증거가 없고, 교인 수 13명이 참석한 것은 전체 교인의 과반수에도 미치지 못한 까닭에 원고 C, D는 A교회의 대표자가 될 수 없다. 또한 원고 C, D는 Y교단 목사 甲을 중심으로 새로운 교회를 설립하였고, 타 교단에 가입하였기 때문에 교인 지위를 상실한 것으로 판결한 것이다.

교회 대표성에 대한 분쟁에 있어서 교회 대표자는 교인총회에서 정당하게 결의하여 청빙한 당회장이 될 수 있다. 따라서 평신도인 C, D는 정당한 결의에 따라 선출되어도 대표성이 없다. 교회 재산은 교인의 총유에 해당하기 때문에 총유 재산 소송은 교인들의 총의에 의해 위임된 담임목사가 교회 대표자가 되거나, 교회 자체의 명의로 하거나, 교인 전원이 당사자가 되어야만 가능하기 때문이다.

제2절 ‖ 교회 재산

Ⅰ. 교회 재산

1. 교회 재산의 형성

예수 그리스도를 믿는 교인들이 모여 하나의 기도처인 교회가 창립되고, 세례교인 15인 이상이 되면 노회에 교회설립 청원과 허락으로 미조직교회(未組職教會)가 설립되며, 세례교인 25인 이상이면 당회가 조직되어 조직교회(組織教會)가 된다. 교회 재산은 교인들의 헌금과 부동산 증여, 기타 수익 등의 방법으로 형성된다. 교회 구성원인 교인들은 교인으로서 헌금할 의무가 있으며, 성경과 교리에 따라서 수시로 헌금을 하고, 교인들의 헌금으로 형성된 재산은 교회 재산이 되며 총유 형태인 공동소유로 존속하게 된다.

공동소유(共同所有)는 한 사람이 소유권을 가지고 있는 것이 아니라, 2인 이상이 소유권을 가지고 있다는 뜻으로, 우리 민법은 공동소유의 형태를 공유, 합유, 총유 세 가지로 구분하고 있는데(민법 제262－제278조), 교회 재산은 법인이 아닌 사단의 구성원들이 집합체로 소유하고 있는 공동소유의 형태인 총유(總有)에 해당한다(민법 제275조).[44]

2. 교회 재산의 법률관계

(1) 소유권

재산의 소유는 개인 단독 소유와 공동소유가 있는데, 개인 단독 소유는 개인소유의 재산권을 말하고, 2인 이상 소유의 재산권을 공동소유라고 한다. 교회 재산에 있어서 소유권(所有權), 사용수익권(使用收益權), 관리권(管理權), 처분권(處分權)이 있다. 교회는 법인에 준하는 단체인 비법인사단이고, 교회의 재산은 개인의 지분권이 없는 공동소유의 형태인 총유에 해당하며, 교회 재산의 소유권은 교회 구성원인 교인들에

---

44) 민법 제275조(물건의 총유)
① 법인이 아닌 사단의 사원이 집합체로서 물건을 소유할 때에는 총유로 한다.
② 총유에 관하여는 사단의 정관 기타 계약에 의하는 외에 다음 2조의 규정에 의한다.

게 있다. 교인은 교회에 등록하고 있는 세례교인으로, 일정한 기간 이상 계속적으로 교회에 출석하고 있는 교인들을 의미한다. 공동소유의 형태 중 하나인 총유는 교회 교인들이 정관이나 규약에 따라 교회 재산의 관리 및 처분에 대하여 발언권과 의결권을 갖는다. 따라서 교회를 탈퇴한 교인은 교회 재산에 대한 소유권, 사용수익권도 당연히 상실된다.

(2) 사용수익권

교회 재산은 전체 교인들의 총유이므로 각 교인에게 사용수익권이 있으며,[45] 총유 재산의 사용수익권은 정관 및 기타 규약을 준수하는 한도에서 사용·수익할 수 있다고 규정하고 있다(민법 제276조).[46] 그리고 법률을 위반하지 않고, 사회상규에 위반하지 않는 범위 내에서 사용·수익할 수 있다(형법 제20조).[47] 사회상규에 위반하지 아니하는 행위는 사회윤리 및 사회통념에 비추어 용인될 수 있는 행위를 말한다. 따라서 교회시설의 경우에도 교회의 관리 규정, 사회상규에 위반하지 않는 한도 내에서 사용할 때만 정당한 총유물 사용권리 권한이 인정되는 것이다. 하지만 교회 재산의 관리·처분은 구성원이 단독으로 할 수 없고, 사용수익도 지교회(支敎會)의 정관에 규정이 되어 있으면, 정관에 따라 사용·수익하게 된다. 일반적으로 교회 재산에 대한 사용수익권은 사단 구성원의 지위를 전제로 하는 까닭에 교인의 권리를 취득한 모든 교회 구성원인 교인들에게 있으며, 교회 탈퇴 및 일정 기간 교회에 참석하지 아니하는 경우, 때에 따라서 사단 구성원의 지위를 상실하게 되어 교회 재산에 대한 사용수익권도 상실하게 된다.

(3) 관리 · 보존권

총유물의 보존에 있어서는 공유물의 보존에 관한 민법 제265조의 규정이 적용될 수 없고, 민법 제276조 제1항의 규정에 따른 사원총회의 결의를 거치거나 정관이 총회의 결의를 거치거나 그 정관이 정하는 바에 따른 절차를 거쳐야 한다.[48] 교회 재

---

45) 대법원 2003. 1. 24. 선고 2002도5783 판결.

46) 민법 제276조(총유물의 관리, 처분과 사용, 수익)

① 총유물의 관리 및 처분은 사원총회의 결의에 의한다.

② 각사원은 정관 기타의 규약에 좇아 총유물을 사용·수익할 수 있다.

47) 형법 제20조(정당행위)

법령에 의한 행위 또는 업무로 인한 행위 기타 사회상규에 위배되지 아니하는 행위는 벌하지 아니한다.

산을 관리하고 보존하기 위한 경우, 일반적으로 공동의회 재적교인(在籍敎人)이 아닌 출석교인(出席敎人) 과반수 찬성으로 결의할 수도 있으며, 공동의회 결의로 당회에 위임한 때에는 당회의 결의로 관리·보존 업무를 할 수 있다. 제직회는 공동의회 및 당회의 결의에 따라 교회 재정에 관한 집행을 할 뿐이고, 당회나 제직회는 교회 재산에 관하여 일반적인 관리·보존행위 외에 처분권을 행사할 수 없다. 만약 교회가 교회 재산에 대한 소송이 발생하여 공동의회의 위임을 받은 때에 당회(堂會)는 소송을 위해 교회 재산을 운영하거나 처리할 수 있다.[49]

(4) 처분권

교회 재산의 관리·처분은 구성원이 단독으로 할 수 없고, 사용수익도 지교회의 정관에 규정이 되어 있으면 그에 따르지만, 정관에 별도의 규정이 없으면 민법을 유추·적용하여 총유물의 관리 및 처분은 총회의결을 거쳐야만 한다(민법 제276조 제1항).[50] 교회 재산의 처분권은 반드시 교회 구성원인 교인들의 총회인 공동의회의 결의에 의해서만 결정할 수 있다. 공동의회에서 교인총회의 결의 없이 처분한 행위는 위법하여 무효가 된다. 교인총회의 회의 성수 및 결의 방법은 교회정관에 따르면 된다.

교회 재산의 관리·처분 결의는 그 교회의 정관 기타 규약에 따르고, 그것이 없는 경우에는 교회를 등록하고 세례를 받아 일정 기간 계속하여 교회에 출석하는 재적교인의 과반수 출석과 총회의 과반수 찬성으로 교회 재산에 대한 처분 행위를 할 수 있다(민법 제75조).[51] 그러나 교인총회인 공동의회 결의로 당회에 위임하고, 교회정관에 교회 재산 처분에 대한 별도의 규정이 있다면 그 규정대로 할 수 있다. 교회 재산의 관리·처분을 재적교인이 아닌 출석교인으로 하는 경우, 일부 세력의 주도로 말미암아 소수에 의해 교회 재산이 처분되는 악용될 위험이 있기 때문에 교회 재산 처분에 관해서는 교회정관에 의결정족수를 재적교인으로 할 것을 제안한다.

법인 아닌 사단의 구성원으로서 사단의 총유인 재산의 관리·처분에 관한 의결에 참여할 수 있는 지위나 사단의 재산에 대한 사용수익권은 사단 구성원의 지위를 전

---

48) 대법원 2007. 12. 27. 선고 2007다17062 판결.
49) 대구지방법원 2008. 7. 18. 선고 2007노3327 판결.
50) 민법 제276조(총유물의 관리, 처분과 사용, 수익)
① 총유물의 관리 및 처분은 사원총회의 결의에 의한다.
② 각 사원은 정관 기타의 규약에 좇아 총유물을 사용, 수익할 수 있다.
51) 대법원 2001. 6. 15. 선고 99두5566 판결.

제로 한 것이어서, 구성원은 법인 아닌 사단인 교회의 교인 지위를 취득하면 재산권이 주어지고 교인의 지위가 상실 내지 박탈될 경우, 교회 재산의 권리를 상실한다(민법 제277조).[52)]

3. 교회분열과 교회의 재산

(1) 교회 재산분쟁

한국교회 분쟁의 주요 원인으로는 교회 재산의 소유권 다툼, 교회 직원 선출 및 임면(任免),[53)] 담임목사 비리 등이 있는데, 그중에 특히 가장 많은 원인이 교회 재산 소유권 다툼으로 일어나는 분쟁이라고 할 수 있다. 한국교회는 해방 이전부터 교회와 교인들의 폭발적인 부흥으로 양적인 부흥과 질적인 성장을 가져왔고, 그로 인해 교회 규모는 대형화되었다. 하지만 교회의 양적 부흥과 질적 성장에 비례해 헌금 규모가 커지고 교회 재산이 증가하면서부터 교회 재산으로 인한 교회 분쟁이 빈번해졌으며, 이는 법적인 소송으로 이어져 결국 하나의 교회가 두 개 내지 세 개의 교회로 분열되는 결과를 초래하기도 하였다. 교회 부흥에 비례해서 교회 재산으로 인한 교회 분쟁이 증가하고 있다는 것은 한국교회의 어두운 한 단면이 아닐 수 없다.

(2) 교회분열과 교회 재산의 귀속

교회 재산은 교회 구성원인 교인들의 '총유'에 속한다. 따라서 교회가 분쟁으로 인해 분열하는 경우, 사단법인 정관변경에 준하여 의결권을 가진 교인들의 총 재적교인 3분의 2 이상의 결의에 따라 소속 교단에서 탈퇴한 경우, 종전 교회의 실체가 동일한 교회로서 존속하면 종전 교회 재산은 위 탈퇴한 교회 소속 교인들의 총유로 귀속된다. 하지만 지교회(支敎會)의 교인들 일부가 소속 교단을 탈퇴하기로 결의한 다음 종전 교회를 나가 별도의 교회를 설립하여 대표자를 선정하고, 다른 교단에 가입한 경우, 기존 교회 재산은 잔존 교인들에 귀속된다. 탈퇴하기로 결의한 정족수가 3분의 2 이상이 되지 못하면 기존 교회 재산은 잔존 교인들에게 귀속되는 것이다.

---

52) 민법 제277조(총유물에 관한 권리의무의 득상)
총유물에 관한 사원의 권리 의무는 사원의 지위를 취득, 상실함으로써 취득 상실된다.

53) 임면과 임명을 같은 의미에서 사용하는 경우가 있는데, 임면과 임명은 범위가 다르다. 임면은 권한 있는 자가 어떤 사람을 관직에 임명하는 것과 관직에 있는 사람을 면직하는 것을 포함하는 뜻이다. 즉 임면은 관직에 임명과 면직을 포함하는 말이고, 임명은 면직이 포함되지 않는 말이다.

탈퇴교인(脫退敎人)들은 교회 탈퇴와 함께 교회 교인으로서 지위를 상실하기 때문에 기존 교회 재산에 대해 권리를 주장할 수 없는 것이다.

4. 교회설립 이전의 목사 재산 귀속

교회가 그 실체를 갖추어 법인 아닌 사단으로 성립된 이후에 교회의 대표자가 교회를 위하여 취득한 권리 의무는 교회에 귀속된다. 그러나 목사(牧師)가 교회를 개척하면서 교회가 그 실체를 갖추어 법인 아닌 사단으로 성립하기 이전에 교회설립의 주체인 목사 개인이 취득한 재산의 권리 의무는 그것이 앞으로 성립할 교회를 위한 것이라 하더라도 법인 아닌 사단인 교회에 귀속될 수는 없다. 그리고 설립 중에 있는 회사의 개념과 법적 성격에 비추어 법인 아닌 사단인 교회가 성립하기 전의 단계에서 설립 중의 회사의 법리를 유추·적용할 수 없다.[54)]

5. 교회 분쟁과 노회 재단법인 설립

1925년 교회(敎會) 토지소유권 문제로 곡산교회와 평양노회 장대현 교회에서 분쟁이 발생하였고, 경북노회 대구 남성교회의 경우에는 1923년 분쟁이 발생하여 1931년 법정 판결로 종결되기까지 분쟁이 계속되었다. 이러한 교회 재산으로 인한 잦은 분쟁은 재단법인(財團法人)의 설립 필요성과 재단법인에 교회 재산을 등기하도록 하는 것이 교회 재산 분쟁을 방지하는 최선의 방법이라는 인식에 도달하게 되었다. 그 결과 총회나 노회 유지재단을 설립하게 되었고, 교회 재산을 재단법인(財團法人)에 등기함으로써 교단 탈퇴를 방지하고, 재산으로 인한 교회 분쟁을 예방하는 기능을 하게 되었다.

1930년 9월 2일 전남노회 재단법인이 설립인가 되었다. 재단법인 설립으로 교회 재산을 노회 재단법인에 등록하여 관리하므로, 교회 분쟁과 이탈을 막을 수는 있었지만, 반면 재단법인 설립은 조선총독부가 교회를 관리·감독하게 되었을 뿐만 아니라, 교회를 간섭하므로 장악하는 계기가 되었다. 또한 재단법인의 취지를 떠나서 지교회(支敎會)는 상회에 해당하는 총회나 노회의 간섭을 받을 수밖에 없었고, 교권과 정치적 이해관계에 따라 노회나 교단이 분쟁하고 분열할 때마다 지교회의 진로는 교인들의 의지와 상관없이 상회의 결정에 따라 결정되었다.

---

54) 대법원 2008. 2. 28. 선고 2007다37394, 2007다37400 판결.

6. 교회 재산권 교단 헌법 규정

1927년 조선예수교장로회 제16회 총회에서 헌법을 수정하기로 하고 헌법수정위원회 16인을 선출하였고, 1928년 조선예수교장로회 제17회 총회에서 헌법수정위원회의 보고를 채용하여 노회에 수의하기로 결의하였다. 그리고 1929년 조선예수교장로회 제18회 총회에서 '제직회(諸職會)는 교회에서 위임하는 금전을 처리하고, 부동산(不動産)은 노회(老會)의 소유로 한다.'라고 하는 헌의부 보고를 받고 헌법을 수정하여 채용하고 공포하였다. 이처럼 교회 부동산을 노회의 소유로 한다는 조항을 삽입하여 채용한 이유는 교회 재산을 노회 소유로 하지 않고서는 조선총독부로부터 노회 재단법인 허가를 얻기 불가능했기 때문이다.

1930년에 소집된 조선예수교장로회 제19회 총회에서 '교회 재산은 노회 소유로 한다.'라고 수정하였고, 1962년 대한예수교장로회 제47회 총회에서 '제직회(諸職會)는 교회에서 위임하는 금전을 처리하고 부동산은 노회 재단법인에 편입함이 가하다.'라고 수정하여 개정·공포하였다(정치 제20장 제2조 제3항). 총회(總會)가 교회 재산을 노회 소유로 헌법에 규정한 이유는 노회나 지교회가 교단 탈퇴를 선언하는 것을 막고, 교회 분쟁을 막으려는 의도였지만, 권한이 없는 총회가 지교회의 재산에 관한 소유권에 대해 그 권리를 행사하려는 위법한 행위를 한 것이라고 할 수 있다.

7. 교회 부동산 소유권

교회 부동산의 소유권은 지교회에 있다. 지교회(支敎會)는 교회 부동산에 관한 관리·보존 및 처분에 대한 일체 권리를 가지고 있다. 법원도 장로회 헌법에 교회에 속한 부동산을 노회의 소유로 하고, 토지나 가옥에 관하여 분쟁이 생기면 노회가 이를 처단할 권한이 있음을 규정하고 있다고 할지라도 물권인 부동산 소유권의 귀속 등 국가의 강행법규를 적용하여야 할 법률적 분쟁에 있어서는 이와 저촉되는 장로회 헌법의 규정이 적용될 수 없다며 교회 부동산은 지교회에 소유권이 있다고 판결하였다.[55] 즉 종교단체(宗敎團體)의 내부 규정이라도 교인들의 재산권을 침해하는 행위는 국민의 기본권을 박탈하는 것으로 허용될 수 없다는 것이다.

1991년 대법원은 '교회 부동산은 노회 소유로 한다.'라는 교단 헌법 규정이 효력이 없다는 판결을 내렸다. 대한예수교장로회총회(합동)의 경우에 대법원 판결 이후

---

55) 대법원 1991. 12. 13. 선고 91다29446 판결.

27년이 지난 2018년 대구 반야월 교회에서 소집된 제103회 총회에서 '교회 부동산은 노회 소유로 한다.'는 기존 헌법 규정을 삭제했다. 그리고 교회 부동산 변동은 지교회의 규정(정관)대로 하고, 규정이 없는 경우에는 공동의회 회원 3분의 2 이상의 찬성으로 결정한다.'라는 규정을 삽입하여 개정하였다(정치 제21장 제1조). 교회의 재산권은 총회나 노회에 있지 않고, 교회 구성원인 교인, 교인들의 총회인 공동의회에 있다. 그리고 교인들이 소속 교단을 탈퇴하고 새로운 교단에 가입하여 별개의 교회를 결성하는 때에 교단 헌법은 구속력이 없다. 따라서 교단 헌법에 교회 재산은 총회 유지재단의 소유로 한다는 규정은 효력이 인정되지 않는다.

8. 대한예수교장로회총회(합동) 교회 재산권

(1) 교단 헌법상 관리 및 보존권

교회 재산의 관리(管理)와 처분(處分)은 같은 개념이 아니므로, 관리와 처분의 개념은 구분해야 한다. 교회 재산의 관리는 교회 재산의 관리·보존만을 의미하는 것이고, 기본재산의 현상을 유지하는 것으로 처분과 전혀 다른 개념이다. 교회정관에 재산의 관리가 당회의 직무로 되어 있는 경우, 당회는 타인이 교회 재산을 불법 점유했거나 교인 아닌 자가 교회 재산에 출입할 경우, 출입을 금지하는 등 교회 재산 관리·보존행위가 당회에 있다는 것을 의미하는 것이다. 예를 들어 교회 재산에 대한 법적 분쟁이 발생하였다면, 당회는 공동의회의 의결이 없더라도 결의를 통해 당회장을 교회 대표자를 선임하여 교회 재산의 관리자로서 소송 등을 진행할 수 있다.

법인 아닌 사단의 소유 형태인 총유(總有)는 구성원 개인에게는 지분권이 인정되지 않기 때문에 관리·보존행위는 법인 아닌 사단의 명의로 해야 하고, 그 절차에 관하여 교회정관(教會定款)에 특별한 정함이 없으면 교회 구성원인 교인총회인 공동의회 결의를 거쳐야 한다.[56]

(2) 교단 헌법상 처분권

교회 재산의 처분권(處分權)은 교인들의 총회인 공동의회에 있다. 교인들의 연보, 헌금, 기타 수입으로 이루어진 교회 재산은 특별한 사정없는 한 그 교회 소속 교인

56) 대법원 1995. 2. 24. 선고 94다21733 판결.

들의 총유에 속한다. 따라서 그 재산은 그 교회의 정관 기타 규약에 의하거나 그것이 없는 경우에는 그 교회 소속 교인들의 구성된 총회의 결의에 따라야 하므로 비록 교회의 대표자에 의한 교회 재산의 처분이라고 하더라도 그러한 절차를 거치지 아니한 행위는 무효이다.[57] 교회 재산인 교회 부동산 변동은 지교회의 규정(정관)대로 하고, 만약 교회정관에 재산처분 규정이 없는 경우에 교회정관 변경 및 직원선출과 같이, 공동의회 회원 3분의 2 이상의 찬성으로 결정하도록 하였다(정치 제21장 제1조 제5항). 교단 헌법에 따르면 공동의회에서 재적교인 3분의 2 이상이 참석하고 재적교인 3분의 2 이상의 찬성이 있어야 한다.

교회정관에 당회에 교회 재산의 관리가 당회 직무로 되어 있다고 하더라도 당회가 임의로 교회 재산을 처분해도 된다는 의미가 아니다. 교회 재산의 처분권(處分權)은 반드시 재산의 소유권을 가지고 있는 교인들이 교인총회인 공동의회를 통하여 처분하지 아니하면 불법이 되며, 법적 책임이 따른다. 다만 교회정관에 교회 재산 처분권이 당회 직무로 규정되어 있고, 적법하게 소집된 공동의회를 통하여 교회 재산의 소유권을 가지고 있는 교인들이 재산처분을 당회에 위임해 주었을 경우, 당회는 재산을 처분해도 된다.

(3) 교단 헌법상 예 · 결산권

대한예수교장로회 헌법(합동)은 교인들의 총유인 재정에 대한 예산과 결산 승인권(承認權)은 교인들의 총회인 공동의회에 직무로 하고 있으며, 재정 집행권(執行權)은 제직회 직무로 하고 있다. 제직회는 교인총회인 공동의회에서 승인하고 위임한 예결산과 금전을 집행한다(정치 제21장 제2조). 목사와 시무장로로 구성된 당회는 교회 기관을 관리 · 감독하고 치리하는 기관으로 재정을 집행하지 않는다. 제직회는 반드시 교회가 위임해 준 예산의 범위 내에서만 집행해야 하고, 재정집행 후에는 교인들의 총회인 공동의회에서 결산 승인을 받아야 한다.

9. 대한예수교장로회총회(K교단) 교회 재산권

(1) 교단 헌법상 관리 · 보존 및 처분권

당회는 지교회의 토지, 가옥 등 부동산을 관리하고, 제직회는 지교회의 동산에 대

57) 대법원 2002. 2. 8. 선고 2001다57679 판결, 대법원 2009. 2. 12. 선고 2006다23312 판결.

해 관리하도록 하고 있다. 부동산에 대한 처분과 취득을 제직회의 결의로 할 수 있도록 규정하고 있다. 교인은 교회 재산에 대한 지분권이 없고, 교단을 이탈하거나 장로회 헌법이나 교리를 이행하지 아니하는 교인, 기관이나 단체는 교회 재산의 지분권 및 사용수익권을 상실한다고 하고 있다. 하지만 법원은 교단 헌법이 지교회 독립성이나 종교직 자유의 본질을 침해하지 않는 범위 내에서만 구속력을 가질 뿐이며, 물권인 부동산 소유권의 귀속 등에 있어서는 이와 저촉되는 교단 헌법의 규정이 적용될 여지가 없다고 판결하고 있다. 지교회 부동산과 재정은 지교회의 독립성과 종교자유의 본질에 해당하므로, 지교회 상위 치리회인 노회나 총회가 관여할 수 없고, 교인들에게 있다. 즉 제삼자인 교단은 지교회 재산의 관리·보존 및 처분에 관하여 아무런 권리를 행사할 수 없다.

(2) 교단 헌법상 교회 재산에 대한 제직회 처분권

대한예수교장로회총회(K교단) 헌법에서 제직회에서 교회 부동산에 대한 처분과 취득을 제직회의 결의로 할 수 있도록 규정하고 있는 것은 위법한 행위에 해당한다. 교회 재산은 교인들의 총유물에 해당하기 때문에 교인총회인 공동의회의 의결을 통해서만 처분할 수 있는 것이다. 따라서 교단의 헌법이 지교회 재산권에 대한 처분권을 제직회에 규정하는 것은 교회의 독립성을 침해하는 행위로 무효 사유에 해당한다. 다만 지교회 정관에서 교회 부동산 처분과 취득에 관하여 제직회에 위임하는 규정이 있는 경우에는 가능한데, 반드시 교인들의 총회인 공동의회에서 의결을 거쳐 개정된 교회정관이어야 한다.

10. 교회 재산과 유지재단

한국교회는 여러 교단이 유지재단을 설립하여 지교회 재산을 교단이나 교단 유지재단 명의로 등기해 왔다. 예전에는 지교회 재산을 교단이나 교단에서 설립한 유지재단의 소유로 등기해 놓았을 때, 그 법률관계를 명의신탁(名義信託)으로 취급하여 부동산 실권리자 명의 등기에 관한 법률(부동산실명법) 위반으로 보았지만, 2013년 7월 12일 법이 개정되어 종교단체 역시 종중과 배우자 재산의 명의신탁과 같이 특례로 인정받게 되었다(부동산실명법 제8조).[58]

---

58) 부동산 실권리자 명의 등기에 관한 법률 제8조(종중, 배우자 및 종교 단체에 대한 특례)
다음 각호의 어느 하나에 해당하는 경우로서 조세 포탈, 강제집행의 면탈(免脫) 또는 법령상 제한

한국 교회 다수교단에서 교회의 재산에 관해 그 소유를 교단 또는 교단에서 설립한 별도의 유지재단 소유로 한다는 내용의 헌법 규정을 채택하고 있다. 하지만 지교회 재산을 교단이나 교단의 유지재단 명의로 등기되어 있다고 하더라도 지교회 부동산을 교단의 소유라고 주장할 수 없다. 법원은 부동산 소유권의 귀속에 관한 법률적 분쟁에 대해서 교단의 헌법이 지교회에 적용될 여지가 없다고 보고, 교인 총회의 결의 없이 교회 재산을 총회 유지재단 등에 증여한 경우, 지교회기 교단을 탈퇴하는 때에 교회 재산권이 상실된다는 권리 상실조항에 대해서도 구속력을 인정하지 않고 있다. 지교회 재산은 원칙적으로 지교회 구성원인 교인들의 소유이며, 교인들의 총회의 결의에 의해서만 처분권이 인정된다. 그러나 교회 구성원 전체의 결의로 교회 재산을 유지재단에 증여하고, 소유권 이전 등기를 경료했다면, 유지재단에서 처분권을 행사할 수 있다.

Ⅱ. 판결

1. 교회 부동산의 교단 헌법 규정 적용의 가부

(1) 주요사실

K노회 소속 A교회의 소유 부동산이었던 X건물에 대해서 A교회 일부 교인들만의 결의로 K노회 명의로 소유권 보존 등기를 경료하였다.

(2) 판결요지

대한예수교장로회의 헌법에는 대한예수교장로회 K노회 소속의 지교회에 속한 부동산은 노회의 소유로 하고, 토지나 가옥에 관하여 분쟁이 생기면 노회가 이를 처리할 권한이 있음을 규정하고 있으나 물권인 부동산 소유권의 귀속 등 국가의 강행법

의 회피를 목적으로 하지 아니하는 경우에는 제4조부터 제7조까지 및 제12조제1항부터 제3항까지를 적용하지 아니한다.

1. 종중(宗中)이 보유한 부동산에 관한 물권을 종중(종중과 그 대표자를 같이 표시하여 등기한 경우를 포함한다) 외의 자의 명의로 등기한 경우.
2. 배우자 명의로 부동산에 관한 물권을 등기한 경우.
3. 종교단체의 명의로 그 산하 조직이 보유한 부동산에 관한 물권을 등기한 경우.

규를 적용하여야 할 법률적 분쟁에 있어서는 이와 저촉되는 교회 헌법의 규정이 적용될 여지가 없는 것인 바, 이 사건 부동산은 분열 전의 A교회 전체 교인들의 총유이므로, 교인들의 총의에 따라 경료한 것이 아닌 원고 명의의 소유권 보존 등기는 위 헌법 규정과 관계없이 무효이어서 그 소유를 인정할 수 없다.

A교회 X건눌은 교회의 전체 교인들의 총의에 따라 K노회에 증여된 것이 아니어서 이 시건 긴물에 대한 K노회의 소유권을 인정할 수 없고, K노회 명의로 경료 된 위 건물에 관한 소유권 보존 등기도 원인무효의 등기라고 본 원심의 사실인정과 판단은 원심[59]이 설시한 증거관계에 비추어 정당하고, 거기에 소론과 같은 채증 법칙 위배 등의 위법이 있다고 할 수 없다고 판시하였다.[60]

(3) 해설

교회 재산은 총회 유지재단이나 노회의 소유가 될 수 없다. 교회 재산권은 총회 유지재단이나 노회에 있지 않고, 교회 구성원인 교인, 교인들의 총회인 공동의회에 있기 때문이다. 비록 교단 헌법에 지교회에 속한 부동산은 총회 유지재단이나 노회의 소유로 하고 토지나 가옥에 관하여 분쟁이 생기면 유지재단이나 노회가 이를 처리할 권한이 있음을 규정하고 있다고 할지라도, 그 규정은 국가의 강행법규를 적용할 법률분쟁에 있어서 효력이 없고, 노회 명의로 소유권 보존 등기를 경료했다고 할지라도 무효에 해당한다. 대법원도 개교회의 부동산이 피고 재단의 소유로 등기되었다고 하더라도 그것은 교단 차원의 관리를 위하여 명의신탁된 것에 불과하고 개교회가 실질적인 소유자라는 취지로 판시하였다.[61] 그러나 교회 부동산에 대해서 교회의 전체 교인들의 총의에 따라서 노회 명의로 소유권 이전 등기를 경료했다면 노회가 소유 및 처분권을 행사할 수 있다.

우리나라 민법은 모든 부동산의 소유권은 부동산 등기명의자의 것이고, 교회재산은 교인들의 총유로 보는 법의 해석상 원래 소속 노회 명의로 등기하고 있는 부동산 외에는 어떠한 교회의 부동산도 당해 지교회의 소유로 인정하며 노회 소유로 인정하지 않는다.

---

59) 대구지방법원 1991. 7. 12. 선고 90나8488 판결.
60) 대법원 1991. 12. 13. 선고 91다29446 판결.
61) 대법원 1990. 12. 21. 선고 90다카22056 판결, 대법원 2010. 10. 14. 선고 2010두10501 판결.

2. 평일 오전 예배 시간에 교회 재산처분

(1) 사실관계

A교회 목사 甲은 교회를 개척하여 37년간 담임목사로 재직하고 아들에게 목사직을 물려주고 퇴임하였다. 목사 甲은 평일 오전 은퇴예배를 하고 은퇴 후 예우에 관한 결의문을 작성하고 은퇴금 수억 원과 아파트, 차량 제공과 함께 시망할 때까지 수천만 원의 생활비와 선교비를 매월 지급할 것을 결의하였다. 5년이 지난 후 A교회에 제3대 목사가 취임하게 되었고, A교회는 목사 甲에게 은퇴 후 받은 돈을 돌려달라며 소를 제기하였다.

(2) 판결요지

교회의 재산 귀속 형태는 총유로 봐야 하고 교회 재산을 처분할 때는 소속 교회 교인들 총회의 과반수 결의에 의해야 하거나 결의 내용을 추인하는 교인들의 총회 결의가 있어야 한다며 목사 甲은 은퇴 감사예배 때 은퇴 후 생활비 등에 관한 이 사건 결의 내용이 수천 명의 교인 앞에서 공식적으로 공표됐고, 이를 교인들이 동의했다는 취지로 주장하지만, 당시 예배 사회자는 그러한 내용은 일반 교인들에게 발표하기에 적절하지 않고 발표한 일이 없었던 것으로 기억한다고 진술했고, 실제 은퇴 감사예배가 목요일 오전 11시에 진행돼 직장인들인 일반 교인들의 참석이 불가능했을 것으로 보이는 점 등을 고려하면 교인들이 동의했다고 보기 어렵다며, 목사 甲은 은퇴 후에 받은 돈을 교회에 돌려줘야 한다고 판시하였다.[62]

3. 교회 총유 재산에 대한 근저당권 설정등기

(1) 사실관계

A교회 위임목사 甲은 D농협과 M은행에 A교회 소유 X부동산에 관하여 근저당권 설정등기를 경료하고 금전을 차용하였다. A교회의 규약에서 부동산의 취득과 처분은 당회에서 관할한다고 규정하고 있음에도 불구하고, 당회의 결의 없이 목사 甲은 임의로 교회 정관을 변경하고 서류를 위조하여 D농협과 M은행에서 상당 금액을 차용(대출계약)하였다. 이에 A교회 당회는 목사 甲을 검찰청에 고발하였고, 특정경제범

62) 서울중앙지방법원 2013. 8. 28. 선고 2011가합14751 판결.

죄 가중처벌 등에 관한 법률 위반죄(사기), 사문서위조죄, 위조사문서행사죄, 공정증서원본불실기재죄, 불실기재공정증서원본행사죄로 징역 3년을 선고받았다. A교회는 D농협과 M은행을 상대로 근저당설정에 대한 원인무효 소송과 말소 등기절차를 이행하라는 소를 제기하였다.

(2) 판결요지

원심은 A교회의 정관 제35조 제3항에서는 '부동산의 취득과 처분은 당회에서 관할한다.'라고 되어 있고, 같은 조 제5항에서는 '당회 성원은 당회원 3분의 2 이상이 참석하여야 당회가 성원이 되며 부동산의 취득과 처분은 참석인원 전원 찬성하여야 한다.'라고 규정하고 있음에도, 목사 甲은 위와 같은 당회의 결의를 거치지 아니하고 무단으로 D농협과 제1근저당권 설정계약을 체결하고, M은행과 이 사건 제2, 제3근저당권 설정계약을 체결하여 위 각 근저당권 설정계약에 따라 등기했으므로, 이 사건 각 근저당권 설정등기는 무효인 처분 행위에 의하여 마쳐진 등기로서 아무런 효력이 없다. 따라서 원고에게, 피고 조합은 이 사건 제1 근저당권 설정등기의, 피고 은행은 이 사건 제2, 제3근저당권 설정등기의 각 말소 등기절차를 이행할 의무가 있다고 판시했다.[63] 대법원도 총유물의 보존에 있어서는 공유물의 보존에 관한 민법 제265조의 규정이 적용될 수 없고, 민법 제276조 제1항의 규정에 따른 사원총회의 결의를 거치거나 정관이 정하는 바에 따른 절차를 거쳐야 하므로, 법인 아닌 사단인 교회가 총유 재산에 대한 보존행위로서 소송을 하는 때에도 교인총회의 결의를 거치거나 정관이 정하는 바에 따른 절차를 거쳐야 한다고 판시하였다.[64]

4. 교회 채무부담행위의 의결

(1) 판결요지

민법 제275조, 제276조 제1항은 총유물의 관리 및 처분에 관하여는 정관이나 규약에 정한 바가 있으면 그에 의하되 정관이나 규약에서 정한 바가 없으면 사원총회의 결의에 의하도록 규정하고 있으므로 이러한 절차를 거치지 아니한 총유물의 관리·처분행위는 무효라 할 것이고, 이 법리는 민법 제278조에 의하여 소유권 이외의 재산권

63) 서울남부지방법원 2011. 9. 29. 선고 2010가합6001(본소), 97289(반소) 판결, 서울고등법원 2012. 10. 31. 선고 2011나97272, 97289 판결.
64) 대법원 2014. 2. 13. 선고 2012다112299, 112305 판결.

에 대하여 준용되고 있다. 그런데 위 법조에서 말하는 총유물의 관리 및 처분이라 함은 총유물 그 자체에 관한 이용·개량행위나 법률적·사실적 처분 행위를 의미하므로, 총유물 그 자체의 관리·처분이 따르지 아니하는 채무부담행위는 이를 총유물의 관리·처분 행위라고 볼 수 없다.

따라서 교회의 채무부담행위의 대출 계약은 총유물 자체의 관리·처분이 따르지 아니하는 단순한 채무부담행위에 불과하여 이를 교회의 총회 결의가 필요한 민법 제276조 제1항에서 정하는 총유물의 관리·처분이라고 할 수 없으며, 교회의 규약이 정한 당회의 의결 사항에도 해당하지 아니하므로, 대출 계약을 체결하면서 총유물의 관리 및 처분에 관한 교회 규칙을 지키지 않았다고 하여 그 법률행위를 무효라고 할 수 없다.[65]

(2) 해설

총유물의 관리·처분은 총유물 그 자체에 관한 이용·개량행위나 법률적·사실적 처분 행위를 말한다. 비법인사단인 교회 총유물의 관리·처분은 교회정관이나 규약에 총유물의 관리·처분절차에 대해 정함이 있으면 정관이나 규약에 정한 바대로 하면 된다. 하지만 총유물의 관리·처분 절차에 대해 교회 정관이나 규약에 정함이 없는 경우에 문제가 되는데, 이 경우에 의결 절차는 다음과 같다.

첫째, 총유물의 관리·처분 행위 시 총회(공동의회) 절차를 거치지 아니하면 무효이다. 교회정관이나 규약에 정한 바가 없으면 총회(공동의회) 의결에 의하도록 규정하고 있으므로 반드시 총회(공동의회)의 의결 절차를 거쳐야 한다(민법 제275조, 제276조 제1항, 제278조). 둘째, 대출 등 채무부담행위는 총유물의 관리·처분 행위에 해당하지 아니하므로 총회(공동의회)의 의결 절차가 없어도 유효하다.[66] 셋째, 대출에 따른 근저당권 설정행위의 경우에는 총유물의 관리·처분 행위에 해당하므로 총회(공동의회)의 의결 절차가 없으면 무효에 해당한다.

5. 노회 파송 임시당회장에 의한 교회 재산 소유권 이전 등기 처분

(1) 사실관계

K노회 소속 지교회인 A교회에 전도목사 甲 외에 일반 교인이 없다가 甲이 전도

65) 대법원 2012. 5. 10. 선고 2011다19522 판결.
66) 대법원 2014. 2. 13. 선고 2012다112299, 112305 판결.

목사직에서 정년으로 은퇴하자 K노회 임원회가 A교회의 재산을 처리하기 위해 A교회의 임시당회장으로 목사 乙을 파송하였다. 그 무렵 목사 丙이 K노회 소속 B교회의 시무 목사직에서 사임한 후 B교회의 교인 수십 명과 함께 A교회의 교인으로 등록하고 A교회에서 종교 활동을 하고 있었는데, 공동예배 장소로 사용하는 건물 등 A교회 소유의 부동산에 관하여 임시당회장인 목사 乙이 K노회 및 산하 지교회의 재산을 소유·관리함을 목적으로 설립된 재단법인과 사이에 A교회가 이를 재단법인에 증여한다는 계약을 체결하였다.

(2) 판결요지

법원은 교회는 자율적 종교공동체로서 구성원인 교인이 1인이라도 있으면 특별한 사정이 없는 한 해산하지 않고 존속한다. 교회는 자율적으로 해산하지 않는 한 구성원이 증감·변동하는 속성을 가지고 있는데, 현재 A교회는 종전 구성원이 아니었고, B교회에서 이명 절차를 거치지 않았더라도 교인으로 새로 가입한 교인들이 A교회의 교인으로 존재하고 있다. 또한 목사 甲이 정년으로 은퇴하였더라도 교인의 지위를 상실하는 것은 아니므로, A교회가 목사 甲의 은퇴로 구성원인 교인이 없게 되어 해산하였다고 볼 수 없다. 따라서 K노회에서 파송한 목사 乙이 A교회의 임시당회장으로서 A교회의 규약에서 정한 절차를 거쳐 재단법인과 증여계약을 체결하였다고 볼 수 없으므로, 위 증여계약은 총유물 처분절차를 위반하여 위법한 것으로서 무효에 해당한다고 판시하였다.[67]

(3) 해설

목사는 지교회 총회의 의결로 노회에 청빙 청원서를 제출하면 노회에서 승낙하여 지교회에 시무 목사를 파송한다. 목사의 소속은 노회에 있으며, 목사의 파송 및 해임은 노회의 권한에 속한다. 목사는 사직, 해임, 은퇴를 하게 되면 지교회 시무 목사로서 지위를 상실하게 되고, 당연히 노회 소속이 된다. 전도목사는 교회 없는 지방에 파견되어 교회를 설립하고 노회의 결의로 그 설립한 교회를 조직하며 성례를 시행하고 교회의 부흥 인도를 한다(정치 제4장 제4조 제6항). 즉 전도목사는 일정한 목적을 위하여 노회에서 파송한 목사이다. 법원은 전도목사였던 甲이 은퇴하더라도 지교회 교인으로서 지위를 상실한 것이 아니라고 하였다.

---

67) 대구고등법원 2019. 10. 10. 선고 2018나24999 판결.

법원은 목사가 정년으로 은퇴하더라도 교인의 지위를 상실하는 것은 아니므로, 전도목사였던 甲이 비록 은퇴하였더라도 A교회의 구성원인 교인의 지위까지 상실한 것은 아니라고 판단하였다. 하지만 위임목사는 사임이나 퇴임의 경우, 시무 목사는 임기가 종료되어 계속 시무 청빙·청원을 거절당하는 경우, 목사직 은퇴와 동시에 교회 대표자로서 적법한 권한이 상실되어 지교회의 교인으로서 지위도 상실되는 것이다.[68] 따라서 법원의 판단과 달리 전도목사가 정년으로 은퇴하였다면, 교인의 지위를 상실한 것으로 보아야 한다. 하지만 교회구성원인 교인이 1인이라도 있으면 특별한 사정이 없는 한 해산하지 않고 존속하기 때문에 A교회는 B교회에서 A교회 교인으로 새로 가입한 교인들이 존재하고 있어서 교회가 해산되었다고 볼 수 없다.

6. 교회 재산에 대한 보존행위에 있어서 소송상 총회의 의결

총유물의 보존에 있어서는 공유물의 보존에 관한 민법 제265조의 규정이 적용될 수 없고, 민법 제276조 제1항[69]의 규정에 따른 사원총회의 결의를 거치거나 정관이 정하는 바에 따른 절차를 거쳐야 하므로, 법인 아닌 사단인 교회가 그 총유 재산에 대한 보존행위로서 소송을 하는 경우, 교인총회의 결의를 거치거나 그 정관이 정하는 바에 따른 절차를 거쳐야 한다.[70] 이와 관련하여 '총회의 결의는 정관에 다른 규정이 없으면 사원 과반수의 출석과 출석사원의 의결권의 과반수로써 한다는 규정은 법인 아닌 사단에 대하여도 유추 적용될 수 있다(민법 제75조 제1항).[71] 따라서 교인총회에서 원고 교회의 교인 총 244명 중 164명이 피고에 대하여 이 사건 말소등기청구를 하기로 결의하였으므로, 원고의 이 사건 소는 총회의 결의에 따른 것으로서 적법하다고 판시하였다.[72]

---

68) 대법원 2009. 12. 10. 선고 2009다22846 판결.

69) **민법 제276조(총유물의 관리, 처분과 사용, 수익)**

① 총유물의 관리 및 처분은 사원총회의 결의에 의한다.

② 각사원은 정관 기타의 규약에 좇아 총유물을 사용, 수익할 수 있다.

70) 대법원 1986. 9. 23. 선고 84다카6 판결, 대법원 2014. 2. 13. 선고 2012다112299, 112305 판결.

71) **민법 제75조(총회의 결의방법)**

① 총회의 결의는 본법 또는 정관에 다른 규정이 없으면 사원 과반수의 출석과 출석사원의 결의권의 과반수로써 한다.

72) 대법원 2007. 12. 27. 선고 2007다17062 판결.

7. 공동의회 결의 없는 토지교환

(1) 사실관계

A교회는 빌딩에서 교회를 임차해오던 중 교세 확장에 따라 교회를 건축하기 위해 X토지를 매수하고, A교회 목사로부터 교회 부지 매매의 대리권을 수여받은 교회당 건립 위원장식을 맡고 있던 장로 甲은 소유권 이전 등기에 필요한 일체의 서류를 보관하게 하고 있던 중에 X토지가 교회 건축부지로 협소하다고 생각하고, 더 넓은 대지를 물색하던 중에 교인들의 처분결의도 없이 장로 甲은 교회 X토지를 가등기담보를 가지고 있던 소외인 乙소유 Y토지와 맞바꾸기로 교환계약을 체결하였다.

(2) 판결요지

A교회는 X토지를 계약하고, 중도금, 잔금 지급 사실을 교회 주보에 의하여 A교회 교인들에게 보도된 사실을 인정할 수 있으므로, 위 사실에 의하여 A교회에서는 X토지에 관한 권리를 총유의 방법으로 준 공동 소유하게 되었음이 확정되었다고 보아야 할 것이다. 그러므로 그 후에 있어서 교환계약을 체결하는 것은 새로운 처분행위라고 보아야 할 것이며 이와 같은 때에는 새로운 처분결의가 필요하다. 따라서 X토지는 A교회 교인들의 헌금 등으로 구입한 것으로 A교회 교인들의 총유(엄격히 표현하면 이 사건 토지에 대한 법률적, 사실적 처분권에 관한 준총유)라고 할 것인데, X토지 처분에 관한 A교회의 정관이나 규약이 없고, A교회 교인들은 위 교환계약에 앞서 그 처분결의를 한 바 없으므로, 위 교환약정은 무효이고, 따라서 장로 甲은 X토지에 대한 처분권을 적법하게 취득하지 못하였다 할 것이다. 교회 교인들의 총유 또는 준총유에 속하는 토지의 처분에 관하여 교회의 정관이나 규약이 없고, 교인들의 처분결의도 없었다면 비록 그 토지를 전득하여 등기를 마친 자가 선의라 하더라도 교회는 그 처분 행위의 무효인 사실을 대항할 수 있다고 판시하였다.[73]

(3) 해설

법인 아닌 사단인 교회 재산은 교인들의 총유에 해당하므로, 교회 재산 변동은 교인들의 총회에서 결정해야 한다. A교회의 경우, 교회 건축을 위해 교회 공동의회 결의로 X토지를 매수하였으나 기존에 구매한 X토지를 다시 Y토지와 교환하기 위해

73) 대법원 1989. 3. 14. 선고 87다카1574 판결.

서는 다시 공동의회 결의가 있어야 한다. 설령 공동의회에서 장로 甲에게 위임을 했더라도 그 위임은 X토지 매입과 관련된 일체의 행위에 대한 위임일 뿐, X토지에 대한 처분이나 교환까지 위임한 것이 아니기 때문이다.

8. 총회 결의 없이 위조서류에 의한 소유권 이전 등기

교회의 재산은 특단의 사정이 없는 한 그 교회 소속 교인들의 총유에 속하므로, 그 재산의 처분에 있어서는 그 교회의 정관 기타 규약에 의하거나 그것이 없는 경우에는 그 교회 소속 교인들의 총회의 결의에 따라야 하는바, 교인들 총회의 결의가 없었음에도 있는 것 같이 관계 서류를 위조하여 경료한 소유권 이전 등기는 원인무효의 등기이다.[74]

9. 교회 폐지와 청산인

민법은 법인 아닌 비법인사단의 법률관계에 관하여 재산의 소유 형태 및 관리 등을 규정하는 제275조 내지 제277조를 두고 있을 뿐이므로, 사단의 실체·성립, 사원자격의 득실, 대표의 방법, 총회의 운영, 해산 사유와 같은 그 밖의 법률관계에 관하여는 민법의 법인에 관한 규정 중 법인격을 전제로 하는 조항을 제외한 나머지 조항이 원칙적으로 유추 적용한다. 비법인사단인 교회의 교인들이 예배를 중단하고 다른 교회로 나가기로 결의한 후 교회가 존재하지 않게 된 경우, 그 교회는 해산하여 청산절차에 들어가서 청산의 목적 범위 내에서 권리·의무의 주체가 되며, 이 경우 해산 당시 그 비법인사단의 총회에서 향후 업무를 수행할 자를 선정하였다면 민법 제82조 제1항을 유추하여 그 선임된 자가 청산인으로서 청산 중에 있는 비법인사단을 대표하여 청산 업무를 수행하게 된다.[75]

10. 교회 유일한 교인인 목사가 은퇴했을 때 교회 재산

(1) 사실관계

목사 甲은 A교회를 개척하고 X토지 및 건물을 목사 甲명의로 소유권 등기를 마

74) 대법원 1986. 6. 10. 선고 86도777 판결.
75) 대법원 2003. 11. 14. 선고 2001다32687 판결.

쳤고, K노회의 허락을 받고 임시목사로 시무해왔으나 2011년부터는 교인이 없어서 A교회 전도목사로 파송되어 X토지 건물을 예배 장소로 사용해왔다. 2015년 만 70세가 넘은 목사 甲은 전도 목사직에서 은퇴하였으나 목사 甲은 은퇴한 후에도 계속해서 A교회의 교인으로서 교회의 부동산을 관리하여 왔다. 이에 K노회는 목사 乙을 총회 헌법 시행규칙에 따라 임시당회장으로 파송하였다(총회 헌법 시행규칙 제16조의7 제2항). K노회에서 파송된 목사 乙은 K노회 및 산하 지교회의 재산을 소유·관리함을 목적으로 하는 재단법인과 사이에 A교회가 X토지 및 건물에 대해 재단법인에 증여하는 계약을 체결하였다. 그러나 A교회는 목사 甲이 은퇴 후에도 교회 부동산을 계속 관리해 온 교인이므로 교회 존립이 가능하다고 주장하였다.

(2) 판결요지

비법인사단에 대하여는 사단법인에 관한 민법 규정 중 법인격을 전제로 하는 것을 제외한 규정들을 유추 적용하여야 할 것이므로 비법인사단인 교회의 교인이 존재하지 않게 된 경우 그 교회는 해산한다.[76] 따라서 교회는 구성원인 교인이 1인이라도 있으면 특별한 사정이 없는 한 해산하지 않고 존속한다. 이와 같이 1인의 교인이 있는 경우에도 교회가 존속하는 것으로 보는 것은 1인의 교인에 의해서도 예배와 전도 등 교회의 설립목적을 일정 부분 달성할 수 있고 향후 교인이 증가할 가능성도 있기 때문이다. 대한예수교장로회총회 헌법 등의 관련 규정이나 여러 사정을 고려하면, 대한예수교장로회(통합) 소속 지교회의 경우 그 목사는 지교회의 구성원인 교인의 지위를 가지고 있고, 그 목사가 정년으로 은퇴하여 은퇴목사가 되더라도 그로 인하여 지교회의 구성원인 교인의 지위를 상실하는 것은 아니라고 보아야 한다. 따라서 K노회에서 파송된 목사 乙이 A교회 임시당회장으로서 A교회 규약에서 정한 절차를 거쳐 B 재단법인과 증여계약을 체결하였다고 볼 수 없으므로, 위 증여계약은 총유물 처분절차를 위반하여 위법한 것으로 무효라고 판시하였다.[77]

(3) 해설

목사 甲은 K교단 소속 목사로서 은퇴 후에도 교회를 떠나지 않고 교회 공과금을 납부하는 등 교회 유지 관리에 힘쓰며 교인으로서 의무를 이행해 왔다. 판결의 요지

76) 대법원 2003. 11. 14. 선고 2001다32687 판결.
77) 대구고등법원 2019. 10. 10. 선고 2018나24999 판결.

를 보면 K교단 헌법에 목사의 자격으로 무흠한 세례교인(입교인)으로 7년을 경과할 것이 요구된다고 규정하고 있고(정치 제26조 제1항), 시무목사는 세례교인이어서 당연히 공동의회 회원이 됨을 전제로 한 것으로 볼 수 있다. 또한 교인의 의무는 지교회에 대한 공동예배 출석과 봉헌과 교회 치리에 복종하는 것인데(정치 제15조), 목사도 그중 교회 치리에 복종하는 것 이외에는 교인의 의무를 이행하는 점, 세례교인에게는 지교회의 성찬 참례권과 공동의회 회원권이 있고(정치 제16조), 목사에게도 동일한 권리가 있는 점 등을 고려하면, 목사는 그가 시무하는 지교회의 구성원인 교인이라고 봄이 타당하다.

반면 목사가 정년으로 은퇴하여 은퇴 목사가 되더라도 교인의 지위가 상실된다는 규정이 없고, 그 지교회의 교인으로서 종교 활동을 할 수 없다는 규정이 없다. 그리고 목사가 은퇴하여 은퇴 목사가 된 후에 다른 지교회에 등록하고 그 지교회에서 종교 활동을 시작하지 않고 시무하던 지교회의 예배 출석과 봉헌, 성찬 참례 등을 계속하고 있다면, 은퇴 목사는 기본적으로 지교회의 교인 자격을 유지한다고 할 수 있다. 다만 은퇴한 장로, 권사, 집사와 마찬가지로 평신도 교인들에게 주어지는 지교회 직원 피선거권 등의 권리만 제한될 뿐이다. 비법인사단에 해당하는 교회는 은퇴 목사 한 사람만 존재하더라도 법적 실체를 인정할 수 있다는 판결이다.

11. 교회설립 전에 개인 취득재산에 대한 귀속 문제

(1) 사실관계

목사 甲은 A교회를 설립하기로 하고, 교회당으로 사용할 건물을 물색하던 중 의왕시 소재 X건물 5층 중 제4층 406호를 분양받고, 분양대금의 잔금 등을 마련하기 위하여 乙로부터 변제기나 이자의 약정 없이 약 6,000만 원을 차용하고 이에 대한 담보조로 X건물에 관하여 乙명의로 소유권 이전 등기를 경료하였다. A교회는 X건물에서 개척 예배, 교회정관 작성 및 승인을 마치고 목사 甲을 대표자로 선임하였으며, 현재까지 X건물을 교회당으로 점유·사용하여 왔다.

제1심은 교회는 비법인사단으로서 특별한 사정없는 한 사단법인에 관한 규정이나 설립 중의 회사에 관한 법리가 유추·적용된다며, 피고 乙은 명의신탁자인 A교회로부터 그 등기명의만을 신탁받은 명의수탁자에 불과하다 할 것이고, 이러한 명의신탁약정과 그에 기한 등기는 부동산 실권리자명의 등기에 관한 법률에 의하여 무효가 되므로, 피고 乙은 A교회에게 X건물에 관한 피고 乙명의 소유권 이전 등기의 말소 등기절차를 이행할 의무가 있다고 판시하였다.[78)]

(2) 판결요지

교회는 비법인 사단으로서 이를 규율하고 있는 법은 보이지 아니하므로 특별한 사정이 없는 한 사단법인에 관한 규성이나 설립중의 회사에 관한 법리가 유추·적용된다. 따라서 설립 중의 교회의 대표자가 설립중의 교회의 명의로 법률행위를 하면, 설립중의 교회 명의로 취득한 권리의무는 설립중의 회사에 총유의 형식으로 귀속하였다가 성립 후의 교회에 별도의 이전행위 없이 귀속하게 된다.

교회가 이 사건 분양계약 당시 설립중의 교회였음은 명백하다 할 것이어서 목사 甲이 설립중의 교회를 대표하여 이 사건 분양계약을 체결한 계약상의 지위는 별도의 이전행위 없이 A교회에 귀속하고, 乙은 명의신탁자인 A교회로부터 그 등기 명의만을 신탁 받은 명의수탁자에 불과하다고 할 것이다. 명의신탁의 경우 명의신탁약정과 그에 기한 등기는 무효로 되고 그 결과 명의신탁 된 부동산은 매도인 소유로 복귀하므로, 매도인은 명의수탁자에게 무효인 그 명의 등기의 말소를 구할 수 있고, 명의신탁자는 매도인에 대하여 매매계약에 기한 소유권 이전 등기를 청구할 수 있으며, 그 소유권 이전 등기청구권을 보전하기 위하여 매도인을 대위하여 명의수탁자에게 무효인 그 명의 등기의 말소를 구할 수 있다.[79)] 乙은 원고 교회에 별지 기재 건물에 관하여 경료된 소유권 이전 등기의 말소 등기절차를 이행할 의무가 있다.[80)]

(3) 해설

교회가 이 사건 분양계약 당시 설립중의 교회였음은 명백하다 할 것이어서 목사 甲이 설립중의 교회를 대표하여 이 사건 분양계약을 체결한 계약상의 지위는 별도의 이전행위 없이 A교회에 귀속하고, 乙은 명의신탁자인 A교회로부터 그 등기 명의만을 신탁 받은 명의수탁자에 불과하다. 乙은 명의신탁자인 A교회로부터 그 등기명의만을 신탁 받은 명의수탁자에 불과하고, 이러한 명의신탁약정이나 그에 따른 등기는 부동산 실권리자명의 등기에 관한 법률에 의하여 무효이다. 따라서 乙은 A교회에 X건물

78) 수원지방법원 2006. 10. 10. 선고 2005가합10879(본소), 2006가합7252(반소) 판결.
79) 대법원 2002. 3. 14. 선고 2001다61654 판결, 대법원 1995. 4. 14. 선고 94다58148 판결.
80) 서울고등법원 2007. 5. 16. 선고 2006나106585(본소), 2006나106592(반소) 판결.

에 관한 소유권 이전 등기의 말소 등기절차를 이행할 의무가 없다고 판결하였다.

하지만 이 사건은 대법원에서 파기 환송되었다. 대법원은 법인 아닌 사단과 같은 회사가 성립하기 위해서는 발기인이 정관을 작성하고, 적어도 1주 이상의 주식을 인수하는 등 어느 정도 회사로서의 독립된 실체를 갖추어야 하는데,[81] 이러한 실체를 갖추지 못하여 아직 설립중의 회사가 성립되기 이전에 발기인이 취득한 권리의무는 설립중의 회사에 귀속될 수는 없고, 구체적인 사정에 따라 발기인 개인 또는 발기인 조합에 귀속되는 것으로서, 이들에게 귀속된 권리의무를 그 후에 성립된 설립중의 회사나 설립 후의 회사에게 귀속시키기 위해서는 양수나 계약자 지위인수 등의 특별한 이전행위가 있어야 한다.[82]

교회는 주무관청의 허가를 받아 설립등기를 마치고 민법상 비영리법인으로서 성립하게 되지만, 교회가 법인격을 취득하지 않더라도 기독교 교리를 신봉하는 다수인이 공동의 종교 활동을 목적으로 집합체를 형성하고 규약 기타 규범을 제정하여 의사 결정기관과 대표자 등 집행기관을 구성하고 예배를 드리는 등 신앙단체로서 활동하는 경우, 법인 아닌 사단으로서 성립하고 존속하게 된다.[83] 교회가 그 실체를 갖추어 법인 아닌 사단으로 성립한 경우, 교회의 대표자가 교회를 위하여 취득한 권리의무는 교회에 귀속되지만, 교회가 아직 실체를 갖추지 못하여 법인 아닌 사단으로 성립하기 전에 설립의 주체인 개인이 취득한 권리 의무는 그것이 앞으로 성립할 교회를 위한 것이라 하더라도 바로 법인 아닌 사단인 교회에 귀속될 수는 없고, 또한 설립 중의 회사의 개념과 법적 성격에 비추어 법인 아닌 사단인 교회가 성립하기 전의 단계에서 설립 중의 회사의 법리를 유추·적용할 수는 없다고 판시하였다.[84]

다만 교회설립 전에 개인 취득재산에 대한 귀속은 법인 아닌 사단이 실체를 갖추지 못한 상태에서 설립중의 교회가 성립되기 이전에 교회 대표자가 취득한 권리의무는 설립중의 교회나 설립 후의 교회 명의로 양수나 계약자 지위인수 등과 같은 법률행위, 별도의 이전행위가 있어야 한다.

13. 목사가 사비로 개척한 교회의 재산권

경기고 김포시 A교회는 목사 甲이 사비를 털어 땅을 매입하고 매입한 땅에 예배당

---

81) 대법원 1990. 12. 26. 선고 90누2536 판결, 대법원 1994. 1. 28. 선고 93다50215 판결.
82) 대법원 1994. 1. 28. 선고 93다50215 판결, 1998. 5. 12. 선고 97다56020 판결.
83) 대법원 2006. 4. 20. 선고 2004다37775 전원합의체 판결.
84) 대법원 2008. 2. 28. 선고 2007다37394, 2007다37400 판결.

을 지었고, 교회는 신도시 개발로 500명 성도가 출석하는 교회로 부흥하였다. 그러나 담임목사의 부정한 행위로 대한예수교장로회 소속 노회는 목사 甲에 대해 면직·출교 처분을 하였다. 목사 甲은 본당과 건물은 교회에 헌금으로 바치겠지만, 자신의 돈으로 교회 부지를 사고 예배당을 지었다며 전별금 명목으로 교회부지 옆에 있는 120평 규모의 주차장 시가 12억 원을 달라고 요구했다. A교회의 건물과 토지는 20년 넘게 목사 개인소유로 등기돼 있었는데 A교회 교인들은 목사 甲의 제안을 거부하고, 예배당 부지와 건물 명의를 얻기 위해 소유권 이전 등기 소송을 제기했고, 목사 甲은 A교회를 상대로 부동산 인도 청구 소송(명도소송)을 제기했다. 교인들 헌금은 모두 교회 운영비로 사용됐고, 건축비로는 들어가지 않았기 때문에 땅은 순수한 사유재산이라고 주장하였다. 목사 甲은 가족과 지인에게 돈을 빌리고, 은행 융자로 땅을 샀고, 교회에 무상 임대 형식으로 공간을 빌려준 것일 뿐 교회에 소유권을 넘긴 것이 아니라고 했다. 법원은 교회가 목사 甲에게 건물을 돌려주어야 하고, 소속 노회로부터 면직 출교를 당한 날부터 교회를 사용한 임대료와 앞으로 매월 임대료를 지불해야 한다고 판시하였다.

제3절 ‖ 교회 재정

Ⅰ. 증여와 헌금

1. 증여의 개념

증여(贈與)는 당사자 일방이 무상으로 재산을 상대방(수증자)에게 수여하는 의사를 표시하고 상대방이 승낙함으로써 그 효력이 생기는 일종의 계약이다(민법 제554조).[85] 증여는 증여자가 생존해 있는 동안에 상대방에게 재산을 무상으로 준다는 의사를 표시하고, 상대방(수증자)이 이를 승낙함으로써 효력이 생기는 일종의 계약이다. 증여는 일반계약과 마찬가지로 증여자의 의사표시와 상대방의 승낙으로 성립하는 계약이므로, 만약 상대방의 승낙이 없는 경우에는 증여계약이 이루어질 수 없다. 증여는 일반적으로 배우자 간이나 부모, 자식 간에 재산을 증여하는 경우가 많은데, 학교나 사회봉사단체에 기부 약정하는 증여계약을 하거나 개인이 특정한 구조물에 대해서 일정 기간 사용한 이후에 국가나 지방자치단체 등에 기부·채납하는 증여계약을 하는 때도 있다. 근래 사람들은 자신이 죽은 다음에 물려주는 상속이나 부동산 가격 상승으로 인한 증여세 부담 때문에 미리 자녀들에게 증여해 주는 경우가 늘어나고 있다.

2. 증여의 법적 성질

증여는 일종의 계약이다. 계약(契約)에는 유상계약(有償契約)과 무상계약(無償契約)이 있는데, 증여는 수증자에게 무상으로 재산을 수여하는 무상계약에 해당하며, 증여의 성립에 특별한 방식이 필요하지 않다는 점에서 불요식계약(不要式契約)이다. 증여는 당사자의 의사 합치만으로 성립한다는 점에서 낙성계약(諾成契約)이고, 증여자가 수증자에게 무상으로 재산을 수여하는 것으로서 증여자만이 의무를 진다는 점에서 편무계약(片務契約)에 해당한다.

---

85) 민법 제554조(증여의 의의)
증여는 당사자 일방이 무상으로 재산을 상대방에 수여하는 의사를 표시하고 상대방이 이를 승낙함으로써 그 효력이 생긴다.

3. 증여의 내용 및 방식

(1) 증여물

증여는 현금 증여보다는 채권(債權)이나 유가증권(有價證券) 형태로도 이루어지고 있지만, 통상 부동산 증여가 가장 보편적이라고 할 수 있다. 증여는 재산을 무상으로 물려주는 것만이 아니라, 증여자의 채권, 물권, 지식재산권 등 권리를 양도하는 것과 수증자를 위해 용익물권(用益物權)[86]을 설정하는 것이나 채무면제 및 채무를 대신 부담하는 것도 증여에 해당한다. 그리고 수증자(受贈者)의 일정한 금전의 부담이 있을지라도 증여에 해당한다. 하지만, 현저한 금전적 반대급부가 있다면 증여라고 볼 수 없다. 부의금(賻儀金)의 경우 상호부조의 정신에서 유족의 정신적 고통을 위로하고 유족의 경제적 부담을 덜어줌과 동시에 유족의 생활 안정에 기여하는 목적으로 증여되는 것으로서 장례비용에 충당하고 남은 비용은 공동상속인들에게 상속분에 따라 각각 귀속된다.[87]

(2) 증여의 방식

우리 민법은 반드시 서면증여(書面贈與)만을 요건으로 하지 않는다. 증여는 구두로도 유효하지만, 프랑스나 독일의 경우에는 증여를 호의로 보기 때문에 공정증서(公正證書) 방식으로 작성되어야만 구속력을 부여한다. 구두증여(口頭贈與)는 증여하는 사람인 증여자나 증여를 받는 수증자 중 어느 한 사람이 일방적으로 해제할 수 있고, 증여한 사람이 해제권을 행사하지 않아야 효력이 있다. 그러므로 나중에 분쟁이 발생할 소지가 있는 까닭에 가능한 증여는 서면으로 해야 한다. 서면(書面)은 증여 의사가 문서를 통하여 확실히 알 수 있는 정도의 내용이 적힌 서면이어야 하며, 증여계약 이후에 작성된 서면계약도 포함된다. 서면에 의한 증여는 증여 당시부터 효력이 발생하기 때문에 증여를 함부로 해제할 수가 없게 된다.[88] 내 재산이었어도 증여를 이행한 이후에는 함부로 해제하지 못하는 이유는 증여를 손쉽게 해제하면 증

86) '용익물권'은 타인의 토지를 일정한 범위에서 사용 및 수익할 수 있는 권리를 말한다. 소유권의 권한을 일부 제한하는 권리로 지상권·지역권·전세권 등을 포함하며, 담보물권과 함께 제한물권이라고 하여 소유권과 대립되는 개념이다. 그러나 용익물권은 사용 및 수익을 목적으로 사용가치를 주목하는 권리이므로 담보물권(교환가치의 지배 목적)과는 차이가 있다.
87) 대법원 1992. 8. 18. 선고 92다2998 판결.
88) 대법원 1989. 5. 9. 선고 88다카2271 판결.

여를 받은 사람과 법률관계를 맺은 사람이 예측하지 못한 손해를 입을 수 있어 법적 안정성(法的安定性)이 위태로워질 수 있기 때문이다. 서면에 의한 증여는 증여를 신중히 결정하라는 법적 요구라고 할 수 있다.

4. 증여의 효력

(1) 일반적 효력

증여는 계약이 당사자 간 의사의 합치만으로 성립하기 때문에 증여자(贈與者)가 수증자(受贈者)에게 증여계약의 내용에 따라 재산을 수여하고, 증여자는 수증자에게 계약에 따른 재산 출연을 이행해야 하는 채무를 진다. 증여자가 부담해야 하는 채무에 대해서 독일 민법처럼 고의나 중과실에 대해서만 책임을 지도록 해야 한다는 주장도 있고, 증여자는 특정 목적물의 인도 의무를 부담하기 때문에 선량한 관리자의 주의 의무를 진다고 하는 주장도 있다(민법 제374조).[89] 증여자가 부담해야 하는 채무를 증여자가 이행하지 않는 경우 수증자가 이행을 강제할 수 있으며, 손해가 발생하면 배상 청구도 가능하다.

(2) 증여자의 담보책임

증여자는 아무런 대가를 받지 않는 무상계약(無償契約)이므로, 자신의 과실이 없이 급부한 물건이나 권리에 하자나 흠결이 있더라도 담보책임을 부담하지 않는다. 그러나 계약 성립 후 증여자의 과실로 목적물에 하자나 흠결이 생긴 경우에는 채무불이행(債務不履行) 책임을 진다. 그리고 증여자가 목적물에 하자나 흠결을 인지하고도 고지하지 아니한 경우, 부담부증여(負擔附贈與)에서 증여자 부담의 한도 내에서 담보책임을 진다.[90]

---

89) 민법 제374조(특정물 인도 채무자의 선관의무)
특정물의 인도가 채권의 목적인 때에는 채무자는 그 물건을 인도하기까지 선량한 관리자의 주의로 보존하여야 한다.

90) 민법 제559조(증여자의 담보책임)
① 증여자는 증여의 목적인 물건 또는 권리의 하자나 흠결에 대하여 책임을 지지 아니한다. 그러나 증여자가 그 하자나 흠결을 알고 수증자에게 고지하지 아니한 때에는 그러하지 아니하다.
② 상대 부담 있는 증여에 대하여는 증여자는 그 부담의 한도에서 매도인과 같은 담보의 책임이 있다.

(3) 증여자의 약속 불이행

증여자는 증여가 성립하면 부동산의 경우에는 등기 의무, 동산은 인도의무, 점유를 수반하는 재산권은 점유이전, 타인의 소유 및 점유하고 있는 목적물의 경우에는 취득하여 이전해야 하는 채무를 진다. 만약 증여자가 채무를 이행하지 않으면 수증자는 채무이행을 강제할 수 있으며 손해가 발생하세 되었을 때, 그 발생한 손해에 대한 손해배상을 요구할 수도 있다. 그리고 증여자가 서면으로 한 증여 약속을 불이행하면 형사처벌을 받을 수도 있다. 사례로 목장을 소유하고 있던 甲은 사실혼 관계에 있던 사실혼 배우자 乙에게 자신이 소유한 목장의 지분 2분의 1을 증여하기로 서면증여를 하였는데, 甲이 은행에 목장을 담보로 대출을 받자 사실혼 배우자 乙은 재산상 손해를 보았다며 소송을 제기하였다. 대법원은 서면으로써 증여의 의사표시를 한때에는 부동산 이중매매와 같이 증여자는 계약이 취소되거나 해제되지 않는 한 소유권을 넘길 의무에서 벗어날 수 없다고 하면서 이 경우 증여자는 배임죄[91]에서 규정한 타인의 사무를 처리하는 자에 해당한다. 또한 증여자가 증여계약에 따라 부동산 소유권을 이전하지 않고 부동산을 제삼자에게 처분하는 행위는 수증자와의 신임관계를 저버리는 행위로써 죄가 성립한다고 판시하였다.[92]

(4) 무효인 증여

권리능력(權利能力)이 없는 태아나 심신상실자(心神喪失者), 치매 등의 질환자, 아직 성립되지 않은 단체에 대한 증여의 의사표시는 효력이 생기지 않는다. 증여는 증여자가 생존해 있는 동안에 재산을 무상으로 준다는 의사를 표시하고, 상대방이 이를 승낙함으로써 효력이 발생한다. 따라서 증여의 한 방법으로 증여자가 살아있을 동안에는 그 효력이 발생하지 않다가 증여자가 사망하게 되면 효력이 발생하는 사인증여(死因贈與)는 사망자가 생전에 사인증여를 할 때, 사인증여를 받는 수증자가 명시적으로든 묵시적으로든 승낙을 해야 성립하게 된다. 만약 사인증여 당시에 승낙이 없었다면 증여는 무효가 된다.[93] 사인증여에 대해서 통설과 판례는 유증(遺贈)[94]에

91) 형법 제335조 ② 타인의 사무를 처리하는 자가 그 임무에 위배하는 행위로써 재산상의 이익을 취득하거나 제삼자로 하여금 이를 취득하게 하여 본인에게 손해를 가한 때에도 전항의 형과 같다.

92) 대법원 2018. 12. 13. 선고 2016도19308 판결.

93) 서울중앙지방법원 2005. 7. 5. 선고 2003가합86119 판결.

94) '유증'이란 유언에 의해 재산상의 이익을 타인에게 무상으로 주는 행위로, 유언자가 사망한 때 그

준하는 것으로 본다.[95]

5. 증여의 해제

(1) 서면에 의하지 아니한 증여와 해제

증여의 해제(解除) 원인으로 서면에 의하지 않는 증여(민법 제555조), 수증자의 망은행위(민법 제556조), 증여자의 재산변경(민법 제557조) 등 세 가지 규정이 있다. 증여는 특별한 방식을 요구하지 않기에 구두에 의한 증여도 유효하다. 서면에 의한 증여가 아닌 구두로 증여하였더라도 만약에 소유권 이전 등기까지 이행되었다면 증여자의 의사가 명확해졌기 때문에 이행 완료한 부분에 대해서는 유효하고 해제하지 못한다(민법 제558조).[96] 그리고 민법 제555조 소정의 증여의 의사가 표시된 서면의 작성 시기에 대하여는 법률상 아무런 제한이 없으므로, 증여계약이 성립한 당시에는 서면이 작성되지 않았더라도 그 후 계약이 존속하는 동안 서면을 작성한 때에는 그 때부터는 서면에 의한 증여로서 당사자가 임의로 이를 해제할 수 없다.[97] 그러나 증여를 구두로만 하고 서면으로 작성하지 않은 경우, 증여자나 수증자 각 당사자는 증여를 해제할 수 있고, 증여를 서면으로 작성한 때에는 증여를 해제할 수 없다(민법 제555조).[98] 또한 증여의 의사가 표시된 서면의 작성 시기에 대하여는 법률상 아무런 제한이 없으므로, 증여계약이 성립한 당시에는 서면이 작성되지 않았더라도 그 후 계약이 존속하는 동안 서면을 작성한 때에는 그때부터는 서면에 의한 증여로서 당사자가 임의로 이를 해제할 수 없다.[99] 이처럼 민법 제555조에서 서면에 의한 증여의 경우, 증여자의 해제권(解除權)을 제한하고 있는 입법 취지는 증여자가 경솔하게 증여하는 것을 방지함과 동시에 증여자의 의사를 명확히 하여 장래에 분쟁이 생

효력이 발생한다. 유증에는 재산의 전부 또는 일부를 그 비율액(2분의 1이라든가 3분의 1이라든가)으로 증여하는 포괄유증(包括遺贈)과 어느 번지의 토지를 증여한다든가 A주식회사의 주식을 2만주 증여한다고 하는 것과 같이 특정재산을 증여하는 특정유증(特定遺贈)이 있으며 그 유증을 받은 자를 각각 포괄수증자(包括受贈者)·특정수증자(特定受贈者)라고 한다.

95) 대법원 2011. 11. 30. 선고 2001다6947 판결.

96) 민법 제558조(해제와 이행완료 부분)
전 3조의 규정에 의한 계약의 해제는 이미 이행한 부분에 대하여는 영향을 미치지 아니한다.

97) 대법원 1989. 5. 9. 선고 88다카2271 판결.

98) 민법 제555조(서면에 의하지 아니한 증여와 해제)
증여의 의사가 서면으로 표시되지 아니한 경우에는 각 당사자는 이를 해제할 수 있다.

99) 대법원 1989. 5. 9. 선고 88다카2271 판결.

기는 것을 피하려는 것에 있다. 여기서 유의할 것은 민법 제555조에서 규정하고 있는 서면에 의하지 아니한 증여의 해제는 민법 제543조[100] 이하에서 규정한 본래 의미의 해제와는 달리 형성권(形成權)의 제척기간(除斥期間)[101] 적용을 받지 않는 특수한 철회로서 10년이 경과한 후에 이루어졌다고 하더라도 원칙적으로 증여 해제가 유효하다는 사실이다.[102]

(2) 수증자의 망은행위

수증자의 망은행위(忘恩行爲)란 수증자가 증여자에 대해 범죄행위를 하는 등 수증자가 증여자의 은혜를 잊어버리고 부도덕한 행위를 하는 것을 말한다. 많은 사람이 여러 사정을 참작하여 미리 자녀들에게 증여하거나 자식이 없는 경우 친족에게 재산을 증여하고 있다. 그런데 재산을 증여받은 수증자가 증여받기 이전과 다른 비윤리적이고 부도덕한 행태를 보이는 때에는 증여를 해제할 수 있다(민법 제556조).[103] 이때 증여를 서면으로 하지 아니하고 구두로 증여한 때에는 언제든지 해제할 수 있지만, 서면으로 증여한 때에는 해제하기 위해서는 엄격한 요건이 요구된다. 민법은 '증여자 또는 그 배우자나 직계혈족에 대한 범죄행위가 있는 때', '증여자에 대하여 부양의 의무가 있음에도 이를 이행하지 아니한 때'에 해제할 수 있도록 하였다. 단 수증자의 망은행위로 증여를 해제하더라도 해제권은 해제 원인이 있음을 안 날로부터 6월을 경과하기 이전이어야 하고, 증여자가 수증자에 대하여 용서의 의사를 표시한 때에는 소멸한다(민법 제556조). 그리고 민법 제561조 부양의무(扶養義務) 있는 친족간이 아닌 당사자 사이에서 부양의무를 조건으로 한 증여계약이 이행된 후 수증자가

---

100) 민법 제543조(해지, 해제권)
① 계약 또는 법률의 규정에 의하여 당사자의 일방이나 쌍방이 해지 또는 해제의 권리가 있는 때에는 그 해지 또는 해제는 상대방에 대한 의사표시로 한다.

101) '형성권'은 권리자의 일방적인 의사표시에 의하여 법률관계의 발생·변경·소멸을 일어나게 하는 권리이다. 법률행위의 취소권(민법 제140조 이하), 추인권(민법 제143조 이하), 계약의 해제권·해지권(민법 제543조), 상계권(민법 제492조), 매매의 일방예약 완결권(민법 제564조) 등이 형성권의 예이다.

102) 대법원 2003. 4. 11. 선고 2003다1755 판결, 대법원 2009. 9. 24. 선고 2009다37831 판결.

103) 민법 제556조(수증자의 행위와 증여의 해제)
① 수증자가 증여자에 대하여 다음 각호의 사유가 있는 때에는 증여자는 그 증여를 해제할 수 있다.
1. 증여자 또는 그 배우자나 직계혈족에 대한 범죄행위가 있는 때.
2. 증여자에 대하여 부양의무 있는 경우에 이를 이행하지 아니하는 때.
② 전항의 해제권은 해제 원인 있음을 안 날로부터 6월을 경과하거나 증여자가 수증자에 대하여 용서의 의사를 표시한 때에는 소멸한다.

부양의무를 게을리한 경우, 당연히 그 증여계약을 해제할 수 있다.[104)]

독일 민법 제530조는 도덕적 비난가능성에 기초하여 수증자의 현저한(grob) 대우, 윤리적 의무의 범위를 넘어서는 수증자의 망은행위의 경우에 증여자가 증여를 철회할 수 있음을 인정하고 있고,[105)] 오스트리아 민법 제948조에서도 수증자가 증여자에게 직권 또는 가해자의 청구에 의하여 가해자가 형법에 의하여 소추될 수 있는 신체, 명예, 자유 또는 재산에 대한 가해를 가하는 등 현저성이 증여의 반환을 정당화시킬 수 있을 정도로 중대한 망은행위에 대한 책임이 있는 때에 증여를 철회할 수 있도록 하고 있다.[106)] 하지만 우리 민법 제556조는 증여받은 수증자가 증여자에게 일정한 망은행위를 한 경우에 증여를 해제할 수 있지만, 증여를 해제하더라도 민법 제558조에 의해 이행을 완료한 부분에 대해서는 반환을 요구할 수 없도록 하고 있는데, 이를 보완하기 위해 19대 국회에서 불효자방지법[107)]이 발의되었다가 폐기되었고, 20대 국회에서 다시 개정 법률안이 발의되었으나 역시 폐기되었다.

(3) 증여자의 재산 상태변경

증여자는 증여계약에 따라서 재산권에 대한 이전의무 채무를 진다. 하지만 증여계약을 한 이후에 증여자에게 질병, 사업의 부도, 주택의 화재 등으로 인해 재산상 손실로 인해 중대한 사정이 생겨 재산의 소유권을 수증자에게 이전할 경우, 증여자가 생활이 어려울 정도로 된다면 증여를 해제할 수 있다(민법 제557조).[108)] 증여자의 중대한 사정이라 함은 증여계약 후에 증여자의 재산상태(財産狀態)가 현저히 변경되고, 그 이행으로 인하여 생계(生計)에 영향을 미칠 수 있는 정도의 궁핍한 사정을 말하며 이런 경우에는 증여를 해제할 수 있다. 이 경우에 증여자는 재산상태가 현저히 변경되었다는 점과 생계에 중대한 영향을 미치게 되었다는 점에 대해서 증명 책임이

---

104) 대법원 1996. 10. 11. 선고 95다37759 판결.

105) 최봉경, 「민법개정안의 몇 가지 쟁점에 관한 고찰: 증여계약에 관한 민법개정안 연구」, 서울대학교법학 제55권 제4호, 서울대학교 법학연구소, 2014, 78~79면.

106) 최봉경, 위의 논문, 74면 이하 참조.

107) '불효자방지법'은 수증자가 증여자를 배신하고 망은행위를 한 경우까지 수증자를 보호하는 것을 타당하지 않다는 전제를 하는 법률안이다. 법률안은 부모의 재산을 증여받은 후에 증여자에 대한 범죄행위로 증여가 해제되는 경우나 부양의무를 지키지 않은 수증자에게 증여받은 것을 반환하도록 의무를 부여하고, 원상회복 관련 부당이득도 반환하도록 하는 것을 내용으로 하고 있다.

108) **민법 제557조(증여자의 재산상태 변경과 증여의 해제)**
증여계약 후에 증여자의 재산상태가 현저히 변경되고 그 이행으로 인하여 생계에 중대한 영향을 미칠 경우, 증여자는 증여를 해제할 수 있다.

있다. 독일 민법도 증여자의 그 외의 의무를 고려할 때 증여약속의 이행이 자신의 적절한 생계 또는 법률에 의하여 부담하는 부양의무의 이행을 위태롭게 하는 경우, 증여자는 약속의 이행을 거절할 수 있다고 규정하고 있다(독일 민법 제519조 제1항).

(4) 증여 해제와 이행 완료 부분[109]

민법 제558조 증여를 해제하는 때에 이미 이행완료(履行完了)한 부분에 대해서는 아무런 영향을 미치지 않는다. 이행완료한 부분이란 동산은 인도, 부동산은 소유권 이전 등기를 마친 경우이다. 따라서 서면에 의하지 아니한 경우, 부동산을 인도하였다고 하더라도 소유권 이전 등기를 마치지 아니한 때에는 이행완료한 것이 아니므로, 증여자는 계약을 해제할 수 있다. 하지만 증여자가 생전에 부동산을 증여하고, 증여자의 의사에 따라 등기 관련 서류가 제공되고, 증여자가 사망한 이후에 소유권 이전 등기가 완료된 경우에는 이미 이행된 것으로 해제할 수 없다.[110] 또한 서면으로 표시된 증여의 경우에는 원칙상 해제 불가능하며, 해제한다고 하더라도 이미 이행한 부분에 대해서는 영향을 미치지 아니하므로, 해제권 행사에 따른 원상회복의무나 부당이득 반환 의무가 제한된다. 그러나 증여자 의사에 기하지 아니한 원인무효의 등기가 마쳐진 경우, 증여계약의 적법한 이행이 있었다고 볼 수 없어 서면에 의하지 아니한 증여를 이유로 해제할 수 있다.[111]

증여를 받은 사람인 수증자가 증여자에 대해 '현저한 배신행위'를 한다면, 즉 망은행위가 있을 때는 망은행위의 범위를 확대하여 증여계약의 이행으로 행해진 급부의 반환을 청구할 수 있다고 보아야 한다.[112] 민법 제558조에서 전 3조(제555-557조) 문구를 제555조 문구로 변경하고, 민법 제556조, 제557조는 제외해야 한다는 주장도 있다. 왜냐하면 민법 제555조의 경우 이행완료(履行完了)한 부분은 해제할 수 없다고 보는 것이 타당하지만, 민법 제556조 및 제557조의 경우에는 독일 민법 제530조, 제531조, 스위스 채무법 제249조[113]에서도 수증자의 망은행위(忘恩行爲)의

109) 민법 제558조(해제와 이행완료 부분)
전 3조의 규정에 의한 계약의 해제는 이미 이행한 부분에 대하여는 영향을 미치지 아니한다.

110) 대법원 2001. 9. 18. 선고 2001다29643 판결.

111) 대법원 2009. 9. 24. 선고 2009다37831 판결.

112) 최봉경, 앞의 논문, 75면.

113) 스위스 채무법 제249조는 이행된 증여약속에서 증여자는 수증자가 증여자 또는 그와 밀접한 관계에 있는 사람에게 중대한 범죄를 저지른 때, 수증자가 증여자나 그의 친족에 대하여 부담하는 친족법상의 의무를 중대하게 위반한 때, 수증자가 증여와 결부된 부담을 부당하게 이행하지 아

경우에는 이미 이행을 완료했더라도 반환을 청구할 수 있도록 하고 있고, 우리 민법 제556조, 제557조는 제555조와 입법 취지가 다르기 때문에 이행완료한 부분도 해제가 가능한 것으로 보아야 한다는 것이다.

6. 특별 증여

(1) 부담부증여

일반적으로 증여는 상대방에게 부담 없이 소유권을 무상으로 이전해 주는 낙성계약(諾成契約)을 말하지만, 부담부증여(負擔附贈與)는 상대방에게 부담이 있는 쌍무계약(雙務契約)을 말한다. 부담부증여[114]는 수증자가 증여를 받는 동시에 일정한 부담, 즉 증여를 조건으로 수증자에게 일정한 급부를 하여야 할 채무를 부담할 것을 부수적으로 부관(조건)으로 하는 증여계약이다(민법 제559조).[115] 부담부증여에서 부담의 이익을 받는 자는 증여자 자신이나 제삼자인 경우도 가능하다(민법 제539조). 부담부증여는 쌍방이 채무를 부담하지만, 증여자의 급부에 대한 대가가 없는 무상성(無償性)이기 때문에 유상·쌍무계약이라고 할 수 없지만, 민법은 증여자는 부담의 한도 내에서 매도인과 같은 담보책임을 지고(민법 제559조 제2항), 쌍무계약에 관한 규정을 적용한다고 규정하고 있다(민법 제561조).

대법원은 상대방이 부담의 내용인 의무를 이행하지 아니한 경우에는 부담부증여를 해제할 수 있다고 판시하였다. 예를 들어 부모가 자식에게 재산을 증여하면서 동거나 부양의무 등 효도를 조건으로 효도계약(孝道契約)[116]하고 증여하는 경우, 제삼자에게 부양의무 이행을 조건으로 증여하는 경우이다. 사례로 아들이 없던 甲이 자

니한 때, 수증자에게 이익이 현존하는 한 증여물의 반환을 청구할 수 있도록 하고 있다.

114) 민법 제561조(부담부증여)
상대 부담 있는 증여에 대하여는 본 절의 규정 외에 쌍무계약에 관한 규정을 적용한다.

115) 민법 제559조(증여자의 담보책임)
① 증여자는 증여의 목적인 물건 또는 권리의 하자나 흠결에 대하여 책임을 지지 아니한다. 그러나 증여자가 그 하자나 흠결을 알고 수증자에게 고지하지 아니한 때에는 그러하지 아니하다.
② 상대 부담 있는 증여에 대하여는 증여자는 그 부담의 한도에서 매도인과 같은 담보의 책임이 있다.

116) '효도계약'이란 부모가 효도나 부양을 조건으로 자녀나 손자에게 재산을 증여하는 계약이다. 그렇다고 반드시 직계 자녀에게만 효도계약을 할 수 있는 것이 아니고, 자녀가 없는 경우에는 조카나 친족에게 효도의 조건으로 하는 효도계약을 할 수 있다. 효도계약은 부모와 자녀 관계를 천륜으로 여기던 전통적인 가치관이 무너진 사회에서 가족 간의 갈등이나 분쟁을 예방하는 방법이 된다.

신과 처의 부양과 조상의 제사로 고민하던 중에 조카 乙에게 처의 부양과 조상의 제사 봉행을 조건으로 X토지를 증여하기로 하고, 소유권 이전 등기를 경료하였으나 조카 乙이 부담의 의무를 이행하지 아니하자 조카 乙에게 증여했던 X토지에 대한 소유권 이전 등기의 말소를 청구한 사안에서 법원은 증여자 甲과 수증인 조카 乙의 계약은 민법 제556조 제1항 제2호에 규정되어 있는 '직계혈족 및 그 배우자 또는 생계를 같이 하는 친족 간의 부양의무'가 아니고, 민법 제556조 제1항 제2호나 민법 제558조(이미 이행이 완료)가 적용되지 않는다며, X토지의 증여를 부담부증여로 보아 부담 의무 불이행에 따른 증여계약의 해제를 인정한다고 판시하였다.[117]

부담부증여는 적법성, 가능성, 확정성 등의 요건을 갖추어야 하고, 이러한 요건이 흠결한 경우에는 증여나 부담이 모두 무효가 된다.[118] 상대방에게 부담이 있는 증여는 민법 제561조에 의하여 쌍무계약에 관한 규정이 준용되므로, 부담 의무 있는 상대방이 자신의 의무를 이행하지 아니한 경우에는 비록 증여계약이 이미 이행되어 있다고 하더라도 증여자는 계약을 해제할 수 있으며, 민법 제555조[119]와 제558조[120]는 적용되지 않는다며 토지의 증여를 부담부증여로 보아 부담 의무 불이행에 따른 증여계약의 해제를 인정한다.[121] 단 증여에 상대 부담이 있었는지 증명은 부담을 주장하는 사람이 해야 한다.[122] 부담부증여의 경우에는 가족 간이라도 반드시 서면에 증여 조건에 대해서 근거를 남겨두어야 한다.

(2) 정기증여

정기증여(定期贈與)는 정기적으로 증여하기로 계약한 약정계약을 말한다. 증여의 종기를 정하지 아니한 경우에는 증여자나 수증자가 사망한 때에 증여효력이 소멸한다(민법 제560조).[123]

---

117) 대법원 1996. 1. 26. 선고 95다43358 판결.
118) 대법원 1979. 11. 13. 선고 79다1433 판결.
119) 민법 제555조(서면에 의하지 아니한 증여와 해제)
증여의 의사가 서면으로 표시되지 아니한 경우에는 각 당사자는 이를 해제할 수 있다.
120) 민법 제558조(해제와 이행완료 부분)
전 3조의 규정에 의한 계약의 해제는 이미 이행한 부분에 대하여는 영향을 미치지 아니한다.
121) 대법원 1997. 7. 8. 선고 97다2177 판결, 대법원 1996. 1. 26. 선고 95다43358 판결.
122) 대법원 2010. 5. 27. 선고 2010다5878 판결.
123) 민법 제560조(정기증여와 사망으로 인한 실효)
정기의 급여를 목적으로 한 증여는 증여자 또는 수증자의 사망으로 인하여 그 효력을 잃는다.

(3) 사인증여

증여는 당사자 합의만으로 성립하지만, 사인증여(死因贈與)는 증여자가 사망한 때 그 효력이 성립되도록 약정을 하고, 증여자가 약정대로 사망한 때에 발생하게 되는 증여를 말한다(민법 제562조).[124] 사인증여는 사망으로 발생하고, 상속인의 상속 재산으로부터 출연된다는 점에서 유증과 동일하지만, 사인증여는 증여이고, 유증은 단독행위라는 점에서 구별된다.

7. 증여할 때 유의사항

증여를 받는 수증자의 경우에는 반드시 서면을 요구하여야 한다. 증여자가 구두로 증여를 약속했을지라도 서면 증여계약이 아니라면 언제든지 증여 해제를 할 수 있기에 수증자는 서면으로 증여계약서를 받아야 한다. 그리고 부담부증여를 하는 때에 계약서에 별도의 증여 조건 사항을 구체적으로 기재해 두어야 한다. 즉 동거 여부, 매월 생활비 지급 여부, 부양의무를 이행하지 않은 때에 증여 해제 등에 관한 내용을 구체적으로 서면에 기재해 둘 필요가 있다. 실제 사례로 둘째 아들에게 아파트를 증여한다는 내용의 서면을 작성하고 증여를 하였는데, 둘째 아들의 음주와 방탕한 생활로 인하여 다툼이 심해졌고, 아들에 의하여 넘어져 골절을 당하기까지 하였다. 이에 함께 아들과 동거가 불가능하게 되었고, 법원은 민법 제556조 수증자의 망은행위로 판단하여 증여를 해제하였다.

8. 증여세

(1) 세금 납부자

상속은 피상속인의 사망으로 인해 재산을 양도하는 것이고, 증여는 증여자가 생존 중에 재산을 무상으로 양도하는 사전 상속과 같다. 상속은 피상속인의 사망으로 인해 재산을 양도하는 것이기 때문에 상속은 단 한 번에 끝나지만, 증여는 여러 번에 걸쳐 나눠서 할 수 있다. 증여세는 당사자의 일방(증여자)이 무상으로 재산을 상

---

124) 민법 제562조(사인증여)
증여자의 사망으로 인하여 효력이 생길 증여에는 유증에 관한 규정을 준용한다.

대방에게 줄 때, 받은 사람이 받은 재산에 대해 내야 하는 세금을 말한다. 상속세(相續稅)는 사망한 피상속인의 모든 재산을 합산하여 세액을 결정하고 나머지를 상속인에게 배분하는 유산세(遺産稅)[125] 방식을 취하기 때문에 상속 재산을 받는 상속인이 납부 의무자가 되고, 유언이나 증여계약 후에 증여자가 사망하여 재산을 취득하는 때에도 재산을 취득하는 수증자가 상속세 납부 의무자이다. 증여세(贈與稅)는 재산을 증여받는 사람인 수증자를 기준으로 세금을 부과하는 유산취득세(遺産取得稅) 방식을 취하는데, 증여를 받은 수증자가 증여세 납부 의무자이다. 만약 부모가 증여세를 대납하는 경우, 대납액도 증여로 보아 증여세가 추가된다. 증여세 신고기한은 재산을 증여받은 사람이 증여받은 달의 말일부터 3개월 이내에 세액을 신고·납부하여야 하는데, 만약 수증자가 성실납부 신고시 산출 세액의 3% 세액을 공제받지만, 증여세를 신고하지 아니하는 때에는 산출 세액의 40% 가산세가 부과되고, 신고 금액에 미달하게 신고하는 때에는 산출 세액의 40% 가산세가 부과된다.

(2) 증여세율 및 공제

증여세율(贈與稅率)은 과세표준 1억 원 이하(10%), 5억 원 이하(20%－1천만 원), 10억 원 이하(30%－6천만 원), 30억 원 이하(40%－1억 6천만 원), 30억 원 이상(50%－4억 6천만 원)이다. 예를 들면 과세표준이 3억 원인 경우(직계존속시), 3억 원－5천만 원(증여공제액), 2.5억 원×20%＝5천만 원(산출세액)－1천만 원(누진 공제)＝4천만 원(산출 세액), 자진신고시 산출 세액의 3% 세액공제(4천만 원×3%＝120만 원 공제), 증여세는 3,880만 원이다.

증여세는 증여세율에 따라 무조건 내는 것이 아니고, 증여세는 수증자를 기준으로 특정한 관계에서 일정한 한도 내의 증여세는 공제된다. 배우자는 6억 원, 직계존속인 조부모, 부모와 직계비속인 자녀, 손자녀, 외손자녀는 5천만 원(미성년자는 2천만 원), 6촌 이내의 혈족과 4촌 이내의 인척인 형제, 며느리, 사위는 1천만 원 한도 내에서 증여세를 납부하지 않는다. 증여세 공제는 10년 누적 금액이므로 10년을 넘고 20년 이내라면, 배우자일 경우 12억 원 한도 내에서 공제되는 것이다. 그러나 통

125) 상속세(相續稅)와 증여세를 과세하는 방식은 유산세와 유산취득세로 나뉘는데, 사망한 피상속인의 모든 재산을 합산하여 세액을 결정하는 유산세(遺産稅)는 높은 누진세율이 적용돼 세 부담이 가중되므로, 납세자의 부담 능력에 맞게 과세해야 한다는 원칙에 따라 상속인별로 상속하는 재산을 기준으로 과세하는 유산취득세(遺産取得稅)로 변경하는 상속세제도 개편이 추진되고 있다.

상적인 축하금, 부의금, 혼수용품, 교육비, 생활비, 병원 치료비는 비과세 된다.

혼인(婚姻) 중에 배우자에게 무상으로 소유권을 이전하는 때에 6억 원까지는 공제되며, 이혼으로 인한 재산분할도 부부가 혼인 중에 취득한 실질적인 공동재산을 청산·분배하는 것을 주된 목적으로 하는 제도로서 재산의 무상 이전으로 볼 수 없는 원래 자기의 것을 분할하는 것이고, 매매로 인한 양도가 아니므로 세금을 내지 않는다. 하지만 이혼이 가장이혼으로서 무효인 경우, 이혼 이후에 증여하면 배우자가 아닌 타인으로부터 증여를 받는 것이 되어 증여세를 내야 한다. 또한 위자료 명목으로 주택이나 토지 등 부동산을 증여하였다면 등기 원인이 증여라도 양도소득세가 과세될 수 있다. 그리고 재산분할이 민법 제839조의2 제2항의 규정 취지에 반하여 상당하다고 할 수 없을 정도로 과대하고 상속세나 증여세 등 조세를 회피하기 위한 수단에 불과하여 그 실질이 증여라고 평가할 만한 특별한 사정이 있는 경우에는 그 상당한 부분을 초과하는 부분에 대해서는 증여세 과세 대상이 될 수 있다.[126]

(3) 이혼으로 인한 증여재산에 대한 지방세

증여세가 공제된다고 전혀 세금을 내지 않는 것이 아니다. 증여로 인한 재산에는 취득세는 내야 하는데, 혼인 중에 증여하는 때에는 4%의 취득세를 내야 한다.[127] 이혼 시에 재산분할[128]로 부동산을 취득하는 때에는 특례세율이 적용되어 취득세를 1.5%를 내야 한다.[129]

하지만 이혼(離婚)에 따른 재산분할의 경우에는 지방세가 면제되어야 한다. 세법의 기본개념은 이익에 대한 과세라고 할 수 있다. 그러므로 이혼에 따른 재산분할은 부부가 공유하고 있던 재산을 각자의 지분에 따라 나누는 것이어서 실질적으로 어느 쪽에도 이익이 발생하지 않는다는 점에서 이혼에 따른 재산분할청구(財産分割請求)에 의한 사유로 부부간의 주택과 같은 공유재산의 소유권을 이전 등기 시 세금은 비과

---

126) 대법원 2017. 9. 12. 선고 2016두58901 판결.

127) 매매로 인한 유상취득의 경우 취득세는 1.1%이다. 과세 절세를 위해 부부간에 매매를 원인으로 하여 소유권을 이전하려는 경우가 있는데, 통상적으로 부부간의 매매는 세법상 증여로 추정되어 4%가 과세된다.

128) 재산분할 청구는 이혼이 성립한 날로부터 소멸시효가 기산되며 그 기간은 2년으로 규정되어 있다. 재산분할의 대상이 되는 재산은 부부가 결혼 기간 공동으로 유지·증식에 기여했다고 인정되는 재산만 해당하고, 일방 당사자가 결혼 이전부터 보유하고 있었던 재산은 원칙적으로 분할대상이 되지 않는다.

129) 지방세법 제15조(세율의 특례)

세 되어야 한다. 실제로 이혼에 따른 재산분할로 소유권 명의이전 등기 시 국세에 해당하는 증여세나 양도소득세는 부과되지 않고 있다. 하지만 재산분할로 인해 재산을 취득한 경우에는 지방세인 취득세가 부과되고 있다(지방세법 제23조 제1항).[130] 대법원은 부동산 취득세는 부동산 소유권의 이전이라는 사실 자체에 대하여 부과되는 유통세의 일종으로서 부동산을 사용·수익·처분함으로써 얻게 될 경제적 이익에 대하여 부과되는 것이 아니므로, 과세요건인 실질적인 부동산 소유권의 취득 여부와 관계없이 소유권 이전의 형식으로 이루어지는 부동산 취득의 모든 경우를 말한다고 판시하였다. 이는 국세와 모순되므로 부부간에 재산분할 또는 협의에 따른 재산분할로 부동산을 취득하는 때에는 공유물 분할 등기와 마찬가지로 취득세를 면제해야 한다.

(4) 증여세 부과 사례

30세인 甲은 아버지 乙로부터 2억 원 상당의 아파트를 증여받았다. 그런데 아버지 乙은 12년이 지난 후에 30억 원의 유산을 甲에게 남긴 채 사망했고, 그동안 甲이 아버지 乙로부터 증여받은 해당 아파트는 2억 원에서 시가 10억 원으로 상승하였다.

1) 아파트 증여 당시 증여세

甲이 부동산을 증여받을 당시 증여세를 신고했다면 내야 할 증여세는 2천만 원이다(1천만 원+1억 원 초과 금액의 20%). 2억 원에서 자녀 공제 5천만 원이 공제되고, 1억 5천만 원에 대해서만 증여세가 부과되기 때문이다. 1억 원 초과 금액인 5천만 원의 20%인 1천만 원에 1천만 원을 더한 2천만 원이다.

2) 아버지 사망 후 상속세

아들 甲이 아버지 乙로부터 상속받은 아파트는 아들 甲이 증여받은 날로부터 12년이 지난 후에 아버지가 사망했으므로 상속 재산에 포함되지 않는다. 따라서 상속세는 25억 원(상속 재산 30억 원－일괄공제 5억 원)에 대하여 과세하므로 8억 4,000만 원(10억 원(25억 원의 40%)－1억 6천만 원(누진공제))을 납부하면 된다. 따라서 증여세 납부한 것을 합하여 A가 납부한 세금은 모두 8억 6,000만 원이다.

---

130) 지방세법이 개정되어 취득세가 부과되는 취득을 원인으로 이루어지는 등기 또는 등록은 등록면허세(구 등록세)의 과세대상에서 제외하였으므로(지방세법 제23조 제1호), 현재는 과세하지 아니한다.

9. 부담부증여와 양도소득세

상속(相續)과 증여(贈與)는 한 사람이 쌓은 부가 다른 사람에게로 이전된다는 의미에서 동일하다. 최고 50%의 세율이 부과된다는 점에서 부자들이 가장 민감해하는 부분이기도 하다. 차이점은 상속의 경우, 망자 중심의 유산세 방식을 취하는 까닭에 수증자가 납부 의무자가 되지만, 증여는 재산을 증여받는 사람인 수증자 중심의 유산취득세 방식으로 증여자에게 세금이 부과된다. 즉 자녀에게 1억 원을 증여하는 경우 10%의 세금이 부과되지만, 반면 사망 후 재산을 물려주는 때에는 상속 재산에 따라서 최고 50%의 상속세가 부과될 수 있는 것이다. 사전 증여 전략을 세우면 40%의 세금을 절세할 수 있다.

증여(贈與)는 유산취득세(遺產取得稅) 방식으로 수증자가 부담하는 반면 채무를 부담하는 형식으로 부담부증여를 하는 때에 채무 금액은 양도로 간주하여 주는 사람(증여자)이 양도소득세를 부담하게 된다. 따라서 채무를 부담하는 형식으로 부담부증여를 하는 경우, 부모가 세율이 상대적으로 낮은 양도소득세를 납부하게 되므로 자녀에게 이전시 절세의 방법으로 활용된다. 예를 들어 증여 당시 1억 원에 불과했지만, 향후 가치가 크게 오를 것으로 기대되는 부동산이 있다면, 이 자산을 증여자가 사망 이후 상속으로 물려주는 것보다 생존에 증여하므로, 절세 혜택을 누리는 동시에 자녀가 차익을 향유 할 수 있도록 하는 것이다. 가치가 오를 가능성이 큰 자산을 선별해 증여하므로, 절세 및 자녀가 차익을 누릴 수 있도록 하는 것이다.

10. 종교단체와 증여 세금

종교단체에 현물(부동산)을 기부(증여)하는 경우, 기부자가 무상 양도한 때에는 양도소득세를 납부하지 않으며, 수증자인 종교단체가 납세의무자가 된다. 더불어 증여자는 기부금에 해당하여 소득공제를 받을 수 있다. 하지만 종교단체가 공익사업(상속세및증여세법시행령 제12조 제1항)[131]에 사용하는 때에는 과세 가액 불산입하므로, 증여세 과세를 하지 않는다(상속세및증여세법 제48조 제1항). 다만 3년 이내에 고유목적으로 사용하지 아니하는 경우, 타인에게 양도하는 때에는 증여세와 더불어 가산세

131) 상속세및증여세법시행령 제12조(공익법인 등의 범위)
법 제16조 제1항에서 "공익법인 등"이라 함은 다음 각호의 1에 해당하는 사업을 영위하는 자를 말한다.(1996. 12. 31 개정)
1. 종교의 보급 기타 교화에 현저히 기여하는 사업(1996. 12. 31. 개정)

까지 추징하게 되는데, 추징하는 금원은 증여시점이 아닌 증여세가 발생하게 된 3년이 지난 시점을 기준으로 부과한다.[132] 그리고 종교단체 명의로 하지 아니하고 담임목사나 교인으로 명의신탁한다면 '부동산실권리자 명의등기에 관한 법률'에 위반이 된다. 공익사업에 사용한다는 것은 공익법인 등의 정관상 고유목적사업에 사용(재정경제부령이 정하는 관리비로 사용하는 경우를 제외한다)하거나 다른 공익법인 등에게 출연하는 것을 포함한다(상속세및증여세법시행령 제38조).

Ⅱ. 성경과 헌금

1. 헌금의 의의

막12:41-44「[41] 예수께서 헌금함을 대하여 앉으사 무리가 어떻게 헌금함에 돈 넣는가를 보실새 여러 부자는 많이 넣는데 [42] 한 가난한 과부는 와서 두 렙돈 곧 한 고드란트를 넣는지라 [43] 예수께서 제자들을 불러다가 이르시되 내가 진실로 너희에게 이르노니 이 가난한 과부는 헌금함에 넣는 모든 사람보다 많이 넣었도다 [44] 그들은 다 그 풍족한 중에서 넣었거니와 이 과부는 그 가난한 중에서 자기의 모든 소유 곧 생활비 전부를 넣었느니라 하시니라」

헌금은 모든 것이 하나님께 속한 것임을 인정하는 것이고, 모든 것이 하나님께서 주신 것임을 고백하는 신앙이다. 또한 헌금은 구속받은 자기 자신을 하나님께 드리는 헌신적 행위이다. 헌금은 내 자신의 흠과 죄가 많음을 인정하는 죄의 고백(confession of sins)이고, 온전한 신앙 고백(confession of faith)이며, 내 삶을 온전히 드리겠다는 헌신(commission)의 다짐이다. 하나님이 보시는 헌금은 누가 얼마를 했는지, 헌금의 많고 적음을 보시는 것이 아니라, 어떤 마음을 가지고 했는지가 더 중요하다(눅21:1－4).

우주 가운데 만물을 지으신 하나님은 무슨 부족한 것이 있어서 사람의 손으로 섬김을 받으시는 것이 아니다(행17:24－25). 그러나 하나님은 사람들을 구원하고 하나님 나라를 확장해 가기 위해서 예수의 피로 세운 교회를 운영하고 유지해 가신다. 하나님께 바쳐진 헌금은 교회 건축 및 수리와 보전을 위해서, 교역자들의 최소한의

132) 대법원 2017. 8. 18. 선고 2015두50696 판결.

생활비를 위해서, 전도와 선교를 위해서, 가난한 과부나 고아 등 사회적 약자인 이웃들을 위해서 사용되고, 하나님 나라를 확장해 간다.

2. 헌금과 연보

(1) 헌금

> 눅16:13「집 하인이 두 주인을 섬길 수 없나니 혹 이를 미워하고 저를 사랑하거나 혹 이를 중히 여기고 저를 경히 여길 것임이니라 너희는 하나님과 재물을 겸하여 섬길 수 없느니라」

헌금(獻金, collection)은 헬라어 '도론'(doron, δῶρον)이나 '고르반'(Corban, κορβάν)이고, 히브리어 '고르반'(קָרְבָּן)으로, 선물, 희생, 제물을 뜻한다. 하나님을 경배함으로 드리는 예물로서 하나님께서 베풀어 주신 은혜에 감사해서 자발적으로 돈이나 물질 등을 드리는 예배행위를 말한다. 동방박사들이 예수께 드린 황금, 몰약, 유향 등의 예물도 헌금이고, 마리아가 예수의 발에 부은 나드 향유 한 근 등 헌물도 헌금에 포함된다(마2:1, 요12:3).

(2) 연보

연보(捐補)는 헬라어로 복을 뜻을 내포하고 있는 '율로기아'(εὐλογία), 모금, 기부금, 세금의 뜻을 가지고 있는 '로기아'(λογία), '하플로테스'(ἁπλότης)인데, 값없이 주는 선물(고전16:1–4), 교제의 방편(롬15:26–27), 감사와 영광을 돌리는 행위(고후9:12–13)를 의미한다. '연'(捐)은 원래 '버린다'는 뜻으로 사용된 말로 자신이 가지고 있는 것을 버림으로 이웃에게 내놓거나 주거나 기부한다는 뜻이다. 그리고 '보'(補)는 원래 '깁다'라는 뜻을 가진 말로 고치거나 보태어 주거나 돕는다는 뜻을 가진 말이다. 연보는 자기 것을 버려서 다른 사람의 부족한 부분을 보태어 주거나 도와주는 것을 뜻한다.

신약성경에 가난한 성도들을 돕기 위하여 내는 모금 성격의 연보라고 번역했고(롬15:26), 매 주일 첫날 각 사람이 얻은 대로 성도를 위하여 연보를 저축해 두라고 하였다(고전16:1–2). 고린도 교인들은 성도 섬기는 일에 참여하고자 하는 풍성한 연보를 하였고(고후8:1–4), 교회 안에 많이 거둔 사람이 적게 거둔 사람을 돕기 위해 거액의 연보를 하였으며(고후8:14–20), 모든 사람을 섬기기 위한 마음으로 연보하였다(고후9:1,11). 이처럼 연보는 성도들이 돈을 모아서 가난한 성도들에게 나누어 주는 구제헌금 성격을 갖는다.

(3) 헌금과 연보

눅21:1「예수께서 눈을 들어 부자들이 헌금함에 헌금 넣는 것을 보시고」

사람마다 생각하는 주관이 다르겠지만, 헌금에 부정적인 사람들은 구제 성격의 연보가 더 성경적 번역이라며, 헌금이란 용어 자체를 부정한다. 성경은 헌금과 연보를 구별하고 있다. 헌금(獻金)은 하나님께 바치는 예물이고, 연보(捐補)는 교회 공동체의 공평한 분배와 회복, 이웃 구제를 위한 예물이다(마19:21). 그렇다고 하더라도 예배 시간에 드려지는 모든 예물은 하나님께 바쳐지는 헌금이 된다. 이웃을 돕는 구제 성격의 연보일지라도 예배 시간에 드려지는 예물은 헌금이다. 구약시대에도 희생제물이든 밭의 소출이든 열매이든지 하나님께 드려졌고, 레위인과 제사장, 성전 수리 등을 위해서 사용되었다.

헌금인 십일조는 반드시 지켜야 하는 강제적 명령이라면, 연보는 일반적으로 자원하여 드리는 구제헌금의 성격을 지닌 말이다. 따라서 십일조를 지키지 않는 것은 하나님 명령에 대한 거역으로 죄가 되지만(말3:8－9), 연보는 지키지 않아도 죄가 되지 않는다. 연보는 이웃을 사랑하는 표시라고 할 수 있다. 연보의 의도는 있는 사람과 부족한 사람을 균등하게 하려는 데 목적이 있으며, 서로의 부족을 채워주려는 공평과 균등에 있다(고후8:13－14). 즉 서로 연약함을 도우며 부족함을 보충해 주는 것이다. 예수님은 네 이웃을 사랑하라고 말씀하셨다.

(4) 봉헌

민7:10「제단에 기름을 바르던 날에 지휘관들이 제단의 봉헌을 위하여 헌물을 가져다가 그 헌물을 제단 앞에 드리니라」

헌금(獻金)이란 용어가 '자발적으로 바치는 돈'이라는 개념이 강해 예배 시간에 사용하는 용어로 적합하지 않다는 의견이 있다. 헌금이란 용어 대신에 '삼가 공경하는 마음으로 바친다.'라는 뜻을 가진 봉헌이란 용어를 사용하는 것이 좋다. 봉헌(奉獻, oblation)은 물질뿐만이 아니라, 자신의 가장 귀중한 것을 바친다는 것을 의미한다. 즉 참봉헌은 자기 자신을 바치는 것으로 예수님은 자신이 봉헌물이었다. 그리고 봉헌은 물질 외에도 시간을 드리는 것도 봉헌이고, 우리 자신의 몸을 드리는 헌신도 봉헌이고, 재능을 드리는 것도 봉헌이다. 봉헌은 내 소중한 것을 아낌없이 기꺼이 드리는 것을 말한다. 그러나 이 책에서는 일반적으로 사용하는 헌금이란 용어를 사용하기로 한다.

3. 예배와 헌금

> 출23:15 「너는 무교병의 절기를 지키라 내가 네게 명령한 대로 아빕월의 정한 때에 이레 동안 무교병을 먹을지니 이는 그달에 네가 애굽에서 나왔음이라 빈손으로 내 앞에 나오지 말지니라」

하나님은 하나님 앞에 나올 때, 빈손으로 나오지 말라 하셨고, 빈손으로 얼굴을 보이지 말라고 하셨다(출34:20). 하나님은 아무리 형편이 어려운 사람도 하나님께 나올 때는 예물을 가지고 나오도록 하였다(레5:7,11). 예배(Worship)는 우리 자신이 하나님이 기뻐하시는 거룩한 산 제물이 되어서 하나님께 나아가는 행위라고 할 수 있다(롬12:1). 헌금은 예배의 한 부분으로 자신을 하나님께 드리므로 은혜를 받는 한 방편이기도 하다. 헌금은 성경에서 가르치는 중요한 신앙의 원리이며, 예배에 있어서 헌금은 아주 중요한 위치를 차지한다. 예배에 있어서 헌금은 하나님이 값없이 베푸신 은혜에 대한 감사의 표현이며, 자신을 하나님께 바친다는 헌신의 표현이라고 할 수 있다.

헌금에 관한 설교와 교육은 오늘날 한국교회나 교인들이 가장 꺼려하는 설교나 교육이 되었다. 그것은 한국교회 내에 헌금 강요, 헌금의 불투명성, 헌금의 위법·불법적인 사용, 기복신앙 수단, 헌금원리에 대한 오해와 곡해 등으로 인해 교인들에게 헌금에 대한 불신이 팽배해 있기 때문이다. 그러나 교회는 교인들에게 성경적 헌금에 대해서 설교하고 가르쳐야 한다. 헌금은 하나님의 명령이고 교인의 의무이며, 하나님과 백성 간의 거룩한 계약이기 때문이다.

4. 헌금의 형식

(1) 주님의 것을 돌려 드림

> 대상29:14 「나와 내 백성이 무엇이기에 이처럼 즐거운 마음으로 드릴 힘이 있었나이

까 모든 것이 주께로 말미암았사오니 우리가 주의 손에서 받은 것으로 주께 드렸을 뿐 이니이다」

다윗은 천지에 있는 모든 것이 주님께 속한 것이라고 고백하며 하나님께 금 삼천 달란트와 은 칠천 달란트를 드렸다(대상29:4). 헌금은 주의 손에서 받은 것을 주께 돌려 드리는 것이다. 그런데 사람들은 자기에게 속한 것을 하나님께 드리는 것으로 잘못 이해하고 있다. 성숙한 그리스도인은 소유의식이 분명한 사람이다. 천지에 속한 모든 것과 내가 가진 모든 재물은 하나님의 것이고 내게 위탁하신 것이다. 그런데 사람들은 자기 소유라고 생각하는 마음 때문에 욕심이 생겨 인색한 마음을 가지게 되고 즐거운 마음이 아닌 억지로 헌금하게 된다. 따라서 헌금의 가장 기초적인 원리는 재물의 많고 적음에 상관없이 모든 것이 내 것이 아니라 하나님의 것이라고 인정하는 것으로부터 출발하는 것이다. 그리스도인이 바치는 모든 금전적 헌금, 부동산 및 동산과 같은 헌물, 은사대로 몸과 재능으로 하는 헌신은 주의 손에서 받은 것에서 당연히 주께 다시 돌려드리는 선한 믿음의 행동이라고 할 수 있다.

(2) 자원하는 마음

출35:29「마음에 자원하는 남녀는 누구나 여호와께서 모세의 손을 빌어 명령하신 모든 것을 만들기 위하여 물품을 드렸으니 이것이 이스라엘 자손이 여호와께 자원하여 드린 예물이니라」

한국교회는 헌금 강요가 팽배해 있다. 헌금 강요는 교회 신앙생활에 대한 거부감의 주된 원인으로 작용하고 있다. 하나님이 받고 싶은 헌금은 마음이다. 억지로 하는 헌금, 인색한 마음으로 하는 헌금은 하나님이 원하시지 않으며, 자원하는 마음으로 정한대로 드리는 예물을 원하신다(고후9:5－7). 마음에 원하던 것과 같이 할 마음만 있으면 있는 대로 해야 하나님이 받으신다(고후8:11－12).

헌금은 너무 힘겹거나 짐이 되지 않게 하되 자기에게 있는 것으로 해야 한다. 헌금은 질서에 따라야 한다. 자원하여 드리는 자발적인 헌금일지라도 교회 규정과 질서에 따라야 한다(고후8:3). 자원한다고 하여 자기 마음대로 바치는 무질서한 헌금방식은 지양되어야 한다. 그리고 교인들에게 일정한 액수를 지정하거나 억압하는 형태의 강제적으로 헌금을 요구하는 율법주의적 헌금방식은 헌금원리에 위배된다. 모든 사람은 자유롭게 선택하고 결정할 수 있는 자유의사를 가지고 있는데, 교인들은 자유의사에 따라 스스로 형편에 따라 헌금의 종류나 액수 및 횟수를 자유롭게 결정하고 드려야 한다.

(3) 즐거운 마음

고후9:7 「[7] 각각 그 마음에 정한 대로 할 것이요 인색함으로나 억지로 하지 말지니 하나님은 즐겨 내는 자를 사랑하시느니라」

헌금은 처음에 하나님께 드리기로 마음에 정하였으면 도중에 바꾸지 말아야 한다. 왜냐하면 하나님이 주신 마음이기 때문이다. 따라서 주위 사람의 영향을 받거나 즉흥적으로 생각 없이 작정하지 말아야 한다. 하나님은 이스라엘 자손에게 기쁜 마음으로 예물을 가져오라 명령하시고, 기쁜 마음으로 바치는 예물을 받으신다고 하셨다(출25:2). 또한 씨를 심는 농부가 씨를 아까워하지 않는 것처럼, 헌금하는 사람은 본래 자기 소유가 아니므로 아까워하거나 애석하게 생각하지 말아야 한다. 사랑하는 사람에게 선물을 사주는 것은 매우 기쁜 일이다. 마찬가지로 헌금은 사랑하는 하나님께 바치는 것이므로 즐거움으로 드려야 한다. 하나님이 즐겁게 내는 자를 사랑하시는 이유는 물질을 받으시는 것이 아니라, 마음을 받으시는 것이기 때문이다.

(4) 준비한 헌금

고후9:5 「[5] 그러므로 내가 이 형제들로 먼저 너희에게 가서 너희가 전에 약속한 연보를 미리 준비하게 하도록 권면하는 것이 필요한 줄 생각하였노니 이렇게 준비하여야 참 연보답고 억지가 아니니라」

예루살렘 교회가 몹시 궁핍해져 도움이 필요하게 되었다. 이에 아가야의 수도였던 고린도 교회 교인들은 예루살렘 교회를 돕기 위해서 1년 전부터 스스로 구제헌금을 작정하였다(고후9:2). 그리고 마게도냐 교인들도 환난과 시련 가운데서 힘에 지나도록 자원하여 넘치도록 충성한 연보를 하였다(고후8:2,30). 헌금의 3대 원칙은 자원하고, 미리 준비하고, 즐거움으로 드리는 헌금이어야 한다. 사도 바울은 어려움 중에 있는 예루살렘 성도들을 돕기 위한 연보를 준비할 때 "매주 첫날에 너희 각 사람이 수입에 따라 모아 두어" 미리 준비하는 헌금이야말로 참 연보라고 강조하였다(고전16:2). 참 연보는 의무감이나 자랑을 위해서 하는 것이 아니라, 하나님을 사랑하고 형제를 사랑하는 마음으로 하는 것이다. 미리 준비한 연보는 자원하는 마음이 아니면 할 수 없고, 기쁜 마음이 아니면 미리 준비할 수 없으며, 미리 준비하는 연보는 억지로 내는 헌금이 될 수 없다(고후9:5). 하나님이 받으시는 재물은 미리 준비하는 마음이다.

(5) 감사와 헌신

왕상9:25「솔로몬이 여호와를 위하여 쌓은 제단 위에 해마다 세 번씩 번제와 감사의 제물을 드리고 또 여호와 앞에 있는 제단에 분향하니라 이에 성전 짓는 일을 마치니라」

그리스도인에게 중요한 마음은 하나님의 풍성한 은혜에 감사해서 헌금을 드리고 싶은 마음이 있어야 한다. 교회에서 영향력을 발휘하고 목회자로부터 인정받기 위한 헌금, 교회 주보에 이름을 올려서 교인들에게 과시하기 위한 헌금, 기부금 성격의 헌금은 올바른 태도가 아니다. 헌금은 선행과 같이 아무도 모르게 하되 오직 하나님께서 인정해 주시는 것으로도 만족해야 한다(마6:3–4). 성경적 헌금의 형식은 하나님께 감사와 헌신을 표현하기 위한 믿음의 헌금이어야 한다.

(6) 하나님의 뜻을 따른 신앙 고백

고후8:2-5「[2] 환난의 많은 시련 가운데서 그들의 넘치는 기쁨과 극심한 가난이 그들의 풍성한 연보를 넘치도록 하게 하였느니라 [3] 내가 증언하노니 그들이 힘대로 할 뿐 아니라 힘에 지나도록 자원하여 [4] 이 은혜와 성도 섬기는 일에 참여함에 대하여 우리에게 간절히 구하니 [5] 우리가 바라던 것뿐 아니라 그들이 먼저 자신을 주께 드리고 또 하나님의 뜻을 따라 우리에게 주었도다」

마게도냐 교인들은 많은 환난과 시련과 극심한 가난 가운데에서도 예루살렘 교회의 어려운 소식을 듣고 성도들을 섬기는 일에 참여하려고, 넘치는 기쁨과 자원하는 마음으로 힘에 지나도록 헌금을 하였다. 마게도냐 교인들이 '먼저 자신을 하나님께 드리고'(they gave themselves first to the Lord) 자원하여 헌금하였던 것은 성도들을 사랑하는 마음과 하나님을 사랑하는 마음이 있었기 때문이다. 믿음과 상관없이 강제적으로 바치는 헌금이나 의무적으로 드리는 헌금은 하나님 앞에서 아무런 의미가 없는 헌금일 뿐이다. 그러나 마게도냐 교인들이 먼저 자신을 하나님께 드리고 하나님의 뜻을 따라 헌금을 한 것은 그들이 드린 헌금이 그들의 신앙 고백이었음을 증명한다.

(7) 정직하고 공의로운 소득

말1:7-8「[7] 너희가 더러운 떡을 나의 제단에 드리고도 말하기를 우리가 어떻게 주를 더럽게 하였나이까 하는도다 이는 너희가 여호와의 식탁은 경멸히 여길 것이라 말하기 때문이라 [8] 만군의 여호와가 이르노라 너희가 눈 먼 희생제물을 바치는 것이 어찌 악하지 아니하며 저는 것, 병든 것을 드리는 것이 어찌 악하지 아니하냐 이제 그것을 너희 총독에게 드려 보라 그가 너를 기뻐하겠으며 너를 받아 주겠느냐」

하나님께 드린 헌금은 정의로운 제물이어야 한다. 하나님은 정직한 방법으로 땀을 흘려 그에 합당한 대가를 받은 제물로 드려지는 헌금을 기뻐하시고 받으신다. 부당하고 불의한 제물은 흠이 있는 제물로 하나님이 받으시지 않는다(레3:1). 하나님이 원하시는 헌금은 정의를 물 같이, 공의를 마르지 않는 강 같이 흐르게 하는 사람의 제물이다(암5:24). 하나님은 고아와 과부에게 악행을 행하는 악한 사람들의 헛된 제물과 무수한 번제와 짐승의 기름과 피를 기뻐하시지 않는다(사1:12-13). 하나님이 구하시는 제물은 오직 정의를 행하여 인자를 사랑하며 겸손하게 하나님과 함께 하는 사람이 바치는 헌금이다(미6:6-8).

5. 헌금의 용도

(1) 목회자 생활비

민18:21「내가 이스라엘의 십일조를 레위 자손에게 기업으로 다 주어서 그들이 하는 일 곧 회막에서 하는 일을 갚나니」

하나님은 이스라엘 백성들의 십일조를 성전 봉사를 위해 전념하는 레위인과 제사장에게 기업으로 주었다. 교회 사역에 전임하는 목회자가 교회로부터 생활비를 받는 것은 당연하다. 그러나 한국교회는 대형 교회와 작은 개척교회, 도시 교회와 농어촌 교회와의 목회자 생활비 차이가 너무 크다. 교회가 작고, 재정이 약할수록 교회 재정에서 차지하는 목회자 생활비 비중이 높으나 대형 교회는 교회에서 차지하는 목회자의 생활비 비중이 크지 않다. 한국교회의 대형 교회 목회자들은 고액 생활비로 인해 사람들로부터 비난을 받기도 하고, 반대로 소형 교회 목회자들은 소박하고 청렴하게 살아도 복을 받지 못한 무능력한 목회자로 취급받아 존경의 대상이 되지 못하고 있다.

사도 바울은 고린도 교회에서 사역하면서 사도로서 받을 수 있는 권리를 쓰지 않고(고전9:12), 천막을 만드는 일을 하면서 자비량 선교(tentmaking mission)[133]를 하며 검소하게 생활하며 복음을 전했다(행18:3). 그 이유는 하나님이 주시는 상을 바라보고 복음을 전하며 몇 사람이라도 구원하고자 함이었다(고전9:22). 자비량 선교는 재정 문제를 해결을 위해 자신의 전문직이나 사업을 병행하면서 동시에 선교사역을 하는 것으로, 선교사가 자신의 자립은 물론 선교지 교회의 자립을 원칙으로 하는 선교를 말한다.[134] 바울은 선교사역을 통하여 교회가 자립(self-supporting)하는 교회일 뿐 아니라, 스스로 선교(self-propagating)하는 교회가 되는 것을 최종적인 목표로 하였다.[135] 사도 바울은 혼인도 하지 않고 고린도 교회로부터 생활비를 받지 않으면서 사역을 하였지만, 오히려 검소한 사역으로 인해 거짓 선생들이 나타나 사도 바울의 사도직을 의심하고 배척하는 등 비난까지 받게 된 것이다(고전9:1-15).

오늘날 한국교회는 목회자나 사모가 목회와 직업을 겸직하는 이중직에 대해 교회의 의견은 찬·반으로 나누어져 있다. 주로 찬성하는 교회는 교회의 재정적 부담을 들어 찬성하고, 반대하는 교회는 교회의 사역이 약화된다며 반대를 한다. 하나님은 성전에서 봉사하는 사람들은 성전에서 나는 것을 먹고, 제단에서 섬기는 사람들은 제단과 함께 나누어야 한다고 하셨다(고전9:13-14). 목회자는 목회 사역에 전무해야 하는 사람들이다. 목회 사역에 전임하는 목회자는 교회로부터 나오는 생활비를 받고 살아야 한다(딤전5:18). 하지만 한국교회 농어촌이나 도시의 많은 미자립교회에 시무하는 목회자들은 열악한 교회 재정으로 인해 최저 생활비에도 못 미치는 적은 생활비를 받고 있다. 우리 주위에는 생활비를 위해 일용직 노동, 우유 배달, 보험 및 택시기사 등의 일을 하고 있는 목사나 사모가 의외로 많다. 앞으로도 한국교회는 교인 감소 및 코로나와 같은 감염병 등의 요인이 더해져서 목회자에게 최저 생활비도 지급하지 못하는 미자립교회는 시간이 지날수록 증가하게 될 것이다. 특히 농어촌 인구의 급속한 감소, 교인들의 대형 교회에로의 이동으로 미자립교회로의 현상은 가속화 될 수밖에 없다. 많은 목회자들이 가족의 부양의무를 지고 있는 가장으로서 목양

133) '텐트메이커'(tentmaker) 또는 '텐트메이킹 미션'(tentmaking mission)이라고 하는 자비량 선교는 선교 활동을 하지만, 재정 문제를 해결을 위해 자신의 전문직이나 사업을 병행하면서 동시에 선교사역을 하는 것을 말한다.

134) 이홍석, 정희현, 「바울의 선교와 한국교회 선교전략」, '기독서원 하늘양식', 2009, 109면.

135) 김은수, 「해외 선교 정책과 현황」, '생명나무', 2011, 42면.

일념(牧羊一念) 할 수 없는 상황에 처하게 된 것이다. 이제 한국교회는 목회자 이중직에 대한 진지한 논의와 합의가 도출되어야 한다.

중대형 교회 목회자들은 교회에 너무 과도한 생활비를 요구하지 말아야 한다. 목회자는 검소한 생활비, 의식주를 해결할 수 있는 정도의 생활비라면 만족해야 한다. 목회자는 먼저 교회에 과도한 생활비를 요구하지 말고, 교회에서 결정해 주는 것으로 만족하고 감사해야 한다.

(2) 예배

> 대하7:12-16「[12] 밤에 여호와께서 솔로몬에게 나타나사 그에게 이르시되 내가 이미 네 기도를 듣고 이 곳을 택하여 내게 제사하는 성전을 삼았으니 [13] 혹 내가 하늘을 닫고 비를 내리지 아니하거나 혹 메뚜기들에게 토산을 먹게 하거나 혹 전염병이 내 백성 가운데에 유행하게 할 때에 [14] 내 이름으로 일컫는 내 백성이 그들의 악한 길에서 떠나 스스로 낮추고 기도하여 내 얼굴을 찾으면 내가 하늘에서 듣고 그들의 죄를 사하고 그들의 땅을 고칠지라 [15] 이제 이 곳에서 하는 기도에 내가 눈을 들고 귀를 기울이리니 [16] 이는 내가 이미 이 성전을 택하고 거룩하게 하여 내 이름을 여기에 영원히 있게 하였음이라 내 눈과 내 마음이 항상 여기에 있으리라」

이스라엘 백성들은 하나님께 나오면서 각종 십의 일조, 첫 소산, 속죄제나 속건제사를 위해 제물, 절기 예물 등을 가지고 왔으며, 성전에서는 날마다 속죄를 위해 수송아지 하나로 속죄제를 드렸고, 날마다 어린 양 두 마리를 아침 · 저녁으로 드렸다(출29:36－42). 이스라엘 백성들은 제사를 위해 성전에 나올 때, 빈손으로 나오지 않았다(출23:15). 하나님은 성전에서 이스라엘 백성들을 만나주셨고, 이스라엘 백성들의 기도를 듣고 그들의 죄를 사하셨으며 죄인들을 용서하셨다.

예배(禮拜, Worship)는 무릎을 꿇어 경배하는 것을 뜻한다. 동방에서 온 박사들은 구주 예수께 엎드려 경배하였고(마2:9－11), 안식 후 첫날 무덤으로 달려갔던 여인들은 천사로부터 예수께서 부활하셨다는 소식을 듣고 부활하신 예수님을 만나 경배하였다(마28:1－9). 성도는 하나님을 예배하도록 부르심을 입었고 사람은 하나님의 부르심에 응답하였다. 예배는 하나님께 드리는 무엇이 아니라, 예배의 목적은 하나님을 예배하는 것이다. 예배의 주인은 하나님이시며 성도는 주인이신 하나님을 예배한다. 예배는 기도하고 찬양함으로 하나님과의 깊은 교제를 갖는 만남(encounter)이고,

하나님 말씀을 봉독하고 설교를 들음으로써 하나님의 계시(revelation)를 듣고 배우며, 하나님을 경배와 찬양하며 아멘으로 응답(response)한다.

헌금은 예배를 위해 사용된다. 하나님과의 만남과 깊은 교제가 이루어지는 예배를 위해서 준비해야 하는 것들과 필요한 것들이 있다. 천지의 주권자이신 하나님은 물질인 헌금을 필요로 하지 않지만, 구원받은 성도들이 모인 거룩한 공동체인 교회에는 하나님과의 만남을 위한 거룩하고 은혜로운 예배, 세례 · 성찬의 시행, 성도들의 교제를 위해서 재정이 있어야 한다. 교인들의 헌금으로 이루어진 교회재정은 영상, 음향, 조명, 냉난방 시설 등 은혜롭고 거룩한 예배를 위해 사용된다.

(3) 교회당 건축 및 수리 · 보전

> **대상29:16**「우리 하나님 여호와여 우리가 주의 거룩한 이름을 위하여 성전을 건축하려고 미리 저축한 이 모든 물건이 다 주의 손에서 왔사오니 다 주의 것이니이다」

한국교회는 교회 건축과 수리에 교회 재정이 편중되는 경향이 있다. 그리고 무리한 건축과 과도한 빚에 대출금을 상환하지 못하여 교회가 경매로 처분되기도 한다. 교회는 교회당을 건축하려면, 장기적인 계획을 세우고, 미리 준비하여야 하며, 성도들이 스스로 자원하여 건축헌금하도록 해야 한다. 교회당 건축을 위해 장로나 권사 직분을 임직하거나 일정 액수를 지정하여 할당하는 방식의 헌금 강요나 압박이 있어서는 안 된다. 이스라엘 백성들은 파손된 성전을 수리하기 위해 성전세를 드렸고(왕하12:8－14;22:6), 예수님도 성전세를 드렸다(마17:24－27). 오늘날에도 교회 재정은 교회당을 건축하는 목적 이외에도 교회를 수리하고 보전하기 위해 꾸준한 건축헌금과 적절한 교회 재정 배분이 필요하다.

(4) 선교

> **빌4:18**「내게는 모든 것이 있고 또 풍부한지라 에바브로디도 편에 너희가 준 것을 받으므로 내가 풍족하니 이는 받으실 만한 향기로운 제물이요 하나님을 기쁘시게 한 것이라」

빌립보 교회는 바울의 선교사역을 위해 2~3차례 걸쳐서 재정적으로 동참하였다. 바울은 빌립보 교인들이 자신에게 보내준 선교헌금에 대해서 “받으실만한 향기로운 제물이요 하나님을 기쁘시게 한 것”이라고 하였다. 안디옥교회는 4년(A.D.45~48년)

동안 흉년이 들어 힘들어하는 예루살렘 교회에 부조를 보내기로 작정하고, 제자들이 각각 그 힘대로 돈을 모아 바나바와 바울의 손에 의해 장로들에게 헌금을 보냈으며(행11:27–30), 바울과 바나바를 선교사로 파송하였다(행13:1–3). 바울은 마게도니아 교회에 대해서 예루살렘의 가난한 사람들을 위해 보여준 연보를 칭찬하면서 헌물의 태도에 대한 모범적인 예로 소개하였다(고후8:1–5). 고린도 교회도 마게도니아 교회와 함께 예루살렘의 가난한 자들을 위한 연보에 동참하였다(롬15:25–27).

(5) 빈민구제

> 신14:28-29 「[28] 매 삼 년 끝에 그 해 소산의 십분의 일을 다 내어 네 성읍에 저축하여 [29] 너희 중에 분깃이나 기업이 없는 레위인과 네 성중에 거류하는 객과 및 고아와 과부들이 와서 먹고 배부르게 하라 그리하면 네 하나님 여호와께서 네 손으로 하는 범사에 네게 복을 주시리라」

하나님은 매 삼 년 되는 해에는 당해 소산의 십분의 일을 드려서 성중에 거하는 나그네 및 고아와 과부 등 사회적 약자들을 위해 사용하도록 하였다. 그래서 성전 안에 굶주린 사람이 없이 배불리 먹게 하였다. 하나님은 교회가 가난하고 궁핍한 약자들에 대해 관심을 가지고 그들을 돕는 행위를 칭찬하시고, 범사에 복을 주시겠다고 약속하셨다. 가난하고 궁핍한 사람들을 구제하고 섬기는 것은 곧 하나님께 하는 것과 같기 때문이다(마25:40).

> 행4:33-35 「[33] 사도들이 큰 권능으로 주 예수의 부활을 증언하니 무리가 큰 은혜를 받아 [34] 그중에 가난한 사람이 없으니 이는 밭과 집 있는 자는 팔아 그 판 것의 값을 가져다가 [35] 사도들의 발 앞에 두매 그들이 각 사람의 필요를 따라 나누어 줌이라」

신약성경에서는 헌금이란 용어보다 연보라는 용어로 더 많이 번역되어 있다. 헌금은 하나님께 바치는 예물이라면 연보는 이웃 구제를 목적으로 드려지는 예물이었다. 초창기 초대교회 안에는 가난한 사람이 없었다. 성도들이 모든 물건을 서로 통용하였고, 자기 재산을 팔아서 연보하고 고아와 과부 및 장애인 등 가난한 성도들에게 투명하게 나누어 주었기 때문이다(행4:32–35). 구브로에서 태어난 레위족 사람인 요셉(바나바)은 자기 밭을 팔아 헌금하였는데, 사도들이 가난한 성도들에게 필요에 따라서 나누어 주었다(행4:36–37).

한국교회의 재정은 목회자의 생활비, 교회 건축과 유지, 교회운영과 선교에 집중되어 있고, 궁핍한 성도들의 구제나 사회봉사를 위해 사용되는 헌금은 아주 미미하다고 할 수 있다. 한국교회의 재정이 교회 건물에서 벗어나 초대교회와 같이 빈민들을 위한 구제와 가난한 자를 돕는 일에 좀 더 확대하고 사용해야 한다. 그리고 십일조, 감사헌금, 건축헌금 못지않게 구제 연보가 장려되고 드려져야 한다. 교회 재정이 해외선교와 복음 전도를 위해 적극적으로 사용되는 것은 좋은 일이다. 하지만 선교에 못지않게 가난한 사람들을 구제하는 일에도 힘써야 한다. 사실 선교사역은 내·외부에 드러나는 사역이지만, 구제는 선교에 비하여 드러나지 않는 측면이 있다. 교회 재정이 너무 일방적으로 한쪽에 편중되어 사용되는 것은 좋은 일이 아니다. 예를 들어 교회 재정의 80~90%를 선교비로 지출하는 교회만이 칭찬을 받거나 성경적 교회로 여김을 받는 것은 옳지 못한 평가이다. 교회 재정은 선교에 못지않게 성도들을 섬기고 이웃을 구제하며 사회에 봉사하는 일에도 균등하게 배분되어 사용해야 한다.

6. 헌금관리자 자격

(1) 청지기

1) 청지기 자격

벧전4:7-10「[7] 만물의 마지막이 가까이 왔으니 그러므로 너희는 정신을 차리고 근신하여 기도하라 [8] 무엇보다도 뜨겁게 서로 사랑할지니 사랑은 허다한 죄를 덮느니라 [9] 서로 대접하기를 원망 없이 하고 [10] 각각 은사를 받은 대로 하나님의 여러 가지 은혜를 맡은 선한 청지기 같이 서로 봉사하라」

선한 청지기는 정신을 차리고 기도하며(행12:5–7), 타인의 죄를 용서하고 사랑하는 사람이다(마18:21–22). 또한 선한 청지기는 사람을 구별하거나 상대방의 태도와 상관없이 대접하는 사람이며(마6:3–4, 히13:1–2), 하나님이 주신 은사를 따라 최선을 다하여 봉사하는 사람이다.

개인 가정이나 교회에서 주인이나 공동체의 의사에 따라서 재산을 관리하는 직분에는 청지기가 있고, 집사가 있다. 청지기는 선한 사람이어야 한다. 청지기를 뜻하는 헬라어 '오이코노모스'(οἰκονόμος)는 집을 뜻하는 '오이코스'(οἶκος)와 법 또는 다스림을 뜻하는 '노모스'(νόμος)가 합쳐진 말이다. 청지기는 종들을 관리하고 집안의 재산을 총괄하여 관리하는 책임을 맡은 사람을 말한다(눅12:14). 청지기는 엄밀하게 종과 구별된다. 종은 절대적으로 주인에게 예속하고 있는 사람이지만, 청지기는 주인에게 고용된 사람으로 자유롭게 지혜를 발휘하여 주인이 위임한 일을 처리하는 사람이다(눅16:1－8). 사도 바울은 디도에게 감독의 자격에 대해서 말하면서 감독은 하나님의 청지기로서 책망할 것이 없고 제 고집대로 하지 아니하며 더러운 이득을 탐하지 않는 사람이어야 한다고 하였다(딛1:7). 교회 헌금관리자는 선한 청지기로서 성실하고 신뢰할만한 사람이어야 한다.

2) 청지기 사명

눅12:42「주께서 이르시되 지혜 있고 진실한 청지기가 되어 주인에게 그 집 종들을 맡아 때를 따라 양식을 나누어 줄 자가 누구냐」

청지기는 주인의 뜻대로 일하는 사람이다. 교회의 모든 재산과 재정은 온전히 하나님께 드려진 성물이므로, 하나님의 소유이고 하나님이 선한 사용을 조건으로 위탁하신 것이다. 그러므로 청지기는 위탁된 교회 재산이나 교회 재정을 소홀하게 관리하거나 함부로 남용하여 사용해서는 안 되며, 헌금은 어떤 물질보다 정직하게 관리해야 한다. 이스라엘이 가나안을 정복할 때, 아간은 하나님께 바쳐진 헌물을 절취하여 자신뿐만 아니라 가족의 비극을 초래하게 되었고, 이스라엘 36명 용사의 죽음과 공동체에 절망감을 안겨주었다(수7:1－5). 마찬가지로 오늘날 교회 헌금의 유용(流用)이나 남용(濫用)은 자신과 가정 그리고 교회 공동체 전반에 악영향을 미치게 된다. 따라서 재정관리자는 교회 어떤 직분자보다도 청렴성이 요구되고 성실성이 요구된다. 교회의 재정관리자는 하나님의 사명을 맡은 사람으로서 선한 청지기가 되어야 한다. 그리고 하나님이 주시는 힘으로 정직하게 봉사해야 한다. 오직 재정관리자의 사명은 맡은 일에 신실하게 충성하는 것이다(고전4:1－2).

3) 청지기의 재정관리 자세

마25:26-27「[26] 그 주인이 대답하여 이르되 악하고 게으른 종아 나는 심지 않은 데서 거두고 헤치지 않은 데서 모으는 줄로 네가 알았느냐 [27] 그러면 네가 마땅히 내 돈을 취리하는 자들에게나 맡겼다가 내가 돌아와서 내 원금과 이자를 받게 하였을 것이니라 하고」

교회 재정을 관리하고 집행해야 하는 청지기는 적극적인 자세가 요구된다. 청지기는 소극적으로 교회 재정을 관리하고 집행하는데 머물러서는 안 되며, 적극적으로 교회 재정을 관리하고 집행해야 한다. 하나님은 주인의 능력만을 신뢰하여 재능과 능력을 묻어두고 아무 일도 하지 않는 청지기에 대해서 책망하신다. 교회 재정은 땅에 묻어두면 안 된다. 청지기는 적어도 최소한의 이자라도 얻기 위해서 은행에라도 맡겨야 한다고 하신다. 오늘날 일부 교회는 교회 재정을 적금이나 적립을 하고, 땅(부동산)에 묻혀두거나 주식 등 금융상품에 투자하고 있는데, 이런 교회는 올바른 청지기 교회라고 할 수 없다. 교회 재정은 그때, 그 해에 복음을 효과적으로 전달하고, 교회의 성장과 하나님 나라의 확장을 위해서 온전히 집행해야 한다.

(2) 집사

고후8:20-21「[20] 이것을 조심함은 우리가 맡은 이 거액의 연보에 대하여 아무도 우리를 비방하지 못하게 하려 함이니 [21] 이는 우리가 주 앞에서 뿐 아니라 사람 앞에서도 선한 일에 조심하려 함이라」

처음에는 사도들이 헌금을 관리하였으나 초대교회가 부흥하자 일곱 집사들을 선출하여 관리하였다(행6:1－6). 헌금을 관리하는 일은 하나님의 말씀에 따라서 매우 중요하고 또한 신중하며, 철저하며 정직하고 투명하게 운영해야 한다. 집사는 선한 양심이 하나님 앞에서 올바른 사람이어야 하며, 사람들 앞에서도 정직하고 성실한 사람으로 평가받고 인정을 받는 사람이어야 한다(고전16:1－3). 즉 교회의 헌금을 관리할 사람은 신앙과 인격에 있어서 올바른 사람이 되어야 하며, 이런 사람을 교회에서는 잘 선별하고 추천해서 이 직무를 맡도록 해야 한다.

Ⅲ. 십일조 헌금

1. 십일조와 법

(1) 종교개혁과 십일조

1524년 훌드리히 츠빙글리(Huldrych Zwingli)는 십일조는 ＜하나님의 공의와 인

간의 정의>에서 인간의 정의라는 관점에서 정당화될 수 있다고 주장하며, 십일조는 국가가 강제적으로 징수해서는 안 되고, 자발적으로 내도록 해야 한다고 하였다. 1524년 농민전쟁에서 농민들은 개혁 요구 사항인 12조에서 십일조는 하나님의 말씀을 선포하는 목회자와 그 가족의 생계(신14:22－29, 느10:33,38), 가난한 자와 궁핍한 자를 위해 사용해야 하며(신26:12), 적법하게 권위를 가진 공동체에서 거두어야 한다고 하였다. 하지만 루터는 1525년 <상업과 고리대>라는 글에서 십일조를 정당한 연보라고 칭송하고, <슈바벤 농민의 12조항에 대한 평화에의 권고, Ermahnungzum Frieden auf die zwolf Artikel Der Bauernschaft in Schwaben>에서 십일조는 행정관의 정당한 수입이라고 선언하면서 가난한 자들의 구제와 교역자의 생활 보장을 위해 사용해야 한다고 하였다.

(2) 로마가톨릭 교회와 십일조

로마가톨릭 교회는 십일조와 비슷한 헌금으로 가톨릭 신자의 6가지 의무 중 하나인 교무금이 있다. 교무금(敎務金)은 교회 유지비 부담의 의무 성격으로, 10분의 1에서 30분의 1 사이에서 결정하는 것이 일반적이지만, 각 가정이 경제적 사정에 따라 자유롭게 정하여 내며, 형편이 어려운 가정은 면제하기도 한다. 가톨릭교회 교무금은 개신교와 다르게 개인별 헌금 개념이 아니라, 가정별 헌금 개념이라는 점이다. 가톨릭교회는 건축하는 때에 내는 헌금을 건축기금이라고 한다.

(3) 십일조와 공의회

초대교회 시대에 이스라엘 백성들이나 유대인 기독교인들은 십일조를 중요시하고 계속해서 지켰지만, 예수님의 제자들이나 초기 기독교인들은 아나니아와 삽비라 부부(행5:1－5) 이야기에서 유추해 볼 수 있듯이 십일조를 강조하기보다는 삭개오와 같이 교인들이 자발적으로 재산의 일부 또는 전부를 바쳐야 한다는 것(눅19:8)과 성직자의 생활비(행18:3)보다는 고아와 과부, 병자들과 같은 가난한 교인들을 섬기고 이웃 구제하는 일에 더 힘썼다고 할 수 있다(행6:1).

A.D. 313년 로마제국의 황제 콘스탄티누스 황제가 기독교를 공인하자 예배와 신앙의 자유를 보장받은 기독교는 급속도로 부흥하고 확장되었으며, A.D. 392년 테오도시우스 황제의 칙령으로 기독교는 로마제국의 국교가 되었다. 교회의 번영과 발전으로 십일조 등 교회헌금과 교회에 대한 증여나 유산과 같은 기부금, 가난한 자들을

위한 자선 등이 급격히 증가했으며, 이로 인해 교회 재산과 재정이 많아졌다. 그리고 교회 재정은 성직자의 생활비, 교회 건물, 예배, 구제를 위해 사용되었다. 십일조를 최소한의 기준으로 하고, 십일조 외에 기부금 자선 등 자발적인 헌금이 계속되었다.

A.D. 567년 투르 공의회(Council of Tours)는 십일조를 회의의 안건으로 삼아 논의하고, 모든 사람은 능력에 따라 가난한 자와 궁핍한 자들을 위해 아브라함처럼 십일조를 납부해야 한다는 결정을 하였다. A.D. 585년 마콘 공의회(Council of Macon)는 십일조는 하나님이 제정한 법으로 교역자들, 가난한 자의 필요, 노예들의 속전을 위해 십일조를 드려야 하며, 만약 십일조 의무를 거부하는 자는 출교해야 한다고 결정하였다. A.D. 650년 프랑스 루엔 공의회(Council of Luen)에서는 모든 소출의 십일조를 드리되 가축과 양과 염소의 경우에는 열 번째로 지팡이 밑을 지나가는 것을 십일조로 바쳐야 하며(레27:32), 십일조 의무를 지키지 않는 자들에게는 세 번까지 경고하고 그래도 거부하는 때에는 출교하도록 하였다.

(4) 십일조와 국가법

6세기 후반부터는 중세 서방교회는 십일조를 교인들의 자발적인 헌금에서 교회법 또는 국가법으로 규정하고, 의무화 및 강제화하기 시작하였다. A.D. 779년 칼 대제의 헤리스탈 법령(Heristal law) 제7조에 의거해 프랑스 전역에 십일조 의무가 국가의 강제력으로 시행되었다. 십일조를 내는 사람만 교회에서 예배를 드리고 성례를 받을 수 있었다. 프랑크 제국에서는 지위 고하를 막론하고 하나님의 명령에 따라 모든 사람이 사제들에게 현물과 노동의 십일조를 바치도록 했으며, 프랑크 제국에서 확립된 십일조법은 이후 전 유럽으로 확산하였다. 포르투갈에서는 11세기, 덴마크와 노르웨이와 아이슬란드에서는 13세기에 십일조법이 시행되었다. 종교개혁 이후 독일과 영국, 스칸디나비아 반도에서 개신교회는 국가교회로 발전했다. 개신교회는 종교개혁 이후에 중세교회와 마찬가지로 종교개혁 이전의 헌금제도를 받아들이고, 십일조 등 헌금을 국가에서 강제로 거둬들였다.

국가법으로 규정된 십일조법은 1789년 프랑스 대혁명의 발생으로 1790년 전통적인 목적에 따른 십일조는 제외하고, 국가법으로 걷는 십일조는 폐지되었다. 그리고 유럽 국가들은 프랑스의 영향을 받아 19세기경 거의 모든 국가에서 십일조법이 폐지되었고, 영국에서는 1936년에 폐지되었다. 독일은 1803년 레겐스부르크(Regensburg) 제국회의에서 교회 재산이 국가로 귀속되었고, 십일조의 폐지와 교회 재산의 귀속에 대한 보상 차원에서 교회 재정의 감소를 해결하기 위해 교회세(kirchensteuer) 제도가 만들어졌다. 1919년 바이마르 헌법은 종교단체가 일반 과세표준에 따라 연방법이 정하는 세금을 부과할 권리가 있다고 선언하였고, 오늘날까지 그 골격을 유지하고 있다. 독일 외에 덴마크, 오스트리아, 핀란드, 스위스 등 국가에서는 종교세 제도가 신설되어 국가에서 교회 재정을 보조하여 주고 있다. 미국은 1791년 12월 15일 발효된 수정헌법 제1조에서 종교의 자유를 규정하고 국가교회를 인정하지 않았다.136)

2. 십일조 강요와 강조

세상의 모든 것이 하나님 것임을 인정하고, 원래 주인이신 하나님께 돌려드려야 한다고 가르치는데, 교회에 비관적 · 비판적인 사람들은 십일조의 중요성을 강조(強調)하여 설교하고 가르치는 것을 두고 강요(強要) 또는 공갈(恐喝)이라고 말한다. 십일조는 목사가 강요하고 공갈하는 것이 아니라, 하나님이 명령하신 성경의 법을 가르치는 것이고, 기독교의 근본 교리를 가르치는 것으로 공갈이나 강요가 될 수 없다. 일반 동호회나 친목 단체에서도 사람들이 모여 규칙을 정하고, 회원의 의무로 회비를 규정한다. 그리고 만약 회비를 납부하지 않으면 회원권을 정지하거나 탈퇴시키거나 회원권의 권리를 박탈한다. 사람들이 모여 만든 회칙도 지켜야 할 의무가 있는데, 하나님 세우신 성경의 법을 지키라고 가르치는 것이 공갈이나 협박이 될 수 없는 것이다. 성경에 따른 십일조 헌금 강조는 강요나 공갈이 아니다.

십일조는 개인의 자유이므로 십일조를 드리는 교인들은 대부분 감사한 마음으로 자원하여 십일조를 내고 있다. 그리고 반기독교 사상의 사람들이 말하는 것처럼, 대다수 교회는 강제적으로 십일조를 내게 한다든지, 십일조 준수 여부를 가지고 예배 참석의 제한 등 교인의 권리를 박탈하거나 십일조를 하지 않는다고 하여 불이익을 주고 있는 것이 아니다. 그리고 서구 기독교 국가 등에서 십일조가 폐지되었다고 주

136) 미국헌법 권리장전(United States Bill of Rights)은 미국 헌법 제1조부터 제10개조의 수정헌법(10 Amendements)을 말하며 개인의 자유를 보장하기 위해 제정되었다. 권리장전은 미국헌법에 규정된 개인의 권리에 대한 보장이 미흡하다는 불만 때문에 비준에 대해 반대하던 반연방주의자들을 누그러뜨리기 위해 제안되었다. 제1차 연방의회는 제임스 매디슨이 기초한 12개의 수정안을 각 주에 보냈고, 그 가운데 10개가 비준을 받았다. 각 주는 자체의 권리장전이 있었기 때문에 이 수정안들은 원칙적으로 연방정부의 권력을 제한하여 시민의 권리를 보호하자는 취지에서 수정하였고, 1791년 12월 15일에 발효되었다.

장하지만, 그것은 어디까지나 국교로서 지위가 변동되는 과정에서 국가적으로 강제 또는 조세로서 거두었던 종교세 등을 폐지했다는 의미일 뿐, 아직 서구 국가에서도 교인들은 개인적으로 내고 싶은 만큼 십일조 등 각종 헌금을 하고 있다.

Ⅳ. 헌금과 법률

1. 일반헌금과 특별(약정)헌금

교회는 교회 건축 등으로 자금이 필요할 경우, 교인이 자발적으로 일정액을 헌금으로 약정하도록 하지만, 장로, 권사, 집사 등 교회 중직을 맡은 교인들에게 일정액을 부담하도록 약정하기도 한다. 이러한 강요적 할당이나 약정은 나중에 개인의 사정변경을 원인으로 헌금 약정 불이행으로 인해 간혹 분쟁이 발생하기도 한다. 교회헌금은 목적과 방법에 따라서 헌금의 종류를 구분한다. 교회에서 헌금은 통상적으로 하는 십일조, 감사헌금, 주일헌금과 같은 일반헌금이 있고, 교회 건축이나 특별한 목적을 정하고 하는 약정헌금과 같은 특별헌금이 있다. 일반헌금은 교인의 의무에 속하나 이행을 강요하지 않는다. 하지만 약정헌금(約定獻金)은 채무계약에 해당하여 소송에 의해 강제이행 청구 사건이 발생하기도 한다. 법원은 교리상 의무헌금인 일반헌금이든 약정헌금이든 자연채무로 보아 강제할 수 없다고 한다. 증여는 아무런 대가를 지불하지 아니하고, 무상으로 증여하는 것으로 무상계약(無償契約)이다. 교인 중에서 금전 및 건물이나 토지를 교회에 약정하는 헌금은 무상계약이다. 법원은 약정하는 헌금에 대해서 이행을 강요할 수 없으며, 약정헌금을 계약상 증여로 보아 민법 제555조를 적용하여 언제든지 해제할 수 있다고 본다.

2. 구두 약정과 서면 약정

당사자 간의 약속이 법의 보호를 받기 위해서는 일정한 조건, 약속의 대상이 구체적이어야 하고, 실현가능해야 하는 등 법적 구속력을 갖추어야 한다. 당사자 간 약정은 구두 약정이 있고, 서면에 의한 약정이 있으며 대부분 구두약정(口頭約定)만으로도 법적 구속력이 인정된다. 하지만 호의관계(好意關係)에서 이루어지는 증여는 서면에 의하지 않은 증여(민법 제555조)나 망은행위(민법 제556조)와 같은 때에는 해제할 수 있도록 하고 있다.

교회 헌금은 대부분 교인이 구두로 약정헌금(約定獻金)을 하는 경우가 많은데, 서면에 의하지 아니한 구두로 하는 약정헌금은 종교적 특성을 떠나서 법적인 구속력이 약하므로, 언제든지 취소할 수 있다. 그리고 증여의 의사가 서면(書面)으로 표시되지 않은 약정헌금은 증여자가 서면으로 표시되지 않았음을 이유로 언제든지 증여계약을 해제할 수 있다. 또한 증여자의 의사에 기하지 않은 증여의 경우, 일정한 증여의 요건을 갖추지 못해 증여에 하자가 있는 때에도 해제할 수 있다. 그렇다고 서면에 의한 약정헌금이라고 해서 무조건 법적 구속력이 있는 것이 아니며, 그때는 자연채무인지, 법적 증여채무인지 법원의 판단에 따라 달라질 수 있다.

3. 자연채무와 법률상 증여채무

교인의 약정헌금(約定獻金)은 자연채무일까, 약정채무일까? 자연채무(自然債務, obligatio naturalis)는 채무자가 임의로 이행하지 않는다면 실정법으로는 강제력을 부여할 수 없는 채무를 말한다. 자연채무는 우리 민법에는 규정이 없으며 채무자가 임의로 이행하면 받을 수 있지만, 이행하지 않더라도 그 이행을 강제할 수 없는 채무에 해당한다. 증여는 계약이 당사자 간 의사의 합치만으로 성립하기 때문에 증여자는 수증자에게 증여하기로 계약한 재산을 이전해야 한다. 헌금은 자연채무에 해당하는 때에는 채무자가 임의로 이행하지 않는다면 법적 구속력이 없으므로 법적으로 강제할 수 없고, 증여계약의 개념으로 보는 법률상 채무에 해당하는 때에는 법적 구속력이 있어 약정헌금 이행청구를 할 수도 있다. 따라서 교인에 의한 약정헌금이 증여계약의 개념으로 보는 법률상 채무일 경우에는 법적인 강제가 가능할 수 있다.

하지만 법원은 교회 헌금에 있어서 일반헌금이든지, 교인들이 자발적으로 약정하는 특별헌금이든지 자연채무로 본다. 그러므로 장래에 교회 이전을 위한 대지 구입을 위하여 헌금 약정을 한 경우라 할지라도 자연채무에 불과하므로 법률적으로 그 지급을 강제할 수 없다고 한다.[137] 예를 들어 A교회 교인 권사 甲은 교회 건물의 노후화로 교회 이전을 위한 대지 구입을 위해 헌금을 약정했다. 그러나 교인 甲은 교회 건축을 마칠 때까지 담임목사의 일부 행위에 문제가 있다며 약정한 헌금을 내지 않기로 마음먹었다. 그러자 교회는 교인인 권사 甲을 상대로 증여로 인한 건축 약정

---

137) 서울지방법원 1993. 12. 9. 선고 93나8923 판결.

헌금 이행청구 소송을 제기하였다.

A교회 교인 甲의 헌금 약정에 대해서도 자연채무인지, 증여계약의 개념으로 보는 법률상 채무인지에 따라 달라질 수 있다. 그러나 교인의 헌금 약정은 자연채무에 불과하여 법적으로 강제할 수 없기에 이행청구가 받아들여지지 않는다. 민법에서 자연채무는 채무자가 임의로 이행하면 받을 수 있지만 이행하지 않더라도 그 이행을 강제할 수 없는 채무라고 정의한다. B씨가 약정을 이행하면 A교회가 헌금을 받을 수는 있지만 B씨가 이행하지 않더라도 A교회는 B씨에게 약속된 헌금을 강제할 수 없다.

4. 약정헌금 이행 및 헌금반환

(1) 헌금반환

교인들은 대부분 자발적으로 헌금을 하고 있다. 그런 이유로 현재까지 법원에서도 헌금을 증여계약의 일종으로 파악하고, 계약자유의 원칙하에 헌금반환을 허용하지 않고 있다. 하지만 앞으로는 법원의 판결이 얼마든지 바뀔 소지가 있다. 민법 제103조 반사회적 법률행위, 민법 제104조 불공정한 법률행위, 민법 제109조 착오에 의한 의사표시, 민법 제110조 사기·강박에 의한 의사표시의 경우에는 헌금반환 판결을 선고할 수 있는 것이다.

(2) 약정헌금 이행

원칙적으로 구두 약정만으로도 법적 구속력이 인정되는 대다수의 계약과 달리 증여는 호의관계에서 이루어지는 점 등을 감안하여 서면에 의하지 않은 증여나 망은행위 등의 경우에는 해제할 수 있도록 하고 있다. 따라서 증여계약의 일종인 약정헌금에 있어서 구두약정 헌금의 경우에는 언제든지 취소나 이행을 거절할 수 있고, 부부 중 일방에 의한 과도한 헌금(소유재산의 3분의 2 이상의 헌금, 개인이 감당할 수 없는 대출로 말미암은 헌금, 관리·보전하도록 맡겨둔 금전을 헌금하는 경우 등)을 하는 때에 헌금반환을 요구할 수 있고, 부부 중 일방이 타방 소유의 재산(특히, 타인 명의의 부동산)을 몰래 처분하여 헌납한 경우나 배우자의 인감도장이나 위임장을 위조하는 등의 방법으로 약정헌금을 하는 등 무권대리[138]에 의한 때에는 취소할 수 있다. 또한 약정

138) '무권대리'는 대리권이 전혀 없거나 대리권의 권한을 넘는 자가 대리인이라고 권하고 대리행위를 하는 것을 뜻한다.

헌금을 하면서 분명한 목적을 표시하였음에도 의사 표시한 목적대로 사용하지 아니하고, 다른 용도로 사용한 경우, 민법 제110조 사기·강박에 의한 취소와 헌금반환 및 불법행위에 따른 손해배상을 청구할 수도 있다. 일반적인 헌금일지라도 약정헌금 이행 취소 및 반환은 민법 제103조 반사회적 법률행위, 민법 제104조 불공정한 법률행위, 민법 제109조 착오에 의한 의사표시 등에 의해 무효나 취소, 반환권이 인정될 수 있다.

Ⅴ. 판례

1. 선거후보자의 헌금

(1) 사실관계

대한예수교장로회 B교회의 장로이며, J구 구청장 선거에 입후보한 甲은 선거를 앞두고, 자신이 출석하는 B교회와 교단도 다른 지역구 관내에 있는 H교회 주일예배에 참석하여 봉투에 피고인의 이름을 기재하고 감사헌금 2만 원을 함으로써 기부행위에 저촉되어 기소되었다.

(2) 판결요지

선거법 제112조 제2항 제6호는 기타 의례적이거나 직무상의 행위로서 중앙선거관리위원회 규칙으로 정하는 행위는 기부행위로 보지 않는다고 규정하고, 선거법 규칙 제50조 제3항 제2호 (아)목은 위 의례적인 행위로서 '종교인이 평소 자신이 다니는 교회 등에 통상의 예에 따라 헌금하는 행위'를 규정하고 있는바, 피고인은 평소 자신이 다니는 교회가 아닌 다른 교회, 그것도 피고인 소속의 대한예수교장로교가 아닌 성결교로서 교파도 다른 교회에 헌금한 것으로서 이는 선거법 소정의 의례적인 행위가 아니라 기부행위에 해당한다고 판시하였다.[139]

(3) 해설

선거운동의 목적으로 위와 같이 금품 등을 제공하는 경우는 물론, 비록 선거운동

---

139) 서울고등법원 1996. 4. 10. 선고 96노350 판결.

의 목적이 없다고 하더라도 선거구 안에 있는 사람이나 기관·단체·시설에 대하여 금품이나 기타 재산상 이익을 제공하거나 그 제공의 의사표시를 하거나 그 제공을 약속하는 것은 기부행위에 해당한다. 선거구 안에 사람, 기관, 단체, 시설뿐 아니라, 비록 그 선거구의 밖에 있더라도 그 선거구민과 연고가 있는 사람, 기관, 단체, 시설에 대한 기부행위도 금지된다. 국회의원, 지방의회의원, 지방자치단체의 장, 정당의 대표자, 후보자 또는 후보자가 되고자 하는 사람은 물론 그 배우자, 가족, 이들과 관계있는 회사나 법인이나 단체, 그 임직원, 그리고 정당이나 선거관계자 등도 모두 기부행위를 할 수 없다(공직선거법 제112~115조). 선거일 이후의 답례도 금지된다. 이러한 규정들은 기부행위를 가장한 매표행위를 예방하려는 의도에서 마련된 것이다. 물론 이러한 기부행위를 권유하거나 요구할 수도 없고, 기부를 받는 행위도 금지된다. 다만 공직선거법이 규정한 통상적인 정당 활동과 관련한 행위, 의례적 행위, 구호적, 자선적 행위, 직무상 행위 등은 금지된 기부행위로 보지 않는다.

따라서 교인이 평소 자신이 다니는 교회에 통상의 예에 따라 헌금을 하는 행위는 의례적 행위로서 기부행위로 보지 않는다(공직선거법 제112조 제2항 제2호 바목). 하지만 후보자가 자신의 교회에 평소 일상적으로 하던 헌금의 수준을 넘어 사회 통념상 과도한 금액의 헌금을 한 경우에는 기부행위가 될 수 있다. 더욱이 후보자 또는 후보자가 되려는 사람이 자신이 출석하는 교회가 아닌 다른 교회에 어느 정도 액수의 헌금을 하는 때에는 기부행위에 해당한다. 우리나라 공직선거법은 '누구든지 자유롭게 선거운동을 할 수 있다.'라고 하면서도 '누구든지 종교적 또는 직업적인 기관이나 단체 등의 조직 내에서의 직무상 행위를 이용하여 그 구성원에 대하여 선거운동을 하거나 하게 할 수 없다.'라는 제한 규정을 두고 있다(공직선거법 제85조). 따라서 목회자도 그 직무상 행위인 설교를 통해 특정인을 지지하거나 반대하는 선거운동을 해서는 안 된다.

2. 교인이 교회에 특정재산을 연보하는 행위

(1) 사실관계

A교회 교인이었던 망인 甲은 1954년 당시 국가로부터 임차 중이던 X토지를 A교회 건축 부지로 제공하면서 교회에 연보 또는 하나님께 바친다고 하였다. 하지만 망인 甲은 1961년 X토지를 자기 앞으로 소유권 이전 등기를 마치고도 1971년 사망시

까지 A교회로부터 수차의 소유권 이전 등기 요구에도 응하지 아니하였고, 교회 명칭 변경, 교회 운영이 자기 뜻대로 맞지 않는다며, 천주교로 개종까지 하였다. 원심은 망인 甲이 X토지에 대해서 사용권만 허용한 것일 뿐, 소유권을 허용한 것이 아니라며, 증여 유무를 가릴 사유가 되지 않는다며 확정적인 증여가 아니라고 판시하였다.[140)]

(2) 판결요지

기독교의 신도가 그가 적을 두고 있는 교회에 대하여 특정된 재산을 '연보'하였다거나 그 신앙의 대상이 되는 신인 '하나님께 바쳤다.'라고 한다면 특히 그 재산권의 사용권만을 교회에 제공하는 것이라는 명확한 표시가 없는 이상 그 재산 자체를 증여한 것이라고 보는 것이 합당하다. X토지는 국가 귀속 재산으로서 1954년 당시 이미 위 망인 甲이 국가로부터 임차 중이어서 우선 매수권이 있는 지위에 있어 장차 이를 불하받을 것으로 기대하고 있었던 까닭에 불하받아 자기 소유가 되는 것을 조건으로 하여 A교회에 적법히 증여할 수 있다. 그리고 증여에 있어 그 목적인 재산은 반드시 증여 당시 증여자의 소유임을 요하지 아니하며, 교회 부지로 제공한 후에도 장기간 원고 교회의 수차례의 소유권 이전 등기 요구를 거절하였다는 사정은 증여의 사실 유무를 가릴 사유가 되지 못하고, 증여 당시 수증자인 A교회의 명칭을 변경하지 아니할 것과 교회의 운영을 증여자의 의사에 따라서 할 것 등을 증여의 조건으로 하지 아니한 이상 교회의 명칭 변경이나 그 운영 방법 또는 증여자의 개종 등은 이미 이루어진 증여의 효력에 아무런 영향도 줄 수 없어서 이러한 사유들은 모두 위 망인 甲이 본건 X토지를 A교회에 연보한 것을 확정적인 증여의 의사표시로 볼 수 없는 사유들이라고는 할 수 없을 것임에도 불구하고, 이들 사유를 들어 확정적인 증여가 아니라고 판단한 원심판결에는 당사자 간의 법률 행위의 해석을 잘못한 위법이 있다고 판시하였다.[141)]

(3) 해설

기독교의 신도가 그가 적을 두고 있는 교회에 대하여 특정된 재산을 연보하였다거나 그 신앙의 대상이 되는 신인 '하나님께 바쳤다.'라고 한다면, 증여행위가 성립

140) 대구고등법원 1974. 9. 24. 선고 73나595 판결.
141) 대법원 1975. 7. 30. 선고 74다1844 판결.

한다. 만약 망인 甲이 A교회에 증여하면서 X토지의 사용권만을 교회에 제공한다고 한 경우에나 다른 특별한 교회 운영 요건을 명시한 부담부증여인 경우, 부담 의무 있는 상대방이 자신의 의무를 이행하지 아니한 때에는 비록 증여계약이 이미 이행되어 있다고 하더라도 증여자는 계약을 해제할 수 있다. 그런데 망인 甲이 부담부증여와 같은 명확한 표시가 없었다고 볼 때, 망인 甲은 X토지 재산 자체를 증여한 것이라고 할 수 있다.

3. 서면에 의하지 아니한 헌금증여

(1) 사실관계

A교회 최초 설립자인 장로 남편 甲과 처인 乙은 X토지에 대해서 각 2분의 1 지분으로 공유하고 있었는데, 이 토지를 A교회 건축 부지로 증여하겠다는 의사표시를 하였음에도 약속과 달리 그 소유권을 교회로 넘기지 않고 있었으나 A교회가 처인 乙의 도움을 받아 甲이 보관하고 있던 토지의 등기필증에 갈음하여 甲과 A교회 사이의 증여계약서 및 같은 취지의 교회 이사회 결의서를 작성, 제출하여 A교회 앞으로 소유권 이전 등기를 마친 사안에서, 남편 甲은 최초 증여 약정일 혹은 교회 앞으로 소유권 이전 등기가 경료된 날로부터 10년이 지난 이후에 A교회를 상대로 위 증여가 서면에 의한 것이 아니었다는 이유로 민법 제555조를 근거로 처인 乙의 증여분은 그대로 유지하면서 자신의 증여분에 대하여 사정변경을 이유로 위 증여계약을 해제하고, 이를 원인으로 甲은 X토지의 2분의 1 지분에 대한 A교회 명의의 소유권 이전 등기 말소를 청구하였다. 이에 A교회는 10년이 지나 甲의 해제권도 소멸하였고, 甲이 교회에 증여하기로 했던 점을 들어 교회 명의로의 소유권 이전 등기는 실체관계에 부합되어 유효하다고 항변하였다.

(2) 판결요지

서면에 의한 증여란 증여계약 당사자 사이에 있어서 증여자가 자기의 재산을 상대방에게 준다는 취지의 증여 의사가 문서를 통하여 확실히 알 수 있는 정도로 서면에 나타난 것을 말하는 것으로 이는 수증자에 대하여 서면으로 표시되어야 한다. 그리고 소유권 이전 등기가 등기명의인의 직접적인 처분 행위에 의한 것이거나 제삼자가 그 처분 행위에 개입된 때에는 등기절차가 적법하게 진행되어야 유효하다고 할 수 있고, 위임받은 정당한 권원에 의하지 않은 때, 증여자의 의사에 기하지 아니한 원인무효의 등기가 경료된 경우에는 증여계약의 적법한 이행이 있다고 볼 수 없어 무효의 등기이다.

이 사건은 甲이 처인 乙에게 X토지 중 甲지분의 소유권 이전에 관한 대리권 또는 재산의 관리처분권을 부여한 사실이 없고, 甲과 A교회 사이의 증여계약서 및 같은 취지의 교회 이사회 결의서를 작성, 제출하여 A교회 앞으로 소유권 이전 등기를 경료함에 있어서 위 각 서류상 甲의 무인 및 서명 부분을 사실과 달리 허위로 작성한 사실이 인정되므로 무효의 등기이다.

민법 제555조에서 말하는 서면에 의하지 아니한 증여계약의 해제는 민법 제543조 이하에서 규정한 본래 의미의 해제와는 달리 형성권의 제척기간 적용을 받지 않는 특수한 철회이다. 따라서 증여의 의사가 서면으로 표시되지 아니한 경우에는 제척기간의 적용을 받지 않으므로 10년이 경과한 이후에라도 언제든지 해제할 수 있다.[142)]

X토지를 A교회 건축 부지로 제공하면서 이를 헌금으로 제공하겠다는 의사를 표시하였더라도 약속과 달리 그 소유권을 교회로 넘기지 않고 있던 중에 증여계약을 해제하는 것은 신의성실의 원칙에 반하는 권리남용에 해당한다고 볼 수 없다. 즉 토지증여자 가운데 乙의 증여분은 그대로 유지하면서 甲이 자신의 증여분에 대하여 사정변경을 이유로 위 증여계약을 해제하는 것이 신의성실의 원칙에 반하는 권리남용에 해당한다고 볼 수 없기에 A교회는 X토지에 대한 甲의 지분 2분의 1지분에 대해서 반환해야 한다고 판시하였다.[143)]

(3) 해설

교인이 헌금 약정을 구두로 하는 것도 유효하지만, 언제든지 해제할 수 있다. 설령 구두로 헌금 약정을 하고 소유권을 교회로 넘기기 전에 증여계약을 해제하는 것이 신의성실의 원칙에 반하는 권리남용에 해당하지 않기 때문에 교회에서 헌금 약정을 이유로 약정이행 청구할 수 없다. 그러므로 헌금 약정은 반드시 증여자의 의사에 의해 직접 서면으로 작성하고, 정당한 권원 있는 사람의 날인을 받아 수증자 명의로 소유권 이전 등기 이행을 완료해야 한다. 서면에 의한 증여는 증여자가 증여계약을 해제하더라도 소유권 이전 등기의 효력에 영향을 미치지 않기 때문이다. 그리고 유

---

142) 대법원 2003. 4. 11. 선고 2003다1755 판결.
143) 대법원 2009. 9. 24. 선고 2009다37831 판결.

의할 점은 서면에 의하지 아니한 헌금 약정은 형성권의 제척기간 적용을 받지 않기 때문에 10년이 경과한 후에라도 언제든지 해제할 수 있다는 점이다.

4. 교인의 헌물 약정에 따른 이행청구

(1) 사실관계

甲은 토지에 건물을 신축하고 X부동산에 대하여 자기명의로 소유권 이전 등기를 경료하였다. 이후 목사 乙은 甲으로부터 X부동산을 증여받아 A교회당으로 사용해 왔지만, 소유권 이전 등기를 경료 받지 못하였다. 그러자 대한예수교장로회 S노회는 甲을 교사하여 X부동산에 대하여 대한예수교장로회 S노회에 증여를 원인으로 소유권 이전 등기를 경료하고, A교회에 위 증여계약을 해제한다는 의사를 표시하였다. 이에 목사 乙은 X부동산의 수증자로서 대한예수교장로회 S노회에 X부동산에 대해서 소유권 이전 등기의 말소등기 절차 이행을 구하고, 甲에게 A교회로 증여를 원인으로 한 소유권 이전 등기 절차를 이행하라고 청구하였다. 하지만 대한예수교장로회 S노회는 甲이 목사 乙이 시무하는 A교회에 X부동산을 증여한 일이 없다고 주장하였다. 목사 乙은 기독교에서 신도가 교회에 증여하는 연보는 서면으로 하는 예가 없고 주로 구두로만 하는데, 구두로 하더라도 이것은 신도가 하나님께 바친 것이므로 해제될 수 없으며, 따라서 연보에 관하여는 민법 제555조의 적용이 배제된다고 주장하였다.

(2) 판결요지

목사 乙이 개척한 A교회의 창립 예배 시 내빈으로 왔던 소외 목사 丙이 등단하여 甲이 원고 A교회를 건축하여 하나님께 바쳤다고 말한 사실과 X부동산이 A교회의 예배 장소로 사용되어 온 사실이 인정되므로, 甲이 X부동산을 목사 乙이 개척한 A교회에 증여한 것이 사실이라고 할 수 있다. 하지만 甲의 X부동산에 대한 증여계약은 서면에 의하지 아니하였고, X부동산에 관한 소유권 이전 등기 절차를 경료해 주지 않고 있다가 목사 乙에게 위 증여계약을 해제한다는 의사표시를 하고, 위 의사표시가 그 무렵 목사 乙에게 도달한 사실이 인정되고 달리 반증이 없으므로, 위 증여계약은 위 해제로 인하여 소급하여 소멸하였다고 할 것이므로 적법하게 해제되었다고 판시하였다.[144]

144) 서울고등법원 1981. 3. 31. 선고 80나4577 판결.

(3) 해설

증여자의 의사에 기하지 않은 증여와 증여 의사가 서면으로 표시되지 않은 때에는 증여자는 증여가 서면으로 표시되지 않았음을 이유로 언제든지 증여계약을 해제할 수 있다. 구두로 증여계약을 하고, 증인이 있다고 할지라도 서면에 의하지 아니한 증여계약 상태에서 비록 건물이 예배 장소로 사용되어왔다고 할지라도 증여계약을 해제한다는 의사표시를 하였다면 위 증여계약은 적법하게 해제된다. 그리고 민법 제555조에서 증여로 인한 계약 해제는 형성권의 제척기간이 적용되지 않으므로 채권의 소멸시효인 10년은 의미가 없다. 언제든지 증여계약은 시효와 상관없이 해제할 수 있다. 따라서 서면이나 정당한 권원, 절차에 따르지 아니한 경우에는 교회에 증여한 교인이 소유권 반환청구소송을 제기한다면 돌려주어야 한다.

5. 목사 기망으로 인한 증여 취소

(1) 사실관계

신도 甲은 자기가 거주하던 소유 부동산인 X지상 건물과 Y토지에 대해 A교회에 소유권을 넘겨줌으로 재산을 증여(헌납)하였다. 신도 甲이 자신의 재산인 소유 부동산을 A교회에 증여하게 된 것은 A교회 담임목사인 乙의 기망에 의한 것이었다. 신도 甲은 자신의 증여가 A교회 목사 乙의 기망에 의한 증여였다며 증여 의사표시를 취소하고 원상회복을 구하는 소송을 제기하였다.

(2) 판결요지

교회 재산이 교인들의 총유라고 할지라도 교회에 재산을 증여한 자가 사기에 인한 증여의 의사표시를 취소함으로써 그 원상회복을 구하는 때에는 수증자인 A교회나 그 교인의 처분 행위를 별도로 필요로 하는 것이 아니라 할 것이므로, 교인들의 총회 결의 여부는 아무런 영향이 없다고 판시하였다.[145]

145) 대법원 1980. 4. 8. 선고 79다1814 판결.

6. 불교 신자가 토지를 교회 건축 부지로 증여

(1) 사실관계

독실한 불교 신자였던 甲은 자신의 소유였던 X토지를 A교회 건축 부지로 증여하였고, A교회는 X토지에 교회 건물을 건축하였다. 당시 서울에 거주했던 甲은 6.25 직전에 부락에 찾아왔을 때, X토시를 교회 건축 부지로 기증해 줄 것을 권유하였더니 甲이 선뜻 승낙하고 즉석에서 자필로 기증한다는 내용의 문서를 작성 서명날인하고 증인이 입회인으로 날인하여 토지를 인도받아 10평가량의 가건물을 신축하고 예배를 시행해왔는데, 6.25 전쟁으로 교회 건물과 함께 기증문서도 소실되었다. 그 후 甲은 서울에서 거주하는 도중에 사망하였다.

(2) 판결요지

망인 甲이 서울로부터 판시 부락을 방문한 사실이 있다고 하더라도 독실한 불교 신자인 甲이 이건 X토지를 급작히 교회 건축 부지로 기증할 것을 단 한 번 권유받고, 그 처리 여부에 관해 고려해 보지 않은 채 즉석에서 이를 승낙하고 증여서류까지 작성 날인 해주었다는 것은(특별한 사정 없는 한 위 망인이 인장을 지참하였다는 것도 얼핏 납득하기 어렵다) 특별한 사정 없는 한 우리의 경험칙상 이례(異例)에 속한다고 할 것이고, 또 증여 증서까지 받으면서 권리 보존의 절차를 취하지 않고 이건 제소시까지 판시와 같이 사용하여 왔다는 것도 또한 수긍이 가지 않는다 할 것이고, 증인들의 증언 역시 A교회 교인들이고, 수긍하기 어려운 위 사실을 들어서 안다고 하는 전문 증언에 불과하니 위 증언만으로는 A교회가 이 사건 X토지를 소외 망인 甲으로부터 증여받은 것이라고 선뜻 단정할 수 없다고 판시하였다.[146)]

7. 증여계약 위반 손해배상

(1) 사실관계

원고 甲은 X임야에 대해 乙과 증여계약을 체결하였다. X임야는 乙과 피고 丙이 모친으로부터 상속분에 따라 공동 상속한 재산이었는데, 乙은 丙을 대리할 의사를

146) 대법원 1984. 2. 14. 선고 83다카1938(본소), 1939(반소) 판결.

표시하였고, 피고 丙이 증여계약서와 인감증명서를 甲에게 교부하는 방법으로 이를 추인하므로, 증여계약 효력이 발생하였다. 이 증여계약은 甲이 지정하거나 설립하는 추모교회 또는 A교회가 소속된 종교유지재단에 X임야 중 일부를 증여하기로 하는 제삼자를 위한 계약으로서 A교회와 증여계약을 체결하고 증여계약의 수익자를 A교회로 정하였다. 그러나 피고 丙은 이후 임의로 X임야 중 피고 소유 지분에 대해 제삼자에게 소유권 이전 등기를 경료하였다.

(2) 판결요지

원고 甲은 이 사건 증여계약의 당사자로서 낙약자인 피고 丙에 대하여 수익자인 A교회에 이 사건 임야 중 피고 丙 소유 지분에 관한 소유권 이전 등기 절차를 이행하도록 청구할 수 있는 권리가 있었는데, 피고 丙이 그 소유 지분에 관하여 제삼자에게 소유권 이전 등기를 마침으로써 원고 甲의 권리에 대응하는 피고 丙의 소유권 이전 등기 절차 이행 의무가 불가능하게 되었으므로, 피고 丙은 원고 甲에게 이행불능이 된 시점을 기준으로 피고 소유 지분의시가 상당액을 배상할 의무가 있다고 판시하였다.[147)]

8. 교회 약정헌금에 대한 상속세 부과

(1) 사실관계

甲은 1994년 초순경 특별헌금의 형태로 A교회에 2억 원을 헌금하기로 한 후, 1995년 4월 9일 이를 확약하는 의미에서 기독교식 작정(약정) 헌금의 형태로 교회 회계장부에 등재까지 마쳤다. 하지만 부동산 매각이 이루어지지 않는 바람에 실제 헌금이 이루어지지 아니한 상태에서 甲이 1995년 4월 23일 사망하자, 상속인인 원고들은 1995년 6월 7일 공증을 받은 확인서로써 2억 원 출연 의사를 다시 확인하고 A교회에서도 이를 승낙하였으며, 이에 1996년 1월 19일 상속 재산인 X토지를 매각하고, 1996년 2월 23일 작정 헌금 2억 원을 A교회에 납부하였다. 그런데 해당 관청에서 1998년 5월 11일 앞서 공제액으로 인정한 소외 교회 헌금 부분 2억 원이 실제 출연되지 않았다는 이유로 공제 부인하는 등으로 원고들에게 각자가 받은 재산의 점유 비율에 따른 상속세 8,300만 원을 부과 고지하였다.

---

147) 대법원 2012. 8. 30. 선고 2012다41441 판결.

상속인들은 망인 甲이 1995년 4월 9일 특별헌금을 확약하는 의미에서 작정의 형태로 교회 회계장부에 등재함으로써 출연이 이루어졌다고 할 것일 뿐만 아니라, 상속인들이 상속개시 후 6월 이내인 1995년 6월 7일 공증 받은 확약서로써 출연 의사를 다시 한번 확인한 바 있고, 1996년 상속 재산 매각대금으로 실제로 교회에 작정헌금을 납부하였으며, 상속인들이 고의나 과실 없이 출연 재원을 마련할 수 없는 정당한 사유가 있었으므로 위 출여금 2억 원은 상속 재산 가액에 산입하지 않아야 할 것임에도 불구하고 이를 산입하여 상속세를 부과한 처분은 위법하다고 주장하였다.

(2) 판결요지

출연이라 함은 기부 및 증여를 포함하는 것으로 증여는 무상으로 재산을 상대방에게 수여하는 의사를 표시하고 상대방이 이를 승낙함으로써 그 효력이 발생하는 낙성계약이라 할 것이므로, 상속 재산 가액에 산입 되지 아니하는 공익사업에의 출연은 해당 재산의 현실적 출연의 이행을 전제로 하고 있지 않다고 할 것이다. 상속인인 원고들은 상속개시를 안 날부터 6월 이내인 1995년 6월 7일 문서로써 A교회에 2억 원을 헌금하겠다는 확정적인 의사표시를 하여 A교회가 이를 승낙하였으므로 위 날짜에 위 돈을 증여하여 출연하였다 할 것이고, 이 사건 상속세를 추가 고지하기 이전에 A교회에 2억 원을 현실적으로 지급하여 그 출연의 이행까지 마쳤으므로, 상속 재산 가액에 산입 되어서는 아니 될 공익사업에의 위 금액 상당의 재산 출연이 있다고 보아야 함에도 이를 산입하지 아니한 이 사건 부과처분은 위법하다. 따라서 피상속인이 생전에 교회에 2억 원을 증여하기로 약정하고 사망하자 상속인들이 피상속인의 위 약정상 의무이행으로서 2억 원을 지급한 사안에서, 위 지급 금액은 공익사업에 출연된 재산으로서 구 상속세법 제8조의2 제1항[148]에 따라 상속세 과세가액에 산입하지 않아야 한다고 판시하였다.[149]

(3) 해설

상속인들이 1995년 6월 7일 A교회에 출연의 의사표시를 하고 1996년 2월 23일 2억 원을 A교회에 납부하였다. 상속세 신고기한은 상속개시를 안 날로부터 6개월

---

148) 구 상속세법 제8조의2 제1항
대통령이 정하는 바에 의하여 운영되는 종교사업·자선사업·학술사업 기타 공익사업에 출연한 재산의 가액은 상속세과세가액에 산입하지 아니한다.

149) 대법원 2001. 6. 29. 선고 2000두4156 판결.

이내에 하도록 되어 있다. 상속인들은 피상속인 사망일인 1995년 4월 23일로부터 10개월이나 지난 1996년 2월 23일 출연의 이행이 이루어졌으므로, 상속세 과세가액에 산입하지 않아야 한다. 또한 상속인들이 법령상 또는 행정상의 정당한 사유로 인하여 그 출연의 이행이 지연되었기 때문에 상속인들의 공익사업 출연으로 상속세 과세가액에 산입하지 않아야 한다.

법원은 피상속인 甲이 생전에 특별헌금의 형태로 A교회에 2억 원을 작정(증여) 헌금하기로 하고 그 사망시까지는 현실적인 출연이 되지 않았지만, 피상속인 甲의 권리 의무를 포괄 승계한 상속인들이 상속세 신고기한을 도과하긴 하였으나 1996년 2월 23일 2억 원을 A교회에 납부함으로서 그 이행을 하였으므로, 구상속세법 제8조의2 제1항에 의해서 상속세 과세가액 불산입 대상이 된다고 판결한 것이다.

Ⅵ. 교회를 향한 제언

1. 헌금의 집행

(1) 교회 분쟁의 원인

근래 들어 교회 재산의 사유화나 교회 재정의 사유화는 한국교회 분쟁의 가장 큰 요인이 되고 있다. 특히 교회 담임목사 세습은 교회 재산의 사유화나 교회 재정의 사유화의 한 단면을 보여주는 것이라고 할 수 있다. 교회 재정은 투명성, 명확성, 공개성 원칙에 맞게 집행되어야 한다. 대부분 한국교회의 교회 재정은 사회단체보다도 더 투명하게 관리되고 있지만, 일부 교회는 목회자 개인에 의해서 독단적으로 관리·운영되거나 소수 사람에 의해서 불투명하고 무질서하게 사용되고 있어 문제가 발생하고 있다. 현재 한국교회는 교회 재정의 불투명한 관리 및 운영 등으로 인해 교인들에게 교회 재정에 대한 불신이 팽배해져 있어서 헌금설교를 하거나 가르치는 일조차 부담으로 여겨지고 있다.

(2) 헌금 집행의 방법

1) 교회 재산 및 재정의 집행원칙

교회 재산은 교인 모두의 것으로 특정인이 소유권을 주장할 수 없고, 교회 재정은 교회 사명과 목적을 이루기 위한 수단으로 하나님께서 우리에게 맡겨주신 것이므로 하나님의 뜻을 따라 사용되어야 한다. 오늘날 한국교회가 세상 사람들로부터 비판의 대상이 되고, 교인들에까지 신뢰를 얻지 못하고 공감을 얻지 못하는 이유 중 하나가 불투명한 교회 재정의 집행에 있음을 부인할 수 없다. 교회는 재정에 관해 대내·외적으로 가장 투명하고 깨끗해야 함에도 교회의 본질과 교인들의 의사에 반하여 사용되는 경우가 있다. 교회 재정의 수입과 지출은 교회 구성원들인 교인들이 순복할 수 있을 정도로 투명하게 집행되고(투명성), 숨김없이 진실한 실체를 그대로 공개(공개성)해야 한다. 투명성은 교회 재정은 모든 진행 절차가 투명해야 하고, 회계장부나 영수증 등이 투명해야 함을 의미한다. 또한 교회 재산 및 교회 재정의 모집과 집행은 교회정관에 정해진 규정대로 각 의결기관의 합리적인 의결과 절차(합법성)에 따라 집행되어야 하며, 편중되지 않으면서 목적에 따라 적재적소에 균등(균등성)하게 집행되어야 한다.

2) 성경에 근거한 집행

헌금을 사용하고 집행하는 일은 아주 중요한 일이다. 헌금은 성경에 근거해서 사용되어야 하는데, 성경에 근거해서 사용되어야 한다는 것은 하나님의 뜻에 맞게 사용해야 한다는 것을 의미한다. 칼빈은 교회 재산은 교회법을 제정하여 교회 수입을 성직자, 빈민, 교회건물 보수, 타지방과 본 지방의 가난한 사람들을 위해 네 몫으로 나누도록 하였다.[150] 교회 재정은 목회자 생활비, 교회 건축과 보수 및 유지, 인류 구원과 복음 전파, 이웃 구제와 사회공헌을 위해 적절히 분배되어 집행되어야 한다. 작은 교회는 목회자 생활비에 편중되는 경향이 있고, 오래된 교회는 교회를 건축하는 일에 너무 과도하게 헌금이 사용되고 있다. 한국교회는 선교비 지출을 많이 하면 자랑거리가 되고, 목회자가 생활비를 아주 적게 받거나 아예 받지 않으면 칭송을 듣는데, 이러한 사고방식은 아주 잘못된 행태가 아닐 수 없다. 교회 재정은 성경에 근거하여 어느 한쪽에 과도하게 편중됨이 없이 적절히 분배하여 교회 규모에 맞게 집행해야 한다.

3) 교회정관에 의한 집행

교회 재정이나 재산이 사유화가 되지 않도록 교회정관에 관심을 가져야 하고, 교

150) 존 칼빈, 「한영기독교강요」 제4권, 기독성민출판사, 1993, 136~137면.

회정관에 미비된 부분이 있다면 보완하여 개정해야 한다. 다른 교회의 정관을 참고하여 출석하는 교회 규모에 맞는 정관을 만들어야 한다. 판례는 교회 분쟁이 발생하면 일차적으로 교회정관에 따라 판단하기 때문에 교회정관은 정말 중요하다. 교회정관은 소수 몇몇 사람들에 의해 남용되거나 악용되지 않도록 담임목사나 당회에 너무 전권을 주거나 위임조항을 두어서는 안 된다. 교회정관에 교회의 재산에 관한 내용은 가능한 공동의회에서 설정하도록 하여 소수에 의한 사유화나 남용을 제한하는 장치를 규정해야 한다.

4) 절차와 질서에 따른 집행

하나님은 질서의 하나님이시다. 교회 재정은 교회정관에 근거하여 의결단계를 거치는 등 절차와 질서에 따라서 집행되어야 한다. 전권을 주고 위임해 주었다고 해서 자유롭게 사용해도 된다는 것을 의미하지 않는다. 공동의회 의결, 당회의 지도와 감독, 제직회의 집행 등이 분립하고 독립된 기관에서의 적절한 절차를 거쳐서 관리되고 집행되어야 한다. 교회의 모든 재산과 재정은 하나님의 소유이다. 그리고 하나님이 정직하신 것처럼, 교회도 정직해야 하고, 헌금을 관리하고 집행하는 사람도 정직해야 한다는 것은 당연하다. 헌금 수입과 지출은 성경에 근거해야 하고, 정관의 규정에 따라서 적절한 절차와 질서에 따라서 꼭 필요한 일을 위해 사용해야 한다.

(3) 관리 · 감독과 감사

가견 교회(可見敎會)는 완전하지 않으며, 재정을 운영하는 청지기들도 온전하지 않다. 언제든지 실수를 할 수 있는 존재이며 진실을 벗어나는 유혹에 직면하게 된다. 적절한 감독과 감사는 잘못된 문제들을 사전에 차단하고 예방하는 효과가 있다. 교인들의 적극적인 참여, 공동의회, 당회, 제직회 교회 재정 관련 각 기관 상호 간의 견제, 독립이 보장되고 중립적인 기관에 의한 감사가 적절히 이루어져야 한다. 감독이나 감사는 상호 간의 불신이나 견제와 통제를 목적으로 하지 않으며, 사전 예방을 주된 목적으로 한다. 문제가 발생한 이후에는 궁극적으로 온전한 회복이 불가능하게 되고, 교회에 상처만 남게 되기 때문이다.

1) 관리 · 감독

교회, 노회, 교단은 상호 의지하고 견제하는 유기적(有機的)인 조직체와 같으나 종속적(從屬的)인 관계는 아니다. 교회, 노회, 총회는 법을 가지고 결속하면서 상호 관리·감독 기능을 한다. 각 지교회 내에도 여러 기관이 존재하고, 각 기관은 각자의 기능을 수행하며 상호 교류 및 소통하면서 교인들의 신앙과 삶, 그리고 교회의 성장을 도모해 간다. 당회장은 절대적 권위자가 아니고, 장로회 정치라고 하여 당회가 절대적 권한이 있는 것도 아니며, 그렇다고 만사를 공동의회에서 모두 결정하고 해결해 가는 것만이 가장 합리적이며 민주적 원리라고 할 수 없다. 당회장, 당회, 공동의회가 상호 적절한 관리·감독과 견제가 이루어져야 하고, 상호 적절한 관리·감독과 견제가 이루어지므로 교회 재정의 사유화, 독단적인 집행을 방지할 수 있게 되는 것이다.

2) 감사 기능의 회복

현대교회는 교회 재정에 대한 감사(監事) 기능이 강조되고 있다. 교회 재정은 사람이 관리하고 운영하기 때문에 실수나 오류가 발생할 수 있는데, 이러한 실수나 오류를 교정하여 재발을 방지하며, 오남용으로 인한 과오를 바로잡는 기능을 하는 것이 감사이다. 감사 기능의 최우선은 불법·부당하고 불투명한 재정집행을 사전 예방하는 것에 있음은 당연하다. 회계오류 발생을 예방하는 기능을 하며 잘못된 교회 재정집행에 대한 오류를 수정하여 재발을 방지하는 기능을 한다. 감사내용은 보고서와 영수증을 확인하는 수준의 형식적(形式的)이고 요식적(要式的)인 감사가 아니라, 장부 등 업무 및 제도개선에 이르는 실질적인 감사가 이루어져야 한다. 감사는 매년 말에 실시되는 일회성 감사가 아니라, 업무에 방해가 되지 않는 한에서 구체적이고 실질적인 감사가 수시로 이루어져야 한다. 그리고 교회 재정 감사는 회계상 오류나 과오, 시정사항, 개선 방향 등과 함께 감사 결과는 반드시 당회와 공동의회에 보고해야 한다. 그리고 감사위원(監事委員)은 담임목사와 독립적이고, 회계전문가이어야 하며 객관적으로 감사할 수 있는 사람이어야 한다.

(4) 통일된 회계 기준

국가 기관, 복지시설, 일반 사기업 등에서는 통일된 회계 기준이 마련되어 있다. 통일된 회계 기준이 마련되어 있으면 능률적(能率的)인 면에서 우월하며 재정담당자가 바뀌어도 업무의 연속성(連續性) 측면에서도 전혀 어려움이 없다. 하지만 교회 재정은 통일된 회계 기준이나 표준 양식이 만들어져 있지 않은 까닭에 교회 재정이 교단, 교회, 기관마다 회계 기준이나 운영방식이 다를 수밖에 없는 것이다. 장부 기재,

회계 내역, 지출결의 방법 등의 표준 서식이 없고, 각 종교기관이나 교회마다 다른 기준에 의해서 하는 까닭에 교회 재정 처리 방법이 달라진다. 지교회에서는 교회 재정 세칙 등을 정하고 재정보고서 등과 같은 양식표준을 작성하여 각 기관마다 통일된 회계방식을 따라 수입·지출 내용을 장부에 기록하고 집행하도록 해야 한다.

(5) 교회 재산관리

비품 대장이나 재산관리 대장을 마련하고, 연도별, 분기별 조사가 이루어져야 한다. 그리고 모든 장부는 가능한 교회에 보관하여 최소한 영수증은 5년, 교회 재정 관련 서류는 10년, 교회 재산이나 장부, 목회·교회 업무 및 행사 등의 기록물은 영구히 보존해야 한다. 교회 재산의 관리는 당회에서 하고, 재정집행은 제직회에서 하며, 교회 재산의 처분권은 오직 공동의회에 있다. 당회나 제직회는 교회 재산에 대한 처분 권한이 없다. 당회는 교회 재산과 비품을 보존하는 것 외에도 교회 재산의 목록, 비품 대장을 확인하고 관리하여야 한다. 제직회의 재정집행은 당회와 공동의회 의결 사항만 집행할 수 있을 뿐이고, 다만 일반적인 재정지출은 제직회 의결로도 집행할 수 있다.

2. 헌금과 교회법 개정

일반적인 교회 헌금이나 약정헌금은 증여자의 의사에 기한 헌금일 것, 증여 의사가 서면으로 표시되는 헌금일 것, 법적 구속력이 증여채무에 해당하는 헌금일 것 등 증여의 요건을 갖추고 증여에 하자가 없어야 한다. 그리고 약정헌금은 민법 제555조 서면에 의하지 아니한 증여로 인한 계약에 해당하므로, 채권소멸 시효 10년이 적용되지 않는다는 점에 유의해야 한다.151)

일부 목회자들이 교회 헌금이나 약정헌금으로 인해 발생하는 소송분쟁을 대비하여 교단 헌법이나 교회정관을 개정할 필요가 있다고 주장하지만, 헌금의 원리가 성도들의 자발적인 의사에 있다는 것을 알아야 한다. 헌금은 성도들의 하나님의 은혜에 대한 감사의 표현이다. 헌금은 성도가 받은 은혜에 감사해서 자발적으로 하나님께 드리는 것으로 교회가 이를 절대로 강요해서는 안 된다. 강요에 의한 헌금, 임직자에게 배분되는 할당식의 헌금, 감정적인 약정헌금은 성경적 헌금의 원리라고 할 수 없다. 그리고 약정헌금 이행 여부는 개인의 신앙의 문제이며 결코 교회정관이나

151) 대법원 2003. 4. 11. 선고 2003다1755 판결.

교단 헌법에 규정하거나 소송으로 해결해야 하는 문제가 될 수 없다.

교회 헌금으로 인한 법적 소송이 잦은 이유는 교단 헌법이나 교회정관의 흠이나 미비한 요인 때문이 아니라, 비성경적인 헌금 강요와 투명하지 못한 교회 재정의 운영, 교회 재산에 대한 소수 몇 사람의 사유화, 교회 재정의 편법 및 탈법적인 운영 때문이다. 만약 헌금으로 인해 발생하는 분쟁을 이유로 교단 헌법이나 교회정관을 바꾸려고 한다면, 소송에 대비한 정관개정이 아닌 하나님께 소유권이 있는 교회 헌금에 대한 남용이나 악용을 방지하고, 총유 재산인 교회 재정의 공동 관리를 맡고 있는 교인이 공감할 수 있는 공정하고 투명한 절차에 따른 헌금 운영 및 집행 방법에 그 주안점을 두어야 할 것이다.

Ⅶ. 결론

1. 교단 헌법과 교회정관

교회 재산권은 지교회에 있다. 교회 재산의 보존·처분·사용은 교회 구성원인 교인들에게 있음은 물론이다. 교단의 탈퇴 예방, 교회 재산권 소유로 인한 분쟁을 방지하겠다는 취지로 교회 재산에 대해서 과거 교단 헌법에 노회 재산이나 유지재단으로 한다고 규정하였지만, 이는 교회 재산권에 대해 아무런 권리가 없는 교단이나 노회가 지교회의 독립성을 지나치게 훼손하고 지나치게 간섭하고 소유권 행사를 하겠다는 의도에 불과하다. 법인 아닌 사단인 교회의 재산에 대한 처분에 관하여 교회정관이나 기타 규약에 정함이 없다고 할지라도 교회가 속한 노회인 대한예수교장로회 교단 헌법이 교인총회인 공동의회의 재산처분에 관한 결의를 대신할 수 없다.[152] 교회 재산의 관리·보존 및 처분의 권한은 교단 우선이 아니라 지교회가 우선이고, 교회 구성원인 교인의 의사가 우선되어야 한다.

법원은 교회 재산에 대해서 제1차적으로 교회정관에 따라 관리·보존 및 처분을 인정하고 있고, 교회정관이 없으면 교인들의 총의인 공동의회의 결의에 의하여야 한다고 한다. 교회는 교회 재산에 대해서 교회 명의로 등기를 하고, 교회정관에 재산권, 즉 재산의 관리·보존 및 처분에 대해서 명확하고 구체적으로 규정해야 한다. 교

---

152) 대법원 1973. 8. 21. 선고 73다442, 443 판결.

회 재산을 이유로 분쟁이 발생하더라도 교회정관에 구체적이고 명확하게 규정되어 있다면, 교회 재산권 분쟁이 발생해도 별다른 문제가 되지 않는다.

교회 재산권을 교회정관에 규정하면서 교회 재산의 처분권(處分權)을 당회에 위임하는 규정을 두어서는 안 된다. 그러면 교회에 분쟁이 발생하는 경우, 교인들의 총의(總意)와 다르게 당회가 일방적으로 결정하여 교회 재산을 처분할 수도 있기 때문이다. 만약 교인총회인 공동의회의 의결로 교회정관에 교회 재산권 처분에 대해서 당회에 위임한다는 규정을 허락했다면, 당회가 임의로 교회 재산을 처분할지라도 이의를 제기할 수 없게 되며, 법원도 인정하고 있다.

2. 교회 재정과 계약

고전4:1-2「[1] 사람이 마땅히 우리를 그리스도의 일꾼이요 하나님의 비밀을 맡은 자로 여길지어다 [2] 그리고 맡은 자들에게 구할 것은 충성이니라」

교회 재정은 수납보다 관리·집행이 매우 중요하다. 교회 재정의 위임자(委任者)는 하나님이시고, 수탁자(受託者)[153]는 교회 담임목사와 청지기인 재정 관리자들이다. 교회 재산은 성도들의 증여에 의하거나 교회의 매입에 의한 부동산과 성도들의 헌금으로 이루어지는데, 교회 재정은 주로 성도들의 헌금수납, 관리, 집행과 관련된 사항이다. 교회 재정은 3단계에 이르는 계약관계에 의해서 운영한다. 하나님과 교회와의 계약관계, 하나님과 재정 관리자와의 계약관계, 교회와 재정 관리자와의 계약관계에 의한다. 교회 재정 3단계 계약관계에서 당사자 사이에 중요한 원칙은 상호간의 사명과 신뢰에 있다.

3. 교회 재정 집행의 7원칙

(1) 명확성(명료성)

교회 재정의 명료성(明瞭性)은 소유, 보존, 관리, 처분에 관한 사항에 있어서 선명하고 분명해야 함을 말한다. 첫째, 교회 재정은 소유와 권리가 명확해야 한다. 교인

153) 수탁자(trustee)는 관리자(administrator)로서 위탁자(consignor)로부터 재산권의 이전 기타 처분을 받아 특정의 목적에 따라 그 재산의 관리 또는 처분을 하는 자를 말한다(신탁법 제1조).

과 재정 관리자는 교회 재정에 관한 권리가 있으며 의무와 책임도 있다. 교인은 교회 재정에 대한 성경적 의무와 책임을 다해야 함은 당연하다. 교인은 교회 재정이 풍부할 때 권리뿐만 아니라, 궁핍한 경우에도 교인으로서 의무와 책임을 할 수 있어야 한다. 그런데 교회 재정에 대한 권리만 주장하고, 의무와 책임을 다하지 않는 것은 직무 유기에 해당한다. 재정 관리자는 청지기로서 관리자임을 명확히 할 필요가 있다. 재정 관리자는 교회 재정의 주인이 아니라, 교회의 주인 되시는 하나님으로부터 교회 재정을 위임받은 선한 관리자로서 책임을 다해야 한다. 따라서 교회 재정의 모든 소유와 권리는 하나님께 있으며, 재정 관리자는 교회 재정의 소유와 권리를 가지신 하나님의 뜻에 따라 선한 집행자가 되어야 한다.

둘째, 교회 재정의 예·결산 내용과 집행이 명확해야 한다. 헌금은 사용처가 명확하고 헌금 사용 의도가 뚜렷해야 하며 동기와 목적이 정당해야 한다. 명확하지 않은 불명확한 헌금은 교인들을 설득할 수 없다. 교회 재정은 하나님께 소유와 권리가 있지만, 교인들의 자발적인 헌금으로 이루어졌으므로 교인들이 충분히 공감할 수 있도록 합리적이어야 한다.

(2) 투명성

하나님이 진실하시니 교회도 진실해야 한다(신32:4). 교회 재정의 투명성(透明性)은 재정을 감추거나 속이지 않고 실체를 있는 그대로 투명하게 보여주는 진실성(truthfulness)을 의미한다. 교회 재정은 소수에 의해 사용되거나 독단적 또는 비밀리에 집행되어서는 안 되며, 수입과 지출이 투명해야 한다. 한국교회 재정의 스캔들은 대부분 교회 재정의 밀실에서 결정되고 집행되기 때문에 발생한다. 교회 재정은 한 푼이라도 허비되지 않아야 하고, 정확히 어디에 무슨 용도로 얼마만큼 사용되고 있는지 알 수 있도록 투명해야 한다. 또한 교회 재정 자체가 투명해야 하고, 교회 재정을 위임 맡은 담임목사나 재정 관리자들이 하나님 앞에서와 교인들 앞에서 정직해야 하고 깨끗해야 한다.

(3) 합법성

교회 재정의 합법성(合法性)은 교회 재정의 집행이 적법해야 한다는 것을 말한다. 특히 교회 재정은 성경에 적법하게 운영되어야 하고, 교단 헌법이나 교회정관에 어긋나지 않아야 하며, 다수 교인이 동의할 수 있는 의사결정에 따라 집행이 이루어져야 한다. 무엇보다 교회 재정의 수입과 지출 등 예·결산의 근거는 성경, 교단 헌법, 교회정관에 근거해야 한다.

(4) 정당성

교회 재정 절차의 정당성(正當性)은 예산의 확보와 집행, 그리고 결산의 과정이 정당한 절차를 거쳐서 의결되고 집행해야 한다는 것을 말한다. 모든 일에는 질서와 순서가 있는데, 이를 절차(節次)라고 한다. 요즘 한국교회의 목회자들이 재정에 있어서 법적으로 곤란을 겪는 이유는 전례나 관습의 방식에서 벗어나지 못하고, 재정집행의 절차를 지키지 못한 경우가 많다. 교회 재정의 수입이나 지출에 있어서 절차와 순서가 지켜져야 나중에 발생하는 분쟁에 대처할 수 있게 된다. 교회 재정에 있어서 예결위원회(豫決委員會)의 예산 계획과 결산이 이루어져야 하고, 교인총회인 공동의회의 의결이 이루어져야 하며, 제직회의 집행과 당회장에 대한 수시 보고와 감사기관에 의한 정확한 감사 기능 등 절차적 정당성이 확보되어야 한다.

(5) 공개성

교회 재정의 공개성(公開性)은 재정이 적법한 방식이나 회의를 통해서 공지되어야 한다는 것이다. 교회 재정은 예·결산의 과정과 내용 등이 공시(公示, disclosure)되어 소속교인 누구나 알 수 있어야 한다. 교회 구성원인 교인의 요구와 교회 소속 기관의 요구에 교회 재정의 공개는 허용되어야 한다. 하지만 교회 재정은 개인 보호 차원에서 일정한 한도 내에서 이루어져야 하며, 부분적으로 제한될 수 있다. 교회정관에 교회 재정공개에 대한 일정한 규정을 정해야 하고, 합법적인 절차에 의한 교회 재정공개 요구이어야 하고, 교인 개인의 인격이나 프라이버시(사생활·개인정보, privacy)가 침해당하는 것이 아니라면, 당회장이나 당회 또는 재정 관리자는 당연히 응해야 한다. 그리고 교회 재정이 대내외에 공개된다면, 그것은 어디까지나 자발적인 공개가 이루어지는 것이 원칙이고, 국가 공기관에 의해 이루어지는 강제적인 공개는 옳지 못하다. 현재 일부 가톨릭 재단이나 일부 교회에서는 이미 재정을 대내외적으로 공개하고 있다.

(6) 균등성

교회 재정의 중요한 원칙은 편성이나 집행에 있어서 균등에 있다(고후8:13−14).

교회 재정의 균등성(均等性)은 어느 한쪽으로 더하거나 덜함이 없이 모든 당사자에게 균등한 기회가 주어져야 한다는 것이다. 교회 재정은 신분, 직분, 기관에 상관없이 모두에게 혜택이 균등하게 배분되도록 해야 한다. 하나님은 3년차 십일조는 성전이 아닌 성읍 안에 모아 두고 고아와 과부와 가난한 나그네 등을 위해 구제하도록 하였고(신14:28－29), 초대교회도 예루살렘의 어려움을 돕기 위해서 고린도 교회나 아가야 교회가 적극적으로 참여하였다(고후9:2). 교회 재정은 있는 사람이 부족한 사람이나 없는 사람을 보충(補充)해 주는 공동체적 의미가 있다.

(7) 공평성

교회 재정의 배분(配分)은 어느 한쪽에 편중되거나 집중되는 집행이 되어서는 안 되고, 공평한 집행이 이루어져야 한다. 교회 재정 규모에서 목회자 생활비, 선교비, 건축비 등에 너무 과도한 교회 재정의 편중은 옳지 못하다. 단기적이거나 일시적인 특정한 건축헌금, 선교헌금, 구제비 등이 아닌, 일반적인 교회 재정집행의 비율은 정해진 바가 없다. 교회가 속한 지역, 교회의 형편, 교회의 비전이나 목회자의 목회방침에 따라 다르지만, 교회 재정의 공평성(公平性)은 생활비, 행정, 교육, 구제, 선교, 전도 등에 공평한 비율에 따라 배분·집행되어야 한다는 것을 의미한다.

제4절 ‖ 교회 부동산

Ⅰ. 교회 부동산 매매

1. 부동산

부동산(不動産)은 토지에 계속하여 부착 또는 고착된 것으로, 토지, 건축물, 수목과 같은 정착물 등을 말한다(민법 제99조).154) 토지는 일정한 범위의 지표면으로, 토지의 소유권은 정당한 이익이 있는 범위 내에서 그 지면의 상하에 미친다(민법 제212조). 가령 암석, 토사, 지하수 등은 토지의 구성 부분으로 토지의 소유권이 미친다. 토지는 연속되어 있으나 인위적으로 그 지표에 선을 그어 구별하며, 각 구역은 지적공부인 토지대장(土地臺帳)이나 임야대장(林野臺帳)에 등록하여 지번(地番)을 부여받으면 독립성이 인정된다(측량·수로조사 및 지적에 관한 법률 제2조). 토지의 개수는 필(筆)로 따지고, 분필이나 합필도 가능하다(부동산등기법 제37조, 제38조). 건물은 토지와는 별개의 독립한 부동산으로 건물등기부(建物登記簿)를 통해 공시한다(부동산등기법 제14조, 제15조). 입목은 토지에서 분리하면 동산이지만, 그렇지 않으면 토지 일부분으로 본다. 그러나 입목등기를 한 수목은 토지와 별개의 독립한 부동산으로 본다(입목에 관한 법률 제2조). 농작물은 토지 일부이지만, 토지임차권(土地賃借權)과 같이 정당한 권원(權原)에 따라 타인의 토지에서 경작·재배한 농작물은 토지와 별개의 물건으로 다루어진다. 또 벼와 같이 수확 기간이 짧은 농작물은 아무 권원 없이 심지어 위법하게 타인의 토지에서 농작물을 경작·재배하였더라도 농작물이 성숙하여 독립한 물건의 모습을 하고 있으면 경작자(耕作者)에게 소유권이 있다.155)

2. 부동산 매매 계약시 주의할 점

(1) 당사자 확인

1) 매도인과 매수인 확인

부동산 매매시 매도인과 매수인이 누구인가를 확인해야 한다. 부동산인 토지나

---

154) 민법 제99조(부동산, 동산)
① 토지 및 그 정착물은 부동산이다.
② 부동산 이외의 물건은 동산이다.

155) 대법원 1979. 8. 28. 선고 79다784 판결.

건물을 팔려는 사람을 매도인이라고 하고, 돈을 주고 토지나 건물을 사려는 사람을 매수인이라 한다. 계약서상 당사자와 실제 계약자의 일치 여부와 매매 목적물이 매도인의 소유인지 신분증을 확인하여야 한다. 만약 매도인과 소유자가 다를 경우에 무권대리(無勸代理)의 문제나 담보책임(擔保責任)의 문제가 발생하여 매수인은 소유권을 취득하지 못하게 되는 경우가 발생할 수 있다.

2) 소유자를 확인

대개 매도인은 매매의 목적물인 토지나 건물의 소유권을 가지고 있지만, 매도인과 소유자가 다른 경우가 있을 수가 있다. 따라서 토지와 건물의 법원 등기소에서 부동산 등기부등본(登記簿謄本)을 열람하여 매매의 목적물인 토지나 건물의 등기명의인과 매도인 일치 여부를 확인해야 한다. 부동산 등기부등본은 계약할 때, 중도금 지급, 잔금 지급할 때마다 확인해야 한다.

3) 법률상 정당한 대리권 확인

부동산 매매계약 시 대리인(代理人)과 계약하는 경우, 대리권 진위를 확인해야 한다. 정당하게 대리권이 수여되었는지 위임장(委任狀)의 유무에 의해 확인하게 되는데, 주민등록증을 확인하고, 위임장에 인감증명서가 첨부되어 있어야 확실하다.

(2) 목적물 확인

매매하려는 부동산의 토지나 건물에 대해서 직접 등기부 사항 전부에 대한 증명서를 발급받고, 반드시 현장을 방문하여 확인해야 한다. 매매하려고 하는 부동산에 다른 사람에게 저당권(抵當權)이 설정된 물건인지, 가압류(假押留) 상태는 아닌지 살펴보아야 한다. 또한 묘지 유무, 타인의 유실수 나무나 조경, 기타 시설물 등이 있는지 확인해야 한다. 등기부상의 소유자를 실제 소유자로 추정하지만, 증명서가 위조 또는 변조된 것일 수 있는 까닭에 반드시 직접 발급받아야 한다.

1) 확인 서류

토지 거래의 경우에는 토지대장, 지적도, 등기사항 전부에 관한 증명서 등 필요한 공부를 발급·열람한다. 목적물이 건축물인 경우, 등기부등본, 건축물 관리대장, 토지대장, 토지이용계획확인원, 지적도 등을 발급·열람해야 한다. 매매하고자 하는 부동산에서 건축하고자 하는 건축물의 허가 가능 여부, 사용하고자 하는 용도 가능 여부 등을 확인해야 한다. 현장을 방문하여 등기부등본과 가옥대장 간의 상이점, 지적도면상 가옥의 소재 및 위치 등을 확인해야 한다.

2) 위치, 경계, 주위 환경 상태

목적물이 토지인 경우, 급·배수, 사용 용도 등을 확인하고, 건물인 경우, 일조, 통풍, 냉·난방시설, 건축물 구조 및 자재, 건물의 하자 유무에 관해 확인해야 한다.

(3) 부동산의 권리 제한 및 하자 확인

1) 공법상의 제한

토지는 이용에 있어서 제한 여부를 확인해야 한다. 구청 또는 군청에서 공법상의 법률들인 토지수용법, 도시재개발법, 건축법, 국토의계획및이용에관한법률, 도로법, 하천법 등을 확인하여 도시계획, 개발제한구역, 토지거래허가구역, 형질변경 여부 등 토지이용의 제한 여부를 확인해야 한다. 건물은 무허가 건축물인지, 건축법상 위반된 건물에 해당하는지에 대해서도 확인해야 한다.

2) 사법상의 제한

법원 등기소에서 토지나 건물의 등기부등본(登記簿謄本)을 열람하여 권리등기(權利登記)가 있는 목적물인지를 확인하고, 만약 가등기, 가압류, 저당권, 근저당권, 전세권, 임차권, 경매신청 등 권리의 등기가 있다면 말소등기(抹消登記)를 해야 한다. 단시일 내에 권리자가 수명씩 바뀌는 등 권리변동 관계가 빈번하고 복잡한 것, 매수 직전에 비로소 소유권 보존등기(保存登記)가 되거나 기타 상속등기(相續登記)나 회복등기(回復登記)가 된 것은 일단 의심하여야 한다.

매수할 토지에 임차권자(賃借權者)나 지상권자(地上權者)가 그 토지 위에 건물을 건축하고, 이미 소유권 보존등기를 마쳤을 경우, 그 토지를 매수하더라도 건물소유자를 퇴거시킬 권리가 없게 된다. 그리고 건물을 매수하는 경우, 그 건물 안에 또 다른 세입자(貰入者)가 있을 때는 그 보증금까지 반환하여 주어야 할 의무가 있으므로 주의해야 한다.

(4) 소유권 등기

법률적으로 매수인(買受人)이 잔금을 주는 것과 매도인(賣渡人)이 등기서류를 넘겨주는 것은 동시에 이루어지는 것이 원칙이다(동시이행항변권).[156] 부동산거래는 계약 이후 중도금 및 잔금 지급시에도 반드시 부동산등기를 확인해야 하며, 만일 당사자 사이에 잔금과 등기서류 이전에 대해 합의가 이루어졌다고 하더라도 잔금을 지급하였다면, 계약이 완료되는 대로 미루지 말고, 신속히 소유권 등기를 마쳐야 한다. 부동산 대금 지급과 소유권 등기 이전에 매도인의 이중매매(二重賣買)나 채권자에 의한 가압류(假押留) 등이 이루어질 수 있기 때문이다.

(5) 부동산거래 신고 및 세금납부

부동산의 소유권 이전을 내용으로 하는 계약을 체결한 때에 잔금 지급일로부터 30일 이내에 소유권 이전 등기를 신청해야 한다(부동산 거래신고 등에 관한 법률 제3조 제1항).[157] 그리고 부동산거래 신고를 하지 않으면 500만 원 이하의 과태료가 부과되며, 부동산 거래질서를 심각하게 해치는 허위계약 신고는 3,000만 원 이하의 과태료가 부과된다(제28조 제1-2항).

부동산 거래 후 60일 이내에 매수인은 지방세인 취득세(지방교육세, 농어촌특별세(취득세 감면시 감면액이 20%))를 납부해야 하고, 납부 의무를 미이행할 경우에는 가산세가 부과된다. 매도인은 부동산에 대한 권리를 양도함으로 인해 발생하는 이익에 대해 양도소득세(취득세, 중개료, 수리비용 등 필요경비는 공제)를 납부해야 한다.

3. 매매계약서의 작성요령

(1) 계약서 작성의 의미

부동산계약서는 부동산 매매계약을 체결하고 매도인과 매수인 간에 이를 증명하

---

156) 부동산 매매에서 중도금 지급 청구권은 동시이행항변권의 대상이 되지 아니하지만, 매수인이 중도금 지급을 이행지체하고 있는 상태에서 잔금 지급 기일을 넘기고도 잔금 또한 이행 지체할 경우에 매도인의 중도금 지급 청구권은 잔금 지급 기일 이후에는 등기이전청구권, 매매목적물 인도 청구권과 동시 이행상태가 된다.

157) **부동산거래신고 등에 관한 법률 제3조(부동산 거래의 신고)**

① 거래당사자는 다음 각 호의 어느 하나에 해당하는 계약을 체결한 경우 그 실제 거래가격 등 대통령령으로 정하는 사항을 거래계약의 체결일부터 30일 이내에 그 권리의 대상인 부동산등(권리에 관한 계약의 경우에는 그 권리의 대상인 부동산을 말한다)의 소재지를 관할하는 시장(구가 설치되지 아니한 시의 시장 및 특별자치시장과 특별자치도 행정시의 시장을 말한다)·군수 또는 구청장(이하 "신고관청"이라 한다)에게 공동으로 신고하여야 한다. 다만, 거래당사자 중 일방이 국가, 지방자치단체, 대통령령으로 정하는 자의 경우(이하 "국가등"이라 한다)에는 국가등이 신고를 하여야 한다.

기 위해 사용하는 문서를 말한다. 매매계약은 매수인의 신청과 매도인의 승낙이 있으면 단순히 구두(口頭) 약속으로도 의사 합치만 이루어지면 계약이 성립하지만, 나중에 약속한 내용이 불분명한 경우에 분쟁 발생을 방지하고 대비하기 위하여 서면(書面)으로 작성하여 증거를 남긴다는 의미가 있다.

(2) 계약서의 형식

일반적으로는 시중에서 판매하는 인쇄된 계약서 용지나 부동산 중개업자가 준비하고 있는 부동산매매 계약서 용지를 사용하면 된다. 부동산매매 계약서 용지가 아니더라도 가계약, 각서, 약정서, 등의 표제를 사용할지라도 계약내용이 기재되어 있다면 정식계약이 성립되는 것이므로, 형식보다 내용이 명확해야 할 필요가 있다.

(3) 계약서 내용

1) 등기부 등본상 목적물과 토지 대장상의 목적물 표시

부동산의 표시(表示)는 등기부상의 기재대로 하지만, 실제 면적이 다르다면 실제 면적을 기재해야 한다. 부동산의 가격은 ㎡당 또는 평당 얼마로 할 것이며, 총금액이 얼마인지도 기재해야 한다.

2) 매도인, 매수인의 당사자 성명, 주소, 주민등록번호 표시

3) 매매대금(계약금, 중도금, 잔금)의 액과 그 지불 방법 및 시기

중도금과 잔금을 지급하기 전에 등기부등본을 재확인하여 계약 후 중요한 권리변동이 있는지 확인해야 한다. 잔금 기일이 장기(長期)인 경우에 중도금이나 잔금 지급 시기, 소유권 이전 시기에 부동산을 담보로 대출하는 사기(詐欺)가 발생하기도 하기 때문이다.

4) 목적물의 명도 시기

부동산은 이전 등기(登記)를 해야만 소유권이 매수인에게 이전하게 된다. 일반적으로 잔금을 주는 날짜에 이전 등기에 필요한 서류와 잔금을 맞바꾸고, 소유권 이전 등기를 접수하게 된다.

5) 특약사항(특별히 약속한 사항, 조건 등을 명확히 기재)

부동산 소유권 이전 및 매매 물건이 멸실, 훼손 등 매도인의 책임 사항, 매매계약 이후 잔금 지급일 이전에 저당권(抵當權) 등이 설정되었을 경우 해약하거나 위약금(違約金)으로 문제가 발생할 경우, 배상 사항 등 특약사항(特約事項)을 명시해 공증(公證)을 받아 두는 것이 좋다. 건물에 부속된 설비는 철거에 비용이 들어가므로, 권리를 이전하기 전에 건물에 부속된 설비에 관한 권리관계도 기재한다. 부동산이 저당권이 설정되어 있다면 그 저당권으로 담보된 채권을 언제까지 변제(辨濟)할 것인지를 분명히 기재해야 한다.

(4) 계약서 보관

매매계약서를 작성한 후에 이상이 없으면 기명·날인하고, 매수인은 통상적으로 부동산계약은 매매대금의 통상 10%에 해당하는 계약금을 매도인에게 건네주고 영수증을 받고, 매매계약서를 매도인, 매수인, 입회인이 각 1부씩 보관한다.

Ⅱ. 교회 예배당 매매

1. 교회매매가 아닌 교회당 매매

교회(church)는 헬라어로 '에클레시아'(ἐκκλησία)인데, 그 뜻은 '부름을 받은 사람들의 모임', '회중'을 의미한다(행19:32,39–40). 교회는 하나님이 아들 예수 그리스도 안에서 성령에 의해서 이루어진 그리스도인의 공동체를 말한다. 그러나 요즘 사람들은 교회를 교인들이 모여 하나님을 예배하는 집회 장소, 건물의 개념으로 생각하는 경향이 있다.

교회는 매매의 대상이 될 수 없는 인격적인 것으로, 교회매매가 아닌 예배당 공간인 교회(예배)당 매매이다. 사회나 대중들은 교회당 매매행위를 개인이 사고파는 사적인 부동산 개념으로 치부하는 부정적인 경향이 있다. 하지만 교회당 매매는 교회간 합병, 부득불 부흥이나 재정적인 문제로 이전을 위해 매매할 수밖에 없는 때도 있고, 교회당을 신축하여 이전하는 목적으로 기존 교회당을 매매하거나 새로운 토지나 건물을 매입하기 위해 기존 건물을 매매하는 경우도 발생한다. 따라서 교회당 매매가 아닌 교회당 양도라고 칭할 것을 제안한다.

2. 교회당을 매매할 때 주의할 점

(1) 교회정관이나 규약 및 처분권 확인

교회 재산은 총유물(總有物)에 해당하기 때문에 교회 재산처분은 교회정관에 규정되어 있으면 교회정관 규정대로 하고, 교회정관에 아무런 규정이 없으면 총회 결의에 의해서만 가능하다(민법 제276조 제1항).[158] 따라서 교회정관이 규정하고 있는 처분 권한을 확인해야 한다.

(2) 교인총회의 처분에 대한 동의 여부를 확인

교회 재산은 총유(總有)에 해당한다. 당회, 제직회 의결로는 처분 권한이 없으며, 교인들의 총회인 공동의회 결의로만 가능하기에 반드시 공동의회 결의를 확인해야 한다. 당회는 교회 재산에 관해 사용 및 관리권만 있으며 처분권은 없다. 따라서 공동의회에서 교회 재산에 대한 처분에 대한 동의 여부를 확인해야 한다.

(3) 회의록을 확인

교회 재산처분은 반드시 교회정관에서 규정하고 있는 바대로 결정해야 한다. 그러나 교회정관에 별도의 규정을 두고 있지 않는다면 교인 과반수의 출석과 출석 교인의 의결권의 과반수로써 한다는 민법 규정은 법인 아닌 사단인 교회에 대하여도 유추 적용한다(민법 제75조 제1항).[159] 결의정족수 요건이나 결의 절차 등의 준수 여부 등에 관해서 회의록을 확인해야 한다. 매매계약 시 공동의회 결의서 사본을 첨부해야 한다.

(4) 교회 대표자 확인

교회 재산은 반드시 교회 대표자인 담임목사(擔任牧師)와 체결해야 한다. 종교단체의 대표자가 아닌 자는 종교단체 소유의 재산을 이전해 줄 수 있는 대표권이 없기

---

158) 민법 제276조(총유물의 관리, 처분과 사용, 수익)
① 총유물의 관리 및 처분은 사원총회의 결의에 의한다.
② 각 사원은 정관 기타의 규약에 좇아 총유물을 사용, 수익할 수 있다.

159) 민법 제75조(총회의 결의방법)
① 총회의 결의는 본법 또는 정관에 다른 규정이 없으면 사원 과반수의 출석과 출석사원의 결의권의 과반수로써 한다.

때문이다. 또한 대표자에 의해 소집되지 아니하고, 교인들이 교회 대표자가 아닌 제삼자를 선정하여 재산 이전 절차를 진행하는 것도 인정되지 않는다.[160)]

Ⅲ. 판례

1. 매매계약금 일부만 지급받은 상태에서 계약 해지

(1) 사실관계

甲은 乙로부터 X건물을 11억 원에 매매하기로 계약을 하였다. 계약과 동시에 당일 계약금 1억 1천만 원 중에 1천만 원을 지급하고, 다음날 나머지 1억 원을 은행계좌로 송금하기로 약정하였다. 그러나 乙은 다음날 공인중개사에게 이 사건 매매계약을 해제하겠다고 통보하고 피고의 은행 계좌를 해지하여 폐쇄하였다. 甲은 이러한 사실을 모른 채 같은 날 피고의 은행 계좌에 나머지 계약금 1억 원을 송금하려 하였으나 위와 같은 계좌 폐쇄로 송금에 실패하자, 1억 원을 자기앞수표 1장으로 발행하여 공인중개사 사무소를 방문하였는데, 공인중개사로부터 乙이 이 사건 매매계약을 해제하려고 乙의 은행 계좌를 폐쇄하였다는 사실을 전해 들었다. 甲은 乙이 나머지 계약금 1억 원의 수령을 거절한다는 이유로 乙을 피공탁자로 하여 서울동부지방법원에 1억 원을 공탁하였다. 이에 乙은 甲을 피공탁자로 하여 2천만 원을 공탁하고, 같은 날 甲에게 '매도인은 여러 가지 사정상 매수인으로부터 수령한 계약금 1천만 원의 배액인 2천만 원을 매수인에게 공탁하고 이 사건 계약을 해지한다.'라는 내용의 해약 통고서를 보냈다.

(2) 판결요지

매매계약이 일단 성립한 후에는 당사자의 일방이 이를 임의대로 해제할 수 없는 것이 원칙이다. 다만 주된 계약과 더불어 계약금 계약을 한 경우에는 민법 제565조 제1항[161)]의 규정에 따라 계약금의 배액을 지불하고 해제를 할 수 있기는 하지만, 당

160) 대법원 1992. 3. 10. 선고 91다25208 판결.
161) 민법 제565조(해약금)
① 매매의 당사자 일방이 계약 당시에 금전 기타 물건을 계약금, 보증금 등의 명목으로 상대방에

사자가 계약금 일부만을 먼저 지급하고 잔액은 나중에 지급하기로 약정하거나 계약금 전부를 나중에 지급하기로 약정한 경우, 교부자가 계약금의 잔금 또는 전부를 지급하지 아니하는 한 계약금 계약은 성립하지 아니하므로 당사자가 임의로 주 계약을 해제할 수는 없다.[162)]

매도인 乙이 계약금 일부인 1천만 원만 받았으므로, 받은 금원의 배액인 2천만 원을 상환하고 매매계약을 해제할 수 있다고 주장한 사안에서 실제 받은 계약금의 배액만을 상환하여 매매계약을 해제할 수 있다면, 이는 당사자가 일정한 금액을 계약금으로 정한 의사에 반하게 될 뿐 아니라, 받은 금원이 소액일 경우에는 사실상 계약을 자유로이 해제할 수 있어 계약의 구속력이 약화하는 결과가 되어 부당하기에 계약금 일부만 지급된 경우, 수령자가 매매계약을 해제할 수 있다고 하더라도 해약금의 기준이 되는 금원은 실제 받은 계약금 1천만 원이 아니라 약정 계약금 1억 1천만 원이라고 봄이 타당하므로, 매도인 乙이 계약금 일부로 받은 금원의 배액 2천만 원을 상환하는 것으로는 매매계약을 해제할 수 없다.[163)]

(3) 해설

당사자 일방이 이행에 착수할 때까지 매도인은 계약금의 배액을 배상하고, 매수인은 계약금을 포기하고 이 계약을 해제할 수 있다(민법 제565조). 매도인 또는 매수인은 계약상의 채무불이행 상태일 때, 계약당사자 일방은 채무를 불이행한 상대방에 대하여 서면으로 이행을 최고하고(민법 제564조),[164)] 이를 이행하지 않았을 경우 계약을 해제할 수 있다. 이 경우 매도인과 매수인은 각각 상대방에 대하여 손해배상을 청구할 수 있다. 매도인 乙은 매수인 甲에게 계약금 1억 1천만 원의 배액인 2억 2천만 원을 배상해야 계약을 해제할 수 있다. 그러나 매수인 甲이 매도인 乙부터 2억 2천만 원을 배상받기 전에 중도금을 지급한다면 이행의 착수로 보고 계약이 확정적인 것이 되어 매도인 乙은 더 이상 계약을 해제할 수 없게 된다.

게 교부한 때에는 당사자 간에 다른 약정이 없는 한 당사자의 일방이 이행에 착수할 때까지 교부자는 이를 포기하고 수령자는 그 배액을 상환하여 매매계약을 해제할 수 있다.

162) 대법원 2008. 3. 13. 선고 2007다73611 판결.

163) 대법원 2015. 4. 23. 선고 2014다231378 판결.

164) 민법 제564조(매매의 일방예약)

① 매매의 일방예약은 상대방이 매매를 완결할 의사를 표시하는 때에 매매의 효력이 생긴다.

② 전항의 의사표시의 기간을 정하지 아니한 때에는 예약자는 상당한 기간을 정하여 매매완결 여부의 확답을 상대방에게 최고 할 수 있다.

2. 생활대책용지로 받은 종교용지의 위치변경에 따른 법률관계

(1) 사실관계

서울 은평구 소재 A교회는 도시 재정비촉진사업의 사업시행자인 S공사로부터 재정비촉진사업에 따른 생활 대책 일환으로 재정비촉진지구 내 종교용지 7번을 공급받았다. 이후 A교회는 교회교육관을 신축하기 위하여 재정비촉신지구 내 종교용지 14번 토지에 관한 매수인들의 지위를 승계·매수하는 방식으로, S공사와 사이에 종교용지 매매계약을 체결하고 그 계약금을 피고에게 지급하였다. 그러나 매매계약 체결 직후에 매매 목적물인 14번 토지에 종교시설 설치를 반대하는 인근 주민들과 초등학교 학부모들의 민원이 제기되자, A교회는 S공사에게 매매 목적물을 종교용지 7번 인근으로 변경하여 달라고 요청하였다. 하지만 S공사는 이를 거부하고, 여러 차례에 걸쳐 잔금 지급 독촉 및 계약해제 예고를 통지하였음에도 A교회에서 대금 지급을 미루는 와중에 매매계약에 따른 최고기간이 경과하자 S공사는 A교회에 매매계약을 해제한다고 통지하였다.

(2) 판결요지

A교회의 매매 목적물 변경 요청 과정에서 S공사는 지속적으로 이 사건 매매계약에 따른 잔금 지급을 독촉하였을 뿐, S공사가 그 잔금 지급을 유예하겠다는 의사표시를 한 적이 없고, 이 사건 매매계약이 S공사가 사경제 주체로 행한 사법상 계약임을 고려할 때, 위와 같은 S공사의 A교회에 대한 잔금 지급 독촉은 이 사건 매매계약에 따라 선이행 의무를 이행하라는 권리행사로 볼 수 있다. 반면, 매매 목적물에 관하여 대체할 부지를 신설하거나 그 용도변경 가능 여부를 타진하는 등 S공사가 진행한 일부 절차들은 민원 발생에 따른 관계 행정기관의 협조 요청과 원고의 요구를 감안한 시혜적 조치로서 이 사건 매매 계약상 권리·의무에 변경을 가져 올 만한 정황이 된다고 볼 수 없으며, A교회가 이 사건 매매계약에 따라 잔금을 지급한다고 하여 A교회의 법적인 지위에 불안이 초래된다고 단정할 수도 없는 점 등을 종합하여 법리에 비추어 볼 때, A교회에 대하여 이 사건 매매계약에 따른 잔금 지급 의무의 지체를 이유로 한 S공사의 계약 해제는 적법하고, 이러한 S공사의 해제로 이 사건 매매계약이 해소된 것을 두고 채무불이행인 이행거절이라고 볼 수는 없다고 판시하였다.[165)]

---

165) 대법원 2015. 2. 12. 선고 2014다22722 판결.

3. 교회 재산 보존행위를 위한 제직회의 결의

(1) 사실관계

대한예수교장로회 K노회 소속의 A교회는 교인들의 총회에 해당하는 공동의회 결의 없이 제직회의 결의로 담임목사 甲에게 모든 권한을 위임하고 교회 재산 보존을 위한 소유권 보전 등기 청구 소송을 제기하기로 하였다. A교회 정관에는 교회 재산의 관리, 처분에 관한 결의가 어느 기관의 권한인지를 명시하지 아니하였고, 다만 제15조에 '본 교회 제반 재산상 관계는 회의 결의로 매수 또는 처분할 수 있다.'라고만 규정되어 있다.

(2) 판결요지

총유물의 보존에 있어서는 공유물의 보존에 관한 민법 제265조[166]의 규정이 적용될 수 없고, 특별한 사정 없는 한 민법 제276조 제1항[167] 소정의 사원총회의 결의를 거쳐야 하고, 이는 대표자의 정함이 있는 비법인사단인 교회가 그 총유 재산에 대한 보존행위로서 대표자의 이름으로 소송행위를 하는 경우라 할지라도 정관에 달리 규정하고 있다는 등의 특별한 사정없는 한 그대로 적용된다. A교회 정관에 당회는 교회 전반의 정책과 방침을 결정하여 영적 발전을 위한 토의, 권징과 치리, 성례의 시행과 이명 접수 및 발송, 임명, 사면의 심의, 헌금의 방침과 시기의 결정, 각 부서를 지도하며, 교회 신령상 또는 행정상의 제반사를 연구, 경정, 시행한다고 정해져 있다. 제직회는 당회를 협력하여 교회 봉사의 제반사를 의결하여 시행하고, 공동회의는 기능적 법으로 제출된 사건처리와 교회예산과 결산을 의결 통과한다고 규정하고 있을 뿐, 교회 재산의 관리, 처분에 관한 결의가 어느 기관의 권한인지를 명시하지 아니하였고, 규약 제4장에 재산 및 비품 처리 제15조에 '본 교회 제반 재산상 관계는 회의 결의에 의하여 매수 또는 처분할 수 있다.'라고 규정되어 있다. 제15조 소정의 회의 결의는 제직회의 결의가 아니라, 교인들의 총회에 해당하는 공동회의의 결의를 의미한다고 볼 것이므로, 교인들의 총회에 해당하는 공동회의 결의 없이 제

166) 민법 제265조(공유물의 관리, 보존)
공유물의 관리에 관한 사항은 공유자의 지분의 과반수로써 결정한다. 그러나 보존행위는 각자가 할 수 있다.

167) 민법 제276조(총유물의 관리, 처분과 사용, 수익)
① 총유물의 관리 및 처분은 사원총회의 결의에 의한다.

직회의 결의만으로 교회 대표자가 교회 재산 보존을 위해 제기한 소유권 보전 등기 청구의 소를 부적법하다고 판시하였다.[168)]

(3) 해설

교회 제직회의 결의로 소송을 적법하게 제기할 수 있으려면, A교회의 정관에 그에 관한 특별한 규정이 있어야 한다. 예를 들어 교회정관에 '제직회의 결의로 소송을 할 수 있다.'라는 특별한 규정이 있으면 제직회의 결의만으로 적법하게 소송을 제기할 수 있다. 하지만 A교회의 정관에는 교회 재산의 관리, 처분에 관한 결의가 어느 기관의 권한인지를 명시하지 않았고, 다만 '회의 결의에 의하여 매수 또는 처분할 수 있다.'라고만 규정하고 있다. 교회정관에 명시되어 있는 회의 결의는 공동의회를 의미한다. 교회의 정관에 교회 재산 관리 · 처분에 관한 특별한 규정이 없다면, 민법 제276조 적용하여 교인총회(공동의회)의 결의를 거쳐야 한다.

4. 총회 결의 없이 교회 부동산 소유권 이전 등기

(1) 사실관계

A교회 교인총회에서 교회 대지 처분에 대한 결의가 없었는데도 피고인 甲은 교회 재산 처분을 5인 위원회에 위임한다는 내용의 A교회의 정관과 A교회 대지 매각을 결의한 내용의 교회 정기회의록을 위조한 다음, 적법한 대리권이 없음에도 A교회 대표자인 담임목사 乙의 대리인 자격을 모용(冒用)하여 A교회 대지에 관한 매매계약을 체결하고서 위와 같이 위조한 서류 등을 등기소에 제출하여 소유권 이전 등기를 경료해 주었다.

(2) 판결요지

기독교 단체인 교회의 재산은 특별한 사정없는 한 그 교회 소속 교인들의 총유에 속하므로, 그 재산의 처분에 있어서는 그 교회의 정관 기타 규약에 의하거나 그것이 없는 경우에는 그 교회 소속 교인들의 총회의 결의에 따라야 하는 것인 바,[169)] 교인들 총회의 결의가 없었음에도 있는 것과 같이 관계 서류를 모용하여 경료한 소유권

---

168) 대법원 1994. 10. 25. 선고 94다28437 판결.
169) 대법원 1980. 12. 9. 선고 80다2045, 2046 판결.

이전 등기는 원인무효의 등기이다.[170)]

(3) 해설

자격모용(資格冒用)은 정당한 대리권 또는 대표권이 없는 자가 마치 대리권이나 대표권이 있는 것처럼 가장해 문서를 작성하는 행위를 말한다. 우리 형법은 공문서이든 사문서이든지 자격을 모용하여 문서를 작성하는 때에 처벌하고 있다(형법 제226조,[171)] 형법 제232조[172)]). 총회 결의 없이 서류를 모용하여 교회 부동산 소유권 이전 등기를 하였다면 무효행위에 해당한다.

170) 대법원 1986. 6. 10. 선고 86도777 판결.

171) 형법 제226조(자격모용에 의한 공문서 등의 작성)
행사할 목적으로 공무원 또는 공무소의 자격을 모용하여 문서 또는 도화를 작성한 자는 10년 이하의 징역에 처한다.

172) 형법 제232조(자격모용에 의한 사문서의 작성)
행사할 목적으로 타인의 자격을 모용하여 권리 · 의무 또는 사실증명에 관한 문서 또는 도화를 작성한 자는 5년 이하의 징역 또는 1천만원 이하의 벌금에 처한다.

제5절 ‖ 교회 재산 관련 제도

Ⅰ. 금융실명제

1. 금융실명제 의의

금융실명제(金融實名制)는 김영삼 대통령의 대표적인 업적 중에 하나라고 할 수 있다. 금융실명제는 1993년 8월 12일 김영삼 대통령이 긴급재정경제명령(緊急財政經濟命令) 제16호 '금융실명거래 및 비밀보장에 관한 긴급재정경제명령'을 발동하였고, 8월 19일 국회의 승인을 받았다. 대통령의 긴급명령 발동으로 시행된 금융실명제의 주요 골자는 첫째, 모든 금융기관과 거래를 할 때, 가명이나 무기명에 의한 거래는 금지되고 반드시 실명을 사용해야 하며, 금융기관에서는 실명을 확인하도록 의무화하도록 하였다. 둘째, 현재 금융기관에 계좌가 개설되어 있는 금융실명자는 금융실명제 실시 이후 최초로 금융거래를 할 때, 그 명의가 실명인지 여부를 확인받도록 하였다(긴급명령 제3조). 셋째, 긴급명령 시행일로부터 2개월 이내에 실명으로 전환하도록 실명전환 의무기간을 설정하였다(긴급명령 제5조). 넷째, 실명전환 의무기간 경과 후에 실명으로 전환하는 자에 대하여는 과징금을 부과하도록 하였다(긴급명령 제7조). 다섯째, 고액 현금을 인출하는 때에 국세청에 통보하도록 하여 대량 현금인출 사태를 방지하도록 하였다(긴급명령 제10조). 여섯째, 긴급명령의 실효성을 보장하기 위하여 긴급명령의 규정과 다른 법률의 규정이 서로 상치되는 경우, 긴급명령을 따르도록 함으로써 다른 법률의 배제를 명문화하였다(긴급명령 제15조 제2항).

금융실명제는 1997년 12월 31일 '금융실명거래 및 비밀보장에 관한 법률'이라는 대체 입법안으로 공포되었다. 금융실명제는 금융거래의 정상화와 합리적 과세 기반을 마련하기 위하여 도입한 제도로, 금융기관과 거래를 할 때는 허무인(虛無人) 명의로 해서는 안 되고, 반드시 당사자 실지명의(實地名義, 실명)[173]로 거래해야 하고(금융실명법 제3조 제1항), 그 비밀을 보장하기 위한 제도이다(금융실명법 제1조). 금융실명제는 금융거래의 정상화를 기하여 경제정의를 실현하고 국민경제의 건전한 발전, 금융거래의 투명성을 확보하려는데 있다. 금융거래할 때 반드시 신분증이 있어야 계

173) '실지명의'는 주민등록표상의 명의, 사업자등록증상의 명의, 그 밖에 대통령령으로 정하는 명의를 말한다(금융실명제법 제2조 제4호).

좌를 개설할 수가 있다.

2. 금융실명제의 시행 목적

우리나라는 예금을 장려하는 차원에서 1961년 '예금·적금 등의 비밀보장에 관한 법률'을 제정하여 예금주가 익명(匿名)이나 차명(借名) 또는 가명(假名)으로 계좌를 개설하여 금융거래를 할 수 있도록 허용하였다. 이 제도는 예금의 실소유자나 고액재산가 등이 재산세 등 세금을 회피하는 수단으로 악용하게 되었고, 잘못된 금융 관행인 가명·무기명 금융거래를 묵인함으로써 음성·불로소득의 돈이 지하로 흘러 들어가 지하경제(Underground Economy)가 번창하였다. 또한 부동산 투기로 인한 부동산 가격은 폭등하였고, 국민 간에 부익부 빈익빈 현상이 커지므로 소득불균형 문제가 대두되었다. 그리고 차명계좌(借名計座)는 정·재계인들의 비자금 조성, 뇌물 및 불법 정치자금, 몸값을 요구하는 납치, 유괴 등 범죄가 증가하는 등 국가 전반에 걸쳐서 경제적·사회적으로 심각한 악영향을 가져왔다.

금융실명제법은 실지명의(實地名義)에 의한 금융거래 시행으로 금융자산에 대한 종합과세가 가능하게 함으로써 조세의 형평성(衡平性) 제고 및 사회의 부정부패와 부조리를 방지하고, 그 비밀을 보장하여 금융거래의 정상화를 꾀함으로써 경제정의를 실현하여 국민경제의 건전한 발전을 도모하는 것을 목적으로 하였다(금융실명제법 제1조). 하지만 우리나라 금융실명제는 경제정의(經濟正義)의 실현보다 금융거래의 투명성(透明性)을 통한 금융거래의 정상화에 주된 목적이 있었다.

3. 금융실명제 효과

금융실명제 시행으로 일부 자산가들이 재산을 해외로 도피·은닉하는 등 단기간에 걸쳐서 금융시장에 혼란이 초래되었지만, 국민의 적극적인 지지로 얼마 지나지 않아 금융실명제가 안정적으로 정착하게 되었다. 금융실명제는 정경유착이나 정치자금 비리가 감소하게 되었고, 탈세가 줄어들고 지하경제(Underground Economy)는 축소되었다. 또한 금융소득에 대한 파악이 용이해져 불공정한 과세 개선효과와 재정·금융정책의 효율성이 증대되었으며, 글로벌 시장경제에서 한국경제 이미지 제고에 긍정적인 요소로 작용하였다. 그리고 무엇보다도 금융거래가 다 드러나기 때문에 금융 범죄가 많이 감소하게 되었다. 하지만 금융실명제법은 위반했을 경우, 처벌 규정이 미미(微微)해 여전히 차명계좌로 범죄나 편법적인 상속이나 증여에 이용되는 경우가 많다.

4. 금융실명법 위반 처벌

금융실명제가 시행된 후에도 차명계좌(借名計座)를 만든 사람이나 명의를 빌려준 사람이 처벌받지 않았다. 하지만 현재는 2015년 11월 29일 법 조항이 강화되어 불법적인 차명거래에 대한 처벌 규정이 마련되면서 금융거래에서 차명계좌를 만든 사람이나 명의를 빌려준 사람 모두 처벌받게 되었다. 금융실명제법을 위반한 사람은 5년 이하의 징역 또는 5천만 원 이하의 벌금에 처해 진다(금융실명법 제6조). 불법 재산의 은닉, 자금세탁 행위, 공중협박 자금조달 행위 및 강제집행 면탈, 그 밖의 탈법 행위를 목적으로 하는 차명거래를 예상하고도 명의를 빌려줬다면 명의 대여자도 형사처벌을 받게 된다.

5. 헌법재판소 헌법소원 심판

우리 헌법은 국민의 기본권제한은 반드시 법률로써 해야 하는 것을 원칙으로 하고 있으나(헌법 제37조 제2항), 예외적으로 긴급명령권(緊急命令權) 등의 요건, 즉 긴급성(緊急性)을 충족한 때에 법률이 아닌 긴급명령 등으로 국민의 기본권을 제한할 수 있도록 하고 있다(헌법 제76조 제1항).[174] 그런데 김영삼 대통령의 금융실명제 조치가 긴급명령권의 요건 중 긴급성을 갖추지 않았음에도 법률이 아닌 긴급재정경제명령을 발동했다는 주장이 제기되었다. 즉 긴급재정경제명령(緊急財政經濟命令)을 발동하여 금융실명제를 시행한 것은 헌법 제76조 제1항에 규정한 긴급성 요건을 갖추지 못하였고, 국민의 기본권을 제한하는 것으로 볼 수 있다며 헌법소원 심판을 청구한 것이다.

긴급재정경제명령은 대통령의 통치 수단이다. 그런데 대통령의 통치 수단이 헌법소원 심판의 대상이 될 수 있는가에 대해서 삼권분립의 원칙에 근거하여 헌법재판소

---

174) 대통령은 내우·외환·천재·지변 또는 중대한 재정·경제상의 위기에 있어서 국가의 안전보장 또는 공공의 안녕질서를 유지하기 위하여 긴급한 조치가 필요하고 국회의 집회를 기다릴 여유가 없을 때에 한하여 최소한으로 필요한 재정·경제상의 처분을 하거나 이에 관하여 법률의 효력을 가지는 명령을 발할 수 있다(헌법 제76조 제1항).

의 심판 대상이 될 수 없는 것이 합당하다. 따라서 김영삼 대통령이 명령한 긴급재정경제명령은 비상계엄령 선포, 자이툰 부대의 이라크 파병[175] 등과 마찬가지로 대통령의 통치 권한이므로 헌법재판소가 각하해야 마땅함에도 본안 심사를 하였다. 헌법재판소는 해당 사건에 대하여 본안 심리 후에 긴급명령권의 조건을 충족했다며 기각 결정을 내렸다.[176] 대통령이 내린 긴급재정경제명령에 대해서 정치적 판단을 하는 헌법재판소에서는 당시 국민의 절대적인 경험적 의사를 무시할 수 없었다.

Ⅱ. 부동산실명법

1. 부동산실명법 개념

부동산실명법(不動産實名法)은 부동산 실권리자명의 등기에 관한 법률(不動産實權利者名義登記에關한法律)[177]로서 본인이 보유하고 있는 부동산은 자신의 이름으로 등기하는 제도로 부동산을 거래하면서 다른 사람의 이름, 즉 차명(借名)을 사용하는 것을 금지하는 법이다. 과거 우리나라에서는 다른 나라에서 유래를 찾아볼 수 없는 명의신탁이라는 제도가 인정되었다. 그러나 1993년 8월 금융실명법 도입으로 부동산시장으로 유입되어 부동산 투기가 성행하고 부동산 가격이 상승할 수 있다는 우려가 제기되면서 부동산 투기 방지조치로서 부동산실명법이 1995년 7월 1일부터 1년간의 유예기간을 두고 시행되었다.

2. 부동산실명법 목적

(1) 명의신탁

명의신탁(名義信託)은 부동산에 관한 소유권 기타 물권을 보유하는 사람 또는 취득하려고 하는 사람이 다른 사람의 이름, 즉 차명을 사용하여 부동산이나 물권을 등기하기로 약정하는 것을 말한다. 명의신탁 허용으로 부동산 실소유자들이 부동산에

175) 헌법재판소 2004. 4. 29. 선고 2003헌마814 결정.
176) 헌법재판소 1996. 2. 29. 선고 93헌마186 결정.
177) 부동산 실권리자명의 등기에 관한 법률(不動産實權利者名義登記에關한法律)은 1995년 3월 30일에 제정된 대한민국의 법률이다(법률 제4944호). 2002년 법률 제6683호까지 7차례 개정되었다.

부과되는 의무사항은 회피하면서 필요한 경우에는 언제든지 재산권을 행사하게 하였고, 부동산 보유에 따른 조세회피(租稅回避) 등 탈법적이고 불법적인 거래형태의 부동산 투기가 만연하게 되었다. 부동산실명법은 부동산을 차명으로 하여 탈세, 탈법, 재산은닉, 투기목적 등의 불순한 목적으로 하는 명의신탁 행위를 차단하려는데 그 의의가 있다.

(2) 부동산실명법 시행 목적

부동산에 관한 소유권(所有權)과 그 밖의 물권(物權)을 실체적 권리관계와 일치하도록 실권리자(實權利者) 명의(名義)로 등기하게 함으로써 부동산 등기제도를 악용한 투기·탈세·탈법행위 등 반사회적 행위를 방지하고 부동산 거래 정상화와 부동산 가격의 안정을 도모하여 국민경제의 건전한 발전에 이바지함을 목적으로 하고 있다(부동산실명법 제1조).

3. 부동산실명법 위반처벌

부동산실명법은 부동산에 대한 소유권·전세권·저당권·지상권 등 모든 물권은 명의신탁을 이용하여 다른 사람의 이름으로 등기하는 경우 무효이며(부동산실명법 제4조), 실권리자의 명의로 등기하지 아니한 경우 5년 이하의 징역이나 2억 원 이하의 벌금을 부과한다(제7조). 아울러 부동산 가액의 30%에 달하는 과징금을 부과한다(제5조). 그리고 과징금 부과 후에도 실명등기를 하지 않는 경우 과징금 부과하는 날로부터 1년이 경과한 경우에는 부동산 가액의 10%, 2년이 경과 한 경우에는 20%의 이행강제금을 납부해야 한다(제6조). 다만 종중(宗中) 부동산 또는 부부(夫婦)간의 명의신탁 등기를 한 경우에는 조세를 포탈하거나 강제집행 등을 회피하기 위한 목적이 아닌 경우, 종교단체의 경우에는 예외로 인정한다(제8조).

4. 부동산실명법 효과

부동산실명법은 모든 부동산거래는 반드시 자신의 이름으로만 거래되어야 한다는 것이다. 부동산실명법의 시행으로 명의신탁 등 편법적인 거래 수단이 불가능하게 되었고, 편법적이고 음성적인 불로소득 및 탈세와 투기요인이 줄어들었다. 그리고 부동산거래가 실수요자 중심으로 이루어지므로, 부동산거래가 정상화되었으며 부동산 가격의 안정을 가져오게 되었다.

하지만 현재까지도 탈법적이고 불법적인 명의신탁이 이루어지고 있고, 부동산 투기가 이루어지고 부동산 가격이 상승하고 있다. 일부에서 부동산 투기를 억제하기 위해 공공재 성격이 큰 토지에 대해 토지의 배타적 소유·처분·사용의 권리를 보장하고, 공적으로 제한하자는 토지공개념(土地公槪念)을 제기하고 있으나 찬반 의견으로 나뉘어 있다. 국민의 재산권 행사를 지나치게 제한하는 사회주의적 요소라고 비난하는 사람들과 한정적인 부동산에 대한 투기와 상승을 억제하려면 필요하다는 사람들의 주장이 첨예하게 대립하고 있다.

5. 헌법재판소 결정

헌법재판소는 명의신탁 약정을 무효로 하는 실명법 제4조에 대해서는 부동산실명법이라는 입법목적에 비추어 사적자치(私的自治) 또는 재산권보장의 원칙(財産權保障의 原則)의 본질을 침해한 것은 아니고, 과잉금지원칙(過剩禁止原則)에도 반하는 것은 아니라고 하면서, 부동산 투기를 억제할 목적으로 제정된 부동산실명법의 근본이념에 대해서는 합헌결정을 하였다. 하지만 헌법재판소는 명의신탁의 목적이 탈세나 투기를 위한 방편으로 이용되었는지에 관한 판단을 가리지 않고, 부동산실명법의 과징금부과 정도를 정하고 있는 제5조 제1항에 대해서는 부동산 가액의 30%라는 과징금 부과율에 대해서 부동산실명법의 입법목적을 고려하더라도 과징금을 차등적으로 부과할 수 있는 가능성을 배제하고, 일률적인 비율로 정한 것은 과잉금지원칙은 물론 평등의 원칙에 반할 소지가 크다는 취지에서 헌법불합치결정을 내렸다.[178]

Ⅲ. 토지공개념

1. 토지공개념 의의

(1) 토지공개념의 개념

토지공개념(土地公槪念)은 토지를 공공재(公共財)로 인식하여 토지의 절대적인 소유권(所有權)에 제한을 가할 수 있다는 개념을 말하고, 마르크스 주장처럼 토지의 국

178) 헌법재판소 2001. 5. 31. 선고 99헌가18, 99헌바71, 99헌바111 등 결정.

유화를 의미하거나 토지의 사유권을 반대하는 정책이 아니다. 토지는 공공재 성격을 가지고 있다. 토지를 공적인 목적을 위해 사유재산권을 국가가 간섭하여 제한하거나 유보할 수 있도록 하는 것이다. 토지공개념에 대해 사회주의 또는 공산주의적 발상이라고 하는 사람들이 있는데, 국가가 언제든지 개입하여 사유재산권을 제한·금지하는 것이 아니라, 공공복리(公共福利)를 위해 필요한 경우, 토지시장이 제대로 작동하지 못하고 비정상적인 경우에 개입하는 것을 의미한다.

대표적인 법률로 주택공급 목적인 땅은 기준 이상 소유하지 말라고 하는 '택지소유상한에 관한 법률'(宅地所有上限에關한法律), 유휴지 토지에서 발생하는 비이상적인 이득에 세금을 부과해야 한다고 하는 '토지초과이득세법'(土地超過利得稅法), 택지 개발로 땅값이 일정 이상 오르면 일정한 개발 부담금을 세금으로 내야 한다고 하는 '개발이익환수법'(開發利益還收法)이 토지공개념에 근거한 법률이라고 할 수 있다. 현재 시행되고 있는 종합부동산세, 양도소득세, 공공택지 등 국가에서 공공의 이익을 위해 실시하고 있는 정책들이 토지공개념의 일환이라고 할 수 있다.

(2) 토지공개념 도입목적

토지공개념은 투기장이 되어버린 부동산 시장에 최소한의 규칙(rule)이라고 할 수 있다. 첫째, 토지공개념은 토지가 실소유자 중심이 되어야 한다는 것이다. 땅(토지)은 공장에서 만들어내는 물건처럼, 계속해서 만들어 낼 수 있는 것이 아니고 한정되어 있다. 반면에 인구는 계속해서 증가하고 있기에 공급과 수요 원리에 따라서 한정된 토지가격은 오르게 된다. 헌법 제121조에서 농지는 농사를 짓는 사람이 소유할 수 있고 소작농을 금지하도록 하고 있는 경자유전의 원칙(耕者有田의 原則)처럼, 토지는 실제 필요한 사람이 필요한 만큼만 소유해야 한다.

둘째, 부동산 과열 및 투기 방지를 위해서이다. 토지가 공공재라는 생각에 바탕을 두고 그동안 독점적인 토지 소유, 재건축, 재개발 등으로 부동산 과열을 막기 위한 정책 중에 하나의 대안으로 강구해 오고 있다. 과거 일본의 경우에서 보았듯이 부동산 가격의 폭등은 잘못하면 국가 전반을 흔드는 혼란이 초래될 수 있기 때문이다.

셋째, 불로소득(不勞所得)을 최소화하고 양극화(兩極化)를 완화하기 위해서이다. 토지공개념은 빈익빈 부익부의 불평등한 사회 구조가 갈수록 심화하고 있는 상황에서 경제성장과 국민통합을 가로막는 양극화 해결에 있어서 중요한 수단이 될 수 있다.

(3) 토지공개념의 성립과 역사

1) OECD 국가의 토지공개념

토지공개념의 시작은 19세기 민주주의 국가 미국에서 시작된 제도이다. 토지공개념은 자본주의의 아버지라고 불리는 애덤 스미스(Adam Smith), 경제학자인 헨리 조지(Henry George)가 제시한 조세제도로서 헨리 조시는 그의 저서 「진보와 빈곤」에서 토지의 사유에 대하여 공공적 목적에서 벗어나는 이익을 세금으로 몰수하여 토지의 사용으로 발생하는 이익은 공공에게 배분 또는 사용되도록 해야 한다고 주장했다. 현재 토지공개념은 미국 외에도 유럽, 싱가포르, 네덜란드, 스웨덴, 핀란드, 독일 등 대부분 선진국에서 실시하고 있는 제도이다.

2) 우리나라 토지공개념

우리나라는 1950년 농지개혁법(農地改革法) 실시로 농사를 짓지 않는 지주(地主)의 소유를 제한하기 시작했다. 1976년 박정희 정권 시절에 토지공개념 용어가 정책에 반영되기 시작하였고, 노태우 대통령 정권에서 1987년 헌법을 바탕으로 1989년에 택지소유상한에 관한 법률, 개발이익환수법, 토지초과이득세법이 제정되었으며, 1996년에는 농지법이 제정되었다.

2018년 3월 문재인 대통령이 발의한 헌법 개정안에 명시적으로 국민의 기본권인 생명권(生命權)과 더불어 토지공개념을 반영하려고 했지만 무산되었다. 토지공개념은 국민에게 보장하고 있는 형식적(形式的) 평등이 아닌 실질적(實質的) 평등을 보장하는 방법이라고 할 수 있다.

2. 헌법과 법률

(1) 헌법

우리 헌법은 재산권의 행사는 공공복리에 적합하도록 명시하고 있고, 공공필요에 의한 재산권의 수용·사용 또는 제한 및 그에 대한 보상은 법률로써 하되, 정당한 보상을 지급하도록 하고 있다(헌법 제23조).[179] 국가는 농지에 관하여 경자유전의 원칙

---

179) 헌법 제23조

① 모든 국민의 재산권은 보장된다. 그 내용과 한계는 법률로 정한다.

(耕者有田의 原則)이 달성될 수 있도록 노력하여야 하며, 농지의 소작제도(小作制度)는 금지한다. 그리고 농업 생산성의 제고와 농지의 합리적인 이용을 위하거나 불가피한 사정으로 발생하는 농지의 임대차(賃貸借)와 위탁경영(委託經營)은 법률이 정하는 바에 의하여 인정하고 있다(헌법 제121조).[180] 또한 국가는 국민 모두의 생산 및 생활의 기반이 되는 국토의 효율적이고 균형 있는 이용·개발과 보전을 위해서는 법률이 정하는 바에 의하여 그에 관한 필요한 제한과 의무를 과할 수 있다(헌법 제122조).[181]

(2) 농지법

농지(農地)는 국민에게 식량을 공급하고 국토 환경을 보전하는 데에 필요한 기반이며 농업과 국민경제의 조화로운 발전에 영향을 미치는 한정된 귀중한 자원이므로, 소중히 보전되어야 하고 공공복리(公共福利)에 적합하게 관리되어야 하며, 농지에 관한 권리의 행사에는 필요한 제한과 의무가 따른다. 또한 농지는 농업 생산성을 높이는 방향으로 소유·이용하여야 하며, 투기의 대상이 되어서는 안 된다고 규정한다(농지법 제3조).[182]

3. 헌법재판소 결정

토지공개념의 핵심인 택지소유상한에 관한 법률, 토지초과이득세법, 개발이익 환

---

② 재산권의 행사는 공공복리에 적합하도록 하여야 한다.

③ 공공필요에 의한 재산권의 수용·사용 또는 제한 및 그에 대한 보상은 법률로써 하되, 정당한 보상을 지급하여야 한다.

180) 헌법 제121조

① 국가는 농지에 관하여 경자유전의 원칙이 달성될 수 있도록 노력하여야 하며, 농지의 소작제도는 금지된다.

② 농업 생산성의 제고와 농지의 합리적인 이용을 위하거나 불가피한 사정으로 발생하는 농지의 임대차와 위탁경영은 법률이 정하는 바에 의하여 인정된다.

181) 헌법 제122조

국가는 국민 모두의 생산 및 생활의 기반이 되는 국토의 효율적이고 균형 있는 이용·개발과 보전을 위하여 법률이 정하는 바에 의하여 그에 관한 필요한 제한과 의무를 과할 수 있다.

182) 농지법 제3조(농지에 관한 기본 이념)

① 농지는 국민에게 식량을 공급하고 국토 환경을 보전(保全)하는 데에 필요한 기반이며 농업과 국민경제의 조화로운 발전에 영향을 미치는 한정된 귀중한 자원이므로 소중히 보전되어야 하고 공공복리에 적합하게 관리되어야 하며, 농지에 관한 권리의 행사에는 필요한 제한과 의무가 따른다.

② 농지는 농업 생산성을 높이는 방향으로 소유·이용되어야 하며, 투기의 대상이 되어서는 아니 된다.

수에 관한 법률 등이 제정되고 시행되었다. 그러나 헌법재판소는 택지소유상한에 관한 법률에 대해서는 위헌 결정하였고,[183] 토지초과이득세법은 헌법불합치 결정을 내렸다.[184] 개발이익환수법은 개발이나 토지이용 변경으로 인한 불로소득의 25%의 세금을 부과하였으나 2004년 외환위기를 이유로 기업부담을 덜어주어 기업으로 하여 일자리를 만들어 고용을 촉진하도록 중단하였다. 그러나 정부의 의도와 다르게 기업들은 시설에 투자하여 근로자를 고용하지 않고 이윤을 사내 유보금으로 쌓아두거나 부동산 투기를 하고 있다.

헌법재판소는 택지소유상한에 관한 법률(1998년 9월 19일 폐지)에 대해서는 위헌 결정하였고, 토지초과이득세법(1998년 12월 28일 폐지)은 헌법불합치 결정하였다. 택지소유상한에 관한 법률에 대해서 헌재가 위헌결정을 내린 이유는 택지의 소유목적, 기능을 고려하지 아니하고, 획일적으로 200평으로 규정한 것에 대해서 위헌이라는 결정을 내린 것이다. 그리고 토지초과이득세법에 대해서 헌법불합치 판결을 내린 이유는 대통령에게 위임한 기준 시가 산정 방법 때문에 헌법불합치 판결을 내린 것이다. 헌법재판소의 위헌결정은 현재 미실현된 이익에 대한 과세는 국민의 재산권을 침해한 것이어서 헌법을 위배한다는 것이고, 토지공개념 자체가 헌법에 위반된다고 결정한 것이 아니다. 즉 헌법재판소는 토지공개념 제도 자체는 헌법을 위배하지 않는다고 인정하였다.

4. 토지공개념 필요성

토지공개념은 헌법과 법률에 규정되어 있는 제도로서 헌법과 법률 규정을 명확하게 구체적으로 규정하여 폭등하는 부동산 가격을 안정시키고, 부동산 정책을 좀 더 강화하여 토지 투기로 얻는 불로소득이나 부동산 투기를 막고자 하는 의도에서 시행하려는 정책이라고 할 수 있다. 불평등 해소를 위한 해법으로 헌법 제122조에 근거해 토지공개념이 제시되었는데, 구체적인 방안으로 국민공유제(國民共有制)가 언급되기도 하였다. 즉 국가가 부동산 세입으로 기금을 조성해 토지나 건물을 매입하므로 공공의 부동산을 증대시켜야 한다는 것이다. 토지를 가진 소수 사람에게 계속적 부의 축적은 불평등을 증대시키므로, 공공의 부동산 비중을 확대하여 그 이익을 국민

183) 헌법재판소 1999. 4. 29. 선고 94헌바37 결정.
184) 헌법재판소 1994. 7. 29. 선고 92헌바49, 52 병합 결정.

에게 돌리고 부의 불평등 심화를 완화해야 한다는 의미라고 할 수 있다. 이러한 제안은 노동으로 부를 축적하는 자본주의 시장의 원리를 문제 삼는 것이 아니라, 부동산 투기로 부를 축적하고 여기에서 발생하는 소득·재산의 불평등을 완화해야 한다는 논리라고 할 수 있다.

도지공개념은 토지의 사유권을 반대하지 않는다. 사회주의나 공산주의는 토지를 모두 국가의 소유로 하는 토지국유화(土地國有化)를 말한다. 그러나 토지공개념은 토지의 사유권을 인정하고, 토지의 공공적 목적과 합리적 이용을 위해 토지의 사유재산권을 일정 부분 제한하는 제도로서 토지공개념과 공산주의 개념인 토지국유화와 전혀 다른 별개의 개념이다. 그런데 보수적 시각을 가지고 있는 사람들은 토지공개념을 공산주의·사회주의 이념이라거나 국민 재산권 침해, 헌법재판소에서 위헌 또는 헌법불합치 판결을 내렸고, 부동산 안정에 효과적인 방법이 아니라며 반대한다. 하지만 그들이 반대하는 근본적인 이유는 토지공개념이 초과이익환수제(超過利益還收制), 보유세(保有稅) 강화 등의 방법이 되어서 세금납부에 대한 부담 때문이다.

대한민국은 자유민주주의 국가이고 헌법은 자기 소유의 토지를 자유롭게 사고팔고 하는 것을 보장하고 있다. 그러므로 정부가 강제적으로 개인소유의 재산에 대해서 제한하거나 규제한다면 저항에 직면하게 될 것이고, 민주주의 국가에서 국민은 투표를 통해서 저항의 표시를 할 것이다. 그런데 우리나라 사람들은 부동산을 주거(住居)나 토지 이용목적으로 사용하는 개념이 아닌 투기(投機) 수단으로 여기는 경우가 많다. 특히 정부 정책에 대한 정보와 재력을 가진 사람들이 목 좋은 곳에 미리 땅을 사놓고 개발 등으로 가격이 오르면 빌딩을 짓고 높은 임대료를 받아서 옆이나 다른 목 좋은 곳에 다시 땅을 매입하고 불로소득의 이익을 얻으려는 사람들이 많다. 토지공개념은 이런 불로소득(不勞所得)에 대한 과세에 있다. 미국 라스베가스 카지노에서 잭팟을 터뜨리면 40%를 세금으로 내는 것처럼, 자신이 소유하고 있는 토지의 가격이 올랐다면 최소한의 세금을 내야 한다.

자본주의 이념은 토지를 통한 불로소득으로 이윤을 추구하는 것이 아니라, 노동(勞動)을 통한 정당한 대가, 이윤을 추구하는 것이다. 자본주의는 토지를 통한 불로소득이 최소화 되어야 한다.

Ⅳ. 판례

1. 헌금으로 매입하고 신축한 교회 명의신탁

(1) 사실관계

목사 甲은 K침례회 소속 A교회의 청빙을 받아 A교회의 담임목사로 재직해 왔는데, 목사 甲이 다락방 운동을 함에 K침례회에서는 이를 이단으로 규정하고 목사 甲에게 이를 중지하도록 요청하였으나 목사 甲이 위 요청을 거부하자 침례회 제87차 정기총회 결의에 근거해 K침례회 산하 지방회에서 목사 甲을 제명하였다. 이에 목사 甲과 위 교회 신도 중 일부가 K침례회 및 그 산하 지방회로부터 탈퇴한다는 내용의 통지를 하였다. 이에 A교회는 신도들의 헌금으로 매입하고 신축한 교회부지 및 건물을 재단법인 K침례회 유지재단 명의로, 증여를 원인으로 한 소유권 이전 등기를 완료하고, A교회의 목사 甲을 상대로 교회의 출입을 금지하는 가처분 소송을 청구하였다.

(2) 판결요지

예배행위를 그 존립 목적으로 하는 교회로서는 교회 건물은 필수 불가결한 존재이어서 교회 건물이 없으면 교회의 존립 자체가 위태롭게 된다는 사실을 보태어 볼 때, 위 교회가 그 교회 건물과 그 부지인 교회 부동산을 K침례회 명의로 등기한 것은 그 소유권을 신청인으로 하여 종국적으로 취득하게 하겠다는 데에 있었다고 보기보다는 가입교회의 K침례회에 대한 소속감을 강화하고 K침례회의 결집성을 확보하기 위한 상징적 의미로서, 또는 K침례회의 가입 회원으로서 권리와 의무를 성실히 이행하고 K침례회의 설립목적에 어긋나는 행위를 하지 아니하겠다고 다짐하는 취지의 신표로서 한 것으로서 일종의 명의신탁에 해당한다고 보아야 할 여지가 충분히 있다 할 것이다. 만일 그렇지 아니하면 위 교회는 침례회로부터 탈퇴하면서도 그 존립의 기초가 되는 예배 장소는 반환받지 못하는 결과가 되어 부당하게 되기 때문이다. A교회의 부지 및 건물 등 부동산의 소유권은 K침례회에 있는 것이 아니라, A교회에 있다고 판시하였다.[185]

---

185) 대법원 2000. 6. 9. 선고 99다30466 판결.

(3) 해설

교회는 교회, 교육관, 기도원 등을 건축하기 위해서 교회 재산인 부동산을 취득하여 소유한다. 교회는 교회 재산인 부동산을 취득하면서 교회 명의가 아닌 담임목사 명의로 취득하는 명의신탁을 하는 경우가 많다. 과거 명의신탁은 실제 소유자와 명의인이 구분될 수 있고, 명의인은 등기부상으로는 소유자로 되어 있지만, 그 부동산을 처분할 권한이 없으며, 나아가 실제 소유자가 명의신탁 약정을 해지한 경우, 명의인을 상대로 명의 이전을 요구할 수 있다며 명의신탁이 유효하다고 보았다.[186)]하지만 명의신탁이 조세를 포탈하거나 강제집행을 면탈하거나 법령상 제한을 회피할 목적으로 행해지는 경우가 많아지자 정부는 명의신탁을 전면 금지하기로 방침을 정하고 부동산 실권리자 명의 등기에 관한 법률을 제정하여 1995년 7월 1일부터 시행했다. 예외로 종중, 배우자의 경우 명의신탁을 유효한 것으로 인정했으나 교회 등 종교단체는 인정하지 않았다.

하지만 국회는 2013년 7월 종교법인의 특수성을 인정해 교회 등 종교단체의 부동산 명의신탁을 예외적으로 허용하는 부동산 실권리자명의 등기에 관한 법률 일부 개정 법률을 개정했다. 국회는 법률안을 개정하면서 '1995년 7월 1일 공포, 시행일부터 소급 적용한다.'라는 부칙도 마련하여 교회 재산을 유지재단이 관리하는 시스템을 유지할 수 있도록 허용하였다. 종교단체인 교회도 종중, 배우자와 마찬가지로 종교유지재단 명의의 명의신탁이 가능하게 된 것이다. 하지만 교회소유의 부동산을 목사나 교인의 명의로 등기할 수 없다. 목사나 교인 명의로 등기하는 경우, 위 법률이 금지하고 있는 명의신탁이 되어 명의신탁 약정과 등기가 모두 무효가 되기 때문에 명의신탁을 했더라도 부동산은 교회의 소유가 된다.

만약 명의인(목사나 교인)이 제삼자에게 교회 재산을 처분한 때에는 제삼자에 대해서는 아무런 권리를 주장하지 못하고, 명의인을 상대로 금전의 배상만을 청구할 수 있고, 교회에는 부동산실명제법 위반으로 과징금과 이행강제금이 부과되며, 위와 같은 명의신탁 약정을 체결한 목사나 교인은 형사처벌을 받게 된다. 그러나 만약 교회가 총회 결의로 목사나 유지재단에 증여했다면, 명의신탁 약정이 아닌 증여약정으로 소유권이 목사나 재단으로 이전된다.

---

186) 대법원 1991. 11. 26. 선고 91다34387 판결.

2. 명의신탁 부동산의 회복과 소멸시효 및 시효취득

(1) 사실관계

A교회는 X토지를 매입하면서 담임목사 甲의 이름으로 명의신탁하였고, A교회에 X토지를 매도한 매도인도 그 명의신탁 사실을 알지 못하였다. A교회는 부동산 실권리자 명의 등기에 관한 법률 제11조에서 정한 1995. 7. 1.부터 1년의 유예기간 내에 X토지에 대해서 실명등기를 하지 않았고, 그 기간이 지나고 명의수탁자인 목사 甲이 완전한 소유권을 취득하게 되었다. A교회는 X토지에 대하여 목사 甲을 상대로 부당이득 반환청구의 소를 제기하였다.

원심은 명의수탁자인 목사 甲이 완전한 소유권을 취득함으로써 X토지 자체를 부당이득으로 판단하여 사건 토지에 관한 A교회의 부당이득반환 청구권을 인정하였다. 원심은 목사 甲이 1974년부터 2008년 3월경 은퇴할 때까지 A교회의 대표자 겸 담임목사로 재직하면서 교회 재정, 인사 등 운영의 전반적인 권한을 행사하여 온 점, 목사 甲이 은퇴하기 바로 전해인 2007년 초경까지도 공적이나 사적인 자리에서 이 사건 X토지와 그 지상 건물인 기도원이 A교회의 소유라고 말하여 왔고, 목사 甲의 최종 책임 아래 작성되는 교회의 주보, 소식지, 교인 생활 수첩 등에도 원고 교회 부속기관으로 위 기도원을 표시해 왔으며, A교회 교인들에게 주인의식을 가지고 기도원의 발전을 위하여 각종 헌금과 봉사를 요청해 왔다. A교회 교인들에게 비록 이 사건 X토지에 관한 등기가 자신 명의로 되어 있으나 언제든지 A교회에 이전하여 줄 것이라는 신뢰를 부여한 점, 피고가 은퇴를 앞두고 안식년 휴식에 들어가기 직전인 2007년 초경부터 목사 甲이 이 사건 X토지에 관한 등기이전을 거부하며 권리를 주장하기 시작한 점 등에 비추어 A교회의 위 부당이득 반환청구에 대한 목사 甲의 소멸시효 항변은 신의성실의 원칙에 반하는 권리남용으로 허용될 수 없다고 판시하였다.[187)]

(2) 판결요지

대법원은 채무자가 시효완성 전에 채권자의 권리행사나 시효중단을 불가능 또는 현저히 곤란하게 하였거나, 그러한 조치가 불필요하다고 믿게 하는 행동을 하였거

---

187) 서울고등법원 2011. 9. 9. 선고 2010나24642, 24659 판결.

나, 객관적으로 채권자가 권리를 행사할 수 없는 장애 사유가 있었거나, 또는 일단 시효완성 후에 채무자가 시효를 원용하지 아니할 것 같은 태도를 보여 채권자로 하여 그와 같이 신뢰하게 하였고, 채권자가 그러한 장애가 해소된 때부터 권리행사를 기대할 수 있는 상당한 기간 내에 자신의 권리를 행사하였다면, 이러한 경우에도 채무자가 소멸시효 완성을 주장하는 것은 신의성실의 원칙에 반하는 권리남용으로 허용될 수 없다. 나만 위와 같이 신의성실의 원칙을 들어 시효완성의 효력을 부정하는 것은 법적안정성의 달성, 입증 곤란의 구제, 권리행사의 태만에 대한 제재를 그 이념으로 삼고 있는 소멸시효 제도에 대한 대단히 예외적인 제한에 그쳐야 할 것이므로, 위 권리행사의 '상당한 기간'은 특별한 사정 없는 한 민법상 시효정지의 경우에 준하여 단기간으로 제한되어야 한다.[188]

2007년 초경에 A교회와 목사 甲 사이에 이 사건 X토지의 소유권에 관한 분쟁이 생겼고, 그러한 상태에서 목사 甲은 2008년 3월 A교회의 담임 목사직에서 은퇴하였다는 것이므로, 늦어도 2008년 3월에는 A교회가 권리를 행사할 수 없는 장애 사유가 소멸하였다고 볼 수 있을 것인데, A교회는 그로부터 민법상 시효정지 기간이 훨씬 지난 2009년 3월 19일에 이르러서야 목사 甲에게 부당이득반환을 구하는 이 사건 소를 제기하였으므로, 특별한 사정 없는 한 A교회가 상당한 기간 내에 권리행사를 하였다고 볼 수는 없다. 따라서 명의신탁 사실이 인정되더라도 급부 회복을 위해 장기간 권리행사를 하지 못한 경우, 수탁자의 소멸시효 항변에 막혀 급부를 반환받지 못한다고 판시하였다.[189]

(3) 해설

부동산 실권리자명의 등기에 관한 법률(부동산실명법)은 본인이 보유하고 있는 부동산은 자신의 이름으로 등기하는 제도로 부동산을 거래하면서 다른 사람의 이름, 즉 차명을 사용하는 것을 금지하는 법이다. A교회가 X토지를 매입할 당시 명의신탁이 가능해 담임목사 甲의 명의로 명의신탁하였다. 부동산실명법이 1995년 3월 30일에 제정되었고, A교회는 부동산 실권리자 명의 등기에 관한 법률 제11조에서 정한 1995년 7월 1일부터 1년의 유예기간 내에 X토지에 대해서 실명등기를 했어야 했는데, 실명등기를 하지 않아 교회소유의 X토지는 목사 甲의 소유가 되었다고 할 수 있다.

---

188) 대법원 2013. 5. 16. 선고 2012다202819 판결.
189) 대법원 2013. 12. 26. 선고 2011다90194 판결.

담임목사 甲의 은퇴를 앞두고 2007년 초부터 A교회와 목사 甲 사이에 이 사건 X토지의 소유권에 관한 분쟁이 발생하였으며, A교회의 담임목사인 甲은 2008년 3월 목사직에서 은퇴하였다. 하지만 A교회는 곧바로 목사 甲을 상대로 X토지에 대하여 부당이득 반환청구를 했어야 하는데, 2009년 3월 19일에 이르러서야 목사 甲을 상대로 부당이득반환을 구하는 이 사건 소를 제기한 것이다.

법원은 X토지에 대해서 명의신탁 사실이 인정되더라도 목사 甲이 은퇴하고, 1년이 지나서야 부당이득반환을 구하는 소를 제기한 것은 급부 회복을 위해 장기간 권리행사를 하지 않은 것으로 판단하고, 수탁자인 목사 甲의 소멸시효 항변에 막혀 급부를 반환받지 못한다고 판단한 것이다. 만약 소멸시효가 지났더라도 장기간의 명의신탁 기간에 해당 X토지와 기도원 건물에 대해 부동산의 점유를 목사 甲이 아닌 신탁자인 A교회가 해왔다면, 수탁자인 목사 甲의 소멸시효 주장을 극복하고 A교회는 X토지 부동산을 반환받을 수 있었을 것이다.

3. 목사 명의로 명의신탁한 교회 재산의 처분

(1) 사실관계

목사 甲은 교회 신도 등의 헌금으로 매수한 부동산에 관하여 자신 명의로 소유권 이전 등기를 경료하여 A교회를 위하여 보관하던 중 임의로 자신의 채무 담보를 위하여 근저당권 설정등기를 경료해 준 사안에서 원심인 대전지방법원은 A교회 신도들의 헌금이 이 사건 부동산의 주된 매수자금이었다는 점에서 피고인 목사 甲을 이 사건 부동산의 보관자로 보고 계약명의신탁의 법리를 적용하여 횡령죄 유죄판결을 선고하였다.[190]

(2) 판결요지

신탁자와 수탁자가 명의신탁 약정을 맺고, 이에 따라 수탁자가 당사자가 되어 명의신탁 약정이 있다는 사실을 알지 못하는 소유자와 사이에서 부동산에 관한 매매계약을 체결한 후에 그 매매계약에 기하여 당해 부동산의 소유권 이전 등기를 수탁자 명의로 경료한 경우, 그 소유권 이전 등기에 의한 당해 부동산에 관한 물권변동은 유효하고, 한편 신탁자와 수탁자 사이의 명의신탁 약정은 무효이므로(법적으로 불가),

---

190) 대전지방법원 2005. 12. 2. 선고 2005노1646 판결.

결국 수탁자는 전 소유자인 매도인뿐만 아니라 신탁자에 대한 관계에서도 유효하게 당해 부동산의 소유권을 취득한 것으로 보아야 할 것이고, 따라서 그 수탁자는 '타인의 재물을 보관하는 자'라고 볼 수 없다. 따라서 수탁자가 부동산을 임의로 처분하더라도 이는 법적으로 자기 소유의 부동산처분에 불과하다는 점에서 신탁자에 대한 민사적인 불법행위도 성립되지 않음은 물론이고, 형사적인 횡령, 배임죄의 처벌도 불가능하다고 판시하였다.[191]

(3) 해설

교회가 부동산을 매입하면서 교회가 전면에 나서지 않고 목사나 교단의 유지재단이 매수 계약을 체결하게 하고, 등기를 목사나 유지재단으로 바로 이전하는 '계약 명의신탁'[192]을 하는 경우가 있다. 이때 매도인이 위와 같은 명의신탁 약정 사실을 몰랐다면, 교회와 명의인 사이의 명의신탁 약정이 무효이고, 부동산실명법 위반으로 그들에게 과징금, 형사처벌 등 법적인 제재가 그대로 가해짐에도 불구하고, 등기 이전은 유효한 것이 된다. 교회가 목사나 교단의 유지재단 등 명의인을 상대로 부동산 반환도 구할 수 없다. 오직 교회가 목사나 교단의 유지재단에 부동산 가액 상당의 금전만을 부당이득으로 반환 청구할 수 있을 뿐이다.[193] 즉 목사나 교단 등 명의인이 그 소유권을 완전히 취득하게 되는 것이다. 따라서 명의인인 목사나 교단의 유지재단이 그 부동산을 임의로 처분하거나 부동산을 담보로 돈을 대출받더라도 형사상 죄가 되지 않는다.

4. 대여금에 대한 채권담보 목적으로 명의신탁한 소유권 이전 등기

(1) 사실관계

전도사 甲은 A교회를 설립한 교회 대표자이다. 전도사 甲은 2002년 분양자로부터 교회를 설립하기 위해 X건물을 분양받고, 중도금과 잔금을 지급하였다. 전도사 甲은 분양 잔금을 마련하기 위해 6천만 원을 A교회 신도인 乙로부터 변제기나 이자 약정 없이 차용하고, 대여금에 대한 담보조로 X건물에 관하여 乙이름으로 소유권 이

191) 대법원 2006. 9. 8. 선고 2005도9733 판결.
192) 계약 명의신탁은 신탁자가 부동산을 매수하면서 신탁자가 매매당사자로 나서지 않고 수탁자에게 위탁하여 수탁자가 직접 계약 당사자로서 부동산을 매수하여 수탁자 명의로 등기하는 것을 말한다.
193) 대법원 2001. 9. 25. 선고 2001도2722 판결.

전 등기를 경료하였으며, 그 후 나머지 잔금을 지급하기 위해 은행으로부터 대출을 받아 지급 완료하였다. A교회는 같은 해 개척 예배와 교회정관에 대한 승인, 전도사 甲을 교회 대표자 선임하고 현재까지 X건물을 교회당으로 점유·사용해오고 있다. 신도 乙은 2004년 A교회 대표자 甲에게 대여금을 변제하지 아니하면 이 사건 X건물을 매각하겠다는 내용의 내용증명을 발송하였다. X건물은 乙의 소유이고 A교회가 점유하고 있으므로, A교회는 乙에게 건물을 인도하고 사용이익 상당의 부당이득을 반환할 의무가 있다고 주장하였다. 반면 A교회는 乙에게 X건물에 관하여 소유권 이전 등기 말소 및 건물명도 이행을 청구하였다. 원심은 甲이 A교회를 대표하여 X건물 분양계약을 체결하였다거나 X건물 분양 계약상의 지위가 별도의 이전행위 없이 A교회에 귀속한다고 판단하고, 乙은 A교회에 X건물에 관하여 경료된 소유권 이전 등기의 말소등기 절차를 이행할 의무가 있다고 판시하였다.[194]

(2) 판결요지

교회는 주무관청의 허가를 받아 설립등기를 마치면 민법상 비영리법인으로서 성립하나, 교회가 법인격을 취득하지 않더라도 기독교 교리를 신봉하는 다수인이 공동의 종교 활동을 목적으로 집합체를 형성하고 규약 기타 규범을 제정하여 의사결정 기관과 대표자 등 집행기관을 구성하고 예배를 드리는 등 신앙단체로서 활동하는 때에는 법인 아닌 사단으로서 성립·존속하게 되는바,[195] 교회가 이같이 그 실체를 갖추어 법인 아닌 사단으로서 성립한 경우, 교회의 대표자가 교회를 위하여 취득한 권리 의무는 교회에 귀속된다고 할 것이나, 교회가 아직 실체를 갖추지 못하여 법인 아닌 사단으로서 성립되기 이전에 설립의 주체인 개인이 취득한 권리 의무는 그것이 앞으로 성립될 교회를 위한 것이라 하더라도 바로 법인 아닌 사단인 교회에 귀속될 수는 없다고 할 것이며, 또한 앞서 본 설립 중의 회사의 개념과 법적 성격에 비추어, 법인 아닌 사단인 교회가 성립되기 전의 단계에서 설립 중의 회사의 법리를 유추·적용할 수는 없다 할 것이다.

전도사 甲이 교회를 대표하여 이 사건 X건물의 분양자와 직접 매매계약을 체결하고, X건물에 입주하고 개척 예배를 드린 것은 2002년이며, 교회정관을 만들고 교회정관에 대한 승인 및 교회 대표자 선임에 관해 결의하여 전도사 甲을 교회 대표자

194) 서울고등법원 2007. 5. 16. 선고 2006나106585(본소), 2006나106592(반소) 판결.
195) 대법원 2006. 4. 20. 선고 2004다37775 전원합의체 판결.

로 선임한 것은 2004년이었다. 甲이 2002년 이 사건 X건물에 관한 분양계약을 체결할 당시에는 A교회는 아직 그 실체를 갖추지 못하여 법인 아닌 사단으로서 성립되기 전이라 할 것이고, 따라서 전도사 甲이 이 사건 X건물에 관하여 체결한 분양계약이 A교회를 대표하여 체결한 것이라거나 그 계약상의 지위가 별도의 이전행위 없이 바로 A교회에 귀속된다고는 할 수 없다. 또한 채무의 변제를 담보하기 위하여 채권자가 부동산에 관한 물권을 이전받는 경우는 부동산 실권리자명의 등기에 관한 법률 제4조 소정의 무효로 되는 명의신탁약정에 해당하지 아니한다(법 제2조 제1호 (가)목).[196]

일반적으로 부동산을 채권담보의 목적으로 양도한 경우, 특별한 사정없는 한 목적 부동산에 대한 사용수익권은 채무자인 양도 담보설정자(A교회)에게 있으므로, 양도 담보권자(乙)는 사용·수익할 수 있는 정당한 권한이 있는 채무자나 채무자로부터 그 사용·수익할 수 있는 권한을 승계한 자에 대하여는 사용수익을 하지 못한 것을 이유로 임대료 상당의 손해배상이나 부당이득 반환청구를 할 수 없다고 판시하였다.[197]

(3) 해설

교회는 비법인사단으로서 교회정관에 달리 정하지 않았다면, 특별한 사정없는 한 사단법인에 관한 규정이나 설립 중의 회사에 관한 법리가 유추 적용된다. 교회로서의 실체를 갖추어 법인 아닌 사단으로서 성립한 때에는 교회의 대표자가 교회를 위하여 취득한 권리 의무는 교회에 귀속된다. 하지만 교회로서 실체를 갖추지 못하여 아직 설립 중의 교회가 성립되기 이전에 대표자가 취득한 권리 의무는 설립 중의 교회에 귀속될 수는 없고, 권리 의무를 그 후에 설립 중의 교회나 설립 후의 교회에

---

196) 부동산 실권리자명의 등기에 관한 법률 제2조(정의)
이 법에서 사용하는 용어의 뜻은 다음과 같다.
1. "명의신탁약정"(名義信託約定)이란 부동산에 관한 소유권이나 그 밖의 물권(이하 "부동산에 관한 물권"이라 한다)을 보유한 자 또는 사실상 취득하거나 취득하려고 하는 자[이하 "실권리자"(實權利者)라 한다]가 타인과의 사이에서 대내적으로는 실권리자가 부동산에 관한 물권을 보유하거나 보유하기로 하고 그에 관한 등기(가등기를 포함한다. 이하 같다)는 그 타인의 명의로 하기로 하는 약정[위임·위탁매매의 형식에 의하거나 추인(追認)에 의한 경우를 포함한다]을 말한다. 다만, 다음 각 목의 경우는 제외한다.
가. 채무의 변제를 담보하기 위하여 채권자가 부동산에 관한 물권을 이전(移轉)받거나 가등기하는 경우.

197) 서울고등법원 2007. 5. 16. 선고 2006나106585(본소), 2006나106592(반소) 판결.

귀속시키기 위해서는 양수나 계약자 지위 인수 등의 특별한 이전행위가 있어야 한다. 따라서 甲이 2002년 X건물에 관한 분양계약을 체결할 당시에 A교회는 아직 그 실체를 갖추지 못하여 법인 아닌 사단(비법인사단)으로서 성립되기 전이었기 때문에 甲이 X건물에 관하여 체결한 분양계약이 A교회를 대표하여 체결한 것이 될 수 없고, 그 계약상의 지위가 별도의 이전행위 없이 곧바로 A교회에 귀속된다고는 할 수 없는 것이다. 그리고 채무변제를 담보하려는 목적으로 채권자가 부동산에 관한 물권을 이전 받은 경우에는 명의신탁 약정에 해당하지 아니한다.

제5장

교회 건축

제5장

교회 건축

제1절 ‖ 교회당 건축

Ⅰ. 교회당 건축

1. 교회와 교회당

(1) 교회의 개념

마16:18「또 내가 네게 이르노니 너는 베드로라 내가 이 반석 위에 내 교회를 세우리니 음부의 권세가 이기지 못하리라」

현대 사람들은 교회(敎會, church)라는 용어를 종교적 건축물로 판단하는 경향이 있다. 하지만 교회는 예수 그리스도를 믿음으로 영접한 거룩한 성도들의 모임을 말한다(고전1:2). 교회(敎會)는 '건물'(building)이 아닌 '모임'(assemble, group)으로 예수 그리스도 이름을 부르는 모든 성도는 예수님의 피로 세워진 거룩한 교회의 본질이다. 곧 교회는 예수 그리스도의 피로 구속받고, 예수 그리스도의 생명으로 영생을 얻은 예수 그리스도의 몸인 것이다. 따라서 교회는 흙과 나무와 돌과 같은 재료로 세워지는 것이 아니라, 예수 그리스도의 피(행20:28)와 성도들의 믿음으로 세워진다.

또한 교회는 금이나 은을 채워서는 안 되며, 성도들의 믿음과 희생과 기도로 채워져야 한다. 교회는 건물로 세워지는 교회당(예배당)보다 성령이 거하는 성전인 성도들의 믿음이 예수 그리스도 안에서 굳건히 세워지는 것이 중요하다.

성경에 교회(church)로 상용되고 있는 헬라어는 '에클레시아'(ἐκκλησία)와 '쉬나고게'(συναγωγή)이다. '에클레시아'(ἐκκλησία)의 어원은 '안에서 밖으로'라는 전치사 '에크'(ἐκ)와 '불러내다'라는 동사 '칼레오'(καλέω)로부터 파생된 단어로 '~로부터 불러내다.'라는 뜻을 가진 '에칼레오'(ἐκκαλεώ)에서 유래하였다. '쉬나고게'(συναγωγή)는 히브리어 '에다'(עֵדָה)를 번역한 것으로 유대인들의 종교적 회합 또는 공적예배를 위하여 모인 건물(building)을 지칭하였고(마4:23, 행13:43, 계2:9;3:9), '에클레시아'(ἐκκλησία)는 시민들이 정치적, 종교적 목적을 가지고, 서로 의논하기 위해 공공적인 장소에서의 모임이나 회합, 집회를 뜻하는 말이었다.

'에클레시아'(ἐκκλησία)는 70인역(septuagint, LXX)에서 '의논하기 위해 소집된 공동체'라는 뜻의 히브리어 '카할'(קָהָל)을 그 당시의 공용어인 헬라어로 번역한 것이다. '카할'(קָהָל)은 '불러 모으다', '소집하다',라는 뜻을 가진 단어인데, '회중'(출12:3;16:3, 레16:17, 민3:7;14:5, 대29:1), '집회'(창49:6, 시7:7;26:5), '이스라엘의 총회'(신31:30), '여호와의 총회'(민16:3;20:4), '하나님의 총회'(느13:1)로 번역되었다. '에클레시아'(ἐκκλησία)는 무슨 조직, 제도, 건물이 아니라, 하나님의 생명 그 자체이신 예수 그리스도를 구주로 고백하는 거룩한 공동체이고, 살아있는 생명체이며, 예수 그리스도와 하나인 몸이다. 참고로 현재 교회를 뜻하는 영어 단어 'church'는 로마가톨릭에서 강조하는 '보편적인 모임'을 의미하는 '에클레시아'(ἐκκλησία)보다는 종교개혁자들이 주님께 속한 공동체를 의미하는 헬라어 '퀴리아케'(κυριακῆ)를 강조한데서 유래한 용어라고 할 수 있다.

(2) 교회당(예배)의 의미

하나님은 이 땅에 당신의 백성들과 만나는 처소인 유형 교회(당)를 건축하셨다(출29:43). 교회는 하나님의 집(house of God)으로 백성들은 예배당(house of worship)에서 하나님의 영광을 예배하고 찬송하며, 하나님은 백성들을 만나시고 그들의 기도를 들으신다. 교회와 성도들은 신앙공동체로서 구별해서 생각할 수 없으며, 성도들에게 있어서 교회는 자기 몸의 일부이고, 자기 삶의 일부이기도 하다(엡2:20-23). 또한 교회(예배당)[1]가 존재하는 가장 중요한 이유는 예배에 있고, 하나님은 예배를

1) 교회와 예배당은 구별된다. 교회는 예수 그리스도를 믿고 구원받은 성도들을 지칭하는 추상명사

위해 교회를 선택하고 거룩하게 하셨다(대하7:16). 그러므로 교회 건축은 내가 살 집을 건축하는 것 이상으로 대단히 중요한 일이다. 교회 건축은 소홀히 할 수 없는 일이지만, 그렇다고 성도들이 교회 건축으로 인하여 궁지로 내몰리는 일은 경계해야 한다.

2. 성전건축

(1) 성전의 개념

대하7:16「이는 내가 이미 이 성전을 택하고 거룩하게 하여 내 이름을 여기에 영원히 있게 하였음이라 내 눈과 내 마음이 항상 여기에 있으리라」

율법시대 성전은 백성들이 희생제물로 제사하고, 하나님은 백성들을 만나 주시므로 하나님과 백성이 화목하게 되는 장소였다(출29:43). 하나님은 솔로몬이 건축한 예루살렘 성전에 임재하셨고(왕상8:10－11, 대하5:13;7:1, 사6:1), 항상 성전에 계시겠다고 약속하셨다. 성전은 하나님의 처소였고(삼상2:29, 왕상8:6－7,13, 대하6:41), 성전에서 부르짖는 간구를 듣겠다고 하셨다(삼하22:7, 왕상8:33, 시18:6). 하지만 하나님은 솔로몬이 세운 성전, 스룹바벨이 세운 성전, 헤롯이 증축한 성전을 모두 이방인들의 손에 의해 무너뜨리도록 용인하셨다. 그 이유는 더 이상 희생 제사할 성전이 필요 없었기 때문이다. 하나님이 성전이 무너지는 것을 용인하신 이유는 영원한 제사장이 되시고(히3:1;4:14－15, 히5:10;6:20), 단번에 화목제물이 되신 아들 예수 그리스도가 성전이 되시기 때문이다(히6:10;9:26,29;10:10). 예수 그리스도는 성전 자체이시고, 영원한 성전이 되신다. 그리고 예수 그리스도를 영접한 사람들도 성전이 된다. 성도들은 살아계신 하나님의 성전이고(고후6:16), 성령이 임재하시고 거주하는 의미에서 성전이며(고전3:16), 그리스도 안에서 성전이 되었다(엡2:21).

(2) 성전건축 기원

1) 제단

본 장에서 논하게 될 교회 건축은 지상에 있는 유형교회 건축을 의미한다. 교회

이고, 예배당은 구원받은 성도들이 모여 하나님을 예배하고 섬기며, 성도들이 모여 교제하는 공간, 건물을 말한다.

는 유일하신 여호와 하나님을 예배하는 처소이고, 거룩하신 하나님을 만나고 구원받은 자녀들이 교제하는 장소이기 때문에 기독교인들에게 있어서 교회는 거주하는 집 이상의 의미를 갖는다. 지상에 세워진 최초의 교회가 언제부터인가라는 질문에 신학자나 목사마다 다양한 견해가 있다. 지상에 세운 최초의 교회는 가인과 아벨이 세운 제단(祭壇)이라고 할 수 있다(창4:3－4). 물론 성경 기록에는 언급하지 않았지만, 아담도 하나님께 제단을 쌓고 제사하였을 것이라고 추론할 수 있다. 가인과 아벨은 제사하기 위해 돌을 쌓아 제물을 바치는 제단을 만들었다. 성경에는 가인과 아벨이 제사하였다고만 언급하고 있지만, 고대 족장들에게서 보는 바와 같이 제단을 쌓고 제사하는 것이 관습이었기 때문이다. 제사하기 위해 만든 제단이라는 말은 홍수 이후에 나타난다. 노아는 제사하기 위해 제단을 쌓고 모든 정결한 짐승과 정결한 새로 번제를 드렸다(창8:20). 아브라함은 거처를 옮겨갈 때마다 여호와를 위하여 제단을 쌓고(창13:18), 여호와의 이름을 불렀다(창12:7－8) 아브라함과 마찬가지로 족장들인 이삭(창26:25), 야곱(창35:1－7)이 제단을 쌓았고 번제를 드렸다. 제단을 만들 때, 제단을 쌓는 돌은 정으로 쪼거나 다듬은 돌로 쌓지 않고, 자연 그대로의 돌로 쌓고 제단을 만들었다(출20:25).

2) 성막

하나님은 모세에게 성막(聖幕, 회막)을 만들도록 하셨다(출26장). 성막의 재료, 크기, 모양 등에 있어서 하나님이 명령하신 대로 만들었다(출39:32;40;29). 이스라엘 백성들은 성막을 위해 자원하여 예물을 가져왔는데, 성막을 짓고도 남을 정도로 가져왔다(출36:3－7). 성막은 이스라엘 백성들이 정착할 수 없이 거처를 이동할 수밖에 없는 광야 여정에서 하나님을 만나고 제사하는 가장 적절한 수단의 교회였다. 하나님이 성막에 임재하심으로 하나님의 영광이 성막에 충만했으며(출40:34－35) 이스라엘 백성들은 하나님의 성막 위에 구름과 불이 떠오를 때 행진하였고, 행진을 멈추고 진을 쳤다(출40:36－38, 민9:17－22). 성막의 관리, 운반 등의 봉사 책임은 전적으로 레위인이 담당하였고, 레위인 외에 누구도 관여할 수 없었다(민1:50－53). 그리고 모세와 아론과 아론의 아들들이 성막 동쪽에 진을 치고 성막에서 이스라엘 자손의 직무를 위하여 성소의 직무를 수행하였다(민3:38). 성막은 솔로몬 왕이 성전을 완공하기까지 하나님이 임재하시는 처소였으며 희생제물로 제사하는 장소였다.

(3) 성전건축 역사

1) 솔로몬 성전

다윗은 성전을 건축하고자 하는 마음을 가지고 성전건축을 위해 준비하였지만(대상22:7;28:2), 하나님은 다윗에게 성전건축을 허락하지 않고 그의 아들 솔로몬에게 성전을 건축하도록 하셨다(왕상8:17-20). 솔로몬에 의해 건축된 성전은 하나님의 계획과 설계로 지어졌으며, 다윗을 통해 성전건축에 필요한 재료들을 준비하게 하셨고, 솔로몬에 의해 아브라함이 아들 이삭을 제물로 바치려고 했던 모리아 산에 건축되었다. 이스라엘 자손이 애굽 땅에서 나온 지 480년, 솔로몬이 이스라엘 왕이 된 지 4년 시브월 곧 둘째 달인 B.C.966년에 시작하여 햇수로 7년 동안(만 6년 6개월) 건축하여(대하5:1;6:14), B.C.959년 완공되었으나[2] B.C.586년 '아브'달 9일에 파괴되었다(왕상6:1,37-38). 솔로몬 성전에서 이스라엘 백성들은 약 373년(B.C.959년-B.C.586년) 동안 제사하였고, 바벨론 네부카드네자르(느부갓네살) 2세가 B.C.604년과 B.C.597년에 성전 기물들을 노략질하였으며, 예루살렘이 함락되면서 성전은 파괴되었다(왕상25:8-11).

2) 스룹바벨 성전

B.C.538년 키루스(고레스) 2세는 칙령을 내려 포로로 잡아 온 유대인들이 예루살렘으로 돌아가 성전을 재건하도록 하였다. 예루살렘으로 귀환한 유다 총독인 스룹바벨, 학개, 스가랴 등 종교지도자의 주도로 3년 후인 B.C.536년 착공을 시작하여 20년 동안 건축되었고, 다리오 왕 때인 B.C.516년 완공되었다(슥4:9). 하지만 성전으로서 기능을 온전히 하지 못했으며, 안티오코스 4세 에피파네스가 B.C.168년 제단에서 제우스에게 돼지들을 제물로 바치게 하는 행위를 하는 등 제사하였고, B.C.54년 크라수스에 의해 성전 보물이 약탈되었으며, 성전은 황폐되었다(슥4:9).

3) 헤롯 성전

헤롯 성전은 이방인 두매 출신 헤롯이 유대인들을 향한 유화정책 차원에서 건축된 성전이었다. 헤롯 성전은 성전을 새로 건축한 것이 아니고, 황폐되었던 성전을 보수하고 증축한 성전이었다. 헤롯 성전은 유대인의 환심을 사기 위해 B.C.20년에

---

2) 솔로몬 성전건축 연도는 신학자마다 다르기에 참고만 하기로 한다.

증축 및 복구가 시작되었고, 84년 동안 건축되었으며, A.D.64년에 완공되었다. 하지만 후에 로마제국의 황제가 되는 디투스(Titus)에 의해 A.D.69~70년경 불이 나서 무너졌으며(눅21:5－6), 성전의 금을 노략질하려고 성전의 돌 하나하나를 다 허물어 버렸다(눅21:5－6). 헤롯이 건축한 성전에 대해 예수께서 돌 하나도 돌 위에 남지 않고 다 무너질 것이라 하셨듯이 성전은 철저히 무너졌다(막13:2). 현재 남아 있는 통곡의 벽(Wailing Wall)은 유대인이 쌓은 서쪽 성벽(옹벽)의 일부로서 성전 본제 선물과는 상관이 없는 벽이다.

4) 성전이 무너진 이유

막13:2 「예수께서 이르시되 네가 이 큰 건물들을 보느냐 돌 하나도 돌 위에 남지 않고 다 무너뜨려지리라 하시니라」

성전은 이방인들의 손에 의해 무력으로 무너졌다. 성전이 무너지게 된 것은 이방민족이 유대민족보다 강하여 성전을 무너뜨린 것이 아니며, 이방인들이 무너뜨리도록 하나님이 허용하셨기 때문이다. 아름답게 지어진 예루살렘 건물 성전이 무너진 이유는 하나님의 뜻이었다. 예수님도 성전이 돌 위에 돌 하나 남지 않고 무너질 것이라고 하셨다(마24:2, 막13:2). 그 이유는 성전의 본질적 기능을 상실했기 때문이다. 성전은 하나님이 임재하셔서 백성들을 만나고 영원히 거주하시는 거처였지만, 제사장이 타락하여 제물을 더럽혔고, 이스라엘 백성들은 장사의 수단으로 이용하며 성전을 더럽히는 등 타락하였다. 성전은 기도하는 하나님의 집인데, 강도의 소굴, 장사하고 이익을 추구하기 위한 목적으로 악용하였다(마21:13, 막11:17, 눅19:46). 하나님의 성전은 크고 화려하며 웅장했지만, 기도 소리 대신에 장사하는 소리만 들린 것이다. 오늘날 한국교회도 교회는 웅장하고 화려하지만, 진리와 복음이 없고, 기도 소리는 들리지 않으며, 사람만 드러나고 예수 그리스도가 없는 교회가 되어가고 있다.

하나님은 예루살렘 성전과 같은 건물 성전을 더 이상 필요로 하지 않는다. 예수 그리스도께서 십자가에서 모든 율법과 속죄를 다 이루시고 부활 성전을 세우셨기 때문이다. 부활 성전은 절대로 다시 무너지지 않는다. 또한 하나님의 아들 예수 그리스도를 영접하므로 성령이 임재하고 있는 주의 몸 된 성전인 교회(성도)들도 결코 무너지지 않는다(골1:18, 고전3:16). 예수 그리스도 초림으로 하나님의 나라가 임했고(마12:28), 그 하나님의 나라는 모든 믿는 자들에게 속해 있는 까닭에 다시 이 땅 위에서 제사하거나 하나님이 머무를 건물 성전은 필요가 없는 것이다. 따라서 예수 그리스도께서 재림하시는 이유도 건물 성전을 세워 이 땅에 왕국을 세우기 위함이 아니라, 창세 전에 예비하신 영원하고 완전한 하나님의 나라로 성도들을 데려가기 위함이다(마25:34).

3. 교회 건축의 변천

교회 건축은 기독교 신앙이 포함되어 있다는 점에서 세상에 존재하는 건축물 중에 가장 특색이 있으며, 건축물에 있어서 핵심이라고 할 수 있다. 교회 건축은 기독교가 공인된 이후부터 각 시대를 대표하는 건축물이 되었으며, 그 당시의 건축기술 수준과 건축양식의 형태를 보여주는 잣대가 되기도 한다. 교회 건축은 그 시대의 문화·양식을 반영해 왔기 때문에 교회 건축을 통해 그 시대의 독특한 문화와 양식을 들여다볼 수도 있다. 중세시대까지 교회 건축은 종교적이고 예술적인 측면이 강조되다 보니 교회 건축에 오랜 시간이 소요되었으나 현대교회 건축은 시대의 변천에 따라 예술적인 기능보다 실용적인 면이 추구되고 있고, 건축기술의 획기적인 발전과 건축 장비의 발달로 건축 기간이 단축되었다.

4. 교회 건축을 할 때 최우선 고려사항

(1) 예수 그리스도 죽음과 부활

교회 건축을 할 때, 가장 먼저 고려해야 하는 요소는 교회가 상징하고 예표로 하는 분이 예수 그리스도이므로, 교회 건물에는 예수 그리스도의 예표가 내·외부적으로 나타나야 한다는 것이다. 예수님의 예표란 겉에서 보기에 웅장하고 고급스런 교회나 예수님의 성화 디자인이나 높은 십자가를 나타내야 한다는 말이 아니라, 교회의 본질인 예수 그리스도의 죽음과 부활, 구원의 메시지가 잘 전달될 수 있는 건축물이 되어야 한다는 것을 의미한다.

교회 건축물은 영원히 존속해야 하는 건물이 아니다. 솔로몬에 의해 건축되었던 솔로몬 성전과 헤롯에 의해 보수되고 증축되었던 헤롯 성전은 사람들을 압도할 만큼 웅장했고 화려했지만, 백성들이 부패하고 타락하므로 하나님은 이방인들을 통하여 무너뜨렸다. 교회 건축은 현대적 트렌드(trend)에 맞는 교회 건축이 요구되지만, 무엇보다도 교회 건축의 본질은 교회를 상징하는 예수 그리스도의 죽음과 부활, 구원의 메시지가 잘 전달될 수 있는 건축물이 되어야 한다.

(2) 예배 중심

교회 건축의 중요한 기능이고, 교회존재의 이유 가운데 하나는 예배에 있다. 예배(禮拜)는 히브리어 '종으로써 주인을 섬긴다.'라는 뜻을 가진 '아바드'(עבד)와 '엎드리어 경배하다.'라는 뜻을 가진 '사하아'(שחה)이다. 예배는 하나님의 주권자 되심을 드러내고, 하나님 영광 가운데 나아가는 것이다. 예배를 뜻하는 헬라어는 '주인의 발에 입을 맞춘다.'라는 '프로스퀘네오'(προσκυνεω)이다. 그리고 영어 'worship'은 'worth'(가치)와 'ship'(신분)의 합성어로 최상의 존경과 존귀를 돌리는 것을 뜻한다. 예배는 교회 건축에 있어서 설계나 인테리어, 설비 등을 선택하면서 최우선적으로 고려해야 하는 핵심 요소가 되어야 한다. 교회의 가장 중요한 기능은 예배이며, 교회의 가장 중요한 사명은 하나님 나라 확장에 있음을 잊지 말아야 한다. 교회 열 개를 짓는 것보다 더 중요한 것은 교회의 사명을 잊지 않는 것이고, 교회 건물 안에 있는 교인들 한 사람, 한 사람의 믿음과 영적 성장, 이웃을 구원하는 사명에 있다.

(3) 교회 비전과 목회 철학

교회 건축은 예배, 담임목사 목회철학, 교회의 비전(vision of church)을 고려해야 한다. 과거 한국교회는 교회 건축에 있어서 그 목적이 교회로 몰려드는 사람들을 수용하기 위한 양적인 교회에 맞추어져 있어서 기능적, 구조적, 미적인 측면에서 부족한 교회 건축이 이루어졌다. 저예산으로 더 크고, 더 빨리 건축하는 일에 목적을 두고 교회 건축이 이루어지다 보니 미래를 내다보지 못하고 근시안적으로 교회를 건축해 왔다. 그 결과 오늘날 교회의 다양한 기능과 교회 구성원들의 욕구를 충족시키지 못하게 되었다. 현대교회의 건축은 현대적 트렌드(trend)에 맞는 미적 감각도 중요하지만, 담임목사의 목회 방향이나 장기적인 교회 비전, 교회의 사명을 고려하여 효율적(效率的)으로 공간을 폭넓게 활용할 수 있도록 가변적(可變的)이고 융통적(融通的)인 측면도 고려해야 한다.

(4) 소통하는 열린 교회

교회 건물은 다양한 형태의 용도로 사용되고 있다. 예배, 기도처, 찬양, 친교뿐만 아니라, 문화 활동, 지역주민을 위한 열린 공간 등으로도 사용된다. 그러므로 교회는 내적으로 하나님과 소통하는 거룩함을 지녀야 하고, 세상을 향해 열려 있는 소통하는 기능을 할 수 있어야 한다. 그러나 교회가 세상과 소통하는 교회가 되어야 한다고 하더라도, 교회 건물의 주된 목적이 문화 활동, 친교, 예식, 모임 등의 기능을 제공하는 공간이 되어서는 안 된다. 교회의 가장 중요한 본질과 기능은 예배이다.

Ⅱ. 교회 건축과 법률

1. 건축법상 교회(종교시설) 구분

교회(종교시설)는 건축법(建築法)에서 문화 및 관람 · 집회 시설이었으나 건축법 개정으로 종교시설(宗敎施設)로 변경되었다. 현재 건축법이나 임대차보호법 등 교회 건축과 관련된 실정법에서는 교회라는 용어를 사용하지 않고 종교시설이나 종교집회장이란 용어를 사용하고 있다. 제2종 근린생활시설인 종교집회장은 건물 연면적(같은 건축물에 해당 용도로 사용하는 바닥면적의 합계)이 500㎡ 미만인 경우, 종교시설은 종교집회장으로서 제2종 근린생활시설에 해당하지 아니하는 것을 말한다(건축법시행령 제3조의5).

2. 교회 건축 토지

(1) 지목

1) 지목 개념

사람도 신분을 가지고 있는 것처럼, 토지는 지목(地目), 용도지역(用途地域)과 같은 신분을 가지고 있다. 지목(地目)[3]은 토지의 사용 목적에 따라 토지의 종류를 구분하여 지적공부에 등록한 것을 말한다. 지목은 토지를 사용 목적에 따라 구분한 것으로 토지의 가격과 세금이 결정되고, 용도지역(用途地域)은 국토계획법에서 건축물

---

3) 지목(地目)은 '공간정보의 구축 및 관리 등에 관한 법률' 제67조에서 규정하고 있는데, 전 · 답 · 과수원 · 목장용지 · 임야 · 광천지 · 염전 · 대 · 공장용지 · 학교용지 · 주차장 · 주유소용지 · 창고용지 · 도로 · 철도용지 · 제방 · 하천 · 구거 · 유지 · 양어장 · 수도용지 · 공원 · 체육용지 · 유원지 · 종교용지 · 사적지 · 묘지 · 잡종지 등이다.

의 층수, 용적률과 건폐율 등의 행위를 제한하며, 농지나 산지는 토지 사용 용도에 따라 구분한다.

종교시설(교회)은 지목상 대지에서만 건축할 수 있다. 토지에는 28가지 지목이 설정되어 있는데, 대지가 아닌 밭, 전, 임야 등 경우에는 대지로 지목을 변경해야 한다. 지목변경(地目變更)은 지적공부(地籍公簿)에 등록된 지목을 다른 지목으로 바꾸어 등록하는 것을 말한다. 종교시설 건축을 목적으로 토지를 매입하는 경우, 농지의 경우에는 지목변경이 불가능할 수도 있으니 유의해야 한다. 따라서 종교시설 건축이 가능한지 여부를 확인하기 위해서 토지 이용계획 확인원, 지적도, 토지대장을 열람하거나 발급받아 확인해야 한다. 토지 이용계획 확인원으로는 주거지역(일반주거지역, 준주거지역, 주거전용지역), 상업지역, 공업지역 등에 관한 구분을 확인할 수 있고, 지적도는 도로와 대지와의 관계를 확인할 수 있으며, 토지대장은 대지, 임야, 잡종지, 답, 전 등을 확인할 수 있다.

2) 지목변경 절차

지목변경(地目變更)은 농지(산지) 전용허가 ⇒ 형질변경(전용허가) ⇒ 건축물 건축 등의 절차에 따라 지목변경을 하게 된다. 산지의 경우에는 공공의 성격이 강해서 지목변경이 어렵고, 지목변경이 되더라도 경사도가 20도 이내인 완경사지를 매입해야 행정청의 허가를 받기 용이하고, 형질변경, 공사비용 등에서 유익하다. 그리고 종교시설을 건축하기 위해 토지를 매입하는 경우, 반드시 담당 행정청에 지목변경 및 종교시설 건축 가능 여부를 확인해야 하며, 지목변경을 할 때 가능한 토목설계사무소에 위탁하는 것이 좋다.

가. 먼저 개발행위허가 조건을 확인 후 농지(산지)를 취득하고 전용 허가 신청서를 작성해 제출한다.

나. 농지(산지) 전용 허가 신청이 허가되면 농지보전 부담금을 납부하고 농지전용허가증을 교부받아 토지형질변경 공사를 한다.

다. 형질변경(전용 허가)이 허가되면 건축물을 건축한다.

라. 건축물을 완공하고 관할 시·군·구청에 지목변경 신청을 한다.

마. 지목변경을 허가한 행정청은 토지이동결의서를 작성하고 대장과 도면 정리를 한다.

바. 토지대장 또는 입목 대장 등본을 첨부해 등기촉탁서를 제출한다.

(2) 용도지역

토지는 지목보다 용도가 더 중요하다. 지목은 현재 토지이용 상태를 말하고, 용도는 건축 허가기준이 된다고 할 수 있나. 국토의 계획 및 이용에 관한 법률에 토지 용도를 다섯 가지로 구분하고 있는데, 종교시설 건축 허가가 가능한 지역이 있고, 불가능한 지역이 있다. 도시지역, 준도시지역, 농림지역, 준농림지역, 자연환경보전지역 등으로 토지 용도로 구분하고 있다(국토이용관리법 제6조). 용도지역에 따라 토지이용 범위를 제한하고, 토지에 건축할 수 있는 건물의 용도와 크기, 높이(건폐율/용적률) 등의 제한을 하게 된다.

종교시설은 국토의 계획 및 이용에 관한 법률 시행령 제71조 용도지역 안에서의 건축 제한에 의하면 주거지역(준주거지역, 일반주거지역)이 가능하고, 상업지역은 모두 가능하며, 준도시지역, 준농림지역이 가능하다. 하지만, 도시지역에서 공업지역 가운데 전용공업지역, 농림지역(구. 절대농지), 자연환경보전지역에서는 종교시설의 건축은 불가능하다. 또한 개발제한구역(그린벨트 지역)에서는 기존의 종교시설로 된 건축물이 존치돼 있어야 가능하고, 군사 보호 지역은 군부대의 동의가 필요하지만, 사실상 건축행위가 제한되어 종교시설 건축이 불가능하다고 보아야 한다. 그리고 전용주거지역, 유통·상업지역, 일반공업지역, 준공업지역, 보전녹지지역, 생산녹지지역, 자연녹지지역 등이나 주거환경개선 지구 같은 경우, 건축조례에 따라 다른 까닭에 반드시 건축 전에 지방자치단체의 건축과나 도시과에 확인해야 한다.

3. 교회 건축과 법적 분쟁

(1) 민원 제기와 갈등

교회 건축과 관련하여 발생하는 대부분의 법적 분쟁은 이웃 주민과의 분쟁, 건축 시공 기업과의 분쟁, 행정청과의 분쟁이라고 할 수 있다. 한국교회는 교회 건축으로 인해 이웃 주민들과의 민원 제기나, 갈등으로 인한 법적 분쟁이 많이 발생하고 있다. 지역의 특성을 고려하지 못하거나 주민들과의 의사·교류 소통 부족이나 평소 지역 주민들과의 유대관계 단절에서 그 원인을 찾을 수 있다. 주민들과의 분쟁은 주민이나 시민단체들의 고발로 인하여 소송까지 가기도 하는데, 소송의 결과는 교회에 불리한 판결이 내려지는 경우가 많아지고 있다. 교회 건축 과정에서 지역주민의 민원이 발생하게 되면 행정청은 제삼자의 입장에 서게 되고, 교회 건축이 불가능하게 될 수도 있다. 법원은 법규를 위반하지 않는 정당한 건축은 허용되어야 한다고 판결하지만, 법원은 때에 따라서 교회 건축을 불허하므로 공사를 시작하지도 못하게 되는 경우도 발생할 수 있다.

(2) 행정청과 분쟁

교회 건축 관련 분쟁은 행정청(行政廳)과도 많이 발생한다. 그 이유는 교회 건축과 관련된 국가법령들이 다양하고 복잡하며, 건축 관련 법령들이 자주 변경되어 잘 모르거나 오인하여 발생하는 때도 있지만, 주로 불법으로 건축하거나 정당한 신고나 허가 없이 무단으로 건축물을 시설변경을 하므로, 민원이 제기되거나 행정청의 단속으로 발생한다. 무단·불법 건축이나 시설변경은 일회적인 이행강제금 처분으로 끝나지 않고, 원상복구가 될 때까지 이행강제금을 부과하는 까닭에 헌금으로 이루어지는 교회 재정에 부담이 될 수도 있다(건축법 제80조).

(3) 시공사와 분쟁

교회 건축 관련 분쟁은 건축시공사(建築施工社)와 발생한다. 건축시공 기업과의 분쟁은 건축 과정에서 설계변경, 교회의 무리한 요구 등이 그 요인이 되기도 하지만, 건축시공 기업이 부당한 건축자재를 사용하거나 계약했던 예정 공사기일이 미뤄지고, 건축물의 하자 발생으로 인해 건축시공 기업과 분쟁이 발생한다. 교회 건축은 다른 건축물과 다른 특징을 가지고 있으므로, 설계부터 시공까지 반드시 교회 전문 기업이나 유경험 기업에 의뢰하고, 2개 이상의 기업에 설계 및 견적을 받고 시공기업을 선택해야 한다. 교회 건축은 기업의 재정과 경험도 중요하게 고려해야 하지만, 더 중요한 것은 건축기업 대표자의 마인드나 인격이 아닌가 싶다.

4. 교회 건축과 집단민원

교회를 건축하는 과정에서 주민들의 집단민원(集團民願)이 발생하여 법적 소송으로 이어지는 경우가 많이 발생하고 있다. 그 결과 행정청에서 건축 허가를 내주지 않아서 교회를 건축하지 못하는 사례가 발생하게 된다. 그러므로 교회 건축을 준비하고 있다면, 지역주민들의 민원 발생 가능성을 염두에 두고 건축계획을 해야 하고, 민원 발생에 대비해야 한다. 지역주민의 집단민원이 발생한다고 하여 행정청은 무조건 교회 건축 허가를 반려한다거나 소송에서 패소하여 교회 건축을 할 수 없게 되는 것은 아니다. 행정청(行政廳)은 일단 집단민원이 발생하면 건축 절차와 행위가 아무리 적법했더라도 갖가지 이유를 들어 건축 허가를 반려하는 관행이 있는데, 법원은 건축 신청을 하고 건축법, 도시계획법 등 관계 법규가 정하는 어떠한 제한에도 위반하지 않았다면 허가해 주어야 한다고 판결한다.[4] 부천시 P장례식장이나 김포 풍무동 P장례식장, 전주 A장례식장[5] 등이 건축 과정에서 주민들의 집단민원이 발생하였으나 법원은 주민에게 손해가 발생할 우려가 있다거나 예방을 위해 효력을 정지시켜야 할 긴급한 필요가 인정되지 않는다고 판시하였다. 법원은 집단민원이 발생하더라도 합법적인 행위는 법의 보호를 받아야 한다고 판단하기 때문에 집단민원이 발생했다는 사유만으로 합법적인 건축 허가 신청을 반려하는 행정청의 행위는 위법한 행정처분이 된다.

5. 교회 보상

(1) 개발로 인한 교회 보상과 이전

교회가 구도시 장소에 위치하여 재개발로 인해 교회 이전 사유가 발생하거나 농촌이나 도시 근거리에 위치해 있는 교회의 경우에는 택지 개발 및 도로 건설 등의 사유로 부득이하게 교회를 이전하게 된다. 이때, 교회소유 토지나 건물이 수용되는 경우가 발생하여 그에 따른 보상 및 이전 문제가 발생한다. 그런데 문제는 교회가 상당한 보상을 받지 못하거나 보상이 이루어졌다고 하더라도 교회 이전 등으로 인해 여러 가지 사정상 교인들이 교회를 떠나게 되는 경우가 발생한다는 것이다. 그리고 무엇보다 안타까운 것은 교회 토지나 건물 보상 문제로 평온하던 교회가 갈등과 분쟁의 소용돌이 속으로 빠져들어 교회가 해체되는 결과까지 초래되고 있다는 것이다.

(2) 대토보상제도

택지지구 등의 도시개발이나 재개발로 인해 교회가 현실적으로 상당한 보상을 받

4) 대법원 2003. 4. 25. 선고 2002두3202 판결.
5) 대법원 2004. 6. 24. 선고 2002두3263 판결.

지 못하여 재산상 심각한 손해가 발생하는 경우가 많다. 특히 도로개설이나 도시개발을 할 때, 주변시세를 기준으로 보상하는 것이 아니고, 개별공시지가를 기준으로 감정평가사가 수용대상 토지의 개별적인 특성 등을 비교하여 평가한 가격으로 보상하기 때문에 교회가 보상을 받고 이전하여 건축하는 것이 오히려 재정적으로 큰 부담이 되는 경우가 있다. 대토보상제도는 2007년 7월부터 시행된 제도로서 토지보상금을 효율적으로 관리하기 위해, 각종 공공사업에 편입되는 토지에 대한 손실분에 대해서 현금 대신에 다른 개발된 토지로 보상하는 것을 말한다.

택지지구 등의 도시개발이나 재개발로 인해 성도들의 헌금으로 매입한 토지나 건물을 3년 이상 종교 고유 목적으로 사용하지 아니한 상태에서 양도하게 되는 경우, 면제·비과세되었던 취득세, 등록세 등의 세금과 양도로 인한 양도소득세가 과세된다(지방세특례제한법 제50조).[6] 그리고 성도들로부터 증여를 받아 종교 용도로 사용해왔던 토지나 건축물의 경우에 기부 교인이 상속세를 면제받았고, 교회는 증여세를 면제받았다면(상속 및 증여세법 제16조), 개발로 인해 3년이 되지 않아 면세된 세금이나 양도세 등을 신고납부해야 하는 결과가 발생할 수도 있다. 이 경우 양도세 납부 해결을 위해 몇 가지 방법을 고려할 수 있다. 첫째, 이의 신청(재결)을 통해서 보상금 증액을 요구하는 방법, 둘째, 법원에 이의 청구의 소를 제기하여 증여로 인한 소유권 이전 기일 후 3년이 지나도록 하는 방법, 셋째, 건물 보상과 동시에 토지 보상을 지자체 소유의 땅으로 대토(代土)를 요구하는 방법, 넷째, 사업 시행단체 소유의 땅으로 대토를 요구하는 방법 등이 있다. 대토보상(代土補償)은 증여받은 토지에 대해 보상을 받으면 양도로 인해 양도세를 신고납부해야 하지만, 만약 대토보상을 받게 되면 양도세 감면이나 면제를 받을 수가 있다는 장점이 있다.

---

6) 지방세특례제한법 제50조(종교단체 또는 향교에 대한 면제)

① 종교단체 또는 향교가 종교 행위 또는 제사를 목적으로 하는 사업에 직접 사용하기 위하여 취득하는 부동산에 대해서는 취득세를 면제한다. 다만, 다음 각호의 어느 하나에 해당하는 경우 그 해당 부분에 대해서는 면제된 취득세를 추징한다.

1. 해당 부동산을 취득한 날부터 5년 이내에 수익사업에 사용하는 경우.
2. 정당한 사유 없이 그 취득일부터 3년이 경과 할 때까지 해당 용도로 직접 사용하지 아니하는 경우.
3. 해당 용도로 직접 사용한 기간이 2년 미만인 상태에서 매각·증여하거나 다른 용도로 사용하는 경우.

Ⅲ. 판례

1. 건축법상 허가 대상인 줄 모르고 용도 변경한 경우

(1) 사실관계

목사 甲은 시장 또는 군수의 허가 없이 용도를 변경할 수 없는 근린생활시설인 건축물을 교회로 용도를 변경하여 사용하였다. 용도변경 할 수 없는 건축물을 허가 없이 불법으로 용도를 변경 사용한 행위는 건축법 제54조 제1항, 제5조 제1항 본문, 제48조에 위반되는 행위로서 처벌 대상이었다. 하지만 목사 甲은 자신의 행위가 건축법상 허가대상인 줄 알지 못하여 허가 없이 근린생활시설인 건축물을 교회로 용도 변경한 법률의 착오[7]에 기인한 행위였기 때문에 죄가 되지 않는다고 주장하였다.

(2) 판결요지

자신의 행위가 건축법상 허가대상인 줄 알지 못하여 허가 없이 근린생활시설인 건축물을 교회로 용도 변경한 경우, 피고인이 자신의 행위가 건축법상 허가 대상인 줄 몰랐다는 사정은 단순한 법률의 부지에 불과하므로, 법률의 착오에 해당하는지에 관한 판단에서 법원은 정당한 이유로 볼 수 없다고 판단하였다.

형법 제16조에 의하여 처벌하지 아니하는 경우는 단순한 법률의 부지의 경우를 말하는 것이 아니고, 일반적으로 범죄가 되는 행위이지만 자기의 특수한 경우에는 법령에 의하여 허용된 행위로서 죄가 되지 아니한다고 그릇 인식하고 그와 같이 인식함에 있어 정당한 이유가 있는 경우에는 벌하지 아니한다는 취지이므로, 피고인이 자신의 행위가 건축법상의 허가대상인 줄을 몰랐다는 사정은 단순한 법률의 부지에 불과하고, 특히 법령에 의하여 허용된 행위로서 죄가 되지 않는다고 적극적으로 그릇 인식한 경우가 아니어서 이를 법률의 착오에 기인한 행위라고 할 수 없다.[8]

(3) 해설

'법률의 부지'는 일반적으로 범죄가 된다. 하지만 자기의 특수한 경우에는 법령에

---

7) 형법 제16조(법률의 착오)는 자기의 행위가 법령에 의하여 죄가 되지 아니하는 것으로 오인하는 행위는 그 오인에 정당한 이유가 있는 때에 한하여 벌하지 아니한다.
8) 대법원 1991. 10. 11. 선고 91도1566 판결.

의하여 허용된 행위로서 죄가 되지 아니한다고 그릇 인식하고 그와 같이 인식함에 있어 정당한 이유가 있는 경우에는 벌하지 아니하는 것을 말한다(형법 제16조). 하지만 법원은 자신의 행위가 건축상의 허가대상인 줄을 몰랐다는 사정은 단순한 법률의 부지에 불과하고, 특히 법령에 의하여 허용된 행위로서 죄가 되지 않는다고 적극적으로 그릇 인식한 경우가 아니어서 이를 법률의 착오에 기인한 행위라고 할 수 없다고 판단한 것이다.

근린생활시설인 건축물을 교회로 용도변경을 한 경우 허가가 필요하다. 1종 근린생활시설은 생활에 필수적인 편의를 제공하는 시설(생활에서 가까운 곳에 필요한 것들을 한곳에 모아놓은 시설)을 말하고 제2종 근린생활시설은 생활에 부가적인 편의를 제공하는 시설을 말한다. 종교시설(교회)은 제1종 근린생활시설에서는 불가능하고, 제2종 근린생활시설에서만 가능하다. 부동산을 계약하기 전에 반드시 매입하려는 토지와 건축물대장을 열람하여 건축물의 용도를 확인하고 계약을 해야 한다. 토지에 교회를 건축할 수 있는지, 건물을 교회로 용도 변경할 수 있는지, 확인해야 한다. 문제가 생긴 후에 몰랐다는 등의 개인 사유는 받아들여지지 않는다.

2. 교회 건물에 의한 일조권 침해

(1) 사실관계

주거전용지역에 지하 1층 지상 2층의 교회를 건축하면서 최고 높이 8.4미터, 지하 1층 지상 2층인 철근콘크리트 구조의 교회 건물 1동의 건축 허가를 받아 그 무렵 건축공사에 착수하였는데, 교회가 허가내용과는 달리 연면적을 초과하여 건폐율을 초과하였고, 건축법 소정의 수평거리를 확보하지 아니하여 상당한 일조의 방해를 받아서 하루의 상당한 기간 인접 가옥을 응달에 묻히게 하고, 교회 1, 2, 3층의 각 예배실에서 원고 주택의 가옥 마당과 안방을 관망할 수 있게 되어 생활의 침해를 받고 있다며 소송이 제기되었다.

(2) 판결요지

사람은 쾌적한 일조, 전망, 통풍, 정원 등의 외적 환경 아래에서 또 그의 독립적 지배하에 있는 주택 내부에서는 외부로부터 차단되어 공개되지 아니한 채 자유롭게 생활할 권리를 가지며 이러한 권리를 조화 있게 향유하기 위하여 인접 토지 소유자는 이를 사용, 수익함에 있어서 피차 상당한 제한을 받는다고 할 것이고, 특히 건축물에 관하여는 건축법에서 건축에 관한 최소한의 기준을 정하고 있고, 주거전용지역에 교회를 건축하면서 정북 방향에 있는 대지의 경계선으로부터 건축법 제41조 제4항 및 동법 시행령 제90조 제1항 제1호 소정의 수평거리를 확보하지 아니하여 엄동설한에 인접 가옥을 응달 속에 묻히게 하고 한편 교회 1, 2, 3층에서 그 가옥 내실 등을 관망할 수 있게 함으로써 입게 된 쾌적한 생활환경의 침해는 소유권 행사에 따른 반사적 불이익으로서의 인접 가옥 소유자의 수인한도를 훨씬 넘는 것이어서 그에 대하여 불법행위가 된다고 할 것이므로, 피고는 그로 인한 원고의 손해를 배상할 의무가 있다고 판시하였다.[9]

(3) 해설

사람이 생활하는데 가장 기본적인 요소로 간주하는 것이 의식주 문제일 것이다. 건물(建物)은 사람이 살거나 일하거나 물건을 넣어 두기 위해 지은 집을 통틀어 이르는 말이다. 특히 가족이 거주하는 주거건물(住居建物)은 가정 또는 사회생활을 영위함에 가장 중요한 요소라고 할 수 있다. 주거는 사람이 생명을 유지하고 살기 위해서 행하는 필수적인 활동이 이루어지는 곳으로 자녀를 출산하고 양육하는 터전이며, 노인들이 여생을 편안하게 지낼 수 있는 장소라고 할 수 있다. 즉 직장생활이나 학교생활에서 얻은 긴장감을 해소하고 정신적인 안정을 얻을 수 있는 곳이 바로 집이라고 할 수 있다.

건물의 조건을 결정할 때, 일반적으로 고려하는 가장 중요한 요소가 일조권, 조망권, 경관권 등인데, 근래 개인의 사생활 보호(privacy)가 강조되면서 인격권도 고려해야 하는 중요한 조건에 포함되고 있다. 만약 건물의 고려 요소인 일조, 조망, 경관이 다른 건물에 의하여 침해되거나 침해한다면, 현재 우리나라 법원은 개인이 행사하는 재산권의 행사로 다른 사람에게 피해를 주는 때에 그 위법성에 관하여 분쟁을 해결하기 위해 법원이 내세우는 잣대가 이른바 수인한도론(受忍限度論)[10]이다. 법원

---

9) 서울고등법원 1983. 11. 17. 선고 83나1174 판결.

10) '수인한도론'(受忍限度論)이란 가해자와 피해자의 이익, 즉 가해자 측의 건물이 건축됨으로써 피해자가 받는 일조 등 생활이익의 침해와 가해자의 권리행사의 사회적 타당성을 비교·형량하여 상린자 상호 간에 어느 정도 수인이 필요하며, 그 한계를 넘는 경우에 피해자에게 손해배상청구원이나 방해제거 및 방해예방청구권 등의 구체책을 인정하는 이론으로 우리 법원이 취하고 있는 태도이다.

은 침해행위의 태양, 피침해 이익의 성질, 침해건물의 사회적 용도, 지역성, 토지이용의 선후관계, 가해 방지를 위한 노력 여부 등 모든 사정을 종합적으로 고려하여 판단한다.[11]

(4) 건물건축의 고려 요소

1) 일조권 침해 판단의 기준

일조권(日照權)은 햇볕을 향유 할 수 있는 권리를 말한다. 건물의 신축으로 인하여 이웃 토지의 거주자가 직사광선이 차단되는 불이익을 받은 경우, 그 신축행위가 정당한 권리행사로서의 범위를 벗어나 사법상 위법한 가해행위로 평가되기 위해서는 일조방해의 정도가 사회 통념상 일반적으로 인용되는 수인한도를 넘어야 한다. 일조방해 행위가 사회 통념상 수인한도를 넘었는지 여부는 그 일조방해의 정도, 피해이익의 법적 성질, 가해 건물의 용도, 지역성, 토지이용의 선후관계, 가해 방지 및 피해 회피의 가능성, 공법적 규제의 위반 여부, 교섭 경과 등 모든 사정을 종합적으로 고려하여 판단하여야 한다.[12]

수인한도(受忍限度)의 기준에 관하여는 동짓날을 기준으로 09시부터 15시까지 사이의 6시간 중 일조시간이 연속하여 2시간 이상 확보되지 않게 되었을 뿐만 아니라, 08시에서 16시까지 사이의 8시간 중 일조시간이 통틀어서 최소한 4시간 이상 확보되지 않게 된 사실이 인정되는 경우, 수인한도를 넘는다고 할 수 있다.[13] 법원은 조망권, 일조권과 다르게 일조권 피해를 인정해 오고 있는데, 특별한 사정없는 한 가해 건물주는 피해 건물주가 입은 손해(시가 하락액+위자료)를 배상할 의무가 있다. 일조권 침해로 인한 손해의 배상은 통상 시가 하락액으로 산정하되 손해배상책임은 시가 하락액의 70%로 제한하고, 일조 침해의 정도, 기존 환경에서의 일조 침해 정도, 거주기간 등을 참작하여 일정액의 위자료를 지급한다.

2) 조망권 침해 판단 기준

조망권(眺望權)은 특정 위치에서 자연경관이나 역사유적 등을 바라볼 수 있는 권리를 말한다. 어느 토지나 건물의 소유자가 종전부터 향유 해오던 경관이나 조망이

11) 대법원 2007. 6. 28. 선고 2004다54282 판결.
12) 대법원 2000. 5. 6. 선고 98다56997 판결, 대법원 2004. 9. 13. 선고 2003다64602 판결.
13) 서울고등법원 1996. 3. 29. 선고 94나11806 판결.

생활이익으로서 가치를 가지기 위해서는 법적인 보호의 대상이 되어야 한다. 즉, 특정의 장소가 그 장소로부터 외부를 조망하는 것이 특별한 가치를 가지고 있고, 그와 같은 조망이익의 향유를 중요한 목적으로 하여 그 장소에 건물이 건축된 경우와 같이 당해 건물의 소유자나 점유자가 그 건물로부터 향유하는 조망이익이 사회 통념상 독자적 이익으로 승인될 수 있어야 한다. 기존에 법원은 조망이익에 대한 법적 이익의 근거가 없고, 조망권을 인정하는 경우, 타인의 토지이용에 중대한 제한을 가하게 된다며 조망권을 사법상 권리로 인정하지 않았다. 하지만 근래에는 특별한 경관을 고려하여 건축한 호텔이나 카페의 경우에는 조망권을 재산권 또는 영업권의 하나로 보고 인정해야 한다는 주장이 제기되고 있다.[14]

조망권은 단지 애착을 내포하는 것만으로는 독자적 조망권 가치를 가진다고 볼 수 없고, 조망권이 법적 이익이 되기 위해서는 첫째, 조망 가치가 존재하고, 둘째, 당해 장소, 건물과 조망 간에 물적 관련성이 있어야 하고, 셋째, 조망이익에 사회적 독자성이 있어야 한다.[15] 법원은 조망이익이 법적인 보호의 대상이 되기 위해서는 조망이익의 침해 정도가 사회 통념상 일반적으로 인용되는 수인한도를 넘어야 하는데, 그 수인한도 초과 여부는 조망의 대상이 되는 경관의 내용과 피해건물의 위치 및 구조와 상황, 건축물의 사용 목적, 영업과 같은 경제적 이익, 주관적 성격 등 모든 사정을 종합적으로 고려하여 판단해야 한다. 그러나 아직 건축물이 세워져 있지 않은 경우, 신축 건물이 법률에 따라 정해진 지역의 용도에 적합한 경우, 건물의 높이나 이격거리 등이 법규에 어긋나지 않으며, 조망 향수자가 누리던 조망이익을 부당하게 침해하려는 해의에 의한 것이 아닌 경우에는 비록 조망에 침해가 되더라도 제약할 수 없다.[16]

3) 경관권 침해 판단 기준

경관권(景觀權)은 환경권으로 자연이나 지역의 풍경을 볼 수 있는 권리를 말한다. 우리나라 경관법은 '경관'을 '자연, 인공요소 및 주민의 생활상 등으로 이루어진 일단의 지역 환경적 특징을 나타내는 것'이라고 정의하고 있다. 우리나라 법원은 조망권과 경관권을 구분하지 않고, 유사한 개념으로 취급하는 경향이 있는데,[17] 경관권

---

14) 조은래, 「조망권의 민사법적 보호」, 환경연구, 제26권 제1호, 2004. 4, 253면.
15) 김춘환, 「환경법」, 조선대학교 출판부, 2015, 42면.
16) 대법원 2007. 6. 28. 선고 2004다54282 판결.
17) 대법원 2007. 6. 28. 선고 2004다54282 판결.

은 조망권과 다른 개념이다. 조망권은 특정한 장소를 소유하거나 점유함으로써 향수할 수 있는 개별적·구체적 이익을 말하고, 경관권은 모든 사람이 향유할 수 있는 공공적 이익을 말한다. 경관권은 주장하는 사람의 주관에 의존하기 때문에 그 내용을 확정하는 것에 한계가 있다.[18] 경관권은 아직까지 법적으로 보호할 가치가 있는 법률상 이익으로 평가되고 있지 않지만, 머지않아 경관권도 법률상 이익으로 재평가될 것으로 판단된다.

4) 인격권 침해 판단 기준

인격권(人格權)은 근래에 고층 건물 등의 신축으로 인해 개인의 사생활이 여과 없이 타인에게 노출되는 등으로 인해 입게 되는 정신적 피해 등을 말한다. 인격권 침해가 인정되려면, 개인의 사생활이 수인한도를 초과하는 정도로 침해되는 피해와 손해를 입었음을 인정할만한 증거가 있어야 한다. 하지만 아직까지 신축 건물로 인해 인격권 침해를 인정받는다는 것이 현실적으로 어렵다고 할 수 있다.

3. 교회 건축 허가처분 취소

(1) 사실관계

평창군에 소재하고 있는 A교회는 평창군으로부터 이 사건 건축 허가를 받아 판시 토지 위에 건축공사를 시행하여 원심변론 종결일 이전에 이미 그 건축공사를 완료하고 평창군으로부터 준공검사까지 받았다. 그러나 교회 건축이 허가된 부지가 건축법상의 도로로서 원고들이 출입·통행하는 데 이를 이용하고 있어서 위 건축 허가처분이 결과적으로 위 토지에 대한 원고들의 건축법상 보장된 통행권 또는 통행이익을 침해하는 처분이라며 건축 허가처분의 취소를 구하는 소를 제기하였다.

(2) 판결요지

건축 허가한 부지가 건축법상의 도로로서 출입하고 통행하는 데 이용하고 있어서 건축 허가처분이 건축법상 보장된 통행권 또는 통행이익을 침해하는 처분이라 하더라도 건축공사를 완료하고 준공검사까지 받았다면 건축 허가의 취소를 받아 건축물

18) 김춘환, 위의 책, 46면.

의 건립을 저지함으로써 통행권 또는 통행이익을 확보할 수 있는 단계는 이미 지났고, 또한 건축 허가처분이 취소된다고 하여 바로 통행권 또는 통행이익이 확보되는 것도 아니며, 민사소송으로 건축물의 철거나 손해배상청구를 하는 경우 건축 허가처분의 취소를 명하는 판결이 필요한 것도 아니므로, 건축 허가처분의 취소를 소구할 법률상 이익이 없다고 판시하였다.[19)]

4. 개발제한구역 내 불법 교회 건축

(1) 사실관계

P교회는 도시계획법상 개발제한구역 및 도시공원법상 도시공원에 속하는 이 사건 임야 등 국가 명의로 되어 있는 토지를 매수하여 합계 18개 동을 1개의 단일 건물로 개축할 것을 계획하고, 건축법, 도시계획법, 도시공원법상 아무런 허가를 받지 아니한 채, 3층 종교시설인 교회 건물을 건축하였다. P교회는 교회 건물이 완공된 후 관할 구청에 철거대상 건물 18동을 철거하고 교회 건물을 개축하는 것을 내용으로 하는 건축(개축)허가신청을 하였으나, 관할 구청은 공원용지 무단 점유, 기존 건물의 무단용도 변경, 무단 증축 및 무허가건물 존치 등 원심판시와 같은 사유를 들어 위 건축허가신청을 반려하고, 위법한 건축물인 이 사건 교회건물을 자진 철거하지 않으면 대집행하겠다는 내용의 대집행계고처분을 하였다.

(2) 판결요지

등기부나 건축물관리대장상 대부분 각각 독립된 건물로 등재되었고 사회 통념상 전체가 1개의 건축물에 해당한다고 보기 어려운 기존건축물 18동을 철거하고 그보다 층수가 많고 높이가 높은 교회 건물을 축조하는 행위는 증축이나 개축에 해당하지 아니하고 신축에 해당한다. 도시공원 안에서 공원시설 이외의 시설·건축물 또는 공작물을 설치하고자 하는 자는 공원관리청의 점용허가를 받아야 하는데, 기존건축물의 개축·재축 또는 대수선 및 종교용 시설인 기존건축물의 일정 범위 내의 증축은 점용허가는 가능하나 종교용 시설의 신축은 점용허가가 불가능하여 허용되지 않는다. 따라서 개발제한구역 및 도시공원에 속하는 이 사건 임야상에서 종교시설을

---

19) 대법원 1992. 4. 28. 선고 91누13441 판결.

신축하는 것은 위에서 본 바와 같이 이 사건 처분 당시의 도시계획법령 및 도시공원법령에 저촉되어 불가능하므로 이 사건 교회 건물이 합법화될 가능성은 없다고 할 것이다. 그리고 신축된 위법한 건축물인 대형교회 건물의 합법화가 불가능한 경우, 교회 건물의 건축으로 공원 미관 조성이나 공원 관리 측면에서 유리하고, 철거하게 될 경우, 막대한 금전적 손해를 입게 되어 신자들이 예배할 장소를 잃게 된다는 사정을 고려하더라도 위 교회 건물의 철거 의무의 불이행을 방치함은 심히 공익을 해한다고 보아야 한다고 판시하였다.[20]

5. 자연녹지지역 사회복지시설을 교회 용도로 전용

(1) 사실관계

K사회복지시설은 도시계획법상 자연녹지지역 내의 답으로 일반건축물과 교회시설 등의 건축이 불가능하고, 사회복지시설의 건축은 가능하므로 보건사회부 장관의 농지전용추천을 받아 서울특별시장으로부터 도시계획시설(사회복지시설) 결정을 얻고 피고로부터 도시계획사업(사회복지시설) 실시계획을 인가를 받아 건축한 사회복지시설 건축을 완료한 후에 A교회에 임대하여 사실상 교회 전용시설로 사용하면서 사업복지사업을 전혀 시행하지 아니하고 여러 차례의 사회복지시설사업 활성화 및 시설물 정비 등 시정명령을 이행하지 아니하자, 관할 행정청이 사회복지시설의 설치·운영 허가의 취소처분을 내렸다.

(2) 판결요지

사회복지법인은 그가 행하는 사업에 지장이 없는 범위 안에서 정관이 정하는 바에 의하여 그 사업 운영에 충당하기 위하여 수익사업을 행할 수 있으나, 사회복지시설은 그 시설을 이용하여 사회복지사업을 하는 사회복지법인의 목적용 기본재산으로 원칙적으로 그 시설은 사회복지사업 자체에 사용해야 하고, 그 주요 부분이나 대부분을 사회복지사업 자체가 아닌 다른 수익사업에 이용케 하는 것은 사회복지사업의 수행에 지장을 초래하게 하는 것으로 그 수익사업으로 얻게 되는 수익을 사회복지사업에 직접 또는 간접으로 쓴다고 할지라도 사회복지시설 설치·운영의 본질에

---

20) 대법원 2000. 6. 23. 선고 98두3112 판결.

반하는 것으로 허용될 수 없다.

사회복지법인이 교회시설은 물론 일반건축물의 건축도 허용되지 아니하는 자연녹지지역에 사회복지시설로 허가받아 건축한 사회복지시설을 사실상 교회의 전용시설로 사용하면서 사업복지사업을 전혀 시행하지 아니하고 수차의 사회복지시설사업 활성화 및 시설물 정비 등 시정명령을 이행하지 아니한 경우, 이를 이유로 한 사회복지시설의 설치·운영 허가의 취소처분은 재량권의 일탈·남용에 해당하지 않는다고 판시하였다.[21)]

6. 토지 양도에 대한 특별부가세 부과 처분

(1) 사실관계

甲은 종교의 보급 기타 교화를 목적으로 설립된 법인으로 원고재단 소속 교회를 짓기 위하여 그 신도들의 헌금으로 서울 강남구 소재 X임야를 매수하여 그 A교회 부지로 특정하여 원고의 기본재산에 편입시켜 설계 등 신축 준비를 하여 오던 중 그 일대가 토지구획정리사업지구(올림픽 선수촌 건설지구)로 지정되어 건축이 제한됨으로써 교회를 지을 수 없게 되자 주무관청인 문화공보부 장관으로부터 위 토지를 처분하여 그 처분금과 신도들의 헌금으로 서울 강동구 잠실동 소재 토지 3필지를 매수하되 그 취득과 동시에 원고 법인의 기본재산에 편입하고 A교회 부지로 사용하여야 한다는 조건 아래 기본재산 전환 인가를 받아 소외 乙과 사이에 그 소유의 위 3필지 토지와 원고 소유의 위 임야를 교환한 다음 위 3필지 토지상에 교회를 신축하여 이용해 왔으나 관할청은 특별부가세를 부과하였다.

(2) 판결요지

종교의 보급 기타 교화를 목적으로 설립된 법인이 그 재단 소속 교회를 짓기 위하여 교회 부지로 용도를 특정하여 부동산을 매수하고 기본재산에 편입시켜 설계 등 신축 준비를 하던 중 당국의 토지구획 정리사업의 시행으로 교회를 지을 수 없게 되자 주무관청인 문화공보부 장관의 인가를 받아 소외인 소유의 토지와 교환하여 그 위에 교회를 신축하여 사용해 온 것이 인정되므로, 위 토지의 양도는 법인세법 제59

21) 대법원 2000. 6. 23. 선고 98두11120 판결.

조의3 제1항 제17호에 해당하여 그로 인하여 발생한 소득에 대하여서는 특별부가세를 부과할 수 없다고 판시하였다.22)

7. 교인총회 결의 없이 담임목사가 재건축 동의

(1) 사실관계

서울 용산 A교회는 재개발조합의 설립 및 사업 시행에 관한 동의를 함에 있어 담임목사 甲이 교회 교인들 총회의 결의를 거치지 아니하고, 그 개인 명의로 동의서를 작성하여 인감도장을 날인하고 인감증명서를 첨부하여 제출하였다.

(2) 판결요지

교회는 일반적으로 권리능력 없는 사단이라 할 것이므로, 그 재산의 귀속 형태는 총유로 봄이 상당하고, 따라서 교회 재산의 관리와 처분은 그 교회의 정관 기타 규약에 의하고, 그것이 없는 경우에는 그 소속 교회 교인들 총회의 과반수 결의에 의하여야 하므로, 토지나 건축물을 소유한 교회가 재개발조합의 설립 및 사업 시행에 대하여 동의를 하는 때에도 정관 기타 규약이 없으면 교인들 총회의 과반수 결의에 의하여야 한다. 또한 재개발사업이 시행될 경우, 재개발구역 내 토지 등 소유자의 권리에 미치는 영향의 중대성에 비추어 재개발사업에 동의한 자가 동의하지 아니한 자에 비하여 많다거나 재개발사업을 시행하지 못하게 됨으로써 사업 시행에 동의한 사람들이 생활상의 고통을 받는다는 사정만으로는 재개발조합설립 및 사업 시행인가 처분을 취소하는 것이 현저히 공공복리에 적합하지 아니하다고 할 수 없다. 따라서 A교회 담임목사 甲이 교인총회 결의 없이 제출한 A교회의 재개발조합의 설립 및 사업 시행에 대한 동의서는 무효이므로 효력이 없다고 판시하였다.23)

(3) 해설

교회 재산의 귀속 형태는 총유로 교회 재산의 관리와 처분은 그 교회의 정관, 기타 규약에 의하고(민법 제275조), 그것이 없는 경우에는 그 소속 교회 교인들 총회의 과반수 결의에 의하여야 하고(민법 제276조), 총유물에 관한 사원의 권리의무는 사원

22) 대법원 1986. 6. 24. 선고 85누189 판결.
23) 대법원 2001. 6. 15. 선고 99두5566 판결.

의 지위의 취득상실에 의하도록 규정하고 있다(민법 제277조). 따라서 토지나 건축물을 소유한 교회가 재개발조합의 설립 및 사업 시행에 대하여 동의를 하는 때에도 교회정관, 기타 규약이 없으면 교인 총회의 과반수 결의가 있어야 한다.

8. 교회시설을 위장한 납골당과 환경권 침해

(1) 사실관계

A교회는 X토지를 매입하고 납골당을 설치하기 위해 관할 행정청에 종교단체 납골당 설치 신고를 하였고, 관할 시장은 구(舊) '장사 등에 관한 법률'에 따라 필요한 시설을 설치하고 유골을 안전하게 보관할 수 있는 설비를 갖추어야 하며 관계 법령에 따른 허가 및 준수 사항을 이행하여야 한다는 취지의 납골당 설치 신고사항 이행통지를 하였다. 그러나 납골당 설치 장소에서 500m 내에 거주하는 20여 가구의 주민들은 납골당 설치에 대하여 환경 이익 침해 또는 침해 우려가 있는 것으로 추정된다며 소를 제기하였다.

(2) 판결요지

구(舊) '장사 등에 관한 법률'(2007. 5. 25. 법률 제8489호로 전부 개정되기 전) 제14조 제3항, 구 장사 등에 관한 법률 시행령(2008. 5. 26. 대통령령 제20791호로 전부 개정되기 전) 제13조 제1항 [별표 3]에서 납골묘, 납골탑, 가족 또는 종중·문중 납골당 등 사설 납골시설의 설치장소에 제한을 둔 것은, 이러한 사설 납골시설을 인가가 밀집한 지역 인근에 설치하지 못하도록 하여 주민들의 쾌적한 주거, 경관, 보건위생 등 생활 환경상의 개별적 이익을 직접적·구체적으로 보호하려는 데 취지가 있으므로, 이러한 납골시설 설치장소에서 500m 내에 20호 이상의 인가가 밀집한 지역에 거주하는 주민들은 납골당 설치에 대하여 환경상 이익 침해를 받거나 받을 우려가 있는 것으로 사실상 추정된다. 다만 사설 납골시설 중 종교단체나 재단법인이 설치하는 납골당에 대하여는 그와 같은 설치장소를 제한하는 규정을 명시적으로 두고 있지 않지만, 종교단체나 재단법인이 설치한 납골당이라 하여 납골당으로서 성질이 가족 또는 종중, 문중 납골당과 다르다고 할 수 없고, 인근 주민들이 납골당에 대하여 가지는 쾌적한 주거, 경관, 보건위생 등 생활 환경상의 이익에 차이가 난다고 볼 수 없다. 따라서 납골당 설치장소에서 500m 내에 20호 이상의 인가가 밀집한 지역에 거주하는 주민들에게는 납골당이 누구에 의하여 설치되는지를 따질 필요 없이 납골당 설치에 대하여 환경 이익 침해 또는 침해 우려가 있다고 판시하였다.24)

9. 오래된 교회의 공용수용

서울시가 서울성곽 복원을 포함한 공원화 사업을 위해 성곽 인근에 소재하던 오래된 A교회 부동산을 편입하여 도시계획시설 결정을 고시한 사안에서, A교회의 역사는 길지만 건물이 노후화하여 이를 보존할 문화적 가치는 없고, 절차적으로도 의견수렴 과정을 충분히 거쳤기 때문에 서울시의 행정조치는 재량권일탈이 아니라고 판시하였다.25)

10. 교회 재산의 공용수용

서울시의 도시계획시설 결정과 중앙토지수용위원회의 수용재결에 따라 교회 부동산에 대한 수용보상금이 법원에 공탁되고 소유권 이전 등기까지 서울시로 이전된 사안에서, 도시계획시설 결정의 유효성이 법원판결로서 확정된 이상 그 기판력은 후행 토지수용 재결처분에도 미친다고 판시하였다.26)

11. 종교시설 건축 불허가처분

(1) 사실관계

종교시설(지상 3층)을 건축하기 위하여 건축허가신청을 하였으나, 담당기관은 관련부서와 건축복합민원 협의회를 거쳐, 종교집회장이 건립될 경우 인근주민들과 공존하지 못하고 상호갈등이 예상되어 「건축법」의 입법취지 및 목적에 위배되며, 신청지역 반경 200m 이내에 학교가 3곳이 인접하여 평소 차량통행이 많은 곳으로 집회장에 약100명을 수용할 경우 5면의 주차장만으로 불법 주정차로 주민불편이 가중될 것이고, 주거환경과 부조화로 무분별한 종교집회장 건립 규제가 필요하다는 등의 이유로 건축불허가처분을 하였다.

24) 대법원 2011. 9. 8. 선고 2009두6766 판결.
25) 서울행정법원 2009. 7. 24. 선고 2009구합3392 판결.
26) 서울고등법원 2015. 10. 13. 선고 2015누1139 판결.

(2) 판결요지

건축물 허가와 관련한 판례에 의하면 "건축 허가권자는 건축허가 신청이 건축법, 도시계획법 등 관계 법규에서 정하는 어떠한 제한에 배치되지 않는 이상 당연히 같은 법조에서 정하는 건축허가를 하여야 하고 위 관계 법규에서 정하는 제한 사유 이외의 사유를 들어 거부할 수는 없으며, 중대한 공익상의 필요가 없음에도 불구하고, 요건을 갖춘자에 대한 허가를 관계법령에서 정하는 제한 사유 이외의 사유를 들어 거부할 수는 없다.[27]

교회를 건축하고자 하는 토지는 용도지역이 제2종 일반주거지역으로서 이 건 종교시설을 건축하는데 있어서 건축법령 또는 관계 법령에 의하여 어떠한 제한을 하는 규정이 없으며, 다른 특별한 제한 사유가 없음에도 건축법령의 입법 목적에 적합하지 않다는 이유를 들어 기속행위인 건축허가를 불허가 처분한 것은 위법·부당하다 할 것이다. 또한 피청구인의 이 건 처분으로 주민이 얻게 될 공익에 비해 청구인이 입게 되는 사익의 침해 또한 적지 않다고 볼 때, 피청구인의 주장은 이유 없다고 할 것이며, 피청구인의 이 건 처분은 법령을 잘못 적용한 위법·부당한 처분이라 할 것이므로 건축불허가처분은 취소됨이 마땅하다.[28]

27) 대법원 2003. 4. 25. 선고 2002두3202 판결.
28) 행심 제2008－197.

제2절 ‖ 교회 상가 임대

Ⅰ. 상가건물 임대차보호법

1. 상가건물 임대차보호법 개념

상가건물 임대차보호법(商街建物 賃貸借保護法)은 2001년 상가건물 임대차에 관하여 민법에 대한 특례를 규정하여 국민 경제생활의 안정을 보장함을 목적으로 제정되었다. 상가건물 임대차보호법은 상가건물 임대차에 있어서 건물주와 상가 세입자 관계에서 사회적, 경제적 약자인 상가건물 임차인(賃借人, 세입자)의 권리를 보호하기 위한 법률이다. 상가건물 임대차보호법이 규정하고 있는 사항은 민법의 적용이 배제된다. 다만 연체 차임이 2회분일 경우(연속적 연체일 필요는 없고 해지 통보를 할 필요도 없음)에는 상가건물 임대차보호법(제10조 제1항 제1호)[29]이 적용되는 것이 아니라, 민법의 규정(민법 제640조)을 적용하여 갱신 전부터 차임을 연체하기 시작해 갱신 후에 차임 연체액이 2회분에 이른 경우에도 임대인은 차임 연체로 인해 갱신을 거절할 수 있다.

2. 상가건물 임대차보호법 개정

2018년 9월 상가건물 임대차보호법 개정안이 통과되었다. 개정안의 중요 내용은 첫째, 모든 점포를 대상으로 임차인의 계약갱신 요구권(契約更新 要求權) 행사 기간이 5년에서 10년으로 늘어났으며, 건물주가 바뀌더라도 10년 계약갱신 요구권을 보장하도록 하고 있다(상가건물 임대차보호법 제10조).[30] 둘째, 권리금 관련 규정을 전통시장에도 적용하고, 임차인이 권리금(權利金)을 회수할 수 있는 보호기간이 임대차 종료 3개월에서 6개월 전으로 확대하였다(상가건물 임대차보호법 제10조의4). 임대인(賃貸人)은 계약갱신 요구 거절 가능 사유 외에는 임대차 기간이 끝나기 6개월 전부터 임대차 종료 시까지 정당한 사유 없이 임차인이 주선한 신규 임차인이 되려는 자와

---

29) 상가건물 임대차보호법 제10조(계약갱신 요구 등)

① 임대인은 임차인이 임대차 기간이 만료되기 6개월 전부터 1개월 전까지 사이에 계약갱신을 요구할 경우 정당한 사유 없이 거절하지 못한다. 다만, 다음 각호의 어느 하나의 경우에는 그러하지 아니하다.

1. 임차인이 3기의 차임액에 해당하는 금액에 이르도록 차임을 연체한 사실이 있는 경우.

30) 2018년 10월 16일 최초로 체결되거나 갱신되는 임대차부터 적용한다.

의 임대차 계약 체결을 거절해 권리금 계약에 따라 임차인이 권리금을 지급 받는 것을 방해해서는 안 된다(상가건물 임대차보호법 제10조 제1항). 셋째, 환산보증금(換算保證金)[31] 기준으로 소규모 상점의 임차보증금(賃借保證金)이나 월세 인상률을 기존 계약금의 5%를 초과해 증액할 수 없다(상가건물 임대차보호법 제11조). 넷째, 상가 임대차 관계를 등기하지 않고, 임차인이 건물을 인도받고 사업자등록을 하는 경우, 다음 날부터 제삼자에게 대항할 수 있는 권리가 발생한다(상가건물 임대차보호법 제3조). 대항력(對抗力)과 확정일자(確定日字)를 갖추면 해당 건물을 경매나 공매할 때, 후 순위 권리권자보다 임차인이 보증금을 우선 변제받을 수 있는 권리가 생긴다.

3. 상가건물 임대차보호법 적용 범위

상가건물 임대차보호법이 적용되려면 부가가치세법 제5조, 소득세법 제168조, 법인세법 제111조의 규정에 따른 사업자등록의 대상이 되는 상가건물이어야 하고, 환산보증금이 일정 금액의 범위 이내이어야 한다(상가건물 임대차보호법 시행령 제2조). 환산보증금은 2019년 서울은 9억 원, 수도권 과밀 억제지역은 6억 9천만 원, 광역시는 5억 4천만 원, 그 밖의 지역은 3억 7천만 원 이하이다. 상가건물 임대차보호법 개정안은 환산보증금을 초과하는 경우, 재건축이나 재개발 등의 경우, 백화점, 복합쇼핑몰 등 대규모(면적 3,000㎡ 이상) 점포 또는 준대규모 점포의 경우에는 예외로 하고 있다. 다만 환산보증금이 초과하더라도 대항력, 계약갱신 요구권, 임차인의 권리금 회수 기회 보호 등은 적용된다.

4. 상가 임대차 계약

(1) 임대인의 계약 해지권

상가 임대인(賃貸人)과 임차인(賃借人) 사이에 상가 임대차 계약이 성립하게 되면, 임대인은 아무 때나 임대차 계약을 해지할 수 없게 된다. 그러나 임대인은 임차인의 차임연체액(借賃延滯額)이 2기의 차임액에 달하는 때에는 계약을 해지할 수 있다(민법 제640조).[32] 민법 제640조는 차임의 연체를 이유로 임대인이 계약을 해지할 수

---

31) 환산보증금 계산은 [보증금+(차임×100)]이다.

32) 민법 제640조(차임 연체와 해지)

건물 기타 공작물의 임대차에는 임차인의 차임연체액이 2기의 차임액에 달하는 때에는 임대인은

있는 근거를 명문화함으로써 임차인에게 차임 지급 의무의 성실한 이행을 요구하는 데 그 취지가 있다.[33] 임대인은 임대차 기간이 만료되기 전이라도 해지권(解止權)을 행사하여 신뢰를 상실한 임차인과 사이의 계약관계를 더 이상 유지하지 않고 곧바로 계약관계를 해소할 수 있다. 차임연체액이 2기에 달하는 때는 최초의 계약 이후에 연속해서 2회에 걸쳐서 차임을 연체했을 경우 또는 비연속 2기에 걸쳐 차임을 연체했을 때, 계약을 해지할 수 있다는 뜻이다. 비연속 2기란, 1차 계약을 갱신하고 1기 차임 연체를 했고, 2차 계약을 갱신하고 1기 차임 연체를 했다면 2기에 달한 것으로 본다. 임대차 계약의 해지사유인 '임차인의 차임연체액이 2기의 차임액에 달하는 때'에 해당하므로, 임대인은 2기 이상의 차임 연체를 이유로 갱신된 임대차 계약을 해지할 수 있다.[34]

(2) 임대인의 갱신 요구 거절권

임대인은 임차인이 임대차 기간이 만료되기 6개월 전부터 1개월 전까지 사이에 계약갱신을 요구할 경우, 정당한 사유 없이 거절하지 못한다(상가건물 임대차보호법 제10조 제1항).[35] 다만, 임차인이 3기의 차임액에 해당하는 금액에 이르도록 연체한 사실이 있는 경우, 또는 임차인의 차임연체액이 3기의 차임액에 달하는 때에는 임차인의 계약갱신을 요구하더라도 계약갱신을 거절할 수 있다(상가건물 임대차보호법 제10조의8). 상가건물의 임차인에게 계약갱신 요구권을 부여하여 권리금이나 시설 투자 비용을 회수할 수 있도록 임차권의 존속을 보장하되, 임차인이 종전 임대차의 존속 중에 '3기의 차임액에 해당하는 금액에 이르도록 차임을 연체한 사실이 있는 경우'에는 당사자 사이의 신뢰를 기초로 하는 임대차 계약관계를 더 이상 유지하기 어려우므로, 임대인이 임차인의 계약갱신 요구를 거절할 수 있도록 함으로써 그러한 경우에까지 임차인의 일방적 의사에 의하여 계약관계가 연장되는 것을 허용하지 아니한다는 것이다.[36] 여기서 3기의 차임액이란 임차인이 계약갱신 요구권을 행사할

계약을 해지할 수 있다.

33) 대법원 2014. 7. 24. 선고 2012다58975 판결.

34) 대법원 2014. 7. 24. 선고 2012다28486 판결.

35) **상가건물 임대차보호법 제10조(계약갱신 요구 등)**

① 임대인은 임차인이 임대차 기간이 만료되기 6개월 전부터 1개월 전까지 사이에 계약갱신을 요구할 경우, 정당한 사유 없이 거절하지 못한다. 다만, 다음 각호의 어느 하나의 경우에는 그러하지 아니하다.

1. 임차인이 3기의 차임액에 해당하는 금액에 이르도록 차임을 연체한 사실이 있는 경우.

36) 대법원 2014. 7. 24. 선고 2012다58975 판결.

당시에 3기분에 이르는 차임액을 연체하고 있는 상태를 말하는 것은 아니라, 3기의 차임액을 연체한 사실이 있는 때를 말한다.

(3) 상가건물 임대차보호법 묵시적 갱신

임대인은 임차인에게 1개월 전까지 임차인에게 갱신 거절의 통지 또는 조건 변경의 통지를 하지 아니한 경우에 그 기간이 만료된 때에 전 임대차와 동일한 조건으로 다시 1년 기간 동안 묵시적 갱신한 것으로 본다. 그러나 임차인은 언제든지 임대인에게 계약 해지의 통고를 할 수 있고, 임대인이 통고를 받은 날부터 3개월이 지나면 효력이 발생한다(상가건물 임대차보호법 제10조 제5항). 환산보증금을 초과하는 임대차 계약의 경우, 임대차 기간이 만료한 후 임차인이 임차물의 사용, 수익을 계속하는 경우, 임대인이 상당한 기간 내에 이의를 제기하지 않는다면 전 임대차와 동일한 조건으로 다시 임대차한 것으로 본다. 당사자는 기간의 약정 없는 임대차의 해지 통고 규정에 따라 언제든지 계약 해지 통고를 할 수 있고, 임대인이 해지를 통고한 때에는 6개월, 임차인이 해지를 통고한 때에는 1개월이 경과하는 때에 해지의 효력이 생긴다(민법 제639조 및 제635조).

(4) 임대인의 계약 해지권과 갱신 요구 거절권 구별

임대인의 계약 해지권은 민법 제640조에서 규정하고 있고, 상가건물 임대차보호법 제10조 제1항 제1호는 민법 제640조에 대한 특례에 해당하지 않는다. 대법원은 민법 제640조는 임대인과 임차인 간의 기본적인 권리 의무 관계를 규율하는 것으로, '임대인의 계약 해지권'을 말하고, 임차인의 계약갱신 요구권의 제한과 관련된 규정인 상가건물 임대차보호법 제10조 제1항 제1호는 '임대인의 갱신 요구 거절권'으로, 민법 제640조와 상가건물 임대차보호법 제10조 제1항 제1호는 그 행사 시기, 효과가 서로 다르다고 판시하였다.[37] 하지만 민법 제640조에 대한 특칙으로 상가건물 임대차보호법 제10조의8 조항이 신설되었고, 차임연체액이 3기의 차임액에 달하는 때에 임대인은 임대차 계약을 해지할 수 있게 되었다.

(5) 임차인의 계약갱신 요구권

상가건물 임대차보호법에서는 상가 임차인에게 특별히 불리한 약정은 그 효력이

37) 대법원 2014. 7. 24. 선고 2012다28486 판결.

없다고 규정되어 있다(상가건물 임대차보호법 제15조).[38] 상가건물 임대차보호법 개정으로 임차인은 최초의 임대차 기간을 포함한 전체 임대차 기간 10년까지 계약갱신을 요구할 수 있고, 임대인은 상가건물 임대차보호법 제10조 제1항 제1호의 경우를 제외하고는 계약갱신을 거절할 수 없다(상가건물 임대차보호법 제10조).[39] 상가건물 임대차보호법 개정으로 2018년 10월 16일 이후에 계약하거나 갱신한 때에 한하여 개정 법률에 따른 적용을 받게 된다.

Ⅱ. 교회와 상가 임대

1. 교회 개척과 상가 임대

개척(開拓)하는 교회가 처음부터 대지를 매입하고 교회 건축을 한다는 것은 쉽지 않은 일이다. 큰 교회에서 분리 개척을 하지 않는 이상 대부분 경제적 사정이 어려운 목회자들이나 열악한 환경에서 개척하는 교회들은 상가를 임대차하여 교회를 개척하게 된다. 그러나 상가를 임대차하여 교회를 개척하는 경우, 임대인이나 상가 상인들과 크고 작은 갈등과 분쟁이 발생하는 까닭에 건물주 임대인들은 교회는 가능한 임대차 계약을 잘 맺으려고 하지 않는 경우가 많다. 또한 주택법, 상가건물 임대차보호법, 주택임대차보호법 등 법률상 상가나 주택에서 교회를 개척하기에 있어서 여러 가지 법적인 규제 대상이 되는 등 많은 제한을 받고 있다. 또한 상가교회는 성도들이 상가를 꺼리는 특성 때문에 교회 부흥에도 많은 제약이 따르는데, 여기에 법률 위반으로 행정제재를 받거나 과태료를 부과받거나 임대인의 사업 실패 등 과실로 인해 건물이 매매 또는 경매되어 보증금을 잃고 경제적인 손실을 당하는 등 이중고를 겪기도 한다.

---

38) 상가건물 임대차보호법 제15조(강행규정)
이 법의 규정에 위반된 약정으로서 임차인에게 불리한 것은 효력이 없다.

39) 상가건물 임대차보호법 제10조(계약갱신 요구 등)
① 임대인은 임차인이 임대차 기간이 만료되기 6개월 전부터 1개월 전까지 사이에 계약갱신을 요구할 경우 정당한 사유 없이 거절하지 못한다. 다만, 다음 각호의 어느 하나의 경우에는 그러하지 아니하다.
1. 임차인이 3기의 차임액에 해당하는 금액에 이르도록 차임을 연체한 사실이 있는 경우.
② 임차인의 계약갱신 요구권은 최초의 임대차 기간을 포함한 전체 임대차 기간이 10년을 초과하지 아니하는 범위에서만 행사할 수 있다.

2. 교회와 상가건물 임대차보호법

교회는 영리 목적이 아닌 비사업·비영업 단체에 해당하기 때문에 상가건물 임대차보호법 적용대상이 되지 못하고, 보호를 받지 못한다(상가건물 임대차보호법 제2조).[40] 상가건물 임대차보호법의 적용을 받으려면 사업자등록을 하고 영업행위를 하여야 한다. 상가건물 임대차보호법은 임차인을 보호하는 법률이지만, 아쉽게도 교회는 상가건물 임대차보호법의 적용대상이 되지 않기 때문에 임대차 관련 문제가 발생하더라도 상가건물 임대차보호법의 보호를 받지 못한다.

상가건물 임대차보호법은 영세 상인을 보호하기 위해 제정된 법률로 사업자등록을 하고 사업장을 영리 목적으로 사용하는 때에 해당한다(상가건물임대차보호법 제2조). 그러나 교회는 비영리 단체로 고유번호를 발급받으며, 영리 목적의 사업자가 아니기 때문에 계약갱신 요구권이나 우선변제권(于先辨濟權) 등 상가건물 임대차보호법에 의한 보호를 받을 수 없는 것이다. 교회는 어린이집, 동호회, 종중 사무실 등과 같이 민법을 적용받아 10년이 아닌 5년이면 계약이 종료되고, 임대인이 계약기간이 종료되기 전에 재계약 의사를 거부한다면 상가건물 임대차보호법이 적용되지 않기 때문에 교회는 건물을 명도해 주어야 한다.

3. 교회와 주택임대차보호법

교회는 상가건물 임대차보호법뿐만 아니라, 주택임대차보호법의 적용도 받을 수 없다(주택임대차보호법 제2조). 임대한 주택을 주거 목적이 아닌 종교 활동을 위한 예배 등의 목적으로 사용한 때에는 주택임대차보호법 적용을 받을 수 없다. 법원은 주택임대차보호법의 입법목적은 주거용 건물에 관하여 민법에 대한 특례를 규정함으로써 국민의 주거생활의 안정을 보장하려는 것이고(제1조), 사회적 약자인 임차인을 보호하려는 입법목적과 제도의 취지 등을 고려할 때, 임대차계약을 체결하고 전입신고를 마치고, 그곳에 거주하여 형식적으로 주택임대차로서의 대항력을 취득한 외관을 갖추었다고 하더라도 임대차 계약의 주된 목적이 주택을 사용·수익하려는 것에

---

40) 상가건물 임대차보호법 제2조(적용 범위)
① 이 법은 상가건물(제3조 제1항에 따른 사업자등록의 대상이 되는 건물을 말한다)의 임대차(임대차 목적물의 주된 부분을 영업용으로 사용하는 경우를 포함한다)에 대하여 적용한다. 다만, 제14조의2에 따른 상가건물 임대차위원회의 심의를 거쳐 대통령령으로 정하는 보증금액을 초과하는 임대차에 대하여는 그러하지 아니하다.

있는 것이 아닌 경우에는 임차인에게 주택임대차보호법이 정하고 있는 대항력을 부여할 수 없다고 판시하였다.[41] 다만 주택을 사택으로 임대차한 때에 주택임대차보호법의 보호를 받을 수 있으나 그것도 교회 명의가 아닌 목사 개인 명의의 임차일 경우에만 보호를 받을 수 있다. 그러므로 상가건물 임대차 또는 주택임대차이든 가장 좋은 방안은 임대차 계약보다는 전세계약(傳貰契約)을 체결하여 전세권 설정이나 임차권 등기를 하는 것이지만, 임대인들이 등기부에 기재되는 전세권 설정이나 임차권 등기를 위해 동의해 주려고 하지 않는다. 결국 재정적인 여력이 되지 않는 상황에서 교회 개척을 할 때, 상가 임대차를 할 수밖에 없기에 임대차 관련 법률이나 임대차 계약과 같은 사항들을 알아 둘 필요가 있다.

4. 종교시설 및 상가 임대차계약

(1) 건축법상 종교시설

건축법상 종교시설 허가는 근린생활시설로 허가되는 교회와 그 제한과 규정이 다르다. 교회는 건축법상 제2종 근린생활시설인 '종교집회장'은 건물 연면적(같은 건축물에 해당 용도로 사용하는 바닥면적의 합계)이 500㎡ 미만인 경우를 말하고, '종교시설'은 종교집회장으로서 제2종 근린생활시설에 해당하지 아니하는(바닥면적 합계가 500㎡ 이상) 것을 말한다(건축법시행령 제3조의5). 만약 1,000㎡ 이상이 되는 A상가 건물이 종교시설로 허가가 나기 위해서는 그 상가건물은 인접 지대에서 3m 이상, 주 통로 입구가 도로에서 4m 이상 각각 떨어져야 한다.

(2) 상가 임대차계약 주의사항

1) 한 건물에 1개 처 교회만 입주

교회가 상가건물을 계약하고자 하는 경우, 다른 교회의 입주 여부를 확인하고, 반드시 한 건물에 1개 처 교회만 입주하도록 한다는 내용을 계약서에 명시해야 한다. 한 상가에 2개의 교회가 존재하는 때, 외부의 부정적인 이미지를 받을 수밖에 없고, 특히 근린생활시설(소매업)로 허가해 있는 경우에는 무단 용도변경에 해당하게 되어 이행강제금(履行强制金)을 낼 수도 있기 때문이다. 따라서 2번째 입주한 교회는 먼저 입주한 교회가 면적 500㎡를 넘게 되면, 2번째 입주한 교회는 교회로서의 허가가

---

41) 대법원 2001. 5. 8. 선고 2001다14733 판결, 대법원 2003. 7. 22. 선고 2003다21445 판결.

사실상 불가능해 계속하여 교회로 사용을 할 수 없게 되며, 결국 무단 용도변경의 사유로 이행강제금이 부과될 수 있다.

2) 상가건물 임대차계약과 전세권 설정 등기

상가건물 임대차보호법은 임차인은 사업자등록 신청과 건물 인도를 통해 대항력을 갖게 되고, 확정일자를 통해 유사시 후순위 권리자와 그 밖의 채권자보다 선순위로 보증금을 변제받을 권리를 갖도록 하였지만, 비영리법인에 해당하는 교회는 사업자등록증이 아닌 고유번호증(固有番號證)을 발급받기 때문에 확정일자를 받지 못한다. 상가건물 임대차 교회는 반드시 임대차 계약보다는 전세계약을 체결하여 전세권 설정이나 임차권 등기를 해야 한다. 전세권 설정이나 임차권 등기를 필하면, 건물주가 건물을 매도하거나 법원경매로 소유권이 넘어가더라도 임차보증금을 돌려받을 수 있다.

Ⅲ. 판례

1. 공부상 근린생활시설을 임차하고 거주하다 교회로 사용

(1) 사실관계

공부상 근린생활시설을 임차하여 가족과 함께 전입신고를 하고 입주를 하고 거주하다가 약 1년 후부터 주된 목적을 교회 용도로 사용해 왔고, 건물의 구조가 예배실 60%이고, 방 2칸과 주방 40%를 차지하고 있다. 그리고 경매 1년 전부터 다른 아파트에 거주하다 배당기일 3일 전 다시 전입 후 1심판결 선고 후에 다시 아파트로 전출하였다.

(2) 판결요지

주택임대차보호법 제2조 소정의 주거용 건물에 해당하는지 여부는 임대차 목적물의 공부상 표시만을 기준으로 할 것이 아니라 그 실지 용도에 따라서 정하여야 하고 건물 일부가 임대차의 목적이 되어 주거용과 비주거용으로 겸용되는 때에는 구체적인 사항에 따라 그 임대차의 목적, 전체 건물과 임대차 목적물의 구조와 형태 및 임차인의 임대차 목적물의 이용 관계 그리고 임차인이 그곳에서 일상생활을 영위하는지 여부 등을 아울러 고려하여 합목적적으로 결정하여야 한다. 그리고 임차주택 일부가 주거 외의 목적으로 사용되는 때에도 주택임대차보호법 제2조의 규정에 따라 그 법률의 적용을 받는 주거용 건물에 포함되나 주거생활의 안정을 보장하기 위한 입법목적에 비추어 임차주택 일부가 비주거용이 아니고 거꾸로 비주거용 건물에 주택의 목적으로 일부를 사용하는 경우, 위 법 제2조가 말하고 있는 일부라는 범위를 벗어나 이를 주거용 건물이라 할 수 없어 이러한 건물은 위 법률의 보호 대상에서 제외된다고 판시하였다.[42)]

(3) 해설

주택 일부를 점포로 개조하여 주거와 영업을 겸용하더라도 주택임대차보호법의 적용을 받을 수 있다. 그러나 공부상 근린생활시설을 임차하여 가족과 함께 거주하다 교회로 사용한 경우, 주거용이 될 수 없다. 즉 비주거용 건물 일부를 주거용으로 사용하는 때에는 법의 보호를 받을 수 없다는 판결이다.

주거용 판단 기준은 주택임대차보호법 적용을 위해서는 주된 용도가 주거용으로 사용돼야 하는데, 주거용과 비주거용이 겸용되는 경우, 종래 법원은 최소 50% 이상이 주거용으로 사용되어야 주거용으로 판단하였으나 근래는 주거용 면적이 절반에 못 미치더라도 그 사용하는 면적이 상당하면 주거용으로 인정한다. 그리고 용도와 면적이 판단 기준에 다소 미치지 못하더라도 임차한 공간이 임차인에게 있어 가족과 함께 거주하는 유일한 주거공간이라면 주거용에 해당한다. 사회 통념상 건물로 인정할 요건을 구비하고 주거용으로 사용하고 있다면 건물의 종류나 구조(허가·무허가 건물, 등기·미등기 건물), 본건물인지 부속건물인지를 묻지 않고 임대차보호법의 대상이 된다. 건축물 관리대장이나 부동산등기부등본과 같은 공부상의 용도를 기준으로 판단하는 것이 아니라 실제 주거용 건물로 사용하고 있는가에 의한 사실상의 용도로 주거용건물인가의 여부를 판단한다.

2. 상가사무실 용도 건물을 교회 용도로 변경사용

(1) 사실관계

A교회는 원래의 용도가 상가사무실인 건물을 건설부 장관으로부터 허가를 받지

42) 대법원 2001. 9. 14. 선고 2001다37828 판결.

아니하고, 교회로 용도 변경하여 사용하였다. 주택건설촉진법,[43] 공동주택 및 부대시설과 복리시설의 입주자와 사용자는 건설부 장관의 허가 없이 공동주택과 그 부대시설 및 복리시설을 사업계획에 따른 용도 이외의 용도에 사용할 수 없다고 규정하고 있고(주택건설촉진법 제38조 제2항 제1호), 허가를 받지 않고 용도를 변경하는 경우, 100만원 이하의 벌금에 처하도록 되어 있다(주택건설촉진법 제52조의2 제1호). 원심은 원래의 용도가 상가의 사무실로서 위 규제 대상이 아닌 이 사건 건물 부분에 대하여 건설부 장관으로부터 허가를 받지 아니하고 교회로 용도 변경하여 사용하였다는 이 사건 공소사실이 같은 법 제52조의2 제1호, 제38조 제2항 제1호 위반의 범죄를 구성한다고 판시하였다.[44]

(2) 판결요지

주택건설 촉진법에 따르면 '허가를 받지 아니하고 제38조 제2항 각호의 행위를 한 자는 100만원 이하의 벌금에 처한다.'라고 규정하고 있고(주택건설촉진법 제52조의2 제1호),[45] '공동주택 및 부대시설과 복리시설의 입주자 및 사용자는 건설부 장관의 허가 없이 공동주택과 그 부대시설 및 복리시설을 사업계획에 따른 용도 이외의 용도에 사용할 수 없다.'라고 규정하고 있다(주택건설촉진법 제38조 제2항 제1호).[46] 그리고 주택건설촉진법에서 말하는 공동주택은 아파트, 연립주택, 다세대주택을 말하고(주택건설촉진법 제2조), 부대시설은 전기, 도로, 상하수도, 통신시설, 가스공급시설, 우편물수취함, 보안등, 관리사무실을 말하며(주택건설촉진법 제3조 제6호), 복리시설은 어린이놀이터, 시장, 의료시설, 공동목욕탕, 집회소, 운동장 또는 체육시설, 공동 저수시설, 오물 또는 진개(塵芥)의 수거시설, 공원 또는 녹지시설 주차시설, 유치원, 새마을유아원, 공동시청 안테나, 공동저탄장시설, 노인복지시설을 말한다(주택건설촉진

---

43) 1972년 주택공급을 촉진하기 위해 제정된 주택건설촉진법은 공급 위주에서 국민의 쾌적한 주거생활에 필요한 주택의 건설·공급·관리 및 국민의 주거 안정과 주거수준의 향상에 이바지를 목적으로 2003년 주택법으로 전면 제정되었다.

44) 대구지방법원 1990. 12. 13. 선고 90노1187 판결.

45) 주택건설촉진법 제52조의2 제1호
다음 각호의 1에 해당하는 자는 100만 원 이하의 벌금에 처한다.
1. 허가를 받지 아니하고 제38조 제2항 각호의 행위를 한 자.

46) 주택건설촉진법 제38조(공동주택의 관리)
② 공동주택 및 부대시설과 복리시설의 입주자 및 사용자는 다음 각호의 행위를 하여서는 아니된다. 다만, 건설부 장관의 허가를 받은 경우에는 그러하지 아니하다.
1. 공동주택과 그 부대시설 및 복리시설을 사업계획에 따른 용도 이외의 용도에 사용하는 행위.

법 제3조 제7호). 따라서 그에 해당하지 아니하는 시설 등을 사업계획에 따른 용도 이외의 용도에 사용하더라도 이를 처벌할 수는 없다고 판시하였다.[47)]

(3) 해설

원래의 용도가 상가의 사무실로서 위 규제 대상이 아닌 건물 부분에 대하여 건설부 장관으로부터 허가를 받지 아니하고 교회로 용도 변경하여 사용하였더라도 주택건설촉진법 제52조의2 제1호, 제38조 제2항 제1호 위반의 범죄에 해당하지 않는다. 상가사무실을 교회로 용도를 변경하여 교회로 사용하는 것은 주택건설촉진법에서 금지하는 공동주택, 부대시설, 복리시설에 포함되지 않기 때문이다.

3. 용도가 목욕탕, 헬스클럽인 상가건물을 교회로 용도변경

(1) 사실관계

A교회는 당국의 허가를 받지 아니하고 용도가 목욕탕, 헬스클럽인 상가건물을 교회로 용도 변경하였다. A교회가 용도를 변경한 이후에 공포 시행된 '주택건설기준 등에 관한 규정'(1991. 1. 15, 대통령령 제13252호) 제5조 제7호, 제6조 제1항 제7호에 의하여 종교생활에 사용할 수 있는 시설이 공동주택의 복리시설이 되어 주택단지에 설치할 수 있게 되었으나 건축물의 용도를 변경함에 있어 당국의 허가를 받도록 한 관계법령은 아직 개정되지 아니하였다.

(2) 판결요지

당국의 허가를 받지 아니하고 그 용도가 목욕탕, 헬스클럽으로 된 상가건물을 교회로 용도 변경하였다면 그 후 공포 시행된 주택건설기준 등에 관한 규정(1991. 1. 15. 대통령령 제13252호) 제5조 제7호, 제6조 제1항 제7호에 의하여 종교 생활에 사용할 수 있는 시설이 공동주택의 복리시설에 해당하게 되어 주택단지에 설치할 수 있게 되었다 하더라도 건축물의 용도를 변경함에 있어 당국의 허가를 받도록 한 관계법령이 개정되지 아니한 이상 이는 건축법 제54조 제1항, 제5조 제1항 본문, 제48조 위반의 범죄행위를 구성한다고 판시하였다.[48)]

---

47) 대법원 1991. 4. 23. 선고 91도59 판결.
48) 대법원 1991. 4. 23. 선고 91도77 판결.

(3) 해설

상가사무실 용도 건물을 교회 용도로 변경하는 것은 주택건설촉진법에서 금지하는 공동주택, 부대시설, 복리시설에 포함되지 않기 때문에 허용하였다(2번 판례). 하지만 3번 판례는 상가건물 용도가 목욕탕, 헬스클럽으로 건축법 제48조, 제5조, 건축법시행령 제99조에서 당국의 허가를 받도록 규정되어 있기에 당국의 허가 없이 용도 변경한 행위는 법률위반행위가 된 것이다. 그리고 공동주택에 종교시설 설치를 제한하고, 공동주택의 복리시설로부터 종교시설로 용도변경을 제한하였는데, 용도변경 제한은 종교시설에만 한정하고 있는 것이 아니다. 그리고 공동주택에 설치된 근린생활시설 등은 당국의 허가를 받아 종교시설로 용도변경할 수 있으므로, 이러한 종교시설로의 용도 제한은 불합리한 차별이나 평등권(헌법 제11조), 종교의 자유(헌법 제20조 제1항)를 위반하는 규정이 될 수 없다.

4. 상가 임대 건물임대차 기간이 종료된 장소에서의 예배

종교단체가 예배 장소를 임대하였으나 임대차 기간이 경과하였다면, 그 이후부터는 불법점유 상태가 된다. 불법점유 상태에서 그 장소를 계속하여 예배 장소로 사용하는 경우에나 종교단체가 자신의 교회소유 건물로 잘못 알고, 계속 점유하면서 예배와 설교하고 있는 경우, 그 임대인 또는 소유자가 자신의 재산권을 내세워 예배 도중에 있는 신도들을 실력으로 축출하거나 예배를 방해한다면 예배방해죄(禮拜妨害罪)가 성립한다. 법치주의(法治主義) 국가에서는 불법 점유자에 대한 권리 탈환을 위해서는 특별한 사정없는 한 원칙적으로 법에 따른 절차를 준수해야 한다. 만약 불법 점유자를 배제하는 행위가 폭행·협박 등을 수단으로 이루어졌거나 불법 점유자의 재물을 손괴한 경우에는 위법한 행위가 되어 그에 상응하는 형벌 법규의 구성요건에 해당하게 된다. 「목회와 법률」 예배방해죄에서 다시 다루기로 한다.

Ⅳ. 제언

1. 상가건물 임대차 계약

교회는 영리 목적이 아닌 비사업·비영업 단체에 해당하기 때문에 상가건물 임대차보호법의 적용대상이 되지 않는다(상가건물 임대차보호법 제2조). 따라서 상가 임대차 계약갱신 요구권이나 우선변제권 등 임대차 관련 문제가 발생하더라도 상가건물 임대차보호법의 보호를 받지 못하기 때문에 민법의 적용을 받아 10년이 아닌 5년이면 계약이 종료된다. 또한 임대인이 계약기간이 종료되기 전에 재계약 의사를 거부한다면 교회는 건물을 명도해야 한다.

경기도의 한 신도시에 교회를 개척한 목사 甲은 임차보증금을 돌려받지 못하였다. 건물주가 상가건물을 담보로 대출받았으나 법원경매로 제삼자에게 소유권이 넘어간 것이다. 다른 임차인들은 상가건물 임대차보호법을 적용받아 임차보증금을 돌려받았지만, 목사 甲은 단 한 푼도 받지 못했다. 교회는 사업자가 아니어서 확정일자를 받지 못했기 때문이다. 상가건물 임대차보호법은 임차인은 사업자등록 신청과 건물 인도를 통해 대항력을 갖게 되고, 확정일자를 통해 유사시 후순위 권리자와 그 밖의 채권자보다 선 순위로 보증금을 변제받을 권리를 갖도록 하였지만, 비영리법인에 해당하는 교회는 사업자등록증 아닌 고유번호증을 발급받기 때문에 확정일자를 받지 못한다. 따라서 상가건물 임대차 교회는 반드시 임대차 계약보다는 전세계약을 체결하여 전세권 설정이나 임차권 등기를 해야 한다. 하지만 먼저 전세계약 이전에 전세권 설정이나 임차권 등기를 하더라도 해당 부동산에 가압류, 저당권, 가등기가 설정되어 있다면, 후순위에 임대차 보증금을 반환받기 때문에 유의해야 한다.

2. 주택임대차 계약

교회는 주택임대차보호법의 적용도 받을 수 없다. 다만 주택을 사택으로 임대차하는 때에 보호받을 수 있는데, 만약 주택임대차보호법의 보호를 받으려면 교회 명의가 아닌 목사 개인 명의의 임대차 계약일 경우에만 보호를 받을 수 있다. 물론 가장 좋은 방안은 임대인의 동의를 얻고, 전세권 설정을 하는 것이다. 전세권 설정은 임대인의 동의를 얻어 등기해야만 효력이 발생하기 때문이다. 만약 계약을 갱신하면서 보증금을 증액하면 새로운 계약서에 확정일자를 다시 받아야 한다.

3. 차임연체액

우리 민법은 임대인은 임차인의 차임연체액이 2기의 차임액에 달하는 때에는 계약을 해지할 수 있도록 하고 있다(민법 제640조).[49] 임대차 계약 중인 교회는 상가임대차보호법 적용을 받지 못하고 민법을 적용받기 때문에 2기 차임액을 연체하게 되면, 임대인이 계약갱신을 거절할 수 있기에 2기 차임액을 연체하지 않도록 해야 한다. 그리고 계약갱신 요구는 임대차 기간이 만료되기 6개월 전부터 1개월 전까지 행사해야 한다.

---

49) 민법 제640조(차임 연체와 해지)
건물 기타 공작물의 임대차에는 임차인의 차임연체액이 2기의 차임액에 달하는 때에는 임대인은 계약을 해지할 수 있다.

제6장

교회 합병과 분열

제6장

교회 합병과 분열

제1절 ‖ 교회 합병과 분열

Ⅰ. 교회 합병

1. 교회 합병의 의의

(1) 교회 합병의 개념

고전1:10「형제들아 내가 우리 주 예수 그리스도의 이름으로 너희를 권하노니 모두가 같은 말을 하고 너희 가운데 분쟁이 없이 같은 마음과 같은 뜻으로 온전히 합하라」

교회 합병은 두 개 이상의 지교회가 하나로 통합하여 법률적으로 한 개의 지교회가 되는 것을 말한다. 교회 인적 구성원, 교회의 행정, 교회의 재산이 하나가 되는 것이다. 교회 합병이 성경적이라고 찬성하는 사람도 있지만, 반대로 선교적 측면에서 교회 합병이 성경적이지 못하다며 반대하는 사람들도 있다.

교회 합병은 두 개 이상의 미자립·미조직 교회 간의 합병을 통하여 자립교회가 되거나 조직교회가 되기도 하고, 담임목사의 정년은퇴로 교회가 합병하기도 한다. 또는 두 교회가 합병하여 목사가 분업적인 목회를 하기도 하지만, 이는 아주 드문

사례에 해당한다. 앞으로 한국교회는 인구가 급감하고 있는 농어촌 교회나 열악한 조건에 놓여 있는 도시 개척교회들이 합병을 하는 것이 실리적 대안이 될 것이라고 본다.

교회 합병은 반드시 긍정적 요소만 있는 것이 아니라, 교회 합병으로 인해 오히려 교회가 갈등과 분쟁에 휩싸이게 되는 경우가 발생하기도 하고, 교회가 사분오열하는 경우도 있다. 교회 합병에 있어서 발생하는 문제는 합병한 교인들 상호 간에 융화(融和)되지 못하거나 목사에 대한 처우(處遇) 문제로 발생하며, 극히 일부이지만, 피합병 교회의 숨겨진 부외부채(簿外負債),[1] 우발부채(偶發負債)[2]가 드러나 문제가 발생하기도 한다.

(2) 교회 합병과 교회의 속성

> **엡4:2-5** [2] 모든 겸손과 온유로 하고 오래 참음으로 사랑 가운데서 서로 용납하고 [3] 평안의 매는 줄로 성령이 하나 되게 하신 것을 힘써 지키라 [4] 몸이 하나요 성령도 한 분이시니 이와 같이 너희가 부르심의 한 소망 안에서 부르심을 받았느니라 [5] 주도 한 분이시요 믿음도 하나요 침례도 하나요」

교회는 주님을 머리로 하는 하나(연합)의 교회를 지향해야 한다. 교회의 속성 네 가지는 통일성(Unity), 거룩성(Holiness), 보편성(Catholicity), 사도성(Apostolicity) 등이다(엡4:3–5). 교회는 각 지교회의 다양성과 특수성을 전혀 손상하지 않으면서 성부 하나님, 교회의 머리가 되신 예수 그리스도, 성령 안에서 통일성(Unity)을 가지며, 교회는 복음을 통한 성령의 역사로 예수 그리스도와 연합하여 믿음으로 말미암아 의롭다 하심을 얻는 거룩성(Holiness)을 가지며, 교회는 모든 시대, 모든 사람을 위하기 때문에 다양한 국가와 사회·문화 속에서 예수 그리스도 안에서 보편성(Catholicity)을 가지며, 교회는 예수님의 말씀에 따라 복음을 전하고 주님의 제자로 삼아야 하는 사도성(Apostolicity)을 가진다. 즉 지상의 교회들은 서로가 하나의 거룩한 보편적이고 사도적인 교회로서 교회는 아버지 하나님의 백성이요, 성자이신 예수 그리스도의 몸이요, 성령의 전인 것이다. 따라서 그리스도의 몸은 각 지체의 특수성과 다양성에도

---

1) 부외부채(簿外負債)는 교회의 채무가 실재 존재하고 있음에도 불구하고, 고의적으로 교회 재정장부 계상하고 있지 않은 부채로 부외금융(off–balance–sheet financing)이라고 한다.
2) 우발부채(偶發負債)는 현재는 채무로 확정되어 있지 않았으나 미래 특정한 사건(우발) 발생으로 채무가 될 수 있는 잠재적 부채를 말한다.

불구하고, 우리의 마음이 그리스도 안에서 일치할 때, 우리의 뜻도 그리스도 안에서 상호 간의 호의로 결합되어야 한다.[3)]

2. 교회 합병의 시대적 요구

근대 이후 산업화, 도시화로 인하여 세상의 사회·문화가 급속히 변화하였고, 교회의 여건이 달라졌다. 농촌의 인구 유출과 도시화·산업화에 따른 인구이동, 출산율의 하락 등 사회구조가 바뀌고 있다. 이제 일반 기업이 변화하지 않으면 살아남지 못하는 것처럼, 교회도 변화하지 않으면 존속할 수 없는 시대가 되었다고 볼 수 있다. 산업화 및 도시화로 인한 인구 등 사회구조의 변화는 농어촌 교회의 경우, 인구감소로 인한 노령화 및 재정적 위기를 가져왔고, 도시 교회도 중·대형교회로 편중되는 교인들로 인해 소형교회들의 존폐위기를 가져왔다. 이제 농어촌 교회나 도시교회나 시대 환경에 맞춰 변화하지 않으면 안 되는 현실적인 상황에 직면해 있다. 따라서 교회는 새로운 방안들을 모색해야 한다. 한국교회는 과거 교단과 교회의 분열이 흐름이었다면 앞으로 한국교회는 교단 분열이나 교회분열보다는 교회 합병에 대한 열망이 시대적 요구가 될 것이다.

교회 합병은 교회분열보다 어쩌면 더 어려운 문제일 수 있다. 한국기독교 사회는 그동안 분열만 거듭해 왔으나 합동측과 개혁측 간의 교단 합동을 시작으로, 교단 간 합동하려는 시도가 이루어지고 있다. 교단 합동은 한국교회 전체에 긍정적인 영향을 미치게 될 것으로 확신한다. 교단이든 교회가 분열하는 것은 하나님의 뜻이 아니며, 하나님은 교단이나 교회가 하나 되기를 원하신다.

3. 교회의 전문화·특성화

교회가 세워지면 사람들이 모여들던 시대가 지났다. 한국교회는 교회의 부흥을 위해 고민을 하는 시대가 아니라, 교회의 존폐(存廢)를 걱정해야 하는 상태에 놓여 있다. 더 이상 교회의 크기, 교회 재정, 교인 수에 연연하는 양적인 성장이 아니라, 교회의 질적인 성장을 추구해야 하는 시대에 접어들었다고 할 수 있다. 한국교회는 사회의 변화에 맞추어 지역의 특성을 살린 특성화 교회, 목회자나 교회 구성원들의 특성에 맞는 전문적인 교회가 이루어져야 한다. 요즘 병원이 노인, 여성, 아동 등 전

3) 존 칼빈, 「영한기독교강요」 제4권, 기독성문출판사, 1993, 81면.

문 병원으로 전문화·특성화되는 것처럼, 교회도 지역적 특성이나 교회의 목표, 담임목사의 전공이나 은사에 따른 전문화 및 특성화 교회 및 목회로 탈바꿈되어야 할 것이다.

4. 교회 합병에 대한 효과

(1) 교회 합병의 긍정

교회 합병은 무조건적이고 일방적인 합병과 같은 무질서한 합병이 되어서는 안 된다. 교회 합병은 합병의 목적이나 사유가 있어야 하고, 전체 교인들의 교회 합병에 대한 이해와 공감을 전제로 요청이 있어야 하며, 교회 합병의 방법이나 절차가 합리적이고 정당하여야 한다. 농어촌의 경우 급격히 인구가 감소하고 있다. 젊은 인구가 줄어들고 반대로 노령화 즉 노인인구의 증가로 인해 교인 수가 줄어드는 농어촌 교회의 경우에는 가까운 지역교회와 합병이 이루어져야 한다. 그리고 도시 교회도 교인의 감소로 재정압박이 심해져 교회 유지가 어려워진 경우에 동일한 신학과 비전을 공유하는 교회 간의 합병을 고려해야 한다. 전문화·특성화를 살린 교회 간의 합병은 효과적인 복음 전파 및 선교사역, 재정적인 면에 있어서 교회에 상당한 유익이 될 것이다.

(2) 교회 합병의 부정

교회 합병은 교회의 유익을 위해서 하는데, 교회 합병으로 오히려 교회가 사분오열되거나 교인이 줄어들게 되는 부정적인 요인이 되기도 한다. 그러므로 물질적 요인이 합병의 조건이 되는 경우, 교회 합병이 소수 몇 사람이 주도하는 교회 합병의 경우, 단순히 정치적 목적에 의한 합병의 경우에는 교회 합병을 하지 않는 것이 낫다. 무리하게 합병을 추진하려다가 평안했던 교회가 분쟁하게 되고, 교인이 떠나는 일들이 우리 주위에 너무 많이 일어나고 있기 때문이다. 그리고 오히려 교회 합병의 역효과로 인한 분쟁과 분열이 발생하게 되면 교회는 지역적인 특성을 가지기 때문에 지역 복음화에 절대적인 악영향을 미치게 된다.

5. 교회 합병의 요소

두 교회가 하나의 교회로 합병한 후에 교회는 시너지 효과(Synergy effect)와 효율성이 더 높아져야 한다. 두 교회의 합병으로 시너지 효과를 높이기 위해서 두 가지 중요한 요소가 있는데, 첫째, 반드시 교리(教理)나 신앙(信仰)이 일치해야 한다는 것이다. 교회 합병은 교회 건물이나 부동산 등의 재산과 교인이나 행정적 등 외형적인 합병의 의미보다 중요한 것이 교리와 신앙의 일치라고 할 수 있다. 따라서 교리나 신앙이 다른 교회 간의 합병은 오히려 교회에 악영향을 끼칠 수 있다. 둘째, 교회가 장·단기적으로 지향하는 목표(目標)가 같아야 한다는 것이다. 만약 합병하고자 하는 두 교회 사이에 지향하는 목표가 다른 경우에는 합병하지 않는 편이 더 낫고, 합병하더라도 장기적으로 이질감을 해소하고, 동질감을 극대화하여 합병하는 절차를 거치는 것이 중요하다. 사례로 K교회는 담임목사의 은퇴를 앞두고 B교회와 합병하기로 하였다. 두 교회는 은퇴 기한 3년 동안 쌍방 교회의 교류(交流)와 예배 참석 및 교회 행사를 협력하므로, 교인들 간에 소통이 이루어진 상태에서 양 교회가 합병하였다. 그 결과 교회의 합병으로 발생할 수 있는 갈등과 같은 부정적인 요소가 발생하지 않았다.

6. 교회 합병 의결정족수

장로회 헌법은 노회 변경, 교단 탈퇴, 교회 합병이나 분리에 관한 요건 및 의결정족수에 관한 요건을 명확히 규정하고 있지 않다. 따라서 대부분 교단 헌법을 확대·해석하여 적용하여 통상 공동의회에 3분의 2 이상으로 하도록 하고 있다. 법원은 노회 변경, 교단 탈퇴는 정관 변경 등의 기준에 의거하여 공동의회에서 의결권을 가진 교인 3분의 2 이상의 찬성이 있으면 된다고 판시하였다.[4] 하지만 두 교회의 합병을 위해 필요한 의결정족수는 교회정관에 교회 합병에 관한 규정이 있으면 정관에 의하고, 정관에 특별히 정한 바가 없으면 민법 第78조[5] 사단법인의 해산 결의를 유추·적용하여 의결권이 있는 교인의 4분의 3 이상의 찬성이 필요하다고 판시하였다.[6] 판례에 의하면 두 개의 교회가 한 개의 교회로 합동하려면 쌍방 교회 모두 출석교인(出席教人)이 아닌 재적교인(在籍教人) 4분의 3 이상의 찬성이 있어야만 가능하

4) 대법원 2008. 1. 10. 선고 2006다39683 판결.

5) 민법 제78조(사단법인의 해산 결의)

사단법인은 총 사원 4분의 3 이상의 동의가 없으면 해산을 결의하지 못한다. 그러나 정관에 다른 규정이 있는 때에는 그 규정에 의한다.

6) 서울고등법원 2010. 4. 7. 선고 2009나47236 판결.

기에 실질적으로 합동하기 위한 정족수 요건이 매우 까다롭다.

7. 교회 합병과 채무

교회 합병은 두 개 이상의 교회가 법률적으로 하나의 교회로 합쳐지는 것을 말한다. 두 개 이상의 교회가 하나의 교회로 합병하는 때에 교회의 유·무형 일체의 자산과 더불어 교회의 부채까지 떠안게 된다. 만약 교회의 합병에 있어서 어느 일방의 채무가 있는 경우, 교회 합병을 결의하기 이전에 채무의 규모를 정확히 확인해야 한다. 피합동 교회의 정확한 재정이나 채무의 규모를 확인하지 아니하고 교회가 합동하게 되면 교회 합병 이후에 우발적 채무로 인해 발생하는 위험부담을 안게 되어 교회가 분쟁이나 법적소송에 휩싸이게 되기 때문이다. 따라서 교회는 합병 이전에 채무의 규모를 정확히 파악하고, 채무이행을 완료하여 해소하거나 부득이한 때에는 회생절차를 통해 부채 탕감 및 채무조정 인가결정을 완료하여 채무를 소멸하고 합병결의를 해야 한다.

교회 회생제도는 교회를 청산하는 때의 가치보다 교회를 계속해서 유지·운영하는 것이 더 가치가 크다고 인정되는 때에 법원의 관리·감독 하에 채권자와 채무자 교회가 채무를 조정하거나 일정 채무를 탕감시켜 회생시키는 제도이다. 회생 인가결정을 받으면 채무자 교회에 대한 채권, 담보권 실행, 개별채권자에 의한 가압류, 가처분, 강제집행 등이 중지되거나 금지되고, 교회는 특별한 사정이 없는 한 기존 목회자가 계속해서 관리인으로 선임되어 교회의 재산처분권과 업무 수탁권을 유지하게 되므로, 안정적으로 목회를 하여 교회를 다시 세워갈 수 있게 된다.

Ⅱ. 교회분립

1. 교회분립의 의의

(1) 교회분립과 교회분열

잠18:1-2「[1] 무리에게서 스스로 갈라지는 자는 자기 소욕을 따르는 자라 온갖 참 지혜를 배척하느니라 [2] 미련한 자는 명철을 기뻐하지 아니하고 자기의 의사를 드러내기만 기뻐하느니라」

하나의 교회가 두 개의 교회로 분리되는 원인은 지교회를 개척하는 교회분립이나 교회분열에 의해서 발생한다. 교회분립(敎會分立)은 지교회가 부흥하여 선교적 차원에서 자발적인 결정으로 교회가 분리되는 것을 뜻하고, 교회분열(敎會分裂)은 개교회가 신도들의 종교 교리에 대한 해석, 신앙의 방법 등에 의한 견해의 차이, 또는 교회 행정과 재산 등의 원인으로 교회가 분리되는 것을 의미하는데, 과거 한국교회는 선교 초기부터 해방되기 이전까지는 교회의 부흥으로 지역 복음화 차원에서 노회와 교회가 분립하는 경우가 많았으나 해방 이후에는 신사참배, 신학, 교권 분쟁으로 인해 분열하는 경우가 많았다.

분립(分立)은 히브리어 '바달'(בדל), 헬라어는 '메리모스'(μερισμός)로 '분리 · 구별하다', '나누어 주다' 등을 뜻하는 말이다(창1:3－4, 레20:26, 히12:4;4:12－13). 분립은 '나누어 주다', '구별하다'라는 자발적인 뜻을 내포하고 있고, 세워주거나 독립하는 것을 나타내는 긍정적인 요소이다. 반면 분열(分裂)이나 분쟁(紛爭)으로 번역된 헬라어 '디코스타시아'(διχοστασία)는 어떤 힘의 작용에 의해 강제적으로 분리시키는 의미가 강하게 내포된 말이다(롬16:17－18). 분열은 개인의 사리사욕이나 소수 집단의 소욕, 다툼이나 분쟁으로 인해 나누어지는 부정적인 요소가 강하다. 사도 바울은 분열을 조장하는 사람은 하나님 나라를 유업으로 받지 못할 것이라고 하였다(갈5:20－21).

교단 헌법 권징조례 제6장 제42조, '목사가 이단을 주장하거나 불법으로 교회를 분립하는 행동을 할 때, 그 안건이 중대하면 면직할 것이다.'라고 규정되어 있다. 하지만 교회분립은 선교적 차원과 같은 분쟁이나 갈등을 원인으로 하지 아니하는 자발적인 분리이기 때문에 '불법으로 교회를 분립'이라는 말은 '불법으로 교회를 분열'이란 용어로 문구를 수정할 필요가 있다.

(2) 교회분립의 개념

교회분립은 한 개의 지교회가 두 개의 지교회로 분리하는 것을 말한다. 교회의 사명은 하나님 나라의 확장에 있는 까닭에 지교회는 일정한 규모 이상으로 확장되면 세포가 분열되는 것처럼, 교회를 분립하여 확장해 가야 한다. 그러나 현대 한국교회는 분립(分立)보다는 교회 규모를 키워 작은 교회 교인들을 흡수해 대형화하는 일을 암묵적(暗默的)으로 묵인하고 있는데, 이것은 기독교 선교와 하나님 나라 확장에 있어서 결코 바람직하지 못하다. 교회는 작은 교회도 있어야 하고, 큰 교회도 있어야 한다. 하지만 한국교회의 문제는 사람들이 대형교회로 몰리면서 교회가 더욱 대형화되어 가고 있고, 작은 교회는 교세가 약해지므로 개(별)교회 숫자가 줄어들고 있다는 점이다. 교인의 대형교회 쏠림과 작은 교회의 소멸은 곧 한국교회 전체적인 교인 숫자의 감소로 나타나고 있다. 농어촌 교회의 소멸과 작은 교회의 소멸은 결국 장래에 대형교회의 소멸로 이어질 수밖에 없다는 사실을 알아야 한다.

교회의 합병이 지역의 복음화나 교회 성장의 발판이 되기도 하지만, 교회의 분립개척(分立開拓)은 지역의 선교적·복음화 측면에서 또는 전반적인 교회의 동반성장 측면에서 더 플러스 요인으로 작용한다고 할 수 있다. 한국교회는 교회 성장과 더불어 교회분립으로 더 많은 지교회를 설립해야 하고, 더불어 교회들의 연합과 일치를 통해 하나님 나라가 확장되어야 성장할 것이다.

2. 교회분립의 요건

한 명의 목사가 담당할 수 있는 평신도 숫자는 뚜렷하게 정해져 있지 않지만, 일반적으로 150명 정도이고, 300명을 넘으면 목사 단독으로 목회하는 것은 불가능하다고 한다. 교인이 150명 정도가 되면 일반적으로 교회들은 부목사를 청빙하고, 부목사는 담임목사를 협력하여 목회하게 된다. 하지만 부목사 제도는 성경적이지 못하고, 장로교 원리에도 맞지 않는 제도이다. 따라서 부목사 제도에 대한 성경적·교리적인 논의가 이루어져야 할 것이다. 그런 점에서 교회분립은 교인이 300명이 초과할 때, 교회 분립개척이 이루어지는 것이 좋다. 하지만 교회분립 개척에는 많은 재정적 뒷받침이 되어야 하기에 무리한 교회분립은 교회에 재정적인 압박이 될 수 있어 자칫 교회에 뜻하지 않은 갈등 상황이 발생할 수 있어 신중해야 한다.

따라서 교회분립에 있어서 몇 가지 선행 요건이 충족되어야 한다. 첫째, 교회의 분립에 대한 교인들의 공감대(共感帶)가 형성되어야 하고, 둘째, 교회분립에 따른 재정적(財政的) 부담에 관한 교회 합의가 있고, 셋째, 공동의회에서 3분의 2 이상의 찬성과 노회의 허락을 받는 등의 절차적 정당성(節次的 正當性)이 확보되어야 한다. 교회분립은 노회의 허락이 필요하고, 노회 분립은 총회의 허락이 필요하다. 그러나 총회의 경우 총회가 두 개의 총회로 나뉘게 된다면, 그것은 총회분립(總會分立)이 아니라 총회분열(總會分裂)이다. 교회분립에 있어서 교인 3분의 2 이상의 찬성이 필요한 이유는 교회 재산의 처분권이 교인 3분의 2 이상의 찬성이 필요하기 때문이다.

한 개의 교회가 교회분립 개척을 한다는 것은 힘든 일이기 때문에 두 세 개의 교회가 연합하여 교회를 분립 개척하는 방안도 고려해 보아야 한다. 그리고 현대에는 목사 단독으로 개척하는 것이 현실적으로 불가능한 일이고, 시찰이나 노회, 교회 연합 차원에서 개척하는 것이 바람직하다. 10,000명의 성도가 모이는 한 개의 교회보다 1,000명이 모이는 교회 10개가 유익하고, 한 교회에 열 명의 부목사가 시무하는 것보다 열 개의 교회에 각각 1명의 담임목사가 시무하는 것이 선교와 복음화, 교회 부흥과 하나님 나라 확장에 더 유익이 될 것이다.

3. 교회분립 사례

교회분립은 교인들의 공감대가 형성되고, 당사자들의 자발적인 동의로 분립하게 된다. 교회분립의 대표적인 사례가 분당우리교회의 교회분립 개척이다. 분당우리교회는 일만 성도 파송운동 계획에 따라 30개 교회 분립개척을 목표로 결정하였고, 분립개척을 담당하게 될 목사는 후보자들이 직접 이력서를 내는 등 기존의 일반적인 지원 방식이 아니라, 15개처 교회는 외부 추천을 받은 목회자 중에서 청빙을 하고, 15개 처 교회는 분당우리교회 부목사 중에서 추천을 받았다. 그리고 목사 중에서 서류 심사나 면담을 통해 선발하기보다 목회자 학교와 같은 프로그램을 통해 6개월 이상 인격적인 교류를 가진 이후에 최종 분립개척 교회의 담임목사로 청빙하기로 하였다. 분당우리교회는 당초 계획했던 것처럼, 29개 교회를 분립하였고, 앞으로도 기존 수도권 지역의 개척 교회 11개 교회를 발굴하여 세워가기로 하였다.

S교단 소속이었던 교회와 담임목사 5인은 연합하여 교회를 개척하기로 의견을 모으고, 공동으로 교회개척 지역을 물색하여 분립방식의 A교회를 개척하였다. 어느 한 교회의 부목사 중에서 1인을 담임목사로 파송하였으며, 각 교회에서는 교회 개척에 대한 비전을 품고 있던 교인들과 A교회 근처에 거주하는 교인들을 권면하여 A교회에 등록하여 섬기도록 하였다. 그리고 A교회가 자립하기 전까지 공동으로 목사의 생활비를 분담하였으며, A교회 부지 구입과 건축에 협력하였다. 그 결과 분립한 교회가 1년 내에 자립하였고, A교회는 또 다른 지역에 교회를 개척하는 일에 참여하게 되었다.

Ⅲ. 교회분열

1. 교회분열의 의의

교회분열(敎會分裂)은 개교회가 신도들의 종교 교리에 대한 해석과 견해의 차이, 신앙의 방식과 방향, 교회 갈등과 분쟁 등에 의해 교회가 분리되는 것을 의미한다. 법원은 교회분열에 대해 어떤 교단에 소속하는 교회의 교인들이 그 교회의 소속 교단을 변경함에는 교인 전원의 총의로 결정해야 하지만, 교회의 소속 교단의 변경에 관하여 교인들의 의사 대립으로, 일부는 종전의 소속 교단에 계속 남아 있기로 하고, 일부는 교회의 소속 교단을 변경하기로 결의하고 새로운 교단에 가입한 경우, 기존의 교회는 종전의 교단에 속하는 교회와 교단변경을 결의 찬동하는 교인들에 의해 새로운 교단에 가입한 2개의 교회로 분열된 것이라고 판결하였다.[7)]

교회분열은 초대 예루살렘 교회와 같이 핍박으로 인한 교회분열은 선교적 차원에서 지역 복음화와 교회 부흥에 긍정적인 요소로 작용하기도 하였지만, 반대로 분쟁과 다툼으로 인한 교회분열은 교회의 이미지 훼손과 교회 성장의 장애요인이 되고, 교인들에게 깊은 상처와 후유증을 남긴다. 그리고 교회분열로 인한 분쟁이 소송으로 이어지는 때에는 교회 재정과 운영에 부정적인 압박 요소로 작용한다.

2. 교회분열의 요인

(1) 교단 분열로 인한 교회분열

1960년대부터 1980년대 산업화 시대 한국교회의 놀라운 부흥은 한국경제 성장과 더불어 세계에서 그 유래를 찾아보기 힘들 정도였다. 그러나 한국경제의 발전과 더불어 교회의 놀라운 부흥 뒤에는 신학적, 사회·정치적인 원인 등으로 교단 분열이 있었고, 그에 따른 교단 분열과 교회분열이 도미노처럼 발생하였다. 즉 과거 한국교회 분열의 주된 원인 제공은 교단 분열에 있었다고 해도 과언이 아닐 것이다. 보수주의 신학 노선을 취하는 교회와 자유주의적 신학 노선을 취하는 교회 간의 신학 노선에 대한 견해 차이로 분열이 있기도 하였지만, 대부분 한국교회의 분열은 교단이나 교회가 교권주의와 정치적 목적이나 권력 싸움으로 인한 교단 분열로, 하나의 교

---

7) 대법원 1993. 1. 19. 선고 91다1226 판결.

회가 두 개 이상의 교회로 나누어지는 분열이 이루어진 것이다. 대표적으로 1938년 제27회 총회에서 신사참배 결정으로 인한 회개문제 갈등으로 인한 1951년 고려(고신)측 분열, 1953년 신학적 노선의 차이로 인한 기독교장로회 분열, 1959년 세계교회협의회(WCC) 가입 여부를 놓고 합동과 통합의 분열, 1979년 합동 주류와 비주류의 분열이 신앙 노선에 따른 분열이었거나 교권 다툼에 따라 교회분열이 발생한 사례에 해당한다. 교단 분열의 영향은 교회분열로 이어졌고, 그 결과 농어촌 작은 마을에 두 개의 교회가 존재하거나 세 개의 교회가 존재하기도 한다. 교회의 분열은 세상 사람들의 비웃음거리가 되었고, 지역 복음화나 하나님 나라 확장에 장애의 요인이 되었다.

(2) 교회 분쟁으로 인한 분열

교회의 분열 원인은 다양하다. 오늘날 교회분열은 교단이나 교리에 의한 분열에 원인이 있다기보다는 교회 내적인 원인으로 분열하고 있다. 근래 교회분열의 가장 많은 부분을 차지하는 대표적인 교회분열 원인은 교회 재산에 대한 소유권 다툼으로 인한 분열, 교회 직원 선출 및 임면으로 인한 분열, 담임목사에게 집중된 권력의 남용이나 악용으로 인한 분열이 그 원인이라고 할 수 있다. 특히 교회분열에 있어서 우려스러운 것은 담임목사의 교회 재정의 횡령(橫領) 등의 비리, 교회 행정의 전횡(專橫) 및 횡포(橫暴), 성추행 등 성범죄, 목사직 세습(世襲) 등 대부분 담임목사와 직·간접으로 관련된 원인으로 분열이 발생하는 경향이 많아지고 있다는 것이다. 그것은 한국교회가 담임목사를 중심으로 하는 피라미드형 수직적 조직 형태를 지니고 있고, 이러한 수직적 교회조직으로 인해 교회에서 담임목사에게 절대적인 권한이 부여되었기 때문이다. 그리고 근래 교회가 특별한 원인으로 분열되는 경우가 발생하는데, 이단자들이 정통교회 내에 들어와 목사와 교인들을 이간질하거나 교회분열을 책동(策動)하여 교회가 분열되는 일이 발생하기도 한다.

(3) 교회 · 목회자 세습으로 인한 분열

서울 M교회의 경우 전임 목사 아들의 목사직 세습(世襲)으로 세습을 지지하는 교인들과 세습에 반대하는 교인들 간에 이견으로 결국 많은 교인이 교회를 떠났다. 1955년 로버트 해럴드 슐러 목사(Robert Harold Schuller)에 의해 개척되었던 미국의 대표적인 교회였던 캘리포니아 수정교회(Crystal Cathedral)는 아들인 로버트 슐러 주니어(Robert A. Schuller) 목사에게 세습하였다가 다시 장녀인 쉴라 슐러 콜맨(Sheila

Schuller Coleman) 목사에게 세습하였는데, 결국 수정교회는 파산되어 2020년 천주교 오렌지카운티 교구에 매각되고 말았다. 한국갤럽 여론조사 통계에서는 국민 절대적 다수인 10명 중 9명(87%)이 세습에 반대하였고,[8] 목회자들을 상대로 한 조사에서 71%가 교회나 목사직 세습에 반대하는 것으로 확인된 결과가 나왔다. 응답자의 연령대가 낮고, 중대형교회나 개척교회에서 사역하는 목회자의 경우보다 소형교회나 부임하는 목사일 경우에 더 부정적 견해가 높은 것으로 나타났다고 한다.

3. 교회분열 긍정의 원칙과 법원

우리나라 종래 법원은 분열긍정의 원칙(分裂肯定의 原則) 입장을 갖고 교회분열을 인정했지만, 2006년 대법원전원합의체의 판결이 선고된 이후부터는 분열부정의 원칙(分裂否定의 原則) 입장을 취하여 교회분열을 인정하지 않는다.[9] 우리 민법은 법인 아닌 사단의 법률관계에 관하여 재산의 소유 형태 및 관리 등을 규정하는 민법 제275조,[10] 민법 제276조[11] 내지 민법 제277조[12]를 두고, 사단법인에 있어서 구성원의 탈퇴나 해산은 인정하지만, 사단법인의 구성원들이 2개의 법인으로 분열되는 것을 인정하지 아니한다. 권리능력 없는 사단인 교회는 재산을 총유로 소유하기 때문에 분열은 허용되지 않는 것이다. 다만 정당한 절차에 의해 이루어진 교단 탈퇴나 소속 노회 변경의 경우에는 인정하고 있다.

4. 교회분열과 예배당 사용권리

대법원의 판례가 변경되기 전에는 분열긍정의 원칙 입장을 취하여 하나의 교회가 두 개의 교회로 분열된 때에 교회 재산은 분열 당시 교인들의 총유에 속하고, 교회 재산의 관리와 처분은 그 총회의 결의에 의하여야 하고,[13] 교회와 정관 기타 일반적

---

8) 「한국인의 종교 1984–2014 (3) 종교단체와 종교인에 대한 인식」, 한국갤럽, 2015. 2. 10, 105면.
9) 대법원 2006. 4. 20. 선고 2004다37775 판결.
10) 민법 제275조(물건의 총유)
① 법인이 아닌 사단의 사원이 집합체로서 물건을 소유할 때에는 총유로 한다.
② 총유에 관하여는 사단의 정관 기타 계약에 의하는 외에 다음 2조의 규정에 의한다.
11) 민법 제276조(총유물의 관리, 처분과 사용, 수익)
① 총유물의 관리 및 처분은 사원총회의 결의에 의한다.
② 각 사원은 정관 기타의 규약에 좇아 총유물을 사용, 수익할 수 있다.
12) 민법 제277조(총유물에 관한 권리 의무의 득상)
총유물에 관한 사원의 권리 의무는 사원의 지위를 취득·상실함으로써 취득·상실된다.

으로 승인된 규정에서 교회가 분열될 경우를 대비하여 미리 그 재산의 귀속에 관하여 정하여진 바가 없으면, 교회의 법률적 성질이 권리능력 없는 사단인 까닭으로 종전 교회 재산은 그 분열 당시 교인들의 총유에 속하고 교인들은 각 교회 활동의 목적 범위 내에서 총유권의 대상인 교회 재산을 사용·수익할 수 있었다.[14] 즉 교회가 분열된 때에 그 사용권은 분열된 신도단체 모두에게 있다는 것이다. 또한 교회의 구성원이 계속 변경되어가는 교회의 속성에 비추어 볼 때, 분열된 각 교회는 새로운 교인들을 받아들일 수 있어서 분열 이후에는 반드시 분열 당시의 교인에 한정하여 종전 교회의 재산에 대한 사용이익의 권한이 있는 것은 아니고, 교회가 분열된 이후에 그 일방의 신도단체에 가입한 신도들도 교회를 사용할 권한이 있다고 하였다.[15]

하지만 2006년 대법원이 판례를 변경하여 분열부정의 원칙(分裂否定의 原則) 입장을 취하여 교회분열을 인정하지 않기 때문에 교인 일부가 교회를 탈퇴하는 결의를 하고 교회를 떠났다면, 탈퇴와 동시에 교인의 권리를 상실하여 탈퇴한 교인들은 더 이상 교회 재산 및 예배당을 사용·수익할 수 있는 권리가 없다. 그리고 교회를 탈퇴한다고 결의를 하고 교회를 떠난 교인들이 무단으로 종전 교회에 침입하여 예배를 드린다면, 종전 교인들의 종교생활의 평온을 방해하는 것이므로 보호되는 예배가 될 수 없고, 오히려 종전 교인들의 예배를 방해하는 예배방해죄(禮拜妨害罪)가 성립할 수 있다(형법 제158조).[16]

Ⅳ. 판례

1. 교단 통합 결의정족수

(1) 사실관계

1992년경에 세 개의 교단으로 분열되어 각기 별개의 교단으로 활동하던 A교단, B교단, C교단은 통합을 위한 논의를 시작하고, 각 교단에서 7명씩을 선정하여 통합

13) 대법원 1995. 9. 5. 선고 95다21303 판결.
14) 대법원 1995. 2. 24. 선고 94다21733 판결.
15) 대법원 1993. 1. 19. 선고 91다1226 판결.
16) 형법 제158조(장례식 등의 방해)
장례식, 제사, 예배 또는 설교를 방해한 자는 3년 이하의 징역 또는 500만원 이하의 벌금에 처한다.

을 위한 통합추진위원회를 구성하기로 합의하였고, 각 교단은 각각 7명씩 통합추진위원을 선정하였다. 각 교단은 총회 결의를 통하여 통합추진위원회에 헌법개정권 및 통합될 교단의 임원선임권 등을 위임하였다. 세 교단은 각 교단 소속 목회자들이 상당수 참석한 가운데 세 교단의 통합을 선언하는 대회를 열었다. 그러나 교단 통합에 대한 이견 차이로 A교단과 B교단의 소속 목회자들이 모두 참석한 가운데 열리지는 못하였고, A교단과 B교단은 별도의 통합총회를 개최하고 임원을 선출하는 등 통합을 선언하였다. 이에 C교단은 기존 각 교단의 총회로부터 통합에 관한 전권을 위임받은 통합추진위원회의 통합추진이 있었고, 통합추진위원회에서의 통합 결의가 있었으므로 이때 기존 각 교단의 C교단으로의 통합은 완성되었다고 주장하였다.

(2) 판결요지

교단의 법적 성질을 법인 아닌 사단으로 보면서, 2개 이상의 교단 구성원들이 각각 집단적 결의를 하여 1개의 교단으로 통합 또는 합병되고, 그에 따라 통합 또는 합병되기 전의 교단 재산이 통합 또는 합병된 교단의 구성원들에게 총유적으로 귀속되는 결과를 초래하는 형태의 교단 통합 또는 합병은 원칙적으로 허용되지 않으나, 기존 각 교단이 해산되고 기존 각 교단의 구성원들이 새로운 통합교단을 결성하는 절차가 있고, 기존 각 교단의 해산 과정에서 각 교단의 재산을 신설되는 통합교단에 귀속하기로 결의하는 방식은 비법인사단의 본질에 반한다고 단정할 수 없으므로 허용될 수 있다. 한편 이러한 방식은 각 교단이 통일성을 잃고 해산되는 것을 전제로 하므로, 사단법인의 해산 결의에 관한 민법 제78조를 유추·적용하여 기존 각 교단별로 교단의 해산 및 통합교단 결성, 기존 각 교단의 재산을 신설 통합교단에 귀속하기로 하는 것에 관한 총 구성원들 4분의 3 이상의 동의가 필요한데, 이때 4분의 3 이상의 동의는 의결권을 가진 교인 3분의 2 이상의 동의를 얻은 지교회가 전체 지교회의 4분의 3 이상에 이르거나, 교단 전체 회중(신도)의 4분의 3 이상의 동의를 의미하고, 그러한 동의는 원칙적으로 적법하게 소집되어 개최된 회의에서 의결로 이루어져야 한다고 판시하였다.[17)]

---

17) 서울고등법원 2010. 4. 7. 선고 2009나47236 판결.

(3) 해설

두 개 이상의 교회 의결권 있는 교인들이 1개의 교회로 결의하는 것은 원칙적으로 인정되지 않는다. 두 개 이상의 교회가 하나의 교회로 합병하기 위해서는 먼저 의결권 있는 교인의 숫자를 정확히 해야 한다. 첫째, 기존 각 교회가 해산되고, 둘째, 기존 각 교회의 구성원인 재석교인들이 새로운 통합교회를 결성하는 4분의 3 이상의 찬성이 있고, 셋째, 각 교회의 해산 과정에서는 각 교회의 재산을 신설되는 통합교회에 귀속하기로 하는 내용의 4분의 3 이상의 결의가 있는 경우에는 법인 아닌 사단의 본질에 반한다고 단정할 수 없는 것으로서 허용된다. 즉 각각의 교회가 동일성을 잃고 해산되는 것을 전제로 하므로, 해산 결의에 준하는 의결권이 있는 교인(재적교인)의 4분의 3 이상의 동의 절차가 필요한 것이다.

교단통합의 경우에는 교단 소속인 4분의 3 이상의 교회가 교단의 해산, 및 통합교단 결성, 교단재산을 통합교단에 귀속하기로 동의하거나 교단에 소속된 전체 교인의 4분의 3 이상의 동의가 있어야 한다. 이때 지교회는 적법하게 소집된 공동의회에서 재적교인 3분의 2 이상의 동의를 얻어야 한다.

2. 교회 합병 결의정족수

(1) 사실관계

A교회를 담임하는 목사 甲은 B교회의 담임목사인 乙과 두 교회를 합동하기로 하는 교회합동 협약을 체결하였다. A교회 담임목사 甲은 공동의회를 소집하여 82명의 교인 중 76명이 찬성하였다. 하지만 A교회의 재적교인 수가 명확하지 않았다는 이의제기가 있었는데, 찬성 교인 76명에 포함되지 않은 46명의 교인이 있었기 때문이다.

(2) 판결요지

A교회를 담임하는 목사 甲은 공동의회를 소집하여 82명의 교인 중 76명이 찬성하였다고 주장하고 있으나 이 사건 교회의 교인 수가 명확하지 아니한 현 단계에서, 위 결의가 이 사건 교회의 교인 4분의 3 이상의 찬성에 따라 이루어진 것으로 보기 어려우므로 이 사건 협약은 효력이 없다고 판시하였다.

(3) 해설

A교회를 담임하는 목사 甲은 공동의회를 소집하여 82명의 교인 중 76명이 찬성하였다고 주장하였으나 찬성 교인 76명에 포함되지 않는 46명의 교인이 더 있는 것으로 드러났다. 이에 법원은 교회 합병을 위한 결의정족수 4분의 3 미만에 해당하기 때문에 합동 결의 효력이 없다고 판시한 것이다.

종전에는 교회가 분열되면 공동의회 결의로만 교단을 탈퇴하거나 노회를 변경하는 데 있어서 문제가 되지 않았다. 그러나 2006년 대법원의 판결로 노회 변경이나 교단 탈퇴 및 정관 변경은 의결권을 가진 교인(재적교인) 3분의 2 이상의 찬성이 필요하다. 대법원은 사단법인의 분리를 인정하지 않는 민법을 유추·적용하여 권리능력 없는 사단에 속하는 교회는 재산을 총유로 하는 까닭에 교회의 분열을 인정하지 않는다.[18] 현재까지 법원은 교회 합병의 경우에 교회정관에 별도의 교회 해산에 관한 규정이 있으면 정관에 의하고, 정관에 특별히 정한 바가 없으면 민법 제78조[19]를 유추·적용하여 의결권 있는 교인의 4분의 3 이상의 찬성으로 교회가 해산할 수 있고, 합동할 수 있다고 판시하고 있다.

3. 교회분열로 인한 교회 부동산 청구

(1) 사실관계

A교회는 D교단 S노회 소속 지교회였는데, S노회에서 파송한 목사 甲이 시무하여 오던 중 교회당을 건축하기로 하고 교인들의 헌금으로 X토지를 매수하고 목사 甲명의로 소유권 이전 등기를 하였다가 다시 A교회 명의로 소유권 이전 등기를 마쳤다. 하지만 교회 건축 문제로 일부 교인들과 목사 甲 사이에 다툼이 발생하자 S노회는 임기가 만료된 목사 甲을 무임목사 처리하였다. 이에 목사 甲은 자신을 따르던 교인들과 함께 D교단 S노회를 탈퇴하고 B교회를 세우고, H교단 Y노회에 가입하였으며, D교단 S노회는 분리 전 A교회에 목사를 파송하고 예배 및 종교 활동을 해오고 있

---

18) 대법원 2006. 4. 20. 선고 2004다37775 판결.

19) 민법 제78조(사단법인의 해산 결의)
사단법인은 총 사원 4분의 3 이상의 동의가 없으면 해산을 결의하지 못한다. 그러나 정관에 다른 규정이 있는 때에는 그 규정에 의한다.

다. B교회는 분열 전 교회와 동일성을 가지고 있음을 전제로 하여, 이 사건 X토지는 B교회가 매수하여 A교회에 명의신탁하고 그 명의로 소유권 이전 등기를 마친 것이라고 주장하며, 명의신탁 해지를 원인으로 하는 소유권 이전 등기 절차의 이행을 구하였다. 원심은 B교회가 이 사건 소로 구하는 이 사건 X토지에 대한 명의신탁 해지 및 그로 인한 소유권 이전 등기 청구와 같은 총유 재산의 관리행위는 그 총회의 결의에 의하여야 할 것인데, 분열 당시 교인들의 전원이 아닌 일부만으로 구성된 B교회가 단독으로 제기한 이 사건 소는 당사자적격을 갖추지 못한 부적법한 소라고 판단하여 B교회의 이 사건 소를 각하하였다.[20)]

(2) 판결요지

실제로는 교회가 분열되었는데도 분열 후 교회가 이를 부정하고 자신이 분할 전 교회와 동일성을 가지는 실체라고 주장하면서 분열 전 교회가 명의신탁한 부동산에 관하여 명의신탁의 해지를 원인으로 하는 소유권 이전 등기를 청구한 경우, 분할 전 교회와 분열 후 교회의 동일성이 인정되지 않는다고 하더라도 분열 후 교회가 제소 당시 그 교인들의 총회 결의를 거쳐 소를 제기한 이상, 분열 당시 교인들의 전원이 아닌 일부만으로 구성된 분열 후 교회가 단독으로 제기한 소라는 이유로 부적법하다고 볼 것은 아니고, 단지 분열 후 B교회가 그 주장하는 바와 같은 소유권 이전 등기 청구권을 가지고 있다고 볼 수는 없다고 판시하였다.[21)]

(3) 해설

법원은 교회가 분열되었지만, 이탈한 교인들이 분열 전 교회 소속 교단 헌법이 정하는 지교회 설립의 요건을 갖추지 못하였다면 분열 전 교회는 분열되었다고 볼 수 없고, 잔류한 교회가 분열 전 교회와 동일성을 가지고 있다고 판결한 것이다. 다만 분열 후에 교인들의 총회 결의로 소를 제기하는 것은 가능하다.

---

20) 서울고등법원 1997. 9. 9. 선고 97나10392 판결.
21) 대법원 1998. 2. 24. 선고 97다45327 판결.

V. 성경과 교회 합병 및 분립

1. 교회 합병과 연합

요17:21-22「[21] 아버지여, 아버지께서 내 안에, 내가 아버지 안에 있는 것 같이 그들도 다 하나가 되어 우리 안에 있게 하사 세상으로 아버지께서 나를 보내신 것을 믿게 하옵소서 [22] 내게 주신 영광을 내가 그들에게 주었사오니 이는 우리가 하나가 된 것 같이 그들도 하나가 되게 하려 함이니이다」

"그들도 다 하나가 되어" 예수님은 교회가 하나가 되기를 원하신다. 그렇다고 무분별한 합병을 말하지 않으며, 교회의 합병보다 오히려 각 개교회의 연합을 말한다. 시편 기자인 다윗도 형제가 연합하여 동거하는 것(people live together in unity)이 아름답다고 하였다(시133:1). 그러나 교회 합병이 부정적인 효과보다 긍정적인 유익이 더 많은 것은 사실이지만, 무조건적 교회 합병이 가장 이상적인 예수님의 가르침이라고 해석해서는 안 된다. 초대교회와 교회 역사를 보면 교회분열이 부정적이지만 않은 것이 오히려 교회분열로 복음의 확장과 부흥을 가져오는 사례들이 있었다는 것을 부정할 수 없기 때문이다. 또한 지교회 간의 교회 합병이 가장 이상적이고 최종적이지 않은 이유는 교회 합병이 긍정적인 시너지 효과만 발생하는 것이 아니고, 교인들 간에 융화되지 못하고 다툼과 분쟁, 분열을 거듭하는 등 부정적인 효과도 함께 발생하는 사례가 많기 때문이다. 현재 한국교회는 선교 초기보다 연합운동이 크게 약화되었고, 개교회주의는 오히려 강화되었다. 교회 합병보다 교회 간의 연합운동을 회복하는 것이 더 필요하다.

2. 영적인 연합

교회의 합병이 성경적으로 합당한지 논하는 것보다 교회 합병은 물리적, 인적, 행정적인 합병이 아닌 신비적이고 영적인 연합이어야 한다는 점이다. 교회의 영적인 합병이나 연합은 신학이나 신앙이 같아야 한다는 것을 전제로 하는 까닭에 같은 아버지, 같은 아들, 같은 성령 안에서 합병이어야 하고 연합이어야 한다(마28:19, 엡4:3). 만일 두 교회의 합병과 연합이 단순히 교권이나 정치적이거나 신학이나 신앙이 다른 교회 간의 합병이나 연합이라면 영적인 합병이나 연합이 될 수 없다(요이

10−12). 즉 삼위 하나님, 동정녀 탄생, 예수 그리스도의 십자가 죽음과 부활 및 재림, 성경의 무오성 등의 신학이 다르거나 인본주의적 교회, 혼합주의 사상을 가진 교회와의 합병이나 연합은 영적인 연합이 될 수 없다.

3. 예루살렘 교회 박해와 교회 개척

행2:47「하나님을 찬미하며 또 온 백성에게 칭송을 받으니 주께서 구원받는 사람을 날마다 (교회에) 더하게 하시니라」

최초의 교회인 예루살렘 교회는 오순절에 성령님의 강림으로 시작되었으며, 3,000명이 회개하고 세례를 받음으로 세워졌다(행2:47). 한글 성경과 다르게 킹 제임스 성경에는 “주께서 구원받는 사람을 날마다 교회에(to the church) 더하게 하시니라.”라고 되어 있다. 복음은 유대와 사마리아와 땅끝까지 전파되고 확장되어야 한다(행1:8). 예루살렘 교회는 오순절 성령의 역사로 교회가 세워졌고, 교회는 폭발적으로 부흥하였다. 하지만 예루살렘 교회는 복음 전파를 위한 관심을 가지지 못했다. 하나님은 예루살렘 교회에 발생한 박해를 계기로 교회 분립과 개척을 시작하였고, 교회를 범세계적으로 확장하기 시작하였다(행8:1). 예루살렘 교회의 핍박은 온 유대와 갈릴리와 사마리아, 나아가 아시아 지역에까지 교회가 세워지는 발판이 된 것이다(행9:31).

4. 고린도 교회의 분열

고전1:10「형제들아 내가 우리 주 예수 그리스도의 이름으로 너희를 권하노니 모두가 같은 말을 하고 너희 가운데 분쟁이 없이 같은 마음과 같은 뜻으로 온전히 합하라」

고린도 교회는 사도 바울이 1년 6개월 동안 복음을 전하며 세운 교회이다. 바울이 고린도 교회를 떠나고 난 이후에 아볼로가 고린도 교회에서 사역하였으나 나중에 에베소에서 합류하였다(고전16:12). 고린도 교회는 성경과 지식이 뛰어난 교회였고, 각종 은사에 있어서 부족함이 없는 교회였다(고전1:5−7). 그러나 고린도 교회는 바울파, 아볼로파, 게바파, 그리스도파 등 네 분파로 분열되어 다툼과 분쟁, 파당 싸움이 일어났다. 이처럼 고린도 교회에 분파가 생겨나고 분쟁이 발생한 이유는 예수 그리스도나 복음이 아닌 복음의 사역자를 추종했기 때문이고, 육신에 속해 있기 때문이었다(고전3:3). 육신에 속한 자는 육신의 생각에 지배되어 사는 사람이다. 육신의 생각은 하나님과 원수가 되고, 하나님의 법에 굴복치 아니할 뿐 아니라, 하나님을 기쁘시게 할 수 없기 때문이다(롬8:7–8)

사도 바울은 예수 그리스도는 십자가에서 죽으셨고, 침례 또한 예수 그리스도의 이름으로 베풀었다고 하였다(고전1:13–14). 바울은 십자가의 도, 곧 그리스도 십자가가 헛되지 않도록 말의 지혜로 전하지 않았으며, 오직 십자가에 달리신 예수 그리스도만을 순전하게 증거 하였다며(고전1:17), 다 같은 말을 하고 너희 가운데 분쟁이 없이 같은 마음과 같은 뜻으로 온전히 합하라고 권면하고 호소하였다. '같은 마음과 같은 뜻'은 사람의 마음이나 뜻이 아니라, 예수 그리스도의 마음과 그리스도 뜻을 말한다. 교회 합병이나 연합은 사람의 마음이나 뜻에 의해서가 아니라, 예수 그리스도의 마음과 뜻에 따라야 한다.

5. 안디옥교회의 개척 방법

> 行13:1-3「[1] 안디옥교회에 선지자들과 교사들이 있으니 곧 바나바와 니게르라 하는 시므온과 구레네 사람 루기오와 분봉 왕 헤롯의 젖동생 마나엔과 및 사울이라 [2] 주를 섬겨 금식할 때에 성령이 이르시되 내가 불러 시키는 일을 위하여 바나바와 사울을 따로 세우라 하시니 [3] 이에 금식하며 기도하고 두 사람에게 안수하여 보내니라」

안디옥교회는 선교사를 파송하는 방식으로 교회를 개척하였다. 안디옥교회는 선지자이면서 교사들인 다섯 명의 일꾼들이 있었는데, 안디옥교회는 금식기도를 하고 그들 중에서 바나바와 사울을 안수하여 보내 지역에 교회를 세웠다. 사도 바울은 제3차에 이르는 선교사역을 통해서 실라, 디모데, 바나바, 디도, 두기고 등 여러 동역자들과 함께 예수 그리스도 복음을 전하고, 약 20여 개에 이르는 지교회(支教會)들을 세웠다. 그리고 예루살렘 교회는 사마리아인들이 빌립이 전한 복음을 받아들였다는 소식을 듣고 베드로와 요한을 사마리아에 파송하였다(행8:14–17). 안디옥교회나 예루살렘 교회의 개척 방법은 팀워크(teamwork), 협력에 의한 개척이었다. 먼저 교회가 금식하고 기도하며 성령의 응답을 받는 등 철저히 계획하고 준비한 개척이었다. 교회 개척은 협력과 팀워크가 중요하다. 한국교회의 개척은 대부분 목사 1인에 의한 개척이 많았는데, 교회 개척은 안디옥교회처럼, 일꾼들을 보내 개척하는 분립방식, 팀워크, 협력에 의한 방법으로 교회를 개척해 나가야 한다.

제2절 ‖ 교회분열과 교회 재산

Ⅰ. 교회분열과 교회 재산권 분쟁

1. 교회 부흥과 분열

(1) 교회 분쟁과 교회분열

기독교의 역사는 교회분열로 점철(點綴)되어 온 역사이다. 동방·서방교회의 분열, 가톨릭·개신교회의 분열, 개신교 교회 간의 분열 등 교회의 분열이 계속되어 왔다. 한국교회는 짧은 선교 기간에 놀라운 부흥을 경험하였으나 한국교회는 교회 부흥에 나타난 하나님의 놀라운 섭리를 발견하지 못했고, 교회의 부흥을 감당하지 못하였다. 그 결과 한국교회는 짧은 선교역사에서 기독교의 부흥만큼이나 분열을 거듭해왔고, 지금도 한국교회는 교회, 노회, 교단 등의 분열이 거듭되고 있다.

한국교회의 교단이나 교회 분쟁은 사회단체에서 발생하는 분쟁보다 해결이 더 어렵다. 그 이유는 일반적으로 사회단체에서 발생하는 갈등이나 분쟁은 이념과 정체성이 비슷한 사람들이 모여 구성된 단체이기 때문에 의견을 모으기가 쉽지만, 교회는 워낙 다양한 사람들이 모여 있고, 종교적 교리나 종교적 이념 또는 개인의 주관적인 가치관이 뚜렷하고 열정적으로 행동하는 경향이 있어 의견일치나 합의 도출이 어렵다. 그리고 한국교회 분열의 원인으로는 선교 초기 지역을 구분한 선교정책(宣教政策), 교회의 개교회주의, 시대변화와 흐름에 따라가지 못하고 역행하는 교단과 교회의 인사·행정 운영방식, 교회 지도자들의 구태의연(舊態依然)한 교권 싸움과 보수적인 인식이 자리하고 있다.

(2) 교회 재산권 분쟁

재산권 분쟁은 재산권이 명확한 상태에서 한 사람이 다른 사람의 재산권을 침해하므로 발생하거나 재산권이 모호해서 발생하게 된다. 한 사람이 다른 사람의 재산권을 침해하여 분쟁이 발생하게 되는 경우, '불법행위'(不法行爲)에 해당하기 때문에 형사처벌과 더불어 자발적으로 배상(賠償)을 하든지 아니면 국가에 의해 강제적으로 피해 배상의 의무가 부여된다. 재산권이 모호하여 서로 재산권에 대한 자신의 권리를 주장하면서 발생하는 재산권 분쟁은 사법적인 판단으로 확정하여 분쟁을 해결하게 된다.

현재 한국교회는 다양한 원인으로 인한 갈등과 분쟁상태에 놓여 있는데, 한국교회의 분쟁의 주된 요인들 가운데 하나가 교회분열로 인한 교회 재산권 다툼이다. 한국교회는 근래 들어서 교회분열로 인한 교회 재산 귀속 문제로 인한 법적 분쟁이 많이 발생하고 있다. 교회분열로 교회 재산권이 어디에 귀속되는지, 교회 재산에 대한 사용·수익할 수 있는 권리가 누구에게 있는지가 쟁점이 되는데, 결국 분쟁당사자들이 대화와 협의를 통해 스스로 해결하지 못하고 사회 법정으로 가는 경우가 허다하다. 이는 곧 교회의 이미지 추락, 더불어 교회의 신뢰 상실로 이어져 세상 사람들로부터 따가운 시선과 비웃음의 대상이 되는 등 한국교회의 부정적 요인으로 작용하고 있다.

2. 교회분열에 관한 판례변경

(1) 교회분열 긍정의 원칙

대법원은 분열긍정의 원칙(分裂肯定의 原則) 입장에서 교회를 법인 아닌 사단으로 인정하고, 교회 재산에 대해서 '분열 당시 교인들의 총유'라고 판결해 왔다. 법원은 2006년 판결을 변경하기 전까지 50여 년간 하나의 교회가 두 개의 교회로 분열된 때에 교회 재산의 귀속에 대하여 교회정관이나 규약에 규정이 있으면 규정에 따르고, 특별한 정함이 없으면 교회의 법률적 성질이 권리능력 없는 사단인 까닭에 종전 교회 재산은 분열 당시 교인들의 총유에 속하고, 교인들은 교회 활동의 목적 범위 내에서 총유권의 대상인 교회 재산을 사용·수익할 수 있다고 판결해 온 것이다.[22) 2005년 대법원 판결도 하나의 교회가 두 개의 교회로 분열된 경우, 교회의 장정 기타 일반적으로 승인된 규정에서 교회가 분열될 경우를 대비하여 미리 재산의 귀속에 관하여 정하여진 바가 없으면 교회의 법률적 성질이 권리능력 없는 사단인 까닭에 종전 교회의 재산은 분열 당시 교인들의 총유에 속하고, 교인들은 각 교회 활동의 목적 범위 내에서 총유인 교회 재산을 사용·수익할 수 있다고 판결하였다.[23)]

법원이 교회분열 긍정의 원칙에 따라 판결한 이유는 헌법에 따른 종교의 자유를

22) 대법원 1985. 9. 10. 선고 84다카1262 판결, 대법원 1998. 7. 10. 선고 98도126 판결.
23) 대법원 2005. 10. 28. 선고 2005도3772 판결.

보장하고, 교회 재산은 교인들의 헌금으로 이루어지기 때문에 잔존 교인이나 탈퇴 교인 모두의 재산권으로 인정하고, 교인들의 전입 및 전출 등의 원인으로 인해 교인 구성원 변동이 계속 발생하는 교회의 특수성을 고려한 판결이었다. 하지만 교회분열 긍정의 원칙에 따른 판결은 오히려 교회의 분열을 조장하고 부추기는 원인이 되었고, 교회 혼란만 가중되었다.

(2) 교회분열 부정의 원칙

대법원은 2006년 전원합의체 판결에서 분열부정의 원칙(分裂不定의 原則)에 따라 교인들이 교회를 탈퇴하여 교회 교인으로서의 지위를 상실한 경우 종전 교회의 재산은 잔존 교인들의 총유로 인정하고, 탈퇴 교인은 교회 재산에 대해 아무런 권리 없다고 종전의 판례를 변경하였다. 법원은 교회가 법인 아닌 사단으로서 존재하는 이상, 그 법률관계를 둘러싼 분쟁을 소송적인 방법으로 해결함에 있어서는 법인 아닌 사단에 관한 민법의 일반 이론에 따라 교회의 실체를 파악하고, 교회 재산 귀속에 관하여 판단한 것이다. 교인들은 교회 재산을 총유 형태로 소유하면서 사용·수익하는데, 일부 교인들이 교회를 탈퇴하여 그 교회 교인으로서 지위를 상실하였다면 탈퇴가 개별적이든 집단적이든 종전 교회 총유 재산의 관리처분에 관한 의결에 참여할 수 있는 지위나 그 재산에 대한 사용·수익권을 상실하고, 종전 교회는 잔존 교인들을 구성원으로 하여 실체의 동일성을 유지하면서 존속하며, 종전 교회의 재산은 그 교회에 소속된 잔존 교인들의 총유로 귀속된다.[24]

교회분열 부정의 원칙에 따라 판결을 변경한 이유는 법인 아닌 사단에 속하는 교회에 대해서도 사단법인과 동일하게 민법의 법리를 적용했기 때문이다. 우리 민법은 사단법인에 있어서 구성원의 탈퇴나 해산은 인정하지만, 사단법인 구성원들이 두 개의 법인으로 분열되어 각각 독립한 법인으로 존속하면서 종전 사단법인에 귀속되었던 재산을 소유하는 방식의 사단법인 분열은 인정하지 않는다. 교회분열 부정의 원칙에 따른 판례변경으로 교회분열을 조장하는 행태가 많이 사라지게 되었고, 교회분열을 억제하는 긍정적인 효과를 가져왔다. 하지만 교회분열 부정의 원칙에 따른 판결은 교회 재산형성에 기여한 교인들의 재산 권리침해, 다수결 만능주의, 의결정족수 요건, 소수자 종교의 자유 침해 등 측면에서 교회의 특수성을 간과한 판결이 아

24) 대법원 2006. 4. 20. 선고 2004다37775 판결.

닐 수 없다.

3. 교회분열로 인한 교회 재산 판결 사례

A교회는 세례교인 100명의 교인으로 구성된 교회이다. 담임목사 甲은 자신의 A교회가 소속한 K노회와 갈등으로 그 교단을 탈퇴해 다른 교단으로 변경하려고 하였다. 교인들을 설득하여 교단 탈퇴 및 교단변경을 위하여 공동의회를 하였으나 회의 결과 60명이 교단 탈퇴 결의에 찬성하였으나 40명은 교단 탈퇴에 반대하였다. 교단 탈퇴에 찬성한 60명은 과반을 초과하는 다수에 해당하였지만, 3분의 2 이상 동의를 얻지 못하였다.

(1) 종전 판례에 따른 경우

종전 교회분열 긍정의 원칙에 따른 판례에 의하면 교회의 분열이 인정되고, 교회 재산은 분열 당시 교인 찬반 모두에게 귀속되었다. 따라서 교단 탈퇴에 찬성을 한 60명의 교인과 교단 탈퇴에 반대한 40명의 교인은 같은 예배당에서 시간만 달리하여 예배를 드릴 수 있었고, 또는 교회 재산을 균등하게 분할하고, 별도의 교회를 설립하거나 다른 교단에 각각 소속할 수 있었다.

(2) 변경된 판례에 따른 경우

변경된 교회분열 부정의 원칙에 따른 판례에 의하면 교회의 분열은 인정되지 않는다. 교회재산 귀속은 결의정족수 3분의 2 이상인 측에 전부 귀속되든지, 아니면 결의정족수 3분의 2에 미달하는 측에 전부 귀속하게 된다. 즉 교단 탈퇴에 찬성한 60명의 교인은 비록 다수이지만, 의결권을 가진 교회 구성원 교인(재적교인)의 3분의 2 이상의 찬성에 미달하였기 때문에 교회 재산에 관하여 아무런 권리를 갖지 못하고, 교회에서 떠나 다른 장소에서 예배를 드려야 한다. 교회 재산에 대한 권리는 여전히 기존 40명의 교인의 총유에 속하고, 교회 소속 교단은 기존 교단의 소속이 되는 것이다. 따라서 60명의 교인은 기존 교회에 남든지, 아니면 교회 재산에 대한 사용·수익 및 권리를 포기하고 교회를 떠나 다른 장소에서 예배를 드려야 한다. 물론 교회에서 분열해 가는 교인들을 위해서 별도의 개척자금을 마련해 줄 수는 있지만, 법적 의무가 주어져 있는 것은 아니다.

(3) 3분의 2 이상 탈퇴에 동의한 경우

만약 20명의 교인이 교단 탈퇴에 반대하고, 80명의 교인이 교단 탈퇴에 찬성했다면 어떻게 될까? 교단 탈퇴를 찬성한 80명은 3분의 2 이상에 해당하므로 교단 탈퇴가 유효하고 교회 재산에 대한 소유권은 교단 탈퇴를 결의한 교인들에게 있게 된다. 반대로 교단 탈퇴에 반대한 20명의 교인은 교회를 떠나 다른 장소에서 예배를 드려야 한다. 교단 탈퇴에 반대한 20명의 교인이 계속해서 같은 예배당에서 예배하려고 하거나 예배를 방해한다면 교회 출입금지 청구 소송을 제기하거나 예배(설교)방해죄로 고소하는 경우, 예배방해 정도에 따라 형사처벌이 될 수도 있다(형법 제158조).

Ⅱ. 판례

1. 탈퇴 교인들의 교회 재산권 상실

(1) 사실관계

서울 양천구 A교회 목사 甲은 당회원인 장로들과 갈등을 빚자 임의로 교회를 운영하였고, 소속 교단의 징계 재판을 받을 지경이 되었다. 목사 甲은 자신을 지지하는 교인들을 중심으로 교단을 탈퇴하고 B교회를 세우고, A교회 명의로 등기되어 있던 교회 건물과 대지 등에 관하여 실제로는 B교회가 매수한 적이 없음에도 A교회 당회의 결의서 등 관련 서류를 임의로 작성하여 B교회 명의로 소유권 이전 등기를 마쳤다. 이에 A교회와 지방회에서 파송한 목사 乙은 종전 교회 건물의 등기 이전은 무효라고 주장하며, B교회를 상대로 소유권말소등기 소송을 제기하였는데, 원심은 총유권자인 분열 당시 교인들의 총회 결의가 존재하지 않으므로, 분열 후의 A교회가 종전 교회의 총유 재산에 대한 등기 말소를 청구할 수 없다고 판시하였다.[25]

(2) 판결요지

교인들은 교회 재산을 총유의 형태로 소유하면서 사용·수익하는 것이므로, 일부

25) 서울고등법원 2004. 6. 22. 선고 2003나48701 판결.

교인들이 교회를 탈퇴하여 그 교회 교인으로서 지위를 상실하게 되면 탈퇴가 개별적이든 집단적이든 이와 더불어 종전 교회 총유 재산의 관리처분에 관한 의결에 참여할 수 있는 지위나 그 재산에 대한 사용·수익권을 상실한다. 그러나 종전 교회는 잔존 교인들을 구성원으로 하여 실체의 동일성을 유지하면서 존속하며 종전 교회의 재산은 그 교회에 소속된 잔존 교인들의 총유로 귀속됨이 원칙이다(분열 부정의 원칙). 그러므로 교단에 소속되어 있던 지교회의 교인 일부가 소속 교단을 탈퇴하기로 결의한 다음 종전 교회를 나가 별도의 교회를 설립하여 별도의 대표자를 선정한 때에도 그 교회는 종전 교회에서 집단적 이탈한 교인들에 의하여 새로이 법인 아닌 사단의 요건을 갖추어 설립된 신설 교회라 할 것이므로, 그 교회 소속 교인들은 특별한 합의가 없는 이상(종전 구성원들과 교회 재산에 관하여 합의하는 등의 별도의 법률행위) 더 이상 종전 교회의 재산에 대한 일체의 권리를 잃게 되고, 탈퇴자들로 구성된 신설 교회 교인들은 종전 재산에 대한 사용·수익권을 공유할 수 없다. A교회는 교단 소속으로 잔류하기를 원하는 교인들로 구성되고, 교단이 파송한 목사 乙이 재직하고 있는 A교회가 종전 교회로서 동일성을 유지하면서 존속하는 교회이다. 따라서 종전 A교회의 재산은 그 교회에 소속된 잔존 교인들의 총유로 귀속된다고 판시하였다.[26]

(3) 해설

법인 아닌 사단인 교회 재산은 사단법인 정관 변경에 준하여 의결권을 가진 교인 3분의 2 이상의 찬성에 의한 결의를 통하여 소속 교단에서 탈퇴한 때에는 종전 교회의 실체는 교단을 탈퇴한 교회로 존속하고 종전 교회 재산은 위 탈퇴한 교회 소속 교인들의 총유로 귀속되는 것이다.[27] 반면 종전 소속 교단에서의 탈퇴 결의에 찬성한 자가 의결권을 가진 교인(재적교인)의 3분의 2 이상에 이르지 못한다면, 종전 교회는 여전히 독립교회로서 유지되므로, 교단 가입결의에 찬성하고 나아가 종전 교회를 집단적으로 탈퇴한 교인들은 교인으로서 지위와 더불어 종전 교회 재산에 대한 권리를 상실하게 된다.[28] 즉 교회 재산에 관한 권리가 상실되는 경우는 첫째, 교인들이 교회를 탈퇴하여 그 교회 교인으로서 지위를 상실하게 되는 때, 둘째, 교단에 소속되어 있던 지교회의 교인 일부가 소속 교단을 탈퇴하기로 결의한 다음 종전 교

26) 대법원 2006. 4. 20. 선고 2004다37775 판결.
27) 대법원 2006. 6. 30. 선고 2000다15944 판결.
28) 대법원 2006. 4. 9. 선고 2003마1321 판결.

회를 나가 별도의 교회를 설립하여 별도의 대표자를 선정한 때, 셋째, 교인 3분의 2 이상이 교단탈퇴나 변경에 찬성하였을 때, 거기에 반대한 잔존 교인들은 교회재산에 관한 권리가 상실된다.

2. 일부 교인들의 교단 탈퇴와 교회 탈퇴

(1) 사실관계

K교단 B노회 소속 A교회는 총 31명의 교인 중 14명은 다른 L교단에 소속한 목사 乙을 청빙하고 별도의 예배를 드려오던 도중에 K교단 소속 B노회에서 교회 토지 및 건물을 처분하려고 하자 처분에 반대하면서 공동의회를 개최하여 B노회에서 탈퇴 결의를 하고 L교단 C노회에 가입하였다. 그러나 A교회는 교인의 수가 31명 중에 교인 14명이 모여 K교단 B노회를 탈퇴하기로 결의하였으나 교회 규칙 제5조 및 대한예수교장로회 헌법에 규정되어 있는 공동의회 소집 절차에 관한 규정에 따른 교인들에 대한 소집 절차를 거치지 아니하였고, 교단변경에 필요한 의결권을 가진 교인 3분의 2 이상의 찬성에도 이르지 못하였다.

(2) 판결요지

특정 교단에 가입한 지교회가 교단이 정한 헌법을 지교회 자신의 자치 규범으로 받아들였다고 인정되는 경우, 소속 교단의 변경은 실질적으로 지교회 자신의 규약에 해당하는 자치 규범을 변경하는 결과를 초래하고, 만약 지교회 자신의 규약을 갖춘 때에는 교단변경으로 인하여 지교회의 명칭이나 목적 등 지교회의 규약에 포함된 사항의 변경까지 수반하기 때문에, 소속 교단에서의 탈퇴나 소속 교단의 변경은 사단법인 정관 변경에 준하여 의결권을 가진 교인 3분의 2 이상의 찬성에 의한 결의가 필요하고, 일부 교인들이 교회를 탈퇴하여 그 교회 교인으로서 지위를 상실하게 되면 탈퇴가 개별적이든 집단적이든 이와 더불어 종전 교회의 총유 재산의 관리처분에 관한 의결에 참가할 수 있는 지위나 그 재산에 대한 사용·수익권을 상실하고, 종전 교회는 잔존 교인들을 구성원으로 하여 실체의 동일성을 유지하면서 존속하며 종전 교회의 재산은 그 교회에 소속된 잔존 교인들의 총유로 귀속됨이 원칙이다. 그리고 교단에 소속되어 있던 지교회 교인의 일부가 소속 교단을 탈퇴하기로 결의한 다음 종전 교회를 나가 별도의 교회를 설립하여 별도의 대표자를 선정하고 나아가 다른 교단에 가입한 경우, 그 교회는 종전 교회에서 이탈한 교인들에 의하여 새로이 법인 아닌 사단의 요건을 갖추어 설립된 신설 교회라 할 것이어서, 그 교회 소속 교인들은 더 이상 종전 교회의 재산에 대한 권리를 보유할 수 없게 된다.

따라서 교인 중 일부가 소속 교단을 탈퇴한다는 결의를 하고 다른 교단에 가입하였으나 그 결의가 교단변경에 필요한 3분의 2 이상 결의 요건에 이르지 못한 사안에서 그 결의에 찬성한 교인은 종전 교회의 교인으로서 시위와 종전 교회 재산에 대한 권리를 상실하였고, 더불어 종전 교회의 재산에 대한 권리를 상실하였으므로, 그 교회의 대표자가 될 수 없다고 판시하였다.29)

(3) 해설

첫째, K교단 B노회 소속 A교회 소속이었으나 L교단 C노회 소속으로 가입한 14명의 교인은 3분의 2 이상에 미달하였기 때문에 종전 교회의 총유 재산의 관리처분에 관한 의결에 참여할 수 있는 지위나 그 재산에 대한 사용·수익권을 상실하여 A교회의 대표자가 될 수 없다. 둘째, L교단 C노회에 가입한 교인 14명은 K교단 B노회에서 탈퇴(결의정족수 3분의 2 미달로 교회에서 탈퇴한 것과 같음)하고 별도의 신설교회를 설립하여 별도의 대표자를 선정하고 나아가 다른 교단에 가입하였기에 신설교회의 교인일 뿐, 더 이상 종전 A교회 교인으로서 지위를 상실하였기 때문에 A교회를 대표할 권한이 없는 것이다. A교회의 기존 재산은 잔존 17명 교인에 귀속하는 것이다.

3. 교인 3분의 2 이상의 찬성으로 교단을 탈퇴

사단법인 정관 변경에 준하여 의결권을 가진 교인 3분의 2 이상의 찬성에 의한 결의를 통하여 소속 교단에서 탈퇴한 경우, 종전 교회의 실체가 교단을 탈퇴한 교회에 존속하게 되고, 종전 교회재산은 위 탈퇴한 교회 소속 교인들의 총유로 귀속하게 된다고 판시하였다.30)

4. 교인 3분의 2 이상의 찬성에 이르지 못한 경우

교단에 소속되지 않은 독립교회의 경우에 있어서도 교인들의 일부가 종전의 독립

29) 대법원 2009. 7. 23. 선고 2008다44085, 44092 판결.
30) 대법원 2006. 6. 30. 선고 2000다15944 판결.

교회 상태를 벗어나 특정 교단에 가입하기로 결의한 때에는 이로 인하여 그 교회의 명칭이나 목적 등 실질적으로 지교회 자신의 규약에 해당하는 자치 규범을 변경하는 결과를 초래하게 된다. 위와 마찬가지로 사단법인 정관 변경에 준하여 의결권을 가진 교인 3분의 2 이상이 찬성한 결의에 따라 종전 교회의 실체는 특정 교단에 가입하여 소속된 지교회로서 존속하고 종전 교회 재산은 위 교단 소속 교회 교인들의 총유로 귀속될 것이나 찬성자가 의결권을 가진 교인의 3분의 2 이상에 이르지 못했다면 종전 교회는 여전히 독립교회로서 유지되므로, 특정 교단 가입에 결의하고 나아가 종전 교회를 집단적으로 탈퇴한 교인들은 교인으로서 지위와 더불어 종전 교회 재산에 대한 권리를 상실한 것이라고 판시하였다.[31)]

5. 교단 탈퇴 후 교회 부동산을 교회 명의로 등기명의인 표시변경

교단에 소속되어 있던 지교회의 교인들이 의결권을 가진 교인 3분의 2 이상의 찬성에 의한 결의를 통하여 소속 교단을 탈퇴하기로 결의한 다음, 종전 교회를 나가 별도의 교회를 설립하여 별도의 대표자를 선정하고 나아가 다른 교단에 가입한 경우, 사단법인 정관 변경에 준하여 종전 교회의 실체는 교단을 탈퇴한 교회에 존속하고 종전 교회 재산은 위 탈퇴한 교회 소속 교인들의 총유로 귀속되므로,[32)] 적법 · 유효한 교회의 결의에 따라 교회가 종전 교단에서 탈퇴한 것으로 인정된다면 교회는 법원의 확정판결을 첨부하여 종전 교회 부동산에 관하여 교회 명의로 등기명의인 표시변경 등기를 할 수 있다고 판시하였다.[33)]

6. 교회의결과 교단 헌법이 충돌하는 경우의 재산

(1) 판결요지

종전 교회가 소속한 교단 헌법에 '교단의 교리나 법규를 준행하지 않거나 이탈한 자는 재산의 사용권을 가지지 못한다.'라고 규정되어 있는 경우에도 교회 재산은 지교회 교인들에게 있다. 교회와 그 소속 교단과의 관계는 교회의 기본적 독립성이 인정되는 범위에서 정립되어야 하고, 교회의 기본재산은 특별한 사정 없는 한 그 교회

31) 대법원 2006. 4. 9. 선고 2003마1321 판결.
32) 대법원 2006. 6. 9. 선고 2003마1321 판결.
33) 서울동부지방법원 2008. 2. 15. 선고 2006가합13702 판결.

의 교인들이 자기들을 위해 소유·사용할 의사를 가진 것이라고 보아야 한다. 또한 종교자유의 원칙상 교회의 교인들이 그 소속 교단을 탈퇴하거나 변경할 수 있으며, 교회에서 탈퇴하지 않는 이상 교회 구성원의 지위를 상실하는 것이 아닌 점 등에 비추어 보면 위 규정이 종전 교회의 교인들이 그 교회 자체를 탈퇴하여 교회 구성원의 지위를 상실하는 경우가 아니라, 다수의 교인이 소속 교단을 탈퇴하고 새로운 교단에 가입하여 별개의 교회를 결성함으로써 종진 교회기 2개의 교회로 분열된 경우에까지 구속력을 가진다고 할 수 없다고 판시하였다.[34]

(2) 해설

지교회의 교인들이 그들의 헌금 등으로 이루어진 교회 재산에 대해 교인들의 자유로운 결정에 따라 그 명의를 교회 명의로 할 수도 있고, 교단의 명의로 할 수도 있다. 그러나 교단의 헌법이나 장정 등에서 '지교회의 재산은 교단의 소유로 한다.' 라고 규정하고 있는 경우에도 지교회의 재산은 교단 헌법의 규정 내용과 관계없이 지교회의 소유에 해당한다. 지교회의 재산은 지교회의 존립 근거가 되는 중요사항으로서 지교회의 자주성과 독립성에 있어서 중요하기 때문이다. 대법원도 교회의 부동산소유권 귀속 문제 등 국가의 강행법규를 적용해야 할 분쟁에 있어서는 이와 다른 내용의 교단 헌법 규정은 적용되지 않는다고 판시하였다.[35]

7. 예배를 위한 교회 출입 금지 행위

교회가 소유한 교회 건물은 교인들의 총유에 속하고, 교인은 교회 활동의 목적 범위 내에서 총유권의 대상인 교회 건물을 사용·수익할 수 있으며, 교회 재산을 사용·수익하는 가장 중요한 방법은 예배행위이므로, 비록 교회의 담임목사로 재직하던 목사와 교인들 사이에 법적 분쟁이 있다 하더라도, 교인이 교회 건물에서의 예배 등 신앙생활을 위하여 교회 건물에 출입하는 것은 허용되어야 하고, 따라서 위 목사가 교회의 담임목사이었음을 주장하면서 교회 건물의 명도를 거부하고 교인들의 예배행위를 방해하고 있다면, 교인으로서는 위 목사에 대하여 교회 건물에의 출입, 예배 등 신앙생활의 방해 금지를 구할 이익이 있다고 판시하였다.[36]

34) 대법원 1993. 1. 19. 선고 91다1226 판결.
35) 대법원 1991. 12. 13. 선고 91다29446 판결.
36) 춘천지방법원 원주지원 2006. 11. 15. 선고 2004가단4835 판결.

Ⅲ. 교회 재산분쟁과 해결방안

1. 하나님의 소유권

교회는 예수 그리스도의 피로 세워졌다. 정작 중요한 것은 교회는 돈으로 사고파는 어떤 재산이 아니라는 사실이다. 그럼에도 부득불 장소적 측면에서 예배와 교육, 교제를 위한 공간 확보를 위해서 교회 건물은 필요하다. 구약시대에도 성전이 필요했듯이 신약시대에도 하나님을 예배하고, 말씀을 가르치며 성도들의 교제를 위한 장소가 필요하다. 그러나 교회 재산은 그 누구의 소유나 전유물이 될 수 없다. 교회 재산은 교인들의 자발적인 헌금으로 이루어졌지만, 원래 헌금은 성경적으로 하나님의 것이었기 때문에 교인들은 교회 재산에 대해 소유권이 없는 것이다(말3:8, 마22:21).

하와의 욕심이 죄를 낳고, 아간의 욕심이 아간 한 사람이 아니라, 가족과 이스라엘 공동체에 불행한 영향을 끼친 것처럼, 재물에 대한 욕심을 버리지 못하면 서로에게 고통과 깊은 상처만 남길 뿐이다. 교회 분쟁이 발생하는 교회를 보면 대다수 교회가 개척교회, 농어촌 교회가 아니라, 도시에 있는 교회들인데, 이는 교회 분쟁이 재물과 욕심 때문이라는 확증이라고 할 수 있다. 교회 재산에 관한 분쟁에 있어서 교회 재산은 그 누구의 소유물이나 전유물이 될 수 없다는 전제가 선행되어야 한다. 교회 재산은 민법의 법리에 따라 교회 구성원인 교인들의 총유이지만, 지분권이 없는 총유이기 때문에 지분을 획득하려는 태도를 버려야 한다.

2. 교회정관 개정

법원은 교회가 분열하는 경우, 교회정관이나 규약에 재산 귀속에 관해 어떤 규정이 있으면 규정에 따르고, 특별한 정함이 없으면 교회 재산은 의사결정기구인 총회 결의를 거쳐야 한다고 판결한다.[37] 교회 분쟁으로 하나의 교회가 두 개 이상으로 분열할 때, 교회 재산 귀속 문제로 다툼이 발생하는 이유는 교회분열 시 교회정관에 교회재산 귀속에 관해 명확하게 규정하지 않고 있기 때문이다. 따라서 교회는 교회정관이나 규칙에 교회가 분열하는 경우, 교회 재산관리와 처분에 관한 사항을 명확하게 규정해 두어야 한다. 교회 자치정관은 분쟁을 해결하는 데 있어서 가장 중요한 기준이 되기 때문이다. 합법적으로 의결권을 가진 교인들에 의해 정당한 절차에 의

37) 대법원 2006. 4. 20. 선고 2004다37775 판결.

하여 제정된 교회정관은 교회 내에서만 효력을 가질 뿐만 아니라, 법원에서 사법 심사할 때, 판단 기준이 된다.

3. 협의를 통한 해결

교회 분쟁이 발생하는 때에 가장 좋은 해결 방법은 상호 협의를 통해 해결하는 것이다. 상호 협의를 통한 방법은 제삼자의 개입이 없고, 당사자들을 구속하거나 강제하지 않으며, 분쟁당사자 스스로 분쟁을 해결하는 방법이다. '골이 깊을수록 산이 높다.'라는 말이 있다. 소송으로 인한 다툼은 교회분열과 상처를 남기는 등 부정적인 원인이 되지만, 반대로 당사자 사이에 협의를 통해 분쟁을 해결하게 되면 분쟁 해결 이후에도 계속해서 원만한 대인관계를 지속·유지하게 되고, 때로는 분쟁의 결과 교회가 결속되고 교인들의 단합으로 인해 교회가 발전되고 성숙하게 된다. 또한 이후에 사소한 분쟁이 발생하는 경우, 경험을 바탕으로 교회 내의 갈등과 분쟁을 원만하게 해결하는 돕는 순기능을 한다.

교회 분쟁이 발생하였다면 사회 법정으로 가지 말고 교회 자체적으로 해결해야 한다. 국가 법원으로 가게 되면 재판으로 인한 시간적 손실과 소송비용 부담으로 인한 경제적 손실이 크게 발생하게 되고, 결국 그러한 손실은 교인들에게 상처로 남고, 교회 재정에 부담으로 작용하게 된다. 그러나 무엇보다 지역 사람들에게 교회에 대한 부정적인 이미지를 주게 되어 전도에 악영향을 미치게 되고, 교회를 향한 세상 사람들의 따가운 시선으로 인해 하나님 영광을 가리게 되는 결과를 가져오게 된다.

제3절 ‖ 교단 탈퇴 및 변경

Ⅰ. 교단의 탈퇴 및 변경

1. 종교 선택과 탈퇴 및 변경의 자유

우리나라는 종교의 자유가 보장되어 있기에 누구든지 신앙을 가질 권리와 신앙을 갖지 않을 권리가 있다(헌법 제20조).[38] 따라서 모든 국민은 외부로부터 강압 받지 아니하고, 자신이 어떤 종교를 믿을지 자유롭게 선택할 수 있는 종교의 자유를 가지고 있으며, 마찬가지로 종교인은 누구든지 자유롭게 교단이나 지교회를 선택하여 가입할 수 있고, 종전에 속하고 있던 교단이나 지교회로부터 탈퇴하여 다른 교단이나 지교회에 가입할 수도 있다. 탈퇴(脫退, secession)는 자신이 소속해 있던 단체나 조직에서 나오거나 떠나는 것을 말한다. 종교적으로는 자신이 믿던 종교에서 다른 종교로 개종하거나 믿지 않게 되는 것을 탈교(脫教, reneqation)라고 하며, 이단들의 경우 탈퇴하거나 다른 종교로 개종하거나 무교인이 되는 사람을 가리켜 배교(背教, apostasy)라고 한다.

2. 의결정족수

(1) 민법상 의결정족수

민법에선 법인의 정관변경은 총 사원 3분의 2 이상의 동의가 필요하고(민법 제42조 제1항), 총회의 결의는 다른 규정이 없으면 사원 과반수의 출석과 출석사원의 과반수 찬성으로 하고(민법 제75조 제1항),[39] 해산은 총 사원의 4분의 3 이상의 동의가 필요하다(민법 제78조).[40] 법인의 총회 정관개정을 위해서는 '총 사원'(재적교인)의 3

38) 헌법 제20조
① 모든 국민은 종교의 자유를 가진다.
② 국교는 인정되지 아니하며, 종교와 정치는 분리된다.

39) 민법 제75조(총회의 결의 방법)
① 총회의 결의는 본 법 또는 정관에 다른 규정이 없으면 사원 과반수의 출석과 출석 사원의 결의권의 과반수로써 한다.

40) 민법 제78조(사단법인의 해산 결의)
사단법인은 총 사원 4분의 3 이상의 동의가 없으면 해산을 결의하지 못한다. 그러나 정관에 다른 분의 2 이상 동의가 있어야 가능하기에 과반수 출석교인의 3분의 2 이상의 찬성으로는 정관개정을 할 수가 없다. 또한 일반적인 총회결의도 사원의 과반수 출석이라고 하였으므로, 재적교인의 과반수 출석이 아닌 출석교인 과반수 찬성에 의한 결의는 무효가 되는 것이다. 따라서 사단 아닌 법인(비법인사단)인 교회는 공동의회에서 정관변경 결의를 할 때, 필요한 의결정족수는 출석교인이 아닌 재적교인이 되어야 한다.

(2) 교단 탈퇴 및 변경에 관한 판례

1) 교인 전원

1970년대 대법원은 교회의 소속 교단을 변경하기 위해서는 반드시 교인 전원의 의사에 의하여만 가능하다는 취지로 판단하였다. 모든 국민은 종교의 자유를 갖는다는 헌법의 의미는 어떤 교회의 다수의 교인이 다른 교파로 이속(異屬)하기로 결의하였다 하더라도 소수의 교인이 이에 반대하여 그대로 남아 있는 자유도 포함하는 것이므로, 교인 전원이 참석하지 않은 공동의회에서 교회의 소속 교단으로부터 탈퇴나 타교단에의 가입결의를 하여도 이는 교회의 총의라고 할 수 없어 교회의 교파를 변경할 수 없다.[41]

2) 재적교인의 3분의 2 이상

대법원은 교단 탈퇴 및 변경을 둘러싸고 분쟁이 발생하는 경우, 출석교인(出席教人)이 아닌 최소한 의결권자, 즉 재적교인(在籍教人)의 3분의 2 이상의 찬성을 얻고 적법한 소집 절차에 따른 결의를 거칠 것이 요구한다. 소속 교단의 변경은 실질적으로 지교회 자신의 규약에 해당하는 자치 규범을 변경하는 결과를 초래하고, 만약 지교회 자신의 규약을 갖춘 때에는 교단변경으로 인하여 지교회의 명칭이나 목적 등 지교회의 규약에 포함된 사항의 변경까지 수반하기 때문에, 소속 교단에서의 탈퇴 내지 소속 교단의 변경은 사단법인 정관 변경에 준하여 의결권을 가진 교인 3분의 2 이상의 찬성 결의가 필요하다.[42] 현재 우리나라 법원은 교단 탈퇴 및 변경, 교단에 소속되지 않은 독립 교회가 특정 교단에 가입하기로 결의한 경우에 있어서 정관의 수·개정에 준하여 의결권이 있는 교인(무흠 재적교인)의 3분의 2 이상의 찬성으

규정이 있는 때에는 그 규정에 의한다.

41) 대법원 1978. 10. 10. 선고 78다716 판결.

42) 대법원 2008. 1. 10. 선고 2006다39683 판결.

로 할 수 있다고 판시하고 있다.[43)]

3) 출석교인의 3분의 2 이상

서울고등법원은 서울 D교회 교단 탈퇴 결의무효 확인 소송에서 교회정관에 다른 규정이 있음을 근거로 하여[44)] 재적교인 수(數)에 상관없이 공동의회에 출석한 교인의 3분의 2 이상의 찬성 결의만으로 교단 탈퇴가 가능하다고 대법원 전원합의체의 결정에 반하는 판결을 내렸다.[45)] 서울고등법원은 '정수에 관하여 정관에 다른 규정이 있는 때에는 그 규정에 의한다.'라는 민법 제42조[46)] 단서 조항에 따라 판결한 것이다. 교단 탈퇴 및 변경은 일반적으로 재적교인(在籍敎人)의 3분의 2 이상의 찬성을 얻어야 가능하지만, 교회정관에 '출석교인 3분의 2 이상의 찬성으로 한다.'라는 별도의 규정이 있다면 교회정관에 규정하고 있는 바대로 할 수 있다.

(3) 교단 헌법(합동) 공동의회 정족수 규정

대한예수교장로회총회 교단 헌법(합동)에는 공동의회 회의정족수(會議定足數) 규정에 있어서 공동의회 의사정족수를 '출석하는 대로' 개회할 수 있다고 하였다(정치 제21장 제1조 제4항). 의결정족수는 '공동의회'에서 일반의결은 과반수로 하고, 목사청빙 투표는 투표수의 3분의 2 이상의 찬성과 입교인 과반수의 승낙을 요하고(정치 제21장 제1조 제5항), 조직교회 시무목사 청빙은 출석교인 3분의 2 이상(정치 제4장 제4조 제2항), 장로, 집사, 권사는 투표(수)의 3분의 2 이상의 찬성으로 하고 있다(정치 제13장 제1조). 그리고 부동산 변동의 경우, 지교회의 정관이 있으면 정관에 규정대로 하고, 교회정관에 규정이 없으면 '공동의회 회원' 3분의 2 이상의 찬성으로 결정한다고 하였다(정치 제21장 제1조 제5항).

그런데 교단 헌법 규정은 모호하다. 회의정족수 규정에 있어서 공동의회 의사정족수를 '출석하는 대로' 개회할 수 있다고 하고 있고, 결의 요건에 있어서는 연말 법대로 제출하는 사건의 의결은 '공동의회에서~투표수'로 한다고 되어 있으며, 부동산

---

43) 대법원 2006. 6. 9. 선고 2003마1321 판결.

44) 두레교회 정관 2조에 '정관의 개폐는 당회의 심의를 거쳐 공동의회 출석회원 2/3 이상의 찬성을 얻어야 한다.'고 규정하고 있다.

45) 서울고등법원 2019. 11. 14. 선고 2018나2037244 판결.

46) 민법 제42조(사단법인의 정관변경)
① 사단법인의 정관은 총 사원 3분의 2 이상의 동의가 있는 때에 한하여 이를 변경할 수 있다. 그러나 정수에 관하여 정관에 다른 규정이 있는 때에는 그 규정에 의한다.

변경의 경우에는 '공동의회 회원'이라고 되어 있기 때문이다. 여기서 '공동의회' 또는 '공동의회 회원'이라고 규정하고 있는 결의 요건이 회의에 출석교인을 의미하는지, 의결권이 있는 재적교인을 의미하는지 명확하게 규정할 수 없다는 점이다.

공동의회 결의 의결정족수는 출석교인이 아닌 재적교인이어야 한다. 의결정족수를 참석한 출석교인으로 한다면, 담임목사나 교회에서 영향력 있는 중직자 소수에 의해 중요한 교회 결정이나 교회 전체 구성원의 진의가 왜곡될 수 있으며, 교회의 본질과 존립 목적에 반하는 내용이 결의될 수 있기 때문이다.

3. 교회 탈퇴와 교단 탈퇴

법원은 교단 탈퇴 및 소속 노회 변경이 정당하게 이루어졌을 경우, 교단 탈퇴 및 소속 노회 변경을 인정한다. 그리고 2006년 대법원 전원합의체 판결에서 교회분열의 개념을 부정하는 판결 이후, 일부 교인들이 교단 탈퇴를 결의한 경우에 교인들의 교단 탈퇴가 곧 교회 탈퇴를 의미하는 것인지에 있어서 2006-2007년 초까지는 교단 탈퇴와 교회 탈퇴 결의를 동일하게 취급하여 판결하였다. 하지만 2007년부터는 교단 탈퇴와 교회 탈퇴를 별개로 구별하여 취급하고 판결하고 있다. 따라서 일부 교인들이 소속 교단을 탈퇴하고 다른 교단에 가입하기로 하는 내용의 교단변경을 결의한 경우, 교단변경에 찬성한 교인들이 종전 교회에서 탈퇴하여 종전 교회와 다른 교회 명칭을 사용하고, 새로운 목사를 추대하였고, 종전 교회와 다른 교리를 추종하고, 종전 교회 재산권에 대해 포기하였다면(교회 탈퇴와 함께 교단 탈퇴 및 교단변경을 결의한 때), 교인들의 교단 탈퇴 결의는 곧 교회 탈퇴라고 할 수 있다.[47] 그러나 교단 탈퇴 결의를 하였더라도 교회 탈퇴 결의 의사가 아닌 경우에는 종전 교회 재산에 대한 권리가 있게 된다.

4. 교단 탈퇴와 가입

(1) 교인 일부가 이탈하여 타 교단에 가입한 경우

교회 신도 약 500명 중 약 150명과 교직자들이 대한예수교장로회 A총회와 그 산하 서울노회를 이탈하여 대한예수교장로회 B총회에 가입하였다면, 그 결의에 찬동

47) 대법원 2010. 5. 27. 선고 2009다67665, 67672 판결, 수원지방법원 평택지원 2014. 5. 1. 선고 2013가합3820 판결.

한 교인 개개인의 탈퇴 또는 다른 교단 가입으로서는 그 결의의 효력이 있고, 결의에 참석하지 아니한 교인들에게까지 그 효력이 미치지 않는다. 따라서 일부 교인들의 결의는 교회의 총의라고도 할 수 없으므로, 기존 교회는 여전히 대한예수교장로회 A총회와 그 산하 서울노회에 속한다고 할 수 있다.[48] 교인 일부가 교회를 탈퇴하고 다른 교단에 가입하였다면, 교인총회가 아닐뿐더러 의결정족수에 미치지 못하였기 때문에 기존 교회는 기존 교단에 속하는 것이고, 교회를 탈퇴한 교인들은 교인의 지위 및 종전 교회의 교회 재산에 대한 권리를 상실하게 된다.

(2) 다수의 교인이 소속 교단을 변경하는 경우

A교단에 소속되어 있던 교회에서 일부 교인들은 종전의 A교단에 계속 남아 있기로 하였지만, 의결권(재적교인)이 있는 3분의 2 이상의 교인들이 교회의 소속 교단을 변경하기로 의결하였고, 새로운 B교단에 가입하였다면, 종전 교회는 새로운 B교단에 소속된 교회로 변경된다. 반면 종전 A교단에 계속 남아 있기로 작정한 일부 잔류하는 교인들은 종전 교회의 교인 지위 및 교회 재산에 대한 권리를 상실하게 된다.

Ⅱ. 판례

1. 소속 교단의 탈퇴 및 변경

(1) 사실관계

A교회는 종래 대한예수교장로회총회 K교단 소속이었는데, K교단이 세 개의 교단으로 분열하자 교회 공동의회를 개최하고 대한예수교장로회총회 C교단에 가입하기로 결의하였고, 그 결의에 따라 C교단 소속 노회에 가입하였다. 그리고 A교회는 C교단의 헌법에 따른 청빙 결의를 거쳐 목사 甲은 A교회의 담임목사로 부임하였다.

(2) 판결요지

특정 교단에 가입한 교회가 교단이 정한 헌법을 지교회 자신의 자치 규범으로 받

48) 대법원 1981. 9. 22. 선고 81다276 판결.

아들였다고 인정되는 때에 소속 교단의 변경은 실질적으로 지교회 자신의 규약에 해당하는 자치 규범을 변경하는 결과를 초래하고, 만약 지교회 자신의 규약을 갖춘 경우, 교단변경으로 인하여 지교회의 명칭이나 목적 등 지교회의 규약에 포함된 사항의 변경까지 수반하기 때문에 소속 교단에서 탈퇴하거나 소속 교단을 변경하는 것은 사단법인 정관 변경에 준하여 의결권을 가진 교인 3분의 2 이상이 찬성해야 한다.[49] 그리고 이러한 법리는 소속 교단을 탈퇴 내지 변경하거나, 교단에 소속되지 않은 독립교회가 특정 교단에 가입하기로 결의한 때에도 동일하게 적용된다고 판시하였다.[50]

(3) 해설

소속 교단의 변경은 지교회의 명칭이나 목적 등 지교회의 규약에 포함된 사항의 변경까지 수반하기 때문에 소속 교단에서 탈퇴하거나 소속 교단변경은 사단법인 정관 변경에 준하여 의결권을 가진 교인 3분의 2 이상이 찬성해야 한다. 그러나 교단 탈퇴 및 변경에 관한 의결을 하였으나 이에 의결권을 가진 교인의 3분의 2 이상의 찬성에 이르지 못했다면, 교회는 종전 교단에 소속되게 된다. 따라서 의결권의 3분의 2 이상의 찬성에 이르지 못하고, 종전 교회를 탈퇴하거나 다른 교단에 가입한 교인들은 종전 교인으로서 지위와 더불어 종전 교회 재산에 대한 권리를 상실하게 되고, 교회의 재산은 잔류 교인들의 총유로 귀속된다.

하지만 정관에 의한 적법한 교인총회를 거쳐 3분의 2 이상의 찬성으로 교단변경 의결 절차를 갖추어 소속 교단에서 탈퇴하거나 다른 교단으로 변경한 때에는 그 교회가 동일성을 그대로 유지한 채 상위 교단만 변경되는 것일 뿐, 새로운 교회가 만들어진 것이 아니므로 변경 전이나 변경 후나 교인들의 총유에 해당한다. 그리고 교단변경의 결의가 이루어졌다고 하더라도 종전 교회의 동일성이 유지되고 있으므로, 교단변경에 반대한 교인들이라 하더라도 특별한 사정 없는 한 교인으로서 지위는 여전히 유지되며 그 교회 구성원인 교인으로서 지위 상실은 그의 자유의사에 의하여 결정되는 것이다. 또한 교단변경을 한 이후에 다시 3분의 2 이상의 찬성으로 교단변경 요건을 갖춘 때에는 종전 교단으로 복귀할 수 있다.

---

49) 대법원 2006. 6. 9. 선고 2003마1321 판결.
50) 대법원 2008. 1. 10. 선고 2006다39683 판결.

2. 교회의 존립 목적을 위반하는 교단 헌법 및 교단변경 결의

교단변경 결의에는 지교회의 종교적 자유와 함께 지교회의 존립 목적 유지라는 양 측면에서의 내재적 한계가 존재한다. 따라서 소속 교단의 헌법에서 교단 탈퇴의 허부 및 요건에 관하여 위와 달리 정한 경우에도 그 규정이 지교회의 독립성과 종교적 자유의 본질을 해하는 때에는 지교회에 대한 구속력을 인정할 수 없다(민법 제42조 제1항). 또한 실질적으로 지교회의 해산 등 교회의 유지와 모순되는 교단변경 결의, 기독교가 아닌 전혀 다른 종교를 신봉하는 단체로 변경하는 등 교회 존립 목적과 본질을 위배하는 교단변경 결의는 정관이나 규약변경의 한계를 넘는 것으로 허용되지 않는다.[51] 즉 정통교회가 이단으로 변경하는 결의를 한다면, 교회 존립 목적과 본질에 비추어 허용되지 않는 것이다.

3. 지교회의 교단 탈퇴 및 변경결의 효력요건과 증명 책임

(1) 사실관계

서울 A교회는 담임목사 甲을 따르는 교인들과 원로 목사 乙을 추종하는 교인들 사이에 분쟁이 발생하였다. 담임목사 甲은 교인총회를 소집·개최하였고, 교인총회에서 소속 교단으로부터 집단적으로 탈퇴하고 독립교회 연합회에 가입하는 내용의 결의를 하였다. 교단 헌법에는 당회의 결의를 거쳐서 교인 총회(공동의회)를 소집하도록 규정되어 있으나 이 사건 교인총회는 당회의 결의 없이 소집되었고, 그 소집공고도 주보에는 게재되지 아니한 채 본당 내부 게시판에만 게시하였고, 교회의 의결권 있는 교인의 명부가 미리 작성·비치되어 있지 아니한 상태에서 거수로 표결이 이루어져서 의결권 없는 자의 투표 및 중복투표(제1부－제5부 예배)가 가능하도록 방치되었다.

(2) 판결요지

특정 교단에 가입한 지교회가 소속 교단을 변경하는 때에는 사단법인 정관변경에 준하여 의결권을 가진 교인 3분의 2 이상의 찬성에 의한 결의가 필요하며, 만일 소속 교단에서의 탈퇴 등에 관한 결의를 하였으나 이에 찬성한 교인이 의결권을 가진 교인의 3분의 2 이상에 이르지 못한다면 종전 교회의 동일성은 여전히 종전 교단에

---

51) 대법원 2006. 4. 20. 선고 2004다37775 판결.

소속되어 있는 상태로서 유지된다. 그러므로 의결권을 가진 교인의 3분의 2 이상의 찬성으로 소속 교단에서의 탈퇴 또는 소속 교단의 변경결의가 적법·유효하게 이루어졌다는 점은 이를 주장하는 자가 입증하여야 한다. 그러나 A교회가 공동의회에서 결의한 교단탈퇴 결의는 탈퇴 결의 당시에 신청인 교회의 의결권 있는 교인이 누구이고 몇 명인지, 그중 실제로 투표에 참석한 교인이 몇 명인지 등을 알 수 없어 소집 절차나 결의 방법 등에 중대한 흠이 있고, 이 사건 탈퇴 결의가 의결권 있는 교인의 3분의 2 이상의 찬성이라는 의결정족수의 충족상태에서 이루어진 것인지도 알 수 없으므로 무효에 해당한다고 판시하였다.[52)]

(3) 해설

교회의 교인총회에서 소속 교단에서의 탈퇴 결의가 이루어졌으나 그 소집 절차나 결의 방법 등에 중대한 흠이 있어 의결권 있는 교인 3분의 2 이상의 찬성이라는 의결정족수 충족 여부를 알 수 없고, 그 탈퇴 결의의 흠이 중대하여 치유된다고 보기도 어렵다면 결국 소속 교단에서의 탈퇴 결의는 무효가 된다. 첫째, A교회는 교단헌법에 당회의 결의를 거쳐서 교인 총회(공동의회)를 소집하도록 되어 있는 규정을 위반했고(정치 제21장 제1조 2), 둘째, 교회의 의결권 있는 교인의 명부가 미리 작성·비치되어 있지 아니한 상태에서 거수로 표결이 이루어져서 의결권 없는 자의 투표 및 중복투표가 이루어졌다. 셋째, 의결권 있는 교인 3분의 2 이상의 찬성으로 이루어졌다는 증명(교적부 등록 재적교인 의결정족수)이 없어서 무효가 되었다.

4. 교단변경 의결정족수

(1) 사실관계

A교회는 K교단 소속의 지교회인데, 담임목사 甲이 당회 구성원인 장로들과 갈등을 빚자 임의로 기획위원회를 조직하여 교회를 운영하였고, 이로 인하여 소속 교단의 징계 재판을 받을 지경에 이르자, 목사 甲은 지지하는 일부 교인들을 모아 공동의회를 개최하고 소속 교단을 탈퇴하여 독립교회를 설립하고 명칭을 B교회로 변경하기로 결의하였다. 이에 A교회 소속 지방회는 목사 甲에 대하여 면직판결을 하고

---

52) 대법원 2007. 6. 29. 자 2007마224 결정.

후임 목사를 파송하였다. B교회는 A교회 명의로 등기되어 있던 교회 건물과 대지 등에 관하여 실제로는 B교회가 이를 매수한 적이 없음에도 위 교회 당회의 결의서 등 관련 서류를 임의로 작성하여 B교회 명의로 소유권 이전 등기를 마쳤다. 이에 A교회는 B교회를 상대로 부동산 소유권 이전 및 등기 말소청구 소송을 제기하였다.

(2) 판결요지

종전 A교회는 K교단 소속의 지교회인데, 목사 甲이 지지 교인들 일부를 이끌고 소속 교단을 탈퇴하여 독립교회를 설립하였다고 할지라도, 특별한 사정이 없는 이상 이는 일부 교인들이 집단적 종전 교회를 이탈한 것에 불과하고, 위 교단 소속으로 잔류하기를 원하는 교인들로 구성되고 교단이 파송한 목사가 재직하고 있는 A교회가 종전 교회로서의 동일성을 유지하면서 존속하는 교회라고 할 것이다. 그리고 기록을 살펴보아도 교단 탈퇴를 결의한 교인총회가 총회소집통지 등 소집 절차에 있어서 소속 교단 헌법 등에 정하여진 요건을 준수하였다거나 의결권자의 3분의 2 이상이 동의하였다고 인정할 자료가 부족하다고 판시하였다[53]

(3) 해설

비법인사단인 교회는 교단 결정에 있어서 교인들의 총의에 의하여 그 소속 교단을 선택할 수 있다. 교회는 교단 결정에 있어서 교인들의 총의에 의하여 그 소속 교단을 선택할 때는 사단법인 정관 변경에 준하여 의결을 가진 교인 3분의 2 이상의 찬성에 의한 결의가 있어야 한다. 그러나 목사 甲이 지지하는 일부 교인들을 모아 공동의회를 개최하고 소속 교단을 탈퇴하여 독립교회를 설립한 B교회는 총회소집통지 등 소집 절차, 소속 교단 헌법 등에 정하여진 요건을 준수하지 않았고, 재적교인 3분의 2 이상이 찬성했다는 증명 자료가 불충분하였다.

여기서 소속 교단변경 결정에 있어서 소속 교단의 헌법과 달라 충돌하는 때에는 지교회에 우선적 권리가 있다. 따라서 교단 탈퇴의 허부 및 요건에 관하여 소속 교단의 헌법과 교회정관이 달리 규정되어 있는 경우에는 소속 교단의 헌법 규정이 지교회의 독립성과 종교적 자유의 본질을 침해하는 때에 해당하여 지교회에 대한 교단 헌법의 구속력이 인정되지 않는다.

---

53) 대법원 2006. 4. 20. 선고 2004다37775 판결.

5. 교회정관 의결정족수

(1) 사실관계

서울 A교회는 재적교인 3,826명 중 365명이 출석한 공동의회에서 교회정관을 변경하였다. 그러자 원고 甲은 종전 대법원 판례[54]에 따르면 교단 탈퇴와 소속 교단변경은 민법 제42조 사단법인의 정관 변경 규정에 준하여 의결권을 가진 교인 3분의 2 이상의 찬성 결의가 필요한데, A교회 교인 3,826명 중 365명이 출석하였으므로 과반수는 물론이고 3분의 2 이상이 안 되므로 무효라고 주장하였다. 반면 A교회는 대법원이 유추 적용한 민법 제42조는 교단 탈퇴에 관한 것이고, 교회의 정관 변경에 적용할 수 없다고 주장하였고, 또 민법 제42조는 사단법인에 관한 규정으로, 교회와 같은 법인 아닌 사단을 직접 규율하는 규정은 아니라는 것을 주장하였고, 또 민법 제42조를 유추 적용한다고 하더라고 단서 조항에 '그러나 정수에 관하여 정관에 다른 규정이 있는 때에는 그 규정에 의한다.'라는 규정이 있기에 A교회의 정관 변경은 유효하다고 주장하였다. 또한 A교회의 정관에 의하면 정관 변경은 공동의회를 통해 처리하고, 정관에 명시되어 있지 않은 내용은 총회 헌법에 따른다고 되어 있으므로, 교단 헌법 정치 조항에서 공동의회는 과반수로 의결한다는 규정을 근거로 제시했다(정치 제21장 제1조 제5항).[55] 따라서 출석한 투표수의 과반수로 의결되었기 때문에 A교회의 정관변경 결의는 유효하다고 주장하였다.

(2) 판결요지

1심과 원심은 모두 개회 및 의결정족수가 명확하지 않은 '공동의회에서 출석회원 과반수 찬성으로 의결한다.'라는 정관을 인정하여, 공동의회에서 출석회원의 과반수 찬성으로 변경한 정관을 인정하였다.[56] 대법원도 원심의 판결을 인정하여 심리불속행 기각함으로써 확정하였다.[57]

---

54) 대법원 2008. 1. 10. 선고 2006다39683 판결.

55) 교단 헌법(합동) 정치 제21장 제1조 5에 의결정족수에 있어서 일반 의결은 과반수로 하고, 목사청빙 투표는 투표수의 3분의 2 이상의 찬성과 입교인 과반수의 승낙을 요하고, 장로, 집사 및 권사는 투표수의 3분의 2 이상의 찬성으로 한다. 그리고 부동산 변동의 경우 지교회의 정관이 있으면 정관에 규정대로 하고, 교회정관에 규정이 없으면 공동의회 회원 3분의 2 이상의 찬성으로 결정한다고 하였다. 교회정관의 변경에 대한 의결정족수 규정이 없다.

56) 서울고등법원 2019. 1. 11. 선고 2018나2038919 판결.

57) 대법원 2019. 5. 16. 선고 2019다212433 판결.

(3) 해설

법원은 종전까지 소속 교단에서의 탈퇴나 소속 교단의 변경은 민법 제42조 사단법인 정관 변경에 준하여 의결권을 가진 교인(재적교인) 3분의 2 이상의 찬성을 얻고 적법한 소집 절차에 따른 결의가 필요하다고 하였다.[58] 하지만 지교회 정관에 교회 정관 변경에 대해 별도로 규정되어 있다면, 재적교인이 아닌 출석교인의 3분의 2 이상의 찬성만으로도 정관 변경 및 교단 탈퇴 및 교단변경을 할 수 있게 되었다. 단 교회 정관은 적법한 절차에 의해 개정된 정관이어야 한다. 이후 서울고등법원도 서울 D교회 교단 탈퇴 결의무효 확인 소송에서 교회정관에 다른 규정이 있음을 근거로 하여 재적인원(교인)수에 상관없이 공동의회에 출석한 교인의 3분의 2 이상의 찬성 결의만으로 교단 탈퇴가 가능하다고 판결하였다.[59]

고등법원은 '정수에 관하여 정관에 다른 규정이 있는 때에는 그 규정에 의한다.' 라는 민법 제42조[60] 단서 조항에 따라 판결한 것으로 보이지만, 교회의 특수성을 간과하고 내린 심히 우려스러운 판결이 아닐 수 없다. 예를 들면 종전 대법원에 결정에 따르면 재적교인 1,000명이 모이는 교회에서 공동의회에서 결의권자(재적교인)의 3분의 2 이상 670명 이상이 찬성하는 경우에만 교단 탈퇴가 가능했다. 그러나 변경된 법원 판결에 따르면 재적교인 1,000명이 모이는 교회에서 공동의회에 100명만 출석하더라도 이 중 3분의 2 이상 67명만 찬성하면 교단 탈퇴가 가능하게 되는 것이다. 변경된 판결은 일부 일탈한 목사들이 교회정관을 이유로 소수의 교인을 이용하여 다수 교인의 재산과 권익을 합법적으로 갈취 및 침탈하거나 교단 탈퇴를 남용·악용하는 사례가 많아질 것으로 우려된다. 한국교회 대부분 교회정관은 정관의 개폐에 있어서 공동의회 출석교인 3분의 2 이상이나 과반수의 찬성으로 되어 있으나 앞으로는 교회진로나 결정이 용이하도록 교회정관 변경이 이루어질 것이다.

교회 자치규범(정관)에 근거하여 출석교인 3분의 2 이상의 찬성으로 교단을 탈퇴할 수 있다고 판례를 변경한 것은 교회 구성원인 교인들의 다수에 의한 민주적 교회

---

58) 대법원 2006. 4. 20. 선고 2004다37775 전원합의체 판결, 대법원 2007. 6. 29. 자 2007마224 결정, 대법원 2008. 1. 10. 선고 2006다39683 판결.

59) 서울고등법원 2019. 11. 14. 선고 2018나2037244 판결.

60) 민법 제42조(사단법인의 정관의 변경)

① 사단법인의 정관은 총 사원 3분의 2 이상의 동의가 있는 때에 한하여 이를 변경할 수 있다. 그러나 정수에 관하여 정관에 다른 규정이 있는 때에는 그 규정에 의한다.

정치 원리에 반하는 결정이 아닐 수 없다. 대법원은 그 동안 교단의 변경은 지교회의 명칭이나 목적 등의 변경을 수반하는 등 교회 자신의 자치규범을 변경하는 결과를 초래하기 때문에 민법 제42조 사단법인 정관변경에 준하는 의결권을 가진 교인(재적교인)의 3분의 2 이상의 찬성이 있어야 한다고 판시하였다.[61] 그 이유는 대법원은 출석교인으로 교단변경 결의를 하게 되면 총사원(재적교인)의 진의가 왜곡될 수 있고, 교회의 본실과 존립 목적에 반하는 결의가 될 수 있는 가능성 등 교회에 미치는 영향이 크고 중요하기 때문에 신중히 결정해야 한다는 취지였기 때문이다. 하지만 민법 제42조 단서 조항을 들어 출석교인 3분의 2 이상 찬성으로 얼마든지 정관변경 및 교단변경이 가능하게 된 것이다. 이제 담임목사나 소수의 교인에 의해서 교회의 공동체 및 운명이 결정될 수 있고, 손쉽게 교단변경이나 탈퇴가 가능해져 교단은 그 존재 자체가 위협을 받게 되었다.

61) 대법원 2006. 6. 9. 선고 2003마1321 판결.

제7장

교회 권징과 재판

제7장

교회 권징과 재판

제1절 ‖ 교회 권징

Ⅰ. 권징

1. 권징의 의의

마18:15-17 「[15] 네 형제가 죄를 범하거든 가서 너와 그 사람과만 상대하여 권고하라 만일 들으면 네가 네 형제를 얻은 것이요 [16] 만일 듣지 않거든 한두 사람을 데리고 가서 두세 증인의 입으로 말마다 확증하게 하라 [17] 만일 그들의 말도 듣지 않거든 교회에 말하고 교회의 말도 듣지 않거든 이방인과 세리와 같이 여기라」

권징(勸懲)의 어원은 히브리어 '파카드'(פָּקַד), '방문하다', '권고하다', '주목하다'는 뜻으로, 하나님이 잘못을 살피기 위해 방문하신다는 의미를 포함하고 있는 말이며(욥7:18), 사전적으로 권선징악(勸善懲惡)의 준말인데, 착한 일을 권장하고 악한 일을 징계하는 행위를 뜻한다. 권징은 예수 그리스도께서 교회에 주신 권을 행사하며 설립하신 법도를 시행하는 것으로, 교회에서 그 교인과 직원의 각 치리회를 치리하며 권고하는 사건이 일체 포함된다(권징조례 제1장 제1조). 교회는 교회만의 종교적 기능을 수행하고, 교회의 거룩성을 지키기 위하여 교회 규칙으로 권징 제도를 두고 있다.

권징은 교회의 윤리와 질서에 어긋나는 행위를 한 자를 처벌하고, 교인과 교회 직원 및 각 치리회를 다스리며 돌보게 하시려고, 주께서 세우신 법도를 좇아 교회가 위탁받은 권한을 행사하는 것으로, 각종 고소건과 상소건과 교정하는 일체의 사건을 말한다. 칼빈(John Calvin)은 권징을 말하면서 말씀의 순결함과 성도의 성화의 생활을 보존하기 위한 수단으로 권징의 중요성을 말하고 있다. 권징이 없는 교회는 성경의 신리가 훼손되고, 교회의 속성과 질서가 무너지며, 성도들의 신앙이 파괴되어 결국 교회가 무너지게 된다. 하지만 권징의 정당한 시행은 성경과 복음의 진리를 수호하고, 교회를 보호하며 성도들을 바른 신앙의 길로 인도한다.

2. 권징의 필요성

(1) 권한의 견제 및 통제

한국교회는 담임목사와 당회에 권한이 집중되어 있고, 담임목사와 당회가 입법, 사법, 행정 등 삼권을 포괄하는 권력구조로 되어 있다. 교회조직 구조는 적절한 감시와 견제, 제어하고 통제할 수 있는 시스템이나 견제할만한 체계가 불가능하게 되어 있다. 이러한 교회조직 구조는 교회에서 갈등과 분쟁이 반복적으로 발생하게 되는 주요 원인이 되고, 갈등과 분쟁이 발생하게 되면 해결이 쉽지 않아 분쟁이 오히려 더욱 악화되는 요인으로 작용하고 있다. 그런 점에서 권징은 권한의 남용을 방지하도록 견제와 통제기능을 하게 된다.

(2) 하나님의 공의와 사랑

권징은 하나님의 공의를 시행하는 것이다. 권징은 하나님의 공의를 시행하여 성경과 복음의 진리를 수호하고, 교회의 신성과 질서를 지켜나간다. 하나님의 공의는 범죄자를 처벌하는 것에 있지 않으며, 범죄자에게 합당한 징계를 하여 자신의 죄를 깨닫고 회개하고 돌아오도록 하는 하나님의 사랑이다. 즉 신실한 권징의 시행은 하나님의 공의를 드러내는 것이며, 동시에 죄인을 회개하게 하여 최종적 구원에 이르게 하는 것이기 때문에 하나님의 사랑이다. 하지만 한국교회는 권징이 엄격하게 시행되지 못하므로, 갈등과 분쟁이 끊이지 않고 발생하고 있고, 오히려 교회 성장을 방해하는 요소로 작용하고 있다. 한국교회 안에는 '좋은 것이 좋은 것이다.' 또는 무조건 죄인을 용서하고 덮는 것이 마치 미덕인 마냥 여기고, 용서하지 않는 것은 '그리스도의 사랑이 부족한 사람'이라는 잘못된 인식이 팽배해 있다. 그 결과 범죄자에 대하여 그 권한과 책임에 상응하는 엄격한 권징이 시행되어야 함에도 권징이 이루어지지 못하므로 반복적으로 범죄가 발생하고 있다.

3. 권징의 목적과 효력

(1) 권징의 목적

> **고후2:5-6**「[5] 근심하게 한 자가 있었을지라도 나를 근심하게 한 것이 아니요 어느 정도 너희 모두를 근심하게 한 것이니 어느 정도라 함은 내가 너무 지나치게 말하지 아니하려 함이라 [6] 이러한 사람은 많은 사람에게서 벌 받는 것이 마땅하도다」

권징의 목적은 정적을 제거하기 위한 도구나 수단으로 행사되거나, 개인의 뜻이나 목적을 이루기 위한 수단으로 사용되어서는 안 된다. 권징은 모든 성경과 복음의 진리를 수호하고, 교회의 신성과 질서를 지켜 교회의 머리가 되신 예수 그리스도를 영화롭게 하고, 범죄자에게 악행을 제거하고 회개를 촉구하며, 하나님의 공의를 시행하여 범죄한 자가 바른 신앙생활로써 교회의 덕을 세우도록 하는데, 그 목적이 있다(마18:15－17). 권징(勸懲)은 권할 '권'(勸) 혼날 '징'(懲)으로, '징'보다 '권'에 더 중점을 두고 있다. 즉 교회가 권징을 시행하는 궁극적인 목적은 범죄자의 형벌에 목적이 있지 않으며, 범죄자에게 권면하여 자신의 죄를 회개하고 신앙을 회복하며, 구원의 반열에 참여하여 최종적으로 하나님의 거룩하심과 천국에 이르도록 함에 있다(히12:4－11).

(2) 권징의 효력

> **마18:18**「진실로 너희에게 이르노니 무엇이든지 너희가 땅에서 매면 하늘에서도 매일 것이요 무엇이든지 땅에서 풀면 하늘에서도 풀리리라」

권징을 시행하는 것은 치리회가 담당하지만, 실질적으로 권징을 주관하시는 분은 절대 주권자이신 하나님이시다. 따라서 권징의 효력은 이 땅의 모든 교회에서뿐만 아니라, 하늘에까지 미친다. 또한 교회는 통일성을 가지기 때문에 권징의 효력은 권징을 시행한 지교회, 노회 및 총회뿐만 아니라, 지상의 모든 교회에 영향을 미친다. 마찬가지로 치리에 의한 시벌과 같이 치리회의 해벌 또한 하나님이 행하시는 것과 동일하므로, 해벌 또한 이 땅의 모든 교회에서뿐만 아니라 하늘에까지 그 효력이 미치게 된다.

4. 권징의 시행과 대상

(1) 권징의 시행

권징은 진리를 수호하고 교회의 신성과 질서를 유지할 목적을 위하여 또는 범죄자의 악행을 제거하여 범죄자가 회개하도록 하고, 교회의 덕을 세우기 위하여 범법자에 대하여 당회나 상회인 노회 및 총회재판국 등 교회 기관의 재판을 통해 행사된다. 권징은 사법권을 가지고 있는 치리회인 당회, 노회, 총회의 권한이다. 의회인 공동의회나 제직회 등은 치리회가 될 수 없으므로 재판을 할 수 없다. 따라서 치리회가 아닌 의회나 집행기관에서의 권징은 효력이 없다. 가령 교인들의 총의에 해당하는 공동의회에서 개교회 정관에 의해 목사나 치리장로의 부도덕한 행위나 범죄에 대해 치리를 하는 때에도 권징으로서 효력을 가질 수 없으며, 단지 교회 내·외적으로 선언적 의미를 가질 뿐이다.

(2) 권징의 대상

권징의 대상은 교회 구성원이 되는 자연인뿐만 아니라, 교회나 노회 등 법인이나 단체도 권징의 대상이 될 수 있다. 즉 교인, 교회 직원, 치리회가 권징의 대상이다. 그러나 평교인은 모든 교인이 권징의 대상이 되는 것은 아니고, 세례교인 이상이 권징의 대상이 된다. 당회, 노회, 총회 등 치리회는 권징을 시행하기 위해 재판을 주관하는 치리 기관이지만, 또한 치리회와 구성원들이 성경과 교리, 교회규범을 위반하는 때에 권징의 대상이 되기도 한다. 교인과 교회 직원, 치리장로는 교회 소속이므로, 당회가 치리를 주관하게 되고, 목사와 각 치리회는 상회인 노회와 총회에서 치리를 주관하고, 재판을 통해서 권징을 시행하게 된다.

당회원인 치리장로의 경우, 범죄가 분명함에도 당회에서 권징을 시행하지 아니하면 노회나 총회에서 직접 치리하게 된다. 법원은 교단의 헌법 규정을 무시하고 자의적으로 교회를 관리, 운영한 장로에 대해 총회가 장로면직 판결을 한 경우에는 총회의 장로면직 판결이 유효하므로, 그는 장로의 자격 및 그 교회를 대표할 자격이 없어진다고 판결하였다.[1] 교회 직원인 장로에 대해서 교인들이 공동의회를 통해서 신임투표를 하여 시무를 박탈할 수 있는데, 하지만 교인들의 신임투표에 의한 장로 시무권 박탈은 치리행사라고는 할 수 없다. 공동의회는 치리회가 아니기 때문이다.

---

1) 대법원 1972. 11. 14. 선고 72다1330 판결.

5. 장로회 헌법과 권징

권징의 시행은 합법적인 근거에 의하여야 하고, 공명하고 정대하게 시행되어야 한다. 합법적이고 공명정대한 권징을 시행하기 위해서는 장로교회는 성경과 교회법, 그리고 교회정치와 조직을 필요로 한다. 국가법에서도 범죄에 대한 사법권 행사는 사인에게 있지 않고, 사법기관에서 관할하는 것처럼, 교회 치리권도 개인에게 있지 않고, 치리회인 당회, 노회, 대회, 총회에 있다. 또한 국가 사법기관이 사법권을 헌법과 법률에 따라 행사하는 것과 같이 교회에서도 치리권을 행사하기 위하여 교단 헌법, 교회정관 등을 필요로 하며, 정당한 치리 절차가 필요하다. 교회법은 교회정치와 조직으로 하여 교회의 치리권이 바르게 행사될 수 있도록 하고, 교회의 상호 간의 유기적인 관계를 바르게 하며, 교회의 통일성을 확립하기 위하여 절대적으로 필요하다.

6. 웨스트민스터 신앙고백서와 권징

(1) 웨스트민스터 신앙고백서 제30장 '교회의 권징'(勸懲)

1. 교회의 왕이요 머리이신 주 예수께서는 세속의 위정자와는 구별된 교회 직원들의 손에 교회의 정치를 제정해 주셨다. 2. 이 직원들에게는 천국의 열쇠가 맡겨져 있다. 이 열쇠의 힘에 의하여 그들은 말씀과 권징을 사용하여 죄를 보류시키기도 하고 용서하기도 하며, 회개치 않는 자에게는 천국 문을 닫기도 하고 회개하는 죄인들에게는 복음을 전해주고 때에 따라 권징을 사면해 줌으로써 천국 문을 열어주는 권세를 가지고 있다. 3. 교회의 권징이 필요한 것은 범죄한 형제들을 교정(矯正)하고 잃어버리지 않기 위함이요, 다른 사람들이 그 같은 범죄를 범하지 않도록 막기 위함이요, 전체 덩어리를 오염시킬지도 모르는 누룩을 깨끗이 제거하기 위함이요, 그리스도의 명예와 복음에 대한 거룩한 고백을 옹호하기 위함이요, 하나님의 진노를 미연에 막기 위함이다. 그런데 그리스도의 언약과 그 언약의 인치심을 악명 높고 완악한 범죄자들에 의하여 더럽혀지는 것을 신자들이 묵인하는 경우, 하나님의 진노가 교회에 당연히 임하게 되는 것이다. 4. 이러한 목적들을 보다 효과적으로 달성하기 위해 교회의 직원들은 당사자의 범죄와 과실의 성격에 따라서 권계, 일시적인 수찬정지, 그리고 교회에서 제명할 수가 있다.

(2) 웨스트민스터 신앙고백서 제30장 해설

한국교회는 짧은 선교 기간에 양적·물질적으로 풍성해졌지만, 교회의 정체성을 상실하고 사람들로부터 신뢰를 잃게 된 가장 중요한 원인은 교회에 거룩한 권징이 시행되지 못하고 있기 때문이다. 참된 교회의 표지는 바른 말씀의 선포, 바른 성례의 집행, 바른 권징의 시행에 있다. 교회는 말씀이 선포되고 성례가 시행되지만, 교인들이 아직 완전한 그리스도의 분량에 이르도록 자라지 못하였기 때문에 간혹 범죄하게 된다. 이때 이들이 회개하고 돌아서도록 권징이 필요하다.

하나님은 목사와 장로로 구성된 지교회 당회에 교회를 다스리는 치리권을 맡기셨다. 당회에 주어진 치리권은 당회 스스로가 아니라, 하나님으로부터 주어진 권한이다. 목사의 말씀 선포와 당회의 권징은 죄를 보류하거나 회개하는 자들이 구원에 이르도록 영적 권세가 있다. 교회의 권징은 첫째, 죄를 범한 형제들이 회개하고 돌아오도록 하고, 둘째, 죄를 범한 자들에 의해 교회 전체에 영향이 미쳐서 누룩이 퍼지는 것을 방지하여 교회의 거룩성을 지키기 위함이며, 셋째, 범죄자들에 의하여 더럽혀지는 것을 묵인하므로 인해 하나님의 진노가 교회에 임하는 것을 막기 위함이다. 교회는 교인이 범죄하여 그 죄가 드러나는 때에는 그 사람을 비판하고 정죄하여 엄히 징벌할 것이 아니라, 먼저 권면하고(마18:15), 사랑으로 회개하여 돌이키도록 해야 한다. 교회는 당사자의 범죄와 과실의 성격에 따라서 권고, 일시적인 성찬 정지, 제명 등을 시행하고, 당회는 치리를 시행함으로써 모든 성도에게 죄를 두려워하게 하고, 교회의 거룩함을 효과적으로 유지할 수 있도록 해야 한다.

Ⅱ. 판례

1. 교단을 탈퇴한 목사와 교인에 대한 권징 효력

(1) 사실관계

교단이 분열되면서 S교회 목사 甲은 공동의회를 소집한 후, 정관에 근거하여 교단 탈퇴와 독립 교단 가입에 대한 일체의 권한을 위임받고, 소속 A교단을 탈퇴하고, B교단에 가입하였다. 이에 기존 S교회가 속해 있던 A교단 산하 노회 재판국은 목사 甲을 노회의 지도 및 관리를 배척하고 분열을 획책한 해노회 행위 즉 교단 탈퇴 죄목으로 목사면직 처분을 내리고, S교회 당회장직에서 해임하였으며, 목사 乙을 임시당회장으로 임명하였다. 임시당회장 목사 乙은 당회를 열어 목사 甲을 따라 B교단에 가입한 장로, 집사 등을 직분에서 면직하고 그들을 제명, 출교하는 권징 결의를 하였다.

(2) 판결요지

교회의 권징 재판은 사법심사의 대상 밖에 있고, 그 효력과 집행은 교회 내부의 자율에 맡겨지는 것이나, 이는 어디까지나 그 교회에 소속된 목사나 교인에 대한 관계에서 그러한 것이고, 그 소속을 달리하는 목사나 교인에 대해서까지 그 효력이 미친다고는 할 수 없다. 이 사건에 있어서 A교단 산하 노회 재판국이나 그 산하 신청인 교회의 당회가 그 소속이 아닌 B교단에 가입한 산하의 피신청인들인 S교회의 목사와 교인들에 대하여 권징 판결이나 권징 결의를 하였다 하더라도 그들에 대하여 그 효력이 미친다고 할 수 없다고 판시하였다.[2)]

(3) 해설

소속 노회나 교단을 탈퇴하기 이전에 재판하여 권징을 하였을 경우, 그 판결은 효력이 있지만, 소속 교단을 탈퇴한 이후에 교단에서 재판으로 인한 권징은 효력이 없다. 재판의 효력과 집행은 소속된 목사나 교인에 대한 관계에서만 효력이 미치기 때문이다.

2. 교회 사무장에 대한 징계 해고의 정당성

(1) 사실관계

A교회는 교역자 지시에 불응하고, 폭언을 계속하였으며, 연차휴가 신청을 반려하였는데도 불구하고, 임의로 결근한 것을 그 사유로 교회 사무장 乙에 대해 교회 내부 규정에 따른 일반직원 징계 절차를 거쳐 해고하였다.

(2) 판결요지

교회는 신앙공동체로서 구성원들 상호 간의 존중 및 신뢰가 다른 일반 집단보다 더 요구되고, 교회의 사무장의 주된 임무는 교역자들의 목회 활동이 원활히 이루어

---

2) 대법원 1985. 9. 10. 선고 84다카1262 판결.

질 수 있도록 담임목사 등 교역자들의 지시를 받아 교회 일반 행정업무를 조정하고 보조하는 것으로서 교역자들과의 신뢰 관계 유지가 절대적인 사무장 업무의 특성에도 불구하고 담임목사의 지시사항에 대하여 불만을 표시하거나 대항하고, 상급자인 부목사 등 교역자들에 대하여 수차례에 걸쳐 폭언을 지속적으로 하고 노골적으로 불만을 표시하는 등 상사지시 불이행 행위 및 상사에 대한 폭언행위는 그로 인하여 신앙공동체인 교회의 질서에 대한 위해라는 측면에서 볼 때, 매우 중대한 비위행위에 해당하고, 교회사무장 乙의 이러한 행위는 더 이상 근로관계를 유지할 수 없을 정도로 신뢰 관계가 깨졌다고 할 것이며, 그 책임은 근로자에게 있다고 할 것이고 근로자의 나머지 비위 사실만으로도 위 각 비위행위를 이유로 하여 해고한 것은 정당한 징계재량권의 범위 내에서 이루어진 것이라고 봄이 타당하다고 판시하였다.[3)]

(3) 해설

법원은 신앙 자체가 아닌 단체의 업무를 수행하는 사무장은 교단의 헌법상 직원이 아니라고 판단하였다. 교단 헌법상 규정된 권징재판은 신앙과 도덕에 관한 것으로, 신앙과 관련하여 성경이나 교단 헌법을 위반하는 행위를 미리 방지하고, 교회의 신성과 질서를 유지하며 범죄자의 회개를 촉구하여 올바른 신앙생활을 하게 함을 그 목적으로 하며, 종교상의 방법에 따라 징계·제재하는 종교단체 내부에서의 규정이라고 하였다. 따라서 교회 사무장을 징계 해고한 것은 신앙생활상의 범죄행위가 아닌 근로계약상의 의무위반을 사유로 한 것일 뿐이므로, 교단 헌법이 아니라 교회 규정에 따른 일반 직원의 징계 절차에 따른 것으로 정당하다고 하였다.

Ⅲ. 성경과 징계

1. 징계의 대상

잠3:11-12「[11] 내 아들아 여호와의 징계를 경히 여기지 말라 그 꾸지람을 싫어하지 말라 [12] 대저 여호와께서 그 사랑하시는 자를 징계하시기를 마치 아비가 그 기뻐하는 아들을 징계함 같이 하시느니라」

3) 서울행정법원 2004. 1. 27. 선고 2003구합25611 판결.

하나님은 자기 백성들의 죄에 대하여 징계하신다(신8:5, 삼하7:14). 하지만 하나님의 징계는 허물이나 잘못을 뉘우치도록 일정한 제재를 가하는 것이지만, 자기 백성들이 성별되기를 원하시는 하나님의 사랑이라고 할 수 있다(욥5:17, 잠3:12). 징계(懲戒)는 히브리어 '야사르'(יָסַר), 헬라어 '파이듀오'(παιδευ'ω)로, 교육 혹은 훈련이라는 뜻이 담겨있으며, 하나님의 징계는 자녀들을 죄로부터 바로 잡기 위한 하나님의 교육이고 훈련이다. 하나님은 자녀들의 범죄에 대하여 먼저 권면·훈계하시고, 나음에는 책망하시고, 그래도 듣지 아니하면 채찍을 사용하시는데, 그 채찍질이 징계이다(삼하7:14).

징계의 대상은 모든 범법자가 그 대상이 되며, 특히 성경을 위반하는 교리를 가르치는 자, 우상숭배자, 이단 교리를 따르고 가르치는 자(딤후2:17-18), 교회에서 파당을 만들고 교회를 분열케 하는 자, 도덕·윤리적으로 타락하고 부패한 자들이다(고전5:11-13). 범법자들을 징계하지 않고 가만두면 반복하여 죄를 짓게 될 뿐만 아니라, 성도들에게 영적인 악영향을 끼치게 되고, 결국 교회의 공동체와 거룩성을 훼손하기 때문에 교회를 지키기 위해서 엄중히 징계해야 한다.

2. 징계의 목적

(1) 회개하고 돌이키도록 하심이다.

욘3:10「하나님이 그들이 행한 것 곧 그 악한 길에서 돌이켜 떠난 것을 보시고 하나님이 뜻을 돌이키사 그들에게 내리리라고 말씀하신 재앙을 내리지 아니하시니라」

하나님이 처음부터 의도하신 뜻은 아니었지만, '형벌'은 이방인들의 범죄에 대한 하나님의 공의를 드러낸 것이라면, '징계'의 궁극적인 목적은 범죄한 자기 백성이 회개하므로, 교회의 화평을 도모하고, 돌이켜 구원에 이르도록 하는 것에 있다. 사람들은 남들보다 지은 죄가 더 많거나 더 큰 죄인이어서 하나님으로부터 징계를 받는다고 생각한다(사53:4). 하지만 징계는 죄의 다소, 경중과 상관없이 받는다. 징계의 최종적인 목적은 형벌이 아니라, 죄를 깨닫고 회개하여 구원받는 것에 목적이 있다. 니느웨 사람들이 요나의 경고를 듣고 회개하였을 때, 여호와께서 심판을 돌이키셨다. 바벨론 느부갓네살 왕이 권세와 영광을 주신 하나님을 알지 못하고 스스로 교만하게 행할 때, 하나님은 느부갓네살 왕을 징계하심으로 지극히 높으신 하나님이 권세를 주기도 하시고, 빼앗기도 하시는 주권자이심을 깨닫게 하셨다(단4:25-26). 따라서 하나님의 징계를 받는 사람은 속히 자신을 돌아보고, 죄를 깨달아 하나님의 법에 겸손히 순종하면서 회개해야 한다.

(2) 하나님의 거룩한 형상을 회복하도록 하심이다.

> 골3:10「새사람을 입었으니 이는 자기를 창조하신 이의 형상을 따라 지식에까지 새롭게 하심을 입은 자니라」

징계는 징계 자체에 있는 것이 아니라, 범죄로 말미암아 거룩함을 상실한 사람을 회복시킨다. 징계는 영적인 회복, 창조하신 이의 형상을 따라 지식에까지 새롭게 하심을 입도록 하기 위함이다(골3:10). 사람을 창조하신 하나님은 피조물인 사람이 아무리 죄로 손상되고 더러워졌다 하더라도 아들 예수 그리스도 안에서 충만한 지식에까지 다시 새롭게 회복시키신다(엡4:24). 성도는 온유한 심령으로 범죄한 사람들을 바로잡아 주고, 자기 자신의 행실도 살펴서 시험에 빠지지 않도록 해야 한다(갈6:1).

(3) 구원을 받게 하려 하심이다.

> 고전5:4-5「[4] 주 예수의 이름으로 너희가 내 영과 함께 모여서 우리 주 예수의 능력으로 [5] 이런 자를 사탄에게 내주었으니 이는 육신은 멸하고 영은 주 예수의 날에 구원을 받게 하려 함이라」

사람이 죄를 짓게 되는 이유는 육신적 욕망에 이끌려 살려고 하기 때문이다. 바울은 너희가 육신대로 살면 반드시 죽을 것이로되 영으로써 몸의 행실을 죽이면 살 것이라고 하였다(롬8:13). 이 말씀은 육신의 욕망에 이끌려 살다 보면 죄를 짓게 되고, 결국 주님이 재림하실 때 멸망 당하게 된다는 것이다. 따라서 죄인에 대한 징계는 형벌이나 응징, 영원한 출교에 있는 것이 아니라, 범법자에게 징계를 통하여 자신의 죄로 위험한 상황에 처한 실상을 깨닫고, 범죄자가 파멸의 길에서 회개하게 하여 다시는 범죄하지 못하도록 하므로, 영이 회복되어 최종적으로 구원을 얻게 하려는데 있다(시80:3). 하나님은 징계를 통해 자녀들의 마음을 돌이키시며, 자녀들이 하나님의 의와 하나님의 공의와 긍휼하심에 의지하여 용서를 구할 때, 자기 이름을 위하여 그들을 구원하신다(시23:3, 단9:18).

3. 징계하는 이유

(1) 하나님의 자녀이기 때문이다.

히12:6-8「[6] 주께서 그 사랑하시는 자를 징계하시고 그가 받아들이시는 아들마다 채찍질하심이라 하였으니 [7] 너희가 참음은 징계를 받기 위함이라 하나님이 아들과 같이 너희를 대우하시나니 어찌 아버지가 징계하지 않는 아들이 있으리요 [8] 징계는 다 받는 것이거늘 너희에게 없으면 사생자요 친아들이 아니니라」

하나님의 징계는 우리를 자녀로 대우하시는 것이다. 따라서 하나님의 징계는 친자녀로서 누리는 특권이다. 징계는 자녀에 대한 하나님의 사랑하심이며, 내가 하나님의 자녀된 증거이다. 징계란 아무나 받는 것이 아니다. 하나님이 택하시고 사랑하는 자녀들이 받는 것이다. 만약 내가 범죄하고 있음에도 하나님이 징계하지 않으신다면, 그것은 자신이 하나님의 자녀가 아니기 때문이다.

(2) 하나님의 거룩한 백성이기 때문이다.

레20:26「너희는 나에게 거룩할지어다 이는 나 여호와가 거룩하고 내가 또 너희를 나의 소유로 삼으려고 너희를 만민 중에서 구별하였음이니라」

하나님의 백성은 하나님과의 관계에서 거룩하다. 백성 자체가 성결한 생활이나 흠 없는 생활로 인해 거룩한 존재가 된 것이 아니라, 하나님이 거룩하신 까닭에 만민 중에서 하나님의 백성으로 구별하신 하나님의 은혜로 거룩한 존재가 된 것이다. 따라서 하나님은 자기 백성이 범죄하여 거룩함을 상실하였다면, 다시 거룩한 자로 회복시키기 위해 징계하신다. 하나님의 백성으로서 거룩한 삶은 전인격적으로 하나님을 닮아가려고 노력하는 가운데 죄와 분리되어 정결하고 깨끗한 삶을 살아가는 것을 의미한다(딤후2:19).

(3) 하나님의 성전이기 때문이다.

고전3:16-17「[16] 너희는 너희가 하나님의 성전인 것과 하나님의 성령이 너희 안에 계시는 것을 알지 못하느냐 [17] 누구든지 하나님의 성전을 더럽히면 하나님이 그 사람을 멸하시리라 하나님의 성전은 거룩하니 너희도 그러하니라」

성전은 교회의 건물을 가리키는 말이 아니라, 성령이 임재하고 영적으로 거듭난 성도들을 가리키는 말이다. 성도는 영적으로 성령 안에서 그리스도 예수 안에서 함께 지어져 가는 하나님의 거룩한 성전이며(엡2:25), 거룩하신 성령님께서 거하시는 성전이다(요6:19). 모세의 율법에 따르면 사람의 손으로 지은 하나님의 성전을 더럽히는 자는 이스라엘에서 쫓겨나거나 죽임을 당하였다(레15:31). 성도는 주님의 몸이며, 성령이 임재하신 거룩한 성전이기 때문에 영적인 성전이 죄악으로 더럽혀지는(훼손) 것을 가만두시지 않는다. 성도는 예수 그리스도의 피로 사신 교회이고(행20:28), 그리스도의 몸인 성전으로(고전12:27), 예수 그리스도의 십자가의 피와 성령의 충만함으로 더욱 거룩해야 한다.

(4) 하나님이 사랑하시기 때문이다.

> 히12:5-6「[5] 또 아들들에게 권하는 것 같이 너희에게 권면하신 말씀도 잊었도다 일렀으되 내 아들아 주의 징계하심을 경히 여기지 말며 그에게 꾸지람을 받을 때에 낙심하지 말라 [6] 주께서 그 사랑하시는 자를 징계하시고 그가 받아들이시는 아들마다 채찍질하심이라 하였으니」

아들을 사랑하는 아버지는 징계를 망설이지 않는다. 하나님께서 아들을 사랑하시는 증거는 징계에 있다. 하나님이 정말 아들을 사랑하지 아니하신다면 징계하실 필요가 없는 것이다. 하지만 하나님은 아들을 사랑하는 까닭에 진리로 인도하시고, 구원하시기 위해서 징계하신다. 만약 아들에게 징계가 없으면 사생자요 참 아들이 아니다(히12:8). 세상 사람들은 하나님으로부터 자녀가 징계받는 것에 대해 이상히 여기지만, 하나님은 징계를 통하여 자녀들을 죄악에서 돌이키시고, 진리의 길로 인도하시며 구원하신다.

4. 징계의 방법

> 마18:15-17「[15] 네 형제가 죄를 범하거든 가서 너와 그 사람과만 상대하여 권고하라 만일 들으면 네가 네 형제를 얻은 것이요 [16] 만일 듣지 않거든 한두 사람을 데리고 가서 두세 증인의 입으로 말마다 확증하게 하라 [17] 만일 그들의 말도 듣지 않거든 교회에 말하고 교회의 말도 듣지 않거든 이방인과 세리와 같이 여기라」

교회는 본질적으로 징계권이 없다. 교회는 단지 하나님의 권위 아래서 징계를 시행하는 것이다. 교회는 먼저 어떤 형제가 다른 형제에게 죄를 범했을 때, 죄를 범한 형제에게 그의 잘못을 뉘우칠 것을 권면해야 한다. 권면에도 회개하지 않으면 한두 명을 더 데리고 가서 말하고, 그래도 뉘우치지 않으면 교회에 말하고, 교회의 말도 듣지 않으면 출교하라고 한다(고전5:11－13). 징계는 어느 한 사람의 일방적인 증언에 의하지 말고, 명백한 증거와 두세 사람의 증인이 있어야 한다(딤전5:19).

징계는 공정하고 정의로운 재판이 되어야 한다. 징계가 원수를 갚는 수단이 되어서는 안 되며, 사람을 죽이는 재판이 아니라 사람을 살리는 재판이 되어야 한다(신1:17). 이단의 경우에는 훈계하고, 듣지 아니하면 관계를 단절하고 멀리해야 한다(딛3:9－11). 이단에 빠진 사람들과 함부로 논쟁하거나 다투지 말고, 권면과 경고를 하고 듣지 아니하면 관계를 단절하고 멀리해야 한다(롬16:17).

5. 징계의 효과

(1) 하나님의 거룩하심에 참여함에 있다.

히12:10「그들은 잠시 자기의 뜻대로 우리를 징계하였거니와 오직 하나님은 우리의 유익을 위하여 그의 거룩하심에 참여하게 하시느니라」

하나님은 자기의 뜻에 따라 징계하신다. 하나님이 자기의 뜻에 따라 징계하시는 이유는 자녀로 하여 영적인 유익이 있게 하고, 하나님의 거룩하신 성품을 배우며, 하나님의 거룩하심에 동참하도록 하기 위함이다. 따라서 징계는 하나님이 자녀를 세상과 구별하여 성결하게 하고, 거룩하게 하는 은혜의 방편이다.

(2) 의와 평강의 열매를 맺는다.

히12:11「무릇 징계가 당시에는 즐거워 보이지 않고 슬퍼 보이나 후에 그로 말미암아 연단 받은 자들은 의와 평강의 열매를 맺느니라」

징계는 당시에 고통이 수반되기 때문에 어떤 사람은 하나님을 원망하며 하소연하는 사람이 있지만, 어떤 사람은 징계의 고통을 받아들이고 감내하므로, 하나님의 의도를 발견해 간다. 징계는 당시에는 슬프고 힘들지만, 성도들로 하여 그의 거룩함에 참예하게 할 뿐 아니라, 하나님과 사람의 관계를 바르게 하시며, 그러한 화목한 상태에서 의와 평강의 열매를 맺게 한다.

(3) 우리를 온전하게 한다.

히12:12-13「[12] 그러므로 피곤한 손과 연약한 무릎을 일으켜 세우고 [13] 너희 발을 위하여 곧은 길을 만들어 저는 다리로 하여금 어그러지지 않고 고침을 받게 하라」

징계는 부패한 사람을 새롭게 거듭나게 하시고 변화 받게 하시고 주의 형상으로 온전케 하신다. 온전해지는 사람이 속사람이 강건해지고, 온유한 인격으로 건축되는 것이다(약1:2-4). 하나님은 반드시 징계를 통해 단련하신 후에는 자녀들을 순금처럼 만드신다(욥23:10).

(4) 징계는 복이 된다.

욥5:17「볼지어다 하나님께 징계받는 자에게는 복이 있나니 그런즉 너는 전능자의 징계를 업신여기지 말지니라」

하나님은 까닭 없이 징계하지 않으신다. 하나님의 징계는 범죄를 깨닫게 하고, 인생을 살아가게 하는 지혜가 되기 때문에 징계로 인한 고난은 복이 된다. 독일의 종교개혁자 마틴 루터(Martin Luther)가 '고통은 축복을 가져다주는 지름길'이라고 말했던 것처럼, 비록 징계를 받을 때는 고통이 뒤따르지만, 징계를 통하여 자신의 죄를 깨닫고 돌아서게 되면 복이 되기 때문에 오히려 유익이 된다.

제2절 ‖ 교회 재판

Ⅰ. 교회 분쟁과 재판

1. 교회 분쟁과 재판

교회는 다양한 사람들이 모여 있는 단체이므로, 여러 가지 사안으로 인해 갈등과 분쟁이 끊임없이 발생한다. 특히 현대 한국교회는 다양한 사람들이 모인 공동체로서 사회의 급격한 산업발달과 다문화 가정의 증가 등 다양화·다변화되었음에도 사회구조의 변화와 흐름에 적응하지 못하였다. 그 결과 교단, 교회, 교인 상호 간의 이해충돌이 발생하고, 다양한 가치관의 차이로 갈등과 분쟁이 심화되었다. 주로 교단에서 발생하는 분쟁은 교권이나 교리논쟁이고, 교회에서 발생하는 분쟁은 교회운영과 관리 다툼, 치리권 행사, 교회 재정과 재산, 교회의 대표자 자격 및 권한에 관한 분쟁이 대부분을 차지한다. 교회 분쟁이 발생하면 교회 분쟁을 해결하기 위한 다양한 노력을 기울이게 되지만, 분쟁 해결이 어려워지면 결국 재판으로 해결할 수밖에 없게 된다.

2. 교회 재판의 구분

총회헌법상 교회 재판(敎會裁判)은 크게 권징과 행정적 쟁송으로 구분한다. 권징은 예수 그리스도께서 교회에 주신 권한을 행사하며 그 법도를 시행하는 것으로서 각 치리회가 헌법과 헌법이 위임한 규정 등을 위반해 죄를 범한 교인과 직원 및 각 치리회를 권면하고 징계하는 것이다. 권징을 형벌권 행사로 여기는 경향이 있는데, 권징은 형벌권의 행사가 아닌 교훈, 교정, 치유에 그 목적과 의미가 있다고 보아야 한다. 행정적 쟁송은 치리회장 등의 위법행위 또는 치리회의 위법한 결의 등에 대해 그 효력을 다투는 소송으로 위법 상태의 제거를 통해 교인과 직원의 권리·이익의 구제를 주요 목적으로 한다. 행정적 쟁송에는 행정소송, 결의 무효소송, 치리회 간의 소송, 선거 무효소송이 있다.

3. 교회 재판의 역사

교회 재판은 교회 재판과 종교재판으로 구분되는데, 교회 재판은 교회의 교리, 성직자의 범죄, 성직자와 평신도들의 분쟁이나 신앙 문제를 다루었고, 종교재판은 이단 문제를 심판하기 위한 재판이었다. 범국가적 교회 재판은 오늘날에도 종교 국가인 유대교나 이슬람교 국가의 경우에 종교적 문제와 관련한 재판이 시행되고 있고, 영국 교회재판소는 교회 건물에 대한 민사소송이나 성직자가 교회와 관련된 죄목으로 기소된 형사소송에 대해 재판권을 행사하고 있다.

중세 16세기까지는 교회 재판은 종교적 교리, 신앙의 범위를 넘어서 가정의 혼인, 상속, 성직자의 교회 밖에서의 범죄행위까지 재판권을 행사하였다. 하지만 국가 재판권의 강화로 교회 재판의 권한은 교회 내의 문제로 제한 또는 축소되었으며, 대부분 국가에서 교회 재판은 영적인 문제, 교리, 성직자나 평신도들의 신앙 문제를 다루는 제한된 재판을 한다.

4. 재판의 요건

(1) 교인의 범죄행위

> 롬14:22-23「[22] 네게 있는 믿음을 하나님 앞에서 스스로 가지고 있으라 자기가 옳다 하는 바로 자기를 정죄하지 아니하는 자는 복이 있도다 [23] 의심하고 먹는 자는 정죄되었나니 이는 믿음을 따라 하지 아니하였기 때문이라 믿음을 따라 하지 아니하는 것은 다 죄니라」

성경과 모든 교회법은 복음의 진리를 수호하고, 교회를 보호하고 질서를 유지하기 위해 교인들이 반드시 지켜야 할 하나님의 명령이며 규범이다. 교인의 범죄는 교인이나 교회 직원이 죄를 범하는 행위(고후13:2), 성경에 어긋나는 교훈을 주장하거나 따르는 행위(마15:9), 타인에게 거짓 교리를 가르치고 범죄하게 하거나 덕을 세우는 일에 방해되게 하는 모든 행위(딤전1:3), 믿음을 따라 하지 아니한 행위를 포함하는 범죄를 말한다(롬14:23). 교인이나 교회 직원 외에 노회, 교회, 당회 등의 치리회가 죄를 범하는 행위도 범죄에 해당한다.

(2) 고소 및 상소건

재판안건은 고소, 상소 및 즉결처분에 해당하는 사안이다. 성경 위반으로 준거할 만한 일이거나 교회의 법규를 어긴 일이더라도 고소, 상소 및 즉결처분에 해당하지 않으면 재판안건이 되지 못한다(권징조례 제1장 제4조). 다만 권징 조례로 금지할만한 사건으로 판단되면 고소가 없어도 마땅히 치리회가 이를 기소하여 재판안건으로 삼아야 한다(권징조례 제2장 제7조).

(3) 재판건과 행정건

교인이나 교회 직원, 치리회의 범죄 사건에 대해 시벌을 요구하는 고소나 상소, 위탁판결을 하는 사건을 재판건이라고 하고 그 외의 사건은 행정건이라고 한다(권징조례 제1장 제5조). 행정건은 행정재판의 대상으로 각 의회의 위법·부당한 의결과 각 의회 장의 위법·부당한 행정처분, 치리회에 대한 행정처결의 촉구나 시정을 구하는 소원건을 말한다.

5. 교회 재판의 원칙과 절차

(1) 소송과 권면

마18:15「네 형제가 죄를 범하거든 가서 너와 그 사람과만 상대하여 권고하라 만일 들으면 네가 네 형제를 얻은 것이요」

범죄자에 대한 고소나 상소가 있어야 하고, 소송하는 사람이 없는 경우에는 재판하지 않는다. 그러나 범죄에 대한 고소와 상소가 아니더라도 치리회가 판단하여 재판할 수도 있다(권징조례 제2장 제7조). 그러나 권징 재판을 시작하기 이전에 먼저 범죄자를 불러 권면을 하고, 범한 죄가 중하지 아니한 경우에는 치리 회원으로 하여 비밀히 권면하므로 자성하도록 한다(마18:15). 설령 범죄한 자가 끝까지 회개하지 않는 경우에라도 재판은 신중하게 진행해야 한다(권징조례 제2장 제9조, 제10조).

(2) 증인

신19:15「사람의 모든 악에 관하여 또한 모든 죄에 관하여는 한 증인으로만 정할 것이 아니요 두 증인의 입으로나 또는 세 증인의 입으로 그 사건을 확정할 것이며」

증인(證人)은 경험에 의해 알게 된 사실에 대해서 법원의 신문에 대하여 진술(증언)하는 제삼자를 말한다. 증인은 한 사람의 증인만으로 판단하지 말고 두 사람 이상 증인의 입증을 요한다(마18:15-16). 범죄에 대한 증명은 최대한 객관적이고 구체적이어야 하는데, 적어도 두 증인 또는 세 증인의 증언으로 그 사건을 확정하고, 전후 상황을 고려하여 신중히 해야 한다. 무엇보다 장로에 관한 재판의 경우에는 두세 증인이 없으면 고발 자체를 받아서는 안 된다(딤전5:19).

왕상21:13「때에 불량자 두 사람이 들어와 그의 앞에 앉고 백성 앞에서 나봇에게 대하여 증언을 하여 이르기를 나봇이 하나님과 왕을 저주하였다 하매 무리가 그를 성읍 밖으로 끌고 나가서 돌로 쳐죽이고」

아합왕의 아내 이세벨은 나봇의 포도원을 빼앗기 위해 나봇이 사는 성읍의 장로와 귀족들에게 편지를 보내 불량자 두 사람을 세워 나봇이 하나님과 왕을 저주했다고 거짓 증언하게 하였다. 이때 나봇이 하나님과 왕을 저주했다고 두 사람으로 증언하게 했던 것은 범죄로 인한 재판은 반드시 두 증인 또는 세 증인의 증언으로 확정해야 한다는 율법을 지키기 위해서였다(신19:15). 증인은 정당한 사유가 없는 한 출두하여 재판관 앞에서 선서하고 경험한 사실을 증언할 의무가 있으며, 만약 모해위증하거나 허위를 증언하는 때에는 모해위증죄 및 위증죄로 처벌받게 된다(신19:18−20, 형법 제152조).4)

(3) 명확성

명확성(明確性)은 권징은 무엇이 범죄이고 그에 대한 효과로서의 시벌은 어떠한 것인지를 교회법에 명확하게 규정되어 있어야 한다는 원칙이다. 명확성 원칙은 재판하는 법관의 자의적 해석을 금지한다는데 그 의의를 두고 있다. 권징은 반드시 성경과 교회법에 근거하여 권징이 시행되어야 한다. 성경과 교회법이 아닌 사회적 잣대, 세상의 전통이나 관례에 따른 권징, 개인의 감정이나 사적인 의도를 가진 권징은 절대로 인정될 수 없다.

(4) 절차와 형식

고전14:40「모든 것을 품위 있게 하고 질서 있게 하라」

---

4) 형법 제152조(위증, 모해위증)

① 법률에 의하여 선서한 증인이 허위의 진술을 한 때에는 5년 이하의 징역 또는 1천만원 이하의 벌금에 처한다.

② 형사사건 또는 징계사건에 관하여 피고인, 피의자 또는 징계혐의자를 모해할 목적으로 전항의 죄를 범한 때에는 10년 이하의 징역에 처한다.

권징은 일정한 절차와 형식을 가져야 한다. 권징을 시행함에 있어서 교회법인 교단 헌법이나 교회정관 외에도 국가법인 법률에 정해진 절차를 벗어나서는 안 된다. 그리고 재판 당사자들에게 상소, 이의 제기할 수 있는 충분한 시간이 주어져야 하고, 특히 범죄자에게 충분한 소명의 기회와 방어권이 주어져야 하며, 치리회는 반드시 정해진 재판규칙과 절차에 따라야 한다. 교회법에 따른 권징일지라도 헌법이 보장하고 있는 기본권을 심각하게 위반하는 권징이나 중대한 법률의 절차를 위반한 결정은 국가 법원에서 인정받지 못하게 된다. 그런 측면에서 올바른 교회 재판의 행사를 위해 교회법에 재판의 실체(결론)적 정당성과 절차적 정당성의 기준이 되는 실체법과 절차법(소송법) 규정이 구체적으로 마련되어야 한다.

(5) 적정성

적정성(適正性)의 원칙은 형법에서 중요한 원칙으로, 범죄와 형벌을 규정하는 법률의 내용은 기본적 인권을 실질적으로 보장할 수 있도록 적정해야 한다는 원칙이다. 본래 적정성은 입법자의 자의적인 형벌권 남용을 방지하자는데 그 의의가 있지만, 법 적용에 있어서 법관도 자의적으로 판결해서는 안 된다. 적정성은 과잉금지, 균형성, 비례성, 책임의 원칙을 그 내용으로 한다. 즉 범죄와 형벌을 규정하는 법률이 적정해야 하는 것처럼, 재판의 결과는 모두가 받아들일 수 있는 실질적이고 합리적 판결이어야 함과 동시에 범죄에 대한 적정한 시벌이 시행되어야 한다.

6. 심급제도와 상소

(1) 심급제도와 상소의 의의

심급제도(審級制度)는 동일한 사건에 대해서 세 번의 심판(3심)을 받도록 한 제도이다. 심급제도는 재판의 공정성, 재판관의 잘못된 판결을 바로 잡고, 재판의 당사자에게 공정한 재판을 받을 기회를 보장하려는데 있다. 3심 제도는 모든 사람에게 보장하고 있으며, 억울한 사람을 구제하기 위한 목적에 있다. 상소(上訴)는 하급심 판결에 불복하여 정정(訂正)을 구하고 다시 상급심에 재판을 청구하는 절차를 말한다. 상소는 당사자의 올바른 권리를 보장할 뿐만 아니라 하급법원으로 하여 재산의 신중하도록 주의를 환기하는 예방적 작용과 더불어 같은 종류의 사건이 각각 달리 판결되지 않도록 재판의 통일을 기하도록 하는 기능을 한다. 일반적으로 제1심 지방법원 판결에 불복하여 제2심 지방법원 합의부나 고등법원에 상소하는 것을 항소(抗訴)라고 하고, 제2심에 불복하여 제3심 대법원에 재판을 청구하는 상소를 상고(上告)라고 한다. 판결 이외의 결정이나 명령에 불복하여 상급법원에 다시 상소하는 것은 항고(抗告)이다. 우리나라는 법원은 3계단(사실상 4계단) 피라미드형으로 법원이 조직되어 있는데, 제1심(지방법원의 단독판사 또는 합의부), 제2심(항소심), 제3심(상고심)의 '4급 3심제'(四級 三審制)로 하고 있다.

장로교 재판도 국가법에서와 마찬가지로 3심제 형태를 띠고 있다. 해당 교회 목사장로와 치리장로로 구성된 당회가 제1심이고, 소속 교단의 지역교회의 연합형식으로 조직되어 있는 목사, 장로로 구성하고 있는 노회가 제2심이며 각 노회 대표들이 모여 교단 전체를 총괄하는 총회가 제3심이라고 할 수 있다. 교회 3심제는 당회의 치리에 불복이 있으면 노회가 그것에 대하여 치리권을 행사하고, 또 노회의 치리에 불복이 있으면 총회가 그것을 치리하게 된다. 평신도의 경우에는 당회가 1심, 노회가 2심, 총회가 3심이 되지만, 목사의 경우에는 대회제가 시행되고 있지 않아 노회가 1심, 총회가 2심이 된다.

교회 치리회인 당회, 노회, 총회는 교회 내의 분쟁과 범죄를 재판하고, 사회에서 범죄하여 국가 법원의 판단을 받은 사건에 대해서 재판을 한다. 교회 재판의 3심제가 가지는 의미는 공동체로서 교회 연합과 통일성을 가진 교회 일치에 있다. 교회는 예수 그리스도를 머리로 하는 교회이므로 하나의 몸이라고 할 수 있으며, 당회, 노회, 총회를 통하여 교회는 연합하고 통일성을 기한다. 따라서 각 지교회는 독립된 자치 공동체로 존재하지만, 장로교는 당회를 기초로 하여 노회, 총회에 이르기까지 교리와 정치에 있어서 유기적인 하나의 연합체이면서 통일체로 존재하는 것이다.

(2) 교회 재판의 심급제도

1) 1심(당회)

당회는 1심 재판을 관할하며 당회장인 목사와 당회원인 치리장로들로 구성된다. 교회 구성원인 교인과 직원 및 치리장로의 범죄는 1심인 당회에서 재판하지만, 목사의 범죄는 당회에서 할 수 없고, 노회가 1심 재판을 한다. 왜냐하면 장로의 신분은 지교회에 있지만, 목사의 신분은 소속이 노회에 있기 때문이다. 따라서 일반 교인은 3심제가 보장되지만, 목사는 실질적으로 대회제가 시행되지 않고 있어서 2심제로 운영된다.

2) 2심(노회)

노회 재판은 1심에 대해 불복하여 상소한 사건에 대해 재판을 관할하는 2심이다. 그리고 교회 구성원인 교인이나 장로는 당회에서 1심 재판을 하는 것이 원칙이지만, 특별한 사유가 발생한 때에는 예외적으로 노회가 1심 재판을 진행하기도 한다. 목사의 경우에는 당회에 재판 관할권이 없는 까닭에 노회가 1심 재판을 한다.

3) 3심(총회)

총회 재판은 교회 재판에 있어서 최종심 재판이다. 그러나 총회 재판을 받기까지 반드시 3심 재판의 단계를 거쳐야 하는 것은 아니고, 총회가 직접 1심 재판과 동시에 최종심을 선고할 수도 있다. 총회가 회의록 검사, 범죄사건 등에 대해서 노회, 교회에 처리하도록 명령한 사건을 거부하는 때에는 총회가 직접 재판을 행사하게 된다(권징 제4장 제19조). 또한 노회나 교회가 전례 없거나 긴중한 사건, 판결하기 어렵거나 형편상 재판을 진행하기 어려운 사건, 하회 결정이 공례나 판결례가 될 수 있거나 치리회원의 의견이 갈리는 사건, 마땅히 총회에서 선결하는 것이 합당한 안건 등에 대해서 총회에 위탁판결을 요청할 수도 있다(권징 제4장 제79조).

7. 책벌의 종류

(1) 유기 책벌과 무기 책벌

당회가 정하는 책벌은 권계, 견책, 정직, 면직, 수찬 정지, 제명, 출교이며, 종시 회개하지 아니하는 자에게만 한다(권징조례 제5장 제35조). 책벌은 기간에 따라서 유기(한) 책벌과 무기(한) 책벌이 있다. 유기 책벌은 일정 기한 직원의 직무와 시무 및 신분을 제한하는 책벌로 시무정지, 시무해임, 정직이 해당되고(통합 제3편 권징 제5조, 2년 이내), 무기 책벌은 중한 책벌로 면직과 출교가 해당된다. 뚜렷이 드러난 범죄라도 특별한 형편이나 사정이 있고, 그 성질이 중요하지 아니할 때에는 유기 책벌을 하고, 성질이 중요한 경우에는 무기 책벌을 하고 교회에 공포해야 한다(예배모범 제16장 제1항). 유기 책벌은 일정한 기간 책벌이 시행되고 그 기간이 지나면 해제되지만, 무기 책벌은 기간이 정해져 있지 않았기 때문에 치리회 결의에 의하여 해벌해야 한다. 무기 책벌이 유기 책벌보다 더 무거운 책벌이지만, 때에 따라서는 무기 책벌이 유기 책벌보다 더 유리한 책벌이 될 수도 있다. 예를 들어 유기 책벌은 특별한 사유가 없는 한 책벌 기간 시벌을 받게 되지만, 무기 책벌은 2년 이상의 중범죄에 해당하여도 도중에 해벌될 수 있기 때문이다.

(2) 권계와 견책

권계나 견책은 개인의 가벼운 범죄에 내리는 시벌이다. 권계(勸戒)는 훈계나 책망보다 조심스럽게 타일러 주의시키는 간절한 권면을 말하고(살전5:14), 견책(譴責)은 잘못을 꾸짖고 나무란다는 뜻으로, 당회에서 성경으로 훈계하여 회개하도록 한다. 권계나 견책은 개인의 가벼운 범죄를 시벌하는 경우로, 재판 의사록에 시벌 내용을 기록하지만, 교회에 공포하지 않고 조용히 마무리한다.

(3) 시무정지와 정직

시무정지(始務停止)는 일반적으로 3개월 이상 1년 이내에 직분이 가지고 있는 시무가 정지되는 것으로(통합 제3편 제5조 제1항), 장로의 시무정지는 당회원으로서의 시무가 정지되는 것이고, 목사의 시무정지는 목사권의 시무정지가 아니라, 담임목사 담임으로서 시무(행정권, 치리권)가 정지되는 것이다. 그러나 목사로서 설교하는 강도권, 상회인 노회, 총회에서의 시무는 할 수 있다. 행정권은 지교회에서의 일반적인 사무, 인사, 재무행정과 헌법에 규정된 당회장권, 제직회장권, 공동의회 의장권을 포함하며, 그 외에 교회 대표권, 유급 종사자의 인사권 정지 등을 포함한다. 또 치리권의 정지는 재판국원, 재판국장의 정지를 의미한다. 이처럼 곧바로 정직이나 면직을 시벌하지 않고, 시무를 정지시키는 이유는 담임목사의 범죄행위가 확실하게 드러나지 않은 상태에서 교회의 혼란을 예방하고자 범죄 결과가 판결될 때까지 시무를 정지시키는 것이다. 만약 시무를 정지를 시킨 상태에서 유죄로 판단되면 정직이나 면직으로 시벌이 추가될 수 있지만, 무죄로 결정되는 때에는 해벌된다.

정직(停職)은 교회 직원에게 내리는 벌로서 직분을 정직시키되 범죄의 경중이나 동기 및 영향 등을 참작하여 6개월 이상 2년 이내의 기간 신분은 유지하고 직무는 종사하지 못하도록 금지하는 시벌(통합 제3편 제5조 제1항)로 수찬 정지와 겸하여 과할 수 있다(권징조례 제6장 제41조). 정직은 유기 정직과 무기 정직이 있다. 유기 정직은 정한 기한이 지나면 당회장의 선언으로 시무하게 되고, 무기 정직은 해벌해야만 시무할 수 있다. 정직을 받게 되면 하자(흠)가 남게 된다.

(4) 면직

면직(免職)은 직원의 신분, 즉 직분을 박탈하는 것으로, 수찬 정지와 겸하여 과한다(권징조례 제6장 제41조). 면직이 되면 직무에서 물러나게 될 뿐만 아니라, 교인이 되어 더 이상 교회 직원이 되지 않는 것이기 때문에 치리회뿐만 아닌 교회의 직분을 감당할 수 없게 된다. 목사도 면직이 되면 더 이상 목사가 아닌 평신도가 된다. 목사가 면직되면 노회는 평신도의 이명 증서를 주어 원하는 교회로 가게하고(권징조례 제6장 제45조), 장로가 면직되면 직분 없는 평신도의 신분이 된다.

(5) 수찬 정지

수찬 정지(修撰停止)는 성찬식에 참여하지 못하게 하는 것으로 죄가 중대하여 교회와 주의 성호에 욕이 되게 한 자에게 과하는 시벌로 6개월 이상 1년 이내 수찬을 정지하는 것이다. 하지만 수찬 정지가 성경적인가에 대한 논의는 필요하다. 수찬 정지는 더 이상 그리스도의 몸이 아니라는 의미를 담고 있는 까닭에 출교 다음으로 중한 시벌이다. 수찬 정지는 보통 정직, 면직과 함께 과해지는 시벌로 세례교인의 권리가 정지되는 벌에 해당하므로, 성찬식에 참여할 수 없다. 교인은 세례를 받은 후부터 교인의 권리를 취득하기에 수찬 정지 시벌을 받게 되면, 교인의 권리가 정지되는 것이다.

(6) 출교

출교(黜敎)는 교인에 과하는 시벌 중에 가장 큰 벌이다. 출교는 곧 모든 권리가 박탈되는 것을 의미하는데, 시벌이나 권징의 의미가 없다는 것과 같다. 출교가 되면 교인명부에서 제명하게 되고, 교회 출석을 금지하게 되어 불신자와 같이 된다. 출교는 끝까지 회개하지 아니하는 중범죄나 이단에 가입하여 돌아오지 않는 사람에게 과하는 시벌이다. 출교가 곧 멸망을 의미하지는 않지만, 하나님은 교회의 권징을 인정하는 까닭에 회개하고 돌아오지 않는다면 결국 구원에 이르지 못하게 된다.

8. 해벌

(1) 예배모범 제17장(해벌)

① 교회 치리자들은 수찬 정지를 당한 자와 자주 교제하고 그로 더불어 같이 기도하며 그를 위하여 기도할 것이다.

② 치리회에서 어느 책벌한 자의 회개의 진상을 만족히 아는 때는 본 치리회 결의에 의하여 그로 본 치리회 앞에서나 교회 공석에서 자복하게 하고 교회의 성례에 다시 참여하는 권을 회복하여 혹시 복직할 수 있다.

③ 출교당한 교인이 회개하고 교회에 다시 들어오기를 원하는 때는 당회는 그의 진실한 회개의 만족한 증거를 얻은 후에 허락할지니 이 일을 행하려면 당시 회장된 목사는 그 본 교회에 해벌하는 이유와 당회에서 결의된 것을 공포한다. 회복하여 주기로 정한 때에는 출교당한 교인을 청하여 교회 앞에서 문답한다.

④ 면직을 당한 자가 전 항과 같이 공식 자복과 문답을 하였으면 임직식을 받는다.

⑤ 정직한 목사를 복직하며 면직한 자를 임직할 때는 노회는 극히 근신하여 행할 것이나 수찬 정지를 명하였으면 수찬을 허락하고, 얼마 후에는 그 사람의 회개 진실 여부와 유용한 희망 여부를 시험하기 위하여 임시 강도권을 허락하고, 그 후에 비로소 복직 및 임직을 행할 것이나 이 선언을 완전히 하기까지는 유예 중에 있다.

⑥ 면직되었던 장로나 집사가 복직되었으나 그 교회에서 다시 피선되지 못하면 시무하지 못한다.

⑦ 벌 아래 있는 교인이 그 벌 당한 치리회 소재지에서 먼 거리 되는 지방으로 옮기는 때에는 회개함을 선언하고, 회복함을 얻기를 원하는 때에는 본 치리회 결의의 등록을 날인하여 그 회에 교부할 수 있고, 그 회는 자체가 처벌한 자와 같이 해벌한다.

(2) 해벌 권한과 절차

1) 해벌 권한

해벌은 시벌한 치리회에서만 해야 한다. 교인의 소속은 당회이고, 목사의 소속은 노회이므로 당회와 노회에서 해벌해야 한다. 교인이나 목사가 속해 있는 치리회는 그들에 의한 불법행위의 장소나 때를 불문하고 재판을 할 유일한 권한이 있다. 해벌은 최종 판결한 재판국이 속한 치리회의 결의 또는 승인(폐회 중에는 재판국 승인)을 받아 그 소속 치리회장이 선포 내지 공지함으로써 효력이 발생한다(통합권징 제137조).

2) 해벌 조건

첫째, 먼저 시벌 받은 자가 회개한 것이 확인되어야 한다. 둘째, 치리회가 시벌 중에 있는 자의 회개 여부를 확인하고 치리회가 모여서 해벌을 결의해야 한다(예배모범 제17장 제2항). 셋째, 상회가 하회의 보고, 소송, 소원에 관한 결정을 번복하거나 최종적으로 무죄 판결이 선고되면 해벌할 수 있다. 넷째, 유기 시벌은 시벌 기간이 경과했을지라도 치리회에서 결의해야 해벌이 된다.

3) 해벌 절차

출교당한 교인은 교회 앞에서 문답한 뒤 권면하고 위로하며 회복하는 선언을 해야 한다. 면직당한 자는 회개하고 문답하였으면 다시 임직을 해야 한다. 정직한 목사를 복직하거나 면직한 자를 임직할 때는 노회는 신중해야 하고, 수찬 정지를 명했으면 수찬을 허락하되 회개의 진실과 유용한 희망 여부를 시험하기 위해서 임시 강도권을 허락하고, 그 후에 비로소 복직 및 임직을 해야 한다. 만약 면직되었던 장로나 집사가 복직되었으나 그 교회에서 다시 피선되지 못하면 시무는 하지 못하며, 해벌 받은 후에 이거할 수 있다(예배모범 제17장 제5, 6항).

Ⅱ. 교회 재판과 사법심사

1. 헌법상 재판받을 권리

우리 헌법은 '모든 국민은 헌법과 법률이 정한 법관에 의하여 법률에 의한 재판을 받을 권리를 가진다.'라고 규정하여 모든 국민의 '정당한 재판을 받을 권리'를 보장하고 있다(헌법 제27조 제1항). 사법권은 법관으로 구성된 법원에 속하며(헌법 제101조 제1항), 재판은 특별한 규정이 없는 한 법관으로 구성된 법원에서 심판하도록 하고 있다(법원조직법 제2조 제1항). 종교인이나 교회 직원, 교회 구성원인 모든 교인은 국민으로서 헌법이 보장하는 권리에 따라 법률이 정한 법관에 의하여 법률에 따른 정당한 재판을 받을 권리가 있다.

2. 교회 재판과 국가 사법

(1) 교회 분쟁과 해결

과거 사람들은 가정의 문제는 가정에서 해결하였고, 사회공동체 내에서 발생하는 문제는 공동체 내에서 해결해왔듯이 교회 분쟁도 대부분 교회나 교단 내부에서 자체적으로 해결해왔다. 교회 치리회는 교회법에 따라 교회 재판을 통해 범죄자에 대해서는 권징 치리하여 범죄로 훼손된 교회의 거룩성을 회복시키고, 교회 분쟁이 발생하면 교회 자체적으로 분쟁을 해결해 왔으며, 교회나 교인들도 교회판결에 이의를 제기하지 않고 순응해 왔다. 하지만 근대 민주화 이후 민주주의가 성숙하고, 고등교육으로 인한 교인들의 지식 및 의식 수준이 높아지고, 다양한 사람들의 욕구가 높아지면서 교회 내에서 발생한 분쟁이나 사건들이 교회 자체적으로 해결 불가능한 경우가 많아졌다.

교회 분쟁이 교회 내에서 해결되지 못하고, 국가 사법의 판단을 받기 위하여 법원에 소송을 제기하는 일이 발생하게 된 것이다. 오죽하면 교회 분쟁 소송만을 전문적으로 취급하는 법무법인이나 변호사가 있을 정도이다. 최근에는 교인들이나 교회만이 아니라, 노회나 교단 내에서 발생하는 갈등이나 분쟁에 이르기까지 국가법과 국가 사법에 의존하여 소송으로 해결하려고 한다. 교단이나 교회 내에서 발생한 분쟁을 해결하기 위해 행사되었던 교단이나 교회 재판의 결과가 다시 국가 법원에서 사법심사의 대상이 되는 결과를 가져오게 된 것이다. 그 결과 국가 법원은 점차 종교 테두리 안으로 들어와 자리하게 되었고, 종교 내에서 발생하는 분쟁이 국가 사법심사의 대상이 되는 결과를 가져왔다.

(2) 교회 분쟁이 국가 사법에 의존하는 이유

1) 교회법의 불명확성

법은 구체적이고 명확해야 한다. 그러나 교회법은 구체적이고 개별적이지 못하고, 명확하지 못하며, 합리적이지도 못하며, 구성원의 기본권에 대한 권리보장이 부족하다. 그리고 교회법인 교단 헌법이나 교회정관 등이 정경이나 교리 중심으로 편중되어 있으며, 교회 구성원의 공동체 형성에만 중점을 두고 있고, 사회변화에 적응하지 못해 현실과 동떨어진 규정들이 많으며, 교회 내에서 발생하는 다양한 문제들을 해결하기 위한 기준을 제공해 주지 못하고 있다.

2) 교회와 교단의 분쟁 해결 능력 상실

교단이나 교회 안에 치리회가 있지만, 교회 재판 체계가 교인들 간의 분쟁이나 교회의 분쟁을 공정하게 해결할만한 능력이나 체계를 가지고 있지 못하며, 교회 재판이 분쟁당사자인 교회 구성원들이나 교회의 인정을 받지 못하고 있다. 그 이유는 교회 내에서 발생하는 갈등과 분쟁을 재판하는 재판부의 구성원들이 오직 교회법과 교리에만 전문적일 뿐, 체계적인 법률을 공부하지 못한 사람들로 구성된 사람들이고, 교회 재판이 정치적인 성격이 강해 공정하지 못한 처분으로 인해 분쟁당사자들로부터 교회 재판에 대한 신뢰와 공감을 얻지 못하고 있기 때문이다. 한국교회는 시대에 맞는 교회법의 제정, 당회, 노회, 총회 등 치리회의 교회 분쟁을 해결할만한 공정하고 수준 높은 심사와 판단, 특히 노회, 총회의 중재기관으로서 권위와 신뢰 회복이 시급하다. 그리고 교회 재판의 절차와 과정, 자유로운 접근, 투명한 공개와 공정성 확보가 필요하다.

대한예수교장로회총회(합동) 헌법은 노회 재판국 인원수를 7인 이상으로 하되 그 중 과반수는 목사로 하도록 하고 있고(권징조례 제13장 제117조), 총회재판국 인원의 경우, 목사 8인, 장로 7인으로 선정하도록 하고 있다(권징조례 제13장 제134조). 하지만 대한예수교장로회총회(통합)는 공천위원 조례 제6조에서 총회재판국 위원의 자격을 엄격히 하고 있고, 총회재판국 위원 15인 가운데 3인 이상은 법학을 전공한 법학사 학위를 가진 자 중에서 공천위원회의 공천으로 선임하도록 하고 있다(통합 제3편 권징 제10조). 총회 헌법위원회는 9인(목사 5인, 장로 4인)으로 조직하고, 법학사 이상의 학위를 가진 자나 변호사를 1인 이상 공천하여야 하며, 헌법위원회는 목사 또는 장로 중에서 3인 이내의 전문위원을 두되 법학사 이상의 학위를 소지한 자나 변호사 혹은 전임 헌법 위원장 중에서 선임하도록 하고 있다(통합시행규정 제36조 제7항).

3) 교회법 경시와 불복종

교인이나 개교회가 교회법을 경시하게 되는 이유는 성경과 신앙을 바탕으로 한 교회법보다는 실정법을 더 선호하고, 국가법을 더 신뢰하는 경향이 강하게 나타나고 있기 때문이다. 또한 교회 내의 분쟁을 교회 내에서 해결하려고 하기보다는 국가 사법심사에 의존하려고 하는 것도 교회법을 경시하게 되는 원인이 되고 있다. 교회가 교회 갈등과 분쟁을 교회법으로 해결하지 않고 국가법으로 해결하려고 하는 경우, 결국 공교회의 합의로 만들어진 교회법이 무력화되고, 교회가 스스로 국가법 아래 예속하는 결과를 자초하게 된다.

특히 한국교회의 문제점은 성경과 교회법을 가지고 치리권을 가지고 있는 목사와 장로들이 먼저 성경과 교회법을 경시하고 국가 사법으로 가려고 한다는 점이다. 이처럼 목사와 장로들이 먼저 성경과 교회법에 복종하지 않고 국가 사법의 판단을 받으려고 하는 까닭에 교인들도 교회법과 교회 재판 결과에 복종하지 않게 된 것이다. 교인들에게 교회법과 교회 재판에 복종하기를 바란다면, 치리권을 가진 교회 지도자부터 교회법과 교회 재판에 복종하는 자세가 필요하다. 교회법은 광대한 국가법에 비해 구체적이지 못하지만, 그렇다고 경시당할 정도로 허접하거나 심각한 흠이 있는 법이 아니다. 어떤 목사님은 오늘날 한국교회의 문제는 법률의 부재에 있는 것이 아니라, 교회법에 대한 불신, 정치적으로 좌우되는 교회 재판에 대한 불신, 법에 대한 전문가가 아닌 사람들에 의한 재판 운영의 미숙 등의 원인에 있다고 호소하였다.

4) 국가 사법에 대한 의존

한국교회와 지도자들은 교회법을 경시하고, 더불어 국가 실정법에 대한 의존 현상이 더 또렷해지고 있다. 교단이나 교회의 지도자에 해당하는 목사들이 교회 내에 문제가 발생하면 성경과 교회법, 목사직 양심에 따라 자율적으로 해결해야 함에도 수많은 시간과 비용을 허비하면서까지 국가 사법에 고소하고, 국가법의 판단을 구하고 있다. 이처럼 교회와 목사들이 국가 실정법을 더 의존하게 된 원인은 교회 재판이 당파적, 정치적 유불리에 따라 뒤바뀌는 결정을 하는 까닭에 교회와 목사들이 국가 사법에 의존하는 경향이 강해지게 된 것이다.

국가 사법이 교회 분쟁에 대해서 근본적인 해결책이 될 것이라는 기대와 국가 사법이야말로 공정하고 정당한 판결이 이루어질 것이라는 기대를 버려야 한다. 오히려 국가 사법기관의 법관들은 성경과 교리, 교회법에 대해서 잘 모르기 때문에 전혀 의외의 부당한 판결을 내리는 경우가 발생할 수 있다. 그리고 더욱 심각한 문제는 국가 사법의 강제 판결이 교회를 하나로 회복시키거나 교인들 간의 갈등을 치유하고 회복시키지 못하고, 도리어 교회분열을 공고히 하고, 교인과 교회 사이에 갈등의 골만 더 깊어지게 하며, 마지막에 가서는 교회가 분열로 끝나게 되는 경우가 많다는 점이다. 따라서 비록 국가법과 사법제도에 비해 교회법과 교회 재판 제도가 미비하거나 부족한 점이 많지만, 성경이나 교회법으로도 얼마든지 갈등과 문제들을 해결해 갈 수 있음을 인정하고, 국가 사법에 의존하는 생각들을 버리고, 교회 문제는 교회 스스로 해결하려고 하는 노력이 필요하다.

3. 교회 재판이 사법심사가 되는 경우

(1) 헌법상 보장하는 개인의 권리 침해

교회 재판으로 인해 목사나 교인이 국민으로서 헌법상 보장하는 권리를 침해당한 기본권, 교회 재산의 사용·수익·처분에 관련된 재산권, 교회 담임목사 청빙·해임과 관련된 교회 대표권 등의 사건이다. 교회나 기타 종교단체의 결의나 판결은 원칙적으로 사법심사의 대상에서 제외되지만, 개인의 권리를 부당하게 침해하거나 사회상규에 비추어 용인할 수 없는 경우, 종교적 교리를 벗어난 결의를 한 때에 사법심사의 대상이 된다. 종교단체에 속한 개인의 민사상 이익의 침해와 같이 개인이 누리는 지위에 직접적으로 영향을 받게 되어 권리 회복을 위해 제소할 때에 국가 법원의 사법심사 대상이 된다.[5] 교회와 교단 사이에 충돌하여 교회 자체적인 해결이 불가능한 경우, 종교단체 내부에 관한 사항이더라도 권징 결의의 내용이나 결과가 국민으로서의 구체적인 권리·의무나 법률관계를 둘러싼 분쟁이 존재하는 경우에는 사법심사의 대상이 된다.[6]

(2) 중대한 절차상 하자

교회가 정한 교단 헌법, 교회정관에서 정한 적법한 절차를 거치지 않거나 적법한 절차를 거쳤으나 중대한 절차상 하자를 명백히 위반하여 정의 관념에 반하여 이루어진 경우, 담임목사 개인이 일방적으로 결정하는 등 적법한 치리 기관에 의한 결의가 아닌 경우, 권징 결의의 내용이나 결과가 개인의 권리를 부당하게 침해하거나 사회상규에 비추어 용인할 수 없는 경우, 종교적 교리를 벗어난 결의, 또는 교회 내에서의 자율적 해결이 사실상 불가능한 경우 등은 사법심사의 대상이 된다. 그러나 헌법이 종교의 자유를 보장하고 종교와 국가의 기능을 엄격히 분리하고 있는 점에 비추어 종교단체의 조직과 운영은 그 자율성이 최대한 보장되어야 할 것이므로, 교회 안에서 개인이 누리는 지위에 영향을 미칠 각종 결의나 처분이 당연 무효라고 판단하

---

5) 서울동부지방법원 2011. 1. 26. 선고 2021가합100753 판결.

6) 대법원 2005. 6. 24. 선고 2005다10388 판결, 대법원 2010. 5. 27. 선고 2009다67658 판결, 대법원 2012. 8. 30. 선고 2010다52072 판결.

려면, 그저 일반적인 종교단체 아닌 일반단체의 결의나 처분을 무효로 돌릴 정도의 절차상 하자가 있는 것으로 부족하고, 그러한 하자가 매우 중대하여 이를 그대로 둘 경우, 현저히 정의 관념에 반하는 때에 한정되어야 한다.[7)]

(3) 국민의 재판청구권과 교단 헌법의 제소금지 규정

국민은 기본권 보장과 관련한 재판청구권을 가지고 있기에 종교와 상관없이 언제든지 법원에 사법심사를 청구할 수 있다(헌법 제27조 제1항,[8)] 법원조직법 제2조 제1항).[9)] 교단 총회의 의결, 재판국의 판결이나 수습안에 대해 사회법에 소송 제기를 못하도록 금지했더라도 개인이 동의한 바가 없고, 설령 당사자 간의 합의가 있었더라도 합의 당시 각 당사자가 예상할 수 없었던 상황에 관한 것이라면 사법심사 대상이 된다.[10)] 교단 헌법에 국가 법원에 제소 금지규정이 있음을 이유로, 제소 금지규정을 위반하여 권징 재판으로 시벌한 경우에도 국가 사법심사가 된다.[11)] 국가 헌법과 법률이 국민에게 보장하고 있는 국민의 기본권인 '재판청구권'은 어떤 경우라도 제한할 수 없다.

4. 교회 재판이 사법심사가 되지 않는 경우

(1) 종교의 자유와 정교분리의 원칙

우리나라 헌법은 종교의 자유를 보장하고 있고(헌법 제20조), 정교분리의 원칙에 근거하여 종교의 고유성(정경, 교리), 자율성 및 특수성에 대해서 법원은 판단하지 않는 것이 원칙이다. 법원은 종교 활동은 헌법상 종교의 자유와 정교분리의 원칙에 의하여 국가의 간섭으로부터 자유가 보장되어 있으므로, 국가 기관인 법원도 교단이나 교회의 고유성, 자율성 및 특수성을 보장한다. 법원은 교회와 교단 사이의 종교적 자율권이 상호 충돌하는 때에 원칙적으로 사법기관이 종교기관을 구속하는 것이 적

7) 대법원 2006. 2. 10. 선고 2003다63104 판결.
8) 헌법 제27조
① 모든 국민은 헌법과 법률이 정한 법관에 의하여 법률에 의한 재판을 받을 권리를 가진다.
9) 법원조직법 제2조(법원의 권한)
① 법원은 헌법에 특별한 규정이 있는 경우를 제외한 모든 법률상의 쟁송(爭訟)을 심판하고, 이 법과 다른 법률에 따라 법원에 속하는 권한을 가진다.
10) 대법원 2002. 2. 22. 선고 2000다65086 판결.
11) 서울남부지방법원 2011. 3. 8. 자 2010카합848 판결.

법하지 않다고 보고 그 실체적인 심리 판단을 하지 아니함으로 당해 종교단체의 자율권을 최대한 보장하여야 한다고 하고 있다.[12)]

목사의 자격이나 목사안수, 위임목사로서 지위 부여는 교단의 종교적 자율권에 해당한다. 따라서 교단 재판국의 판결에 따라 개교회가 청빙하는 목사가 위임목사로서 자격이 부인되었다면 개교회가 교단에 소속되어 있는 이상 교단의 자율권에 해당하고, 반면 설교와 예배 인도 등을 담당할 위임목사를 자율적으로 청빙하는 것은 개교회의 자율권에 해당한다고 할 수 있다.

(2) 종교적 내부의 고유한 사항

종교단체가 교리를 확립하고 단체 및 신앙상의 질서를 유지하기 위하여 목사 등 교역자나 교인에게 교단 헌법 종교상 범죄가 있는 경우에 종교상의 방법에 따라 징계·제재하는 종교단체 내부에서의 규제(권징 재판)에 지나지 아니하고, 그것이 교직자나 교인 개인의 특정한 권리·의무에 관한 법률관계를 규율하는 것이 아님이 명백한 경우에 교단의 재판기관에서 한 권징 재판 자체는 소위 법률상의 쟁송의 대상이 될 수 없다.[13)]

그 외에도 교단 헌법에 분쟁 처리에 관한 규정이 있어서 분쟁을 처리한 경우, 이단 가입자에 대한 징계와 같이 교회 내부 절차를 거친 문제에 대해서 종교적 교리에 관한 사항, 권징 재판과 교회 내부에서의 개인의 지위에 관한 사항, 즉 권징 재판으로 말미암은 목사 장로의 자격에 관한 시비와 같은 교회 내부의 고유한 사항은 법률적 쟁송이 되지 않는다고 보고 법원의 개입을 부정한다.[14)]

(3) 교리 위반자에 대한 권징재판과 적법한 절차에 의해 재판

교회정관에 따르지 않거나 정통교단에서 인정하지 않는 이단 교회에 가입한 특정 교인에 대해서 교회나 교단의 적법한 권징 재판에 따라서 제명이나 출교 등을 결의했다면, 그 결의는 정당하고 사법심사의 대상이 되지 않는다. 즉 교인으로서 비위, 교회나 교단이 정하는 교리나 종교 활동에 위배되는 행위이고, 종교적 방법으로 징계·제재하는 종교단체의 내부적 규제이고,[15)] 그 방법이 적법한 절차에 의해 결의한

---

12) 대법원 2011. 10. 27. 선고 2009다32386 판결.

13) 대법원 1985. 9. 10. 선고 84다카5262 결정, 대법원 1995. 3. 24. 선고 94다47193 판결, 대법원 2014. 12. 11. 선고 2013다78990 판결.

14) 대법원 1995. 3. 24. 선고 94다47193 판결.

경우에는 사법심사의 대상이 되지 않는다.

(4) 예외 사항

종교단체 내부관계 사항이 사법심사가 되지 않는다는 것은 어디까지나 원칙 사항이고 절대적인 사항은 아니기 때문에 종교단체 내부의 규제가 아닌 한 종교단체 내에서 개인이 누리는 지위에 영향을 미치는 단체법상의 행위라 하여 반드시 사법심사의 대상에서 제외할 것은 아니다.[16] 다만 법원은 종교적 내부관계에 대해서 사법기관이 종교기관을 구속하는 것은 적법하지 않다는 입장을 고수하고 있을 뿐이다. 법원은 징계 결의와 같이 종교단체 내부의 규제라 할지라도 그 효력의 유무와 관련하여 구체적인 권리 또는 법률관계를 둘러싼 분쟁이 존재하고, 또한 청구의 당부를 판단하기에 앞서 그 징계의 당부를 판단할 필요가 있는 경우에는 그 판단의 내용이 종교 교리의 해석에 미치지 아니하는 범위 내에서 법원은 그 권징의 당부를 판단할 수 있다.[17]

Ⅲ. 판례

1. 목사의 자격에 관한 지교회와 교단 간의 분쟁

(1) 사실관계

A교회는 목사 甲을 위임목사로 청빙하는 내용으로 하는 당회와 공동의회의 결의를 거친 후, 목사 甲을 교단 소속 K노회에 위임목사 청빙의 승인을 요청하여 K노회의 청빙 승인을 받았다. 그런데 교단총회는 그 소속 기관인 총회재판국을 통하여 목사 甲이 목사안수의 요건인 2년 이상의 전임전도사 경력을 갖추지 못하였다는 점을 이유로 목사안수결의 무효확인 총회 판결을 하였다. 그리고 목사 甲은 위임목사가 될 수 없는 미국 시민권자였다는 점과 목사안수 결의무효 확인 총회 판결을 들어 교단 목사로서 지위를 상실하였다는 점을 이유로 K노회의 위임목사 청빙 승인 결의가

15) 대법원 2006. 2. 10. 선고 2003다63104 판결
16) 대법원 2006. 2. 10. 선고 2003다63104 판결.
17) 대법원 2008. 11. 27. 선고 2008다17274 판결.

무효임을 확인하는 총회 판결을 하였다. 이에 A교회는 각 총회 판결에 대한 무효확인과 목사 甲이 A교회의 대표자인 점을 확인해달라는 소를 제기하였다.

(2) 판결요지

교단총회가 하급 치리회인 K노회의 목사 청빙 승인 결의와 목사안수결의가 무효임을 확인하는 총회 판결을 함으로써 A교회의 위임목사 청빙의 효력이 부인되는 결과가 발생하였다. 총회는 교단 내 최고 치리회로서 총회의 의사결정은 실질적으로 교단의 의사결정과 동일하게 볼 수 있다. 결국 이 사건 소는 교단 내 하급 종교단체로서의 지교회에 해당하는 A교회가 상급 종교단체인 소속 교단의 의사결정에 불복하여 위 각 총회 판결에 대한 사법심사를 요청하는 것으로서 양 종교단체의 종교적 자율권이 충돌하는 사안에 해당한다.

교단은 그 존립 목적을 위하여 필요한 경우 교단 헌법을 제정·개정·해석하고, 행정쟁송 등 교단 내의 각종 분쟁을 치리하고, 목사 등 교역자의 자격요건을 정하며, 소속 지교회를 지휘·감독하는 등의 기능을 수행한다. 종교단체의 자율권 보장의 필요성은 지교회뿐만 아니라 지교회의 상급 단체인 교단에도 동일하게 적용되므로, 양 종교단체의 종교적 자율권은 모두 보장되어야 한다. 그런데 때에 따라서 지교회와 교단 사이에 그 종교적 자율권이 상호 충돌할 수 있는데, 이 경우 교단의 존립 목적에 비추어 지교회의 자율권은 일정한 제한을 받을 수밖에 없다. 즉 교단이 각 지교회의 자율권을 제한 없이 인정하면 해당 교단의 고유한 특성과 교단 내에서의 종교적 질서유지라는 교단의 존립 목적을 달성하는 것이 곤란하게 된다. 나아가 지교회가 특정 교단 소속을 유지하는 것은 해당 교단의 지휘·감독을 수용하겠다는 지교회 교인의 집합적 의사의 표현으로 볼 수 있으므로, 소속 교단에 의하여 지교회의 종교적 자율권이 제한되는 경우 지교회로서는 교단 내부의 관련 절차에 따라 문제를 해결하여야 하고, 관련 내부 절차가 없거나 그 절차에 의하여도 문제가 해결되지 않는 경우 지교회로서는 그 제한을 수인할 수밖에 없다.

총회 판결에 따라 침해된 A교회의 이익은 설교와 예배 인도 등을 담당할 위임목사를 자율적으로 청빙할 수 있는 이익인데, 그것 자체는 A교회의 종교적 자율권과 관계된 사항일 뿐 일반 국민으로서 권리 의무나 법률관계와 관련이 있는 사항이라고 보기 어렵다. 또한 위임목사 청빙 승인 결의 무효확인 및 목사 甲에 대한 목사안수결의 무효확인 총회 판결은 교단의 내부관계에 관한 사항이므로, 교단의 종교적 자율권 보장을 위하여 원칙적으로 법원의 사법심사 대상이 되지 않는다고 판시하였다.[18]

(3) 해설

A교회의 소송 제기는 종교적 자율권과 관계된 사항이고, 일반 국민으로서 권리 의무나 법률관계와 관련이 있는 사항이라고 보기 어렵고, 목사의 자격, 목사안수 결의무효 확인 총회 판결은 교단의 내부관계에 관한 사항이어서 교단의 종교적 자율권 사항이므로, 사법심사의 대상이 될 수 없다는 판결이다. A교회가 목사 甲을 위임목사로 청빙하는 방법은 교단을 탈퇴하는 것이다. 교단 헌법에 규정이 있다면 그 규정 절차에 의하여 교단을 탈퇴하면 되고, 교회정관에 그 규정이 있다면 교회정관 규정에 따라서 탈퇴를 결의하면 된다. 교단이나 교회에 교단 탈퇴에 관한 규정이 없다면 법원의 통상적인 판단은 교단 가입이나 탈퇴시 교회 구성원의 3분의 2 이상의 결의로 탈퇴할 수 있다. 교회정관과 교단 헌법에서 언급하는 것처럼, 교회 내부 결의를 할 경우, 자치법규인 정관이 교단 헌법에 우선하는 것이 원칙이고, 교회정관에 없는 규정일 경우에는 교단 헌법에 따라야 한다.

2. 총회 재판위원회의 출교 처분

서울시 성곽복원사업의 일환으로 A교회가 공용 수용되면서 공탁된 수용보상금과 관련하여 A교회 목사 甲은 교단 유지재단을 상대로 명의신탁 해지를 이유로 하는 공탁금 확인 청구 소송을 제기하였다. 이에 K총회 재판위원회는 A교회 목사 甲이 총회 유지재단에 민사소송을 제기한 것을 두고, 목사 甲이 개인의 사리사욕을 위해 교회를 매매한 행위로 취급하여 출교 판결을 내렸다. 이에 목사 甲이 제기한 소송에서 법원은 K총회 재판위원회가 목사 甲에 대해 출교를 명한 판결을 선고한 것은 현저히 정의 관념에 반하는 중대한 하자로서 무효라고 판시했다.[19] 교회 재판이 현저히 정의 관념에 반하는 중대한 하자인 경우, 사법심사의 대상이 된다.

3. 목사의 노회 소속 확인 소송

(1) 사실관계

J교회가 소속한 H노회는 총회 결의에 따라 A노회와 B노회로 분립하였다. J교회

18) 대법원 2014. 12. 11. 선고 2013다78990 판결.
19) 서울고등법원 2015. 10. 13. 선고 2015누1139 판결.

는 A노회에 소속하기를 원하는 목사 甲을 지지하는 교인들과 분립 후 B노회에 소속하기를 원하는 반대 목사 乙을 지지하는 교인들 사이에 분쟁이 발생하였다. A노회에 소속하기를 원하는 목사 甲을 지지하는 교인들은 J교회가 A노회 소속이라고 주장했고, 반대 측 교인들은 J교회는 B노회 소속이기 때문에 B노회가 파송한 임시당회장인 목사 乙이 J교회 대표자라고 주장했다. 이에 목사 甲을 지지하는 교인들은 노회 소속 확인을 구하는 소송을 제기했다.

(2) 판결요지

법원은 2014년 서울 C교회 사건의 대법원판결을 인용하여 J교회를 대표하는 임시당회장을 파송하는 권한을 가지는 것은 종교적 자율권의 영역에 속하는 종교 교단의 내부관계에 관한 사항일 뿐, J교회의 일반 국민으로서 권리·의무나 법률관계와 관련된 분쟁에 관한 것으로 보이지 아니하므로, 교단의 종교적 자율권 보장을 위하여 원칙적으로 법원에 의한 사법심사의 대상에서 배제함이 타당하다며 기각하였다.[20]

(3) 해설

교단의 종교적 자율권 보장을 위하여 원칙적으로 법원에 의한 사법심사의 대상이 되지 아니한다. J교회 목사 甲은 J교회 목사직에서 면직되었으며, 면직을 원인 무효했던 제98회 총회 결의는 서울중앙지방법원 가처분 사건에서 무효로 판단되었다(2014카합202호). 이에 B노회는 헌법 정치 제9장 제4조에 따라 임시당회장으로 목사 乙을 파송하였으므로, J교회를 대표할 권한이 있다. 재판부는 분립 전의 H노회와 분립한 후에 B노회가 서로 동일성이 유지되는 단체로 판단했다.

4. 교리와 관련된 교회의 권징 재판

교리 문제와 관련된 교회의 권징 재판은 사법심사의 대상이 되지 않는다. 교회의 권징 재판은 종교단체가 교리를 확립하고 단체 및 신앙상의 질서를 유지하기 위하여 목사 등 교역자나 교인에게 종교상 방법에 따른 징계·제재는 종교단체의 내부적인 제재에 지나지 아니하므로 원칙적으로 사법심사의 대상이 되지 아니하고, 그 효력과 집행은 교회 내부의 자율에 맡겨져 있는 것이므로, 그 권징 재판으로 말미암은 목사,

---

20) 대법원 2014. 12. 11. 선고 2013다78990 판결.

장로의 자격에 관한 시비는 직접적으로 법원의 심판의 대상이 되지 아니한다.[21]

하지만 교인으로서 비위가 있는 자에게 종교적인 방법으로 징계·제재하는 종교단체 내부의 규제(권징 재판)는 사법심사의 대상이 될 수 없으나, 종교단체 내에서 개인이 누리는 지위에 영향을 미치는 단체법상의 행위라고 하여 반드시 사법심사의 대상에서 제외하거나 소의 이익을 부정할 것은 아니어서 사법심사의 대상이 될 수도 있다.[22] 권징의 효력 유무와 관련하여 구체적인 권리 또는 법률관계를 둘러싼 분쟁이 존재하고, 또한 그 청구의 당부를 판단하기에 앞서 그 징계의 당부를 판단할 필요가 있는 경우에 법원은 위 권징의 당부를 심사할 수 있다.[23] 즉 교인의 구체적인 권리 또는 법률관계를 둘러싼 분쟁인 경우, 사법심사의 대상이 된다.

5. 목사의 비위로 인한 노회의 징계 결의

종교단체의 권징 결의는 교인으로서 비위가 있는 자에게 종교적인 방법으로 징계·제재하는 종교단체 내부의 규제에 지나지 아니하므로, 이는 사법심사의 대상이 되지 아니하고, 그 효력과 집행은 교회 내부의 자율에 맡겨져야 한다. 대한예수교장로회총회재판국의 목사직 정직 등 결의에 불복하고, 동 총회로부터의 이탈을 선언하여 독자적인 운영체제를 구축하여 교회의 권위와 질서에서 벗어난 목사에 대한 목사직 상실 및 타 목사 파송 결의를 노회에서 하였다면 그 결의의 효력은 승인되어야 한다.[24]

교회의 권징 재판은 종교단체가 교리를 확립하고 단체 및 신앙상의 질서를 유지하기 위하여 목사 등 교역자나 교인에게 종교상의 방법에 따라 징계·제재하는 종교단체의 내부적인 제재에 지나지 아니하므로, 원칙적으로 사법심사의 대상이 되지 아니하고 그 효력과 집행은 교회 내부의 자율에 맡겨져야 한다. 따라서 권징 재판으로 말미암은 목사, 장로의 자격에 관한 시비는 직접적으로 법원의 심판의 대상이 되지 아니한다.[25]

21) 대법원 2007. 6. 29. 자 2007마224 결정.
22) 대법원 2006. 2. 10. 선고 2003다63104 판결.
23) 대법원 2008. 11. 27. 선고 2008다17274 판결.
24) 대법원 1981. 9. 22. 선고 81다276 판결.
25) 대법원 1995. 3. 24. 선고 94다47193 판결.

6. 교인을 교적부에서 제적한 결의

(1) 사실관계

K교회는 담임목사를 비롯한 다른 교인들 사이에 장로 선출을 둘러싼 분쟁 및 담임목사에 대한 이단 고발 등으로 갈등이 심화되자 K교회는 정기 당회에서 교단 헌법에 근거하여 교인 甲 등에 대하여 교적부에서 제적하는 결의를 하였나.

(2) 판결요지

K교회가 교인 제적 결의를 통하여 종교단체로서 교리를 확립하고 신앙상의 질서를 유지하는 한편 해교 행위를 하는 교인들을 구성원에서 배제하는 방법으로 조직의 안정과 화합을 도모하려고 하였던 것임이 인정되므로, 위 교인 제적 결의 및 효력 등에 관한 사항은 K교회 내부의 자율에 맡겨야 하고, 담임목사의 이단성에 대한 다툼이 교인 제적 결의의 원인 내지 이유의 하나로 작용하였으므로, 위 교인 제적 결의는 K교회 및 교회가 속한 교단의 종교상의 교의 또는 신앙의 해석에 깊이 관련되어 있다. 나아가 교인 제적 결의의 효력 유무가 구체적 권리·의무에 관한 청구의 전제 문제로 다투어지는 사안이라고 보기 어렵다. 또한 교인 제적 결의의 교회법적 정당성을 재단할 적법한 권한을 가진 상급 치리회가 존재하여 교단 내에서 자율적 문제해결이 가능하며, 교인 제적 결의를 위한 당회 소집 및 결의 절차 등에 정의 관념에 비추어 묵과하기 어려울 만큼 중대한 하자가 있다고 할 수 없는 점을 더하여 보면, 위 교인 제적 결의 및 효력 등에 관한 사항은 사법심사의 대상이 아니라고 판시하였다.[26)]

7. 교회 재산관리·처분 관련 담임목사 지위

법원은 교회의 대표자(담임목사)는 예배 및 종교 활동을 주재하는 종교상의 지위와 아울러 비법인사단의 대표자 지위를 겸유하면서 교회 재산의 관리·처분과 관련한 대표권을 갖는다고 할 것이므로, 재산의 관리·처분과 관련한 교회 대표자 지위에 관한 분쟁은 구체적인 권리 또는 법률관계를 둘러싼 분쟁에 해당하여 그 대표자 지위의 부존재 확인을 구하는 것은 소의 이익이 있다고 하였다.[27)] 즉 교회 관련 사건이

---

26) 대법원 2011. 10. 27. 선고 2009다32386 판결.

순수한 신앙적 사안인 경우, 사법심사의 대상이 되지 않으나, 당회장이나 담임목사 지위와 같이 교회 관리·처분과 관련한 교회 대표자 지위에 관한 분쟁은 구체적인 권리 또는 법률관계를 둘러싼 분쟁에 해당하여 사법심사의 대상이 된다는 것이다.

8. 권징 조례에 의하지 아니한 교단총회의 목사면직

총회장에 대해 모욕적인 말을 하여 명예를 실추하였다는 이유로 총회 결의로 목사를 제명하고, 이에 반발하여 법원에 소를 제기하자 불신 법정에 소제기를 이유로 총회 결의로 다시 면직하였다. 법원은 권징 조례에 따르지 아니한 제명결의와 면직 결정은 종교적 방법으로 징계·제재한 것이 아니므로, 사법심사의 대상이 된다고 판시하였다.[28]

9. 종교단체의 내부관계에 관한 사항

(1) 사실관계

목포 소재 M교회 교인 甲은 교인총회에서 소외인 등을 장로로 선출한 결의무효 확인을 구하는 소송을 제기하였다.

(2) 판결요지

종교 활동은 헌법상 종교의 자유와 정교분리의 원칙에 의하여 국가의 간섭으로부터 그 자유가 보장되어 있으므로, 국가 기관인 법원은 종교단체 내부관계에 관한 사항에 대하여는 그것이 일반 국민으로서 권리·의무나 법률관계를 규율하는 것이 아닌 이상 원칙적으로 그 실체적인 심리 판단을 하지 아니함으로써 당해 종교단체의 자율권을 최대한 보장하여야 한다. 따라서 일반 국민으로서의 특정한 권리·의무나 법률관계와 관련된 분쟁에 관한 것이 아닌 이상 종교단체의 내부관계에 관한 사항은 원칙적으로 법원에 의한 사법심사의 대상이 되지 않는다. 그리고 원고 甲은 위 결의에 따라 장로의 지위가 부여되는 직접적인 당사자가 아니므로, 소외인 등에게 장로의 지위가 부여됨으로써 소외인 등이 피고 교회에서 누리는 개인적 지위가 영향을

---

27) 대법원 2007. 11. 16. 선고 2006다41297 판결.
28) 서울서부지방법원 2014. 10. 31. 선고 2014가합33727 판결.

받는다는 것이 원고가 위 결의의 무효확인을 구할 법률상 이익의 근거가 될 수 없고, 그 밖에 위 결의와 관련하여 원고의 구체적인 권리 또는 법률관계를 둘러싼 분쟁이 존재하지도 아니한다. 따라서 위 결의의 무효확인을 구하는 이 사건 소는 사법심사의 대상이 되지 않는다고 판시하였다.[29]

Ⅳ. 성경과 교회 재판

1. 성경에 나타난 분쟁

교회 분쟁은 현대교회에서만 발생하는 문제가 아니다. 성경은 구약시대, 신약시대를 막론하고 발생하였는데, 형제간에, 이스라엘 백성들과 지도자, 회중들 간에 분쟁이 계속되었다. 그리고 이러한 분쟁은 국가와 백성들에게, 자손들에게까지 악영향을 미쳤다. 초대교회 내에서도 분쟁이 발생했던 것을 알 수 있고(고전1:10－25), 선교사역 문제로 사도 바울과 바나바 사이에서도 갈등이 있었던 것처럼, 제자들 사이에서도 갈등이 있었음을 알 수 있다(행15:2). 예수님은 분쟁하는 국가, 집, 동네가 바로 설 수 없고(막3:24－25), 황폐하여 무너지고 말 것이라고 하였으며(눅11:27), 말세에는 가족 간에 분쟁이 있을 것이라고 하였다(눅12:53).

2. 재판의 원칙

> 신16:19「너는 재판을 굽게 하지 말며 사람을 외모로 보지 말며 또 뇌물을 받지 말라 뇌물은 지혜자의 눈을 어둡게 하고 의인의 말을 굽게 하느니라」

재판(裁判)은 히브리어 '미쉬파트'(מִשְׁפָּט), 헬라어 '크리테스'(κριτῆς)로, 소송 사건에 대해서 옳고 그름을 판단하는 것을 말한다. 성경은 재판의 두 가지 원칙을 제시하는데, 첫째는 정의로운 재판이어야 할 것과 둘째는 공정한 재판이어야 할 것을 요구한다. 칼빈은 '정의'는 무죄한 사람들을 지켜주며, 감싸주며, 보호하며, 변호하며, 자유케 하는 것이고, '공의'는 악인들의 무모함을 막고 그 폭행을 억압하며 그 비행을 징벌하는 것이라고 하였다.[30] 가난한 사람이라고 불쌍히 여기거나, 부와 권력을

29) 대법원 2015. 4. 23. 선고 2013다20311 판결.

가진 사람이라고 두둔하는 재판을 하지 말고, 공의로운 재판을 해야 하고(레19:15), 재판하는 때에 외모를 보지 말고 귀천을 차별 없이 듣고 사람의 낯을 두려워하지 말아야 한다(신1:17;16:19). 하지만 많은 재판관이 뇌물을 받거나 온갖 부정을 저지르며 재판을 굽게 하였는데, 파수꾼이 경고한 날에 이르러 심판을 받게 될 것이라고 경고하였다(미7:3－4). 뇌물(賂物)은 사람을 더럽게 하는 것이다. 사람의 마음을 굽게 만드는 것이다. 가룟 유다는 뇌물을 받고 죄가 없으신 예수 그리스도를 악한 자들에게 넘겼다(마26:15). 재판관이 뇌물을 받고 재판을 하면, 그 사회는 정의와 공의가 훼손되고 만다.

3. 재판관 제도

홍수 이후부터 족장 시대에는 집에서 가장인 아버지가 권위를 가지고 재판관이 되어 판단하였다. 노아는 직접 자신이 함에 대해 심판을 내리기도 하였다(창9:24－27). 모세는 장인 이드로의 제안에 따라 능력 있는 사람들을 세워 백성들의 송사에 대한 재판을 위임하였다(출18:25－26). 사사 시대에는 사사들이 재판을 담당하였으며(삿4:4－5), 왕정 시대에는 왕과 장로들이 백성들의 송사에 대해 재판하였다(삼하15:2－3). 특히 솔로몬 왕의 재판은 정의롭고 공정한 재판이었고, 이웃 나라 왕들조차 그 소문을 듣고 찾아왔다(왕상10:1－10). 신약시대에도 유대인들의 종교재판은 대제사장이 재판하였고, 산헤드린 공회에서도 일반적인 사건에 대한 재판을 하였으나(마26:59), 사형집행을 위한 재판권이나(요18:31), 중대한 사건은 빌라도나 베스도와 같은 유대에 파견된 총독이 재판관이 되어 재판하였다(요19:13,행25:6).

4. 재판관 자격

> 출 18:21-22「[21] 너는 또 온 백성 가운데서 능력 있는 사람들 곧 하나님을 두려워하며 진실하며 불의한 이익을 미워하는 자를 살펴서 백성 위에 세워 천부장과 백부장과 오십부장과 십부장을 삼아 [22] 그들이 때를 따라 백성을 재판하게 하라 큰 일은 모두 네게 가져갈 것이요 작은 일은 모두 그들이 스스로 재판할 것이니 그리하면 그들이 너와 함께 담당할 것인즉 일이 네게 쉬우리라」

---

30) 존 칼빈,「한영기독교강요」제4권, 기독성문출판사, 1993, 981면.

모세의 장인 이드로가 모세에게 말한 재판관의 자격은 먼저 하나님을 경외하는 자이다. 능력의 원천은 하나님께 있기 때문이다. 둘째, 정직한 자, 자기 자신에게 정직하고, 거짓을 멀리하는 사람이다. 셋째, 재물에 청렴한 사람이다. 불의한 재물을 탐하고 이익을 추구하는 자는 재판관의 자질이 없다.

5. 상소 제도

행25:10-12「[10] 바울이 이르되 내가 가이사의 재판 자리 앞에 섰으니 마땅히 거기서 심문을 받을 것이라 당신도 잘 아시는 바와 같이 내가 유대인들에게 불의를 행한 일이 없나이다 [11] 만일 내가 불의를 행하여 무슨 죽을 죄를 지었으면 죽기를 사양하지 아니할 것이나 만일 이 사람들이 나를 고발하는 것이 다 사실이 아니면 아무도 나를 그들에게 내줄 수 없나이다 내가 가이사께 상소하노라 한대 [12] 베스도가 배석자들과 상의하고 이르되 네가 가이사에게 상소하였으니 가이사에게 갈 것이라 하니라」

바울은 대제사장과 유대 장로들에 의해서 총독 베스도에게 고소를 당했는데, 유대인들은 베스도 앞에서 바울의 죄에 대해 증언하였으나 유죄를 입증하지 못했다. 총독 베스도는 유대인들이 바울을 제거하려고 한다는 유대인의 간계를 알면서도 예루살렘에 가서 재판을 받을 것인지 물었고(행25:18), 바울은 그들이 고발하는 내용이 유죄를 입증하지 못했음을 들어 가이사 황제에게 상소한다고 하였다. 이에 베스도는 바울의 상소대로 로마로 압송하기로 하였다. 로마 재판에서 상소하는 경우, 고소한 원고들이 피고의 유죄를 증명하지 못하면 원고들에게 내어 줄 수 없었으며(행25:11), 피고가 원고들 앞에서 고소 사건에 대하여 변명할 기회가 있기 전에는 내줄 수 없었다(행25:16).

6. 모세와 심급제도

출18:13「이튿날 모세가 백성을 재판하느라고 앉아 있고 백성은 아침부터 저녁까지 모세 곁에 서 있는지라」

모세는 장인 이드로의 제안을 옳게 여겨 백성들의 소송재판에서 심급제도를 만들었다(출18:25－26). 모세는 험난한 광야 노정에서 아침부터 저녁까지 종교적 문제, 민사, 형사 등 이스라엘 백성들의 송사(訟事)를 도맡아 하나님의 율례와 법도에 따른 신탁 재판을 하였다(출18:15－16). 율례(호크, חֹק)는 형률(刑律)에 관한 구체적인 법이고(민30:16, 수24:25), 법도(토라, תּוֹרָה)는 기록된 율법, 즉 포괄적인 개념의 법으로, 하나님의 법인 십계명, 모세오경, 히브리 성경을 말하고, 구전 율법인 전통, 관습, 의식에 이르는 전체적인 법률이라고 할 수 있다. 모세는 재판하기 전에 먼저 하나님께 묻고(기도하고), 하나님의 뜻에 합당한 판결을 하려고 하였으며(출18:19), 모두에게 충분한 변론 기회를 제공하며 공정한 재판을 하였다(출18:16).

모세의 장인 이드로는 비능률적인 재판을 하는 것을 보고, 모세와 백성 모두에게 합리적인 방법을 제안하였는데, 백성 중에서 능력 있는 사람을 뽑고, 십부장, 오십부장, 백부장, 천부장을 삼아 재판을 위임하여 그들로 하여 백성들의 송사를 재판하게 하되, 거기서 해결하지 못하거나 해결할 수 없는 분쟁에 대해서만 모세가 재판하도록 하였다(출18:19－22). 이드로의 제안은 군대조직과 같은 체계로(연대장, 중대장, 소대장, 분대장) 유사시 전쟁에 임하는 형태 조직체계였으며, 현대사법 체계인 제1심(지방법원), 제2심(고등법원), 제3심(대법원)과 같은 심급제도를 취하고 있다. 이스라엘 백성들은 재판을 받으려고 기다릴 필요가 없게 되었으며, 사소한 사건과 중대한 사건에 따라 언제든지 공정한 재판을 받을 수 있게 되었다.

7. 예수님의 재판

요18:31「빌라도가 이르되 너희가 그를 데려다가 너희 법대로 재판하라 유대인들이 이르되 우리에게는 사람을 죽이는 권한이 없나이다 하니」

예수님은 대제사장 가야바 앞에서 종교적 재판을 받았으나 로마 식민지였던 유대인 종교 및 공회에서는 죄인에 대해 사형선고 재판을 할 수 있는 권한이 없었다(요18:31). 예수님은 대제사장 가야바 집에서 심문을 받고, 빌라도 총독 앞으로 끌려가 재판을 받았다. 하지만 빌라도 총독의 고백처럼, 수많은 거짓 증인들의 증언이 있었지만(마27:13), 예수님은 율법이나 로마법에 위반되는 범죄를 짓지 않았다. 빌라도는 예수가 죄가 없음을 알았으나 민란이 일어날까 하여 예수께 사형을 선고하고, 십자가 처형을 하도록 내주어 인류 역사상 최대의 오판(誤判) 선고를 하였다(마27:24－26).

8. 바울과 재판

(1) 재판받은 바울

행25:10-12「[10] 바울이 이르되 내가 가이사의 재판 자리 앞에 섰으니 마땅히 거기서 심문을 받을 것이라 당신도 잘 아시는 바와 같이 내가 유대인들에게 불의를 행한 일이 없나이다 [11] 만일 내가 불의를 행하여 무슨 죽을 죄를 지었으면 죽기를 사양하지 아니할 것이나 만일 이 사람들이 나를 고발하는 것이 다 사실이 아니면 아무도 나를 그들에게 내줄 수 없나이다 내가 가이사께 상소하노라 한대 [12] 베스도가 배석자들과 상의하고 이르되 네가 가이사에게 상소하였으니 가이사에게 갈 것이라 하니라」

바울은 죽었던 예수가 다시 살아 있다고 주장한다는 죄목으로 고발을 당했고 구금되었다(행25:19). 그러나 가이사랴 총독 벨릭스와 그의 후임자인 베스도 앞에서 바울을 고발한 사람(원고)들이 범죄 혐의에 대해서 증거를 하나도 제시하지 못하였다(행25:7). 이에 베스도 총독은 바울에게 예루살렘에서 재판받을 것을 권했지만, 바울은 자신이 유대인의 율법이나 성전이나 가이사에게나 불법의 죄를 범한 적이 없다며, 가이사의 법정에 섰으니 당연히 여기서 재판을 받아야 한다고 주장했다(행25:10). 바울은 로마 황제 가이사에게서 재판을 받겠노라고 상소하였고, 가이사랴에 2년 동안이나 감옥에 갇혀 있다가 로마로 압송되었다.

(2) 바울의 권고

고전6:1-8「[1] 너희 중에 누가 다른 이와 더불어 다툼이 있는데 구태여 불의한 자들 앞에서 고발하고 성도 앞에서 하지 아니하느냐 [2] 성도가 세상을 판단할 것을 너희가 알지 못하느냐 세상도 너희에게 판단을 받겠거든 지극히 작은 일 판단하기를 감당하지 못하겠느냐 [3] 우리가 천사를 판단할 것을 너희가 알지 못하느냐 그러하거든 하물며 세상 일이랴 [4] 그런즉 너희가 세상 사건이 있을 때에 교회에서 경히 여김을 받는 자들을 세우느냐 [5] 내가 너희를 부끄럽게 하려 하여 이 말을 하노니 너희 가운데 그 형제간의 일을 판단할 만한 지혜 있는 자가 이같이 하나도 없느냐 [6] 형제가 형제와 더불어 고발할 뿐더러 믿지 아니하는 자들 앞에서 하느냐 [7] 너희가 피차 고발함으로 너희 가운데 이미 뚜렷한 허물이 있나니 차라리 불의를 당하는 것이 낫지 아니하며 차라리 속는 것이 낫지 아니하냐 [8] 너희는 불의를 행하고 속이는구나 그는 너희 형제로다」

바울은 교회 내에 발생한 분쟁으로 인해 국가 사법에 고소하는 것을 배격하였다. 하나님은 교회 앞에서 하지 않고, 국가 사법의 '불의한 자', '경히 여김을 받는 자', '믿지 아니하는 자'들 앞에서 하지 말라고 하였다. 세상을 판단하고, 천사들까지 판단할 권한을 가진 교회가 십자가와 하나님 나라의 비밀을 모르는 국가 재판관들에게 판단을 받는다는 것은 부끄러운 일이 아닐 수 없다. 바울이 국가 사법에 소송하는 것을 배격한 이유는 과격한 분쟁으로 인하여 복음이 멸시받게 되고, 믿음의 형제들끼리 다투면서 서로를 공격하고 손해를 입히기 때문이었다.[31] 하나님의 교회와 성도들은 형제들을 사법기관에 고소하고 불의를 행하여 하나님의 나라를 유업으로 받지 못하느니 자라리 불의를 당하고 속아서 손해당하는 것이 낫다.

9. 정의와 공정한 재판

(1) 공정한 심리

신19:15-20「[15] 사람의 모든 악에 관하여 또한 모든 죄에 관하여는 한 증인으로만 정할 것이 아니요 두 증인의 입으로나 또는 세 증인의 입으로 그 사건을 확정할 것이며 [16] 만일 위증하는 자가 있어 어떤 사람이 악을 행하였다고 말하면 [17] 그 논쟁하는 쌍방이 같이 하나님 앞에 나아가 그 당시의 제사장과 재판장 앞에 설 것이요 [18] 재판장은 자세히 조사하여 그 증인이 거짓 증거하여 그 형제를 거짓으로 모함한 것이 판명되면 [19] 그가 그의 형제에게 행하려고 꾀한 그대로 그에게 행하여 너희 중에서 악을 제하라 [20] 그리하면 그 남은 자들이 듣고 두려워하여 다시는 그런 악을 너희 중에서 행하지 아니하리라」

재판장은 공정한 심리를 하여야 한다. 공정한 심리를 위해서 재판장은 신고한 사람이 무죄한 자를 신고하지 않았는지, 재판에서 증인의 증언이 위증이 아닌지를 자세히 조사해야 한다(18절). 또한 재판장은 심리를 신중하고 엄격하게 하여야 한다. 오판하지 않기 위해서는 신중한 판단을 해야 하는데, 한 사람의 잘못된 증언이나 거짓 증언으로 인하여 이웃의 생명을 해할 가능성을 줄이기 위해 반드시 한 사람의 증인으로 판단하지 말고, 두 증인 또는 세 증인의 증언이 일치하는지를 보고 판단해야 할 것을 요구하고 있다(15절).

만약 심리 결과 증인이 거짓으로 증언하여 무고·위증한 것으로 판명되면, 재판장은 무고 또는 위증한 사람에 대해서 엄히 처벌하여 다른 사람들이 듣고 무서워하여 다시는 무고나 위증하지 못하도록 해야 한다. 하나님은 무고자나 위증자에 대해

---

31) 존 칼빈, 「영한기독교강요」 제4권, 기독성문출판사, 1993, 1005면.

합당한 처벌을 하도록 하여 단체나 조직사회를 보호하는 기능을 하도록 하였고, 사회 구성원들이 동일한 범죄행위를 하지 못하도록 예방 차원에서 엄히 처벌하도록 하였다.

(2) 정의로운 판결

신25:1「사람들 사이에 시비가 생겨 재판을 청하면 재판장은 그들을 재판하여 의인은 의롭다 하고 악인은 정죄할 것이며」

사람들 사이에 분쟁이 발생하여 법정에서 재판을 받게 된다면 재판장은 정의로운 재판을 해야 한다. 정의로운 재판이란 '의인'은 의롭다 하고 '악인'은 정죄하는 것이다. 즉 죄가 있는 사람에게는 유죄를 선고해야 하고, 죄가 없는 사람은 무죄를 선고해야 한다. 현명한 재판장은 무죄한 사람과 유죄한 사람을 구별하여 무고한 한 사람이 죄를 뒤집어쓰는 일이 없도록 판결하는 사람이다. 하나님은 법정 소송에서 무고한 사람이 억울한 판결을 받는 일에 대해서 엄히 경고하고 있다(애3:36).

(3) 공정한 판결

딤전5:21「하나님과 그리스도 예수와 택하심을 받은 천사들 앞에서 내가 엄히 명하노니 너는 편견이 없이 이것들을 지켜 아무 일도 불공평하게 하지 말며」

재판장은 자세히 조사하고 심리하여 최종적으로 공정한 판결을 내려야 한다. 죄의 경중에 따라 적당한 형벌을 선고하고, 하나님이 허락하신 양심과 재판장으로서의 양심[32]에 따라서 판결해야 한다. 정치적 고려, 이해득실, 반대자 제거를 위한 재판이나 합리적인 절차를 무시한 감정적이고 편견에 의한 불공정한 판결은 재판관의 바른 자세라고 할 수 없다. 재판관은 하나님과 예수 그리스도, 택함을 받은 천사들 앞에서 공정한 판결을 선고해야 한다.

10. 무전유죄 유전무죄의 재판

출23:6-8「[6] 너는 가난한 자의 송사라고 정의를 굽게 하지 말며 [7] 거짓 일을 멀

---

32) 헌법 제103조는 "법관은 헌법과 법률에 의하여 그 양심에 따라 독립하여 심판한다."고 규정하고 있다. 하지만 우리나라와 일본만 '법관의 양심 조항'을 헌법과 법률에 규정하고 있다. 독일의 경우, 기본법 제97조 제1항에 '법관은 독립하여 법률에만 구속된다.'라고 규정하고 있다.

리 하며 무죄한 자와 의로운 자를 죽이지 말라 나는 악인을 의롭다 하지 아니하겠노라 [8] 너는 뇌물을 받지 말라 뇌물은 밝은 자의 눈을 어둡게 하고 의로운 자의 말을 굽게 하느니라」

무전유죄, 유전무죄란 말은 돈이 있을 때는 무죄로 풀려나지만, 돈이 없는 때는 유죄로 처벌받는 것을 말한다. 뇌물(賂物)은 밝은 자의 눈을 어둡게 하고 의로운 자의 말을 굽게 한다고 하였다(출23:8). 하나님은 돈을 받고 판결을 굽게 하는 재판관을 미워하신다(애3:35). 과부가 억울한 원한을 풀기 위하여 찾아갔던 재판관은 돈을 받고 판결을 굽게 하는 불의한 재판관이었다(눅18:1－5). 법률소비자연대 조사에 따르면 국민의 80%가량이 유전무죄, 무전유죄에 동의한다고 하였다. 우리나라 국민은 사법부에 대해 불신하고 있다는 것을 의미한다.

11. 의로우신 재판장이신 하나님

약4:12「입법자와 재판관은 오직 한 분이시니 능히 구원하기도 하시며 멸하기도 하시느니라 너는 누구이기에 이웃을 판단하느냐」

"입법자와 재판관은 오직 한 분이시니" 하나님은 모든 법을 만드신 입법자이시고, 모든 죄에 대해 정의와 공의로 재판하시는 의로운 재판장('쇼페트', שׁפט)이 되신다(사33:22, 딤후4:8). 재판장은 또한 하나님은 모든 인류에 대해 공의로 선악 간에 자신이 행한 것을 따라 최종적으로 재판하시고, 상벌을 부과하신다(고후5:10). 세상에 존재하는 모든 재판 권한은 하나님이 주신 것이기 때문에 재판관은 의롭고 공정하게 재판할 책임이 있으며, 만약 위법하고 불공정한 재판관에게는 하나님의 심판이 있을 것이다.

V. 교회 재판의 한계와 제언

1. 교회 재판의 한계

(1) 권한의 집중

1) 당회장의 권한

의원내각제 통치구조하에서는 집권 정당에게 권력이 집중되고, 대통령제 통치구조하에서는 대통령에게 절대적인 권한이 주어져 있다. 교회는 신본주의 원리와 동시에 민주주의 원리를 내포하고 있다. 교회 안에서 작동하고 있는 민주주의 원리는 당회, 제직회, 공동의회와 같은 기관을 통해서 교회의 중요 의사결정을 하고, 교회의 임직자를 교인들의 선거를 통하여 선출하는 것을 말한다. 반면 교회에서 작동하고 있는 신본주의 원리는 당회장이 절대적인 권한을 가지고, 교회의 중요한 결정을 함에 있어서 최종적인 결정권자가 된다는 것이다. 교회는 목사인 당회장에게 모든 권한이 집중되는 구조이고, 교회 재판에 있어서 당회장이 미치는 영향과 권한은 절대적이다.

2) 총대의 권한

국가의 모든 정책 결정은 전체 국민이 모여서 대화와 토론을 거쳐서 결정할 수는 없다. 전체 국민이 국가의 정책을 결정해야 한다는 것은 불가능하다. 따라서 국민이 선출한 대표로 하여 국민의 의사를 대변하여 국가의 정책을 결정하게 하는 간접 민주주의 원리인 대의민주주의 방식을 채택하고 있다.

교회의 연합체인 노회나 총회도 모든 의사결정을 전체 교회들이 모여서 결정한다는 것은 쉬운 일이 아니다. 또한 중요하고 시급을 다투거나 긴급을 요하는 의사결정을 함에 있어서 직접민주주의 방식은 오히려 제약이 될 수 있다. 그래서 노회나 총회에서도 대의민주주의 방식을 채택하고 있는데 그 대표적인 것이 총대 제도이다. 그런데 문제는 노회나 총회에서 총대들이 차지하는 역할이나 비중이 큰 것은 말할 것이 없고, 교회 재판에 미치는 총대들의 영향이 절대적이라는 것이다.

총대 제도는 항상 교회 다수의 의사를 충분히 반영하는 결정을 하는 것은 아니다. 교회 다수의 의사에 반하는 결정을 내리기도 하는데, 그 대표적인 결정이 대한예수교장로회 제104회 통합총회에서 결정한 서울 M교회 위임목사 청빙 결정이라고 할 수 있다. 분명 교단 헌법에 세습할 수 없다고 명시되어 있고, 대다수 교단 소속 교회들의 반대 의사는 물론이거니와 총회재판국도 세습에 반대하는 결정을 내렸음에도, 총회 총대들은 헌법을 임의적으로 해석하여 총회재판국 판결을 뒤집는 결정을 내린 것이다.

(2) 인권의 경시

교단의 헌법이나 교회의 모든 결정은 성경보다 우위가 될 수 없다. 그럼에도 때로는 교회정치적 판단이나 교회 재판이 성경보다 우위에 설 때가 있다. 중세 시민혁명을 거치면서 인권 존중 사상은 사회법의 근간이 되었고, 현대 민주주의 국가에서 국민의 기본권을 보장하는 가장 중요한 헌법의 원리가 되고 있다. 그러나 교회에서는 아직도 교회 공동체나 대의를 위해서라는 명분으로, 일개 개인의 명예와 인권을 경시하는 경향이 강하다. 특히 노회나 총회에서 개인의 명예와 인권을 경시하거나 무시하고 정치적 결정을 하는 경향이 강하다. 가톨릭 영향을 받은 성(聖) 노회, 성(聖) 총회라는 이름을 빌려 노회의 권위, 총회의 권위라는 무소불위의 힘을 발휘하려고 한다.

성경은 구원받은 하나님의 백성으로서 각 개인의 가치를 천하보다 귀중히 여긴다(마16:26). 현대는 국가가 반드시 보장해야 하는 원리로 인권을 더욱 중요시하고 있는 것처럼, 교회에서 교인의 인권도 그 무엇과도 바꿀 수 없는 소중한 가치라고 할 수 있다. 따라서 인권의 최후 보루가 되어야 하는 교회에서마저 인권이 경시되어서는 안 된다. 교인 개인의 인권을 존중하는 교회, 소수 교회의 소리에 귀를 기울이는 교회와 노회 및 총회가 되어야 한다.

(3) 보수적 경향

교회는 교리적 특성상 보수적인 성격이 강하다. 특히 한국교회는 유교적이고 가부장적인 전통문화의 영향과 초기 선교사들의 영향을 받아 서방교회보다 더 보수적이며, 밖으로 드러내지 않는 폐쇄적인 형태를 띠고 있다. 교회 의사결정을 하는 때에도 공론화 과정이 없이 소수 몇 사람에 의해 일방적으로 결정되거나 은밀한 중에 결정하는 경우가 많다. 또한 교회 치리회 구성원이 대부분 보수적인 성향을 띠는 중년의 사람들로 구성되고, 교회 재판에서 교회나 공동체의 이익이나 명예를 우선·중요시하여 교회에서 발생하는 사건을 축소하거나 범죄자에 대한 솜방망이식 처벌을 하는 부당한 권징이 시행되기도 한다. 복음이 모든 사람에게 열려야 하듯이 교회는 모든 사람에게 개방적이어야 하고, 교회운영과 재정은 투명해야 하고, 교회의 모든 의사는 토론이라는 공론화 과정을 거쳐야 하며, 그 최종적인 결정은 민주주의적 방식이어야 한다.

(4) 남성 중심

교회에서 교인의 성별 분포나 차지하는 비중은 여성이 남성보다 월등히 많지만,

교회 치리회의 구성이나 교회 대부분의 의사결정이 남성 중심적이고 여성의 참여가 제한적이다. 교회의 담임목사가 남성 위주이고, 교회정치가 목사와 장로들로 구성된 당회, 노회, 총회를 중심으로 운영되다 보니 여성이 참여할 수 있는 길이 많이 제한되어 있다.

현대 국가는 여성의 참여가 확대되고 있고, 사회 곳곳에서 실질적으로 여성의 참여가 활발해지고 있다는 것은 주지의 사실이다. 정부에서도 고위직에 여성의 의무할당제를 도입하여 일정 수준까지 여성을 참여시키고 있고, 정당 정치에 있어서도 지역구나 비례대표에 일정 수의 여성을 할당하여 기회를 주고 있다. 마찬가지로 교회 재판이나 교회 운영에 있어서 여성의 참여가 확대되어야 한다. 그리고 교회 의사결정에 여성의 의견을 반영할 수 있는 창구가 마련될 수 있는 정책적 방안과 연구가 선행되어야 한다. 예를 들어 교단 헌법이 개정되기 이전이라도 당회원들의 의논을 통해 일정 수의 권사들을 참여토록 하여 의견을 제시하고, 교회 운영에 참고하는 방안도 고려해 볼 수 있다.

2. 제언

(1) 교회를 향한 제언

1) 교회 내에서 해결하라.

하나님은 형제를 국가 법정에 고발하는 것을 금하셨다(고전6:6–8). 국가 사법에서의 소송으로 인한 다툼의 결과는 교회와 당사자들에게 큰 상처를 남긴다. 교회의 분열과 교회 구성원들 간의 증오와 미움만 남을 뿐이다. 무엇보다 주님의 몸 된 교회와 하나님의 영광을 가리는 일이 되고, 각 개인에게 부끄러운 일이 될 뿐이다. 교회의 이미지는 극도로 악화되고, 교회는 양적·질적으로 성장하지 못하며, 소송 당사자들인 교회와 목사들은 세상 재판관들의 비난과 조롱의 대상이 되고 만다. 교회의 문제를 국가 사법으로 가져가는 길은 하나님이 원하시지 않는 방법이다. 그러므로 교회 내의 갈등이나 분쟁은 교회 내의 당회, 노회, 총회에서 해결해야 한다.

2) 세상의 심판을 받지 말라.

하나님이 세상 끝에 세상을 심판하실 때, 성도들은 세상에 대한 최종적인 심판장에서 배심원이 될 것이다. 성도는 비록 세상 속에 살고 있지만, 세상과 함께 하나님의 심판을 받을 대상이 아니라, 도리어 하나님과 더불어 이 세상을 심판하는 심판자가 될 존재들이다. 성경은 교회는 세상을 심판하는 권한을 가지고 있으며, 세상으로부터 심판을 받지 아니한다고 하였다(고전6:2-3). 법원은 헌법에서 보장하는 종교의 자유(宗敎의 自由) 원칙에 따라서 교회의 자율권(自律權)을 보장하여 가능한 교회 문제에 개입하려고 하지 않고 있다. 그럼에도 불구하고 교회와 목사들은 계속해서 교회 문제를 스스로 해결하려고 하지 않고, 국가법과 국가 사법에 호소하고 있는 것이다.

반면 칼빈은 권세자와 국가 법정에 소송하는 것은 정당하고, 경건에 위반되지 않는다고 하였다. 관원들은 우리를 위하여 하나님이 임명하셨으며, 권세자는 우리의 유익을 위한 하나님의 사자이고(롬13:4), 권세자의 도움을 받아 악인들의 악행과 불의의 희생이 되지 않고, 고요하고 평온한 생활을 할 수 있게 하셨기 때문이다(딤전2:2). 다만 가혹한 증오심과 해하려는 생각이나 복수를 위하여 법에 호소해서는 안된다고 하였다. 피고는 원한을 품지 않고 자신을 변호하고, 자기의 당연한 권리에 속하는 것을 주장하며, 원고는 법관의 보호를 청하며 고소 이유를 말하고 공정하고 선한 판결을 구하기 위해서여야 한다.[33]

3) 세상에 존재하는 최고의 법은 성경이다.

성경(聖經)은 하나님이 제정하신 최고의 법(法)이다(약4:12). 국가의 법이나 관습이나 전통은 문제를 해결하는 근본적인 법이 되지 못한다. 결코 교회 문제를 해결하는 기준이 되지 못하는 것이다. 특히 성경에 기초하여 제정된 교회법에 따른 제도인 담임목사의 지위, 교인의 자격, 직원의 신분, 신앙과 교리 문제는 국가의 법이나 관습법의 판단에 따라 좌우될 수 없는 것이다. 국가 사법에서도 목사의 자격, 직원의 신분, 종교적인 교리와 같은 교회 내부적인 문제는 사법심사의 대상이 되지 아니한다며 개입하지 않는다. 성경은 교회 문제와 분쟁을 해결하는 최고의 법이다. 그리고 교단 헌법, 노회규칙, 교회정관 등 모든 교회법은 성경에서 기초해야 한다.

4) 교회의 자치 규범을 제정하라.

교회는 종교의 자유 및 결사의 자유를 향유하기 위한 자치권을 확보하고, 교회 분쟁의 소송사건과 관련하여 사법심사의 한계와 기준을 위해 교회의 자치 규범(노회,

33) 존 칼빈, 「영한기독교강요」 제4권, 기독성문출판사, 1993, 998~999면.

교단 등에서는 노회규칙, 교단 헌법)을 구체적이고 명확하게 제정해야 한다.

5) 최종적인 결정은 하나님이 하신다.

사33:22「대저 여호와는 우리 재판장이시요 여호와는 우리에게 율법을 세우신 이요 여호와는 우리의 왕이시니 그가 우리를 구원하실 것임이라」

하나님은 최종적인 결정을 하시는 재판장이 되신다. 그러나 국가 사법은 불완전한 인간이 주재하기 때문에 제3심을 거친 법원의 판결이라거나 헌법재판소의 결정이라 하더라도 결코 온전하고 완전한 판결이 될 수 없다. 교회의 갈등과 분쟁에 관한 판단 권한은 오직 재판장이신 하나님이시며, 성경과 교회법에 따른 공교회의 판단에 의해서만 이루어져야 한다. 교회 재판은 주권자이신 하나님 외에 그 어떤 국가 사법 또는 재판관들은 교회를 재판할 수 없다.

(2) 국가 내에 존재하는 교회의 태도

1) 하나님이 허락하신 국가법

모든 국민은 국가법의 지배를 받는다. 법에 적용을 받는 대상은 국민 모두이다. 대통령이든 국회의원이든 법관이든 권력자이든 모두 법의 적용을 받고, 국가기관, 종교단체, 구분 없이 사회를 구성하는 모든 자연인, 법인, 단체는 국가법의 적용을 받는다. 하나님은 인간의 양심의 법과 자연의 법과 질서, 사회의 전통문화와 관습뿐만 아니라, 국가 고유의 법과 제도들을 허락하시고 인정하신다. 하나님이 국가법을 허락하시고 인정하셨기 때문에 교회와 교인은 국가법에 순종해야 한다. 대부분 국가의 법률은 인간사회의 질서유지와 공익을 증진하려는 목적으로 제정되어 있어 이웃을 사랑하라고 하신 하나님의 명령, 인간을 사랑하는 하나님의 의로운 행위에 부합하고 있기 때문이다.

2) 세상의 권세에 복종

롬13:1-4「[1] 각 사람은 위에 있는 권세들에게 복종하라 권세는 하나님으로부터 나지 않음이 없나니 모든 권세는 다 하나님께서 정하신 바라 [2] 그러므로 권세를 거스르는 자는 하나님의 명을 거스름이니 거스르는 자들은 심판을 자취하리라 [3] 다스리는 자들은 선한 일에 대하여 두려움이 되지 않고 악한 일에 대하여 되나니 네가 권세

> 를 두려워하지 아니하려느냐 선을 행하라 그리하면 그에게 칭찬을 받으리라 [4] 그는 하나님의 사역자가 되어 네게 선을 베푸는 자니라 그러나 네가 악을 행하거든 두려워하라 그가 공연히 칼을 가지지 아니하였으니 곧 하나님의 사역자가 되어 악을 행하는 자에게 진노하심을 따라 보응하는 자니라」

하나님은 세상 권세들에 복종하라 하셨다. 세상의 권세는 하나님의 위임과 권위를 받았으며, 권세자는 하나님의 대표자, 즉 대리자로서 행동하는 것이기 때문에 세상 권세에 순종하지 않는 것은 하나님의 명령을 거스리는 것이 된다.[34] 세상의 권세는 하나님의 섭리와 거룩한 명령에서 유래하였고, 권세자들은 악을 행하는 자에게 하나님을 대신하여 형벌을 집행하는 것이다. 하나님은 세상을 통치하실 때, 사람 양심의 법, 자연의 법, 국가의 법, 세상 권세를 통해서 통치하신다. 로마서 13장 1절 '권세'는 헬라어 '엑수시아'(ἐξουσία)로 모든 권세는 하나님이 창조하신 세상을 유지·관리하고 통치하시기 위해 하나님으로부터 나온 것이다. '복종'은 헬라어 '휘포탓소'(ὑποτάσσω)로 일반적인 순종보다 더 강하고 범위가 포괄적인 순종을 뜻한다. 교회와 그리스도인은 하나님의 뜻을 위배하거나 악을 조장하거나 도모하는 일이 아니라면, 국가위정자, 국가기관, 국가재판에 복종해야 한다.

3) 양심에 따른 복종

> 롬13:5「그러므로 복종하지 아니할 수 없으니 진노 때문에 할 것이 아니라 양심을 따라 할 것이라」

교회는 세상 속에 존재하고 있으며, 그리스도인은 불신자와 함께 세상 속에서(within the world) 살아가는 존재이다. 그렇다고 교회나 그리스도인이 세상에 속한(of the world) 것은 아니다. 세상 속에 존재하고, 세상에서 불신자들과 함께 살아가는 교회와 그리스도인은 하나님의 법인 성경과 국가의 법률까지 지켜야 한다. 그리스도인은 하나님의 법을 세상에서 실현해야 할 의무가 주어진 사람들이다. 그리스도인은 하나님 나라의 시민권을 가지고 있지만, 이 땅에서는 한 국가의 시민권자이다. 따라서 그리스도인은 국가법이나 권세에 의해 형벌을 받을까 염려해서 복종하는 것이 아니라, 양심에 따라 자발적으로 복종해야 한다.

---

34) 존 칼빈, 「영한기독교강요」 제4권, 기독성문출판사, 1993, 965면.

제8장

종교 과세

제8장

종교 과세

제1절 ‖ 종교단체 과세

Ⅰ. 세금

1. 세금의 개념

대한민국 헌법 제38조 '모든 국민은 법률이 정하는 바에 의하여 납세의 의무를 진다.'라고 하였고(국민 개세주의), 헌법 제59조는 '조세의 종목과 세율은 법률로 정한다.'라며, 조세법률주의 원칙을 선언하고 있다. 그러나 세금은 헌법 규정 이전에 본원적으로 당연히 시인되어야 할 조리(條理)로서 이에 관한 헌법 규정은 창설적인 것이 아니고, 확인적·선언적인 것으로 이해해야 한다. 조세법률주의는 행정부의 과세권 남용으로부터 국민의 재산권을 보호하기 위한 원칙이며, 법치주의하에서 국민의 법적 안정성과 예측 가능성을 보장하는 측면이 강조된다.[1] 조세법률주의는 전제군주의 자의적 과세로부터 시민의 재산권을 보호하려는 원칙에서 발달되어 왔으며, '대표 없이 조세 없다.'(No Taxation Without Representation)는 말로 표현되고 있다.[2]

1) 정정운, 「세법학Ⅰ」, 상경사, 2017, 45면.
2) 최명근, 「세법학 총론」, 세경사, 2000, 77~78면.

대한민국 국민은 납세, 국방, 교육, 근로의 의무가 있는데, 세금(稅金)은 헌법에 명시된 납세의 의무에 속한다. 국가는 세금을 부과하는 과세권을 가지며 모든 자연인인 사람과 법인, 단체 등은 세금을 낸다. 세금을 내지 않는 국민은 아무도 없다. 세금은 취득, 보유, 임대, 양도, 무상 이전할 때에도 세금을 낸다. 세금은 살아 있는 사람만 내는 것이 아니라, 사망한 사람을 위해서도 내는데, 장례하면서 화장(火葬)하고 시립묘지 공원에 안장할 때 비용, 묘지 관리비 명목으로 시에 내는 관리비에도 세금이 붙기 때문이다.

세금은 국가와 지방자치단체의 재정을 위한 재원으로, 국가의 운영에 필요한 비용을 공동으로 부담하고, 국민의 복리를 증진하며 사회정의를 실현하기 위하여 국민에게 거둬들이는 재원이다. 사람들은 세금에 대해 거부감이 많지만, 세금은 적으로부터 보호해주는 국방, 강도들로부터 재산과 생명을 지켜주는 경찰, 공원과 같은 공공시설을 조성하여 쾌적한 생활을 향유할 수 있는 환경, 자동차를 타고 여행을 다닐 수 있는 교통, 질병으로 병원에서 의사의 치료를 받고 약을 처방받는 등의 의료 등 모든 혜택이 세금납부로 인해 이루어지는 것이다.

2. 세금의 역사

국가가 존재하는 모든 시대에 세금은 존재했다. 초기 사회는 사람들이 정착하여 농경 생활을 하기 시작하고, 씨족사회, 도시공동체, 국가의 단계를 거치며 발전해왔다. 세금은 씨족사회가 연합하여 도시공동체를 이루고, 도시공동체들이 연합하여 국가의 기틀을 마련하면서부터 생겨났다는 것이 일반적인 견해이다. 적의 침입으로부터 공동체를 보호하고 안정적인 삶을 영위하고, 국가를 조직하고 운영하기 위해 처음에는 자발적인 모금 형태로 이루어졌으나 나중에 강제적인 세금형식을 취하게 되었다.

세금의 어원을 보면 세금(稅金)의 '세'(稅)는 곡식을 나타내는 벼 '화'(禾: 곡식)와 바꿀 '태'(兌)가 합쳐진 단어이다. 사람들이 수확한 곡식 중에서 국가에 바치는 것이 세금이었던 셈이다. 세금의 어원에서 볼 수 있듯이 고대 화폐가 유통되지 않았던 시대에는 유목 생활을 하던 시대에는 가축을 세금으로 냈고, 차츰 정착 생활을 하면서 농경사회의 발달로 농산물인 곡물 등으로 세금으로 냈다. 그리고 사회의 변화와 납세자의 형편, 국가의 필요에 따라서 지역특산물, 노역, 징병 등으로 세금을 대신하기도 하였으나 화폐제도(貨幣制度)가 발달하면서 화폐를 세금으로 내게 되었다.

(1) 고대의 세금

기록에 의하면 세금 징수는 기원적 4,000년 메소포타미아에서 시작된 것으로 알려져 있다. 고대 사람들은 부족의 족장에게 예의(禮儀) 차원에서 공물을 바쳤고, 신(神)에 대한 제의를 담당했던 사제에게도 공물을 바쳤으며, 국가의 기틀이 갖추어지면서 군주에게 공물 또는 노역의 형태로 세금을 내게 되었다. 고대 이집트 고분벽화에 세금징수원을 묘사한 그림이 그려져 있고, 상형문자인 로제타석(Rosetta Stone)에도 세금에 관한 기록이 있다. 그리스인들이 이집트를 지배하면서 무거운 세금을 부과하자 이에 반발한 군대의 반란으로, 궁지에 몰린 왕이 밀린 세금을 면제해 주겠다고 약속한 내용을 증표로 남겼는데, 그것이 로제타석이다. 중국 명나라는 인구 파악이 어려워 지역에 액수를 할당하는 원액주의 과세하였는데, 관리들이 뇌물을 받고 부유층의 세금을 감면해 주었고, 농민들의 부담은 증가하여 도망가거나 굶어 죽는 경우도 발생하였고, 결국 세금 문제 때문에 반란으로 이어져 명나라가 망하게 되었다.

(2) 세금과 미국독립

영국에서는 존(John)왕이 전쟁에서 자금조달을 위해 기사들에게 방패세(防牌稅)를 물렸다가 귀족들과의 다툼에서 패배하고, '왕을 포함해 누구도 법 위에 설 수 없다.'라는 기본 원칙을 규정하고, 왕이 앞으로는 귀족의 동의를 받아 세금을 거두겠다는 왕의 세금 징수 권한을 제한하는 서명을 하였는데, 이것이 근대헌법의 기초가 된 마그나 카르타(Magna Carta)[3]이다.

미국은 영국과의 과도한 세금부과에 대한 저항으로 시작되었던 싸움이 독립에까지 이르게 되었다. 미국 개척 초기 인디언 영토를 둘러싸고 벌어진 영국과 프랑스 간의 전쟁인 '프렌치 인디언 전쟁'(French and Indian War)에서 식민지 사람들의 도움으로 승리한 영국은 늘어난 부채 때문에 식민지에 새로운 세금을 부과하기 위하여 1767년 타운센트법을 제정하였다. 타운센트법(Towncent law)은 식민지에서 생산되지 않는 물품은 모두 영국에서 구입해야 하고, 영국군 주둔 비용을 식민지인들이 부

3) 마그나 카르타(Magna Carta)는 대헌장으로도 칭하고, 1215년 6월 15일 영국 귀족들이 국왕 존의 잘못된 정치에 분노하여, 왕의 권한을 제한하고 국민의 자유와 권리를 보장하기 위해 잉글랜드의 존(John)왕에게 강요하여 받은 63개 조항의 법률 문서를 말한다.

담해야 했으며, 식민지 차, 종이류, 도료 등에 관세를 부과하도록 하는 내용이었다. 1770년 보스턴에서 영국군에 의해 식민지 시민 5명이 사망하였고, 1773년에는 보스턴 차 사건(Boston Tea Party)이 발생하였는데, 보스턴 항에 정박 중이던 동인도회사의 배에 실려 있던 300개의 차 상자를 바다에 내던져버린 사건이었다. 이를 계기로 식민지 주민들은 자치정부를 수립하고 영국과의 독립전쟁을 시작하게 되었으며, 마침내 1776년 7월 4일 독립을 선언하게 되었다.

(3) 우리나라 세금

우리나라의 세금 제도는 조(租), 용(庸), 조(調)가 핵심이다. 삼국 시대 때 만들어진 이 제도는 고려 시대를 거쳐 조선 시대에 이르기까지 계속 이어졌다. 농지에 부과한 조(租)는 쌀로 징수했고, 호적에 등재된 16－60세의 남자에게 매긴 용(庸)은 노동력으로 거둬갔으며, 조(調)는 가구마다 부과해 영광 굴비, 개성 인삼, 강화 화문석 같은 특산물로 세금을 내도록 했다. 조선 시대 후기까지 농지에서 대부분 소득이 발생했기 때문에 농지와 관련된 지금의 소득세와 비슷한 조(租)가 주류였지만, 상업의 활발한 발달로 인한 세금이 증가하였고, 근대에 접어들면서 공장 등 산업화의 영향으로 세금구조가 변화되기 시작하였다.

3. 세금의 원칙

대한민국 헌법은 '조세의 종목과 세율은 법률로 정한다.'(헌법 제59조). 국가세금의 원칙은 세법(稅法)과 세금(稅金)의 적법성(適法性)과 합법성(合法性) 또한 형평성(衡平性)과 공평성(公平性)에 있다. 조세법률주의[4]는 세금(稅金)이 국민의 의사와 무관한 강제적인 의무이므로, 세금의 종목과 세율 등 과세요건과 납세 절차는 법률에 정해져야 하고, 합리적·절차적 기준에 의하여 부과해야 한다.[5] 그리고 세금은 법률의 엄격한 지배를 받아야 하는 조세 행정의 합법성·적법성을 요구한다. 또한 세금은 조세에 관한 세법의 규정이 명확하고 상세해야 하며,[6] 형평성에 따라 공평하게 분배되어야 한다.[7] 소득이 많은 만큼 세금도 많이 내야 하는 것을 수직적 공평이라고

4) '조세법률주의'는 조세는 종목과 세율은 의회가 정한 법률에 의하여서만 부과 징수할 수 있다(헌법 제59조).

5) 정정운, 앞의 책, 45면.

6) 정정운, 앞의 책, 50~53면.

7) '조세공평주의'는 모든 국민은 조세와 관련하여 평등하게 취급되어야 하며, 조세부담은 국민의 조

하고, 소득이 같다면 같은 세금을 내야 하는 것을 수평적 공평이라고 한다. 공평과세는 소득의 재분배 효과 측면에서 중요하다.

많은 사람이 세금에 대한 거부감을 가지고 있는데, 이를 조세저항(租稅抵抗)이라고 한다.[8] 만약 세금이 법률규정이나 법률의 절차가 합리적이지도, 공평하지도 않는다면 조세저항에 부딪히게 된다. 조세저항은 세금을 납부함에 있어 반대급부가 존재하지 않는다는 사실, 즉 세금을 많이 내도 나에게 주어지는 혜택이 없다는 세금에 대한 무보상성(無報償性) 때문에 일어난다. 또한 조세평등주의 원칙에 따라 세금은 세금부과에서만 아니라, 세금은 배분에 있어서도 모든 사람에게 공평하게 배분되도록 하는 등 국민은 세법의 해석·적용에 있어서 평등한 대우를 받아야 한다.[9]

4. 세금의 강제성

세금은 기부금과 같은 자발적인 성격을 갖는 것이 아니라, 강제적인 성격의 강제성(强制性), 가산세와 같은 징벌성(懲罰性)을 갖는다. 세금을 내지 않거나 편법으로 탈세하는 경우, 그에 따른 국가로부터 불이익을 감수해야만 한다. 세금은 납세자가 납부할 세금을 신고하고 납부해야 한다. 신고 납부할 세금을 신고하지 않을 경우, 신고불성실 가산세가 추가되며, 신고는 했으나 납부를 기한 내에 미납할 때 납부 불성실 가산세가 매일 추가된다. 만약 계속해서 납부하지 않은 때에는 가산세에 가산금이 추가 징수되는데, 가산금은 세금을 납부하지 않아서 미납한 세금의 연체 이자의 성격을 띠며, 가산세는 징벌적인 성격을 띤다.

국세청에서는 국세기본법(國稅基本法)에 의거하여 체납 기간 1년 이상, 체납 규모 5억 이상인 경우, 개인이든 법인이든 명단을 공개하고 있고(국세기본법 제85조의5 제5항), 국세청 징수팀은 반드시 강제적으로 재산을 압류하여 세금을 징수하고, 상속 시점에 상속되는 재산에 대해서 누적 세금을 포함하여 징수한다.

5. 세금과 과세표준

동일한 물건에 대해서 그 물건의 가격은 실거래가, 기준시가, 공시지가, 시가표준

세부담 능력에 따라서 공평하게 배분되어야 한다.

8) 가진 자에게 세금을 더 많이 걷고 가진 것이 적은 자에게는 세금을 덜 걷는 차등적 조세 감면 제도인 누진세율의 경우 부자들의 조세저항이 심해진다(종부세).

9) 정정운, 앞의 책, 57면.

액, 감정가 등 여러 종류로 구분한다. 세금은 과세표준액에 따라 세금이 매겨지게 된다. 실거래가는 부동산 거래 시 실제로 매매한 가격을 말하고, 이 실거래가에 따라 매도인은 양도세, 매수인은 취득세가 과세된다. 부동산 거래 시 계약체결일 기준으로 30일 이내에 신고해야 할 의무가 있다. 기준시가는 국세청이 토지, 주택, 건물 등 부동산에 대해서 소득세, 상속세, 증여세 등 국세를 부과하기 위해 평가한 가액을 말한다. 보통 기준시가는 실거래가의 80% 선에서 형성된다. 공시지가는 토지에 과세하기 위해 대표성 있는 토지를 선정·조사하고 감정평가사들이 토지 가격을 산정하여 공시한 가액을 말한다. 시가표준액은 취득세, 재산세, 면허세 등 지방세 과세표준을 정하기 위해 부동산을 평가한 가액이다. 보통 과세표준은 취득 당시 취득자가 신고한 가액으로 하는데, 신고가액 표시가 없거나(무상취득) 신고가액이 시가표준액보다 낮으면 시가표준액으로 한다(지방세법 제10조 제2항). 감정가는 주변시세에 따른 물건의 가격을 말한다. 감정가는 금융기관에서 융자를 위해 평가하거나 감정평가사가 부동산의 가치를 평가한 가액으로 은행으로부터 부동산 담보대출에 있어서 중요한 기준이 되고, 경매나 공매, 국가 개별사업 수용기준이 된다.

6. 세금의 종류

(1) 직접세와 간접세

세금은 국가의 조세정책 및 목적에 따라서 납세의무자와 담세자[10)]가 같은 경우에 직접세, 납세의무자와 담세자가 다른 경우에 간접세로 구분된다. 직접세(直接稅)는 소득과 수입을 바탕으로 국가가 납세의무자에게 직접 징수하는 세금으로 개인의 소득에 대한 세금, 즉 직장인들의 월급에 대한 소득세가 직접세이다. 종교단체로부터 생활비를 지급받는 종교인들이 납부하는 종교인 과세가 소득세이다. 간접세(間接稅)는 소비와 지출을 바탕으로 징수되는 세금이며, 보통 물건을 구입할 때 포함되는 부가가치세,[11)] 석유 가격에 붙는 유류세가 간접세에 해당한다.

---

10) '담세자'란 세금을 종국적으로 납부하는 사람을 말하는데, 납세의무자와 담세자가 일치할 수도 있고 다를 수도 있다. 예를 들어 A는 B가 운영하는 슈퍼마켓에서 2,000원하는 콜라를 샀다면 B는 세무서에 부가세 200원을 납부해야 한다. 여기서 슈퍼마켓 주인 B는 부가세 납세자이고, 소비자 A는 부가세 담세자가 된다.

11) 우리나라 부가가치세의 경우 1988년 이후 10%로 고정되어 있지만, 국가에 따라서 탄력세율체제를 가진 국가들도 있다.

(2) 국세와 지방세

세금을 부과하는 주체에 따라 국가가 부과하는 국세와 지방자치단체가 부과하는 지방세로 구분되는데, 국가의 업무 수행 및 행정 서비스 등의 경비를 충당하기 위해 국민 또는 사업주체에 징수 부과하는 세금을 말한다. 국가가 부과하는 국세(國稅)는 내국민을 상대로 하는 내국세(內國稅)와 국경을 통과하는 물건에 부과하는 관세(關稅)가 있다. 관세는 보통 국내 산업을 보호하기 위해서 수입업자들에게 부과되고, 수출을 장려하기 위해서 수출업자들에게는 부과하지 않는다. 요즘은 일반 국민이 직접 해외로부터 상품을 직접 구매하는 해외직구가 늘어나면서 목록통관일 경우 260불 미만, 일반통관일 경우 150불 미만은 관세가 면제되고, 그 이상일 경우에 관세를 부과한다.

지방세(地方稅)는 지방자치단체가 지방의 재정 수입을 충당하기 위해 관할 구역 내 주민과 사업 소득 주체에 강제적으로 징수하는 조세를 말한다. 지방세는 용도를 특정하지 않은 조세인 보통세와 용도를 특정하고 그 목적에 충당하기 위해 징수하는 조세인 목적세로 구분하는데, 보통세는 취득세, 등록세, 면허세, 레저세, 담배소비세, 주민세, 재산세, 자동차세, 지방소득세 등이 있고, 목적세는 지역자원시설세, 지방교육세 등 총 11개 세목이 있다.

7. 세금과 요금 구분

(1) 세금

세금은 국가나 지방자치단체가 업무 수행 및 행정 서비스 등의 경비를 조달할 목적으로 국민, 주민들에게 강제적으로 걷어 들이는 것을 말한다. 세금에는 국가의 조세정책 및 목적에 따라 직접세와 간접세가 있고, 부과하는 주체에 따라 국가가 부과하는 국세와 지방자치단체가 부과하는 지방세가 있다.

(2) 요금

요금은 개인적인 필요에 따라 어떤 재화(전기, 물 등)나 용역을 사용하고, 개인이 사용한 만큼의 비용을 납부하는 것, 즉 대가로 납부하는 돈을 말한다. 우리가 흔히 전기나 수돗물을 사용하고 납부하는 대가를 전기세, 수도세라고 하는데, 전기세나 수도세가 아니라 전기요금, 수도요금이다.

1) 수도요금

물을 사용한 만큼 비용을 납부하는 것으로 세금이 아니고 요금이다. 하지만 한국수자원공사가 물 공급을 책임지는 유일한 공기업이고, 물을 안 쓰고 사는 사람은 없다보니 사실상 세금 취급하는 사람들이 많다.

2) 전기요금

전기를 사용한 만큼 비용을 납부하는 것으로 세금이 아니고 요금이다. 다만 전기요금에는 10%의 부가가치세와 3.7%의 전력산업기반기금을 추가로 징수하고 있다.

3) 전화요금

통신을 이용한 만큼 비용을 납부하는 것으로 세금이 아니고 요금이다. 전화세는 2001년 8월까지 실제로 존속한 세금이었지만, 규제개혁 차원에서 전화세법이 폐지되면서 부가가치세로 전환되었다.

4) TV수신료

공영방송인 KBS와 EBS가 방송 재원을 확보하기 위해 국민으로부터 일정 금액을 부과하는 특별부담금을 말한다. TV수신료를 한국전력공사에 징수를 위탁하고 있는데, EBS는 TV수신료에서 정한 금액을 배정받고 나머지는 KBS에 배정된다.

8. TV수신료 부과 방송법의 위헌 여부[12)]

(1) 사실관계

청구인은 KBS방송국으로부터 2,500원을 부과처분을 받고 수신료 부과처분의 취소를 구하는 행정소송을 제기하고, 방송법 제64조, 제67조, 제67조 제2항이 당 재판의 전제가 된다고 하여 위헌법률 심판 제정신청을 하였다. 방송법시행령 제43조 제2항에 의하여 한국전력공사가 전기요금에 결합하거나 병기하여 수신료를 징수하는 것이 조세법률주의, 평등원칙, 법률유보원칙을 위반하고 재산권을 침해한다며 헌법

12) 헌법재판소 2008. 2. 28. 선고 2006헌바70 결정.

소원 심판을 청구하였다.

(2) 결정요지

수신료는 공영방송의 재원을 안정적으로 확보하기 위하여, 한국방송공사가 수행하는 각종 방송문화 활동의 수혜자인 수상기 소지자에게 부과되는 부담금으로서 입법목적의 정당성이 인정되고, 공영방송이 국가나 각종 이익단체에 재정적으로 종속되는 것을 방지할 뿐만 아니라 공영방송 스스로 국민을 위한 다양한 프로그램을 자기 책임하에 형성할 수 있는 계기를 제공해 준다는 점에서 입법목적을 달성하기 위한 효과적이고 적절한 수단으로 볼 수 있으며, 세대별로 1대의 수상기에 대하여만 징수하는 점, 일정한 경우 수신료를 면제하고 있는 점 등을 고려할 때 침해의 최소성의 원칙에 어긋나는 것으로 볼 수 없고, 공영방송 사업의 재원 마련 나아가 공영방송의 독립성 및 중립성 확보라는 입법의 목적에 비해 수상기 소지자가 입게 되는 재산상의 불이익은 크지 않다고 할 것이므로, 법익의 균형성 원칙에 반하는 것으로도 볼 수 없어 텔레비전수상기 소지자에 대하여 수신료를 부과하도록 규정한 방송법 제64조 및 제67조 제2항은 헌법에 위반되지 않는다.

Ⅱ. 종교단체 과세

1. 종교단체

단체(團體)는 뜻을 같이하고 같은 목적과 목표로 하는 지향점을 같이하는 사람들이 모인 조직을 말한다. 단체는 추구하는 목적에 따라 영리를 목적으로 하는 영리단체와 영리가 아닌 공익활동을 수행하는 것을 주된 목적으로 하는 비영리 단체가 있다. 그 밖에도 이념, 사상, 주체, 지역, 종교 등에 따른 여러 단체가 있다. 종교단체는 종교의 보급 및 기타 교화를 목적으로 설립된 단체로서 그 소속 단체를 포함하며 해당 종교인이 소속된 단체를 말한다(소득세법 제21조 제1항 제26호). 교회는 신앙이 동일한 구성원들로 조직되어 있는 종교단체이며, 이윤 추구와 거리가 있는 비영리법인(非營利法人)에 포함된다(민법 제32조).[13]

---

13) 민법 제32조(비영리법인의 설립과 허가)
학술, 종교, 자선, 기예, 사교 기타 영리 아닌 사업을 목적으로 하는 사단 또는 재단은 주무관청의

종교단체(宗教團體)는 비영리법인을 신청할 수 있다. 비영리법인을 설립하기 위해서는 발기인의 성명 주소 약력을 기재한 서류, 설립취지서, 정관, 부동산 등 주된 재산에 관한 등기소 등의 증명서, 창립총회 회의록 등의 법인설립허가 서류를 갖춰 신청하면 20일 이내에 처리된다(민법 제32조, 비영리법인의 설립 및 감독에 관한 규칙 제3조). 만약 문화체육관광부로부터 비영리법인으로 허가되는 경우 이 허가서와 함께 교회정관, 창립총회 의사록, 종교 활동을 목적으로 한다는 설립 취지서, 재산목록 등의 서류를 갖춰 상업 등기소에서 등기를 마친 뒤 세무서에 접수하면 된다. 그러나 교회의 경우 법인 허가가 까다롭고 힘든 까닭에 '법인으로 보는 단체'인 비영리법인으로서 관할 세무서장에게 승인받고 있다(국세기본법 제13조 제2항).

2. 종교단체의 범위

종교단체는 영리 아닌 사업을 목적으로 민법에 따라 설립된 '비영리법인'(민법 제32조), 국세기본법에 따른 법인으로 보는 '법인격 없는 단체'(국세기본법 제13조), 부동산등기법에 따라 부동산등기용 등록번호를 부여받은 '법인 아닌 사단 · 재단'(부동산등기법 제49조)을 포함한다. 종교단체는 종교의 보급 및 교화를 목적으로 설립되고, 해당 종교관련 종사자가 단체로서 문화체육관광부 장관 또는 지방자치단체의 장의 허가를 받아 설립한 비영리법인을 말하고(소득세법시행령 제41조 제15항), 국세기본법에 따른 '법인으로 보는 단체'는 종교단체 대표자가 종교단체 소재지의 세무서장에게 법인으로 보는 단체 승인신청서를 제출하여 고유번호를 부여받은 단체를 말하고(국세기본법 제13조), 부동산등기법에 따라 부동산을 취득하여 등기할 때, 시 · 군 · 구청 지적과로부터 '등록번호를 부여받은 종교단체'를 말한다(부동산등기법 제49조).

3. 종교단체 수입 및 지출

(1) 종교단체 수입

종교단체는 영리를 목적으로 하는 영리법인이 아니라, 구성원들의 헌금으로 운영되는 비영리법인(비영리 단체)에 해당한다. 종교단체의 수입은 헌금과 같은 고유목적의 수입과 수익사업으로 인해 발생하는 수입이 있다. 종교단체의 헌금과 같은 고유한 수입에 대해서는 과세 대상이 아니기 때문에 관련 세금을 신고할 필요가 없다. 하지

허가를 얻어 이를 법인으로 할 수 있다.

만 서점의 운영, 카페 운영, 기도원 운영, 유치원 운영 등 수익사업으로 인해 얻어지는 수입에 대해서는 소득세, 법인세 등의 관련 세금을 신고하고 납부해야 한다. 예를 들어 자판기 커피 한 잔의 가격이 100원 정도의 금액으로 재료 충당을 위한 때에는 교인의 신앙생활을 위한 보조적 기능에 해당하여 세금 신고나 납부 대상이 아니지만, 사업 취지가 선교, 지역사회 복지 등 종교적 목적을 가진다고 하더라도 일정한 이상의 수익이 발생하는 구조라면 수익에 대해 세금을 신고하고 납부해야 한다.

(2) 종교단체 지출

종교단체의 지출은 고유목적을 위해 지출하는 경우와 종교인에게 지급하는 종교인소득이 있고, 종교인이 아닌 사찰직원, 사무직원 등 교회 직원에게 지급하는 근로소득이 있다. 종교단체의 고유한 목적을 위해 지출하는 때에는 과세 대상이 아니지만, 종교인에게 지급하는 종교인소득이나 기타 교회 직원에게 지급하는 근로소득은 소득세 과세 대상이 된다.

4. 종교단체의 납세의무

종교단체인 교회는 종교 활동을 고유목적으로 하고 있어서 세금부과 대상에서 제외되지만, 면세를 위해서는 국세는 세무 당국으로부터, 지방세는 행정기관으로부터 각각 종교단체라는 실체가 규명되어야 한다. 그렇다고 모든 세금이 비과세 되는 것이 아니라, 과세 목에 따라서 교회도 세금납세 의무가 있다. 교회는 부가가치세를 납부해야 하고, 교회가 유치원, 서점이나 카페, 기도원 운영 등 수익사업으로 발생한 소득이 있다면 소득세를 내야 한다. 교회는 기본적으로 성도들의 헌금으로 운영되는 것이 원칙이다. 따라서 교회가 수익을 창출하려는 목적으로 교회시설을 사용하려면 영리를 목적으로 하는 법인 등록을 하고 세금을 납부해야 한다.

교인들이 내는 헌금은 증여에 해당하는 것으로 비과세 대상으로 하고 있다. 국세기본법은 종교단체는 정부를 대신하는 공익을 목적으로 하는 사업을 수행하는 법인으로 보고,[14] 종교단체가 고유목적으로 하는 사업에서 발생하는 소득이나 이에 사용되는 재산에 대해 비과세하고 있다. 미국은 비영리 단체로 등록된 종교단체 및 시설에 대한 세금을 부과하지 않는다. 비영리 단체로 등록한 종교단체는 모든 재산과 활

---

14) 세법상 종교단체를 법인으로 보는지 여부는 중요하다. 세법상 비과세는 법인에 한하기 때문에 종교단체를 법인으로 보지 않는다면 세금을 내야 한다.

동의 목적이 그 단체의 이익이 아니라, 사회와 타인에게 있다는 것이므로 세금을 부과하지 않는 것이다. 종교단체인 교회는 지방세인 취득세, 상속세, 재산세, 국세인 양도소득세, 법인세, 상속세 및 증여세, 종합부동산세 등에 대해서 세금납세의 의무를 지지 않는다.

5. 종교단체 과세 대상

종교의 보급 기타 교화에 현저히 기여하는 사업을 운영하는 종교단체는 공익법인으로 판단하고, 종교단체의 재산에 대해서 법인으로 등록여부와 관계없이 종교단체가 수행하는 정관상 고유목적 사업인 경우 비과세 대상이다(상속세 및 증여세법 시행령 제12조). 하지만 종교단체의 정관 또는 규약에서 정한 종교의 고유목적 사업에 사용하지 아니하는 재산은 과세 대상이 된다. 종교단체가 부동산을 취득하거나 재산을 출연 받은 경우, 취득 또는 출연 받은 날로부터 3년 이내에 직접 공익목적 사업에 사용하지 아니하거나 3년 이내에 처분하는 경우, 3년 이후 직접 공익목적 사업 등에 계속하여 사용하지 아니하는 경우에 과세 대상이 된다(상속세 및 증여세법 제48조 제2항). 예를 들어 매월 1회 정도 신앙훈련을 위해 종교목적에 직접 사용하고 있는 교회 수양관은 비과세되지만, 일 년에 한두 번 사용하는 경우에는 과세될 수 있다.

법원은 비영리 사업자가 구성원에게 숙소를 제공한 경우, 그 구성원이 비영리사업자의 사업 활동에 필요불가결한 중추적 지위에 있어 숙소에 체류하는 것이 직무수행의 성격도 겸비한다면 해당 숙소는 목적 사업에 직접 사용되는 것으로 볼 수 있지만, 숙소의 제공이 단지 구성원에 대한 편의를 도모하기 위한 것이거나 그곳에 체류하는 것이 직무 수행과 크게 관련되지 않는다면 그 숙소는 비영리사업자의 목적사업에 직접 사용되는 것으로 볼 수 없다고 판시하였다.[15]

6. 종교단체 비과세 요건

(1) 고유번호

1) 고유번호증 개념

단체가 매출, 매입 등 제삼자와 재화나 서비스를 거래하고자 할 때, 세무 당국으

---

15) 대법원 2014. 3. 13. 선고 2013두21953 판결.

로부터 납세번호를 받아야 한다. 납세번호는 고유번호증과 사업자등록증이 있는데, 고유번호증은 수익사업을 하지 않을 때, 사업자등록증은 수익사업을 할 때 받는다. 고유번호(固有番號)는 부가가치세 납세의무가 없는 자의 세적관리, 원천징수, 과세자료 수집 등의 업무를 효율적으로 처리하고, 이동·변동사항을 신속·정확하게 파악하고 관리하기 위하여 사업장 소재지 관할 세무서장이 발급하는 번호이다(소득세법 제168조).[16] 고유번호를 발급받으면 단체 명의의 통장을 개설할 수 있으나 세금계산서는 발급하지 못한다. 종교단체 고유번호는 법인으로 보는 단체일 경우에는 가운데 번호가 82로 국세기본법인 법인세법 적용을 받게 되지만, 법인 아닌 종교단체(개인단체)일 경우에는 가운데 번호가 89로 소득세법 적용을 받게 된다. 종교단체(교회) 재산에 대해서 비과세 혜택을 받으려면 고유번호 가운데 번호가 반드시 82가 되어야만 한다. 고유번호는 금융기관에 종교단체 명의로 통장을 개설하고자 할 때 필수서류이며, 기부금 영수증을 발행할 수 있다.

2) 고유번호증 신청 방법

교회는 비영리법인의 설립 절차가 까다롭고 사실상 힘들어 법인으로 보는 규정에 따라 관할 세무서장으로부터 비영리 단체로 승인받도록 하고 있다(국세기본법 제13조 제2항).[17] 교회가 비영리법인으로 인정받고 세무서장으로부터 승인받으면 교회 명의

---

16) 소득세법 제168조(사업자등록 및 고유번호의 부여)

① 새로 사업을 시작하는 사업자는 대통령령으로 정하는 바에 따라 사업장 소재지 관할 세무서장에게 등록하여야 한다.

② 「부가가치세법」에 따라 사업자등록을 한 사업자는 해당 사업에 관하여 제1항에 따른 등록을 한 것으로 본다.

③ 이 법에 따라 사업자등록을 하는 사업자에 대해서는 「부가가치세법」 제 8조를 준용한다.

⑤ 사업장 소재지나 법인으로 보는 단체 외의 사단·재단 또는 그 밖의 단체의 소재지 관할 세무서장은 다음 각호의 어느 하나에 해당하는 자에게 대통령령으로 정하는 바에 따라 고유번호를 매길 수 있다.

1. 종합소득이 있는 자로서 사업자가 아닌 자.
2. 「비영리 민간단체 지원법」에 따라 등록된 단체 등 과세자료의 효율적 처리 및 소득공제 사후검증 등을 위하여 필요하다고 인정되는 자.

17) 국세기본법 제13조(법인으로 보는 단체 등)

② 제1항에 따라 법인으로 보는 사단, 재단, 그 밖의 단체 외의 법인 아닌 단체 중 다음 각 호의 요건을 모두 갖춘 것으로서 대표자나 관리인이 관할 세무서장에게 신청하여 승인을 받은 것도 법인으로 보아 이 법과 세법을 적용한다. 이 경우 해당 사단, 재단, 그 밖의 단체의 계속성과 동질성이 유지되는 것으로 본다.

1. 사단, 재단, 그 밖의 단체 조직과 운영에 관한 규정(規程)을 가지고 대표자나 관리인을 선임하

로 수익과 재산을 독립적으로 소유·관리해야 하며 수익을 구성원(교인)에게 분배하지 않아야 한다. 즉 수익은 종교 활동의 목적으로만 사용해야 한다는 것이다. 고유번호를 부여받기 위해 교회의 명칭, 주소지, 대표자 또는 관리인의 성명과 주소, 고유사업, 재산 현황 등을 규정 승인신청서에 기록하여, 교회정관을 첨부해 신청하면 된다.

(2) 부동산등기용 등록번호 부여

교회 재산(부동산)으로 등기하기 전에 먼저 관할 행정기관에 종교단체로 등록해야 한다. 등록되지 않은 교회가 부동산 등을 매매할 때는 개인으로 간주하고 취득세와 등록세 등의 지방세를 납부해야 하기 때문이다. 교회는 종교 활동을 고유목적으로 하고 있기에 법인설립을 하지 않고도 법인과 동등한 인격으로 보는 단체로 인정받으면 각종 세금에서 면제 대상이 된다. 이를 위해 국세는 세무 당국으로부터, 지방세는 행정기관으로부터 각각 종교단체라는 실체를 규명할 수 있어야 한다. 지방세인 취득세, 등록세(2011년부터 취득세로 통합) 등은 교회가 부동산등기를 하기 전 혹은 등기할 때 관할 구청, 시청 지적과에 종교단체 등록을 해야 한다. 이는 부동산등기법 제41조, 법인 아닌 사단이나 재단, 외국인의 부동산등기용 등록번호 부여 절차에 관한 규정 제8조에 의해서이다.

(3) 종교 고유목적 사용

종교단체의 재산에 대해서 비과세 혜택을 받으려면 정관에 규정한 대로 고유한 종교 목적으로 사용해야 한다. 종교단체의 고유한 목적으로 사용되는 재산에 대해 비과세하고, 종교 행위로 인해 발생하는 헌금과 같은 소득에 대해서도 비과세된다. 그러나 종교 행위를 위해 매월 주기적으로 사용되는 교회 수양관 또는 기도원의 경우에는 비과세 대상이지만, 일 년에 한두 번 간헐적으로 사용하는 기도원 및 수련관이나 자연학습장과 같은 시설의 경우에 고유목적 사용으로 볼 수 없어 과세 대상이 될 수 있다.[18)]

종교단체의 재산은 고유한 종교 목적으로 일정 기간 이상 사용해야 하며, 사용기

고 있을 것.

2. 사단, 재단, 그 밖의 단체 자신의 계산과 명의로 수익과 재산을 독립적으로 소유·관리할 것.
3. 사단, 재단, 그 밖의 단체 수익을 구성원에게 분배하지 아니할 것.

18) 대법원 2003. 11. 28. 선고 2003두9039 판결.

간은 3년이나 5년으로 하고 있다. 교인으로부터 증여받은 재산, 교회명의의 토지, 건물 등 부동산에 대해서 교회정관에 규정된 직접 고유목적이나 공익목적 사업에 3년 이상 사용하는 때에는 비과세가 된다. 하지만 3년 이내 부동산을 처분하거나 3년 이내에 직접 공익목적 사업에 사용하지 아니하거나 3년이 경과하였더라도 계속해서 종교 고유의 목적으로 사용하지 않았다면 증여세, 취득세 및 양도소득세가 부과된다(상속세 및 증여세법 제48조 제2항).

다만 종교단체가 종교 고유의 목적으로 직접 사용하지 못한 정당한 사유가 있는 때에는 비과세 대상이 될 수 있다. 그러나 교회신축을 위해 부동산을 취득하였으나 인근 주민들의 극심한 반대로 인해 교회신축이 중단되어 3년 내에 종교목적에 직접 사용하지 못한 사유는 부동산을 취득하기 전에 미리 예측이 가능하였을 것으로 보아 3년 유예기간 내 종교용에 직접 사용하지 못한 정당한 사유로 인정하기 어렵다고 결정하였다.[19]

(4) 종교단체 명의 등기

교회 재산과 개인재산은 엄격하게 분리되어야 한다. 교회의 재산은 교회의 이름으로 등기되어야 하고, 법인격이 없다고 하더라도 구청에서 발급하는 부동산등기용 등록번호로 등록이 되어 있어야 하며, 법인이 아닌 단체의 고유번호 신청서를 관할 세무서장에게 신청하여 고유한 종교 목적 사업을 하는 고유번호를 발부받아야 한다. 종교 부동산일지라도 종교단체 대표자, 또는 장로의 명의로 되어 있는 경우에는 비과세 혜택을 받지 못한다. 예를 들어 담임목사 사택으로 사용되는 주택이나 아파트의 경우에 종교단체 명의로 되어 있다면 비과세 대상이지만, 목사 명의로 되어 있다면 과세 대상이 된다. 단 교회 부동산의 명의가 담임목사 개인인 경우, 부동산을 양도하면서 양도소득세를 납부해야 하는 것이 원칙이지만, 종교 고유한 목적으로 사용한 사실이 증명된다면 비과세 될 수도 있다.

(5) 교회 영내에 여러 필지가 있는 경우

교회의 울타리 안에 있는 토지가 여러 필지로 나뉘어 있는 경우, 종교시설이 포함되어 있지 않은 필지에 대하여 유휴토지로 간주하고 세금이 부과될 우려가 있으므

19) 조세심판원 2012. 8. 20. 선고 2012지0411 결정.

로, 한 울타리 내의 여러 필지는 가능한 일 번지(필지)로 통합하는 것이 유리하다. 이때 토지합병 및 지목변경은 시·군·구청에 합병 및 지목변경신청서를 토지대장과 첨부하여 제출하면 된다.

(6) 교회에 증여한 부동산

주택을 취득한 후 3년 이상 종교 고유목적에 직접 사용하지 아니하고, 교회 직원의 숙소로 사용 중인 교회 구역 외의 주택에 대하여 성도가 개인재산(토지, 건물)을 교회에 증여할 때, 증여세 및 기타 일체의 세금이 부과되지 아니한다(상속세 및 증여세법 제48조, 증여세 과세가액 불산입). 증여는 종교재단이 고유목적에 사용 가능한 부동산만 해당하고, 전답은 경자유전의 원칙에 의하여 불가능하다. 여기서 경자유전의 원칙(耕者有田의 原則)은 농지는 자기의 농업경영에 이용하거나 이용할 자만 소유할 수 있다는 것이다. 개인이 증여, 매매, 교환, 경매, 공매, 판결로 인해 농지를 취득하는 경우는 농지취득 자격 증명을 받아야 한다. 단, 국가, 지자체, 학교, 공공단체의 소유, 상속을 받거나 8년 이상 자경하여 영농한 이농자의 소유, 농지전용허가 신고 협의를 완료한 농지(농지법 제36조 제2항)의 소유는 예외이다.

7. 항목별 종교단체 과세 여부

(1) 법인세

법인세(法人稅)는 법인의 소득을 과세 대상으로 해서 영리법인에 부과하는 조세를 말한다. 종교단체는 비영리법인으로 3년 이상 계속하여 법령 또는 정관에 규정된 고정자산을 고유목적으로 사용하고 양도한 때에 고유목적 사업으로 생기는 소득은 법인세 과세 소득에서 제외한다(법인세법 제3조, 시행령 제2조).[20] 그리고 교회에 기부하는 기부금에 대해서도 소득의 10%를 공제한다(법인세법 제24조, 소득세법 제34조).

(2) 부가가치세

부가가치세(附加價値稅)는 제품이나 용역의 생산, 유통되는 모든 단계에서 기업이 새로 만들어 내는 가치인 부가가치에 대해 부과하는 세금을 말한다(부가가치세법 제

20) 비영리법인이란 다음의 법인과 법인(내국·외국법인)이 아닌 사단, 재단, 그 밖의 단체로서 국세기본법 제13조제1항 및 제2항의 규정에 의하여 법인으로 보는 단체를 말한다.

26조).[21] 교회의 고유목적사업을 위하여 공급하는 재화와 용역 그리고 교회에 기증하는 물품은 부가가치세를 면제한다. 물품을 구매하는 때에는 부가가치세를 최종 소비자가 부담해야 하고, 세금계산서를 받은 때에는 제출할 의무가 있다.

(3) 특별소비세

특별소비세(特別消費稅)는 간접세의 일종으로 사치성 상품의 소비에 대하여 부과하는 소비세이고, 관세는 국경을 거쳐 수출·입 되는 상품에 대하여 부과하는 세금이다. 외국으로부터 교회에 기증하는 예배에 사용되는 물품은 특별소비세 및 관세가 면제된다(개별소비세법 제18조 제5항,[22] 관세법 제91조).

(4) 상속세 및 증여세

증여세(贈與稅)는 재산을 가진 사람이 생전에 물려주는 증여의 경우에 부과하는 세금이고, 상속세(相續稅)는 재산을 가진 사람 사후에 법적으로 정해진 상속권자에게 상속하는 때에 부과되는 세금이다(상속세 및 증여세법 제48조,[23] 시행령 제12조). 종교단체가 교인으로부터 증여받고 증여받은 날로부터 3년 이내에 직접 공익목적 사업에 사용하는 때에 증여세가 면제된다. 종교단체의 공익목적 사업 여부는 법인 등록 여부와 상관없이 당해 종교단체의 정관상 고유목적으로 판단한다. 예를 들어 담임목사 명의의 부동산을 종교단체에 증여하는 때에 증여받은 재산을 종교단체가 직접 고유목적의 사업에 사용하는 경우, 상속세 및 증여세법 제48조의 규정에 따라 증여세를 과세하지 않는다. 그러나 재산을 증여받은 날로부터 3년이 경과하도록 공익목적 사업에 이용하지 아니하거나 공익목적 사업 이외의 용도로 사용하게 되면 종교단체라 할지라도 증여세를 납부해야 한다.

---

21) 부가가치세는 간접세로서 소비세라고도 불리는데, 우리나라는 1977년 7월 1일부터 도입되어 시행되고 있으며 VAT 세율이 10%이다.

22) 개별소비세법 제18조(조건부면세)

① 다음 각 호의 어느 하나에 해당하는 물품에 대해서는 대통령령으로 정하는 바에 따라 개별소비세를 면제한다. 다만, 제3호 가목의 물품에 대한 개별소비세(장애인을 위한 특수장비 설치비용을 과세표준에서 제외하고 산출한 금액을 말한다)는 500만원을 한도로 하여 면제한다.

5. 외국으로부터 사원·교회 등에 기증되는 의식용품(儀式用品) 또는 예배용품으로서 대통령령으로 정하는 것.

23) 상속세 및 증여세법 제48조(공익법인 등이 출연 받은 재산에 대한 과세가액 불산입 등)

① 공익법인 등이 출연 받은 재산의 가액은 증여세 과세가액에 산입하지 아니한다.

교인들의 헌금에 의해 구매한 교회의 재산은 교회 명의로 등기되어 있어야 한다. 그러나 성도들의 헌금으로 구매한 교회 재산이라도 그 부동산이 개인 명의로 등기하는 때에는 법률상 개인재산이 된다. 상황에 따라 부동산실명법 제3조 실정법 위반으로 부동산 가액(공시지가)의 30%를 과징금으로 부과받게 된다(부동산실권리자명의등에 관한법률 제5조). 따라서 개인은 교회에 증여(헌납)하는 절차를 거쳐야 하는데, 증여자는 증여계약서와 인감증명서, 교회는 교회정관, 구청이 발행하는 종교단체 등록증, 기증받기로 결의한 공동회의 결의서, 소속 노회로부터 발급받은 담임목사의 대표자 증명서, 기증받은 물건(부동산)을 종교 고유목적으로 사용한다는 사후관리 신고서를 세무서에 제출해야 한다.

(5) 양도소득세

1) 양도소득세 개념

양도소득세(讓渡所得稅)는 토지, 건물 등 부동산이나 주식의 양도 또는 분양권과 같은 부동산에 관한 권리를 양도함으로 인하여 발생하는 이익(소득)을 과세 대상으로 하여 부과하는 세금으로 손해의 경우에는 과세하지 않는다(법인세법 시행령 제3조). 종교단체의 경우 3년 이상 계속하여 법령 또는 정관에 규정된 종교의 고유한 목적 사업에 사용하는 때에는 양도소득세가 비과세 된다. 그러나 종교단체가 증여받은 재산을 공익목적 사업으로 사용하지 않고, 제삼자에게 증여받은 재산을 매각하여 양도하는 경우, 그 종교단체가 등록법인이면 법인세를 납부해야 하고, 종교단체가 등록법인이 아니라면 양도소득세를 납부해야 한다. 그리고 교회소유의 부동산일지라도 교회 부동산이 교회 명의로 되어 있어도 고유번호증 가운데 숫자가 82번이 아니면 양도소득세 과세 대상이 된다.

2) 부동산이 목사 개인 명의인 경우

교회 부동산의 명의가 담임목사 개인인 경우, 개인재산으로 간주하고 부동산을 양도할 때, 양도소득세를 납부해야 하는 것이 원칙이었다. 하지만 국세청은 교인들의 헌금으로 취득했고, 그 교회가 종교 고유목적으로 사용되고 있다면 교회등기가 비록 목사 개인 명의로 되어 있다고 해도 이를 개인재산이 아닌 교회 재산으로 보는 것이 합당하기 때문에 양도소득세 등을 과세한 처분은 부당하다고 결정하였다. 국세청은 헌금에 의해 취득된 교회는 개인이 아닌 법인(종교단체는 비영리법인을 뜻함)으로 본다고 규정하고 있는 국세청 예규(국세청 재산 01254-819. 1987.4.1)와 공익을 목적으로 출연된 기본재산이 있는 재단으로서 등기되지 아니한 단체로 규정하고 있는 국세기본법(국세기본법 제13조 및 국세기본법 시행령 제8조 제2호)에 의거해 양도소득세를 면제해야 한다고 결정한 것이다. 종전에는 교회 재산이라 해도 그것이 목사나 개인 이름으로 등기돼 있으면 개인의 재산으로 간주하고 양도소득세 등을 부과해 왔으나, 현재는 종교 고유의 목적으로 사용한 사실이 증명된다면 국세심판소의 결정에 따라 국세인 양도소득세가 면제될 수 있게 되었다.

단 목사 개인 이름으로 등기된 개인교회가 양도소득세 등을 면제받으려면 교인들의 헌금에 의해 교회를 매입했고, 교회가 교인들의 헌금에 의해 운영되어 왔으며, 부동산을 양도하고 다른 교회 부지 등 부동산을 매입한 때에는 종전 교회 부동산을 매도한 금액으로 매입하였다는 사실이 증명되어야 한다. 증명은 문화체육관광부에 등록된 교단총회에 소속돼 있다는 증명, 구청에 종교시설로 등록되어 있어야 한다. 양도소득세 과세 고지서를 받았을 경우, 제1차, 세무서에 이의 신청을 하고, 제2차 국세청에 심사청구를 하고, 제3차 국세심판소에 심판청구를 하되 반드시 각각 60일 이내에 제기해야 한다.

(6) 특별부가세

1) 특별부가세 개념

특별부가세(特別附加稅)는 토지소유자의 노력과 직접 관련 없는 불로 자본이득을 공공목적을 위해 흡수하고, 부동산 투기 등에 악용됨을 방지하려는 성격을 가지고 있는데, 법인세법에 근거하여 법인이 부동산 또는 부동산의 권리를 양도하는 때에 발생하는 양도차익에 대해 과세하는 것을 말한다. 부동산 또는 부동산의 권리를 양도하는 때에 발생하는 양도차익에 대하여 양도 주체가 개인이면 양도소득세를 납부하지만, 양도 주체가 법인일 때에 납부하게 되는 세금을 특별부가세라고 한다. 일반법인의 경우 특별부가세는 양도일까지 2년 이상 계속하여 당해 법인의 고유업무용으로 직접 사용하고, 해당 부동산을 다른 고정자산 취득을 위해 양도한 때에는 면제된다.

2) 교회의 특별부가세

교회는 부동산 또는 부동산의 권리를 양도하는 때에 발생하는 양도차익에 대해 양도소득세(50%)를 면제받지만, 교회는 법인(비영리법인)에 해당하기 때문에 법인세인 특별부가세(20%)의 대상이 된다. 교회가 재단법인에 귀속되어 있거나 독립교회는 특별부가세 대상이 되지만, 목사나 성도 개인 이름으로 등기된 단독교회는 법인이 아니므로 그 대상이 되지 않는다. 하지만 교회가 목사 개인 이름으로 되어 있는 경우에는 양도소득세를 납부하든지, 교회 고유목적으로 사용하는 때에 양도소득세를 면제받고, 특별부가세를 납부해야 한다. 그러나 세무서에 특별부가세 세액면제신청을 하고, 3년 이내에 고유한 종교 용도로 사용하거나 부동산을 취득한 때에는 특별부가세가 면제된다.

특별부가세(特別附加稅)의 면제 조건은 교회가 고유목적, 즉 종교 활동을 위해 사업용 토지 등 부동산을 양도한 경우, 교회가 개척을 하기 위해 대지를 확보할 때부터 교회를 이전하거나 확장하는 경우, 토지를 교환하거나 교회를 분리하는 때이다. 교회는 특별부가세를 면제받기 위해서 세무서에 세액면제 신청서를 제출해야 한다(조세감면규제법 제67조의 144항). 특별부가세는 세무서에 사전 면제신청을 하는 경우에 한해서만 면제되기 때문이다. 따라서 세무서에 면제신청서를 제출하지 않으면 특별부가세가 부과된다.[24] 교회가 특별부가세를 면제받으려면 양도가 고유의 목적 즉 종교의 활동을 위한 목적이어야 하고, 양도금액을 3년 이내에 사용해야 하며(부득이한 경우 1차례에 한해 3년을 넘기지 않는 범위에서 세무서장에게 연장 신고 가능), 법인세 신고 기간(통상 3월 15일까지)인 양도일에 속하는 사업연도의 과세표준 신고와 함께 세액면제신청서를 납세자 관할 세무서장에게 제출해야 한다(조세감면규제법 제71조 제5항). 세무서가 특별부가세를 징수할 수 있는 시효는 세액면제 신청서를 제출한 경우 5년, 제출하지 않은 경우는 7년 (1995. 1. 1. 법개정 이전에는 5년)이다.

(7) 취득세

취득세(取得稅)는 부동산이나 자동차 등 일정한 자산을 구입할 때 내는 지방세로 예전에는 등록세(登錄稅)와 함께 부과되었는데, 2011년부터 취득세로 통합되었다. 종교단체의 고유목적으로 하는 사업에 직접 사용[25]하기 위하여 취득하는 부동산에 대

24) 헌법재판소 2000. 1. 27. 선고 98헌바6 결정.

25) 취득세 등의 부과 규정을 적용함에 있어서 '직접 사용'의 의미는 종교의식, 종교교육, 선교활동 등에 직접 사용되고 있는지 여부가 구체적이고 객관적으로 판단될 경우에 적용하는 것으로, 주택의 몇 채까지 감면되느냐는 상관이 없다.

해서 취득세를 비과세한다(지방세특례제한법 제50조).[26] 그러나 교회가 종교 고유목적을 위해 부동산을 매입했더라도 목회자나 성도 개인 명의로 부동산을 매입했다면 면제받을 수 없다. 목회자나 성도 개인 명의로 등기하고 있는 개인교회의 경우, 취득세 등 지방세는 면제 대상이 될 수 없고, 양도소득세 등 국세는 종교 고유목적을 위한 매매행위임을 입증하는 때에만 면제받을 수 있다. 취득세는 종교단체에서 고유목적에 직접 사용하기 위해 취득한 부동산에 대해서 취득세를 면제해 주는 것이기 때문에 일정 기간 이내에 그 부동산을 수익사업에 사용했다든지 구입만 해놓고 종교단체의 그 고유목적에 사용하지 않고 있다든지 처분을 하게 되는 경우, 면제했던 취득세를 추징하게 된다.

가. 교회 건물을 일부라도 제삼자에게 보증금을 받고 임대하였다면 부가가치세, 법인세, 취·등록세, 재산세가 과세된다. 교회 부동산을 3년간 교회교육관으로 사용한 이후에 제삼자에게 임대한 때에는 취득세는 비과세되지만, 임대 이후부터는 매년 토지와 건물에 대하여 각각 재산세가 부과된다.

나. 교회 명의로 담임목사 사택으로 구입한 경우에 사택 입주 시 전입신고를 해야 취득세가 비과세되고, 제1종 국민주택채권의 매입 의무도 면제된다. 그러나 종교 고유목적으로 직접 사용하기 위해 취득한 경우에라도 담임목사 개인 명의의 부동산이나 사택은 취득세 과세 대상이 되고, 무상으로 사용하는 때에 한해서 재산세는 비과세 대상이 된다.[27]

다. 교회 주차장의 과세 여부는 주차장법에 따라 거리 등의 요건에 합당해야 비과세 대상이 된다. 예를 들어 교회로부터 떨어져 있는 토지에 대해서 종교 목적으로 사용하는 주차장을 평일에 무상으로 지역주민에게 사용하도록 하고 있다면 비과세

---

26) 지방세특례제한법 제50조(종교단체 또는 향교에 대한 면제)

① 종교단체 또는 향교가 종교 행위 또는 제사를 목적으로 하는 사업에 직접 사용하기 위하여 취득하는 부동산에 대해서는 취득세를 면제한다. 다만, 다음 각호의 어느 하나에 해당하는 경우, 그 해당 부분에 대해서는 면제된 취득세를 추징한다.

1. 해당 부동산을 취득한 날부터 5년 이내에 수익사업에 사용하는 경우.
2. 정당한 사유 없이 그 취득일부터 3년이 경과할 때까지 해당 용도로 직접 사용하지 아니하는 경우.
3. 해당 용도로 직접 사용한 기간이 2년 미만 상태에서 매각·증여하거나 다른 용도로 사용하는 경우.

27) 만약 교회소유 부동산을 담임목사 개인 등으로 등기가 이루어지면 부동산실명법에 위배되어 부과시점의 부동산 시가의 10~30%의 과징금 대상이 될 수 있다.

대상이지만, 일부라도 유료주차장으로 사용하고 있다면 재산세, 취득세, 부가가치세가 과세된다.

라. 교회를 신축하기 위하여 건물이 존재하는 토지를 취득한 후 기존 건물을 멸실하고 교회를 신축하는 경우, 멸실 건축물은 교회 고유목적에 직접 사용하는 정당한 사유가 있는 것으로 취득세가 비과세 대상이 된다.

마. 교회 명의로 금융기관으로부터 차입 시 제공된 부동산에 설정등기 시 취득세는 저당권자가 은행이 되는 것이므로 비과세 대상이 된다.

바. 교회가 무료급식소(실비 포함)를 운영하기 위해 증여받는 부동산은 교회의 사회활동 확대 추세 등으로 보아 종교용 시설에 사용하는 것으로 볼 수 있어 취득세 등이 비과세 대상이 된다.

사. 재산을 증여받은 교회가 증여세 신고기한 이내에 소유권 이전 등기 말소를 통하여 원소유자에게 반환되는 때에는 취득세가 부과되지 않는다.

아. 교회가 교회 명의로 아동 보육시설을 무료(실비 포함)로 운영한다면 종교용 시설에 사용하는 것으로 볼 수 있어 취득세 등이 비과세 대상이 된다.

(8) 재산세

재산세(財產稅)는 토지, 건축물, 주택, 항공기, 선박 등 재산을 소유하고 있을 때, 내는 세금을 말한다. 재산세를 부과하는 기준일 현재 재산을 사실상 소유하고 있는 사람은 재산세를 납부할 의무가 있는 것이다. 지방세특례제한법(地方稅特例制限法)은 교회 재산 중 특히 부동산에 대하여만은 재산세 면제 대상으로 규정하고 있다. 즉 지방세특례제한법은 '종교 및 제사를 목적으로 하는 단체가 과세기준일 현재 해당 사업에 직접 사용하는 부동산에 대하여는 재산세를 면제한다.'라고 규정하고 있다(지방세특례제한법 제50조 제2항).[28] 그러나 부동산이 아닌 동산의 경우에는 재산세가 부과될 수도 있다. 또한 교회 부동산이라 하더라도 수익사업에 사용하는 경우, 해당

---

28) 지방세특례제한법 제50조(종교단체 또는 향교에 대한 면제)

② 제1항의 종교단체 또는 향교가 과세기준일 현재 해당 사업에 직접 사용(종교단체 또는 향교가 제3자의 부동산을 무상으로 해당 사업에 사용하는 경우를 포함한다)하는 부동산(대통령령으로 정하는 건축물의 부속토지를 포함한다)에 대해서는 재산세(「지방세법」 제112조에 따른 부과액을 포함한다) 및 「지방세법」 제146조제3항에 따른 지역자원시설세를 각각 면제한다. 다만, 수익사업에 사용하는 경우와 해당 재산이 유료로 사용되는 경우의 그 재산 및 해당 재산의 일부가 그 목적에 직접 사용되지 아니하는 경우의 그 일부 재산에 대해서는 면제하지 아니한다.

재산이 유료로 사용되는 경우, 해당 재산의 일부가 그 목적에 직접 사용되지 아니하는 경우의 그 일부 재산에 대하여는 재산세가 면제되지 않는다(지방세특례제한법 제50조 제2항 단서).

(9) 기타 비과세

종교 목적으로 하는 비영리 사업에 사용하기 위한 면허를 필요로 할 때 면허세(지방세특례제한법 시행령 제25조), 교회의 고유목적에 사용하는 재산에 대한 재산세, 종합부동산세, 도시계획세(지방세법 제186조, 종합부동산세법 제6조), 교회의 고유목적에 사용하는 토지에 대한 종합토지세(지방세법 제234조 제3항),[29] 교회의 농지로서 학습 또는 자가 소비용으로 사용한 농지 소득세는 비과세한다(지방세법 제201조). 그러나 종교단체 소유의 자동차에 대한 자동차세는 비과세 되지 않으며, 공익법인에 해당하는 교회건물의 주차장 진입도로에 대해서는 도로점용료가 면제되지 아니한다.

8. 종교단체와 종교인의 과세

종교단체인 교회와 목사는 서로 다른 주체이며, 납세의 의무도 다르다. 종교단체인 교회는 세금납부 대상이며 세금납부 의무가 있다. 교인들이 교회에 내는 헌금은 증여에 해당하는 것으로 이는 비과세 대상이다. 하지만 교회는 부가가치세를 납부해야 하며 교회에서 수익사업을 하였다면 이에 해당한 소득세를 내야 한다. 그런데 대부분의 교회 관계자들은 교회는 비영리 단체이므로 세금을 납부하지 않는 단체로 인식하고 있다.

종교인으로 구분하는 목사(牧師)는 소득에 대한 세금납부의 의무를 진다. 교회에서 생활비로 받은 사례비와 기타 목회활동비를 초과하는 금전을 받는 소득, 목사 개인의 이름으로 되어 있는 부동산을 소유하고 있거나 일정한 소득이 있는 사람은 소득이 발생한 것이므로 소득세 납부의 대상이다. 그리고 종교용 부지를 등기하면서 목사 개인 명의로 소유권을 이전하는 경우, 교회가 건축을 하고 교회 명의로 등기한 후에 교회 목사 개인 명의로 유치원으로 허가받아 운영하는 때에도 세금납부의 의무를 진다.

---

29) 지방세법 제23조 제3항

③ 제사·종교·자선·학술·기예 기타 공익사업을 목적으로 하는 대통령령으로 정하는 비영리사업자가 그 사업에 직접 사용하는 토지.

9. 추징대상이 되는 경우

부동산을 취득한 날로부터 3년 이내에 수익사업에 사용하거나 정당한 사유 없이 취득일로부터 3년이 경과할 때까지 해당 용도로 직접 사용하지 아니하는 경우, 수익사업에 사용한 경우, 사용일로부터 2년 이상 해당 용도로 직접 사용하지 아니하고 매각·증여하거나 다른 용도로 사용한 때에는 면제된 취득세 추징대상이 된다(지방세특례제한법 제50조 제1항 단서). 주택 취득 후 사용하지 않는 담임목사 사택을 임대한 경우, 이미 감면받은 취득세는 추징대상이 된다. 종교 목적에 사용하기 위하여 취득한 부동산을 다른 목적(지역아동센터 등)에 사용하기 위하여 제삼자에게 임대·사용대차하는 경우에는 당초 비과세한 취득세 등의 추징대상이 된다. 단 3년 이내에 도시재개발사업의 추진으로 인하여 부득이하게 매각할 수밖에 없었던 경우라면 매각한 정당한 사유에 해당하는 것으로 추징대상이 해당하지 않는다.

10. 소급 및 환급 여부

개인 명의로 증여받은 종교용 부동산을 증여받은 날로부터 30일이 지나 다시 증여자(교회)에게 환원한다고 하더라도 이미 발생한 납세의무는 소급하여 취소되지 않는다. 교회 대표자 개인 명의로 부동산을 취득하여 등기한 후 취득세를 신고하고 등기한 때에도 납세의무가 확정되었다고 할 것이므로, 이미 납부한 취득세는 환급 대상이 되지 않는다.

Ⅲ. 판례

1. 목사 명의로 등록돼 있는 부동산 양도소득세

(1) 사실관계

서울 A교회 목사 甲은 X대지 3필지를 1983년 취득하고 교회로 사용을 하다가 1990년 J회사에 이를 양도하고, 같은 시기에 목사 甲은 Y토지를 매입하여 교회를 확장하였다. 목사 甲은 당초 교회·형편상 유지재단이나 교회 이름으로 등기할 수 없어 자신의 명의로 교회를 이전하였다. 그러나 양천 세무서는 A교회가 비록 실질적으로 종교시설이라 하여도 교회를 목사 개인의 이름으로 등기를 했기 때문에 개인의 재산으로밖에 볼 수 없다고 해석하고 양도소득세와 방위세 등 9,100여만 원을 고지했으며, 이에 목사 甲은 국세청의 심사청구를 거쳐 국세심판소(國稅審判所)에 심판청구를 제기하였다.

(2) 국세심판소 결정요지

성도들의 헌금으로 교회를 취득했고, 그 교회가 종교 고유목적으로 사용되고 있다면 교회등기가 비록 목사 개인 명의로 돼 있다 해도 이를 개인재산이 아닌 교회재산으로 봐야 하기에 양도소득세 등을 과세한 처분은 부당하다며, A교회가 관할 세무서장을 상대로 제기한 심판청구사건에 대해 이같이 결정하고, 이들 교회에 부과한 양도소득세 및 방위세를 취소하라고 결정했다.

(3) 해설

국세심판소는 A교회는 문화체육관광부로부터 설립 허가된 대한성결교회 유지재단 산하 서울서지방회에 소속돼 있고, 양천구청에 종교단체로 등록돼 있으며, 공익(종교 활동)을 목적으로 성도들이 출연한 헌금으로 교회를 매입한 것이 인정된다며 공익을 목적으로 출연된 기본재산이 있는 재단으로서 등기되지 아니한 단체에 해당하고,[30] 비영리법인으로 봐야 할 것이기 때문에 양도소득세를 부과한 것은 부당하다고 결정했다. 즉 목사 개인 명의로 돼 있다 해도 종교 고유목적으로 사용되고 있다면 개인의 재산이 아닌 교회 재산으로 보아야 한다고 결정한 것이다.

---

30) 국세심판소의 이번 결정은 국세청 예규와 국세기본법에 근거하고 있다. 1994년 12월 22일 이전 사항에 대해는 국세청 예규에 근거했으며, 그 이후에는 이 예규와 제정된 법률에 근거하고 있다. '교회나 사찰이 그 본래의 목적을 달성하기 위해 신도가 출연한 헌금으로 부동산을 취득한 경우에는 교회나 사찰을 법인으로 봐 세법을 적용하는 것임'이란 국세청 예규(1987. 4. 1)다. 이때 헌금에 의해 취득된 교회는 개인이 아닌 법인(종교단체는 비영리법인을 뜻함)으로 본다고 규정하고 있기 때문에 세법상 양도소득세를 면제받을 수 있다는 것이다. 또한 국세기본법 13조 및 국세기본법 시행령 제8조 제2호에 의거하여 '공익을 목적으로 출연된 기본재산이 있는 재단으로서 등기되지 아니한 단체'로 규정하고 있어 교회가 이 단체에 속해 법인으로 취급된다는 것이다. 따라서 목사나 장로 등 개인 이름으로 등기됐다 해도 실질적으로 종교고유목적에 사용되고 있다면 그것은 개인이 아닌 법인으로 양도소득세를 면제받을 수 있다는 것이 국세심판소의 결정이라고 할 수 있다.

2. 목사 명의로 등록돼 있는 부동산 양도소득세

(1) 사실관계

경기도 고양시 A교회 목사 甲은 지난 1988년 X빌딩 3층을 구입하고 교회로 사용하다 부흥되자 이를 乙에게 양도하고, 1990년 같은 빌딩 2층을 취득한 후에 목사 개인 이름으로 등기를 경료하고, 종교 고유목적인 교회로 사용해왔다. 이와 관련, 파주세무서는 교회의 대표자나 관리인이 선임돼 있지 않고, 목사 개인 이름으로 등기돼 있는 점을 들어 양도소득세와 방위세 등 1천 5백여만 원을 과세했다. 이에 목사 甲은 세무서의 이의 신청과 국세청의 심사청구를 거쳐 국세심판소에 심판청구를 제기했다. 당초 교회 건물을 교인들의 헌금으로 매입했고, 이를 종교 고유목적으로 사용했으며, 교회가 부흥함에 따라 더 큰 교회로 옮기기 위해 이를 양도한 뒤 다시 매입한 건물을 교회로 사용해왔는데, 여기에 과세하는 것은 부당하다는 것이 목사 甲의 주장이었다.

(2) 국세심판원 결정요지

성도들의 헌금으로 교회를 취득했고, 그 교회가 종교 고유목적으로 사용되고 있다면 교회등기가 비록 목사 개인 명의로 돼 있다 해도 이를 개인재산이 아닌 교회재산으로 봐야 하기에 양도소득세 등을 과세한 처분은 부당하다며 고양시 A교회가 관할 세무서장을 상대로 제기한 심판청구사건에 대해 이같이 결정하고, 이들 교회에 부과한 양도소득세 및 방위세를 취소하라고 결정했다.

(3) 해설

교회 재산이 목사 개인재산이 아닌 교회 재산이라는 것을 증명해야 한다. 목사 개인 이름으로 등기된 교회가 양도소득세 등을 면제받기 위해서는 첫째, 교회 재산이 교인들의 헌금에 의해 교회를 매입했고, 둘째, 교회가 교인들의 헌금에 의해 운영되고 있고, 셋째, 기존 교회를 양도하고 다른 교회 부지 등 부동산을 매입했을 때도 당초 매도한 금액으로 매입했고, 넷째, 교회 매입 시에 부족한 금원이 있었다면 헌금으로 충당했다는 서류가 있어야 하고, 다섯째, 문화체육관광부에 등록된 총회 소속 교회 증명서와 구청에 교회로 등록된 등록증 등의 서류를 준비하여 신청해야 한다. 특히 교회 재산을 취득할 당시 교인들의 헌금으로 구입했다는 것을 공증으로 남겨놓는 것이 중요하다.

(4) 심판청구 기간

심판청구 기간 내에 심판 청구하는 때에만 구제가 가능한 까닭에 과세 고지서를 받았을 때는 세무서에 이의 신청을 하고, 국세청에는 심사청구를 하여 국세심판소에 심판청구를 각각 60일 이내에 제기해야 한다. 심판청구 기간이 경과하면 구제받을 수 없다.

3. 종교단체가 유예기간(3년) 내 고유 업무에 직접 사용하지 못한 정당한 사유

(1) 사실관계

A교회는 X부동산을 종교 목적(교회 신축)에 사용하기 위하여 취득하고, 지방세법 제107조 제1호 및 동법 제127조 제1항 제1호의 규정에 따라 취득세와 등록세 등의 비과세를 적용받았다. 하지만 처분청은 취득한 날로부터 유예기간(3년)이 경과하도록 종교 목적(교회 신축)에 직접 사용하지 않자 X부동산에 대하여 A교회가 적용받은 취득세 및 등록세 등의 비과세를 배제하고 가산세를 적용하여 다음과 같이 취득세 및 등록세 등을 부과 고지(추징)하였다. A교회는 X부동산을 교회신축 목적으로 취득하였으나, 건축 허가를 받기 이전의 선행절차로 교통영향평가를 진행하던 중에 인근 주민들의 극심한 반대로 건축 허가를 받아내기가 사실상 불가능하였다. 이에 A교회는 유예기간(3년)이 경과하도록 종교 목적(교회 신축)에 직접 사용하지 못하게 된 정당한 사유를 인정하여야 함에도 취득세 등의 비과세를 배제하고 가산세를 적용하여 추징한 이 건 부과처분은 부당하다며 청구하였다.

(2) 조세심판원 판결요지

A교회는 건축 허가의 전제조건인 교통영향평가 단계에서 발생된 교회 신축부지 인근 주민들의 집단 반대로 교회 신축추진을 사실상 중단한 상황에서도 교회 신축부지로 예정된 지역의 부동산(토지 등)을 계속하여 매수하였는바, 이는 교회 신축을 위해 쟁점 부동산을 취득할 당시부터 인근 주민들의 집단적 반대는 사전에 어느 정도 예상이 가능하였을 것이고, 이러한 장애에 따라 교회신축사업 추진이 쉽지 아니하였을 것을 예측할 수 있었던 상황에서도 쟁점 부동산을 계속하여 취득한 것이므로 이러한 경우를 정상적인 노력을 다하여도 해결할 수 없는 특별한 사정이 있었던 것으

로 보기는 어렵다고 할 것이다. 따라서 청구법인이 쟁점 부동산을 취득하고 유예기간(3년) 내에 종교 목적에 직접 사용하지 아니한 것으로 보아 취득 당시 A교회가 적용받았던 비과세를 배제하고 취득세 등을 추징한 처분은 달리 잘못이 없는 것으로 판단된다. 교회 신축목적으로 부동산을 매입하여 취득세를 면제받고 주민들의 극심한 반대로 3년 이내 신축하지 않은 경우, 취득세 면제 사유에 해당하지 않는다.[31]

(3) 해설

제사·종교·자선·학술·기예 기타 공익사업을 목적으로 하는 대통령령으로 정하는 비영리 사업자가 그 사업에 사용하기 위한 부동산은 취득일로부터 3년 이내에 '정당한 사유' 없이 그 용도에 직접 사용하지 아니하는 경우나 매각하는 때에는 비과세 되었던 취득세(지방세법 제107조), 등록세(지방세법 제127조)를 부과하게 되어 있다. 만약 사유 발생일로부터 자진하여 신고 및 납부를 하는 때에는 비과세 세액만 납부하게 되지만(지방세법 제120조), 신고납부를 하지 아니한 때에는 가산세를 합한 세액을 징수하게 된다(지방세법 제121조).

지방세법 제107조 '정당한 사유'라 함은 법령에 의한 금지·제한 등 그 법인이 마음대로 할 수 없는 외부적인 사유는 물론 고유 업무에 사용하기 위한 정상적인 노력을 다하였음에도 시간적인 여유가 없어 유예기간을 넘긴 내부적인 사유도 포함하고, 정당 사유의 유무를 판단함에 있어서는 당해 사업에 대한 취득세 등을 감면하는 입법 취지를 충분히 고려하면서 그 목적 사업에 직접 사용하는데 걸리는 준비기간의 장단, 목적 사업에 사용할 수 없는 법령상·사실상의 장애 사유 및 정도, 당해 법인이 쟁점 부동산을 직접 사용하기 위하여 진지한 노력을 다하였는지 등의 여부, 행정관청의 귀책 사유가 가미되었는지 등을 아울러 참작하여 구체적인 사안에 따라 개별적으로 판단하게 된다.

4. 교회 담임목사 개인 명의로 부동산을 경락·등기이전

(1) 사실관계

A교회는 교인총회 결의를 거쳐서 X부동산을 종교 용도로 사용하기 위해 교회의 담임목사 개인 명의로 경매에 참여하여 부동산을 경락받아 취득세를 납부하고 증여

---

31) 조세심판원 2012. 8. 20. 선고 2012지0411 판결.

를 원인으로 교회 명의로 이전 등기를 하였다. 그리고 처분청에 사실상 교회의 자금으로 취득한 것이므로 취득세 감면신청을 하였으나 감면대상에 해당하지 아니한다는 거부 통고를 받았다. 이에 A교회는 당초 종교용으로 사용하기 위하여 취득하였고, 내부 운영위원회의 교인총회 결의서 등에서 나타나고, 교회의 공유자산 재정으로 취득한 것이 입증되고 있으므로, 실질과세의 원칙에 비추어 취득세를 면제하여 달라는 청구하였다.

(2) 조세심판원 판결요지

X부동산을 취득하여 교회로 사용할 목적이었던 점은 취득 즉시 증여한 점과 교회 내부의 총회 결의서 등에 의하여 인정되지만, 종교단체가 아닌 개인 명의로 취득한 부동산에 해당하는 사실이 명백한 이상 이를 종교단체가 종교용으로 사용할 목적으로 취득한 것으로 보아 취득세 면제 대상에 해당한다고 보기는 어렵다. 취득세가 법률상 또는 사실상의 취득행위에 대하여 과세하는 지방세인 점에서 법률상 청구인 개인 명의로 취득한 이상 그 취득 물건의 소유권은 청구인 개인에게 귀속된다고 할 것으로서 당해 취득자금을 교회에서 부담하였다는 사유로 교회가 곧바로 실질적인 취득자에 해당하기 때문에 법률상 취득행위자인 청구인의 납세의무가 소멸하는 것은 아니라 하겠으므로 실질과세의 원칙을 위배한다는 청구인의 주장은 인정하기 어렵다.[32)]

5. 교회 수양관

서울 M교회 수양관을 다른 교회 신도들에게도 이용하게 하였으나, 그 이용 횟수, 이용료 및 이용실태 등을 고려하여 보면, 그 수양관 건물을 수익사업 용도가 아니어서 비과세 대상이라고 판시하였다.[33)]

6. 교회 주차장

(1) 사실관계

서울소재 A교회는 교회 주차장 공간이 부족하여 2004년 교회에서 261m 떨어진 곳의 토지를 매입해 부설주차장으로 사용하였는데, 이에 관할 구청은 주차장 설치

---

32) 조세심판원 2012. 5. 4. 선고 2012지0233 판결.
33) 춘천지방법원 2004. 6. 10. 선고 2003구합2401 판결.

및 관리조례에서 정한 설치기준을 위반한다며 취득세 등을 부과하자 소송을 냈다.

(2) 판결요지

지방세법상 종교 등의 공익사업을 목적으로 비영리사업자가 부동산을 취득할 때는 취득세 등이 면제된다면서 종교단체의 사업 목적상 다수의 신도가 교회에 집합하는 것이 불가피한 점에 비춰볼 때, 교회 부지 밖에 있는 부설주차장 부지도 때에 따라서는 종교사업에 직접 사용되는 부동산에 해당한다. 비록 관할 구청의 '주차장 설치 및 관리조례'에 의하면 부설주차장은 시설물 부지로부터 직선거리 100m, 도보거리 150m 내에 설치돼야 하지만 교회의 신도 수가 7,200명이고 신도들의 차량 대수가 총 599대인데 반하여 이용 가능한 서울시 소유 임시주차장은 190여대 정도밖에 주차할 수 없는 점에 미뤄볼 때, 그리고 다른 자치구에서는 직선거리 300m 이내, 도보거리 600m 이내에 부설주차장을 설치할 수 있도록 하고 있는 점에 비춰볼 때, 이 부설주차장이 법규에서 정한 기준 밖인 261m에 있더라도 교회의 종교사업 목적에 직접 사용되는 비과세 대상인 교회부설 주차장에 해당한다고 판시하였다.[34)]

(3) 해설

대법원은 교회 밖 80m 지점에 위치한 교회 주차장은 교회 목적 사업에 직접 사용되는 것으로서 지방세법상의 비과세요건을 충족한다고 판시하였다.[35)] 다수의 교인이 교회에 집합하는 것이 불가피하고, 주위 상황을 고려하더라도 주차난이 심각하다면 비록 교회부설 주차장 부지가 교회로부터 법규에서 정한 기준 밖에 있더라도 때에 따라서는 종교사업에 직접 사용되는 부동산에 해당한다. 단 교회의 종교사업 목적에 직접 사용되는 때에 한정된다. 담임목사의 사택이 교회부지 밖에 있어도 비과세 대상이 되는 것처럼, 종교사업 목적에 직접 사용되는 부동산은 반드시 교회부지 내에 존재하지 않고 교회부지에서 떨어져 있을지라도 종교사업을 위해 불가피한 경우에는 비과세 혜택을 적용받을 수 있다.

7. 담임목사나 선교사 사택 과세

담임목사의 사택용으로 취득한 주택에 대해서는 목사가 교회에 필수적인 존재라

---

34) 서울행정법원 2007. 7. 27. 선고 2007구합16639 판결.
35) 대법원 2008. 6. 12. 선고 2008두1368 판결.

는 점에서 그 주택을 교회의 목적 사업에 직접 사용하는 것과 다름이 없다고 보아 과세 대상이 되지 않는다고 판결하였고,[36] 교회 밖에 있는 목사 사택도 교회 목적 사업에 직접 사용되는 재산으로서 비과세 대상에 해당한다고 판시하였다.[37] 선교사 사택도 선교사 사택은 전도를 위한 것이므로, 종교 목적의 사업자가 그 사업에 직접 사용하는 재산이므로, 재산세 비과세 대상이라고 판결하고 있다.[38] 선교사 거주용 종교단체 부동산의 종합부동산세와 농어촌특별세 등 과세 여부는 해당 사업에 직접 사용하는지 여부로 판단되는바, 해당 사업에 직접 사용하는 여부는 해당 단체의 사업목적과 취득목적을 고려하여 그 실제의 사용 관계를 기준으로 객관적으로 판단되어야 한다.

8. 부목사 사찰 집사 주거용 사택 과세

(1) 판결요지

담임목사가 아닌 부목사 또는 강도사, 전도사의 사택에 대해서는 담임목사 사택과는 달리 세금부과 대상이 된다고 판결하고 있다. 법원은 담임목사는 교회에 필수적 존재이지만, 부목사, 강도사, 전도사 등은 교회의 목적을 이루기 위해 필요불가결한 중추적 존재는 아니므로 그들이 주거에 사용하고 있는 사택도 고유한 종교사업에 직접 사용하는 것이라고 단정할 수 없기에 교회의 부목사 사택으로 제공된 부동산들은 비과세 대상에 해당하지 않는다고 판시하였다.[39] 또한 부목사는 교회의 필요에 따라 당회장을 보좌하기 위하여 수시로 노회의 승낙을 받아 임명되어 임의로 시무하는 목사라는 점에서 그 교회의 종교 활동에 필요불가결한 중추적인 지위에 있다고 할 수 없어서 비과세 대상에 해당하지 않는다고 판시했다.[40] 그리고 동일한 이유로 교회의 사찰 집사 주거용 사택도 취득세 비과세 대상이 아니라고 판시했다.[41]

(2) 해설

전도사일지라도 만약 교회의 담임을 하고 있다면 전도사 사택은 종교 활동을 위

36) 대법원 1983. 12. 27. 선고 83누298 판결.
37) 대법원 1983. 11. 22. 선고 83누456 판결.
38) 대법원 1978. 11. 14. 선고 78누168 판결.
39) 대법원 2009. 5. 28. 선고 2009두4708 판결.
40) 대법원 1997. 12. 12. 선고 97누14644 판결.
41) 대법원 1995. 7. 11. 선고 95누2739 판결.

한 필수 불가결한 존재이므로 비과세가 된다. 하지만 교회 부교역자인 부목사, 전도사 등은 비과세가 되지 않는다. 법원에 따르면 그 이유가 교회 목적을 위해서 필수 불가결한 존재에 해당하지 않고, 교회의 필요에 따라 당회장을 보좌하기 위하여 수시로 노회의 승낙을 받아 임명되어 임의로 시무하는 목사라는 점 때문이라는 것이다.

그렇지만 이는 오늘날 교회의 특성을 오인하는 결과에서 비롯된 판결이 아닐 수 없다. 왜냐하면 오늘날 수천, 수만 명이 모이는 대형교회의 경우 담임목사 단독으로 종교적 고유한 목적을 감당할 수 없기 때문이다. 법원의 판단처럼, 부목사나 전도사가 교회의 필요에 따라 수시로 임명되고 임의로 시무하는 것은 맞지만, 교회는 고유한 종교적 목적을 위해서 필수 불가결한 인원만 청빙하고 있다. 따라서 교회가 청빙하는 부교역자도 그 교회에 필수 불가결한 존재라고 보아야 하고, 부목사와 전도사 등의 사택에 대해서도 담임목사 사택과 동일하게 비과세 대상으로 해야 한다.

9. 은퇴한 성직자 사택과 세금

은퇴한 신부의 사택용으로 사용되는 아파트는 비과세 대상이 아니라고 판시하였다. 은퇴한 성직자는 더 이상 종교에 종사자가 아니어서 거주하는 사택은 과세 대상이다.[42]

10. 교회가 임대인인 동시에 임차인으로 임대차계약 체결

(1) 판결요지

종교단체가 취득하는 부동산이라 하더라도 취득세 등의 비과세 대상이 되는 것은 종교 의식·예배·축전·종교교육·선교 등 종교 목적으로 직접 사용하는 부동산에 한하는 것이므로, 당해 교회가 임대인인 동시에 임차인으로 임대차계약을 체결하고 무상으로 사용하더라도 종교단체가 종교용으로 직접 사용하는 것으로 볼 수 없어 취득세 등이 비과세 대상에 해당하지 않는다.[43]

(2) 해설

교회가 교회 건물에 대해서 임대차계약을 체결하고, 임차인이 무상으로 평생교육

42) 대법원 2009. 6. 11. 선고 2007두20027 판결.
43) 행정자치부 2004. 12. 29. 행심2004-394 결정.

원, 무료공부방, 노인복지사업을 목적으로 사용하였다면 과세 대상이 된다. 지방세법 제107조, 제127조의 규정에 따르면 종교를 목적으로 하는 단체가 정관에 따라 직접 고유목적 사업을 위해 사용하는 부동산의 취득에 관하여는 취득세 및 등록세를 부과하지 않지만, 종교 고유목적 사업을 위하여 사용하지 않는 때에는 과세 대상이 되는 것이다.

11. 교회 재산의 담임목사 명의 등기와 취득세 납부 의무

(1) 사실관계

A교회가 경매 절차에서 대표자인 담임목사 甲명의로 부동산을 매수하여 소유권 이전 등기를 마친 사안에서, 甲이 관할 구청에 취득세, 농어촌특별세를 신고납부하였는데, 관할 구청장이 A교회에 대하여 명의신탁자로서 부동산을 취득하였다는 이유로 A교회에 취득세, 농어촌특별세 부과처분을 하자, A교회는 이를 모두 납부한 다음 부과처분의 무효를 주장하여 납부한 취득세 등에 대하여 부당이득 반환을 청구하였다.

(2) 판결요지

부동산 경매 절차에서 매수인은 명의인이고, 소유권 역시 매수인이 취득한다는 법리가 확립되어 있어 甲이 부동산을 취득하였다는 법률관계 또는 사실관계는 오인의 여지가 없이 명백함에도 A교회에 부과한 취득세, 농어촌특별세 부과는 하자가 중대하고도 명백하여 당연무효이므로, 국가와 구청은 취득세와 농어촌특별세 상당액을 지연손해금과 함께 교회에 부당이득 반환해야 한다고 판시하였다.[44]

(3) 해설

A교회와 담임목사 甲 사이에 명의신탁관계가 성립된다 하더라도 경매절차의 매수인인 甲명의로 마쳐진 소유권 이전 등기는 매도인뿐만 아니라 명의신탁자인 A교회에 대하여도 유효하다. 따라서 담임목사 甲이 부동산을 완전히 취득한 자로서 취득세 납세의무를 부담해야 하고(구 지방세법 제105조 제1항), A교회는 부동산에 관하여 어떠한 권리를 취득하였다고 볼 수 없어 취득세 납세의무도 부담하지 않는다(구

---

44) 서울동부지방법원 2011. 8. 26. 선고 2011가합6203 판결.

지방세법 제105조 제2항). 그리고 명의신탁자인 A교회가 매매대금을 명의수탁자인 甲에게 주었다고 하더라도 A교회는 부당이득으로 그 돈의 반환을 구할 수 있을 뿐, 부동산 자체를 취득하는 것이 아니어서 부동산 처분이나 매도인을 상대로 소유권 이전등기를 청구할 수 없다. 부동산 경매절차에서 매수인은 담임목사 甲이고 소유권 역시 위 부동산을 취득한 담임목사 甲이라는 것이 법률관계상 명백하므로, A교회에 대한 취득세와 농어촌특별세 부과처분은 당연 무효인 것이다.

12. 토지양도에 대한 특별부가세 부과처분

(1) 사실관계

K유지재단 법인은 종교의 보급 기타 교화를 목적으로 설립된 법인으로, 원고재단 소속 A교회를 짓기 위하여 그 신도들의 헌금으로 서울 강남구 소재 X임야를 매수하여 그 A교회 부지로 특정하여 원고의 기본재산에 편입시켜 설계 등 신축 준비를 하여 오던 중 그 일대가 토지구획정리사업지구(올림픽 선수촌 건설지구)로 지정되어 건축이 제한됨으로써 교회를 지을 수 없게 되자 주무관청인 문화공보부 장관으로부터 위 X임야를 처분하여 그 처분금과 신도들의 헌금으로 Y토지를 매수하였고, 그 취득과 동시에 원고 법인의 기본재산에 편입하고, A교회 부지로 사용하여야 한다는 조건 아래 기본재산 전환 인가를 받아 소외 乙과 사이에 그 소유의 토지와 원고 소유의 위 임야를 교환한 다음 Y토지에 교회를 신축하여 사용하여 왔다. 이에 용산세무서는 K유지재단에 토지양도에 대한 특별부과세 부과처분을 하였다.

(2) 판결요지

종교의 보급 기타 교화를 목적으로 설립된 법인이 그 재단 소속 교회를 짓기 위하여 교회부지로 용도를 특정하여 부동산을 매수하고 기본재산에 편입시켜 설계 등 신축 준비를 하던 중 당국의 토지구획정리사업지구 시행으로 교회를 지을 수 없게 되자 주무관청인 문화공보부 장관의 인가를 받아 소외인 소유의 토지와 교환하여 그 위에 교회를 신축하여 사용해 오고 있다면, 위 토지의 양도는 법인세법 제59조의3 제1항 제17호에 해당하여 그로 인하여 발생한 소득에 대하여서는 특별부가세를 부과할 수 없다고 판시하였다.[45)]

13. 담임목사 명의의 취득세 부과처분

(1) 사실관계

A교회는 재단법인 Y선교회의 개척지원자금과 교회 재정으로 조달하여 X부동산을 부동산경매절차에서 매수하였으나 종교용으로 사용하기 위하여 교회의 대표자 명의로 부동산을 취득하는 때에도 취득세 면제 대상이 된다는 공인중개사의 잘못된 조언으로 교회 대표자인 목사 甲명의로 소유권 이전 등기를 마치고, 취득세, 농어촌특별세, 지방교육세를 신고 납부하였다. 이후 X부동산을 A교회에 증여를 원인으로 한 소유권 이전 등기를 한 후 교회 예배당으로 사용하여 왔다. A교회는 예배당으로 사용하기 위하여 X부동산을 취득하면서 착오로 이 사건 A교회의 대표자인 목사 甲의 명의로 취득한 것이므로, 구 지방세특례제한법 제50조 제1항에 따라 취득세 면제 대상에 해당한다는 이유로 경정청구를 하였으나 거부당했다.

(2) 판결요지

종교 및 제사를 목적으로 하는 단체가 해당 사업에 사용하기 위하여 취득하는 부동산에 대하여는 취득세를 면제하되, 수익사업에 사용하는 경우와 취득일부터 3년 이내에 정당한 사유 없이 그 용도에 직접 사용하지 아니하는 경우 또는 그 사용일부터 2년 이상 그 용도에 직접 사용하지 아니하고 매각·증여하거나 다른 용도로 사용하는 경우, 그 해당 부분에 대하여는 면제된 취득세를 추징한다고 규정하고 있다(구 지방세특례제한법 제50조 제1항). 조세법률주의의 원칙상 과세요건이거나 비과세요건 또는 조세 감면요건을 막론하고 조세 법규의 해석은 특별한 사정없는 한 법문대로 해석할 것이고 합리적 이유 없이 확장해석하거나 유추·해석하는 것은 허용되지 아니하고 특히 감면요건 규정 가운데에 명백히 특혜규정이라고 볼 수 있는 것은 엄격하게 해석하는 것이 조세 공평의 원칙에 부합한다.[46]

이 사건 X부동산의 매수자금은 재단법인 Y선교회의 개척지원자금과 A교회의 재정으로 조달되었으나, 목사 甲의 명의로 매각허가결정을 받아 이 사건 부동산에 관하여 소유권 이전 등기를 마쳤다는 목사 甲의 주장에 의하더라도 매수대금의 부담 여부와는 관계없이 목사 甲이 이 사건 X부동산의 소유권을 적법하게 취득한 이상

45) 대법원 1986. 6. 24. 선고 85누189 판결.
46) 대법원 1998. 3. 27. 선고 97누20090 판결.

취득세 납세의무가 성립하고, 이 사건 A교회가 예배당으로 사용하기 위하여 A교회 명의가 아닌 그 대표자인 목사 甲의 명의로 이 사건 부동산을 취득한 때에도 종교단체에 대한 취득세 면제를 규정한 구 지방세특례제한법 제50조 제1항에 해당하는 것으로 확장해석을 하거나 유추해석을 할 수는 없다고 판시하였다.[47]

Ⅳ. 결론

세금 문제는 법률 중에서도 매우 복잡하다. 전문가가 아닌 이상 접근하기 어려워 많은 교회가 과세 대상이 아님에도 세금을 납부하는 경우가 종종 있고, 나중에 과세 문제로 법적 소송 등의 문제가 발생하기도 한다. 종교단체는 국세는 세무 당국으로부터, 지방세는 행정기관으로부터 각각 종교단체라는 실체를 규명하기 위해 국세청에서 고유번호증을 발급받고, 시·구청 지적과에서 부동산등기용 등록번호를 부여받아야 한다. 그리고 유념해야 할 사항으로 교회 재산과 대표자의 재산은 반드시 분리해야 하고, 교회 재정의 수입과 지출에 대해 교회정관에 규정하고, 간이영수증이 아닌 세금계산서 영수증을 구비하여 5년간 보관해야 하며, 모든 수입과 지출은 반드시 회계장부에 기록해야 한다.

교회는 과세 문제로 인한 법적 분쟁을 대비하기 위해 다음 세 가지에 관심을 가져야 한다. 첫째, 전문가의 도움을 받아야 한다. 교회 또는 종교단체의 특정재산이 위에서 설명한 바와 같이 비과세 대상에 해당하는 때에는 세무 당국이 스스로 알아서 면세해주지 않기 때문에 교회나 종교단체가 비과세신청 또는 세금감면신청을 해야만 세금을 면제받을 수 있다. 그리고 한 번 세금을 납부하면 돌려받기 위해서는 행정소송 등을 거쳐야 하는 수고로움 때문에 포기하는 경우가 발생하므로 세금납부를 하기 전에 전문가의 도움을 받는 것이 필요하다.

둘째, 세법에 관한 관심을 가져야 한다. 교회 재산은 동일한 재산일지라도 부동산의 사용 용도, 사용기간 등에 따라서 과세 대상이 될 수도 있고, 비과세 대상이 될 수도 있으며, 관련 세법의 변경에 의해서도 달라질 수 있다. 따라서 교회나 목회자 개개인이 교회 관련 세법이나 세법의 변경 사항에 관해 관심 가지는 것도 필요하고,

47) 대법원 2013. 11. 14. 선고 2013두15545 판결.

교단 차원의 적극적인 정보와 자료의 제공 및 전문가에 도움을 모색하여 전문적인 지원체계를 확립하는 것도 요구된다.

셋째, 법원판결을 참고해야 한다. 법원의 판결도 상황에 따라 다른 판결이 선고되기도 한다. 그러나 일반적인 우리나라 법원의 판결을 보면 예배당, 교육관, 수양관, 목사나 선교사의 사택 등 교회의 고유 업무를 위해 사용되는 것에는 세금부과 대상에서 제외하고 있고, 부목사, 강도사, 전도사나 사찰 집사의 사택 등은 교회의 목적 사업에 필요불가결한 중추적 존재라고 할 수 없다고 하여 세금부과 대상으로 하고 있다.

제2절 ‖ 종교인 과세

Ⅰ. 종교인소득 과세

1. 종교인소득 과세에 대한 이해

(1) 종교인소득과 한국교회

2018년 본격적으로 종교인(宗教人) 과세가 시행되었다. 종교인 과세는 종교인소득에 대한 과세이다. 종교인 과세가 시행되기 전에 목회자들을 대상으로 하는 종교인 과세에 관한 찬반을 묻는 여론조사에서 종교인의 납세 의무화에 관한 조사 결과 응답자의 51.0%는 반대한다고 답했고, 49.0%는 찬성하는 것으로 비슷하게 나타났다. 종교인 과세에 대해서 불교나 천주교에서는 찬성하지만, 대다수 개신교 목회자들이 반대한다는 언론의 보도 내용과는 사뭇 다른 조사 결과라고 할 수 있었다.

한국교회는 미자립교회가 약 75% 이상이고, 교인이 100명 이내인 교회가 절대다수며, 목회자 대다수가 기초생활수급자 수준의 소득으로 열악한 생활을 하고 있다. 대한예수교장로회총회(합동) 교회자립지원위원회가 2015년 10월 내놓은 전국 교회 예산 통계 현황을 보면, 통계표에 입력한 8,712개 교회 중 미자립교회는 3,267개로 전체 37.5%에 이른다. 미자립교회의 평균 예산은 1,400만 원으로 교회 한 달 재정이 평균 120만 원에도 미치지 못하는 것으로 나타났다. 한국고용정보원의 2015년 6월 《2014 한국 직업 정보 시스템 재직자 조사 기초 분석 보고서》에서도 목사의 월평균 소득이 238만 원이라고 조사되었다. 이 조사는 직업별 30명을 면담 조사한 방식으로 했기에 실질적으로 목사들의 평균 소득은 이보다 훨씬 낮을 것으로 예상된다.

한국조세재정연구원(KIPF)이 2016년 12월 발표한 《소득수준별 세 부담 평가와 발전 방향》 보고서를 보면 4인 가구의 경우 소득이 평균 임금의 75% 이하이면 대부분 면세가 된다. 평균 임금의 35%는 대략 1,400만 원, 평균 임금의 75%는 대략 3,000만 원 수준이라고 밝혔다. 4인 가구의 경우 한 달 생활비가 250만 원 미만이면 세금이 발생하지 않는다는 뜻이다. 따라서 한국교회 목회자들의 90% 이상이 연 3,000만 원 미만의 수입으로 생활하기 때문에 가족 공제 등을 고려하면 사실상 처음부터 소득세 과세 대상에 해당하지 않는 것이다.

한국교회 목회자들의 거의 30%가 최저생계비에도 못 미치는 연 1,000만 원 미만의 초라한 수입으로 간신히 생명을 유지하는 정도로 극도의 빈곤한 삶을 살고 있다. 따라서 종교인 과세가 전면 시행되었지만, 실제로 과세 대상은 일부 고소득 종교인에 지나지 않는다고 볼 수 있다. 오히려 종교인 과세가 시행되면서 저소득 종교인들은 최저생계비 지원 대상에 속해서 세금을 내는 게 아니라, 정부로부터 장려금 및 생계지원금을 지원받는 이점도 발생하고 있다.

(2) 종교인 과세 법률안

종교인 과세 논의가 처음 시작된 것은 1968년 박정희 정권 시절 「갑종근로소득세」이었지만, 본격적인 논의는 2012년부터였다. 2014년 2월 '소득이 있는 곳에 세금이 있다.'라는 원칙에 따라 국회에 종교인소득 신설 방안이 제출되었고, 2015년 12월 2일 국회 본회의에서 종교인 과세 조항을 넣은 '소득세법' 개정안이 통과되어 2016년 1월 1일부터 시행하기로 하였으나 2년 유예되었다. 그리고 종교인의 소득과세를 위한 '소득세법' 일부개정안이 2017년 12월 2일 국회 본회의를 통과함에 따라 2018년부터 종교인 과세가 실현되게 되었다.

(3) 종교인 과세 세수 전망

기획재정부자료에 의하면 우리나라 전체 종교인이 약 23만 명으로 파악하고 있는데, 이 중에 약 20%에 해당하는 4만 6천 명 정도가 과세 대상이 된다. 종교인들로부터 걷게 되는 실효세율은 면세자를 제외하면 약 1%인 연간 100억 원 정도가 될 것으로 기획재정부는 예측하고 있는데, 이는 2020년 대한민국 연간 예산 512조억 원 대비 0.002－3%에 불과하다. 그리고 나머지 80%에 해당하는 18－19만 명의 종교인은 소득이 낮아 세금을 납부할 대상이 되지도 않으며, 오히려 종교인 다수가 과세의 반대급부인 저소득층 보조금 혜택인 근로·장려세제(EITC) 대상에 해당하여 연 1,200억 원의 예산이 소요될 것으로 예상되었다. 즉 종교인이 납부하는 세금보다 정부가 종교인들에게 지급해야 하는 장려금이 10배 이상 더 많게 되는 것이다.

(4) 해외 사례

세계 대부분 국가는 종교인소득에 대해 과세하고 있다. 이슬람 국가의 경우, 종교가 국가인 정교일치 국가로서 자카트(Zakat)라는 종교세가 정착되어 있으나 어디까지나 자발적이고, 샤리아(Sharia, 이슬람법)를 국가 운영의 근간으로 하는 일부 국가에서 운영되고 있는 편이다. 그리고 이슬람은 연장자나 존경받는 '이맘'(imam)이 주도하기 때문에 종교인 세금에 관해 문제가 되지 않고 있다. 미국 정부는 종교인에 대해서 근로소득으로 분류하고, 연방세와 주세를 부과한다. 종교인은 종교단체로부터 받는 소득의 15%(종교단체 7.5%, 종교인 7.5%)의 세금을 낸다. 다만 주택유지, 도서비, 목회자 교육, 자동차 운영, 심방활동 등 목회 활동에 관련된 비용은 과세하지 않는다. 미국 정부는 모든 세금 납부자들의 퇴직연금을 보장하고 있어서 종교인이 소액일지라도 10년 이상 세금을 내면 퇴직 후 정부로부터 일정 금액 이상의 연금을 받을 수 있다. 독일은 교회 신도들로부터 소득세의 8－10%의 교회세를 징수하고, 별정직 공직자 신분인 종교인에 대해 국가에서 급여를 지급하며, 소득세를 원천징수하고 있다. 캐나다나 일본도 다른 국민과 동일하게 소득세를 신고 납부하도록 하고 있다.

2. 종교인소득

(1) 종교인

종교인 과세는 종교단체에 부과하는 세금이 아니라, 종교인에게 부과하는 세금을 말한다. 종교인은 종교예식 또는 의식을 집행·관장하는 등의 활동을 하는 종교와 관련하여 종사하는 사람을 뜻한다(통계법 제22조). 종교 관련 종사자는 한국표준직업분류상[48] 교리와 해설과 설교를 하고 종교의식을 집행하는 성직자, 그리고 성직자를 보조하고 제반 종교적 활동을 수행하는 기타 종교 관련 종사원으로 구분한다. 성직자는 목사(목사, 교목, 원목, 군목, 부목사), 신부, 승려, 교무, 그 외에 성직자가 있고, 기타 종교 관련 종사자는 수녀, 수사, 전도사, 포교사, 선교사 등이 있다.

(2) 종교인소득

종교인소득은 종교 관련 종사자가 종교의식을 집행하는 등 종교 관련 종사자로서의 활동과 관련하여 대통령령으로 정하는 종교단체로부터 받은 소득을 말한다(소득세법 제21조). 그러나 종교인이 사회복지단체나 기업에서 받는 소득은 종교인소득이 아니라 근로소득이 된다. 종교인소득은 종교 업무에 종사하는 종교인이어야 하고,

---

48) 통계청, 「한국표준직업분류」, http://kostat.go.kr.

종교와 관련되는 활동을 하며, 종교단체로 받은 소득[49] 이 3가지를 모두 충족해야만 종교인소득이라고 할 수 있다. 만약 하나라도 요건이 충족되지 않으면 종교인소득에 해당하지 않는 것이다. 종교인소득에는 생활비, 선교비, 교육비, 도서비, 복리후생비 등 명목으로 소속 교회나 교단으로부터 정기적으로 받는 금원 외에도 부흥회나 세미나, 강사료 등 일체의 종교 관련 활동으로 얻게 되는 소득을 포함한다.

(3) 종교인소득의 구분

종교인이 받는 소득은 소득세법상 기타소득(其他所得)에 해당하지만, 근로소득으로 원천 징수하거나 과세표준 확정신고를 한 경우에는 근로소득(勤勞所得), 퇴직하여 종교단체로부터 받는 소득은 퇴직소득(退職所得)이라고 한다. 현실적인 퇴직을 원인으로 종교단체로부터 받는 퇴직금은 종교인소득인 기타소득에 해당하지 않는다(소득세법 제42조의2 제4항 제4호).

1) 기타소득

현행 소득세법은 과세하는 기타소득 대상을 25종류로 규정하고 있는데, 기타소득은 사업소득과 상반되는 개념으로 계속적·반복적 소득이 아니라, 복권당첨금, 강사료 등과 같이 일시적·우발적으로 발생하는 소득을 말한다. 그러나 종교인소득은 일시적·우발적인 소득이 아니라 계속적·반복적 소득이라고 할 수 있다. 따라서 종교인소득은 원칙적으로 기타소득이 될 수 없는 것이다. 그럼에도 소득세 개정안은 종교 관련 종사자가 종교의식을 집행하는 등 종교 관련 종사자로서의 활동과 관련하여 종교단체로부터 받은 소득에 대해서 근로소득이나 기타소득으로 선택하여 신고할 수 있도록 하였고, 소득세 과세 대상으로 하고 있다(소득세법 제21조 제26항). 그리고 종교인이 퇴직한 이후에 종교 활동과 관련하여 종교단체로부터 정기적·부정기적으로 받는 소득(퇴직금과 구별)도 종교인소득에 해당한다(소득세법 제21조 제1항 제26호).

2) 근로소득

근로소득(勤勞所得)은 보수를 목적으로 하여 육체적·정신적 노동을 제공하고 받는 소득을 말한다(근로기준법 제14조). 하지만 종교인은 보수를 목적으로 노동을 제공

---

49) 종교단체는 소속된 종교단체를 뜻하고 타 종교단체는 해당하지 않는다. 예를 들어 목회자가 절에서 강연하고 받는 사례비는 종교인소득이 아니라, 기타소득에 해당한다.

하는 것이 아니라, 종교적 신념에 의해 자발적으로 헌신과 봉사를 하기 때문에 근로자라고 할 수 없다. 또한 근로자는 근로계약에 의해 사용자에게 노동을 제공하고, 대가인 보수를 받는 피고용자로 근로기준법의 적용을 받지만, 종교인의 지위는 노동을 대가로 보수를 받는 피고용인도 아니고, 법적으로도 근로관계를 전제로 하는 근로자가 아니기 때문에 근로기준법의 적용을 받지 못한다. 따라서 종교인은 근로를 제공하는 자가 아닌 까닭에 근로자가 아니며, 근로자가 아닌 종교인의 생활비를 근로소득으로 신고한다는 것은 문제가 있다.

그럼에도 2017년 종교인의 소득 과세를 위한 소득세법 개정안은 종교단체가 소득을 지급하면서 종교인소득을 근로소득으로 원천징수하거나 과세표준 확정 신고를 하는 경우에는 해당 소득을 근로소득으로 신고하도록 하고 있다(소득세법 제21조). 종교인이 근로소득으로 신고하는 때에 4대 보험(5인 이상은 의무가입)에 가입해야 한다. 종교단체는 근로소득 지급명세서를 그 지급일이 속하는 과세기간의 다음연도 3월 10일까지 제출해야 한다.

3) 퇴직소득

종교인이 현실적인 퇴직을 원인으로 종교단체로부터 받는 소득은 퇴직소득에 해당한다(소득세법시행령 제42조). 그러나 퇴직 이후에라도 종교인이 종교 활동과 관련하여 종교단체로부터 받는 소득은 종교인소득에 해당한다. 종교단체는 퇴직소득을 지급할 때 퇴직 소득세를 원천징수를 하고, 그 징수일이 속하는 달의 다음 달 10일까지 신고·납부해야 한다. 종교단체는 퇴직소득 원천징수 영수증을 발급해야 하고, 퇴직소득 지급명세서를 과세기간 다음 연도 3월 10일까지 제출해야 한다.

(4) 종교인소득과 근로소득

종교 활동과 관련된 소득에 관하여 종교인소득(宗教人 所得)이라고 하고, 종교인이라고 할지라도 종교 활동 이외의 소득은 근로소득(勤勞所得)에 해당한다. 종교인소득은 목회자들이 생활비, 선교비, 교육비, 도서비 등 명목으로 소속 교회나 교단 등으로부터 정기적으로 받는 금원 외에도 부흥회나 세미나, 강사료 등 일체의 종교와 관련한 활동으로 발생하는 소득이 포함된다. 종교 활동과 관련되지 않은 소득, 저서에 대한 인세, 목사 명의의 아파트나 토지를 임대한 경우와 같이 종교단체 외의 기관에서 받는 기타소득에 해당한다.

종교인은 종교인소득으로 신고할 것인지 또는 근로소득으로 신고할 것인지를 선택할 수 있다.[50] 담임목사나 종교인은 근로소득보다는 종교인소득으로 신고하는 것이 좀 더 유리하다. 종교인소득이나 근로소득은 과세표준(필요경비, 소득공제)과 징수세율, 세액공제(카드사용) 항목에서 차이점이 있지만, 비과세, 근로·자녀장려금 혜택 등에서 실질적인 차이가 없는 까닭에 더 유리하다. 반면 정년으로 퇴직을 하는 때에 기타소득인 사례금으로 분류가 되어 퇴직금에 부과되는 세금이 일반 퇴직금보다 높다는 차이점이 있다.

3. 종교인 과세

(1) 종교인 과세 대상

종교단체에 소속되어 종교예식 또는 의식을 집행·관장하는 등의 활동을 하는 종교 관련 종사자를 말한다. 그동안 종교인들도 국세와 지방세 등 세금을 내고 살아왔지만, 종교 활동으로 발생한 소득에 대한 세금에 대해 신고 및 납부를 하지 않았다. 종교인들이 소득세에 대해 납세를 하지 않았던 것은 법률에 근거한 것이 아니라 관행이었다고 할 수 있다. 또한 종교인들의 사회적 역할을 배려하거나 종교인들의 소득을 파악하기 어려웠기 때문이다. 현행 소득세법 제12조에 비과세 소득 항목에 종교인소득에 관한 규정이 없다. 하지만 종교인 과세 시행으로 종교단체로부터 받는 생활비(소득)에 대해서도 세금을 신고, 납부해야 한다(소득세법 제12조). 교회에서 종교 관련 종사자는 목사, 교목, 원목, 군목, 부목사, 전도사, 선교사가 종교인 과세 대상이다. 종교인의 세금납부 여부에 관한 찬반 논쟁이 있으나 벨직 신앙고백서(The Belgic Confession A.D. 1561) 제36장(국가의 정부)은 '누구든지, 어떤 사회적 신분이나 조건이나 지위에 있든지, 공직자에게 모든 사람은 복종해야 하며, 세금을 내야 하며, 경의와 존경으로 그들을 대해야 하고, 하나님의 말씀과 일치하는 모든 일에 있어서 그들에게 순종해야 한다.'라고 선언하고 있다.[51] 칼빈은 공물과 세금은 공공의 필요

---

50) 세법상 근로소득과 기타소득의 차이점은 근로소득은 소득이 계속적·반복적으로 발생하는 것이고, 기타소득은 대부분 일시적·우발적으로 발생한다. 예를 들어 한 목사가 담임하는 교회에서 매월 일정액의 생활비를 받는다면 근로소득이지만, 다른 교회에 가서 부흥회를 하거나 세미나를 하여 사례비를 받을 경우, 기타소득이 된다.

51) 벨직 신앙고백서 제36장(국가의 정부)
우리는 인류의 부패 때문에 은혜로우신 하나님께서 왕들과 군주들과 공직자들을 세우셨다는 것을

를 위해 충당하기 위한 군주들의 합법적인 수입으로서 국민 전체의 재산이다(롬 13:6). 하지만 이유 없는 과세는 착취에 해당하며, 군주들은 하나님 앞에서 깨끗한 양심으로 사용해야 한다고 하였다.[52)]

(2) 종교인 과세의 납부 선택

종교과세는 종교단체에 부과하는 종교단체 관세와 종교인에게 부과하는 종교인 과세를 혼동하는 사람들이 있는데, 종교단체 과세(宗教課稅)와 종교인 과세(宗教人課稅)는 엄연히 다르다. 원칙적으로 종교인 과세는 종교단체인 교회 재산(부동산, 교회의 공적인 경비)에 대해서 비과세하고, 종교인소득에 대한 과세라고 할 수 있다. 종교관련 종사자에 대해 종교인소득을 지급하는 종교단체에 대해선 다른 원천징수의무자와 달리 원천징수와 개인 신고납부를 선택사항으로 규정하고 있어서 원천징수 시에 반기별 납부 특례를 허용하고 있다. 또한 종교인은 근로소득과 기타소득 중 하나를 선택하도록 하고, 필요경비 외에 학자금과 식비 등 실비변상 금액을 비과세하며, 정교분리원칙에 따라서 세무조사의 범위를 종교인의 개인 소득에 한하도록 범위를 제한하였다.

근로소득(勤勞所得)에 대한 과세인 근로소득으로 신고하는 때에 4대 보험 가입 시 종교인이 50%, 교회에서 50% 부담하고, 카드 사용 금액에 대해서 공제받을 수 있다. 그러나 종교인소득으로 신고하는 때에는 개인이 건강보험과 국민연금에 가입해야 하는데, 종교인은 근로자가 아니므로 고용·산재보험의무가입대상에 해당하지 아

믿습니다. 1) 하나님께서는 사람들의 방탕함이 억제되고, 모든 것이 선한 질서로 그들 가운데서 행해지게 하기 위해 세상이 법과 제도에 의해서 다스려지기를 원하십니다. 그 목적을 위해 하나님께서는 범죄자를 처벌하시고 선을 행하는 자들을 보호하시기 위해서 정부의 손에 칼을 두셨습니다(롬 13:4). 억제하고 보호하는 정부의 일은 공공질서에만 제한된 것이 아니라 그리스도의 왕국이 도래하고, 복음의 말씀이 모든 곳에서 설교되게 하여 하나님께서 당신의 말씀에서 요구하신 대로 모든 사람에 의해서 영광을 받으시고 섬김을 받으시도록 하기 위한 교회의 사역과 교회를 보호하는 것도 포함합니다. 나아가, 누구나—어떤 사회적 신분이나 조건이나 지위에 있든—공직자에게 모든 삶은 복종해야 하며, 세금을 내야 하며, 경의와 존경으로 그들을 대해야 하고, 하나님의 말씀과 일치하는 모든 일에 있어서 그들에게 순종해야 합니다. 우리는 그들을 위해 기도하여 하나님께서 그들의 모든 길을 지도해 주시어 우리가 조용하고 평화로운 삶 곧 모든 면에서 경건과 단정한 중에 살도록 해야 합니다(딤전 2:1—2). 이런 이유로 우리는 재세례파들과 다른 반역하는 사람들과 일반적으로 권세들과 공직자들을 배격하고 공의를 뒤엎고, 재산의 공유를 도입하며, 하나님께서 사람들 가운데 세우신 예의범절을 혼란하게 하는 모든 자들을 정죄합니다.

52) 존 칼빈, 「영·한기독교강요」, 기독성문출판사, 1993년, 991면.

니한다. 근로소득을 신고하는 때에는 월세, 보험료, 의료비, 교육비 등은 세액 공제를 받지만, 종교인소득으로 신고하는 경우 공제받을 수 없고, 자녀 세액, 기부금, 연금계좌 세액은 공제받을 수 있다.

(3) 종교인 과세 및 비과세 대상

1) 과세 소득

종교인소득은 종교인이 소속된 종교단체로부터 받은 소득을 말하며, 생활비, 상여금, 공과금,[53] 의료비, 건강보험료,[54] 자녀학자금, 교회가 대납한 종교인소득에 대한 세금 등에 과세하는 것이다(소득세법 제21조). 그리고 종교인이 상가를 임차한 때에 교회에서 임대료를 지급하였다면, 종교인소득으로 과세한다. 종교인 퇴직금에 대한 과세는 근로자처럼 근로 연수에 따라 납부해야 한다(퇴직금에 대한 소득세표). 그러나 종교인이 교회에 채권이 있어서 교회에서 종교인에게 지급하는 이자(종교인에 대한 채권 유무는 반드시 공동의회에서 결의해 두어야 한다.), 종교 활동과 관련이 없이 받은 사례비, 세미나, 강의료 등은 종교인소득이 아니고, 기타소득으로 신고 납부해야 한다.

2) 비과세 소득(소득세법 제12조, 소득세법시행령 제19조)

법령에 비과세 항목으로 열거되고, 요건을 충족하는 때에는 비과세 된다. 비과세되는 종교 활동비 요건이란 종교 관련 종사자가 소속 종교단체의 규약 또는 소속 종교단체 의결기구의 의결, 승인 등을 통해 결정된 지급기준에 따라 종교 활동을 위해 통상적으로 사용할 목적으로 받은 금액 및 물품을 말한다.

종교인소득에서 비과세 소득은 본인 학자금(입학금, 수업료, 수강료, 공납금), 식사대(10만 원 이내), 여비(20만 원), 자녀보육수당, 종교단체가 소유한 주택이나 종교단체가 직접 임차한 주택으로 종교인에게 무상으로 제공하는 사택 제공이익(소득세법시행규칙 제10조), 종교 활동비,[55] 은퇴 목사가 종교단체로부터 정기적으로 받는 생활

---

53) 교회 내에 있는 사택 공과금을 교회에서 지출하면 종교인소득으로 포함되지 않지만, 별도의 사택은 교회에서 지출했더라도 종교인소득이다.

54) 자녀의 직장보험에 가입되어 있다고 할지라도 월 500만 원이 넘으면 독립적으로 건강보험에 가입해야 한다.

55) 종교인에게 종교 활동비를 지급할 경우에 종교 활동비는 비과세하지만, 금액은 신고해야 한다(종교 활동비 신고 의무). 그러나 종교 활동비를 교회에서 공적으로 관리하고 사용할 경우(교회 통

비는 종교인소득으로 비과세에 해당한다.

(4) 종교인 과세 신고 및 납세 방법(소득세법시행령 제186조)

1) 신고 방법

상·하반기가 종료되는 다음달 10일까지 6개월간 세목별 지급액과 원천징수 세액을 기재한 「원천징수이행상황신고서」를 주소지 관할 세무서로 제출한다.

① 작성한 신고서를 주소지 관할 세무서 민원실에 방문 제출한다.

② 작성한 신고서를 주소지 관할 세무서로 우편 발송한다.

③ 국세청 홈택스(www.hometax.go.kr)에서 전자 신고한다.

④ 지방소득세는 위택스(www.wetax.go.kr)에서 전자 신고한다.

2) 납세 방법

① 납부서를 작성(또는 전자신고 후 홈택스에서 출력)하여 금융기관 방문하여 납부한다.

② 작성한 납부서 내용을 기초로 금융기관 인터넷뱅킹으로 납부한다.

③ 국세청 홈택스에서 전자신고 종료 후 계좌인출 방식으로 전자 납부한다.

④ 지방소득세는 위택스에서 전자 납부한다.

(5) 과세 납부 형태

1) 원천징수(종교단체가 원천징수 의무자, 소득세법 시행령 제202조)

원천징수(源泉徵收)란 납세의무자가 자신의 세금을 직접 납부하지 않고, 소득을 지급하는 자가 일정액을 징수하여 과세당국에 납부하는 제도이다. 종교인소득의 경우에는 '종교인소득 간이세액표'를 적용하고, 종교인소득을 근로소득으로 원천 징수하는 때에는 '근로소득간이세액표'를 적용한다. 종교인소득을 지급하는 종교단체가 원천징수의무자이며 소득을 받는 종교인은 납세의무자이다. 그리고 종교단체는 반기별 납부를 적용하고자 하는 때에는 반기별 납부를 적용하고자 하는 전월에 신청해야 한다. 종교단체는 「소득자별 종교인소득 원천징수부」를 매월 기록하고, 원천징수 의무자가 확정신고 납부할 세액이 없는 경우에는 과세표준 확정신고를 하지 않아도 된다.

장, 카드) 종교 활동비를 신고하지 않아도 된다.

① 월별 납부: 매월 분 소득 지급 시 소득세를 원천 징수하여 다음 달 10일까지 신고·납부해야 한다.

② 반기별 납부: 연 2회 신고 납부(1월－6월분은 7월 10일까지, 7월－12월분은 다음 해 1월 10일까지)해야 한다.

2) 연말정산

종교단체가 종교인소득에 대하여 원천 징수한 때에 1년간 지급한 급여총액을 기준으로 매월 급여 지급 시 원천 징수한 세액과의 차액을 정산하여 다음 해 2월 급여 지급 시 정산 차액을 추가 징수하거나 환급한다(소득세법 제145조). 원천징수 의무자는 소득자가 소득금액, 원천징수 세액을 확인할 수 있도록 '원천징수 영수증'(지급명세서)을 반드시 발급하여야 한다. 만약 종교인소득세액 연말정산을 신청하거나 포기하려는 경우에 최초로 종교인소득세액 연말정산 해당 과세기간 종료일인 12월 31일까지 '종교인소득세액 연말정산신청서'를 신청하거나 '종교인소득세액 연말정산포기서'를 관할 세무서에 제출해야 한다.

3) 종합소득세 과세표준 확정신고

종교단체가 원천징수를 하지 않고 소득을 지급한 경우에 종교인 본인이 1년 동안 수령한 금액을 근로소득 또는 기타소득으로 분류하여 다음 해 5월 1일－5월 31일까지 종합소득세 과세표준 확정신고를 해야 한다(소득세법 제155조). 법정 신고기한까지 종합소득세 확정신고를 하지 않은 경우 또는 종합소득세를 적게 신고·납부하는 경우에는 불성실 가산세를 추가로 납부하게 된다.

4. 종교인소득 지급명세서 제출

지급명세서(支給明細書)는 종교단체(교회)가 종교인에게 지급하는 생활비를 증빙하는 서류를 말하는데, 소득을 지급하는 종교단체가 작성해서 제출하고, 종교단체가 종교인에게 생활비를 지급하지 않았다면 지급명세서를 제출할 필요가 없다. 종교단체는 원천징수 및 연말정산 여부와 관계없이 매년 3월 10일까지 지급명세서를 관할 세무서에 제출해야 하며, 세무 당국은 지급명세서를 근거로 소득신고와 성실납부 여부를 검증하게 된다.

지급명세서에는 종교 활동에 사용하기 위한 목적으로 종교인에게 지급된 비과세 소득인 종교 활동비 지급액도 지급명세서에 기재하여 제출해야 한다(소득세법 제164조). 그리고 원천징수 신고의 근거가 되는 지급명세서를 반드시 신고해야 근로·자녀 장려금 혜택을 받을 수 있다. 만약 지급명세서를 제출하지 않거나 지급명세서 제출 불성실의 경우 가산세를 내야 한다.

5. 종교인소득 필요경비

필요경비(必要經費)는 소득을 발생시키는 과정에서 발생하는 비용으로 수입 금액에 대응(차감)하는 금액을 말한다(소득세법시행령 제87조). 원천징수 소득세액은 필요경비를 공제한 후 금액의 20%를 기타소득 원천징수 소득세액으로 공제하고, 원천징수 소득세액의 10%를 지방소득세로 추가 공제한다.

종교인이 받은 금액	필요경비
2천만 원 이하	종교인이 받은 금액의 100분의 80
2천만 원－4천만 원 이하	1,600만 원*(2천만 원을 초과하는 금액의 100분의 50)
4천만 원－6천만 원 이하	2,600만 원*(4천만 원을 초과하는 금액의 100분의 30)
6천만 원 초과	3,200만 원*(4천만 원을 초과하는 금액의 100분의 20)

6. 종교단체의 수입과 지출서류

① 교회정관에 재정(회계) 조항을 명시해야 한다.

② 종교단체 회계장부와 종교인 회계장부를 구분하여 기록, 관리해야 한다(소득세법시행령 제41조).

③ 종교단체 회계는 종교단체 고유목적사업의 수입과 지출, 종교인에게 귀속되는 지출을 기록한다.

④ 종교인 회계는 종교인에게 귀속되는 지출(생활비 등)과 종교인이 종교단체를 위해 지출한 비용(종교 활동비)을 구분하여 기록한다.

⑤ 종교인 생활비 통장과 교회 통장을 구분하여 관리해야 한다.

⑥ 종교단체의 지출은 지출결의서에 의해 지출하도록 한다.

⑦ 영수증 첨부(선교비, 국내 선교비는 당회장과 회계부장 서명 영수증이나 통장 입금)

⑧ 현금보다 교회 법인카드를 사용하되 사용 내역 조회를 위해서 신용카드보다 체크카드를 발급받아 사용한다.

⑨ 종교단체가 종교인 회계와 종교단체 회계를 정당하게 구분하여 기록, 관리하는 때에는 세무공무원은 종교단체 회계에 관한 조사하거나 제출을 명할 수 없다(소득세법시행령 제170조, 제222조).

7. 근로장려금 및 자녀장려금

종교인소득이 있는 거주자는 근로·자녀장려금 신청요건을 충족하는 때에 종교인소득의 신고·납부 방식에 상관없이 근로·자녀장려금을 신청할 수 있다(조세특례제한법 제100조). 그러나 근로·자녀장려금은 가구원, 소득, 재산 이 3가지 요건을 모두 충족해야 가능하다.

(1) 근로장려금

소득이 적은 근로자·자영업자 가구 등에 근로소득이나 사업 소득 또는 종교인소득에 따라 산정된 장려금을 지급하여 근로 유인 및 소득지원을 하는 제도를 말한다. 근로장려금의 요건은 첫째, 부양 자녀 18세 미만 또는 70세 이상의 부모가 있는 가구이거나 30세 이상의 단독가구(중증장애인은 연령제한 없음)이어야 한다. 둘째, 소득이 있어야 한다(단독 2,000만 원 이하, 홑벌이 3,000만 원 이하, 맞벌이 3,600만 원 이하). 셋째, 재산은 부동산과 동산 총액이 2억 원 이하이어야 하고, 1억 4천만 원 이상일 때는 50% 감액한다.

(2) 자녀장려금

소득이 적은 근로자·자영업자 가구 등에 18세 미만 부양 자녀가 있는 경우에 출산 장려 및 양육비 지원을 위해 자녀장려금을 지급하는 제도를 말한다. 자녀장려금의 요건은 첫째, 가구 소득이 4,000만 원 이하이어야 한다. 둘째, 18세 미만 부양 자녀가 있어야 한다. 셋째, 재산은 부동산과 동산 총액이 2억 원 이하이어야 하고, 1억 4천만 원 이상일 때는 50% 감액한다. 자녀장려금은 부양 자녀 1인당 70만 원 이내에서 자녀장려금 산정표에 따라 지급되며, 5월까지 신청할 경우 100%, 그 이후 신청하는 때에는 90%만 받게 된다.

8. 종교인소득 과세특례

(1) 종교인소득 관련 장부 제출

소득세법 제21조에 따른 종교인소득에 대하여 종교단체의 장부 및 서류 또는 그 밖의 물건 중에서 종교인소득과 관련해 조사하거나 그 제출을 명할 수 있다. 하지만 종교인소득과 관련이 없는 기타 교회 재정 장부에 대해서는 조사하거나 제출을 명할 수 없다.

(2) 수정신고 안내

세무에 종사하는 공무원은 종교인소득에 관한 신고내용의 누락이나 오류가 있고, 소득세법 제170조에 따라 질문·조사권을 행하려는 경우에는 미리 국세기본법 제45조에 따른 수정신고를 안내해야 한다.

(3) 종교단체 재정 장부에 대한 구분

종교단체는 종교인에게 지급한 금액 및 금품 장부 등과 종교 활동과 관련하여 지출한 장부와 통장 등을 구분해 기록하고 관리해야 한다. 종교단체가 정당하게 구분하여 기장한 때에는 세무에 종사하는 공무원은 소속 종교단체가 소속 종교인에게 지급한 금액 및 물품 외에 그 밖의 종교 활동과 관련하여 지출한 비용을 구분하여 기록하고 관리한 장부 또는 서류는 조사하거나 제출을 명할 수 없다(소득세법시행령 제41조 제15항).

9. 근로계약서

근로계약서(勤勞契約書)는 근로자와 사용자가 법률관계를 맺는 것으로 근로자와 사용자 사이에 계약이 성립되었음을 증명하기 위하여 작성하는 계약서를 말한다(근로기준법 제17조). 근로계약서 작성은 근로자와 사용자 모두에게 유익하다고 할 수 있다. 일반 사기업 근로자나 교회 직원(종교인 이외 5인 이상의 교회 근로자)은 근로자로서 근로계약서를 작성하지 않은 경우, 고용관계에 변동이 생기는 때에 불이익을 받을 수 있고, 사용자가 근로계약서를 작성하고 근로자에게 교부하지 않으면 처벌받을 수 있으므로, 반드시 근로계약서를 작성해야 한다.

(1) 근로계약서 작성 방법

근로계약서를 작성할 의무는 근로자가 아니라 사용자에게 있다. 근로계약서에는 고용계약 기간, 노동의 대가로 받는 임금의 금액 및 지급 시기, 노동시간, 해고 사유 등이 기재되어야 한다. 근로계약서는 대부분의 계약과 마찬가지로 근로계약은 서면(書面)으로 체결해야 한다. 사용자와 구두로 약속한 근로계약은 증명이 어려워 인정받지 못할 수도 있기에 서면으로 체결해야 증거능력이 있게 된다.

(2) 근로계약서 기능

일반적인 계약은 동등한 상태에서 계약을 맺는 것처럼, 근로자와 사용자 간의 계약 또한 동등한 지위와 자유의사에 의하여 결정해야 한다. 하지만, 근로자와 사용자 간에 동등한 관계가 어려운 것이 현실이다. 근로계약서는 사용자나 근로자의 권리와 의무관계를 명확히 하기 위하여 반드시 작성하여 보관해야 한다. 근로계약서는 불확실한 노동시장에서 고용위험으로부터 근로자의 권리를 보호하는 기능을 한다.

(3) 근로조건 위반

사용자(使用者)가 근로계약 체결 당시 근로기준법 제17조에 따라 명시한 근로조건이 사실과 다를 경우에 근로자는 근로조건 위반을 이유로 사용자를 상대로 손해배상을 청구할 수 있고, 즉시 근로계약을 해제할 수 있도록 하고 있다. 사용자는 근로체결 당시에 근로조건을 명시하고 이러한 사항이 명시된 서면을 근로자에게 교부해야 하는 의무가 있다(근로기준법 제19조). 그러나 사용자와 근로자가 서면으로 근로계약서를 작성하지 않고, 구두(口頭)만으로 근로조건을 약속하고 근로했다고 하더라도 근로계약은 체결된 것과 같다.

(4) 종교인 근로계약서[56]

근로기준법상 '근로자'라 함은 직업의 종류와 관계없이 사업이나 사업장에서 임금을 목적으로 사용자의 지휘·명령에 따라 근로를 제공한 자를 말한다. 종교인을 근로자로 볼 것인지 아닌지는 논쟁 중이다. 근로기준법의 근로자 정의에 따른 종교인이 임금을 목적으로 하는 직업인지, 사용자의 지휘·명령에 따라 근로를 제공하는 자

---

56) 근로계약서 양식 참고.

에 해당하는지에 관한 부정적인 의견이 많다고 볼 수 있다. 종교인을 근로자로 본다는 점 때문에 종교인에 대한 과세에 대해 목회자들의 거부감이 많아 정부에서는 근로소득과 기타소득으로 구분하고 종교인이 자율적으로 선택하여 신고하도록 하였다.

종교인은 근로소득이 아닌 종교인소득으로 신고할 경우, 근로계약서를 작성하지 않아도 된다. 담임목사의 경우에는 교회의 대표자로서 근로자가 아니며, 부목사나 전도사도 종교인소득으로 신고한다면 청빙 계약서가 있으면 된다. 그러나 종교단체에서 근무하는 종교인이 아닌 직원은 당연히 근로자에 해당하기 때문에 근로계약서를 작성해야 하는 의무가 있다. 근로기간, 사례비 등 근로조건 등을 명확히 하는 근로계약서를 작성할 필요가 있다. 근로계약서는 교회로부터 부당한 대우를 받거나 담임목사가 전횡을 행사하여 일방적으로 해고되는 일이 발생하는 때에 권리를 보호하는 하나의 수단이 될 수 있기에 부교역자 및 직원들은 근로계약서를 작성하는 것이 바람직하다.

Ⅱ. 종교인소득 과세에 대한 논거

1. 종교인소득 과세를 찬성

천주교, 불교의 조계종, 성공회는 종교 차원에서 종교인소득에 대한 소득세를 납부하고 있고, 개신교의 진보 진영의 교단이나 대형교회를 중심으로 소득세를 납부하고 있다. 천주교의 경우에는 1994년 천주교의 최고의사결정기구인 한국천주교 주교회의에서 성직자의 소득세를 납부하기로 의결하고 소득세를 납부해 오고 있지만, 사제들의 소득이 대부분 적은 까닭에 소득세 금액은 아주 미약하다고 할 수 있다. 종교인소득 과세를 찬성했던 사람들은 종교인들이 국민으로서 권리와 국가의 각종 혜택만 누리고, 모든 국민이 부담하고 있는 국민의 한 사람으로서 의무는 부담하지 않고 있다고 주장하였다.

(1) 국민의 의무

우리나라 조세(租稅) 원칙은 소득 있는 곳에 세금을 부과하고 있다. 세금납부는 국민의 4대 의무 중 하나로 헌법상 부여된 국민의 의무이다. 대한민국 헌법 제38조는 모든 국민은 법률이 정하는 바에 의하여 납세의 의무를 진다고 되어 있다. 종교인 역시 국민의 한 사람이고, 국민이 낸 세금으로 많은 혜택을 누리고 살고 있다. 따라서 종교인들도 국민으로서 당연히 세금을 내야 한다(국민개세주의).

(2) 조세 정의 실현

정부가 단지 부족한 세수를 확보하기 위해서 종교인소득에 과세해야 한다고 주장하는 사람들이 있는데, 정부에서도 밝혔듯이 종교인소득 과세로 얻어지는 세수 충당은 100억에 불과하다고 하였다. 그럼에도 종교인 과세를 시행하려는 이유는 조세 정의 실현에 있다고 한다. 종교인 과세를 찬성하는 사람들은 조세 정의 차원에서 종교인도 세금을 내야 한다고 주장하는 것이다. 즉 소득 있는 곳에 과세 있다는 원칙이다.

(3) 법 앞에 평등

헌법 제11조에 국민의 의무를 회피하기 위한 수단으로 이용될 수 있는 사회적 특수계급의 존재는 인정되지 않는다고 규정하고 있다. 대한민국을 떠들썩하게 한 이슈 중 하나가 사회정의와 관련해 중시되는 가치인 공정성 문제이다. 공정성(公正性)이란 법과 사회제도가 사회 구성원에게 차별 없이 적용되는 것을 말한다. 종교인 과세를 찬성하는 사람들은 종교인에게 세금을 물리지 않는 것은 공정하지 않다고 보는 것이다.

모든 국민은 법 앞에 평등하다. 종교인도 국민의 한 사람이고, 국민의 한 사람으로서 권리와 혜택을 누리고 있다. 그렇다면 교육, 국방, 근로의 의무처럼, 국민으로서 납세의무도 지켜야 한다. 그리고 헌법이나 법률에 종교인소득에 대한 비과세의 법적 근거가 없음에도 단순히 관행이나 정치적 이유로 종교인의 자율에 맡겨 왔지만, 더 이상 종교인소득에 대한 비과세 특혜를 주는 것은 헌법상 평등권 위반이라고 할 수 있다.

(4) 재정의 투명성 확보

종교인 과세를 주장하는 사람들은 종교단체 신도들이 내는 헌금을 종교인들이 임의로 불투명하게 사용할 때, 종교단체 재정은 늘 비리의 온상이 될 가능성이 있기에 과세를 하게 되면 투명성(透明性)이 제고될 것이라고 한다. 목회자 중에서도 교회개혁의 최우선 과제가 교회 재정 투명성을 확보하는 것이라고 보고, 종교인소득에 대한 과세 실현이 추락한 사회적 신뢰를 회복하고 교회 재정의 투명성을 확보하는 지름길이라고 한다.

2. 종교인소득 과세 반대

목회자 중에 종교인소득 과세에 대해서 종교 활동을 법의 테두리 안에서 강제하려는 종교탄압 행위라고 주장하며 법제화에 반대하였다. 목회자들이 종교인소득 과세에 대해서 반대했던 몇 가지 이유를 짚어보고자 한다.

(1) 종교단체 재정의 투명성

종교인소득 과세 시행으로 종교단체 재정의 투명성이 확보될 것이라는 주장은 잘못이다. 종교단체가 정부로부터 운영보조금을 받거나 영리사업을 하는 경우, 정부 차원의 지도와 간섭을 받을 수 있겠지만, 종교단체가 정부의 지원을 받는 것도 아니고, 영리사업으로 소득이 발생하여 국가에 내야 하는 세금을 탈세하는 것도 아니다. 또한 교회의 불법적인 사유가 없음에도 교회 재정 투명성을 이유로 과세를 시행한다는 것은 정부가 종교단체를 부패한 집단으로 호도하고, 결국 종교단체인 교회 재정에 대해 간섭하고 통제하겠다는 것에 불과하다. 그리고 몇몇 교회를 제외하고 대부분 한국교회는 교회정관(규칙)에 따른 당회, 공동의회를 통해서 교회 재정의 예·결산의 결의가 이루어지고 있고, 그 결의에 따라서 투명한 집행이 이루어지고 있다.

(2) 이중과세

이중과세(二重過歲)는 단일항목, 즉 동일한 과세 대상에 대하여 같은 성격의 세금을 두 번 이상 납부하도록 하는 것을 말한다. 예를 들어 A법인이 얻은 수입에서 10% 법인세를 납부하고, 남은 금액을 주주에게 배당하는데, 이때 주주가 받는 배당받은 소득에 대해 종합과세하게 된다면, 동일한 소득에 대해 이중과세하는 것이 된다. 우리나라는 이러한 이중과세를 조정하기 위하여 법인세 상당액(Gross－up) 제도[57]를 적용하여 배당소득으로 인해 과세하는 금액을 공제해준다. 세법(稅法)에서는 이중과세에 대한 직접적인 규정이 없지만, 이중과세는 납세자의 재산권을 침해하고 다른

57) 법인세 상당액(Gross－up 금액)을 가산하여 배당 소득금을 계산하고 동 금액을 산출세액에서 세액 공제한다. 내국법인의 소득은 법인세로 과세되고, 그 이후에 이익을 배당하는데, 다시 소득세를 낸다면 하나의 소득에 이중과세가 되므로, 일부에 대해서 차감해주는 제도이다. 다만 배당소득이 2천만 원을 초과하여 합산 과세하는 때에만 Gross－up 제도를 통해 이중과세 조정이 된다.

납세자와의 형평성을 저해하며 과잉금지의 원칙에도 어긋나므로, 세액을 공제하는 방법으로 조정해주고 있다.[58]

많은 목회자는 종교인의 납세는 이중과세에 해당한다는 주장을 해왔다. 교회의 수입원인 헌금은 세법상 기부금의 성격으로서 교인들은 직장에서 근로를 제공하고 그 대가로 원천과세를 부담한 후에 급여를 받고 자유로이 사용할 수 있는 돈에서 헌금을 하게 된다. 교인들의 헌금은 교회의 자산이 되기도 하며, 교회를 위해 봉사한 종교인에게 생활비 등을 지급하게 되는데, 이때 생활비인 종교인소득에 세금을 매기는 것은 이중과세에 해당한다는 것이다. 그렇다면 종교인소득에 대한 과세가 이중과세에 해당할까? 한 사람이 소득에 대한 세금을 냈는데, 다시 소득세를 내게 된다면 이를 이중과세라 할 수 있다. 그런데 종교인은 생활비를 받으면서 세금을 낸 적이 없다(반면 주주배당금의 경우 주주로서 법인세와 종합소득을 이중으로 납부하게 됨). 또한 과세소득은 소득이 있는 개별(個別) 주체에게 부과하는 것이므로, 종교인이 종교기관으로부터 받는 생활비 등은 공익법인에 해당하는 종교기관으로서가 아니라, 개인 자격에서 받는 개인 소득이므로 종교인소득에 대한 과세는 이중과세에 해당하지 않는다.

(3) 근로소득 과세

목사는 근로 대가로 사용자에게서 급여(품삯)를 받는 근로소득 및 근로자로 취급하는 것에 대한 거부감을 가지고 있다. 그동안 국가에서도 법리적으로 종교인들을 근로자로 인정하지 않아 왔다. 그래서 처음에 종교인 과세를 시행하려고 할 때, 종교인들은 근로 장려금 혜택 대상으로 포함하지 않았다. 목사는 교인들을 대상으로 설교하고 그들을 심방하고 기도하지만, 실상은 그 모든 것이 하나님께 봉사하는 것이기에 근로계약 관계를 맺어 사용자에게 노동의 대가를 제공하고 급여를 받는 근로자와 다르다고 생각하고 있기 때문이다. 또한 목사들은 봉사적 종교 활동을 하고 받는 생활비를 근로소득으로 여기는 것에 대해서도 거부감을 가지고 있다.

종교인은 근로의 대가인 급여(삯)를 목적으로 하는 근로자는 아니고, 성경적으로도 목회자가 근로의 대가인 급여를 목적으로 해서도 안 된다. 성경에서 목사가 품삯을 위해 일하는 것을 금하고 있기 때문이다(요10:12). 그래서 정부에서는 종교인들의 근로소득에 대한 거부감을 인식하고, 기타소득에 종교인소득을 신설하였다.

---

58) 대법원 2015. 6. 23. 선고 2012두2986 판결.

근로기준법(勤勞基準法)에서 정의하는 근로(勤勞)는 정신노동과 육체노동을 말하며, 근로자(勤勞者)라 함은 직업의 종류와 관계없이 사업이나 사업장에서 임금을 목적으로 사용자의 지휘·명령에 따라 근로를 제공한 자를 말한다(근로기준법 제14조). 소득세법(所得稅法)에서 말하는 근로소득세의 과세 대상은 신분을 기초로 하는 근로자소득에 대한 과세가 아니라, 근로를 제공함으로써 받는 근로소득에 대한 과세를 말하고, 종교인소득에 대한 과세도 근로자소득에 대한 과세가 아니라, 근로소득에 대한 과세이다. 그럼에도 종교인소득 과세에 있어서 종교인이 근로자로 정의될 수 있는지, 종교인소득을 근로소득으로 볼 것인지에 대한 논란은 계속될 것이다.

(4) 종교인의 특수성

일반적으로 직업은 의식주 등 생업을 위해 수입을 얻을 목적으로 어떤 일에 종사하는 사회활동이라고 할 수 있다. 그러나 종교인은 생업을 위한 수입을 얻을 목적으로 노동이라는 대가를 지불하는 근로자가 아니다. 종교인은 직업의식을 가지고 세상에 속하여 일상적인 일을 하는 직업인이 아니라, 소명 의식을 가지고 하나님을 섬기는 봉사 성격을 가진 성직자(聖職者)[59]이다. 개신교에서 종교인은 때로는 예언·계시적 역할을 하고, 교리를 해석하고 설교하며 예배와 교회공동체의 목회 활동을 통하여 궁극적인 구원에 이르도록 이끄는 사람이다.

종교인은 일반 사람들보다 도덕적·영적으로 모범적 삶을 요구받고 있는데, 실제적으로 다수 종교인은 교인들 위에 군림하지 않고 청렴하고 모범적인 삶을 살고 있다. 그리고 일반인들이 생각하는 것처럼, 고액의 사례비를 받는 종교인들은 아주 소수에 지나지 않으며 다수 종교인은 차상위 수준 내지는 소득 3분위 미만의 생활비를 받으며 청빈의 삶을 살아가고 있다. 또한 종교인들은 생활비에서 상당한 금액에 대해서 구제와 장학, 또는 선한 사마리아인과 같은 선한 사업을 통하여 사회에 기여하고 있다. 이처럼 최저의 생활비를 받으면서도 종교인으로서 삶을 살아가는 이유는 소명 의식 때문이다. 그럼에도 이러한 종교의 특수성이 존중되지 못하고 공적 가치가 훼손되고 있다는 점에서 안타까울 따름이다.

---

59) 성직자(聖職者)란 거룩한 사람을 뜻하는 성자와 구별되며 성찬과 예배를 집례하는 의미에서 성직자라고 한다. 하지만 사람에게 거룩함을 나타내는 성(聖)자를 붙여서 사용하는 성직자라는 용어는 사용하지 않는 것이 옳다고 본다.

(5) 종교인 과세의 강제성

종교인들은 정부가 종교인소득에 대해 강제적으로 과세하는 것에 대한 거부감이 많았다. 그리고 종교인 과세가 시행되기 전에도 진보성향을 가진 교회나 우리나라를 대표하는 대형교회들은 종교인소득에 대한 과세를 자발적으로 납부해 오고 있었고, 세금납부에 대한 여론이 확산해 가고 있는 과정이었다. 이에 정부에서는 종교인소득에 대한 과세에 있어서 강제성을 띤 원천징수 조항을 삭제하고, 원천징수 의무를 자율에 맡긴 점에서 강제징수보다는 사실상 자진 납세를 하도록 하였다.

(6) 정교분리원칙과 교회 통제

우리나라 헌법은 종교의 자유와 정교분리원칙을 명시하고, 종교의 자유와 정교분리의 원칙을 보장하고 있다(헌법 제20조). 따라서 교회와 국가는 상호 간섭하지 않고, 서로의 영역을 인정해야 한다. 우리나라는 헌법이 보장하고 있는 정교분리의 원칙에 의해서 국가는 종교에 대한 간섭이나 통제를 할 수 없다. 그러나 목회자들이 종교인 과세로 인해 염려하는 것은 세상 권력인 정부가 종교인 과세를 빌미로 교회를 간섭하고 통제하게 되는 상황이 올 수도 있다는 점을 우려하였다.

종교인 과세가 시작되면서 국가는 종교인 과세를 이유로 종교단체인 교회에 종교인 과세와 관련된 회계장부 제출을 명할 수 있고(소득세법 제21조), 세무조사를 할 수 있게 되었다. 그러면 국가는 종교단체의 자금에 대한 예산이나 규모를 파악할 수 있게 되고, 종교단체의 재정과 종교인들의 소득에 대한 정보를 얻게 된다. 종교인 과세가 시행되면 부유한 목회자들은 세무조사를 받게 되고, 정부로부터 근로장려세제(EITC)를 지원받게 되는 저소득 목회자들은 정부 지원에 의지하거나 눈치를 보게 된다. 결국 종교인 과세는 국가가 종교단체인 교회를 간섭하거나 통제하는 수단이 될 수밖에 없는 것이다.

(7) 종교단체에 대한 과세 실현

종교인의 소득 과세를 위한 소득세법 일부개정안이 2017년 12월 통과되어 2018년부터 종교인 과세가 실현되고 있다. 종교단체의 재산에 대해 현재까지는 비과세이지만, 나중에는 종교단체의 재산에까지 확대되고, 과세하게 될 가능성이 있다. 아직까지 세무 당국은 종교단체 재정에 관하여 제출을 명령하거나 조사하고 간섭할 수 없다. 종교단체의 장부와 서류제출을 명령 또는 조사를 할 수 없도록 하고 있기 때문이다(소득세법시행령 제170조, 제22조).

하지만 두 가지 변수가 존재하기에 종교단체에 대한 과세까지 시행될 여지가 있다. 첫째, 국민적 공감대 형성에 따라 정치는 움직이는 생물이기 때문이다. 종교인소득에 대한 과세도 처음에는 국민의 폭넓은 여론을 형성하지 못했지만, 차츰 종교인 과세에 대한 국민의 공감대가 형성되었다. 정치는 유권자인 국민의 의사나 여론에 좌우되는 경향이 강하기 때문에 항상 유동적인 변수가 존재한다. 둘째, 헌법이 보장하고 있는 정교분리원칙도 헌법을 해석하는 헌법재판소의 결정에 따라 달라질 수 있다. 헌법재판소는 정치적인 원리가 작용하고 있는 까닭에 시대와 상황에 따라서 헌법해석이 유동적으로 바뀔 수 있는 여지가 있다. 간통죄, 양심적 병역거부, 낙태죄 등의 헌법불합치 판결에서 보듯이 국민의 여론에 따라서 언제든지 바뀔 수가 있는 것이다. 지금까지는 종교단체 재산에 대해 비과세를 하고 있지만, 국민 여론(공감대) 형성을 통해 종교단체에 대한 과세를 추진할 수도 있다.

3. 종교인소득 과세에 대한 제언

(1) 종교인 목회자의 소득 명칭

목회자가 종교 활동을 하고 받는 소득은 근로소득이나 사례비가 아니라, 생활비에 해당한다. 근로소득은 근로 대가로 사용자에게서 받는 것이고, 사례비(謝禮費)는 교인들이 고마운 마음을 표현하는 것이다. 반면에 생활비(生活費)는 일상적인 생활을 위해 필요한 봉사자로서 받는 최소한의 금액을 말한다. 하지만 요즘 일부 목회자들이 생활비를 받는 것을 보면 생활비라고 하기에 부담스러운 측면이 있다. 생활비 외에 각종 상여금과 퇴직금 등 고액을 받고 있기 때문이다. 그래서 국민은 종교인들이 고액의 연봉과 각종 사례비를 받으면서 세금을 한 푼 내지 않으면서 국민으로서 혜택만 누리고 있다며 비웃는 시선으로 바라본다. 범 교단 차원의 교회 규모에 따른 목회자 간의 불평등한 생활비 개선을 위한 노력이 필요하다.

(2) 장부 정리

종교인소득 과세와 관련해 과세당국과 종교계 사이에 큰 갈등의 요소 중 하나는 세무조사에 관한 것이었다. 종교단체 입장에서 세무조사(稅務調査)는 종교 활동에 대한 정부의 개입이나 간섭이 될 수 있다는 우려가 있었다. 그래서 절충안으로 제시된 것이 종교단체가 종교인에게 지급한 사례비 장부, 통장과 종교 활동비 장부, 통장 등 그 밖의 지출에 대해 장부를 구분해 기록, 관리, 사용한 때에는 세무에 종사하는 공무원은 소속 종교단체가 소속 종교인에게 지급한 금액 및 물품 외에 그 밖의 종교 활동과 관련하여 지출한 비용을 구분하여 기록·관리한 장부 또는 서류에 대해서는 조사하거나 제출을 명할 수 없도록 한 것이다.

따라서 종교단체는 수입 및 지출에 대한 재정 장부와 종교인에게 지급하는 생활비 등에 관한 재정 장부를 구분해야 한다. 종교인소득 과세는 종교단체에 대한 과세가 아니라, 종교인의 소득에 대한 과세이기 때문에 종교단체의 재정과 목회자에게 지급하는 생활비 등의 항목을 명확히 구분하여 기록해야 한다. 세무 당국은 종교인에 대해 세무조사 필요성이 있더라도 종교단체의 장부 중 종교인소득에 관한 장부만 세무 조사하게 된다.

(3) 고유번호증 교부

종교단체는 고유번호증(固有番號證)을 교부받아야 한다. 고유번호증이 있어야 종교단체 명의의 통장을 개설할 수 있고, 기부금 증명서도 발부할 수 있다.

(4) 통장을 구분

종교단체 명의의 재정 통장과 종교인 개인 명의의 통장과 구분하여 사용해야 한다. 종교단체에 속하는 담임목사가 개척한 교회나 소형교회는 교회통장과 담임목사의 통장을 별도로 구분하지 않고 사용하는 경우가 많다. 교회 공과금이 담임목사의 통장에서 자동 출금되거나 상회비나 선교비를 담임목사의 통장에서 계좌 이체하는 때에 종교인소득과 종교 활동비 및 교회 운영비에 대해 구분이 되지 않아 세무 당국의 조사대상이 될 수 있다.

(5) 종교단체 재정의 투명성

종교단체는 다른 영리·비영리 단체보다 재정이 투명해야 한다. 특히 교회 재정은 교인들의 자발적인 헌금으로 이루어지는 것으로, 교회 재정의 투명성이 확보되어야 한다. 그러나 몇몇 한국교회의 경우, 교회 재정이 담임목사나 소수의 재정담당자에 의하여 불투명하게 운영되어 온 경향이 있다. 이로 인해 교회는 교인들의 불신과 비판의 대상이 되었다. 종교단체 재정의 투명성을 확보하려면 공개성, 합법성, 정당성 등의 요건이 필요하다. 교회의 경우 교회 재정은 모든 소속 교인들에게 공개해야 하고, 교회정관이나 내규 등에 의한 합법적이고 적법한 절차에 따른 당회, 공동의회에서의 의결이 있어야 하며, 제직회는 정당한 절차에 따라 투명하게 집행해야 한다.

(6) 종교단체 정관(규칙)

종교단체의 수입과 지출 등에 대해 교회정관에 명확히 규정해야 한다. 교회정관은 종교단체의 수입과 지출의 합법성과 절차적 정당성 확보를 위해 필요하다. 교회정관에 따른 적법한 기관과 총회의 결의에 의한 집행, 그리고 위임전결 규정 준수를 통하여 정확하고 분명한 재정확보 및 집행이 이루어져야 한다.

(7) 각종 증빙서류, 영수증 확보

종교단체의 재정은 반드시 재정집행을 증빙할 수 있는 서류, 영수증 등을 확보하고, 일반적으로 5년간 보관하여야 한다. 정기적 지출인 선교비, 공과금 등 재정지출은 가능한 계좌이체의 방법으로 하고, 종교단체 운영비 및 기타 종교 활동비 지출은 종교인에게 직접 지급하지 말고 종교단체 명의 통장과 법인카드를 만들어 사용하도록 한다.

(8) 국민으로서 납세의 의무

현대 한국 교회는 종교인소득 과세를 거부할 수 없는 상황이라고 할 수 있다. 그렇다면 끝까지 무조건적 반대를 주장하기보다는 차라리 국민의 한 사람으로서 납세의 의무를 자발적으로 이행하고, 적극적으로 정부에 요구할 것은 요구하는 것이 더 현명한 판단이라고 본다. 모든 대한민국 국민은 납세의 의무, 국방의 의무, 교육의 의무, 근로의 의무를 지고 있고, 종교인들도 이미 국방, 교육, 근로의 의무를 지키고 있으면서 굳이 납세의 의무에 대해서만 수긍하지 않겠다는 주장은 설득력이 없다.

(9) 선교를 위해 과세에 동참

교회는 세상과 구별은 되어야 하지만, 교회는 세상과 분리되어서는 안 되고 분리될 수도 없다. 세상은 하나님 나라를 확장해야 하는 영역이고, 구원해야 할 영혼들이 있는 곳이다. 한마디로 선교지이다. 한국교회는 해외로 나가서 복음을 전하는 것만이 선교이고, 그런 사람만을 선교사라고 인정하는 경향이 있다. 선교(宣敎)는 모든 나라, 모든 민족이 그 대상이기 때문에 대한민국 내의 모든 지역도 선교지이고, 국내에서 그리스도의 사명을 감당하는 것도 선교이며 모두가 선교사이다. 직장을 다니는 사람에게는 직장이 선교지요 선교를 위해 직장에 보냄을 받은 선교사이고, 마을에서는 거주하는 동네가 선교지이고, 선교를 위해 거주지로 보냄을 받은 선교사이다. 그런데 종교인소득 과세에 반대한다면, 어떻게 복음의 영역인 세상에 나가며, 영혼 구원의 대상인 사람들에게 하나님 나라 복음을 선포할 수 있겠는가? 그리고 하나님 나라 복음을 들은 사람들이 마음 문을 열어 복음을 받아들이고, 교회 문을 열고 들어오겠는가?

예수님은 세금을 내야 할 의무가 있든지 없든지 "그들을 실족하지 않게 하기 위하여" 세금을 내라고 말씀하셨다(마17:17). 물론 마태복음 17장 17절에서 세금은 성전 보존과 보수를 위해 20세 이상의 유대인 남자들이 반세겔을 내야 하는 성전세를 말한다(출30:13,15,26). 하지만 목회자들도 세상 사람들을 실족하지 않도록 하고, 세상 사람들을 선교하기 위해서라도 종교인 과세에 참여하는 것이 어떨까?

(10) 소득분배에 동참하는 목회자

현대 사회에서 국가마다 갈수록 심화하는 빈부격차의 문제를 해소하기 위한 정책들을 고민하고 있다. 그러나 사실 사회에서 빈부격차 못지않게 빈부격차가 큰 곳이 교회가 아닌가 싶다. 극히 일부에 해당하지만, 은퇴하는 목사가 퇴직금으로 수억, 수십억 원을 받는가 하면, 열악한 소형교회나 농어촌 교회 목회자들은 평생 가난한 목회를 해 왔음에도 은퇴하면서도 빈손으로 은퇴하고, 거처가 없어서 기도처나 요양원에서 노년을 보내야 하는 목회자들이 많지 않은가?

종교단체 중에서 개신교는 철저히 개교회주의 원칙 아닌 원칙 때문에 종교단체나 종교인 간에 재정이나 소득격차가 매우 크다. 그렇다고 상회기관인 노회나 총회가 개척하는 교회나 소형교회 및 농어촌 교회의 재정적 어려움을 도와주는 것에도 한계가 있음은 주지의 사실이다. 현실적으로 우리나라 목사들 상당수가 저소득층으로 근로·자녀장려금 대상이다. 현재 개신교 종교인이 14만 명 이상으로 추산되고 있는데, 그 가운데 연소득 2,000만 원 이하의 저소득으로 열악한 환경 속에서 살아가는 종교인들이 8만 명이 넘는다고 한다. 고소득의 목회자들이 종교인 과세에 참여하고, 저소득 목회자들은 정부로부터 생활비지원을 받으며, 근로·자녀장려금을 받는 것이 현실적으로 매우 긍정적인 요소임에는 분명하다.

4. 퇴직금과 과세

(1) 교회로부터 받은 퇴직금

세계에 손꼽히는 S교회는 은퇴하는 목사에게 200억 원이나 되는 전별금(餞別金)을 지급하였고, C교회는 은퇴하는 목사에게 25억 원, H교회는 13억 원의 은퇴 전별금을 각각 지급하였다. 정부는 종교인 전별금에 대한 면세 규정이 없음에도 세금을 면제해 왔으나 2018년 종교인 과세가 시행된 이후부터는 근로자와 형평성을 맞추기 위해 종교인의 은퇴 전별금에 대해 최고 세율 38%에 해당하는 퇴직 소득세를 부과하기로 방침을 정하였다.

근로자의 퇴직금(退職金)은 통상적으로 일정액의 월 소득수준의 적립형식을 갖는다. 하지만 목사의 전별금(퇴직금)은 교회에서 봉사한 종교인에 대한 위로금 성격이 강하다는 측면에서 종교인도 근로자와 같은 수준의 퇴직 소득세를 적용하기로 한 정부의 과세 방침에 대해 논란이 되고 있다. 그러나 종교인 퇴직금에 대한 과세는 종교인 과세가 시행된 2018년 이전 퇴직금은 면제하고, 2018년 이후 퇴직소득에 대해서만 과세하기로 하기로 하는 개정안이 국회 기획재정위원회, 국회 법사위 법안심사소위에서 논의가 있었으나 여론의 반대와 저항에 부딪혀 법안이 통과되지 못하고 있다.

(2) 종교인 퇴직금에 대한 조세심판원의 판결

서울 C교회 목사 甲은 16년 동안 담임목사로 시무해오던 중 은퇴하고, 교회로부터 퇴직금, 은퇴공로금 등으로 25억 원을 받았으나 종교인은 비과세인 것으로 알고 세금 신고를 하지 않았다. 국세청은 퇴직금에는 퇴직 소득세를, 공로금 등에는 근로소득세를 명목으로 10억 원의 세금을 추징했고, 이에 목사 甲은 종교인에 대한 비과세 관행이라며 납세자 권리구제기관인 조세심판원에 종합소득세 취소 심판청구를 제기하였다.

조세심판원은 목사 甲이 국세청을 상대로 제기한 종합소득세 취소 심판청구에 대해서 목사가 은퇴할 때 받은 퇴직금(전별금)에 세금을 부과한 것은 문제가 없다고 판단하였다. 헌법상 모든 국민은 납세의무가 있고, 소득세법에서도 종교인 비과세를 규정한 내용이 없으며, 다만 국세청이 세금을 걷지 않았을 뿐, 종교인에 대한 비과세 관행도 실체가 없다고 판단하고, 종교인소득에 대한 과세는 문제가 없다고 하였다.

(3) 종교인 퇴직금에 대한 법원의 판결

서울고등법원[60]과 대법원[61]은 교회 담임목사가 은퇴시 받은 퇴직 선교비는 소득세법상 기타소득 중 사례금에 해당하여 종합소득세 과세 대상이라고 판시하였다. 또한 종교인의 퇴직 사례금에 관하여 비과세 관행이 존재하였다는 주장에 대해 주장사실을 인정하기에 부족하고, 달리 이를 인정할만한 증거가 없다며 배척하였다.[62] 과거에 받은 소득에 대하여 그 이후 신설된 법률조항을 소급 적용한 과세처분이므로 위법하다는 주장에 대해서도 과거에 받은 소득(2018년 이전)에 대하여 소득의 원인이 되는 권리의 확정시기와 소득의 실현 시기 사이에 시간적 간격이 있는 경우 '과세대상 소득이 실현된 때'가 아닌 '권리가 발생한 때'에 소득을 기준으로 하는 권리의무확정주의 원칙[63]에 따른 처분이라며 소급과세를 인정하였다.[64]

(4) 퇴직금에 대한 증여세

공익법인(公益法人)에 해당하는 교회가 교회정관에 규정된 퇴직금 지급 규정에 따라 담임목사, 부목사, 전도사 등에게 퇴직금, 퇴직위로금, 퇴직공로금 등의 명목으로 일정액의 금원을 지급하는 경우, 공익목적 사업에 사용한 것으로 보아 증여세를 과세하지 않는다. 상속세법 및 증여세법 제48조 규정에 따르면 종교의 보급 기타 교화에 현저히 기여하는 사업을 영위하는 종교단체가 정관에 규정된 퇴직금 지급 규정에 따라 교역자 퇴직시에 지급한 금품에 대해 증여세가 비과세된다(서면4팀-451, 2008. 2. 22). 하지만 앞에서 언급한 바와 같이 퇴직소득세나 근로소득세를 부과하거나 기타소득인 사례금으로 보고(소득세법 제21조 제1항 제17호), 종합소득세를 부과할 수 있

60) 서울고등법원 2020. 9. 10. 선고 2020누37484 판결.
61) 대법원 2021. 2. 25. 선고 2020두49058 판결.
62) 서울행정법원 2020. 2. 9. 선고 2019구합59264 판결.
63) 권리의무확정주의(權利義務確定主義)는 소득의 원인이 되는 권리의 확정시기와 소득의 실현시기 사이에 시간적 간격이 있는 경우 소득이 실현된 때가 아닌 권리가 발생한 때를 기준으로 소득이 있는 것으로 보고 당해 연도의 소득을 산정하는 방식이다. 대법원은 "권리확정주의에 기초한 소득세법 규정이 실질적 조세법률주의, 재산권보장의 원칙, 과잉금지 원칙 등에 위반된다고 할 수는 없다."라고 판단하였다(대법원 2011. 9. 8. 선고 2009아79 판결). 하지만 권리의무확정주의는 과세의 편의를 위해 마련된 제도로서 실질적 조세법률주의, 재산권보장의 원칙이라는 측면에서 본질적인 침해 소지가 있다.
64) 대법원 2003. 12. 26. 선고 2001두7176 판결.

다는 것이 대법원 판례이다.[65]

Ⅲ. 판례

1. 소득세법 제21조 제1항 제26호 위헌 심판청구

(1) 사실관계

한국교회 목회자 125명이 종교의 재정에 정부가 관여하는 것은 위헌이라며 종교인 과세에 관한 소득세법 제21조 제1항 제26호[66] 등의 위헌 확인을 구하는 헌법소원 심판을 청구했고, 소득세법 제170조 제1항 단서에 대한 효력정지가처분을 신청하였다. 헌법소원을 청구한 목회자들은 종교 활동비는 종교단체가 받는 헌금 등을 종교 활동에 지출하는 것으로 정교분리의 원칙상 종교단체가 자치적으로 처리하는 것이므로, 법률에 종교 활동비가 과세 대상이 아님을 명백히 규정하지 않아 언제든 세무조사 대상이 될 수 있다는 점과 세금을 제대로 냈는지 확인하기 위해 종교 활동비를 보고하라는 것은 종교에 대한 직접적인 간섭이므로, 헌법 제20조 제1항 종교인과 종교단체의 종교의 자유, 헌법 제20조 제2항 종교와 정치의 분리 원칙, 헌법 제59조 조세법률주의, 헌법 제37조 제2항 과잉금지의 원칙에 보장된 권리가 종교인 과세 시행으로 인해 침해했다는 이유에서 헌법소원 심판을 청구했다.

(2) 결정요지

헌법재판소는 헌법소원은 구체적인 집행행위를 기다리지 않고, 해당 법률이 직접적으로 현재 국민의 기본권을 침해할 때 허용되는 것인데, 구체적인 과세 조치가 없는 상태에서 과세에 관한 법률 그 자체를 대상으로 하는 헌법소원은 허용되지 않으며, 법에 따르면 세무조사가 가능하다고 규정할 뿐이고, 실제로 세무조사가 이루어지지 않아 법 조항으로 직접 침해되는 것이 아니라며 각하하였다.[67]

---

65) 대법원 2021. 2. 25. 선고 2020두49058 판결.

66) 소득세법 제21조(기타소득) 제1항

26. 종교 관련 종사자가 종교의식을 집행하는 등 종교 관련 종사자로서의 활동과 관련하여 대통령령으로 정하는 종교단체로부터 받은 소득(이하 "종교인소득"이라 한다).

67) 헌법재판소 2020. 7. 16. 선고 2019헌마269, 2019헌사203 결정.

(3) 해설

헌법재판소의 각하결정은 헌재 판결 시(2020. 7. 16)까지는 종교인들이 과세로 인한 피해가 발생하지 않았기 때문에 각하결정을 내린 것이고, 향후 종교인에 대한 과세처분이 행해지고 그 과정에서 과세 법령상의 문제로 인해 종교인에게 구체적인 피해사례가 발생하게 되는 때에 청구할 수 있다는 의미라고 볼 수 있다.

2. 종교인 납세 정보공개 청구

(1) 사실관계

H신문사가 국세청장을 상대로 종교인의 소득세 납부 현황 등에 관한 정보공개를 청구하였으나 국세청장은 직무상 작성 또는 취득하여 관리하고 있는 문서가 아니라는 등의 이유로 청구를 거부하였다.

(2) 결정요지

종교인에 대한 소득세 납부 관련 정보 등도 공개의 필요성이 있다는 전제에서 공개 청구 대상 정보 중 국세청이 종교인 개개인에 대한 소득세 납부 관련 정보 자체를 독립적으로 작성하여 보유·관리하고 있지 않더라도 국세통합시스템 등 전산시스템을 통하여 생성할 수 있어 국세청이 보유·관리하고 있을 상당한 개연성이 존재한다고 인정되는 정보에 대하여 국세청장이 이를 보유하고 있지 않다는 이유로 정보공개거부처분을 한 것은 위법하고, 종교인의 개인적 납세 정보는 정보보호라는 이익보다 국민에게 공개할 공익적 필요성이 훨씬 더 큰 때에 해당하는 까닭에 정보공개거부처분은 위법하다. 다만 乙교회 담임목사 丙 등에 관한 소득세 납부자료 등은 특정인에 관한 과세정보로서 내용이 공개될 경우, 개인의 프라이버시와 사적 비밀, 경제생활의 자유에 심각한 침해가 발생할 것이어서 국세기본법 제81조의13 제1항이 보호하는 과세정보에 해당한다는 이유로 그에 대한 정보공개거부처분은 적법하다고 결정을 내렸다.[68]

---

68) 서울행정법원 2012. 8. 16. 선고 2011구합36838 판결.

3. 은퇴 목사에게 지급한 퇴직 선교비

(1) 사실관계

서울 관악구 소재 B교회는 당회를 열고 교회발전에 기여해 온 공로를 인정하여 31년 동안 교회에서 재직하다 은퇴하는 원로목사 甲에게 2011년 제1차(5억 6천만 원), 2012년 제2차(6억 4천만 원)에 걸쳐서 총 12억 원의 퇴직 선교비를 지급하였다. 관할 세무서장은 퇴직 선교비 12억 원은 인적용역의 대가가 아니라, 사례금에 해당한다고 판단하고, 제2차 지급일인 2012년을 기준으로 하여 종합소득세 1억 1,146만 원에서 십일조를 제외하고, 97,697,062원(가산세 포함)을 부과하였다. 이에 원로 목사 甲은 퇴직 선교비는 인적용역을 일시적으로 제공하고 받은 대가가 아니고, 다른 종교인들 퇴직 사례금에 대해서 비과세하고 있음에도 자신에 대해서만 과세하는 것은 조세평등주의를 위배한다며 행정법원에 관할 세무서장을 상대로 과세처분 취소소송을 제기하였다.

(2) 판결요지

쟁점은 퇴직 선교비가 인적용역을 제공하고 그 대가로 받은 금원에 해당하는지 여부였다. 1심이었던 서울행정법원은 B교회에서 원로목사 甲에게 지급한 퇴직 선교비는 교회 유지·발전에 대한 포상적 의미를 가지며, 퇴직 선교비가 거액에 달해 일시적 인적용역의 대가로 보기 어렵고 목사 甲이 근로자 지위에 있다고 볼 근거가 없어 퇴직세율을 적용할 수 없다고 판단하였다. 그리고 과세 기준 연도 기준도 구 소득세법에 따르면 '지급된 날'을 과세 연도로 삼아야 함에도 2011년에 제1차 지급됐음에도 제2차 지급된 날인 2012년으로 확정하고 세금을 부과처분하고, 신설된 소득세법 제21조 1항 26호에 따르지 않은 것으로서 소급과세 될 수 없어 위법하다고 판단하였다. 다만 종교인의 퇴직 사례금에 관하여 비과세 관행이 존재하였다는 주장에 대해서는 주장 사실을 인정하기에 부족하고, 달리 이를 인정할만한 증거가 없다며 배척하였다.[69]

하지만 2심인 서울고등법원[70]과 대법원은 교회 담임목사가 은퇴시 받은 퇴직 선교비는 소득세법상 기타소득 중 사례금에 해당하고(소득세법 제21조 제1항 제17호), 종

---

69) 서울행정법원 2020. 2. 9. 선고 2019구합59264 판결.
70) 서울고등법원 2020. 9. 10. 선고 2020누37484 판결.

합소득세 과세 대상이라고 판시하였다.

첫째, 교회로부터 받은 금원이 2015. 12. 15. 신설되어 2018. 1. 1. 시행된 소득세법 제21조 제1항 제26호를 소급 적용하여 이 사건 처분을 한 것이 아니며, 거주자의 각 과세기간 총 수입금액 및 필요경비의 귀속 연도는 '총수입금액과 필요경비가 확정된 날이 속하는 과세기간'이라고 하였다(소득세법 제39조 제1항).[71] 그리고 소득세법은 거주자의 각 소득에 대한 총수입금액은 해당 과세기간에 수입하였거나 수입할 금액의 합계액으로 하고 있다고 규정하고(소득세법 제24조 제1항),[72] 권리의무확정주의[73]는 소득의 원인이 되는 권리의 확정시기와 소득의 실현 시기 사이에 시간적 간격이 있는 경우 과세 대상 '소득이 실현된 때'가 아닌 '권리가 발생한 때'를 기준으로 소득이 있는 것으로 보고 당해 연도의 소득을 산정해야 한다.[74]

둘째, 근로자는 사업 또는 사업장에 임금을 목적으로 종속적인 관계에서 사용자에게 근로를 제공하여야 하는데, 목사가 속한 교단 헌법이나 교회정관에 별도의 규범으로 정하고 있지 않고, 교회와 별도의 근로계약을 체결한 사실이 없고, 교회로부터 어떠한 지휘나 감독을 받은 사실도 없고, 교회로부터 받은 성직비에 대하여 근로소득세를 납부하지 않았으며, 매월 받은 금원은 근로에 대한 대상적 성격으로 지급한 임금이라기보다는 목회 활동으로 인하여 다른 영리활동을 하지 못하는 데 대한 사례금이나 생활보조금이라고 보는 것이 합당하므로 근로자로 인정하기 어렵다.

셋째, 종교인의 퇴직 사례금에 관하여 비과세 관행이 존재하였다고 주장하지만, 종교인의 퇴직 사례금에 관하여 비과세 관행이 존재하였다는 주장 사실을 인정하기에 부족하고, 달리 이를 인정할만한 증거가 없다.

---

71) 소득세법 제39조(총수입금액 및 필요경비의 귀속 연도 등)
① 거주자의 각 과세기간 총 수입금액 및 필요경비의 귀속 연도는 총 수입금액과 필요경비가 확정된 날이 속하는 과세기간으로 한다.

72) 소득세법 제24조(총수입금액의 계산)
① 거주자의 각 소득에 대한 총수입금액(총급여액과 총연금액을 포함한다. 이하 같다)은 해당 과세기간에 수입하였거나 수입할 금액의 합계액으로 한다.

73) 권리확정주의는 기본적으로 과세의 편의를 위해 마련된 제도로서 조세법률주의 및 재산권 보장의 측면에서 헌법 위반이 아닌지 문제될 소지도 있는데, 대법원은 '납세의무자의 자의에 의하여 과세연도 소득이 좌우되는 것을 방지함으로써 과세의 공평을 기함과 함께 징세 기술상 소득을 획일적으로 파악하기 위한 것'으로 '권리확정주의에 기초한 소득세법 규정이 실질적 조세법률주의, 재산권보장의 원칙, 과잉금지원칙 등에 위반된다고 할 수는 없다.'라고 판단했다(대법원 2011. 9. 8. 자 2009아79 결정).

74) 대법원 2003. 12. 26. 선고 2001두7176 판결.

넷째, 다른 종교인들은 퇴직 사례금을 받고도 과세하지 않았음에도 자신에게만 과세처분이 이루어졌고, 퇴직금을 받은 근로자들의 경우 퇴직소득으로 과세되는 것과 달리 자신에게 높은 세율이 적용되는 기타소득으로 과세가 이뤄진 것은 비례 원칙, 조세평등주의를 위반하여 불합리하다는 주장도 받아들이지 않았다.[75)]

(3) 해설

인적용역을 제공하고 받은 금원은 세금이 부과되는 것이 원칙이고, 근로자가 퇴직할 때 받는 퇴직금에는 퇴직세율이 적용된다. 1심 행정법원은 목사에 대해 근로자 지위에 있다고 볼 근거가 없고, 교회로부터 받은 퇴직 선교비가 인적용역을 일시적으로 제공하고 받은 대가로 받은 것으로 볼 수 없기에 퇴직세율을 적용하여 과세할 수 없다고 판단하였다. 하지만 2심 법원과 대법원은 목사는 근로를 제공하고 근로에 대한 대상적 성격으로 금원을 받은 근로자가 아니기 때문에 교회 담임목사가 은퇴시 받은 퇴직 선교비는 소득세법상 기타소득 중 사례금(謝禮金)에 해당하여 종합소득세 과세 대상이고(소득세법 제21조 제1항 제17호), 퇴직 선교비는 교회가 원천 징수하는 퇴직금(退職金)에 해당하지 않는다고 판단하였다.

소득세법상 기타소득은 근로자가 퇴직금으로 받는 퇴직금 세율보다 더 높다. 또한 법원은 종교인의 퇴직 사례금에 관하여 비과세 관행이 존재하였다는 주장에 대해 주장 사실을 인정하기에 부족하고, 달리 이를 인정할만한 증거가 없다며 배척하였다.[76)] 그리고 과거에 받은 소득에 대하여 그 이후 신설된 법률조항을 소급 적용한 과세처분이므로 위법하다는 주장에 대해서도 법원은 소득세법 제21조 제1항 제26호를 소급 적용하여 이 사건 처분을 한 것이 아니고, 소득의 원인이 되는 권리의 확정 시기와 소득의 실현 시기 사이에 시간적 간격이 있는 경우 '과세 대상 소득이 실현된 때'가 아닌 '권리가 발생한 때'에 소득을 기준으로 하는 권리의무확정주의 원칙에 따른 처분이라고 판시하였다.[77)]

---

75) 대법원 2021. 2. 25. 선고 2020두49058 판결.
76) 서울행정법원 2020. 2. 9. 선고 2019구합59264 판결.
77) 대법원 2003. 12. 26. 선고 2001두7176 판결.

Ⅳ. 성경과 세금

1. 솔로몬의 수입

왕상10:14-15「[14] 솔로몬의 세입금의 무게가 금 육백육십육 달란트요 [15] 그 외에 또 상인들과 무역하는 객상과 아라비아의 모든 왕들과 나라의 고관들에게서도 가져온지라」

솔로몬 왕은 하나님의 약속처럼, 인류 역사에 있어서 가장 큰 부자였다(대하1:12). 솔로몬은 고대 다른 왕들처럼, 다른 국가들과의 전쟁으로 승리의 전리품을 획득하거나 무역 등으로 부자가 된 것이 아니었다. 하나님은 솔로몬 왕에게 다양한 방법으로 복을 주셨는데, 특히 국가 발전과 무역을 통한 수입원인 세금으로 부강하였다고 할 수 있다. 백성들로부터 거둬들인 세금이 금 육백육십육 달란트였으며, 그 외에도 장사하는 상인들과 무역상, 이웃 국가 왕들과 고관들로부터 엄청난 양의 조공을 받은 것이다. 한편 솔로몬 왕은 성전과 궁전건축 등으로 백성들에게 무거운 세금과 부역을 부과하여 백성들의 원망과 저항을 불러오기도 했다(왕상12:14).

2. 제사장과 세금

라7:24「내가 너희에게 이르노니 제사장들이나 레위 사람들이나 노래하는 자들이나 문지기들이나 느디님 사람들이나 혹 하나님의 성전에서 일하는 자들에게 조공과 관세와 통행세를 받는 것이 옳지 않으니라 하였노라」

제사장과 성전에서 일하는 사람들은 세금을 걷지 못하도록 하였다. 제사장은 아론의 자손들과 레위 지파에서 제사장 직분을 임명하였으나(출28:29) 주로 아론의 자손을 제사장으로 세우셨고(레8장), 레위족속은 제사장을 돕는 기능을 하도록 하였다(민3장). 오늘날 목회자 직분은 자신이 선택하고 결정한 것이 아니고, 아론이나 레위 지파처럼 출생이나 특정한 신분에 의해서 되는 것도 아니며, 오직 하나님의 부르심(소명)으로 세운 직분이다.

성경에서 제사장들은 선지자적 사명을 감당했던 일부 제사장들을 제외하고, 대부분 종교적 기능을 수행하였다. 제사장들은 이중직이 금지되었고, 성전에서 종교적 행위만 수행하고 일절 다른 생업에 종사하지 않았으며, 성전에서 나오는 것으로 생활하였다. 우리나라 대부분 교단은 담임 목회자들의 이중직을 금하고 있으며, 종교행위인 목회에 전념하고 교회에서 나오는 것으로 생활해 나간다. 하지만 성경에서 제사장과 우리나라 목회자의 상황은 좀 다르다고 할 수 있다.

3. 세리와 세금

마9:9-11「[9] 예수께서 그 곳을 떠나 지나가시다가 마태라 하는 사람이 세관에 앉아 있는 것을 보시고 이르시되 나를 따르라 하시니 일어나 따르니라 [10] 예수께서 마태의 집에서 앉아 음식을 잡수실 때에 많은 세리와 죄인들이 와서 예수와 그의 제자들과 함께 앉았더니 [11] 바리새인들이 보고 그의 제자들에게 이르되 어찌하여 너희 선생은 세리와 죄인들과 함께 잡수시느냐」

예수님은 세리였던 마태를 제자로 삼으셨다. 마태는 복음서에서 예수께서 열두 제자들을 전도 파송을 보내실 때, 제자들을 언급하면서 자신을 세리 마태라고 소개하였다(마10:3). 예수님은 세리장 삭게오를 찾으시고 그의 집에서 식사를 하였다(눅19:2). 세리는 세금을 징수하고 관리하는 자를 말하는데, 예수님 당시 세리는 로마를 위해 조세를 담당하는 역할을 하였다. 로마 총독의 위임을 받아 세금을 징수하던 세리들은 세금 징수권을 독점하고, 정해진 세금 이외에 자신들의 주머니를 채우기 위해 세금을 거두었다. 따라서 이스라엘 백성들은 세금을 징수하여 로마에 세금을 바치는 세리들을 민족에 대한 반역자들로 미워했고, 이방인들과 같이 상종하지 말아야 할 죄인들로 여겼다. 로마는 유대인에게 여러 종류의 조세와 관세, 인두세, 토지세, 악명 높았던 통행세, 시장세, 물품세 등을 거뒀다. 예수님 당시 로마는 세리들을 통하여 이스라엘로부터 연간 700달란트의 세금을 걷었는데, 오늘날 화폐 가치로 환산하면 4,200억에 해당하는 금액이다.[78)]

4. 가이사의 것은 가이사에게

마22:17-22「[17] 그러면 당신의 생각에는 어떠한지 우리에게 이르소서 가이사에게 세금을 바치는 것이 옳으니이까 옳지 아니하니이까 하니 [18] 예수께서 그들의 악함

78) 그리스의 화폐단위인 한 달란트는 6,000데나리온으로 근로자 하루 품삯에 해당한다. 우리나라 근로자 임금을 10만 원으로 계산한다면 (100,000원×6,000데나리온)×700=4,200억 원이다.

을 아시고 이르시되 외식하는 자들아 어찌하여 나를 시험하느냐 [19] 세금 낼 돈을 내게 보이라 하시니 데나리온 하나를 가져왔거늘 [20] 예수께서 말씀하시되 이 형상과 이 글이 누구의 것이냐 [21] 이르되 가이사의 것이니이다 이에 이르시되 그런즉 가이사의 것은 가이사에게, 하나님의 것은 하나님께 바치라 하시니 [22] 그들이 이 말씀을 듣고 놀랍게 여겨 예수를 떠나가니라」

바리새인들이 예수께 접근하여 납세 어부를 질문했던 이유는 예수를 잡아들이기 위한 계략이었고, 예수님은 바리새인들의 의도를 알고 있었다. 로마제국 시대는 황제가 곧 국가이고, 황제를 신성시하는 황제숭배 사상이 성행하던 시대였다. 특히나 식민지 국가나 민족은 세금에 대해서 더 엄격했다. 가이사라는 칭호는 로마 황제를 가리키는 말인데, 가이사는 곧 국가를 의미했기 때문에 세금을 바치는 행위는 로마 황제에 복종한다는 의미였고, 반대로 세금을 거부한다는 것은 황제에 대한 반역과 같은 행위를 의미하였다.

종교인소득 과세를 찬성하는 목회자들은 성경 마22장 21절 구절을 인용하며 예수님은 종교인소득 과세를 내도록 하셨다고 주장한다. 마태복음 22장에서 바리새인 제자들과 헤롯 당원들의 의도적인 질문에 대해 예수님은 “가이사의 것은 가이사에게 하나님의 것은 하나님께 바치라.”라고 하셨다. 여기서 가이사의 것은 세상에서 장사하고 얻은 소득에 대한 세금을 말씀하신 것이고, 하나님의 것은 하나님께 드린 헌금을 말씀하신 것이다. 예수님은 19절에서 “세금 낼 돈”을 내게 보이라고 하셨는데, 예수님의 말씀은 교인들이 성전에 낸 헌금을 내게 보이라고 말씀하신 것이 아니라, 장사하고 얻은 소득에서 가이사에게 세금 낼 돈을 보이라고 하신 것이다. 예수님은 국법으로 정해져 있는 세금은 당연히 법에 따라 내야 하지만, 헌금은 하나님께 바쳐진 하나님의 것으로 성전에서 사용해야 하는 것이라고 말씀하신 것이다.

종교인소득은 납세해야 하지만, 종교단체(교회) 재산에 대한 납세의무는 없다. 종교인 목회자들이 하나님께 헌금을 하는 것과 같이 국가에 대한 납세의 의무도 지켜야 한다. 가이사의 것은 원래 국법으로, 가이사(국세)의 소유로 정해져 있기에 가이사(국가)에게 납세해야 한다. 반면 헌금은 하나님의 소유로 구별된 것이므로, 하나님께 바치는 것이다. 헌금은 종교 활동을 하는 목회자에게 내는 금전이 아니며, 하나님이 구별하신 교회에 내는 헌금으로, 하나님의 소유에 해당한다. 따라서 교인들이 낸 헌금으로 이루어진 종교단체의 재산에 대해 과세해서는 안 된다.

5. 세금이 아닌 성전세

마17:24-28 「[24] 가버나움에 이르니 반 세겔 받는 자들이 베드로에게 나아와 이르되 너의 선생은 반 세겔을 내지 아니하느냐 [25] 이르되 내신다 하고 집에 들어가니 예수께서 먼저 이르시되 시몬아 네 생각은 어떠하냐 세상 임금들이 누구에게 관세와 국세를 받느냐 자기 아들에게냐 타인에게냐 [26] 베드로가 이르되 타인에게니이다 예수께서 이르시되 그렇다면 아들들은 세를 면하리라 [27] 그러나 우리가 그들이 실족하지 않게 하기 위하여 네가 바다에 가서 낚시를 던져 먼저 오르는 고기를 가져 입을 열면 돈 한 세겔을 얻을 것이니 가져다가 나와 너를 위하여 주라 하시니라」

종교인소득 과세 찬성을 주장하는 사람들이 내세우는 성경 구절 중에 하나가 마태복음 17장인데, 이는 본문 성경해석에 대한 착오에 기인한다. 마태복음 17장은 국가에 내는 세금에 대해서 말하는 것이 아니라, 성전 수리와 제사를 위해서 이스라엘 백성들에게 하나님이 명령하신 성전세를 말하는 것으로, 오늘날 유럽 일부 국가에서 부과하는 종교세에 해당한다. 성전세는 신성 국가였던 이스라엘의 모든 20세 이상 남자가 빈부와 상관없이 성전의 보수와 관리, 제사를 위해 매년 반 세겔의 세금을 내도록 하였다. 반 세겔은 헬라어 화폐로 두 드라크마에 해당하는 금액으로 노동자의 2일 품삯에 해당한다. 성전세는 제사 희생제물을 통한 속전과 같은 영적인 의미를 지닌다고 할 수 있다.

성전세를 받는 자들이 베드로에게 예수께서 성전세를 납부하는지 여부를 물은 의도는 예수께서 성전세를 거부하면 하나님의 명령에 반대한다는 구실로 고발하기 위해서였다. 예수님은 물고기 입에서 얻은 한 세겔로 베드로와 자신의 세금을 내도록 하신 세금은 성전세였던 것이다. 17절 "우리가 그들이 실족하지 않게 하기 위하여 네가 바다에 가서 낚시를 던져 먼저 오르는 고기를 가져 입을 열면 돈 한 세겔을 얻을 것이니 가져다가 나와 너를 위하여 주라." 예수님은 베드로에게 마17장 17절에서 성전세를 내야 할 의무가 있든지 없든지 "그들을 실족하지 않게 하기 위하여" 성전세를 내도록 말씀하셨다. 예수님과 제자들은 하나님의 아들들이므로 성전세를 낼 필요가 없지만, 그들의 무지함으로 오해와 비난을 피하기 위하여 성전세를 내도록 하신 것이다.

목회자들이 종교인 과세를 내야 하는 이유는 목회자의 속성을 깨닫지 못하는 세상 사람들을 실족하지 않게 하고, 선교의 대상인 그들로부터 세금 도둑이라는 오명과 비난을 피하기 위해서 종교인소득 과세에 적극적으로 참여하는 것이 더 유익한 일이지 않을까?

6. 바울과 세금

> 롬13:6-7「[6] 너희가 조세를 바치는 것도 이로 말미암음이라 그들이 하나님의 일꾼이 되어 바로 이 일에 항상 힘쓰느니라 [7] 모든 자에게 줄 것을 주되 조세를 받을 자에게 조세를 바치고 관세를 받을 자에게 관세를 바치고 두려워할 자를 두려워하며 존경할 자를 존경하라」

롬13장 1-5절에서 “위에 있는 권세”는 하나님으로부터 나오는 것으로 권세에 거역하는 것은 하나님의 명령을 거역하는 것이고, 스스로 심판을 받을 것(자초)이라고 하였다. 사도 바울은 거듭 바치라는 말로서 예외 없이 모든 로마에 있는 교인들에게 분명하게 납세하도록 하고 있다. 이는 로마 관리나 황제에게 충성하라는 의미가 아니라, 로마 시민으로서 책임과 의무를 다하므로, 세금을 걷는 로마 관리들과 불필요한 마찰과 갈등을 피하도록 하기 위함이었다.

교인은 국법으로 세금이 정해져 있으면 법률에 따라서 세금을 내는 것이 맞고, 양심적인 이유에서도 세금을 내야 한다. 5절에 “진노 때문에 할 것이 아니라 양심을 따라 할 것”이라고 하면서 로마 교인들에게 세금에 대한 거부로 인하여 권세를 가진 자들로부터 겪게 될 고통 때문에 세금을 내는 것이 아니라, 양심에 따라 스스로 세금을 내야 한다고 하였다. 마찬가지로 목회자들은 국법에 납세의 의무가 정해져 있다면 당연히 납세의무를 이행해야 한다. 그리고 목회자들은 법률적 근거 외에도 양심적 이유 때문에라도 국가에 대한 납세의무를 충실히 이행해야 한다. 성경은 로마 제국이나 로마 황제가 이스라엘 및 하나님과의 관계에서 정의롭지 못한 불의한 국가였음에도 세금을 납부하도록 하였다. 그렇다면 자유민주주의 국가인 대한민국 국민의 한 사람인 종교인 목회자는 납세의 의무자로서 국가에 세금을 내야 한다.

Ⅴ. 결론

종교인 과세는 생업을 목적으로 하는 근로자의 근로로 얻어지는 소득과 하나님으로부터 부름받아(소명) 사역하는 목회자의 생활비에 대한 구별 없이 소득으로 보아 과세하려는 과세당국의 결정이 못내 아쉽지만, 종교인소득에 대한 과세는 법률로 제정·공포·시행되었다. 그렇다면 목회자들은 불의하지 않은 국가의 권력과 법률에 저항하지 말고, 세금을 납부해야 한다.

종교인 과세에 반대하는 이유는 세금을 내기 싫다거나 비성경적이라서가 아니라, 국가와 교회가 종교인 세금이라는 관계를 맺게 되면, 정치적인 작용이 개입될 것이기 때문에 반대한다. 물론 앞에서 언급한 바와 같이 종교인소득 과세가 시행됨으로 염려되는 바가 없는 것도 아니다. 현재 종교인 과세는 헌법이 보장하고 있는 정교분리원칙을 위반한다고 보기 어렵지만, 훗날 종교단체에 대한 과세 시행으로까지 확대되면 정교분리원칙을 훼손할 가능성이 농후하기 때문이다. 즉 지금은 종교인소득에 대한 과세만 시행되고 있지만, 세상 권력인 정부가 다음에는 종교단체 재산에 대해서까지 과세할 수 있다. 그렇다고 목회자들이 우려하는 것처럼, 종교인소득 과세가 종교탄압의 수단이니 교회 재정에 대한 간섭이니 하는 것은 자유민주주의 및 법치주의 사회에서 너무 앞서가는 생각이 아닌지 모르겠다. 하지만 생활비를 초과하는 수억 원에 이르는 생활비와 상여금, 수십억의 퇴직금, 기타 금원을 다 받으면서 우리는 근로자가 아니어서 세금을 내지 못하겠다고 할 수는 없다.

제9장

의사 절차

제9장

의사 절차

제1절 ‖ 의결과 결의

Ⅰ. 의결과 결의

1. 의결과 결의의 개념

(1) 의결

의결(議決)은 회의체(會議體)에서 각각의 안건에 대하여 가부(可否)를 판단하는 구체적 법률적 의사를 형성·결정해가는 과정을 말하고, 그 결과는 가결(可決)과 부결(否決)로 나누어진다. 또한 의결은 어떤 중요한 정책이나 법안을 결정할 필요가 있거나 단체의 진로나 존폐를 결정해야 할 필요가 있는 경우에 결정하는 방법으로, 법안에 대한 국회의 의결, 국가의 정책에 대한 국무회의 의결 등이 있다.

(2) 결의

결의(決議)는 회의체(會議體)를 구성하는 수인의 사람이 일정한 사항에 관하여 전체의 의사를 형성·결정하고, 그것을 표현하는 행위 또는 그 결정된 사항을 말한다.

결의는 사법상 결의와 공법상 결의가 있는데, 일정한 자격 있는 사람이 전체로서 일정한 권한을 행사하는 사법상 결의는 사원총회, 문중회, 주주총회가 대표적이다. 또한 결의는 어떤 행동이나 결정을 재촉하는 촉구(促求)의 의미가 있는데, 지방의회나 국회에서 타 국가, 본국 정부나 기관에 촉구하기 위해 어떤 안건에 대해서 결의를 하는 경우가 있다. UN에서 회원국들이 모여 다른 국가들에게 UN협약 참여를 촉구하거나 인권 등의 문제에 대해서 인권보장을 촉구하는 안건을 결의하기도 한다.

2. 의결과 결의 구분

의결이나 결의는 합의체 기관에서 의사를 형성하고 결정하는 행위라는 점에 구별되지 않고 통상 같은 뜻으로 사용된다. 굳이 구별한다면 의결은 어떤 안건이나 일을 결정하는 것으로 법적인 요건이고 강한 구속력을 가진다. 하지만 결의는 어떤 안건이나 사안에 관해 결정하더라도 촉구하는 성격을 가지며, 의결에 비해 법적인 요건이나 약한 구속력을 가진다. 또한 의결은 의사를 회의 석상에서 결정하는 것을 말하고, 결의는 그 의사의 결정을 문서화하여 확증하므로 결정짓는 것이라고도 할 수 있다.

3. 의사 정족수와 성립요건

합의체 기관의 회의체는 반드시 일정 수 이상의 구성원이 참석해야만 회의능력과 의결능력을 갖는다. 정족수는 합의체 구성원이 회의에 출석해야 하는 정원수를 말한다. 회의를 시작하고, 회의를 계속해서 진행하기 위해서는 일정 수 이상 구성원이 참석해야 할 것을 요구하는 것을 의사정족수(議事定足數)라고 하고, 안건(案件)을 유효하게 성립시키기 위해 참석해야 하는 최소한의 구성원 수를 의결정족수(議決定足數)라고 한다. 안건(의안)은 회의에서 심의하고 토의해야 할 사항으로, 안건은 충분한 논의 과정을 거쳐 가결이나 부결을 결정하게 되는데, 이때 가결과 부결을 결정하기 위해서 일정 수 이상의 정족수를 필요로 한다.

일반적으로 의결기관의 구성원 재적회원(在籍會員)의 과반수 이상 출석과 출석회원(出席會員) 과반수의 찬성으로 의결하고, 중요한 안건은 3분의 2 이상을 필요로 하며(민법 제42조),[1] 특별한 찬성을 요하는 경우에는 4분의 3 이상(민법 제78조),[2] 또는

---

1) 민법 제42조(사단법인의 정관의 변경)
① 사단법인의 정관은 총사원 3분의 2 이상의 동의가 있는 때에 한하여 이를 변경할 수 있다. 그

전원의 찬성을 요하는 전원일치(全員一致) 등이 있다. 어떤 의안에 대해 표결결과 찬성회원 일정 수의 동의를 받은 의결은 가결(可決)이고, 회원 일정 수의 동의를 받지 못한 의결은 부결(否決)이 되며, 회의 결과는 반드시 의사록에 작성하여 의장의 서명날인을 받아 보관해야 한다(민법 제76조).[3)]

4. 회원의 권리

합의체 기관의 의결과정에 참여할 수 있는 권리를 회원권(會員權)이라고 하고, 회의에 참석하여 의결하거나 어떤 의안에 대해서 찬성하는 가(可), 또는 반대하는 부(否)를 표현하는 결의에 참여하여 표결할 수 있는 권리를 의결권(議決權)이라고 한다. 회원은 자신의 의사표시를 통해 총회의 공동의사에 참여할 수 있는 권리를 갖는다. 회원권이나 의결권은 법인이나 단체의 규정, 총회의 결의로도 제한하거나 박탈할 수 없고, 의결권은 평등원칙에 따라 일인 한 표로서 동등하다. 상법(商法)에서는 의결권은 대리인으로 하여 그 의결권을 행사할 수 있도록 하고 있으나, 반면 총회의 결의에 관하여 특별한 이해관계가 있는 자는 의결권을 행사하지 못하도록 하고 있다(상법 제368조).[4)]

5. 자문과 심의

자문(諮問)과 심의(審議)는 어떤 안건에 대해서 의결을 하기 전에 의사결정에 신

러나 정수에 관하여 정관에 다른 규정이 있는 때에는 그 규정에 의한다.
② 정관의 변경은 주무관청의 허가를 얻지 아니하면 그 효력이 없다.

2) 민법 제78조(사단법인의 해산 결의)
사단법인은 총사 원 4분의 3 이상의 동의가 없으면 해산을 결의하지 못한다. 그러나 정관에 다른 규정이 있는 때에는 그 규정에 의한다.

3) 민법 제76조(총회의 의사록)
① 총회의 의사에 관하여는 의사록을 작성하여야 한다.
② 의사록에는 의사의 경과, 요령 및 결과를 기재하고 의장 및 출석한 이사가 기명날인하여야 한다.
③ 이사는 의사록을 주된 사무소에 비치하여야 한다.

4) 상법 제368조(총회의 결의 방법과 의결권의 행사)
① 총회의 결의는 이 법 또는 정관에 다른 정함이 있는 경우를 제외하고는 출석한 주주의 의결권의 과반수와 발행주식총수의 4분의 1 이상의 수로써 하여야 한다.
② 주주는 대리인으로 하여금 그 의결권을 행사하게 할 수 있다. 이 경우에는 그 대리인은 대리권을 증명하는 서면을 총회에 제출하여야 한다.
③ 총회의 결의에 관하여 특별한 이해관계가 있는 자는 의결권을 행사하지 못한다.

중을 기하고, 민주적 정당성을 확보하려는데 목적이 있다. 자문(諮問)은 어떤 권한을 가진 사람이 여러 사람에게 영향을 미치는 중대한 일을 결정하려고 할 때, 그 분야의 전문가에게 물어보는 행위를 말한다. 자문은 결정권자에게 조언은 할 수 있지만, 의결할 수 있는 권한은 없다. 대통령이나 행정기관들은 대부분 자문위원을 두고 있다.

심의(審議)는 어떤 정책이나 계획을 심사하는 것을 말한다. 주로 국회는 심의기관(審議機關)으로서 국가정책이나 예산안에 대해서 심사를 한다. 자문하는 사람은 자문만 할 수 있고 결정할 권리는 없지만, 심의하는 국회는 심의하고 의결까지 할 수 있다. 법률에서 국가 예산안과 같이 심의를 거치도록 규정되어 있다면 반드시 심의를 거쳐야 한다. 심의는 구속력이 없지만, 의결하면 구속력이 있다.

Ⅱ. 성경과 결의

1. 성경과 결의

잠15:22-23「[22] 의논이 없으면 경영이 무너지고 지략이 많으면 경영이 성립하느니라 [23] 사람은 그 입의 대답으로 말미암아 기쁨을 얻나니 때에 맞는 말이 얼마나 아름다운고」

성경에서 결의(決議)는 헬라어로 '크리노'(κρίνω)인데, 판단하다, 결단하다, 결의하다 등을 뜻한다(요9:22, 행21:25, 고후2:1). '크리노'(κρίνω)는 전후 사정을 잘 살펴 사물에 대한 자기생각을 정하는 것으로 재판장이 죄를 물어 공정하게 판결한다는 법률적인 용어로 사용되었다(마20:18, 행3:13). 하나님의 판단은 공의롭고 정직하며(사11:4), 인간의 행위대로 판단하신다(벧전1:17). 이스라엘 공동체 회의에서 결의는 특별한 의제(議題)에 대해 가부(可否)를 결정하는 것을 뜻하였다. 이스라엘 공동체 회의에서 최고의 형벌 가운데 하나는 출교를 결의하는 것이었다(요9:22). 성경에서 결의와 결정은 구별된다. 결의(決議)는 공동체에서 가부를 결정하는 것이라면, 결정(決定)은 히브리어 '야아츠'(יָעַץ)로 결단하여 뜻을 정했다는 뜻으로 재판상 심판을 의미하였다. 다윗이 나발을 죽이기로 결정한 것(삼상25:17), 하나님이 아마샤를 죽이기로 결정한 것을 두고 사용되었다(대하25:16).

2. 산헤드린 공회와 결의

(1) 산헤드린 공회

산헤드린(sanhedrin) 공회는 유대의 평의회로서 입법 및 사법상 최고의 의결기관이었다. 공회(公會)는 히브리어 '카할'(קָהָל)이고, 헬라어 '쉬네드리온'(συνέδριον)으로 회중이나 총회를 의미한다(출19–20장). 산헤드린 공회원은 70명의 사회적 덕망을 가진 장로들(민11:16)과 1명의 대제사장을 포함하여 총 71명으로 구성되었고, 대제사장이 주도하여 주로 종교적 율법과 종교 제의 문제를 다루었으며, 유대인 공동체에서 정치적·사법적인 기능도 감당하였다. 대표적인 산헤드린 공회원으로 언급되는 인물이 바울의 스승인 가말리엘, 예수께 어떻게 하면 영생을 얻을 수 있는지 질문했던 니고데모, 예수님의 시신을 매장했던 아리마대 사람 요셉이 있다. 산헤드린은 A.D. 70년 로마 디도 장군에게 멸망당한 이후 사실상 소멸하였다. 산헤드린 공회에서 예수님에 대해 사형을 결의하였고, 공회의 주도로 거짓 증인들과 백성들을 선동하여 빌라도로 하여 사형을 선고하도록 유도하였다. 베드로와 요한, 스데반, 사도 바울 모두 산헤드린 공회에 고발당하였거나 자신을 변호하였으며, 예수 그리스도 복음을 전하였다(행4:15;6:12;23:1).

(2) 산헤드린 공회와 예수 그리스도

막10:33「보라 우리가 예루살렘에 올라가노니 인자가 대제사장들과 서기관들에게 넘겨지매 그들이 죽이기로 결의하고 이방인들에게 넘겨 주겠고」

산헤드린 공회에서 예수 그리스도를 죽이기로 결의하고 의결하였다(마20:18). 예수님은 밤중에 대제사장 집으로 끌려가 대제사장 주도로 열린 산헤드린 공회원들 앞에서 심문을 받았고(마26:57–59), 새벽 날이 밝은 시간이 되어서야 신성모독죄(神聖冒瀆罪)로 사형을 시켜야 한다고 의결하였다(마26:66). 다만 하나님의 나라를 기다리던 경건한 아리마대 사람 요셉은 그 의결에 찬성하지 않았다(눅23:51).

산헤드린 공회는 죄인에게 사형을 선고할 수 있는 권한이 없었기 때문에 사형선고를 할 수 없었고, 사형결의를 하고 빌라도에게 고발한 것이다(막3:15). 산헤드린 공회에서 예수님을 사형에 해당한다고 단정한 죄목은 자칭 그리스도라고 한 것과 하나님의 아들이라고 한 죄목 때문이었다. 하지만 빌라도에게 고발하면서 붙인 죄목은 세금을 바치지 말라거나 민중을 선동하였다는 소요죄 죄목과 자칭 자신을 유대인의 왕이라고 칭한 것을 빌미로 로마 황제에게 반역을 도모했다며 반란죄 죄목을 추가하였다. 빌라도는 아내의 반대와 대제사장들이 시기로 예수를 넘겨준 줄 알면서도 민란이 일어나려는 것을 염려한 나머지 이스라엘 무리에게 만족을 주고자 죄가 없는 예수 그리스도에게 사형을 선고하였다(마27:22－26, 막15:15). 사도행전에서 빌라도가 놓아 주기로 결의했다는 것은 빌라도 개인의 의지에 따라 아내의 말을 듣고 예수를 놓아주어야겠다고 결정했다는 의미이며, 수인이 모인 회의체에서의 결정한 결의와 다른 뜻이다(행3:13).

(3) 산헤드린 공회와 제자들

행5:38-39「[38] 이제 내가 너희에게 말하노니 이 사람들을 상관하지 말고 버려 두라 이 사상과 이 소행이 사람으로부터 났으면 무너질 것이요 [39] 만일 하나님께로부터 났으면 너희가 그들을 무너뜨릴 수 없겠고 도리어 하나님을 대적하는 자가 될까 하노라 하니」

제사장들과 성전 맡은 자와 사두개인들은 베드로와 요한이 백성들을 가르치는 것과 예수 그리스도의 부활에 대해 전파하는 것을 싫어하여 붙잡아다가 산헤드린 공회 앞에 심문하였다. 하지만 산헤드린 공회원인 가말리엘의 권면을 듣고 사도들에게 채찍질하며 예수의 이름으로 말하는 것을 금하는 등 위협만 가하고 풀어주었다. 가말리엘은 예수의 부활을 전하는 사도들의 소행이 진실한 것이 아니라면 가만두어도 저절로 무너질 것이고, 혹시라도 하나님으로부터 온 것이라면 무너지지 않을 뿐만 아니라, 우리가 하나님을 적대하는 것이 될지 모르므로 너무 가혹하게 대하지 말고 적당하게 징벌을 가하고 모두 풀어 주는 게 좋다고 하였고, 공회가 이를 받아들인 것이다(행5:34－40).

(4) 산헤드린 공회와 스데반

행6:10-13「[10] 스데반이 지혜와 성령으로 말함을 그들이 능히 당하지 못하여 [11] 사람들을 매수하여 말하게 하되 이 사람이 모세와 하나님을 모독하는 말을 하는 것을 우리가 들었노라 하게 하고 [12] 백성과 장로와 서기관들을 충동시켜 와서 잡아가지고 공회에 이르러 [13] 거짓 증인들을 세우니 이르되 이 사람이 이 거룩한 곳과 율법을 거슬러 말하기를 마지 아니하는도다」

사도들을 대신하여 구제에 힘쓰는 일을 하도록 믿음과 성령이 충만한 일곱 집사를 선출하였는데, 그중에 스데반 집사가 있다. 스데반은 은혜와 권능이 충만하여 큰 기사와 표적을 행하고, 지혜와 성령이 충만한 사람이었다. 그로 인해 예루살렘 회당인 '수나고게'(συναγωγή)[5]에서 지도자들과 성경과 예수 그리스도의 부활에 관한 토론 및 변증을 하였으나 스데반과의 토론에서 능히 당하는 자가 없었다. 이에 유대인 지도자들은 거짓 증인들을 돈으로 매수하여 스데반이 모세와 하나님을 모독하는 말을 하는 것을 우리가 들었노라 거짓 증거하게 하고, 붙잡아 공회에 세웠다(행6:1-15).

3. 유대인들의 결의

요9:22「그 부모가 이렇게 말한 것은 이미 유대인들이 누구든지 예수를 그리스도로 시인하는 자는 출교하기로 결의하였으므로 그들을 무서워함이러라」

예수께서 길을 가실 때에 날 때부터 시각장애인을 보시고 실로암 못에 가서 씻도록 명령하셨고, 이에 순종했던 사람이 고침을 받아 다시 보게 되었다. 많은 유대인은 태어날 때부터 시각장애인으로 출생한 아들이 어떻게 다시 볼 수 있게 되었는지 부모들에게 물었으나 부모는 선뜻 대답하지 못하고 아들에게 물으라고 대답하였다. 그 이유는 유대인들이 누구든지 예수를 그리스도로 시인하는 자는 회당에서 출교하기로 결의하였기 때문에 시각장애인 부모는 출교당할 것을 두려워한 것이다. 출교(黜敎) 또는 출회(黜會)는 헬라어 '아포쉬나고고스'(ἀποσυναγώγους)로 회당에서 추방하는 회당 출교(excommunication from the synagogue)와 유대공동체로부터 추방하는 출교가 있다. 유대인 공동체에서의 출교는 가장 중징계에 해당하는 책벌에 포함되며, 출교의 형태로는 첫째, 일반적인 권고 수준의 책망(레19:17, 딤전5:20), 둘째, 30일 동안 공동체 생활에서 제외하는 출교(고전5:4-13), 셋째, 무기한 출교(마18:17), 넷째, 종신출교 등 네 가지가 있다. 예수님 당시 유대 관원들 가운데서도 예수를 따르는 사람들이 많았지만, 출교를 두려워하였다(요12:42). 예수님은 믿는 사람 중에서 출교를 당하거나 죽임을 당하는 사람들이 많을 것이라고 하였다(요16:2).

---

5) '수나고게'(συναγωγή)는 '모임'을 뜻하는데, 헬라어 수나고게는 함께(with)를 뜻하는 '신'(συν)과 배움을 의미하는 '아고게'(αγωγή)가 합해진 단어로, '함께 모여 무엇인가를 배우는 장소'를 의미하며 한자말로 회당(會堂)이라고 번역하였다(마6:2;10:17, 막1:21, 눅7:4).

4. 예루살렘 교회 파송 결의

> 行15:22-25「이에 사도와 장로와 온 교회가 그 중에서 사람들을 택하여 바울과 바나바와 함께 안디옥으로 보내기를 결정하니 곧 형제 중에 인도자인 바사바라 하는 유다와 실라더라 ~ 사람을 택하여 우리 주 예수 그리스도의 이름을 위하여 생명을 아끼지 아니하는 자인 우리가 사랑하는 바나바와 바울과 함께 너희에게 보내기를 만장일치로 결정하였노라」

안디옥교회 성도들은 할례와 모세의 율법을 따라야 한다는 유대교파 그리스도인들의 주장 때문에 논란이 있었다. 예루살렘 공의회는 이방인들이 구원을 받고 주님의 몸 된 교회의 성도가 되는 것이 성령의 역사임을 인정하고, 이방인 그리스도인들이 할례와 모세의 율법을 따르지 않아도 된다는 결정을 내렸다. 예루살렘 공의회는 이러한 결정을 수리아 안디옥교회에 알리기 위해 예루살렘 교회의 지도자였던 유다와 로마 시민권을 가지고 있던 유대인 실라(실루아노)를 보내기로 만장일치로 결정하였다. 바나바와 바울, 그리고 유다와 실라가 안디옥에 가서 무리에게 예루살렘 공의회의 결정을 전달하였고, 안디옥교회 성도들은 기쁨과 위로를 받았다(行15:31). 그리고 안디옥 성도들은 야고보가 자신들의 신앙을 위해서 스스로 결정하도록 하였던 우상에게 바쳐진 고기를 먹지 않는 것, 모든 형태의 음란, 목매어 죽인 짐승의 고기를 먹지 않는 것에 대해서 순종하기로 하였다.

제2절 ‖ 교회와 회의

Ⅰ. 회의

1. 회의의 의의

(1) 회의의 개념

고대 그리스의 사상가 아리스토텔레스(Aristotele)는 ‘인간은 사회적 동물이다.’라고 하였다. 사람은 개인이 독립적으로 존재하지 않고 사회공동체를 형성하여 타인과 관계 속에서 살아가며, 사회의 영향을 받고 살아간다는 것이다. 회의(會議)는 사회공동체의 질서유지와 안전을 확보하기 위해 여러 사람이 모여 토론을 거쳐 합의에 도달하는 방법이다. 그러므로 사람이 살아가는 작은 씨족사회부터 대단위 사회에 이르기까지 모든 공동체 사회는 회의가 열리고 있다고 할 수 있을 것이다.

민주주의 사회에서 회의는 중요한 기능을 한다. 회의는 일방적이고 독재적인 운영과 대비되는 개념으로 공동체 운영에 대해 정보를 공유하고, 서로의 생각 차이를 좁히는 등 다양한 사람들의 의견을 하나로 결집시켜 민주적으로 공동체를 운영해가는 과정이며 형식이라고 할 수 있다. 공동체에서 발생한 문제나 새로운 방향과 계획 수립에 대해서 일정한 규칙과 회의형식을 통해 전체가 동의할 수 있는 안을 도출하고, 회의에서 함께 논의하여 결정된 사항에 대해서 보다 책임의식을 가지고 적극적으로 실천하게 한다. 또한 공동체 구성원으로서 소속감 및 유대감을 형성하여 사회통합을 가져오고, 상호 건전한 발전을 도모하게 한다.

(2) 회의와 토론

회의는 여러 사람이 모여서 의논하는 것을 말한다. 회의가 성립하려면 참여하는 사람, 회의 장소, 시간, 안건이 있어야 한다. 회의는 두 명 이상이 모여야 하고, 회의는 일정한 장소에서 같은 시간대에 일정한 안건에 대해 충분한 토론을 거쳐 공통의 의견을 도출해 낸다. 하지만 근대에 들어서는 통신기술의 발달로 일정한 장소가 아니더라도 회의가 가능한 시대가 되었으며, 코로나19 영향으로 인해 온라인을 통한 화상회의가 이루어지고 있다.

회의 진행에 있어서 가장 중요한 요소 가운데 하나가 토론인데, 토론(討論, discussion)은 다수가 참여하여 실질적 내용으로 하는 '양질의 토론'(quality discussion)과 모든 회원에게 발언 기회가 제공되는 '충분한 토론'(enough discussion)이어야 한다. 따라서 토론이 없는 일방적인 지시사항 전달이나 훈계, 다른 사람을 설득하기 위한 연설(演說)은 회의라고 할 수 없다. 회원이 회의에 참석하는 이유는 참관에 있는 것이 아니라, 회의에서 자신의 의견을 자유롭게 제시하기 위함이다. 따라서 지시사항만 전달받거나 각자 개인의 의견만 개진하거나 회의록만 남는 회의는 의미가 없다고 할 수 있다. 그런데 오늘날 대부분 회의는 지나치게 절차와 형식만을 강조하고, 회의 후에는 무슨 회의를 했는지 알 수 없는 회의가 되거나 일방적인 전달과 거수기 역할만 하는 수동적이고 피동적인 회의가 되고 마는 경우가 많다. 토론으로 돌출한 회의 결과는 잘 정리되어야 할 뿐만 아니라, 업무에서 반영되고 실질적으로 시행되어야 한다.

(3) 회의 방식

회의는 회의 자체가 궁극적인 결과물이나 목적이 되어서는 안 되며 합리적인 결과를 만들어내는 수단이 되어야 한다. 그리고 자주 모이고 최대한 다수가 참여하는 회의에 집착하지 말고, 간결하고 질서 있는 생산적이고 효율적인 논의가 이루어질 수 있도록 해야 한다. 생산적인 회의는 상상과 편안함을 요구한다. 생각(상상)하는 회의는 다양한 창조적 아이디어를 생성되게 하고, 편안한 회의 분위기는 자신의 의견을 자유롭게 제시하도록 하는 등 회원들의 참여를 촉진하기 때문이다. 이러한 창조적(創造的) 회의는 발전적이어서 구성원의 능력을 향상시킬 뿐만 아니라, 단체나 조직의 발전을 촉진하는 촉매제 역할을 하게 된다.

회의는 과거보다 미래지향적(未來指向的)이어야 한다. 과거의 사례를 무시하는 것은 미래에 똑같은 과오를 반복하게 되는 결과를 가져오게 되므로 과오에 대한 원인 분석과 비판적 사고가 필요하지만, 과거에 대한 분석과 비판에 치중하기보다는 미래 개선안에 중점을 두는 회의가 되도록 해야 한다. 과거지향적(過去指向的)인 회의는 자칫 구성원들의 사기를 저하시켜 비능률적인 결과를 가져오게 한다. 따라서 진행자는 미래지향적인 회의가 되도록 하여 생산적이고 효율적인 회의가 되도록 해야 한다.

2. 회의법

(1) 회의법 개념

효율적인 회의를 위해서는 반드시 회의법(會議法)이 존재해야 하지만, 그렇다고 특별히 정해진 회의법이 있는 것도 아니다. 그러나 회의는 필요한 방식을 따르도록 정리하고 적당히 조절하는 회의기술이 필요하다. 회의는 여러 사람이 모여서 의제에 대해 의견을 교환하고 합의하므로 결론을 도출해 내는 것이기 때문에 적절한 절차와 필요한 방식에 따라야 한다. 원칙이 없고 질서가 없는 회의는 회의 진행상 여러 가지 문제에 직면하게 되고, 배가 산으로 간다는 말처럼 불필요한 시간과 논쟁만 초래하게 된다. 이런 경우에 회의법은 회의를 질서 있고 원만하게 진행하게 함으로써 분쟁을 예방하고 회원들의 합의를 이끌어내는 데 효과를 발휘하게 된다. 회의법의 목적은 무질서로부터 회의 질서를 유지하고, 의제 제안권과 동의권, 소수 회원의 발언권, 회원의 결정 참여권과 다수 회원의 결정권 등 회원들의 권리를 보장하며, 사무처리를 신속하고 원만하게 처리할 수 있는 절차를 위한 목적에 있다. 그러나 회의법의 가장 중요한 원칙은 회원의 인격을 존중하는 것에 있다고 할 수 있다.

(2) 회의법의 역사

회의가 언제 어디서 최초로 생기게 되었는지 정확한 기록은 알 수 없다. 하지만 사람이 존재하게 되고 공동체 사회가 존재하게 될 때부터 존재해 왔을 것이다. 고대 아테네에서 B.C.682년부터 매년 귀족 중에 9명의 집정관인 '아르콘'(archon)이 모여 왕을 자문했던 '아레오파고스'(Areopagos)회의가 있었다. 우리나라는 삼국유사에 고조선 시대에 회의를 통해 나랏일을 논의했었다는 이야기가 내려오며, 삼국 시대 신라에서는 상대등을 의장으로 하여 진골 귀족들이 모여 왕위 계승 등 국가의 중대한 정책들을 논의했던 신라 최고의 회의기구였던 화백회의(和白會議)가 있었다. 화백회의는 만장일치제였기 때문에 한 사람이라도 반대하면 안건이 의결되지 못했다.

고대 회의법에 대한 자료는 찾아볼 수 없다. 다만 관습으로 내려오던 회의법이 근대적 회의법으로 기틀을 다지기 시작한 것은 1215년 영국 국왕이 국민의 권리와 자유를 인정하기 위해 승인한 영국의 대헌장인 '마그나 카르타'((Magna Charta)를 시점으로 이후 16세기경 회의법이 성문화되었을 것이라고 본다. 미국의 독립선언문을 작성하고 미국의 제3대 대통령이었던 토마스 제퍼슨(Thomas Jefferson)이 1801년 회의진행 규칙(rule)을 제정했었고, 1876년 헨리 로버트(Henry. M. Robert)는 회의 진행에 관한 지침서인 '만국통상법'(萬國通常法)을 만들었다. 만국통상법은 '로버트 회의법'(Robert's rule of order)이라고도 하는데, 회의 목적을 달성하고 가장 효율적인 회의진행을 위한 규칙으로 대부분 존재하는 모든 회의진행법은 만국통상법을 기초로 하고 있다.

(3) 회의 합법성

모든 회의는 법에 따른 합법성(合法性)을 충족해야 한다. 법에 따르지 아니한 회의는 정당성을 인정받기 어려우며 원천무효가 된다. 장로회 헌법과 교회정관에 의한 회의 절차 준수는 모든 소속 교인들이 회의 결과에 대해 승복하게 하고, 교회 치리회와 지도자에 대해 신뢰를 하게 된다. 따라서 모든 회의는 준수해야 하는 절차가 있고, 회무 처리에 있어서 장로회 헌법과 교회정관에 따라 회의 절차를 준수해야 한다. 회의 절차를 준수하지 않고, 소집하고, 개회하여 의결하는 때에 무효가 될 수 있다.[6)]

3. 회의 조직

(1) 발기인

회(會)를 조직하기 위해서는 먼저 뜻이 맞는 사람들이 모여 발기인(發起人)을 조직한다. 발기인은 창립총회를 준비하기 위한 모임으로 총회를 위하여 기초적인 일들을 한다. 창립총회 장소와 시간, 총회 참석자 명단 작성 및 회집 통보, 총회진행을 위한 임시의장을 선정하고, 기본적인 회의 규칙을 작성한다.

(2) 창립총회

창립총회는 일주일 전까지 회집 통보를 하고, 총회 임시의장이 사회를 맡아 회의를 진행하되 먼저 개회를 선언하고 경과보고를 한 후에 회(會)의 구성원이 되는 회원을 표시한다. 임시의장은 회(會)의 규칙을 제정하도록 하고 회원들의 결의로 회의 규칙이 제정되면 정식적으로 임원을 선출한다. 임원이 선출되면 임시의장은 선출된 회장에게 자리를 양보하고 선출된 회장이 사회를 맡아 회무를 처리한다.

---

6) 대법원 2012. 2. 9. 선고 2011다104413 판결.

(3) 규칙

회(會)에서 무엇보다도 중요한 것이 규칙(規則)으로, 정관(定款) 혹은 규약(規約)이라고도 한다. 규칙은 회(會)의 성격, 목적 등을 가장 잘 드러낸다. 규칙은 이름과 위치, 목적과 사업을 구체적으로 명시해야 하고, 회원의 자격, 권리, 책임, 의무, 그에 따른 상벌, 입회와 퇴회의 절차를 명시하고, 임원의 선출과 임무, 임기, 회의 종류와 임무, 규칙의 시행과 개정에 관한 부칙과 회의 순서, 성원 수, 투표방식, 보고양식, 금전 출납 규정 등 의사 규칙 등 세칙으로 작성한다.

(4) 회원

1) 정회원

정회원(正會員)은 회의 구성원으로 중심이 되는 회원이다. 회원의 자격은 법에 따라 자동 가입되기도 하고 회원들의 동의로 정회원 자격을 얻기도 한다. 정회원은 회원으로서 권리를 행사하고 책임과 의무가 부여된다. 자발적으로 탈퇴하거나 규칙을 위반하는 경우, 회원들의 일정한 동의나 허락으로 탈퇴할 수 있다. 다만 회원이 원하지 않음에도 회원들의 결의로 탈퇴가 불가피한 경우에는 기본권에 관한 사항으로 엄격한 요건이 필요하다. 보통 과반수 이상의 회원 참석과 정회원 3분의 2 이상의 동의가 필요하다.

2) 준회원

준회원(準會員)은 정회원이 되기 이전의 회원이다. 회원으로서 자격은 없으며 일반적으로 권리가 제한되기 때문에 회의에 참석하거나 발언권을 얻어 발언을 할 수 있으나 표결권과 선거권 및 피선거권이 없다. 일정한 책임과 의무가 주어지지만, 정회원의 책임과 의무의 중대함에는 미치지 않는다.

3) 기타회원

사회적으로 명성과 권위 있는 사람들을 회원들이 추대한 명예 회원, 일정한 금전적 후원을 하는 후원회원, 회원으로 활동을 하였지만, 은퇴했거나 이직한 은퇴회원 등이 있다. 기타회원의 경우, 준회원과 같은 회의에 참석하거나 발언권을 얻어 발언을 할 수 있으나 표결권과 선거권 및 피선거권이 없다.

(5) 임원

최소한 회(會)에는 임원으로 회장, 서기, 회계 등의 구성원이 있어야 한다. 회장, 서기, 회계 등 임원은 평상시에 단체나 기관을 규칙에 따라 관리하며 보존하는 행정 전반의 업무를 맡는다. 회장(會長)은 회를 대표하는 대표자로서 명칭이고, 회의를 맡아 진행할 때는 회장은 의장(議長)이 되어 회의를 총괄하여 책임을 지고, 예의가 있고 질서 있는 회의가 되도록 원활하게 진행할 수 있어야 하고, 가능한 회의법을 잘 숙지해야 한다. 회의 진행시 의장은 회의 진행법과 절차, 순서를 따라서 진행하되, 모든 회원에게 공평한 발언 기회를 제공해야 하며, 회의와 무관한 발언이나 신상 발언을 하는 때에는 발언을 중지시켜야 한다. 의장은 절대로 동의를 내거나 토론을 할 수 없으며, 동의나 토론에 참여하기 위해서는 의장 자리를 부의장에게 일임하고 회원의 자격으로 참여할 수 있다. 서기(書記)는 회의 모든 필요한 문서를 맡아 회장을 보필하여 회의 진행을 도와야 하고, 사무를 처리하고 회의 서류 등을 보존한다. 만약 회의록 서기가 존재하지 않는 때에는 회의에서 결의된 내용을 기록하고, 회장과 서기의 도장을 찍어 잘 보관해야 한다. 회의록은 후일에 법적 문제가 생길 때에 증거서류가 되기 때문에 정확하게 기록하고 회의상황을 녹음하여 함께 남겨야 한다. 회계(會計)는 회의 자산관리 및 금전의 수입과 지출을 맡아 회장의 승인하에 처리하고, 처리사항을 기록하여 보관하며, 회가 요청하는 때에는 장부 일체를 공개해야 한다.

(6) 위원회

위원회(委員會)는 총회에서 특별한 사안에 대해 일임한 일들을 연구하고 결정하여 총회에 보고하고 실행하는 일을 한다. 위원회의 사무와 한계는 규칙에 규정되어 있어야 하며, 총회에서 규정한 일을 처리해야 한다. 위원은 총회에서 선출하거나 임원회에 맡기도록 하고, 가능한 전문가들로서 3인 이상으로 조직하되 홀수로 조직해야 한다.

1) 상임위원회

상임위원회(常任委員會)는 일정한 기간을 두고 규칙에 규정된 회무를 행한다. 총회의 사업을 나누어 분담하므로 일을 처리하는 분과위원회라고도 하며, 상비부(常備部)라고도 한다. 위원은 부원이라고 부른다.

2) 실행위원회

실행위원회(實行委員會)는 집행위원회라고 부르며, 실행위원회는 노회장, 상임위원장이나 상임위원들 중에서 구성하여 총회에서 위임한 일이나 규칙에 규정되어 있는 사무를 맡아 처리하고 총회에 보고하고, 상임위원회에서 구성한 실행위원은 위원회의 사무를 처리하고 위원회에 보고한다.

3) 특별위원회

특별위원회(特別委員會)는 상임위원회가 할 수 없는 사무를 맡는 위원회로 특별한 목적을 위해 임시적으로 구성하고 활동을 하고 목적이 달성되면 해소되는 위원회를 말한다. 특별위원으로 공천위원, 개표위원, 전형위원 등이 있다.

(7) 회의 종류

교회 회의를 기준으로 목적, 성격, 시기, 참가 인원에 따라 다음과 같이 구분한다.

1) 시기상 구분

정기회, 임시회, 비상회가 있는데, 정기회(定期會)는 규칙에 정해져 있는 기간에 진행하는 회의를 말한다. 정기총회, 월례회, 정기 임원회 등이 있다. 정기총회는 임원 개선, 규칙 수·개정을 한다. 임시회(臨時會)는 필요한 사유가 있는 경우에 임시로 진행하는 회의를 말하며, 비상회(非常會)는 급박한 사건 발생으로 인해 안건을 처리하는 회의를 말한다.

2) 성격상 구분

총회, 월례회, 임원회, 위원회 등이 있는데, 총회(總會)는 회에서 가장 중요한 결정을 하며 임원 개선, 회칙개정, 예결산 결의 등 중요한 사안을 처리하고, 월례회(月例會)는 매월 소속회원들이 모여 의논하는 회의이고, 임원회(任員會)는 임원들만 모여서 일반적인 사안들을 처리하고, 위원회(委員會)는 상임, 실행, 특별위원들이 모여 총회에서 일임한 사안들을 처리한다.

4. 의장의 회의 진행과 원칙

회의 진행에 있어서 의장의 역할은 무엇보다 중요하다. 의장(議長)은 회(會)의 규칙 및 회의 절차를 준수해야 하고, 회의 절차에 근거한 회의가 되도록 해야 한다. 회의 절차를 벗어난 회의는 무효가 될 수 있고, 그 결과에 대하여 회원들의 복종을 요구할 수 없으며, 법적인 정통성을 가지지 못하기 때문에 긍정적인 효과를 기대할 수 없다. 따라서 의장은 회의 진행법을 숙지해야 하며, 회의를 중립적으로 신속하고 원활하게 진행해야 한다.

의장은 예정된 시간에 개회를 선언하고, 공정하게 회의를 진행하되 품의와 질서 있는 회의가 되도록 해야 한다. 의장은 회원으로서가 아닌 회의진행자이기 때문에 의장은 의안에 대해 동의를 할 수 없고, 토론에 참여해서는 안 된다. 만일 토론에 참여하려면 부의장에게 의장 자리를 맡기고 참여할 수 있다. 단 그 안건이 처리될 때까지 의장직을 행사할 수 없음은 물론이다. 의장이 권한을 남용하거나 불공정하게 회의를 진행하거나 심각한 장애 등이 발생한 때에는 회원들은 불신임안을 제출할 수 있고, 불신임안이 처리될 때까지 회의를 진행하는 사회자가 될 수 없으며, 불신임안이 가결되는 때에는 의장직에서 물러나야 한다.

모든 회원은 권리와 책임에 있어서 공평하다. 따라서 모든 회원에게 발언권을 공평하게 주어야 한다. 그리고 의안에 관한 토의는 충분하게 이루어져야 한다. 시간에 쫓겨 과도하게 논의를 제한하거나 중지시키고 충분한 토의가 이루어지지 않은 상태에서 섣불리 결정해서는 안 된다. 발언권은 찬·반 양쪽에 주어져야 하고, 발언 중 부적절한 언사나 회원이나 공익에 해로운 발언은 중지시키거나 회의 진행을 악의로 방해하는 사람에게 퇴장을 명할 수 있다. 의장은 장내가 혼란하여 진정시킬 수 없는 등 다양한 원인으로 더 이상 회의를 진행할 수 없다고 판단될 때, 의장은 직권으로 폐회를 선언할 수 있으며, 폐회가 선언된 이후에는 다수 회원에 의해 결의된 안건일지라도 무효가 된다.

회원의 자격(資格), 회의정족수(會議定足數), 즉 의사정족수(議事定足數) 및 의결정족수(議決定足數)를 반드시 확인하고, 의결정족수의 경우에는 표결할 때마다 반복하여 확인하며, 표결 결과는 명확하게 발표한다. 정관(규칙)에 규정되어 있는 회원 자격 미달자의 참여, 의사정족수 및 의결정족수에 미달한 때에는 어떠한 안건이 결의되더라도 무효가 된다. 투표의 결과 일반적으로 가부동수(可否同數)일 때는 부결이 원칙이고, 무기명 투표의 경우, 의장은 표결에 참석하지 않는 것이 원칙이지만, 가부동수일 때는 의장이 자신의 표결권을 행사하여 가부를 결정할 수도 있다.

5. 회의 진행과 준수 사항

(1) 회의 진행 방법

회의 진행은 헌법이나 정관에 규정되어 있는 사람이 진행해야 한다. 회의 진행 절차는 의장이 회의 소집의 이유를 설명하고, 정족수(定足數)를 확인해야 한다. 정족수를 확인하지 않고 개회하는 회무 처리는 정당성을 확보할 수 없을뿐더러 차후에 문제가 발생하면 회의 절차 흠으로 무효가 될 수 있기 때문이다. 회의를 진행하면서 개회 시에만 정족수를 확인하고, 회의 도중에는 정족수를 확인하지 않고 진행하고 있지만, 정회하고 다시 회집하는 경우에나 의결하는 때에는 반드시 정족수를 확인해야 한다. 그리고 정관에 정족수 요건을 명확히 해야 하는데, 정족수 요건에서 있어서 재적회원(在籍會員)을 말하는지, 출석회원(出席會員)을 말하는지 명확히 해야 한다. 예를 들어 의사정족수를 확인할 때, 정관에 재적회원 과반수를 말하는지, 출석회원 과반수를 말하는지 구분하고 그 정족수 요건을 충족하고 있는지 확인해야 한다.

(2) 회원 준수 사항

회원은 예정된 회의 시간을 지켜야 하고, 의장의 지시에 따라야 하며 회의 중에 잡담 및 출입을 하는 등의 개인적인 행동을 자제해야 한다. 회원은 반드시 발언권을 얻은 후에 발언해야 하고, 다른 회원이 발언할 때는 경청하되 발언을 방해하는 인신공격, 야유나 행동을 삼가야 한다. 회원은 언제든지 발언을 요청하여 자신의 의사를 주장할 수 있으나 정당하고 합리적인 토론을 거쳐 다수의 결의에 확정된 사안에 대해서는 회의 결과에 따라야 한다. 회원은 의장이 규칙을 어기는 경우, 언제든지 '규칙(規則)이오' 또는 '법(法)이오'라고 말하여 의장의 월권이나 권한 남용에 대해 항의할 수 있다.

6. 회의 소집

(1) 회의 소집공고

회의는 먼저 공고의 기간이 있다. 보통 정관에 규정이 없으면 통상적으로 7일 전에 소집한다. 법원은 법인 아닌 사단으로서의 실체를 갖추고 특정 교단 소속 지교회로 편입되어 교단의 헌법·장정을 교회 자신의 규약에 준하는 자치 규범으로 받아들여 이에 구속되는 교회라고 하더라도, 민법 제71조, 제72조에 비추어 정관이나 교단의 헌법·장정에 다른 규정이 없는 한 총회는 1주일 전에 그 목적 사항을 기재한 통지를 발하여 소집하여야 하고, 통지된 목적 사항에 관하여서만 결의할 수 있다고 하였다(정치 제21장 제1조 제4항).[7] 회의 소집공고가 지켜지지 않으면 회의 절차상 하자로 인해 효력이 부정될 수 있지만, 법원은 중요하지 않은 통상적인 결정일 때에는 중대한 하자가 아닌 이상 효력이 있다고 본다.

(2) 회의 소집자

회의를 위해서는 회의를 소집해야 한다. 회의를 소집하려면 일정한 요구가 충족되어야 한다. 각 회의 장이 필요한 경우, 상회의 요청이 있는 경우, 일정한 소속 회원의 소집 요구가 있는 경우에 회의를 소집할 수 있다. 회의를 소집하는 소집자는 통상 그 회의 장이 할 수 있는데, 교회의 경우 공동의회, 당회의 경우 교회 당회장이 소집할 수 있는 권한이 있다. 만약 회의 소집 권한이 없는 사람에 의한 소집은 그 의결이 적법하였다고 할지라도 의결은 무효가 된다.[8]

당회장(堂會長)이 소집 요구에 계속해서 불응하는 때에는 법원에 '임시 공동의회 소집 허가'를 신청할 수 있다. 법원에 신청하기 위해서는 당회장에게 임시 공동의 소집을 교단 헌법이나 교회정관에 따라 적법하게 수차례 요청하였음에도 당회장이 응하지 않았다는 것을 증명해야 한다. 이를 증명하기 위해서 영상 촬영, 녹취, 내용증명 등의 방법이 있다. 법원은 민법을 유추·적용하여 민법에서 정한 사단법인에 관한 규정을 근거로 '임시 공동의회 소집'을 허가하게 된다(민법 제70조).[9]

7. 회의 절차

(1) 회의 시작

회의 시작은 공고한 시간에 정확히 시작해야 한다. 의사정족수가 부족하면 정족

---

7) 대법원 1996. 10. 25. 선고 95다56866 판결, 대법원 2006. 6. 30. 선고 2000다15944 판결, 대법원 2006. 7. 13. 선고 2004다7408 판결.

8) 대법원 2004. 2. 27. 선고 2002다19797 판결.

9) 민법 제70조(임시총회)

① 사단법인의 이사는 필요하다고 인정한 때에는 임시총회를 소집할 수 있다.

② 총 사원의 5분의 1 이상으로부터 회의의 목적 사항을 제시하여 청구한 때에는 이사는 임시총회를 소집하여야 한다. 이 정수는 정관으로 증감할 수 있다.

③ 전항의 청구 있는 후 2주간 내에 이사가 총회소집의 절차를 밟지 아니한 때에는 청구한 사원은 법원의 허가를 얻어 이를 소집할 수 있다.

수(성원수)가 채워질 때까지 유회하고 기다려야 하고, 만약 끝까지 정족수가 부족한 경우에는 회원들에게 의견을 묻고 기다리거나 유회를 선포한다. 유회(流會)를 선포하는 때에는 반드시 다음 시간과 장소를 지정한 후에 유회를 선포해야 한다(국회법 제73조 제2항). 의장은 참석이 불가능한 때에 임원이나 회원에게 사회를 부탁할 수 있고, 개회 시간이 되고 성원수가 되었음에도 의장이나 부회장 모두 불출석한 경우, 회원 중에서 임시의장을 선출하여 의장이나 부회장이 나타날 때까지 임시의장이 사회를 볼 수 있다.

(2) 회의정족수

1) 의사정족수

회의체 기관에서 일정한 안건에 대해서 의결이나 결의를 하기 위한 전제 요건으로서 회의에 필요한 일정 수 이상의 회원이 모여야 한다. 이를 의사정족수(議事定足數) 또는 성원수(成員數)라고 한다. 정족수는 규칙에 정해두는 것이 일반적이며, 보통 재적회원 과반수를 원칙으로 하는데, 정관에 별도의 의사정족수 규정을 두기도 한다. 통상적으로 참석인원 3분의 1, 재적회원의 과반수 또는 회원 몇 명 이상 규정을 두기도 한다. 그러나 아주 중요한 안건 의결을 위한 의사정족수에는 재적회원 3분의 2 이상, 4분의 3 이상을 요구하기도 한다.

교회 회의에서 공동의회 정족수는 작정한 시간에 출석한 대로(출석회원) 개회할 수 있고, 회집 수가 너무 적으면 의장의 권한으로 다른 날에 다시 회집하게 된다(정치 제21장 제1조 제4항). 당회의 정족수는 장로 2인이면 당회장과 장로 1인으로 성수가 되고, 3인 이상인 때에는 당회장과 장로 2인 이상이 참석해야 한다(정치 제9장 제2조). 노회 정족수 요건은 노회에 속한 정회원 목사 3인 이상, 장로 3인 이상으로 회의를 진행할 수 있고(정치 제10장 제5조), 총회 정족수의 경우에는 노회의 과반수와 총대 목사 장로 각 과반수가 출석하면 성수가 된다(정치 제12장 제3조).

정족수에 미달하는 때는 회의 개회가 불가하다. 결의가 필요한 사항은 정족수가 부족하면 회의 개회뿐만 아니라, 회의 도중에라도 정족수가 미달하면 회의를 중지해야 한다. 다만 결의가 필요하지 않은 일반적인 회의는 통상적으로 회의를 진행한다. 하지만 정족수가 부족함에도 회의를 진행하여 어떤 의안에 대해서 의결을 하는 때에 그 의결은 모두 무효가 된다. 정족수가 부족한 경우에도 다음 회의 일시와 장소, 정회나 폐회 결의는 가능하다. 정족수를 두는 목적은 소수에 의한 다수 의사의 왜곡과 전횡을 예방하기 위해서이다.

2) 의결정족수

회의체에서 안건을 결정하기 위해 최소한도의 구성원 수가 있어야 한다. 안건을 의결하기 위해서는 일정한 권리를 가진 회원이 모여야 하는데 이를 의결정족수(議決定足數)라고 한다. 특별한 안건이 아닌 사항은 보통 의결정족수는 재적회원 과반수이거나 출석회원 과반수이지만, 회원의 권리를 박탈하는 강퇴 조치의 경우, 정관 수·개정 사항, 재산의 처분, 단체의 해산 등 중요한 사항일 경우에는 더 엄격한 요건이 필요하다. 의결정족수는 재적회원을 기준으로 할 것인지, 출석회원으로 할 것인지에 따라 의결이나 그 결과에 미치는 영향이 크다. 의결정족수를 재적회원으로 하는 때에는 의결이 어렵기에 신중을 요하도록 하기 위해 중대한 안건의 경우에는 재적회원으로 하고 있고, 안건이 중요하지 않은 일반적인 사안에 대해서는 출석회원으로 하고 있다. 그러나 출석회원 과반수도 의사정족수와 의결정족수가 충족되는 상황에서 출석 인원 과반수이어야 한다. 의결정족수는 의결을 유효하게 성립시키는데 필요한 정족수를 의미하기 때문에 의결정족수가 미달된 상태에서 의결된 안건은 모두 무효가 된다.

(3) 회원점명

회원점명(會員點名)은 회원이 소수일 경우에 하고, 회원이 다수일 경우에는 회원(인원)점검을 한다. 회원점검(會員點檢)은 개회 전에 접수처에서 회원등록을 하도록 하여 회의를 신속하게 진행하기 위해서 한다.

(4) 회의록

회의록(會議錄) 또는 회록에는 회의의 일시, 장소, 출석자 수, 회의 순서에 따라 행한 보고, 결의사항 등을 적고 거기에 의장과 서기의 서명 날인이 있어야 한다. 중요한 결의사항(決議事項)에는 동의자의 성명, 표결방식과 가부편 수를 기재해야 한다. 회의록에 광고나 인사 등은 기록하지 않는다. 회의록 낭독 이후 정정할 내용이나 빠진 내용이 있으면 서기는 문구를 정정하여 다시 표결해야 하지만, 보통 정정하여 받는 것으로 하는 것이 일반적이다. 회의록은 회의가 끝날 때 접수하거나 회의록을 등사해서 회원에게 배부하여 일정한 기간 안에 이의가 없으면 수리된 것으로 인정하는 수도 있고, 다음 회의 개회 직후에 접수하는 방법을 취할 수도 있다.

(5) 보고

지난 회기 이후에 발생한 특별사항에 대해 먼저 보고(報告)하고, 긴급했거나 중대한 사무에 대해서는 총회의 승인(承認)을 얻어야 한다. 특별사항은 서기와 회계의 보고 후에 총회의 승인을 얻어야 하고, 위원회 보고에서도 위원회 위원장이나 서기가 보고하고, 보고한 후에 건의하는 안건은 신안건(新案件)으로 심의를 거쳐 승인을 얻어야 한다.

보고(報告)는 서면보고와 구두보고가 있는데, 보통 중요하지 않은 간단한 보고의 경우에는 구두보고하고, 중요하거나 보고할 내용이 많은 경우에는 서면보고 한다. 보고에 대한 회원의 질의에 보고자는 답변을 해야 한다.

(6) 안건(의안)

1) 구안건과 신안건

지난 회기에 시간상 기타 사유로 인해 처리하지 못한 안건(미결)을 구안건(舊案件)이라고 하는데, 신안건(新案件)보다 구안건을 먼저 처리한다. 신안건은 의장이나 임원, 회원 누구나 제안할 수 있다.

2) 건의안과 결의안

안건 제안방식은 의장으로부터 발언권을 얻어 구두로 제의(提議)하는 구두 제안과 회의가 시작되기 전이나 회의 도중에 서면으로 의안(議案)을 제출하는 서면 제안이 있다. 안건 제안 내용으로는 개인이나 몇 사람에 의한 합의 제안, 즉 구두 제안을 보통 건의안(建議案)이라고 하고, 각종 위원회나 임원회의 제안을 회원이 동의해 본회의에 의안으로 내놓는 것을 결의안(決議案)이라고 한다. 제안의 내용은 회가 추구하는 목적, 회가 추구하는 사업과 관련성 있어야 하고, 회에서 처리할 수 있는 내용이어야 한다.

(7) 폐회선언

의장은 폐회를 선포하기 전에 회원의 의사를 물어야 한다. 폐회는 예정 시간에 도달한 경우나 예정 시간이 지난 때에 회원의 동의를 얻어 폐회하고, 예정된 의사(議事)가 끝나지 않았을 때 회원들의 동의와 재청으로 연회를 할 수 있다. 연회(延會)는

'회의를 연기한다.'라는 뜻으로 연기되어 다시 열리는 회의를 말한다. 회기가 여러 날이면 그날그날 정회를 산회(散會)라고 하며, 정회(停會)는 회를 잠깐 쉬는 것이고, 속회(續會)는 회를 계속한다는 것이다.

8. 언권(발언권)

회원은 누구든지 발언할 수 있다. 단 발언은 반드시 의장이 발언권을 주어야만 발언할 수 있으며, 의장이 발언권을 주기 전에는 언권 행사를 할 수 없다. 의장(議長)은 모든 회원에게 공평한 발언권을 주어야 하지만, 발언권의 부여는 의장의 고유권한이다. 단 의장이 반드시 주어야 할 발언권이 있는데, 의장이나 회원이 회의 진행법을 어길 때에 규칙을 따라 질문하는 규칙상 질문, 특수언권이라고 한다. 규칙상 질문은 모든 질문을 중지시키는 기능을 한다. 안건과 관련된 정당한 발언은 발언 시간의 제한도 없고 구속받지 않는다. 발언자는 안건과 관련이 없는 발언을 하거나 타인에 대한 공격성 발언, 인신을 모욕하는 발언, 회(會)를 손상시키는 발언을 하는 때에 의장은 발언을 중지시켜야 한다.

9. 동의

(1) 동의의 구별

동의와 재청은 회원들이 제안한 안건이 토의의결 안건으로 성립되는 과정에서 사용되는 용어를 말하고 의결과정, 즉 투표(投票)나 가(可)나 부(不)를 묻는 과정에서는 사용되는 용어가 아니다. 동의는 '의견을 제안한다.'라는 뜻에서 사용하는 용어인데, 사람들은 동의(動議)와 동의(同意)를 구별하지 못하고 혼동하여 사용하고 있다. 동의(動議)는 '움직일 동'(動), '의논한 의'(議)로 '의견을 제안한다.', '의견을 발의(發議)한다.'라는 뜻으로, 회의 중에 회원 자신이 안건을 제안한다는 의미로 '동의(動議)합니다.'라고 발언할 때 사용하는 용어이다. 반면 동의(同意)는 '당신의 의견에 찬성한다.'라는 뜻이다. 회원의 동의(動議), 발의(發議) 혹은 제안한 안건을 토의하고 의결해 달라는 것으로 안건성립에 찬성한다는 의미라고 할 수 있다. 일반적으로 다른 사람의 행위를 승인하거나 시인하는 것으로 또는 기관의 법률 행위에 대해 인허(認許)하거나 시인(是認)하는 의사표시를 말한다.

(2) 동의 종류

1) 원동의

원동의(原動議)는 원안을 말하며 의사의 중심이 되는 제안으로, 원동의는 일의제의 원칙(一議題의 原則))에 따라 하나가 표결되기 전에 다른 하나를 내지 못한다. 예를 들어 '교회 자동차를 구입하기로 합시다.'라는 원동의가 있으면 '주차장 부지를 매입합시다.'라는 등의 다른 원동의를 할 수 없는 것이다. 원동의는 재청이 필요하며 수정할 수 있다. 동의 제출이 있은 후에 재청이 없으면 동의는 무효가 된다. 의장은 동의에 재청이 없는 경우에 각하(却下)한다.

2) 보조동의

보조동의(補助動議)는 원동의에 따라 나오는 동의를 말한다. 보조동의로는 수정동의, 임원회 회부동의(맡기는 것), 보류동의, 연기(무기 · 유기) 동의, 토론 시간(연장 · 제한) 동의 등이 있다. 수정동의는 개의(改議)와 재개의(再改議)가 있는데, 개의와 재개의는 원동의에서 동의와 재청 이후에 특정한 문구를 수정하려고 할 때 개의를 하고, 개의에서 다시 문구 수정을 할 때 재개의를 한다. 이때 의장은 재청이 있으면 재개의, 개의, 동의 역순으로 표결을 해야 한다. 본회의에서 결의가 어렵거나 복잡한 경우에 임원회에 맡기고 다음 회의에 보고받기로 동의하는 것을 임원회(위원회) 회부동의이고, 동의가 가결되면 안 되겠다고 생각하는 경우, 동의의 토의가 감정 문제로 흘러 결정짓기도 어렵고, 결정지어서는 안 될 경우, 보류시키는 것이 보류동의이고, 원동의를 당장에 처리하기가 어려워 연기하는 것이 연기동의이다.

3) 임시동의

임시동의(臨時動議)는 부수동의(附隨動議)로 동의가 표결에 들어가기 전에 동의자가 자기 제안을 취소하겠다고 요구하는 동의철회(動議撤回), 난처한 의안의 심의 자체를 반대하는 심의(審議)의 반대, 회의 규칙에 정지나 변동이 가능하도록 규정하고 있는 때에 회원 3분의 2 이상의 찬성으로 규칙을 일시 정지할 수 있는 규칙 일시정지동의, 투표 결과의 의혹이 있는 경우 재표결 요구동의, 회의 도중 구두나 서면으로 회에 청원하는 청원서 제출동의가 있다. 특히 동의철회의 경우 재청한 회원, 개의나 재개의한 회원의 철회 찬동을 얻어야 한다.

4) 특수동의

회의 의안을 하나씩 처리하는 것을 일의제의 원칙(一議題의 原則)이라고 한다. 그러나 있는 순서를 변경하려고 할 때, 순서에 없는 의안을 제의해야 할 때 또는 토론시간을 충분히 할 필요가 있을 때, 회원 중에 급한 일로 먼저 퇴장할 형편이 있는 경우에는 긴급동의로 순서변경을 할 수 있다. 긴급발언과 긴급동의가 있는 경우에 출석회원 3분의 2 이상이 찬성하면 긴급동의는 가결된다. 단 일반적인 언권을 위한 긴급동의는 할 수 없다.

규칙상 질문으로 의장이나 회원들이 회의법을 어길 때 '규칙이요.' 하고 규칙대로 회의를 진행하도록 하거나 법을 위반하는 회의 진행시 '법이오.'하고 법대로 진행하도록 하는 동의가 있다. 규칙상 질문 동의는 회원 누구든지 아무 때에나 발동할 수 있으며, 재청, 토론, 표결할 필요가 없다.

5) 번안동의

번안동의(飜案動議)는 재심의(再審議)로 가결이나 부결로 한번 결정된 의안이 분명히 잘못되었다는 사실이 확실한 경우에 아주 예외적으로 하는 동의를 말한다. 번안동의는 아무나 하지 못하고 가·부 결정에서 결의된 편에 섰던 회원만이 할 수 있고, 결의 편에 섰던 회원 다수에 의한 동의가 원칙이다.

6) 정회 · 폐회동의

정회(停會)는 속회 시간을 정하고 그 회를 쉬는 것이고, 폐회(閉會)는 속회 시간을 정하지 않고 회의를 끝마치는 것이다. 정회, 폐회는 동의와 재청, 그리고 가부를 물어야 한다. 정회, 폐회는 회원이 언권을 얻어 발언하는 동안, 표결, 투표 중인 경우, 속회(續會)를 선언한 후에 아무런 사무 처리가 없는 경우에는 할 수 없다.

(3) 동의처리 순서

원동의 외에 다른 여러 동의가 있는 경우에 특수동의 > 임시동의 > 보조동의 > 원동의 순서로 처리되는 것이 원칙이다.

10. 재청과 제청

재청(再請)과 제청(提請)도 구별되어야 한다. 재청(再請)은 회의에서 회원이 의견을 제안하면서 동의(動議)한 안건을 회의에 상정하는 것을 찬성한다. 또는 '청한다.'라는 의미라고 할 수 있다. 동의·재청된 안건은 회원들의 찬반 토론을 거쳐서 안건을 수정하거나 더 이상 수정할 내용이 없으면 투표를 통해 결정하게 된다. 제안(提案)이 성립하기 위해서는 조건이 있어야 하는데, 의견을 제안하는 것이 동의이다. 제안(안건)은 회원들의 모든 제안이 안건이 되는 것은 아니며, 회원의 제안에 동의가 있어야 하고, 동의 후에 반드시 재청이 있어야 정식 안건이 성립하고 토론을 하게 된다. 재청의 의미는 어떤 안건에 대해서 적어도 두 사람이 제안한다는 표시라고 할 수 있다.

반면 제청(提請)은 어떤 안건을 제시하여 결정해 달라고 청구하거나 어떤 사람을 추천하여 임명해 주기를 요청하는 의사 표현으로, 행정 각부의 장관을 국무총리의 제청으로 대통령이 임명할 때 사용되는 용어가 제청(提請)이다.

11. 선거

선거 방법은 회(會)마다 규칙에 정한 대로 하는 까닭에 규칙에 구체적으로 명시해 두어야 한다. 정회원은 선거권과 피선거권이 있으며 추천을 받는다. 추천받는 방법은 구두추천, 전형위원, 공천위원에 의한 방법이 있으며, 구두추천(口頭推薦)의 경우, 의장의 발언권을 얻어 추천하고, 추천된 후보자는 본인의 의사가 없다면 추천받을 때 사퇴해야 한다. 일정 수 이상의 추천이 있으면 추천 중지 동의를 받아 추천을 마감하며, 후보자가 추천받은 순서대로 표결하도록 한다.

구두추천 이외의 추천 방법으로는 전형위원에 의한 추천과 공천위원에 의한 추천이 있다. 전형위원(銓衡委員)은 회장이 전형위원을 뽑아서 그들로 하여 후보자를 추천하게 하는 것을 말하고, 공천위원(公薦委員)은 회에서 택한 공천위원들이 피선거인을 택하고 회에 보고하고 승인을 얻는 방법을 말한다. 지명(指名)은 의장이 규칙에 정함이 있는 경우, 회원들의 승인을 얻는 경우, 회원들이 의장에게 위임한 경우, 의장이 지명하여 임명하는 방법이다.

12. 투표

(1) 만장일치

만장일치(滿場一致)는 박수를 유도하여 안건을 통과시키는 것으로 개인의 의사를 박탈하는 비민주적인 방법이다. 물론 긍정적인 측면이 있기도 하다. 보통 단독출마는 무투표 당선된 것으로 투표하지 않는다. 이른바 만장일치된 것이다. 그러나 2명 이상이 되면 반드시 선거해야 한다.

(2) 투표 방법

1) 기표

투표(投票)는 자신의 의사를 나타내 표시하는 기표(記票)로 한다. 기표의 방법은 거수, 박수 등의 행위로 나타내기도 하지만, 무기명 투표의 경우에 투표용지에 기표한다. 기표방법은 직원선거의 경우에는 후보자가 다수일 경우에는 이름을 자필로 적는 자서(自署)방법과 후보자 번호에 투표하는 기호(記號) 방법이 있다. 후보자가 다수일 경우에는 후보자 번호에 기표하거나, 1-2명의 소수일 경우에는 찬성 또는 반대로 기표하거나 어떤 안건에 대한 찬반 동의를 물을 때는 ○ 또는 × 기호로 기표하기도 한다.

2) 투표형식

투표에는 약식투표(略式投票), 구두투표(口頭投票), 비밀투표(秘密投票), 기명투표(記名投票), 기립투표(起立投票), 거수투표(擧手投票)가 있다. 약식투표는 회원 전체가 찬성하는 것이 유력할 때, 가부를 묻지 않고 의장이 가결을 선포하는 표결방식이고, 구두투표는 의장이 '예', '아니오.'로 가부를 묻는 방법으로 대다수가 찬성할 때 사용하는 방법이다. 기명투표 방법은 무기명과 유기명이 있는데, 무기명 투표는 투표하는 사람의 이름을 쓰지 않고, 선거 투표에서는 당선시키고 싶은 후보자 이름만 쓰고, 유기명 투표는 투표자의 이름을 쓴다. 이 외에도 후보자 한 사람의 이름을 한 투표지에 쓰는 단기명(單記名) 투표가 있고, 여러 후보자 이름을 한 투표지에 쓰는 연기명(連記名) 투표가 있다.

(3) 투표 절차

1) 회원 수 조사

규칙에 규정된 성원수가 못 되면 투표를 할 수 없다. 투표하더라도 무효가 된다. 의장은 표결권을 가진 회원의 수효를 세어 성원수가 되는 경우에만 표결해야 한다.

2) 투표 시작

투표 시작은 의장의 투표 시작 개시 이후에 해야 한다.

3) 개표

개표위원(開票委員)은 먼저 투표용지 수와 출석회원 수와 비교하여 출석회원 수보다 적은 경우에는 유효가 되지만, 회원 수보다 투표용지가 많으면 투표를 무효로 선언하는 것이 원칙이다.

4) 개표 결과 보고

회의에 부의(附議)된 어떤 사안(의안)은 투표 결과에 따라 가결되든지, 부결되었든지 하게 된다. 의결정족수는 의결을 위해 필요한 정족수이지만, 의결정족수 참석으로 어떤 사안이 가결되었다는 것을 의미하는 것은 아니다. 투표 결과에 따라서 부의된 사안이 결의될 수도 있고, 부결될 수도 있다. 예를 들어 출석회원을 기준으로 의결에 참석한 회원 10명일 경우, 가결에 필요한 동의 수가 3분의 2 이상이라면, 7명이 동의를 해야 가결이 되고, 과반수의 경우에는 5명이 동의하게 되면 가결된다. 개표 결과는 의장이 해야 한다.

(4) 기표 확인

1) 유효표와 무효표

투표용지에 자신의 의사를 기표하였는데, 기명한 행위가 원칙을 위반하여 정당하게 인정되지 못하는 경우가 발생하기도 한다. 첫째, 의결정족수(議決定足數)보다 기명한 표가 많은 경우에 문제가 된다. 만약 초과 기명한 표의 경우에는 무효이고, 정원수 이내의 기명한 표의 경우에만 유효하게 된다. 둘째, 지정한 투표용지를 사용하지 않은 기표 용지는 당연히 무효표가 된다. 지정한 투표용지를 사용하지 않은 무효표(無效票)는 저항투표(抵抗投票)라고도 하는데, 무효표는 그 안건에 싫다는 의사의 표현이라고 할 수 있다. 예를 들어 100명이 투표에 참여했는데, 찬성표가 49표, 반대표가 41표, 무효표가 10표가 나왔다면, 무효표는 아무런 효력이 발생하지 않기 때문에 아무런 영향이 없고, 찬성표가 과반수에 미달하여 부결하게 된다.

2) 기권표

각종 선거와 의안은 표결로 확정된다. 선거는 당선과 낙선, 의안은 가결과 부결로 확정된다. 회원은 반드시 표결에 참여해야 한다. 회원이 표결에 참여하지 않는 것을 기권이라 하는데, 기권은 반대 의사 표현이다. 기권(棄權)은 가부의 의사를 표시하지 않는 경우로 기권표는 사표(死票)로 인정한다.

3) 총투표수 가산

총투표수에 가산되는 표는 잘못 기록된 무효표(無效票)와 아무 기표도 하지 않은 백표(白票)이다. 하지만 아예 제출하지 않거나 참여하지 않은 기권은 총투표수에 가산하지 아니한다. 여기서 무효표와 백표는 선거인이 투표한 행위로 보기 때문에 총투표수에 가산하지만, 그러나 효력에는 그 어느 쪽에도 아무런 영향을 주지 않는다. 기권표는 투표행위 자체를 하지 않은 것이기에 총투표수에 가산하지 않는다. 기권한 사람은 직원선출 자리에 출석은 하였기에 출석수에는 포함되지만, 기권표는 총투표수에는 포함되지 않는 것이다. 백표와 기권표는 엄밀한 의미에서 반대 의사표시라고 할 수 있다.

예를 들어 '교인 수송용 H차량을 구입하기로 하자.'라는 안건에 대해 총 100명이 출석하여 투표하였고, 기권이 5명, 무효표가 10명이고, 찬성이 50명이고 반대가 35명이라면, 총투표수는 기권 5표를 제외하고 95표이며, 과반수 이상인 50명의 찬성으로 가결된 것이다.

13. 당선

회원들의 일정한 수의 찬성을 얻어 선거에 의해 선출되는 것을 당선(當選)이라고 하고, 회원의 찬성을 얻지 못한 것을 낙선(落選)이라고 한다. 당선에는 후보자가 한 명인 때에는 무투표 당선, 여러 후보 중에 득표수가 가장 많이 얻은 사람이 당선되는 최다득표 당선, 다수를 선출하는 선거에서 득점 순위대로 당선되는 득표순위 당선, 반수 이상의 찬성을 얻어 당선되는 과반수 당선, 점수를 가장 많이 받은 사람이 당선되는 종다수 당선, 수차례 표결에도 과반수에 미달하여 최다득표자 2인 가운데 투표하여 선출하는 결선투표 당선, 투표 결과 득점 수가 같은 경우에 제비를 뽑아 결정하는 추첨 당선 등이 있다.

14. 회의규칙의 원칙

(1) 일의제의 원칙

일의제의 원칙(一議題의 原則)은 의제를 하나씩 처리해야 하는 원칙을 말한다. 의장이 사회를 잘못하여 회의 순서의 진행이 지지하면 회원이 회의 순서의 촉진을 요구할 수 있다. 회원이 엉뚱한 다른 의제를 꺼내면 의장이 금지한다. 의장이 금지하지 않으면 다른 회원이 항의할 수 있다. 만일 나중에 있는 순서를 바꿔서 앞당겨서

하거나 순서에 없는 것을 넣고 싶을 때 또는 토의 시간을 넉넉히 가지고 싶을 때나 회원 중에 급한 일로 먼저 퇴장할 형편이 있는 경우에는 순서변경 동의를 할 수 있는데 이것을 보통 긴급동의라 한다.

(2) 회기불계속의 원칙

회기불계속의 원칙(會期不繼續의 原則)은 한 회기 중에 의결되지 않은 것은 다음 회기에는 아무 관련 없이 모두 소멸하는 것을 말한다. 회기가 달라지면 의안이 무의미하게 되거나 불필요하게 되기 때문에 다음 회기에 계속하자는 결의가 없으면 회기불계속(會期不繼續)의 원칙이 적용된다.

(3) 원상유지의 원칙

표결의 결과 '가'(可), '부'(否)가 같은 수인 때에는 의장이 가편이나 부편에 가담하여 결정을 짓기도 하지만, 의장의 결정권을 미리 규칙에 '부'로 정해 두는 것을 원상유지의 원칙(原狀維持의 原則)이라고 부른다.

(4) 일사부재의 원칙

일사부재의 원칙(一事不再議의 原則)은 같은 의안에 대해서 같은 회기에서 두 번 의논하지 않는다는 원칙을 말한다. 동일 회기에서 의결하지 못한 안건은 자동 폐기되는 것이 아니고, 그 안건은 계속해서 살아 있고, 다음에 회기가 시작되면 자동으로 상정되어야 한다. 단 일사부재의 원칙에 따라 부결된 안건은 동일한 회기에서는 상정될 수 없고, 다음 회기에 다시 제출할 수 있으나 부결된 안건이 당사자가 동일하고 사항이 동일하면 안건이 상정되기 전에 각하될 수 있다. 부결된 동일한 안건일지라도 새롭게 발생한 증명 등의 변동사항이 있다면, 청구취지가 같을지라도 청구원인이 다른 까닭에 다시 안건이 될 수 있다.

(5) 기타 원칙

1) 회의 공개의 원칙

회의는 모든 사람들에게 공개해야 하는 것을 원칙으로 한다(헌법 제50조 제1항, 국회법 제75조, 지방자치법 제65조). 특히 의사진행 등 회의 전반적인 내용은 회의체 구성원인 회원에게 공개돼야 한다. 그러나 회의 공개의 원칙은 절대적인 것은 아니다.

2) 정족수의 원칙

회의가 공식적으로 성립되고 안건을 의결하기 위해서는 일정한 수가 참석해야 한다는 원칙이다. 따라서 회의 도중 정족수 미달이 된 경우에는 그 이전까지의 결정사항은 유효하지만, 정족수 미달 이후에 결정한 의결은 하자(흠)로 인한 법적 다툼이 발생할 수 있다.

3) 발언과 토론자유의 원칙

회의 구성원은 누구나 자유롭게 발언할 수 있다는 원칙이다. 발언회수와 시간은 제한을 받으며, 반드시 의장으로부터 발언 허락을 받아야 한다. 그리고 무례한 발언이나 모욕하는 언사 및 행동을 하거나 다른 구성원의 정당한 의사진행을 방해해서는 안 된다.

4) 회원평등의 원칙

회원은 모두가 동등한 인격과 권리를 가지고 있다는 원칙이다. 남녀노소, 빈부귀천을 막론하고, 그 회의의 일원인 이상 어떠한 차별도 있을 수 없다는 원칙이 회원평등의 원칙이다. 회원은 차별 없이 발언권을 가지며, 회원의 기표는 일인일표로 동등하다.

5) 과반수 또는 다수결의 원칙

과반수 또는 다수결의 원칙은 민주적 회의의 원칙으로 의사는 다수결에 의한 방법으로 결정되어야 한다, 그러나 의사 결정이 과반수 또는 다수결의 원칙이라고 하더라도 소수자의 의사나 권리가 무시되어도 된다는 것은 아니다. 소수자의 의사도 존중받아야 하고, 권리도 소중히 보호받아야 한다.

Ⅱ. 교회 회의

1. 교회 회의 의의

(1) 교회 회의체

잠15:22-23「[22] 의논이 없으면 경영이 무너지고 지략이 많으면 경영이 성립하느니라 [23] 사람은 그 입의 대답으로 말미암아 기쁨을 얻나니 때에 맞는 말이 얼마나 아름다운고」

일반 사기업의 업무는 회의로 시작되고 회의로 끝난다고 해도 과언이 아니다. 사기업 못지않게 회의가 많은 단체가 교회일 것이다. 장로정치와 감독정치와 구별되는 제도가 회의를 통해 다스리는 회의체(會議體)라는데 있다. 로마가톨릭은 교황, 주교, 사제에 이르는 계급제도로서 모든 직분지는 상위 직분자의 지도에 복종해야 한다. 하지만 장로교회는 개인의 교권을 인정하지 않으며, 교회 회의(회의체)를 통한 교회 일치를 추구한다. 특히 장로교회는 신본주의이면서 민주적 원리를 근간으로 하는 회의체이기에 교회 구성원들의 회의가 많은 편이다. 개교회 회의체로는 공동의회, 당회, 제직회 및 각 기관별 회의가 있고, 교회와 관련한 회의체로는 전국적 회의체인 총회, 지역교회 회의체인 노회와 시찰회, 연합제직회, 교역자회 등의 회의체가 있다.

웨스트민스터 신앙고백서(The Westminster Confession of Faith)는 '교회가 더 나은 교회의 정치와 건덕(健德)을 위해서는 일반적으로 노회나 총회로 불리우는 모임'들이 있어야 한다(행15:2,4,6)고 강조한다. 그리고 교회는 교회 회의(회의체)를 통한 교회 일치를 추구하기 때문에 교회 회의(당회, 노회, 총회) 결정에 권위를 부여하고 성경에 위반되지 않는 한 받아들여야 한다(웨스트민스터 신앙고백서 제31장).[10] 장로교회는 교회 회의 결정, 특히 상회(노회, 총회) 결정은 모든 교회에 효력이 미치고 교회를 구속하지만, 회중 교회는 계급적인 상회 또는 하회라는 개념을 거부하고, 회의 동등성을 강조하고, 상회의 구속력이 없는 까닭에 상회(협의체)의 결정을 받아들이는 문제는 개교회의 자유에 맡겨진다.

(2) 교회 회의 대상

교회에서 어떤 문제를 논할 때, '디아포라'(διάφορα)와 '아디아포라'(ἀδιάφορα)가

---

10) 웨스트민스터 신앙고백서 제31장 대회와 협의회(大會와 協議會)

2. 노회와 총회는 신앙에 대한 논쟁과 양심에 대한 문제들을 확정하고 하나님께 드리는 공예배와 하나님 교회의 정치가 더욱 질서 정연하도록 규칙과 지침을 정하며 실책이 있는 경우 불평과 고소를 접수하고 그 같은 것을 권위 있게 결정하는 권한을 갖고 있다. 이렇게 해서 정해진 명령이나 결의사항은 만일 하나님의 말씀에 일치하는 경우는 그것들이 말씀과 일치되기 때문일 뿐만 아니라, 그 결정을 내린 권한 즉 말씀에서 정해진 권한이기 때문에 경건하게 그리고 복종하는 마음으로 받아들여야 하는 것이다(이 정신이 역사적 장로교회의 신앙고백 정신이다)(행15:15,19,24,27－31, 16:4; 마18:17－20).

있다. '디아포라'는 '다름'(difference)을 의미한다면, '아디아포라'는 헬라어 부정 '아'가 합쳐서 '다르지 않음'(no different), 즉 해도 무방하고 하지 않아도 무방하다는 것을 의미한다. 교회에서 '디아포라'는 교회 회의의 대상이 될 수 없고, '아디아포라'는 대상이 될 수 있는 여지가 있다. '디아포라'는 성경에 명확히 적시되어 있는 것을 말하는데, 존 머리(John Murry)는 이를 '규정적 원리'(Regulative principle)라고 하였다. '아디아포라'는 성경에서 명백하게 밝히지 않아 임의의 여지가 있는 것을 말하는데, 웨스트민스터 신앙고백서에서 '규정적 원리'와는 반대로 성경이 명백하게 말하지 않고 있어서 임의로 할 수 있도록 남겨진 영역을 '아디아포라', '불간섭의 영역'이라고 하였다.[11] 카이퍼(R. B. Kuiper)는 이를 '성화된 상식'(sanctified common sense)이라고 하였다. '디아포라'는 구원의 문제와 같은 중요한 사항이므로, 교회 회의로 결정할 수 없고, '아디아포라'는 기타 안건이나 처리해야 할 일에 대해서 의사로 결정하는 것이므로, 융통성 있게 처리할 수 있다.

웨스트민스터 신앙고백서(The Westminster Confession of Faith) 제31장 제4항은 교회 회의는 노회와 총회들은 교회에 관한 것 이외의 것을 다루어서는 안 되고 국가와 관련이 있는 사회 문제를 간섭해서도 안 된다. 다만 특별한 때에 있어서 겸허하게 청원하는 형식을 취하거나 또는 위정자의 요구가 있는 경우, 양심껏 충고하는 방식을 취할 수가 있다고 하였다(눅12:13－14, 요18:36).

(3) 교회와 성경해석

로마가톨릭과 개신교의 차이는 성경적 해석에서 '아디아포라'(ἀδιάφορα)에 대한 견해 차이에서 나온다. 로마가톨릭 교회는 교회와 말씀이 충돌하는 때에 교회 결정

---

11) 웨스트민스터 신앙고백서 제1장 제6항

6. 하나님 자신의 영광과 인간의 구원, 신앙과 생활에 필요한 모든 것에 관하여 하나님이 가지고 계시는 모든 계획은 성경에 분명하게 기록되어 있거나, 아니면 선하고 적절한 추론에 의하여(필연적 결론에 의해) 성경에서 연역될 수가 있다. 그러므로 이 성경에다 성령의 새로운 계시에 의해서든지 혹은 인간들의 전통에 의해서든지 아무 것도 어느 때를 막론하고 더 첨가할 수가 없다.(딤후3:15－17; 갈1:8－9; 살후2:2). 그러나 말씀으로 계시되어 있는 그러한 것들을 구원론적으로 이해하는 데는 하나님의 성령의 내적 조명이 필요하다는 것을 우리는 인정한다(요6:45; 고전2:9－12). 또한 하나님께 드리는 예배와 교회의 정치에 관하여는, 인간적인 활동이나 단체에서도 찾아볼 수 있는 어떤 격식들이 있다는 것을 인정한다. 이러한 격식들은 반드시 준수되어야 하는 말씀의 일반적인 법칙들을 따라서, 본성의 빛과 기독교인의 신중한 사려분별에 의하여 정해져야 하는 것이다(고전11:13－14, 14:26,40).

에 우선적인 권위를 두었기 때문에 교회가 말씀을 해석할 수 있는 유일한 권위가 있다고 하였다. 이에 종교개혁자들은 '오직 성경'(sola Scriptura)을 주장하고, 교회는 오류가 있을 수 있으므로, 하나님의 말씀만이 유일한 권위를 갖는다고 하였다. '아디아포라'는 '대수롭지 않다고 여기는 것'이다. 성경이 아무런 도덕적 명령을 제시하지 않는 문제, 신앙의 본질과 관련 없는 자유의 영역에 대해서는 자신의 선호에 따라 자유로운 입장을 선택할 수 있는 권리가 그리스도인의 자유에 있다는 것이 '아디아포라'이다. '아디아포라'에 있어서 루터(Martin Luther)는 '성경이 명백하게 금하지 않는 한에 있어서 로마가톨릭 교회의 전통(관습)은 구속력이 있고, 따라서 받아들여질 수 있다.'라고 하였지만, 칼빈(John Calvin)은 '신앙의 본질과 관련 없는 자유의 영역에 대해 자유로운 입장을 선택할 수 있는 권리가 그리스도인의 자유에 있다고 한다면 사람이 만든 자유와 동떨어진 율법이 교회 안에 들어오게 되고, 그 결과 신자의 양심은 억압되고, 하나님이 주신 율법과 자유가 무엇인지를 알 수 없게 된다.'라고 하여 성경이 명(命)하지 않는 한 로마교회의 모든 전통이나 관습들은 거부되어야 한다고 하였다.[12)]

2. 사안별 의사 · 의결정족수

교단 헌법에 의결정족수 및 의결을 위해 요구되는 동의 수에 관한 요건을 명확히 규정하고 있지 않다. 따라서 대부분 경우에 장로회헌법(長老會憲法)을 확대해석하거나 법인 아닌 사단의 민법을 유추하여 적용하거나 만국통상법 및 전례(前例)를 참작하고 있다.

(1) 일반적인 안건

보통 일반적인 안건에 대한 의결은 다른 규정이 없는 이상 구성원(공동의회, 당회, 제직회) 과반수가 출석하고, 출석회원 과반수 찬성을 요한다(민법 제75조 제1항).[13)] 하지만 통상적인 사무 처리는 출석회원 과반수에 미달하더라도 출석회원으로 개회하여 처리할 수 있다(정치 제21장 제1조 제4항, 제2조 제4항). 동호회, 친목회, 교역자 회

---

12) 「기독교강요」 제3권 19장.

13) 민법 제75조(총회의 결의 방법)

① 총회의 결의는 본법 또는 정관에 다른 규정이 없으면 사원 과반수의 출석과 출석사원의 결의권의 과반수로써 한다.

의 등은 정관에 특별한 규정이 없는 경우에 통상적인 사무 처리는 출석회원으로 개회하여 처리할 수 있다.

(2) 교회 재산처분 공동의회

교회 재산은 관리, 사용, 처분권으로 구분된다. 교회 재산의 관리, 사용은 당회가 할 수 있으나, 교회 재산처분은 반드시 교인들의 총회인 공동의회에서만 의결할 수 있다. 교회 재산처분은 교회정관에 재산처분 규정이 없는 경우, 정관변경에 준하여 사단법인 정관이나 변경에 관한 민법 제42조 제1항을 유추 적용하여 총 구성원의 3분의 2 이상의 동의가 필요하다. 공동의회에서 전 재적교인 3분의 2 이상의 교회 재산처분에 관한 찬성이어야 한다.

교회정관에 교회 재산처분에 대해서 별도의 규정이 있다면 그 규정대로 따라야 하는데, 교회정관에 당회에 위임한다는 규정이 있는 경우에는 당회가 교회 재산에 대해서 처분을 할지라도 위법이 되지 않는다. 하지만 교회정관에 교회 재산처분은 당회에 위임한다는 규정은 교인들의 총회인 공동의회에서 적법한 절차에 따라 의결되었다는 사실을 입증하는 회의록이 존재해야 한다.

(3) 교회정관의 제정 및 개정

교회는 민법상 법인 아닌 사단, 즉 비법인사단이다. 따라서 권리능력(법인격) 있는 법인에 관한 규정을 제외하고 사단법인에 관한 민법 규정을 유추 적용한다. 민법에 따르면 교회정관의 제정은 성립된 총회(민법 제71조)[14]에서 민법 제75조 제1항에 따라서 과반수 회원의 출석과 출석회원 과반수의 결의에 의하여야 한다.

민법 제45조에서 재단법인의 정관변경은 그 변경 방법을 정관에 정한 때에 한하여 변경할 수 있다.[15] 하지만 법인 아닌 사단인 교회정관 변경에 관한 의사정족수에 관하여 교회정관의 개정은 민법 제42조 사단법인(社團法人)의 정관에 의해 총 사원의 3분의 2 이상 동의가 있는 때에 한하여 이를 변경할 수 있도록 하고 있다(민법 제42조 제1항).[16] 교회정관 변경에 관한 의사정족수에 관하여 정관에 별도의 규정이 없

---

14) 민법 제71조(총회의 소집)
총회의 소집은 1주간 전에 그 회의의 목적 사항을 기재한 통지를 발하고 기타 정관에 정한 방법에 의하여야 한다.

15) 대법원 1978. 7. 25. 선고 78다783 판결.

16) 민법 제42조(사단법인의 정관의 변경)

다면, 교회정관의 변경을 위해서는 사단법인 정관변경에 관한 민법 제42조 제1항을 유추·적용하여 의결권 있는 교인 3분의 2 이상의 동의가 필요하다. 다만 정수에 관하여 교회정관에 별도의 다른 규정이 있으면 그에 따른다. 그리고 법원은 교회정관 개정은 개회 및 의결정족수가 명확하지 않은 공동의회에서 교회정관에 출석교인 과반수 찬성으로 의결한다는 규정이 있다면, 굳이 재적교인 3분의 2 이상의 동의가 아니더라도 인정해야 한다고 선고하였다.[17]

(4) 교회 합동

장로회 헌법(長老會 憲法)은 노회변경, 교단탈퇴, 교회 합동이나 해산에 관한 규정 요건을 두고 있지 않다. 하지만 대부분 교단의 경우에 교단 헌법을 확대·해석하여 적용하여 통상 공동의회에 3분의 2 이상으로 하도록 하고 있다. 법원은 두 교회의 합병(合倂)이나 교회 분립(分立)을 위해서는 흠결 없이 채택된 정관에서 교회 합동에 관한 별도의 규정이 있으면 정관대로 하면 되고, 교회정관이나 규약에 없는 때에는 사단법인의 해산 결의에 관한 민법 제78조[18]를 유추 적용하여 의결권이 있는 교인의 4분의 3 이상의 찬성이 필요하다고 판시하였다.[19] 판례에 의하면 두 개의 교회가 한 개의 교회로 합동하거나 교회가 해산하려면 쌍방 교회 모두 출석교인(出席敎人)이 아닌 재적교인(在籍敎人) 4분의 3 이상의 찬성이 있어야만 한다.

(5) 교회 해산

우리 민법은 사단법인의 해산결의는 4분의 3 이상의 동의를 요구하고 있으나 다만 흠결 없는 정관에 다른 규정이 있을 때, 그 규정에 의한다(민법 제78조).[20] 민법은 교회 합동이나 해산은 교회정관의 변경보다 더 엄격한 정족수 조건을 요구하고 있

---

① 사단법인의 정관은 총 사원 3분의 2 이상 동의가 있는 때에 한하여 이를 변경할 수 있다. 그러나 정수에 관하여 정관에 다른 규정이 있는 때에는 그 규정에 의한다.

② 정관의 변경은 주무관청의 허가를 얻지 아니하면 그 효력이 없다.

17) 대법원 2019. 5. 16. 선고 2019다212433 판결, 서울고등법원 2019. 11. 14. 선고 2018나2037244 판결.

18) 민법 제78조(사단법인의 해산 결의)

사단법인은 총 사원 4분의 3 이상의 동의가 없으면 해산을 결의하지 못한다. 그러나 정관에 다른 규정이 있는 때에는 그 규정에 의한다.

19) 서울고등법원 2010. 4. 7. 선고 2009나47236 판결.

20) 민법 제78조(사단법인의 해산 결의)

사단법인은 총 사원 4분의 3 이상의 동의가 없으면 해산을 결의하지 못한다. 그러나 정관에 다른 규정이 있는 때에는 그 규정에 의한다.

다. 교회 해산은 민법 제78조를 유추·적용하여 재적교인 4분의 3 이상 동의가 있어야만 해산을 결의할 수 있다.

교인이 목사 1인에 불과한 경우, 교회가 해산되는 것일까? 법원은 비법인사단 교회 해산에 있어서 사단법인에 관한 민법 규정 중 법인격을 전제로 하는 것을 제외한 규정들을 유추·적용하여야 할 것이므로, 비법인사단인 교회의 교인이 존재하지 않게 된 경우 그 교회는 해산한다고 판시하였다.[21] 그러므로 교회의 교인이 목사 자신 1인에 불과할지라도 목사가 지교회의 구성원인 교인의 지위를 가지고 있다면, 설령 그 목사가 정년으로 은퇴한 후에라도 예배, 봉헌 등의 활동을 계속하고 있는 경우에는 지교회의 구성원인 교인의 지위를 상실하는 것이 아니기 때문에 예배와 전도 등 교회의 설립목적을 일정 부분 달성할 수 있고 향후 교인이 증가할 가능성도 있으므로, 특별한 사정없는 한 교회는 해산하지 않고 존속하는 것이다.[22]

(6) 교단 탈퇴 및 노회 변경

노회 변경은 지교회에 결정권이 있다. 법원은 예전에는 교회분열긍정의 원칙(敎會分裂肯定의 原則)에 의해 교회분열을 인정하였지만, 현재는 교회분열부정의 원칙(敎會分裂不正의 原則)에 의해 교회분열을 인정하지 않고 있다. 하지만 교단 탈퇴나 소속 노회의 변경이 합법적이고 정당한 절차에 의해 이루어졌다면 인정하고 있다. 교단 탈퇴 및 노회변경 의결정족수는 정관변경 등의 기준에 의하여 공동의회에서 재적교인 수 3분의 2 이상 찬성이어야 한다.[23] 교단 탈퇴 및 변경을 둘러싸고 분쟁이 발생하는 때에 최소한 결의권자(재적교인)의 3분의 2 이상의 찬성을 얻고 적법한 소집 절차에 따른 결의를 거칠 것이 요구된다.[24]

하지만 근래 판결에서는 교단 탈퇴의 의결정족수가 재적교인(在籍敎人) 수가 아닌 출석교인(出席敎人) 3분의 2 이상 찬성 결의로 한다고 판시하기도 한다. 다만 민법 제42조 제1항의 후단인 '정수에 관하여 지교회의 정관에 다른 규정이 있는 때에는 교회정관대로 한다.' 규정에 근거해서 정관에 재적회원이 아닌 출석회원의 3분의 2 이상이라는 규정이 있는 경우에는 정관에 따른다고 판결한다.[25] 하지만 교단 탈퇴의

---

21) 대법원 2003. 11. 14. 선고 2001다32687 판결.
22) 대구고등법원 2019. 10. 10. 선고 2018나24999 판결.
23) 대법원 2008. 1. 10. 선고 2006다39683 판결.
24) 대법원 2006. 4. 20. 선고 2004다37775 판결.
25) 대법원 2019. 9. 25. 선고 2019다237937 판결.

의결정족수를 출석교인 3분의 2 이상 규정으로 인정하는 것은 우려가 있다. 왜냐하면 교단 탈퇴의 의결정족수가 재적교인 수가 아닌 출석교인 3분의 2 이상 찬성 결의로 확정되게 된다면, 일부 일탈한 목사들이 교회정관을 이유로 소수의 교인을 이용하여 다수 교인의 재산과 권익을 합법적으로 갈취 및 침탈하거나 교단 탈퇴를 남용·악용할 수 있기 때문이다.

(7) 목사 청빙 · 청원

공동의회에서 위임목사를 청빙 · 청원하는 때에는 출석교인 3분의 2 이상의 찬성과 입교인 과반수 승낙이 있어야 하고(정치 제21장 제1조 제5항), 시무목사를 청빙 · 청원하는 때에는 출석교인 3분의 2 이상의 찬성이 필요하고, 계속시무 청원의 경우에도 동일하다(정치 제4장 제4조 제2항). 하지만 위임 · 시무목사 및 직원 선거는 의결정족수를 출석교인이 아니라 입교인 과반수 참석으로 하는 것이 직원의 당위성 및 정당성 확보 차원에서 합당하다.

(8) 직원선거

교회 직원인 장로, 안수집사, 권사 선거는 공동의회에서 출석교인 3분의 2 이상의 가(可)로 선정한다(정치 제13장 제1조, 제21장 제1조).

(9) 회원권 박탈

회원(會員)의 권리를 박탈하는 것은 회원의 기본 권리에 해당하는 까닭에 아주 중대한 사안이어서 신중해야 한다. 회원의 범죄, 단체의 명예를 손상하는 등 단체의 존립과 목적에 위반되는 중대한 사안으로 인한 경우에는 정관에 따라 회원권을 박탈할 수 있다. 그러나 회원권 박탈은 출석회원이 아닌 재적회원을 기준으로 해야 하고, 가결요건은 과반수가 아닌 3분의 2 이상의 가(可)로 해야 한다.

3. 교회의결 원칙

(1) 교회의결 법적 효력

교회는 법인에 준하는 사단으로서 법인격(法人格)을 가지고 있다. 교회는 교회의 진로나 정책 결정이나 변경 등을 결정해야 할 때, 교회의 결정은 법적인 의결기관에서의 합법적이고 적법한 절차를 거친 결정만이 법적 효력이 있다. 목사 개인이나 소수 몇몇 사람이 모여서 결정한다고 법적 효력을 갖는 것이 아니다.

(2) 교회 의결기관

교회 내에는 여러 의결기관이 있다. 세례교인으로 구성되는 공동의회, 목사와 장로로 구성되는 당회, 그리고 서리집사 등을 포함하여 구성하는 제직회가 있다. 제직회에서는 교회의 재정 수입·지출을 집행하는 일을 주로 결정하고, 교회의 일반적인 행정이나 정책 결정은 당회에서의 의결을 통해서 이루어지고 있으나 교회 방향이나 재산에 관한 중대한 사안에 관한 결정은 공동의회에서 의결로 이루어진다. 장로교 정치를 채택하고 있는 교회는 최고의 의결기관이 교인들의 총회인 공동의회이다.

(3) 적법한 기관에서의 의결

교회 내부의 개인적인 위법자에 대한 면직처분이 교회 헌법에 정한 적법한 기관에서 내려진 것이라면, 특별한 사정없는 한 교회 헌법 규정에 따라 다툴 수 없는 이른바 확정된 권징재판(勸懲裁判)을 무효라고 단정할 수 없다.[26] 따라서 적법한 기관이 아닌 기관에서의 월권적인 의결은 무효가 되는 것이다. 예를 들어 공동의회 권한인 교회재산 처분에 대해 권한 없는 제직회에서 재산처분을 의결한 경우, 당회의 권한 사안에 대해서 당회의 의결을 거치지 않고 담임목사가 독단적으로 결정한 사안은 효력이 없다.

(4) 적법한 절차상 의결

결의가 효력이 있으려면 적법한 절차이어야 하고, 대표권이 있는 자에 의해 소집되고 의결돼야 한다. 만약 절차상 중대한 하자가 있으면 결정은 무효가 된다.[27] 결의가 적법하였다고 할지라도 면직처분으로 대표권이 없는 자에 의해서 소집된 공동의회(교인총회)는 무효가 된다.[28] 법원은 담임목사에 반대하는 교인들을 공동의회에서 출교·제명하면서 교인들에게 충분한 소명 기회를 부여하지 않고 일방적으로 교인 지위를 박탈한 것은 정당성을 인정하기 어렵다고 하였다.

---

26) 대법원 1984. 7. 24. 선고 83다카2065 판결.
27) 대법원 2012. 2. 9. 선고 2011다104413 판결.
28) 대법원 2004. 2. 27. 선고 2002다19797 판결.

(5) 정관에 의한 의결

정관을 위배하는 의결은 무효임은 당연하다. 정관에 별도로 의결정족수를 규정하는 때에는 그 규정대로 의결해야 한다. 그러나 정관에 규정되어 있는 의결정족수에 미달하였는데도 의결한다면 그 의결은 효력을 가질 수가 없다. 따라서 정관에는 의결을 위한 절차 등의 규정이 정해져 있어야 하며, 만약 정관에 규정되어 있는 규정을 준수하지 않았다면 무효가 될 수도 있다.

(6) 의결정족수 충족

회의 도중에 회원들이 회의 장소를 이탈하여 의사정족수에 미달하면 의장은 정회를 선언하고 의사정족수에 도달할 때까지 기다려야 하고, 결국 의사정족수에 미달하면 유회되었음을 선포해야 한다. 의사정족수가 미달하고 의결정족수에도 미달함에도 불구하고 안건에 대해 의결을 했다면 그 안건은 무효이며 아무런 법적 효력이 없다. 법원은 의결정족수를 정하는 기준이 되는 출석 조합원은 당초 총회에 참석한 모든 조합원을 의미하는 것이 아니라 문제가 된 결의 당시 회의장에 남아 있던 조합원만을 의미하고, 회의 도중 스스로 회의장에서 퇴장한 조합원은 이에 포함되지 않는다고 하였다.[29)]

(7) 위임장을 제출한 회원 의결권

법원은 민법 제73조는 사단법인의 총회에서 사원은 정관에 다른 규정이 없는 한 서면이나 대리인으로 결의권을 행사할 수 있다고 규정하고 있으므로, 공동의회 결의 시 위임장이 제출된 공동의회 회원은 공동의회 의결권을 행사할 수 있다고 본다. 정관 등에 출석회원의 일정 수 이상의 찬성을 얻어야 한다고 규정되어 있다고 해서 여기에서의 출석을 실제 출석으로만 해석하는 것이 아니고, 위임장을 의결정족수에 포함할 수 있다.[30)]

(8) 의결정족수 증명 책임

의결권(議決權)을 가진 교인의 결의가 적법·유효하게 이루어졌다는 의결정족수 증명은 이를 주장하는 자가 입증하여야 한다.[31)] 따라서 회의록을 작성하되 회의록에

---

29) 대법원 2001. 7. 27. 선고 2000다56037 판결.
30) 대법원 2019. 11. 14. 선고 2017다253010 판결.

반드시 의사정족수와 의결정족수, 총투표수와 가와 부의 수를 명확히 기록해야 한다.

4. 투표

어떤 안건(案件)을 결정하기 위해서는 투표(投票) 등의 방법으로 결정하게 된다. 회원이 정관에 정해진 원칙에 따라서 회에 신청, 청원 등을 하게 된다. 안건에 특별한 하자가 없고 요건을 구비하면 회의석상에 제출되고, 회원들의 변론과 논의를 통해서 회원들이 투표로 결정하게 된다. 그리고 회원들의 투표에 의해 결정된 사안들은 그 결정을 확정하기 위한 절차를 거쳐야 한다. 일정한 절차에 따라 결정된 안건은 구속력을 갖게 되기 때문이다.

5. 회의(의사)록 작성

총회(總會)의 의사에 관하여는 의사록(議事錄)을 작성해야 하고, 의사록에는 의사의 경과, 요령 및 결과 등을 기재하며, 의장 및 출석한 이사가 기명날인하여야 한다(민법 제76조). 당회, 공동의회 등 교회의 회의는 반드시 의사록을 작성하고, 서기와 회장이 기명날인하여 그 의사록을 보관해야 한다. 의사록은 이전 의결사항에 대한 유력한 증명 자료가 되기 때문이다. 특히 정관의 제정 및 개정에 관하여는 공동의회 의사록에 참석 교인 수, 찬성 및 반대와 기권 수 등을 명기해야 한다. 교회의 대외적 주장과 증명에는 공동의회 의사록이 가장 우선적인 자료가 되기 때문이다.[32)]

Ⅲ. 판결

1. 구두 기표방법으로 박수를 유도하여 안건 의결

(1) 사실관계

K교회 목사 甲은 개인 비리와 부정을 무마하거나 처리하기 위하여 교회의 공금을 사용하고, 당회원들이나 교인들의 추인을 받을 때, 목사 甲이 감사 결과 보고서

31) 대법원 2007. 6. 29. 자 2007마224 결정.
32) 대법원 1984. 5. 15. 선고 83다카1565 판결, 대법원 2008. 9. 25. 선고 2008도3198 판결, 대법원 2010. 4. 29. 선고 2008두5568 판결.

를 작성하여 당회 직전에 감사에게 넘겨주고, 감사는 그것을 읽고 끝내는 식으로 보고할 뿐이었다. 이처럼 목사 甲은 구체적인 사용 내역을 보고하지 않고 교인들의 박수를 유도하는 방법으로 통과시키면서 교인들에게 '간단하게 보고를 하였으니 궁금한 사항이 있으면 교회 사무실에 와서 확인하라.'라고 하였다.

(2) 판결요지

K교회가 소속한 교단은 소속 개체교회들이 개체교회를 원활하게 운영하기 위하여 기획위원회를 두고 중요한 사항에 관하여 협의하도록 되어 있는데, 피고인은 교회의 공금을 사용함에 있어 대부분 위와 같은 절차를 거치지 아니한 채 사후적으로 결의서만 갖추어 놓고, 교회 공금의 구체적인 사용 내역을 보고하지 않은 채 담임목사가 당회원들(당회의 경우), 교인들(공동의회의 경우)의 박수를 유도하여 통과시키는 방식으로 이루어진 박수 결의는 목사 甲이 교회 공금 사용행위에 대하여 교인들로부터 적법한 결의를 얻은 것이라고 할 수 없다고 판시하였다.[33)]

(3) 해설

담임목사가 당회, 제직회, 공동의회에서 건축비 등 교회 공금의 구체적인 사용 내역을 밝히지 않은 채 담임목사가 당회원들이나 교인들로부터 '예' 또는 '아니오' 가부를 묻는 구두 기표방법으로 박수를 유도하여 안건을 통과시키는 결의들은 아무런 효력이 없는 위법이고, 무효가 될 수 있다.

2. 의사 · 의결정족수 미달한 교단 통합

(1) 사실관계

D교단은 B교단과 합병하기로 총회를 개최했는데, 총대 715명 중 300명 미만이 참석하여 통합을 결의하였다. 그 후에 B교단과 D교단은 2014년 12월 16일 B교단에서 700여명 목회자, D교단에서 570여 명 목회자가 참석하고 1차 통합총회를 열고 통합을 선언하였으며, 양 교단의 제2차 통합결의는 2015년 9월 14일에 있었다. 그 과정에서 D교단 수호측 지교회와 목회자들은 교단 통합에 반대하면서 D교단 헌법

33) 대법원 2006. 4. 28 선고 2005도756 판결.

제12장 제95조 총회의 성수는 노회의 과반수 참석과 대의원 과반수 참석으로 한다는 규정에 따라서 의사 및 의결정족수를 충족하지 못하였기 때문에 합병 결의가 무효라고 주장하며 소송을 제기하였다. 통합을 주장하는 찬성측에서 회의 결과를 입증해야 하는데, 합병을 의결할 당시의 회의록이나 D교단의 통합 의결정족수를 충족했다고 입증할만한 근거를 제시하지 못하였으며, 다만 '총대가 본 회의장 입장 시 서명 및 등록만 하면 본 회의장에 들어오지 않아도 출석으로 볼 수 있다.'라며 통합이 유효하다고 주장하였다.

(2) 판결요지

법원은 총회에 실제 출석하였는지 여부와 관계없이 대의원 등록만으로 출석을 인정하게 되면 피고의 헌법 규정 등에서 정하고 있는 의사정족수 및 의결정족수 원칙의 취지를 형해화(形骸化)하고 그 본질을 침해할 우려가 있다며, 총회 참석인원은 물론 의결정족수에 있어서 하자를 이유로 두 교단의 통합 결의가 의사·의결정족수 위반으로 무효라고 판시하였다.[34)]

(3) 해설

교단과 교회는 비법인사단이므로 합병 등을 위해선 전체 총대 수 715명의 4분의 3 이상이 참석하고 결의해야 한다. 그러나 법원은 통합총회를 하기 전에 D교단에서 결의한 B교단과의 합병 결의가 의결정족수 미달로 인한 무효이고, 두 교단 통합총회도 의사·의결정족수가 미달한 위법으로 통합 결의도 모두 무효라고 판결하였다. B교단과 통합을 결의한 D교단 총회의 총회 결의가 무효이므로 두 교단의 통합도 무효가 되는 것이고, 두 교단의 통합총회도 모두 위법한 총회가 되어 원천무효가 된 것이다. 결의가 무효가 되면 결의로 발생한 모든 사안도 원천무효가 된다. 따라서 교단 명칭, 회원 지위, 소속 등에 있어서 무효가 되는 것이다.

총회는 회의체이다. 회의체 중에는 대리인 출석이 가능한 회의체와 그렇지 않은 회의체가 있다. 총회는 대리출석이 불가능한 회의체며, 총대 교체의 경우에도 부총대 중에서 교체할 수 있다. 의사·의결정족수를 두고 있는 의도는 최소한 그 정도 숫자의 회원들이 모여서 의사를 형성해야 한다는 것이다.

---

34) 수원지방법원 안양지원 2017. 6. 16. 선고 2015가합104232 판결, 서울고등법원 2018. 6. 15. 선고 2017나2038899 판결.

3. 법원 허가로 장로가 소집한 공동의회 결의의 효력

성남시 소재 A교회는 법원으로부터 공동의회 소집 허가 신청 절차[35]를 통해 임시당회장인 장로가 임시 공동의회를 소집하여 위임목사인 목사 甲을 해임하고, 교단 탈퇴 결의를 하였다. 이에 교단 재판국에서 교인들을 출교 처분하였고, 목사 甲은 교단 헌법상 목사를 불신임하는 제도는 없기에 자신을 불신임한 공동의회에서의 결의가 무효라며 교회를 상대로 공동의회 결의무효 확인의 소를 제기했다. 법원은 교회를 비법인사단으로 보고 민법 제70조[36]를 적용하여 법원으로부터 공동의회 소집 허가 신청 절차를 통해 대부분 세례교인이 참석하여 찬성하였다면 소집 절차상의 하자는 정의 관념상 도저히 묵과할 수 없을 정도의 중대한 하자로 볼 수 없다며 임시당회장인 장로가 소집한 공동의회 결의의 효력을 인정한다고 판시하였다.[37]

4. 의사 절차상 중대한 하자가 아닌 결의 효력

(1) 사실관계

교단이 분열되는 양상을 보이자 A교회는 같은 해 10월경 당회를 열어 당분간 분열된 총회 중 어느 곳에도 가입하지 않고 관망하기로 결의하였다. A교회의 경우 총 17명의 장로와 당회장 목사 1명으로 구성되어 있으며, 교단 헌법에 당회원 또는 제직회원 3분의 2 이상의 청원이나 세례교인 3분의 1 이상의 청원이 있을 때, 공동의회에서 시무장로에 대한 신임투표를 할 수 있다고 규정되어 있다. A교회는 당회원들 간의 분열과 반목으로 소속 교단의 분열로 인해 대리 당회장을 선정하는 것도 사실상 불가능한 형편에서 정년임기가 지난 목사가 당회의 결의를 거치지 아니하고, 공동의회를 열고 전체 세례교인의 약 3분의 2 이상에 해당하는 958명의 교인이 투표에 참여하여 장로들의 불신임결의를 하였다.

35) 수원지방법원 성남지원 2014. 10. 27. 선고 2014비합40 판결.

36) 민법 제70조(임시총회)

① 사단법인의 이사는 필요하다고 인정한 때에는 임시총회를 소집할 수 있다.

② 총 사원의 5분의 1 이상으로부터 회의의 목적 사항을 제시하여 청구한 때에는 이사는 임시총회를 소집하여야 한다. 이 정수는 정관으로 증감할 수 있다.

③ 전항의 청구 있는 후 2주간 내에 이사가 총회소집의 절차를 밟지 아니한 때에는 청구한 사원은 법원의 허가를 얻어 이를 소집 할 수 있다.

37) 수원지방법원 성남지원 2015. 9. 16. 선고 2015가합966 판결.

(2) 판결요지

교회의 목사와 장로에 대한 신임투표를 위한 공동의회의 소집 절차에 당회의 사전 결의를 거치지 아니한 하자가 있으나 그 하자가 정의 관념에 비추어 도저히 수긍할 수 없을 정도의 중대한 하자가 아니라는 이유로, 공동의회에서의 시무장로에 대한 불신임결의가 당연 무효로 볼 수 없다고 판시하였다.[38]

(3) 해설

우리나라 헌법은 종교의 자유를 보장하고 종교와 국가기능을 엄격히 분리하고 있다. 종교단체의 조직과 운영은 그 자율성이 최대한 보장되어야 하기에 교회 안에서 개인이 누리는 지위에 영향을 미칠 각종 결의나 처분이 당연 무효가 되기 위해서는 이를 그대로 둘 경우 현저히 정의 관념에 반하는 매우 중대한 하자인 경우에만 가능하다. 따라서 일반적인 절차상 하자가 있을 때는 그 결의가 유효하다.

5. 노회 변경 결의정족수 하자는 무효

(1) 사실관계

H노회는 노회 소속 A교회 담임목사인 甲을 목사직에서 면직처분을 내리고, 목사 乙을 A교회 임시당회장으로 파송하였다. 이에 목사 甲을 추종하는 교인들이 서울남부지방법원에 A교회가 속할 노회를 선택하는 안건을 목적 사항으로 하여 임시 공동의회를 소집할 수 있도록 허가해 달라고 신청하였다. 서울남부지방법원은 A교회가 속할 노회를 선택하는 안건을 목적 사항으로 하여 임시 공동의회를 소집할 수 있도록 허가하였고,[39] 서리 집사인 丙이 임시 공동의회를 주관하여 1,022명이 참석하고 995명의 찬성으로 소속 노회를 S노회로 변경하는 안건을 결의하였다.

(2) 판결요지

법원은 A교회에서 임시 공동의회를 소집하여 소속 노회를 변경한 결의는 A교회 재적교인으로 판단된 총 3,074명 중 1,022명이 출석하여 재적교인 중 3분의 2 이상

38) 대법원 2006. 2. 10. 선고 2003다63104 판결.
39) 서울남부지방법원 2012. 8. 6. 선고 2012비합94 판결.

인 2,050명에 이르지 못하였으므로(1,022명만 출석) 그 결의로써 A교회 소속 노회가 변경되었다고 할 수 없다고 볼 수 없어 A교회의 노회는 여전히 H노회라 봄이 타당하다고 판시하였다.[40)]

(3) 해설

A교회는 교회가 속할 노회를 선택하는 안건을 목적 사항으로 하여 임시 공동의회를 소집하여 1,022명이 참석하고, 995명의 찬성으로 소속 노회 변경을 결의하였지만, 법원은 노회를 변경한 결의를 인정하지 않았다. 교회정관 변경에 관한 의사정족수에 관하여 A교회 정관에 별도의 규정이 없는 이상 소속 노회에 관한 정관 변경을 위해서는 사단법인 변경에 관한 민법을 유추 적용하여 총 구성원(재적교인) 3분의 2 이상의 동의가 필요하기 때문이다(민법 제42조 제1항).[41)]

6. 적법한 절차가 아닌 하자에 의한 판결

(1) 사실관계

교회에서 갈등상태에 있던 D교회 목사 甲은 이단 혐의로 총회재판국에 기소되자 재판국에 계류 중인 상태에서 목사 甲은 교단 탈퇴를 위해 공동의회를 소집했다. 총회재판국은 교단 탈퇴를 위해 공동의회를 소집하지 못하도록 하기 위해 교단 헌법의 절차를 위반하는 절차 하자까지 하며 D교회 목사 甲에 대해 이단성을 이유로 위임목사직과 당회장직 면직처분 및 출교 처분을 내렸다. 이에 목사 甲은 절차상 하자를 이유로 법원에 총회재판국 판결 무효확인 등에 관한 본안 소송을 제기하였다. 총회재판국은 이단성에 근거한 권징재판으로 종교 교리의 해석에 관한 판단이었기 때문에 목사 甲의 개인의 구체적인 권리 또는 법률관계의 분쟁에 관한 선결문제로 그 효력 유무가 판단되어야 할 이유가 없어 사법심사의 대상이 될 수 없다고 주장하였다.

(2) 판결요지

법원은 사법심사의 대상이 되지 않는다는 총회재판국의 주장에 대해 목사 甲의

---

40) 서울중앙지방법원 2016. 2. 11. 선고 2015카합1160 판결.

41) 민법 제42조(사단 법인의 정관의 변경)

① 사단법인의 정관은 총사원 3분의 2 이상의 동의가 있는 때에 한하여 이를 변경할 수 있다. 그러나 정수에 관하여 정관에 다른 규정이 있는 때에는 그 규정에 의한다.

종교적인 지위·자격뿐만 아니라, D교회 교인으로서의 구체적인 권리·의무에 대해 영향을 받음으로 구체적인 권리 또는 법률관계를 둘러싼 분쟁이 존재한다고 판단하고, 그 분쟁은 D교회 운영, 조직, 재산 등에 관한 새로운 분쟁이 후속될 가능성이 있다는 점을 그 이유로 사법심사 대상임을 분명히 했다. 그리고 법원은 누구든지 적법한 절차에 의하지 아니하고서는 불이익한 처분과 권리에 제한을 받지 아니한다는 헌법상 적법절차의 원칙은 법치주의의 구체적 실현원리로서 교회법에 따른 징계라고 하여 위와 같은 헌법 원리에서 자유로울 수 없고, 교단 헌법 및 이 사건 시행 규정과 같이 종교단체 스스로 마련한 내부규정 자체가 이러한 적법절차의 원칙을 구현하기 위한 여러 가지 절차적 요건을 정하고 있다면 이러한 요건은 특별한 사정없는 한 반드시 준수되어야 한다고 했다. 그런데 이 사건은 교리로 이단성을 인정하여 위임목사 면직 및 출교 처분은 총회가 스스로 정한 절차적 요건마저 갖추지 못하였고, 이는 현저히 정의 관념에 반한 절차적 중대한 하자에 해당하므로 총회재판국의 판결(예총재판국 사건 제99-37, 38호)은 무효라고 판시하였다.[42]

7. 적법한 소집권자에 의하지 않은 결의

(1) 사실관계

A교회는 대한예수교장로회 K교단 노회에 소속된 지교회로서 당회장은 목사 甲이었고, 재적 세례교인은 45명이었다. A교회가 소속한 K교단 규약은 세례교인들로 구성된 공동의회는 교회 대표자인 당회장이 소집하며 그 개회 날짜, 장소와 의안을 1주일 전에 광고 혹은 통지하도록 되어 있다. A교회의 집사 2명이 공동회의를 소집할 것을 공고하여 세례교인 36명이 참석하여 목사 乙을 A교회 목사로 초빙하기로 결의하였으며, 만약 K교단 소속 노회에서 받아들여 주지 아니할 때는 A교회는 K교단 노회에서 탈퇴하여 독립된 교회로서 운영할 것을 결의하였다. A교회는 K교단 노회에서 청원을 받아들이지 아니하자 세례교인 37명이 집합하여 개회하였던 공동회의에서 A교회가 Y교단 노회에 가입할 것을 결의하고 Y교단 노회로부터 가입승인을 받았다.

42) 서울지방법원 2016. 11. 17. 선고 2016가합527405 판결, 대법원 2019. 11. 14. 선고 2017다253010 판결.

(2) 판결요지

A교회의 교파변경 결의를 한 세 번의 공동회의가 그 교회가 속하고 있던 대한예수교장로회 K교단 규약에 따라 그 소집권자인 그 교회 당회장에 의하여 소집되지 아니하고, 집사들로 소집하여 적법한 소집 절차를 결여한 회의이므로, 그 교회의 공동회의라 할 수 없고, 위 각 집회에 세례교인 45명 중 36명 내지 37명이 각 참석하여 결의한 경우, 그 결의가 교인 전원의 총의에 의하였다고 볼 수 없으므로, 그 결의는 효력이 없다. 따라서 A교회는 여전히 K교단 노회에 속하고 있으며, 그 대표자는 목사 甲이고, 본건 재심소장에 A교회의 대표자로 표시된 집사는 A교회의 대표자가 아니므로, 본건 재심의 소는 A교회의 대표권에 흠결이 있어 부적법하다고 판시하였다.[43]

43) 대법원 1980. 2. 12. 선고 79다1664 판결.

판 례 색 인

사 항 색 인

(ㄴ)

(ㄷ)

(ㄹ)

(ㅁ)

(ㅇ)

(ㅍ)

(ㅎ)

저자 소개

김 병 근

약 력

- 광신대학교(구 광주신학교) 신학과 졸업
- 동 대학원 신학연구원과 석사
- 세계사이버대학 선교학과 졸업
- 조선대학교 법학과 졸업
- 동 대학원 법학과 석사
- 동 대학원 법학과 박사과정
- 대한예수교장로회 예수마을교회 담임목사
- 참사랑성폭력상담소 운영대표
- 한국교회법률연구원장

저 서

- 사람과 법률(近刊)
- 목회와 법률(近刊)
- 성경과 법률(近刊)

교회와 법률

초판발행 2022년 11월 30일

지은이 김병근
펴낸이 안종만·안상준

편 집 장유나
기획/마케팅 이후근
표지디자인 BEN STORY
제 작 고철민·조영환

펴낸곳 (주) 박영사
서울특별시 금천구 가산디지털2로 53, 210호(가산동, 한라시그마밸리)
등록 1959. 3. 11. 제300-1959-1호(倫)
전 화 02)733-6771
f a x 02)736-4818
e-mail pys@pybook.co.kr
homepage www.pybook.co.kr
ISBN 979-11-303-4233-7 93360

정 가 49,000원